집단상담의 이론과 실제

원서 10판

Gerald Corey 저

김창대 · 천성문 · 이동훈 · 전종국 · 이영순 · 방기연 · 김장회 공역

학지사

Cengage

Australia • Brazil • Canada • Mexico • Singapore • United Kingdom • United States

Cengage

Theory & Practice of Group Counseling,
Tenth Edition

Gerald Corey

Original edition © 2023 Wadsworth, a part of Cengage Learning.
Theory & Practice of Group Counseling, 10th Edition by Gerald Corey
ISBN: 9780357622957

This edition is translated by license from Wadsworth, a part of Cengage Learning, for sale in Korea only.

ISBN: 978-89-997-3204-1

Cengage Learning Korea Ltd.
14F YTN Newsquare 76 Sangamsan-ro
Mapo-gu Seoul 03926 Korea

Printed in Korea
Print Number: 01 Print Year: 2024

역자 서문

그동안 출간된 집단상담 관련 도서는 크게 세 가지 부류로 구분된다. 하나는 특정 이론을 중심으로 내용과 과정을 소개한 책이며, 다른 하나는 집단의 과정과 흐름을 기술한 책, 그리고 집단상담에 관한 여러 이론을 소개하는 책 등이다. 이 책은 세 번째 부류에 속하는 책으로서 10개의 집단상담 이론을 소개하고 있다. 물론 저자는 10개의 이론 외에 집단지도자의 특성, 리더십, 집단상담에서의 윤리, 그리고 집단상담의 단계, 이론의 비교와 통합 등의 주제를 다루고 있어서 총 16개의 장으로 이 책을 구성하였다.

이 책의 저자인 Corey 박사는 집단상담 이론 외에도 개인심리상담, 집단상담의 과정 등에 관한 많은 교재를 저술하고 있어서, 상담을 공부하는 학생들에게 크게 도움을 주고 있다. 집단상담 이론을 다룬 이 책에서도 Corey 박사는 몇 가지 점에서 부러울 정도로 놀라운 집필의 능력을 보여 주고 있다.

우선 집단상담 이론은 대부분 개인상담 이론의 연장선에 있기 때문에 개인상담 이론 교재와 크게 다르지 않을 것이라 짐작하기 쉽지만, Corey 박사는 몇 가지 방법으로 그러한 짐작을 쉽게 뛰어넘고 있다. 그는 개인상담 이론을 소개하면서도 그것을 집단상담의 관점에서 재해석할 뿐만 아니라, 책의 내용을 집단상담에 적용하기 쉽게 구성하였다. 주요 개념은 개인상담 이론에서 가져오더라도, 그러한 개념을 바탕으로 집단지도자의 역할과 기능, 집단상담의 단계와 과정 등을 상세하고 구체적으로 기술함으로써 단순히 개인상담의 연장이 아닌 집단상담 고유의 이론이 되게끔 노력한 흔적이 많이 보인다. 또한 이론의 적용 부분에서는 학교 집단상담과 다문화 집단상담의 맥락을 선택하여 구체적인 집단상담 적용 사례도 제시할 뿐만 아니라 상담 기법과 절차를 집단상담의 맥락에서 활용할 수 있는 형태로 제시함으로써 개인상담 이론 교재와 차이를 보여 주고 있다.

그의 집필 능력은 이 책의 마지막 장인 16장에서도 다시 한번 빛을 발하는데, 그는 16장에서 각 이론을 비교하고 대비함으로써 독자가 집단상담 이론과 접근 방법에 대해 통합적인 관점을 가질 수 있게 하였다. 이 장은 학생들이 Corey의 통합적 관점을 학습하도록 할 뿐만 아니라, 학생들이 자신의 고유한 통합적 모형을 가지도록 모범을 제시하는 장이다. 사실 이 글을 쓰는 본인도 학생들이 여러 이론을 습득한 후에 자신의 고유한 모형을 가지기를 기대하고 있는데, 이 장은 학생들이 모범으로 삼을 수 있는 좋은 표본이 될 것이라 생각한다.

그의 집필 능력은 장의 구성과 글쓰기에서도 나타난다. 그는 9판까지 포함되었던 교류분석을 이번 10판에서는 제외하였는데, 이는 최근 상담이론의 흐름을 반영할 뿐만 아니라 17개 장을 16개 장으로 축소함으로써 대체로 15~16주로 구성되는 한 학기 교재로 좀 더 용이하게 사용되게끔 하기 위한 노력의 결과로 보인다. 끝으로 Corey 박사의 교재들은 내용이 풍부하고 중요한 것을 빠뜨리지 않으면서도 동시에 읽기 쉬운 문장으로 기술되어 있다. 이 부분은 정말 본받고 싶은 부분이다.

이처럼 좋은 교재를 국내 상담학계의 발전을 위해 본인(1, 2, 16장)과 함께 일했고 좋아하는 동료인 천성문 교수(3, 5장), 전종국 교수(4, 7장), 이영순 교수(6, 12장), 이동훈 교수(8, 11장), 방기연 교수(13, 14, 15장), 김장회 교수(9, 10장)와 함께 번역하게 되어 매우 기쁘고 영광스럽게 생각한다. 아무쪼록 이 책이 집단상담을 배우고자 하는 상담학계 내의 많은 후배에게 큰 도움이 될 수 있기를 기대한다.

역자 대표
김창대

저자 서문

집단상담은 다양한 환경에서 폭넓게 활용되는 치료적 개입 방법이다. 집단상담에 관한 많은 책이 있지만, 다양한 이론적 모델의 개요를 다루고 이러한 모델이 집단상담에 어떻게 적용되는지 설명하는 책은 찾아보기 어렵다. 이 책은 집단상담 과정의 기본 요소를 개관하고, 집단상담에서 특수하게 나타나는 전문적 문제와 윤리에 대해 다루며, 집단상담과 관련된 10개의 모델에 대한 핵심 개념 및 기법들을 개괄적으로 설명한다. 또한 이러한 접근법들의 통합을 시도함으로써 독자들이 자신만의 종합적인 틀을 발전시키는 데 도움을 주고자 했다. 이 책은 상담관련 교육 프로그램 인증위원회(Council for Accreditation of Counseling Related Educational Program, 2016)의 CACREP 표준에 명시된 집단상담 역량에 대한 핵심 지식과 기술 영역에 대해서 다룬다.

이 책은 이론적 개념과 집단 실제와의 관계를 이해하는 데 어려움이 없도록 분명하고 간결하게 집필되었다. 많은 독자는 집단상담 과목을 수강하기 전에 상담 이론 과목을 수강했을 것이며, 이러한 배경지식은 이 책의 내용을 이해하고 적용하는 데 도움이 될 것이다. 또한 이 책은 휴먼 서비스와 관련된 모든 분야의 대학원생 또는 학부생을 위한 책으로, 특히 '집단상담의 이론과 실제'와 관련된 강의를 듣는 학생들에게 적합하다. 그리고 집단상담을 진행하는 상담사 혹은 다양한 종류의 집단을 이끄는 것에 관심이 있는 학생 및 훈련생들을 위해 쓰인 책이기도 하다. 그뿐만 아니라, 집단을 이끄는 업무에 관여하는 정신과 간호사, 목회자, 사회복지사, 심리학자, 부부치료자 및 가족치료자, 중독상담사, 재활상담사, 지역사회 상담사, 학교상담사, 전문상담사, 정신건강 전문가에게도 유용할 것이다.

이 책의 개관

10판에서는 이론적 모델을 집단 작업에 실제로 적용하는 것에 대해 강조하였다. 핵심 목적은 이러한 접근법의 다양한 측면을 통합하여 발전시킬 수 있도록 돕는 것이다. 또한 이 책에서는 집단의 발달 단계에 대한 두 개의 장이 포함되어 있어서 지도자를 위한 상담 실무에서의 가이드를 제공한다.

1부(1~5장)에서는 집단의 종류 혹은 이론적 방향성과 관계없이 기본적으로 숙지해야 할 집단 과정 및 실제의 요소들을 다룬다.

1장(도입)에서는 다양한 집단의 개요를 소개하고, 집단 안에서 존재하는 문화적 다양성을 현실에 적용할 수 있는 일반적인 원칙을 논의한다.

2장(집단지도자)에서는 유능한 집단지도자들의 인간적 특성, 지도자가 직면하는 문제, 다양한 리더십 스타일, 효과적으로 집단을 이끌기 위해 필요한 전문적인 기술, 효과적인 다문화 집단상담의 요건과 같은 집단상담 리더십의 기본적인 주제들을 다룬다. 집단상담 연구의 역할에 관한 새로운 부분에서는 연구를 집단상담의 실제와 결합하는 문제, 집단 작업에서의 '증거기반 실무'와 이에 대한 대안인 '실무기반 증거'의 장점을 다룬다.

3장(집단상담에서의 윤리적 · 직업적인 문제)은 집단을 이끌 때 불가피하게 맞닥뜨릴 수 있는 중요한 윤리 문제들을 다룬다. 특히 집단구성원의 권리와 집단지도자들의 책임감에 대해 강조하고 있다. 새로운 섹션에서 집단상담에서의 영적, 종교적 가치를 다룬다. 집단상담전문가협회(ASGW)에서 발표한 '최적 실무 지침(Best Practice Guidelines)'과 미국집단심리치료협회(AGPA)에서 제안한 '집단치료자들을 위한 윤리적 지침(Ethical Guidelines for Group Therapists)'은 이 책과 함께 출간된『집단상담의 이론과 실제를 위한 학생 안내서(Student Manual for Theory and Practice of Group Counseling)』에 소개되어 있다.

4장(집단 발달의 초기 단계)과 5장(집단 발달의 후기 단계)에서는 평가와 추후 과정을 포함한 집단의 형성부터 종결까지의 다양한 단계를 거치면서 직면하게 되는 주요 발달 과업에 대해 소개한다. 집단의 생애사를 구성하는 각 단계의 주요 특징을 살펴보고 각 단계에서 집단지도자의 주요 역할에 대해 특히 주의를 기울였다. 또한 4장과 5장에서는 집단구성원들의 역할과 집단 진화 과정의 각 단계에 관련된 문제들에 중점을 두었다. 1부에는 새로운 참고 자료와 추천 읽을거리가 많이 있다.

2부(6~15장)에서는 집단상담과 관련된 10개의 이론적 접근들을 다루고 있다. 이번 10판에서 개정된 내용은 대부분 2부에서 확인할 수 있다. 2부에서는 논의되는 각 접근법에 대한 최신 연구를 제공하는 데 주의를 기울였으며, 새로운 사례를 통해 핵심 개념을 설명한다. 이 장들은 집단상담의 기초가 되는 이론적 모델에 대한 개요를 제공하고 이론과 실제 간의 관련성을 살펴볼 수 있도록 구성되었다. 이러한 내용은 미래의 집단지도자들에게 특히 유용할 것이다. 독자들이 각각의 이론적 모델들을 통합하도록 돕기 위해, 10개의 장들은 동일한 구성을 가지고 있다. 각 장은 이론과 관련된 주요 인물의 전기적 스케치로 시작한다. 또한 이론의 주요 개념과 집단 실습에 대한 함의를 설명한다. 그다음으로 이론에 따른 집단지도자의 역할과 기능, 특정 집단과정의 발달 단계에 대한 논의가 이어진다. 이어서는, 각각의 이론이 집단 실제에 어떻게 적용되는지, 각 이론의 틀 안에서 사용되는 주요 기법은 무엇인지, 학교에서의 집단 작업에 적용할 수 있는 기술과 개념에는 어떤 것이 있는지, 그리고 각각의 접근법이 어떻게 다양한 내담자에게 적용될 수 있는지에 대해 논의한다. 각 장에서는 집단구성원의 문화적 배경에 맞게 기법을 적용하려는 유연성과 의지의 필요성이 강조된다. 10판에서 새롭게 추가된 '집단 이론의 실제'라는 섹션은 최근 집단구성원들과 함께 작업한 동영상을 바탕으로 특정 접근 기법이 집단 과정에 어떻게 접목할 수 있는지를 보여 준다. 각 장에는 제시된 이론적 모델의 주요 강점과 한계에 대한 저자의 평가도 포함되어 있다. 각 이론 장의 마지막에는 독자가 읽은 내용을 적극적으로 반영하고 토론할 수 있도록 고안된 5개의 '자기성찰과 토론을 위한 질문'이 포함되어 있다. 또한 더 깊이 있게 공부하고자 하는 사람들을 위해 주석이 달린 리소스가 제공된다.

3부(16장)에서는 1부와 2부에서 다룬 이론과 원리를 실제로 적용하는 데 중점을 두고 있다. 16장은 다양한 기법과 모델을 종합하여 공통점과 차이점을 파악하는 데 도움이 되도록 구성하였다. 이 장은 앞에서 다루었던 모든 모델과 개념 및 기법을 결합한 '집단상담의 통합적 모델'에 관한 설명으로 끝을 맺으며, 이 논의는 독자들이 개인적으로 통합을 시도하는 데 초점을 맞추고 있다.

사고, 감정, 행동의 관점을 통합하여 집단 발달의 각 단계마다 강조점을 달리하고 있다. 나의 이론적 근거는 집단의 다양한 단계에서 각 이론의 어떤 측면을 활용하는지 보여 줄 뿐만 아니라 집단상담의 실제에 다양한 접근 방식을 혼합할 수 있는 기반을 제공하기 위한 것이다. 다양한 집단 접근법을 종합적으로 개발하는 방법에 대해 생각할 수 있는 지침을 제공하기 위해 노력하였다.

10판에서 새로워진 것

10판에서는 현재의 동향을 반영하기 위해 2부의 여러 장이 대폭 개정되었고, 다른 장에서도 조금씩 수정이 이루어졌다. 1부에서는 약간 수정되었다. 이번 10판의 모든 장은 '학습목표' 목록으로 시작된다는 새로운 기능이 추가되었다. 각 주제에 대한 최신 문헌을 반영하기 위해 출처를 업데이트하는 데에도 세심한 주의를 기울였다.

1부(집단 과정의 기본적 요소: 개관)에서 최근의 연구에 따라 수정된 사항은 집단 작업의 유익한 측면, 미성년자와 비밀 유지에 대한 확대된 내용, 온라인 치료 그룹과 관련된 윤리적 문제에 대한 새로운 부분, 집단상담에서 종교 및 영적 가치의 역할에 대한 부분, 집단에서 문화적으로 민감한 대화를 나누는 것에 대한 추가 논의, 집단 작업 역량에 관한 상담 및 관련 교육 프로그램 인증위원회(CACREP, 2016) 표준에 관한 새로운 자료, 가상 그룹 상담 교육에 관한 부분이 추가되어 있다. 집단 발달의 초기 단계와 후기 단계에 대한 장이 모두 개정되었다.

2부(집단상담에 대한 이론적 접근)의 개정은 현재의 동향, 새로운 연구들, 실제 적용상의 발전 등에 관하여 다양한 의견을 제시한 전문가들의 추천을 바탕으로 이루어졌다. 각 이론에 대해 다룬 장들은 현재의 실무를 반영하고 최근 연구들을 포함하여 수정되었다. 이번 10판은 집단을 이끌고 각 이론과 관련된 몇 가지 기법을 시연하고 선택한 기법을 치료 집단에 어떻게 적용할 수 있는지 설명하는 비디오 프로그램인 '집단 이론의 실제'가 새롭게 추가되었다. 집단 회기의 일부분은 각 장의 본문에 설명되어 있으므로 동영상을 보지 않은 분들도 각 접근법이나 이론을 집단상담에 어떻게 적용할 수 있는지 알 수 있다.

이번 10판의 2부 각 장에서 개정된 내용은 여기에 자세히 설명되어 있다.

- 6장(정신분석적 집단상담): 분석적 집단 치료에서 관계의 역할에 대한 강조, 성인 기능에 대한 초기 경험의 중요한 역할에 대한 새로운 연구, 집단 작업에 적용되는 저항, 전이, 역전이 개념에 대한 최신 관점, 정신역동치료에 대한 현대 관계적 접근에 대한 확장된 논의, 간단한 정신역동치료에 대한 수정된 논의가 추가되었다.
- 7장(Adler 학파와 집단상담): 목표가 행동에 미치는 영향에 대한 수정된 자료, 핵심 개념을 더욱 명확하게 하기 위한 추가 예시, 개입을 설명하기 위한 대화 예시가 추가되었다.
- 8장(사이코드라마와 집단상담): 경험적 학습의 한 형태로서 사이코드라마의 재구성, 참가자들의 사이코드라마 경험에 대한 몇 가지 사례 추가, 학교 환경에서의 사이코드라마 적용에 대한 수정, 사이코드라마를 뒷받침하는 최근 연구가 포함되었다.
- 9장(실존주의 접근과 집단상담): 적극적인 변화의 주체로서 집단구성원의 역할이 강조되고, 치료 효과와 관련된 요인을 파악하는 메타분석 연구가 포함되었다.
- 10장(인간중심 접근과 집단상담): 핵심 조건을 행동으로 옮기는 새로운 자료, 효과적인 집단실습과 관련된 공감, 긍정적 태도, 치료사의 일치성 역할에 대한 확장된 논의, 인간중심 촉진 과정에서 다양한 방식에 대한 강조, 인간중심 이론의 향후 발전 가능성에 대한 설명이 추가되었다.
- 11장(게슈탈트 치료와 집단상담): 관계적 게슈탈트 치료에 대한 강조, 게슈탈트 치료에서 저항을 어떻게 보는지에 대한 논의, 게슈탈트 치료의 다양한 실천 스타일의 변화에 대

한 자료 개정, 지금-여기에서 작업하는 것에 대한 논의 확대 등이 있다.

- 12장(인지행동 집단상담): 현재 인지행동 이론의 동향 파악, 치료 관계와 협력의 역할에 대한 강조, 집단 실습에서 과제의 역할에 대한 수정된 자료, 재발의 예방에 대한 범위 확대, 마음챙김 및 수용 접근법에 대한 업데이트와 확장된 정보, 이 접근법에 대한 향후 방향에 대한 논의, 문화적 반응에 대한 치료 확대 등이 추가되었다.
- 13장(합리적 정서행동치료와 집단상담): 일부 기법 사용에 대한 수정된 논의, 핵심 개념과 기법에 대한 간소화된 논의, 실제 합리적 정서행동치료의 다양한 스타일에 대한 강조가 추가되었다.
- 14장(선택이론/현실치료와 집단상담): 학교상담에서 현실치료의 적용에 대한 새로운 자료와 현실치료에서 과거를 다루는 방법에 대한 논의가 추가되었다.
- 15장(해결중심 단기치료와 동기강화상담에서의 집단상담): 내담자가 치료 과정에서 적극적으로 참여하는 것에 대한 강조, 해결중심치료의 발전에 영향을 미친 Milton Erickson의 역할에 대한 새로운 논의, SFBT가 전통적인 치료와 어떻게 다른지, SFBT와 동기강화상담의 공통 요소, 질문이 치료를 이끄는 방법과 통합적 접근에서 이러한 기술을 유연하게 사용하는 방법에 대한 확장된 설명, 변화 단계 모델에 대한 현재 이해, 다문화 인구에 치료를 적용하기 위한 논의가 추가되었다.

차례

3장 집단상담에서의 윤리적·직업적인 문제 • 77

4장 집단 발달의 초기 단계 • 111

5장 집단 발달의 후기 단계 • 149

2부 집단상담에 대한 이론적 접근

13장 합리적 정서행동치료와 집단상담 • 495

14장 선택 이론/현실치료와 집단상담 • 517

15장 해결중심 단기치료와 동기강화상담에서의 집단상담 • 547

3부 통합과 적용

01 집단 과정의 기본적 요소: 개관

1장

도입

학습목표

1. 다음의 용어를 정의한다: 집단심리치료, 심리교육 집단, 집단상담, 과제촉진 집단
2. 집단 첫 회기에서 집단에 참여하는 것에 대한 두려움과 염려를 서로 나누어 보게끔 집단참여자에게 요구하는 이유를 설명한다.
3. 특정 대상의 생애주기별 필요를 충족하기 위해 집단을 설계하는 방법을 이해한다.
4. 사람들이 특정 기술을 개발하거나 어려운 삶의 전환기를 극복하도록 돕기 위해 심리교육 집단을 어떻게 설계할 수 있는지 설명한다.
5. 단기 집단상담의 성공에 필요한 핵심 요소를 식별한다.
6. 집단에 대한 오리엔테이션과 구성원의 준비에 대한 근거를 이해한다.
7. 집단상담을 다문화적 맥락에서 바라보는 것이 왜 필요한지 설명한다.
8. 집단 작업에 대한 다문화적 관점의 몇 가지 기본 아이디어를 평가한다.
9. 문화적으로 숙련된 집단상담사가 되기 위한 과정을 분석한다.
10. 집단에서 다문화 내담자를 돕기 위한 몇 가지 지침을 확인한다.

최근 정신건강 전문가들은 그 어느 때보다 심리적 문제의 예방과 치료를 위한 새로운 전략을 개발해야 하는 과제에 당면해 있다. 각 지역사회 기관에서는 여전히 개인상담이 활용되고 있지만, 상담 서비스를 개인상담에만 국한하는 것은 더 이상 실용적이지 않다. 집단상담은 요즘 증가하는 상담 서비스의 수요를 확실히 충족할 수 있는 중요한 방법이다. 집단상담은 개인상담보다 더 많은 수의 내담자를 대상으로 작업할 수 있을 뿐 아니라(이것은 요즈음 같은 관리의료[managed care]* 의 시대에서는 절대적인 강점이다) 다양한 학습을 촉진하는 데 독특한 장점을 가지고 있다. 집단상담은 많은 사람에게 효과적인 최상의 선택이 될 수 있다. 그러나 집단 작업을 효과적으로 수행하기 위해서는 상담 실무자들이 이론적 기초뿐 아니라 이러한 지식을 실제 상황에서 창의적으로 활용할 수 있는 기술을 갖추어야 한다.

집단상담 활용의 증가

미국 전역을 비롯하여 전 세계 여러 나라에서 워크숍을 진행하면서 나는 수많은 사람이 집단상담에 대해 엄청난 관심을 가지고 있다는 사실을 알게 되었다. 전문상담사는 내담자들의 각기 다른 환경과 요구를 충족하기 위해 다양한 집단상담 유형을 고안하고 있다. 사실 우리가 고안할 수 있는 집단상담의 유형은 무궁무진하다. 이처럼 집단상담에 대한 많은 관심으로 인해 집단상담 이론과 실제에 대한 다양한 교육과 훈련의 필요성은 더욱더 커졌다. 이 책은 앞으로 당신이 운영하게 될 많은 유형의 집단상담에 적용할 수 있는 기본적인 지식을 제공한다.

집단상담은 치료적이거나 교육적인 목적 중 어느 하나 또는 이 두 가지 목적을 모두 달성하는 데 활용된다. 어떤 집단상담은 구성원들의 사고, 감정, 행동 방식에서 근본적인 변화를 꾀하는 것이 일차적인 목적이다. 교육적인 목적으로 이루어지는 집단상담은 구성원들이 구체적인 대응 전략을 학습하도록 촉진한다. 이 장에서는 여러 형태의 집단상담을 간단히 설명하고, 그들 간의 차이점을 검토하고자 한다.

상담사로서 당신은 각기 다른 목적을 가진 다양한 내담자들의 요구를 충족할 수 있는 집단상담 기법을 사용할 능력이 요구된다. 예컨대, 병원의 정신의학과에서는 당신에게 구체적인 문제를 가진 환자, 곧 퇴원할 환자, 지역사회로 되돌아갈 환자 및 환자의 가족들을 대상으로 여러 형태의 집단상담을 구성하고 운영하는 업무가 주어질 것이다. 이러한 병원에서는 통상적으로 통찰 집단, 재동기화 집단, 사회적 기술 훈련 집단, 애도집단, 레크리에이션 및 진로 집단 등이 운영된다.

당신이 지역사회 정신건강센터, 대학상담센터, 외래클리닉 등에서 일하고 있다면 여러 영역의 치료 서비스를 제공하는 업무를 수행하게 될 것이다. 당신이 만날 내담자들은 나이, 능력, 장애, 문제, 사회경제적 지위, 교육 수준, 인종, 성정체성, 문화적 배경 등의 측면에서 매우 다양하다. 지역사회 건강센터에서는 집단상담을 점점 더 많이 활용하고 있다. 예컨대,

* 미국의 건강관리 및 의료보험 체계를 나타내는 용어로서, 진료의 내용과 기간, 비용에 대한 지침을 설정하고 이를 기준으로 치료 및 보험금 지급이 이루어지는 방식이다. 관리의료 제도에 따라 운영되고 있는 회원제 의료보험 단체로는 HMO(Health Maintenance Organization, 건강관리기구)나 PPO(Preferred Provider Organization, 지정시혜기구) 등이 있는데, 이러한 단체에 보험료를 지불한 회원은 해당 단체와 계약을 맺은 의료기관에서 진료를 받는다. 의료비 상승을 억제하고 치료 기간을 단축하는 효과가 크기 때문에 주목받고 있으나, 최근에는 의료의 질적 저하라는 문제가 부각되고 있다(역자 주).

여성 또는 남성 관련 주제를 다루는 집단, 자각 증진 집단, 알코올남용 부모의 자녀를 위한 아동집단, 지지 집단, 부모교육 집단, 암 환자들을 위한 집단, 섭식장애를 겪는 사람들을 위한 집단, 외상과 위기를 경험한 사람들을 위한 집단, 노인 집단, AIDS 환자들의 지지 집단 그리고 약물남용 문제를 개선하기 위한 집단 등이 운영된다.

현재 당신은 하나의 이론적 접근에 기초해서 집단을 운영하고 있을 것이다. 그러나 더 많은 집단지도자는 이론에 대해 점점 더 통합적인 입장을 취함과 동시에 집단상담을 운영할 때 여러 접근으로부터 다양한 기법을 도입하여 적용한다(Norcross & Goldfried, 2019). 상담에서 통합을 향해 가는 길은 다양하다. 그러나 그 길들은 모두 단일한 이론과 그에 관한 기법의 한계를 넘음으로써 치료적 효과를 더 높이거나 적용 범위를 더 넓히려는 상담사의 바람에 바탕을 둔다는 특징을 갖고 있다(Norcross & Alexander, 2019; Norcross & Beutler, 2019).

집단상담은 학교에서 적용될 때 특별한 장점이 있다. 학교에서 운영하는 집단들은 학생들의 교육, 진로, 개인, 사회적 문제를 다룰 수 있게끔 고안된다. 만일 당신이 학교에서 근무하고 있다면, 학교는 당신에게 진로 탐색 집단, 자존감 증진 집단, 이혼가정 아동을 위한 집단, 행동화 문제 아동을 위한 집단, 대인관계 기술 교육 집단, 개인 성장 집단 등을 실시해 달라고 요구할 것이다. 이제 초등학교에 근무하는 상담사들은 심리교육 집단뿐 아니라 치료집단도 구성하고 있다. 고등학교 수준에서 집단은 약물 문제로부터 벗어나 재활하려는 학생, 범죄의 희생자가 되었던 학생, 외상을 경험하고 있거나 그로부터 회복되고 있는 학생을 돕는 목적을 가지고 있다.

학교에서 이루어지는 상담 집단은 광범위한 주제를 다양한 방법으로 다룬다. 이러한 집단은 학교에서 제공하는 심리적 서비스의 주축을 이룬다. 아동과 청소년을 위한 집단은 포괄적이고 발달적인 학교상담 프로그램의 주축이 되고 있는데, 이는 정보나 치료적 경험을 전달하기에 집단상담이 매우 효과적이기 때문이다. Steen, Henfield와 Booker(2014)는 상담을 심리교육적 개입과 통합하는 것은 학교 장면에서 개인적-사회적 발달 집단뿐만 아니라 학업적 발달을 촉진하는 집단에서 성공적이었다고 했다. 이러한 조합의 집단상담 방법은 학교상담사에게 자기 인식을 촉진하고 기술 정보를 제공할 수 있는 기회를 제공한다. 많은 학교 상담 집단은 개인 및 사회적 발달을 향상시키는 것을 목표로 하며 동시에 심리교육적 목적(예: 학습 기술, 또래와 상호작용하는 방법 또는 목표 설정)을 가지고 있다. Steen, Henfield와 Booker는 초·중·고 학교상담사가 학생의 학업 및 개인적-사회적 발달을 집단 작업에 통합할 수 있도록 고안된 집단상담 모형을 설명한다. Riva와 Haub(2004)은 "학교 기반 상담의 진정한 이점은 더 심각한 정신건강 문제로 인해 치료적 상담이 필요하기 전에 많은 학생에게 도움을 줄 잠재력을 가지고 있다는 점이다."(p. 318)라고 주장했다.

다양한 심리적 문제와 인구를 대상으로 한 집단상담의 효과에 대한 상당한 증거가 있다. 집단상담의 효율성은 다양한 환경에서 단기 및 시간 제한 상담 모형을 통해 향상되었다(Brabender, 2020). 집단 작업은 유익하고 비용 효율적인 접근 방식이며, 메타 분석에 따르면 집단상담이 개인상담만큼이나 효과적이라는 것이 밝혀졌다(Burlingame et al., 2004). Barlow(2008)는 집단이 예방과 교육목적 모두에 효과적으로 사용될 수 있다고 주장한다: "지속적으로 증가하는 연구와 개선된 적용을 통해 집단은 전 생애에 걸친 강력한 개입 도구로 남아 있으며 아동기, 성인기, 노인기의 어려움에 긍정적인 영향을 미친다"(p. 244). 집단상담 접근법은 유연하며 거의 모든 도움이 필요한 사람들을 돕도록 설계할 수 있다.

집단상담이 이처럼 널리 보급된 이유 중 하나는 그 접근이 개인적 접근보다 더 효과적인 경우가 많다는 점 때문이다. 이러한 효과는 집단구성원들이 통찰만 얻을 뿐 아니라 진행되고 있는 집단 내에서나 집단 밖의 일상생활에서 새로운 기술들을 연습할 수 있다는 데서 기인한다. 그리고 구성원들은 집단지도자뿐만 아니라 다른 구성원들로부터 오는 피드백과 통찰로부터 도움을 받을 수 있기 때문이다. 집단상담은 시범을 보일 수 있는 많은 기회를 제공하며, 구성원들은 유사한 어려움을 겪는 다른 구성원을 관찰함으로써 자신의 문제를 해결하는 방법을 배울 수 있다.

다양한 전문 영역의 상담 실무자 중에서 그들이 학위를 가지고 있다고 해도 집단상담의 이론이나 기법을 접하지 못한 사람들이 많다. 이런 전문가들 중 상당수는 적절한 준비나 훈련, 또는 수퍼비전 경험이 없이 집단에 투입되어 지도자 역할을 수행하고 있다. 그들 중 일부가 집단에서 어려움을 겪을 때 불안해지는 것은 당연하다. 나는 이 책이 역량 있는 집단지도자를 길러 내는 유일한 길이라고 생각하지는 않는다. 다만 집단 지도자들이 겪게 될 어려움에 대처하는 데 필요한 지식과 기술을 독자들이 얻게 되기를 바랄 뿐이다.

집단상담 개관

집단상담은 집단지도자와 제한된 수의 구성원으로 구성되며 교육, 문제 중심 또는 개인 성장과 관련된 특정 초점을 둔다. 집단 작업은 지금-여기(here-and-now)에서 발생하는 사고, 감정, 행동의 상호소통을 강조한다. 집단상담의 목표는 치유뿐만 아니라 예방도 포함한다. 집단구성원들은 인격의 재구조화를 필요로 하는 사람들이 아니며, 그들의 관심사는 전 생애에 걸친 발달과제와 관련되는 경우가 많다. 집단상담은 성장 지향적인 특성을 가지는 경향이 있는데, 즉 대체로 내적인 강점과 자원을 발견하는 데 초점을 둔다는 점에서 그러하다. 집단구성원들은 일시적인 위기나 갈등에 당면하거나, 삶에서 개인 내적 또는 대인관계에서의 문제로 어려움을 겪거나, 삶의 전환기에 어려움을 경험하거나, 자기파괴적인 행동을 바꾸려고 노력하는 사람들이다. 집단상담은 이와 같은 주제와 관심사를 서로 나누고 탐색하도록 돕는 신뢰의 분위기를 만들어 내는 데 필수적인 공감과 지지를 제공한다. 집단구성원들은 대인관계의 문제를 해결하기 위해 현재 가지고 있는 기술을 발전시키고, 그렇게 함으로써 앞으로 유사한 특성을 지닌 문제를 좀 더 효율적으로 해결할 수 있게끔 집단에서 도움을 받는다.

집단상담사는 구조화된 방법 외에도 언어적·비언어적 기법들을 사용한다. 기본적으로 집단상담사의 역할은 집단구성원들의 상호작용을 촉진하여, 그들로 하여금 서로에게 배우게끔 하며, 각자 목표를 설정하고 그들이 통찰한 것을 구체적인 계획으로 세워 집단 바깥에서 실행할 수 있게끔 돕는다. (2장에서는 능력 있는 집단지도자가 이와 같은 과업을 달성하는 데 필요한 기술들을 설명한다.) 집단상담사들은 구성원들로 하여금 지금-여기에 초점을 맞추어 그들이 집단 내에서 좀 더 생각해 보고 싶은 주제를 구체화하는 방법을 가르침으로써 자신의 역할을 수행한다.

목표

이상적으로 말하면, 집단구성원들은 집단 경험을 통해 이루려는 목표를 스스로 결정한다. 집단구성원들은 다음과 같은 목표를 세울 수 있다.

- 자신에 대한 인식과 지식을 증진한다. 자신의 고유한 정체성에 대한 감각을 키운다.
- 집단구성원들 각각의 욕구와 문제 사이에 공통점이 있음을 인식하고, 다른 구성원들과의 유대감을 발전시킨다.
- 다른 구성원들이 의미 있고 친밀한 관계를 맺을 수 있도록 돕는다.
- 가족이나 공동체 내에서 자신의 어려움을 극복하는 데 필요한 자원을 발견한다.
- 자기수용, 자신감, 자존감을 높이고, 자신과 타인에 대해 새로운 방식으로 이해한다.
- 자신의 감정을 건강한 방법으로 표현하는 방법을 습득한다.
- 타인의 욕구와 감정에 대해 관심을 가지고 공감하는 능력을 습득한다.
- 정상적인 사람들이 경험하는 발달과제를 다루고 특정한 갈등을 해결하는 대안적 방법을 찾는다.
- 자신과 타인에 대해 주도적인 태도, 상호 의존적인 태도, 책임지는 태도를 형성한다.

- 자신이 선택할 수 있다는 사실을 자각하고 지혜로운 선택을 할 수 있다.
- 특정한 행동을 변화시키는 데 필요한 구체적인 계획을 세울 수 있다.
- 좀 더 효율적인 사회적 기술을 습득한다.
- 상대편에 대한 관심과 배려를 잃지 않으면서도 정직하고 직접적으로 자신의 생각을 타인에게 전하는 방법을 습득한다.
- 자신의 가치관을 명료화하고, 그것을 수정할지 여부와 수정하는 방법을 결정한다.

이로운 점

집단상담은 구성원들이 자신의 일상적 세계를 새롭게 이해하는 데 도움을 주는데, 특히 구성원들의 연령, 관심사, 배경, 사회경제적 지위, 문제 유형 등이 다양한 경우에 더욱 그러하다. 사회의 축소판인 집단상담은 구성원들이 속한 현실의 부분을 반영하며(즉, 구성원들이 집단 내에서 경험하는 괴로움이나 갈등은 곧 그들이 집단 밖에서 경험하는 그것과 유사하다) 대부분의 집단이 가진 다양성으로 인해 구성원들은 서로에게 풍부한 피드백을 제공할 수 있다. 그 결과, 구성원들은 다양한 사람들의 눈을 통해서 자신을 이해할 수 있게 된다.

집단상담은 이해와 지지도 제공하는데, 이것들은 구성원들이 집단에 가지고 온 문제들에 대해 탐색하고 생각해 보고 싶은 마음을 북돋운다. 구성원들은 소속감을 가지게 되며, 응집성이 증가하면서 서로 친밀해지고 배려하는 동시에 상대편에 대해 도전하는 법을 습득한다. 이러한 지지적 분위기 속에서 구성원들은 새로운 행동을 실험해 볼 수 있다. 집단 내에서 이러한 행동을 연습하면서 구성원들은 지지와 격려를 받으며, 그들이 배운 것을 집단 밖에서 적용하는 방법을 습득한다.

구성원들이 자신의 어떤 점을 변화시킬지는 궁극적으로 자신에게 달려 있다. 그들은 자신에 대한 자신의 지각과 타인의 지각을 비교할 수 있으며, 비교를 통해 얻은 정보를 어떻게 활용할지를 스스로 결정할 수 있다. 구성원들은 자신이 되고 싶은 사람의 모습을 그려 볼 수 있으며, 동시에 그러한 사람이 되는 것을 방해하는 요소가 무엇인지 이해하게 된다.

특정 계층을 위한 집단상담

집단상담은 아동, 청소년, 대학생, 장·노년층 등 특정 계층의 요구에 맞게 고안될 수 있다. 이러한 집단의 예들이 『집단상담: 과정과 실제(Groups: Process and Practice)』(M. Corey, Corey, & Corey, 2018)에 소개되어 있는데, 이 책은 이러한 집단을 구성하는 방법에 관한 제안들과 각각의 특정 계층에 속한 사람들의 독특한 문제를 다루는 데 도움이 되는 방법들을 제공하고 있다. 다음은 특정 계층을 위한 집단상담의 이점을 간략히 논의한 것이다.

아동을 위한 집단상담

학교에서 집단상담은 과도한 싸움, 친구들과 함께 지내지 못함, 폭력적인 감정폭발, 사회적 기술의 부족, 가정에서 양육 경험의 부족과 같은 행동이나 특성을 보이는 아동들에게 적합하다. 소집단 상황은 아동들에게 위에 언급한 상황이나 관련된 문제들에 대한 자신의 감정을 표현할 기회를 제공할 수 있다. 심각한 정서 또는 행동 문제를 갖고 있는 아동을 발견하는 일은 매우 중요하다. 이러한 아동들이 발달 초기에 심리학적 도움을 받을 수 있다면, 그들은 나중에 맞닥뜨릴 발달과업을 효과적으로 수행할 개연성이 높을 것이다.

청소년을 위한 집단상담

집단상담은 특히 청소년들에게 적합한데, 그 이유는 집단상담이 갈등적 감정을 표현하고 자신에 대한 회의감을 탐색하며 이러한 문제를 친구들과 공유할 수 있다는 점을 깨닫게 하는 상황을 제공하기 때문이다. 집단상담은 청소년들로 하여금 자신의 가치관에 대해 공개적으로 되짚어 보고 바꿀 필요가 있는 것은 수정하게끔 돕는다. 집단상담에서 청소년들은 동년배들과 소통하는 법을 습득하며 지도자가 제공하는 행동양식을 보고 배울 뿐 아니라 현실 세계에서 실험하고 그들의 한계를 검증해 볼 수 있다. 집단 상황에서 이루어지는 상호작용 경험을 통해, 집단에 참여한 청소년들은 자신이 가지고 있는 어려움을 드러내고, 그것이 다른 사람에 의해 경청되는 경험을 하며, 각자 스스로를 이해하고 수용하도록 서로 도와줄 수 있다.

대학생을 위한 집단상담

대학생들은 학부나 대학원 시절에 일련의 발달과업을 맞닥뜨리게 된다. 집단상담은 관습적이거나 비관습적인 학생들 모두의 발달적 욕구를 충족하기에 좋은 도구가 된다. 요즘의 대학생들은 자신의 삶에서 다양하고 의미 있는 경험을 하는데, 그들 중에는 해외 파병에서 귀환한 퇴역군인들도 포함된다. 대학상담센터로부터 서비스를 받으려고 하는 사람들의 분포를 보면 이전보다 더 나이가 많으며 삶의 경험 측면에서는 더 다양하기 때문에 그들을 대상으로 한 집단상담은 이전보다 더 도전적인 과제가 된다(McCeneaney & Gross, 2009).

수많은 대학상담센터는 개인적인 문제 또는 대인관계상의 문제를 경험하고 있는, 상대적으로 건강한 학생들에게 적합한 집단 프로그램을 제공한다. 이러한 집단의 주요 목적은 집단에 참여하는 학생들에게 성장의 기회와 그들이 진로 선택이나 친밀한 대인관계, 정체성 문제, 학업 계획, 그리고 냉담한 캠퍼스 내에서의 고독감 등을 다룰 수 있는 환경을 제공하는 것이다. 특정한 문제나 주제를 중심으로 구성된 집단은 시간이 제한되어 있고, 발달적 주제에 초점을 맞추거나 구성원들이 공통적으로 가지고 있는 문제를 주로 다루는데, 이러한 집단은 수많은 대학상담센터에서 보편적으로 퍼져 있다. 이러한 집단상담은 발달상의 과제를 효과적으로 수행하도록 도움으로써 대학생들의 심리사회적 안녕을 촉진한다(Drum & Knott, 2009).

장 · 노년층을 위한 집단상담

집단상담은 청소년들에게 유익한 것만큼 장 · 노년층에게도 유익하다. 장 · 노년층은 나이가 들수록 더욱 고독해진다. 청소년들처럼 장 · 노년층도 자신의 생산성이 낮고 사람들이 그들을 덜 필요로 하거나 덜 원한다고 느낀다. 장 · 노년층에 해당하는 사람 중 상당수는'나이 듦'에 관한 잘못된 믿음을 받아들이는데, 이러한 태도는 자기충족적 예언으로 기능한다. 한 가지 예로, 장 · 노년층은 변화할 수 없고, 한번 은퇴하면 그들 대부분이 우울해진다는 오해를 받는다. 집단상담은 장 · 노년층이 이와 같은 잘못된 믿음에 대해 도전하고, 다른 여느 연령층의 집단에서 처럼 자신의 통합된 인격과 자존감을 유지한 채 자신의 발달과업을 수행하게끔 도울 수 있다. 집단상담 상황은 그들로 하여금 고독함을 깨고 세상 밖으로 나오게끔 도울 수 있으며, 삶의 의미를 발견함으로써 '단지 살아가는 것'이 아니라 더욱 풍성한 삶을 영위할 수 있도록 격려해 준다.

다른 형태의 집단들

이 책의 초점은 집단상담이지만, 집단 작업은 그 영역을 확장하여 상담 집단뿐만 아니라 심리치료 집단, 심리교육 집단, 과제촉진 집단 등을 모두 포괄하기에 이르렀다. 이러한 집단들은 공통적인 절차, 기법, 과정을 공유한다. 그러나 그것들은 구체적인 목표, 지도자의 역할, 집단에 참여한 사람들, 그리고 예방, 치유, 치료, 발달 중에서 초점을 어디에 두고 있는지에 따라 서로 다르다. 여기에서는 심리치료 집단, 심리교육(구조화) 집단, 과제촉진 집단 등이 어떻게 상담 집단과 다른지 간략히 살펴보고자 한다.

심리치료 집단

심리치료 집단과 상담 집단은 각각의 목표에서 가장 큰 차이를 보인다. 상담 집단은 성장, 발달, 촉진, 예방, 자각, 성장의 걸림돌 제거에 초점을 두는 한편, 치료 집단은 치유, 치료, 성격의 재구성과 같은 주제에 초점을 둔다. 집단심리치료는 현재와 과거에 대한 의식적·무의식적인 인식을 포함하는 재교육 과정이다. 어떤 치료 집단은 개인의 기능을 방해하는 정서적·행동적인 장애를 수정하거나 심층적인 심리 문제를 치유하도록 고안되어 있다. 집단의 목표는 성격 구조의 부분적 혹은 총체적 재구성인데, 이는 집단치료자의 이론적 배경에 좌우된다. 이 목표 때문에 치료 집단은 다른 유형의 집단에 비해 긴 기간 동안 진행된다. 이러한 유형의 집단에 참여하는 이들은 심각한 정서적 문제, 뿌리 깊은 내적 갈등, 외상, 또는 정신병적 현상 때문에 고통을 받는 사람들이다. 이에 속하는 많은 사람은 발달적이거나 예방적인 작업보다 치료가 필요하다.

집단치료자에 해당하는 직업군으로는 임상심리학자나 상담심리학자, 또는 자격증을 가진 전문상담사, 임상사회복지사 등이 있다. 그들은 (집단상담사들과 마찬가지로) 광범위한 언어적 수단을 사용하는데, 어떤 이들은 이전의 경험으로 퇴행하도록 하는 기법이나 무의식적 역동을 탐색하는 기법, 그리고 외상적 사건을 재경험시켜 카타르시스를 일으키게 하는 기법을 사용하기도 한다. 이러한 경험들이 집단에서 드러남으로써 집단 구성원들은 현재의 기능을 방해하는 과거 결정을 자각하고 통찰하게 된다. 집단치료자들은 집단구성원들로 하여금 교정적 정서를 경험하고 이 세상이나 타인 그리고 자신에 대해 새로운 결정을 내리게끔 돕는다.

심리교육 집단

심리교육 집단 또는 어떤 한 가지 주제를 다루기 위해 구조화된 집단은 점점 보편적인 것이 되어 가고 있다. 이러한 집단은 주제에 대한 발표, 사실적 정보에 대한 토론, 그리고 계획적인 기술습득 훈련 등으로 구성된다. 심리교육 집단은 다음과 같은 여러 가지 목적을 가지고 있다. 정보 전달, 유사한 경험의 공유, 문제해결 방법의 학습, 지지 제공, 집단 밖에서 자신의 지지 체계를 구축하도록 돕기. 이러한 집단은 특정한 영역의 주제를 다루기 위해 구조화되어 있다는 점에서 교육적이면서 치료적인 집단으로 간주되기도 한다. 심리교육 집단은 다양한 기관에서 실시되고 있는데, 특히 지역사회센터나 학교 등에서 점점 더 많이 시행된다.

심리교육 집단은 사람들이 구체적인 기술을 습득하고 특정한 주제를 이해하며 삶의 어려운 전환기를 잘 헤쳐나가는 것을 효과적으로 돕게끔 고안되어 있다. 집단지도자와 구성원의 관심 영역에 따라 집단의 주제가 다양하지만, 심리교육 집단은 삶의 특정 문제에 대한 인식을 높이고 그 문제에 효과적으로 대처해 갈 수 있는 도구를 제공한다는 공통분모를 가지고 있다. 심리교육 집단에서 사용되는 개입 전략은 주로 변화를 위한 기본적인 정보 전달과 이러한 변화를 가져오는 과정을 가르치는 데 기반을 두고 있다. 이런 집단의 목적은 일련의 교육적 · 심리적 어려움을 예방하는 것이다.

수많은 심리교육 집단은 학습 이론을 기반으로 하며, 행동주의적 절차를 따른다. 제12장, 집단의 인지행동적 접근에서는 그러한 집단, 즉 사회적 기술 훈련 집단, 스트레스 관리 집단, 인지치료 집단 등에 대해 구체적으로 설명한다. 심리교육 집단은 모든 연령대의 내담자들에게 적합하며, 이런 집단에 대해서는 『집단상담: 과정과 실제』(M. Corey et al., 2018)에 좀 더 상세히 설명되어 있다. 다음에는 여러 발달단계에 맞는 심리교육 집단의 예를 제시하였다.

- 이혼가정의 초등학생 아동 집단
- 아동을 위한 분노조절 집단
- 약물남용집단
- 여성 또는 남성 집단
- 가정폭력 집단
- 근친상간 여성 생존자 집단
- 성공적인 노년기를 위한 집단
- 노년기 대상의 애도 집단

이들 집단은 특정 주제와 내용 그리고 회기 진행상 구조가 있고, 집단구성원들 간에 마음을 나누고 피드백을 많이 주고받게끔 격려하며, 자각을 촉진하고, 집단 구성원의 일상 생활의 변화를 꾀한다. 이러한 집단은 거의 모든 유형의 내담자를 대상으로 고안될 수 있으며 각 개인의 구체적인 필요에 따라 좀 더 구체적으로 수정될 수 있다.

과제촉진 집단

과제촉진 집단(task facilitation groups)은 특별 전문위원회(task force), 위원회, 기획 집단, 지역사회 기관, 토론 집단, 스터디 집단, 학습자 집단, 팀 빌딩 위원회, 프로그램 개발 관련

자문위원회, 그 밖에 이와 유사한 조직체들이 각각의 기능을 조정하고 발전시키도록 고안된 집단이다. 이러한 집단은 특정한 업무 목표를 달성하기 위해 집단 과정이나 집단역동의 원리를 적용한다. 휴먼 서비스 전문가들은 조직 내에서 프로그램 기획과 평가 역량을 개선하라는 요청을 점점 더 많이 받고 있다.

과제촉진 집단을 운영하는 지도자들은 자주 핵심과제에 신속하게 접근하려고 한다. 그러나 과제 자체(내용)에만 초점을 맞추면 집단에서 문제가 야기된다. 집단지도자가 지금-여기라는 요소에 초점을 맞추지 못할 경우, 그 집단은 지나치게 내용에만 비중을 두게 되고 과정 측면은 축소되는 경향이 있다. 집단에서 대인 간 상호작용의 주제가 무시되면 상호 협조하고 조력하는 관계는 발전하기 어려우며, 집단의 목표를 성취하지 못할 개연성이 크다. 집단지도자가 과제촉진 집단의 목표를 성취하기 위해서는 과정과 관계의 중요성을 자각하는 것이 필수적이다.

이러한 대인 간 분위기에 주목하는 것이 집단의 목적과 목표를 성취하는 것과 어떤 관련이 있는지를 집단구성원에게 이해시키는 것은 지도자의 역할 중 하나이다(Hulse-Killacky, Killacky, & Donigan, 2001). 과제촉진 집단에서 내용과 과정 간의 균형은 사전준비, 실행, 종료 단계에서 따라야 할 기본 원칙에 주목함으로써 가장 잘 성취될 수 있다. 이것이 효과적으로 이루어졌을 때, 과제촉진 집단은 더욱더 성공적이고 생산적인 것이 될 수 있다.

과제촉진 집단은 학생들을 도와줄 계획을 세우는 교직원들로 구성된 집단을 운영하는 학교상담사들이 자주 사용한다. 하나의 팀은 어떤 서비스가 가장 잘 시행될지 판단하기 위해 함께 작업한다. 학교 내에서 운영되는 과제촉진 집단은, 개인의 성장에 초점을 맞추기보다는, 다수의 학생을 돕는다는 공통 목표를 성취하는 데 더 큰 관심이 있다(Fall & Furr, 2009).

과제촉진 집단은 지역사회 수준에서 개입하는 데 많이 사용될 수 있다. 사람들이 당면하는 많은 문제는 개인 또는 지역사회 구성원으로서의 권리를 박탈당할 때 발생한다. 지역사회에서 일하는 전문가들의 과업 중 하나는 개인 및 지역사회 전체가 높은 수준의 임파워먼트(empowerment)** 를 제공하는 자원에 접근할 수 있도록 돕는 것이다. 집단지도자는 정치적 · 사회적인 힘이 다양한 인종적 · 문화적 집단에 속한 개인들의 경험에 어떤 영향을 끼치는지 이해할 필요가 있다.

** 휴먼 서비스 분야에서 empowerment, empowering 등은 주로 내담자가 자신의 잠재력을 발견하고 자율적으로 판단하고 행동하도록 촉진하는 것을 의미한다. 국내에서는 '권한부여' '권한위임' '역량증진' '역량 강화' 등으로 다양하게 번역되어 쓰이고 있다. 그러나 표준적인 번역 용어가 없고, 원어 그대로 옮겨 적은 용어가 일종의 외래어처럼 통용되고 있다는 점을 고려하여 이 책에서는 각각 '임파워먼트' '임파워링'으로 표기하였으며, 문맥에 따라서는 '자율성 및 역량의 강화'와 같이 풀어서 쓰기도 했다(역자 주).

지역사회에서 일한다는 것은 대체로 특정한 집단과 함께 작업하거나, 아니면 한 지역사회 내에서 서로 경쟁하거나 협조하는 집단들이 한 가지 또는 여러 가지 문제를 다루는 상황에서 작업하는 것을 의미한다. 지역사회의 변화 과정에서 이루어지는 대부분의 작업은 소집단 맥락에서 이루어지며, 여기에서 과제촉진 집단을 구성하는 기술은 반드시 필요하다.

단기 집단

엄격한 의미에서 단기 집단은 집단의 독특한 유형이라고 볼 수 없다. 앞에서 언급되었던 대부분의 집단은 이미 시간이 제한된 상태에서 진행된다. 단기 집단은 종결과 과정에 대해 시간이 미리 설정되어 있는 경향이 있다. 관리의료 제도의 시대에서 단기적 개입과 단기 집단은 이미 필수적인 조건이 되었다. 경제적 측면의 압력과 자원의 부족은 정신건강 서비스를 제공하는 방식에서도 많은 변화를 초래하였다. 관리의료 제도 역시 모든 형태의 단기 상담의 발전에 영향을 끼쳤는데, 집단상담도 예외는 아니었다. 단기 집단상담은 내담자와 관리의료 제도의 요구에 적합하며, 이 방식은 경제적일 뿐만 아니라 효과적이다(Hoyt, 2011). 단기 집단 작업에서 집단상담사는 구성원과 함께 분명하고 현실적인 목표를 설정하며 집단의 구조 내에서 초점을 분명히 하고 적극적인 상담사 역할을 유지하며 제한된 시간이라는 틀 내에서 작업한다. 단기 집단 작업은 지역사회 기관과 학교에서 많이 활용되는데, 그 이유는 현실적인 시간의 제약과 교육 또는 치료적 프로그램에 활용될 수 있는 단기적 모형이 가진 효과성 때문이다.

집단상담의 효과에 대한 대부분의 경험적 증거는 시간 제한이 있는 폐쇄형 집단에 대한 연구를 기반으로 하고 있으며, 메타 연구의 증거는 이러한 집단의 가치를 강력하게 뒷받침한다. 일반적으로 단기 집단상담의 효과에 대한 증거는 매우 긍정적이다(Shapiro, 2010). 단기 개입과 시간 제한은 특히 다양한 상담 집단, 구조화된 집단, 심리교육 집단과 관련이 있다. 대부분의 환경에서 현실적인 시간 제약으로 인해 실무자는 효과가 입증된 좀 더 단기적인 접근법을 사용해야 한다. 단기 집단 작업은 집단의 실무자에게 독특한 요구를 하기 때문에 이러한 집단을 이끄는 사람들은 단기 집단 개입에 대한 교육과 감독을 받는 것이 필수적이다. Shapiro는 다음과 같이 말함으로써 단기 집단상담의 미래는 집단지도자가 받는 교육에 달려 있다고 생각했다: "우리는 단기 집단에 대한 집단 훈련 프로그램과 보다 적절한 수퍼비전을 재정립하고 임상 및 상담 훈련 프로그램에 사적 주제를 다루는 집단의 참여를 포함시켜야 한다"(p. 506).

다문화 맥락에서의 집단상담

다문화 사회 내에서 문화적 다양성이라는 현실은 인식되고 존중되며 장려된다. 집단상담에서도 지도자와 구성원의 세계관은 매우 다양하며, 집단은 다양성이 자연스럽게 인정되고 촉진되는 장소이다. 다문화 집단상담을 실시하기 위해서는 문화, 인종, 종족, 성, 계층, 능력/장애, 언어, 종교, 성적 정체성, 나이와 같은 다양성에 대한 이해와 인정을 촉진하는 태도와 전략이 필요하다. 우리 각자는 독특한 다문화적 정체성을 가지고 있지만, 집단 구성원으로서 우리는 집단의 성공이라는 공통적인 목적을 가지고 있다. 결국 우리는 개인으로서, 그리고 다양한 문화 집단 내의 한 구성원으로서 자신에 대해 더 많은 것을 배우고자 한다.

DeLucia-Waack(1996)은 집단 작업이라는 다문화적 맥락이 다음 두 가지 과제에 주목할 것을 요구한다. (1) 집단 작업에 사용하는 이론과 기법을 다른 문화적 신념과 행동에 일치하도록 적용하고 수정하는 것, (2) 집단 작업이 구성원 간의 다양성을 변화와 성장을 촉진하는 방법으로 충분히 활용하도록 이론과 실무를 개발하는 것이다. 다문화주의는 태생적으로 모든 집단 내에 내포되어 있으며, 우리 자신의 고유성은 집단이 운영되는 과정에서 가장 중요한 요인이다.

내담자의 문화적 유사점과 차이를 이해하는 것뿐 아니라, 집단상담사는 집단의 구조, 목표, 기법, 실제와 관련하여 문화적으로 제한된 관점에 대해 도전할 의도나 능력을 가지고 있어야 한다. 집단상담사가 밟아야 할 기본 단계는 다문화적 관점에서 모든 주요 이론이 기초하고 있는 가정들이 적합한지 재검토하는 것이다. Comaz-Diaz(2019)에 의하면 효과적인 심리치료자는 자각, 존중, 수용, 그리고 문화적 다양성에 대한 이해 등이 가지고 있는 핵심적인 역할을 인식하고 있다. 그러나 대부분의 심리치료 모델은 단일 문화적인 사고틀을 기반으로 하고 있으며, 주류문화의 가치관은 구성원들 사이에 존재하는 다문화적 관점이 빛을 잃게 만들고 있다.

Ivey, Pedersen과 Ivey(2008)는 집단에서의 다문화적 의도성(multicultural intentionality)에 대한 논의에서 내담자의 내면적 역동에서 문제의 근원을 찾는 것은 더 이상 적절하지 않다고 주장했다. 대신 우리는 자신이 맥락적 · 문화적 존재임을 확인해야 한다. 우리는 성, 성정체성, 신체적 · 정서적 역량의 정도, 영성, 사회경제적 지위에 관한 주제에 대한 인식 수준을 높여야 한다. 전통적인 상담 이론이나 기법을 버릴 필요는 없지만, 우리는 개인이 겪는 문제에 끼치는 환경의 영향을 고려하는 방식으로 그 이론들을 개념화해야 한다.

다문화 집단상담에 대한 관점들

집단상담 서비스를 제공하는 맥락에서 다문화(multicultural)라는 용어는 문화의 복잡성을 의미한다. 넓은 의미에서 다문화상담은 인종, 문화적 측면에서 소수집단(즉, 아프리카계 미국인, 아시아계 미국인, 라틴계 미국인, 미국 원주민, 백인 등)뿐만 아니라 신체적 장애인, 노인, 여성, 동성 및 양성애 남녀, 성전환자, 그리고 특수한 형태의 결핍으로 어려움을 겪는 사람들을 이해하는 데 초점을 둔다. 미국 사회의 인적 구성이 달라짐에 따라 다문화상담은 성별, 사회적 계층, 언어, 성정체성, 장애, 인종, 민족 등의 측면에서 상담사와 내담자 사이의 차이를 다루지 않을 수 없게 되었다(Lee, 2019).

다문화상담은 문제가 개인 내면에서만 발견된다는 관점에 대해 다시 돌아본다. 다문화적 접근은 '피해자를 비난하는' 관점을 넘어 인간 행동의 사회적 · 문화적 맥락을 강조하며 관계 내에서의 자기의 문제를 다룬다. 많은 문제의 요인들이 개인의 외부에도 있다는 점을 집단지도자들이 자각하는 것은 중요하다. 예를 들어 편견, 차별 등은 현실적인 사회적 환경인데, 그것의 영향력은 개인의 차원을 훨씬 넘어선다. 집단지도자들이 문화적으로 효과적인 개입을 하고자 한다면, 그들은 때때로 옹호자, 변화의 주체, 자문자, 조언자, 문화 집단 내부의 지지 또는 치유 시스템의 촉진자 역할을 수행해야 할 것이다(Atkinson, 2004).

Pedersen(1991, 1997)에 따르면 다문화적 관점은 다원화된 사회의 복잡한 다양성을 자각하는 것과 동시에 모든 사람이 가지고 있는 차이점에도 불구하고 그들을 서로 연결하는 공통적인 주제가 있음을 이해하는 개념적 틀을 제공한다. 이 관점은 집단상담사로 하여금 한 개인의 독특한 측면과 함께 그 독특한 개인이 다른 사람들과 동일한 주제를 공유하는 방식을 이해하도록 돕는다. 그러한 관점은 다양한 내담자의 결핍된 부분뿐만 아니라 그들이 가진 강점을 존중한다. 그리고 이러한 내담자들의 각각의 경험을 중시한다. 단순히 한 문화 집단에 대한 지식을 가지는 것만으로는 부족하며, 개별 집단 내에서 드러나는 다양성을 이해하는 것이 중요하다. 각 개인은 그들의 문화적 정체성, 문화에 적응한 정도, 그리고 다문화적 자각이라는 맥락에서 이해되어야 한다.

Pedersen(1997, 2000)은 개인이 보이는 행동의 의미를 정확하게 해석하기 위해서는 집단적 차이와 개인적 차이를 동시에 이해하는 것이 중요하다는 점을 강조했다. 집단지도자가 문화적 요인을 고려하든 무시하든 문화는 집단 과정뿐만 아니라 구성원과 지도자의 행동에 지속적으로 영향을 끼칠 것이다. 문화를 무시하는 집단상담사는 비효과적인 서비스를 제공하게 될 것이다. 집단지도자가 다문화 집단을 성공적으로 이끌기 위해서는 문화적으로 역량 있는(culturally competent) 지도자가 되려고 노력할 필요가 있다. 집단지도자는 자신의 세계관을 자각하고, 다양성을 존중하며, 이질적인 세계관에 대해 배우고, 문화적 지식을 집단상담 수행의 일부로서 익히고 체화하며, 다문화적 역량을 증진하고, 내담자의 다양성과 문화적 배경을 수용해야 한다(Comas-Diaz, 2019). 집단지도자는 각 문화가 가진 세계관의 다양성과 그러한 세계관의 차이가 관계나 행동, 그리고 집단 작업에 적극적으로 참여하고자 하는 의지의 수준에 영향을 줄 수도 있음을 이해해야 한다(DeLucia-Waack & Donigian, 2004).

Pedersen(2000)은 문화는 단순하지 않고 복잡하며, 정적이지 않고 매우 역동적이라고 주장했다. 그럼에도 형형색색으로 수놓아진 문화적 다양성을 집단상담사가 깨뜨려야 하는 장애물로 간주할 필요는 없다. Pedersen은 그의 워크숍에서 다문화주의는 상담 전문가라는 당신의 일을 더 쉽고 더 흥미롭게 만들 것이며, 당신이 문화적 차이가 인간관계의 풍부함을 더하게 하는 긍정적 특성이라는 관점을 받아들이면 당신의 삶의 질 역시 높아질 수 있을 것이라고 자주 말했다.

문화적으로 다양한 집단을 도울 때 고려할 몇 가지 지침

모든 구성원이 성공적인 집단을 경험할 확률을 높이기 위해서는 철저한 준비가 필요하다. 다음의 지침을 숙고해 봄으로써 문화적으로 다양한 내담자들로 구성된 집단을 효율적으로 운영하는 데 도움을 받을 수 있을 것이다.

- 당신의 문화적 배경이 당신의 사고나 행동 방식에 어떻게 영향을 끼치고 있는지 이해하라. 당신이 자신도 모르게 문화적으로 편협해진 방식을 이해하라. 자신과 타인의 문화를 모두 이해하는 시각을 넓힐 수 있는 구체적인 방법과 절차를 밟도록 하라.
- 당신이 가지고 있는 기본적인 가정(특히 문화, 민족, 인종, 성별, 계급, 종교, 성적 정체성의 다양성과 관련된)을 확인하고 그러한 가정이 집단상담사인 당신이 집단을 운영하는 방식에 어떻게 영향을 끼칠 수 있는지 생각해 보라.
- 모든 인간의 만남은 그 자체가 다문화적이라는 점을 자각하라.
- 한 사람의 어려움을 야기하는 근원을 찾기 위해 개인 내부만 들여다보는 관점을 넘어서고, '관계 속의 자기(self-in-relation)'라는 관점을 받아들이도록 노력하라. 개인의 어려움을 야기하는 환경적 요인과 체계상의 요인을 고려하라.
- 개개인의 차이점을 존중하고 다양성은 집단을 촉진한다는 사실을 이해하라.
- 다양한 배경을 가진 사람들 사이에 존재하는 공통적인 부분에 주의를 기울이는 방법을 습득하라. 우리가 보편적인 주제를 서로 나누고 있음을 자각하라.

- 집단을 시작하기 전에 구성원들의 문화적 배경에 대한 모든 것을 미리 학습하는 것이 필수적인 것은 아님을 자각하라. 구성원들로 하여금 그들을 가장 잘 도울 수 있는 방법을 당신에게 가르치게끔 허용하라.
- 성공적인 집단 경험을 하도록 집단구성원들을 준비시키는 시간을 가지라. 특히 구성원들이 가지고 있는 가치관이 집단 작업을 하는 데 필요한 그것과 다를 때 그렇게 하라. 구성원들에게 그들이 일상생활에서 겪는 어려움을 극복하기 위해 집단경험을 활용하는 법을 가르치라.
- 지도자인 당신이 집단상담에서 사용하는 방법을 적용하는 데 유연성이 중요함을 깨달으라. 특정 기법이 주어진 구성원들에게 적합하지 않은데도 그 기법을 고수하려고 하지 말라.
- 다문화적 관점이 지도자인 당신의 전문적인 과업을 수월하게 하며 당신과 당신의 내담자에게 보상이 될 것임을 기억하라.

문화적으로 유능한 집단상담사가 되는 과정에서, 당신은 다양한 문화적 배경을 가진 구성원들을 더 잘 돕기 위해 당신이 소유하고 있는 이론적 관점과 기법을 유연하게 적용하는 방법을 생각하고 터득해야 할 것이다. '2장 집단지도자'에서는 다문화적 역량이 있는 집단상담사가 되기 위해 필요한 요소들을 다룰 것이며, '3장, 집단상담에서의 윤리적 · 직업적인 문제'에서는 다문화 집단상담에서 발생하는 윤리적 문제를 소개할 것이다. 제1부의 나머지 두 장은 집단 작업에서 관찰할 수 있는 다양한 단계에 대해 설명할 것이다.

제2부는 10개의 주요 이론의 강점과 약점을 다문화적 관점에서 설명할 것이다. 여기에서 논의될 효과적인 다문화 집단상담을 운영하는 일반적 원리들은 이 책의 후반부에서 더욱 상세하게 논의될 내용의 기초를 제공할 것이다. 2부에 제시된 10개의 이론을 공부해 가면서 그 이론들이 근거하고 있는 가치관에 유의하기 바라는데, 그 가치관들은 당신의 집단상담 운영 방식에 큰 영향을 끼칠 것이다. 어떤 특정한 내담자들에게는 현대적 상담 모델을 직접 적용하는 것이 부적절할 수도 있다. 그러나 다양한 상담 이론에서 제공하는 많은 개념과 기법은 문화적인 적절성을 가지고 있다. 집단지도자로서 당신은 다양한 이론적 체계와 관련된 주요 개념과 기법을 사용할 것이다. 당신이 다양한 내담자의 필요에 맞게끔 그러한 도구를 체계적으로 통합하는 방법을 개발하는 일이 중요하다.

2장

집단지도자

학습목표

1. 효과적인 집단상담사의 특징과 기능을 식별한다.
2. 초보 집단상담사가 직면하는 주요 이슈와 특별한 문제를 파악한다.
3. 집단에서 안전과 신뢰를 형성하는 방법을 설명한다.
4. 그룹 지도자의 유익한 자기개방과 부적절한 자기개방을 구분한다.
5. 다양한 집단 리더십 기술을 나열하고 정의한다.
6. 집단 회기를 시작할 때 구체적인 기술과 과제를 나열한다.
7. 집단 회기를 마무리할 때 구체적인 기술과 과제를 나열한다.
8. 상담 관계에서 다양성 주제의 역할을 이해한다.
9. 다양성 주제에 유능한 집단상담사가 되기 위해 무엇이 필요한지 설명한다.
10. 근거 기반 실천과 실천 기반 근거의 차이점을 설명한다.

이 장은 집단지도자가 (개인으로서든 또는 전문가로서든) 집단 과정에 미치는 영향에 대해 주로 다룬다. 효과적인 집단지도자의 개인적 품성을 논의한 후, 성공적인 지도자가 되기 위해 필요한 기술, 기법, 그리고 집단지도자의 구체적 기능과 역할을 분석할 것이다. 이 장은 후속되는 집단상담의 윤리, 집단상담의 발달단계 등을 다루는 세 장의 내용을 충분히 이해하는 데 필요한 만큼의 정보를 제공할 것이다. 여기에서 다룬 주제는 제2부의 집단상담 이론에 관한 장에서 다룰 내용의 중요한 전주곡이 될 것이다.

인간으로서의 집단지도자

집단역동과 관련된 폭넓은 이론적 · 실제적 지식을 습득하고, 진단적 · 기술적 절차에 숙달되어 있는 집단지도자에게도 구성원들의 성장과 변화를 촉진하는 것은 쉬운 일이 아니다. 집단지도자는 자신의 개인적 특성, 가치관, 경험, 가정(assumptions)과 편견을 지닌 채 집단 작업에 임한다. 구성원의 성장을 촉진하기 위해서는 지도자 자신이 성장 지향적인 삶을 살 필요가 있다. 타인이 무력한 삶의 방식으로부터 벗어날 수 있도록 돕기 위해서 집단지도자는 자신도 기꺼이 새로운 경험을 추구하려고 노력할 필요가 있다. 즉, 집단지도자는 그들이 효율적인 행동에 대해 기술하기보다 그것을 몸소 보여 줄 때 집단에서 영향력을 가질 수 있다.

이는 집단지도자들에게 문제가 전혀 없어야 한다는 것을 뜻하지 않는다. 중요한 것은 집단지도자들이 개인적인 문제를 갖고 있는지 여부가 아니라 그들이 구성원들에게 안내하는 방향과 일치하는 삶을 살아가기 위해 노력하는지 여부이다. 완성된 결과물을 산출하는 것보다 더 중요한 것은 자신의 인생이 삶의 중요한 가치에 부합하는지를 지속적으로 검토하면서 사는 것이다. 집단지도자로서의 성공 여부를 좌우하는 핵심 요소는 좀 더 성숙하고 효율적인 인간이 되는 끝없는 여행에 전념할 마음이 있는지 여부이다.

성격과 특성

집단상담 기법은 집단지도자의 개인적 특성과 행동으로부터 분리될 수 없다. 어떤 개인적 특성은 집단 과정을 촉진하여 효과적인 리더십과 직결되는 한편, 다른 소양은 방해가 되기도 한다. 독자들은 이러한 특성에 관한 설명을 읽으면서 자신의 강점과 개선할 점 등을 평가해 보기 바란다.

함께함

정서적으로 함께한다(present)는 것은 다른 사람이 경험하는 기쁨과 고통에 의해 마음이 움직인다는 의미이다. 지도자가 자신의 감정을 자각하고 표현할 때, 그들은 다른 사람과 정서적으로 더 깊게 얽히게 된다. 지도자가 이러한 자신의 경험에 주의를 기울일 수 있는 능력이 있다면, 그들은 구성원들을 좀 더 잘 공감하고 그들과 마음을 함께 나눌 수 있을 것이다. 또한 함께한다는 것은 '구성원의 곁에 머무른다'는 것인데, 이는 구성원들을 진정으로 돌보고 그들의 심리적 세계에 들어가고자 하는 의지가 있음을 의미한다. 집단에 참여하면서 잡념에 빠지거나 다른 일에 몰두하는 지도자는 집단원들을 위해 그 자리에 함께하기 어렵다.

개인적 힘

개인적 힘이란 자신감과 자신이 타인에게 끼치는 영향력이 있음을 인식하는 것과 관련된다. 집단지도자가 자신의 삶에서 일종의 힘을 느끼지 못한다면(또는 자신의 운명에 대한 통제력을 느끼지 못하다면) 내담자를 임파워링하기는 어렵다. 즉, 자신에게 없는 것을 다른 사람에게 제공하기는 불가능하다. 개인적인 힘은 다른 사람을 지배하거나 착취하는 것이 아니다. 이와 같은 것은 힘을 남용하는 것이다. 진정으로 힘 있는 지도자는 집단구성원들의 의존성을 높이기 위해서가 아니라 그들이 지금까지 사용하지 않고 있던 잠재력을 깨닫도록 돕기 위해서 영향력을 행사한다. 집단지도자는 구성원들을 자신의 동료로 받아들임으로써 그들을 임파워링 한다. 구성원들이 위험을 감수하면서 변화하려고 노력한다면, 그러한 과정에서의 공은 대부분 구성원들에게 돌아가야 한다.

용기

효과적인 집단지도자는 구성원들과 하는 상호작용에서 용기를 보여 주며 상담사라는 특수한 역할 뒤로 자신을 숨기지 않는다. 집단지도자들은 집단에서 용기 있는 태도를 보여 준다. 용기 있는 집단지도자는 취약함을 드러낼 줄 알고, 존중하는 태도로 구성원들에게 기꺼이 도전하며, 자신의 통찰과 신념에 따라 행동하고, 집단 과정에 대한 자신의 생각과 감정을 구성원들과 나누며, 자신이 가지고 있는 힘을 구성원과 공유할 의지를 보여 준다. 집단지도자들은 진정한 자신이 되고 척하는 모습 뒤에 숨지 않는 모범을 보인다. 구성원들이 자신에게 익숙하고 안전하게 느껴지는 삶의 패턴을 버리고 변화하려고 할 때, 그들은 자주 불안하고 두렵다는 말을 한다. 집단지도자들은 때때로 느껴지는 불완전함과 두려움에도 불구하고 앞으로 나아가려는 행동을 보여 줌으로써 변화하고자 하는 자신의 의지를 구성원들에게 보여 줄 수 있다.

자신을 직면하려는 의지

집단지도자에게 가장 핵심적인 과제 중 하나는 구성원의 자기탐구를 촉진하는 것이다. 자각을 위해서는 자기 자신을 정직하게 바라보려는 의지가 필요하며, 집단지도자는 자기 스스로에게 질문을 던지려는 의지가 있음을 보여 주어야 한다. 이와 같은 중요한 특성은 자신의 욕구와 동기뿐만 아니라 개인적인 갈등과 문제, 방어기제와 취약한 지점, 미해결 과제,

그리고 이러한 점들이 집단 과정에 끼칠 수 있는 잠재적 영향에 대해 인식하는 것을 의미한다. 자각을 중시하는 지도자는 집단환경에서 자신이나 다른 구성원들을 향해 발생하는 전이에 대해 치료적으로 작업할 수 있다. 그뿐 아니라 집단지도자들은 자신의 취약한 부분, 특히 자신의 역전이를 자각하고 그에 따라 나타나는 자신의 반응에 대해 책임을 진다.

진실함과 진정성

집단지도자에게 필요한 가장 중요한 특성 중 하나는 타인의 안녕과 성장에 대한 진실된 관심이다. 진실함은 솔직함과 관련이 있는데, 진실하다는 것은 집단원이 듣기 힘들 수도 있는 것을 직접 알려 주는 것을 의미한다. 집단지도자에게 있어서 돌본다고 하는 것은 구성원들로 하여금 그들이 부정하고 있는 삶의 일부분을 들여다보고 집단에서 진실하지 않은 행동을 지양하도록 돕는 것을 의미한다. 내담자의 이익이라는 것은 가장 중요하며, 유용한 피드백을 위해서는 집단지도자의 진실함과 존중하는 태도가 필수적이다.

진정성은 진실함의 한 형태이다. 진정성 있는 집단지도자는 겉치레가 없고 방어나 위장 뒤에 숨지 않는다. 진정성은 자신을 적절하게 개발하고 집단에서 발생하는 일에 대한 자신의 느낌과 반응을 공유하는 것을 포함한다. 진정성은 스쳐 가는 생각이나 지각, 감정, 상상, 반응 등을 무분별하게 공유하는 것을 의미하지 않는다. 예컨대, 지도자가 집단 초기에 특정 구성원에게 마음이 끌렸다고 해서 그것을 첫 회기에 개방하는 것은 지혜롭지 못하다. '기다림'이 곧 진정성이 없다는 것을 의미하지 않는다. 오히려 그러한 태도는 집단의 초기 단계에서 내담자를 존중하고 배려하는 것이다.

정체성

집단지도자가 구성원들로 하여금 그들이 누구인지 발견하도록 하려면 지도자 자신의 정체성이 분명해야 한다. 이것은 당신이 무엇에 가치를 두는지 알고 다른 사람의 기대보다는 자신의 기준에 맞추어 사는 것을 의미한다. 또한 그것은 당신 자신의 강점과 한계, 욕구와 두려움, 동기와 목표 등을 자각한다는 것을 의미한다. 더불어 그것은 앞으로 당신이 무엇이 될 수 있으며 당신의 삶에서 무엇을 원하며 당신이 원하는 것을 어떻게 성취할지를 안다는 것을 의미한다. 당신의 문화적 유산, 인종, 성적 정체성 등을 자각하는 것 역시 이와 같은 정체성의 필수적인 요소이다.

집단 과정에 대한 신뢰와 열정

집단 과정의 가치에 대한 집단지도자의 깊은 신뢰는 집단의 성공에 필수적 요소이다. 집단의 개입이 변화를 촉진할 것이라는 믿음 없이 단지 주어졌기 때문에 집단을 진행하는 지도자가 구성원들을 고무할 가능성은 낮다. 집단지도자의 열정이 결여될 때, 그것은 집단에 반영되어 구성원의 참여 동기가 낮아질 뿐만 아니라 집단에서 중요한 작업을 할 능력 또한 저하된다. 집단지도자의 열정은 집단원에게 전염성이 있다. 집단지도자가 열정을 발할 때, 그들이 반복해서 '무미건조한 집단'을 이끌 가능성은 낮다. 집단지도자는 자신의 일을 즐기고 구성원들과 함께하는 것을 좋아한다는 것을 보여 줄 필요가 있다.

발명과 창의성

집단지도자는 의식(ritual)으로 굳어진 기법이나 습관화된 진행 방식은 가급적 피해야 한다. 각각의 집단상담을 새로운 아이디어를 가지고 진행하는 것은 쉽지 않을 수 있다. 발명을 좋아하고 창의적인 지도자는 그들이 그동안 가지고 있던 경험이나 세계관과는 다른 새로운 경험과 세계관에 대해 개방적인 태도를 취한다. 집단 작업이 가지고 있는 중요한 이점 중 하나는 지도자가 보다 창의적으로 변화하도록 만드는 여러 가지 기회를 제공한다는 점이다.

활력

집단을 이끄는 일은 활력이 넘치는 만큼 힘들기도 하다. 집단지도자는 집단이 진행되는 동안 활력을 유지하기 위해 체력과 압박감을 견딜 수 있는 능력이 필요하다. 매우 도전적인 집단지도자는 에너지가 고갈되는 것을 느낄 수밖에 없으며, 비현실적으로 높은 기대치는 체력에 영향을 미칠 수 있다. 즉각적인 변화를 기대하는 지도자는 종종 자신에게 실망하고 자신에 대해 너무 빨리 비판적이 될 수 있다. 집단에 대한 비전과 실제로 일어나는 일 사이의 불일치에 직면한 지도자는 열정을 잃고 집단 내에서 변화가 잘 일어나지 않는 것에 대해 자신뿐만 아니라 집단구성원들을 비난하기 시작할 수 있다. 집단지도자는 자신의 에너지 수준을 인식하고 집단 이외의 다른 곳에서 심리적 자양분을 얻는 것이 중요하다.

자기 관리를 위한 노력

개인적으로나 업무적으로나 건강한 삶을 유지하는 것은 저절로 이루어지는 것이 아니라, 건강을 증진하는 사고와 행동 습관을 익히기 위한 노력의 결과이다. 자기 관리는 사치가 아니라 윤리적 의무이며, 효과적인 자기 관리 전략을 개발하기 위해 노력해야 한다. 자기 관리는 건강을 개선하고 효과적인 상담사가 되기 위한 여러 가지 과제를 더 잘 해결하기 위해 취하는 행동으로 구성된다. 자기 관리는 번아웃, 공감 피로, 장애 및 기타 상담원의 효율성을 떨어뜨릴 수 있는 상태로부터 자신을 보호한다. 자기 관리는 모든 정신건강 상담사에게 지속적인 예방 활동으로 간주하는 것이 가장 좋다. 자기 관리 활동에 참여하면 전문 업무의 요구사항을 성공적으로 충족하는 데 도움이 된다. 자신의 에너지가 고갈되고 있다는 경고 신호에 귀를 기울이고 자신을 돌보고 유지하기 위한 조치를 취하는 것이 필수적이다. 스스로에게 영양을 공급하지 않으면 집단구성원에게 영양을 공급할 수 없다. 자신을 돌보는 것은 집단구성원에게 자기 관리에 대한 중요한 교훈을 주는 것이다. 자신의 필요보다 다른 사람의 필요를 우선시하는 패턴을 가지고 있다면 번아웃의 가능성이 높아진다. 모든 수준에서 자신을 돌보는 데 적극적으로 참여함으로써 에너지를 유지하고 다른 사람들을 계속 도울 수 있다.

가장 효과적인 상담사의 특성

『상담의 대가(Master Therapists)』라는 책에서 Skovholt와 Jennings(2004)는 (정신건강 전문가 중에서 '최고 중 최고'로 꼽히는) 10명의 대가에 대한 질적 연구 결과를 소개했다. Skovholt와 Jennings의 연구에 의하면 최고의 상담사들은 다음과 같은 특성을 가지고 있다.

- 대가가 되고자 하는 소망을 갖고 있으면서 결코 안주하지 않는 태도
- 자신을 잃지 않으면서도 다른 사람의 세계에 깊이 들어가는 능력
- 내담자에게 도전을 하면서도 동시에 정서적으로 안전한 환경을 제공하는 능력
- 겸손함을 유지하면서도 타인을 돕는 치료적 힘을 끌어낼 수 있는 능력
- 사적인 자기와 전문적 자기의 차원 간에 분명한 경계선을 유지한 상태에서의 통합
- 자신의 심신을 양육하고 돌보면서도 동시에 타인에게 자신을 내어 줄 수 있는 능력
- 자신에게 제공되는 피드백 때문에 안정을 잃지 않은 채 그 피드백을 수용하는 능력

이 밖에 상담의 대가들이 가지고 있는 특성을 한두 마디로 묘사할 때 사용되는 표현들의 예를 들면 다음과 같다. '생기 있는' '일치된' '헌신적인' '끊임없이 추구하는' '집중적인' '개방된' '호기심 많은' '좌절과 어려움에 허용적인' '활기찬' '숙고하는' '자기를 자각하는' '관대한' '성숙한' '낙관적인' '분석적인' '재미있는' '분별력 있는' '에너지가 많은' '강인한' '고무하는' '열정적인' 등이다(pp. 133-134). 물론 이 연구에 포함되었던 10명의 대가들이라고 해서 이러한 특성을 항상 가지고 있지는 않았다. 그러나 이 연구는 동료 전문가들이 뛰어나다고 평가한 상담사들의 개인적 특성이 무엇인지에 대해 알려 주었고, 이러한 특성이 그들의 전문적인 일에 어떻게 드러나는지를 보여 주었다.

맺는 말

효과적인 집단지도자의 특성을 고려할 때 이러한 특성들이 하나의 연속선 위에 있다는 점을 기억하기 바란다. 당신이 자신의 용기와 자각, 선명한 정체성을 검토해서 당신의 자각이 깊어질수록 구성원들의 자기 탐색 또한 촉진하기 수월해진다는 점에 유의하기 바란다. 어려운 점 중 하나는 당신의 개인적 특성에 대해 솔직하게 돌아보고 타인을 고무할 수 있는 자신의 능력에 대해 제대로 평가하는 것이다. 자신의 잠재력 수준에 맞게 최선을 다해서 살고자 하는 노력이 가장 중요한 도구이다. 타인을 지도하는 최선의 방법은 당신이 믿는 바를 당신의 삶을 통해 보여 주는 것이다. (개인이든 집단이든) 자신이 상담을 직접 받고 경험하는 것은 당신의 삶의 방향에 대해 개방적인 태도를 가지고 유지하는 한 가지 방법이다. 성숙한 지도자에게 중요한 것은 '이미 도달했다'는 사실이 아니다. 만약 당신이 그 수준에 도달했다면, 이제 더 이상 갈 곳이 없기 때문이다!

앞서 기술한 개인적 차원은 필수 불가결한 요소이다. 그러나 성공적인 집단지도자가 되는 데 충분한 조건들은 아니다. 집단상담전문가협회(Association for Specialists on Group Work: ASGW)가 규정한 '집단상담사의 훈련을 위한 전문적인 기준(Professional Standards for the Training of Group Workers)'(ASGW, 2000)은 효과적인 집단 리더십의 핵심 요소들이다. 이러한 리더십 관련 기술에 관해서는 이 책의 다른 장에서 다시 한번 살펴볼 것이다.

초보 집단지도자의 특수한 문제와 주제

집단지도자를 훈련, 감독하고 그들을 위한 연수 교육을 실시하면서, 나는 특히 초보 지도자들에 관한 여러 가지 주제에 대해 생각해 보게 되었다. 이러한 주제들은 경험 수준에 무관하게 모든 집단 지도자들에게 중요하지만 특히 경험이 상대적으로 적은 집단지도자들에게 더 의미 있다.

당신은 효과적인 집단지도자가 되는 데 무엇이 필요한지에 대해 궁금할 것이다. 내가 해줄 수 있는 조언은 스스로 내담자가 되어 보라는 것과 즉각적으로 '완벽한 집단지도자'가 되어야겠다는 마음을 버리라는 것이다. (나 자신을 포함해서) 내가 아는 대부분의 상담사는 그들이 집단에 처음 발을 디딜 때부터 자신의 능력에 대해 의심하며, 지금도 역시 어려움을 겪고 있다. 그러한 자기 회의는 지속적으로 훈련하고 수퍼비전을 받으면서 집단을 운영한다면 그리 큰 문제는 아니다.

초기 불안

첫 집단을 시작하기 전에 당신은 집단을 잘 운영해야 한다는 생각 때문에 매우 불안할 것이다. 즉, 불안해하면서 다음과 같은 질문을 스스로에게 던질 것이다.

- 구성원들은 내게 어떤 기대를 가지고 있을까?
- 나는 집단을 잘 시작할 수 있을까? 어떻게 할 수 있을까?
- 내가 회기를 마치지도 않았는데 할 말이나 할 일이 없어지는 것은 아닐까?
- 내가 경험이나 능력이 없다는 사실을 구성원이 알아차리면 어떻게 하나?
- 내가 적극적으로 지도자 역할을 수행해야 하나, 아니면 집단이 스스로 시작되게끔 놔두어야 하나?
- 내가 어떤 계획을 미리 가지고 있어야 하나, 아니면 구성원들이 스스로 이야기하고 싶은 것을 결정하게끔 놔두어야 하나?
- 나는 이 집단을 운영하기 위해 필요한 풍부한 다문화적 소양을 가지고 있는가?
- 집단 초기에는 어떤 기법을 사용해야 할까?
- 만약 아무도 참여하기를 원치 않는다면, 아니면 너무 많은 구성원들이 참여하려고 하면 어떻게 하나?
- 참여하려는 구성원들을 내가 잘 도와줄 수 있을까?
- 구성원들이 다음 회기에 오고 싶어 할까?

집단상담사들이 자신의 마음속에서 일어나는 내적 대화(internal dialogue)를 알고 검토하는 것이 필수적이다. 심지어 가장 효과적인 집단상담사들도 왜곡되거나 부정적인 생각에 빠지곤 한다. 자기 패배적인 사고 패턴을 완전히 지워 버리는 것은 쉽지 않다. 그러나 우리가 가지는 생각 밑에 있는 가정과 우리가 도달하는 결론에 대해 의문을 가지고 되돌아보는 것은 가능하다. 인지적 접근을 하는 상담사들이 알려 주었듯이 우리의 핵심적 사고에 지속적으로 도전하려는 태도를 가짐으로써 우리는 부정적인 내적 대화에 통제당하지 않을 수 있다.

초보 상담사들은 자신에 대한 의심과 염려가 자연스러운 일이라는 사실을 받아들이는 것이 바람직하다. 적정한 수준의 불안은 오히려 도움이 되며, 자신에 대한 정직한 평가에 도움된다. 그러나 불안이 스스로 증폭되고 우리를 무력하게 만들 정도로 커진다면 그것은 비생산적이다. 초보 집단지도자들이 자신의 마음속에 생기는 질문과 염려를 말로 표현하고 훈련 집단에서 탐색해 보는 것은 도움이 된다. 이렇게 표현하고 탐색해 봄으로써 불필요한 불안을 경감시킬 수 있는데, 그 이유는 그들의 동료들도 비슷한 염려를 가지고 있다는 것을 발견하게 되기 때문이다. 학생들은 자주 그들의 친구들이 자신보다 훨씬 더 많은 지식, 기술, 능력, 자신감을 가지고 있는 것처럼 보인다고 말한다. 불안과 부적절감을 표현하는 친구들의 이야기를 들으면 학생들은 자신감이 아주 많아 보였던 친구들도 자기에 대한 회의로 고민하고 있음을 알게 될 것이다. 자신이 가진 염려에 대해 친구들이나 수퍼바이저와 함께 탐색함으로써 초보상담사들은 현실적인 불안과 비현실적인 불안을 구별하고 그 결과로 비효율적이고 불필요한 불안을 줄일 수 있을 것이다.

자기개방

집단 경험의 길고 짧음에 상관없이 집단지도자는 자기개방의 문제로 어려움을 겪는다. 초보 지도자에게 이 주제는 더 큰 어려움을 초래한다. 무엇을 언제 개방할 것인지도 자기개방의 적절성을 좌우하지만 여기에서의 주제는 얼마나 개방할 것인가이다. 양극단, 즉 너무 적게 또는 너무 많이 개방하는 실수를 범하는 상담사들이 꽤 많다.

너무 적은 자기개방

만약 당신이 상담사에게 기대되는 전형적인 역할을 유지하고, 당신의 전문가적 태도 뒤에서 신비로운 사람으로 남으려고 한다면, 당신은 집단에서 자신의 개인적 정체성을 잃고 자신에 대해 거의 알려 주지 않으려고 할 것이다. 상담사가 하나의 인격체로서 기능하기보다는 어떤 역할 뒤에 숨으려고 하는 이유는 여러 가지이다. 그중 하나는 자신의 전문성이 내담자들에게 인정받지 못할 수도 있다는 두려움일 것이다. 또 다른 이유는 내담자들과 거리를 두거나 '의사–환자'의 관계를 유지하려는 욕구 때문일 수도 있다.

당신의 개인적 삶을 공유하고 싶지 않은 마음 외에, 당신은 집단에서 경험하는 느낌이나 특정 구성원으로부터 받는 영향에 대해 개방하기를 주저할 수도 있다. 집단에서 발생하는 일에 대한 자신의 반응을 공유하지 않는 방법으로 당신은 거리를 유지한 채 관찰만 하는 방식으로만 개입할 수도 있다. 그러한 '전문적' 냉담함은 사적인 차원의 발언을 하지 않고, 해석, 제안, 질문을 하면서 단순히 집단의 흐름을 조정하거나 구조화된 활동을 하나씩 하나씩 진행하거나 주제를 명료화하는 진행 방법을 통해 표현된다.

마음을 나누는 가장 효과적인 방법은 현재 집단에서 발생하는 일에 관한 느낌을 개방하는 것이다. 예컨대, 대부분의 구성원이 집단 참여에 대한 동기가 낮고 회기에 집중하지 않는 것처럼 지속적으로 느껴질 때, 당신은 집단에 생기가 돌게 하려면 구성원들의 도움 없이 혼자서 노력해야 할 것 같은 부담을 느낄 것이다. 당신이 이와 같은 낮은 동기로 인해 어떤 영향을 받는지에 대해 개방적인 태도를 취하는 것은 대체로 적절하면서 효과적이다.

너무 많은 자기개방

너무 적은 개방과 반대쪽 극단에서 발생할 수 있는 문제는 지나치게 많은 자기개방이다. 대부분의 초보 집단지도자(그리고 경험 있는 지도자 중에서도 꽤 많은 지도자)는 구성원들에게 인정받고 수용되고 싶은 강한 욕구를 가지고 있다. 그들은 자신이 구성원들처럼 한 인간일 뿐이라는 사실을 증명하기라도 하듯 아주 사적인 사실을 공유함으로써 '집단의 일원으로서 해야 할 의무를 다하려는' 실수를 범하기 쉽다. 적절한 자기개방과 부적절한 자기개방 사이에는 미묘한 차이가 있다. '가능한 한 많은 자기개방을 할수록 더 효과적'이라고 가정하는 것은 잘못이다. 자기를 개방할 때는 구성원들이 자기개방에 대해 준비된 정도, 아주 구체적이고 사적인 내용을 공유함으로써 구성원들에게 끼칠 영향, 그리고 당신의 자기개방이 집단 과정의 지금-여기에 관련되는 정도 등을 함께 고려해야 한다.

당신은 자신에 대해 더 많이 개방함으로써 집단의 압력에 굴복하고 싶은 유혹을 받기도 한다. 구성원들은 "우리는 당신에 대해 잘 알지 못해요. 우리에게 당신 자신에 대해 좀 더 알려 줄 수 있어요? 우리는 우리 자신에 대해서는 이야기를 했어요. 이제 당신도 우리처럼 좀 더 개방하면 좋겠어요!"라고 말하기도 한다. 구성원들은 지도자인 당신에게 집단의 '일원이 되라'는 압력을 훨씬 미묘하지만 그렇다고 약하지도 않은 방식으로 가한다. 당신은 전문가라는 공적 역할 속에서 길을 잃지 않고 친구 또는 동료 구성원처럼 다가가기 위해 지나친 노력을 기울이기도 한다. 당신이 개인적인 문제를 구성원들과 나누려고 할 경우에는 그러한 공유가 구성원들에게 도움이 되어야 한다. 집단을 지도한다는 것은 매우 힘든 일인데, 당신이 자신의 역할과 기능을 구성원들의 것과 혼동하게 되면 훨씬 더 힘들어진다.

적절하고 촉진적인 자기개방

적절하고 촉진적인 자기개방은 집단운영의 기술 중에서 핵심적인 측면이다. 당신 자신이 보다 인간적인 사람이 되기 위해서 또는 집단원에 공감하고 있음을 강조하기 위해서 자신의 과거나 사생활의 구체적인 사실을 개방할 필요는 없다. 몇 마디의 말로도 많은 것을 전달할 수 있으며 접촉, 시선, 몸짓과 같은 비언어적인 메시지들도 동일시나 이해와 같은 감정을 전달할 수 있다. 적절한 개방이란 내담자에게서 초점을 벗어나지 않는 것이며 내담자의 마음을 열고자 하는 인위적인 기법이 아니다. 사람들이 반응하는 방법에 대한 당신의 민감성은 적절한 자기개방의 시점과 가치에 대해 많은 것을 알려 준다. 시간적 적절성은 정말 중요한 요소이다. 집단 초기에는 부적절할 수 있는 자기개방도 후기에는 매우 유용할 수 있다. 초보 집단지도자에게는 무분별하거나 조심스럽지 않게 자기개방을 하는 실수를 범하기보다 차라리 그것이 실수라 하더라도 자기개방에 조심스러운 태도를 가지라고 충고하고 싶다.

Yalom과 Leszcz(2020)는 지도자의 자기개방은 반드시 구성원들이 자신의 목표에 도달하는 데 도움을 주는 도구가 되어야 한다는 점을 강조했다. 그들은 집단지도자가 무분별하게 자기개방을 하는 것에 대해 신중한 입장을 취했고 구성원들에게 수용과 지지, 격려를 제공할 수 있는 자기개방만 선택적으로 할 것을 주장했다. Yalom과 Leszcz는 집단지도자들이 지금-여기에서 일어나는 반응을 개방하는 것이 그들의 과거에 발생했던 개인적 사건에 대해 상세하게 개방하는 것보다 집단을 더 효과적으로 촉진한다고 믿었다. 때때로 집단지도자의 자기개방은 특정 시점에 구성원 개인이나 집단 전체에게 발생한 것에 대해 지도자가 관찰하거나 개인적으로 느낀 것을 전달하는 기능을 한다. 지도자가 주의 깊고 구성원들을 배려하는 태도로 이와 같은 것을 수행한다면 이는 집단 내에서 피드백을 주는 방법에 대해 훌륭한 시범을 보이는 기회가 되며, 집단에 치료적인 영향을 줄 수도 있을 것이다.

Hill과 Knox(2002)는 상담사가 자신의 개방이 내담자에게 어떤 영향을 끼치는지에 대해 이해하고 자기개방을 적절한 방법으로 하는 것은 매우 중요하다고 했다. 상담사의 자기개방에 대한 경험적 연구 결과에 따라 Hill과 Knox는 상담 실제에서의 자기개방에 관한 지침을 다음과 같이 제시했다.

- 상담사는 자기개방의 빈도와 목적을 계속 관찰할 필요가 있다.
- 상담사는 내담자의 경험을 정상적인 것으로 간주하기, 시범 보이기, 상담 동맹 관계 강화하기, 현실 알려 주기 또는 대안적 방법으로 생각하거나 행동하도록 돕기 등의 목적으로 자기개방을 고려할 수 있다.
- 상담사는 자신의 욕구 때문에 자기개방을 해서는 안 되며, 내담자의 경험으로부터 초점을 옮겨서도 안 된다. 또한 회기의 흐름을 방해하거나 내담자에게 부담을 주거나 상담 관계의 경계선이 불분명해지거나 전이를 오염시킬 수 있을 정도의 자기개방을 해서는 안 된다.
- 상담사의 자기개방에 대해 내담자들이 어떻게 반응하는지를 관찰하고 그들에게 상담사의 자기개방에 대해 어떤 반응을 하는지 질문하며, 그 후에 상담사가 어떻게 개입할지 결정하는 것이 매우 중요하다.
- 내담자에 따라 상담사의 자기개방에 대해 반응하는 방식은 다르다. 따라서 각각의 내담자가 상담사로부터 필요로 하는 것이 무엇인지 아는 것은 매우 중요하다.

집단지도자의 기술

특정한 개인적 품성과 타인을 돕고자 하는 마음이 있는 사람이라면 누구나 효과적인 집단지도자가 될 수 있다고 생각하는 것은 잘못이다. 성공적인 지도자는 적절한 집단지도 기술을 가지고 있어야 하며 필요한 기능을 적절한 수준으로 수행할 수 있어야 한다. 대부분의 다른 기술처럼 집단상담 지도자의 기술 역시 학습되고 연마되어야 한다. 다음에 제시된 필수적인 집단상담 지도자 기술에 대한 설명을 읽어 가면서 독자들은 자신의 기술이 어느 수준에 있는지 생각해 보기 바란다. (이 절에서 소개되는 기술들은 제2부 이론을 다루는 장에서 더욱더 상세히 논의될 것이다.)

적극적 경청

적극적 경청은 말하는 사람에게 모든 주의를 집중하고 언어적 · 비언어적 차원에서 그가 전달하는 것을 지속적으로 민감하게 알아차리는 상태를 의미한다. 당신의 전문성은 구성원이 전달하고 있는 것을 듣는 능력에 의해 성장한다. 많은 집단지도자는 말의 내용에 지나치게 집중하느라 구성원이 그 내용을 전달하는 방법에 대해서는 주의를 집중하지 않는 실수를 범한다. 유능한 지도자는 구성원들이 말하는 스타일이나 몸의 자세, 몸짓, 음조, 습관적 행동 등에서 발견할 수 있는 미묘한 실마리를 알아챈다. 집단지도자는 구성원이 전달하려는 것을 경청할 뿐 아니라 구성원들이 서로 경청하도록 가르치는 것도 중요하다.

재진술

재진술(또는 바꾸어 말하기)은 어떻게 보면 경청의 연장선에 있다. 재진술은 누군가 이야기한 것을 다른 말로 바꾸어 줌으로써 말하는 사람에게나 집단에게 의미를 더 분명히 하는 것을 의미한다. 효과적인 재진술은 내담자의 메시지의 핵심을 전달하여 애매한 부분을 제거하고 의미를 좀 더 분명하게 한다. 구성원들이 전달하는 메시지의 핵심을 파악하고 그것을 다시 그들에게 되돌려 보냄으로써 집단지도자는 구성원들이 더욱 깊은 수준의 자기탐색을 하도록 도울 수 있다.

재진술은 습득하기 쉬운 기술이 아니다. 예를 들어, 어떤 지도자는 구성원이 이야기한 것을 거의 그대로 반복함으로써 새로운 의미도 첨가하지 않고 이야기의 의미도 명료화하지 못한다. 다른 지도자는 이 기법을 너무 많이 사용하여 재진술 기법이 기계적이거나 반복적인 느낌을 주기도 한다. 정확하고 간결한 재진술이 가지고 있는 가치는 두 가지이다. 즉, 재진술은 구성원들에게 그들이 경청되고 있음을 알려 주며, 그들이 가지고 있는 문제와 그 문제에 관한 감정이나 생각을 명료하게 보게 한다.

명료화

명료화 역시 적극적 경청의 일환이다. 명료화는 숨겨진 주제에 초점을 맞추고 구성원으로 하여금 자신의 상반되는 감정을 정리하도록 도움으로써 그가 전달하는 메시지 중에서 혼란스럽거나 불분명한 측면에 반응하는 것이다. 구성원들은 양가적인 감정을 가지거나 또는 한 번에 여러 가지 감정을 경험한다. 명료화는 이러한 감정을 정리하게 함으로써 그들이 실제로 경험하는 것에 좀 더 날카롭게 초점을 맞추게끔 돕는다. 사고에 대해서도 동일한 절차가 적용된다. 명료화를 할 때, 집단지도자는 구성원의 참조 체계 내에 머무는 동시에 구성원으로 하여금 그 상황을 이해하도록 돕는다. 이렇게 함으로써 구성원은 좀 더 깊은 자기탐색을 하게 된다.

요약

요약이란 집단의 상호작용이나 회기의 일부 중 중요한 요소를 정리해 주는 것이다. 이 능력은 하나의 주제에서 다른 주제로 넘어갈 때 특히 요긴하다. 하나의 주제에서 다른 주제로 그냥 넘어가기보다는 공통적인 요소를 확인해 준다면 구성원들의 학습을 촉진하고 연결성을 유지하는 데 도움이 된다.

요약은 특히 각 회기를 마무리할 때 필요하다. 집단지도자가 회기를 정리도 하지 않고 갑자기 끝내는 것은 잘못이다. 집단지도자가 수행하는 기능 중 하나는 구성원들이 집단 내에서 발생한 일에 대해 좀 더 깊이 생각하고 이해하게끔 돕는 것이다. 요약은 구성원들로 하여금 회기에서 학습하거나 경험한 것을 생각하고 그것을 그들의 일상생활에 적용하도록 돕는다. 회기를 마무리할 때 집단지도자는 스스로 간략하게 요약하거나 각 구성원에게 돌아가면서 지난 회기에 어떤 일이 있었는지, 회기에서 중요한 것이 무엇인지, 상호작용이 있을 때 각 구성원들이 어떤 반응을 경험했는지 등을 말하게 할 수 있다.

질문

질문은 경험이 부족한 집단지도자가 지나치게 많이 사용하는 기법일 것이다. 구성원에게 계속 질문만 하는 것은 집단의 상호작용에 부정적인 영향을 끼친다. 질문을 비효과적으로 했을 때는 몇 가지 문제가 발생한다. 구성원들은 자신이 마치 '경범죄'로 기소된 것처럼 느낄 수 있다. 질문자 자신은 심문이라는 상황 뒤에 숨어 안전하게 익명을 유지한 상태에서 구성원의 개인적인 정보를 탐색한다.

모든 질문이 부적절한 것은 아니다. 그러나 폐쇄형 질문(즉, 단순히 '그렇다' 또는 '아니다'라는 반응만 필요한 질문)은 대체로 도움이 되지 않는다. '왜'라는 말로 시작하는 질문은 대체로 지적인 성찰이나 방어적인 태도를 유도하는데, 그 어느 것도 도움이 되지 않는다. 대신 대안이나 새로운 영역의 자기탐색을 유도하는 개방형 질문을 사용하는 것이 좋다. 이러한 질문들은 정말 가치가 있다. 예컨대, "지금 무엇을 경험하시나요?" "지금 당신에게 어떤 일이 일어나고 있나요?" "당신은 이 집단에서 경험하는 두려움을 어떻게 다루고 있나요?" 등은 구성원으로 하여금 좀 더 집중하고 자신의 정서를 좀 더 깊이 느끼게끔 한다. 구성원이 가진 주제들을 좀 더 깊이 탐색하는 질문을 하는 것이 중요하다.

집단 지도자는 구성원 개인에 대해서는 물론 집단 전체에 대해서 질문을 하는 기술을 개발할 필요가 있다. 집단과정에 대한 질문의 한 예로서 집단 전체를 언급하는 효과적인 질문의 예는 다음과 같다. "다른 구성원들은 방금 사이먼이 했던 작업으로부터 어떤 영향을 받았나요?" "우리 집단은 이 주제에 대해 지금 어느 지점에 와 있나요?" "저는 지금 여러분이 조용하게 있다는 점을 알아차렸어요. 이런 침묵은 무엇을 말하고 있는 것일까요?" "이 집단의 에너지 수준은 어느 정도 되나요?" 등이다. 집단 전체에 대한 질문은 구성원들로 하여금 순간순간 그 집단에서 어떤 일이 발생하고 있는지를 숙고하도록 한다.

해석

집단지도자는 구성원의 사고, 느낌, 행동에 대해 설명할 때 해석을 한다. 특정한 행동 패턴에 관한 임시적인 가설을 제공함으로써 구성원은 문제에 대해 새로운 시각과 대안을 가지게 된다. 해석은 높은 수준의 기술을 요한다. 너무 이른 해석, 단정적인 형태로 제공하는 해석, 지도자가 제공하는 의미와 해답에 의존하도록 만드는 해석 등은 지도자들이 많이 범하는 실수들이다. 해석을 하는 한 가지 요령은 지도자가 자신의 추측을 구성원들과 공유하면서 이러한 추측이 얼마나 정확한지 숙고해 보게끔 하는 것이다. 지도자들은 구성원들에 대해 충분한 경험을 한 후 구성원들로부터 얻은 지식에 근거하여 해석을 할 필요가 있다. 해석을 하는 시점은 특히 중요하다. 해석은 내담자가 그것을 받아들일 수 있을 때 이루어져야 할 뿐만 아니라, 해석을 할 때에는 잠정적으로 표현함으로써 내담자가 그 해석의 타당성을 평가할 수 있도록 해야 한다. 해석이 기술적으로는 정확하다고 해도 그것을 받아들일지 말지에 대한 구성원의 결정에 대해 지도자가 민감하게 반응하지 못하면, 그 해석은 구성원에 의해 수용되지 않는다.

개인에 대한 해석 외에도 집단 전체에 대한 해석을 할 수 있는 기술이 필요하다. 몇 사람의 구성원이 특정 구성원을 배제하려는 노력을 하는 것 같다고 지적하는 것은 집단 전체에 대한 해석의 한 예가 될 수 있다. 어떤 때에는 다른 사람에 대한 정보를 탐색하는 것이 그 집단의 특성인 것처럼 규정될 수 있다. 이때 지도자는 집단 전체의 관점에서 그러한 행위를 일종의 회피 패턴(avoidance pattern)으로 해석할 수 있다.

직면

직면은 구성원으로 하여금 자신에 대해 정직한 눈으로 들여다보게끔 하는 강력한 방법이다. 그러나 직면이 비효과적으로 수행되면 직면의 대상이 되는 구성원이나 전체 집단에게 피해를 끼칠 수 있다. 많은 집단지도자는 직면을 하지 않으려고 한다. 그 이유는 직면을 한 후 발생할 수 있는 결과, 즉 집단 상호작용의 단절, 누군가에게 상처를 입히는 일, 자신이 보복의 대상이 되는 것 등이 두렵기 때문이다. 직면은 상대를 배려하지 않은 상태에서 하는 공격으로 쉽사리 오인된다. 숙련된 집단지도자들은 불일치한 행동에 대해 직면하는데, 이것은 구성원들에게 자신이 지금 말하고 있는 내용을 재고하도록 하는 풍부한 기회를 제공한다. 숙련된 형태의 직면은 행동이나 언어적 · 비언어적 메시지 사이의 괴리를 구체적으로 지적하기 때문에 행동에 대한 꼬리표 붙이기(labeling)는 전혀 발생하지 않는다.

그 밖의 기술들과 마찬가지로, 직면 기술을 배우기 위해서는 집단지도자가 개별 구성원은 물론 집단 전체에 어떤 요구를 할 필요가 있다. 예컨대, 집단의 에너지 수준이 낮고 피상적인 논의만 하고 있을 때 지도자는 집단 내에서 발생하고 있는 일들을 각각의 구성원들이 평가하고 집단 내에서의 자기 역할을 어떻게 변화시킬지에 관해 결정하도록 요청할 수 있다.

감정반영

감정반영은 집단구성원이 전달하려는 것의 핵심에 반응해 주는 기술이다. 감정반영의 목적은 집단구성원이 전달하려는 내용을 듣고 있고 이해하고 있음을 알리는 것이다. 반영은 구성원이 표현한 특정 느낌을 되돌려 주는 것을 포함하지만 단순한 감정의 메아리를 의미하는 것은 아니다. 반영의 질은 주의집중, 관심, 이해, 그리고 그 사람에 대한 존중에 좌우된다. 반영이 잘 되었을 때 그것은 더 많은 접촉을 촉진하는데, 이해받는 느낌과 자신의 느낌을 선명하게 이해하는 것은 내담자에게 큰 보상이 되며 자각을 촉진한다.

지지

지지는 구성원에게 격려와 강화를 제공하는 것으로, 특히 구성원들이 자신의 사적인 정보를 개방하고, 고통스러운 감정을 탐색하며, 위험을 감수했을 때 제공된다. 집단지도자는 적절한 시점에 온전히 함께함으로써 지지를 제공할 수 있다. 온전히 함께하는 것에는 여러 가지 기술이 복합적으로 작용한다. 지금 이야기되고 있는 것과 비언어적으로 전달되는 것을 적극적으로 경청하는 것, 심리적으로 내담자와 함께하는 것, 내담자의 작업을 지속하고 앞으로 진전하도록 격려하는 기술 등이다.

이 기술의 핵심은 그것이 언제 도움이 되며 언제 비생산적인지를 아는 것에 있다. 어떤 집단지도자는 지나치게 지지적이거나 너무 빨리 지지함으로써 실수를 한다. 지도자들이 전적으로 지지만 제공하고 다른 개입은 하지 않는다면, 도전이라는 가치 있는 경험을 구성원들로부터 빼앗는 결과를 초래할 수도 있다. 구성원이 고통스러운 경험을 탐색할 때 지지를 너무 빨리 제공하는 지도자는 구성원의 경험의 강도를 희석시키며, 구성원들을 그들의 느낌 세계에서 빠져나오게끔 한다.

공감

공감 기술의 핵심은 상담사가 자신의 독립성을 유지한 상태에서 내담자의 주관적 세계를 민감하게 파악하는 능력이다. 효과적으로 공감하기 위해서는 지도자가 구성원들을 배려해야 한다. 집단지도자가 개인적으로 폭넓은 경험을 갖고 있다면 타인과의 동일시에 도움이 될 수 있다.

촉진

촉진 기술이란 구성원 간의 명확하고 직접적인 의사소통을 하게 하고 집단의 방향에 대해 더 많은 책임을 지도록 돕는 것이다. 촉진은 집단 경험을 향상시키고 구성원들이 목표를 달성할 수 있도록 돕는 것을 목표로 한다.

주도

좋은 주도 기술은 지도자로 하여금 집단을 더욱더 효과적으로 진행할 수 있게 한다. 주도 기술로는 구성원들이 의미 있는 작업을 하게끔 이끌기 위해 촉매를 사용하는 것, 깊은 자기 탐색을 촉진하는 다양한 기법을 어떻게 사용하는지 아는 것, 집단 내에서 탐색했던 다양한 주제를 연결시키는 것 등이 있다. 적절한 수준의 주도성은 집단이 주제에 초점을 맞추고 지속적으로 잘 운영되게끔 하지만, 지나치게 많은 지시를 하면 구성원들은 수동적인 위치에 서게 된다. 주도는 집단 회기의 구조화나 집단 전체를 가지고 작업하는 데 핵심적인 기술이다.

목표 설정

생산적인 목표 설정은 집단상담의 핵심이다. 집단지도자가 각 구성원들의 목표를 대신 세워 주지 않는다는 점에 유의하라. 지도자는 구성원들이 구체적인 목표를 스스로 선택하고 명료화하도록 돕는다. 집단 초기에 목표 설정이 매우 중요하지만 집단 과정 전반을 통해 지도자는 구성원들이 자신들이 세운 목표에 대해 새로운 관점으로 보고, 필요하면 수정하며, 그들이 목표를 얼마나 효과적으로 성취할 것인지 가늠하도록 도울 필요가 있다. 구성원들이 구체적인 목표를 설정하는 기술을 개발하지 못한다면 지도자는 목적이 없이 방황하고 비생산적인 회기를 운영하게 될 개연성이 크다.

평가

평가는 집단이 진행되는 과정 중에 지속적으로 이루어진다. 매 회기를 마치면 집단지도자는 집단 전체와 각 구성원에게 어떤 일이 발생했는지 평가한다. 지도자는 구성원들에게 스스로를 평가하고 집단의 움직임과 방향을 평가하는 방법을 가르친다. 예컨대, 회기를 마무리하면서 대부분의 구성원들이 집단 회기가 피상적이었다는 데 동의하면, 지도자는 구성원들로 하여금 불만족스러운 결과가 발생한 이유를 찾고 그 상황을 변화시키기 위해 무엇을 할 것인지 결정하도록 한다. 또한 구성원들은 집단 경험을 마친 후, 자신들이 전체 집단 경험에서 학습한 것을 평가하는 법을 배울 필요가 있다.

피드백

피드백의 목적은 한 사람이 다른 사람에게 어떻게 보이는지 현실적으로 평가하도록 하는 것이다. 숙련된 지도자는 구성원의 행동에 대한 자신의 관찰과 반응에 근거하여 구체적이고 솔직한 피드백을 직접 제공하며, 동시에 구성원들끼리도 피드백을 서로 주게끔 격려한다. 집단상담의 가장 큰 장점 중 하나는 구성원들이 관찰한 것에 대한 자신의 반응을 서로 알려 줄 수 있다는 점이다. 생산적인 피드백을 제공하는 기술은 듣는 사람이 수용할 수 있고 심각하게 숙고해 볼 가치가 있는 형태로 제시하는 능력과 관련된다. 전체적이고 평가적이기보다 구체적이고 묘사적인 피드백이 가장 도움이 된다.

제안

제안은 구성원들이 대안적으로 사고하거나 행동하도록 하는 일련의 개입이다. 그것은 여러 가지 형태를 띠는데, 그중 몇 가지 예를 들면 정보와 충고를 제공하기, '과제'를 제시하기, 집단의 안팎에서 그들이 실험적으로 시도해 볼 수 있는 것에 대해 질문하기, 상황을 다른 관점에서 보게끔 격려하기 등이 있다. 정보를 제공하고 적절한 대안적 행동 계획을 제시하는 것은 집단에서 구성원들의 변화를 촉진하는 데 도움이 될수 있다. 제안은 항상 지도자로부터 나와야 할 필요는 없다. 구성원들도 다른 동료에게 고려해 볼 만한 대안을 제시할 수 있는데, 특히 집단이 종결에 가까워지면 더욱 그렇다.

회유나 제안, 충고를 제시하는 것은 다소간 위험할 수도 있다. 복잡한 문제에 대해 단순한 해결책이 있다는 생각을 심어 줄 수 있다. 또 다른 위험으로는 구성원들이 앞으로 발생할 문제에 대해 스스로 문제를 해결하는 방법을 습득하지 않고 다른 구성원들이 제공하는 제안에 의존하는 상태로 머무를 수 있다는 점이다. 제안과 처방 사이에는 미묘한 차이가 있다. 그리고 이 기술의 핵심은 제안할 때 개인의 독립성을 촉진하는 방향으로 해야 한다는 점이다.

보호

집단지도자는 구성원들의 부모인 것처럼 행동하지 않으면서도 구성원들이 집단에 참여함으로써 겪을 수 있는 불필요한 심리적·신체적 위험으로부터 그들을 보호할 수 있어야 한다. 집단에 참여한다는 사실 자체만으로도 모종의 위험에 노출되게 마련이지만, 집단지도자는 일련의 집단 상호작용으로부터 심리적인 위험이 유발될 가능성이 있을 때 개입할 수 있다. 예컨대, 어떤 구성원이 불공평한 대우를 받거나 집단 전체로부터 엄청난 양의 감정반응이 한 구성원에게 쏟아질 때 지도자가 개입할 필요가 있다.

자기개방

집단지도자가 사적인 정보를 노출하는 것은 집단에 영향을 끼친다. 자기개방에 관한 기술은 무엇을, 언제, 어떻게 개방하고, 얼마만큼의 개방을 할 것인가 등으로 구성된다. 집단지도자가 적절한 수준에서 자신에 대한 정보를 공유하면 그것의 효과는 긍정적이다. 지도자가 지나치게 많은 정보를 너무 일찍 개방하면 그 효과는 부정적인데, 그 이유는 구성원들이 그러한 개방을 처리할 수 없기 때문이다. 가장 효과적인 개방은 집단 내에서 발생하는 일과 관련된 개방이다.

모델링

구성원들은 지도자의 행동을 관찰함으로써 배운다. 만약 집단지도자가 정직, 존중, 개방성, 위험감수, 자기주장을 가치 있는 것으로 여긴다면, 그들은 집단에서 이와 같은 것을 실제로 보여 줌으로써 촉진할 수 있다. 경청하고 공감함으로써 타인을 존중하는 집단지도자로부터 구성원들은 존중이 어떻게 행동적으로 구현되는지를 직접적으로, 깊이 있게 학습한다. 간략히 말해서, 상호관계에 관한 효과적인 기술을 가르치는 최상의 방법 중 하나는 직접적으로 모범을 보이는 방법이다. 또한 지도자들은 구성원들끼리 서로 상대편에게 모범을 보이게끔 가르칠 수도 있다.

연결

구성원들 간의 상호작용을 촉진하는 한 가지 방법은 집단 내에서 드러나는 주제를 찾고, 그 주제에 대해 각 구성원이 하고 있는 작업들을 연결시키는 것이다. 이것은 집단에서 가르쳐야 할 가장 중요한 기술이며 구성원들의 참여를 촉진하는 효과적인 방법이다. 집단지도자와 구성원의 상호작용보다 구성원끼리의 상호작용을 추구하는 지도자들은 연결 기술에 많이 의존한다. 이러한 지도자들은 구성원이 지도자만 쳐다보면서 다른 동료들에 대해 말하기보다는 구성원들끼리 직접적으로 이야기하도록 이끈다. 구성원들은 고민거리를 나누다가 효과적인 연결을 통해 자신의 어려움을 해결하도록 도움을 받는다. 공통적인 걱정거리에 유의함으로써 지도자는 상호작용을 촉진하고 집단 응집력 수준을 높일 수 있다. 몇몇 구성원을 함께 연결함으로써 구성원이 타인의 작업에 참여한 것에 대해 책임지는 법을 가르칠 수 있다. 구성원들은 자신들이 스스로 집단 상호작용에 관여하는 법을 알게 되었을 때 타인과 연결됨으로써 더 강력한 소속감을 경험할 수 있다.

저지

지도자는 집단 내에서 발생하는 비효과적 행동들을 저지하는 개입을 할 필요가 있다. 저지는 민감함과 솔직성, 그리고 구성원 개개인의 개성을 공격하지 않으면서 그들의 행동을 중단시킬 수 있는 능력이 필요한 기술이다. 집단지도자는 개인의 품성이 아닌 구체적인 행위에 주의를 기울여야 하며 꼬리표 붙이기(labeling)는 피해야 한다. 예컨대, 한 구성원이 구체적이고도 매우 사적인 질문을 하여 다른 구성원의 사적인 영역을 침범하려고 한다면, 지도자는 이 행동이 별 도움이 되지 않는다는 점을 알려주되 그러한 행위를 한 구성원을 '관음증 환자'라거나 '심문자'라고 지칭하지 말아야 한다. 구성원이 타인을 판단 또는 비판하고, 특정한 행동을 하거나 감정을 표현하라고 압력을 가할 때, 또는 타인에게 습관적으로 질문할 때, 집단지도자는 이러한 행동을 저지할 필요가 있다. 지도자가 유의하고 필요에 따라서는 저지해야 할 행동으로는 변화를 위해 했던 시도가 실패했을 때 변명하는 것, 비밀을 누설하는 것, 구성원의 사생활을 침범하며 지속적으로 충고하는 것, 장황하게 이야기하는 것, 험담하는 것, 부적절하게 지지하는 것, 부정확하거나 부적절하게 해석하는 것 등이 있다. 그 어떤 행위이건 저지할 때에는 섬세하면서도 단호하게 해야 한다.

종결

집단지도자는 그들이 집단에서 하고 있던 개인 작업과 집단 전체를 대상으로 한 작업을 종결해야 하는지 알 필요가 있다. 집단 회기를 마치거나 전체 집단을 성공적으로 종결하려고 할 때에는 다음과 같은 기술이 필요하다. 즉, 구성원들이 집단에서 습득한 것을 그들의 일상에 적용하는 방안에 대해 제안하는 것, 구성원으로 하여금 집단 밖에서 겪는 어려움을 다룰 준비를 시키는 것, 모종의 평가와 추후 단계를 제공하는 것, 종결 이후에 도움을 얻을 수 있는 자원을 알려 주는 것, 그리고 필요할 때에는 개별적인 자문을 허용하는 것 등이다.

너무 압도되지 말라

초보 집단상담사들은 이와 같은 기술들에 관해 생각해 볼 때 다소간 압도되는 경향이 있다. 나는 당신이 이러한 기술을 한꺼번에 습득하려 하기보다는 충분한 시간을 갖기를 바란다. 특정한 원리를 체계적으로 학습하고 특정한 기술을 연습함으로써 당신은 자신만의 리더십 스타일을 만들어 가고 이러한 기술을 효과적으로 구현할 자신감을 얻게 된다. 집단상담에 구성원으로 참여하는 것은 이러한 기술들을 개발하는 데 가장 적합한 방법이다. 왜냐하면 이 방법을 통해 경험 많은 사람을 관찰함으로써 많은 것을 배울 수 있기 때문이다. 물론 당신은 수퍼비전을 받으면서 집단을 운영해 봄으로써 이러한 기술들을 연습해야 한다. 구성원이나 당신의 공동 지도자 및 수퍼바이저로부터 받는 피드백은 당신의 지도자 역량을 세련되게 키우는 데 필수적이다. 당신의 모습을 비디오로 촬영해서 보는 것은 당신이 가장 많이 개발해야 할 구체적인 영역을 발견하는 데 도움을 주는 가장 좋은 방법이다.

모든 기술이 그렇듯이, 집단지도자의 기술 수준은 다양하다. 즉, 완벽하거나 아주 없거나 한 것이 아니다. 그 기술들 중에는 최소한으로 개발되어 있는 것도 있고, 아주 높은 수준으로 발달해 있어서 적절히 활용될 수 있는 상태에 이른 것도 있다. 훈련과 수퍼비전을 경험함으로써 당신은 집단지도자로서의 역량을 키워 갈 수 있다. 『집단상담의 이론과 실제를 위한 학생 안내서(Student Manual for Theory and Practice of Group Counseling)』(Corey, 2023, 이하 『학생 안내서』로 약칭함)에는 앞서 논의된 22개의 기술 수준을 스스로 평가할 수 있는 체크리스트와 자기평가 질문지가 있다. 이 질문지는 집단지도자로서 당신이 갖추고 있는 기술에 대해 스스로 평가하거나 당신의 공동 지도자를 평가하는 데도 유용하다. 물론 당신의 공동 지도자 역시 각각의 기술에 대해 당신을 평가할 수도 있다. 이 도구는 당신과 당신의 공동 지도자가 만나서 논의할 수 있는 주제를 제공한다.

〈표 2-1〉은 앞서 제시한 집단지도자의 기술에 대한 개관이다.

표 2-1 집단지도자의 기술에 대한 개관

기술	설명	목표와 바라는 효과
경청	판단이나 평가 없이 의사소통의 언어적 · 비언어적 측면에 주의를 기울이는 것	신뢰와 구성원의 자기개방 및 탐색을 촉진함
재진술	의미를 명료화하기 위해 구성원이 말한 것을 반복하는 것	집단지도자가 구성원의 말을 이해했는지 가늠함; 지지와 명료화를 제공함
명료화	감정과 생각 차원에서 메시지의 핵심을 파악하는 것; 메시지의 핵심에 초점을 맞춤으로써 구성원들의 말을 단순화하는 것	구성원이 서로 상충되고 혼란스러운 감정과 생각을 정리하도록 도움; 전달된 것에 대해 의미 있는 이해의 수준에 도달함
요약	상호작용이나 회기의 중요한 요소를 엮어서 정리하는 것	상호작용의 파편화를 방지하고 회기의 방향을 제시함; 연결성과 의미를 제공함
질문	행동의 '내용'과 '방법'에 대한 자기탐색을 유도하는 개방형 질문을 하는 것	더 많은 논의를 촉진함; 정보를 얻음; 생각을 자극함; 명료함과 초점을 증진함; 더 많은 자 기탐색을 촉진함
해석	특정 생각, 감정, 행동에 대해 할 수 있는 설명 체계를 제공하는 것	더 깊은 자기탐색을 촉진함; 잠재력을 최대한 발휘하게 함 자기모순에 대해 인식하게 함
직면	말과 행위 또는 신체적 메시지와 언어적 메시지 간의 불일치를 보게 하는 것; 상충 하는 정보와 메시지를 지적함	정직한 자기탐색을 촉진함; 잠재력을 최대한 발휘하게 함, 자기모순에 대해 인식하게 함
감정반영	감정의 내용을 이해했다는 점을 전달하는 것	구성원들의 이야기가 언어를 넘어선 수준에서 경청되고 이해되고 있음을 전달함
지지	격려와 강화를 제공하는 것	바람직한 행동을 계속하도록 구성원들을 격려하는 분위기를 조장함; 구성원들이 어려운 문제를 접했을 때 도움을 제공함; 신뢰를 구축함
공감	구성원들의 참조틀을 받아들임으로써 그들과의 동일시를 시도하는 것	치료적 관계에서 신뢰를 구축함; 이해했다는 사실을 전달함; 더 깊은 수준의 자기탐색을 촉진함
촉진	집단 내에서 분명하고 직접적인 의사소통을 시작하는 것; 집단의 방향에 대해 구성원들로 하여금 책임을 가지게 하는 것	구성원 간의 효과적인 의사소통을 촉진함; 구성원들이 집단에서 자기 스스로 설정한 목표에 도달하도록 도움
주도	참여를 촉진하고 집단에서 새로운 방향을 제시하는 것	집단이 불필요하게 방황하는 것을 방지함; 집단 과정의 속도를 높임
목표 설정	집단 과정에 대해 구체적인 목표를 계획하고 구성원들도 각자 구체적이고 의미 있는 목표를 세우는 것	집단 활동의 방향을 제시함; 구성원들이 자신의 목표를 선택하고 명료화하도록 도움

평가	계속되는 집단과정과 개인과 집단의 역동을 평가하는 것	자각을 촉진하고 집단의 흐름과 방향을 이해하도록 도움
피드백	구성원의 행동에 대한 관찰에 근거하여 구체적이고 정직한 반응을 표현하는 것	구성원이 타인에게 어떻게 보이는지에 대해 외부로부터의 관점을 제공함; 구성원의 자각을 촉진함
제안	충고와 정보, 방향, 새로운 행동에 대한 아이디어를 제시하는 것	구성원의 대안적 사고와 행동 방향을 개발하도록 도움
보호	집단에서 불필요한 심리적 위험으로부터 구성원을 보호하는 것	집단 참여로부터 겪을 수 있는 위험을 구성원에게 미리 알려 줌; 이러한 위험을 감소시킴
자기개방	집단에서 지금-여기에서 일어나는 사건에 대한 자신의 반응을 드러내는 것	더 깊은 수준에서 집단 상호작용이 일어나도록 촉진함; 신뢰를 구축함; 자신을 개방하는 방법을 다른 사람에게 모범을 보임
모델링	바람직한 행동을 직접 보여주는 것	바람직한 행동의 실제 모습을 보여 줌; 구성원의 잠재력을 최대한 발휘하도록 고무함
연결	구성원이 하고 있는 작업을 집단의 공통적인 주제와 연결시키는 것	구성원 간의 상호작용을 촉진함; 집단 응집력을 높이게끔 격려함
저지	비생산적인 집단 내 행동을 방지하려고 개입하는 것	구성원을 보호함; 집단 과정의 흐름을 원활히 함
종결	집단 회기 또는 전체 집단의 종료에 대해 구성원을 준비시키는 것	구성원들이 집단 내에서 학습한 것을 일상생활에 동화하고 통합하며 적용하도록 도움

출처: The format of this chart is based on Edwin J. Nolan, 1978, "Leadership Interventions for Promoting Personal Mastery," *Journal for Specialists in Group Work, 3*(3), 132-138.

집단 회기를 시작하고 마치는 특별한 기술

집단 회기를 효과적으로 시작하면 그 회기의 나머지 시간도 좋은 분위기에서 진행된다. 불행하게도 많은 집단지도자들은 집단 회기를 효과적으로 시작하거나 마치는 기술을 가지고 있지 않다. 예를 들면, 어떤 지도자는 단순히 한 구성원을 선택하여 그 구성원에게 집중해서 진행하고 나머지 구성원들은 그들의 순서를 기다린다. 집단 회기가 부실하게 시작되면 그 회기의 나머지 시간 동안의 작업을 통해 의미 있는 성취를 하기 어렵다.

집단을 마치는 방식 역시 시작하는 방식만큼이나 중요하다. 나는 일정 시간이 경과하도록 놔둔 후, 갑자기 "시간이 다 됐습니다. 다음 시간에 만납시다."라고 선언하는 지도자를 여럿 보았다. 많은 집단지도자가 회기에 대한 요약이나 어떤 형태의 평가도 없이 회기를 마치기 때문에 그 회기에서 얻을 수 있는 가치 있는 것들을 놓치곤 한다. 각 회기를 효과적으로 시작하고 마치면 회기와 회기 간에 연속성을 유지할 수 있다. 연속성을 확보하면 구성원들은 회기 밖에 있을 때도 집단에서 있었던 일에 대해 생각할 것이며, 집단에서 습득한 것들을 일상생활에 적용해 보려고 시도할 가능성이 크다. 격려나 지시와 함께 집단지도자가 효과적으로 요약과 평가를 함으로써 구성원들이 자신의 참여 수준을 평가하는 과제를 수행하도록 촉진할 수 있다.

집단 회기를 시작하는 절차

매주 또는 정기적으로 만나는 집단에서 집단지도자는 다양한 방법으로 회기를 시작할 수 있다.

1. 지도자들은 구성원들에게 이 회기에서 무엇을 얻고자 하는지 간략히 진술하도록 할 수 있다. 내가 선호하는 방법은 각 구성원들이 '순서대로 돌아가면서' 이번 회기 동안 탐색할 수 있는 주제나 염려를 신속하게 진술하도록 하는 것이다. 어떤 한 구성원에게 초점을 맞추기 전에 모든 구성원이 이 회기에서 다루고 싶은 주제를 말할 수 있는 최소한의 기회를 가지는 것이 좋다. 이러한 방법으로 잠정적인 계획이 수립되고 여러 구성원이 유사한 주제 때문에 염려하고 있다면, 그 주제를 통해 몇몇 구성원들이 동시에 참여하게 할 수 있다.
2. 구성원들은 이전 회기에 대해서 가지고 있던 생각을 표현하거나 이전 회기에서 해결되지 않은 주제들에 대해 언급할 기회를 가질 수 있다. 구성원 또는 지도자와 구성원 사이에서 해결되지 않은 주제는 현재 새롭게 드러난 주제를 다루기 어렵게 하는 가장 큰 요인이다. 숨겨진 주제는 그것이 표면으로 드러나서 효과적으로 다루어지기 전까지는 생산적인 작업을 방해할 것이다.
3. 지도자는 구성원들에게 지난주 동안 개선된 점이나 어려웠던 점을 나누도록 요청할 수 있다. 이상적으로는 구성원들이 집단 밖에서 그동안 해 오던 방식과는 다른 방식으로 실험하며, '주어진 과제'를 하고 있었을 것이며, 구체적이고 행위 중심적인 계획을 수행하기 위해 노력하고 있었을 것이다. 바랐던 행동들이 아직 일어나지 않고 있다면, 회기를 시작할 때 그들이 성공했던 것과 구체적인 문제들을 함께 나누는 데 시간을 할애하는 것이 도움이 된다.
4. 개방 집단(매주 구성원들의 일부가 바뀌는 것을 허용하는 집단)에서는 이 집단이 자신에게

어떤 의미가 되었는지에 대해 기존에 있던 구성원이 새로운 구성원과 함께 토론하는 것이 바람직하다. 새로 참여하기 시작한 구성원은 이 집단 경험으로부터 얻고자 하는 것과 이 집단에 오면서 느꼈던 불안에 대해서도 이야기를 나눌 수 있다.

5. 회기를 시작할 때 구성원들의 관여를 촉진하는 것 외에도, 집단지도자는 이전 회기에서 관찰했던 것을 나누거나 이전 회기 이후에 가지게 된 생각을 나눌 수도 있다.

집단을 시작하는 한 가지 방법은 구성원들이 생각해 보고 싶은 주제를 찾게 하려고 구조화된 활동을 활용하는 것이다. 구조화된 활동은 그것을 사용하는 방법, 시점, 이유 등에 따라 상호작용을 활성화하고 집단의 초점을 구체화할 수도 있고, 반대로 지도자에 대한 구성원의 의존성을 강화하여 지속적으로 지침을 제공하도록 할 수도 있다. 집단이 지속적으로 진행되도록 하려는 열정 때문에 어떤 지도자들은 구조화된 활동이나 연습에 지나치게 많이 의존하기도 한다. 집단의 전반적인 계획과 관련되거나 시의적절하게 적용된 활동들은 변화를 촉진하는 유용한 도구가 된다. 그러나 부적절하게 적용될 때 그러한 활동은 집단의 과정이나 개인적인 성장에 오히려 부작용을 일으킨다.

구조화된 활동은 집단의 초기와 종결기 또는 집단 회기를 시작할 때 유용하게 사용될 수 있다. 집단을 시작할 때 구성원들이 자신의 개인적 목표를 명료화하고, 그들의 기대와 두려움을 다루며 신뢰를 축적하도록 하는 데 특정 활동들을 사용할 수 있다. 이러한 활동에는 특정 주제(예컨대, 이 회기에서 그들이 성취하고자 하는 것)에 대해 구성원들을 둘씩 짝지어서 작업하는 방법이 포함된다.

집단 회기를 마치는 절차

집단 회기를 마치기 전, 회기에서 발생한 일에 대해 통합하고, 경험된 것을 숙고하며, 구성원들이 지금부터 다음 회기까지 무엇을 할 것인지에 대해 이야기하고, 회기를 요약하기 위해 반드시 시간을 가질 필요가 있다. 또한 지도자가 집단 회기 중간쯤에 다음과 같은 말로 점검하는 것도 유용하다. “우리가 오늘 회기를 마무리하기까지 한 시간쯤 남았습니다. 우리가 마무리하기 전까지 여러분이 다루고자 하는 주제가 있는지 알고 싶습니다.” 또는 “저는 여러분이 이번 회기에 대해 어떻게 느끼는지 제게 알려 주시면 좋겠습니다. 지금까지 집단에서 여러분이 원하는 것을 얻으셨나요?” 이러한 평가를 집단 회기 중에 의례적으로 할 필요는 없지만, 때때로 이와 같이 함으로써 구성원 자신이 진전하고 있는 상태를 점검하도록 할 수 있다. 만약 구성원들이 자신의 참여나 회기 중에 일어나는 일에 대해 만족하지 못하다면, 회기가 끝나기 전에 진행 방향을 바꿀 시간이 남아 있다.

일반적으로 구성원들은 자신이 집단에 투자하는 정도나 그들이 얻은 성취를 자동적으로 평가하지 않는다. 집단지도자는 구성원들로 하여금 집단이 지닌 시간적 제한을 고려하고 그들이 자신의 참여에 대해 만족스러워하는지 여부를 생각해 보게끔 할 수 있다. 구성원들은 자신의 목표가 얼마나 성취되고 있는지 평가하고 이 집단이 얼마나 효과적으로 진행되는지 평가하도록 도움을 받을 수 있다. 이처럼 간헐적으로 평가가 잘 이루어지면 구성원들은 너무 늦기 전에 집단의 방향을 변화시키는 계획을 세울 수 있다. 결과적으로 그들이 집단에 참여할 때 기대했던 것을 얻지 못했다는 느낌을 가지고 집단을 떠날 가능성은 줄어든다.

요약하면, 집단을 마무리하는 지도자의 기술은 집단 경험을 통합하고 회기 중에 학습한 것을 견고하게 다진다. 집단지도자가 매주 회기를 마무리할 때 구성원들로 하여금 자신의 참여 정도를 평가하고 집단과 일상생활을 연결하도록 돕는 방법들이 다음에 제시되어 있다.

1. 집단지도자는 회기를 마칠 때 회기 중에 논의되고 있던 주제를 급히 마무리하려 하지 않도록 노력해야 한다. 걱정거리나 문제를 지나치게 빨리 해결하는 것은 치료에 도움이 되지 않는다. 많은 지도자가 범하는 잘못 중 하나는 문제를 성급하게 해결하려고 하는 것이다. 과제중심 접근을 취하는 집단지도자들은 구성원들이 자신의 문제를 탐색하고 해결하는 데 필요한 시간을 허용하는 것에 대해 불편해한다. 그런 경우 지도자들은 충분히 탐색될 필요가 있는 복잡한 문제를 피상적으로 해결하려고 한다. 질문이 해결되지 않은 채 회기를 마치는 것이 좋을 수도 있다. 왜냐하면 그렇게 함으로써 구성원들이 자신의 문제에 대해 더 깊이 생각하고 자기 스스로 잠정적인 해답을 얻을 수도 있기 때문이다. 지도자들은 회기를 마무리할 때 한 가지 주제에 대해서 잠정적인 결론을 내리는 것과 개인의 문제 영역에 대한 탐색을 완전히 종료하는 것 사이에서 균형을 맞추는 법을 습득할 필요가 있다.
2. 매 회기 마지막에 요약을 하는 것은 효과적이다. 구성원들에게 집단 과정과 자신의 목표를 향해 가는 개인적 과정을 모두 요약하게 하는 것은 도움이 된다. 구성원들은 공통적인 문제와 집단에서 논의된 주제에 대해 코멘트를 할 수 있다. 집단지도자는 요약, 특히 집단 과정에 대한 요약을 해 줄 수 있다. 그러나 구성원들에게 그들이 스스로 학습한 것을 통합하는 방법을 가르치는 것이 더 효과적이다.
3. 각각의 구성원은 그날의 회기에 대한 자신의 느낌에 대해 발표하고, 다른 구성원들이 한 말에 대해 부가적인 언급을 덧붙이거나 피드백을 주고, 자신의 참여 수준에 대해 스스로 평가해 보라는 등의 요청을 받을 수 있다. 지도자는 이와 같은 요청을 정기적으로

함으로써 집단의 방향에 불만을 느끼는 구성원들이 이를 개선하기 위해 스스로 해야 할 일을 결정하고 책임감을 느끼도록 유도할 수 있다.

4. 긍정적인 피드백에 초점을 맞추는 것이 도움이 된다. 집단에 적극적으로 참여하는 구성원에 대해서는 지도자나 다른 동료들이 충분히 인정해 주고 지지해 주어야 한다.
5. 구성원들은 자신이 받은 과제, 즉 그들이 습득한 새로운 통찰을 실제에 적용해 보는 과제에 대해 이야기할 수 있으며, 집단에서 학습한 것을 집단 밖의 문제 상황에 적용하기 위한 계획을 세울 수 있다.
6. 집단지도자는 다음 회기에 포함시키면 좋을 것 같은 주제나 문제가 있는지 구성원들에게 질문할 수 있다. 이렇게 함으로써 집단과 구성원 자신의 변화 과정에 대해 좀 더 많은 권한과 책임감을 가지게끔 할 수 있다. 집단 회기를 연결하는 것 외에도 주제를 선정하는 과정에 구성원들을 참여시킴으로써 다음 회기에 이와 같은 주제를 탐구하는 방안을 생각하도록 자극한다. 즉, 회기와 회기 사이에도 구성원 스스로 작업하도록 할 수 있다.
7. 집단지도자는 회기에 대한 자신의 반응을 표현하고 이후 발생하는 일에 대해 관찰할 수 있다. 이러한 반응과 집단의 방향에 대한 코멘트는 구성원들의 생각과 행동을 자극하는 데 매우 유용하다.
8. 구성원들이 수시로 바뀌는 집단에서 특정 구성원이 다음 주에는 떠난다는 사실을 미리 알려 주는 것이 좋다. 그리고 집단을 떠나는 구성원들로 하여금 그들이 집단에서 얻은 것과 집단을 떠나는 것이 그들에게 어떤 의미가 있는지에 대해 말하게 할 필요가 있다. 다른 구성원들은 집단을 떠나는 구성원에게 피드백을 주고 싶어 할 것이다.

내가 지금까지 기술한 내용을 살펴보면, 구성원들의 학습을 촉진하기 위해서는 지도자가 회기를 시작하고 마무리하는 절차에 주의를 기울여야 함을 알 수 있을 것이다. 이 방법들은 집단의 진행 방향을 결정할 뿐 아니라 집단의 효과를 결정하는 데 기여하는 구성원의 역할을 깨닫게끔 하는 효과가 있다.

다양성을 다루는 역량을 지닌 집단상담사 되기

문화적으로 다양한 집단을 운영하기 위해서는 특별한 지식과 기술이 필요하다. 당신이 다양한 가치관에 대해 개방적인 태도를 갖고 있다면, 당신은 지역주의라는 함정에 빠지지 않을 것이며 문화적 폐쇄성에 갇히게 되는 상황을 방지할 수 있을 것이다. 다음의 질문을 깊이 생각함으로써 다문화 상황에서 효과적으로 기능하는 데 필요한 당신의 자각, 지식, 기술의 수준을 점검해 보기 바란다.

- 자신의 문화가 당신의 생각, 느낌, 행동에 어떤 영향을 끼치고 있는지 알고 있는가?
- 자신과 타인의 문화에 대한 이해의 폭을 넓히기 위해 당신은 무엇을 할 수 있는가?
- 다양한 문화, 민족, 인종, 성, 계급, 종교, 언어, 성 정체성에 대해 당신이 가지고 있는 기본적인 가정을 자각하고 있는가?
- 그러한 가정은 당신이 집단상담자로 일하는 데 어떤 영향을 끼치고 있는가?
- 구성원의 문화적 특성에 따라 당신이 집단에서 사용하는 기법을 유연하게 적용할 수 있는가?
- 다른 문화적 배경을 가진 구성원이 있을 때 그를 이해하고 함께 작업할 준비가 되어 있는가?
- 당신이 속한 교육 프로그램은 문화적으로 다양한 구성원과 함께 작업하는 데 도움이 되는가?
- 당신이 살아온 삶의 경험 중에서 당신과는 다른 세계관을 가진 구성원들을 이해하고 접촉할 수 있도록 도움을 준 것은 무엇인가?
- 당신은 다른 사람과 함께 일할 때 당신의 능력을 충분히 발휘하지 못하게 방해하는 문화적 편견이나 가정을 알고 있는가? 그렇다면 당신의 편견과 가정을 되돌아보기 위해 무엇이 필요한가?

문화적 역량이란 문화적 배경이 다른 사람들이 함께 효과적으로 일하기 위해 필요한 지식과 기술을 의미한다(Comas-Diaz, 2019). 그러나 집단상담을 효과적으로 하기 위해서는 지식과 기술만으로는 부족하다. 다양성을 다루는 역량을 지닌 상담사가 되려면 자각과 개방적 태도가 필요하다. 당신은 구성원의 요구와 상황에 맞추어 당신의 전략을 수정할 의향을 가지고 있어야 한다. 모든 구성원에게 적용될 수 있는 유일하고 '절대적인' 기법은 없다. 효과적인 다문화 상담사가 되려면 시간과 연구, 경험이 필요하다는 것을 깨닫는 것이 중요하다. 다문화적 역량을 습득하는 것은 지속적으로 진행되는 과정이다.

집단지도자는 문화적 역량을 개발함으로써 다양한 세계관의 중요성을 인정하고 활용할 수 있다(Comaz-Diaz, 2019). 구성원의 문화적 가치관을 대략이라도 이해하는 것은 집단지도자인 당신의 책임이다. 예컨대, 아프리카계 미국인 중심으로 집단을 진행한다는 것은 아프리카계 미국인의 문화에 반영된 세계관, 사회적 표준, 윤리적 가치관 등을 이해한다는 의미이다. 아프리카계 미국인들의 영적이고 공동체 중심적인 특성을 이해하는 것은 그들과 함께 집단상담을 하기 위해 기본적으로 필요한데, 이는 다른 수많은 문화 집단에 대해서도 마찬가지이다. 다양한 문화적 배경을 가진 구성원과 효과적으로 집단상담을 하기 위해서는 문화적 이해, 민감성, 일련의 지식, 구체적인 기술 등이 필요하다.

D. W. Sue와 동료들(1992), 그리고 Arredondo와 동료들(1996)은 다음과 같은 세 가지 영역에서 다문화상담 역량에 대한 개념적 틀을 개발했다. (1) 신념과 태도에 대한 자각, (2) 지식, (3) 기술. 이어지는 절에서는 D. W. Sue와 동료들(1992, 1998, 2019), Arredondo와 동료들(1996), 그리고 ASGW(2012)의 '다양성을 다루는 역량을 지닌 집단상담사를 위한 기본 원리' 등에서 확인한 다문화 역량을 요약한 목록을 제시한다.

신념과 태도

다양성을 다루는 역량을 지닌 집단지도자는 자신이 가지고 있는 가치관, 편견, 인종주의적 태도, 인간 행동에 대한 가정 등을 자각하고 이해한다. 그들은 다른 문화적 배경을 가진 내담자와 함께 작업할 때 자신의 개인적 가치관과 문제가 그 작업을 방해하지 않게 한다. 타 인종이나 민족에 속하는 구성원에 대한 자신의 긍정적 또는 부정적 반응이 집단에서 협력적 관계를 방해할 수 있는데, 역량을 지닌 지도자는 이러한 자신의 반응을 사전에 자각하고 있다. 그들은 자신의 문화적 유산이 우월하다고 가정하기보다는 문화적 다양성을 수용하고 그것에 가치를 둔다.

그들은 다양한 가치관과 인간 행동에 대한 다양한 가정을 환영하는데, 그렇게 함으로써 그들은 문화적으로 편향되지 않고 내담자와 세계관을 공유할 수 있게 된다. 그들은 내담자의 종교와 영적인 신념 및 가치관을 존중하며 성, 인종, 민족, 문화, 성 정체성, 능력, 나이, 신념의 차이를 수용한다. 그들은 이중언어 사용을 가치 있게 여기며 언어의 차이를 상담의 방해물로 보지 않는다.

효과적인 다문화 집단상담사는 자문과 수퍼비전, 연수 등을 통해 자신의 기능을 점검한다. 그들은 집단상담이 모든 내담자나 문제에 적합한 것은 아니라는 점을 이해한다. 그리고 특정 내담자에게 집단상담이 아니라 좀 더 동질적인 지지 집단(support group)이 효과적이라고 판단될 경우에는 기꺼이 다른 상담사나 기관에 해당 내담자에 대한 상담을 의뢰한다.

지식

다양성을 다루는 역량을 지닌 집단상담사는 자신의 인종적 · 문화적 유산을 이해하며, 그것이 개인적으로나 전문적 영역에서 어떤 영향을 끼치는지에 대해 알고 있다. 그리고 억압, 압박, 인종주의, 차별, 편견 등에 내재된 역동을 이해한다. 따라서 소수집단이 그들의 지역사회에서 활용할 수 있는 정신건강 서비스에 접근하는 것을 막는 제도적 장애물에 대해서도 잘 알고 있다. 그들은 내담자의 세계관을 이해하려고 노력한다. 그들은 구성원들의 역사적 배경, 전통, 가치관 등에 대한 지식을 가지고 있으며, 그들이 운영하는 집단의 가족구조, 위계, 가치관, 신념 등에 대한 지식도 가지고 있다. 그들은 의사소통 스타일의 차이와 그러한 차이가 어떻게 갈등을 야기하거나 집단의 진행을 촉진하는지 알고 있다. 집단의 치료적 과정이 내포하는 기본적 가치가 다양한 소수집단의 문화적·가족적 가치와 다를 수 있음을 알고 있다. 더욱이 이러한 집단상담사는 지역사회의 특성이나 가용한 자원에 대해서도 알고 있다. 그들은 내담자가 토착적인 지지 체계를 활용하도록 돕는 방법을 알고 있다. 그들은 다양한 구성의 내담자와 작업하는 능력을 향상하기 위해 교육, 자문, 훈련 경험을 받으려고 노력한다. 문화적으로 다양한 집단에 대한 지식이 깊고 넓을수록 그들은 좀 더 숙련된 집단상담사가 될 수 있다.

기술과 개입 전략

다문화상담은 집단상담사가 내담자의 삶의 경험과 문화적 가치관에 부합하는 방법과 전략을 사용하고 목표를 세워야 효과적이다. 집단상담사는 자신의 개입 전략을 수정함으로써 문화적 차이를 반영하려고 하며, 기관 차원의 개입을 할 때에도 내담자의 입장에서 개입한다. 그들은 필요가 있을 때 집단 밖(예: 지역사회 행사, 기념일, 이웃들)에서도 소수집단의 내담자에게 가능한 범위 내에서 개입한다. 그들은 내담자를 돕기 위해서는 문화적인 맥락을 고려해야 함을 알고 있으며, 한 가지 상담 접근에 내담자를 맞추려고 하지 않는다. 그들은 언어적, 비언어적 메시지를 정확하고 적절하게 주고받을 수 있다. 그들은 의뢰가 필요한지 가늠하기 위해서 문화적 주제에 관해 다른 전문가에게 정기적으로 자문한다. 다양성을 다루는 역량을 지닌 집단상담사는 집단 작업이 진행되는 과정과 방법, 즉 목표나 기대, 법적 권리, 지속적 성장을 위해 대안으로 활용할 수 있는 자원 등에 대해 구성원들을 교육하는 역할을 수행한다.

자신의 한계를 자각하라

당신이 모든 문화적 배경에 대해 깊은 지식을 가질 것이라고 기대하는 것은 비현실적이지만, 문화적으로 다양한 집단을 대상으로 작업할 때 필요한 일반적인 원리를 파악하는 것은 가능하다. 당신이 알지 못하는 것 때문에 압도되거나 당신의 한계나 편협한 관점 때문에 죄책감을 느끼지 말라. 모든 구성원의 문화적 배경에 대해 속속들이 알고자 한다든가, 모든 기술을 빠짐없이 익히려 한다든가, 완벽한 다문화 집단상담사가 되기 위해 스스로를 채찍질한다고 해서 실제로 그렇게 될 수 있는 것은 아니다. 그보다는 좀 더 성숙한 사람과 전문가가 되려는 당신 자신의 노력을 인정하고 평가해 주라. 첫 단계는 다양성을 긍정적으로 수용하고 광범위한 내담자와 함께 작업하는 능력을 키우려고 노력하는 자신에 대해 좀 더 관대해지는 것이다.

Ivey 등(2008)은 다문화적 의도성, 또는 집단상담사가 다양한 문화적 배경을 가진 여러 유형의 내담자와 효과적으로 작업하는 능력에 대해 논의했다. 이들은 다양성이라는 문제에 효과적으로 대처하고자 하는 집단지도자에게는 자각, 지식, 기술과 같은 핵심 요소 외에도 겸허함, 자신감, 회복 기술(recovery skill) 등의 특성이 필요하다고 주장했다. 이러한 특성이 의미하는 바는 집단상담사가 모든 해답을 가지지 않아도 되며, 실수를 통해 배울 수 있고, 어려운 상황에서도 좀 더 유연하게 대응하는 능력을 개발할 수 있다는 것이다. 실수로부터 배우는 능력은 실수를 저지르지 않는 것보다 더 중요하다.

인지적 측면과 정서적 측면에서 공감을 표현하는 능력은 모든 상담 전문가에게 중요한 기술이다. 그러나 문화적으로 다양한 배경을 가진 구성원들과 효과적으로 작업하기 위해서는 문화적 공감(타인의 문화를 수용함으로써 그들과 하나가 되는 능력)을 위한 노력도 반드시 필요하다(Comas-Diaz, 2019). 당신은 자기성찰, 자신의 세계관 탐색, 인종주의에 대한 재검토, 문화적 차이에 대한 개방성 개발, 권력의 역동에 대한 자각 등을 통해서 문화적 공감 능력을 개발할 수 있다. 당신이 구성원을 진정으로 존중한다면 당신은 인내심을 가지고 그들의 세계 속에 깊이 들어가려는 노력을 지속할 것이다. 당신이 내담자와 동일한 경험을 해야 하는 것은 아니다. 그러나 유사한 감정과 갈등 상황에 개방적으로 접근하려고 노력하는 것은 중요하다. 이러한 문화적 공감이 있다면, 구성원들은 집단 내의 문화적 다양성으로부터 여러 가지 이익을 얻을 것이다.

구성원은 효과적 상호작용에 도움되는 문화적 특성에 관해 지도자나 다른 구성원들에게 알리거나 가르칠 수 있다. 구성원의 문화적응 정도나 정체성 발달 정도를 평가하는 것도 도움이 된다. 이는 특히 여러 문화권에서 생활한 경험이 있는 내담자들에게는 더욱 그렇다. 그들은 자신의 원래 문화에 충실하려고 하지만 새로운 문화권의 어떤 특성에 대해서 매력을 느끼기도 하며, 그래서 두 문화를 통합하는 데 어려움을 겪기도 한다. 이와 같은 핵심적인 갈등은 지도자나 구성원들이 이러한 문화적 갈등을 존중한다면 집단의 맥락에서 매우 효과적으로 다루어질 수 있다.

당신이 최근의 이론을 습득하여 집단에 적용할 때는 그 이론들로부터 나온 기법들을 문화적으로 어떻게 응용할 것인지에 대해 깊이 생각해 볼 필요가 있다. 특정한 내담자나 맥락에 어떤 기법이 가장 적합할지에 관해 숙고하라. 그보다 더 중요한 것은 당신이 배울 기법을 구성원의 문화적 배경에 응용할 방법을 고안하는 것이다. 가장 중요한 것은 문화적 다양성을 다루는 역량을 지닌 집단상담사가 되는 데 필요한 개인적 특성을 습득하는 것이다.

『집단상담의 이론과 실제를 위한 학생 안내서』(Corey, 2023)에는 다양성을 다루는 역량을 지닌 집단상담사가 될 때 점검해야 할 체크리스트가 포함되어 있다. 다문화 역량과 관련하여 당신이 현재 가지고 있는 기술의 수준을 평가할 때 이 체크리스트를 사용하라. ASGW(2012)의 『다양성을 다루는 역량을 지닌 집단상담사를 위한 기본 원리』는 www.asgw.org/diversity.htm에서 찾아볼 수 있다. 이 문헌을 내려받아 이러한 원리들이 당신의 집단 작업에 어떻게 적용될 수 있는지 생각해 보기를 권한다.

당신의 집단 리더십 스타일 개발하기

집단상담을 운영하는 스타일은 지도자의 수만큼이나 많다. 그뿐 아니라 행동주의나 교류분석과 같은 특정 상담 모델을 사용하는 지도자들이 집단을 운영하는 방법은 아주 다양하다. 집단지도자로서 당신은 자신의 경험이나 성격이라는 개인적 배경, 당신의 세계관과 편견, 그리고 당신에게만 허용된 독특한 재능을 가지고 집단에 들어간다. 또한 당신은 이론적 선호성향도 가지고 집단에 참여한다.

당신의 스타일을 결정하는 것 중 하나는 당신이 단기 또는 장기 집단 중 어느 집단을 운영하는지 여부이다. 단기 집단을 운영하는 집단지도자로서 당신에게 주어진 역할은 장기치료 집단에서 주어지는 역할과는 사뭇 다르다. 주변에서는 당신에게 대체로 단기 집단을 구성하여 운영할 것을 요청할 것이다. 즉, 당신은 적극적이고 직접적이며 시간적 제약을 고려하고 내담자의 현재 생활 상황에서 발생하는 구체적인 문제를 확인하는 방식으로 상담하라는 요구를 받을 것이다. 단기 집단은 구성원들의 구체적 목표 달성을 위해 훨씬 많이 구조화되어 있어야 한다. 예컨대, 당신은 구성원의 과거를 탐색하기보다 현재 문제에 더 많이 집중할 것이다. 단기 집단을 운영할 때 지도자는 특히 다음과 같은 점에 유의해야 한다. 사전 집단을 통한 선별 작업과 잠재적 구성원을 준비시키는 일, 회기 중에는 특정 주제에 지속적으로 초점을 맞추는 일, 집단 응집력을 신속하게 발달시키는 일, 집단 회기가 제한되어 있음을 구성원들에게 상기시키는 일, 집단이 종료되었을 때 후속 작업을 하는 일 등. 집단지도자는 장기 집단보다 단기 집단에서 집단을 구성하는 일이나 실제 집단을 운영하는 과정에 대해 훨씬 더 적극적으로 개입해야 한다.

당신이 주로 단기 집단을 운영하건 장기 집단을 운영하건, 당신 자신을 알고 자신의 성품에 맞는 스타일을 개발하는 것이 중요하다. 핵심은 인간으로서의 당신 자신을 드러낼 수 있는 리더십 스타일을 개발하는 것이다. 당신이 다른 사람의 스타일을 흉내만 내려고 한다면 당신은 집단지도자로서 당신이 가진 잠재력의 많은 부분을 잃게 된다. 물론 당신은 수퍼바이저나 공동 지도자, 그리고 당신이 참여했던 집단의 지도자나 워크숍 강사의 영향을 받는다. 그러나 다른 사람의 영향을 받는다는 것과 그 사람에게는 적합하지만 당신에게는 적합하지 않을 수도 있는 다른 사람의 상담 스타일을 흉내 내서 자신의 개성을 잃는다는 것은 다르다.

당신이 개발하려고 하는 이론적인 입장은 당신의 가치관, 신념, 개인적 특성과 밀접하게 관련된다. 당신은 생각을 강조하는 접근을 주장할 수도 있으며, 경험과 감정의 표현을 강조할 수도 있고, 행동 지향적인 방법을 선호할 수도 있다. 또는 당신의 접근은 사고, 감정, 행동 차원을 통합한 것일 수도 있다. 당신이 어떤 접근을 선호하든 당신의 이론적 선호는 당신의 스타일에 영향을 끼치는데, 특히 당신이 집단 상호작용에서 어느 측면에 초점을 맞출 것인지 결정하는 과정에 영향을 끼친다.

자신만의 집단 리더십 스타일을 구축하는 한 가지 방법은 광범위한 집단상담 이론을 아는 것과 더불어 각 이론이 리더십 스타일에 제공하는 시사점을 아는 것이다. 분명하게 드러난 이론적인 설명 없이 집단을 지도하는 것은 지도나 도구 없이 비행기를 조종하는 것과 유사하다. 이론이란 상담 실제에서 당신이 사용할 수 있는 대체적인 지침들이다. 이론이란 당신이 가지고 있는 인간에 대한 기본적 가정을 점검할 때, 또는 집단의 목표를 설정할 때, 집단지도자의 역할과 기능을 명료화할 때, 집단 상호작용을 설명할 때, 그리고 집단의 효과를 평가할 때 필요한 방향과 지침을 제공하는 지도와 같은 것이다.

이론적 관점을 개발하는 것은 어느 한 이론의 강점을 받아들이는 것 이상을 의미한다. 그것은 집단지도자가 자신의 상담 실제에 대해 '무엇을' '어떻게', 그리고 '왜'를 지속적으로 질문하는 지속적인 과정이다. 다양한 이론이 제공하는 주요 개념에 대해 비판적인 시각을 유지하고, 그 이론 뒤에 있는 이론가를 연구해 볼 필요가 있다. 이론이란 대체로 그것을 개발한 사람의 생각을 개인적으로 표현한 것이기 때문이다. 마음을 연 상태에서 다른 접근들의 한계뿐 아니라 독특하게 기여한 부분을 진지하게 숙고하는 것이 중요하다. 만약 한 가지 이론에 정착했는데 그 이론의 한계를 깨닫지 못한다면, 당신은 그 이론을 탐색의 도구로 사용하기보다는 그것을 하나의 공리이자 증명된 사실인 것처럼 간주하고 있는 것이다. 만약 당신의 이론적 관점 때문에 다른 모든 이론을 무시하게 되었다면, 당신은 구성원을 이해하기 위해 이론을 사용하기보다 구성원을 그 이론에 맞추려고 하게 된다. 당신이 한 이론을 전적으로 받아들인다면, 그 이론은 구성원들의 다양한 요구를 반영하도록 사용되기 어렵다.

많은 집단지도자는 그들이 선택한 이론이 인간 행동을 잘 설명하고 집단에 개입할 때 필요한 통일성과 일관성이 있는 근거를 제공하기 때문에 특정한 한 가지 이론에 맞추어 집단을 운영한다. 나는 특정한 이론을 면밀하게 검토하고 그러한 이론적 접근과 자신을 동일시하는 집단지도자와 논쟁하려는 것이 아니다. 그러나 어떤 지도자는 자신이 그것을 선호하는 이유도 모른 채 특정한 이론을 채택하는데, 이러한 지도자는 다른 관점에 대해 개방적인 태도를 취하는 경우가 드물다. 오늘날 대부분의 상담사들은 하나의 이론적 접근과 동일시하기보다 어떤 형태의 통합된 관점에 기반하여 상담을 진행한다(Norcross & Alexander, 2019).

독자들은 이 책의 제2부를 통해 집단상담에서 활용되는 10개의 이론적 모델에 관해 학습하면서 이러한 모델의 공통점과 차이점, 그리고 이처럼 다양한 관점을 통해 당신의 집단 리더십 스타일을 형성해 가는 방식들을 더욱 선명하게 이해할 것이다. 이론 학습을 통하여 독자들은 각 이론들을 단기 집단에 어떻게 응용할 것인지에 대해서도 숙고해 보기 바란다. 효율성과 효과성이 중시되는 관리의료 체계 내에서 집단지도자들은 단기 집단에 대해 가능한 한 많이 알고 있어야 한다. 현재 단기 정신역동 집단 모델이 개발되어 있긴 하지만, 지금까지 소개된 모든 이론 중에서 정신분석적 접근은 장기치료 집단에 가장 적합하다. 이 책의 제2부에 소개된 다른 이론들은 대부분 단기개입 또는 시간-제한적 집단의 형태로 운영될 수 있다.

집단상담에서 연구의 역할

숙련된 집단지도자는 실무 능력을 향상하는 데 연구가 중요하다는 점을 이해한다. 이상적으로는 이론이 실제에 많은 정보를 제공하고 실제는 당신이 집단을 세련되게 운영하도록 돕는다. 집단지도자는 연구를 통해 집단의 효과성에 기여하는 구체적인 요인들을 더 잘 이해하게 된다. 응용연구들은 지도자가 하는 개입의 효과성을 확인할 뿐 아니라 그것을 방해하는 요인에 대해서도 이해하도록 돕는다. 상담 실무는 연구로부터 도움을 받기도 하지만 연구에 많은 도움을 줄 수도 있다(Stockton & Morran, 2010). 상담실무자들은 연구를 스스로 수행할 시간이나 전문성을 가지고 있지 않더라도, 연구 결과를 실무에 통합하는 일을 연구자와 함께 할 수 있다.

많은 집단지도자는 상담 실제의 일부로 평가 도구를 도입하거나 도구를 고안하려고 하지 않는다. 그리고 그들의 상담 실제에 연구 결과를 통합하지 않는다. 상담 업무량의 압박, 부족한 시간, 연구를 함으로써 얻을 수 있는 경제적 보상의 부족, 연구를 수행하는 능력과 지식의 부족 등과 같은 실제적 요인들이 연구에 대한 상담 실무자의 적극적 참여를 제한한다(Lau, Ogrodniczuk, Joyce, & Sochting, 2010).

집단 작업의 지도 원칙(ASGW, 2021)에서는 집단 작업에 대한 연구의 중요성에 대해 다음과 같은 기준을 제시하고 있다.

> 집단 작업 전문가는 형평성, 다양성, 개별 구성원의 접근성, 집단 전체의 문화가 교차하는 지점에 의도적으로 주의를 기울이면서 집단 작업 및 개입에 대한 경험적 근거를 확보하려고 노력한다. 이들은 과정 연구뿐만 아니라 효과성 연구에도 관심을 기울인다. 이들은 최신 연구(예: 학술지, 콘퍼런스, 평생교육 등)의 적극적 소비자이며 근거 기반 접근법을 사용하여 실무를 개선하기 위해 노력한다. (F.1)

집단상담 영역의 연구에 대한 해박한 지식은 상담 실무의 핵심적인 요소이다. 사람들은 당신에게 집단상담의 가치를 보여 주는 데 필요한 평가 자료를 제시할 것을 기대한다. 책무성은 모든 기관과 현장에서 강조되고 있으며, 특히 관리의료 회사가 요구한다. 모든 학교와 기관은 집단상담의 효과성을 평가하는 양식을 요구한다. 실무자로서 당신이 집단에서 하는 일들은 집단의 과정과 효과 측면에서 반드시 보고되어야 한다. 집단상담 실무자로서 전문적 성장을 한다는 것은 평가를 집단상담 실무의 핵심적인 부분으로 간주하는 것과 밀접한 관련이 있다.

실무자와 연구자 간의 협력은 집단상담 현장뿐만 아니라 양측 모두에게 도움이 된다(Lau et al., 2010). 진정한 의미에서 협력이 이루어지려면 연구자는 의미 있는 연구 문제와 연구 설계를 고안하기 위해 실무자의 협조를 받아야 한다. 집단상담의 효과평가에 관심이 있는 연구자에게 집단상담 경험이 많은 실무자의 조언은 실제로 큰 도움이 될 것이다. Lau 등(2010)은 통제된 조건에서 체계적인 방법으로 효과를 검증했던 전통적인 경험연구 대신 질적 연구나 사례연구를 해 볼 것을 제안했다. 이러한 '효과연구'는 실제 상황에서 이루어진 집단 작업의 임상적 측면에 초점을 맞추어서 진행될 수 있을 것이며, 연구자는 좀 더 유용하고 실제와 유관한 연구 결과를 얻을 수 있을 것이다(Lau et al., 2010). 비슷한 맥락에서 Castonguay 등(2013)은 실무 중심 연구에서 핵심 문제는 실무자와 연구자가 모두 기꺼이 시간과 에너지를 투자할 연구의 협력적 설계와 수행을 촉진하기 위해 무엇을 할 수 있는지에 있다고 말했다.

집단상담 연구의 역사

소비자들이나 자금을 지원하는 기관들은 실무자들에게 그들이 적용하는 상담 전략의 효과를 보여 달라는 요구를 점점 더 많이 해 왔다. 최근 집단상담 연구의 초점은 과정연구에서 성과를 검증하는 연구로 옮겨져 왔다. 집단상담에 대한 연구는 많이 개선되긴 했지만, 방법론 측면에서 여전히 심각한 문제점을 많이 안고 있다. 앞으로 이루어질 집단상담 연구는 실무에 지식을 제공하고 그와 동시에 연구의 방향은 집단을 실제로 운영하는 실무자의 경험을 반영할 필요가 있다. Castonguay 등(2013)은 "이러한 연구의 장점과 영향이 학자, 연구자, 정책 입안자에게 공정하게 고려되고 정당하게 인정받을 수 있다는 명확한 증거가 있다면, 상담 실무자는 연구를 설계, 실행 및 전파하는 데 참여할 가능성이 더 높다."(pp. 122)라고 언급했다. Lau와 동료들(2010)은 실무자와 연구자가 온전히 협력하여 연구하는 공동체 기반 연구 패러다임을 제안했다. 이러한 맥락에서 실무자는 연구의 우선순위를 정하고 그들의 실무에 도움이 되는 증거의 유형을 규정하며, 연구 결과를 집단상담 실무로 번역하거나 적용하는 전략을 개발한다.

연구자들은 집단 과정이 구성원의 변화를 매개하는지, 구성원이 어떻게 집단 과정에 영향을 끼치는지, 그리고 소집단 내에서 변화를 촉진하기에 가장 용이한 심리적 기능이 무엇인지 등에 대해 거의 잘 모른다. 간단하게 말하면, 연구자들은 집단상담이 효과적이라는 사실은 알지만 왜 효과가 있는지에 대해서는 잘 알지 못한다. 단순히 설명할 수 있는 방법은 없다. 그리고 심리치료 연구에 대한 Lambert(2011, 2013)의 검토에 의하면 집단상담의 효과성은 특정한 이론적 접근에 좌우되기보다 유사성에 의해 좌우된다.

집단상담 연구에 대한 실무자의 관점

Ogrodniczuk 등(2010)은 캐나다의 집단상담사를 대상으로 설문을 실시하여 집단상담에서 연구의 역할에 대한 실무자들의 인식을 평가했다. 일반적인 인식과는 상반되게, 이 조사에 따르면 실무자들이 집단 실무에 연구 결과를 통합하려고 할 때 겪는 어려움은 연구에 대한 관심의 부재나 생소함 때문에 발생하는 것이 아니었다. 대다수의 집단상담사는 연구의 중요성과 결과에 대해 높은 수준의 이해를 갖고 있으며 응답자 중 상당수는 과거에 연구에 참여했거나 지금 참여하고 있었다.

설문의 응답자들은 연구 결과가 효과적으로 전달되지 않는다면, 연구 결과는 비록 그것이 최고 수준의 연구라 하더라도 실무에 거의 영향을 끼치지 못할 것이라고 했다. 응답자들은 연구 결과가 간략한 형태로 전달되고, 또 그러한 연구 결과들이 집단을 실제로 운영하는 사람들에게 실용적인 시사점이 부각되어 제공될 필요가 있다고 했다. 연구 결과를 보고하는 방식이나 내용에 대한 실무자들의 불만은 연구와 임상 실무 간의 통합이 충분히 이루어지지 않는 주된 원인인 것으로 보인다.

응답자들은 현재 이루어지는 연구들이 집단상담의 중요한 부분인 복잡성을 간과하고 있다고 했다. 그들은 질적 연구의 중요성이 상대적으로 도외시되고 있는 반면, 집단에서 사용되는 다양한 치료 접근을 평가하는 경험연구가 지나치게 강조되고 있음을 비판했다. 이 설문에 참여한 실무자들은 전문 학술지에서 더 많은 질적 연구와 사례연구를 발견할 수 있기를 바랐다.

Stockton과 Morran(2010)은 연구 결과가 상담 실제에 자주 통합되지 못하는 중요한 이유는 연구 결과를 실제 상황에 적용하기 어려운 실험연구의 한계 때문이라고 보았다. 실험연구는 내적타당도를 갖추고 있지만, 집단상담 실무자들에게 도움이 되는 실제적인 가치는 거의 없다. Ogrodniczuk 등(2010)은 "실무자들에게 도움이 되는 연구에 대해 실무자와 연구자의 대화가 증가함으로써, 새로운 지식을 창출하는 과정에 실무자가 참여함으로써, 실무자의 필요에 적합한 형태의 의사소통 방법을 활용함으로써 집단상담 영역에서 과학과 실무의 의미 있는 통합이 이루어질 것이다."(p. 174)라고 했다.

증거기반 집단상담 실무

최근 특정 문제나 진단에 대해 경험적으로 검증된 특정 개입의 사용을 권유하는 방향으로 전환되고 있다(APA Presidential Task Force on Evidence-Based Practice, 2006). 행동주의적 보건의료 체계 내에서 직무를 수행하는 상담사들은 증거기반 실무라는 개념을 점점 더 많이 접하고 있다(Norcross, Hogan, & Koocher, 2008). 증거기반 실무(Evidence-Based Practice: EBP)는 "내담자의 특성, 문화, 선호 등의 맥락에서 가용한 연구와 임상적 전문성 중에서 최상의 것들을 통합한 것"이다(APA Presidential Task Force on Evidence-Based Practice, 2006, p. 273). 이러한 생각은 연구에 기초해서 개입을 한다는 것 이상의 의미를 포함한다. 오늘날의 집단상담사들은 그들이 수행하는 특정한 형태의 집단이 특정한 유형의 구성원들에게 효과가 있다는 증거를 제공해야 한다(Klein, 2008). Norcross와 Beutler(2019)는 EBP가 "어떤 이론이 적용되느냐가 아니라 무엇이 효과가 있느냐"라는 실용적인 관심을 반영한다고 지적했다(p.

535). Yalom과 Leszcz(2020)는 집단상담사가 임상 및 연구 증거에 대해 개방적이고 자기 비판적이며 탐구적인 태도를 갖추는 것이 중요하다고 말했다: "우리 모두는 자신의 이론적 모형과 무관하게 증거기반 집단상담사가 될 수 있다. 궁극적으로 치료 효과를 내는 것은 모형보다 상담사이다"(pp. 665-666).

미국심리학회장 직속 증거기반 실무위원회(APA Presidential Task Force on Evidence Based Practice, 2006)는 증거기반 실무의 개념을 확장하여 상담사와 내담자의 관점에서 최상의 증거를 고려하는 것이라고 정의했다. 심리상담은 긍정적인 결과를 유발하기 위해 상담사와 내담자가 협력적인 작업 방식을 개발하는 공동의 노력이다.

집단상담에 대해 적극적이고 집단상담을 잘 아는 내담자가 상담 서비스의 성공을 좌우하는 핵심 요소이다. 상담사들은 그들의 임상적 전문성에 기초하여 특정 개입에 대한 최종판단을 내린다. 그리고 그들은 내담자의 가치관, 욕구, 선호 등을 고려하여 이러한 판단을 내린다. 집단지도자가 경험적으로 타당한 개입 방법을 사용하는 것은 윤리적이고 전문적인 태도이기는 하지만 어떤 이들은 이러한 관점을 지나치게 제한적이라고 보기도 한다.

증거기반 실무 모델에 대한 비판

많은 집단상담사는 증거를 기반으로 상담을 진행한다는 것이 기계적이고 상담 과정에서 관계 차원을 충분히 고려하지 않은 모델이라고 생각한다. 이와 같은 관점을 취하는 상담 실무자들은 경험적으로 검증된 개입 방법을 특정한 문제와 짝을 지어 적용하는 방법이 집단상담에서 별로 의미 있다고 생각하지 않는다. 관계 지향적 접근(예: 인간중심 접근과 실존주의 접근)을 채택하는 집단상담사는 내담자의 세계를 이해하고 치료적 관계를 통한 치유 과정을 중시한다. Norcross 등(2006)은 상담의 여러 측면(상담 관계, 상담사의 성격과 상담 스타일, 내담자, 환경적 요인 등)이 심리상담의 성공에 기여하며 치료적 관계에서 반드시 고려되어야 한다는 점을 주지시킨다. 증거기반 실무는 여러 요인 중에서 한 가지 요인(활용 가능한 연구 중에서 최상의 것에 기초한 것)만 고려한다.

상담사의 실무 경험은 내담자와 협력적 관계를 형성하는 데 핵심적인 요소이다. 더욱이 내담자의 성격, 문화, 개인의 가치관, 선호 등은 치료적 관계에서 중요한 측면이다. 상담사가 채택하는 방법이나 관계보다 내담자라는 변인이 실제 상담 성과와 더 깊은 관련이 있다고 설명하는 연구들이 많다(Duncan, Miller, Wampold, & Hubble, 2010). Bohart와 Wade(2013)는 내담자가 상담 과정의 중심에 있으며 상담 결과에 가장 크게 기여한다고 주장한다. Bohart와 Wade의 관점에서 볼 때, "내담자가 상담 결과에서 정말로 중심적인 역할을 한다면, 내담자가 어떻게 그렇게 하는지에 대한 더 많은 연구가 필요하다"(p. 246).

최근 보험회사들은 상담사들에게 치료 지침에 의거하여 표준화·조직화된 단기 서비스를 제공하라는 압력을 가하고 있다. 특정한 문제에 대해 표준화된 절차만 따르라고 하는 것은 여러 가지 실제적이고 이론적인 문제를 야기한다. 여기에서 중요한 주제 중 하나는 경험적 자료를 기반으로 한 기법이라는 것의 신뢰성과 타당성 문제이다. 인간의 변화는 연구자들이 그것을 거의 무의미한 수준까지 단순화하지 않고서는 측정하기 어려울 정도로 복잡하다. Norcross 등(2006)은 증거기반 실무의 목표가 서비스의 효과를 개선하려는 것임에도 불구하고, 그것이 제공되는 서비스의 질을 개선하기보다 보험회사들이 하나의 비용 절감 방법으로 연구 결과를 선택적으로 잘못 사용하거나 남용하게 만들 가능성이 있다고 경고했다. Norcross와 동료들은 증거기반 실무에 대해 많은 논란과 의견의 불일치가 있음을 보여 주었다. 그들은 이 문제를 더 명료하게 이해하고 진전된 논의를 하기 위해서는 상호 간에 이해와 존중을 기반으로 한 논의가 중요하다는 점을 강조했다.

대안적 접근: 실무기반 증거(PBE)

많은 집단상담 실무자들은 경험적으로 검증된 기법을 특정 문제에 맞추는 것이 집단구성원이 제시한 문제를 해결하는 의미 있는 방법이라고 생각하지 않는다. Duncan, Miller와 Sparks(2004)는 상담 실무에서의 효율적인 의사결정을 위한 증거 자료를 고려하는 다른 방법을 제안했다. 상담 과정을 효율적으로 운영하고 의미 있는 상담 성과를 얻는 데 필요한 정보를 제공하기 위해서는 상담 중에 수집된 관련 자료들에 주목해야 한다는 것이다. 상담을 효과적으로 유지하고 내담자의 문제를 의미 있게 개선하기 위해서 상담사들은 상담관계와 상담에서의 진전과 관련된 내담자의 경험에 대한 자료를 정기적이면서 의도적으로 수집할 필요가 있다. 증거기반 실무에 대한 대안으로 그들은 실무기반 증거(Practice-Based Evidence: PBE)라는 접근을 제시했다. 상담사가 동맹에 대한 내담자의 경험과 상담 진행 상황에 대한 자료를 정기적이고 의도적으로 수집하는 경우, 내담자 유지율과 상담 성과가 크게 개선된 것으로 나타났다.

Miller 등(2010)은 상담이라는 도전적 여정에 내담자를 적극적으로 참여시키는 일의 중요성을 강조했다. 그들은 상담사들이 특정 진단에 대해 어떤 접근을 취할지 사전에 알 필요가 없다고 주장했다. 가장 중요한 것은 상담에 대한 정보를 제공하고 방향을 찾으며 상담의 성과에 대해 평가하기 위해서 내담자의 피드백을 체계적으로 수집하고 활용하는 것이다. 집단지도자들은 집단에 대한 구성원들의 경험에 관한 자료를 체계적으로 수집하여 각 구성원들의 진행 과정을 지속적으로 점검함으로써 자신의 개입 방법을 조정하고 집단 과정을 촉진할 수 있다. 각 회기 마지막에 아주 간략한 설문양식을 통해 각 구성원들의 답변이 수집되면, 그 자료는 지도자가 전체 집단의 진행 과정을 이해하는 데 도움이 된다.

Jensen 등(2012)은 집단 실무자가 PBE를 치료 집단에 통합할 것을 권장한다. 이들은 임상적 판단을 보완하기 위해 고객이 생성한 자료를 수집하는 체계적인 방법을 사용하여 집단의 흐름을 파악하는 것의 이점을 지적했다. 집단 경험에 대해 구성원으로부터 직접 자료를 수집하는 것은 PBE의 중요한 부분이다. 이러한 접근 방식은 상담사가 집단이 지속되는 동안 집단의 가치를 평가하는 데 도움이 될 뿐만 아니라 종결 단계에서 집단 경험을 평가하는 데 도움이 되는 도구를 제공할 수 있다. 집단상담사는 집단이 얼마나 잘 작동하고 있는지 판단할 윤리적 책임이 있으며, 집단 구성원으로부터 받은 피드백을 사용하여 개입을 개선할 의지가 있어야 한다.

연구에 대한 역량 키우기

Yalom과 Leszcz(2020)에 의하면 집단상담 수련생은 집단에서 기법을 적용하는 방법뿐만 아니라 학습하는 방법을 습득할 필요가 있다. 교수들은 임상적인 증거와 연구 관련 증거에 대해 개방적이고 비판적이며 탐색적인 태도와 같은 연구에 대한 기초역량을 가르치고 모범을 보여야 한다. Stockton과 Morran(2010)에 따르면, 연구에 대해 학생들이 긍정적인 태도를 갖게 함으로써 그들이 연구팀 내의 임상 실무자뿐만 아니라 훌륭한 연구 소비자가 되게끔 할 수 있다. Stockton과 Morran은 석사 과정에 속한 대부분의 학생이 연구와 관련해서 최소한의 훈련만 받기 때문에 연구 문헌을 이해하거나 연구 결과를 그들의 임상 실제에 적용하거나 연구 과제에 참여하기가 어려울 수도 있다고 하였다. 또한 Stockton과 Morran은 석사 과정 프로그램 속에 연구 관련 교과목을 더 많이 포함시키거나 연구에 참여하는 경험을 요구할 필요가 있다고 했다.

Yalom과 Leszcz(2020)에 따르면 집단상담사가 연구에 대한 역량을 가지고 있으면 그들의 직업 세계에서 새로운 경험적 증거 자료와 발견에 대해 유연하면서도 비판적인 태도를 가지고 그들의 실무에 반영할 수 있다. 연구역량을 가지지 못한 실무자들은 집단상담 영역에서 일어나는 새로운 발전을 비판적으로 평가할 근거를 가지지 못한다. 집단상담 영역에서 새로운 접근의 효율성에 대한 증거를 평가할 근거가 없이는 집단상담 실무자들은 새로운 접근에 대해 무작정 배척하는 태도를 가질 수 있다. 또는 이와 반대로 그들은 그때그때 유행하는 접근들만 무비판적으로 채택할 수도 있다. 당신이 집단을 대상으로 연구를 수행하는지 여부보다 집단상담에 대한 연구로부터 실용적인 지식을 지속적으로 받아들일 의지를 가지고 있는지 여부가 중요하다. 당신은 연구가 실무에 제공하는 시사점을 얻기 위해 최신 정보에 해박해질 필요가 있다.

집단상담 실무자가 되는 방법을 학습할 때 초심자에서 시작하여 숙련가가 되는 단계를 거칠 수밖에 없다. 이와 비슷하게, 학생들에게 집단상담 연구를 가르칠 때에도 발달적 접근을 염두에 두는 것이 좋다. Rex Stockton(Stockton & Toth, 1997)은 학생들이 그들의 임상적 기술을 실습, 자문, 수퍼비전, 그리고 멘토와의 토론을 통해 발전시켜 간다는 도제식 모델을 주장했다. 이와 마찬가지로 학생들은 집단연구 기술을 유사한 방식, 즉 연구 경험, 실습, 자문, 연구자와의 협력 등을 통해 습득할 수 있다.

집단상담에 대한 체계적 관찰과 평가를 당신이 운영하는 집단의 기본적인 요소로 포함시키라. 집단상담 실무자는 엄격한 경험적 연구만 생각하지 말고 전통적인 과학적 방법을 대체할 수 있는 방법을 고려할 필요가 있다. 그러한 대안 중 하나가 평가적 연구(evaluative research)이다. 집단상담에서 순수연구만이 가치 있는 탐구로 간주되어서는 안 된다. 집단상담 실무자와 연구자는 훌륭한 현장 연구에도 관심을 기울일 필요가 있다(Morran & Stockton, 1985).

3장

집단상담에서의 윤리적 · 직업적인 문제

학습목표

1. 집단상담의 구성원으로서 지켜야 할 주요 윤리적 문제를 인식할 수 있다.
2. 집단상담에서 사전동의의 역할을 정의하고 설명할 수 있다.
3. 비자발적 집단과의 작업과 관련된 중요한 문제를 인식할 수 있다.
4. 집단상담에서 비밀보장에 대해 정의하고 설명할 수 있다.
5. 집단지도자의 가치관이 집단에 미치는 영향을 명확하게 설명할 수 있다.
6. 다문화 집단상담과 관련된 윤리적 문제를 이해할 수 있다.
7. 집단상담 기술의 주요 사용 및 오용에 대해 설명할 수 있다.
8. 유능한 집단지도자의 특징에 대해 설명할 수 있다.
9. 집단상담에서 지켜야 할 윤리적이고 효율적인 작업에 대해 설명할 수 있다.
10. 집단상담을 연습하기 위한 몇 가지 위험 관리 전략을 설명할 수 있다.

집단상담의 지도자가 되려면 자신의 윤리 기준과 역량 수준을 검토해 보아야 한다. 이 장에서는 윤리 문제 가운데 사전동의와 비밀보장을 포함하는 구성원의 권리, 집단의 심리적 위험, 내담자와의 사적인 관계, 구성원 사이의 교제, 집단지도자의 가치관의 영향, 다양한 내담자와의 윤리적이고 효율적인 작업, 그리고 집단 기법의 활용과 오용을 다룬다. 집단 작업에서 가장 중요한 윤리 문제는 집단지도자의 능력과 관련이 있다. 따라서 상담 훈련 기준과 역량, 규명 방법 및 집단상담자의 학문적 준비를 돕는 것에 특별한 관심을 두었다. 또한 온라인 플랫폼을 사용하여 집단지도자를 교육하는 것에 관한 윤리적 문제에 대한 나의 견해와 집단전문가가 되기 위한 나의 경험을 제시하고 있다. 아울러 집단지도자 훈련에 들어 있는 윤리적 문제를 조명하고 마지막 절에서는 위법행위와 법적 책임에 관한 문제를 다루고자 한다.

책임감 있는 집단지도자는 윤리적이고 직업적인 문제에 대해서 자신의 생각을 분명히 해야 한다. 어쩌면 당신이 속한 전문 조직의 윤리강령이 당신에게 익숙하고 지켜야 할 의무가 있지만, 이 강령 들은 의무를 지키기 위한 일반적인 틀만 제공할 뿐이다. 그러므로 실제 상황에서 윤리적 결정을 내리는 방법을 배울 필요가 있다. 또한 윤리강령의 일반적인 틀만 제공되는 현실에서 이를 적용한 구체적 사례를 제시할 필요가 있다.

집단상담전문가협회(Association for Specialists in Group Work: ASGW, 2021)는 이 책과 함께 출간된 『학생 안내서(Student Manual)』에도 수록되어 있는 '집단 작업의 지도 원칙(Guinding Principles for Group Work)'을 발표했다. 특히 1장에서 5장까지의 내용을 공부하면서 이 지침을 많이 참조하게 될 것이다.

집단구성원의 권리

나의 경험에 따르면, 집단에 참여하는 사람들은 대부분 자신의 기본적인 권리와 책임을 잘 모른다. 집단지도자는 신입 구성원들이 자신의 권리와 의무가 무엇인지 이해할 수 있도록 도울 책임이 있다. 이 절에서는 이러한 문제에 대하여 자세하게 논의하고자 한다.

기본 권리: 사전동의

초기 회기에서 집단에 대한 기본정보를 주고받으면 구성원들은 훨씬 더 협동적이고 적극적인 태도로 바뀔 수 있다. 이것을 하나의 방법으로 사용하는 지도자는 정직하면서도 구성원에 대한 존중을 보여 주어 필요한 신뢰를 쌓게 된다. 지도자는 주로 구성원의 사전동의(informed consent)를 얻고 시작한다. 사전동의는 신입 구성원의 집단 참여 여부 및 참여 방법에 대한 의사결정을 돕는다. 그리고 이와 동시에 집단지도자는 집단 활동에 대한 기본적인 정보를 제시해야 한다. 구성원들은 집단에 참여하기 전에 기본 정보를 제공받을 권리가 있으며, 집단 과정 중에도 다른 정보를 더 요구할 권리도 있다. 처음부터 내담자들에게 사전동의가 일회적인 행위가 아니라 계속 진행되는 과정이라는 것을 알려 주어야 한다.

상담사의 자질, 집단에 사용하는 기법, 구성원의 권리와 의무, 집단 참여 시의 위험요소 및 이점들과 같은 여러 가지 주제들에 대하여 서면으로 정보를 제공해야 하며 또한 직업적인 비밀누설에 관하여 알려주는 것이 좋다. 신입 구성원에게 주어져야 할 그 외의 정보들로는 대안적인 집단 처치, 보험, 참가비, 예약에 관한 정책, 집단 내에서의 비밀보장의 제한점과 본질에 관한 것 등이 있다. 집단지도자는 한 번에 너무 많은 정보로 구성원을 혼란스럽게 하지 말아야 한다. 지나치게 긴 사전동의 과정은 공동 작업 관계를 계약과 같은 법률적인 틀로 대체하게 되는데, 이는 구성원이 원하는 것이 아니다.

사전 집단 공개

집단 참여 여부를 결정하기 전에 내담자에게 주어질 수 있는 권리는 다음과 같다.

- 집단의 목적에 관한 명확한 설명
- 집단구성, 절차, 기본규칙에 대한 설명
- 초기 면담에서 집단과 지도자가 내담자의 현재 요구에 부합하는지를 판단할 수 있는 기회
- 집단에 대한 정보를 구하고, 집단에 관한 질문과 관심사를 펼칠 수 있는 기회
- 집단 과정이 구성원의 가치관과 문화적 신념에 일치하는지 아닌지에 대한 논의
- 집단지도자의 자질, 교육 및 훈련에 관한 언급
- 추후 회기의 참가비를 포함한 참가비와 비용에 관한 정보 및 집단 목표와 회기의 길이, 모임의 기간, 횟수, 사용되는 기술에 관한 정보
- 집단 참여 시 피할 수 없는 심리적 위험에 관한 정보
- 법적 · 윤리적, 또는 전문적인 이유로 비밀보장이 불가한 상황에 대한 지식
- 집단 내에 제공되거나 제공될 수 없는 서비스가 무엇인지 분명하게 공지
- 지도자와 구성원 간의 책임 소재를 분명하게 이해
- 구성원의 권리와 책임에 관한 논의

집단에서 구성원이 갖는 권리

다음은 집단 과정 동안에 구성원이 가지는 권리에 관한 것이다.

- 구성원이 앞으로 해야 할 것에 대하여 안내받을 권리
- 회기 중의 녹음이나 녹화, 집단 리서치 등에 대해 공지 받을 권리
- 집단에서 배운 것을 일상생활의 행동으로 옮겨 갈 때 지도자의 도움을 받을 권리
- 집단에서 배운 것에 대해서 서로 이야기를 나눌 기회와 불필요한 감정을 남기지 않기 위해 집단 경험을 그만둘 수 있는 권리
- 집단 참여의 직접적 결과로 위기가 생겼을 때 지도자의 조언을 구하거나 지도자가 도

와줄 수 없으면 다른 곳에서 도움을 받기 위해 의뢰할 수 있는 권리
- 집단의 잠재적 위험을 최소화하기 위하여 지도자가 안전요원의 역할을 해야 하며, 구성원은 자기개방 및 수위조절에 관해서도 프라이버시를 존중받을 권리
- 지도자와 다른 구성원이 비밀보장을 지키는지 관찰할 권리
- 지도자나 다른 구성원이 부여하는 가치관에서 자유로울 권리
- (집단의 일부가 아니라) 존엄성을 가진 한 개인으로서 존중받을 권리

지도자는 집단구성원의 권리뿐만 아니라 의무에 대해서도 강조할 필요가 있다. 의무에는 정기적으로 참석할 것, 지체하지 않을 것, 위험을 감수할 것, 자기에 대해서 기꺼이 이야기할 것, 다른 구성원에게 피드백을 줄 것, 비밀을 지킬 것, 집단 참여에 대한 개인적인 목적을 정할 것 등이 포함된다. 그중에서 어떤 규칙들은 문화적 배경 때문에 특정 구성원에게 문제가 될 수도 있다. 그러므로 구성원에 대한 기대치를 시작 단계부터 명확히 하고, 구성원은 그러한 기대에 동의하는 것이 중요하다. 또한 구성원들이 집단의 규칙을 발전시키는 데 스스로 참여하는 것도 집단 과정의 중요한 부분이다. 왜냐하면 집단의 규칙은 구성원들의 행동에 깊은 영향을 미치기 때문이다.

비자발적 집단의 문제점

자발적 집단과 마찬가지로 비자발적 집단일 때도 사전동의서가 중요하다. 집단의 성격과 목적, 절차, 구성원의 책임과 의무, 비밀보장의 한계, 그리고 집단 참여 수준이 가져올 영향, 특히 미참여가 가져올 영향에 대해 충분히 이해하도록 도와야 한다. 또한 비자발적 집단에서는 구성원의 협력과 자발적 참여를 유도하기 위해 지속적으로 격려해야 한다. 이러한 방법은 비자발적 구성원이 '이 집단에 참여 해야만 했다.'는 생각을 하도록 돕는다. 집단에 참여할 것인지, 아니면 미참여의 결과를 감당할 것인지에 대해서 선택할 기회를 준다. 만약에 '비자발적' 구성원이 집단에 참여하지 않기로 선택한다면 퇴학, 징역형, 소년원과 같은 결과를 감당할 수 있도록 준비시키는 것이 필요하다.

비자발적 구성원의 참여를 촉진하기 위해 집단지도자가 초기의 한정된 기간 동안만 비자발적 구성원을 받는 것도 대안이 될 수 있다. 예를 들면, 참여를 꺼리는 구성원에게 집단이 어떠한지 경험할 기회를 주고(3회기 후에), 참여 여부를 결정하게 하는 것이다. 지도자는 집단 내에서의 시간 활용은 그들의 선택임을 알려줄 수 있다. 구성원은 집단에 온전하게 참여하는 것과 더불어 미참여에 대한 두려움과 주저함에 대해서 탐색할 수 있도록 도움을 받을

수 있다. 내담자의 이러한 문제들을 충분히 탐색하는 것이 집단지도자가 현장에서 실천해야 할 윤리이다.

집단을 떠날 자유

지도자는 집단에서의 출석, 성실성과 함께 집단 과정이 마음에 들지 않는 경우에 생기는 미참여에 관한 지침을 분명히 해야 한다. 만약 구성원이 특별한 이유 없이 중도 탈퇴하면 집단 응집력을 구축하거나 신뢰를 쌓아 가기가 대단히 어렵게 된다. 중도 탈퇴의 과정은 초기 회기에서 논의되어야 하고, 지도자의 태도와 지침은 시작부터 분명해야 한다.

구성원은 중도 탈퇴에 대해 지도자와 다른 구성원에게 해명할 의무가 있다. 구성원들이 위협적이거나 부정적인 의견에 대한 논의 없이 떠나는 것은 모든 구성원에게 해로울 수 있다. 중도 탈퇴의 이유가 논의되지 않는다면 본인에게는 일을 마무리하지 않는 것으로 남게 되기 때문이다. 이는 남아 있는 구성원에게도 마찬가지이다. 한 구성원의 탈퇴는 집단의 신뢰와 응집력을 손상시킨다. 결국 남겨진 구성원들은 어떤 방식으로든 그 사람을 '떠나게 만들었다'는 죄책감을 느끼게 된다. 어떤 구성원이 집단을 떠나기로 했다면, 회기 내에서 그 문제를 탐색해야 한다. 최소한 지도자와는 탈퇴에 대해 이야기할 필요가 있다.

요컨대, 집단이 한 사람에게 역효과를 낳는다면 그 사람은 집단을 떠날 권리가 있다. 이 문제에 관해 집단 내에서 충분히 논의하는 것이 이상적이다. 충분한 논의를 거쳤음에도 불구하고 그 구성원이 탈퇴하고자 한다면, 지도자와 다른 구성원들은 이를 충분히 이해하고 지지해 주어야 한다.

과도한 압박과 강요로부터의 자유

구성원은 집단에서 존중되어야 하며 과도한 강요와 압박을 받아서는 안 된다. 그러나 어느 정도의 집단 압박은 불가피하며 많은 예에서 보듯이 치료적이기도 하다. 집단에서 사람들은 자기 파괴적인 생각과 행동들을 점검하고 또 도전받는다. 그 속에서 사람들은 자신을 객관적으로 보아야 한다는 압박을 받는다. 그리고 집단상담에서는 회기 중에 소리치고, 사적인 것을 드러내고, 어떤 위험도 감수해야 한다. 또한 집단 안에서 자신의 반응을 공유해야 하며, 정직성에 대한 압박도 받는다. 지도자는 이러한 종류의 압박에 대해 적격심사 및 예비교육 과정에서 예비 구성원에게 설명해야 한다. 어떤 사람들은 이러한 설명을 듣고 집단에 참여하지 않을 수도 있다. 그러나 지도자는 파괴적인 압박과 치료적인 압박을 구분하여 이를 설명하고 설득해 내야 한다.

비밀보장에 대한 권리

비밀보장은 집단상담의 핵심적인 윤리 문제이며 효율적인 집단 작업을 위한 필수적 요소이다. 법적 예외 사항 이외에 구성원들의 대화는 법적으로 보호받지 않지만, 비밀을 보호하는 것은 윤리적 요구이다. 그러므로 상담사는 집단을 시작할 때 이것을 다루어야 할 책임이 있다(Wheeler & Bertram, 2019). 미국상담협회(American Counseling Association, 2005)의 ACA 윤리강령(ACA Code of Ethics)은 집단의 비밀보장에 관하여 다음과 같이 밝히고 있다. "집단 작업에서 상담사는 참여하고 있는 구성원의 비밀보장의 한계와 중요성을 분명하게 설명해야 한다."(B.4.a.) ASGW(2008)는 다양한 집단에서 상호 간의 비밀보장을 이해하는 것은 더욱 복잡하다는 것을 이야기하고 있다. "집단지도자는 비밀보장과 프라이버시의 문화적 의미에 대해서 민감하게 알아차려야 하며 정보를 공개하는 것에 대한 서로 다른 견해를 존중해야 한다."(A.6.) 집단지도자는 비밀보장과 그 한계를 정의한다(예: 법적, 윤리적 예외와 기대; 치료계획과 문서 및 보험*을 철회하는 것. 다른 집단구성원의 비밀을 보장할 수 없는 것). 집단지도자는 모든 집단 참가자에게 비밀보장의 필요성, 비밀보장 위반의 잠재적 결과, 그리고 법적 특권이 그룹 논의에 적용되지 않음을 알릴 책임이 있다(ASGW, 2021)(C.6.c). 지도자로서 구성원의 비밀을 지키는 것이 필수적이지만, 집단 내에서는 무엇이든 누설될 수 있으므로 비밀보장의 필요성을 강조해야 한다. 이 문제는 초기의 사전 선별 면담부터 최종 회기까지 지속적으로 강조되어야 한다.

지도자는 윤리적으로나 법적으로 비밀보장을 유지해야 하지만 다른 구성원의 비밀을 누설한 구성원은 법적인 책임이 없다(Lasky & Riva, 2006). 예비 면담에서 각자에게 명백하게 비밀보장의 근거를 밝히고 다시 전체적인 첫 회기에서 이를 반복한다면 구성원이 이 문제를 가볍게 다루는 일이 줄어들 것이다. 집단에 참여할 때 사람들은 비밀보장을 염두에 두고 있으므로 시기적절하게 이 문제를 다루는 것이 좋다. 실제적으로 부주의하게 비밀을 누설할 위험성에 대해서 수시로 구성원에게 환기시키는 것이 도움이 된다. 나의 경험에서 볼 때, 악의를 가지고 다른 구성원을 헐뜯는 사람은 드물다. 하지만 사람들은 집단 밖에서 말을 더 많이 하는 경향이 있고 자기도 모르게 동료에 대한 정보를 제공한다. 비밀보장 유지가 주요 주제가 된 회기에서는 그 주제를 충분히 논의하여야 한다.

---

* 미국에서는 상담비용을 보험청구할 수 있다(역자 주).

기관, 단체, 학교와 같이 구성원끼리 이미 알고 지내는 집단은 특히나 비밀보장 유지가 더 어려우므로 이 문제를 중요하게 다루어야 한다. 그러나 구성원이 타인의 비밀을 함구하게 할 확실한 방법은 없다. 지도자는 구성원을 강제적으로 통제할 수 없기 때문에 사실상 집단에서 비밀보장의 원칙을 전적으로 지키기에는 어려움이 따른다. 그러므로 구성원은 집단 내에서의 절대적 비밀보장이 어렵고 때로는 비현실적이라는 것을 알 권리가 있다(Lasky & Riva, 2006). 하지만 비밀보장에 대해 논의하고, 중요성에 대해 확신을 표현하며, 구성원에게 비밀보장 동의서에 서명하게 할 수는 있다. 그리고 비밀보장 유지에 관해 지도자의 모델링이 중요하다. 궁극적으로는 비밀보장의 필요성을 존중하고 유지하는 것은 구성원에게 달려 있다.

구성원은 집단 회기 중에 행해질 녹음이나 녹화 그리고 그 용도에 대해서도 알 권리가 있다. 어떤 회기라도 녹음(또는 녹화)되기 전에 서면 허가를 받아야 한다. 예를 들어, 테이프가 연구 목적으로 사용되거나 집단 수퍼비전 회기에서 수퍼바이저 또는 학생들이 비평하는 데 사용된다면 구성원들은 이를 거부할 권리가 있다.

비밀보장의 예외

집단지도자는 비밀보장의 한계를 알려 줄 윤리적 책임이 있다. 예를 들면, 비밀보장 원칙이 법률에 따라 제한되는 상황에 대해 설명해 주어야 한다. 지도자는 다른 구성원들과 달리 지도자인 자신은 비밀보장이 확실히 이루어지도록 할 책임이 있다고 부언할 수도 있다. 구성원으로 하여금 언제든지 비밀보장에 관해 이의를 제기할 수 있게 하는 것이 중요하다. ACA 윤리강령(ACA, 2014)에서는 내담자가 이해해야 할 비밀보장의 예외를 다음과 같이 밝히고 있다.

> 내담자를 보호하기 위하여, 그리고 심각하다고 예견되는 위해로부터 다른 사람들을 보호하기 위하여 비밀누설이 필요할 때, 또는 합법적으로 비밀정보가 밝혀져야 할 필요성이 요구될 때는 상담사의 비밀보장 조건이 적용되지 않는다. 상담사가 예외의 타당성에 의구심을 가질 때는 다른 전문가와 상의한다. 죽음의 문제를 다룰 때는 추가적으로 고려할 점들이 있다(B.2.a.).

지도자가 각 구성원에게 비밀보장의 한계점들을 서면으로 알려 주고 비밀보장이 불가한 특수 상황을 설명하는 것도 좋은 방법이다. 시작부터 그렇게 솔직하게 하면 구성원들이 자신들의 권리를 알기 때문에 상당한 신뢰를 쌓을 수 있다.

집단지도자들은 자신들의 실제 상담에 영향을 미치는 주 법률을 반드시 숙지해야 한다.

지도자는 구성원들에게 주 헌법에서 명시하지 않는 한, 법적 특권이 집단치료에는 적용되지 않음을 잘 알려 주어야 한다(ASGW, 2008 and ASGW, 2021).

미국집단심리치료협회(American Group Psychotherapy Association [AGPA], 2002)는 다음과 같이 명시하고 있다. "집단치료자는 집단치료 시에 비밀정보의 한계를 숙지하여 구성원들에게 알린다."(2.2) 상담사는 자신 또는 다른 사람에게 해가 되는 내담자의 위협을 보고할 법적인 의무가 있다. 이러한 요건은 아동학대나 방치, 근친상간 또는 아동 성희롱, 노인학대, 그리고 성인부양가족(dependent-adult)학대에도 적용된다. 극단적인 예를 들자면, 집단의 한 구성원이 다른 구성원을 끈질기게 위협하여 심각한 부상을 입힌다면, 지도자는 수퍼바이저나 다른 동료와 상의를 해야 한다. 그리고 피해대상자를 보호조치하고, 당국에도 알려야 한다. 구성원이 어떤 위협을 가하기 위하여 다른 사람을 끌어들이는 경우도 있다. 구성원들은 집단지도자가 자신들을 평가하여 입원시키게 하기 위해 괴상한 행동을 보여 주기도 한다.

교정기관이나 정신병원에서 집단을 이끈다면, 상담사 이상의 행동을 취할 필요가 있다. 예를 들면, 구성원의 어떤 행동에 대해 기록해야 하는 경우가 있다. 그럴 때 상담사는 기록 사실에 대해 내담자에게 알려 주고 보고해야 하는 의무가 있다. 내담자의 비밀을 누설하는 것에 대해 솔직하게 말함으로써 그들의 협력을 더 많이 얻을 수 있을 것이다.

미성년자에 대한 비밀보장

학교 환경의 아동 집단에게는 집단 내에서 일어나는 일을 교실이나 운동장 등 밖에서 이야기하면 안 된다는 것을 확실하게 하기 위해 좀 더 주의를 기울여야 한다. 아동이 집단 밖에서 구성원에 대한 이야기를 할 경우, 집단 응집력이 손상되거나 진행에 방해가 될 수 있다. 성인, 청소년의 경우처럼 아동도 다른 사람에게 존중받을 권리가 있다. 집단지도자 또한 아동에 대해서 교사나 관리자에게 말할 때 주의를 기울여야 한다. 아동 집단상담을 하는 사람들은 비밀보장이 되는 것과 학교에 알려야 하는 것에 대해 설명할 필요가 있다. 이와 관련하여 미국학교상담사협회(ASCA, 2016) 학교상담사 윤리기준은 상담사에게 다음과 같은 지침을 제공하고 있다.

> 학교 내 미성년자에 대한 비밀이 보장될 수 없다는 사실을 인식하고 작업하는 동시에 집단상담 규범으로서 비밀보장을 할 수 있도록 안내해야 한다. (A.7.e.)

ASCA(2016)는 또한 부모와 학생 모두에 대한 비밀보장의 의무를 다룬다.

> 학교 상담사들은 비밀유지를 위한 그들의 주요 윤리적 의무가 학생들에게 있다는 것을 인식한다. 그러나 내담자인 자녀들의 삶에서 지침이 되는 부모 및 보호자들의 법적 및 본질적 권리와 의무에 대한 이해 사이의 균형을 맞출 수 있도록 해야 한다. (A.2.F.)

집단지도자들은 교사와 관리자들에게 아동, 청소년에 대해 말하는 것에 주의해야 한다. 아동, 청소년과 함께 집단을 하는 사람들은 무엇이 비밀로 지켜질 것이며 학교 관계자들과 무엇을 공유해야 할지에 대해 설명할 필요가 있다. 이것은 부모와 대화하는 것에도 적용된다. 미성년자가 집단에 참여하는 것을 허락하기 전에 부모의 서면 허가를 요구하는 것이 좋은 선례이다. 이러한 목적을 달성하기 위한 전제조건으로 비밀유지의 중요성, 비밀 침해 금지, 그리고 집단 목적에 대한 간략한 진술을 포함하는 것이 좋다. 만약 이것이 유연하게 부모들에게 그들의 자녀나 청소년에 대한 정보를 제공할 수 있다면 때때로 유용할 것이다. 집단 내에서 일어나는 일의 사생활을 보호하면서도 한편으로, 집단지도자들은 아동, 청소년과의 세션에서 한쪽 또는 양쪽 부모에게 피드백을 제공할 수 있다. 이런 식으로 미성년자는 무엇이 공개되고 있는지 충분히 인지하는 것이 필요하고 참여할 수 있다.

부모는 집단에서 자녀가 누설한 정보를 알 권리가 있을까? 이 질문에 대한 대답은 지도자가 그 정보를 법적으로 보느냐, 윤리적으로 보느냐, 아니면 전문가적인 관점에서 보느냐에 따라 다르다. 상담사는 윤리적으로 미성년자 구성원의 사생활을 존중하고 비밀을 유지할 의무가 있다. 그러나 이는 상담 진행 상황을 부모에게 알리고, 자녀의 이익을 위한 결정을 할 수 있는 부모의 권리에 관한 법률과 상충될 수 있다. 학교상담사들은 정보 공개를 위해 내담자의 허락을 요청해야 할 윤리적 책임이 있으며, 학생들에게 비밀의 한계와 언제, 어떻게 비밀 정보가 공유될 수 있는지를 명확히 알려야 한다. 학교상담사들이 부모와 학교 직원들에게 정보를 제공해야 할 때, 그들은 아동, 청소년들의 사생활에 대한 침해를 최소화하는 방법으로 정보를 제공해야 한다.

아동과 청소년이 포함된 집단에서 비밀보장이 잘 지켜지도록 하는 것은 지도자의 책임이다. 학생들의 신뢰를 얻는 것뿐만 아니라 부모, 보호자와 함께 협력적으로 작업하는 것도 중요하다. 또한 비밀보장의 성격, 목적 및 한계에 대해서 미성년자가 이해할 수 있는 언어로 교육하는 것도 유익하다. 요약하면, 지도자는 구성원이 언제든지 이야기할 수 있도록 생각날 때마다 비밀보장에 대한 문제를 지속적으로 상기시켜 주어야 할 것이다.

집단상담에서의 소셜 미디어: 비밀보장 및 개인정보 보호 고려 사항

비밀보장과 개인정보 보호 문제에서는 집단구성원과 그들의 상담사가 온라인으로 서로

소통할 때 특별히 고려해야 할 점이 있다. 집단의 구성원들이 소셜 미디어에서 서로 접촉할 경우 사생활 침해의 위험이 높아진다(Wheeler & Bertram, 2019). 집단지도자는 사전 동의를 통해 온라인상에서 할 수 있는 행동에 대한 한계점을 제시해야 하며, 사진, 댓글 또는 다른 구성원에 대한 비밀 정보를 온라인에 게시하지 않기 위한 구성원의 약속에 관한 기본 규칙을 설정해야 한다. 이러한 규칙 설정은 집단 운영 규범을 논의할 때 포함할 수 있다.

구성원들이 자신의 정보를 온라인으로 공유할 때, 특히 경계 짓는 데 어려움을 겪는 경우, 비밀보장 또는 개인정보 침해가 발생할 수 있다. 대부분의 사람들은 개인정보를 보호하기 위한 기술과 지식이 부족할 수 있다. 집단지도자는 다른 구성원에 대한 이야기를 하거나 집단 내 다른 구성원들의 이름을 언급하기보다는 자신의 경험을 이야기하는 방식과 같이, 구성원들이 집단 밖의 다른 사람에게 자신의 경험만을 공유하도록 교육하는 것이 필요하다.

온라인 집단상담

2020년 초, 코로나바이러스의 대유행은 대면 집단에서 온라인 플랫폼으로 전환함과 동시에 집단을 제공하는 새로운 방법을 활성화시켰다. Yalom과 Leszcz(2020)는 온라인 집단이 효과적일 수 있다고 주장했으며, 초기 연구 데이터가 화상회의의 효과성을 뒷받침한다고 밝혔다. 그들은 온라인 집단이 현재의 팬데믹(pandemic)이 끝난 후에도 오랜 기간 뒤에 현장으로 복귀할 것이라고 예상했다. Yalom과 Leszcz는 온라인 집단을 평가할 때 다음과 같은 핵심 사항을 제시했다.

- 상담사들은 온라인에서 윤리적인 방식으로 집단을 제공할 수 있는 기술적 역량을 가지고 있어야 한다.
- 집단지도자는 온라인 플랫폼에 맞게 정보동의서를 제공하고 집단구성원에게 온라인 상담의 유익성과 위해성에 대한 구체적인 정보를 제공해야 한다.
- 온라인 집단의 인기가 증가함에 따라 발생하는 새로운 문제를 해결하기 위해 윤리적이고 전문적인 지침이 개발되고 개정될 필요가 있다.
- 집단지도자들은 이 환경에서 개인정보 보호와 비밀유지의 중요성에 대해 구성원들을 교육해야 한다. 일부 구성원은 비밀보장에 대해 걱정하지 않을 수 있지만, 다른 구성원은 집단 외부의 사람들이 세션을 관찰하고 청취할 수 있는 것에 대해 걱정할 수 있다.
- 집단구성원들은 그들의 개인적인 설정에 방해를 받지 않고 집단에 참여하는 것의 중요성을 인식할 필요가 있다.

- 온라인 집단을 이끄는 실무자는 이 기술을 사용할 때 유연하고 적합하게 사용할 수 있어야 한다.
- 집단지도자들은 대면 집단을 운영할 때보다 온라인에서 더 활동적일 필요가 있다. 개별 구성원들이 고립된 환경에 있기 때문에, 집단 응집력과 구성원 간의 논의가 더디게 전개될 수 있기 때문이다.

Yalom과 Leszcz(2020)는 과학기술이 인간의 상호작용을 증가시킬 수 있다고 믿었다. 그들은 온라인 형식이 "의미 있는 연결을 위한 현대적인 경로를 나타내며, 전통적인 대면 집단이 불가능할 때 유일한 자원"이라고 결론지었다(p. 578). 온라인 집단은 도전과 가능성을 모두 가지고 있다. 나는 실제 집단 참여가 어려울 때 온라인 집단이 실행 가능한 대안이 될 수 있다는 것에 동의한다. 그러나 온라인 집단이 응집력을 키워 실무 단계로 나아가기 위해서는 의미 있는 대인관계 업무가 가능한 집단규범을 정립하기 위한 상당한 논의가 필요하다. 이를 위해 온라인 집단에서 업무 제휴와 결속력이 어떻게 형성되는지에 대한 차이를 탐구해야 한다. 또한 지도자의 성장을 위해서도 온라인 집단이 지도자의 공감 능력과 온라인 집단 제공에 대한 지도자의 자신감에 미치는 영향에 대한 추가 연구가 필요하다(Weinberg, 2020).

집단에서 심리적 위험에 관한 문제

집단은 개인의 변화를 촉진하는 강력한 촉매제가 될 수 있지만 동시에 위험을 초래할 수도 있다. 윤리적인 관점에서 집단지도자는 구성원들에게 집단 경험과 관련된 잠재적인 위험을 사전에 알려주어야 한다. 이 절에서는 이러한 위험 중에서 삶의 변화를 야기하는 혼란, 적대적이고 파괴적인 직면, 희생양 만들기, 구성원 간의 위험한 교제를 다룰 것이다. 그리고 지도자의 위험대처에 대해 살펴본다. 인생의 모든 의미 있는 배움은 어느 정도의 위험을 감수하는 것이므로 위험이 없는 집단을 기대하는 것은 비현실적이다. 예비 구성원에게 여러 가지 위험을 가져올 수 있는 잠재적인 부정적 결과에 대해서 확실하게 알게 하고 그에 대한 모든 예방책을 강구하는 것은 집단지도자의 윤리적 책임이다.

ACA 윤리강령(ACA, 2014)은 "집단에서 상담사는 신체적·정서적 또는 심리적 고통으로부터 내담자를 보호하기 위하여 합당한 예방조치를 취한다."(A.9.b.)라고 명시하고 있다. 여기에는 잠재적인 생활 변화에 대해 서로 이야기하고 구성원이 그러한 변화에 적응하도록 도움을 주는 것이 포함된다. 자기가 속한 집단의 장점과 단점에 대해서 이야기하고, 집단 경험으로부터 성장할 수 있도록 준비를 시키며, 구성원이 가질 만한 공포와 의구심에 민감하게 반응하는 것은 지도자에게 필요한 최소한의 것이다.

집단에 작용하는 힘을 심도 깊게 이해하여 윤리적 목적에 맞게 집결시키는 것도 지도자에게 주어진 임무이다. 지도자가 주의를 기울이지 않으면, 구성원은 집단의 도움을 받지 못할 뿐만 아니라 심리적 피해를 입을 수 있다. 윤리적 관점에서 보면, 집단지도자는 불필요한 심리적 위험을 감소시키기 위한 예방책이 있어야 한다. 이런 위험을 감소시키는 방법으로는 구성원의 한계를 알고, 거절의 뜻을 존중하고, 공격적이거나 독재적인 방식에 반대되는 호혜적(invitational) 방식을 개발하고, 거친 직면을 피하고, 판단하기보다는 행동을 묘사하고, 직감을 조심스럽게 표현하는 것 등이 있다.

다음은 지도자가 구성원에게 주의를 줄 수 있는 몇 가지 문제점과 그것을 최소화할 수 있는 방법들이다.

첫째, 집단지도자는 고통과 투쟁이 종종 삶을 변화시키는 것과 관련이 있다는 것을 구성원들에게 알릴 의무가 있다. 지도자는 구성원들에게 변화의 가치에 대해 교육할 필요가 있다(MacNair-Semands, 2005). 구성원들은 스스로에 대해 점점 더 명확히 자각하게 되면서 도중에 혼란을 겪기도 하지만 결국 인생의 건설적 변화를 이루게 될 것이다. 예를 들면, 한 여성이 집단에서 얻은 결과로 변화하였다면, 배우자는 그들 관계 속의 변화 때문에 그녀에게 저항이나 적대감까지 가질 수 있다. 더구나 그녀와 가까운 다른 사람들도 그녀의 변화를 달가워하지 않고 상담받기 전의 그녀를 더 좋아할지도 모른다.

둘째, 가끔 집단의 희생양이 되어 따돌림을 당하기도 한다. 다른 구성원들은 집단의 문제를 그 사람 탓으로 비난하면서 왕따시킨다(gang-up). 집단지도자는 그러한 일들을 다루기 위하여 확고한 조치를 취해야 한다.

셋째, 모든 집단은 소중하고 강력한 도구인 '직면(confrontation)'을 잘못 사용할 수 있는데, 특히 직면은 파괴적으로 다른 사람을 공격하기 위하여 사용할 때 더 위험하다. 저돌적인 개입, 지나치게 직면적인 지도자 전략, 그리고 구성원을 한계 이상으로 밀어붙이는 것은 종종 부정적인 결과를 낳는다. 다시 말해서, 지도자(그리고 집단 전체)는 구성원에게 심각한 심리적 위협을 가할 수 있는 행동을 조심하여야 한다. 직면할 때 구체적인 행동에 집중하면 그 사람을 판단하는 것을 피할 수 있고 파괴적인 직면의 위험성을 줄일 수 있다. 그러므로 집단지도자는 구성원에게 자기 자신을 표현하는 법과 상대방의 행동 패턴에 반응하는 법에 대해 가르칠 필요성이 있다.

마지막으로, 집단 내에서 안전하지 못하다고 느낄 경우, 사회적 부당함을 당한 구성원들이 집단 내에서도 다시 한번 더 피해를 입을 수 있다.

집단에서의 심리적 위험을 최소화하는 방법 중 하나는 계약을 맺는 것이다. 계약을 통해 지도자는 자신의 책임을 명시하고, 구성원은 집단에서 추구하는 것을 서술하여 참여를 명확하게 한다. 이러한 계약은 구성원이 집단에서 부당한 대우를 받았다고 느끼거나 부정적인 경험을 했다고 느낄 가능성을 감소시킨다.

불필요한 위험에 대한 또 다른 안전책은 지도자가 자신의 능력의 한계를 인정하고 그 능력 안에서 집단의 훈습과 경험을 적절하게 준비하는 것이다. 결국 지도자는 집단활동과 관련된 불가피한 심리적 위험을 최소화할 책임이 있다. 이러한 책임을 다하기 위해서 지도자는 뒷부분에서 언급되는 수퍼비전과 교육과정을 거쳐야 할 것이다.

집단지도자의 윤리

집단지도자가 되기 위해서는 구성원의 욕구, 자신의 가치관과 기법이 구성원에게 미칠 수 있는 영향에 대해서 민감해야 한다. 집단상담에 대한 지역사회의 기준, 일하는 곳의 정책, 집단상담을 관장하는 주법(the state law)에 대해서도 잘 알아야 한다. 정신건강전문직 종사자에게는 책임과 의무를 지는 상담이 점차 강조되고 있다. 상담 및 사회복지 관련 대학원 프로그램에서는 법과 윤리강령 안에서의 작업에 대한 요구가 증가하고 있다.

거의 대부분의 전문 협회는 회원들에게 그들의 훈련 과정을 녹음하도록 하여 지역사회의 지배적인 기준과 그러한 기준을 준수하여(혹은 위반하여) 상담을 할 때의 영향에 대해 잘 파악할 수 있도록 하고 있다. 이들 협회의 입장은 전문가는 상담관계에서 착취를 피하고, 치료적 관계에 필요한 신뢰를 손상시키거나, 주요 치료 목표를 달성하는 데 지장을 주는 이중관계를 피할 것을 분명하게 밝히고 있다. 일반적으로 윤리강령은 사회적이거나 개인적인 관계와 전문적인 관계를 혼동하지 말 것을 주의시키고, 적당한 경계를 유지하는 것이 중요하다고 강조한다.

집단지도자는 개인적인 욕구를 충족시키기 위해 자신의 역할과 힘을 오용하여 구성원을 희생시켜서는 안 된다. 구성원에게 최선이 되는 것을 하지 않고 지도자 자신의 힘과 위신을 위하여 개인적 욕구를 충족하는 것은 윤리적으로 위배된다. 지도자의 역할은 구성원들이 목표를 달성하도록 도와주는 것이지 그들과 친구가 되는 것은 아니다. 또한 현재의 집단구성원과 성관계를 맺는 것은 더욱 비윤리적인 행동으로, 자격과 전문 경력을 위태롭게 할 뿐만 아니라 상담조직을 심각하게 실추시키는 것이다. 이 주제에 대한 더 많은 논의를 위하여, Herlihy와 Corey(2015a, 2015b)를 참고하는 것이 좋다.

구성원 간의 교제

구성원 간의 교제가 집단 과정을 방해하는가 아니면 촉진하는가는 고려해 볼 문제이다. 구성원이 하위 집단을 형성하고 집단 내의 다른 사람들을 험담하거나 무리를 지어서 집단 회기에서 알게 된 사실을 이야기한다면 구성원 간의 교제는 윤리적으로 문제가 된다. 집단 내의 여러 하위 집단에서 숨은 의제가 발전되면 집단 과정이 갑자기 정지될 가능성이 있다. 숨은 의제를 수면 위로 가져와서 다루지 않는다면, 많은 구성원이 집단을 치료적으로 이용할 수 없게 되거나 개인 목표를 충족할 수 없을지도 모른다.

Yalom과 Leszcz(2020)에 의하면 치료 집단은 친밀관계를 형성하는 방법을 가르치지만 이러한 관계를 제공하는 것은 아니다. 그는 집단 밖에서 만나는 사람들은 집단 측에 그들의 만남에 대해 알려 주어야 할 의무가 있다고 지적한다. 집단 기능에 지장을 주는 집단 내 교제는 어떤 유형이라 할지라도 역효과가 생기므로 제지되어야 한다. 구성원들이 집단과 관련된 문제에 대해 이야기하지만 정작 집단 내에서는 똑같은 문제를 꺼내기를 피하는 경우 특히 그렇다. Yalom과 Leszcz은 "하위 집단을 만드는 행위 자체보다는 그를 둘러싼 침묵의 음모가 집단에 파괴적이다."(p. 437)라고 설명한다.

반면 집단 밖의 접촉과 교제가 도움이 된다는 관점도 있다. 여성주의 집단치료 관점에서는 집단 밖 교제를 해로운 것으로 보지 않는다. 구성원이 신중하게 선발되었고, 집단 밖의 접촉이 자신들에게 최선이 되고 전체 집단에도 유익하도록 관리할 수 있다면 오히려 발전적이라고 본다. 집단 밖에서 접촉하는 동안에 집단 밖으로 목표를 확장할 기회를 갖는 것이다.

부적절하고 역효과를 낳는 구성원 간의 교제를 예방하는 최선책은 이 문제에 대해서 논의를 하는 것이다. 특히 집단이 고착되어 별다른 성과를 거두지 못하거나 구성원들이 다른 구성원에 대한 자신의 반응에 관해 이야기하지 않는 경우가 하위 집단 형성의 부정적 영향을 탐색하기에 적절한 시기이다. 구성원에게 집단 내에서 말하지 않는 것 자체가 집단이 응집력을 얻거나 목표를 달성하는 것을 방해한다고 가르칠 수 있다.

지도자의 가치관이 집단에 미치는 영향

집단과정에서 논란이 되는 많은 문제 중 지도자의 가치관은 핵심적인 논쟁거리이다. 자신의 가치관이 리더십 스타일에 어떻게 영향을 미치는가를 깨닫는 것 자체가 중요한 윤리 문제이다.

집단에서 거론되는 가치관 문제는 종교, 영적인 것, 낙태, 이혼, 관계 속의 성역할, 가족 갈등 등이다. 집단의 목적은 구성원의 신념을 명료화하고 각자의 가치 체계와 가장 일치하는 선택권을 검토하도록 돕는 것이다. 집단상담은 지도자의 세계관을 구성원에게 설명하는 논의회가 아니라 구성원의 문화적 가치관과 신념을 탐색하도록 돕는 것이다.

지도자는 자신의 가치관을 명확히 함으로써 다른 사람들과의 작업에서 객관성을 유지해야 한다. Kocet과 Herlihy(2014)는 이 과정을 "모든 내담자, 특히 세계관, 가치, 신념 체계 및 결정이 상담사의 것과 크게 다른 내담자에게 윤리적이고 적절한 상담을 제공하기 위해서 상담사의 개인적 가치관을 의도적으로 제외시키는 것"이라고 설명한다(p. 182). 이렇게 하는 것이 조언을 구하거나 수퍼비전을 받을 때, 특히 내담자와의 가치관 갈등을 겪을 때 도움이 될 수 있다. 집단상담사는 자신의 반응이 집단 과정을 어떻게 방해하는지를 자각해야 한다. 역전이를 모니터링하고, 인종, 종족, 성, 나이, 성정체성에 대한 사람들의 고정관념의 위험을 인식해야 한다.

구성원들은 자신의 행동이 집단원들에게 어떤 피드백을 받는지를 평가하고 배우는 것이 바람직하다. 자신의 행동이 자신에게 바람직하지 않다는 것을 깨닫게 된다면, 지도자들이 목표하는 대안적인 행동 방식을 개발하기 위해 분발할 것이다. 집단은 구성원이 자신의 행동과 가치관의 일치를 평가하기에 이상적인 장소이다. 집단에서 다른 사람들로부터 피드백을 받을 수 있지만, 결정하는 것은 자신의 책임이다.

집단상담에서의 종교적, 영적 가치

영성과 종교를 집단상담과 치료의 실천에 통합하는 것은 1970년대 이후 문화에서 점점 더 많은 관심을 받았다. 실제 상담을 하고 있는 상담사와 수퍼바이저를 대상으로 한 설문조사 자료에 따르면, 정신적, 종교적 문제는 상담의 실천에 있어 치료적, 윤리적으로 적용가능하며 잠재적으로 중요한 주제임을 알 수 있다(Francis, 2016). 집단상담사들이 그들의 집단구성원들에게 개방적이고, 수용적이고, 비판단적이고, 동정적인 방식으로 접근하는 것이 중요하다. 문화적 겸손(cultural humility)은 상담사가 내담자의 종교적, 영적 경험을 존중하고, 호기심을 갖고 이해하고자 하는 태도로 내담자의 내면에 접근할 수 있는 열쇠를 제공한다(Hook et al., 2019).

일부 상담사들은 집단상담에 종교적, 영적 개입을 지지한다(Christmas & Van Horn, 2012;

Cornish & Wade, 2010). 이러한 개입이 집단지도자에 의해 적절하다고 간주되는 경우에도 Cornish 등(2012)은 종교적, 영적 개입이 집단상담에서 드물게 사용된다는 것을 발견했다. 설문에 참여한 대부분의 사람들 중에 집단구성원들이 드물게 참여한 것에 대한 우려를 제기할 때 영적 주제와 종교적 주제를 모두 논의하는 것이 적절하다고 생각했다. 그러나 그들은 이러한 주제들을 소개하거나 집단구성원들에게 그들의 영적 또는 종교적 배경과 신념에 대해 묻지 않았다. 또한 지도자들은 종교적 논의보다 영적 논의의 치료적 가치관에 대해 언급할 가능성이 2배 높았다.

종교적, 영적 가치는 일부 집단구성원들의 삶의 기본적인 측면이며, 그들의 가치관과 관심사가 무시된다면 그들은 자신의 필요가 충족되지 못하고 있다고 느낄 수 있다. 내담자들이 그들의 종교적 신념이나 영적 가치에 대해 우려하고 있다고 말할 때, 상담사는 상담 과정의 일부로서 이러한 문제들을 기꺼이 다룰 필요가 있다. 많은 내담자에게 영성이나 종교는 그들의 자아, 세계관, 가치 체계의 핵심적인 측면이다. 종교와 영성은 모두 신체적, 심리적 건강에 긍정적인 영향을 미칠 수 있으며 어려운 삶의 상황에서 중요한 대처 자원으로 작용할 수 있다(Young & Cashwell, 2020). 메타분석적 연구는 내담자의 종교적, 영적 가치와 신념에 관심을 기울이는 것이 상담 결과를 크게 향상시킬 수 있음을 시사한다. 이러한 연구에 비추어 볼 때, 상담사들은 개념화, 개입, 치료 목표 및 대인관계 과정의 일부로서 종교적, 영적 관심사를 논의하는 것이 필요하다(Hook et al., 2019).

상담사는 비종교적이라고 밝히는 사람들의 신념과 우려를 존중해야 한다(Sahker, 2016). 이러한 내담자들은 그들이 선택한 결과로 경험하는 고통을 표현할 필요가 있으며, 집단상담은 구성원들의 고민을 탐구할 수 있는 장소를 제공한다. 평가 과정이 긍정적이든 부정적이든 내담자가 가질 수 있는 종교적 또는 영적 문제를 식별하는 것은 중요하다.

Post 등(2013)은 종교와 영성이 집단에서 어떻게 다루어지는지를 더 잘 이해하기 위해 대학 상담 환경에서 연구를 수행하였다. 연구 결과, 상담사들은 일반적으로 다음과 같은 견해를 가지고 있었다.

- 종교적, 영적 관심사는 그들이 촉진하는 그룹에 적합한 논의 주제이다.
- 종교적 개입보다 영적 개입이 더 적절하며, 영적 개입이 더 자주 사용된다.
- 내담자가 종교적 또는 영적 문제를 제기할 때, 특정한 영적 또는 종교적 개입보다는 일반적인 개입이 가장 자주 사용된다.

집단상담에서 정신적, 종교적 가치를 다루는 것은 특히 민감하고, 논란이 많고, 복잡한 문제들을 포함한다. 만약 당신이 집단구성원들과 함께 이러한 문제들에 대해 수월하게 탐구하기를 원한다면, 자신의 영적, 종교적 태도, 믿음, 가치 그리고 경험에 대해 명확한 인식을 가지고 있는 것이 중요하다. 이 분야에서는, 집단구성원들이 주제를 정해야 한다. 집단상담에서 종교와 영성의 역할에 대한 보다 포괄적인 논의를 하고 싶다면 Young과 Cashwell(2020)의 논문을 추천한다.

다문화 집단치료의 도덕적 쟁점

문화적 가치관에 대해 인식하기

집단지도자들이 구성원들의 기본적인 문화적 배경을 무시한다면 구성원들을 위해서 최선을 다했다고 말할 수 없다. 민족, 문화, 인종적인 배경이 무엇이든 구성원들과 지도자 사이의 이해를 키우려면 사회적 · 문화적인 고정관념을 버리는 것이 바람직하다.

Johnson, Santos Torres, Coleman과 Smith(1995)는 집단상담사들이 다문화 집단을 이끌어 가는 과정에서 접하게 되는 문제들에 대해서 다음과 같이 서술했다. 내담자들은 서로 다른 가치관, 믿음, 편견을 가지고 있는데, 이것은 빠른 시일 내에 눈에 띄게 나타난다. Johnson과 동료들에 의하면 다문화 집단상담의 목적은 새로운 수준의 소통을 제공하는 것이다. 이것은 구성원들에게 그들에 대한 명확한 정보를 제공함으로써 그들이 고정관념에 도전하게 하는 중요한 역할을 한다. 다문화 집단치료의 또 다른 목적은 내담자들이 서로 다른 문화들을 받아들이며 이해와 믿음을 갖는 것이다. 집단지도자들은 구성원들의 편견과 그 편견들이 도전받는다는 사실을 인정함으로써 구성원들의 이해와 믿음을 이끌어 낼 수 있다. 집단지도자들은 그들의 집단에서 직간접적인 편견을 모델링하고 주의를 기울일 필요가 있다.

집단 내에서 문화적으로 민감한 대화를 가능하게 하는 비결은 따뜻하고 수용적인 환경을 조성하고, 다른 사람의 경험을 알아차리며, 차이점에 대해 기꺼이 열린 논의를 하는 것이다. 우리 자신과 다른 누군가와 깊은 관계로 발전시키기 위해서는 그들을 진정으로 수용하고, 그들이 가치 있으며, 때로는 강하고 회복력이 있다고 생각한 것을 전달할 필요가 있다. 개인의 고유성은 물론 문화단체 구성원을 존중하는 것도 중요하다. 하지만 문화 집단의 특성에 너무 많은 중점을 두는 것은 개인의 차이를 무시하고 고정관념을 조장할 수 있으므로 주의가 필요하다.

사회적 정의에 관한 문제는 여러 가지 배경을 가진 사람들이 부딪칠 때 자주 발생한다(MacNair-Semands, 2007). 권력과 특권의 역동은 현실 세계에서와 마찬가지로 집단에서도 작동하며, 힘의 균형은 집단상담에서 다루어지고 탐구될 수 있다. 어떤 집단이든 일부 구성원들은 권력을 장악할 수 있고 다른 구성원들은 권력에서 배제당할 수 있다. 이러한 힘의 역동이 집단에서 나타날 때 논의되어야 한다. 사회적 불평등은 종종 차별, 억압, 편견을 초래하는 차이에 대한 편협함에서 발생한다. 만약 이러한 문제들이 집단에서 인정되지 않거나 인식되지 않는다면, 구성원들은 문화적 차이와 편견을 인식할 기회, 이러한 부당함에 대한 인식을 높일 수 있는 기회, 그것들에 맞서는 법을 배울 기회를 박탈당하게 된다. 가장 중요한 주제는 다문화 역량의 중심성(centrality of multicultural competence)인데 이것은 효과적인 사회 정의 중심의 집단상담을 수행하기 위한 기초이다.

사회 정의를 기본 가치로 인식하도록 구성원들의 인식을 높이기 위해, 집단지도자들은 집단 내에서 문화적 다양성과 사회 정의 고려사항, 특히 권력과 특권의 문제에 대한 논의를 공개적으로 장려하는 분위기를 조성해야 한다.

개인들은 사회적 불평등으로 인한 그들의 고통을 나눌 수 있도록 집단상담 장면으로 초대받을 수 있다. 이런 경우, 집단지도자는 성차별적, 인종차별적, 동성애적인 주제에서 경험했던 해로운 상호작용을 지속시키지 않고 오히려 집단 체험을 치유의 과정으로 바꿀 수 있다. 이를 위해 지도자는 다양성과 관련된 광범위한 주제에 대해 구성원들이 자신의 태도를 평가하도록 돕는다. ASGW(2021)의 '집단 작업의 지도 원칙'은 집단 작업 수행의 다양성이 어떤 역할을 하는지 인식할 수 있도록 안내하고 있다.

> 집단지도자는 민족, 성, 종교, 정신적 성숙도, 경제적 배경, 가족역사, 육체적 특징 또는 장애(불구), 지역적 위치 등 구성원들의 여러 가지 차이점에 대해 세심히 살펴야 한다. 그들은 그들과 함께 일하는 다양한 사람들의 문화적 세계관, 전통, 경험에 대한 정보를 지속적으로 찾는다.(D.11)

집단지도자 훈습에서 중요한 것 중 하나는 모든 집단 상황에서 다양성을 세심하고 능숙하게 다루는 것이다. 다문화적 쟁점들을 집단상담사의 훈습에 포함시키는 것은 실제적인 윤리 학습에 도움이 된다(Debiak, 2007). 모든 집단 활동은 다문화적이라는 인식이 증가하고 있다. 그러므로 효과적인 집단상담 교육이 되기 위해서는 다문화적인 관점을 다루어야 한다. 다양성을 다루는 것은 도덕적 권한이기도 하지만 더 효과적인 집단상담으로 가는 길이기도 하다.

문화적 편협성 뛰어넘기

특정한 문화적 가치체계가 우월하다고 생각하는 것은 다른 가능성을 고려하지 않음으로써 자신을 제한하는 행위이다. 문화적으로 좁은 시야를 가지고 있으면, 상담사와 다른 문화적 행동 패턴을 가진 내담자에 대해 상담사가 잘못 이해할 수 있다. 문화적 차이점들을 인정하고 이런 차이점들을 우월함과 열등함으로 간주하지 않는다면 상담사의 심리적 자원을 증가시킬 수 있다.

문화적 편협성은 상담사 본인뿐만 아니라 내담자에게도 피해를 입힐 수 있다. 상담사는 내담자들의 왜곡은 물론 상담사 자신의 왜곡 역시 다루어야 한다. 내담자가 갖고 있는 문화적 특성으로 인해 그 내담자에 대한 편견을 가져서는 안 된다. 다양한 문화 인식에 능숙한 상담사는 집단 간의 차이점뿐만 아니라 집단 내의 다양성을 파악한다. 내담자들을 집단에 소속된 개인으로 간주하는 것은 피해야 한다. 하나의 집단에 속한 두 구성원 간의 차이가 집단 간의 차이보다 더 클 수도 있다(Pedersen, 2000). 미국 원주민이 모두 같은 경험을 하는 것은 아니다. 이는 아프리카계 미국인들, 아시아인들, 여성들, 나이 많은 사람들, 장애인들도 마찬가지이다. 같은 문화권의 사람들이라도 일반적인 편견에 치우치지 않고 개인적 차이점을 탐구하는 것도 중요하다. 문화적 배경이 무엇이든 간에, 상담사는 인종, 문화, 민족, 성적 기호, 장애 상태, 종교, 사회경제적 지위, 성별, 나이와 같은 여러 방면의 다양성에 직면할 준비가 되어 있어야 한다(Lee, 2019).

백인 상담사가 갖고 있는 전통적인 백인 중류층의 가치관이 유색인종 내담자를 상담하고 경험을 이해하는 데 장애가 될 수도 있다. 이러한 문화적 한계를 가진 상담사들은 내담자들의 눈으로 세상을 볼 수 없다. Wrenn(1985)의 정의에 따르면 문화적으로 편협한 상담사는 현실 세계를 자신만의 고정관념으로 판단할 가능성이 있다. 그래서 내담자들의 문화적 차이를 무시하고, 치료의 기법적인 정의들을 편향적으로 받아들여 사용한다. 이렇게 단일문화적인 체계 속에서 활동하는 상담사들은 다양성을 받아들이지 못할 수 있다. 그들은 사회와 개인에게 좋은 것이 무엇인가라는 판단을 전적으로 내적인 가치판단에 의지하게 되는데 이것은 일종의 자기 고립이다. 이런 편협성이 있는 사람들은 고정된 틀에 얽매인 채로 그들의 사고방식이 보편적이라고 생각한다.

이질적인 가치 체계를 가진 민족 집단에 속한 내담자와 상담할 경우에는 서구의 심리학적 모델을 다소 수정하여 적용할 필요가 있다. 동양 문화권 집단과 소수민족 그리고 대부분의 여성 문화 집단은 독립보다는 상호 의존을, 개인의 자유보다는 사회적 의식을, 개인의 안녕보다는 집단의 안녕을 더욱 중요시한다. 서구의 심리학은 자급자족, 개인주의, 직접적인 의사소통, 자기주장, 가족으로부터의 독립 그리고 자기 성장을 추구한다. 하지만 다수의 아시아계 미국인들은 개인을 가족 및 공동체와 상호 연결된 집단주의로 이해하는 문화적 배경을 가지고 있다(Chung & Bemak, 2014). 더욱이 아시아계 문화에서는 가족역할이 상당히 구조적이고, '효'가 큰 의미를 지니고 있다. 이는 자녀, 특히 아들이 부모에 대해 가지는 의무로서 일생 동안 강조된다. 가족구성원들의 역할들은 상호 의존적이며, 충돌이 최소화되고 화합이 최대화되는 가족구조를 가지고 있다. 전통적으로 아시아의 가치관은 신중함, 격식, 격한 감정의 억제, 권위에 대한 순종, 학업, 직업적 성공을 추구한다. 또한 가부장적이고 구조가 수직적인 가족 문화에서는 죄책감과 수치심을 통해 가족 구성원의 행동을 통제하는 경향이 있다(D. W. Sue et al., 2019).

이러한 전통적인 가치관은 다른 문화권에서도 찾아볼 수 있다. 예를 들면, 라틴계 사람들은 독립보다는 상호 의존을, 대립보다는 소속을, 경쟁보다는 협력을 추구하는 가족주의를 가지고 있다. 부모는 존중받고, 이 존중은 모든 대인관계를 좌우한다. 라틴계 문화에는 '운명(fate)은 행동을 크게 좌우하는 힘이 있다'라는 말이 있는데 이는 라틴계 사람들이 보편적으로 영적이며 종교적 사안을 매우 중시함을 의미한다(Comos-Diaz, 1990). Torres-Rivera 등(2014)은 라틴계 사람들 사이의 대화에서 주된 화두는 연인관계, 친구관계, 친밀함, 성생활, 시간, 돈, 육아, 책임과 전념, 의사결정, 권력, 규칙, 도덕성이라는 연구 결과가 있다고 밝혔다.

어떤 구성원들은 집단 경험과 자신의 문화적 가치관이 이질적일 때 그 집단을 받아들이지 않는다. 일반적으로 서구적 관점을 가지고 상담을 하면 비서구적 관점을 가진 구성원들은 많은 저항을 보이기 마련이다. 집단지도자가 집단 과정의 기본적 가치를 드러내고 그것이 구성원의 문화적 가치 체계와 일치하는가를 고려할 때 다양한 문화에 민감하게 대응할 수 있는 집단치료가 가능하다. 구성원들이 자신의 문화적 가치 체계와 필요성을 표현하도록 고무하는 것도 좋은 방법이다. 그리고 집단지도자는 특정 내담자에게 어떤 기법이 문화적으로 적절할지를 판단해야 한다.

집단지도자들이 그들 자신의 사고와 행동에 문화적 가치가 어떤 영향을 미치는지 인식하는 것은 문화적으로 다른 구성원들과 윤리적, 효과적으로 작업하도록 도울 것이다. 문화의 다양성에 능숙하게 대처하기 위해 갖추어야 하는 자각, 지식, 능력은 윤리적 기준에 부합하는 상담을 하는 데에도 필요하다.

다문화 상담 분야의 저명한 학자들은 다문화 역량과 이를 발전시키기 위해 필요한 것이 무엇인지에 대해 설명했다. D. W. Sue 등(2019)은 다문화 역량의 3차원(three dimensions of multicultural competence)을 오래전부터 강조해 왔다. 첫 번째 차원은 인종, 문화, 민족, 성별,

성적 지향에 대한 상담사의 태도와 믿음, 개인적 편견을 감시할 필요성, 다문화주의에 대한 긍정적인 시각의 발달, 그리고 자신의 가치관과 편견이 어떠한 효과적인 도움을 줄 수 있는지 이해하는 것과 관련이 있다. 두 번째 차원은 다양한 문화에 유연하게 대처하는 상담사들이 지식이 풍부하고 그들 자신의 세계관을 이해하고, 그들과 함께 일하는 다양한 집단에 대한 특정한 지식을 가지고 있으며, 사회 정치적 영향에 대한 기본적인 이해를 가지고 있다는 것을 인식하는 것과 관련이 있다. 세 번째 차원에서는 다양한 내담자 집단에 서비스를 제공하는 데 필요한 기술, 개입 기술 및 전략을 다룬다. 다문화 역량의 일부는 우리의 한계를 인식함과 동시에 상담을 청하고, 지속적인 교육에 참여하고, 적절한 경우 특정 내담자와 함께 일할 수 있는 능력이 있는 전문가를 추천하려는 의지에서 보인다.

집단상담 기법의 올바른 사용과 그릇된 사용

집단상담을 하면서 각 기법을 쓸 때, 그 기법들을 사용하는 명확한 이유가 필요하다. 이것은 이론이 실습의 중요한 지침이 될 수 있는 부분이다. 이 책에 소개된 열 가지 이론은 많은 치료 기법과 계획을 수행하는 데 도움을 준다. 이런 기법들은 자각을 증진하고 변화와 탐구, 상호작용에 도움을 주는 하나의 수단이다. 그러나 이런 기법들은 윤리적 · 치료적으로 사용될 수 있지만 오용될 수도 있다.

상담사가 치료 기법을 부적절하고 비전문적으로 사용하는 예로는 완전히 숙달되지 않은 채 기법을 사용하는 것, 기계적으로 사용하는 것, 상담사의 권력을 강화하거나 숨겨진 의도를 추구하기 위해 또는 내담자를 압박하기 위해 기법을 사용하는 것 등이 있다. 상당수의 기법은 내담자들의 강한 감정표현을 야기한다. 예를 들면, 외로웠던 유아시절을 상기시켰을 때, 내담자는 깊은 내면에 숨겨져 있던 심리적 기억들을 떠올릴 수 있다. 이런 기법은 집단의 전체적인 의도에 맞게 사용해야 한다. 그리고 상담사들이 이런 기법들을 쓸 때는 내담자들의 감정표출에 대처할 준비가 되어 있어야 한다.

상담사들은 강한 감정표출을 위해 내담자들을 압박해서는 안 된다. 어떤 상담사들은 집단의 성공도를 카타르시스가 얼마나 표출되었는가로 측정하는데, 이런 사고방식은 내담자들을 착취하는 결과를 낳을 수 있다. 이러한 내담자의 감정표출은 때때로 내담자의 필요보다는 상담사의 필요에 의해 드러나기도 한다.

상담 기법들은 합리적인 이유가 있을 때에 더 효과적인 결과를 가져올 수 있다. 상담기법들은 내담자의 자기탐구와 자기이해를 도모하는 데 목적이 있다. 최선의 기법은 각 내담자가 직면한 고유의 상황에 따라 고안되는 것이고, 집단지도자와 구성원의 공동 노력의 산물이다. 기법들은 내담자들이 새로운 형태의 행동을 실험할 수 있는 기회를 제공한다. 이를 위해서는 내담자를 존중하는 태도로 내담자의 상황에 맞춰 섬세하게 사용하는 것이 중요하며, 효과가 없을 경우 사용을 중단하고 다른 접근방식을 고려해야 한다.

유능한 집단지도자들은 그들의 상담 스타일에 광범위한 기법을 통합한다. 많은 기법들은 집단의 목적, 설정, 집단지도자의 성격과 스타일, 특정 집단구성원의 자질, 그리고 개입을 위해 선택된 문제에 달려 있다. 특히, 집단구성원을 위해 수행할 역할을 고려하여 기법을 선정하는 것이 가장 중요하다. 지도자들은 그들의 집단을 지속적으로 평가하고 어떤 관계 스타일을 채택할지, 어떤 기법, 절차 또는 개입 방법을 사용할지, 언제 그것들을 사용할지, 그리고 어떤 내담자들과 함께 할지 결정한다. 기법을 만들고 사용할 때 집단의 주요 목적을 명확히 기억해야 한다. 기법은 당신과 구성원들이 집단의 목표를 달성하도록 돕는 도구이다.

다문화 집단에서 작업할 때, 상담사들은 내담자들의 문화적 · 민족적 배경에 따라 개입하는 방법을 수정할 수도 있다. 예를 들면, 어떤 내담자가 공공장소에서 감정표현을 절제하도록 교육받았다면, 감정표출을 도모하는 기법을 빨리 사용하는 것이 부적절할 수 있다. 이 내담자가 감정표출에 대한 자기 문화권의 가치관에 대해 먼저 말하도록 하는 것이 더 효과적이다. 상담사들은 내담자들의 문화적 가치관을 존중하면서 동시에 그것이 내담자 자신에게 어떤 영향을 미치는지에 대해 생각하도록 환경을 조성할 수 있다. 어떤 경우에는 특정 가치관을 계속 유지하기 위한 희생이 너무 커서 행동을 바꾸려고 결정하는 내담자가 있는 반면, 가치관과 행동을 바꾸는 데 전혀 관심이 없는 내담자들도 있다. 이런 경우에 지도자는 여러 가지 기법을 사용함으로써 구성원들에게 변화의 장단점을 생각하도록 도와줄 수 있다. 집단상담 기법의 도덕적 고려 사항에 대한 좀 더 세부적인 논의를 원한다면 Corey, Corey, Callanan과 Russell(2015)을 참조하라.

집단상담사의 역량

자신의 역량 평가하기

집단상담사들은 특정 기법에 관한 자신의 역량을 어떻게 평가하는가? 어떤 상담사들은 실수를 두려워해 교육받은 기법을 쓰는 것을 꺼리는 경우가 있다. 반대로 지나친 과신으로 능숙하지 못한 새로운 기법을 쓰는 경우도 있다. 사용하는 기법들에 합리적이고 명확한 이유를 부여하는 것은 좋은 방법이다. 더불어 상담사들이 이런 기법들을 구성원의 입장에서 경험해 보는 것도 유용하다. 특징이 서로 다른 집단들을 어떠한 방법으로 능숙하게 다룰 수 있는가는 모든 집단상담사가 지속적으로 직면해야 하는 문제이다. 상담사는 다음과 같은 문제들에 지속적으로 직면하게 된다.

- 내가 지금 맡은 집단을 다룰 수 있을 만큼 교육과 훈련을 받았는가?
- 어떤 기준으로 나의 역량을 평가할 수 있는가?
- 내 역량의 한계를 어떻게 알아차리는가?
- 내가 원하는 만큼 능숙하지 않으면 어떤 행동을 취할 수 있는가?
- 통솔력에 관한 지식과 역량을 어떻게 늘릴 수 있는가?
- 내가 효과적으로 쓸 수 있는 기법은 어떤 것들이 있는가?
- 어떤 유형의 내담자들과 가장 효과적으로 상담할 수 있는가?
- 어떤 유형의 내담자들과 가장 비효과적으로 상담하는가?
- 내담자를 언제 그리고 어떻게 다른 상담사에게 의뢰해야 하는가?
- 언제 다른 전문가들과 상의하는가?

이러한 질문들 중에서 쉽게 대답할 수 있는 것은 하나도 없다. 왜냐하면 집단마다 요구하는 지도자의 특성이 서로 다르기 때문이다. 예를 들면, 어떤 지도자는 비교적 안정된 성인 집단이나 위기 상황에 있는 집단, 혹은 간혹 정신적 위기를 대하는 어른들로 이루어진 집단을 잘 다룰 수 있다. 하지만 정신적으로 몹시 불안한 사람들의 집단을 다루기엔 능숙하지 못할 수도 있다. 혹은 청소년 집단은 능숙하게 다룰 수 있지만 유아들을 능숙하게 다루지 못할 수도 있다. 또는 가정폭력에 관한 집단을 능숙하게 다룰 수 있지만, 어린이 집단은 능숙하게 다루지 못할 수 있는 것이다. 요약하자면, 상담사들은 전문가의 수퍼비전하에 상담 경험을 쌓고 특정 유형의 집단과 상담할 때 어떤 문제들이 생기는지 이해해야 한다.

대부분의 상담사는 상담심리학, 임상심리학, 임상사회복지, 공동체 상담(community counseling), 교육심리학, 학교상담, 부부가족치료학, 간호학, 목회심리학, 재활심리학, 정신건강상담학, 정신의학 등의 정신건강 관련 분과 중 하나의 정규교육을 받는다. 그렇지만 대부분의 전문집단상담사를 희망하는 사람들은 석사나 박사 과정만으로는 실무에 필요한 역량을 충분히 갖추기 어렵다는 것을 깨닫는다. 따라서 전문상담사들은 일반적으로 전문화된 훈련 과정을 통해 경험을 쌓는다.

미국집단심리치료협회(AGPA)와 집단상담전문가협회(ASGW)는 집단치료의 능숙도에 대해서 이야기한다. 예를 들면, "집단치료자는 자기 자신의 능숙도를 이해하고, 내담자의 상황이 자신의 능력 밖에 있을 경우 다른 전문가와 의논하거나 적절한 외적 자원을 사용해야 한다"(AGPA, 2002, 3.1). 전문가의 능숙도는 한 번에 쌓이는 것이 아니다. 그것은 상담 전문 종사자로서 일하는 동안 계속 훈련되어야 하는 것이다.

ASGW(2008, section A)의 '최적 실무 지침'에서는 집단상담사로서의 역량을 증가시킬 수 있는 일반적인 방안을 다음과 같이 제시하고 있다.

- 최근 연구 결과들을 배우고 지속적인 교육, 전문적 수퍼비전, 개인 및 전문 개발 활동에 참여하기, 그 활동을 통해 지식과 기술 역량을 향상하기
- 집단의 지도자로서 효과적인 기능을 방해하는 윤리적 문제에 효율적으로 대처하기 위해 상담과 수퍼비전을 활용하기
- 전문가로서의 판단 능력을 저하시킬 수 있는 개인적인 문제 또는 자신의 내적 갈등에 대한 전문적인 도움을 얻기

상담의 기본적인 이론, 집단상담을 통해 이루려고 하는 목적, 집단 과정을 어떻게 개념화하는지, 그리고 이 개념적 모델들이 어떻게 적용되는지를 내담자가 이해할 수 있도록 설명하는 일도 역량 있는 상담사가 되기 위해서는 필요한 부분이다. 상담사로서 역량을 쌓아나가는 과정 속에서 이 기법들을 수정할 수 있을 것이다. 역량 있는 상담사들은 다음 절에 나와 있는 지식과 기술들을 소유하고 있다.

집단상담사를 위한 전문 훈련 기준

효과적인 집단 리더십 프로그램들은 입법부 지시와 전문적인 준칙(professional codes)에 의해서만 개발되는 것은 아니다. 능숙한 집단지도자를 배출하기 위해서는 훈련 프로그램에서 집단 작업을 우선으로 해야 한다. 불행하게도, 상담 분야의 석사 과정 대부분에는 집단상담 강좌가 하나만 포함되어 있다. 그리고 단 한 번의 강좌에서 집단 과정의 학문적인 측면과 경험적인 측면을 모두 다룬다. 이 강좌는 대체로 집단상담 이론과 집단 과정 이론 모두를 다룰 뿐만 아니라 학생들이 구성원으로서 집단상담을 경험하는 과정도 포함한다. 그러나 단 하나의 강좌로 집단상담사를 훈련시키기는 어렵다.

상담 및 관련 교육 프로그램 인증 협의회(CACREP, 2016)는 역량을 개발하고 싶은 상담수

련생이 집단상담에 특별히 전념하기 위한 표준을 제시하고 있다.

a. 집단상담 및 집단업무의 이론적 기초
b. 집단과정 및 개발과 관련된 역동
c. 치료적 요소와 그 요소들이 집단의 효과에 기여하는 방법
d. 효과적인 집단지도자의 특성과 기능
e. 구성원 모집, 전형, 선발 등 집단 구성에 대한 접근법
f. 다양한 환경에서 집단을 실행하는 데 영향을 미치는 집단의 유형 및 기타 고려사항
g. 집단을 설계하고 촉진하기 위한 윤리적, 문화적으로 관련된 전략
h. 프로그램에 의해 승인된 소규모 집단에 학생들이 한 학기 동안 최소 10시간 집단 구성원으로 참여하는 직접적인 경험

ASGW(2000)의 '집단상담사의 훈련을 위한 전문적인 기준(Professional Standards for the Training of Group Workers)'은 역량 및 그와 관련된 훈련의 두 가지 수준을 명시한다. 첫 번째는 전문적 훈련의 기초를 제공하는 핵심적 지식과 기술적 역량이다. 훈련 프로그램에 최소한 하나의 집단 과정이 포함되어야 하며, 집단을 촉진하는 데 필요한 기본적인 지식과 기술을 습득하는 데 도움이 되도록 구조화되어야 한다.

ASGW(2000)의 훈련 기준에 의하면 집단 리더십 기술은 관찰과 집단 경험 참여, 수퍼비전을 통한 훈련에 의해 가장 잘 습득된다. 최소 10시간의 수퍼비전 실습이 필요하지만 핵심 훈련의 일환으로 20시간을 권장한다. 또한 이러한 훈련 기준은 모든 상담 훈련생이 초급 단계의 교육과정에서 집단상담의 핵심 훈련을 필수 이수해야 함을 강조한다.

일단 상담사 훈련생이 핵심 지식과 기술 영역을 완수하면, 1장에 언급했던 과제촉진 집단, 심리교육 집단, 집단상담, 집단심리치료, 이 네 가지 영역 중 하나 이상의 집단 활동을 전문적으로 개발할 수 있는 기반이 만들어진다. 이 표준은 이러한 전문화된 항목에 필요한 기술적 역량과 그에 따르는 권장된 훈련 시간을 지정한다.

집단상담사 교육의 현재 추세는 상담 훈련생들의 수퍼비전을 통한 집단 경험에 초점을 둔다. 대학원의 집단 이론 및 실습 강좌만으로는 집단을 효과적으로 이끌 수 없다는 것은 명백하다. 상담사가 집단상담에서 생기는 문제들에 대해 효과적으로 대처하려면, 내담자 입장이 되어 수퍼바이저와 함께 집단 경험을 하는 것이 필요하다.

leva, Ohit, Swank와 Young(2009)은 개인 성장 집단 과정이 그들이 참여한 석사 과정 학생들에게 끼친 영향을 연구했다. 학생들은 그들의 경험을 통해 다음과 같은 가정을 갖게 되었다.

- 집단 과정은 훈련의 유익한 측면이다.
- 개인 성장 집단에 참여하는 것은 집단과 리더십 기술의 지식을 증가시킨다.
- 개인 성장 집단에 참여하는 것은 학생의 의견을 주고받을 수 있는 능력을 향상한다.

모든 연구 참여자는 집단 경험이 개인적 또는 전문적 측면에서 몇 가지 도움을 주었다고 보고했다. 효과가 있었던 영역은 대인관계 학습, 집단 과정에 대한 지식, 자각, 내담자에 대한 공감, 집단 과정을 관찰하면서 배울 수 있는 기회 등이었다. 집단 과정에 내담자로서 참여한 후 집단을 이끌 수 있다는 자신감과 자기만의 리더십 스타일을 개발할 수 있겠다는 자신감이 향상되었다. 개인 성장 집단 과정에 참여하는 것은 개인적 · 전문적 성장을 가져오는데, 참여자들은 이 과정이 모든 석사 과정 상담 프로그램의 일부가 되어야 된다고 생각했다. Ieva와 동료들(2009)은 이 연구가 상담사 교육과정을 설계하는 데 유익하고 긍정적인 도움이 되는 중요한 정보를 제공한다고 결론을 내렸다.

집단상담사 훈련의 세 가지 중요한 부속 항목

집단상담사가 되기 위해서는 학문적인 영역뿐만 아니라 개인적으로도 준비가 되어야 한다. 교육과정에서 이러한 준비 과정을 제공하지 않는다면, 개인적으로 집단 과정 워크숍을 찾아 참여하는 것이 중요하다. 집단상담에 관한 책을 읽고 강의를 듣는 것만으로는 부족하다. 집단상담을 배우는 학생에게 다음 세 가지의 부가적 경험을 추천한다.

(1) 개인상담 참여
(2) 집단상담이나 개인 성장 집단 참여
(3) 수퍼비전을 통한 집단상담 훈련 참여

다음은 집단상담사가 되기 위한 세 가지 부수적 준비 과정에 관한 논의이다.

집단지도자를 위한 개인상담

나는 총체적인 자기탐구가 역전이 감정을 식별하고 맹점과 편견을 알아차리는 데 도움이 된다고 본다. 또한 자신의 개인적 특성을 효과적으로 사용하는 데 필요하다고 생각한다. 집단상담 훈련생들은 내담자로서의 상담 경험을 통해 많은 것을 배울 수 있다. 상담사가 내담자에게 요구하는 것을 자신이 직접 경험해 보는 용기와 의지는 아주 당연한 것이라고 생각한다. 이것은 자기 자신에 대해 그리고 자신이 타인에 끼치는 영향에 대해 더욱 깊이 이해하게 한다. Yalom과 Leszcz(2020)는 집단지도자의 성숙을 위해 개인상담이 필요하다고 주장하면서 우리 자신이 내담자 경험을 할 것을 강조한다. “우리는 이 분야에 입문하는 모든 학생들이 개인상담을 경험하는 것뿐만 아니라 그들의 수련기간 동안 한 번 이상 할 것을 촉구한다”(p. 662).

이와 관련한 연구 결과를 살펴보면, 90% 이상의 정신건강 관련 종사자들은 개인상담 경험이 긍정적인 결과를 가져온다고 여겼다(Geller, Norcross, & Orlinsky, 2005). 정신건강 종사자들의 개인상담 경험에 관하여 25년에 걸쳐 연구한 Norcross(2005b)는 다음과 같이 주장한다. “정신건강 분야 종사자들의 개인상담은 핵심 정서 탐색, 밀도 높은 대인관계 경험, 전문성 발달을 위한 필수적인 요소이며, 이것은 정신건강 분야 종사자들의 성장에 중심적인 부분이어야 한다.” (p. 840) Norcross는 대부분의 정신건강 종사자들이 준칙보다 경험적인 배움을 중요시한다고 서술했다.

자각을 증진하는 것은 개인상담의 주된 목적이다. 집단상담을 할 때, 내담자 간의, 그리고 상담사를 상대로 한 전이를 자주 접하게 된다. 전이(transference)는 내담자들이 가까운 사람들과 관련된 감정이나 경험들을 무의식적으로 상담사에게 투사하는 것을 말한다. 물론 상담사가 자신의 역전이 감정에 얽매일 수도 있다. 역전이(countertransference)는 내담자를 상대로 한 상담사의 의식적 또는 무의식적인 감정적 반응을 지칭한다. 상담사가 해결되지 않은 개인적 문제들을 가지고 있을 때, 그것들을 내담자에게 투사할 수 있다. 그렇기 때문에 상담사가 개인상담을 통해서 자신의 미해결 과제들을 직면해야 역전이의 단서를 명백히 알아차릴 수 있다. 이러한 역전이는 집단상담을 효과적으로 하는 데 걸림돌이 될 수 있다. 이러한 과정과 해결이 없으면 내담자의 관점에서 세상을 보는 데 어려움을 느낄 것이다. 내담자가 되어 봄으로써, 상담사는 자기 자신을 바라보는 경험적 준거틀을 얻을 수 있다. 이 경험은 내담자에 대한 감정이입을 증가시키고 집단상담을 하면서 개입하는 방법들을 배울 수 있도록 도와준다.

집단상담사를 위한 자기탐구 집단

다양한 집단의 일부가 되는 것은 집단상담사 훈련 과정에서 필수적이다. 이는 집단 경험에서 자신의 조심성, 저항, 공포 등 불편한 감정을 직면하고, 이를 극복하여 신뢰와 화합으로 집단을 이끄는 것을 배울 수 있는 기회가 된다.

내적 갈등과 자기이해를 도모하는 것과 더불어, 자기탐구 집단을 경험하는 것은 가르침에 있어 강력한 도구가 될 수 있다. 내담자들의 내적 투쟁을 도울 수 있는 가장 좋은 방법은 직접 집단의 일원이 되는 것이다. 상담 수련 프로그램에 참여한 석사급 82명을 대상으로 한 설문조사 결과, 집단지도자를 양성하기 위한 체험형 집단훈련이 활발히 진행됨과 더불어 지속적으로 발전하고 있으며, 이 훈련은 효과적인 것으로 나타났다(Shumaker et al., 2011). Ohrt 등(2014)은 집단지도자 훈련 및 경험에 대한 인식을 다룬 대학원생을 대상으로 한 연구에서, 참여자들이 연습과 책임감을 갖는 기회에 감사를 표했다고 밝혔다. 비록 처음에는 집단 참여를 주저했지만, 집단 역동, 리더십 발달, 갈등관리, 집단의 단계 전개 과정을 관찰 등 귀중한 경험을 하게 된 것을 소중하게 여겼다.

Yalom과 Leszcz(2020)에 의하면 대다수의 교육과정은 개인상담과 집단상담 경험의 두 가지를 요구한다. 치료 집단에 참여해서 얻을 수 있는 것들로는 집단의 힘을 경험할 수 있다는 것, 자기개방이 무엇인지 배울 수 있다는 것, 자기공유(self-sharing)에 따르는 어려움을 이해할 수 있다는 것, 지적으로 알고 있는 것들을 감정적으로 알 수 있다는 것, 그들 자신의 강점과 약점을 인식하고, 그들의 역전이 반응에 대해 배우고, 지도자의 역할에 등에 대해 배울 수 있다는 것이다. "개인적인 참여는 집단상담을 가르치고 배우는 가장 중요한 방법이다" (p. 655).

CACREP(2016) 표준은 학생들이 집단구성원으로서 소규모 집단에서 최소 10시간의 경험을 쌓도록 요구한다. 이러한 요구사항은 일반적으로 집단상담 과정의 일부로 실험적 집단을 구성함으로써 충족된다. 학생들은 강사와 학생 간의 다중 관계와 상당한 자기 개방을 포함하는 실험적 학습 환경에서 강사의 기술, 윤리 및 전문성을 신뢰할 수 있다는 것을 알아야 한다. 체험학습에 참여하는 학생들은 자기 개방에 기꺼이 참여할 뿐만 아니라 대인관계 집단에서 적극적인 참여자가 되고, 인지적 수준뿐만 아니라 정서적 수준에서도 참여할 수 있어야 한다.

자기탐색 집단이나 체험 집단이 수련 프로그램 요구 사항인 경우, 학생들은 입학 과정 중 또는 프로그램에 등록하기 전 오리엔테이션에서 이 요구 사항을 알아야 한다. Shumaker 등(2011)은 상담 석사 프로그램의 체험단 훈련을 설문조사하고 "긍정적인 체험단 경험을 증진하기 위한 가장 유망하고 중요한 안전장치 요소"로 강사의 체계적인 자기반추, 학생들의 사전동의, 자기공개 훈련을 권유했다(p. 127).

경험적 훈련 워크숍 참여하기

나는 훈련 워크숍(training workshop)이 상담사들이 효과적으로 개입하는 기술을 배우는 데 가장 큰 도움이 된다고 생각한다. 훈련 워크숍을 통해 상담 훈련생들은 자신의 경쟁력, 피드백에 대한 응답들, 인정 욕구, 자신의 역량에 대한 걱정, 힘의 투쟁에 대해 배울 수 있다. 대학생 및 전문가들과 함께 일하며 느낀 점인데, 주말이나 일주일간의 집중적인 워크숍이 효과적이었다. 이런 워크숍 들에서 모든 참여자는 작은 집단을 지도할 기회를 얻게 되고 수퍼바이저의 도움도 받는다. 참여자가 지도자가 되어 보는 활동 후에, 나와 동료들은 피드백을 제공하고, 그 과정 동안 무슨 일이 있었는가에 관해 논의했다.

집단상담 전문가가 되기 위한 나의 여정

나는 집단상담사 교육자나 집단상담사가 되는 과정에 도움이 되는 몇 가지를 말하고자 한다. 1960년대에 박사 과정을 밟는 동안, 나는 집단상담에 대한 정규교육을 받은 적이 없었다. 그러나 박사 과정을 마치고 나서 다양한 집단을 경험한 후에 집단상담사가 되고 싶다는 생각을 하게 되었다. 그래서 집단상담에 관한 교과서를 쓰고 집단 과정을 가르치는 등, 집단상담사 교육에 관여하는 일을 하기 시작했다.

나는 30~40대에 다양한 집단을 경험했는데, 그중에는 1박 마라톤 집단(overnight marathon group), 일반적인 주간 치료 집단, 그리고 각종 거주 집단 워크숍(residential group workshop)이 있었다. 또한 자기탐구 집단에도 많이 참여했는데, 주말 동안만 하는 경우도 있었고 10일 동안 하는 경우도 있었다. 초창기에 참여한 집단경험은 나의 개인적 삶에 변화를 가져왔다. 이 경험은 자기발전과 전문성 신장을 위해 집단에 계속 참여하도록 용기를 북돋아 주었다. 집단을 이끄는 데 필요한 기술을 배우기 위해서 이러한 워크숍에 참여한 것은 아니었지만, 나는 이 분야와 관련하여 간접적으로 많은 도움을 얻었다. 이러한 경험은 나의 활동에서 집단을 이끌고 조직화하는 것에 많은 영향을 끼쳤다. 내가 참여한 집단들의 구성에 대해서 회의적인 의견을 가지고 있었던 적도 있지만, 이 경험들을 통해 집단 활동을 이끌고 조직하는 방법을 배울 수 있었다. 이것은 또한 다양한 치료 집단들을 설계하는 데 도움이 되었고, 집단치료의 도덕적 쟁점들에 관해 생각하도록 도와줬다. 내가 이 책에서 다루는 집단치료의 여러 쟁점들은 박사 과정 이후의 이런 경험들의 결과로 탄생 된 것들이다.

내가 경험한 집단치료 과정은 상담사가 구성원이 되어 보는 경험이 얼마나 중요한가를 깨닫게 해주었다. 물론 수퍼비전하의 집단 지도도, 수업 활동도 중요하다. 그러나 구성원이 되어 봄으로써 겪는 것들은 우리가 전문가가 되는 과정에서 아주 중요하다. 개인적인 관점과 전문적인 관점 모두에서, 나의 집단상담에 대한 자세한 설명은 'Personal Reflections on Counseling'을 참조하길 바란다(Corey, 2020).

집단상담사 교육의 윤리적 쟁점

집단 활동을 구성원으로서 경험하는 것은 프로그램에 따라 선택적이다. 나는 물론 집단지도자가 되기 위해서는 구성원으로서 집단 경험을 해보는 것이 중요하다고 생각한다. 하지만 집단상담사 교육 프로그램에서 치료 집단의 구성원이 되어 보는 경험을 필수 과정으로 하는 데는 도덕적 · 실제적 문제가 존재한다. 집단지도자의 준비 과정에서 논란이 되는 도덕적 문제는 경험적 훈련 방법과 교훈적(가르치는) 훈련 방법을 결합시키는 것이다.

나는 상담사 교육과정에서 경험적 구성요소가 아주 중요하다고 생각한다. 알고 있듯이 집단이 어떻게 돌아가는지를 경험적으로 가르치는 데는 근본적인 문제들이 있다. 상담사 훈련생이 자기개방을 하는 것과 개인 상호적 실험실의 구성원이 되는 것, 자신들의 감정뿐만 아니라 인식적 수준에서 과정을 통찰해야 하는 문제들이 그것이다. 하지만 되풀이하자면, 많은 전문가와 학생은 구성원과 지도자 역할을 하는 집단 워크숍이 가치가 있다고 말한다. 이 구성 방식을 통해서 집단 과정이라는 개념이 살아난다. 훈련생들은 신뢰를 형성하기 위해서는 어떻게 해야 하는지, 그리고 저항을 어떻게 받아들여야 하는지에 관한 직접적 경험을 얻을 수 있다. 그들은 구성원으로서 집단 경험을 하는 것이 집단 경험에 대한 새로운 시각을 가져다주었다고 말한다.

교육 분야에 종사하는 많은 집단상담 전문가와 이야기한 결과, 경험적인 실습과 교훈적인 교과수업을 융합하는 것은 흔한 일이라는 걸 알게 되었다. 때때로 학생들은 집단을 같이 주도하고 수퍼바이저의 감독을 받는다. 물론 이 구조에 문제가 없는 것은 아니다. 특히 수퍼바이저가 협력자와 수퍼바이저 역할을 동시에 하는 경우에는 심각한 문제가 발생할 수 있다. 학생들은 경험적 활동에 참여하는 것이 학업성취에 부정적인 영향을 미칠 수 있다고 우려할 수도 있다. 내 동료들은 실험적인 집단상담에 참여하게 된 학생들에 의해 실험적인 방법의 잠재적인 위험 요소들이 상쇄된다고 믿는다. 또한 이러한 교육자들은 실험적 요소가 학생들이 효과적인 집단지도자로서 기능하는 데 필요한 기술을 습득하려고 할 때 도움이 된다고 믿는다. 확실한 것은, 강사들이 교육집단에서 여러 역할과 관계에 내재된 단점을 인식하고 위험을 최소화하기 위한 안전장치를 개발할 필요가 있다는 것이다.

집단 과정 학생들을 채점할 때, 교사의 전문성은 아주 중요하다. 교사들이 그들의 채점 기준을 명확히 제시하는 것은 도덕적 필수사항이다. 채점 기준에는 보고서의 결과나 구두 발표, 필기시험, 객관적 시험 결과 등이 있다. 대부분의 상담 교육자들은 집단 경험은 채점되지 않아야 하지만 학생들이 빠짐없이 참여해야 한다고 생각한다. 학생들의 권리와 책임을 명확히 명시한 지침은 과정 초기에 확립되어야 한다.

경험적 접근 방법의 경우 집단지도자 교육과정에서 남용될 가능성이 있지만, 이러한 방법이 적합하지 않거나 비도덕적이라는 뜻은 아니다. 집단지도자 교육자들이 일방적이고 교훈적인 접근 방법만 사용하는 것은 바람직하지 않다. 최고의 교육을 제공하는 것은 교육자가 직면하는 도전이다. 학생들을 집단 과정에 포함하는 것은 그들이 집단을 이끌어 나가고 설정하는 데 가장 좋은 방법이라고 생각한다. 나는 Stockton, Morran과 Krieger(2004)가 말했듯이 경험적 활동을 제공하는 것과 학생평가에 사용될 수 있는 정보를 얻는 것에 대한 보호의 미세한 차이점이 있다고 생각한다. 경험적 접근을 사용하는 교육자들은 여러 가지 역할의 균형을 맞추기 위해 지속적으로 경계해야 한다. Stockton과 동료들도 집단 과정 교육자들은 도덕적이고 효과적인 교육을 제공하는 데 힘써야 한다고 말한다.

온라인 집단상담 강의

최근에는 온라인 형식으로 집단상담을 하는 연수 프로그램이 제공되고 있다. 나는 2020년 가을과 2021년 봄 루이지애나주 뉴올리언스에 있는 홀리 크로스 대학에서 집단상담으로 집중적인 대면 수업을 할 예정이었다. 하지만 코로나 사태는 이 계획을 틀어지게 하였고, 이 과정들은 온라인으로 교육되었다. 나는 온라인으로 집단상담을 하는 것에 대해 복잡한 감정을 가지고 있었고 이 교육방법의 효과에 대해 다소 회의적이었지만, 새로운 도전을 할 의향이 있었다.

나는 Alexander와 Becnel과 함께 집중적인 온라인 형식을 통해 집단상담을 가르치는 모델을 개발했다. 석 · 박사 과정 학생들이 모두 집단상담에 등록했고, 지속적인 교육학점을 원하는 상담수련생들도 일부 세션에 참여하도록 했다. 이 수업은 화상회의를 통해 두 번의 주말에 걸쳐 6, 8회 동안 만났으며, 각 회기는 3시간 30분 동안 진행되었다. 화상회의 외에도 학생들은 온라인 논의 게시판, 동의서, 집단상담 제안서, 녹음된 집단상담 이론 발표문을 작성해야 했다. 또한 학생들은 수업 외의 체험단에 참여하도록 요구받았고, 박사과정 학생이 10시간 동안 이 집단을 진행했다. 이 실험 집단은 소규모 집단의 집단원으로 참가해야 하는 학생들의 CACREP 요건을 충족시켰다.

온라인 집단상담의 어려움 중 하나는 학생들을 수업 중에 계속 참여하도록 하는 것이다. 학생들은 아늑한 집에서 배울 때 산만해지기 쉽다. 학생들이 집중할 수 있도록 실시간 시연, 집단상담 영상, 초청 연사 등 다양한 교육 기법을 접목했다. 그래서 우리의 구성에는 학생들을 소그룹으로 나누어서 질문을 할 수 있는 충분한 기회를 제공해 주었다. 특히 학생들은 학급 친구들과 소통하고 아이디어를 공유할 수 있는 기회를 제공해 주는 이러한 소그룹 활동을 높이 평가했다.

온라인으로 집단상담을 가르칠 때 우려되는 다른 영역은 비밀보장과 사생활이다. 수업 토론 과정에서 다른 상담과 마찬가지로 학생들이 개인적인 이야기와 사적인 세부 사항을 공유할 가능성이 있다. 학생들의 사생활을 보장하고 그들이 수업에 완전히 참여하도록 격려하기 위해, 수업 때는 어떠한 비디오로 녹화하지 않도록 안내했고, 우리는 매 회기의 시작에서 이 점을 강조했다. 또한 다른 사람들이 회기를 관찰하거나 들을 수 없도록 학생들에게 사적인 환경에서 참여할 것을 강조하였다.

대다수의 학생들은 이러한 형식을 통해 긍정적인 학습 경험을 가졌다고 보고했는데, 이는 학생 평가와 학생들의 비공식적인 피드백에서 입증되었다. 비록 나는 대면으로 집단상담 수업을 가르치는 것을 선호하지만, 온라인에서 집단상담을 가르치는 것의 가치에 대한 나의 믿음은 바뀌었다. 이를 통해 집단상담 과정에서도 온라인 형식과 대면 세션을 결합할 수 있는 새로운 가능성을 보았다.

책임과 과실

직업적 책임과 과실은 전적으로 도의적 책임만으로는 해결되지 않는, 집단지도자들이 알아야 할 법적인 차원의 문제이다. 과실치사는 내담자에게 상해나 손실을 초래하는 과실로 주장되는 법적 개념이다. 업무상 과실은 업무상 타인의 주의 수준과 일반적으로 인정되는 관행에서 벗어나거나, 자신의 책임을 이행하는 데 적절한 주의를 기울이지 못한 것에서 비롯될 수 있다. 비록 전문적 책임과 배임의 주제가 엄격하게 윤리적 관행의 일부는 아니지만, 이것들은 그룹 실무자들에게 시사하는 바가 있는 법적 차원이다. 집단지도자들은 특정 전문 분야의 윤리강령과 특정 법률 체계하에서 상담을 행한다. 지도자들은 잘못된 일을 하면 민사소송의 대상이 될 수 있다. 만약 집단구성원이 지도자가 적절한 치료를 하지 않았거나 태만, 부주의에 의해 육체적 부상이나 정신적 피해를 입혔음을 입증하면 그 지도자는 과실소송의 대상이 된다. 상담 과실 소송의 대상이 된 상담사는 그의 상담 기법의 적합성을 증명할 수 있어야 한다. 만약 그의 개입 기법이 다른 상담사들이 사용하는 기법과 동일하다면, 그 상담사는 흔하지 않은 기법을 사용했을 때보다 법적으로 더 안전한 위치에 있을 수 있다.

집단지도자는 전문적 상담에 영향을 미칠 수 있는 법령들을 숙지해야 한다. 무지는 충분한 변명이 아니다. 특히 청소년 및 아동과 일하는 상담사들은 비밀보장, 부모의 동의, 치료를 하거나 거부할 권리, 사전동의 등 내담자의 여러 가지 권리에 대해 숙지해야 한다. 이것은 태만이나 무지로 인해 벌어지는 법적 소송으로부터 내담자뿐만 아니라 상담사까지 보호해 줄 수 있다.

과실 소송이 일어나는 것을 방지하는 최선의 방법은 상담사가 자신의 역량 내에서 행동하는 것이다. 자신이 속해 있는 전문기관의 도덕적 · 법적 지침을 따르는 것도 중요하다. 과실을 방지하는 방법은 합리적으로 신중하고 평범하게 상담하는 것이다. 다음은 신중한 상담을 할 때 필요한 도덕적 · 직업적 지침이다.

- 구성원을 선별할 때 충분한 시간을 들여 신중히 심사해야 한다.
- 집단 초기에 사전동의 절차를 개발하고 집단의 잠재적 구성원에게 집단 참여에 대한 정보를 충분히 제공하며 집단 과정을 신비화하지 말아야 한다.
- 내담자에게 명확한 언어로 정보를 제시하고 내담자가 정보를 이해하는지 확인해야 한다.
- 당신의 언어와 행동에 주의를 기울임으로써 당신의 내담자들을 존중해야 한다.
- 집단전문가 과실 책임에 대한 최선의 보호는 주로 집단구성원들에게 양질의 관리를 제공하는 것과 관련이 있다.
- 집단 내의 다양성에 대한 존중의 분위기를 제공해야 한다.
- 상담 행위를 제한하는 지역 및 주 법률을 숙지해서 내담자에게 그 정보를 알려 줘야 한다(비밀보장의 예외나 의무보고 등).
- 회기를 시작하기 전과 집단상담이 이루어지는 동안 비밀보장의 중요성을 강조해야 한다.
- 만약 소셜 미디어가 집단상담의 일부인 경우, 구성원들에게 경계, 비밀보장 및 집단 내 다른 사람들의 사생활을 유지하는 것의 중요성을 인지시키고 그에 대한 규칙을 확립시켜야 한다.
- 온라인으로 집단상담을 제공하는 경우, 사전동의는 특별히 고려해야 한다. 집단지도자들은 온라인 집단상담에서 사생활과 비밀보장을 모두 유지하는 방법에 대해 논의해야 한다.
- 온라인 집단상담을 지원할 경우 교육이 필요하다.
- 당신이 받은 교육과 훈련에 부합하는 집단구성원으로 상담 대상을 한정해야 한다.
- 구성원의 심리적 소진에 주의해야 한다. 이럴 경우 그 구성원의 집단 경험을 중단시키고 그에게 적절한 치료 의뢰처를 추천해야 한다.
- 집단구성원들에게 당신이 해줄 수 없는 것을 약속하면 안 된다. 집단구성원들에게 자신의 노력과 헌신의 정도가 집단 경험의 결과를 결정하는 핵심 요소가 될 것이라는 것

을 인식하게 한다.

- 미성년자와 함께 일할 때는 법으로 정해진 의무가 없더라도 부모의 사전동의를 받아야 한다.
- 윤리적 또는 법적 문제가 있을 때마다 동료나 상사와 논의하고 문서화해야 한다.
- 집단 과정 진행의 충분한 임상기록을 유지하고, 자신의 개인 목표를 향한 진행 상황을 평가하는 방법을 구성원에게 가르치는 연습을 한다.
- 내담자가 자신이나 다른 사람에게 위험을 초래할 경우에 대해 평가하고 개입하는 방법을 배워야 한다.
- 개인적 관계와 직업적 관계를 혼동하지 말고 현재 또는 이전의 집단구성원들과 성적인 관계를 갖지 말아야 한다.
- 집단 과정을 억제할 수 있는 자신의 반응을 경계하고, 역전이에 주의해야 한다. 집단을 자신의 개인적 문제를 해결하는 작업장소로 생각하지 말아야 한다.
- 다양한 연구 결과를 지속적으로 검토하고, 연구 결과에 의해 입증되고 전문가들의 관행에서 입증된 집단 개입과 기법을 사용해야 한다.
- 최대한 증거 기반 절차로 실습을 지원해야 한다.
- 자신의 상담 행위에 대한 지침 역할을 할 수 있는 이론적 바탕을 가지고 있어야 하며, 사용하는 기법을 내담자들에게 설명할 수 있어야 한다.

4장과 5장에 소개할 집단 발달의 단계에 대해 읽고, 거기서 논의된 점들을 여러 집단 단계에서 집단지도자로서 직면해야 할 과제와 도전에 반영하라. 집단 활동의 윤리적 측면에 관해 간단한 해답은 거의 없다는 것을 인식하라. 집단상담사로서 직면할 수 있는 도덕적 문제에 대해 생각할 수 있는 능력을 키우라. 도덕적 문제에 대한 질문을 기꺼이 할 수 있는 능력은 도덕적 상담사가 되기 위한 첫걸음이다. 『학생 안내서(Student Manual)』(Corey, 2023)는 도덕적 상담을 하기 위해 알아야 할 여러 가지 사항들을 담은 자료이다. 나는 도덕적 관행에 대한 자신만의 생각을 공식화할 때 이런 자료들을 필요한 만큼 찾아볼 것을 권한다. 그룹 작업에서 윤리적 문제에 대한 보다 포괄적인 논의는 Corey 등(2019, 12장)을 참조하길 바란다.

4장

집단 발달의 초기 단계

학습목표

1. 집단을 구성할 때 다섯 가지 실질적인 문제를 설명한다.
2. 집단참여를 위한 준비 단계에서 몇 가지 다문화적 고려 사항을 확인한다.
3. 초기 단계에서 집단의 주요 특성을 식별하고 정의한다.
4. 집단의 초기 단계에서 집단지도자의 몇 가지 기능을 확인한다.
5. 구성원의 기능과 초기 단계에서 발생할 수 있는 문제를 열거한다.
6. 집단에 대한 신뢰를 구축하는 효과적인 방법을 위한 틀을 이해한다.
7. 전환 단계에서 집단의 주요 특성을 확인하고 정의한다.
8. 집단 내 갈등에 대처하는 지침을 설명한다.
9. 집단원의 방어와 참여를 꺼리는 행동에 효과적으로 대처하는 방법을 탐구한다.
10. 과도기(전환) 단계에서 발생할 수 있는 문제를 나열한다.

4장과 5장은 집단이 발달하는 단계에 대한 로드맵을 제공한다. 이 지도는 다른 연구자들의 경험과 저서뿐만 아니라 나 자신의 경험을 바탕으로 집단의 발달을 특징짓는 핵심적인 쟁점들을 설명하고 있다.

이 장에서 설명하는 집단의 단계는 실제 집단 과정에서 개별적이고 완전히 분리되어 진행되지 않는다. 각 단계 간에 상당한 중복이 있으며 집단은 이론적으로 한 단계를 다음 단계와 분리하는 미리 정해진 시간 순서를 정확하게 따르지 않는다. 또한 집단 과정의 내용은 집단마다 다르며, 지도자의 이론적 성향, 집단의 목적, 집단을 구성하는 사람 등에 따라 집단 과정의 다른 측면이 강조될 수 있다. 이러한 차이에도 불구하고, 우리는 집단의 전개에 대한 일반적인 패턴을 확인할 수 있다.

집단 과정을 촉진하거나 방해하는 요인에 대한 인식을 포함하여 집단 발달 단계를 명확하게 이해하게 되면 집단구성원이 목표를 달성할 수 있도록 도와주는 지도자의 능력이 극대화된다. 각 단계에서 일어나는 문제와 잠재적인 위기에 대해 학습함으로써 지도자는 언제 어떻게 개입해야 하는지 알 수 있다. 체계적인 집단발달에 대한 그림을 갖고 집단이 앞으로 나아가는 데 성공적으로 충족되어야 하는 발달과제를 알게 되면, 문제를 예측하고 치료적으로 개입할 수 있다. 마지막으로, 집단의 발달 순서에 대한 지식은 집단구성원들을 건설적인 방향으로 이끌고 불필요한 혼란과 불안을 줄이는 데 필요한 관점을 제공해 준다.

이 장은 집단을 구성할 때 지도자의 관심 사항을 살펴보는 것으로 시작한다. 집단의 1단계인 형성 단계(formation stage)는 준비, 집단 모집 안내, 집단원 선발을 포함하여 집단원의 성공적인 경험을 위해 준비하는 단계이다. 2단계인 오리엔테이션 단계(orientation stage)는 초기 회기 중에 탐색하는 시기이다. 3단계인 전환 단계(transition stage)는 갈등, 방어, 저항을 다루는 것이 특징이다.

5장에서는 4단계인 작업 단계(working stage)가 제시될 것이다. 이 단계에서 구성원들은 중요한 개인적 문제를 다루고 집단 내부 및 외부 행동에 대한 통찰력을 갖게 된다. 5단계인 통합 단계(consolidation stage)에서는 집단에서 배운 내용을 적용하여 일상생활에 활용하는 것이 초점이 된다. 6단계에서는 평가 및 후속 집단 문제에 대한 검토로 마무리한다. 이러한 각 단계에 대한 설명은 주로 집단이 일반적으로 전개되는 방식에 대한 관찰을 기반으로 한다.

1단계: 사전 집단의 쟁점–집단의 구성

집단이 성공하기 위해서는 지도자가 계획을 짜는 데 상당한 시간을 쏟을 필요가 있다. 이상적으로, 계획은 집단의 기본 목적, 서비스를 제공할 대상, 집단에 대한 명확한 근거(즉, 특정 집단의 필요성과 정당성), 집단 공고, 집단원을 모집하는 방법, 구성원에 대한 심사 및 선정 절차를 포함하는 서면 제안서를 작성하는 것으로 시작된다. 여기에는 집단의 규모와 기간, 모임의 빈도와 시간, 집단 구조와 형식, 집단의 준비 방법, 개방 또는 폐쇄 집단 여부, 구성원 자격의 자발적 또는 비자발적 여부, 후속 조치 및 평가 절차 등이 포함된다.

이러한 형성 단계(formation stage)에서의 지도자의 준비가 집단의 성과에 중대한 영향을 미친다는 것은 아무리 강조해도 지나치지 않는다. 이 형성 단계는 당신이 이끌고 싶은 집단에 대해 생각하고 심리적으로 준비하는 좋은 시기이다. 만약 당신의 기대가 불분명하고, 집단의 목적과 구조가 모호하다면, 집단원들은 틀림없이 불필요하게 허둥댈 것이다. 불행하게도, 학생들이 지역사회 정신건강센터에서 인턴십에 참여하다 보면 잘 계획되어 있지 않은 집단을 이끌게 될 수도 있다. 기관에서 수행하는 인턴으로서의 역할 때문에, 학생들은 자신의 관심사에 대해 목소리를 높이는 것이 어려울 수도 있다. 만약 당신이 이런 상황에 처해 있다면, 당신의 고민을 대학의 수퍼바이저나 기관의 현장 수퍼바이저 모두에게 말하라. 상황이 바뀌지 않더라도 고민을 털어놓는 것은 가치 있는 일이다.

집단에 대한 안내 및 집단원 모집

집단에 대해 알리는 방식에 따라 그 집단에 참여할 구성원과 집단에 매력을 느낀 사람들의 인식이 달라진다. 예비 집단원들에게 집단의 이론적 근거와 목표에 대한 명확한 아이디어를 제공하기 위해 충분한 내용을 제시하는 것이 필수적이다.

집단원을 모집할 때, 나는 집단의 혜택을 받을 가능성이 가장 높은 사람들과 직접 만나는 것을 선호한다. 예를 들어, 만약 당신이 학교에서 집단을 계획하고 있다면, 개인적으로 몇 개의 교실을 방문하여 당신 자신을 소개하고, 학생들에게 집단에 대해 이야기하라. 또한 집단에 대해 더 알고 싶은 학생들에게 간단한 신청서를 배포할 수 있다.

구성원 선별 및 선발

ACA(2014)의 집단구성원 선별에 관한 윤리기준은 다음과 같다.

> 상담사는 집단상담 및 치료의 예비 참가자를 선별한다. 상담사는 가능한 범위 내에서 구성원의 필요와 목표가 집단의 목표와 부합하고, 집단의 과정을 방해하지 않으며, 집단의 경험에 의해 자신의 안녕이 위협받지 않는 구성원을 선정한다. (A.9.a)

ASGW(2021)의 '집단 작업의 지도 원칙(Guiding Principles for Group Work)'은 집단에 대한 구성원 선발 범위를 다룬다. 기준 C7은 집단원 선발에 대한 다음과 같은 정보를 제공한다. 집단전문가는 제공되는 집단 유형과 사용되는 방식에 적합한 예비 집단구성원을 선발한다. 집단상담사는 필요와 목표가 집단의 목표와 일치하는 집단구성원을 확인한다. 집단지도자는 집단 선별 과정에서 공정성을 보장하고 잠재적인 집단구성원들이 인종, 성별, 민족성, 종교, 장애, 가치관, 세계관 등에 따라 집단에서 제외되는 것을 피해야 한다. 집단지도자는 선별에서 배제된 사람들, 특히 소외 계층에 속하는 사람들에게 적절하고 접근 가능한 의뢰를 제공하기 위해 모든 노력을 다한다.

> 집단구성원을 선별하고 선택할 때 '이 집단의 혜택을 가장 많이 받을 수 있는 사람을 어떻게 결정할 수 있는가?'와 '집단 참여로 인해 방해를 받거나 다른 구성원에게 부정적인 영향을 미칠 수 있는 사람은 누구인가?'라는 두 가지 질문을 스스로에게 던진다. 만약 당신이 개방집단을 이끌고자 한다면, 당신은 다음과 같은 질문도 해야 한다. '이 예비 집단원이 이미 집단에 있는 구성원들과 어떻게 잘 어울릴 수 있을까?'

지도자가 작업하는 집단 환경은 구성원을 개별적으로 선별하는 것을 어렵게 만들 수 있지만, 이를 수행하는 다른 방법이 있다. 예를 들어, 어떤 기관에서는 내담자가 종종 법원의 명령을 받고 집단에 참여하기 때문에 선발 자체가 불가능하다. 그러나 이러한 경우에도 집단상담사는 공식적인 선발 회기보다는 사전 집단 면담을 통해 내담자와 개별적인 만남을 시도할 수 있다. 선발이 불가능한 경우, 첫 번째 집단 회기는 집단 경험의 준비를 강조하는 정보 제공 회기로 구성할 수 있다.

일단 구성원이 모집되었다면, 집단상담사는 누구를 제외할 것인지를 결정해야만 한다. 주의깊은 선발을 통해 적절하지 않은 집단참여로 인한 심리적 위협을 감소시킬 수 있다. 선발 회기 동안에 지도자는 참여할 구성원들과 시간을 가지고 집단참여에서 가지는 두려움과 염려 등을 논의해야 한다.

지도자는 집단원들로 하여금 자신의 준비성을 평가하도록 돕고, 집단원들과 다가올 미래의 삶의 변화를 논의할 수 있다. 집단원들은 실질적인 변화뿐만 아니라 변화하지 않는 상태를 유지하는 데에도 대가가 따른다는 것을 알게 된다. 만약 어떤 사람이 자신의 개인적 변화가 다른 사람들에게 미치는 잠재적인 영향을 알지 못한 채 집단으로 들어간다면, 집단참여에 대한 지속적인 동기가 가족과의 문제에 부딪히면 떨어질 수 있다.

선발은 양방향 과정이어야 하고, 개별 선발 면접에서는 예비 구성원들이 집단과 지도자가 자신에게 적합한지 판단할 수 있는 질문의 기회를 갖도록 한다. 집단지도자는 예비 구성원들이 집단 참여의 적절성에 관한 결정에 참여하도록 격려해야 한다. 어떤 후보자가 집단으로부터 혜택을 받을지 결정하는 것은 때때로 어려운 일이다. 개인 면담을 하는 동안, 예비 구성원들은 자신이 집단으로부터 무엇을 얻기를 원하는지에 대해 분명하지 않다고 느낄 수 있다. 그들은 겁을 먹고, 긴장하고, 방어적일 수 있다. 특히 그들이 집단에 들어가는 것에 대해 불안해하는 경우, 개별 면담을 취업 면접처럼 생각할 수도 있다.

물론, 지도자는 어떤 사람들을 집단에 참여해야 하는가에 대한 기준은 가지고 있을 것이다. 어떤 사람들은 생산적인 일에 에너지를 쏟지 않고, 말 그대로 집단 자체의 에너지를 고갈시킬 수도 있다. 또한 특정한 사람들이 있음으로써 집단의 응집성을 형성하는데 어려움을 겪을 수 있다. 이들은 특히 독점하고 지배하려고 하는 사람, 적대적이거나 공격적인 행동을 하는 사람, 그리고 극도로 자기 중심적이고 집단을 관찰하는 방관자적 태도를 취하는 사람들이다.

구성원 선발의 목적은 구성원들에게 잠재적인 해를 끼치는 것을 방지하는 것이지, 지도자의 일을 더 즐겁게 하기 위한 것이 아니다. 어떤 지도자들은 집단 경험으로부터 이익을 얻을 수 있을 사람인데도 불구하고, 지도자의 개인적인 혐오나 역전이 문제 때문에 이들을 제외하기도 한다. 어떤 사람들은 다소 머뭇거리거나 방어적으로 보일 수 있지만, 이것만으로 그들의 집단 참여가 배제되어서는 안 된다. 집단구성원 선정을 위한 기본적인 질문은 '집단이 이 사람에게 생산적일 것인가, 역효과를 낼 것인가?'이다. 만약 그 답이 '비생산적'이라면, 집단참여가 그 개인에게 부정적인 경험을 초래할 가능성이 높기 때문에 그 사람을 집단에서 제외해야만 한다.

Burlingame 등(2019)에 따르면, 집단에서 아마도 제외되어야 할 사람들은 정신병적이거나 신체적으로 손상된 사람, 대인관계 기술이 심각하게 제한되고 피드백에 영향을 받지 않는 사람, 계약을 준수할 수 없거나 지킬 수 없는 사람들이다. 일반적으로 대부분의 집단에서 제외되어야 하는 다른 사람들은 극단적인 위기 상태에 있는 사람, 자살을 하려고 하는 사람, 사회병리학적 성격을 가지고 있고 의심이 많거나 자아의 힘이 부족하여 분열되거나 기괴한 행동을 하기 쉬운 사람들이다. Yalom과 Leszcz(2020)는 개인이 자기 탐구, 자기 노출, 집단과 구성원에 대한 존중과 같은 집단의 주요 작업에서 실패할 가능성이 있는 사람들이 치료 집단에 배치되어서는 안 된다고 주장한다.

모든 집단에서 어떤 유형의 사람이 제외되어야 한다고 단정적으로 말하는 것은 어려운 일이다. 집단의 유형은 집단 경험으로부터 누가 이익을 얻을 수 있는지를 결정할 것이다. 예를 들어, 알코올 중독으로 고생하는 사람은 치료 집단에서 제외될 수 있지만, 알코올, 다른 약물 또는 음식에 대한 중독 문제로 고통받고 있는 동질적인 사람들을 위한 집단에는 적합한 후보가 될 수 있다.

선발 회기는 지도자가 집단 지원자를 평가하고 집단 경험에서 원하는 것이 무엇인지 결정할 수 있는 기회이다. 그것은 또한 예비 구성원들이 지도자를 알게 되고 자신감을 키울 수 있는 기회이다. 이 초기 면접이 진행되는 방식은 집단의 신뢰 수준을 확립하는 것과 많은 관련이 있다. 이 면접을 하는 동안, 나는 쌍방향 교류를 강조하며, 예비 구성원들이 이 특별한 시간에 이 집단에 참여하기를 원하는지 결정하는 데 도움이 될 질문들을 자유롭게 하기를 희망한다. 선별 면접 시 고려하는 몇 가지 질문은 다음과 같다.

- 이 사람은 생산적인 집단구성원이 되기 위해 필요한 작업을 하고 싶어하는 것처럼 보이는가?
- 집단에 참여하기로 스스로 결정한 것인가?
- 이 사람이 집단 과업에 참여할 수 있는가?
- 이 예비 구성원이 집단에 들어가 무엇을 성취하기를 원하는지 알고 있는가?
- 개인적인 무언가를 기꺼이 개방하고 나눌 의지가 있는가?
- 예비 구성원은 집단이 작업할 수 있도록 다른 집단원들과 어떻게 잘 어울릴 것 같은가?

집단의 최적의 균형을 보장하기 위해 구성원을 선발하는 것은 도전적인 작업이다. Yalom과 Leszcz(2020)는 심리치료 집단에서 신중한 선택 기준을 사용하지 않으면 내담자가 낙담할 수 있으며 도움을 받지 못할 것이라고 주장한다. 그러나 배제 기준은 집단 유형별로 다르지만, 어떤 종류의 집단이든지 대부분의 사람들이 집단에 참여할 수 있다고 본다.

치료 집단에서는 포함되어야 할 사람들을 식별하는 것보다 제외되어야 할 사람들을 식별하는 것이 더 쉽다. Yalom과 Leszcz(2020)는 임상 연구를 인용하여 이질적인 대인관계 치료집단의 좋지 않은 후보로는 뇌 손상자, 편집증 환자, 다양한 신체적 고통을 호소하는 사람, 약물이나 알코올에 중독된 사람, 급성 정신질환자, 삶의 위기에 처한 사람, 그리고 반사회적인 사람 등을 들고 있다. Yalom의 관점에서, 집단은 외로움, 친밀한 관계를 맺거나 유지할 수 없는 능력, 사랑받지 못한다는 감정, 주장적으로 되는 것에 대한 두려움, 그리고 의존과 같은 대인관계 문제를 가진 사람들에게 도움이 된다고 볼 수 있다. 삶의 의미가 부족한 사람, 불안의 확산으로 고통받는 사람, 정체성을 찾고 있는 사람, 성공을 두려워하는 사람, 그리고 강박적인 노동자 또한 집단 경험에서 이익을 얻을 수 있다. Yalom과 Leszcz(2020)는 집단 작업에 대한 내담자의 동기 수준이 치료 집단에 포함되는 가장 중요한 기준이라고 주장한다. "구성원은 자신의 대인관계 행동을 조사하고, 자기를 개방하고, 자신과 타인에 대해 심리적으로 되돌아 보고, 피드백을 주고받을 수 있는 능력과 의지가 있어야 한다. 그리고 다른 집단구성원들과 함께 참여할 수 있는 능력과 의지를 가져야만 한다"(p. 296).

예비 구성원은 특정 집단에 적합한지 여부를 결정할 책임이 있다. 이 결정은 예비 구성원과 집단 자체를 모두 보호할 것이다. 아마도 가장 중요한 고려사항은 그 집단이 이질적인 집단일지라도 함께 잘 작업할 가능성이 있는 사람들을 선택하는 것이다. 경우에 따라 특정 집단이 구성원에게 해가 될 수 있음을 예비 구성원에게 알려야 할 수도 있다. 특정 개인이 집단에 적합하지 않다고 판단될 경우, 그에게 당신의 결정 이유를 설명하고 적절한 곳으로 의뢰를 하라.

집단구성에 있어서의 실제적인 고려 사항

개방 집단 대 폐쇄 집단

관리의료 정책의 영향으로 인해 많은 집단상담이 단기적이고 해결 지향적으로 바뀌고, 멤버십의 변화(구성원 변경)가 더욱 두드러지게 나타나고 있다. 집단을 개방할 것인지 폐쇄할 것인지는 부분적으로 모집단과 환경에 의해 결정될 수 있다. 그러나 이 문제는 집단 회기 전에 또는 첫 번째 회기에서 논의되고 결정되어야 한다. 두 종류의 집단 모두에 몇 가지 뚜렷한 이점이 있다. 폐쇄 집단(closed group)에서는 집단상담이 끝나기 전까지 새 구성원이 추가되지 않는다. 이것은 연속성을 가능하게 하는 안정성을 제공하고 집단구성원 간의 결속력을 촉진한다. 그러나 폐쇄 집단에서 너무 많은 구성원이 탈퇴하면 집단 과정에 심각한 영향을 미친다.

개방 집단(open group)에서, 새로운 구성원들은 떠나는 사람들을 대체하고, 이것은 새로운 자극을 제공할 수 있다. 개방 집단의 단점은 새로운 구성원들이 가입하기 전에 논의된 내용을 알지 못하기 때문에 집단의 일원이 되는 데 어려움을 겪을 수 있다는 것이다. 또 다른 단점은 집단의 구성원 자격을 변경하면 집단의 결속력에 악영향을 미칠 수 있다는 것이다. 따라서 집단의 흐름이 유지되려면 지도자가 새로운 구성원을 준비시키고, 집단에 통합될 수 있도록 시간과 관심을 쏟아야 한다.

자발적인 멤버십 대 비자발적인 멤버십

스스로의 선택으로 집단에 참여하는 구성원들로만 집단이 구성되어야 하는가, 아니면 비자발적인 구성원들을 포함할 때도 집단이 가능한가? 분명한 것은 집단 과정에 기꺼이 참여하고자 하는 내담자로 구성된 집단을 운영하는 것이 효과적이라는 것이다. 누군가에 의해 집단에 '보내졌기' 때문에 참석하는 것은 종종 성공 가능성을 줄어들게 한다. 하지만 비자발적인 후보자들이 집단에 대해 가지고 있는 부정적인 태도는 구성원들을 적절하게 준비시킴으로써 바뀔 수 있다.

여러 기관이나 연구소에 근무하는 상담사들은 비자발적인 내담자들과 함께 집단을 이끌 것으로 예상된다. 이러한 상담사들은 자발적인 집단원과의 작업만이 효과적이라는 입장을 고수하기보다는 이러한 제한 내에서도 작업하는 방법을 학습하는 것이 중요하다. 비자발적인 구성원들도 종종 집단상담 경험이 자신이 원하는 변화를 만드는 데 도움을 줄 수 있다는 것을 배우게 된다. 집단상담사는 비자발적인 구성원들에게 집단 경험의 좋은 측면을 제시함으로써 이들이 집단 경험의 잠재적인 이점을 볼 수 있도록 도와주고, 생산적인 작업기회가 증가할 수 있도록 해야 한다.

집단상담사는 참여를 꺼리는 집단원을 확인하고 참여를 꺼리는 문제에 직면할 준비가 되어 있어야 한다. 집단상담사는 이러한 주저함을 인식하고 집단구성원들의 감정을 무시하지 않으면서 참여에 대한 이러한 두려움을 이해하고 존중하고 있다는 점을 전달해야 한다. 이 과정을 통해 지도자는 집단구성원들에게 자신을 표현하는 것에 대해 교육하고 신뢰의 분위기를 조성할 수 있다. 성공적인 참여의 열쇠는 철저한 오리엔테이션과 준비 그리고 집단 과정이 개인에게 무언가를 제공할 수 있다는 지도자의 믿음에 달려 있다. 집단지도자는 이해 가능한 부정적인 반응을 알아차리고 집단이 더 생산적인 방향으로 변화할 수 있는 건설적인 기회를 제공할 수 있다.

비자발적인 집단에서 어느 정도의 신뢰를 달성하기 위해서는 더 많은 시간과 노력이 필요할 수 있다. 치료를 시작하지 않는 사람과 함께 작업하는 한 가지 방법은 비자발적인 구성원의 태도를 다루는 것이다. 심지어 '비자발적인' 상황에서도 개인은 선택권이 있다. 구성원은 집단이 어떻게 작동하는지 또는 참여함으로써 얻을 수 있는 것이 무엇인지 알지 못하고 있다. 따라서 그들은 집단에 대한 냉소적인 태도를 가질 수 있다. 지도자는 이러한 구성원들에게 집단 과정을 활용하여 개인적인 목표를 달성하는 방법을 가르칠 수 있다. 집단 회기에서 직접적으로 사용하는 기법은 집단이 어떻게 기능할 것인지에 대한 질문을 격려하는 것이다. 일부 구성원은 집단 회기가 기록되어 후에 사용될 것이라고 생각할 수 있다. 집단에서 지도자 자신의 역할과 회기에서 얼마나 많은 작업이 수행되는지에 대해 정직하게 설명하는 것은 집단상황에서 신뢰를 구축하는 데 도움이 될 수 있다.

비자발적인 집단과 함께 작업하기 위한 기본적인 접근 방식은 비자발성이 집단의 시간이 사용되는 방식에 상당한 영향을 미친다는 것을 구성원들에게 알려 주는 것이다. 그런 다음 몇 가지 가능성을 지적할 수 있다. 집단에 참여하기를 꺼리는 구성원들은 집단의 시간을 사용하는 데 있어 어느 정도의 발언권이 있다면 집단에 참여하는 것의 가치를 찾을 수 있다. 또한 구성원들은 집단을 평가할 수 있는 즉각적인 기회를 가져야 한다. 구성원들이 집단이 어떻게 기능하는지에 대한 책임을 지도록 장려될 때 다양한 문제 행동이 종종 줄어들 수 있다.

동질 집단 대 이질 집단

동질 집단은 가령, 어린이, 청소년 또는 노인 집단과 같이 나이가 비슷한 사람들로 구성된다. 다른 동질 집단은 공통 관심사 또는 공통 문제를 기반으로 구성할 수 있다. 단기 집단은 일반적으로 동질적인 구성원 자격을 갖는 것이 특징이다. 동질적인 집단의 단일성 강조는 집단응집력을 촉진하고, 집단구성원의 공통적인 문제는 서로의 경험을 공유하게 하며 학습하는 것을 촉진한다.

동질적인 집단 멤버십이 분명한 요구를 가진 특정 사람들이나 단기 집단에 더 적합할 수 있지만, 이질적인 집단 멤버십은 단기적이든 장기적이든 많은 개인 성장 집단에 몇 가지 분명한 이점을 가지고 있다. 이질적인 집단은 일상 세계에 존재하는 사회 구조의 축소판을 나타내며 참가자들에게 새로운 행동을 실험하고, 사회적 기술을 개발하며, 다양한 사람들로부터 피드백을 받을 수 있는 기회를 제공한다. 일상생활과의 유사성이 요구되는 집단은 다양한 연령, 인종, 문화 및 민족적 배경, 성별 및 성적 정체성과 관심사를 가진 사람들로 구성하는 것이 바람직하다.

모임 장소

또 다른 사전 집단의 관심사는 장소이다. 사생활의 보장, 어느 정도의 매력, 그리고 직접적인 상호작용을 할 수 있는 장소가 필수적이다. 장소가 좋지 않으면 집단의 응집성에 악영향을 미칠 부정적인 분위기가 조성될 수 있으므로 심층 작업이 용이한 만남의 장 확보에 만전을 기해야 한다.

집단 크기

집단의 바람직한 크기는 집단원의 연령, 집단 유형, 집단상담사의 경험 및 탐색할 문제 유형과 같은 요인에 따라 달라진다. 고려해야 할 또 다른 요인은 집단에 한 명 이상의 지도자가 있는지 여부이다. 집단상담사가 한 명인 성인 집단의 경우, 구성원은 8명 정도가 적당할 수 있다. 아동 집단의 경우, 3명 또는 4명 정도가 적절하다. 일반적으로 집단은 충분한 상호작용을 할 수 있는 구성원이 있어야 하며, 집단의 초점을 잃지 않고 모든 구성원이 골고루 참여할 수 있는 기회를 제공할 수 있을 정도의 크기가 되어야 한다.

모임 빈도 및 기간

집단이 얼마나 자주, 얼마나 오래 만나야 하는지는 집단의 유형과 지도자의 경험에 따라 달라진다. 대부분의 상담 집단의 전형적인 형식은 1주일에 한번 모임을 갖는 경우가 많다. 어린이와 청소년의 경우, 짧은 회기로 더 자주 만나는 것이 좋다. 비교적 잘 기능하는 성인의 경우, 매주 2시간의 집단은 어느 정도의 집중적인 작업을 허용하기에 충분하다. 외래 환자 집단에서는 90분 회기가 많은 반면, 입원 환자 집단에서는 회기 시간이 더 짧을 수 있다. 집단이 매주 만나는 것이 전형적이기는 하지만, 꼭 매주 만날 필요는 없다.

단기 집단 대 장기 집단

구성원들이 자신의 약속에 대해 명확하게 알 수 있도록 폐쇄 집단의 시작과 종료 날짜를 정하는 것이 현명한 일이다. 집단의 기간은 집단의 유형, 대상자 및 기관의 요구사항에 따라 집단마다 다르다. 많은 지역사회 기관은 비교적 단기간의 집단운영을 하는 정책을 가지고 있다. 단기 집단치료의 경우 치료 기간이 결정적인 특징이다. 시간이 제한된 집단은 탐색할 특정한 초점을 가지고 있으며, 개입은 가능한 한 효율적이어야 한다.

일부 폐쇄 집단은 더 긴 기간의 참여를 필요로 하는 장기적인 목표를 가지고 있다. 이것은 특히 더 깊은 작업을 목표로 하는 정신역동적 집단에 해당된다. 개인적인 연구소에서 집단은 단기 또는 장기일 수 있다. 이 집단들 중 일부는 12주에서 20주, 일부는 30주에서 50주, 일부는 1년 이상 지속된다. 많은 대학과 고등학교 집단은 일반적으로 한 학기 동안 운영된다(약 15주). 통상 집단은 응집력과 생산적인 작업을 허용할 만큼 충분히 오래 만나야 한다. 다만, 무기한으로 길지는 않아야 한다.

사전 모임 또는 초기 회기의 활용

일단 집단 멤버십이 확립되면 지도자는 다음의 질문에 관심을 둔다. '구성원들이 집단 경험으로부터 최대한의 혜택을 받을 수 있도록 준비하는 데 있어 집단상담사의 책임은 어떤 것인가?' 나의 관점으로는 체계적인 준비가 필수적인데, 준비는 개인적인 선별면접에서 시작해서 초기 몇 회기 동안 계속된다. 이 과정에서 그들의 기대, 두려움, 목표, 그리고 오해, 집단 과정의 기본 사항, 집단 멤버십과 연관된 심리적 위협과 그것을 최소화하는 방식, 집단의 가치와 한계, 집단 경험을 최대한 활용하기 위한 지침, 그리고 비밀유지의 필요성 등을 구성원과 함께 탐색한다. 이 준비는 집단에 참여할 모든 사람들의 사전 준비 만남을 통해 수행될 수 있다.

나는 집단이 결성되기 전에 각자 개인적으로 면담을 하는 것 외에, 초기 회기를 집단원 선별 장치로 사용한다. 첫 번째 회기는 집단의 목적에 대해 이야기하고, 구성원들에게 집단 시간을 어떻게 사용할 것인지를 알리고, 집단에서 고려될 수 있는 많은 가능한 문제를 탐구하고, 기본 규칙과 정책을 논의하고, 이해하는 과정을 시작할 수 있는 적절한 시기이다. 나는 사람들이 집단에 대한 준비를 하면서 적극적인 구성원이 될 것인지 말 것인지를 빨리 결정하는 것을 선호하기 때문에, 첫 번째 회기를 이러한 결정을 내리는 데 도움이 될 수 있는 기회로 생각하도록 권장한다.

규준과 절차의 구체화를 포함하여 집단을 구조화하는 것은 집단의 초기 단계에 이루어져야 한다. 구조화가 개별 접수면접 회기에 시작하더라도, 이 과정은 집단이 실제로 처음 만났을 때부터 계속된다. 사실, 구조화는 집단의 초기 단계에서 중요한 부분으로 진행된다. 일부 집단구성원은 구조화가 적은 것을 기대하고, 다른 구성원은 명확하게 규정된 과업이 주어지는 매우 구조화된 집단을 선호하기도 한다.

집단 경험을 준비하는 데 있어 다문화 고려하기

다양한 문화 집단의 사람들과 함께 작업하는 데 있어, 구성원들을 선별하고, 선택하고, 집단 절차에 적응시키는 것은 특히 중요하다. 많은 집단구성원은 자신의 가치관과 기대로 인해 집단 경험에 완전히 참여하지 못하는 경우가 있다. 어떤 문화권에서는 사람들이 자신의 감정을 공개적으로 표현하거나, 잘 알지 못하는 사람들과 자신의 개인적인 문제에 대해 이야기하거나, 다른 사람들에 대한 생각을 말하는 것이 권장되지 않는다. 예컨대, 치료 집단에서의 개방적인 참여와 의견 교환은 일부 라틴계 사람들의 가치와 충돌할 수 있는데, 이들은 사적으로 비밀스럽게 또는 가족 내에서만 자신의 강렬한 감정 표현을 할 수 있다고 생각한다. 또한 라틴계 사람들은 억압, 차별, 소외의 경험 때문에 사람들에게 신중하면서도 조심스럽게 접근할 수 있다(Torres Rivera et al., 2014). 일부 아프리카계 미국인 내담자들은 너무 빨리 개인정보를 공개하게 되면 집단에서 어려움을 겪을 수 있다. 일반적으로 집단상담사는 아프리카계 미국인 내담자의 유산, 가치 및 배경을 인식하고 이를 집단 작업에 통합할 필요가 있다(Steen, Shi, & Hockersmith, 2014). 많은 아시아 문화권 사람들은 자립을 강조하기 때문에 외부의 도움을 구하지 않을 수 있다. 아시아 내담자들은 개인적인 문제에 대해 침묵을 지키거나 아니면 가족에게만 도움을 요청할 수 있다(Chung & Bemak, 2014).

집단상담의 목표는 개인주의적인 문화의 가치관에 기초하는 경향이 있기 때문에, 집단주의적인 문화에서 온 아시아인, 라틴계, 아프리카계 미국인들은 집단상담을 불편해 할 수 있다. 집단에서 사용되는 목표, 구조, 그리고 기술은 집단이 문화적으로 적합하도록 수정되어야 한다. 집단지도자들은 집단에 완전히 참여하는 것을 꺼리거나 주저하는 것이 집단에 대한 비협조적인 태도보다는 문화적 배경의 차이에서 기인된 것을 알아야 한다.

많은 집단구성원은 문화적 배경과 상관없이, 평가받고 거절당하는 것을 두려워하여 개인적인 문제를 드러내는 것을 주저할 수 있다. 집단 상황에서, 구성원들은 일반적으로 개방성, 정직성, 그리고 솔직성의 규범을 준수해야 하지만, 오히려 이것으로 인해 정서적으로 상처받을 수도 있다. 어떤 집단의 규범은 한 사람의 문화적 배경에 맞지 않게 매우 요구적일 수 있고, 한 구성원의 개인적이고 문화적인 가치 체계의 결정과 어긋날 수 있다.

구성원들은 집단의 목적, 집단 경험이 자신에게 개인적으로 가치가 있을지, 그리고 집단 경험으로부터 가장 많은 것을 얻을 수 있는 방법을 알아야 한다. 구성원들의 적절한 준비는 모든 구성원들에게 성공적인 집단 경험의 기회를 증가시키는 가장 좋은 방법 중 하나이다.

오리엔테이션 및 준비 지침

나는 집단구성원들의 체계적이고 완전한 준비가 중요하다는 것을 확신하고 있지만, 집단이 시작되기도 전에 또는 처음 몇 번의 회기 동안에 너무 많은 정보로 참가자들을 과하게 압박하는 위험성도 있다고 본다. 집단 초기에, 나는 일반적으로 구성원들에게 그들이 가지고 있을지도 모르는 두려움이나 의구심에 대해 이야기하도록 요청한다. 나는 또한 집단에 참여할 때의 몇 가지 일반적인 위험을 탐색한다. 하지만 지도자가 너무 많은 위험 요인을 제시하게 되면, 어떤 구성원들은 자기 충족적인 예언으로 인해 새로운 우려나 두려움을 갖게 될 수도 있다. 게다가, 지도자에 의해 부과된 너무 많은 구조화는 집단원들의 주도권도 억압할 수 있다. 집단의 초기 단계 동안, 집단이 어떻게 작업하고 구성원들이 집단으로부터 가장 많은 것을 얻을 수 있는지에 대한 어느 정도의 심리교육은 매우 유용할 수 있다. 과도한 준비에 내재된 위험은 불충분한 준비에 수반되는 위험과 균형을 이루어야 한다. 집단의 후기 단계에서 일어나는 과도한 서두름과 필요없는 갈등은 종종 기본적인 기술 습득의 실패와 집단 과정에 대한 이해 부족의 결과이다.

나는 예비 구성원을 선별할 때 나의 준비 단계 프로그램으로 시작해서 첫 번째 집단 회기(내가 사전 집단 모임이라고 하는)의 대부분을 집단 과정에 대한 오리엔테이션에 할애한다. 사전 집단 회기와 초기 집단 회기를 진행하는 동안, 나의 역할은 구성원들로 하여금 자신들의 참여 수준을 검토하고 결정하는 것을 돕는 것이라고 생각한다. 나는 집단원들이 집단에 참여함으로써 얻고자 하는 것에 초점을 맞추고, 그들이 명확하고 구체적이며 의미 있는 개인적인 목표를 설정하는 것을 돕는다. 집단 내에서 자신의 과업을 이끌 개인적인 목표를 결정한 후에는 서로 합의하에 이러한 목표를 구체화해야 한다(2부에서는 구성원들이 개인적인 목표를 정의하고 계약을 수립하는 데 도움이 되는 방법을 설명한다).

사전 집단 모임의 주요 목적은 지도자가 집단의 목표를 상세히 설명하고 참가자들이 무엇을 할 것인지를 명확히 하는 것이다. 참가자들은 집단에 참여하기 전에 서로 만나서 추가적인 정보를 얻을 수 있는 기회를 갖는다. 사전 집단 모임은 사전 동의의 기본적인 측면을 소개하기에 좋은 시간이다. 비밀유지는 첫 번째 회의에서 논의되어야 할 내용 중 하나이다. 만약 구성원들이 말하는 것이 지도자와 다른 구성원들 모두에 의해 비밀로 유지될 것이라는 확신이 없다면, 구성원들은 의미 있는 방식으로 자신의 문제를 자유롭게 탐색할 수 없을 것이다. 집단지도자는 비밀유지의 한계를 직접적이고 공개적으로 진술해야 한다. 아동학대나 근친상간으로 의심되는 사례나 잠재적 피해가 발생할 수 있는 상황을 보고하기 위한 법적 요건 등 집단 내에서 제기되는 자료를 공개해야 하는 상황을 구성원들에게 알려야 한다. 구성원들이 비밀유지의 한계에 대한 이해와 동의를 표시하기 위해 서명하는 서면 진술서를 제공하는 것이 좋다.

사전 집단 모임에서 나는 구성원들에게 집단에 대해 가지고 있는 의문점을 질문하도록 하고, 구성원들이 자신의 기대, 집단에 있는 이유, 참여에 대한 두려움이나 우려, 그리고 그들의 희망에 대해 이야기하도록 격려해 준다. 또한 구성원들이 자신의 삶에서 자신이 원하는 변화를 할 수 있도록 하는 데 집단의 이점을 최대화하기 위해 무엇을 할 수 있는지에 대한 몇 가지 지침을 제공한다. 특히 중요한 것은 적절한 자기 노출의 근거에 대한 논의이다. 구성원들에게 집단에서 탐색하고 싶은 개인적인 주제를 자신이 선택하고 결정할 수 있다고 알려준다. 또한 그들에게 자신들이 가지고 있는 지속적인 반응을 지금–여기의 집단 상호작용에 기꺼이 공유하는 것이 중요하다는 말을 해 준다. 나의 목적은 집단에 속해 있는 것에 대해 생각하고 느끼는 것을 기꺼이 표현할 때만 집단이 기능할 것이라는 것을 가르치는 것이다. 사실, 그들의 반응은 우리가 일반적으로 처음 몇 회기 동안 진행하는 방향을 제공한다. 나는 또한 구성원들이 집단 과정에 대해 가지고 있는 질문이나 우려 사항을 제기할 것을 권장한다. 사전 집단 회기를 마련할 수 없는 경우, 첫 회기 집단 모임에서 이러한 방향을 제공할 수 있다.

첫 번째 회기가 끝날 때, 사람들은 여전히 집단에 참여하기를 원하는지에 대해 생각하도록 요청받을 수 있다. 어떤 사람이 집단에 참여하는 것에 대해 의구심을 가지고 있거나 지도자가 구성원을 수용할 수 있는가에 대해 의구심을 가지고 있는 경우, 이러한 문제를 탐색하기 위해 다른 면담을 준비할 수 있다. 구성원들은 각 회기에 참석하기 전에 탐색을 위해 집단에서 다룰 개인적인 문제에 대해 생각해 볼 것을 요청받는다. 비록 구성원들이 집단 회기에 올 때 특정한 의제를 가질 수도 있지만, 나는 그들이 유연성을 발휘해서 다른 구성원이 집단 내에서 상호작용할 때 자연적으로 나오는 다른 관심사도 기꺼이 다룰 수 있다고 알려준다.

집단구성원들은 일반적으로 집단에서 한 행동과 회기 사이에 경험하는 반응에 대해 자발적으로 학습경험에 대한 글을 쓰도록 한다. 나는 그들이 일기에 써온 것에 대한 요약을 집단에 이야기하도록 격려한다. 이런 식으로, 그들은 회기 동안 시작한 작업을 지속적으로 하는 것의 중요성을 알게 된다. 집단구성원들은 집단 전체에 걸쳐 그들이 쓴 글의 가치에 대해 말하도록 한다.

이 책과 함께 제공되는 『학생 안내서』의 1장에는 '집단 경험을 최대한 활용하는 방법'에 대한 제안이 포함되어 있다. 이 지침들은 구성원들에게 어떻게 적극적인 참가자가 되는지를 가르치는 한 가지 방법이 된다.

사전 집단 쟁점의 요약

구성원의 역할 및 발생 가능한 문제

집단에 참여하기 전에, 개인들은 참여에 관한 정보에 입각해서 참여 여부를 결정하는데 필요한 지식을 가지고 있어야 한다. 예비 집단구성원은 집단이 자신에게 적합한지 여부를 결정하는 데 적극적으로 참여해야 한다. 다음은 이 단계에서 구성원의 역할과 관련된 몇 가지 사항이다.

- 구성원들은 집단의 성격에 대한 충분한 지식을 가지고 있어야 하며 집단이 그들에게 미칠 수 있는 영향을 이해해야 한다.
- 구성원은 특정 집단이 이 시점에서 자신에게 적합한지 여부를 결정해야 한다.
- 구성원들은 경험으로부터 무엇을 원하는지 생각하고, 집단에서 작업하고자 하는 개인적인 주제를 파악함으로써 참여하는 집단을 위해 스스로를 준비시킴으로써 도움을 받을 수 있다.

구성원들이 집단에 강제로 참여하게 되거나, 집단의 특성에 대한 적절한 정보를 가지고 있지 않거나, 수동적이거나 집단에서 무엇을 원하거나 기대하는지에 대해 생각하지 않으면, 문제가 발생할 수 있다.

집단상담사의 역할

집단을 구성하는 동안 집단 상담사의 주요 과업은 다음과 같다.

- 집단의 일반적인 목적과 구체적인 목표를 확인한다.
- 집단구성을 위해 명확하게 작성된 제안서를 개발한다.
- 선별 및 오리엔테이션 목적으로 사전 집단 면담을 실시한다.
- 구성원 선발에 관한 결정을 내린다.

- 리더십 과제를 심리적으로 준비하고 공동 리더를 만난다(해당하는 경우).
- 사전 집단 회기를 준비하여 기본 규칙을 제시하고 구성원들이 성공적인 집단 경험을 할 수 있도록 준비한다.
- 사전 동의를 위한 준비를 하고 참가자들과 함께 집단 경험과 관련된 잠재적인 위험과 이점을 살펴본다.

요약

초기 발달단계에서 많은 집단이 허둥대는 것은 집단 초기에 기초가 부실했기 때문이다. 집단구성원에게 '저항'이라는 꼬리표가 붙게 되면, 이것은 종종 지도자가 구성원들에게 적절한 방향을 제시하지 못한 결과이다. 사전 집단 준비의 성격과 범위는 주로 집단의 유형에 따라 결정되지만, 대부분의 집단에서 구성원 및 지도자의 기대, 집단의 기본 절차, 집단에 대한 오해, 집단 참여의 장점과 한계와 같은 공통적인 요소가 전달될 수 있다. 이러한 준비는 개별적인 선별에서 시작되지만, 초기 회기 동안 계속된다. 집단의 설계 단계에서 사전 집단 준비를 다루기 위해 상당한 노력이 요구되지만, 준비에 투여한 시간만큼 나중에 집단이 진전됨에 따라 도움이 된다. 주의 깊은 계획과 준비를 통해 집단의 발달에서 발생하는 많은 잠재적인 장벽을 피할 수 있다. Yalom과 Leszcz(2020)의 연구는 효과적인 집단을 만드는 데 사전 집단 준비의 가치를 언급하고 있다. 적절한 준비는 내담자에게 효과적인 집단 참여를 촉진하는 인지 구조를 제공한다.

2단계: 초기 단계–방향 설정 및 탐색

초기 단계의 특징

집단의 초기 단계(initial stage)는 집단의 구조를 결정하고, 친숙해지고, 구성원들의 기대를 탐색하는사전 교육과 탐색의 시간이다. 이 단계 동안, 구성원들은 집단이 어떻게 기능하는가를 배우고, 구성원 자신의 목표를 규정하고 자신의 기대를 명확히 하며, 집단 내에서 자신의 위치를 찾는다. 초기 회기에서 구성원들은 '공적인 이미지'를 유지하는 경향이 있다. 즉, 구성원들이 사회적으로 받아들일 수 있다고 생각하는 자신의 모습을 제시한다. 이 단계는 일반적으로 집단 구조에 대한 어느 정도의 불안과 불편함으로 특징지어진다. 구성원들은 한계를 발견하고 시험하기 때문에 주저하며, 자신들이 수용될 수 있는지를 걱정한다.

전형적으로, 구성원들은 집단에 특정한 기대, 관심사, 그리고 불안 등을 가져오고, 이것은 그들이 자신을 공개적으로 표현하도록 허용하는 데 결정적인 요인이 된다. 이때 지도자는 필요하다면, 집단에 대한 오해를 풀어 주고, 구성원들이 집단에 대한 신비주의를 갖지 않도록 한다.

초기 단계의 주요 작업: 소속감과 정체감

집단에서 정체성을 발견하고 활동적인 집단구성원이 될 수 있을지를 결정하는 것은 초기 단계의 주요 과업이다. 구성원들은 종종 초기 회기에서 다음과 같은 질문을 한다.

- 내가 이 집단에 수용될 것인가, 아니면 거부될 것인가?
- 내가 얼마나 내 자신을 드러내기를 원하는가?
- 얼마나 위험을 감수해야 하는가?
- 이 집단의 사람들을 믿어도 되는가?
- 내가 여기에 어울리면서 소속될 수 있는가?
- 나는 누구에게 끌리고 누구와 거리감을 느끼는가?
- 내 자신으로 존재하면서 동시에 집단의 일원이 될 수 있을까?

집단의 기초: 신뢰

신뢰를 구축하는 것은 집단의 지속적인 발달에 필수적이다. 신뢰가 없다면 집단 상호작용은 피상적일 것이고, 자기 탐색은 거의 이루어지지 않으며, 서로에 대한 건설적인 도전은 일어나지 않고, 집단은 숨겨진 감정이라는 함정 아래에서 작동할 것이다.

사람들이 집단에 들어가자 마자 서로를 '자연스럽게' 신뢰할 것이라고 가정하는 것은 잘못된 것이다. 구성원들이 왜 의문을 제기하지 않고 그대로 신뢰해야만 하는가? 구성원들은 집단이 일반 사회보다 더 수용적이고 안전한 환경을 제공할 것이라는 점을 어떻게 알 수 있는가? 나의 견해로는 사람들이 집단을 신뢰할 것인지 여부를 결정하고, 부분적으로 집단이 자신을 드러낼 수 있는 안전한 장소라고 느끼는 것은 지도자의 능력에 달려 있다고 생각한다. 지도자는 구성원들이 신뢰를 저해하는 요소들에 대해 이야기하도록 격려함으로써 구성원들의 개방성과 위험 감수에 필요한 치료적 분위기를 지원한다.

신뢰를 구축하는 방법

기본적인 신뢰감과 안정감을 확립하는 데 지도자의 성공 여부는 대부분 구성원들이 집단을 위해 얼마나 잘 준비되었는지에 달려 있다. 구성원을 주의 깊게 선발하는 것, 그리고 집단이 구성원 자신에게 적절하다는 것을 확신시켜 주는 노력은 매우 중요하다. 그리고 지도자는 집단의 기본 규칙을 명확히 제시해야 한다. 개인 구성원과 집단 전체의 안녕에 관심이 있음을 보여 주는 지도자는 신뢰를 이끌어 낸다. 참가자의 권리, 비밀유지의 필요성, 집단 내에 존재하는 다양성, 타인을 존중하는 욕구 등과 같은 쟁점을 이야기하는 것은 지도자가 집단에 대해 진지한 태도를 가지고 있고 개인의 권리를 가치롭게 생각하는 것을 보여 준다. 지도자가 배려를 보여 준다면, 구성원들도 집단에 자신을 투여하게 되어 집단이 성공할 가능성을 높인다.

그러나 신뢰 구축은 집단지도자의 혼자만의 영역이 아니다. 지도자는 자신의 태도와 행동으로 신뢰를 형성할 수 있지만, 신뢰의 수준은 주로 구성원 개개인 또는 집단 전체에 달려 있다. 보통 구성원들은 자신의 희망뿐만 아니라 두려움도 집단에 가지고 온다. 참가자들이 자신의 두려움을 드러내도록 격려받는다면, 자신에 대해 이야기함으로써 다른 사람들도 자신의 두려움을 드러내고 나눌 가능성이 높다. 이러한 상호작용으로 집단원들은 서로를 더 신뢰하게 될 것이다. 예를 들어, 어떤 구성원이 자신을 효과적으로 표현하지 못하는 것에 대해 걱정하고 있는데, 다른 구성원들도 비슷한 우려를 표현한다면, 이 두 사람 사이에는 필연적으로 유대감이 형성된다.

침묵, 주저함, 그리고 어색함은 초기 회기에 특징적으로 나타난다. 구조화되지 않은 집단일수록 집단에서 어떻게 행동해야 하는지에 대한 불안과 모호성이 커진다. 구성원들은 참여 방법을 찾으려다 다소 허둥대는 모습을 보인다. 초기 회기에서 제기된 이러한 문제는 안전 문제이고, 일부 집단원은 다른 사람이나 '그때–거기'에 관한 이야기를 하게 된다. 이것은 구성원들이 상황을 살피는 하나의 방법이다. 마치 '깊고 민감한 부분이 아닌 내 자신의 한 부분만을 보여 주고, 다른 사람들이 나를 어떻게 대하는지 지켜보겠다'고 말하는 것과 같다. 회기가 진행됨에 따라 구성원들은 일반적으로 더 쉽게 쟁점을 제기하고 토론에 참여한다.

신뢰를 유지하는 방법

이 초기 단계의 또 다른 특징은 문제가 제기될 때 일부 참가자들이 뛰어들어 도움이 되는 충고를 하는 경향이다. 이러한 '문제 해결 개입'이 하나의 패턴이 되지 않도록 하는 것이 지도자의 임무이다. 이러한 패턴은 다른 구성원들의 많은 짜증을 유발하고, 집단원들로 하여금 모든 사람의 문제에 대한 해결책을 신속하게 제공하는 사람과 대립하게 만들 수 있다.

집단의 신뢰 분위기는 또한 초기 단계에서 다른 구성원이나 리더에 대해 종종 경험하는 부정적인 감정과 집단이 기대한 방식으로 진행되지 않는다는 사실에 영향을 받는다. 이는 집단에서 중요한 전환점이며, 이 충돌이 해결되는 방식에 따라 신뢰가 손실되거나 향상될 수 있다. 만약 갈등이 공공연하게 표출되고 부정적인 감정에 대해 저항 없이 경청할 수 있다면, 이러한 감정을 만들어 내는 상황이 바뀔 가능성이 높다. 구성원들은 다양한 감정을 표현하는 것이 수용될 수 있다는 것을 알아야 한다. 그래야만 집단이 더 깊은 수준의 작업으로 나아갈 수 있다.

구성원들이 자신을 더 많이 드러낼수록 집단의 응집성은 높아진다. 이 새로운 응집성은 집단에 존재하는 신뢰를 강화하고 구성원들이 집단에 참여하는 새로운 방식을 시도할 수 있는 좋은 분위기를 만든다. 구성원들이 서로를 신뢰하게 될 때, 자신이 받은 피드백을 신뢰하고 새롭게 습득한 행동들을 일상 생활에서 실행하려고 노력한다.

처음에, 구성원들은 종종 집단지도자, 다른 구성원, 그리고 심지어 그들 자신을 신뢰하는 능력에 의구심을 갖는다. 신뢰의 분위기를 조성하기 위해, 나는 일반적으로 구성원들에게 이 집단에서 그들이 인식하고 있는 것과 관련하여 그들이 생각하고 느끼는 것을 나누어 줄 것을 요청한다. 나는 또한 구성원들에게 신뢰의 기반 없이 너무 빨리 개방하는 것은 의미가 없다는 점을 언급한다. 나는 구성원들에게 어떤 주제에 대해 이야기하고, 그 주제를 어디까지 다루어야 하는지에 대한 결정은 그들에게 달려 있다고 말한다. 집단의 초기 단계에서, 나는 구성원들이 말하는 것에 대한 심층적인 탐색으로 이어지는 개입을 하지 않는다. 먼저 말하는 구성원에게 바로 집중하기보다는 모든 구성원들이 간략하게 자신을 알릴 수 있는 기회를 갖도록 한다.

구성원들이 방어를 낮추고 자신을 드러내기 위해서는 집단이 안전한 장소라는 확신이 필요하다. 집단에 대한 신뢰를 쌓도록 도움을 주는 것은 집단의 초기 단계에서 중요한 작업이다. 나의 주요 목표는 구성원들에게 집단에 대한 신뢰 수준의 느낌을 표현하고 그들이 안전하면서 개인적으로 의미 있는 일을 할 수 있는 방법에 대해 이야기할 수 있는 기회를 주는 것이다.

초기 단계에서 집단지도자의 역할

모델링

당신이 집단을 이끌어 갈 때 집단에서 모델이 되는 태도와 행동의 규범을 형성하고, 그러한 분위기를 조성해야 한다. 첫 번째 회기 동안 집단에 대한 집단지도자 자신의 기대를 솔직하게 터놓고, 대인관계에서 정직, 존중, 그리고 자발성의 모델이 되는 것이 중요하다. 당신 자신의 행동과 당신이 집단에 미치는 영향을 인식하고 치료적인 환경을 만드는 기술을 실행할 필요가 있다. 집단지도자로서 효과적이 되기 위해서는, 집단 속에 심리적으로 함께 존재하고 자신이 하고 있는 일을 진심으로 믿어야 한다.

구성원의 내적인 관점을 공감해 주고, 구성원의 세계에 대한 이해를 표현함으로써 치료적인 분위기를 조성할 수 있다. 또 다른 중요한 특징은 말뿐만 아니라 말로 표현할 수 없는 미묘한 메시지에도 주의를 기울이고 반응하는 당신의 감수성이다. 이것은 구성원 개개인뿐만 아니라 집단 전체에도 적용된다. 마지막으로, 집단을 구성하고 있는 집단원들은 당신이 그들을 존중하고 긍정적 관심을 갖고 있다고 느낄 필요가 있다.

목표를 확인하도록 돕기

집단지도자의 또 다른 주요 임무는 구성원들이 참여하도록 돕는 것이다. 당신은 사람들이 집단으로부터 최대한을 얻고 싶어 하도록 동기를 부여하고 영감을 주기 위해 많은 것을 할 수 있다. 구성원들이 집단으로부터 최대한의 이익을 얻기 위해서는 초기 단계에서 이러한 과정이 이루어져야 한다. 이 초기 단계에서, 당신은 대부분 구성원들이 의미 있는 목표를 확인하고 명확히 하고 개발하도록 도와주어야 한다. 일반적인 집단 목표는 집단의 목적에 따라 다르지만 집단의 과정 목표는 대부분의 집단에 적용되는 것이다. 과정 목표의 몇 가지 예는 지금–여기에 머무르는 것, 다른 사람들에게 자신을 알리는 것, 자신과 다른 사람들에게 도전하는 것, 집단과 일상생활에서 위험을 감수하는 것, 피드백을 주고받는 것, 다른 사람의 말을 듣고, 다른 사람에게 정직하고 구체적으로 반응하는 것, 갈등을 다루는 것, 집단에서 발생하는 감정을 다루며 자신의 감정과 생각을 표현하는 것, 무엇을 작업할지 결정하고, 새로운 통찰력에 따라 행동하는 것, 집단 안팎에서 새로운 행동을 적용하는 것 등이 해당된다.

이러한 집단의 과정 목표를 설정하는 것 외에도, 구성원은 자신의 개인적인 목표를 설정하는 데 도움이 필요할 수 있다. 집단지도자는 구성원들이 집단의 과정 목표와 개인적 목표 간의 관계를 파악하여 둘 다에 투자할 수 있도록 돕는 것이 중요하다. 전형적으로, 집단의 초기 단계에 있는 구성원들은 원하는 것에 대해 막연한 생각을 가지고 있다. 이러한 불분명한 기대는 원하는 변화와 변화를 가져오기 위해 기꺼이 노력하도록 구체적이고 명확한 목표로 전환될 필요가 있다. 구성원들이 자신의 개인적인 목표를 확인하는 것을 돕는 데 문화적인 요소들이 고려될 필요가 있다는 것은 분명한 사실이다. 구성원이 집단에 왜 참여하는지를 명확하게 확인할 수 있도록 도와주는 것이 중요하다. 구성원이 현재 어디에 있고, 어디로 나아가야 하는지에 초점을 둠으로써 도움을 받을 수 있다. 구성원들은 집단상담이 변화를 수반한다는 것을 완전히 이해하는 것이 중요하다. 구성원들은 그러한 변화가 자신뿐만 아니라 그들의 삶에서 다른 사람들에게도 미칠 영향을 인식해야 한다.

집단지도자의 기본 과업 중 하나이자 가장 어려운 일은 숨겨진 안건을 드러내는 것이다. 예컨대, 일부 구성원은 집단 목표와 상반되는 목표를 숨기고 있을 수 있다. 이런 사람은 관심의 중심이 될 필요가 있을 수도 있고, 다른 사람들과 가까워지는 것에 대한 불편함 때문에 집단 내의 친밀감 형성에 방해될 수도 있다. 만약 지도자가 이러한 개인적인 목표를 드러내기보다 숨겨진 상태로 남겨 두면, 집단의 효과성을 떨어뜨리게 된다.

ASGW(2021)의 '집단 작업의 지도 원칙'에서는 협력적인 과정으로 개인별 목표를 개발하는 것을 다음과 같이 언급하고 있다.

> 집단전문가들은 구성원들이 개인의 목표를 개발하는 것을 지속적으로 돕고 집단 경험에서 동등한 파트너로서 집단구성원들을 존중한다. 집단 촉진자는 집단구성원이 집단의 주인의식을 갖도록 권한을 부여하는 것을 적극적으로 지원한다. (D 10)

책임의 분배

집단지도자가 고려해야 할 기본적인 쟁점은 집단의 방향과 성과에 대한 책임이다. 비생산적인 집단의 책임이 지도자의 기술 부족의 결과인가, 아니면 집단구성원들에게 있는 것인가?

집단지도자의 책임의 문제를 개념화하는 한 가지 방법은 연속체 선상에서 생각해 보는 것이다. 한쪽 끝에는 집단의 방향과 결과에 대한 많은 책임을 지는 지도자가 있다. 이러한 지도자는 적극적이고 지시적인 방식으로 집단을 운영하는 경향이 있다. 집단지도자는 자신이 전문가로서의 역할을 수행해야 한다고 믿고, 생산적이라고 생각하는 방식으로 집단을 계속 움직이게 하기 위해 적극적으로 개입한다. 책임 연속체의 반대쪽 끝에는 개인 성과와 집단 전체의 성과 모두를 구성원의 책임으로 돌리는 지도자가 있다.

두 가지 스타일의 리더십은 모두 장점과 단점을 가지고 있다. 적극적인 리더십 스타일의 단점은 구성원들로 하여금 정당하게 자신의 책임을 온전히 받아들이도록 장려하지 않는다는 것이다. 수동적 리더십 스타일의 단점은 지도자와 구성원 간의 협력적인 관계를 형성하지 못한다는 것이다. 이상적인 것은 지도자로서 당신의 책임을 받아들이고, 구성원들에게 과도한 책임을 지우지 않는 균형 잡힌 스타일을 개발하는 것이다. 얼마나 많은 책임을 져야 하는지, 구체적으로 어떤 책임이 포함될 것인지를 결정하는 데 있어 지도자 자신의 성격을 고려해야 한다. 책임의 균형을 다루는 방법은 집단 과정의 다른 문제에도 영향을 미친다.

구조화

책임과 마찬가지로 구조화도 연속체 선상에 있다. 지도자의 이론적 지향성, 집단의 유형 및 구성원의 특성은 구조화의 정도와 유형을 결정하는 요인이다. 치료 구조화가 특히 초기 단계에서 제공되는 것이 중요한데, 그 이유는 구성원들이 일반적으로 집단에서 예상되는 행동에 대해 혼란스러워하고 불안해하기 때문이다. 구조화는 집단의 발달에 도움이 되기도 하고, 방해가 되기도 한다. 너무 적은 구조화는 구성원들로 하여금 과도하게 불안하게 하고, 구성원의 자발성을 억제한다. 너무 많은 구조화와 방향성은 의존적인 태도와 행동을 조장할 수 있다. 구성원들은 자신의 방향을 찾는 것에 책임을 지는 대신 지도자가 '무슨 일이 일어나도록 해주기'만을 기다릴 수도 있다.

나의 집단에서, 초기 단계에서 제공되는 구조화의 유형은 구성원들이 자신의 두려움, 기대, 그리고 개인적인 목표를 확인하고 표현하도록 돕는 것을 목표로 한다. 예를 들어, 구성원들은 자신의 삶의 문제에 대해 서로 더 쉽게 이야기할 수 있도록 하는 방법으로 둘씩 짝지어 나누기, 돌아가면서 이야기하기, 구조화된 질문지를 활용한다. 여러 사람과 일대일로 이야기를 나눈 후, 전체 집단에서 공개적으로 이야기하는 것을 더 편하게 느낀다. 처음부터, 나는 구성원들이 지금-여기에서 무엇을 생각하고 느끼고 있는지를 인식하도록 돕고, 그들의 반응을 표현하도록 격려하려고 노력한다. 나의 개입은, 대다수의 구성원이 단지 방관할 뿐이고 소수의 구성원만 오랜 시간 작업하는 규범을 벗어나 집단 내에서 높은 수준의 상호작용을 촉진하는 것을 목표로 한다. 이러한 유형의 구조화는 구성원들이 집단을 최대한 활용할 수 있는 책임감을 갖도록 설계되어 있다. 그들은 기본적인 규범을 배우면서 나의 지시를 기다리기보다는 그들 스스로 먼저 시작하는 경향이 있다.

여러 연구들은 초기 단계의 구조화가 지지적인 집단 규범을 구축하고 구성원 간의 긍정적인 상호작용을 촉진하는 데 중요하다는 것을 보여 준다. 지도자는 최종 단계에서 치료적 구조를 평가하려고 기다리기보다는 집단의 전체 과정을 주의 깊게 모니터링하고 평가해야 한다. 개인의 경험과 집단 과정을 이해하기 위한 일관성 있는 틀을 제공하는 구조화는 가장 가치가 있는 것이다. 치료 목적이 명확할 때, 적절한 구성원 행동이 확인될 때, 그리고 치료 과정이 변화의 틀을 제공하도록 구조화될 때, 구성원들은 치료 작업에 더 빨리 참여하는 경향이 있다(Dies, 1983). 집단의 초기 단계에서 지도자의 지시는 다른 사람들에게 자신을 알리고 다른 사람들에게 피드백을 줌으로써 결속력과 위험을 감수하려는 구성원들의 의지를 높여주는 경향이 있다. 집단 응집력은 생산적인 집단 경험을 위한 핵심 요소이다. 응집력이 확립되면 구성원의 위험 감수를 수반하는 치료 개입이 도입될 수 있으며, 이러한 연습은 종종 카타르시스와 통찰력을 이끌어 낸다(Stockton et al., 2014; Yalom & Leszz, 2020).

요약하면, 비록 많은 변수가 집단 발달의 초기 단계에서 규범과 신뢰를 만드는 것과 관련이 있지만, 지도자의 너무 많은 방향 제시와 너무 적은 방향 제시 사이의 최적의 균형은 가장 중요한 것 중 하나이다. 이 기술은 너무 지나친 구조를 제공하여 구조화에 대한 집단구성원의 책임을 빼앗아 가지 않도록 하는 것이다. 집단구성원들이 자신과 집단 전체의 진전을 지속적으로 평가하는 과정에 참여하는 것은 적절한 구조의 정도를 확인하는 한 가지 효과적인 방법이다. 구성원들이 이러한 책임을 지려면 집단 과정을 모니터링하는 구체적인 기술을 배워야 한다.

지금-여기 활동

나는 집단의 초기 단계에서 지금-여기 반응에 주의를 기울이고 구성원들에게 이러한 반응을 서로 나누는 것의 중요성을 가르친다. 집단이 진정한 신뢰 수준을 달성하기 위해서는 구성원들이 집단의 맥락에서 일어나고 있는 것과 관련된 지속적인 반응을 표현하는 것이 필수적이다. 만약 구성원들이 자신의 반응을 혼자서만 갖고 있다면, 그 집단은 구성원의 관심사를 다룰 수가 없다.

나는 구성원들이 집단 안에서 서로에 대한 반응을 먼저 다루게 되었을 때, 비로소 대개 집단 외부의 개인적인 문제를 다룰 위험을 감행한다는 것을 알게 되었다. 구성원들이 집단 외부에서 현재 또는 과거의 문제 상황을 제기할 때, 나는 그들에게 이것이 현재 집단의 맥락에서 어떻게 진행될 수 있는지 탐색할 것을 요청한다. 비록 나는 지금-여기 반응을 표현하는 것에 가치를 두지만, 또한 구성원들로 하여금 집단에서 하는 자신의 현재 반응이 집단 바깥에서 어떻게 느끼고 행동하는지를 반영하고 있는지를 생각해 보라고 요청한다.

초기 단계 요약

단계의 특성

집단의 초기 단계는 집단의 구조화를 결정하고 방향을 잡는 시간이다. 다음은 초기 단계의 특징적인 몇 가지 사건들을 제시한 것이다.

- 구성원들은 분위기를 시험하고 다른 구성원과 친숙해진다.
- 구성원들은 집단이 자신에게 기대하는 것, 집단이 어떻게 기능하는지, 어떻게 집단에 참여하는지를 배운다.
- 구성원들은 사회적으로 바람직한 행동을 보인다. 위험 감수는 상대적으로 드물고 탐색

은 제한적이다.

- 구성원들이 생각하고 느끼는 것을 기꺼이 표현한다면, 집단의 응집성과 신뢰는 점차적으로 증가한다.
- 구성원은 자신이 받아들여지는지 또는 제외되는지 여부에 관심이 있으며, 집단에서 자신의 위치를 찾아가기 시작한다.
- 중심적인 쟁점은 신뢰 대 불신이다.
- 침묵과 어색함이 있는 시기이다. 구성원들은 방향을 찾고 그 집단이 무엇에 관한 것인지 궁금해한다.
- 구성원들은 누구를 믿을 수 있는지, 얼마나 개방할 것인지, 얼마나 집단이 안전한지, 얼마나 관여할 것인지를 나름대로 결정한다.
- 구성원들은 존중, 공감, 수용, 배려 및 응답의 기본적인 태도, 즉 신뢰 구축을 촉진하는 모든 태도를 학습한다.

구성원의 역할 및 발생 가능한 문제

집단 초기에 다음과 같은 구성원의 구체적인 역할 및 과제는 집단을 형성하는 데 중요하다.

- 신뢰할 수 있는 분위기 조성을 위한 적극적인 조치 취하기
- 특히 집단 내의 상호작용과 관련된 자신의 감정과 생각을 표현하는 법을 배우기
- 집단에 대한 두려움, 희망, 우려, 비밀유지 및 기대를 기꺼이 표현하기
- 집단 내 다른 사람들에게 기꺼이 자신을 알리기
- 집단 규범을 만드는 데 참여하기
- 집단 참여를 좌우할 개인적이고 구체적인 목표 설정하기
- 집단 과정의 기본, 특히 집단 상호작용에 참여하는 방법 배우기

신뢰와 집단 응집성을 보장하기 위해 집단지도자는 초기 회기에서 다음과 같은 문제를 해결할 준비가 되어 있어야 한다.

- '무슨 일이 일어나기'를 수동적으로 기다리는 구성원
- 집단과 관련된 불신이나 두려움을 드러내지 않고 자신의 저항을 고착화하는 구성원
- 모호하고 알려지지 않은 상태로 참여하여 의미 있는 상호작용을 어렵게 만드는 구성원
- 다른 구성원에게 문제 해결 및 조언을 제공하는 입장을 취하는 구성원

지도자의 역할

예비 교육 및 탐색 단계에서 집단지도자의 주요 과업은 다음과 같다.

- 참가자들에게 생산적인 집단을 가질 가능성을 높일 수 있는 몇 가지 일반적인 지침과 적극적으로 참여하는 방법을 가르치기
- 기본 규칙 개발 및 규범 설정
- 집단 과정에 대한 기초 교육
- 구성원의 두려움과 기대를 표현하고 신뢰를 발전시키기 위해 노력하기
- 치료적 행동의 촉진적인 차원을 보여 주기
- 구성원들에게 개방적이고, 심리적으로 그들과 함께 있는 것
- 책임 분담을 명확히 하기
- 구성원이 구체적인 개인 목표를 설정할 수 있도록 지원하기
- 구성원의 관심사 및 질문에 대해 공개적으로 대처하기
- 구성원 의존도를 높이거나 과도한 허우적거림을 조장하지 않는 수준의 구조화 제공하기
- 구성원들이 지금-여기 상황에서 일어나고 있는 일에 대해 생각하고 느끼는 것을 공유할 수 있도록 지지하기
- 구성원들에게 적극적인 경청과 응답과 같은 기본적인 대인관계 기술 가르치기

집단의 요구를 평가하고 이러한 요구가 충족되도록 촉진 집단의 각 단계에 대한 리더십 기술을 개발하기 위해 고안된 연습 및 활동은 『학생 안내서』(Corey, 2023)에 포함되어 있다.

3단계: 과도기(전환) 단계-거부감 다루기

집단이 작업 단계라는 더 깊은 수준에 들어가기 전에 일반적으로 다소 어려운 과도기(전환) 단계(transition stage)를 거친다. 이 단계 동안, 구성원들은 집단에 참여하는 것에 대한 불안, 방어, 갈등, 그리고 양가감정을 다룬다. 만약 초기 단계에서 신뢰 수준이 확립되었다면, 구성원들은 보통 초기 회기 동안 말로 표현하지 않았던 특정한 감정, 생각, 반응을 기꺼이 드러내고, 지도자는 구성원들이 집단으로 가져왔던 근심거리들에 대해 어떻게 작업을 시작할 것인지를 배우도록 돕는다.

과도기(전환) 단계 동안, 구성원은 자신의 생각, 감정, 행동을 모니터링하는 것을 배우고

그것들을 언어로 표현하기 시작한다. 지도자는 구성원이 자신의 거부감을 인식하고 받아들이도록 도울 수 있으며, 동시에 구성원들이 회피하려는 성향에 도전하도록 격려할 수 있다. 구성원이 더 깊은 수준의 탐색으로 나아가기 위해서는, 자신이 경험하고 있을지도 모르는 불안과 방어에 대해 이야기해야 한다. 이와 같은 구성원의 노력은 존중되고 이해되고 탐색될 필요가 있다.

구성원들의 거부감이나 방어적인 행동에 대해 지도자가 억지로 도전해서는 안 되지만, 지도자가 이러한 행동을 그냥 지나치거나 무시하는 것은 실수이다. 어떤 집단은 집단지도자가 꺼리는 행동을 눈치채지 못하거나 무시하여 제대로 처리하지 못하기 때문에 과도기 단계에 머물러 있다. 이 단계에서 구성원들에게 자신에게 어떻게 도전하는지를 가르치는 것은 기본적인 과업이다. 하지만 구성원들이 배려심 있고 건설적인 방식으로 서로에게 정중하게 도전하는 방법을 배우는 것도 필수적이다. 구성원들은 조언을 하거나 그 사람을 판단하는 것보다 다른 구성원의 행동에 의해 그들이 어떻게 영향을 받는지 설명함으로써 존중을 보여 준다.

초기 단계 동안, 구성원들은 일반적으로 집단에 참여하는 것에 대한 두려움이나 의구심을 이야기한다. 그러나 이러한 두려움이 집단의 과도기 단계에서 어떻게 나타나는지에 대한 보다 집중적이고 구체적인 논의가 필요하다. 이 논의를 통해 구성원들은 자신이 하기로 마음 먹은 강도 높은 작업에 필요한 지지와 안전을 느낄 수 있다.

과도기 단계의 특성

불안

과도기 단계의 일반적인 특징은 불안과 방어가 증가하는 것이다. 이러한 감정은 일반적으로 다음 단계에서 진정한 개방과 신뢰의 길을 열어 준다. 구성원들은 자신이나 집단을 향해 다음과 같은 진술이나 질문의 형태로 자신의 불안을 표현할 수 있다.

- 나는 구성원들이 정말 나를 이해하는지, 그리고 나를 배려해 줄지 의문스럽다.
- 나는 여기 있는 구성원들과 얼마나 많은 공통점이 있는지 모른다. 나는 다른 구성원이 나를 잘 이해하게 될지 확신할 수 없다.
- 여기서 내가 개방하는 것이 무슨 소용이 있는지? 그렇다 하더라도 이 집단 밖에서 같은 일을 하려고 하면 어떤 일이 일어날 것인가?
- 내가 자제력을 잃으면 어떻게 하지? 눈물을 보이면 어떡하지?

- 나는 앞으로 일어날 일이 무엇인지에 대한 두려움으로 문 앞에 서 있는 내 자신을 본다. 왜냐하면 내가 일단 문을 한번 열면 다시 닫을 수 없을까봐 두렵다.
- 이 집단의 다른 사람들과 얼마나 가까이 다가갈 수 있을까? 이 사람들과 내 속마음을 나누는 데 있어 얼마나 믿을 수 있을까?

불안은 다른 사람들에게 집단원 자신의 공적인 이미지의 수준을 넘어서 드러내는 것에 대한 두려움에서 일어난다. 또한 불안은 판단받거나 오해받는 것에 대한 두려움, 더 많은 구조화의 필요성, 그리고 집단 상황에서 목표, 규범, 기대되는 행동에 대한 명확성의 부족에서 비롯된다. 집단구성원들이 다른 구성원과 지도자에 대한 신뢰가 높아짐에 따라, 구성원들은 점점 더 자신의 일부를 나눌 수 있게 된다. 이러한 개방성은 다른 사람들이 그들을 있는 그대로 보게 하는 것에 대한 그들의 불안감을 줄여 준다.

두려움과 양가감정에 대처하기

집단이 과도기로 접어들면서, 구성원들은 일반적으로 참여하는 것에 대한 두려움을 표현하거나 개인적인 관심사를 탐구하는 것을 꺼린다. 어떤 구성원들은 집단에 참여하는 것에 대한 두려움을 속으로 간직하는 반면, 다른 구성원들은 기꺼이 자신의 두려움을 표현한다. 구성원들은 그러한 두려움을 표현하든, 표현하지 않든 간에 그들의 양면성, 즉 자신을 드러내고자 하는 갈망과 드러내기를 꺼리는 것에 대한 양가감정을 갖고 있다. 다음은 양가감정의 전형적인 표현들이다.

- 나는 가끔 고립되는 경향이 있다. 나의 한쪽 측면에서는 다른 사람들에게 나를 알리고 싶어 하지만, 다른 측면은 내가 뒤로 물러나 조용히 상황을 확인하고 싶어한다.
- 나는 내가 어리석어 보일 수도 있고, 사람들이 나를 부정적으로 평가할 수도 있기 때문에 참여하는 것이 두렵다.
- 내가 진정으로 생각하고 느끼는 것을 말하면, 여기 있는 사람들이 나를 받아들이지 않거나 좋아하지 않을까 걱정된다.
- 만약 내가 있는 그대로의 나를 본다면, 그 모습이 마음에 들지 않을 수도 있다.
- 지금은 내 삶이 좀 편하다. 만약 내가 집단에 너무 많이 참여하게 된다면, 나는 감당할 수 있는 것 이상으로 마음이 더 열릴지도 모른다.
- 나는 다른 사람들에게 내 자신을 드러내는 것이 다소 두렵다. 그 이유는 그들이 생각하는 것뿐만 아니라 내 자신의 모습에 대해 알게 될 수도 있기 때문이다.

- 나는 나에 대해 신경 쓰지 않도록 해서, 나 자신을 보호하고 싶다. 만약 내가 구성원들과 너무 친해지면, 관계가 끝날 때 나는 정말로 손해를 볼 것 같다.

갈등을 인식하고 다루기

먼저 갈등을 알아차리고 난 후, 건설적인 해결을 시도해야 한다. 지도자와 구성원들이 자주 갈등을 회피하려 드는데, 이는 갈등이 두렵거나 어떤 희생을 치르더라도 피해야 한다는 잘못된 가정 때문이다. 만약 집단에서 갈등이 있는데 무시된다면, 원래의 그 갈등이 곪아서 진정한 접촉과 응집성을 갖출 기회를 없애 버린다. 갈등에 관련된 사람이 진실성을 유지할 수 있는 방법으로 갈등을 인식하고 대처할 때 당사자 간 신뢰의 기반이 구축된다. 종종 갈등은 불가피한 것이지만 신뢰를 굳건하게 해 주는 것이라고 인식한다면, 지도자와 구성원들이 집단 발달 단계에서 자연스러운 부분인 갈등을 피하려고 하는 확률을 감소시킬 가능성이 높다.

갈등과 부정적인 반응을 무시하는 것은 피할 수 없는 갈등에 직면하고, 정직한 스타일을 개발하는 데 필요한 에너지를 쓸모없이 소모하게 한다. 집단이 발달함에 따라, 구성원들은 집단이 충분히 감정을 표현하고, 반대를 표명하고 개인 간 갈등을 경험하는 안전한 장소인지를 지속적으로 알아보려 한다. 구성원들은 자신이 사회적 기대에 부응하지 못할 때 받아들여질 수 있는 정도를 시험하고 있다. 갈등을 인식하고, 받아들이고, 해결하는 방식은 집단의 발달에 매우 중요하다. 만약 그것이 제대로 처리되지 않는다면, 그 집단은 아마도 생산적인 발달 단계에 도달하지 못할 것이다. 만약 갈등이 공개적이고 조심스럽게 다뤄진다면, 구성원들은 그들의 관계가 정직한 수준의 도전을 견딜 수 있을 만큼 충분히 강하다는 것을 알게 된다.

어떤 집단 행동은 갈등이 갖고 있는 부정적인 반응을 불러오는 경향이 있다.

- 초연하고 혼자서 관찰자로 남아 있는 것
- 너무 많은 말을 하거나 질문하기, 잡다한 충고 또는 구성원으로 하여금 집중하지 못하게 만드는 여러 가지 방법을 통해 집단 과정을 적극적으로 방해하는 것
- 집단을 독점하고, 빈정대는 말투를 사용하며, 무언가 해 보려는 다른 사람의 노력을 경시하고, 자신만 주목받기를 원하는 것

구성원 간 갈등은 종종 전이의 결과일 때가 많다. 구성원들은 어떤 성원에게 유독 강한 반응을 보일 수 있다. 집단의 특정 개인에 대한 이러한 반응을 탐색함으로써, 구성원들은 삶에서 중요한 사람들로부터 느끼는 감정을 다른 사람들에게 전달하는 방법에 대한 몇 가지 중

요한 연관성을 발견할 수 있다. 다음은 전이 반응을 나타낼 수 있는 몇 가지 대화이다.

- 당신은 너무 잘난 척하는 것 같네요. 당신이 말을 시작할 때마다 나는 방을 나가고 싶습니다.
- 당신은 성능이 좋은 컴퓨터처럼 행동하기 때문에 나를 귀찮게 해요. 나는 당신에게서 아무런 감정도 느끼지 못해요.
- 여기 있는 모든 사람을 돌보려는 당신의 시도는 나를 정말 힘들게 해요. 당신은 스스로에게는 아무것도 요구하지 않지만, 항상 무언가를 제공할 준비가 되어 있어요. 나는 그것을 믿지 않아요.

집단지도자에 대한 도전

갈등은 또한 종종 집단지도자와 관련되어 있다. 지도자는 개인적인 이유뿐만 아니라 전문적인 이유에서도 도전을 받을 수 있다. 지도자는 '너무 쌀쌀맞고' 자신을 충분히 드러내지 않는다는 비판을 받을 수도 있으며, 혹은 구성원들이 지도자를 보고 '집단의 한 사람'이라는 문제 제기, 그리고 지도자의 개인적 생활을 너무 많이 드러내는 것에 대해 문제를 삼을 수도 있다. 다음은 집단구성원들로부터 들을 수 있는 몇 가지 의견이다.

- 당신은 판단적이고 냉정하고 엄격합니다.
- 내가 무슨 일을 하든 당신을 만족시키기에는 결코 부족할 것 같은 느낌이 듭니다.
- 당신은 정말 우리를 개인적으로 돌보지 않는 것 같습니다. 당신은 집단을 잘 이끌고 있다고 생각할지 모르지만, 우리는 그렇지 않다고 생각합니다.
- 당신은 우리에게 충분한 자유를 주지 않습니다. 당신이 모든 것을 통제합니다.
- 당신은 사람들을 너무 몰아세웁니다. 나는 당신이 '아니오'라는 말을 받아들일 의향이 없다고 생각합니다.

도전과 공격을 구분하는 것은 도움이 된다. 공격은 '퍼붓기' 또는 '치고 달리기'의 형태를 취할 수 있다. "이것이 당신의 모습인가요?"라는 말로 집단지도자를 공격하는 구성원들은 지도자에게 대응할 수 있는 많은 기회를 주지 않는다. 구성원들은 이미 지도자를 판단했고, 분류했으며, 포기했다. 한편, 구성원이 지도자를 어떻게 인식하고 경험하는지를 공개적으로 직면하는 구성원의 도전은 오히려 지도자가 문제에 대응하고 더 탐색할 수 있는 기회를 제공한다. 예를 들어, 한 구성원이 "나는 여기서 마음을 열지 않고 있다고 생각합니다. 한 가지 이유는 만약 내가 개방한다면, 당신은 내가 가고 싶은 곳보다 더 멀리 밀어낼 것이라고 생각하기 때문입니다."라고 말하는 것이다. 이 구성원은 자신의 두려움을 전달하지만 지도자는 이러한 도전에 적절히 반응해야 한다.

대부분의 구성원들은 의존과 독립 사이의 투쟁을 경험한다. 지도자에게 맞서는 것은 구성원이 종종 자기 방향성을 찾아가는 중요한 첫 단계이다. 만약 구성원들이 초기 단계의 특징인 지도자에 대한 의존으로부터 자유롭게 되면, 지도자는 이러한 자신의 권위에 대한 도전을 직접적으로 다루어야 한다. 지도자는 어떤 구성원들이 자신의 문화적 가치관과 규범에 맞지 않기 때문에 지도자에게 도전하는 것을 주저한다는 것을 알아야 한다. 이러한 경우, 지도자가 구성원에게 자신이 느끼고 있는 모든 것을 표현하도록 기대하거나 밀어붙이는 것은 일반적으로 촉진적인 것은 아니다.

지도자의 개인적 및 리더십 스타일에 대한 도전을 받아들이고 다루는 능력은 지도자가 집단을 더 발전된 수준으로 끌어올릴 수 있는지를 보여 주는 좋은 지표이다. 만약 지도자가 집단원들의 도전이 또 다른 기회가 될 수 있음을 배운다면, 지도자는 이러한 상호작용을 직접적으로, 비방어적으로, 그리고 정직하게 다룰 수 있는 더 나은 기회를 갖게 될 것이다. 지도자는 또한 대립으로 인해 자신이 어떻게 영향을 받는지를 나누고 구성원들에게 자신의 가정을 다시 검토하도록 이끌 수 있는 더 나은 위치에 있다.

주저함과 경계심

어떤 구성원들은 개인적인 문제나 고통스러운 감정을 깊이 탐구하는 것을 꺼릴 수 있다. 이러한 꺼리는 행동은 일반적으로 자신이나 다른 사람을 보호하려는 행동이다. 참여를 꺼리는 구성원은 방어적인 행동을 보일 수 있으며, 이러한 행동이 인식되고 탐색되지 않는 한 집단 과정을 심각하게 방해할 수 있다. 구성원들은 자신이 집단에 참여하는 것을 막을 수 있는 방어와 이러한 방어가 다른 구성원들에게 미치는 영향을 인식할 필요가 있다. 방어적 행동을 다루는 효과적인 방법은 그것을 집단 과정에서 불가피하게 일어나는 자연스러운 것으로 받아들이는 것이다. 즉, 구성원이 자신을 보호하려는 방어행동은 위험을 감수하는 경험에 개인적으로 연관되는 데 있어 일어나는 자연스러운 반응이라는 것이다. 구성원들이 경험하고 있을지도 모르는 망설임과 불안을 스스로 알아차리고 극복하도록 격려하는 개방된 분위기가 필수적이다. 구성원들은 자신의 불안감과 이 불안감을 관리하기 위한 방어 수단을 기꺼이 인식하고, 무엇이 자신의 완전한 참여를 방해할 수 있는지에 대해 이야기해야 한다. 하지만 구성원들은 자신의 방어적인 행동을 인식하도록 초대받고, 그것을 넘어서도록 격려받을 수 있게 조심스럽게 직면해야 한다.

집단구성원들은 지도자를 신뢰하지 않거나 집단이 단순히 마음을 터놓을 수 있는 안전한 장소가 아니기 때문에 자신의 감정을 공유하기를 꺼릴 수 있다. 구성원들의 '저항'은 자격 없는 지도자, 공동 지도자 간의 갈등, 독단적이거나 권위주의적인 지도자 스타일, 지도자가 참가자들에게 경험에 대한 준비를 시키지 못한 것, 또는 지도자에 의한 신뢰의 부족 등의 결과로 일어날 때가 많다. 지도자는 방어적인 행동의 원천을 있는 그대로 살펴봐야 하고, 애매모호한 측면 모두가 구성원들 자신의 무의식적이고 위협적인 면을 마주하려는 의지의 부족 때문이 아니라는 것을 명심해야 한다.

저항으로 보이는 것을 다룰 때 문화적 요인을 고려할 필요가 있다. 비협조적인 행동을 문제 행동의 표현으로 보는지, 아니면 집단 과정에 온전히 참여하기를 주저하는 것인지를 서로 구분해서 보는 것이 중요하다. 서로 다른 문화적 전통을 가진 내담자들은 자신을 표현하는 것을 꺼릴 수도 있고, 어떤 경우에는 단순히 정중하게 존중받기를 원하는 것일 수도 있다. 집단원의 이러한 근본적인 문화적 가치에 대한 이해나 인식을 거의 하지 않는 지도자나 다른 구성원들은 집단원의 침묵을 오해할 수 있다. 예를 들어, 집단의 침묵이 항상 참여 거부로 해석될 수는 없다. 어떤 문화권에서, 침묵은 다른 사람에 대한 존중의 관습적인 표현이기도 하다. 너무 많이 말하거나 다른 사람에게 간섭하는 것은 무례한 것으로 여기기도 한다. 조용한 내담자들은 말을 자주 하거나 신중한 생각 없이 말을 하는 것보다 침묵하는 것이 낫다고 생각할 수 있다. 그들의 조용함은 관심이 집중될 것이라는 지각에 대한 두려움을 반영할 수 있다. 그들은 자신을 존중하는 마음으로 보는 집단지도자가 요청할 때까지 기다리고 있을지도 모른다. 일부 집단원들은 가족 문제를 공개적으로 논의하는 것에 대한 금기 때문에 가족에 대해 이야기하는 것을 주저할 수 있다. 이러한 망설임이 반드시 노출되는 것을 완강히 거부하는 것으로 해석되어서는 안 된다.

구성원에게 '저항하는 사람'이라는 꼬리표를 붙이는 것은 실제 집단에서 집단원의 꺼리는 행동을 감소시키는 데 거의 도움이 되지 않는다. 지도자들은 보다 기술적이고 비판단적인 용어를 사용함으로써 '다루기 어려운' 구성원들에 대한 태도를 변화시킬 가능성이 많다(Corey et al., 2014). 사람들을 '독점자' '주지주의자' '의존적인 사람' 또는 '조용한 유혹자'와 같이 범주화하여 명명할 경우 많은 문제가 발생하게 된다. 예비 지도자들이 '문제 구성원'을 다루는 방법과 이들이 야기하는 집단의 혼란을 예방하는 방법을 배우는 데 관심을 가질 수도 있지만, 각 구성원들에게 붙이는 꼬리표보다는 집단원의 실제 행동에 초점을 두어야 한다. 각각의 구성원에게는 특징적인 스타일로 보여 주는 행동 양식이 있지만 그 스타일은 개인이 가진 특성 중에서 극히 일부분일 뿐이다. 문제가 있는 행동을 개념화하는 방식은 집단원의 비협조적이거나 비생산적인 행동을 고착화하는 데 크게 기여한다.

누군가를 '저항적'이거나 '어려운' 구성원으로 분류하는 것은 종종 그 사람을 비난하게 되고, 이는 구성원의 비협조적인 행동을 강화하는 경향이 있다. 만약 당신이 어떤 사람을 단지 '독점자' '충고자' 또는 '도움을 거부하는 불평불만자'로 바라보고 그렇게 대우한다면, 당신은 그 사람이 그 행동 뒤에 있는 문제들을 해결하도록 돕기보다는 오히려 그 특정한 행동을 고착시키는 데 기여하게 된다. 예를 들어, 어떤 구성원이 '독점자'로 대우받으면서 그 행동이 집단에 미치는 영향을 탐구하도록 격려되지 않는다면, 그는 다른 사람들이 보고 반응하는 것처럼 자신을 계속 독점자로 보게 될 것이다. 집단지도자는 구성원들로 하여금 자신에 대한 초점을 유지하도록 하고, 그들의 행동이 집단에 미치는 영향을 설명함으로써 구성원들과 집단 전체를 도와 줄 수 있다.

문제 행동이 아닌 '문제 구성원'으로 명명하는 또 다른 제한점은 집단에 참여하는 대부분의 사람들이 한 번 또는 여러 번에 어떤 형태로든 저항을 보인다는 것이다. 가끔 조언을 하거나 질문을 하거나 주지화하는 것 자체가 문제 행동은 아니다. 사실, 집단지도자는 참가자들이 집단에서 어떻게 행동하는지에 대해 지나치게 의식하게 되는 위험성을 인식할 필요가 있다. 만약 참가자들이 '문제 집단구성원'으로 꼬리표가 붙은 것에 대해 많은 걱정하게 된다면, 그들은 자발적이고 공개적으로 행동할 수 없게 된다.

다루기 힘든 구성원 또는 집단지도자

집단상담 수업을 듣는 많은 학생은 자신이 이끄는 집단의 '다루기 힘든' 구성원들에 대해 이야기하고 싶어 한다. 때때로 특정 구성원은 집단의 시간 독점하기, 이야기 늘어 놓기, 많은 질문을 하기, 다른 사람에 대해 해석하기, 지나치게 지적이고 초연해 하기, 지나치게 침묵하기, 적절하지 않을 때 조언이나 안심 시키기 등의 문제 행동을 보일 수 있다. 이러한 행동은 종종 자신의 관심사를 해결하기 원하는 다른 구성원에게 방해가 된다.

때때로 집단지도자의 문제 있는 행동 때문에 동시에 구성원들도 방어적이거나 문제 행동을 보이기도 한다. 효과적인 집단에서조차 어떤 구성원은 자신이나 다른 구성원, 지도자에게 어려움을 주는 문제 행동을 드러낼 수 있다. 저항을 치료적으로 다루는 방법과 저항이 일어나는 다양한 형태를 학습하는 것은 집단지도자들에게 중요한 하나의 과제이다. 초보 상담사들은 저항이 강한 구성원들을 만날 때, 종종 그 문제를 사적으로 연루된 것으로 받아들인다. 이때 지도자는 특정한 문제가 있는 구성원들을 다루는 데 충분히 유능하지 않다고 생각한다. 만약 집단지도자가 이 '다루기 힘든' 구성원 중 일부의 방어막을 '돌파'할 수 있다면, 스스로가 유능하다고 느낄 것이다.

'다루기 힘든' 구성원의 행동을 치료적으로 다루는 가장 좋은 방법은 우리가 관찰하고 있는 것을 간단히 기술하고 구성원들에게 우리가 보고 듣는 것에 어떻게 영향을 받는지 알려 주는 것이다. 이 접근 방식은 구성원들 자신이 하고 있는 행동이 자신에게 어떻게 작용하고 있는지를 안내해 준다. 당신의 태도 변화는 구성원의 두려움, 혼란, 그리고 경계심의 결과로 나타나는 특정한 행동을 이해할 수 있도록 한다. 당신이 구성원들의 행동을 바라보는 렌즈를 바꿈으로써 구성원을 이해하는 태도를 취할 수 있고, 구성원들의 참여 주저하기, 경계, 자기 보호적인 방식을 탐색하도록 격려하는 것이 더 쉬워질 것이다.

집단구성원의 어려운 행동을 다룰 때 적절한 집단지도자의 개입을 특징적으로 보여 주는 일부 공통 분모가 있다. 다음은 때때로 도전적인 구성원을 효과적으로 다루기 위한 몇 가지 지침이다.

- 구성원의 인격을 깎아내리지 않고 구성원에 대한 불쾌함을 표현하라.
- 비꼬는 말에 빈정거림으로 반응하는 것을 피하라.
- 집단 과정의 수수께끼를 풀기 위해 집단이 어떻게 작동하는지 구성원에게 교육하라.
- 구성원들의 두려움이나 어떤 형태의 저항이든지 무시하지 말고 탐색하도록 격려하라.
- 구성원에게 꼬리표를 붙이거나 판단하지 말고, 구성원의 행동을 기술하라.
- 단정적이기보다는 잠정적인 방식으로 관찰한 것과 예감을 기술하라.
- 구성원의 문화에 민감하게 반응하고 개인에 대한 고정관념을 갖지 않도록 하라.
- 다루기 어려운 구성원들로 하여금 그들이 당신에게 어떤 영향을 끼치고 있는지를 비난하지 않는 방식으로 알려 주라.
- 지도자의 역할과 권한을 사용하여 구성원들을 위협하지 않도록 하라.
- 당신의 역전이 반응을 모니터링하라.
- 구성원들이 고통스럽고 어려울 수 있는 일들을 할 수 있도록 배려하고 존중하는 방식으로 구성원들에게 도전하라.
- 갈등이 발생할 때 물러나지 않도록 하라.
- 지지와 도전 간의 균형을 유지하라.
- 구성원들의 반응에 대해 지나치게 개인적인 방식으로 받아들이는 것을 피하라.
- 간단한 해결책을 제시하기보다는 문제를 보다 집중적으로 탐색할 수 있도록 하라.
- 지도자 자신의 요구가 아닌 구성원의 요구를 충족시키도록 하라.
- 집단구성원을 초대하여 다른 구성원의 문제 있는 행동으로 인해 개인적으로 어떤 영향을 받는지 설명하도록 격려하되, 판단, 평가 및 비판은 하지 않도록 하라.

집단지도자의 주요 책임은 통찰과 변화를 촉진하는 것이다. 그렇게 하기 위해서, 지도자가 다루기 어려운 행동을 보일 수 있는 집단원들을 너무 빨리 바꾸려는 시도를 하면서 밀어붙여서는 안 된다. 처음에 지도자는 자료를 수집하고, 구성원들 스스로가 자신이나 다른 사람들에게 어떤 문제를 일으키는지를 알아내며, 그들의 행동을 통해 무엇을 소통하려고 하는지를 발견할 수 있다. 집단에서 문제가 있는 행동을 보이는 사람들은 일상 생활보다는 집단에서 변화할 수 있는 기회가 더 많다. 치료 집단의 기본적인 목적은 사람들에게 자신을 새로운 시각으로 볼 수 있는 기회를 제공하고 다른 사람들이 자신을 어떻게 인식하는지에 대한 더 정확한 그림을 갖는 것이다. 집단 맥락에서, 구성원들은 부정적인 행동 패턴을 지속할 필요가 없다는 것을 배울 수 있다. 구성원들은 집단 내에서 제공되는 안전감을 통해 위험을 감수할 수 있으며, 다른 사람과의 관계에서 다르게 행동할 용기를 가질 수 있다.

문제가 되는 행동에 대한 피드백을 시작하는 지도자들은 민감하고, 정직하며, 비판단적이고, 배려적인 방식으로 해야 한다. 예를 들어, "당신은 이야기꾼처럼 많은 말을 하시네요." 라고 말하는 대신, 지도자는 이렇게 말할 수 있다. "당신이 다른 사람에 대해 아주 세세하게 이야기할 때, 저는 당신에게 주의를 기울이는 데 어려움을 느끼고 있습니다. 당신이 이 사람에게 어떤 영향을 받고 있는지 좀 더 말씀해 주시겠습니까?" 또는 집단지도자가 집단원에게 "나는 당신과 함께 있고 당신을 이해하고 싶지만, 당신이 그렇게 자세히 설명할 때 당신을 이해하는 것은 쉽지 않습니다."라고 표현할 수도 있다.

집단의 다른 구성원들은 이러한 직면을 관찰하기 때문에 지도자는 구성원들이 다른 구성원의 어떤 점을 모델링하고 있는지를 아는 것이 중요하다. 지도자와 구성원 모두가 함께 어려움을 겪을 때 자신이 어떤 영향을 받고 있는지에 대해 이야기하는 것이 중요하다. 집단에서 피드백과 개인적인 표현을 장려하고 집단 과정에 대한 의견을 제시하는 것 이상의 명시적인 기법을 도입하는 것은 부적절할 수 있다.

다루기 어려운 행동을 보이는 집단구성원과 함께 작업할 때, 이러한 행동 패턴을 그 사람의 행동의 의미와 목적이라는 맥락에서 살펴보라. 집단에 있는 사람들은 자신이 하고 있는 일이 자신에게 유익하지 않다는 것을 알게 되더라도, 최선을 다해 행동할 가능성이 높다. 사람들이 집단을 찾는 이유가 바로 자신을 표현하고 다른 사람들을 상대하는 좀 더 효과적인 방법을 발견하도록 돕는 것임을 우리 스스로에게 상기시키는 것은 항상 집단 운영에 도움이 된다.

문제가 있는 행동에 대한 지도자 자신의 반응 다루기

당신이 직면하는 다양한 문제 행동에 개인적으로 어떤 영향을 받고 있는지 살펴보라. 우리가 집단에 있다면 우리 중에 많은 사람이 다양한 회피 전략을 보일 것이다. 낡은 패턴이 직면되고 개인적인 변화에 수반되는 불안을 경험함에 따라, 우리는 방어적이거나 보호적인 전략의 패턴을 고안하는 데 있어 매우 창의적일 가능성이 높다.

집단구성원들이 당신이 문제가 있는 행동이라고 생각하는 것을 보여 줄 때, 강한 감정으로 반응하고 싶은 당신 자신의 욕구를 살펴보라. 당신은 집단을 지배하고 통제하려는 구성원들에게 두려움을 느낄 수도 있고, 저항적인 행동을 보이는 구성원들에게 화가 날 수도 있고, 집단의 느린 속도나 생산성 부족에 대해 특정 내담자나 집단 전체를 비난할 수도 있다. 그리고 당신은 어떤 저항의 신호를 자신과 관련된 것으로 받아들일 수 있다. 만약 당신이 자신의 반응을 무시한다면, 당신은 본질적으로 집단에서 일어나는 상호작용으로부터 당신 자신을 배제하는 셈이 된다. 그것들이 감정이든, 생각이든, 관찰한 것이든 당신 자신의 반응을 종종 저항적인 행동을 효과적으로 처리하는 데 있어 당신만의 방식으로 사용할 수 있는 가장 강력한 자원이다.

집단지도자가 자신을 위한 집단치료를 경험하는 하나의 근거는 이러한 자기탐색이 자신의 맹점과 잠재적인 취약성에 대한 자각을 얻을 수 있는 기회를 증가시킨다는 것이다. 종종, 우리가 '다루기 어렵다'고 지각하거나 우리에게 가장 큰 영향을 미치는 구성원들은 우리 자신이나 우리의 삶에서 중요한 사람들의 모습을 상기시켜 줄 때가 많다.

역전이를 처리할 때는 수퍼비전이 가장 도움이 된다. 수련생으로서 당신은 수퍼바이저와 동료 집단지도자들과 함께 특정 구성원들에 대한 매력이나 혐오감을 탐구하는 과정에서 당신 자신에 대해 많이 배울 기회를 갖게 된다. 만약 당신이 혼자 집단을 이끌고 있고 더 이상 수퍼비전을 받지 않는다면, 당신의 역전이 감정 뒤에 있을 수 있는 해결되지 않은 문제들을 해결하기 위해 자격을 갖춘 전문가에게 기꺼이 자문을 받아 보는 것이 중요하다. 공동 지도자와 함께 일하는 것의 장점 중 하나는 공동 리더가 객관적인 관점에서 귀중한 피드백을 제공하여 당신의 인식에서 차단될 수 있는 것들을 볼 수 있도록 도와준다는 것이다.

과도기(전환) 단계 요약

단계의 특성

집단 발달의 과도기 단계의 특징은 불안의 감정과 이러한 불안감을 완화하기 위한 방어이다. 구성원들은 다양한 감정을 경험하며 집단 과정에서 자신의 참여에 대해 다시 한번 의문을 제기하고 다음과 같은 방법으로 시험해 본다.

- 만약 구성원들이 자기 인식을 증가시킨다면, 그들은 자신 스스로를 어떻게 생각할지 궁금해하고, 다른 사람들이 자신들을 받아들일지 혹은 거부할지 궁금해한다.
- 집단지도자 및 다른 구성원을 시험하여 집단 환경이 얼마나 안전한지 확인한다.
- 통제나 힘에 대한 투쟁과 다른 구성원 또는 집단지도자와의 갈등을 경험한다.
- 갈등과 대립을 극복하는 방법을 배운다.
- 집단의 다른 사람들이 개인적인 문제에 관심을 가질지 확신하지 못하기 때문에 개인적인 문제를 완전히 드러내는 것을 꺼림칙하게 생각한다.
- 집단지도자가 신뢰할 수 있는지 확인하고 이 사람에게서 갈등을 해결하는 방법을 배워야 할지를 결정한다.
- 다른 사람들이 자신의 말을 들을 수 있도록 그들 자신을 표현하는 방법을 배운다.

구성원의 역할 및 발생 가능한 문제

이 시기의 구성원들의 중심적인 역할은 다양한 형태의 방어를 인식하고 다루는 것이다. 이러한 과업에는 다음이 포함된다.

- 구성원의 감정과 생각을 인식하고 표현하는 것
- 집단 내에서 자신의 노력을 존중하고, 지속적으로 탐색하는 것
- 의존에서 독립으로 이동하는 것
- 집단 내에서 수행하는 작업에 대한 책임감을 높이는 것
- 건설적인 방식으로 다른 사람과 맞서는 방법을 배우는 것
- 집단에서 일어나는 일에 대한 반응에 기꺼이 직면하고 대처하는 것

과도기(전환) 단계에서 구성원들에게 다음과 같은 몇 가지 일반적인 문제가 발생할 수 있다.

- 구성원은 '문제가 있는 사람'으로 분류되거나 구성원 스스로도 그러한 분류에 얽매일 수 있다.
- 구성원들은 지속적으로 부정적인 반응을 표현하는 것을 꺼린다. 따라서 불신의 분위기에 기여할 수 있다.
- 만약 직면이 서툴게 이루어진다면, 구성원들은 방어적인 자세로 후퇴할 수 있고 문제들은 숨겨진 채로 남게 된다.
- 구성원들은 희생자를 찾아내어 그 사람에게 자신의 감정을 투사할 수 있다.

- 구성원들은 하위 집단과 그룹을 형성하여 집단 밖의 부정적인 반응을 표현하지만, 집단 내에서는 침묵을 지키고 있을 수 있다.

집단지도자 역할

아마도 지도자들이 과도기(전환) 단계에서 직면하는 가장 중요한 과업은 민감한 방식으로 적절한 시기에 집단에 개입할 필요가 있다는 것이다. 기본적인 과업은 구성원들이 집단 내에 존재하는 갈등에 대한 구성원들의 저항과 방어를 직면하고 해결하는 데 필요한 격려와 도전을 제공하는 것이다. 앞서 설명한 바와 같이, 생산적인 탐색과 상호작용을 가능하게 하는 진정한 응집력은 방어와 갈등의 이 어려운 단계를 경험하고 성공적으로 다루어지는 것이 필요하다.

다음은 집단의 발달 과정에서 이 중요한 시기에 지도자가 수행해야 하는 주요 과업 중 몇 가지이다.

- 집단구성원들에게 회기에서 일어나고 있는 작업에 대한 불안, 거부감, 현재의 반응을 인식하고 표현하는 것의 중요성을 가르친다.
- 구성원들이 방어적으로 반응하는 방식을 인식하고 저항을 공개적으로 다룰 수 있는 환경을 조성할 수 있도록 도운다.
- 구성원들에게 집단에서 발생하는 갈등을 공개적으로 인식하고 대처하는 가치를 가르친다.
- 통제를 위한 투쟁을 드러내는 행동을 지적하고, 구성원들에게 집단의 방향에 대한 책임을 어떻게 분담해야 하는지를 가르친다.
- 집단구성원이 독립적이면서 상호의존적으로 발전할 수 있는 능력에 영향을 미치는 모든 문제를 다루도록 도움을 준다.
- 구성원들이 집단에서 원하는 것을 마음속에 새기고, 요청하도록 격려한다.
- 한 사람 또는 전문가로서 당신에게 닥친 모든 도전에 직접적이고 정직하게 대처함으로써 구성원들에게 모델을 제공한다.
- 문제가 있는 행동을 보이는 구성원에 대한 자신의 반응을 계속 모니터한다.
- 지도 감독이나 개인 치료를 통해 잠재적인 역전이를 탐색한다.

구성원들이 스스로 효과적으로 작업하는 법을 아직 배우지 못했기 때문에 지도자는 집단의 초기 단계에서 특히 적극적일 필요가 있다. 예를 들어, 충돌이 발생하면, 일부 구성원들은 더 즐거운 주제로 넘어가려고 시도하거나 다른 방식으로 충돌을 무시할 수 있다. 집단지도자는 구성원들에게 갈등을 다루는 건설적인 방법과 그러한 갈등에 대한 그들의 감정, 생각, 그리고 반응을 표현하는 것의 가치를 가르칠 필요가 있다.

공격적인 면을 가진 파괴적인 직면은 저항의 고착화를 초래하고 적대감과 불신을 낳을 수 있다. 직면이 주의 깊게 존중하는 방식으로 이루어진다면 집단의 초기 단계에서도 적절할 수 있다. 사실, 신뢰는 종종 지도자의 입장에서 직면에 주의를 기울이면, 신뢰가 촉진되기도 한다. 지도자가 갈등, 저항, 불안, 방어를 다루는 방법은 집단의 분위기를 결정하는 데 많은 영향을 준다. 내가 보기에 구성원들은 지도자의 직면 방식을 따르는 경향이 있다.

결론

이 장에서는 집단지도자로서 당신의 효과성에 핵심적인 집단구성원 자격과 집단 과정의 다양한 쟁점을 다루었다. 나는 집단의 발달에서 집단의 형성 단계, 초기 단계, 그리고 과도기 단계의 주요 관심사에 초점을 맞추었다. 또한 각 단계에서 집단의 핵심적인 특성, 구성원의 기능과 가능한 문제, 집단 과정 개념, 집단지도자의 핵심 과제에 초점을 맞추었다. 집단의 다양한 단계에서 리더십의 기능과 기술에 대한 접근방식은 구성원들이 수행하는 역할에 대한 이해에 달려 있다. 생산적이거나 비생산적인 구성원 행동의 다양한 측면에 대해 우리의 마음속으로 분명히 알고 있어야만 집단 참가자들이 성공적인 집단 경험에 필요한 기술을 습득하고 집단에 대한 자기 탐구와 참여를 방해하는 행동을 교정할 수 있다.

5장

집단 발달의 후기 단계

학습목표

1. 효과적인 집단의 여섯 가지 특징을 설명할 할 수 있다.
2. 집단의 치료 요인 다섯 가지를 설명할 수 있다.
3. 집단구성원의 자기개방을 위한 세 가지 지침을 설명할 수 있다.
4. 피드백을 주고받기 위한 다섯 가지 지침을 설명할 수 있다.
5. 작업 단계의 주요 특성을 설명할 수 있다.
6. 작업 단계에서 구성원의 역할 다섯 가지를 설명할 수 있다.
7. 작업 단계에서 집단지도자의 역할 다섯 가지를 설명할 수 있다.
8. 종결 단계의 주요 특성을 설명할 수 있다.
9. 종결 단계에서 구성원의 역할 다섯 가지를 설명할 수 있다.
10. 종결 단계에서 집단지도자의 역할 다섯 가지를 설명할 수 있다.

이 장에서는 작업 단계, 종결 단계, 그리고 평가와 추후 집단에 초점을 맞추고자 한다. 따라서 각 발달단계에서 주요한 특징인 구성원의 역할, 발생 가능 문제, 집단지도자의 주요 역할 등에 대해 논의해 보려 한다.

4단계: 작업 단계–응집과 생산력

각각의 집단 과정 간에는 명확한 구분이 없고 모든 집단에서 단계가 서로 겹치는 부분이 생기는 것이 일반적이다. 이러한 현상은 특히 과도기 단계에서 작업 단계로 이행할 때 나타나는데, 과도기 단계와 구분되는 작업 단계의 특징은 깊이 있는 탐색과 행동 변화욕구에 알맞은 활동의 전개에 있다. 즉, 작업 단계는 구성원들이 회기에 가지고 온 의미 있는 문제들을 탐색하고 집단 내의 역동을 집중적으로 다루는 것이 특징이다. 이 단계의 집단 과정에서 지도자로서 나의 역할은 집단 초기와 과도기 단계의 구조화 및 개입 측면에서 했던 것에 비해 현저히 감소한다는 것을 알게 되었다. 집단 작업 전(前) 단계에서 구성원들이 좀 더 자발적으로 집단 상호작용에 참여하기 위해 어떻게 해야 하는지를 배웠기 때문이다.

물론 작업과 배움은 초기 단계와 과도기 단계에서도 발생한다. 하지만 작업 단계에서는 높은 응집력, 구성원들의 욕구, 구성원들 간의 밀도 있는 상호작용이 보다 뚜렷하게 나타난다. 그리고 이 단계에서 구성원들은 그들의 삶에 대한 책임감을 깨닫기도 한다. 따라서 구성원들로 하여금 집단 내에서 무엇을 탐색해야 할지, 집단의 일부가 되면서도 그들의 개별성을 유지하기 위해 어떻게 해야 할지 결정하도록 격려하는 것이 좋다. 왜냐하면 구성원들이 그들이 받은 피드백을 정제해서 그것을 어떻게 처리할지 결정해야 할 시기이기 때문이다. 즉, 이 단계는 집단지도자나 구성원들이 어떠한 행동을 할지 결정하거나 다른 구성원들을 위해 처방을 내리는 데 매우 중요하다.

집단 응집력의 발달

집단 응집력의 특징

집단 응집력은 집단의 소속감, 통합, 결속, 그리고 구성원들이 집단에 얼마나 매력을 느끼는가와 관련이 있다. 응집력은 구성원들이 집단에 계속 머물기를 원하게 만드는 모든 상호작용적 힘의 결과이다. 구성원들은 집단 과정을 통해 소속감과 구성원들 간의 연결감을 경험한다. 집단 내의 다양한 관계(구성원과 집단, 구성원과 구성원, 구성원과 지도자 간의 관계)를 통해 서로 주고받는 느낌을 경험하면서 집단의 치료적 동맹이 발달한다.

집단의 초기 단계에서도 응집력은 발달하지만, 작업 단계에서의 응집력은 집단 발달을 촉진하는 주요 요소가 된다. 집단 응집력 형성을 위해 갈등을 꼭 경험해야 하는 것은 아니지만 갈등이 존재한다면, 갈등을 극복하거나 혹은 무시하는 것과 상관없이 그 갈등은 집단 응집력을 형성하는 방법 중 하나가 된다. 집단 구성원들이 이 단계를 성공적으로 마무리한다면, '서로 다른 의견이나 갈등을 표출해도 괜찮다.'는 인식을 바탕으로 긍정적인 관계형성에 대한 믿음을 갖게 된다. 응집력은 인위적으로 고쳐지는 것은 아니지만 구성원들의 상호작용에 따라서 집단의 전체 과정에 걸쳐 끊임없이 변화한다.

응집력이 생기면 사람들은 마음을 열고 아픈 경험을 기꺼이 드러내며, 위험도 감수하게 되는 보다 밀도 있는 상호작용을 하게 된다. 집단 안에서 이러한 상호작용의 수준이 높아지는 이유는 구성원들이 그 집단 내에서 지금-여기에 기꺼이 머물고자 하는 의지와 타인에 대해 피드백을 하는 자발성 때문이다. 깊이 있고 의미 있는 개인적인 경험과 어려움을 솔직하게 나누는 작업은 구성원들 사이에 깊은 유대감을 형성하고, 이 과정에서 구성원들은 타인에게서 자신의 모습을 보게 된다. 이러한 과정을 통해 생긴 응집력은 집단이 앞으로 나아가게 하는 추진력이 되기도 하지만 집단이 자동적으로 응집력을 가지게 되는 것은 아니다. 응집력이란 구성원들과 지도자가 모두 하나가 되었다는 동질감을 바탕으로 한 구성원들의 적극적인 참여로 만들어지기 때문이다.

집단지도자는 집단 응집력 발달에 있어 중요한 역할을 한다. 지도자는 집단 작업의 진행 과정에 대해 초기에 명확히 밝혀야 하는데, 지도자가 지도를 잘해서 구조화가 잘 되면 회기 후반의 응집력과 자기개방을 높은 단계로 이끌 수 있기 때문이다(Burlingame et al., 2011). 응집력은 집단 치료의 성공과 밀접하게 관련되어 있다. 집단 치료의 응집력에 대한 메타 분석에 따르면, 효과적인 지도자는 다음과 같은 전략을 사용하여 집단 응집력을 촉진한다고 밝혔다.

- 집단의 목적과 치료에서 달성하고자 하는 목표를 설정한다.
- 구성원들과 집단 규칙에 대해 논의한다.
- 구성원의 관심사에 대한 이해도를 보여 준다.
- 자기개방에 대한 구성원의 두려움과 불안을 파악하고 논의한다.
- 감정 표현과 교류를 촉진하는 구조화를 연습한다.
- 구성원 간 적절한 상호작용을 촉진한다.
- 지도자와 집단구성원 모두의 역할과 책임에 대해 논의한다.
- 지금-여기에서 마음을 나누는 본보기를 보여 준다.
- 적절한 자기개방의 본보기를 보여 준다.
- 배려와 따뜻함을 표현하는 본보기를 보여 준다.
- 현재 집단 주제와 관련된 구성원의 자기개방을 장려한다.
- 스토리텔링식의 대화보다는 지금-여기에서의 대화를 장려한다.
- 구성원의 너무 빠른 자기개방이나, 과도한 자기개방을 조율한다.
- 집단구성원의 적극적인 감정적 참여를 장려한다.
- 감정을 표현하고 응답해 준다.
- 구성원에게 판단하는 언어를 사용하지 않는다.

- 부정적이거나 해로운 피드백을 재구성한다.
- 지도자와 구성원 간에 긍정적이고 교정적인 상호작용의 균형을 유지한다.
- 집단구성원이 도전할 때 방어적인 태도를 취하지 않는다.
- 집단구성원이 도전할 수 있도록 지지적인 분위기를 조성한다.
- 집단구성원 간의 관계를 개발하고 촉진한다.

Yalom과 Leszcz(2020)는 집단 응집력이 긍정적인 집단 결과에 강력한 영향을 미치는 중요한 요인이지만, 집단 응집력만 가지고서는 효과적인 집단 작업을 하기에 충분하지 않다고 믿었다. 이어 집단 응집력이 집단 치료 과정에 많은 중요한 영향을 미치며, 다른 치료 요인이 작동하는 데 필요한 요소라고 말했다. 응집력은 즉시성, 상호 의존, 직면, 위험부담, 그리고 행위에 대한 통찰력의 해석 등과 같은 행위 지향적인 행동을 촉진한다. 그렇기 때문에 집단 응집력 없이는 집단구성원들이 의미 있는 자기개방을 하거나 높은 수준의 신뢰를 유지할 만큼 충분한 안전감을 느끼지 못한다. 만약 구성원들이 집단에서 소속감을 잘 경험하지 못하고 집단의 매력을 느끼지 못한다면 집단 응집력이 생성되지 않아서 결과적으로도 집단의 효과가 일어날 가능성이 적다. 게다가 '지금–여기'에 초점을 맞추는 집단은 언제나 생생한 경험을 하고 응집력이 높은 반면, 문제에 초점을 두고 '그때–거기'에 집중하여 이야기하는 구성원들의 경우는 밋밋할 뿐만 아니라 응집력 발전이 거의 이루어지지 않는다.

한편, 응집력은 효과적인 집단 작업의 토대를 제공하는 데 중요한 역할을 하지만, 다른 한편으로는 집단 발달을 방해할 가능성도 있다. 응집력의 똘똘 뭉치는 하나의 특성면을 고려할 때, 구성원과 지도자가 함께 앞으로 나아가는 도전을 시도하지 않을 때 집단은 정체기를 갖게 될 것이다. 이런 경우, 각 구성원들은 성장을 위해 필요한 개인적 도전의 위험을 감수하기보다는 집단이 주는 안전함과 편안함에 더 만족을 느낄 것이다.

통합된 영향력으로서의 응집력

최근 연구의 변화에도 불구하고 나의 집단 경험상 응집력은 구성원들을 하나로 통합할 수 있게 하는 가치 있는 개념이다. 나는 내가 이끌었던 다양한 성인 집단에서 나이, 사회문화적 배경, 직업에 관계없이 대부분의 구성원들이 공통적으로 대인관계적인 문제를 가지고 있는 것을 경험했다. 각각의 문제들은 개인적인 차원에서 다루어져야 할 중요한 문제들이었다. 집단의 초기 단계에서는 구성원들이 서로 간의 차이점을 인식하는 반면, 집단이 응집력을 갖는 단계에서는 서로의 감정에 대해 관심을 가지면서 공통점을 발견하게 되는 것이 일반적이다. 이러한 공통점은 다음과 같은 다양한 방식으로 표현된다.

- 이러한 고통을 느끼는 사람이 나 혼자만이 아니며 나만 문제를 가진 것이 아니다.
- 나는 내가 생각했던 것보다 사랑스러운 사람이다.
- 나는 내가 변화하기에는 늙었다고 생각하고 그대로 적응해서 살아가려고 하였다. 그러나 지금은 여기 있는 젊은이들도 나와 같은 것을 느낀다는 것을 알았다.
- 내가 가야 할 길이 멀고 험하다는 것을 알지만 희망이 생긴다.
- 집단에는 내가 가깝게 느끼는 사람들이 많고, 서로의 존재를 알아주므로 이런 친밀함을 얻을 수 있다는 것을 알았다.
- 내가 느끼는 외로움이 이 집단에서 비단 나뿐만이 아니라는 것을 느꼈다.

집단이 응집되면 20대 초반의 여자와 50대 후반의 남자가 자신이 힘들어하는 문제에 대해 서로 이야기를 나누는 것은 일반적인 일이 된다. 성별이나 나이에 상관없이 두 사람 모두 아직 부모의 허락을 구해야 하는 입장일 수 있으며, 자신의 가치관을 외부 기준에 따라 평가하고 있었지만, 그것이 얼마나 무의미한지 배울 수도 있다. 또한 한 여자 구성원이 여성성 문제를 고민하듯이 남자들 또한 남성성 문제로 고민한다는 것을 알게 된다. 또 한 구성원은 그의 가족이 그에게 많은 것을 요구하는 것에서 억울함을 느낀다고 말할 때, 그에 대해 공감을 받는 것으로 자기가 혼자가 아니라는 것을 배운다. 나이가 많은 구성원의 경우, 젊은 남자 구성원들에게서 '그의 아들'의 모습을 발견하고 일찍이 자신의 아들에게는 허용하지 않았던 연민이나 다정함의 감정과 태도를 젊은 남자 구성원들에게 허용하는 경우도 생긴다.

이 단계에서는 어린 시절이나 사춘기의 아픈 경험을 기억해내어, 그 속에서 사랑의 필요성과 두려움에 대한 자각이 일어나고, 억압된 감정을 표현하기 시작하며, 고군분투한 우리들의 삶에서 공통된 주제들이 있음을 경험하면서 응집력이 더욱 강화된다. 이로 인해, 우리가 서로 다르면서도 특별하다는 것에 대해 감사하며, 우리가 겪었던 일이나 실패에 대해 죄책감을 극복하고, 의미 있는 사람들과의 친밀한 관계를 경험하면서 우리의 정체성을 찾는 과정을 시작하게 된다. 지도자는 구성원들을 연결시키는 공통의 주제들을 끄집어냄으로써 응집력의 발전을 촉진할 수 있다.

효과적인 집단 작업의 특징

4단계는 초기와 과도기 단계에서 이루어진 효과적인 작업을 기반으로 생산성이 두드러지게 나타난다. 이 단계가 되면 구성원들은 진정한 집단의 일원으로서, 자발적으로 관계를 맺는 기술을 터득하여 지도자에게 덜 의존한다. 개인의 성숙과 자기탐색이 더욱 심화되면서 치료적인 집단의 방향으로 나아간다. 물론 응집력과 생산성을 갖춘 집단마다 특색있는 다양한 특징들이 있겠지만, 여기서는 작업 단계에서 드러나는 집단의 일반적인 경향에 초점을 맞춰 살펴보고자 한다.

- 지금-여기에 초점을 맞춘다. 사람들은 그들이 집단 회기에서 무엇을 느끼고 무엇을 경험하였는지 직접적으로 이야기하면서 깨우치고 의미 있는 상호작용을 한다. 그들은 다른 사람에 대한 이야기가 아닌, 서로에 관한 이야기를 한다. 또한 집단 밖 사람들의 이야기를 하는 것이 아니라 집단 안에서 일어나고 있는 일에 좀 더 집중한다. 만약 밖에서의 일을 이야기한다 하더라도 그것을 집단 안에서 일어나는 일과 연관시킨다.
- 구성원들은 자연스럽게 자신의 목적과 관심을 자각하고, 책임감을 갖는다. 또한 집단과 지도자가 기대하는 바를 명확하게 이해하여 이를 달성하기 위해 노력한다.
- 구성원들은 향후 집단 밖에서의 변화를 위해 집단에서 연습하고 훈련한다. 훈련과정에서 새로운 생각, 감정, 행동을 실천하는 데 어려움이 있다면 회기에 가지고 와서 다룬다. 또한 일상생활 속에서 사고, 감정, 행동을 통합하려고 노력하기에, 예전의 방식으로 행동하거나 사고할 때 그것을 스스로 잘 알아차릴 수 있다.
- 대부분의 구성원은 그들이 집단에 속해 있음을 느낀다. 그러나 몇몇은 겉돌거나 구성원들이 집중적인 작업을 할 때 참여를 못할 수도 있다. 그들은 집단에 연결된 느낌이나 소속감에 대해 어려움을 느낄 때, 그 회기에서 그러한 감정을 언급하려고 한다.
- 집단은 서로의 개인적인 것을 들어주면서 생산적인 작업을 함께 한다는 점에서 오케스트라와 유사하다. 지휘자의 신호를 기다리는 연주자들처럼 구성원들은 지도자가 방향을 정해주기를 원하기도 하지만 자신이 원하는 방향으로 나아가려 하는 경향성을 가지고 있다.
- 구성원들은 집단에서의 만족감을 확인하면서 회기의 변화가 필요하다고 판단하면 변화하려고 한다. 생산적인 집단의 경우, 구성원들은 스스로가 결과를 만들어 낼 수 있는 주체임을 인지하고, 원하는 결과를 얻지 못할 경우 자신의 의견을 적극적으로 표현할 것이다.

집단의 치료적 요인

다음의 개요는 작업 단계에서 어떠한 요인이 집단의 응집성을 키우고 생산적인 작업으로 이끄는지에 대해 요약한 것이다. 작업 단계의 주요 양상은 다음과 같다.

신뢰와 수용

작업 단계에서 구성원들은 집단지도자와 다른 구성원들을 신뢰해야 하며, 만약 그렇지 못하다면 신뢰가 부족함을 다른 구성원들에게 표현해야 한다. 신뢰가 중요한 이유는 구성원들이 수용적인 태도를 취하게 만들기 때문이다. 반면에 신뢰가 부족한 경우, 지금-여기에서의 의미 있는 반응을 주고받음으로써 불안 요소를 줄일 수 있게 해 준다. 자신이 수용되었다는 감정은 구성원으로 하여금 그들이 집단에서 배제되거나 배척되지 않았다는 것을 깨닫게 해 준다. 일반적으로 작업 단계에서는 신뢰감이 더 향상되긴 하지만 집단 밖의 대인관계처럼 한번 신뢰가 형성되었다고 해서 고정되는 것은 아니다. 신뢰는 밀물과 썰물처럼 밀려왔다 밀려가듯 변화하기도 하기에 집단이 후기 단계일지라도 구성원들이 어떻게 안전함을 느끼는지에 대해 논의할 필요가 있다.

공감과 돌봄

공감이란 강렬한 경험에서 비롯된 타인의 감정을 자신의 감정처럼 경험하고 되살리고 살펴보는 심오한 능력을 의미한다. 과거의 경험에 대한 상처, 외로움, 기쁨, 열정, 사랑과 수용에 대한 요구 등의 타인의 감정을 이해하는 것을 통해 구성원들은 자신을 더 정확하게 보게 된다. 공감은 돌봄을 의미하고, 돌봄은 집단에서 다른 구성원에 대한 적극적이고 진정성 있는 보살핌을 표현하는 것을 의미한다. 그것은 또한 연민, 지지, 애정, 혹은 대립의 감정으로 표현되기도 한다. 사람들은 흔히 자신의 고통, 저항, 기쁨, 흥분, 두려움 등을 표현함으로써 자신을 다른 사람에게 보여 주기도 하며 그것을 통해 다른 사람으로부터 보살핌 혹은 사랑을 받기도 한다. 공감은 사람들의 윤리적 · 문화적 차이를 연결해 주는 가교 역할을 하기도 하고 인간이 가지는 문제들에 대해 서로 이해하고 수용할 수 있는 매개체가 되기도 한다. 비록 개인의 문제가 그들의 문화적 배경에 따른 것이거나 개인의 특별한 상황이라 하더라도 집단은 다양한 범주를 허용하여 그들의 공통점을 발견한다.

친밀감

진정한 친밀감은 자신이 어떠한 사람인지를 타인이 충분히 이해하도록 표현할 때 형성된다. 나는 사람들이 힘들어하는 문제를 같이 해결하고자 노력할 때 친밀감이 증가한다는 것을 알게 되었다. 구성원들은 다른 사람도 자신과 비슷한 문제를 가지고 있다는 것을 알게 되었을 때 더 이상 혼자가 아니라는 느낌을 갖게 된다. 그러한 경험은 결국엔 다른 사람과 친밀해지는 데 걸림돌이 되는 두려움을 자기 스스로 다룰 수 있도록 도움을 준다. 집단은 서로 가까워지는 것에 대한 두려움을 자각하는 것 외에도 다양한 경험을 제공한다. 궁극적인 목표는 구성원이 현실에서 타인과 친밀해지는 데 있어서 어떠한 방해물이 있는지 이해하고 어떻게 삶에서 두려움 없이 친밀함을 느낄 수 있는지를 깨닫는 것이다.

구성원들은 타인이 자신을 좋아했으면 하는 기대를 가지게 되면서 다시 버림받을 것에 대한 두려움을 느끼게 되고, 만약 친밀해지면 관계 안에서 상처를 입지 않을까 불안해하기도 한다. 생산적인 집단은 구성원들이 상처받을 두려움에 직면하고 다룰 수 있도록 다양한 기회를 제공한다. 그들은 과거의 상처가 친밀함을 막고 있는 원인인 초기 결정을 다루기 위해 지금-여기에서의 집단경험을 이용할 수 있다. 오래된 미해결 과제를 집단 안에서 재경험하고 새로운 결정을 내릴 수 있도록 돕는다. 구성원들은 그들이 집단이나 중요한 타인과의 관계에서 친밀감을 회피하는 방식을 확인할 수 있다.

Bemak과 Epp(1996)은 집단 내에서 생성되는 치유적인 사랑의 힘에 대한 저술을 통해, 전통적으로 사랑이 집단지도자들에게서 간과되었다고 언급했다. Bemak과 Epp에 따르면, "사랑은 과도기 단계의 내담자들이 과거에 실패했거나 건강하지 못한 사랑의 관계에서 벗어나 있는 그대로의 현실을 자각하도록 도와주는 강력한 치료 도구가 될 수 있다"(p. 125). 즉, 집단 안에서 발달하는 공감, 수용, 돌봄, 그리고 친밀감을 생생하게 경험하는 것이 감정 중 최고라고 할 수 있는 사랑의 징후가 될 수 있다. 구성원들 간의 친밀감과 애정은 구성원들 각자가 자신의 중요한 내면을 기꺼이 드러낸 결과로 생성된다. 자신의 내면을 드러내는 과정에서 타인을 진정으로 사랑할 수 있게 되는 것이다. 집단지도자는 구성원들이 집단 상황 안에서 사랑의 감정이 생성되는 것에 감사함을 가지도록 돕고, 사랑이 가진 치유의 힘을 경험하도록 하는 데에 중요한 역할을 한다.

희망

변화가 일어난다면 구성원들은 더 이상 과거에 묶일 필요 없이 그들의 삶을 더욱 활기차게 만드는 변화가 가능하다고 믿는다. 희망은 그 자체로도 치료적인데, 그 이유는 구성원들이 변화를 할 수 있도록 의지를 복돋우기 때문이다. 지도자는 긍정적인 변화가 가능하다는 확신을 가지고 집단에 임하는 것이 중요하다. 변화할 수 있다는 희망은 구성원들이 두려움에 도전하고 자신의 걱정을 솔직하게 이야기함으로써 생길 것이다. Yalom과 Leszcz(2020)는 희망을 불러일으키고 유지하는 것은 집단상담에서 중요한 작업이라 강조했는데, 그 이유는 구성원들이 집단에 끝까지 참여하게 하는 동시에, 또 다른 치료적 요인이 발휘되도록 촉진하기 때문이라 하였다. 효율성 있는 집단을 촉진하는 집단지도자의 자신감 있는 모델링은 구성원에게 동기를 부여하는 데 매우 중요하다. Yalom과 Leszcz는 치료가 도움이 될 것이라는 내담자의 기대가 실제로 긍정적인 성과로 나타날 가능성과 유의미한 관련이 있다는 연구 결과를 제시했다. 치료 집단에서 희망은 구성원의 집단 참여를 고조시킨다.

시도에 대한 자유

지금까지와는 다른 방식으로 행동을 시도해보는 것은 작업 단계의 특별한 양상이다. 이 단계에서 새로운 행동을 시도하는 데 있어서 집단은 안전한 장소이다. 이러한 시도를 통해 구성원들은 그들이 원하는 행동 변화를 결정할 수 있게 된다. 일상의 상호작용에서 사람들은 예측 가능한 행동만을 하는 익숙함에 의해 경직된 태도를 보이며, 부족한 상상력으로 인해 새로운 가능성을 탐색하지 못하는 경향이 있다. 이때 집단의 지지가 있다면 구성원들은 새로우면서도 더욱 기능적인 방식을 시도해 볼 수 있다. 역할 활동은 대인관계를 새롭게 연습해 볼 수 있는 효과적인 방법이다. 그리고 익숙해진다면, 이 방법을 집단 밖에서 적용해 볼 수 있다.

카타르시스

억압된 감정은 종종 만성 두통, 복통, 근육 긴장, 고혈압과 같은 신체적 증상을 유발한다. 억눌린 감정을 표현하는 것은 치료적 효과가 있는데, 이는 위협적인 감정을 억누르는데 사용했던 에너지를 해소할 수 있기 때문이다. 이런 터트리는 방식의 정서적인 해방은 간혹 사람의 감정을 자유롭게 해 준다. 사람들이 분노, 고통, 좌절, 미움, 두려움 같은 감정을 간직할 때 기쁨, 애착, 즐거움, 열정 같은 긍정적인 감정이 막혀 버린다. 때때로 매우 강렬한 방법으로 카타르시스를 경험할 때 사람이 자유로움을 느끼면서 치유 과정이 시작됨을 알 수 있다. 구성원이 인식하지 못하고 표현하지 못한 감정을 가지고 있거나 개인적 사건과 관련하여 큰 고통을 겪고 있는 경우, 카타르시스는 구성원의 작업 과정에서 결정적인 치료적 요인이 될 수 있다. 카타르시스는 치료의 긍정적인 결과와 관련이 있지만, 변화가 일어나기 위해서는 이와 관련된 인식, 통찰 또는 학습이 뒤따라야 한다.

그런 의미에서 감정 표출이 없는 구성원은 스스로 실망할 수도 있으며, 자신은 작업하지 않고 있고 다른 구성원과 비교하여 본인은 집단에서 많은 것을 얻지 못한다고 생각할 수 있다. 한편 집단지도자와 구성원 모두 때때로 이러한 감정의 해방이 '진짜 작업'이라고 착각하는 실수를 저지르기도 하는데, 단순히 감정을 발산하는 것만으로는 지속적인 치료적 효과를 얻을 수 없다. 나 또한 감정의 정화 없이는 진정한 작업이 될 수 없다는 것이 착각이었음을 깨달았다.

구성원들이 카타르시스를 경험한다는 것은 그 자체의 영향뿐만 아니라 자신의 감정을 다스리게 된다는 것을 의미한다. Yalom과 Leszcz(2020)는 구성원 간에 지지적인 유대감이 형성되면 카타르시스가 더 도움이 된다는 점을 발견했다. 반면에 안전감이 형성되기 전, 조기에 격한 감정을 표현하면 오히려 집단의 결속력이 손상될 수 있다. 내 관점에서는 문화적인 맥락에서 카타르시스를 이해하는 것도 매우 중요하다. 다양한 문화를 이해하고 있는 능숙한 집단지도자는 집단구성원들의 문화적 배경을 알기 전에는 그들에게 카타르시스를 풀어내도록 압력을 가하지 않고 오히려 구성원들이 강한 정서를 표현하는 데 있어서 그들의 사회적 배경이 미치는 영향에 대해 숙고한다.

한편 구성원들은 카타르시스 표현의 의미를 이해하는 과정에서 많은 깨달음을 얻는다. 집단지도자는 구성원들이 감정적 통찰을 인지하고 행동으로 이어지도록 돕는다. 구성원의 감정적 경험을 인지적으로 해석하도록 안내할 때는 타이밍이 매우 중요하다. 예를 들어, 구성원에게 강렬한 감정적 경험을 섣불리 이해하도록 안내하면, 구성원은 거부하고 이탈할 수 있다. 그러므로 적절한 시점이 되었을 때, 구성원에게 이러한 감정을 표현하는 것이 무엇을 의미하고 어떤 통찰을 얻게 되었는지 구성원의 언어로 정리하도록 돕는 것이 필요하다.

인지 재구조화

집단에서 꼭 이루어져야 할 작업은 구성원이 어떠한 상황에서 가치있게 생각하는 신념을 탐색하고 도전하는 것이다. 앞서 언급했듯이, 강한 정서 표현의 의미를 이해하는 것은 자기탐색에 필수적인 요소이다. 반면 설명, 명료화, 해석 등의 인지적 요소들은 새로운 결정을 내리거나, 아이디어를 창출하거나, 변화를 위한 인지적 틀을 구축하는 데 필요하다. 집단은 이렇다 할 제안을 하기보다는 구성원들이 그들의 생각을 평가하고 신념을 새롭게 구조화할 기회를 제공한다. 요컨대, 어떤 구성원이 사람들과 가까워지면 그들이 자신을 이용하려 할 것이라는 신념을 가지고 있다고 하자. 그는 집단에서의 경험을 통해 이 신념이 진실인지 아닌지 탐색할 수 있다. 집단에서 자신을 솔직하게 드러내는 과정을 통해 자기개방의 유익함을 발견할 수 있으며, 동시에 이를 통해 부정적 신념을 합리적인 신념으로 바꿀 수 있는 기회를 얻을 수 있다. 이러한 인지 재구조화는 Adler 집단, 교류분석, 인지행동 집단, 그리고 합리적 정서행동치료와 같은 여러 가지 치료적 접근에서 중요한 역할을 한다.

변화로 나아가기

변화가 일어나기 위해서는 그 사람이 변할 수 있다는 것을 반드시 믿어야 하지만 단순히 변화를 희망하는 것만으로는 충분하지가 않다. 건설적인 변화를 위해 꼭 필요한 것은 변화를 위해서라면 무엇이든 실제로 하겠다는 강력한 의지이다. 그러기 위해서 구성원들은 구체적으로 어떻게 변화할지, 그리고 무엇을 변화시킬지를 결정해야만 한다. 구성원들은 집단 작업에서 탐색했던 행동들의 구체적인 계획을 만들고 그것들을 수행하기 위해 도구들을 이용할 필요가 있다. 여기서 도구라 함은 집단에서 구성원들에게 지지를 받는 것으로, 구성원들이 일시적으로 지연될 때 그들의 노력을 격려하는 데 매우 귀중한 자산이 된다. 집단은 구성원들이 현실적이고 책임감 있게 계획할 수 있는 기회를 제공하고, 동시에 자기 행동이 어떠한 영향을 미치는지 자각할 수 있는 기회를 제공한다. 구성원들이 계획 중 일부를 실행하는 것이 어렵거나 계획한 대로 실행하지 못하는 경우, 집단 회기에서 이러한 어려움에 대해 이야기하는 것이 필요하다. 집단 자체는 구성원들이 약속을 지키기 위한 동기를 유발하는 데 도움이 될 수 있다. 그들은 계획을 수행하는 데 어려움이 생기면 의견을 서로 주고받을 수 있으며, 성공적인 돌파구를 찾았을 때도 서로의 느낌과 생각을 교환할 수 있다.

자기개방

개방은 개방이 이루어졌다는 행위적 사실뿐 아니라, 집단에서 구성원들이 내면의 이야기를 하기 시작했다는 뜻이다. 그러나 개방이 안전한 주제에 한정되거나 혹은 비밀 폭로처럼 이루어지면 집단은 깊이가 없는 단계로 나아가게 된다. 이렇듯 자기개방은 여러 가지 장애물에 직면할 수 있다. 대표적인 예로는 친밀감에 대한 두려움, 변화와 책임감 회피, 죄책감과 수치심, 거부에 대한 두려움, 그리고 문화적 금기가 자기개방을 하기 어렵게 만드는 요인들이다. 이러한 장애물들을 기꺼이 극복하고 다른 사람에게 자기를 보여주는 것은 집단의 모든 단계에서 요구되는 기본 사항이다. 그러나 한발 더 나아가 작업 단계에서 모든 구성원이 서로에 대한 믿음을 발전시켜 자신에게 위협적인 것들까지 솔직하게 공유할 수 있는 안전한 환경을 조성하는 것이 필요하다.

자기개방은 집단 상호작용의 기본적인 수단이므로 무엇보다 구성원들이 자기개방인 것과 아닌 것에 대해 확실하게 이해하는 것이 중요하다. 자기개방의 한 방면은 집단에서 일어나는 일에 대해 상대방과 지속적인 반응을 나누는 것이다. 또 다른 방면은 개인의 미해결 과제, 열망, 기쁨과 상처, 강점과 약점 등 현재 힘든 문제를 드러내는 것이다. 왜냐하면 어떤 사람이 자신을 드러내는 것을 원치 않으면 다른 사람들이 그 사람을 돌봐주는 것은 어렵기 때문이다. 그래서 집단구성원들이 집단 밖에서 일어나는 문제나 과거의 일들을 이야기하기보다는 이러한 문제들을 '지금-여기'에 초점을 맞춰 이야기하는 것이 중요하다. 지금-여기에 집중함으로써 구성원들이 다른 사람과 실제로 접촉하고 그들이 현재 무엇을 경험하는지 매우 생생하게 주고받을 수 있다. 구성원들이 서로에 대한 자신의 반응을 기꺼이 드러내면서 그들 사이의 진정성 있는 상호작용은 더욱 활발히 이루어진다.

자기개방은 그 사람의 가장 사적인 비밀을 드러내게 하거나 그 사람의 과거를 캐는 것이 아니다. 그리고 모든 것을 이야기하거나 타인에 대한 일시적인 모든 반응을 표현하는 것도 아니다. 자기개방은 단순히 자신에 대해 이야기하는 것이 아니며, 집단이 개인의 사생활을 파악하려는 것도 아니다. 하지만 진솔해지기 위해서는 무언의 압박감이 있다는 것을 아는 것도 필요하며 일부 구성원들이 자기 이야기만을 하는 것에 대한 이해가 필요하기도 하다. 또한 자기개방을 너무 해서 개인의 모든 것이 들춰진 느낌이라면 개인의 품위가 손상되고 사생활을 침해받는 경험을 할 수도 있다. 그래서 때로 지나친 자기개방은 오히려 심리적 폐쇄로 이어질 수 있다.

자기개방은 이 책에서도 다루듯이 전통적인 상담 접근법에 있어서 가치 있는 치료적 요인이지만 어떤 문화에서는 매우 생소하게 여겨질 수 있다는 것을 이해해야 한다. 개인적인 일에 대해 너무 일찍 개방하도록 압력을 주거나 모든 것을 개방하길 기대하는 것은 오히려 구성원들의 저항을 불러일으킬 수 있다. 어떤 구성원들은 신뢰감을 갖고 이를 바탕으로 자신을 개방하는 데 시간이 오래 걸릴 수도 있다. 구성원의 문화적 배경을 이해하는 집단지도자는 구성원들이 스스로 이야기를 할 때까지 충분히 기다릴 것이다. 존중받고 있다고 느낀 구성원은 자신의 망설임에 도전할 수 있다. 일반적으로 집단구성원은 안전하다는 확신이 들 때까지 자기개방을 주저할 수 있으며, 지도자와 집단 내 다른 구성원을 시험해 보기도 한다. 이런 신중한 태도를 저항으로만 간주해서는 안 된다.

구성원이 개방을 가로막는 장애물들에 도전하지 않으면 그들의 집단 참여는 매우 저조해진다. 집단지도자로서 당신은 민족적 · 문화적 배경에 의해 일부 구성원들이 그들의 감정과 반응을 드러내거나 내면적 고통을 드러내기 힘들어한다는 것을 이해할 수 있어야 한다. Chung과 Bemak(2014)에 따르면 아시아계 구성원은 집단 후반부에도 감정 표현에 주저함을 느낄 수 있다고 한다. 그래서 이러한 집단구성원과 함께 작업할 때는 서로를 지지하고 존중하는 분위기를 조성하는 것이 너무나 필요하다. 이런 과정을 시작하기에 적절한 시점은 그들이 집단 내에서 자기개방에 관한 어려움을 털어놓을 때이다. 그들의 문화적 가치관을 존중해 줌과 동시에 그들이 지도자와 구성원들에게 원하는 것을 표현하도록 격려함으로써 도움을 줄 수 있다. 지도자의 지지와 구성원 간의 상호 이해를 통해 구성원들은 자기개방과 관련된 가치관을 새롭게 받아들이고 자신이 얼마나 개방할지에 대해 결정할 수 있게 된다.

집단지도자는 일관적인 태도를 유지하면서 개인 생활이나 경험의 일부분을 개방함으로써 더 많은 사람들이 자신을 개방할 수 있도록 도울 수 있다. 지도자는 자신을 숨기지 않고 적절한 시기에 재치 있고 능숙하게 자기개방을 한다면 모델링 효과에 의해 집단구성원들의 개방성을 높일 수 있다(Yalom & Leszcz, 2020). 하지만 지도자는 자기개방을 하기 전에 개방 동기와 그 이유에 대해 명확하게 인지하고 있어야 한다. 지도자의 자기개방은 집단구성원의 필요에 따라 이루어져야 하며, 개인적인 욕구를 충족시키기 위해 사용되어서는 안 된다. 그러므로 지도자의 자기개방은 철저하게 집단구성원들에게 어떤 유익함을 주기위해 하는가에 초점을 맞춰야 한다. 특히 유용한 자기개방의 유형은 지도자가 구성원에게 어떤 영향을 미치고 있는지 자각하고, 현재 자신의 반응을 개방하는 것이다. 즉, 집단에서 일어나는 일에 대한 자신의 반응을 '지금-여기'에서 이야기하는 것은 강력한 자기개방의 한 형태가 될 수 있다(Yalom & Leszcz, 2020).

Hill 등(2019)은 경험적 문헌에 대한 질적 메타 분석을 수행하여 상담사의 자기개방이 임상적 결과에 미치는 영향에 대해 확인했다. 이들은 상담사의 자기개방에 대해 다음과 같이 권장사항을 제시하고 있다. 이러한 내용은 집단상담에 대한 시사점을 제공한다.

- 지도자의 자기개방은 사려 깊고 숙련된 태도로 이루어져야 한다.
- 개방은 내담자 중심으로 이루어져야 한다.
- 개방이 내담자에게 미치는 영향을 평가하는 것이 중요하다.
- 자기개방 시기를 결정할 때 치료 관계의 질적 수준에 유의해야 한다.
- 개방을 절제하되, 임할 때는 간결하게 표현하는 것이 좋다.
- 내담자에게 무슨 일이 일어나고 있는지에 대한 정보를 개방해야 한다.
- 지도자와 내담자 간의 유사점에 집중해야 한다.
- 개방을 한 후 내담자에게 다시 초점을 맞추어야 한다.

Hill 등(2019)은 다년간의 상담사 교육 및 감독 경험을 바탕으로 초보 상담사가 자기개방과 즉시성을 효과적으로 사용하는 법을 터득하기가 어렵다는 것을 발견했다. 그들은 초보 상담사들이 자기개방의 적절한 한계를 설정하는 것과 즉시성을 활용한 자기개방을 언제 하는 것이 좋은지 결정하는 것을 어려워한다고 언급한다. 그래서 이들은 수련생이 내담자에게 자기개방을 하는 것에 대해 염려하는 구체적인 상황을 수퍼비전에서 다룸으로써 이러한 기술을 배울 수 있다고 제안한다. 역할극과 의도적인 연습은 개방 기술을 습득하고 연마하는 데 유용한 방법이다.

직면

자기개방과 마찬가지로 직면도 집단의 치료적 작업을 하기 위한 기본적인 요소이다. 만약 직면이 없다면 집단 작업은 정체될 수 있다. 건설적인 직면은 이야기한 것과 행한 것 사이의 불일치를 점검해보는 것이며, 행해지지 않은 행동에 대해 통찰을 하도록 하여 행동할 수 있도록 도와준다. 그렇기에 직면은 집단의 지지적인 환경에서 일어나야 하며, 그럴 때 직면은 진정한 돌봄의 방식이 된다.

성공적인 집단에서는 구성원을 평가하기보다는 그들에 대한 솔직한 반응을 공유하는 방식으로 건설적인 대화를 이끌어 간다. 부정적인 직면 방식(적대적이고 간접적이며 공격적인 방식)은 사람들에게 자신이 평가를 받거나 거부된다는 느낌을 갖게 한다. 조심스럽고 섬세하게 직면이 이루어지면 구성원들이 해결해야 할 문제를 지각하고 이를 해결하기 위해 스스로 도전하는 데 도움이 될 수 있다.

직면은 집단지도자 만큼 구성원들에게도 중요한 문제인데 흔히 잘못한 행동에 대한 비난을 받는 것으로 잘못 이해되기도 한다. 이렇게 된 원인에는 집단 과정에서 지지와 공감이 필수적인 것임이 분명하지만 도가 지나치면 역효과를 낳을 수 있다는 점에 있다. 예를 들어 구성원들이 지지적 수준의 상호작용에만 빠져 있거나 오직 긍정적인 피드백과 강점에 초점을 두는 것에만 집중한다면 집단의 효과는 오히려 반감될 수 있다. 자신을 더 깊이 들여다보기 위함이긴 하지만 다른 사람에게 도전하는 것을 망설이다 보면 일상의 상호작용과 비슷하게 정중하고 지지적인 피드백만을 하게 되어 상대방이 깊은 통찰을 일으키는 데 아무런 도움을 줄 수 없다.

한편, 특정 문화권의 내담자에게는 치료적 직면이 적절하지 않을 수 있으며, 특히 너무 일찍 이루어지는 경우 더욱 그렇다. 예를 들어, 일부 문화권에서는 권위를 중시하기 때문에 지도자를 권위자로 여기는 구성원은 집단지도자와 직면하기를 꺼릴 수 있다. 직면이 가지는 직접적인 표현으로 인해 직면을 부정적인 행위로 느끼게 하며 일부 구성원들에게는 개인적인 공격으로 느껴질 수도 있다. 다양한 문화적 배경을 가진 사람들이 참여하는 집단이므로 어떤 구성원은 직면을 수치심과 연관 지을 가능성도 있으며, 그럴 경우 집단 상황에 적응하는 데 어려움을 겪을 수 있다. 가령, 아시아계 내담자는 기대 받았던 사회적 역할을 수행해내지 못할 때 체면이 상한다고 경험할 수 있다. 더욱이, 체면 상실은 개인뿐 아니라 가족과 지역사회까지도 모욕 받았다고 느낄 수 있다(Chung & Bemak, 2014). 만약 모욕감을 느낀다면, 그들은 거부나 분노의 감정을 가질 가능성이 있고 이러한 감정은 집단에 끝까지 남아서 참여하는 것을 못하게 방해한다. 따라서 집단지도자는 다문화적 배경을 가진 구성원들에게 있어서 직면이 의미하는 바를 고려하여 사용해야 한다.

직면을 건설적으로 다루는 법을 가르치는 가장 좋은 방법 중 하나는 집단 안에서 그들의 상호 일환으로 사용하는 것이다. 직접적이면서도 진솔하고 상대방의 언행불일치에 대해 원인에 공감하는 태도로 직면하는 지도자의 행동을 관찰하는 것은 직면의 기술을 배울 귀한 기회를 제공한다.

나는 효과적인 직면에 대해 다음과 같은 점을 주로 강조한다.

- 직면은 타인에 대한 존중을 기본으로 해야 하며 타인에게 자신이 알아차리지 못하고 탐색하지 못한 것을 볼 수 있도록 안내하는 것을 목적으로 한다는 것을 명심하라.
- 당신이 직면 후에도 내담자와 기꺼이 함께하기를 원할 때 직면을 사용하라.
- 비판적인 공격과 부드러운 도전 간의 차이를 배우라. 예를 들어, "당신은 오직 집단이 주는 것을 받기만 하네요." "당신은 아무것도 내놓지 않네요."라고 말하기보다는 "당신에게서 뭔가를 듣고 싶어요." "당신이 더 이야기를 하고 싶은지 궁금해요." "당신의 생각이나 느낌을 표현하는 것을 막고 있는 것이 무엇인지 알 수 있나요?"라고 말할 수 있다.
- 직면을 할 때는 그 사람의 특정한 행동이 다른 구성원들에게 영향을 끼치는 행동에 대하여 이야기하라.
- 당신의 반응과 관련하여 타인을 비난하기보다는 타인의 행동에 대한 당신의 반응을 표현하며, 책임을 상대방이 아닌 내가 져라. "당신은 지루해요."라고 하기보다는 "나는 때로 당신이 말을 할 때 좀 힘이 드는데 내가 뭔가를 놓치고 있는 것 같아요."라고 한다.

도전적인 집단구성원의 존엄성을 보호하면서도 구성원이 자신의 행동이 어떤 결과를 초래할지 예측하도록 도와야 한다. 효과적이고 긍정적인 직면을 위해서는 의사소통의 채널이 열려 있어야 한다.

피드백의 이점

논리적으로 설명하기 위해 자기개방, 직면, 피드백을 개별적으로 다루었지만, 실제로는 이러한 치료적 요소들이 일정 수준 중첩된다. 피드백은 구성원과 지도자가 서로에 대한 개인적인 반응을 공유하는 것이다(Stockton et al., 2014). 대부분의 피드백은 자기 공개와 함께 이루어지며, 때때로 피드백은 대립적일 수 있다. 예를 들면, 한 구성원이 다른 구성원에게

"나는 당신이 당신 아버지에게 말을 해보는 역할극을 보고 영향을 받았어요. 그것이 나의 아버지를 떠올리게 했고 아버지와 가까워지기 힘들었던 것을 떠올리게 했지요."라고 말했다. 이것은 피드백을 하는 것과 동시에 자기개방을 하는 것의 예이다. 구성원이 다음과 같이 말하는 것을 생각해 보자. "당신이 당신 아버지에 대해서 말할 때 당신은 주먹을 꽉 쥐고 있었지만 웃고 있었어요. 나는 주먹과 웃음 중에서 무엇을 믿어야 할지 모르겠어요." 이런 종류의 피드백은 이 주제에 대해 더 깊이 탐색할 수 있도록 도와준다.

피드백에 대한 존중과 더불어 집단지도자의 주요 역할은 피드백을 진정성 있게 교환하도록 집단 내의 건강한 분위기를 조성하고 집단구성원들이 피드백을 주고받는 기준을 만드는 것이다. 그만큼 구성원들 사이의 피드백 교환은 집단 발달과 개인적 배움을 촉진하는 주요 요인으로 생각할 수 있다(Stockton et al., 2014). 구성원들이 피드백의 이점을 얻기 위해서는 우선 그들의 행동에 대한 다른 사람들의 반응을 기꺼이 들으려는 자세가 필요하다. 또한 긍정적인 피드백과 정확한 피드백(때로는 부정적인 것으로 인식되는) 사이에서 중심을 잡는 것이 중요하다. 만약 구성원들이 각자의 반응과 인식을 진정성 있고 섬세하게 공유한다면, 그들은 자신이 타인에게 어떤 영향을 미쳤는지를 자각하고 무엇을 변화시켜야 할지 스스로 결정할 수 있게 된다. 이러한 피드백은 문제를 탐색하는 사람이 어려운 상황을 해결하고자 할 때나 다른 방식으로 행동하려는 시도에 큰 도움이 된다. 다음은 구성원들이 어떻게 피드백을 주고받는 것이 바람직한지를 알려주는 몇 가지 지침이다.

- 너무 광범위한 피드백은 가치가 없다. 반면 집단 내의 특정한 행동에 대한 반응은 구성원들에게 친밀감, 독립적인 평가를 제공함으로써 그들 자신의 관점과 비교해 볼 수 있게 한다.
- 명확하고 간결한 피드백은 복잡하고 설명적이며 진술적인 피드백보다 더 도움이 된다.
- 긍정적 피드백은 교정적 피드백보다 예외 없이 바람직하고 수용적이며 더욱 영향을 미치고 변화에 건설적이라고 평가된다. 이러한 피드백은 어려움의 근원이 되는 행동뿐만 아니라 사람의 강점에도 초점을 둔다.
- 구성원들은 듣기 어려운 피드백보다 긍정적인 피드백을 더 잘 받아들이는 경향이 있다. 긍정적 피드백은 특히 집단의 초기 단계에서 신뢰와 응집력을 형성하는 데 유용하다. 중기와 후기 단계에서는 긍정적 피드백과 교정적 피드백의 균형을 유지해야 한다(Claiborn et al., 2002; Morran et al., 2004).
- 교정적 피드백을 주기 전에 긍정적 피드백을 주는 것이 좋다. 교정적 피드백은 긍정적 피드백을 교환한 후에 더욱 쉽게 받아들여진다(Morran et al., 2004).

- 긍정적 피드백은 집단의 어느 단계에서나 적절한 행동을 강화하는 데 유용한 경향이 있다(Morran et al., 2004).
- 피드백은 고통스러울 수 있지만, 정확하고 공감적으로 전달한다면 도움이 될 수 있다(Yalom & Leszcz, 2020).
- 듣기 어려운 피드백은 판단하지 않는 방식으로 주어져야 하고 알맞은 때에 이루어져야 한다. 그렇지 않으면 피드백을 받는 사람은 방어적인 태도를 취하고 거부하게 된다.
- 구성원들은 긍정적인 피드백보다 교정적인 피드백을 주는 것을 망설인다. 이런 망설임은 다른 구성원들에게 거부당할까 봐 두려운 것이며 피드백을 받는 사람을 다치게 하는 것에 대한 두려움도 있기 때문이다(Morran, Stockton, & Bond, 1991). 구성원들은 다양한 피드백을 제공하는 것의 가치와 피드백을 전달하는 방법을 배워야 한다.
- 집단의 진행이 순조롭지 않다는 피드백은 긍정적인 진행 상황을 나타내는 피드백보다 더 큰 영향을 미칠 가능성이 높다(Lambert et al., 2019).
- 교정적 피드백은 관찰 가능한 행동에 초점을 맞출 때 더 도움이 되며, 구성원들이 이러한 행동들로 인해 어떤 영향을 받았는지에 대해 이야기할 때 더 잘 수용될 수 있다. 이러한 방식은 피드백을 주는 사람들이 피드백을 받는 사람들의 행동에 대해 말하는 동시에 자신의 행동에 집중하기 때문에 다른 구성원을 비난하는 것을 줄여준다.
- 즉각성이 있는 피드백, 즉 지금-여기에서 바로 반응하는 피드백은 더욱 가치가 있다.
- 지도자의 피드백은 집단구성원들의 피드백보다 더 큰 가치가 있다고 생각되지만 쉽게 수용되지 않는다(Morran et al., 1985).
- 지도자는 효과적인 피드백의 모델이 되고 구성원들이 자각 있는 피드백을 교환하도록 격려해야 한다(Stockton et al., 2014).
- 피드백의 교환을 부담 주어서는 안 된다. 구성원들이 정서적인 불안정 때문에 피드백을 견딜 수 없을 때도 있으므로 이런 부분을 잘 살펴야 한다.

때로는 구성원이 "나는 피드백이 좋아요." 같은 모호한 선언을 하지만 이런 구성원이 말을 많이 하지 않으면 피드백을 주기가 어렵다. 그렇기에 구성원들은 특정한 피드백을 어떻게 주고받는지 배울 필요가 있다. 피드백을 방어적이지 않은 태도로 듣는 것은 가치가 있고 타인이 우리에게 무엇을 말하고 싶은지, 그리고 이러한 정보로 우리가 무엇을 할지 생각하는 것 또한 가치가 있다. 이러한 과정을 거쳐 작업 단계에서 구성원들은 다른 사람에게 자유롭게 반응하게 된다.

해석

모든 집단이 여기에서 설명하는 집단의 작업 단계에 도달하는 것은 아니다. 그렇다고 해서 지도자나 집단이 비효율적이라는 의미는 아니다. 또한 집단의 구성원이 바뀔 경우에도 집단 발달 진행이 중단될 수도 있다. 일부 집단은 작업 단계의 강도 높은 일부분에 대한 준비가 되어 있지 않을 수 있으며, 이 역시 존중되어야 한다.

만약 초기 단계나 과도기 단계의 과업을 완수하지 못하면 집단이 정체될 것이라고 예상할 수 있다. 일부 집단은 초기 세션에서 흔히 볼 수 있었던 숨은 의도, 또는 논의되지 않은 갈등을 넘어서지 못한다. 또 다른 어떤 집단의 구성원들은 구성원들이 안전만을 추구하다가 깊이 없는 단순한 만남으로 그들을 드러내지 않을 수 있다. 즉, 그들은 알지 못하는 영역으로 가는 도전을 하기보다 상호 지지하는 안전한 단계에서 머물겠다는 결정을 할 수도 있다. 이러한 결과는 구성원과 지도자 또는 구성원 간의 초기 교류가 안정적이지 않아서 집단 참여를 주저하게 되고 다른 사람을 신뢰하지 않으려는 분위기를 조성했을 수 있다. 반면에 어떤 집단은 문제 해결이나 차이점을 보완하는 데에 중점을 둘 수 있다. 이러한 성향으로 인해 한 구성원이 문제를 일으켰을 때 다른 구성원들이 빠르게 조언을 제공하려고 해서 자기탐색의 기회가 박탈될 수도 있다. 이런저런 이유들로 인해 일부 집단은 초기 단계나 전환 단계를 넘어서지 못한다.

집단이 작업 단계에 이르게 되었다 하더라도, 이 단계의 특징들이 항상 명확하게 구분지어지는 것은 아니다. 신뢰에 관한 초기의 주제, 비생산적인 갈등, 참여하기를 주저하는 것 등의 문제가 집단 내에서 반복적으로 표면화될 수도 있다. 이런 경우 구성원은 새로운 도전에 적극적으로 대응하여 갈등을 해결해 감으로써 더 깊은 수준의 신뢰를 얻을 수 있다. 또한 초기 단계나 과도기 단계에서 많은 갈등이 해결되고 더 나아간 단계에서도 새로운 갈등을 마주하게 되는데 이에 대한 작업이 반드시 이루어져야 한다. 어떤 친밀한 관계에서도 그러한 것처럼 집단에서의 관계도 고정된 것이 아니다. 우리가 꿈꾸어 온 유토피아에는 도달하지 못한 채 그저 잔잔한 바다에서 풍랑이 거센 바다로 전환되기도 하는 것이다.

작업 단계의 요약

단계의 특징

집단이 작업 단계에 도달하면 다음과 같은 특징을 갖게 된다.

- 신뢰와 응집력이 높아지고 가변성과 유동성이 커진다.
- 집단 안에서 대화는 열려 있으며 현재의 경험에 대한 정확한 표현이 이루어진다.
- 구성원들은 서로 자유롭고 직접적인 상호작용을 한다.
- 위협이 되는 요소를 기꺼이 감수하고 자신의 상태를 표현한다.
- 구성원들 사이의 갈등이 파악되고 그것을 직접적 · 효과적으로 다루게 된다.
- 집단 과정에서 직면이 일어나는데 그것이 비판적 시각으로 타인을 평가하거나 꼬리표를 붙이지 않도록 도와준다.
- 구성원들은 변화를 위해 시도할 때 지지를 받는다고 느끼고 기꺼이 새로운 행동을 하게 된다.
- 구성원들은 적극적인 참여를 통해 변화에 대한 희망을 가질 뿐 아니라 무력감을 극복할 수 있다.

구성원의 역할 및 발생 가능한 문제

작업 단계는 개인적으로 의미 있는 일들을 탐색하는 특성을 가진 단계이다. 이 단계에 도달하기 위해서 구성원들은 반드시 다음과 같은 과업과 역할을 성취해야 한다.

- 구성원들이 다루기를 원하는 문제를 집단 회기에 가지고 와야 한다.
- 다른 사람에게 피드백을 주고 받아들이는 것이 가능해야 한다.
- 집단 안에서 다른 사람의 존재와 작업이 그들에게 어떻게 영향을 주는지에 대해 이야기를 나눈다.
- 새로운 기술과 행동을 일상생활에서 연습하고 그 결과를 회기에서 나눈다.
- 집단에서 구성원들의 만족도를 지속적으로 평가하고, 필요에 따라 집단 참여도를 활발하게 늘려 간다.

이때 발생할 수 있는 문제는 다음과 같다.

- 구성원들은 회기에서 통찰을 얻지만 변화를 위한 집단 밖의 활동은 중요시하지 않는다.
- 구성원들은 강도 높은 자기개방 후에 타인에 대한 높은 불안으로 철수를 할 수도 있다.
- 구성원들은 다른 사람의 작업을 관찰한 이후 일부 구성원들은 소극적인 태도를 보일 가능성이 있다.

지도자의 역할

지도자의 역할 중에서 중요한 것들을 정리하면 다음과 같다.

- 응집력을 강화하고 생산적인 작업을 위한 집단 행동에 대한 체계적인 강화를 제공한다.
- 구성원들의 작업 과정 중 공통된 주제를 파악하고 보편성을 제공한다.
- 구성원들에게 적절한 행동 모델이 된다. 특히 직면을 다루는 것과 진행 중인 활동에 대한 피드백을 제공하는 것에 지속적인 본보기를 제공한다.
- 적절한 시기에 해석을 통해 구성원들이 한층 더 깊은 수준의 자기탐색과 대안적인 행동을 할 수 있도록 안내한다.
- 변화를 만드는 치료적 요인을 알아차리고 구성원들의 사고, 정서, 행동의 변화를 돕는 개입을 한다.

5단계: 종결 단계–통합과 종결

집단이 종결 단계로 나아가게 하는 데 있어 집단지도자 역할 중 특히 중요한 하나는 구성원들이 집단에서 배운 것들을 외부 환경에서도 시도해 볼 수 있도록 도움을 주는 것이다. 각 집단 단계 동안 구성원들은 회기 중에 배운 것들을 일상생활에서 적용한다. 집단이 종결 단계로 나아가는 데 있어 이러한 배움의 통합은 긴장이 풀어지지 않도록 잘 정리하고 집단의 경험을 통합하고 해석하는 특별한 의미가 있다. Joyce, Piper, Orgrodniczuk과 Klein(2007)은 집단치료의 마지막 단계에 다음과 같은 주요한 과업이 있다고 하였다.

- 집단의 구성원들이 각자 만들어 낸 변화를 돌아보고 강화하는 것
- 구성원과 지도자 간의 관계를 재검토할 수 있도록 돕는 것
- 구성원들이 집단에서 습득한 것들을 가지고 미래의 도전에 대처할 수 있도록 돕는 것

초기 단계와 종결 단계는 집단의 전체 과정 중에서 가장 결정적인 시기이다. 만약 초기 단계가 효과적이라면 구성원들은 서로에 대해 알아 가면서 집단 내에서 그들의 정체성을 형성하게 된다. 신뢰로운 분위기를 형성하거나 그를 준비하는 작업은 이후 좀 더 심층적인 단계에 도달하도록 이끌어준다. 또한 집단의 전체 과정을 통해 구성원들은 자신과 다른 사람에 대해서 무엇을 배울지를 결정해야 하는 인지적 작업을 하게 된다. 또한 집단이 종결 단계로

향하면서 종결과 관련된 감정을 탐색하는 것과 더불어 인지 작업의 과정도 대단히 중요하다. 집단 경험의 영향을 극대화하면서 구성원들은 그들이 무엇을 어떻게 배웠으며, 집단을 마치고 그들의 통찰과 상황에 무엇을 적용할지를 개념화할 필요가 있다.

집단 과정 초기에 종결 단계에 일어날 수 있는 문제를 다루는 것 또한 중요하다. 모든 시작에는 항상 끝이 있기 마련이며, 구성원들은 집단이 언젠가는 종결될 것이라는 사실을 주기적으로 상기해야 한다. Rutan 등(2014)은 종결은 종종 죽음과 사망, 이별과 포기, 새로운 시작에 대한 희망과 관련된 정서적 반응을 불러일으킨다고 말한다. 이 기간은 구성원이 경험한 다른 종류의 상실이 종종 촉발되기 때문에 그럴 경우 집단 종결에는 애도 과정이 포함될 수 있다. 지도자는 구성원들이 이러한 상실감을 완전히 해소하지 못하더라도 이를 파악하고 탐색할 수 있도록 돕는 것이 중요하다.

한편, 집단 경험을 검토하고 통합하는 데 필요한 시간은 집단이 얼마나 오래 지속되었는지, 집단이 개방형 집단인지 폐쇄형 집단인지에 따라 달라진다. 지도자가 마지막 회기에서 너무 많은 내용을 다루려고 하면 집단이 산만해지고 집단에서 배운 내용을 충분히 학습하는 데 어려움을 겪을 수 있다. 구성원들은 집단 경험이 자신에게 어떤 의미였는지 표현하고 앞으로 어떤 방향으로 나아갈 것인지 말할 수 있어야 한다. 이 시간은 구성원들이 집단에서의 경험에 대한 느낌과 생각을 표현하고 마무리하는 시간이다. 구성원들은 종결이라는 현실을 직시하고 이별하는 방법을 배워야 한다.

집단지도자가 종결에 대한 자신의 느낌을 알아차리지 못하고 건설적으로 다루지 못하면 구성원들의 분리 문제에 대해서 도움을 줄 수가 없다. 지도자가 여러 가지 이유로 종결을 어렵다고 느끼는 경우, 구성원들이 종결에 대한 감정을 표현하도록 촉진하는 것이 어려울 수 있다. 종결단계에서 작업을 촉진하는 한 가지 방법은 집단 종결에 대한 각자의 반응을 공유하는 것이다.

집단 종결을 인식하지 않으려 하는 것은 지도자나 구성원이 집단 종료를 앞두고 수행해야 할 역할을 무의식적으로 회피하는 것일 수 있다. 나는 많은 사람들이 개인적 관계를 끝낼 때 부정적인 경험을 한다는 것을 알고 있다. 어떤 사람들은 계속 연락하겠다면서 우리를 떠나지만, 그중 상당수는 영영 떠나 버리고 만다. 현실에서 우리의 친구나 친척들은 분노를 표현하며 관계를 끝내기도 하고 미해결 과제를 남겨둔 채 관계를 끝내기도 한다. 집단의 종결에 직면하지 않을 때, 구성원들은 일반적으로 많은 사람들이 깊은 감정을 가지고 있을 수 있음을 탐구할 기회를 놓치게 된다.

집단구성원이 집단 종료가 임박했다는 사실을 알게 되면, 이별에 따른 불안감에 반응하지 않고 스스로를 고립시킬 수 있다. 이렇게 되면 작업은 일반적으로 점점 줄어들고 새로운 주제는 거의 나오지 않는다. 만약 구성원들이 너무 거리를 유지하려 하면 집단 경험의 결과를 집단 밖에서 행동으로 적용하는 데 어려움을 겪을 가능성이 높다. 지도자는 구성원들이 집단에서 가졌던 의미 있는 관점을 행동으로 적용할 수 있도록 도울 필요가 있다. 집단이 진정으로 치료적이었다면, 구성원들은 집단이 끝날 때 슬픔과 상실감을 느낄 수 있더라도 학습을 외부로 확장할 수 있을 것이다.

집단 종결의 효과적인 방법

여기서는 다음과 같은 질문들을 탐색하면서 집단 경험의 종결 방법을 다룬다.

- 어떻게 집단구성원들은 미해결 과제를 잘 마무리할 수 있는가?
- 구성원들은 집단을 떠나면서 집단을 통해 그들이 배웠던 것들을 일상생활에서 어떻게 효과적으로 사용할 수 있도록 배울 수 있는가?
- 집단의 마지막 단계에 적절한 주제와 활동은 무엇인가?

이 책에서는 주로 폐쇄 집단의 종결에 초점을 맞추어 논의할 것이다. 폐쇄 집단이란 집단의 전체 과정 동안 같은 구성원들로 유지되고 종결 시기도 미리 결정된 집단을 말한다. 진행 중인 오픈 집단을 탈퇴하는 구성원의 고유한 문제도 간략하게 다룬다.

감정 다루기

지도자는 집단의 종결 단계 동안 앞으로 몇 회기가 남았다고 구성원들에게 상기시켜 주는 것이 좋다. 이것은 구성원들에게 종결을 준비하게 하고 성공적인 종결을 성취하게 한다. 즉, 구성원들로 하여금 그들의 집단이 곧 끝날 것이라는 현실을 마주할 수 있도록 도와야 한다. 회피나 부정을 하는 형태로 경험하지 않으려는 분리에 대한 감정을 깊이 탐색할 필요가 있다. 지도자의 역할은 구성원들이 굉장히 의미 있고 강렬했던 집단 경험의 이별과 관련된 슬픔과 상실의 감정에 대해 열린 마음으로 토의할 수 있도록 해 주는 것이다.

초기 단계에 구성원들은 집단에 완전히 속하게 되는 것에 대한 두려움을 표현하도록 요청받는 경우가 많다. 또한 마지막 종결 단계에서도 구성원들이 떠남에 대한 걱정, 두려움과 집단의 지지 없이 매일의 현실을 살아가야 하는 두려움을 공유하는 것에 대해 격려받아야 한다. 구성원들은 집단을 경험하면서 친밀하고 진솔한 연대감을 발달시켰으며 신뢰와 거부에 대한 두려움이 없는 안전한 공간을 경험했다고 말하곤 한다. 그들은 이런 친밀감과 지지의 박탈이 없어지는 것이 두려울 수 있다. 또한 집단 밖의 사람들에게 마음을 열고 신뢰를 맺지 못할 수도 있다는 걱정을 하기도 한다. 이럴 때 지도자의 과제 중 하나는 구성원들에게 집단이 특별했다면(친밀하고 돌보아 주고 지지적이었다면) 그것은 구성원들이 스스로 선택을 했고 함께 작업을 했기 때문임을 상기시키는 것이 필요하다. 그리고 구성원들이 비슷한 선택과 노력을 또 다시 할 수 있고 집단 밖의 관계에서도 마찬가지로 성공할 것이라고 격려하는 것이다. 이러한 '자신감 북돋우기'는 집단 종결에 동반되는 슬픔과 상실의 느낌을 부정하려는 것이 아니다. 오히려 분리에 대한 애도는 구성원들이 그들의 상실과 불안의 느낌을 완전히 표현할 수 있도록 격려받는다면 좋은 경험이 될 수 있다.

자신의 집단 성과를 검토하기

집단의 종결로 갈 때 모든 구성원에게 집단의 전체 과정을 경험함으로써 무엇을 배웠는지, 그리고 향상된 자기 이해를 어떻게 적용할 것인지에 관해 말할 기회를 주는 것이 유용하다. 나는 항상 구성원들이 집단에서 배운 것을 사용해서 더 나아갈 여러 가지 방법에 대해 토의한다. 이때가 집단에서 배운 것들을 계속 사용할 수 있는 계획을 세울 좋은 시간이다. 이러한 토의는 구체적이어야 하고 분명해야 더욱 의미 있어진다. 예를 들어, "이 집단은 정말 좋았어요. 나는 정말 성장했고 나 자신과 사람들에 대해 많이 배웠어요." 같은 광범위한 진술을 한 사람은 너무 일반적이어서 집단에 대해서 무엇이 특별히 의미 있었는지를 곧 잊어버리게 된다. 사람들이 이런 광범위한 진술을 할 때 "당신은 특히 집단의 어떤 면이 좋았나요? 당신이 많이 성장한 듯 느껴지는 것은 무엇 때문인가요? '정말 좋았다'는 것은 무슨 뜻이죠? 당신이 집단을 하는 동안 자신과 타인에 대해서 배운 것은 무엇이었나요?" 같은 질문을 해서 그 사람의 생각과 느낌을 더욱 구체적으로 표현하도록 도울 수 있다. 분명하게 말하는 것의 중요성을 강조해서 구성원들이 개념화하도록 한다. 또한 종결에 대한 감정을 자유롭게 표현하도록 격려하는 한편, 그들이 배운 것을 사용할 기회를 증가시켜 집단에서 배운 것을 유지하도록 한다. 만약 구성원이 집단 경험에 관해 일기를 계속 써 왔다면 그것은 의미 있는 변화를 확인할 수 있고 집단의 효과에 대해 평가할 수 있는 훌륭한 근거가 된다. 종결 단계 동안 이 장에서 다룬 대부분의 주제에 대해서 집단구성원들에게 글로 써 보라고 권유하는 것도 좋은 방법이다.

피드백 주고받기

종결 단계에서 피드백을 주고받는 것은 중요하다. 효과적인 집단의 구성원들이 그들의 감정과 자각에 대해 매회기에 나누었다 하더라도 요약된 피드백을 주고받는 기회는 그 자체로 가치가 있다. 이러한 기회를 제공하기 위해 나는 대체로 마지막 몇 회기 동안 구성원으로 하여금 스스로를 어떻게 인식했는지, 어떤 갈등이 명확해졌는지, 전환점은 무엇이었는지, 배운 것을 실천하는 것에 대해 어떤 기대를 갖고 있는지, 집단상담에 어떤 의미가 있었는지 등에 대해 간략하게 요약해 달라고 요청한다. 그리고 다른 사람들에게는 그 사람에 대해 어떻게 지각하고 어떻게 느끼는지 말하게 한다. 구성원들이 표현한 희망과 두려움에 대한 피드백은 간결하고 구체적일수록 효과가 있다. "난 당신이 아주 좋은 사람이라고 생각해요." 같은 막연한 언급은 장기적인 측면에서 별다른 효과가 없다. 구성원들이 특정한 피드백에 대해 일기에 적는 것도 유용하다. 다른 사람들이 말한 것을 기록해 두지 않으면, 쉽게 잊어버리게 되기 때문이다. 기록을 해 두면 목표를 향해 나아가는 과정에서 다른 사람이 말한 것을 언제든 돌이켜 볼 수 있다.

미해결 과제 완수하기

미해결 과제는 마지막 회기까지 미루어 두면 안 된다. 구성원들 간의 혹은 집단 과정이나 목표 사이의 상호작용과 관련된 미해결 과제를 종결 전의 회기에서 다룰 수 있는 시간을 가져야 한다. 어떤 것이 해결되지 못하였다면 그것에 대해 이야기하도록 구성원들을 격려해야 한다. 예를 들어, 한 구성원이 집단 과정이 진행되는 동안 대체로 조용히 있었다면 그가 걱정을 드러내기에 집단이 안전한 장소가 아니었음을 미해결 과제로 언급할 수 있다. 비록 그 구성원의 언급이 다른 사람들과 상호작용을 하기에는 너무 늦었다 하더라도 완전히 무시되는 것보다는 이런 언급을 들여다보는 것이 중요하다. 한편, 두 사람이 갈등을 겪었고 서로 간의 차이를 완전히 해결하지 못하고 집단의 마지막 단계까지 갈 수 있다. 만약, 그 두 사람이 갈등 해결을 방해하는 요인을 찾아낸다면, 이러한 과정에서 스스로에 대해 무엇인가를 배울 수 있을 것이다.

개방 집단에서 구성원 조기종결 공개

집단에서는 구성원이 집단을 탈퇴하고 새 구성원이 집단에 편입되는 시기가 다양하다. 개방 집단에서 탈퇴하는 구성원이 성취해야 할 몇 가지 작업은 개방 집단 구조에서 독특하게 드러난다.

- 지도자는 구성원에게 조기종결을 결정했더라도 적절한 통지를 하는 것이 중요하다는 점을 가르쳐야 한다. 이렇게 하면 구성원들이 집단을 그만두기 전에 스스로 또는 집단

내 다른 구성원들과 미완성된 작업을 처리할 시간을 가질 수 있다.

- 효과적인 종결을 위해서는 구성원과 지도자가 상호 합의하에 종료에 대한 감정과 생각을 다룰 충분한 시간을 가진다.
- 남은 집단구성원은 종종 구성원을 상실한 것에 대한 반응을 표현하며, 그에 대한 자신의 생각과 감정을 표현할 기회가 필요하다.
- 종결하는 구성원에게는 집단에서 배운 내용, 특히 이 집단에서 배운 것을 통해 무엇을 할 것인지 검토하도록 요청할 수 있다. 개방 집단을 떠나는 구성원은 집단에서 향후 목표를 파악하고 집단을 떠난 후 직면할 수 있는 장애에 어떻게 대처할지 논의할 시간이 필요하다.

좌절에 대한 예방

재발을 예방하는 것은 치료 집단의 마지막 단계에서 필수적인 부분이다. 집단구성원들이 집단을 떠난 후 때때로 이전 패턴으로 되돌아가 자기 패배적인 생각과 행동을 경험한다. 구성원들이 더 이상 효과가 없는 익숙한 이전 패턴으로 돌아갈 때 이를 인식할 수 있도록, 집단상담 이후에 자신에게 생길 수 있는 걸림돌과 대처 방법을 모색할 수 있도록 하는 것이 중요하다. 또한, 집단구성원들은 계획을 세울 때 직면할 수 있는 어려움과 실패를 해결할 수 있는 방법에 대해 생각해 볼 수 있다. 재발 예방의 목표는 개인이 집단에서 배운 내용을 향후 필요할 때 사용하여 집단의 효과를 유지할 수 있도록 돕는다(Dobson & Dobson, 2017).

종결 단계의 요약

단계별 특징

종결 단계에는 일반적으로 다음과 같은 특징이 나타난다.

- 현실의 이별을 넘어선 슬픔과 불안감이 있을 수 있다.
- 구성원들은 한 발짝 물러선 채 이전보다 소극적인 태도를 취한다.
- 구성원들은 그들이 하려고 하는 행동을 실천한다.
- 구성원들은 다른 사람에 대한 희망과 관심을 표현한다.
- 추후 회기에 대한 이야기를 나누거나 자신의 책임에 대해 논의하도록 함으로써 그들이 변화를 위한 계획을 지속적으로 수행하도록 촉진할 수 있다.

구성원의 역할과 발생 가능한 문제

구성원들이 종결 회기에서 마주할 주요 과제는 배움을 통합하고 집단 밖의 환경에서 배운 것들을 적용하는 것이다. 물론 집단이 매주 모임을 가졌다면 회기 사이에 이러한 것을 다룰 수도 있다. 그 시간을 통해 구성원들은 집단의 전체 과정과 결과를 되돌아보고 집단 경험의 의미에 관해 인지적으로 구조화할 수 있다. 구성원들의 주요 역할은 집단이 끝난 후에 그들이 배웠던 것을 일상생활에 어떻게 지속적으로 적용할지 계획하는 것이다. 그리고 가능하다면 추후 회기에 참석을 하는 것이다. 이 시기의 구성원에게 주어지는 과업은 다음과 같다.

- 분리와 종결에 관한 생각과 감정을 다룬다.
- 미해결 과제와 그들이 회기에 가지고 온 문제, 집단구성원들과 관련된 과제를 완성한다.
- 집단 밖의 상황에서 그들이 배운 것을 일반화할 수 있는 계획과 관심의 방법을 결정한다.
- 그들이 지속적으로 성장하도록 강화하는 방법을 안다.
- 집단 종결 후의 퇴보와 관련된 건설적인 만남의 방법을 탐색한다.
- 집단 경험의 영향에 대해 표현하고 검토하도록 한다.

이때 발생할 수 있는 문제는 다음과 같다.

- 구성원들이 자신의 경험을 되돌아보지 않으려 하거나 그것을 인지적으로 구조화하는 데 실패하면 배운 것을 체득하기 어려워진다.
- 분리불안 때문에 구성원들은 스스로 거리를 둔다.
- 집단에서 일어난 갈등을 그대로 둔 채로 지낸다.
- 집단이 끝났다고 생각하고 지속적인 성장을 위해 더 이상 어떤 노력도 하지 않는다.

지도자의 역할

종결 단계에서 지도자의 주요 과업은 구성원들이 집단 경험의 의미를 명확하게 할 수 있도록 구조화를 제공하고 집단에서 배운 것을 일상에서 적용하도록 돕는 것이다. 지도자는 다음과 같은 과업에 초점을 맞추어야 한다.

- 구성원들의 변화를 지속시키고 앞으로도 변화가 가능하도록 구성원들의 자원에 대한 정보를 확실하게 인식하도록 한다.
- 구성원들이 구체적 기술을 일상생활의 다양한 상황에 어떻게 적용할지 결정하도록 돕

는다. 예를 들어, 그들이 변화를 위한 계약이나 행동 계획을 수립하도록 도울 수 있다.

- 구성원들이 집단에서 무슨 일이 일어나고 있는지 개념화하는 것을 돕고 중요한 전환점을 알 수 있도록 돕는다.
- 구성원들이 만들어 낸 변화를 요약하고 다른 구성원들과의 공통점을 찾을 수 있도록 돕는다.
- 이해하기, 통합하기, 정리하기 같은 개념적인 구조를 발달시키도록 돕고 집단에서 배운 것이 무엇인지 기억하도록 한다.
- 종결 후에 사용할 계획을 세우도록 한다.

6단계: 종결 후 집단의 쟁점–평가와 추후 과정

집단을 구성하는 것과 마찬가지로 지도자의 사전 준비 활동도 집단의 여러 단계에 큰 영향을 끼치는데, 이와 마찬가지로 집단이 끝난 후, 지도자의 작업은 더욱 중요해진다. 회기 종결이 지도자의 일이 끝났다는 뜻이 아닐뿐더러 종결 후에 숙고해야 할 중요한 문제들이 있다. 두 가지 문제가 집단의 성공적인 마무리와 관련이 있는데 그것은 평가와 추후 과정이다.

효과적인 훈련의 일부는 집단의 추후 과정에 대한 계획을 세우고 지속적인 평가를 위한 발전 전략을 수반하는 것이다. 이를 위해서는 다음과 같은 질문을 생각해 보아야 한다.

- 집단의 결과를 평가하는 데 있어서 지도자의 책임은 무엇인가?
- 구성원들이 집단 경험의 효과를 평가하도록 돕기 위해 지도자는 어떻게 해야 하는가?
- 종결 후에 어떤 종류의 추후 회기를 제공해야 할 것인가?
- 집단 평가에서 윤리적으로 고려할 사항은 무엇인가?

집단의 과정과 결과 평가

평가는 집단 과정의 기본적인 측면이며 지도자와 구성원들에게 이익이 된다. 배움에 대한 실제적인 평가를 하는 데는 윤리적 실천이 요구된다. 평가는 집단이 종료될 때만 사용하는 절차가 아니다. 평가는 집단의 시작부터 끝까지(혹은 최소한 집단의 중요한 전환점마다) 이루어져야 하는 지속적인 과정이며, 각각의 구성원과 집단 전체의 진전을 총괄적으로 다루어야 한다. 집단 작업 과정 및 결과 평가에 대한 집단지도자의 책임과 관련하여 '집단 작업의 지도 원칙'(ASGW, 2021)에서 이 표준을 제시하고 있다.

> 형성평가와 종합평가: 집단지도자는 형성평가와 종합평가를 통해 집단 과정과 결과를 평가한다. 평가 결과는 현재 및 향후 집단의 지속적인 프로그램 계획, 개선 및 수정에 사용되거나 전문 연구 문헌에 기여하는 데 사용된다. 집단 전문가는 연구 및 보고서에 집단 자료를 사용할 때 모든 관련 정책과 표준을 준수한다. 집단 전문가는 결과를 평가하기 위해 또는 집단구성원이 요청하는 경우 적절하게 집단구성원과 후속 연락을 취한다. (E.2.)

많은 기관에서 집단상담사에게 집단상담의 효과를 보여 주기 위한 객관적인 척도를 사용할 것을 요구한다. 표준화된 도구들을 통해 개인의 행동과 가치관의 변화를 측정할 수 있기 때문이다. 어떤 종류의 평가척도는 각 구성원의 경험과 집단 평가에 대해 지도자가 잘 알 수 있도록 해준다. 이러한 실질적인 평가 도구는 구성원들이 집단에서 개인적인 평가를 하도록 도와주고 지도자의 개입 및 도움의 정도를 알 수 있도록 해준다. 집단 구조에 대한 적극적인 평가는 향후 집단이 향상될 수 있도록 하며 지도자의 전문적인 신뢰성과 책임을 증가시키는 결과를 가져온다.

구성원이 집단 경험에 대해서 기록하는 것은 집단 경험의 의미를 주관적으로 평가하는 데 매우 유용한 기초가 된다. 보통 나는 집단을 시작하기 전에 구성원들에게 그들이 집단에서 기대하는 것과 그들의 관심에 대해서 써 보라고 한다. 그리고 집단에서의 경험과 회기 사이의 그들의 일상 경험에 대해 계속 일기를 쓰도록 적극적으로 권유한다. 이런 쓰기 과정은 구성원들이 집단의 상호작용을 통해 자신과 다른 사람들에 대해 발견한 의미 있는 것에 초점을 맞추도록 돕는다. 또한 집단에서 일어난 의미 있는 발생을 되돌아볼 기회를 주고 집단에 대해 그들이 가장 좋았던 것이나 안 좋았던 것을 알아차리게 도와준다. 쓰기 과정은 자기 평가의 좋은 도구가 되기도 하고 그것 자체로도 치유적이다.

추후 집단 회기

추후 집단 회기를 통해 구성원들은 집단 경험에 대해 토론하고 관점을 정리할 수 있다. 이 회기는 집단지도자에게 집단의 결과를 평가할 수 있는 기회를 제공할 뿐만 아니라 구성원들에게도 집단이 자신과 동료들에게 미친 영향을 보다 현실적으로 파악할 수 있는 기회를 제공한다는 점에서 매우 유용하다.

추후 회기에서는 구성원들이 종결 후 실생활에 그간의 배움을 적용하는 데 기울였던 노력에 대해서 토의한다. 그들이 맞닥뜨린 어려움을 이야기할 수 있고, 성공 경험이나 기쁨을 나눌 수 있으며, 집단에서 일어났던 일을 회상할 수도 있다. 또한 추후 회기에서는 집단 경험과 관련된 느낌과 소감을 표현할 기회를 제공 받는다. 이때 서로 피드백을 주고받고 지지해 주는 것은 대단히 중요하다. 추후 회기는 집단 종결 후 구성원들이 더욱 발전하도록 돕기 위해 구성원들에게 새로운 전문가나 기관을 소개할 수 있는 시간이기도 하다. 모든 집단 구성원들은 지속적인 지원과 도전을 격려받게 되는데, 그러한 집단의 끝은 자기 이해의 새로운 시작점이 될 수 있다.

추후 회기에서 구성원의 책임을 강조하면 집단 경험의 효과가 더욱 오랫동안 지속될 수 있다. 많은 사람이 추후 회기를 단순히 종결 후 한 달이나 그 후에 모여서 그들의 노력을 유지하는 데 필요한 자극이 되는 자기 보고를 하는 것이라고 알고 있다. 결론적으로 추후 회기는 지도자가 구성원들에게 다음과 같은 사항을 상기시킬 수 있는 좋은 기회가 된다. 즉, 미래에 어떤 사람이 될 것인가는 구성원들 자신에게 달려 있고, 주변 상황을 바꾸려면 행동으로 옮겨야 한다는 것이다.

결론

집단의 발달 단계가 일반적으로 이 두 장에서 설명한 순서대로 깔끔하고 예측 가능하게 진행되지 않는다는 점을 여러 번 언급했다. 단계 간에는 상당한 중복이 있으며, 집단이 높은 수준의 단계로 이동하면 일시적으로 이전 발달 단계로 퇴보할 수도 있다.

집단이 발달하는 여러 단계에서 구성원과 지도자가 공통적으로 직면하는 주요 과제를 파악하면, 적절한 때에 명확한 목적을 가지고 개입할 수 있다. 또한, 집단 발달의 일반적인 단계를 명확하게 파악하면, 집단을 운영할 수 있는 개념적 지도를 얻을 수 있다. 그리고 집단의 중요한 전환점에 대한 지식은 집단이 발달함에 따라 발생하는 요구 사항을 성공적으로 충족하기 위해 구성원들이 자원을 활용할 수 있게 해준다. 그뿐만 아니라 집단의 일반적인 패턴에 대한 지식은 특정 시점에 어떤 개입이 더 유용할지 결정할 수 있는 전반적인 관점을 제공한다. 또한 이러한 관점을 통해 집단상담에서 발생할 수 있는 특정 위기를 예측하고 이에 대비하여 보다 효과적으로 집단을 관리할 수 있다.

1부 참고문헌 및 권장 도서

American Counseling Association. (2014). *ACA code of ethics.*

American Group Psychotherapy Association. (2002). *AGPA and NRCGP guidelines for ethics.* http://www.groupsinc.org/group/ethicalguide.html

American School Counselor Association. (2016). *Ethical standards for school counselors.*

APA Presidential Task Force on Evidence-Based Practice. (2006). Evidence-based practice in psychology. *American Psychologist, 61*(4), 271-285.

Arredondo, P., Toporek, R., Brown, S., Jones, J., Locke, D., Sanchez, J., & Stadler, H. (1996). Operationalization of multicultural counseling competencies. *Journal of Multicultural Counseling and Development, 24*(1), 42-78.

Association for Specialists in Group Work. (2000). Professional standards for the training of group workers [Special insert]. *The Group Worker, 28*(3), 1-10.

Association for Specialists in Group Work. (2008). Best practice guidelines. *Journal for Specialists in Group Work, 33*(2), 111-117.

Association for Specialists in Group Work. (2012). *Multicultural and social justice competence principles for group workers.* http://www.asgw.org/

Association for Specialists in Group Work. (2021). *Guiding Principles for Group Work*, http://www.asgw.org/

Atkinson, D. R. (2004). *Counseling American minorities* (6th ed.). McGraw-Hill.

Barlow, S. H. (2008). Group psychotherapy specialty practice. *Professional Psychology: Research and Practice, 39*(2), 240-244.

Bemak, F., & Epp, L. R. (1996). The 12th curative factor: Love as an agent of healing in group psychotherapy. *Journal for Specialists in Group Work, 21*(2), 118-127.

Bohart, A. C., & Wade, A. G. (2013). The client in psychotherapy. In M. J. Lambert (Ed.), *Bergin and Garfield's handbook of psychotherapy and behavior change* (6th ed., pp. 219-257). Wiley.

Brabender, V. (2020). Group psychotherapies. In S. B. Messer & N. J. Kaslow (Eds.), *Essential psychotherapies: Theory and practice* (4th ed., pp. 369-404). Guilford Press.

Brown, N. (2019). *Psychoeducational groups* (4th ed.). Routledge.

Burlingame, G. M., MacKenzie, K. R., & Strauss, B. (2004). Small group treatment: Evidence for effectiveness and mechanisms of change. In M. J. Lambert (Ed.), *Bergin and Garfield's handbook of psychotherapy and behavior change* (5th ed., pp. 647-696). Wiley.

Burlingame, G. M., McClendon, D. T., & Alonso, J. (2011). Cohesion in group therapy. In J. C. Norcross (Ed.), *Psychotherapy relationships that work: Evidence-based responsiveness* (2nd ed., pp. 110-131). Oxford University Press.

Burlingame, G. M., McClendon, D. T., & Yang, C. (2019). Cohesion in group therapy. In J. C. Norcross & M. J. Lambert (Eds.), *Psychotherapy relationships that work: Evidence-based therapist contributions*

(3rd ed., Vol. 1, pp. 205-244). Oxford University Press.

Castonguay, L., Barkham, M., Lutz, W., & McAleavey, A. (2013). Practice-oriented research: Approaches and applications. In M. J. Lambert (Ed.), *Bergin and Garfield's handbook of psychotherapy and behavior change* (6th ed., pp. 85-133). Wiley.

Christmas, C., & Van Horn, S. M. (2012). SPARC groups: A model for incorporating spiritual psychoeducation into group work. *Journal for Specialists in Group Work, 37*(3), 170-201.

Chung, R. C.-Y., & Bemak, F. (2014). Group counseling with Asians. In J. DeLucia-Waack, C. R. Kalodner & M. T. Riva (Eds.), *Handbook of group counseling and psychotherapy* (2nd ed., pp. 231-241). Sage.

Claiborn, C. D., Goodyear, R. K., & Horner, P. A. (2002). Feedback. In J. C. Norcross (Ed.), *Psychotherapy relationships that work* (pp. 217-233). Oxford University Press.

Comas-Diaz, L. (1990). Hispanic/Latino communities: Psychological implications. *Journal of Training and Practice in Professional Psychology*, *4*(1), 14-35.

Comas-Diaz, L. (2019). Multicultural theories of psychotherapy. In D. Wedding & R. J. Corsini (Eds.), *Current psychotherapies* (11th ed., pp. 561-598). Cengage Learning.

Cook, J. M., Biyanova, T., & Coyne, J. C. (2009). Influential psychotherapy figures, authors, and books: An internet survey of over 2,000 psychotherapists. *Psychotherapy: Theory, Research, Practice, Training, 46*(1), 42-51.

Corey, G. (2023). *Student manual for theory and practice of group counseling* (10th ed.). Cengage Learning.

Corey, G. (2020). *Personal reflections on counseling*. American Counseling Association.

Corey, G., Corey, M., Callanan, P., & Russell, J. M. (2015). *Group techniques* (4th ed.). Cengage Learning.

Corey, G., Corey, M., & Corey, C. (2019). *Issues and ethics in the helping professions* (10th ed.). Cengage Learning.

Corey, G., Corey, M., & Haynes, R. (2014). *Groups in action: Evolution and challenges. DVD and workbook* (2nd ed.). Cengage Learning.

Corey, M., Corey, G., & Corey, C. (2018). *Groups: Process and practice* (10th ed.). Cengage Learning.

Cornish, M. A., & Wade, N. G. (2010). Spirituality and religion in group counseling: A literature review with practice guidelines. *Professional Psychology: Research and Practice, 41*(5), 398-404.

Cornish, M. A., Wade, N. G., & Post, B. C. (2012). Attending to religion and spirituality in group counseling: Counselors' perceptions and practices. *Group Dynamics: Theory, Research, and Practice, 16*(2), 122-137.

Council for Accreditation of Counseling and Related Educational Programs. (2016). Council for Accreditation of Counseling and Related Educational Programs (CACREP) 2016 standards. http://www.cacrep.org/wp-content/uploads/2015/05/2016-CACREP-Standards.pdf

Debiak, D. (2007). Attending to diversity in group psychotherapy: An ethical imperative. *International*

Journal of Group Psychotherapy, 57(1), 1-12.

DeLucia-Waack, J. L. (1996). Multiculturalism is inherent in all group work. *Journal for Specialists in Group Work, 21*(4), 218-223.

DeLucia-Waack, J. L., & Donigian, J. (2004). *The practice of multicultural group work: Visions and perspectives from the field.* Cengage Learning.

Dies, R. R. (1983). Clinical implications of research on leadership in short-term group psychotherapy. In R. R. Dies & K. R. MacKenzie (Eds.), *Advances in group psychotherapy: Integrating research and practice* (pp. 27-78). International Universities Press.

Dobson, D., & Dobson, K. S. (2017). *Evidence-based practice of cognitive-behavioral therapy* (2nd ed.). Guilford Press.

Drum, D. J., & Knott, J. E. (2009). Theme groups at thirty. *International Journal of Group Psychotherapy, 57*(4), 491-510.

Duncan, B. L., Miller, S. D., & Sparks, J. A. (2004). *The heroic client: A revolutionary way to improve effectiveness through client-directed, outcome-informed therapy* (Rev. ed.). Jossey-Bass.

Duncan, B. L., Miller, S. D., Wampold, B. E., & Hubble, M. A. (Eds.). (2010). *The heart and soul of change: Delivering what works in therapy* (2nd ed.). American Psychological Association.

Fallon, A. (2006). Informed consent in the practice of group psychotherapy. *International Journal of Group Psychotherapy, 56*(4), 431-453.

Falls, L., & Furr, S. (2009). Group work, types of. In *The ACA encyclopedia of counseling* (pp. 251-254). American Counseling Association.

Francis, P. C. (2016). Religion and spirituality in counseling. In I. Marini & M. A. Stebnicki (Eds.), *The professional counselor's desk reference* (2nd ed., pp. 559-564). Springer.

Geller, J. D., Norcross, J. C., & Orlinsky, D. E. (Eds.). (2005). *The psychotherapist's own psychotherapy: Patient and clinician perspectives.* Oxford University Press.

Herlihy, B., & Corey, G. (2015a). *ACA ethical standards casebook* (7th ed.). American Counseling Association.

Herlihy, B., & Corey, G. (2015b). *Boundary issues in counseling: Multiple roles and relationships* (3rd ed.). American Counseling Association.

Hill, C. E., & Knox, S. (2002). Self-disclosure. In J. C. Norcross (Ed.), *Psychotherapy relationships that work* (pp. 255-265). Oxford University Press.

Hill, C. E., Knox, S., & Pinto-Coelho, K. G. (2019). Self-disclosure and immediacy. In J. C. Norcross & M. J. Lambert (Eds.), *Psychotherapy relationships that work: Evidence-based therapist contributions* (3rd ed., Vol. 1, pp. 379-420). Oxford University Press.

Hook, J. N., Captari, L. E., Hoyt, W., Davis, D. E., McElroy, S. E., & Worthington, E. L. (2019). Religion and spirituality. In J. C. Norcross & B. E. Wampold (Eds.), *Psychotherapy relationships that work: Evidence-based therapist responsiveness* (3rd ed., Vol. 2, pp. 212-263). Oxford University Press.

Hoyt, M. F. (2011). Brief psychotherapies. In S. B. Messer & A. S. Gurman (Eds.), *Essential psychotherapies: Theory and practice* (3rd ed., pp. 387-425). Guilford Press.

Hulse-Killacky, D., Killacky, J., & Donigan, J. (2001). *Making task groups work in your world.* Merrill/Prentice-Hall.

Ieva, K. P., Ohrt, J. H., Swank, J. M., & Young, T. (2009). The impact of experiential groups on master's students counselor and personal development: A qualitative investigation. *Journal for Specialists in Group Work, 34*(4), 351-368.

Ivey, A. E., Pedersen, P. B., & Ivey, M. B. (2008). *Group microskills: Culture-centered group process and strategies.* Microtraining Associates.

Jensen, D. R., Abbott, M. K., Beecher, M. E., Griner, D., Golightly, T. R., & Cannon, J. A. N. (2012). Taking the pulse of the group: The utilization of practice-based evidence in group psychotherapy. *Professional Psychology: Research and Practice, 43*(4), 388-394.

Johnson, I. H., Santos Torres, J., Coleman, V. D., & Smith, M. C. (1995). Issues and strategies in leading culturally diverse counseling groups. *Journal for Specialists in Group Work, 20*(3), 143-150.

Joyce, A. S., Piper, W. E., & Orgrodniczuk, J. S. (2007). Therapeutic alliance and cohesion variables as predictors of outcome of short-term group psychotherapy. *International Journal of Group Psychotherapy, 57*(3), 269-296.

Joyce, A. S., Piper, W. E., Orgrodniczuk, J. S., & Klein, R. H. (2007). *Termination in psychotherapy: A psychodynamic model of processes and outcomes.* American Psychological Association.

Klein, R. H. (2008). Toward the establishment of evidence-based practices in group psychotherapy. *International Journal of Group Psychotherapy, 58*(4), 441-454.

Kocet, M. M., & Herlihy, B. J. (2014). Addressing value-based conflicts within the counseling relationship: A decision-making model. *Journal of Counseling & Development, 92*(2), 180-186.

Lambert, M. J. (2011). Psychotherapy research and its achievements. In J. C. Norcross, G. R. Vandenbos & D. K. Freedheim (Eds.), *History of psychotherapy* (2nd ed., pp. 299-332). American Psychological Association.

Lambert, M. J. (2013). The efficacy and effectiveness of psychotherapy. In M. J. Lambert (Ed.), *Bergin and Garfield's handbook of psychotherapy and behavior change* (6th ed., pp. 169-218). Wiley.

Lambert, M. J., Whipple, J. L., & Kleinstauber, M. (2019). Collecting and delivering client feedback. In J. C. Norcross & M. J. Lambert (Eds.), *Psychotherapy relationships that work: Evidence-based therapist contributions* (3rd ed., Vol. 1, pp. 580-630). Oxford University Press.

Lasky, G. B., & Riva, M. T. (2006). Confidentiality and privileged communication in group psychotherapy. *International Journal of Group Psychotherapy, 56*(4), 455-476.

Lau, M. A., Ogrodniczuk, J., Joyce, A. S., & Sochting, I. (2010). Bridging the practitioner-scientist gap in group psychotherapy research. *International Journal of Group Psychotherapy, 60*(2), 177-196.

Lee, C. C. (2019). Multicultural competency: A conceptual framework for counseling across cultures. In C. C. Lee (Ed.), *Multicultural issues in counseling: New approaches to diversity* (5th ed., pp. 3-13). American Counseling Association.

MacNair-Semands, R. (2005). *Ethics in group psychotherapy*. American Group Psychotherapy Association.

MacNair-Semands, R. R. (2007). Attending to the spirit of social justice as an ethical approach in group therapy. *International Journal of Group Psychotherapy, 57*(1), 61-66.

McCeneaney, A. M. S., & Gross, J. M. (2009). Introduction to special issue: Group interventions in college counseling centers. *International Journal of Group Psychotherapy, 57*(4), 455-460.

Miller, S. D., Hubble, M. A., Duncan, B. L., & Wampold, B. E. (2010). Delivering what works. In B. L. Duncan, S. D. Miller, B. E. Wampold, & M. A. Hubble (Eds.), *The heart and soul of change: Delivering what works in therapy* (2nd ed., pp. 421-429). American Psychological Association.

Morran, D. K., Robison, F. F., & Stockton, R. (1985). Feedback exchange in counseling groups: An analysis of message content and receiver acceptance as a function of leader versus member delivery, session, and valence. *Journal of Counseling Psychology, 32*(1), 57-67.

Morran, D. K., & Stockton, R. (1985). Perspectives on group research programs. *Journal of Specialists for Group Work, 10*(4), 186-191.

Morran, D. K., Stockton, R., & Bond, L. (1991). Delivery of positive and corrective feedback in counseling groups. *Journal of Counseling Psychology, 38*(4), 410-414.

Morran, D. K., Stockton, R., & Whittingham, M. H. (2004). Effective leader interventions for counseling and psychotherapy groups. In J. L. DeLucia-Waack, D. Gerrity, C. R. Kalodner, & M. T. Riva (Eds.), *Handbook of group counseling and psychotherapy* (pp. 91-103). Sage.

Nolan, E. (1978). Leadership interventions for promoting personal mastery. *Journal for Specialists in Group Work, 3*(3), 132-138.

Norcross, J. C. (2005). The psychotherapist's own psychotherapy: Educating and developing psychologists. *American Psychologist, 60*(8), 840-850.

Norcross, J. C. (2010). The therapeutic relationship. In B. L. Duncan, S. D. Miller, B. E. Wampold, & M. A. Hubble (Eds.), *The heart and soul of change: Delivering what works in therapy* (2nd ed., pp. 113-141). American Psychological Association.

Norcross, J. C., & Alexander, E. F. (2019). A primer on psychotherapy integration. In J. C. Norcross & M. R. Goldfried (Eds.), *Handbook of psychotherapy integration* (3rd. ed., pp. 3-27). Oxford University Press.

Norcross, J. C., & Beutler, L. E. (2019). Integrative psychotherapies. In D. Wedding & R. J. Corsini (Eds.), *Current psychotherapies* (11th ed., pp. 527-560). Cengage Learning.

Norcross, J. C., Beutler, L. E., & Levant, R. F. (2006). *Evidence-based practices in mental health: Debate and dialogue on the fundamental questions*. American Psychological Association.

Norcross, J. C., & Goldfried, M. R. (Eds.). (2019). *Handbook of psychotherapy integration* (3rd ed.). Oxford University Press.

Norcross, J. C., Hogan, T. P., & Koocher, G. P. (2008). *Clinician's guide to evidence-based practices*. Oxford University Press.

Norcross, J. C., & Lambert, M. J. (2019). Evidence-based therapy relationships: The third task force. In J. C. Norcross & M. L. Lambert (Eds.), *Psychotherapy relationships that work: Evidence-based therapist contributions* (3rd ed., Vol. 1, pp. 1-23). Oxford University Press.

Ogrodniczuk, J. S., Piper, W. E., Joyce, A. S., Lau, M. A., & Sochting, I. (2010). A survey of Canadian group psychotherapy association members' perceptions of psychotherapy research. *International Journal of Group Psychotherapy, 60*(2), 159-176.

Ohrt, J. H., Frier, E., Porter, J., & Young, T. (2014). Group leader reflection on their training and experience: Implications for group counselor educators and supervisors. *Journal for Specialists in Group Work, 39*(2), 95-124.

Pedersen, P. (1991). Multiculturalism as a generic approach to counseling. *Journal of Counseling and Development, 70*(1), 6-12.

Pedersen, P. (1997). *Culture-centered counseling interventions: Striving for accuracy*. Sage.

Pedersen, P. (2000). *A handbook for developing multicultural awareness* (3rd ed.). American Counseling Association.

Post, B. C., Cornish, M. A., Wade, N. G., & Tucker, J. R. (2013). Religion and spirituality in group counseling: Beliefs and practices of university counseling center counselors. *Journal for Specialists in Group Work, 38*(4), 264-283.

Riva, M. T., & Haub, A. L. (2004). Group counseling in the schools. In J. L. DeLucia-Waack, D. Gerrity, C. R. Kalodner, & M. T. Riva (Eds.), *Handbook of group counseling and psychotherapy* (pp. 309-321). Sage.

Rutan, J. S., Stone, W. N., & Shay, J. J. (2014). *Psychodynamic group psychotherapy* (5th ed.). Guilford Press.

Sahker, E. (2016). Therapy with the nonreligious: Ethical and clinical considerations. *Professional Psychology: Research and Practice, 47*(4), 295-302.

Shapiro, J. L. (2010). Brief group treatment. In R. K. Conyne (Ed.), *The Oxford handbook of group counseling* (pp. 487-510). Oxford University Press.

Shumaker, D., Ortiz, C., & Brenninkmeyer, L. (2011). Revisiting experiential group training in counselor education: A survey of master's-level programs. *Journal for Specialists in Group Work, 36*(2), 111-128.

Skovholt, T. M., & Jennings, L. (2004). *Master therapists: Exploring expertise in therapy and counseling*. Allyn & Bacon.

Steen, S., Henfield, M. S., & Booker, B. (2014). The achieving success everyday group counseling model: Implications for professional school counselors. *Journal for Specialists in Group Work, 39*(1), 29-46.

Steen, S., Shi, Q., & Hockersmith, W. (2014). Group counseling for African Americans: Research and practice considerations. In J. DeLucia-Waack, C. R. Kalodner, & M. T. Riva (Eds.), *Handbook of group counseling and psychotherapy* (2nd ed., pp. 220-230). Sage.

Stockton, R., & Morran, D. K. (2010). Reflections on practitioner-researcher collaborative inquiry.

International Journal of Group Psychotherapy, 60(2), 295-305.

Stockton, R., Morran, K., & Chang, S. (2014). An overview of current research and best practices for training beginning group leaders. In J. DeLucia-Waack, C. R. Kalodner, & M. T. Riva (Eds.), *Handbook of group counseling and psychotherapy* (2nd ed., pp.133-145). Sage.

Stockton, R., & Toth, P. L. (1997). Applying a general research training model to group work. *Journal for Specialists in Group Work, 22*(4), 241-252.

Sue, D., & Sue, D. W. (1993). Ethnic identity: Cultural factors in the psychological development of Asians in America. In D. R. Atkinson, G. Morten, & D. W. Sue (Eds.), *Counseling American minorities: A cross-cultural perspective* (pp. 199-210). Brown & Benchmark.

Sue, D. W., Arredondo, P., & McDavis, R. J. (1992). Multicultural counseling competencies and standards: A call to the profession. *Journal of Counseling and Development, 70*(4), 477-486.

Sue, D. W., Carter, R. T., Casas, J. M., Fouad, N. A., Ivey, A. E., Jensen, M., LaFromboise, T., Manese, J. E., Ponterotto, J. G., & Vazquez-Nutall, E. (1998). *Multicultural counseling competencies: Individual and organizational development.* Sage.

Sue, D. W., Sue, D., Neville, H. A., & Smith, L. (2019). *Counseling the culturally diverse: Theory and practice* (8th ed.). Wiley.

Torres-Rivera, E., Torres Fernandez, I., & Hendricks, W. A. (2014). Psychoeducational and counseling groups with Latinos/as. In J. DeLucia-Waack, C. R. Kalodner, & M. T. Riva (Eds.), *Handbook of group counseling and psychotherapy* (2nd ed., pp. 242-252). Sage.

Weinberg, H. (2020). Online group psychotherapy: Challenges and possibilities during COVID-19-A practice review. *Group Dynamics: Theory, Research, and Practice, 24*(3), 201-211.

Wheeler, N., & Bertram, B. (2019). *The counselor and the law: A guide to legal and ethical practice* (8th ed.). American Counseling Association.

Wrenn, C. G. (1985). Afterward: The culturally encapsulated counselor revisited. In P. Pedersen (Ed.), *Handbook of cross-cultural counseling and therapy* (pp. 323-329). Greenwood Press.

Yalom, I. D., & Leszcz, M. (2020). *The theory and practice of group psychotherapy* (6th ed.). Basic Books.

Young, J. S., & Cashwell, C. S. (2020). Integrating spirituality and religion into counseling: An introduction. In C. S. Cashwell & J. S. Young (Eds.), *Integrating spirituality and religion into counseling* (3rd ed., pp. 3-29). American Counseling Association.

02 집단상담에 대한 이론적 접근

6장

정신분석적 집단상담

학습목표

1. 과거가 어떻게 집단원이 현재 효과적으로 기능하고자 하는 노력을 방해하는지를 설명한다.
2. 초기 아동기의 발달이 개인의 현재 문제에 미치는 영향을 이해한다.
3. 정신역동적 집단치료자가 저항을 어떻게 바라보는지 설명한다.
4. 집단 장면에서 다양한 전이가 집단원들의 미해결된 문제를 어떻게 재연하는지, 그리고 집단에서 이러한 반응들을 어떻게 탐색할 수 있는지를 기술한다.
5. 정신역동적 집단치료 과정에서 역전이의 역할을 정의하고 설명한다.
6. 집단지도자의 역할과 기능을 정신역동적 관점에서 설명한다.
7. 정신분석적 집단치료에서 자주 사용되는 기법, 즉 분석적 틀 유지, 자유 연상, 해석, 꿈 분석, 저항과 전이에 대한 분석과 해석을 정의한다.
8. 심리사회적 발달단계를 정신역동적 집단치료에 적용하는 것을 이해한다.
9. 단기 정신역동적 치료와 관련된 주요 구성 요소를 구분하고 설명한다.
10. 다문화적 관점에서 정신분석 집단치료의 장점과 한계를 파악한다.

서론

정신분석 이론은 이 책에서 소개된 대부분의 집단치료 모델에 영향을 주었다. 이 책에서 소개된 집단 모델 중 몇 가지는 정신분석 모델을 확장한 것이며, 어떤 모델들은 정신분석 개념과 과정을 수정한 것이고, 정신분석에 대한 반발로 만들어진 모델들도 있다. 대부분의 집단상담 이론의 개념과 기법은 정신분석을 토대로 하고 있다고 해도 과언이 아닐 것이다. 당신은 집단상담사로서 정신분석 집단의 운영에 대한 훈련을 받은 적이 없거나 그런 집단에 대해 관심이 없을지도 모른다. 하지만 당신이 정신분석적 기법을 사용하지 않을지라도 몇 가지 기본적인 정신분석의 개념은 당신의 치료 이론에 통합되어 있을 수 있다.

Sigmund Freud

Sigmund Freud(1856~1939)는 비엔나의 한 가정에서 3남 5녀 중 첫째 아들로 태어났다. Freud의 아버지는 그 시대의 대다수 사람들처럼 매우 권위주의적이었다. Freud의 가족 배경을 이해하는 것은 Freud의 이론의 발전을 이해할 때 도움이 될 것이다. Freud의 가족은 경제적으로 넉넉하지는 않았으나 부모님이 Freud의 뛰어난 지적 능력을 기르기 위해 많은 노력을 기울였다. Freud는 관심사가 다양했으나 그중 의학에 정착하여 26세에 비엔나 대학에서 의학 학위를 받고 4년 만에 명예로운 강사로 일하게 되었다.

Freud는 직업적 열정으로 정신분석 이론을 공식화하고 확장했다. 그의 삶에서 가장 창조적이었던 때는 그가 심각한 정서적 문제를 경험하고 있던 시기였다. Freud는 40대 초반 죽음에 대한 심한 두려움과 다른 공포증을 비롯한 수많은 심인성 신체 장애를 가지고 있었고, 자기 분석이라는 어려운 일을 시도했다. 그는 자신의 꿈의 의미를 탐구하여 성격 발달의 역동에 대한 통찰을 얻었다. Freud는 먼저 아동기 기억들을 탐색하고, 아버지에게 심한 적개심을 느꼈다는 것을 깨달았다. 또한 그는 아동기에 매력적이고 사랑스럽고 보호적이었던 어머니에게 느낀 성적 감정을 회상했다. 그 후 그는 환자들을 분석할 때 자신의 문제와 같은 것을 관찰하여 그의 이론을 임상적으로 공식화했다.

Freud는 매우 창의적이고 생산적이었으며 자주 18시간씩 일했다. 그는 24권의 저서를 집필하였고, 암에 걸린 말년까지도 저술 활동을 왕성하게 했다. 마지막 20년 동안에는 33번의 수술을 받는 등 심한 고통 속에 있다가 1939년 런던에서 사망했다.

정신분석학의 창시자로서 Freud는 자신을 지적 거장으로 유명하게 만들었다. 그는 인간의 행동을 이해하기 위한 새로운 기법을 만들었으며, 이를 통해 지금까지 개발된 가장 포괄적인 성격 이론과 심리치료를 내놓게 되었다. 그의 견해는 현대 심리치료 분야에 지속적으로 영향을 미치고 있다. 또한 Freud의 많은 기본 개념은 다른 이론가들이 자신의 이론적 틀을 설계하는 데 토대가 되고 있다.

Sigmund Freud는 아동 초기의 심리성적 발달단계를 이해하는 데 중대한 기여를 하였다. 하지만 아동기 이후의 인간 발달에 미치는 심리사회적인 영향들에 대해서는 거의 기술하지 않았다. 이러한 이유로 유아기부터 노년기에 이르기까지 삶의 각 단계에서 일어나는 인간의 근본적인 문제들을 이해하는 종합적인 틀을 제시한 Erik Erikson(1963, 1982)의 심리사회적 관점을 논하고자 한다. Erikson은 자아심리학자일 뿐만 아니라 정신분석가로도 평가받고 있으며, Freud가 죽은 후에도 인간 발달단계에 대한 Freud 학파의 개념을 발전시켰다.

집단에 정신분석 원리와 기법을 처음으로 적용한 사람은 정신과 의사이자 정신분석가인 Alexander Wolf이다. 그는 개인치료를 감당할 수 없는 환자를 돕기 위해 1938년에 집단치료를 시작하였다. 그러한 경험은 그에게 정신분석적 접근에 대한 관심을 갖게 하였고, 정신분석적 접근을 주된 치료 방식으로 사용하게 되었다.

주요 개념

정신분석 집단의 목표

정신분석 과정의 목표는 내담자의 특성과 성격 체계를 재구조화하는 데 있다. 이러한 목표는 무의식적 갈등을 탐색하고 의식화함으로써 달성될 수 있다. 특히 정신분석 집단원들은 현재의 집단에서 과거가 반복되는 상징적인 방식을 통해 원가족을 재현한다. Wolf(1963, 1975)는 전이, 자유연상, 꿈 및 현재 행동의 역사적 결정 요인과 같은 정신분석적 기법을 집단에 적용할 수 있도록 발전시켰다. 그는 집단 내에서 원가족을 재현하는 것에 초점을 두고 구성원들의 미해결 과제를 해결하는 것에 중점을 두었다. 구성원들이 서로에게 또는 지도자에게 보이는 반응은 원가족 내의 중요한 인물과의 역동적 관계를 보여 주는 상징적인 단서로 가정할 수 있다. 비록 이러한 반응은 지금-여기에서 일어난 것이지만 항상 구성원의 초기 과거 경험을 살펴보는 데 관심을 둔다(Tuttman, 1986).

어떤 정신분석 집단은 여러 측면에서 원가족을 재현하도록 시도한다. 지도자는 구성원들 사이에 그리고 구성원들과 지도자 사이에 일어나는 가족과 유사한 관계를 이해하도록 한다. 집단구성원은 종종 가족관계에서 비롯된 갈등을 재경험할 수 있다. 이러한 집단은 가족과 비슷한 분위기를 갖고 있기 때문에 원가족과 현재의 경험 간의 관계를 알아차릴 수 있는 기회를 제공한다(Rutan et al., 2014).

과거의 영향

정신분석 작업은 현재의 성격 기능에 미치는 과거의 영향에 초점을 둔다. 생애 초기 6년 동안의 경험이 현재 갈등의 근원이 되고 있다고 본다. 내담자들이 치료집단에 가져오는 전형적인 문제는 다음과 같다. 그것은 사랑을 자유롭게 주고받지 못하는 무능력, 분노, 원망, 공격과 같은 감정을 다루거나 알아차리는 것에 대한 어려움, 자신의 삶을 이끌어 가지 못하는 무능력과 독립과 의존 사이의 갈등을 해결하지 못하는 것이다. 정신분석 관점에서는 성인들이 보이는 이러한 문제의 원인은 초기 발달에 있다고 본다. 초기 학습을 바꿀 수는 없지만 그 영향력을 변화시키기 위해서 사람들은 초기 경험이 현재 성격 구조에 어떻게 영향을 미쳤는지를 인식해야 한다.

초기 경험이 성인 기능에 중요한 역할을 한다는 많은 연구가 이루어져 있다. 초기의 가족 상호작용은 우리의 첫 번째 집단경험이며, 여기에서 사람들은 집단에서 어떻게 행동하고, 무엇을 기대해야 하는지에 대한 틀을 습득한다(Tasca et al., 2020). 정신분석 접근의 임상가들이 내담자의 행동을 이해하기 위해 과거 경험에 초점을 두고 있지만, 현재 문제를 배제하고 과거에만 집중한다고 가정하는 것은 오해이다. 현대 정신분석가들은 내담자의 과거에 관심을 가지지만, 과거에 대한 이해를 현재와 미래에 밀접하게 연관시킨다. 정신분석 작업에 관한 일반적인 오해는 유적을 찾아 작업하는 고고학자에 빗대어 설명할 수 있다. 과거는 오직 현재와 미래에 영향을 미칠 때에만 의미가 있으며, 이런 의미에서 집단치료에서는 세 가지 모두 중요하다(Rutanet al., 2014). 현대 정신분석치료에서 치료자들은 과거의 재구조화에 앞서 지금-여기에서 무의식적 의미에 점점 더 초점을 맞추고 있다(Kernberg, 1997).

내담자가 집단 작업에서 과거의 경험을 이해하고 이용하는 것은 물론 중요하지만, 필요 이상으로 과거의 기억에 매달려 과거에서 길을 잃어버릴 수 있는 위험을 알아차리는 것 또한 그에 못지않게 중요하다. Wolf와 Kutash(1986)는 과거의 사건에 대한 이야기가 치료 시간을 효율적으로 사용하지 못하게 만들고 치료 과정을 방해할 수 있다고 본다. 그들은 과거를 이런 방식으로 사용하는 것은 저항의 한 형태로 볼 수 있으며, 개인의 아동기 사건에 대한 단편적인 이야기보다는 집단 내 지금-여기에서 이루어지고 있는 상호작용과 관련된 과거를 다루는 것이 더 유용함을 제시하고 있다.

무의식

무의식 개념은 Freud의 가장 주요한 업적 중 하나이며 성격 문제와 행동에 관한 그의 관점을 이해할 수 있는 개념이다. 무의식은 불안을 막기 위해 의식으로부터 배제된 사건, 충동, 동기, 감정, 생각으로 구성되어 있다. Freud는 대부분의 인간 행동이 의식하지 못하는 힘에 의해 동기화된다고 믿었다. 일상생활에서 우리가 하는 행동은 흔히 무의식적 동기와 욕구에 따라 결정된다. 초기 아동기의 고통스러운 경험과 그와 관련된 감정은 무의식 속에 묻히게 된다. 왜냐하면 이러한 초기 외상을 자각하는 것은 아동에게 견딜 수 없는 불안을 유발하기 때문이다. 그러나 초기 외상 기억에 대한 아동기 억압은 시간이 지남에 따라 자동적으로 해제되는 것이 아니며, 내담자가 초기 사건과 연관된 불안을 여전히 견딜 수 없다면 이런 위협을 억압으로 반응한다. 따라서 '과거의 그림자'는 현재를 괴롭힌다. 집단 내에서 무의식적 요소를 알아차림으로써 구성원은 불안을 견딜 만한 것으로 인식하게 된다. 외상은 아동에게는 견딜 수 없는 것이었으나 세상에 대한 성인의 관점으로 이러한 기억을 잘 다룰 수 있게 된다.

무의식적 경험은 우리의 일상생활에 막대한 영향을 미친다. Freud 이론에서는 우리 자신의 '선택'이라고 생각되는 것 중 대부분은 자유의지가 아니라 무의식적 힘에 의해 결정된 것이라고 주장한다. 우리는 과거에 채워지지 못했던 특정한 욕구를 충족하기 위해 배우자를 선택하고, 어떠한 무의식적 동기 때문에 직업을 선택한다. 또한 우리는 의식의 영역 밖에 있는 미해결 과제로 인해 개인적인 갈등과 대인관계 갈등을 계속해서 경험한다.

정신분석 이론에 따르면 의식은 인간 경험의 일부분에 불과하다. 물의 표면 아래 더 큰 빙산이 있는 것처럼 인간 경험의 많은 부분이 의식의 밑에 존재한다. 우리가 행동을 유발하는 동기를 의식할 수 있을 때만이 행동을 선택할 수 있고 자율적일 수 있기 때문에 정신분석의 목표는 무의식을 의식화하는 것이다. 무의식은 꿈 분석, 자유연상의 이용, 전이에 대해 알기, 저항의 의미 이해, 그리고 해석 과정(이 장의 뒷부분에서 설명함)을 통해서 의식화될 수 있다.

무의식에 대한 개념은 정신분석 집단치료에서 중요한 의미를 가진다. 행동 및 성격의 재구조화를 결정하는 무의식적 요인에 대한 철저한 작업은 일반적으로 실시되는 집단상담의 영역을 넘어선 것이다. 그러나 집단상담사는 무의식적 과정이 어떻게 작용하는지에 대해 이해해야 한다. 이러한 이해는 구성원들이 무의식을 직접 다루지 않을지라도 집단지도자에게 집단 내의 상호작용을 이해할 수 있는 개념적 틀을 제공한다.

불안

정신분석 모델의 가치를 알기 위해서 우리는 불안의 역동을 이해해야 한다. 불안은 몹시 두려워하고 불행이 닥칠 것 같은 느낌으로, 의식으로 나오려고 하는 억압된 감정, 기억, 소망, 그리고 경험에서 비롯된다. 불안은 환경 혹은 개인 내에 있는 무언가에 의해 유발된다. 불안은 억압의 벽을 뚫고 나오는 무의식적 자료의 위협에서 발생한다. 우리는 통제할 수 없는 위협적인 감정을 다루고 있다고 인식할 때 불안을 경험한다. 불안은 종종 '유동'적이다. 즉, 불안은 모호하고 일반적이며, 구체적인 형태를 가지고 있는 것이 아니다. 다음 절에서는 자아방어기제의 기능을 다룰 것이며, 자아방어기제는 불안에 대처하는 개인의 필수적인 노력이라 할 수 있다.

자아방어기제

자아방어기제는 위협적인 생각과 감정으로부터 자아를 보호한다. 자아방어기제는 본래 정신분석 이론가들이 행동을 설명하는 방법으로 처음 만들어진 것이다. 개념적으로 자아(ego)는 현실과의 접촉을 유지하는 것을 포함한 다양한 기능의 조직화를 실행하는 성격의 한 부분이다. 자아는 의식과 동일시되어선 안 된다. 자아의 부분들은 무의식적이며, 많은 방어 기능을 포함하고 있다. 자아는 본능의 충동(원초아), 현실의 요구, 부모나 타인의 이상화된 요구(초자아) 사이를 정리하고 중재한다. 자아에 대한 위협이 있을 때 우리는 불안을 경험한다. 현실을 직면하여 얻게 되는 성장에 관심이 있다 하더라도 우리는 불안을 경험하는 것으로부터 자신을 보호하고자 한다. 자아방어는 정서적 상처에서 오는 충격을 완화할 수 있으며, 개인적으로 적절하다는 느낌을 유지하는 하나의 방식이다. 자아방어는 자기기만이나 현실 왜곡과 관련이 있지만 반드시 병리적이라고 볼 수는 없다. 이러한 방어가 경직되게 사용되거나 인생 과제를 효과적으로 다루는 개인의 능력을 손상시킬 때 방어기제 사용이 문제가 될 수 있다. 비록 이러한 기제가 학습되고, 불안에 대한 습관적인 방어 방식이 되었지만 방어기제는 전형적으로 개인의 의식 밖에서 작용한다.

집단 내에서 다양한 방어 행동을 관찰할 수 있는 기회는 아주 많다. 아동기에 위협을 받았을 때 사용한 방어는 종종 성인기에도 지속되며, 집단 내에서 위협받는다고 느낄 때 활성화된다. 집단지도자와 다른 동료들의 피드백을 통해 구성원은 점차적으로 방어적인 상호작용 유형을 자각할 수 있게 된다. 구성원은 자각을 통하여 방어기제를 사용하는 데 있어 유연성을 발휘할 수 있으며, 결국 집단 내에서 일어나는 불안 유발 상황을 다룰 수 있는 직접적인 방법을 선택할 수 있게 된다.

다음과 같은 일반적인 방어기제가 치료집단에서 전형적인 상호작용의 패턴으로 나타난다.

- 억압(repression)은 위협적이거나 고통스러운 생각과 욕구를 자각하는 것을 막는 것과

관련이 있다. 고통스러운 생각과 감정을 무의식으로 밀어냄으로써 죄책감과 갈등을 수반하는 상황에서 나타나는 불안을 처리한다. 억압은 대부분의 다른 자아방어에 내재되어 있다. 만약 아동기에 신체적으로나 정서적으로 학대를 받았다면 기억을 무의식에 밀어 넣음으로써 외상 사건과 관련된 고통과 불안을 차단했을 수도 있다. 예를 들어, 성인들은 초기 아동기에 발생했던 근친상간 사건에 대한 상세한 기억이 없을 수 있다. 하지만 한 구성원들이 회상된 근친상간과 관련된 고통을 정화하고 작업할 때 근친상간 경험을 억압했던 다른 구성원이 정서적인 반응을 일으킬 수 있으며, 무의식적 자료가 의식으로 떠오를 수 있다.

- 부인(denial)은 불안을 유발하는 현실에 대하여 '눈을 감아' 불쾌한 현실을 억제하는 기제다. 부인은 억압과 비슷하게 방어적인 역할을 하지만 일반적으로 전의식 수준 혹은 의식 수준에서 작용한다. 치료 집단에서 구성원들은 간혹 자신이 어떠한 문제를 가지고 있다는 사실을 받아들이길 거부한다. 구성원들은 자신이 특정 문제를 해결했으며 더 이상 집단 내에서 다룰 문제는 없다고 말함으로써 자신과 타인을 속이려고 시도할 수 있다.
- 퇴행(regression)은 개인이 심한 스트레스에 대한 대처방법으로 덜 성숙했던 발달 수준으로 되돌아가는 기제이다. 우리는 심각한 스트레스 혹은 위기 시 종종 어렸을 때 취했던 오래된 방식으로 되돌아간다. 예를 들어, 치료 집단의 한 집단원은 사랑하는 대상과 이별해야 하는 위기의 순간에 어린아이처럼 행동하거나 상당히 겁을 먹고 의존적일 수 있다.
- 투사(projection)는 수용할 수 없는 자신의 생각, 감정, 행동, 동기를 타인에게 돌리는 것을 의미한다. 집단에서 구성원들은 흔히 타인의 단점을 볼 수 있다. 또한 구성원들은 자신이 소유한다면 죄책감을 불러일으킬 수 있는 특정 감정과 동기를 다른 구성원에게 돌릴 수 있다. 물론 집단에서는 진행 중인 투사를 볼 수 있는 많은 기회를 제공한다. 자신의 공격적이거나 성적인 감정을 받아들이기 어려운 구성원은 다른 구성원들을 적대적이거나 유혹적으로 볼 수 있다. 하지만 집단지도자는 부적절한 적대감을 나타내거나 유혹적인 표현을 하는 구성원들이 집단 안에서 받게 되는 어떠한 부정적인 피드백에 '투사'라고 언급하며 자신을 방어한다는 것을 알아차려야 한다.
- 전치(displacement)는 특정한 감정(예: 분노)을 그 감정의 실제 원인이 아닌 대체인물 또는 대상을 향해 표출하는 것이다. 좌절감을 느끼는 집단구성원은 화를 느낄 것이다. 예를 들어, 만약 집단지도자가 관심을 끌기 위해 비아냥거리는 등의 행동을 하는 구성원에게 이런 행동을 직면시킨다면, 그들은 상대적으로 덜 위협적인 다른 구성원을 적대

적인 방식으로 비난할 것이다. 비록 분노가 집단지도자에 의한 직면에서 발생하였다 할지라도 자신의 적대감을 표현할 수 있는 안전한 대상을 택한다.

- 반동형성(reaction formation)은 실제 감정과 반대되는 방식으로 행동하는 것을 의미한다. 반동형성은 받아들이기 싫은 감정을 받아들이는 것에서 기인한 불안에 대한 방어이다. 이러한 방어는 '지극히 상냥해 보이는' 여성이 집단 내에서 여러 가지 적대적 감정을 표현하지 않은 채 감추는 사례에서 나타난다. 또한 집에서나 집단에서 자신감이 있으며 다른 사람이 거절하더라도 전혀 신경 쓰지 않는다고 하는 남성이 마음속으로는 다른 사람의 수용을 매우 원하는 것으로 나타날 수 있다. 적대감과 거절을 다루는 것이 고통스럽기 때문에 이러한 행동으로 개인의 실제 감정을 감춘다. 지나치게 상냥하거나 거절에 대해 정서적으로 무관심한 특성은 방어의 한 형태로서 볼 수 있다.
- 합리화(rationalization)는 논리적이고 그럴듯한 동기를 부여함으로써 행동을 정당화하고자 하는 방어기제이다. 어떤 사람들은 상처받은 자아를 잘 해명하기 위해 '좋은' 이유를 지어낸다. 이러한 방어는 상실과 실패에 따른 극심한 실망감을 최소화하고자 하는 것과 관련이 있다. 집단에서는 이러한 행동양식을 관찰할 수 있는 기회가 많이 있다. 구성원은 자신의 문제의 근원과는 다른 것에 집중하느라 상당한 에너지를 쏟아부을 수 있다.

모든 사람은 자아방어기제를 사용하고 이는 적응적인 가치를 가지고 있다. 그럼에도 불구하고 과도한 사용은 문제가 될 수 있다. 자기기만은 가혹한 현실을 약화시킬 수 있지만, 불안을 일으키는 현실을 왜곡하는 과정이 현실을 변화시키지는 않는다. 그리하여 이러한 방어 전략이 작용하지 않을 때 더 큰 불안이 일어난다. 집단은 개인이 정서적으로 위협을 받을 때 사용하는 간접적인 방법을 알아차리는 것을 배우는 데 매우 이상적이다. 집단지도자들은 구성원들이 불안을 대처하는 인내심을 기르고, 어려운 대인관계 상황을 직접적으로 다룰 수 있는 방식을 배울 수 있도록 치료적인 방식으로 구성원들과 작업할 수 있다.

저항

정신분석치료에서 저항(resistance)은 이전에 억압하고 부인했던 위협적인 무의식적 요소들이 의식으로 자각되는 것을 꺼리는 것을 말한다. 또한 구성원이 무의식적 자료를 다루는 것을 방해하고, 집단이 발전하는 것을 막는 어떤 것이라고 볼 수 있다. 저항은 무의식적 자료가 밝혀질 때 내담자가 두려워하는 커다란 불안으로부터 자신을 방어하려는 무의식적 시도이다. Rutan 등(2014)은 "저항은 치료에 저항하는 과정이 아니라 정서적인 고통에 저항하는 방어적인 과정이다."(p. 215)라고 언급한다. 저항은 커지는 불안과 변화에 대한 두려움으로부터 자신을 보호하여 이 방식이 종종 고통스럽더라도 구성원이 현재 상황의 익숙함과 안정성에 집착하도록 한다(Wolitzky, 2020). Durkin(1964)은 저항이 정신분석 집단의 기본적인 부분이라고 강조하며, 집단지도자가 저항에 대해 놀라거나 견디지 못하는 것을 주의해야 한다고 하였다. 또한 그녀는 지도자가 자신의 부족함 때문에 구성원이 저항한다고 생각해서는 안 된다고 권고한다.

여러 유형의 저항이 있으며, 어떤 것은 집단의 구성원이 되는 것을 우려하는 것과 관련이 있고, 어떤 것은 집단 과정에 참여하는 것, 그리고 집단을 떠나기를 원하는 것과 관련이 있다(Locke, 1961). Wolf(1963)는 구성원의 저항을 초래하는 다양한 원인을 다음과 같이 열거하였다. 이것은 개인의 사생활이 침해받을 것이라는 두려움, 독점적으로 치료자를 '소유'하고 싶은 욕구, 다른 구성원들 중 누군가를 부모와 형제로 인식하는 것과 같이 원가족을 집단 내에서 다시 만나고 그러한 만남이 야기하는 불안을 다루는 것에 대한 두려움, 신경증적 성향을 포기해야 하는 무의식적 두려움, 불안을 논의하는 자유를 포함하여 집단이 제공하는 자유에 관한 불안이다.

또한 Wolf는 집단 분석의 발전된 단계에서 나타나는 저항의 다른 유형들을 확인하였다. 어떤 구성원들은 다른 구성원에 대한 분석 뒤에 숨어 있거나, 자신의 인생사를 장황하게 이야기하면서 현재를 직면시키는 도전을 회피한다. 또 다른 저항은 다음과 같은 행동으로 표현된다.

- 전형적으로 집단에 늦게 도착하거나 아예 나타나지 않기
- 현실에 안주하거나 무관심한 태도 유지하기
- 집단에서 다른 사람을 도와주려는 과장된 욕구를 나타내기
- 구성원에게 공격적인 말을 하거나 태도를 보이는 것을 포함한 부적절하거나 충동적인 행동
- 단지 사교를 위해 집단을 이용하기

이러한 행동들은 단지 저항적인 행동만을 나타내는 것이 아니라 무의식 속에 있는 자신의 한 부분을 인식하고 다루는 것에 대한 두려움을 나타낸다.

그렇다면 치료자는 어떻게 저항을 다루어야 할까? Durkin(1964)은 저항을 해결하기 위해서는 치료자가 구성원의 협조를 요청해야 한다고 주장한다. 따라서 치료자는 저항 행동으

로 표출되는 즉각적인 문제를 가지고 시작해야 하며, 이것을 극복해야 하는 문제로 보지 말아야 한다. 저항은 불안에 대한 내담자의 방어를 나타내는 가치 있는 신호이기 때문에 치료자와 내담자 모두가 같은 목표를 향해 노력한다는 것을 명백히 이해하면서 저항을 인정하고 다루어야 한다. 집단지도자는 구성원에게 꼬리표를 붙이거나 비난하지 않아야 한다. 수용할 수 없는 비난은 저항 행동을 증가시킬 뿐이다. 저항은 이론적, 임상적 관점에서 가치있는 개념이나, Safran 등(2019)은 내담자가 무언가 잘못하고 있고, 치료에 비협조적임을 암시하는 비난의 형식으로서 저항을 개념화하지 말아야 한다고 강조한다. Curtis(2020)는 집단구성원이 종종 변화에 대한 소망과 옛 방식의 편안함에 남아 있고자 하는 소망과 같은 상반되는 태도를 보이기에 변화에 대한 저항이 예상될 수 있다고 언급했다.

전이

전이(transference)는 구성원이 과거의 중요한 인물에 대한 반응에서 비롯된 긍정적이거나 부정적인 감정, 태도, 환상을 무의식적으로 치료자에게 옮기는 것을 의미한다. 전이는 정신분석 집단상담의 기본적인 개념으로, 구성원이 초기 경험을 재현할 때 치료자는 구성원에게 현재 상황을 더욱 명확히 이해할 수 있도록 하는 피드백을 제공할 수 있다(Safran et al., 2019). 현대 정신분석 치료자들은 과거 인물들에 대한 전이만큼 집단에서 지금-여기에서 일어나는 전이에 초점을 맞춘다(Wolitzy, 2020). 집단은 이전 관계에 뿌리를 두고 있는 전이 반응을 탐색할 수 있는 기회를 많이 제공한다(Rutan et al., 2014).

정신분석을 받을 때는 실제 상황과 달리 사람들은 처벌을 받지 않고 이러한 감정을 경험하고 표현할 수 있다. 정신분석 집단상담은 자발적인 생각과 감정을 표현할 수 있는 안전하고 중립적인 환경을 제공한다. 이러한 환경은 집단에서 전이 과정이 일어날 수 있도록 하고, 분명히 집단치료가 성공하는 데 기여한다(Kauff, 2009). 예를 들면, 치료자를 엄격하고 거부적인 아버지로 지각하는 구성원에게 치료자는 구성원의 감정을 수용하고, 구성원이 그러한 감정을 이해할 수 있도록 돕는 것이 적절하다. 정신분석 지향적인 집단지도자는 전이 감정의 탐색과 해석 과정을 치료적 과정의 핵심으로 여기는데, 이러한 작업이 구성원의 자각을 증진하고 성격 변화가 일어나도록 돕기 때문이다.

집단구성원들은 지도자의 관심을 받기 위해 경쟁하는 경향이 있으며, 이 상황은 발달 초기에 부모의 관심을 받기 위해 형제자매와 다투던 어린 시절을 회상하게 한다. 이러한 시도들이 구성원들의 일반적인 인정 욕구를 반영하는지와 이와 같은 욕구가 삶에서 얼마나 지배적이었는지를 알아보기 위해 탐색해 볼 수 있다. 구성원은 자신이 아동기 때 경쟁을 어떻게 다루었으며, 경쟁에 대한 과거의 성공이나 결핍이 현재 타인과의 상호작용에 어떻게 영향을 미치는지에 대해 더 깊이 자각할 수 있다.

집단치료는 또한 다양한 전이의 가능성을 제공한다. 개인치료에서는 내담자의 투사가 오직 치료자에게만 향하지만, 집단치료에서는 다른 구성원에게도 투사가 일어날 수 있다. 개인심리치료와 집단심리치료를 결합하여 전이 과정을 명확히 하고 탐구해 볼 수 있다. 집단치료의 장점은 분리와 개별화를 촉진하고, 치료자뿐만 아니라 다른 구성원을 통해 전이 대상을 제공하고, 저항을 다룰 수 있다는 것이다(Kauff, 2009).

집단 모임은 "오늘의 집단이 어제의 가족이 되는" 다양한 전이에 적합하다(Locke, 1961. p. 102). 개인이 다른 구성원을 아빠, 엄마, 형제자매, 인생 파트너, 배우자, 과거 애인, 상사와 같은 중요한 인물로 볼 때 강렬한 감정을 자극할 수 있다. 집단구성원이 다른 구성원의 전이 인물이 되는 것과 같이 집단은 중요한 과거 사건을 재현하는 좋은 환경이다. 정신분석 집단의 주된 작업은 집단 내에서 가족 대리인에게 향하는 투사를 확인하고 분석하며 해결하는 과정으로 구성되어 있다(Wolf, 1963; Wolf & Schwartz, 1962). 집단지도자는 구성원이 집단원에게 그들의 부모나 형제자매인 것처럼 반응하는 정도를 발견하는 것을 돕는 과업을 수행한다.

집단은 사람들이 집단 밖의 상황에서 어떻게 기능하는지에 관한 역동적 이해를 제공한다. 구성원들이 과거가 현재의 기능을 방해하는 방식을 알아차리게 되면 대인관계에서 보다 더 유연하게 대응할 수 있다(Barber et al., 2013).

역전이

치료자의 감정은 치료적 관계를 혼란스럽게 하고, 객관성을 방해할 뿐 아니라 심지어 파괴할 수도 있다. 정신분석 이론에 따르면 역전이(countertransference)는 내담자에 대한 치료자의 과거에서 비롯된 무의식적인 정서 반응이며, 치료자는 내담자의 행동을 왜곡해서 지각한다(Rutan, 2014). 역전이의 해결은 체계적인 성찰과 탐구가 필요한 주요 기술이다. "집단치료자의 역전이는 좋은 수퍼비전과 훈련이 주어졌을 때 집단과 집단지도자에게 강력한 치료요인으로 활용될 가능성이 있다."(Bemak & Epp, 2001, p. 310)

Comas-Diaz(2019)는 치료자와 내담자는 그들의 문화에 대해 의식적 · 무의식적 차원으로 반응한다고 지적한다. 지배적인 문화에서 자란 치료자는 전이와 역전이의 문화적 · 민족적 · 인종적 측면을 인식하지 못할 것이다. "전이와 역전이의 문화적 한계를 알아차리는 것은 다문화 심리치료자에게 가장 중요하다. 다문화 심리치료자들은 심리치료에서 민족, 문화, 성, 인종 요소가 종종 핵심 문제를 빠르게 개방하도록 한다는 점을 인정한다."(p. 582) 구성원들 간의 관계 및 구성원과 지도자의 관계는 광범위한 투사를 탐색하는 풍요로운 장을 제공하고, 문화적으로 유능한 집단 전문가는 집단 내에서 문화적 차이와 유사성에 관한 대화를 이끌어 낸다.

역전이가 존재하는 정도에 따라 집단지도자는 구성원이 마치 자신의 원가족 중 중요한 인물인 것처럼 반응한다. 집단지도자는 자신에게서 해결되지 않은 갈등의 신호를 경계해야 한다. 이러한 해결되지 않은 갈등은 집단의 효과적인 기능을 방해할 수 있으며, 자신의 채워지지 않는 욕구를 만족시키기 위해 구성원을 이용하는 상황을 초래할 수 있다. 예를 들어, 존경과 인정을 받고자 하는 강한 욕구를 가진 집단지도자는 과도하게 구성원의 인정과 강화에 의존할 수 있다. 결과적으로 지도자가 수행하는 작업의 상당 부분은 구성원을 기쁘게 하고 그들로부터 지지를 받기 위해 계획된다. 적절한 정서적인 반응과 역전이를 구별하는 것은 중요하다. 다음은 치료 집단에서 일어날 수 있는 몇 가지 역전이를 보여 준다.

- 특정 구성원들에게서 자기 자신의 모습을 발견하고, 그들과 효과적으로 작업을 할 수 없을 정도로 과도하게 동일시하는 것
- 구성원들에게 자신의 부정적인 특성을 투사하고, 그들이 치료를 할 수 없다고 여기거나 함께 작업할 수 없는 사람이라고 간주하는 것
- 특정 구성원의 특별한 애정을 얻기 위해 유혹적인 행동을 하고, 지도자의 역할을 이용하는 것

집단지도자의 해결되지 않은 갈등과 억압된 욕구들은 집단 과정을 심각하게 방해할 수 있으며 리더십을 남용하게 만든다. 집단지도자 역시 자신을 위한 치료를 받아 보아야 한다. 어느 누구든 자신의 역전이를 인정하기는 어렵고, 이러한 반응을 인식하고 치료적으로 다룰 필요성이 있기 때문이다. 정신분석 관점에 따르면, 치료자가 자신의 정신역동을 인식하고 그러한 역동이 치료 작업을 방해하는 과정을 이해하기 위해서 정신분석적 심리치료를 받는 것을 요구한다. 치료자의 개인심리치료는 만성화된 역전이 문제를 다룰 때 특히 중요하다(Hayes et al., 2019).

관계적 정신분석적 관점에서 의식화된 역전이 감정은 집단구성원들을 이해할 때 좋은 도구가 될 수 있으므로 치료자는 역전이 반응을 인식하고 이러한 감정을 스스로 인정하는 것이 필수적이다(Curtis, 2020). Hayes 등(2019)은 네 가지 유형의 역전이를 언급했지만 임상적으로 관련된 모든 자료에 대한 치료자의 반응을 통합하는 통합적 정의를 선호했다. Bemak

와 Epp(2001)은 집단상담사가 경험할 수 있는 다음과 같은 다섯 가지 유형의 역전이 패턴을 발견하였다. (1) 정서적으로 철수하거나 계속해서 집단에 도움이 되지 않는 것, (2) 수동성, (3) 과도하게 통제하는 것, (4) 자신의 개인적 미해결 과제에서 야기된 부적응적 행동으로 퇴행하는 것, (5) 온정적인 태도를 취하거나 구원자 역할을 하는 것. 역전이를 이해하는 것은 집단상담사의 개인적 발달과 전문적 발달에서 중요한 자기치료 유형 중 하나이다. 역전이는 집단지도자에게 자신에 관한 것뿐만 아니라 구성원들에 관한 유용한 정보를 제공한다.

Bemak와 Epp(2001)은 집단 작업에서의 역전이에 관한 문헌 검토와 집단상담사를 훈련시킨 경험에 근거하여 집단지도자와 학생 모두에게 중요한 몇 가지 측면을 발견하였다.

- 역전이는 집단지도자가 일반적으로 경험하는 현상이다.
- 집단의 구성원 수에 따라 집단지도자가 역전이를 경험할 기회와 가능성이 증가한다.
- 만약 집단지도자가 개인적 미해결 과제와 정서적 반응을 인식하지 못하면 효과적으로 집단을 운영하는 데 어려움을 겪게 될 수 있다.
- 자신의 역전이를 이해하는 것은 집단을 효과적으로 운영하도록 하고, 풍부한 집단경험을 하도록 한다.
- 역전이는 철수, 분노, 사랑, 미움, 짜증, 무기력, 회피, 공모, 과잉 동일시, 통제, 슬픔과 같은 정서적으로 강렬한 반응과 관련이 있다.
- 대학원 과정에서 수련생이 자신의 역전이를 비판적인 시각으로 자기분석할 수 있도록 촉진하는 것은 대단히 중요하다.

내담자와 함께 작업할 때 도움이 되도록 역전이를 다루고 이용하는 것은 매우 중요하다. 치료자가 자신의 내적 반응을 관찰하고 내담자를 이해하는 데 이러한 반응을 사용할 때 역전이는 치료적 작업에 매우 도움을 줄 수 있다. 그러나 치료자가 자신의 역전이를 인식하지 못하여 반응을 관리하지 못했을 경우에는 효과적으로 기능하는 능력을 억제한다(Wolitzky, 2020). Hayes(2004)는 대부분의 연구에서 역전이의 해로운 영향과 이러한 반응을 관리하는 방법을 다루고 있다고 보고하였으며, 역전이의 잠재적인 치료적 이득을 체계적으로 연구하는 것이 도움이 될 것이라고 제안한다. Hayes 등(2019)은 수련 감독이 훈련생과 숙련된 치료자 모두에게 역전이를 이해하고 관리할 수 있는 중요한 요소라고 언급했다. 역전이에 대한 개관 연구에서 Hayes 등은 역전이를 행동화하는 것은 해롭고, 역전이를 관리하는 것이 치료 결과에 도움이 된다고 하였다. 자기인식은 치료적 이득을 위해서 역전이를 관리하고 사용하는 데 있어 중요하다.

집단지도자의 역할과 기능

정신분석 지향적인 집단지도자들의 리더십 유형을 살펴보면, 객관적이고 온화하면서도 거리를 두고 상당한 익명성을 유지하는 지도자부터 구성원들과의 협력적인 관계형성을 선호하는 지도자에 이르기까지 매우 다양하다. 정신분석 지향적인 지도자 중 몇몇은 만약 지도자가 더 익명적이라면 구성원은 자신이 기대하는 지도자의 이미지, 즉 구성원의 무의식적 욕구의 표현으로 볼 수 있는 이미지를 지도자에게 더 투사할 것이라고 주장한다. 치료자의 역할은 활동적인 것에서 비활동적인 것, 명료한 것에서 불분명한 것, 만족시키는 것에서 좌절시키는 것까지 연속선상에서 개념화될 수 있다. Stricker와 Gold(2019)는 정신역동 치료자가 능동적 개입에서 공감적 성찰, 이해, 질문 또는 잠정적 해석에 이르기까지 구성원의 요구를 충족하기 위해 역할 변화에 유연하고 개방적이어야 한다고 생각했다. Stricker와 Gold에 따르면 내담자는 치료적 맥락에서 받아들여지고, 안전하며 이해된다고 느낄 때 새로운 방식으로 삶을 더욱 잘 탐색할 수 있다.

전이와 역전이는 정신역동적 치료를 이해하는 데 핵심이며, 집단치료자는 생산적 작업을 위한 기회로서 전이가 드러나는 것을 환영한다(Wolf, 1963). 집단치료자는 전이 반응 탐색을 할 때 추가적인 저항이 생기지 않도록 주의하여 융통성 있게 접근해야 한다. 집단 상호작용이 증가함에 따라 지도자는 구성원의 무의식적 동기를 찾고, 분석과 해석을 통해 이 무의식적 동기의 역사적 근원을 알아본다. Kernberg(1997)는 다음과 같이 주의를 주고 있다. "전이가 얼마나 쉽게 오용될 수 있는지를 인식하면서 그것을 매우 책임감 있게, 마치 방사능 물질처럼 다루어야 한다."(p. 22)

Rutan 등(2014)은 "치료자의 역할은 참여하는 것보다 반응하는 것이 필수적이다. 역동치료자는 집단 과정이 일어나길 기다리며 나중에 이것에 관하여 언급한다."(p. 179)라고 주장했다. 집단치료자의 역할 중 하나는 집단 과정에서 나타나는 주제를 듣고 구성원이 더 깊은 문제를 인식하도록 돕는 것이다. Rutan(2014)은 치료사들이 "우리는 대부분 집단 과정이 필요한 곳으로 집단을 데려갈 것이고, 집단이 가는 곳으로 가도록 내버려 두며, 이는 집단 자료의 중요한 부분이 된다."(p. 72)고 하는 집단 추종자만큼의 집단지도자는 아니라고 주장한다.

Strupp(1992)에 따르면 정신분석치료에서 가장 중요한 발달 중 하나는 치료적 관계의 중요성에 대한 인식을 키우는 것이다. 전통적인 비인격적이고 냉담한 분석가 모델과는 대조적으로, 현대 이론은 치료자가 "환자를 향해 헌신, 보살핌, 관심, 존경, 인간적 관심"을 전하는 작업관계인 치료적 동맹(therapeutic alliance)을 강조한다(p. 23). Curtis(2020)는 정신역동적 치료에 대한 현대의 관계적 접근 방식은 치료적 관계에서 개인에게 일어나는 것이 중요하다는 상호주관성을 강조한다는 점에 주목한다. 치료적 관계는 변화를 가져오는 데 필수적이다. "관계적 집단치료자는 시행착오를 통해 오래된 것의 안전과 새로운 것의 위험 사이에서 균형을 찾아야 한다. 친밀감, 공감, 지지, 성찰 및 환자의 인식을 통해 환자와 치료자 사이에 동맹이 형성된다."(p. 91) 치료 동맹은 어떻게 형성될까? Wolitzky(2020)는 치료사가 공감하고 비판단적으로 경청하여 역전이 반응을 알아차리고 관리하는 데 주의를 기울여야 한다고 언급했으며, 치료 과정의 틀에 대한 이론적 근거를 설명했다. 덧붙여 집단지도자는 다음과 같은 기능을 수행한다.

- 지지가 치료적일 때는 지지를 제공한다.
- 구성원들의 내부에서 혹은 전체 집단 내에서 일어나는 저항을 다루고 직면하도록 돕는다.
- 질문과 해석을 통하여 구성원이 행동의 미묘한 측면을 알아차릴 수 있도록 돕는다.

이러한 많은 기능을 효과적으로 수행하기 위해 집단지도자가 치료적 과정에서 일어나는 자신의 역동과 역전이를 이해하는 것은 중요한 의무이다. 이렇게 하기 위해 자문과 수퍼비전이 필요할 수 있다. 개인치료는 지도자가 역전이의 신호를 알아차리고, 자신의 욕구와 동기가 집단 작업에 어떻게 영향을 미치는지를 발견하도록 돕는 데 매우 중요하다.

적용: 치료 기법과 절차

치료 과정

치료 과정은 과거 경험을 재현, 분석, 논의, 해석하며, 무의식 수준에서 작용하는 방어와 저항을 훈습하는 데 초점을 맞춘다. 훈습 과정은 정신분석 집단의 마지막 단계로 자기를 의식하고 통합하는 결과를 가져온다. 자기이해와 연관된 감정과 기억에 대한 통찰과 인지적 이해가 중요하다. 내담자는 과거를 재현하고 재구조화해야 하며, 무의식이 현재에 어떻게 영향을 미쳤는지를 이해하기 위해 억압된 갈등을 훈습해야 한다. 따라서 정신분석 집단치료는 집중적이고 장기적인 경향이 있다.

관계적 분석은 집단 상황 내에서 치료사와 내담자의 반응과 경험을 모두 탐색한다. 치료적 관계의 핵심은 내담자의 자기인식, 자기이해 및 탐색을 증가시키는 것이다(Barber et al., 2013). 현대의 정신분석가들과 정신분석적 치료사들은 더 이상 '빈 화면'으로서 분석가의 원래 모델을 받아들이지 않는다. 현대 모델에서 치료적 관계는 내담자와 분석가가 서로 영향을 주는 "지속적인 2인 전이–역전이 매트릭스"이다(Wolitzky, 2020, p. 49). 오늘날 정신역동 집단 전문가에게 자기개방과 투명성은 보다 수용적이다(Aviv, 2010; Curtis, 2020; Rutan et al., 2007).

정신분석 개념과 기법을 사용하는 집단은 개인치료에서는 볼 수 없는 다음과 같은 구체적인 장점을 가지고 있다.

- 구성원은 원가족에서의 관계와 유사한 관계를 형성할 수 있다. 그러나 집단 내에서 일어나는 관계들은 안전하고, 좋은 결과를 가져온다.
- 구성원은 다른 구성원들과 지도자에 대한 전이 감정을 경험할 기회가 많으며, 자기이해를 높이기 위해 이러한 감정을 확인하고 다룰 수 있다.
- 구성원은 방어와 저항이 어떻게 나타나는지를 명백하게 알 수 있다.
- 구성원이 다른 구성원에게 피드백을 얻기 때문에 개인치료만큼 치료자의 권위에 크게 의존하지 않는다.
- 집단에서 다른 사람의 작업을 관찰하면서 구성원은 자각하지 않으려고 했던 강렬한 감정을 느끼고 표현하는 것이 받아들여진다는 것을 배우게 된다.
- 구성원은 실제 상황과 공상 속에서, 그리고 지도자나 동료와의 상호작용을 통해 스스로에 대해 많은 것을 배울 수 있다. 분석을 위한 자료는 과거의 기억뿐만 아니라 동료 구성원과의 상호작용에서도 찾을 수 있다.
- 집단은 구성원들이 자아방어를 탐색할 수 있도록 격려한다. 저항은 전형적인 일대일 치료에서보다 더 많이 서로를 개방하고 탐색하는 집단의 분위기에서 서서히 사라지게 된다.
- 정신분석 집단상담은 치료자와 독점적 관계를 맺고자 하는 구성원의 이상적인 기대에 치료적 관점에서 도전한다. 다른 사람을 지지하는 경험, 그리고 모든 사람이 저마다 어려움을 겪고 있다는 깨달음은 개인치료에 비해 더욱 폭넓고 깊이 있는 반응을 불러일으킨다.
- 정신분석 집단치료는 계층, 인종, 문화적 차이와 같은 최근의 사회적 문제에 대해 이야기할 상황을 만들어 준다.

집단 상황에서 불안 탐색하기

집단지도자가 개인 내에서 발생하는 불안과 전체 집단 내에서 발생하는 불안을 인식하고 다루는 방법이 정신분석 집단상담에서의 핵심 기법이다. 불안은 극복해야 할 대상이 아니다. 불안에 대한 방어의 역할을 인식하고 이해하고 탐색하는 것이 필수적이다. 건설적인 변화를 이끄는 과정인 집단에서 불안은 위험을 감수하는 데서 생기는 부산물이다.

자유연상

억압된 자료나 무의식적인 자료를 밝히는 기본적인 도구는 자유연상(free association)이다. 자유연상에서는 그것이 고통스럽고, 비논리적이고, 관계가 없는 것처럼 보이더라도 마음에 떠오르는 것은 무엇이든 이야기하게 한다. 구성원들에게는 감정을 자기검열 없이 즉각적으로 털어놓도록 권장하고, 집단 전체는 구성원이 정해진 것 외에 어떤 주제라도 자유롭게 논의할 수 있도록 보장한다. Foulkes(1965)는 이러한 과정을 '자유 논의' 또는 '자유 집단연상'이라고 말한다. 집단치료자들은 연상 과정을 방해하지 않으려고 노력한다. 치료사가 할 일은 "다양한 연상들을 개인의 무의식적인 삶에 대한 응집력 있는 이야기와 연결하도록 돕는 것"이다(Rutan, 2014, p. 72).

자유연상을 집단에 적용한 하나의 예는 '돌아가면서 이야기하기'인데, 이것은 구성원 간의 상호작용을 촉진하기 위해 자유연상을 이용한다(Wolf, 1963). 꿈과 공상을 함께 나누며 만들어진 생산적인 분위기 내에서 일단 좋은 라포(rapport)가 형성되면, 구성원들은 각 개인들에 대해 자유연상을 하도록 격려 받는다. 각 구성원들은 돌아가면서 다른 구성원들에 대해 마음속에 가장 먼저 떠오른 것을 말한다. Wolf에 따르면 돌아가면서 이야기하는 방법은 모든 구성원이 보조 치료자가 되게끔 한다. 즉, 구성원들은 지도자의 통찰을 수동적으로 받아들이기보다는 능동적으로 핵심 의미에 대한 해석을 하는 데 기여한다. Wolf(1963)는 만약 구성원들이 다른 사람에 대해 머릿속에 떠오르는 것이 무엇이든 말한다면 "그들은 직관적으로 저항적인 겉모습을 발견하고, 기저하는 자신들의 태도를 확인할 것"(p. 289)이라고 말했다. 그 결과, 구성원들은 내면의 감정을 밝혀내고, 덜 방어하게 되며, 잠재적인 심리적 갈등을 볼 수 있는 능력을 더욱 키우게 된다. 또한 모든 구성원은 다른 구성원들이 자신을 어떻게 보는지 알게 되는 기회를 얻을 수 있다.

Wolf와 Kutash(1986)는 한 내담자가 꿈의 내용을 보고했을 때 다른 구성원들에게 그 꿈에 대해 자유연상을 하도록 요청하는 것이 유용하다고 말했다. 이런 방식으로 구성원들은 더욱 능동적으로 바뀌게 되며, 다른 구성원의 꿈에 대해서 상세하게 듣기 때문에 배척받는다고 느끼지 않는다. 집단은 꿈을 꾸었던 사람과 다른 구성원의 관계를 관찰할 수 있다.

요약하면, 자유연상은 구성원들이 자발적으로 집단에 참여하고 무의식적인 과정을 밝혀낼 수 있도록 하는데, 이는 정신역동에 대한 그들의 깊은 통찰을 이끌어 낸다. 또한 이 과정은 집단 내의 통합과 능동적인 참여를 촉진한다.

해석

해석(interpretation)은 집단지도자가 구성원의 자유연상, 꿈, 저항, 전이 감정의 의미를 탐색하도록 돕기 위해 제공하는 치료적 진술이다. 해석은 구성원이 자기 이해를 얻도록 돕기 위한 의미를 제안하는 것이다. "해석은 사건, 행동, 감정에 의미를 부여하고, 무의식적인 현상을 의식적인 것으로 만들기 위해 고안되었다."(Rutan et al., 2007, p. 100) 최근 몇 년간 정신역동 집단치료자들이 더욱 협력적인 태도를 취하고, 개인의 행동이나 정서에 대한 결론보다는 구성원들이 숙고해 볼 수 있도록 잠정적인 가설의 형태로 해석을 제공하는 추세가 두드러지고 있다. 해석은 주로 "그것이 …일 수 있을까요?" 같은 질문으로 구성된다. 치료사들은 그들의 관찰을 판결하기보다는 상호 발견의 정신으로 제시하는 경향이 있다(Curtis, 2020). 구성원이 치료자의 해석을 거부한다면, 그것은 구성원이 저항하고 있는 것이 아니라 해석이 부정확하다는 것을 의미할 수도 있다.

해석은 상당한 기술을 요구한다. 해석이 시의적절하고 정확하게 이루어지면 내담자가 다양한 정보를 통합하여 새로운 통찰을 얻는 데 도움이 된다. 집단치료에서 해석이 적절한 시기에 이루어지는 것은 굉장히 중요하다. 집단치료자는 구성원이 해석을 받아들일 준비가 되어 있는지 이해하고 수용할 필요가 있다. 너무 이른 해석은 과도한 불안을 일으키고 상당한 저항을 가져올 수 있다. 만약 구성원이 부적절한 시기에 정확한 해석을 듣게 된다면, 그들은 치료 과정에 저항하고 차단할 수도 있다.

해석은 질문의 형태로, 그리고 사실이 아닌 가설의 형태로 제시될 때 구성원에게 받아들여질 가능성이 더 커진다. 예를 들어, 샘은 다른 구성원들이 강렬한 감정을 표현할 때 부적절한 개입을 했고, 이는 그들이 자신의 감정에 접근하지 못하게 만드는 원인이 되었다. 치료자는 결국 그에게 말했다. "샘, 당신은 줄리에게 모든 것이 해결될 것이라는 점을 확신시켜 주고 싶은 것처럼 보여요. 당신이 다른 사람의 아픔을 볼 때 불편해지나요? 그래서 당신이 그렇게 서두르고, 그 사람이 고통스럽지 않도록 애쓰는 건가요? 그것은 당신이 자신의 고통스러운 경험을 피하기 위해 애쓰는 것으로 봐도 될까요?" 이 말을 들은 샘은 집단에서 자신이 보이는 행동의 원인을 자각하게 되었다. 만약 그가 지도자의 해석에 대해 숙고해 본다면, 그는 현재 인식하지 못하고 있는 또 다른 의미를 발견할 수 있을 것이다. 그가 방어적이지 않은 반응을 보일지의 여부는 해석이 이루어지는 방식과 밀접한 관련이 있다. 이 경우에 지도자의 잠정적인 접근은 위협을 주지 않고, 샘에게 준비되지 않은 어떤 것을 수용하라는 부담을 주지도 않는다.

해석을 할 때, 다음과 같은 몇 가지 일반적인 규칙들이 유용하다.

- 해석을 할 때 구성원의 의식에 가까운 자료를 다루어야만 구성원이 그 해석을 받아들이고 통합할 수 있다.
- 해석은 표면에서 시작하여 점차 구성원이 정서적으로 견딜 수 있는 깊은 수준으로 가야 한다.
- 심층에 있는 감정이나 갈등을 해석하기 전에 방어나 저항의 형태를 지적하는 것이 가장 좋다.

어떤 치료자들은 각각의 구성원뿐만 아니라 전체 집단에 대해 해석을 한다. 예를 들어, 구성원들은 그들이 정중하고 지지적인 태도를 취하며 서로에게 도전하지 않을 것이라는 암묵적인 동의하에 행동한다. 집단 과정을 관찰하고 이러한 관찰을 집단과 함께 나눔으로써 치료자는 구성원들이 그들 자신의 숨겨진 동기를 보게 하고 더 깊은 수준의 교류를 하도록 도울 수 있다. 여기서도 역시 지도자가 관찰한 것을 어떻게 표현하는지가 중요하다.

집단에서 정신역동적 접근의 장점 중 하나는 구성원들이 다른 구성원들에 대해 자신이 통찰한 것을 나눌 수 있도록 격려 받는다는 것이다. 이 과정은 매우 지지적이고 발전을 촉진할 수 있다. 구성원들이 체계적으로 해석을 하지 못할 경우 치료자가 그것을 도와주어야 하지만 그들은 다른 구성원들에게 직접적이고 예기치 않게 중요한 영향을 끼칠 수 있다. 동료 해석의 단점은 해석이 때로 부적절한 시기에, 너무 표면적이거나 너무 깊은 수준에서, 혹은 부정확하게 이루어질 수 있다는 점이다(Rutan et al., 2014). 구성원들이 치료자보다는 동료들이 주는 피드백을 덜 방어적으로 듣기 때문에, 동료들의 피드백은 집단치료자의 피드백보다 더 심사숙고하게 한다. Rutan과 동료들은 동료에 의한 해석은 집단에서 독특한 힘을 지닌다고 본다. 구성원이 서로 친밀해짐에 따라 방어적인 전략을 더 많이 인식할 수 있으며, 통찰력 있는 관찰을 제공할 수 있다.

꿈의 분석

Freud(1955)는 꿈을 '무의식으로 가는 왕도'라고 보았다. 꿈은 무의식적인 욕구와 갈등, 소망, 두려움, 그리고 억압된 경험들을 표현한다. 관계적 치료사들은 내담자의 삶과 꿈의 연결에 관심을 갖는다. "그 꿈은 검토되지 않으면 문제로 이어질 수 있는 것을 검토하라는 자신에게 보내는 메시지로 간주된다."(Curtis, 2020, p. 88) 집단에서 꿈을 나누고 작업을 할 때, 구성원들은 꿈속에 숨어 있는 동기와 해결되지 않은 문제들에 대한 새로운 통찰을 얻게 된다. 어떤 동기는 그 사람이 매우 수용하기 어려운 것이기 때문에 위장되거나 상징적인 형태로 나타난다. 집단 내에서 꿈에 대한 작업을 할 때의 이점은 사람들이 다른 방법으로는 직면할 수 없었던 동기와 감정을 구체적으로 다룰 수 있도록 도와준다는 것이다. 지지적인 집단에서 꿈에 대한 다양한 측면과 가능한 의미를 찾아본 후, 구성원들은 자신을 더 수용하고, 죄책감과 수치심 같은 감정을 일으키는 다른 미해결 과제들을 탐색할 수 있다.

꿈은 표면(의식적인) 내용과 잠재된(숨겨진) 내용 두 가지 모두를 가지고 있다는 것을 주목해야 한다. 표면 내용은 꿈을 꾸는 사람에게 드러나는 내용이다. 잠재된 내용은 꿈의 숨은 의미를 나타내는 위장된 무의식적 동기로 이루어져 있다. 정신분석 집단상담에서는 두 가지 모두에 대해 작업한다. 꿈은 무의식 속에 있는 무언가를 열 수 있는 열쇠로 보기 때문에, 명백한 내용 안에 숨겨진 의미를 찾고 억압된 갈등을 점진적으로 밝혀내는 것이 꿈 분석의 목표이다.

Wolf(1963)에 따르면 꿈의 해석은 분석 과정에서 필수적인 부분이고, 꿈에서 보여 주는 무의식적인 내용들이 구성원들을 자유롭게 하는 효과를 가지고 있기 때문에 집단의 여러 단계에서 계속 이루어져야 한다. 구성원들은 깊은 상호작용을 하기 위해 상대방의 꿈을 서로 해석하고 자유연상을 하도록 격려 받는다. Wolf는 전체 집단이 "연상, 정화, 해방감, 상호성을 가지고 꿈 분석을 하는데, 이것들은 모두 치료의 초기 단계에서 중요한 집단의 화합에 기여한다."(p. 287)라고 하였다. 그는 무의식적인 자료가 나타날 때 지도자가 비판단적인 태도를 갖는 것이 중요하다고 강조했다. 지도자의 인내심 있는 태도는 구성원들이 비슷한 태도를 갖도록 하고, 집단은 인정이 많고 지지적인 가족이 될 것이다.

꿈은 집단에서 무엇이 진행되고 있는지에 관한 충분히 의미 있는 자료들을 제공해 준다. 구성원들의 꿈은 종종 치료자와 다른 구성원들에 대한 반응을 보여 주기도 한다(Locke, 1961). 꿈을 꾼 사람은 꿈을 보고하고, 집단에서 그 꿈이 자신에게 어떠한 의미가 있으며 어떤 연상을 하였는지를 말한다. 그러고 나서 집단은 전체로서 반응한다. 다른 구성원들은 꿈에 대한 자신의 반응을 이야기하고, 연상한 것을 제안한다. 그 결과 집단 내에서의 자극이 일어난다.

집단에서 꿈을 탐색하는 것은 또 다른 가치를 지닌다. 구성원들이 다른 사람의 꿈을 분석하고 자신의 연상을 내놓을 때, 그들은 또한 (자신에 대해 아주 가치 있는 통찰을 할 수 있는) 자신의 중요한 측면을 투사하게 된다. 구성원들이 서로의 꿈을 가지고 연상을 할 때는 소망과 두려움 및 태도가 드러난다. 한 사람의 꿈은 집단 전체의 꿈이 되며, 이 과정이 "정신역동 집단에서의 꿈 작업의 참 본질"이다(Locke, 1961, p. 133).

통찰과 훈습

통찰(insight)은 현재 문제와 과거 경험의 관계를 인지적으로 정서적으로 자각하는 것이다. Curtis(2020)는 분석치료사들이 항상 변화를 가져오는 통찰의 역할을 강조해 왔다고 말한다. 통찰은 치료사와의 관계, 관계 밖의 문제, 그리고 삶의 역사가 현재 기능에 미치는 영향에 관한 것일 수 있다. "어떤 통찰은 단순히 인지적 깨달음이 아니다. 특히 두 치료 참가자 사이의 지금-여기 관계에 초점을 맞출 때, 그것은 매우 정서적인 깨달음이다." (p. 94) 구성원들이 예리한 통찰력을 발달시킬수록, 그들은 집단과 일상생활에서 이러한 핵심 갈등이 나타나는 과정을 더 많이 알아차릴 수 있게 된다. 새로운 관계가 만들어지고 주요한 주제가 나타나게 된다. 예를 들어, 집단 작업의 과정에서 어떤 구성원이 무슨 수를 써서라도 모두를 기쁘게 해 주어야 한다는 욕구를 발견했다면, 그들은 삶에서 인정에 대한 욕구의 영향을 알게 될 것이다.

그러나 분석 과정은 통찰 수준에서 끝나지 않는다. 핵심 문제와 핵심 갈등을 훈습하는 것은 정신분석적인 집단치료와 개인치료에서 필수적인 측면이다. 훈습(working through)은 반복해서 해석을 하고 저항을 극복하여 구성원들이 아동기 때부터 가지고 있는 역기능적인 패턴을 변화시키고 새로운 통찰을 기반으로 한 선택을 하도록 하는 것을 말한다. 만약 구성원들이 어떤 성격 측면을 변화시키기를 원한다면, 그들은 저항과 오래된 패턴을 해결하도록 도전받게 되는데, 이는 특히 길고 어려운 과정이다. 훈습은 정신분석에서 가장 복잡한 측면 중에 하나이며, 치열한 노력이 필요하다. 훈습 과정에는 전이의 맥락(집단 분석에서의 다양한 전이)에서 미해결 과제를 재경험하는 것이 포함된다. 구성원들은 그들의 방어를 수용하는 것을 배우고, 과거에는 방어가 어떻게 적절하게 기능했는지를 이해하며, 현재에는 너무 부담이 된다는 것을 깨닫는다. 구성원의 초기 생의 경험에서 생긴 갈등이 완전히 해결되는 경우는 드물다. 대부분의 사람은 매 순간 이러한 깊게 뿌리내린 주제를 다시 다루어야 한다. 따라서 훈습이 개인의 오래된 패턴의 흔적을 완전히 없애 주는 기법이라고 생각하는 것은 잘못된 것이다.

발달단계와 집단 작업에서 갖는 의미

정신분석 모델은 일련의 단계를 거쳐 성격발달이 일어나는 것으로 보고 있으며, 각각의 단계는 갈등과 과제로 특징지어진다(Bravender, 2020). 아이가 이러한 발달 과제를 어떻게 처리했는지는 성인의 성격에 영향을 미친다. 현대의 정신분석적 접근은 모두 성격 발달에 영향을 미치는 초기 경험의 발달적 역할을 강조한다. Brabender는 집단이 개인과 마찬가지로 다양한 발달단계를 거치고 구성원에게 갈등을 이해하고 작업할 수 있는 기회를 제공하기 때문에 가치 있는 치료 방법을 제공한다고 주장한다. 삶에 대처하는 성인 문제를 이해하는 것을 목표로 하는 발달 모델은 집단치료사와 집단구성원 모두에게 현재의 어려움에 대한 보다 현실적이고 덜 자기비난적인 이해를 얻기 위해 초기 경험을 통합하는 방법을 제공한다(Tasca et al., 2021).

이 절에서는 Erikson의 인간발달의 8단계와 Freud의 심리성적 발달단계를 기반한 발달 모델에 대해 설명할 것이다. 이러한 결합은 집단지도자에게 발달추세와 삶의 발달단계별 주요 과제, 주요한 욕구와 욕구의 만족과 좌절, 발달단계에서 선택의 가능성, 중요한 전환점 혹은 위기, 그리고 나중에 성격 갈등을 가져올 수 있는 잘못된 성격 발달에 관한 이해에 필요한 개념적 틀을 제공해 준다.

Erikson(1963, 1982)은 발달의 심리사회적 측면을 강조하면서 Frued의 이론을 확장하여 자신의 이론을 만들었다. 비록 Freud에게 지적인 빚을 졌지만, 그가 Freud의 모든 견해를 수용한 것은 아니었다. Erikson의 발달 이론은 심리성적인 성장과 심리사회적인 성장이 함께 일어나며, 삶의 각 단계에서 우리 자신과 사회생활 간의 균형을 이루기 위한 과제에 직면하게 된다는 입장을 취한다. 심리사회적 이론은 발달의 생물학적 · 심리적 · 사회적 측면의 통합을 강조한다. Erikson은 전생애 관점에서 발달을 8단계로 나누고, 각 단계에서는 해결해야 할 특정한 위기가 있다고 설명한다. Erikson에 의하면 각 위기는 인생의 전환점을 나타낸다. 이 전환점에서 우리는 갈등을 성공적으로 해결하고 난 뒤 다음 단계로 나아가거나 갈등을 해결하지 못하고 후퇴할 수 있다. 대체로 우리의 삶은 각 단계에서 우리가 하는 선택의 결과이다.

이러한 개념적인 틀은 집단지도자들의 이론적 배경과는 상관없이 모든 지도자에게 유용하다. 집단 작업이 진행될 때는 다음의 질문들이 제기되어야 한다.

- 내담자의 삶에서 연속적으로 주어지는 주제는 무엇인가?

- 내담자의 현재 문제와 해결되지 못한 갈등은 무엇인가?
- 내담자의 현재 문제와 생의 초기에 있었던 주요 사건 간의 관계는 무엇인가?
- 내담자의 성격형성에 있어 영향력 있는 요인은 무엇인가?
- 내담자의 삶에서 전환점과 위기는 무엇이었는가?
- 내담자는 이러한 결정적인 시기에 어떤 선택을 했으며, 어떻게 다양한 위기를 해결했는가?
- 내담자는 현재 어떤 방향으로 나아가고 있는가?

1단계: 유아기–신뢰감 대 불신감(출생부터 12개월까지)

Freud는 생후 1년을 구강기(oral stage)라고 명명하였으며, 이 시기에 입(mouth)은 만족의 주요 원천이며, 유아는 세상에 대한 신뢰와 불신을 배운다. 유아는 엄마의 젖을 빨면서 음식과 기쁨에 대한 욕구를 충족한다. 정신분석적 접근에 따르면 이 시기의 사건들은 이후 발달에 있어서 굉장히 중요하다. 구강기에 뿌리를 둔 성격 문제는 세상을 불신하고, 사랑을 거부하고, 사랑하고 신뢰하는 것에 대한 두려움을 가지며, 친밀한 관계를 잘 맺지 못하는 것과 관련이 있다.

Erikson(1963)에 따르면 유아의 기본 과제는 자신과 타인 및 세상에 대한 신뢰감을 발달시키는 것이다. 유아들은 타인을 의지하고 희망과 안전감을 느낄 필요가 있다. 그러나 만약 부모가 유아의 욕구에 민감하게 반응하지 않으면 유아들은 세상, 특히 대인관계에 대해 불신하는 태도를 발달시킨다.

집단 작업에 대한 시사점

이러한 아이디어들과 집단심리치료 실제 간의 관계는 아주 분명하다. 집단에서 탐색되는 일반적인 주제들은 사랑과 관심을 받지 못한 느낌과 동시에 깊은 관심과 사랑을 줄 수 있는 누군가에 대한 강한 욕구이다. 시간이 지날수록 구성원들은 생의 초기의 유기, 두려움, 거절에 대한 감정을 회상하고, 많은 사람이 그들을 수용해 줄 수 있는 상징적인 '부모'를 찾는 목표에 집착하게 된다. 그들은 인정과 수용을 추구하는 것에 대부분의 에너지를 쓴다. 자신과 타인을 신뢰하지 못하는 그들은 사랑하고 친밀한 관계를 형성하는 것을 두려워한다.

집단지도자는 이러한 구성원들에게 그들이 느낀 고통을 표현하도록 하고, 다른 사람을 믿지 못하게 방해하고, 자신을 충분히 수용하지 못하게 했던 일부 장벽을 해결할 수 있도록 도와준다. Erikson(1968)은 이러한 구성원들이 매순간 자신과 타인 그리고 세상과 조화를 이루지 못하고 자기 안으로 철수(withdraw)함으로써 기본적인 불신을 표현하는 경향이 있다는 것을 발견했다. 기본적인 신뢰를 형성하는 것은 이후 성격 발달의 토대가 된다.

이러한 각 발달단계와 관련된 문제들은 원가족이 재현되는 정신분석 집단을 통해 나타난다. 초기 발달단계와 관련된 행동으로 퇴행하는 것은 이러한 집단에서 흔히 나타난다. 예를 들어, 구성원들은 지도자나 다른 구성원에게 자신의 적대적인 감정을 투사할 수도 있다. 이러한 사람들은 비현실적 두려움을 느끼는 것이 정당하다고 여기며, 그러한 투사의 정확성을 확인할 정도로 충분한 신뢰를 갖고 있지 않다. 지도자는 구성원들이 가능한 투사를 탐색해 볼 수 있는 안전한 집단 분위기를 만드는 역할을 하는 것이 중요하다. 이러한 믿음이 없는 구성원은 집단에서 고립되기 쉽다.

정신분석 집단치료자들은 구성원이 고착되어 있는 패턴을 이해하기 위해 발달단계에 대한 지식을 활용한다. 그러고 나서 구성원이 특정 발달단계와 관련되어 있는 고착과 문제를 해결하도록 돕기 위해 집단지도자가 의견을 이야기하고 질문과 해석을 할 수 있다.

2단계: 초기 아동기—자율성 대 수치심과 의심(12개월부터 3세까지)

Freud는 구강기 이후 2년을 항문기(anal stage)라고 불렀는데, 이 시기에는 배설물을 참았다가 배출하는 것에서 쾌락을 느끼고, 배변 훈련이 그들에게 부과된다. 이 시기에 아동이 반드시 터득해야 할 주된 과제는 독립성을 배우고, 개인적인 능력을 수용하고, 질투심, 화, 공격성, 파괴성과 같은 부정적인 감정을 어떻게 표현하는지를 배우는 것이다. 이 시기에 아동들은 자율성을 향한 여행을 시작한다. 그들은 자신의 욕구를 돌보는 데 적극적인 역할을 하며, 다른 사람들에게 원하는 것을 전달하기 시작한다. 이 시기는 또한 아동들이 계속 부모의 요구에 직면하고, 환경을 충분히 탐색하는 것을 제한받는 시기이기도 하다. Freud 학파는 이 시기의 부모의 감정과 태도가 이후의 성격 발달에 중요한 영향을 미친다고 보았다.

Erikson은 1세에서 3세 사이는 자율성을 발달시키는 시기라고 보았다. 자기를 통제하는 방법과 세상에 대한 대처 능력을 숙달하지 못한 아동은 자신과 자신의 적절함에 대해 수치심과 의심을 갖게 된다. 이 시기의 아동은 세상에 대해 탐색하고, 자신의 한계를 실험하고 검증하며, 실수를 통해 배울 필요가 있다. 만약 부모가 자녀에게 너무 많은 것을 해 준다면, 자녀는 의존적이고 자율성이 부족하거나 사회적으로 유능감을 느끼지 못하는 아이로 자라기 쉽다.

집단 작업에 대한 시사점

이 발달단계의 역동을 이해함으로써 집단지도자는 풍부하고 유용한 자료에 접근할 수 있다. 집단상담의 도움을 필요로 하는 많은 사람은 사랑하는 사람들을 향한 분노와 미움을 수용하는 것을 배우지 못한 상태이다. 구성원들은 이처럼 갈등하는 감정의 밑바닥에 있는 스스로가 부인했던 부분과 접촉할 필요가 있다. 그럼으로써 구성원들은 강렬한 감정을 억압하기 시작했던 먼 과거의 상황을 재경험하는 것이 필요하다. 안전한 집단 분위기 속에서 그들은 점차 억압된 감정을 표현하는 방법을 배우고, 이러한 감정과 관련된 죄책감을 해결할 수 있다. 집단은 억압된 감정을 표현하는 정화와 재학습을 위한 다양한 기회를 제공해 준다.

3단계: 전학령기-주도성 대 죄책감(3세부터 6세까지)

Freud의 남근기(phallic stage)에 아동은 성기에 대한 직접적인 경험을 통해 최대의 만족을 얻는다. 전학령기 아동들은 그들의 신체에 대해 호기심을 갖기 시작한다. 그들은 신체를 탐색하고 성적 자극으로부터 기쁨을 얻는다. 그리고 아이들은 성차에 대한 관심이 증가하며, 생식작용에 대해 궁금해 한다. 아이의 성적 욕구와 관심에 반응하는 부모의 언어적 · 비언어적인 방식은 성에 대한 아이의 태도와 다른 영역의 발달에 지대한 영향을 미친다.

Freud 학파의 견해에 따르면 남근기의 기본적 갈등의 중심에는 이성의 부모에 대해 갖는 무의식적 근친상간의 욕구가 있다. 이러한 감정은 상당히 위협적이기 때문에 아동은 그 감정을 억압한다. 하지만 그 감정은 이후의 성격 발달에 있어서 강력한 결정 요인으로 남아 있다. 이성의 부모를 소유하고자 하는 소망과 함께 동성의 부모를 없애고자 하는 무의식적인 소망이 나타나는데, 이 소망은 오이디푸스 신화에서 아버지를 죽이는 예에서 찾아볼 수 있다.

Erikson은 대조적으로 전학령기의 기본적인 과제는 유능성과 주도성을 발달시키는 것이라고 강조했다. 이 시기는 심리적으로 개인이 스스로 선택한 활동을 추구할 준비가 된 시기이다. 만약 아동들에게 의미 있는 활동을 선택할 수 있는 자유가 허용된다면 주도적으로 수행할 수 있는 능력과 긍정적인 태도를 발달시킬 것이다. 그러나 만약 아동 스스로 결정하는 것이 허용되지 않거나 그들의 결정에 대해 비난을 받았다면 아동들은 주도성을 보이는 것에 있어서 죄책감을 갖기 쉽다. 전형적으로 그들은 적극적인 태도를 보이지 않거나 점차 다른 사람이 자신을 위해 결정해 주도록 만들 수 있다.

집단 작업에 대한 시사점

대부분의 치료 및 상담 집단에서 구성원들은 성역할 정체성과 관련된 문제로 힘들어한다. 많은 사람은 여자와 남자가 된다는 것의 전형적인 개념을 받아들여 왔다. 그리고 이러한 전형에 맞지 않는 다양한 감정을 계속적으로 억압해 왔다. 집단은 사람들이 이러한 제한적인 관점에 대해 도전해 보고 통합하도록 하는 장이 될 수 있다.

성적 감정, 태도, 가치관, 행동 등에 대한 고민은 사적인 문제로 여겨지기 때문에 사람들은 자신의 성적 고민을 혼자서 해결해야 한다고 느끼게 된다. 집단에서는 이러한 걱정을 공개적으로 표현하고, 잘못된 학습을 수정하도록 하며, 억압된 감정이나 사건을 해결하게 하며, 자신에 대한 다른 관점을 형성하도록 도울 수 있다. 아마 집단의 가장 중요한 기능은 구성원들이 감정을 느끼고, 솔직하게 말할 수 있도록 허용해 주는 것이다.

4단계: 학령기–생산성 대 열등감(6세부터 12세까지)

Freud 학파는 중기 아동기를 잠재기(latency stage)라고 하였으며, 사춘기 폭풍이 일어나기 전 비교적 잠잠한 시기이다. 앞의 시기에서 성적 충동의 폭발은 학교, 또래, 운동, 그리고 모든 새로운 활동들에 대한 관심으로 대체된다. 6세 무렵에 아동들은 새로운 관계를 형성하기 시작한다.

Erikson은 이 단계의 잠재성보다는 적극성을 강조하였으며, 이 시기의 독특한 심리사회적인 과제는 건강한 발달이 일어나는 이 시기에 반드시 충족되어야 한다고 보았다. 아동들은 물리적이고 사회적인 세계에 대한 이해를 확장하고, 적절한 성역할 정체성을 계속해서 발달시켜야 할 필요가 있다. 아동들은 또한 개인적인 가치관을 형성하고, 사회적인 활동에 참여하며, 그들과 다른 사람들을 받아들이는 것을 학습하고, 학교생활에 필요한 기본적인 기술을 습득해야만 한다. Erikson에 따르면 중기 아동기의 중요한 과제는 근면함을 달성하는 것이고, 실패하면 부적절감과 열등감을 가져온다. 근면함은 개인적으로 의미 있는 목표를 정하고 성취하는 것을 말한다. 만약 아동들이 이 과업을 성취하지 못한다면 그들은 성인으로서 적절성을 느끼기 어렵고, 이후 발달단계에 부정적인 영향을 끼칠 것이다.

집단 작업에 대한 시사점

이 시기에 비롯된 문제 중 집단지도자가 직면할 수 있는 것으로는 부정적인 자아개념, 학습과 관련된 부적절감, 사회적 관계를 형성하는 데 있어서의 열등감, 가치관에 대한 갈등, 혼란스러운 성역할 정체성, 새로운 도전에 직면하기를 꺼림, 의존성, 주도성의 부족 등이 있다. 구성원들이 아동기에 시작된 패턴에 대해 인식하는 것을 배우는 것은 그러한 패턴이 집단에서도 어김없이 일어나기 때문에 중요하다.

이 시기에 대해 집단지도자가 갖고 있는 지식이 어떻게 치료적 과정을 도울 수 있는지를 알아보기 위해 열등감으로 인해 고통 받은 구성원의 사례를 살펴보자. 레이철은 실패를 굉장히 두려워해서 대학에 가지 않았다. 왜냐하면 그녀는 절대 다닐 수 없을 거라고 생각했기 때문이다. 집단 작업을 통해 그녀는 자신의 부적절감과 초등학교 때 겪었던 어떤 사건과의 관계를 살펴보았다. 그녀가 일련의 부정적인 학습 경험(예: 그녀가 멍청해서 공부를 못한다는 선생님 말씀을 듣게 됨)을 갖고 있을 수 있다. 레이철이 대학에서 필요로 하는 것을 할 수 없다는 감정을 극복하기 전에, 그녀는 아동기 시절의 외상적 사건으로 되돌아가서 사건을 재경험하고 그때 느꼈던 고통을 표현해야 할 수도 있다. 집단의 지지를 통해서 그녀는 억압된 여러 가지 감정을 재경험하고, 다른 관점에서 과거의 사건을 보기 시작할 수 있다. 마침내 그녀는 초등학교 때 일어난 어떤 일 때문에 자신이 현재의 학업을 포기할 필요가 없다는 것을 깨달을 수 있다.

5단계: 청소년기–정체감 대 정체감 혼란(12세부터 20세까지)

청소년기는 아동기와 성인기 사이에 있는 과도기이다. 이 시기는 지속적으로 한계를 시험하고, 의존적 관계를 거부하고, 새로운 정체감을 형성한다. 이 시기는 가장 갈등이 많은 시기로 그 갈등은 특히 부모의 통제로부터 벗어나고 싶은 욕구와 독립적으로 결정을 하는 것과 결과를 수용하는 것에 대한 두려움 사이에서 발생한다. 청소년기는 오이디푸스적 감정이 다시 올라온다는 특징이 있다. Freud 학파의 관점에서 보면 오이디푸스 콤플렉스(Oedipus complex)는 아들이 아버지에 대해 갖는 적대감과 두려움 그리고 어머니에 대한 무의식적 소망이다. Freud 학파의 이론에서 청소년들은 성기기(genital stage)라는 마지막 심리성적 발달단계에 들어선다고 본다. 이 시기는 가장 길고, 청소년기 이후로도 확장된다. 이 시기는 사춘기에서 시작하여 노년기까지 지속되며, 이 시기에 사람들은 이전 단계로 퇴행하는 경향이 있다.

Erikson은 성격 발달이 사춘기에서 끝난다고 생각하지 않았으며, Freud의 성기기를 네 가지 발달단계로 나누었다. 그는 청소년기에서 특징이 되는 위기가 삶에서 가장 중요하다고 보았다. 정체감 위기 동안 청소년들은 안정된 자기감을 형성하고, 역할을 정하고자 한다. 청소년기에 발생하는 갈등의 대부분은 개인적 정체감의 발달과 연관되어 있다. 청소년들은 자신이 누구이며, 어디를 향해 가고 있으며, 어떻게 목표에 도달할 것인지를 정의하기 위하여 고군분투한다. 왜냐하면 사회적 변화뿐만 아니라 신체적으로도 많은 변화가 일어나고, 사회에서는 다양한 압력이 주어지며, 많은 청소년이 안정적인 정체감을 찾는 데 어려움을 겪기 때문이다. 그들은 종종 갈등적인 압력과 요구를 경험한다. 가장 혼란스러운 상태에서 청소년들은 다양한 기대에도 불구하고 자신이 어디에 있는지를 궁극적으로 결정해야 하는 과업을 갖게 된다. 만약 청소년이 실패하면 정체감 혼란이라는 결과가 일어나고, 이후의 삶에서 목적과 방향을 잃게 될 것이다.

집단 작업에 대한 시사점

많은 집단에서 청소년기에 흔히 겪는 의존과 독립성에 대한 갈등을 탐색하고 해결하는 데 많은 시간을 보낸다. 여기에서의 중요한 노력은 부모로부터 분리하고 개별성 혹은 자율성을 향해 나아가는 과정을 포함한다.

이 시기에 한 명 혹은 여러 명의 구성원이 지도자에게 명백히 반항하는 태도를 보일 수 있다. 지도자에게 도전하는 것이 종종 독립심으로 나아가는 신호이기는 하지만, 지도자에 대한 공격은 부모나 다른 권위자에 대한 반항의 증상일 수도 있다. 지도자는 자신의 역동과 잠재적인 역전이에 대해 깨어 있을 필요가 있다. 특히 구성원들이 이런 방식으로 대항할 때 더욱 그렇다. 지도자는 만약 이러한 행동이 전이라는 것을 이해한다면 방어적으로 대응하지 않게 될 것이다.

청소년기에 해결되지 않은 문제는 성인들이 집단에 들고 오는 많은 문제 속에 명백히 자리 잡고 있다. 성인들은 초기 생애로부터 비롯된 미해결 과제를 인식하고 나서야 비로소 삶의 다른 단계에서 나타나는 도전을 효과적으로 해결할 수 있다.

6단계: 초기 성인기—친밀감 대 고립감(20세부터 35세까지)

Erikson의 견해에 따르면 우리는 청소년기의 갈등을 해결하고 확고한 개인적 정체감을 확립한 뒤 성인기에 들어서게 된다. 6단계인 초기 성인기에 우리의 정체감은 친밀감 대 고립감이라는 도전에 의해 다시 검증받게 된다.

심리적으로 성숙한 인간의 기본적인 특징은 친밀한 관계를 형성하는 능력이다. 다른 사람들과 진정으로 친밀감을 나누려면, 우리는 우리의 정체성에 대한 확신을 갖고 있어야 한다. 친밀감은 헌신과 자기중심성에서 벗어나 나눌 수 있는 능력을 포함한다. 친밀감 형성의 실패는 소외감과 고립감을 느끼게 한다. 초기 성인기는 또한 자신의 흥미에 집중하고, 직업을 갖고 일을 시작하며, 만족스러운 생활양식을 만들어 나가는 시기이다. 이 시기는 꿈과 삶에 대한 계획을 세우는 시기이기도 하지만 생산성의 시기이기도 하다.

집단 작업에 대한 시사점

많은 성인 집단에서 구성원들의 중요한 일을 탐색하는 데 상당한 시간이 걸린다. 구성원들은 대인관계에서 친밀감 문제로 어려움을 겪고, 충족되지 못한 꿈에 대해 말하고, 일의 의미에 대해 질문하고, 미래에 대해 궁금해 하고, 어떤 변화가 필요한지를 판단하기 위해 삶의 패턴을 재평가한다. 아마 이러한 걱정들을 하고 있는 사람들에게 집단이 가지는 가장 큰 가치는 그들의 꿈과 삶의 계획에 대해 다른 관점을 취하고, 그들의 삶이 이러한 열망을 어느 정도나 반영하고 있는지를 검토할 기회를 갖는 것이다. 만약 차이가 크다면, 구성원들은 상황을 변화시킬 수 있는 방법을 찾도록 격려 받을 것이다.

전형적으로 초기 성인들은 다른 사람과 함께 살고, 가족을 형성하는 것과 관련된 문제들을 갖고 있다. 이 시기의 주요 갈등은 친밀감의 위기로, 개인의 독립성을 유지하려는 욕구와 친밀한 관계를 만들려는 욕구 사이에서 발생한다. 친밀감의 위기를 성공적으로 해결하기 위해서는 자신을 돌보는 것과 적극적으로 다른 사람을 돌보는 것 사이의 균형을 달성할 필요가 있다. 이 균형을 맞추는 데 실패한 사람은 다른 사람의 욕구에 전적으로 집중하여 자신의 욕구는 무시하거나 혹은 자기중심적이어서 다른 사람들에게 관심을 둘 여지가 거의 없을 수 있다. 초기 성인들이 대인관계를 형성하는 능력은 초기 발달기 동안에 어떤 일이 일어났는가에 따라 크게 달라질 수 있다.

구성원들이 집단 내에서 친밀감을 다루는 방법은 그들이 초기 성인기 동안 다른 사람과 가까워지거나 거리를 두는 것에 대해 학습한 패턴을 보여 준다. 많은 사람은 집단 내에서 다른 사람과 친밀한 관계를 형성하는 것을 매우 어려워한다. 집단 과정에서는 사랑과 연민을 주고받는 것을 모두 불편하게 여기고 두려워하는 패턴이 나타나기 쉽다. 집단은 친밀감 문제로 힘들어하는 사람들에게 그들의 두려움을 인식하고 도전하게 하는 이상적인 장소이다.

7단계: 성인 중기—생산성 대 침체감(35세부터 65세까지)

7단계는 우리 자신과 직계가족을 넘어서 다음 세대를 적극적으로 도와주고 안내해 주려는 욕구가 특징적이다. 이 시기는 우리가 어떻게 살아왔는지를 철학적으로 돌아보는 시기이며, 우리의 존재 방식을 재창조하도록 한다. 이 성숙한 시기는 우리의 삶에서 가장 생산적인 기간일 수 있다. 그러나 우리가 성인 초기에 이루고자 계획했던 것과 실제로 성취한 것 간의 차이를 직면하는 고통스러운 경험을 할 수 있다.

Erikson은 생산성과 침체감 사이의 갈등이 일어나는 이 시기에 지속적으로 성장하기 위해서는 자극이 필요하다고 보았다. 생산성은 사랑을 잘하고, 일을 잘하며, 잘 노는 능력을 나타내는 포괄적인 개념이다. 만약 사람들이 개인적인 능력을 성취하는 데 실패한다면, 그들은 침체되고 심리적으로 죽음이 시작될 것이다. 우리는 중년기에 이르러 궁극적인 죽음을 피할 수 없다는 것을 더 민감하게 인식하기 시작한다. 죽음에 대한 인식은 중년기의 위기에서 핵심적인 특징이고, 우리가 무엇을 하고 살아왔는지에 대한 평가에 영향을 미친다.

집단 작업에 대한 시사점

이 단계에서 일어나는 변화와 이러한 변화에 수반된 위기 및 갈등은 집단 작업의 가치를 보여 준다. 구성원들은 종종 새로운 평가와 적응을 위해 도전하고, 장래성 있는 새로운 일을 시작하고, 새로운 의미에 도달하기 위한 선택을 하고자 한다. 성인발달에 대한 지식은 지도자로 하여금 성인 중기 동안에 경험하는 집단원의 무력감을 지켜보도록 하고, '그게 인생이야.'라는 부정적인 시각을 넘어설 수 있도록 도와준다. 배려심 있고 숙련된 지도자는 사람들이 새로운 의미를 찾고 새로운 방식으로 '자기계발'을 하도록 격려해 준다.

8단계: 인생 후반기–통합감 대 절망감(65세 이후)

8단계는 사람들이 배우자나 친구의 죽음에 적응하고, 외부에 대한 흥미를 유지하며, 은퇴에 적응하고, 신체적 · 감각적인 기능 손상을 수용하는 것과 같은 중요한 발달과제에 직면한다. 그러나 마지막 단계의 중심과제는 과거를 되돌아보고 결론을 이끌어 내는 것이다.

Erikson에 따르면 이 단계에서 핵심적 위기인 통합감과 절망감 사이의 갈등을 성공적으로 해결하는 것은 개인이 과거를 어떻게 되돌아보느냐에 달려 있다. 후회하지 않는 사람일수록 자아통합을 이룰 가능성이 높다. 그들은 자신이 생산적이고 가치 있는 삶을 살았다고 보고, 성공뿐만 아니라 실패에도 잘 대처해 왔다고 느낀다. 그들은 일어나지 않았던 일에 집착하지 않고, 일어났던 일에서 만족을 찾을 수 있다. 그들은 죽음을 삶의 과정의 일부로 보고, 남아 있는 시간에 대한 의미와 만족을 여전히 찾을 수 있다. 자아통합을 달성하는 데 실패하면 종종 절망감과 무망감, 죄책감, 후회 및 자기부정의 느낌이 일어난다.

집단 작업에 대한 시사점

노인들은 그들이 살아갈 날이 한정되었다는 것에 대한 인식이 커져 가며, 그들의 많은 문제를 집단 내에서 생산적으로 다룰 수 있다. 그들은 지혜와 통합감과 같은 노년기와 연관된 기쁨들은 인생 초기에는 인식되지 않고 제한되었다는 것을 깨닫는다(Henderson & Gladding, 2004). 노인들에게 주요한 주제는 상실과 애도, 외로움과 사회적 고립, 가난, 거절 받는 느낌, 삶에 대한 의미를 발견하기 위한 노력, 의존성, 무가치감, 무망감, 절망, 피할 수 없는 죽음, 육체와 정신적 퇴화에 대한 슬픔, 과거 사건에 대한 후회들과 관련이 있다. 이러한 주제들은 많은 노인에게 나타나는 주요한 어려움이다. 하지만 그들은 또한 삶에 대한 다양한 경험과 개인적인 강점들을 가지고 있는데, 이러한 점들이 간과되고 있다. 노인과 함께하는 집단 작업은 구성원들이 이 시기와 연관된 과업에 대처하도록 도움을 줄 뿐 아니라 나이듦에 대한 긍정적인 측면을 촉진하는 하나의 방법이다. 집단에서 이루어지는 대인관계의 속성은 노인들, 특히 고립감과 외로움을 느끼는 사람들에게 치료적으로 작용할 수 있다.

이 삶의 단계에서 특징적인 주제들은 노인과 함께 작업하는 집단지도자뿐만 아니라 초기 성인이나 중년기 성인과 함께 작업하는 지도자들에게도 의미가 있다. 사람들은 그동안 시간을 허비했음을 깨닫기 시작하면서 삶에서 무언가를 성취해야 한다는 압박감을 크게 느끼게 된다. 그리고 나이가 들어서 혼자 있게 되거나 경제적 혹은 신체적으로 다른 사람에게 의존하는 것에 대한 두려움이 나타나기 시작한다. 집단지도자는 구성원들이 나이가 들었을 때 삶에 만족할 수 있도록 지금부터 준비하는 것을 도와줄 수 있다. "당신이 노인이 되었을 때 당신의 삶에 대해 뭐라고 말할 수 있었으면 좋겠어요?"라고 질문하는 것은 좋은 시작 방법이다. 구성원이 이 질문에 대해 스스로에게 혹은 집단에게 대답하는 것은 인생 후반부에 통합감을 얻기 위해 그들이 지금 해야 할 결정과 구체적인 움직임에 영향을 줄 수 있다.

정신분석 집단치료에서의 최신 동향

정신분석 이론은 계속해서 발전하고 있다. Freud의 이론은 기본적인 욕구 충족과 관련된 갈등에 초점을 맞춘 본능(id) 심리학에 토대를 두었다. 이후의 사회심리학파들은 Freud의 관점에서 벗어나 성격에 미친 문화적·사회적인 영향을 받아들임으로써 정신분석 이론을 성장시키고 확장하는 데 기여했다. 그러고 나서 전 생애에 걸친 심리사회적 발달을 강조한 자아심리학이 Erikson과 다른 사람들에 의해 발달되었다. Erikson의 생애주기와 별다른 관련성은 없지만 Anna Freud(1937) 역시 방어기제를 확인했다는 점에서 자아심리학의 대표적 인물이라고 볼 수 있다.

정신분석적 접근은 가족체계치료와 집단치료에 적용되고 있으며, 현대 정신분석가들은 치료에서 통찰보다 대인관계적 차원을 더 강조한다. 대상관계 이론과 애착 이론 둘 다 대인

관계를 강조한다. 무의식적 갈등의 개념은 여전히 정신역동적 사고의 기본적인 것이지만 최근의 이론들은 유아기와 초기 아동기 동안 중요한 인물들과의 경험에서 영향을 받은 성격의 내적 구조에 더 관심을 둔다. 부모-자녀 관계의 결핍에서 기인한 유아기나 초기 아동기 장애와 발달정지에 대한 관심이 증가하고 있다.

대상관계 이론

정신분석 이론은 1970년대와 1980년대에 대상관계 이론을 포함하여 더욱 범위가 확장되었다. 대상관계 이론은 개인이 통합 상태에 이르게 하는 타인에 대한 확장된 인식단계를 거친다고 주장한다. 대상관계는 정신내적으로 나타나는 대인관계이다. 일반적으로 받아들여지고 있는 단일한 대상관계 이론이나 학파는 없지만, 이 접근은 자기심리학과 대인관계적 정신분석을 포함한다. 많은 이론가들이 대상관계 개념의 근간을 이루는 사상의 발전에 기여했다(St. Clair, 2004).

Freud가 사용한 대상(object)이라는 용어는 욕구를 만족시키는 감정이나 추동의 대상 혹은 목표가 되는 중요한 사람이나 대상을 말한다. 대상이라는 용어는 아동과 성인이 애착관계를 맺으려 하는 중요한 사람을 의미하는 타인(other)이라는 용어와 상호 교환적으로 사용된다. 유아는 태어났을 때 분리에 대한 감각이 없다. 즉, 자신과 다른 사람이 융합되어 있다. 유아가 기쁨과 불편함이 자기 외부에 있는 대상과 관련되어 있다는 것을 지각할 때 분리/개별화 과정이 시작된다. 이 단계에서 유아는 전형적으로 어머니를 한 사람으로 인식하지 않고 엄마의 젖가슴에 대한 애착을 형성한다.

Mahler(1968)는 개인이 어머니와의 심리적 융합 상태에서 시작하여 점차 분리된다고 믿었다. 해결되지 않은 위기와 초기 융합 상태의 잔재뿐만 아니라 개별화 과정은 이후의 대인관계에 지대한 영향을 미친다. 인생 후반부의 대상관계는 엄마와 재결합하고자 하는 아동기의 욕구에서 비롯된 것이다(St. Clair, 2004). 정신분석치료자들은 자기-타인 관계의 발달이 유아적인 것에서 타인과의 성숙한 관계까지 연속성이 있다고 믿는다. 대상관계는 다른 사람과의 현재 상호작용에 영향을 미치는 대인관계이다(St. Clair, 2004).

현대 정신분석의 이론적 추세는 자기에 대한 초기 경험이 타인에 대한 확장된 인식으로 변화한다는 예측 가능한 발달순서에 관심을 두고 있다. 일단 자기-타인 패턴이 형성되면 이후의 대인관계에 영향을 미친다고 가정한다. 이러한 영향은 초기 경험에 의해 만들어진 패턴과 가장 가까운 경험을 찾는 과정에서 나타난다. 이러한 최근의 이론들은 개인의 내적 세계가 어떻게 실생활의 대인관계에 어려움을 일으키는지에 대해 통찰하도록 돕는다(St. Clair,

2004). 심리적 발달은 개인이 자신과 다른 사람을 구별하는 방식의 발전으로 생각할 수 있다.

대상관계치료는 생의 초기에 개인이 특정한 사람, 주로 부모에 대한 애착을 통해 만족되는 추동을 가진다는 가정에 근거를 두고 있다. 이러한 초기 상호작용은 생의 후반기 관계 패턴의 기초가 된다(Marshall & Fitch, 2009). 집단 작업을 통해 구성원들은 과거의 상호작용 패턴이 현재의 상호작용에서도 나타나는 것을 경험한다. 집단치료는 집단원들이 과거 상호작용에서 시작된 새로운 상호작용을 어떻게 하는지를 이해하는 맥락을 제공한다(Brabender, 2020). 예를 들어, 한 모임에서 다른 사람들과 가깝게 지냈던 어떤 구성원이 다음 만남에서는 거리를 두거나 떨어져 있어 치료에서 무슨 일이 일어났는지 다른 사람들을 의아하게 만든다. 이런 패턴은 Mahler(1968)가 엄마에게 매달리고 싶은 욕구와 자유롭게 탐구하고 돌아다니는 욕구 사이에서 갈팡질팡하는 유아의 '양가적 경향성'이라고 하는 것을 반복한 것일 수 있다. 치료 집단에서 구성원들은 자기파괴적 대인관계 패턴을 해결할 수 있다. 치료 집단에서 주요 목표는 교정적 정서 경험을 하고, 자기파괴적 대인관계 패턴을 변화시키는 것이다(Marshall & Fitch, 2009).

애착 이론

Marshall과 Fitch(2009)에 따르면 치료적 집단 경험은 구성원들이 다른 사람과 관계를 맺고 애착을 느끼고, 인정받는 욕구를 충족시키는 데 도움이 된다. 애착 이론은 인간의 발달에 있어 애착, 분리 및 상실의 중요성을 강조한다. 애착 이론은 대상관계 이론에서 나왔으며, 정신역동적 접근에서 최신의 관계 모델의 하나이다. 이 이론은 아동과 양육자의 초기 상호작용이 개인이 타인과 관계를 맺는 방식에 있어서 기본이 된다고 가정한다(Zorzella et al., 2014). 구성원이 집단에서 행동하는 방식과 집단 내 다른 사람들에 대한 지각은 초기 애착에 대한 중요한 정보를 알려준다. Flores(2008)는 애착 이론이 정신분석의 최상의 아이디어와 인지과학, 아동발달 연구, 신경생물학을 종합한 것이라고 믿었다. 그는 "애착은 그 자체의 역동을 가진 중요한 동기적 힘이며, 이러한 역동은 단지 발달뿐 아니라 치료적 동맹과 관계에 중요하고 복잡한 영향을 미친다."(p. 128)라고 진술하였다.

경계선 성격장애와 자기애적 성격장애

아마도 최근 정신분석 이론에서 가장 중요한 발전은 경계선 성격장애와 자기애적 성격장애를 포함시킨 것이다. 경계선 성격장애의 본질적인 특성은 타인과의 관계에서의 불안정성과 자기에 대한 불안정한 관점이다. 경계선적인 사람들은 관계에서 버려지거나 거절받는 것에 대한 두려움에서 벗어나고자 하는 욕구가 강하다. 자기애적 성격장애는 전반적으로 과장되고, 사람들의 평가에 대해 과민하고, 공감이 부족한 것과 같은 본질적인 특징을 가지고 있다. 자기애적인 사람들은 모든 관계에서 상대방으로부터 찬사와 전적인 호응을 요구한다(Masterson, 1997). 이 두 가지 성격장애의 패턴은 모두 초기 아동기에 나타나기 시작한다. 이 분야에서 가장 중요한 이론가는 Kernberg(1975, 1976)와 Kohut(1971, 1977, 1984)이다. Kohut은 사람들이 독립성과 애착을 모두 느낄 수 있으며, 스스로 기쁨을 얻고, 다른 사람을 이상화할 수 있을 때 가장 건강하다고 주장한다.

대상관계 이론은 성격장애에 대한 새로운 이해의 지평을 열었다. St. Clair(2004)에 따르면 경계선 성격장애와 자기애적 성격장애는 분리/개별화 동안의 외상과 발달장애로 인한 결과로 볼 수 있다. 그러나 이러한 성격의 징후와 행동적 증상은 청소년기나 초기 성인기에 발달하는 경향이 있다. 전지전능감, 과장, 분열(양립할 수 없는 분리 감정을 지키기 위한 방어 과정)과 같은 자기애적이고 경계선적인 증상은 발달 초기에 방해를 받거나 완수하지 못한 발달과제에 대한 행동적 표현이다.

경계선 성격장애

경계선 성격장애는 짜증, 자기파괴적 행동, 충동적 분노, 심한 기분 변화가 특징적이다. 경계선적 역동을 가진 사람은 전형적으로 행복감 뒤에 오는 장기간의 환멸감을 경험한다. 그들의 대인관계는 급속한 태도 변화로 인해 긴장되고 불안정하다. 분열(splitting)은 흑백사고를 하는 경계선 성격 경향성에서 나온 용어이다. 예를 들어, 경계선 특징이 있는 사람은 이전에는 중요했던 구성원들(혹은 치료자)에게 화가 날 경우 갑자기 그들을 쓸모없는 사람으로 여길 수 있다. 충동성과 예측할 수 없는 행동은 흔히 신체적 위협을 일으키는 원인일 수 있다. 두드러진 정체성 장애는 일반적으로 자기 이미지, 성적 성향, 직업 선택, 장기적 목표에 속하는 삶의 주제에 대한 불확실성으로 나타난다. Kernberg(1975)는 정체성의 결여, 타인에 대한 깊이 있는 이해의 부족, 충동 통제의 어려움, 불안을 견디지 못하는 능력을 포함한 증상들을 기술했다. Kernberg와 다른 이론가들의 연구로 인해 최근에는 경계선 역동을 가진 사람들에 대해 더 명확히 알게 되었다. 그들은 신경증 환자보다 혼란되어 있지만 정신병 환자들보다는 통합되어 있다. 경계선적 역동을 가진 사람들은 분리/개별화를 충분히 이루지 못하고, 무질서하고 원초적인 성격구조를 가지는 경향이 있다.

Yalom과 Leszcz(2020)은 경계선 성격장애는 동일한 진단 범주를 나타내는 것이 아니라고 주장했다. 그들은 어떤 사람에게 경계선 성격장애가 있는지 여부를 진단하는 것은 광범위한 진단 범주보다 한 개인이 보여 주는 특징에 달려 있다고 주장하였다.

집단 작업에 대한 시사점

Yalom과 Leszcz(2020)에 따르면, 경계선적 특성을 가진 사람들의 공통된 문제는 친밀감에 관한 것이며, 집단치료는 현실 검증력, 응집력과 같은 치료적 요인을 제공한다. 그는 경계선적 특성을 가진 사람들이 타인의 피드백과 관찰 내용을 수용할 뿐 아니라 행동 면에서도 집단 과정에 심각한 지장을 주지 않는다면 집단은 그들에게 일상적 스트레스로부터 벗어날 수 있는 지지적 피난처를 제공할 수 있다고 주장했다. Yalom과 Leszcz는 전문적인 집단치료가 이러한 내담자에게 효과적이라는 증거가 늘어나고 있다고 보고한다. 이러한 집단은 경계선 특징이 있는 사람들에게 수용, 정서조절 훈련, 정서적 지지, 대인관계 학습을 제공할 수 있다. 경계선적 특성을 가진 사람들은 원초적이고, 무질서한 욕구, 두려움을 표현할 수 있지만 집단 과정에서 현실과 계속 직면하는데, 이것은 경계선 사람들이 이러한 감정을 다소 통제할 수 있도록 돕는다. 경계선 내담자를 대상으로 하는 집단 치료의 장점은 집단 내에서 제공되는 피드백을 통해 현실 검증이 가능해진다는 것이다. Yalom과 Leszcz는 경계선 장애를 가진 사람들이 집단 작업을 잘하거나 쉽기 때문이 아니라 개인치료에서 특히 다루기 어렵기 때문에 집단치료에 의뢰된다고 기술하였다.

경계선 성격장애 환자들은 Linehan(1993b)이 개발한 변증법적 행동치료(dialectical behavior therapy: 이하 DBT)에 기반을 둔 집단 방식으로 치료할 수 있다. DBT는 인지행동치료와 정신분석기법을 같이 사용하며, 최소 1년간의 치료를 한다. DBT 기술 훈련 집단은 개인 심리치료와 함께 경계선 환자들에게 사용된다. DBT 집단은 구성원들에게 변화에 필요한 기술을 가르치는 반면에 그들의 행동을 '있는 그대로' 인정하고, 저항을 직면시키고, '치료에 필수적인 치료적 관계'를 강조한다(Linehan, 1993b, pp. 5-6).

이 주제는 13장에서 인지행동치료를 기술한 내용에 좀 더 자세히 나와 있다. 대상관계 관점으로 경계선 성격장애를 가진 환자들을 치료하는 것에 대해 더 자세하게 배우기를 원한다면 Clarkin, Yeomans와 Kernberg(2006)를 보라. Rutan 등(2014)은 경계선 성격장애와 자기애적 성격장애를 가진 환자를 대상으로 하는 정신역동치료에 대한 훌륭한 논의를 제시하고 있다.

자기애적 성격장애

자신에 대한 자부심을 갖고 있지만 타인과 분화되거나 타인을 이상화할 기회가 부족한 아동은 후에 자기애적 성격장애를 갖게 될 수 있다. 이 증후군은 과장된 자부심과 다른 사람에 대한 착취적 태도가 특징적인데 이것은 약한 자기개념을 감추는 기능을 한다. 이 환자들은 자기 과시욕이 강한 행동을 하는 경향이 있다. 그들은 다른 사람들에게 관심과 칭찬을 받기를 원하고, 자기에 극도로 몰두하는 경향이 있다. 한편으로는 자기애가 극도로 낮은 자존감과 타인에 대한 지나친 이상화 경향을 역설적으로 나타내는 것이라고 해석할 수도 있다 (Gabbard, 2000).

Kernberg(1975)는 자기애적 역동을 가진 사람들은 다른 사람과의 상호작용에서 자신에게 초점을 두고, 찬탄받고자 하는 욕구가 크며, 피상적인 정서를 소유하고, 다른 사람과의 관계에서 착취적이고 기생적인 것이 특징이라고 하였다. 그는 자기애적인 사람들이 정서적으로 깊이가 없는 삶을 살고, 다른 사람에게 받는 찬탄 외에는 즐거움을 느끼지 못하며, 자기애적 기쁨을 거의 기대하지 않는 사람들을 무시하는 경향이 있다고 말한다.

Kohut(1971)은 자기애적인 사람들이 자존감을 유지하는 데 많은 위협을 느끼며, 공허감과 무감각한 느낌을 가지고 있다고 하였다. 이러한 사람들은 전형적으로 굶주린 자기를 '먹여 줄' 대상으로서 누군가를 찾는다. Kohut은 자기애적인 사람들의 자존감과 주관적 안녕감을 높이기 위해 이용되는 사람을 언급하기 위해 '자기대상(selfobject)'이라는 용어를 사용한다. 이러한 내담자들은 자기대상과 관련되었을 때만 스스로를 가치 있게 여기기 때문에 그들의 힘을 찬탄해 줄 사람을 찾는다. 그러나 그들은 내면의 공허함이 채워지지 않아서 끝없이 다른 사람의 인정을 찾아다닌다. 그들은 빈약한 자기감과 자기와 타인 사이의 불분명한 경계로 인해 자신의 사고와 감정 및 자기대상의 사고와 감정을 구별하는 데 어려움을 겪는다.

집단 작업에 대한 시사점

Yalom과 Leszcz(2020)는 자기애적 역동을 가진 사람들이 집단치료에 참여할 때 발생하는 문제에 대해 논의하고 있다. 그들은 전형적으로 집단 시간을 함께 공유하고, 다른 사람들을 공감하고 이해하며, 다른 구성원과 관계를 형성하는 데 어려움을 겪는다. 이러한 내담자들은 주목받고자 하는 일관된 욕구를 가지고 있다. 그들은 종종 시간을 얼마나 자신에게 쏟고, 치료자로부터 얼마나 관심을 받는지에 따라서 집단의 효율성을 평가한다. 그들은 다른 구성원들이 작업하는 동안에 지루해하고, 참을성이 없으며, 집단 논의의 초점을 자신에게 돌리고자 하는 경향이 있다. 그들은 다른 구성원들에게 비현실적인 기대를 가지고 있다. 그들은 자신이 특별하고 집단의 관심을 받을 만하다고 느끼지만 다른 사람에게는 기꺼이 관심을 주려고 하지 않는다. Yalom과 Leszcz에 따르면 치료자의 주요 역할은 집단에서 매우 공격당하기 쉬운 구성원들을 보호하는 것이다. 치료자는 집단에서 자기애적 특성을 보이는 구성원들에게 관심을 두어야 한다.

『상호작용적 집단치료(Interactive Group Therapy)』에서 Earley(2000)는 경계선과 자기애적 경향을 보이는 구성원을 다루는 문제에 대해 유용한 의견을 제시하고 있다. 집단지도자의 주요 문제점 중 하나는 그들에게 일어나는 잠재적인 역전이 반응이다. 경계선 성격장애를 가진 사람들이 보이는 강한 분노와 분리 방어는 치료자로 하여금 내담자의 화로 인해 대신 화를 내게 되는 것을 두렵게 한다. 자기애적 경향을 보이는 구성원들의 과장, 자기중심적 태도, 모욕적인 말은 구성원과 치료자 모두에게 강렬한 분노를 일으킬 수 있다. Earley는 경계선 성격장애 또는 자기애적 성격장애를 가진 구성원들은 치료자의 강한 반응을 불러일으키는 경향이 있다고 하였다. 집단지도자는 특정 구성원을 향한 자신의 반응을 자각하고, 가능한 한 감정에 따라 행동하는 것을 피하고, 필요하다면 수퍼비전을 받는 것이 중요하다.

역전이 반응은 경계선과 자기애적 성격을 가진 구성원들을 이해하는 데 중요할 수 있다. 지도자의 감정을 과거의 상호작용 양식에 대해 무언가를 알려 주려는 구성원의 시도에서 나온 것으로 이해한다면, 이런 부정적인 반응을 일으키는 특성들은 치료적으로 다룰 수 있다. 예를 들어, 구성원이 언짢음을 표현할 경우 초기에 부모와의 관계에서 기분이 언짢았던 경험을 알리기 위한 시도로 볼 수 있다.

단기정신역동치료

단기정신역동치료(brief psychodynamic therapy: 이하 BPT)는 일반적으로 10~25회기의 정해진 시간 내에서 특정한 장애를 치료하기 위해 정신분석 이론과 치료의 원리를 적용한다. BPT는 심리성적 · 심리사회적 발달단계 및 대상관계 발달단계의 지속적인 영향, 무의식 과정의 존재, 치료자와의 관계에서 내담자의 과거 정서적 문제의 재현, 치료적 동맹, 반복 행동과 같은 중요한 정신분석 및 정신역동개념을 이용한다. BPT를 정의하는 몇 가지 주요 구성요소에는 신속한 개입의 사용, 적극적인 치료 자세, 치료 초점 공식화, 특정한 치료 목표 설정, 의도적 시간제한이다(Farber, 2020).

BPT는 실생활의 문제를 다루는 데 있어 내담자의 강점과 자원을 강조하는 경향이 있다. Levenson(2017)은 주요한 수정된 정신분석 기법은 지나간 아동기를 탐색하는 것보다는 내담자의 현재의 삶에 초점을 둔다고 주장한다. BPT는 "시간에 민감한 임상적 작업에서 주요 원리를 혼합하여 사용하는 통합적 단기 접근이다"(p. 13). 또한 BPT 치료자들은 정신역동적 사고를 하는 경향이 있지만 다양한 개입 전략 사용에 개방적이다. Levenson은 BPT의 최근 발전은 경험적 심리 치료 과정, 실용적인 관점, 정신역동 영역 외부의 개념과 기술의 이론적 및 기술적 통합에 대해 강조한다고 보고한다.

BPT는 제한된 중심 문제 내에서 치료자의 활동 증가를 강조한다. 치료자는 각 회기를 최대한 활용하며, 높은 수준의 내담자 참여가 기대된다(Hoyt, 2011). BPT의 목표는 병을 치료하는 것이 아니라 행동, 사고, 감정을 변화시키는 것이다. 단기치료는 치료가 끝난 후에도 오랫동안 계속되는 변화의 과정을 시작하는 기회를 제공한다. BPT의 치료 목표를 달성하기 위해 치료자는 적극적인 자세를 취하고 시간을 효율적으로 사용하는 방식으로 치료를 진행한다. BPT 과정을 지향하는 치료자는 강력한 치료 동맹을 전제로 한다(Farber, 2020).

Rutan 등(2014)은 시간적 · 비용적으로 더 효과적인 집단치료가 강조되고 있다고 지적하고, 가능한 한 효과적이고 저렴한 집단치료를 제공하기 위한 압력이 계속될 것이라고 예측하였다. Levenson(2017)에 따르면 대부분의 사람들은 문화적 배경에 관계없이 단기 치료 방식을 선호한다. 그러나 Levenson은 BPT가 모든 내담자와 치료자에게 맞는 것은 아니라는 점에 동의하였다. 예를 들어, 이 접근은 심한 우울증을 가지고 있거나 심한 성격장애를 가진 사람에게는 일반적으로 적합하지 않다. 어떤 치료자들은 BPT의 상호작용적이며, 지시적이고, 자기개방적인 전략에 적합하지 않다. Hoyt(2011)는 이 접근법이 현실과 잘 접촉하고 고통스러운 정서를 견딜 수 있는 능력이 있는 합리적으로 기능하고, 심리적인 마인드가 있는 내담자를 필요로 한다고 제안한다. 비록 시간제한적인 집단이 모든 사람들에게 최선의 방법은 아닐지라도, 이런 집단들은 개방적이고 장기적인 집단에 전념하기를 원하지 않는 사람들을 위한 실행 가능한 치료 대안을 제공한다.

시간제한적 집단에서 구성원들은 조직화된 집단 주제와 직접 관련이 있는 분명하고 정확한 치료 목표를 만들어야 한다. 이러한 집단에서 지도자는 장기적인 정신역동 집단에서보다 더 적극적인 역할을 수행하고, 더 빠른 개입을 한다. 지금-여기에서의 행동과 상호작용에 더 관심을 보이고, 더 나아가 일부 단기 집단들에서 치료자는 지금-여기에서의 상호작용에 전적으로 초점을 두기도 한다. 과거 갈등에 대한 훈습 과정은 이러한 집단에서는 추구되지 않는 경향이 있다. Rutan과 동료들(2014)에 따르면 이런 집단의 한 가지 장점은 시간제한이 있다는 것이며, 이것은 구성원들로 하여금 특정한 개인적 문제에 초점을 두게 한다. 한 가지 단점은 좀 더 깊은 갈등이나 이면의 문제들이 다루어지지 않고, 구성원들은 피상적인 이해 수준에 머무른다는 점이다.

분석 지향적인 치료자들은 복잡한 정신역동적 문제에 대한 단순한 해결과 '효과가 빠른' 기법에 대해 회의적인 경향이 있다. 하지만 그들 중 상당수는 단기치료의 적용이 늘어나는 경향을 지지하고 있는데, 특히 보험회사와 같은 제3자가 아니라 내담자 본인이 원하는 경우에는 단기치료가 바람직하다고 생각한다. Levenson(2017)은 단기 집단치료가 "깊은 정서적 관여 경험과 낙관적이고, 실용적이며, 결과 중심적인 태도를 결합한 작업"이기 때문에 매우 보상적이라고 믿었다(p. 117). 만약 당신이 BPT에 대한 더욱 포괄적인 논의에 흥미를 가지고 있다면 Levenson(2017)을 참조하기 바란다.

집단 이론의 실제: 정신역동적 접근의 적용*

개인에게 지속적으로 영향을 미치는 어린 시절의 상황들은 정신역동적 집단에서 재현될 수 있다. 매력, 분노, 경쟁, 회피, 공격성 또는 연민의 감정은 집단원들이 과거에 중요한 사람들에 대해 경험했던 감정과 유사할 수 있다. 집단원들은 집단 내에서 상징적인 어머니, 아버지, 형제자매, 친척, 삶의 동반자를 찾을 가능성이 높다. 집단 내에서의 이러한 전이와 종종 그들을 특징짓는 강렬한 감정은 정신역동적 집단에서 확인하고 탐색할 수 있는 효과적인 수단이다. 비디오 집단의 구성원은 과거의 갈등이 오늘날 자신에게 어떤 영향을 미칠 수 있는지 설명한다.

나는 집단원들에게 집단 내에서 누가 눈에 띄는지 생각해 보도록 요청함으로써 집단 회기를 시작한다. 뒤이어 집단원들에 대해 알아차린 점에 대해 간단히 말해 줄 것을 요청한다.

- Galo는 Randy를 아버지의 모습으로 본다고 언급한다. "나는 내 인생에서 아버지가 없었으며 당신은 내가 아버지에게 원했을 모습을 가지고 있습니다."
- Kellie는 Jeff에게서 남편을 떠올리게 하는 특성을 알아차린다. "감정적이지 않고 농담을 많이 해요. 남편이 농담으로 말을 돌리면 짜증이 나요."
- Lupe는 자신이 4세 때 아버지가 돌아가셨으며 종종 특정 남성의 인정을 구한다고 하였다. "Jerry, 당신의 인정을 받고 싶어서 당신과 있는 것이 망설여져요. 난 당신 주위에 있는 내 자신을 관찰하는 경향이 있어요."
- Randy는 자라면서 어머니와 겪었던 몇 가지 문제를 설명한다. "저는 어머니 주변에서 자주 긴장했습니다. 어머니가 너무 예측할 수 없었기 때문에 다가가는 것이 무서웠습니다. 나는 내가 이 집단에 있는 여성들에 대해 조심스러워 한다는 것을 알고 있습니다."
- Melissa는 어린 소녀였을 때 어머니가 그녀에게 조용히 하고 눈에 띄지 않아야 한다고

* 여기서 논의된 집단 회기는 온라인 학생 자료에 포함된 '집단 이론의 실제' 비디오에 있는 정신분석 집단 작업에서 나온 것이다.

말했다고 한다. "어렸을 때 받은 메시지는 벽 위의 파리가 되라는 것이었습니다. 머릿속의 목소리가 계속해서 제가 부족하고, 다른 사람들보다 두 배나 열심히 일해야 한다고 말했습니다."

- Julius는 집단 내에서 그의 가족과 삶을 확인한다. "이 집단의 사람들은 우리 가족 중 누군가를 대표합니다."
- Kellie는 그녀가 집단의 일부 구성원에게 적절하다고 느끼기 위해 고군분투하고 있다고 보고한다. "제가 부모님께 받은 조언은 식탁에 나타나려면 남들보다 두 배 더 잘해야 한다는 것입니다. 제 과거는 바로 지금-여기에 있습니다. 저는 보고 듣고 싶습니다."

집단원들이 이 확인 과정을 마친 후, Melissa와 Kellie는 그들에게 떠오르는 것에 대해 이야기할 시간을 갖고 싶다고 말했다. Kellie와 Melissa는 공통된 주제를 공유하는 것으로 보였다. 그래서 나는 그들에게 자신이 부족하다고 느끼는 방식과 평균이 되기 위해 어떻게 과도한 성취를 해야 하는지에 대해 이야기하도록 요청했다. 두 사람 모두 다른 사람보다 두 배 더 훌륭해져야 한다는 메시지를 들은 적이 있다고 언급하고, 자신이 충분하다고 느낄 수 있도록 두 배 더 노력하는 모든 방법에 대해 서로 이야기한다.

Kellie: Melissa, 당신이 말할 때 당신은 저에게 어린 시절을 상기시켜 주었습니다. 저는 자신을 표현할 권리가 없다는 믿음 때문에 종종 스스로를 물 속에 잠기게 했습니다. 제가 자주 듣는 조언은 더 많이 해야 한다는 것이고, 항상 제가 더 많이 해야 한다는 느낌에 지쳤습니다.

Melissa: 저는 보이지 않는 채로 있는 것에 지쳤습니다. 저는 눈에 띄고 싶습니다. 저는 벽에 붙은 파리가 아니라 윙윙거리는 벌이 되고 싶습니다.

Kellie와 Melissa 사이의 이러한 교류는 한동안 계속된다.

집단원들은 종종 서로에 의해 자극을 받고 나는 다른 집단원들에게 그들이 어떻게 영향을 받고 있는지 표현하도록 격려한다. 따라야 할 생산적인 방법은 주제를 연결하고 집단원들에게 집단의 다른 사람들이 어떻게 촉매 역할을 하는지에 대해 더 깊이 이야기하도록 요청하는 것이다.

학교 집단상담에 대한 정신분석적 접근의 적용

이 장의 앞부분에서 매우 상세하게 언급한 발달적 관점은 학교에서 일하고 있는 집단상담사에게 유용하다. 아동들과의 집단 작업은 발달적 욕구에 대한 이해와 근면성 대 열등감의 주제와 관련된 과제에 대한 상담사의 이해를 통해 향상된다. 청소년 집단은 상담사가 정체감 대 정체감 혼란을 중심으로 한 핵심적인 갈등을 이해한다면 더 잘 기능한다. 구성원들이 일상생활을 향상하기 위하여 연령에 적합한 기술을 배우도록 집단이 구성될 수 있다. 자아기능의 발달은 치료적 상담 집단을 지지적인 대리가족으로 개념화하고, 구조화함으로써 촉진될 수 있다.

정신분석 모델은 아동이나 청소년의 현재 문제를 이해하기 위한 개념적 틀을 제공한다. 비록 정신분석적 기법을 일반적으로 학교 현장의 집단상담에서 사용하기는 어렵지만, 과거 상황이 어떻게 계속해서 현재에 영향을 미치는지를 이해하는 것은 학교 집단상담사의 접근을 재구조화할 수 있다. 집단지도자는 저항, 전이, 불안, 자아방어기제의 기능과 같은 요인을 인식할 수 있다. 이러한 인식은 비록 과거의 외상이나 무의식적 갈등을 경험하도록 하지는 않지만 집단지도자가 깊이 있는 개입을 할 수도 있다. 이와 같은 정신분석적 개념에 대한 이해는 집단상담사가 아동 및 청소년의 '지금-여기'의 문제에 대해 공감과 연민을 갖고 대처할 수 있게 해 준다.

Zaretsky는 임상 및 응용 정신분석학회(Academy of Clinical and Applied Psychoanalysis) 회장이자 교수이다. 그녀는 영어회화를 향상하고자 하는, 최근에 이민 온 중국인 집단에 대해 정신분석 이론과 응용 정신분석 기법을 이용했다. 이 집단에서 학생들은 정서적으로 유용한 여러 가지 저항을 보였는데 Zaretsky가 정신분석 집단 기법을 사용하여 이를 해결하였다. 학기 말에 학생들은 영어로 여러 가지 의미 있는 문제를 논의할 수 있었다. Zaretsky(2009)는 다음과 같이 결론을 내렸다. "나는 정신분석 이론과 기법이 교사들에게 유용한 자원이라고 확신한다. 나는 대학교와 교육기관에서 우리의 보물을 교육 분야에 제공할 기회를 만들기 바란다. 계속 그렇게 하도록 하는 것이 나의 소명이다."(p. 355)

다문화 집단에 대한 정신분석적 접근의 적용

특정 이론이 집단 상황에서 다양한 내담자와 함께 작업하는 데 적절한지를 고려할 때 한 가지 중요한 기준은 구성원의 문화적 가치 체계와 이론의 개념 및 기법 간의 일치성이다. 기본 가정과 주요 개념이 다양한 내담자들의 문화적 가치 체계와 맞는지를 고려하라. 비록 정신분석 이론의 기본 개념을 다양한 문화의 내담자를 이해하는 데 적용할 수 있지만, 정신분석 집단치료자는 특정한 심리치료 기법이 내담자의 문화적 배경과 맞지 않을 경우를 고려해야 한다. 예를 들어, 정신분석적 접근법은 감정의 자유로운 표현을 권장하는데, 이는 감정 표현의 절제를 중시하는 문화권의 구성원에게는 적합하지 않을 수 있다. 특정 문화권의 사람들은 치료자에게 정신분석적 접근법이 수행하는 것보다 더 많은 구조를 제공하는 능동적이고 지시적인 역할을 기대할 수 있다(Wolitzky, 2020). Stricker와 Gold(2019)는 정신역동적 아이디어와 여러 치료이론의 개념 및 기법을 혼합한 병합(assilimilative) 정신역동 심리치료에 대해 집필했다. 그들은 정신역동 치료자가 내담자에게 유연하고 공감적인 방식으로 반응한다면 병합 정신역동 심리치료가 다양성 문제를 다루는 데 적합하다고 주장한다.

많은 문화 집단은 가족사에 높은 우선순위를 둔다. 내담자의 과거와 그것이 현재의 기능에 어떻게 중요한 영향을 미치는지를 검토하는 것이 개념적 틀로서 적절할 수 있다. 상징적인 방법으로 작업하는 것은 특히 개인적인 문제에 대해 이야기하는 것을 꺼리는 내담자에게 도움이 될 수 있다. 예를 들어, 내담자의 아동기 때의 가족사진을 사용하는 것은 가치가 있다. 치료자는 이렇게 말할 수 있다. "당신에게 특히 의미 있는 사진을 골라 보세요. 이 기간 동안에 기억나는 것을 말해 보세요. 이 사진을 볼 때 당신에게 어떤 생각과 감정이 일어납니까?" 일단 구성원이 이런 사진들에 대한 기억을 다른 사람에게 이야기하기 시작하면, 그들은 정서적 자료를 다루는 데 더욱 개방적인 태도를 갖게 되는 경향이 있다.

비록 치료자들이 여전히 분석적 관점에 따라 내담자의 갈등을 개념화할 수 있지만, 융통성 있는 태도를 갖는 것이 중요하다. 집단지도자는 자신이 권한을 남용할 경우 구성원들이 문화적 정체성과 나름의 세계관을 버리고 지배적인 문화적 가치 체계를 따르도록 압박하는 결과를 낳을 수 있다는 점에 유의해야 한다. 집단지도자는 자신의 잠재적 편견에 대해서도 인식할 필요가 있다. 역전이 개념은 집단지도자가 사용하는 기법을 통해 부지불식간에 드러나는 무의식적 편향과 편견을 포함하는 범위까지 확대될 수 있다.

집단에 대한 정신분석적 접근의 평가

이 접근의 기여와 강점

집단 작업에 상당한 가치가 있는 많은 정신분석 이론이 있다. 비록 정신분석의 일부 개념과 반대되는 이론들도 있지만, 2부에 제시된 모든 이론은 정신분석적 접근과 어느 정도 관련이 있다. 정신분석 모델은 개인력을 이해하는 개념적 틀을 제공하기 때문에 집단치료자는 비록 정신역동적으로 치료를 하지 않더라도 정신분석적으로 사고하는 것을 배울 수 있다. 정신분석적 기법 중 어떤 것은 특정 상황에서 집단상담사가 사용하는 데 한계가 있지만, 많은 정신분석 개념은 집단 전체와 개인에게 작용하는 역동을 설명하는 데 도움을 준다.

나는 현재 행동을 온전히 이해하기 위해서는 과거를 고려하는 것이 중요하다고 확신한다. 구성원이 집단에 가져오는 갈등 중 상당수는 초기 아동기 경험에 뿌리를 두고 있다. 나는 지나치게 과거에 몰두하는 것을 반대하지만 과거의 영향을 무시할 경우 집단 작업이 피상적인 것이 될 수 있다고 생각한다. 과거의 영향을 이해하는 것은 사람들에게 현재 행동을 더 통제할 수 있도록 한다.

내가 발견한 특히 중요한 정신분석 개념은 저항이다. 구성원이 자발적으로 집단에 참여하는 경우에도 집단이 발달하는 초기에 망설임이 관찰된다. 이 망설임과 경계 행동은 다양한 두려움의 표현인데 처음부터 다루지 않으면 집단의 발달을 방해할 수 있다. 사실 나는 구성원들에게 그들이 집단 활동에 방해되는 행동 패턴이라고 생각하는 것을 공유하도록 요청한다. 비록 저항 혹은 망설임이 일반적으로 무의식적이라 할지라도 구성원에게 흔하게 보인다. 일부 구성원은 자신이 주지화하거나, 다른 구성원을 지나치게 보살피거나 반대로 비판하거나, 자신의 문제를 상대적으로 덜 심각한 것으로 간주하는 식으로 변화에 저항하거나 최선을 다하지 않는다는 것을 잘 알고 있는 것처럼 보인다. 만약 구성원들이 그러한 행동을 할 때 자신의 회피 행동을 인식할 수 있다면 행동을 변화시킬 수 있는 기회를 갖게 된다. 감정의 전치나 투사와 같은 더 미묘한 방어 중 어떤 것은 시간이 지나면서 분명해질 수 있다.

불안에 대처하는 방법으로서 나타나는 자아방어기제와 불안에 대한 정신분석 개념은 집단치료자들에게 가장 유용하다. 일부 집단에서 지도자가 이런 방어구조를 다루고 해석하지 않을 수 있지만, 집단의 상호작용에서 이런 방어가 어떻게 나타나고 발달하는지를 인식하고 방어를 존중하는 것은 매우 중요하다. 불안에 대한 방어를 다루는 것은 집중적인 집단에서 유용한 틀을 제공한다. 구성원은 방어적 전략에 도전하는 기회를 갖고, 비방어적인 방식으로 의사소통하는 방법을 학습하는 과정에서 새로운 반응방식을 배울 수 있다.

전이와 역전이는 집단 작업에서 중요한 의미를 갖는다. 비록 구성원과 지도자 사이의 모든 감정이 이러한 과정에서 나오는 것은 아니지만, 치료자는 이런 전이와 역전이의 가치와 역할을 이해해야 한다. 나는 집단 내의 특정한 감정을 탐색하는 데 매우 유용한 투사에 대한 정신분석 개념을 발견하였다. 치료자와 다른 구성원들을 향한 투사는 집단에서 생산적으로 작업될 수 있는 개인의 미해결 갈등을 보여 주는 유용한 단서이다.

고전적 정신분석치료의 수정

나의 관점에서 볼 때 Erikson의 심리사회적 발달단계와 Freud의 심리성적 발달단계를 통합하는 접근은 성격 발달에서 중요한 주제를 이해하는 데 아주 유용하다. 통찰만으로는 변화를 이끌어 내기 힘들 수 있다. 그러므로 다양한 발달단계에서 경험하는 개인의 갈등과 관련된 사회적 · 문화적 요소를 탐색할 필요가 있다. 집단치료자가 각 단계의 위기와 주요 과제를 알지 못한다면 발달 패턴이 정상적인지의 여부를 판단하기는 거의 불가능하다. 또한 Erikson과 Freud 이론의 통합은 구성원들이 종종 집단에서 탐색하는 갈등을 인식하기 위한 일반적인 틀을 제공한다.

최근에 발달한 대상관계 이론, 자기심리학, 대인관계적 정신분석은 집단치료자들에게 중요한 개념을 제공한다. 이러한 접근들은 경계선과 자기애적 역동을 가진 사람들과의 집단 작업에서 많은 성공을 거두었고, 집단은 경계선적 특성을 가진 사람들과 작업하는 데 일대일 관계에서는 찾을 수 없는 독특한 이점을 제공한다.

고전적 정신분석을 훈련받은 많은 치료자가 집단 상황에 맞게 정신분석적 개념과 기법을 수정하였다. 나는 정신분석적 개념을 지향하면서도 다른 치료적 모델의 기법을 함께 사용하는 많은 치료자를 만났다. 그들 중 상당수는 무의식, 방어, 저항, 역전이, 과거의 중요성과 같은 정신역동 개념을 가지고 작업한다. 어떤 정신분석 지향적 집단치료자들은 다양한 방법을 통합하는 데 개방적이다.

이 접근의 제한점

정신분석은 개인적 문제를 가져오는 사회적 · 문화적 · 정치적 요인을 다루지 못하고 있다는 비난을 받아왔다. 정신분석치료는 단기적 문제해결보다 장기적 성격 재구성에 관심이 있다. 장기적 정신분석치료에 대한 비평에서 Strupp(1992)은 이 접근이 대부분의 사람에게는 분명히 사치스러운 치료라고 언급했다. 저소득층 내담자들은 장기적이고 비용이 많이 드는 정신분석적 자기탐색을 받을 의향, 시간, 자원을 갖고 있지 않다. 대신 그들은 심리적 안정감을 갖고 가족을 부양하고자 하는 욕구가 더 크다. 이것은 모든 심리치료가 수입이 제한된 사람들에게 부적절하다는 것을 의미하는 것은 아니다. Smith(2005)는 가난한 내담자들과 함께 작업하는 심리치료자의 의지와 능력은 검증되지 않은 계급차별주의적 태도에 의해 위협을 받고 있으며, 이러한 경향은 가난한 사람들을 대상으로 한 집단치료의 성공을 방해한다고 주장하였다. Smith는 가난한 내담자들에게는 전통적인 심리치료보다 심리교육, 상담, 예방심리학, 지역사회 심리학 같은 대안적 치료 접근이 더 적절하다고 믿는 것으로 보인다.

자기성찰과 토론을 위한 질문

1. 정신역동적 집단치료의 기본 가정은 집단구성원이 집단 내에서의 상호작용을 통해 자신의 사회적 상황을 재창조하여 집단이 일상생활의 축소판이 된다는 개념이다. 어느 정도까지 이 전제에 동의하거나 동의하지 않는가?

2. 정신분석 집단치료사는 현재 행동의 주요한 결정 요인으로 유아기 경험과 과거에 특히 주의를 기울인다. 전통적인 분석 집단치료는 현재 행동의 역사적 근거에 초점을 맞추고 있다. 이 강조점에 대해 어떻게 생각하는가? 집단을 진행할 때 이 초점을 어떻게 적용할 수 있는가?

3. 다중 전이는 구성원들이 집단 내의 특정한 다른 사람들에 대해 강렬한 감정을 발달시키게 하는 과정을 기술한다. 즉, 구성원은 다른 사람들을 그 구성원의 현재 삶에서 어떤 중요한 인물로 볼 수 있다. 다중 전이를 통해 집단원들은 과거와 현재의 경험 사이의 유사점을 탐구하고, 역동에 대한 새로운 이해를 얻을 수 있다. 당신은 집단구성원들이 다른 구성원들과 집단지도자에 대한 잠재적인 전이를 확인하고 탐구하는 것이 유용하다고 생각하는가?

4. 어떤 집단구성원이 가장 도전적이라고 생각하는가? 이것이 당신의 역전이 가능성에 대해 무엇을 말해 주는가? 당신에게 부정적인 감정을 보이는 내담자와 어떻게 작업하겠는가? 특히 이러한 부정적인 감정이 부적절하고 내담자의 전이감정이라고 믿는다면 어떻게 하겠는가?

5. 당신의 삶에서 어떤 영역이 역전이의 징후인가? 어떻게 당신의 역전이 반응을 확인할 수 있는가? 집단치료사로서 당신의 역전이를 어떻게 가장 잘 관리할 수 있는가?

참고문헌 및 권장 도서 (별표(*)가 표시된 문헌들은 추가 연구를 위한 제안 자료임)

American Psychiatric Association. (2013). *Diagnostic and statistical manual of mental disorders* (5th ed.).

Aviv, A. (2010). Where intersubjectivity and group analysis meet. *International Journal of Group Psychotherapy, 60*(1), 91-109.

Barber, J. P., Muran, J. C., McCarthy, K. S., & Keefe, J. R. (2013). Research on dynamic therapies. In M. J. Lambert (Ed.), *Bergin and Garfield's handbook of psychotherapy and behavior change* (6th ed., pp. 443-494). Wiley.

Bemak, F., & Epp, L. (2001) Countertransference in the development of graduate student group counselors: Recommendations for training. *Journal for Specialists in Group Work, 26*(4), 305-318.

*Brabender, V. (2020). Group psychotherapies. In S. B. Messer & N. J. Kaslow (Eds.), *Essential psychotherapies: Theory and practice* (4th ed., pp. 369-404). Guilford Press.

Clarkin, J., Yeomans, F., & Kernberg, O. (2006). *Psychotherapy for borderline personality: Focusing on object relations.* American Psychiatric Press.

*Comas-Diaz, L. (2019). Multicultural theories of psychotherapy. In D. Wedding & R. J. Corsini (Eds.), *Current psychotherapies* (11th ed., pp. 561-598). Cengage Learning.

*Curtis, R. C. (2020). Relational psychoanalytic psychodynamic psychotherapy. In S. B. Messer & N. J. Kaslow (Eds.), *Essential psychotherapies: Theory and practice* (4th ed., pp. 71-108). Guilford Press.

Durkin, H. (1964). *The group in depth.* International Universities Press.

Earley, J. (2000). *Interactive group therapy: Integrating interpersonal, action-oriented, and psychodynamic approaches.* Taylor & Francis.

Erikson, E. H. (1963). *Childhood and society* (2nd ed.). Norton.

Erikson, E. H. (1968). *Identity: Youth and crisis.* Norton.

Erikson, E. H. (1982). *The life cycle completed.* Norton.

*Farber, E. W. (2020). Interpersonal psychotherapy and brief psychodynamic therapies. In S. B. Messer & N. J. Kaslow (Eds.), *Essential psychotherapies: Theory and practice* (4th ed., pp. 407-442). Guilford Press.

Flores, P. J. (2008). Attachment theory and group psychotherapy. *International Journal of Group Psychotherapy, 58*(1), 127-132.

Foulkes, S. H. (1965). *Therapeutic group analysis.* International Universities Press.

Freud, A. (1937). *The ego and the mechanisms of defense.* Hogarth Press.

Freud, S. (1955). *The interpretation of dreams.* Basic Books. Gabbard, G. O. (2000). *Psychodynamic psychiatry in clinical practice* (3rd ed.). American Psychiatric Press.

Hayes, J. A. (2004). Therapist know thyself: Recent research on countertransference. *Psychotherapy Bulletin, 39*(4), 6-12.

*Hayes, J. A., Gelso, C. J., Kivlighan, M., & Goldberg, S. B. (2019). Managing countertransference. In J. C. Norcross & M. J. Lambert (Eds.), *Psychotherapy relationships that work: Evidence-based therapist* *contributions* (3rd ed., Vol. 1, pp. 522-548). Oxford University Press.

Henderson, D. A., & Gladding, S. T. (2004). Group counseling with older adults. In J. L. DeLucia-Waack, D. Gerrity, C. R. Kalodner, & M. T. Riva (Eds.), *Handbook of group counseling and psychotherapy* (pp. 469-478). Sage.

Hoyt, M. F. (2011). Brief psychotherapies. In S. B. Messer & A. S. Gurman (Eds.), *Essential psychotherapies: Theory and practice* (3rd ed., pp. 387-425). Guilford Press.

Kauff, P. F. (2009). Transference in combined individual and group psychotherapy. *International Journal of Group Psychotherapy, 59*(1), 29-46.

Kernberg, O. F. (1975). *Borderline conditions and pathological narcissism.* Aronson.

Kernberg, O. F. (1976). *Object-relations theory and clinical psychoanalysis.* Aronson.

Kernberg, O. F. (1997). Convergences and divergences in contemporary psychoanalytic technique and psychoanalytic psychotherapy. In J. K. Zeig (Ed.), *The evolution of psychotherapy: The third conference* (pp. 3-22). Brunner/Mazel.

Kohut, H. (1971). *The analysis of the self.* International Universities Press.

Kohut, H. (1977). *The restoration of the self.* International Universities Press.

Kohut, H. (1984). *How does psychoanalysis cure?* University of Chicago Press.

Kolb, G. E. (1983). The dream in psychoanalytic group therapy. *International Journal of Group Psychotherapy, 33*(1), 41-52.

*Levenson, H. (2017). *Brief dynamic therapy* (2nd ed.). American Psychological Association.

Linehan, M. M. (1993a). *Cognitive-behavioral treatment of borderline personality disorder.* Guilford Press.

Linehan, M. M. (1993b). *Skills training manual for treating borderline personality disorder.* Guilford Press.

Locke, N. (1961). *Group psychoanalysis: Theory and technique.* University Press.

Mahler, M. S. (1968). *On human symbiosis and the vicissitudes of individuation.* International Universities Press.

Marshall, J. L., & Fitch, T. (2009). Group counseling theories. In *The ACA encyclopedia of counseling* (p. 249). American Counseling Association.

*Masterson, J. F. (1997). The disorders of the self and intimacy: A developmental self and object relations approach. In J. K. Zeig (Ed.), *The evolution of psychotherapy: The third conference* (pp. 37-52). Brunner/Mazel.

*Mullan, H., & Rosenbaum, M. (1978). *Group psychotherapy: Theory and practice* (2nd ed.). Free Press.

Rutan, J. S. (2014). A psychodynamic approach: Commentary on "Consciousness-raising in a gender conflict group." *International Journal of Group Psychotherapy, 64*(1), 71-75.

*Rutan, J. S., Stone, W. N., & Shay, J. J. (2014). *Psychodynamic group psychotherapy* (5th ed.). Guilford Press.

*Safran, J. D., Kriss, A., & Foley, V. K. (2019). Psychodynamic psychotherapies. In D. Wedding & R. J. Corsini (Eds.), *Current psychotherapies* (11th ed., pp. 21-57). Cengage Learning.

St. Clair, M. (with Wigren, J.). (2004). *Object relations and self psychology: An introduction* (4th ed.). Cengage Learning.

Smith, L. (2005). Psychotherapy, classism, and the poor. *American Psychologist, 60*(7), 687-696.

*Stricker, G., & Gold, J. (2019). Assimilative psychodynamic psychotherapy. In J. C. Norcross & M. R. Goldfried (Eds.), *Handbook of psychotherapy integration* (3rd ed., pp. 207-227). Oxford University Press.

Strupp, H. H. (1992). The future of psychodynamic psychotherapy. *Psychotherapy, 29*(1), 21-27.

*Tasca, G. A., Mikail, S. F., & Hewitt, P. L. (2021). *Group psychodynamic-interpersonal psychotherapy*. American Psychological Association.

Tuttman, S. (1986). Theoretical and technical elements which characterize the American approaches to psychoanalytic group psychotherapy. *International Journal of Group Psychotherapy, 36*(4), 499-515.

Wolf, A. (1963). The psychoanalysis of groups. In M. Rosenbaum & M. Berger (Eds.), *Group psychotherapy and group function*. Basic Books.

Wolf, A. (1975). Psychoanalysis in groups. In G. M. Gazda (Ed.), *Basic approaches to group psychotherapy and group counseling* (2nd ed.). Charles C Thomas.

Wolf, A. (1983). Psychoanalysis in groups. In H. I. Kaplan & B. J. Sadock (Eds.), *Comprehensive group psychotherapy* (2nd ed.). Williams & Wilkins.

Wolf, A., & Kutash, I. L. (1986). Psychoanalysis in groups. In I. L. Kutash & A. Wolf (Eds.), *Psychotherapist's casebook* (pp. 332-352). Jossey-Bass.

Wolf, A., & Schwartz, E. K. (1962). *Psychoanalysis in groups*. Grune & Stratton.

*Wolitzky, D. L. (2020). Contemporary Freudian psychoanalytic psychotherapy. In S. B. Messer & N. J. Kaslow (Eds.), *Essential psychotherapies: Theory and practice* (4th ed., pp. 35-70). Guilford Press.

*Yalom, I. D., & Leszcz, M. (2020). *The theory and practice of group psychotherapy* (6th ed.). Basic Books.

Zaretsky, S. (2009). The conversation group: Using group psychoanalytic techniques to resolve resistances of recently immigrated Chinese students to learning English in a high school setting. *International Journal of Group Psychotherapy, 59*(3), 335-356.

Zorzella, K. P. M, Muller, R. T., & Classen, C. C. (2014). Trauma group therapy: The role of attachment and therapeutic alliance. *International Journal of Group Psychotherapy, 64*(1), 25-47.

7장

Adler 학파와 집단상담*

학습목표

1. Adler 접근법의 주요 개념들, 목적론적이고 목표 지향적인 행동, 열등감과 우월감, 현실에 대한 주관적인 견해, 성격의 통일성, 생활양식, 초기 기억 회상, 가족 구도, 그리고 격려 등을 기술한다.
2. 사회적 관심의 의미를 설명하고 이것이 어떻게 Adler 상담의 기본 개념인지 보여 준다.
3. 집단구성원들이 과거 경험을 탐색하는 근거를 이해한다.
4. 구성원들과 응집력 있는 관계를 수립하고 유지하는 것과 관련된 집단지도자의 특성을 설명한다.
5. Adler 학파의 집단상담 4단계의 주요 목표를 설명한다.
6. 구성원들의 원가족 경험이 현재의 행동에 어떻게 영향을 미칠 수 있는지 설명한다.
7. 집단에서 초기 기억을 나누는 것의 가치를 이해한다.
8. Adler 학파의 단기 집단치료의 주요 특징을 파악한다.
9. 다양성 관점에서 Adler 학파 집단치료의 강점과 한계를 파악한다.
10. 다른 집단상담 접근법 개발에 대한 Adler 학파 접근법의 독특한 기여를 이해한다.

서론

Freud가 정신분석 체계를 발전시키고 있을 무렵, 정신분석에 흥미를 느꼈던 다른 많은 정신과 의사들은 독립적으로 인간의 성격을 연구하고 있었다. 그들 중 한 사람이 Alfred Adler였다. Freud의 성적 억압 이론과는 반대로 Adler(1996a, 1996b)는 신경증이 삶에서 요구되는 과제로부터 회피한 결과이며, 증상은 삶의 과제에 대한 지각된 실패로부터 개인을 보

* 이 장은 James Robert Bitter와 Gerald Corey가 공동 집필하였다.

호하는 기능을 수행한다고 주장했다. 우리는 종종 그 사람이 그것을 어떻게 이용하는가를 살펴보고 그 증상의 목적을 알 수 있게 된다. Adler는 각 개인이 스스로 원하는 사람이 되기 위해 투쟁하는 것에 초점을 맞추었다. Adler의 성장 모델은 그가 주창한 사용의 심리학(psychology of use)의 기초가 되었다. 우리는 어떤 구성 요소(유전과 환경)를 가지고 태어나지만, 그것으로 무엇을 하느냐에 따라 우리가 어떤 사람이 될 것인가를 결정한다.

Alfred Adler

Alfred Adler(1870~1937)는 6명의 형제와 2명의 누이로 구성된 비엔나 가정에서 자랐다. Adler의 어린 시절은 행복한 시간이 아니었다. 남동생은 Alfred의 옆 침대에서 죽었다. 몸이 아픈 Adler는 죽음을 매우 많이 의식하고 있었다. 네 살 때는 폐렴으로 거의 죽을 뻔했는데, 의사가 아버지에게 "Alfred는 생존할 가망이 거의 없어요."라고 말하는 것을 들었다. 이 시기가 의사가 되기로 한 그의 결정과 관련되어 있다.

Adler의 어린 시절 경험은 그의 이론 형성에 영향을 미쳤다. Adler는 운명에 의해 결정되는 것과 반대로 자신의 삶을 스스로 만들어 낸 사람의 한 사례이기도 하다. 그는 처음에는 평범한 학생이었지만, 많은 노력으로 결국 학교에서 우수한 학생이 되었다. Adler는 비엔나대학에서 의학을 공부하기 시작했고, 안과 의사로서 개업을 했으나, 그 후 일반 의학으로 옮겼다. 결국 그는 신경학과 정신 의학을 전공했고, 치유가 가능하지 않은 어린 아이의 질병에 깊은 관심을 가졌다.

Adler는 평범한 사람에 대한 열정적인 관심을 가지고 있었으며, 자녀 훈육, 학교 개혁, 그리고 갈등을 초래했던 편견에 대해 거침없이 자신의 입장을 전달했다. 그는 기교가 없는 간단한 언어로 이야기하고 글을 썼으며, 일반 대중들이 일상 생활의 도전과 맞서는 데 도움이 되는 실용적인 방법으로 자신의 접근 방식의 원칙을 이해하고 적용하였다. Adler는 비엔나 공립학교에 32개의 아동 지도 상담소를 설립했고 교사, 사회복지사, 의사, 그리고 다른 전문가들을 훈련시키기 시작했다. Adler는 '개방형 포럼'인 가족 상담으로 많은 청중 앞에서 부모 및 자녀와 함께 실시간 시연을 하여 전문가를 가르치는 상담 실제 분야를 개척했다(Christensen, 2004). Adler가 설립한 진료소들은 점점 더 많아지고 인기를 얻었으며, Adler는 강의를 하며 자신의 상담 장면을 보여 주는 데 지칠 줄을 몰랐다.

Adler는 일반인에 대해 커다란 관심을 보였던 정치적이고 사회적인 지향성을 가진 정신과 의사였다. 실제로, 그의 초기 내담자들 중 많은 사람은 생계를 유지하고, 아이를 키우고, 교육하고, 사회에 변화를 가져오기 위해 고군분투하는 노동자 계층의 사람들이었다. Adler는 문화적, 사회적 요인들이 사람의 삶에 어떻게 영향을 미치는지에 대해 예리하게 알고 있었으며, 어떤 사람들에 의해서는 Adler가 초기 여성주의자로 간주되기도 했다. Adler의 목표 중 하나는 일반 대중에게 심리학적 이해를 도모하고, 다양한 사람들이 심리학적 개념을 활용하여 일상생활의 문제를 해결하도록 돕는 실용적인 방법을 활용하도록 하는 것이었다.

Adler는 현대 심리치료 실제에 중요한 기여를 했다. Adler는 인간이 사회적 본성을 가진 존재라고 믿었고, 집단 맥락에서 내담자들과 작업하는 것에 깊은 관심을 가졌다. Adler는 생각이 감정과 행동에서 하는 역할, 초기 가족 경험과 출생 순위가 현재 행동에 미치는 영향, 구체적인 행동 계획을 설계하는 것의 중요성, 평등주의적이고 협력적인 상담 관계를 확립하는 것, 성격발달에 영향을 주는 생활양식과 사회적 행동에 대한 평가, 기술 훈련의 가치, 그리고 치료의 교육적 모델 등의 개념을 처음으로 소개한 사람이다(Carlson & Englar-Carlson, 2017).

Adler 심리학의 실제와 적용의 발전을 올바르게 이해하기 위해서는 Adler의 연구를 확장하여 대중화하고 Adler의 아이디어를 미국에 뿌리 내리는 데 크게 기여한 Rodolf Dreikurs의 공헌을 알아야 한다. Dreikurs는 Adler의 원리를 집단 심리치료 실제에 적용하였고, 40년 이상 개인상담실에서 집단심리치료를 실행했다(Dreikurs, 1960, 1967, 1997). 사실, Dreikurs는 사설 연구소에서 집단심리치료를 사용한 최초의 사람이기도 하다(Terner & Pew, 1978). Dreikurs는 동시에 두 명 이상의 내담자와 실수로 상담을 예약을 했는데, 그 회기에서 진행된 과정을 통해 집단상담이 일반적인 관심사를 다루는 치료적 가치가 있음을 확신하게 되었다.

Adler의 개입은 서로 다른 환경에 있는 모든 연령의 다양한 내담자 집단, 특히 학교와 부모님에게도 광범위하게 적용되었다. Adler 학파의 집단치료는 Dreikurs가 개발한 전체론적 모델(holistic model)에 기초하여 사회적으로 구성된 체계적인 단기 접근법과 Adler 심리학의 핵심 개념을 통합한 것이다(Sonstegard & Bitter, 2004).

주요 개념

Adler 학파의 인간관의 개요

Adler의 사회목적론적(socioteleological) 관점은 집단 작업을 위한 이상적인 기초를 제공한다(Sonstegard & Bitter, 2004). 이 접근법은 사람들이 주로 사회적인 힘에 의해 동기부여가 되고, 특정한 목표를 달성하기 위해 노력한다고 가정한다. Adler의 관점은 우리가 자기(self), 삶(life), 그리고 타인들(others)에 대한 독특한 관점을 스스로 창조한다는 것이다. 그리고 단기적으로나 장기적으로 우리의 행동에 동기를 부여하고 발달에 영향을 미치는 목표를 만들어 낸다. 특히 Adler가 '삶의 목표(life goal)'라고 부르는 장기적인 목표는 우리의 계획된 완성이나 자기실현을 향한 움직임을 이끌며 때로는 완벽을 향한 우리의 움직임으로 안내한다. 유의미성을 추구하는 것은 다른 사람들에 대한 열등감(inferiority feeling)과 관련이 있으며, 이러한 열등감은 우리가 더 많은 전문성, 우월성, 힘, 그리고 궁극적으로 완벽을 향해 노력하도록 동기를 부여한다. 열등감은 창조성의 원천이 될 수 있다. 그리고 완전성은 결코 도달할 수 없음에도 삶의 궁극적인 목표가 된다. 대부분의 사람들이 완성 또는 완벽에 도달하지 못하기 때문에, 우리의 목표는 항상 허구적이며, '마치 사실인 것처럼'을 가정하는 개인적 성취에 대한 가공적 그림이다.

Adler의 체계는 성격의 핵심으로서 Freud의 무의식보다는 자기결정과 의식을 강조하고 있다. 우리는 운명의 희생자가 아니라 모든 행동에 목적이 있고, 어떤 목표를 향해 나아가고 있는 창의적이고, 활동적이며, 선택을 하고, 의미를 만드는 존재이다. 목표를 향한 움직임과 미래에 대한 기대는 과거에 일어났던 것보다 훨씬 더 중요하다. 행동은 전체론적 접근을 취할 때만 이해될 수 있고, 개인이 선택한 삶의 양식 측면에서 모든 행위를 살펴보아야 한다(Adler, 1927).

우리는 각자 독특한 삶의 방식을 가지고 있다. 이것은 어린 시절에 어떤 지각된 열등감을 보상하거나 극복하기 위해 개발된 것이다. 삶의 목표는 우리의 성격을 통일시키고, 삶의 경험을 정리하고, 다른 사람들과의 상호작용을 안내해 준다. 이것이 바로 우리의 삶의 양식(style of living)이며, 우리 자신(self), 다른 사람(other), 그리고 세상(world)에 대한 견해와 우리가 목표를 추구하기 위해 사용하는 독특한 행동으로 구성된다.

Adler 학파의 접근법은 기본적으로 성장 모델(growth model)이다. 우리 자신이 항상 '되어가는(becomming)' 과정에 있기 때문에 운명 또한 결코 고정되어 있지 않다. Adler 학파는 일부 사람들이 심리적으로 '병' 들어 있어 '치료'가 필요하다는 생각을 거부한다. 사람들이 아프기보다는 낙담한 것으로 본다(Carlson & Englar-Carlson, 2017). Adler는 자신의 작업을 주로 교육과정으로 간주한다. 즉, 사람들이 삶의 과제를 해결하는 더 나은 방법을 배우도록 돕고, 방향을 제시하며, 잘못된 생각을 바꾸도록 도우면서, 낙담한 사람들에게 격려를 제공한다.

Adler 심리학의 핵심 개념과 긍정심리학 사이에는 몇 가지 놀라운 공통점이 있다. 일부 사람들은 Adler를 강점, 안녕, 격려에 초점을 둔 긍정심리학의 초기 주창자 중 한 사람이라고 했다(Maniacci & Sackett-Maniacci, 2019).

전체론

개인심리학(Individual Psychology)으로 알려진 Adler 접근법은 개인의 독특함과 통일성에 대한 그의 믿음을 반영하고 있다. Adler는 한 사람에 대한 전체론(holism)적 관점에 근거하여, 사람을 분리할 수 없는 단위로 설명하기 위해 개인(individual)이라는 단어를 사용했다. 그는 가족, 학교, 직장 및 공동체라는 사회적 맥락 내에서 전체론적 개인을 이해하는 데 초점을 두었다. 개인은 항상 부분의 합 이상이다. 사고, 감정, 신념, 행동 패턴, 성격과 특성, 신념, 태도, 그리고 개인적인 창의성은 모두 그 사람의 독특함과 그 사람의 움직임 및 삶의 방식의 표현이다.

이 전체론적 관점의 한 가지 의미는 개인의 사회적 맥락을 보지 않고는 그 사람을 이해할 수 없다는 것이다. Adler는 아마도 최초의 체계론적 치료자일 수 있다. 왜냐하면 Adler는 개인 내적인 요인보다는 대인관계적 요인에 더 많은 관심을 기울였기 때문이다. Adler 학파는 누구나 처음 참여하게 되는 집단인 원가족에 대한 내담자의 경험에 중점을 두고 있다. 치료자는 개인의 사회적 상황과 그것에 대한 그의 태도를 이해하는 방향으로 향한다. 사회적 체계와 관련하여 사람을 바라보는 관점은 집단치료와 가족치료의 기본이다.

Adler의 이론은 본질적으로 개인이 사회적 환경에서 자신의 위치를 찾으려고 하는 방법을 다루는 성격의 장 이론(field theory)이다. 이것은 집단 참여자들에게 특별히 중요한 문화적 이해를 하도록 한다. Adler는 인간의 행동을 본질적으로 사회적인 것으로 보았기 때문에 인간의 행동은 그 행동이 일어나는 사회적 맥락 안에서 그 행동의 기능을 참조해야만 이해될 수 있다. 집단은 구성원들이 다른 실제 사회적 상황에서 어떻게 행동하는지를 반영하고 있다. 구성원들은 종종 그들의 가족구도(family constellation)에서 가졌던 위치를 집단에서도 비슷하게 추구한다. 예를 들어, 한 남자가 자신의 모든 형제자매들을 돌보는 역할을 맡았다면, 그는 집단에서 자신을 위한 시간을 사용하지 않으면서 그 집단의 다른 구성원들을 돌보는 데 대부분의 에너지를 쏟을 수도 있다. 다시 말하지만, 많은 문화권에서 사실인 것처럼 남성의 문화적 유산으로 한 남자가 형제들을 돌보는 역할을 했다면, 집단에서도 다른 구성원들을 돌보는 역할을 더 많이 할 수 있다.

게다가, 사람들은 집단에서 종종 삶의 과제에 대처하는 데 잘못된 신념을 비효과적인 방법으로 드러낸다(Carlson et al., 2006). 집단상담은 집단원들이 상호작용에 관한 실험을 하고, 이를 통해 그들이 추구하는 잘못된 목표와 개념을 바꿀 수 있으므로 자연스럽게 관계를 다룰 수 있는 환경이 된다(Sonstegard & Bitter, 2004).

목적론

개인심리학은 우리가 어디로 가고 있고 무엇을 성취하기 위해 노력하고 있는지 살펴봄으로써 우리 스스로를 가장 잘 이해할 수 있다고 주장한다. Adler에 따르면, 모든 형태의 생명체는 성장과 확장의 경향성이라는 특징을 갖고 있다. Adler는 Freud의 인과적 결정론을 거부하고, 인간 행동의 목적과 목표를 연구하는 목적론(teleology)을 선호하였다. Adler 학파는 부적응적 삶의 방식의 연속성을 알려주기 위해 과거와 현재를 연결짓는다. Freud의 정신분석학이 과거를 강조한 것과는 대조적으로, Adler 학파는 미래에 더 관심이 있다. 시간의 세 가지 측면인 과거, 현재, 미래는 역동적으로 상호 연관되어 있다. 우리의 행동 결정은 우리가 과거에 경험한 것으로부터 내린 결론에 기초한다. 이러한 결론은 우리가 현재 상황을 이해하고, 나아갈 목표를 선택하는 참조틀을 제공한다. 간단히 말해서 Adler 학파는 내담자의 삶에서 연속성인 패턴을 찾지만, 항상 행동의 목표지향적인 특성을 강조한다. 사람들은 자신에게 행복을 가져다 줄 것이라고 믿는 스스로 선언한 목표에 도달하기 위해 끊임없이 노력하고 있으며(Carlson & Englar-Carlson, 2017; Rasmussen, 2010), 삶을 향한 개인의 움직임은 그 사람이 스스로 선택한 삶의 목표에 의해 통합되고 그 방향이 정해진다.

성격의 발달은 삶의 허구적인 목표에 의해 안내되기 때문에, 한 사람의 움직임의 각 부분은 그 목표의 일부로 이해될 수 있다. 삶은 우리에게 다른 사람과 어울리면서 잘 지내고(사회적 관계 과제), 의미 있는 활동에 참여하고(일 과제), 인생의 동반자를 찾는 것(사랑/친밀 과제)과 같은 주요 도전들을 던져 주면서, 종종 준비되지 않은 인생의 과제를 해결할 것을 요구한다. 우리는 실패를 회피하거나 자신의 가치를 보존하기 위해 그러한 과제에서 물러나는 방법을 찾을 수도 있다.

Sonstegard와 Bitter(2004)는 집단상황에서 Adler가 제안한 '질문(The Question)'을 사용할

것을 제안하고 있다. "만약 당신이 말하는 문제가 없다면 당신은 무엇을 하고 있거나 당신의 삶이 어떻게 달라졌을 것 같나요?" Jim Bitter가 운영하는 부모교육 집단에서 한 어머니의 대답은 아이와 함께하는 삶에서 잘 지내는 정도가 93%이고, 나머지 7%에 다른 일을 하였을 것이라고 했다. 이러한 진술은 이 어머니의 완벽주의의 목표를 제시하고 있다. 이것은 무언가를, 아마도 모든 것을 곧바로 얻기를 좋아하는 사람이라는 점을 보여 준다. 집단구성원들은 그녀의 아들 티미(Timi)가 항상 그녀를 방해한다는 불평을 들었다. 지도자가 그녀에게 질문(The Question)을 했을 때, 다른 일보다는 다시 바이올린을 연주하는 것이라고 대답했다.

> "바이올린 연주에 대해 말해 주세요. 당신은 그것을 즐기나요?"
>
> "글쎄요, 저는 12년이라는 오랜 기간 연주를 하지 않았습니다. 하지만 제가 대학에 다닐 때에는 '수석' 바이올린 연주자였습니다." (p. 71)

이 사례에서 1등이나 최고를 추구하는 완벽한 삶의 양식을 가진 한 사람을 볼 수 있다. 이 어머니는 맏이였고 정확하고 최고 수준으로 일하는 것을 자기 스스로에게 요구하는 사람이라고 추측하는 것은 지나친 비약이 아니다. 그녀는 대학에서 최고의 바이올린 연주자였지만, 지금은 오랫동안 연습하지 않았다. 그래서 현재 그녀는 더 이상 수석 연주자가 아니지만, 하나의 변명거리가 있다. 티미가 오히려 자신이 최고 연주자가 아닌 삶에 하나의 축복인 셈이다. 그 이유는 아들인 티미가 자신의 아들이라서가 아니라 적어도 아들이 자신을 방해하고 있기 때문이라는 핑계를 댈 수 있기 때문이다.

현상학

Adler는 사람들이 자신의 세계를 인식하는 주관적인 방식에 주의를 기울이는 현상학적인 지향성(phenomenological orientation)의 치료를 강조한 최초의 주요 이론가였다. 이러한 개인적인 관점은 개인의 견해, 믿음, 인식, 그리고 결론을 포함하고 있다. Adler의 관점에서, 객관적인 현실보다 우리가 현실을 어떻게 해석하고 우리의 경험에 어떤 의미를 부여하는가가 더욱 중요하다. Adler 학파는 내담의 관점에서 본 세계와 내담자가 세상을 인식하는 독특한 방식을 이해하기 위해 노력한다(Carlson & Englar-Carlson, 2017). 인간은 자신의 주관적인 인식에 근거하여 자신의 행동을 결정하는 창조적인 존재이다. 집단에서 집단원은 자신의 주관적인 경험을 시험할 수 있고, 다른 구성원들은 이 사람의 세계관을 정당하다고 보거나 아니면 동의하지 않을 수 있다.

종종 집단원들이 무엇이 치료에 이르게 하는지에 대한 이야기를 하기 시작하는 집단의 초기 단계에서 집단원의 주관적인 관점이 가장 유용하게 사용된다. 이 초기 단계 동안 Adler 학파의 상담사들은 공감과 적극적인 경청뿐만 아니라 각 사람의 주관적인 견해를 발전시키는 데 도움이 되는 기술을 사용한다. 그러한 기술 중 하나는 집단원으로 하여금 집단지도자의 '가장 흥미로운 질문'인 '집단지도자가 좀 더 알고 싶어하는 것이 무엇인지'를 답하게 하는 것이다. 이러한 질문을 함으로써 집단지도자는 집단원의 삶에서, 나아가 궁극적으로 집단에서 자신의 위치를 어떻게 찾아가는지에 초점을 두게 된다.

집단원(M): 저는 남자들과의 만남에서 운이 별로 없는 것 같아요. 항상 별로 좋지 않은 남자를 고르는 것 같아요. 남자들이 저를 사랑하기 시작하고, 한동안 저는 모든 것을 다 해주지만, 그에 비해 많은 것을 얻지 못합니다.

지도자(C): 그래서 당신은 남자 선택에 잘못된 메커니즘을 가지고 있다고 생각하나요?

M: 네! 그렇습니다. 저는 사방을 둘러보며 저에게 가장 나쁜 남자를 찾고 있는 것 같아요.

C: 당신이 정말 좋은 남자를 발견하게 된다면 어떻게 될까요? 당신은 그 남자가 더 나빠지기를 기다리면서 그를 지켜보는 데 모든 시간을 보내고 있을 것 같나요?

M: [침묵] 아마 그럴 겁니다.

C: 즐거운 관계를 유지하는 것은 정말 힘든 일입니다.

M: 네, 그렇습니다.

C: 멋진 사람과 관계를 유지할 수 없는 문제가 무엇인지 그 남자들에게 물어볼 생각을 해 본 적이 있습니까?

M: 아니요. 저는 그 남자들에게 문제가 있다고 생각하지 않습니다. 저는 제가 그렇게 훌륭하지 않다고 확신합니다.

C: 글쎄요, 당신은 일주일에 한 번, 거의 한 달 동안 이 집단원들과 함께 했습니다. 집단원들이 당신을 어떻게 생각하는지 들어보면 어떨까요?

창조성과 선택

Adler 학파의 관점에 따르면, 유전과 환경은 인간을 규정하는 요인이라기보다는 삶이라는 건축물을 이루는 토대 또는 벽돌일 뿐이라고 본다.

사회목적론적 접근은 우리가 스스로 결정하는 존재라는 개념에 기반을 두고 있다. 우리는 사건에 영향을 미치고 사태를 만들 수 있는 능력을 가지고 있다. 우리는 과거의 경험, 현재의 태도, 미래에 대한 기대와 일치하는 다양한 방식으로 자신을 표현한다(Sonstegard & Bitter, 2004). Adler는 우리가 무엇을 가지고 태어났느냐보다는 자연적으로 부여받은 타고난 능력을 어떻게 사용하느냐가 더 중요하다고 믿었다. 그러나 Adler는 생물학적, 환경적 조건이 우리의 선택과 창조 능력을 제한하고 있음을 인정하고 있다. 비록 Adler 학파가 Freud의 결정론적 입장을 거부하지만, 개인이 원하는 것은 무엇이든 할 수 있다는 극단적인 견해를 취하는 것은 아니다. Adler의 접근 방식은 광범위한 선택을 할 수 있지만, 그 선택은 어디까지나 제한적인 틀 안에서만 가능하다고 전제한다.

Adler 학파는 사람들이 창의적이고, 활동적이며, 자기결정적이라는 가정에 근거하여 상담을 한다. Adler 학파는 내담자로 하여금 자신이 문제로 인식한 상황에 대한 능동적인 참여자가 되도록 요구하는 방식을 개발했다. Sonstegard와 Bitter(2004)는 어브(Erv)라는 한 청소년이 부모가 항상 자신을 적대시한다고 느낀 사례를 보고했다. 이 소년이 종종 부모님을 화나게 했다는 것을 주목한 후, Sonstegard는 다음과 같이 질문했다.

> 어브, 너는 꽤 똘똘한 아이지만, 자신에 대해 무언가 의구심을 가지고 있어. 너는 자신이 원하는 만큼 잘할 수 있을지 확신하지 못하고 있어. 그래서 다른 사람들이 틀렸다는 것을 증명함으로써 안도감을 얻으려 하고 있어. 다른 사람과 비교하면서 훨씬 더 기분 좋아지지. 그것에 대해 어떻게 생각하니? (p. 47)

이러한 인과론의 순환적 패턴과 그 속에 있는 어브의 역할을 탐구함으로써 어브는 그러한 패턴을 깨고 싶은지 아닌지를 결정하는 기회를 얻게 된다. Dreikurs의 치료는 내담자들이 다른 사람들의 행동을 직접적으로 바꿀 수는 없지만 다른 사람들에 대한 내담자 자신의 반응과 태도를 바꿀 수 있는 힘을 가지고 있다는 것을 내담자에게 보여 주는 것을 목표로 했다. 집단상황은 집단 내에서 반복적인 행동 패턴이 활성화되므로 독특한 경험을 제공한다. 집단원은 집단 회기에서 적극적으로 작업하여 다른 결과를 만들어 낼 수 있다. 만약 역할이 더 이상 작동하지 않으면, 그 집단은 세상에 존재하는 더 창의적인 방법을 배울 수 있는 이상적인 장소를 제공한다.

공동체 감정과 사회적 관심

개인심리학의 기본적인 교의라고 할 수 있는 공동체 감정(community feeling)과 사회적 관심(social interest)은 독일어 단어인 Gemeinschaftsgefuhl에서 유래된 말이다. 공동체 감정(community feeling)은 인간의 모든 측면, 즉 과거, 현재, 미래와 연결되어 세상을 더 나은 곳으로 만드는 데 관여한다는 느낌이 체화된 것이다. 사회적 관심(Social interes)은 "사람들이 서로에 대해 느끼는 공감적 유대감과 그들이 서로에 대해 취하는 책임 있는 행동과 태도, 공동의 선을 위해 다른 사람들과 함께 소속되고 참여하는 의식"이다(Carlson & Englar-Carlson, 2017, p. 43). 사회적 관심이 발달된 사람들은 자신에 대한 행복만큼이나 다른 사람들의 행복에 대해서도 많은 신경을 쓴다. 사회적 고립과 자기 몰입에 대한 해독제로서의 사회적 관심은 용기, 낙관주의, 그리고 진정한 소속감으로 이어진다. Adler는 사회적 관심을 다른 사람들에 대한 동일시와 공감의 느낌과 같으며, 궁극적으로 이것은 한 사람의 정신건강의 척도라고 했다.

개인심리학은 우리의 행복과 성공이 주로 사회적 유대감(social connectedness)과 관련되어 있다는 핵심적인 믿음에 기초한다. 우리는 사회 속에서 살고 있기 때문에, 그 사회적 맥락과 분리되어 이해될 수 없다. 우리는 주로 소속감으로 이어지는 연대감에 대한 욕구에 의해 1차적으로 동기화되어 있다. 집단 맥락 내에서만 우리의 잠재력을 실현하고 더 긴밀한 사회적 관계를 발전시킬 수 있다. 사회적 존재로서, 우리는 다른 사람들에게 도움이 되고 공동체에서 의미 있는 관계를 구축할 필요가 있다. 우리가 사회 속에 살아가는 인간으로서, 공동체에 대한 소속감을 경험할 때 우리의 삶과 기여는 풍성해진다.

Adler(1964)는 우리가 다른 사람들과 유대감을 느끼려는 강한 욕구를 가지고 있으며, 그렇게 해야만 우리가 삶의 문제에 직면하고 대처하는 용기를 가지고 행동할 수 있다고 주장한다. Adler는 적어도 세 가지 보편적인 삶의 과제를 성공적으로 완수해야 한다고 주장한다. 모든 사람은 나이, 성별, 역사, 문화 또는 국적에 관계없이 이러한 삶의 세 가지 과제를 해결해야 한다. 이 세 가지 과제는 우정을 쌓는 것(사회적 과제), 친밀감을 형성하는 것(사랑/결혼 과제), 사회에 기여하는 것(일/직업 과제)이다. 이러한 삶의 과제들은 인간의 삶에 매우 기본적인 것이기 때문에 그들 중 어느 하나의 기능 장애는 종종 심리적 장애의 지표가 된다. 이러한 각각의 과제는 우정과 소속, 기여와 자기 가치, 그리고 협력을 위한 심리적 능력의 개발을 필요로 한다(Bitter, 2006, 2007).

대부분의 구성원들은 일, 사랑, 자기 수용, 소속감, 그리고 우정과 같은 핵심적인 삶의 과제들을 둘러싼 핵심 믿음을 가지고 있다. 예를 들어, 수잔(Susan)은 한 사람으로서 자신의 가치의 대부분이 직장에서의 생산성에 달려 있다는 핵심적인 믿음을 가지고 있다. 그녀가 일을 잘하지 못해 이룬 것이 없을 때, 그녀는 자신을 좋게 생각하는 데 어려움을 겪는다. 이와 같은 신념은 집단 내에서 비판적으로 검토될 수 있으며, 잘못된 믿음을 제거하고 더 건설적이거나 유용한 신념으로 대체하는 것이 가능하다.

이러한 공동체 감정과 사회적 관심의 주요 개념은 집단상담에서 중요한 의미를 지닌다. 집단의 일반적인 목표는 자존감을 높이고 사회적 관심을 발전시키는 것이다. 집단은 구성원들이 적절함을 느끼지 못하고 다른 사람들과 함께하지 못하게 하는 잘못된 가정을 발견하는 데 중점을 둔다. 이러한 개념은 구성원들이 다른 사람들과의 관계에 대한 욕구를 어느 정도 충족할 수 있도록 집단을 구조화함으로써 집단상담에 적용될 수 있다. 집단 상황은 또한 사람들이 사회적 관심을 경험할 수 있는 맥락을 제공한다. 그들은 집단의 개인 구성원뿐만 아니라 공동체로서 집단에 대한 관심을 갖는다. 집단구성원들에게는 피드백을 제공하고 다른 사람들을 지지할 수 있는 기회가 주어지는데, 이는 사회적 관심의 행동 중 하나의 본보기이다.

자기 중심성과 그로 인한 소외는 사회적 관심과는 정반대이며, 현대 사회에서 주요 문제로 간주된다. 사람들이 종종 집단상담에 의뢰되는 한 가지 이유는 그들의 과장된 자기 걱정 때문이다. 비록 우리 모두가 불완전하지만, 집단경험의 결과 중 한 가지는 구성원 자신과 다른 사람들에게 점점 더 많이 수용되는 것이다.

대부분의 Adler 학파 사람들은 집단에서의 사전 선별을 해야 한다는 생각을 거부하는데, 그 과정이 반민주적이고, 이질성을 파괴하는 경향이 있고, 더 큰 사회에서 흔히 볼 수 있는 다른 수준의 불완전성을 받아들이지 못하기 때문이다. Sonstegard와 Bitter(2004)는 일반적으로 사전 선별로 인해 집단경험을 가장 많이 활용할 수 있는 바로 그 사람들을 배제한다고 주장한다. 집단 상황에서는 자기중심적이고, 파괴적이며, 소통이 안 되고, 고립된 사람들도 자신의 문제에 대한 해결책을 찾을 수 있다. Adler 학파는 집단상담 참여를 원하는 모든 사람을 환영해야 하며 가장 필요한 사람들을 배제해서는 안 된다고 믿고 있다.

열등감과 우월감

우리는 어린 시절부터 우리의 능력이 필요한 것보다 부족하고 무기력하다는 것, 반드시 되어야 하는 것보다 부족하거나 열등하다는 점을 인식하고 있다. 열등감(Inferiority feelings)은 주관적이고, 포괄적이며, 판단적인 결핍에 대한 우리 자신의 평가에 기초한다(Carlson et al., 2006). 열등감에 대한 이러한 의식은 부정적인 힘이 아니다. 반대로, 우리의 기본적인 열등감은 우리의 환경을 극복하려는 시도의 발판이다. 열등감은 사람들이 목표에 도달하기 위해 추가적인 노력을 하도록 동기를 부여하는 촉매제 역할을 할 수 있다. 열등감을 보완하기 위해 우리는 삶에서 더 나은 위치를 차지하려고 노력한다(Carlson & Englar-Carlson, 2017). Adler는 우리가 삶에서 느끼는 '마이너스 위치(minus posituin)'에서 인식되는 '플러스 위치

(plus position)'로 이동하면서 우월성(superiority)을 위해 노력한다고 믿었다. 열등감과 성공을 위한 노력은 동전의 양면이며, 둘 다 집단 작업의 핵심 요소이다. 이러한 노력을 통해 우리는 삶에서 힘에 의해 통제되기보다는 그것을 통제할 수 있는 방법을 찾는다. 집단원이 개인적으로 보잘것없다는 느낌과 열등감을 관리하기 위한 현재의 전략을 탐색하는 것은 매우 도움이 된다. 집단 맥락 자체 내에서 집단원이 경험할 수 있는 열등감과 보잘것없는 느낌에 대해 모두 이야기하도록 격려 받는다. 이로 인해 집단원은 자신의 실패 경험에 근거하여 자신의 개인적 가치 모두를 평가했던 가정을 알아차림으로써 매우 생산적인 작업을 하게 된다. 집단 경험은 집단원들에게 이러한 초기 경험을 새로운 관점으로 보게 하고, 고통스러운 이야기에 새로운 결말을 추가할 기회를 제공한다.

가족의 역할

Adler 학파는 어린 시절 성격 발달에 중요한 역할을 하는 가족 과정에 많은 초점을 둔다. 가족 구성원 간의 관계 풍토는 가족 분위기(family atmosphere)로 알려져 있다. 가족구도(family constellation)는 가족 집단의 사회적 구성이며, 자기 인식이 발달하는 관계 체계이다. 이 체계는 개인, 부모 및 형제자매, 그리고 가구에 거주하는 다른 모든 사람에 의해 유지된다(Powers & Griffith, 2012). 아이들은 부모의 많은 개인적 특성을 통합하면서, 부모를 관찰하고 부모와 상호작용함으로써 삶에 대해 많은 것을 배운다(Christensen, 2004).

그러나 Dreikurs(1967)는 형제-자매 관계가 부모-자녀 관계보다 성격 발달에 더 영향력이 있다는 입장을 취하고 있다. 게다가, 아이가 가족구도에서 자신의 위치와 형제자매의 위치에 부여하는 의미는 형제자매의 연대기적(실제) 나이보다 더 중요하다. 가족 구성원 개개인의 성격 특성, 가족 구성원 간의 정서적 유대감, 가족의 크기, 형제자매의 성별 등이 모두 가족구도의 요인이다. 가족에서 아이의 위치와 역할은 이후 성격 발달에 영향을 미친다(Powers & Griffith, 2012).

테네시(East Tennessee) 주립대학의 Graham Disque 교수(개인적 교류, 2021년 2월 1일)는 가족구도와 가족 조각(family sculpting)을 집단 작업의 기초로 사용하고 있다. 집단구성원은 매주 집단의 참가자를 선택하여 자신의 가족 구성원을 연기하도록 요청한다. 초기 경험, 초기 기억 회상을 통해 집단원의 가족 구성원들과 연관된 역할, 기능, 그리고 감정적 관계의 위치에 따른 다른 사람들을 배치하는 가족 조각이 이루어진다. 역할연기 장면이 전개됨에 따라, 집단구성원은 경험에서 물러나 새로운 눈(성인의 눈)으로 보면서 가족 역동에 대한 새로운 이해를 얻게 된다.

Powers와 Griffith(2012)는 어린 가족 구성원이 생활양식의 필수적인 부분이 될 다른 사람들과 관계하는 방법을 연습한다고 믿는다. Powers와 Griffith(2012)는 하나의 가족이 지역사회와 별개로 분리된 캡슐에 쌓여 있는 체계가 아니라고 덧붙였다. 일단 내담자의 가족구도에 대한 자료를 모아 요약해 보면, 해석이 가능해질 수 있다. 요약본에는 내담자의 강점과 약점이 포함되어 있으며, 내담자의 가족이 자신에게 미치는 영향에 대해 더 잘 이해할 수 있도록 도와준다. 또한 내담자가 보고하는 민족적, 종교적, 사회적, 경제적 맥락까지도 고려하는 것이 중요하다. 이러한 요인들은 자신에 대한 인식, 세상에 대한 관점(세계관)의 재료가 되지만, 반드시 인과적 요인은 아니다.

생활양식

세상과 관련된 우리의 자기에 대한 기본 개념, 즉 사회적 삶에 대한 개인적인 지향성은 우리의 존재를 특징짓는 식별 가능한 패턴으로 표현된다. 이 패턴은 삶의 스타일, 즉 생활양식(life style)이나 또는 '우리 삶의 이야기'라고 불린다. Adler는 성공의 목표가 사람들을 숙달을 향해 나아가게 하고 장애물을 극복할 수 있게 한다고 주장했다. 가족 내, 특히 형제자매 간의 형성적 경험은 삶을 이해하기 위한 지침을 확립하는 데 기여하고, 궁극적으로는 생활양식을 만든다. 정확히 말하면, 두 사람이 똑같은 삶의 양식을 개발하는 경우는 없다. 성공이라는 목표를 위해 노력하면서, 어떤 사람들은 그들의 지성을 개발하고, 다른 사람들은 그들의 육체적인 조건을 발전시키기도 한다.

우리에게 의미 있는 목표를 위해 노력하는 것은 성격에 통일성을 가져온다. 우리의 행동은 자신, 다른 사람, 그리고 세계에 대한 우리의 핵심 신념에 의해 영향을 받는다(Ansbacher, 1974). 우리의 생활양식은 사적 논리(private logic)에 기초하고 있으며, 우리가 어린 시절에 개발한 개인적인 신념은 나중에 적절하거나 그렇지 않을 수 있다(Carlson & Englar-Carlson, 2017). Adler는 사적 논리와 모든 인간의 일반적인 감각이라고 언급되는 상식(common sense)을 대비하였다. 사적 논리는 종종 사회적 관심을 방해하고, 유용하고 건설적인 소속감을 촉진하지 못하기도 한다(Carlson et al., 2006). 하지만 사적 논리는 우리 행동의 모든 것이 어떻게 일치하는지 설명하는 데 도움이 되며, 우리의 행동에 일관성을 제공한다.

우리가 하는 모든 것은 삶의 가공적 목표와 관련이 있다. Adler 학파는 이러한 과정을 가공적 최종목표(fictional finalism)라는 용어로 설명했는데, 이것은 행동의 방향을 제시하고 인격에 통일성을 부여하는 상상의 중심 목표라고 한다. 이것은 사람들이 완벽하거나, 완전히 안전하거나, 완성되고 완전히 실현된다면 어떤 모습일지에 대한 이미지이다. Adler 학파의 집단상담사들은 사회적으로 더 유용한 삶을 촉진하기 위해 삶의 패턴과 이를 뒷받침하는 논리 모두를 다룬다(Sonstegard & Bitter, 2004).

비록 우리의 생활양식이 인생의 첫 6년 동안 시작되지만, 이후의 사건들도 발달에 지대한 영향을 미칠 수 있다. Adler 학파는 생활양식이 평생에 걸쳐 어느 정도 발달되지만, 대부분의 경우 생활양식이 안정적으로 유지된다고 생각한다(Carlson & Englar-Carlson, 2017). 중요한 것은 어린 시절의 경험 그 자체가 아니라 이러한 사건에 대한 우리의 해석과 사건에 대한 우리의 주관적인 관점이다. 우리는 인생에서 이러한 해석을 가지고 매우 어린 시절부터 살아왔기 때문에 쉽게 실수를 한다. 우리는 사적인 논리에서 나온 잘못된 개념에 근거하여 잘못된 방향성을 발달시킬 수 있다. 비록 우리가 과거에 의해 결정되는 것은 아니지만, 과거 사건에 대한 우리의 인식과 해석에 의해 상당한 영향을 받는다. 우리는 삶의 패턴과 연속성을 인식함으로써, 특히 우리가 개발한 특정한 실수, 자기 패배 또는 자기 제한적인 개념에 대해 인식함으로써, 그러한 잘못된 가정을 수정하고 기본적인 변화를 만들 수 있는 위치에 있다. 우리는 어린 시절의 경험을 재구성하고 의식적으로 우리의 삶의 방식에 새로운 방향을 창조할 수 있다.

집단지도자의 역할과 기능

Adler 학파의 집단지도자는 Adler 접근에 기본이 되는 평등주의, 사람과 사람 간의 관계를 촉진한다. 집단지도자는 종종 집단원들에게 모델 역할을 하고, 집단원들은 지도자의 말보다는 실제로 행한 행동에서 더 많은 것을 배운다. Adler 학파의 상담사의 역할은 집단원으로 하여금 자신의 잘못된 세계관을 인식할 수 있도록 돕고, 이에 상응하는 감정과 행동의 변화를 이끌어 내고 좀 더 건강한 관점을 갖도록 교육하는 것이다(Carlson & Englar-Carlson, 2017). 많은 개인적 특성들이 Adler 학파의 집단지도자에게 필수적으로 요구되는데, 이것들은 집단에서 지도자의 역할과 기능을 효과적으로 완수하는 데 선결조건이 된다. 이러한 특징으로는 현존함, 자신감, 불완전하게 되는 용기를 보여 주는 것, 위험을 감수하려는 의지, 수용, 배려, 기꺼이 모델이 되려고 하는 의지, 협력의 정신, 유머 감각, 목적과 동기에 대한 경청, 격려, 그리고 집단과정의 유용성에 대한 믿음 등이다. 최상의 결과를 얻기 위해서, 집단지도자들은 자신의 정체성, 믿음, 그리고 감정에 대한 명확한 감각을 가질 필요가 있다. 또한 집단구성원의 성장에 필수적인 기본 조건을 알고 있어야 한다(Sonstegard & Bitter, 2004). Adler 집단상담사는 집단의 과정을 지향하는 경향이 있으며 개방적인 상호작용, 참여, 비판단적 수용, 직면, 그리고 참여를 촉진시키는 집단구조를 만든다.

Adler 학파의 집단상담사는 특히 초기 집단 회기 동안 매우 적극적이다. 그들은 구성원들이 개인적인 목표를 설정하도록 돕고, 집단원 개인에 대한 심리적 평가를 수행하며, 해석을 제공하고 집단 평가를 안내한다. Adler 학파 상담사는 심리교육을 중요시하며, 종종 집단 작업에 교육의 측면을 통합한다. 집단 환경은 개인이 삶에서 자신의 목소리를 내는 방법을 배울 수 있는 안전한 환경을 제공한다(Carlson et al., 2006).

Adler 집단상담의 단계

집단에 대한 정신분석적 접근법처럼, Adler 집단상담은 한 사람의 초기 삶에 대한 조사와 해석을 한다. 그러나 다음 논의에서 알 수 있듯이 Adler 학파와 정신분석가 사이에는 몇 가지 근본적인 차이가 있다. Sonstegard와 Bitter(2004)는 Adler 학파의 집단상담의 4단계를 다음과 같이 개략적으로 설명하고 있다.

- 1단계: 구성원과의 응집력 있는 관계 구축 및 유지
- 2단계: 개인을 이해하는 데 있어 동기를 강조하는 심리학적 조사(평가)
- 3단계: 구성원과의 소통과 자기 이해(통찰)
- 4단계: 새로운 대안을 찾고 새로운 인지 및 행동 선택(재정향)

이러한 단계는 반드시 분리된 선형적 단계는 아니지만 전체 치료 과정에서 각 단계가 유동적으로 중첩되기도 한다. 모든 단계는 치료 과정 중에 반복적으로 나타날 수 있다(Carlson & Englar-Carlson, 2017). 이러한 각 단계를 더 자세히 살펴보고자 한다.

1단계: 구성원과의 응집력 있는 관계 구축 및 유지

초기 단계에서는 협력, 협동, 평등주의, 상호 존중을 바탕으로 좋은 치료적 관계를 구축하는 데 초점이 주어진다. 첫 번째 회기부터 관계구축에 집중함으로써 상담사는 응집력과 유대감을 위한 토대를 마련한다. 상담의 초기 단계에서 협력적 치료 관계를 설정하고 유지하는 것은 다른 집단 단계에서 성공적인 결과를 얻기 위해 필수적인 것이다(Carlson & Englar-Carlson, 2017). 집단원들은 자신의 결정에 따라 집단의 일원이 된 것이므로 집단원들이 집단

과정에 적극적으로 참여하도록 격려되어야 한다. 집단 상황은 신뢰 문제를 해결하고 구성원과 지도자 간의 관계를 강화할 수 있는 충분한 기회를 제공한다. 또한 다른 집단원들의 긍정적인 변화를 목격함으로써, 집단원들은 집단이 얼마나 잘 운영되는지를 볼 수 있다.

Adler 학파의 치료 관계에서는 사회적 평등, 상호 존중과 상호 참여의 정신을 강조하며, 민주적인 분위기가 우세하다. Adler 집단상담의 목표 중 하나는 구성원들의 소속감과 자신을 표현하는 능력을 키우는 것인데, 집단지도자는 종종 집단성원들에게 둘씩 짝지어서 서로 인터뷰를 하도록 요청하는 것으로 시작한다. 일반적으로 인터뷰 파트너를 알아가는 것 외에도, 집단원들은 자신의 출생 순위와 어렸을 때 어떤 경험을 했는지, 우정과 일에 대해 무엇을 배웠는지, 그리고 한 번 일어난 일에 대한 초기 기억을 나누도록 요청받는다. 둘씩 짝지어서 이야기를 시작함으로써, 집단원들은 먼저 집단 전체에게 말하는 것보다 덜 위협적인 맥락(2자 관계)에서 그들의 목소리를 낼 수 있다. 2자 대화에서 집단으로 돌아왔을 때, 집단원들은 각각 자신의 파트너를 소개하는데, 이는 초기 집단 상황에서 사회적 관심을 드러낸 것이다.

집단원들의 협력을 얻는 것은 효과적인 집단상담을 위해 필수적이다. 집단지도자와 집단원 모두 상호 합의된 목표를 향해 함께 노력해야 한다. Adler 학파의 상담사들은 치료 과정에서 참가자들이 개인적으로 중요하다고 보는 것과 자신이 탐구하고 바꾸고 싶은 분야에 집중할 때에만 개인상담과 집단상담이 진행될 수 있다고 믿고 있다.

집단 협력의 첫 번째 활동 중 하나는 집단 합의의 개발이다. 다른 모델은 기존에 설정된 집단 규칙이나 기본 규칙을 참조할 수 있지만, Adler 학파는 상담에서 그러한 규칙이 독재적인 접근을 반영한다고 믿는다. 대신, 집단원들은 안전을 느끼고 소속감과 성장을 촉진하기 위해 서로가 가져야 할 합의를 확인해야 한다. 집단 계약에 참여하는 것은 집단 과정에서 지속적인 작업이며, 이러한 계약을 초기에 수립하게 되면 집단원은 자신의 경험에 대해 책임을 질 수 있다.

2단계: 분석 및 평가(개인의 역동 탐색)

두 번째 단계에서는 집단지도자가 각 집단구성원의 기능을 종합적으로 평가한다. 이 단계의 목표는 구성원들의 생활양식을 이해하고, 그것이 삶의 모든 과제를 수행하는 데 어떻게 영향을 미치는지를 아는 것이다. 이때 각 개인의 사회적, 문화적 맥락에 초점을 둔다. 가족 배경, 신념 체계, 문화 유산, 개인적인 목표 및 교육 수준과 같은 측면을 고려한 평가를 통해 집단원 개인의 전체 역사가 탐색된다. Adler 학파는 미리 만들어 둔 모델에 내담자를 맞추려 하기보다는, 내담자의 핵심적인 문화적 정체성이 발현되게 하고 내담자 개인적 문화의 의미에 주의를 기울인다(Carlson & Englar-Carlson, 2017). 집단상담사는 구성원들이 직장과 사회적 상황에서 어떻게 기능하고 있는지, 그리고 그들이 자신과 성 역할 정체성에 대해 어떻게 느끼는지 탐색하는 것으로부터 평가가 시작된다.

Dreikurs(1997)는 집단구성원의 삶의 방식을 이해하고 치료의 기초를 제공하기 위해 구성원의 사회 생활의 전반적인 역사에 대한 자료를 얻는 것이 필수적이라고 주장한다. 이 사회적 삶의 역사는 주관적 차원과 객관적 차원으로 구성되어 있다. 집단지도자는 구성원의 이야기를 주의 깊게 듣고, 이 이야기에 대한 질문을 제기한다. 집단구성원이 주관적인 인터뷰를 할 때 집단 과정을 통해 해결하고자 하는 걱정거리나 문제를 표현하는 것은 일반적이다. 예를 들어, 한 구성원인 빌(Bill)은 '분노 관리' 문제가 있다고 보고한다. 빌은 자신이 항상 말다툼을 하고 있다는 것을 발견하고, 때때로 누군가를 때릴 정도로 충분히 화가 나지만, 결코 때린 적은 없었다고 말했다.

이러한 표현된 걱정거리의 목표와 목적을 명확히 하기 위해 Adler 학파의 집단지도자는 종종 '질문'을 통해 개인이 회피하고 있는 삶의 과제 영역에 집중한다. 빌이 질문을 받았을 때, 이렇게 대답했다. "만약 내가 항상 화를 내지 않았다면, 나는 인생이 훨씬 더 평온했을 것이라고 생각합니다. 저는 덜 투쟁적으로, 심지어는 눈에 띄지 않는 삶을 살았을 것입니다."

질문은 다양한 방법으로 제시될 수 있다. Adler는 "모든 것이 잘 되었다면, 당신은 어떻게 되었을 것 같나요?"라고 묻는다. Dreikurs는 일반적으로 "만약 당신이 지금의 문제, 걱정, 증상을 가지지 않았다면 삶이 어떻게 달라졌을 것 같나요?"라고 묻는다. 또 다른 질문 제기 방법은 "만약 당신을 완전히 낫게 해 줄 알약이 있다면, 당신의 삶에서 무엇이 달라질 것 같나요?" 또는 "어느 날 아침에 일어나 보니 당신의 증상이 완전히 없어졌다면, 당신의 삶이 어떻게 달라질 것 같나요? 등이 있다. 이런 질문 속에서 내담자의 대답은 증상이 신체 기관의 문제에 의한 것인지 아니면 심리적인 요인에 의한 것인지를 결정하는 데 사용될 수 있다.

문제가 없어지더라도 특별히 달라질 것이 없다고 하면, 그 증상은 아마도 신체 기관의 문제일 가능성이 있기 때문에 그 사람은 의사에게 도움을 받기 위해 진찰을 받아야 할 것이다. 대부분 그 대답은 증상의 목적과 방향을 명확하게 나타낸다. 만약 한 집단구성원이 "나의 불안감이 아니었다면 나는 학교에서 더 잘하고 친구들도 많이 사귀었을 것 같아요."라고 말한다면, Adler 학파는 내담자가 성공의 부족, 실패에 대한 두려움, 또는 친구가 없음을 정당화하기 위해 불안을 이용하는 것이라고 결론을 내릴 것이다(Sonstegard et al., 2001).

개인의 목표와 현재의 생활양식은 집단 내 다른 구성원들과의 상호작용에서 훨씬 더 명확해진다(Dreikurs, 1969). Adler 학파의 집단상담사는 다양한 객관적 평가 기법을 사용한다.

과정 평가 기법에는 구성원의 가족구도, 출생 순위, 관계에서의 어려움, 초기 회상, 꿈, 예술 작품을 조사하는 것이 포함되며, 이 모든 것은 그 사람의 목표, 목적, 그리고 생활양식에 대한 단서를 제공한다. 심리학적 조사로서 이러한 각 접근법은 집단구성원의 자기, 삶, 그리고 세상에 대한 해석뿐만 아니라 이러한 해석과 연관될 수 있는 잘못된 개념을 드러낼 수 있다.

분석과 평가는 내담자의 가족구도에 많이 의존하며, 어린아이였을 때 생활양식의 신념과 기본적인 가정을 형성하는 과정에서 가족 내에서 우세했던 조건을 평가하는 것이 포함된다. 집단이 서로에 대해 알아가기 시작할 때 빌이 이야기한 사례를 더 자세히 살펴보자. 빌은 두 명의 아이 중 둘째이며, 형인 데릭(Derek)은 사업에서 매우 뛰어난 리더였다. 빌은 "형은 침착하고 생각이 깊은 사람의 모델 같아요. 항상 그렇게 지냈어요."라고 했다. 형은 교육자로서 자신의 분야에서 성공했지만, 빌은 형보다 반 정도라도 멀리 가기 위해 두 배 더 열심히 일해야만 했다고 느꼈다. 형 데릭은 아버지(사업가)를 더 닮은 반면, 자신은 어머니처럼 변덕스럽다. 빌은 어린 시절에 아버지가 어머니의 감정을 상하게 하는 말을 하고, 어머니는 아버지를 맹렬히 비난하고 있는 것을 알았다. 아버지는 절대 반격하지 않았고, 종종 어머니가 아버지를 따라오며 소리치는 것을 뒤로 한 채, 그냥 가버리곤 했다. 빌의 아버지는 독일인이었고, 어머니는 이탈리아인으로 더 감정적이었다. 빌은 오늘날까지 자신을 더욱 통제해야 한다고 믿지만, 그것을 잘 해내기는 어려웠다.

이와 같은 간단한 설명에서 우리는 빌의 사적 논리와 그것이 그의 삶의 양식 발달에 어떻게 기여하는지를 볼 것이다. 빌은 경쟁심이 강하며, 누구에게도 뒤지는 것을 좋아하지 않는다. 빌은 사람들이 자신의 말과 행동에 감사해야 한다고 생각하고, 만약 사람들이 그렇게 하지 않거나 더 부정적으로 대하고 자신에게 도전한다면, 빌은 상처를 받고 반격하고 싶어한다. 사람들이 그를 떠나거나 무시할 때, 그는 화를 내고, "나는 절대 무시당하지 않을 것이다."라고 말한다.

빌은 사소한 일에 민감하며, 다른 사람들이 집단에서 자신에 대해 말하는 것에 매우 예민하게 주의를 기울이는 것 같다. 심지어 작은 의견 불일치에도 빌은 분노를 경험하고, '사람들을 바로잡고' 싶어하는 것을 드러낸다. 이제 빌은 자신에 대한 이러한 통찰을 했기 때문에 자신이 무시당하고 있다고 느낄 때 집단에서 다르게 행동할 수 있다. 빌은 아주 작은 도전을 느낄 때 반격하는 대신, 잠시 멈추고 자신이 생각하고 느끼는 것을 표현할 수 있었다. 만약 이 새로운 행동이 집단 상황에서 잘 작동한다면, 일상생활에서 자신이 경멸을 느낄 때 다른 방식으로 행동하는 것을 실험할 수 있다.

또 다른 평가 절차는 내담자에게 초기 기억 회상(early recollections: ERs), 즉 구성원들이 기억하는 특정 사건(다른 사람들에게 들은 것이 아님)과 이러한 어린 시절 사건에 수반된 감정과 생각을 보고하는 것이다. 이러한 '10세 이전에 발생했던 사건의 이야기'는 내담자를 더 잘 이해하는 데 매우 유용하다(Mosak & DiPietro, 2006, p. 1). 초기 기억은 '우리 삶의 이야기'를 조명해 준다. 왜냐하면 그것은 실제로 오래 전에 일어났던 일에 대한 기술이라기보다는 현재 우리가 갖는 관점에 대한 은유와 같기 때문이다. 초기 기억은 우리 자신에 대해 어떻게 보고 느끼는지, 세상을 어떻게 보고, 인생의 목표가 무엇인지, 동기를 부여하는지, 무엇을 믿는지, 무엇을 가치 있게 생각하는지에 대한 이해로 이어지는 일련의 작은 수수께끼이다. 그것은 또한 우리의 미래를 준비하도록 한다(Mosak & Di Pietro, 2006).

일련의 초기 기억으로부터, 우리의 잘못된 개념, 삶의 목표, 현재의 태도, 사회적 관심, 그리고 가능한 미래의 행동에 대한 명확한 감각을 얻을 수 있다. 초기 기억을 탐색하는 것은 잘못된 목표와 가치에 기초한 잘못된 개념이 사회적 관심 앞에서 어떻게 작용하면서 사람들의 삶에 문제를 일으키는지를 발견하는 것을 포함한다.

Mosak과 Di Pietro(2006)는 다음과 같이 초기 기억 회상의 치료적 가치를 파악하고 있다.

> 초기 기억은 내담자에게 중요한 것이 무엇인지를 결정하는 데 도움이 된다. 초기 기억이 한 번 드러나면, 그 사람에 대해 알 수 있게 된다. 초기 기억은 목표를 달성하는 데 있어 한 사람의 우선순위, 목표, 그리고 방법에 대한 증거를 제시해 준다. 또한 그것은 그 사람이 누구인지, 그 사람이 어디에 서 있는지, 그리고 그 사람이 어디를 향하고 있는지에 대한 해결 가능한 수수께끼이다. (p. 6)

Adler 상담사는 집단구성원들에게 그들이 매우 어렸을 때, 즉 열 살 이전에 있었던 일을 회상하고, 그들이 기억하는 어떤 특정한 사건을 집단에 말하도록 요청하여 초기 기억을 이끌어 낸다. "그때, 나는 ____________"와 같은 식으로 이야기하도록 한다. "부모님은 논쟁을 많이 하셨고 나는 조용히 앉아 있었습니다."와 같은 일반적인 보고와는 다르다. 상담사는 종종 두세 번의 초기 회상을 요청하지만, 더 많은 것(최대 12개)을 요구할 수도 있다. 상담사는 기억에 대한 묘사뿐만 아니라 기억이 되살아나는 동안 어떤 느낌이 들었는지를 물어 본다. 초기 기억은 다양한 기법을 사용하는 집단상담사에게 매우 의미있는 도움을 준다. 초기 기억 회상은 투사적인 특성 때문에 집단상담사에게 집단상담의 평가와 개입 단계에서 모두 사용할 수 있는 풍부한 정보를 제공해 준다.

빌의 경우로 돌아가서, 그의 초기 기억 중 두 가지를 소개하고자 한다.

8세: 어머니가 저녁 식사에 대해 호들갑을 떨었던 것을 기억합니다. 요리를 하는 동안,

어머니는 아버지가 좋아하지 않을 거라고 계속 중얼거렸습니다. 어머니는 처음에는 입속에서만 아주 조용히 중얼거렸지만, 점점 더 커지면서 카운터에 있는 냄비를 두드리는 소리를 냈습니다. 아버지가 직장에서 돌아왔을 때, 어머니가 말했습니다. "나는 미트로프**를 준비했지만, 아마 당신은 좋아하지 않을 것 같은데요."
"괜찮아."라고 아버지가 말했습니다.
"괜찮다고?"라고 어머니가 소리를 지르면서 "나는 몇 시간 동안 일하고 있는데, 그냥 괜찮다고만 해요?"라고 했어요.
나는 어머니에게 미안했어요. 나는 아버지가 왜 그것을 좋아하지 않는지 이해할 수 없었습니다. 아버지는 항상 그것을 먹었는데, 왜 아버지는 그것을 좋아하지 않았을까요?

5세: 나는 형 데릭(Derek)과 놀고 있는데, 형은 생일 선물로 받은 장난감을 가지고 있었습니다. 그 장난감은 내가 정말로 원하는 것이었고, 사실 부모님이 나에게 그것을 줄 거라고 믿고 있었거든요. 빨간 소방차였는데, 나는 그것을 갖기 위해 형에게 다가가 그것을 잡아당기기 시작했습니다. 하지만 형은 저보다 더 크고 힘이 셌어요. 형은 일어나서 제게서 그것을 낚아채서 걸어 나갔어요. 나는 정말 화가 나서 형에게 소리를 지르고, 눈물을 흘렸어요.

이러한 기억들로부터, 빌이 왜 자신의 화에 집중하는지 쉽게 알 수 있다. 첫 번째 기억에서, 어머니의 화의 표현 과정은 자신이 화를 내는 과정에 대한 하나의 은유이다. 화는 조용히, 내부에서 시작하지만, 완전히 표현될 때는 더욱 활기차고 커지게 된다. 게다가, 이 기억은 이 화가 누군가가 빌 자신이 하고 일을 좋아하지 않는다는 것을 예상함으로써 나온 것임을 암시하고 있다. 실제로 빌은 자신이 두려워하는 바로 그 반응을 촉발시키고 있다. 이 해석에는 정교함이 필요하지만, 이야기를 바탕으로 한 좋은 추측이며, 집단 토론과 빌의 과정을 이해하기 위한 출발점을 제공한다.

두 번째 기억은 다음과 같은 빌의 잘못된 생각을 암시하고 있다. 빌이 그 장난감을 갖기 전에는 어느 누구도 그것을 가지거나 얻어서는 안 되며, 자신이 무엇을 하든 상관없이 더 강하거나 큰 사람들은 항상 승리하고 떠나게 되며 자신은 혼자 남고 화를 내게 된다.

평가 단계에서 집단상담사의 주요 과업은 생활양식 조사로부터 자료를 통합하고 요약하며 잘못된 개념이나 개인적인 신화가 내담자에게 어떤 영향을 미치는지를 해석하는 것이

** 미트로프: 미국의 대공황 당시 먹었던 고기로 만든 빵(역자 주)

다. 이는 내담자가 자신의 역동 관계를 인식하고 삶에서 자신의 자산과 주제를 정확히 파악할 수 있도록 명확하고 간결한 방식으로 수행된다. 예를 들어, 빌이 초기 기억을 보고한 후, 일부 Adler 학파 사람들은 그 주제들이 그에게 어떤 의미를 갖는지 묻곤 했다. 빌은 초기 경험과 현재 상황에서 그가 어떻게 반응하는지 간의 연관성을 볼 수 있을 것이다. 내담자와 공동으로 수행할 수 있는 생활양식 분석은 내담자와 상담사가 상담 계획을 세울 수 있도록 도와주는 지속적인 과정이다.

3단계: 자각과 통찰

고전적인 정신분석적 입장은 통찰(insight)이 없으면 성격의 변화도 있을 수 없다는 입장인 반면, Adler 학파의 관점은 통찰이 상담관계 내에서 의미 있는 이해를 촉진하는 자각(awareness)의 특별한 형태이고, 변화의 기초로 작용한다고 본다. 그러나 이러한 인식 자체는 중요한 변화를 가져오기에 충분하지 않다. 이것은 목적을 위한 수단이지 목적 자체가 아니다. 자각은 원하는 목표를 향해 건설적인 움직임으로 이끄는 데 필수적이다. 사람들은 많은 통찰을 하지 않고도 갑작스럽게 중요한 변화를 만들 수 있다. 반대로 지적 통찰은 끊임없이 "네, 하지만" 게임인 "멈춰야 한다는 것을 알고 있어. 하지만 ___________"로 이어질 수 있다. Carlson과 Englar-Carlson(2017)은 Adler의 접근 방식이 통찰 지향적이면서 행동 지향적이라고 했다. Adler 학파는 변화는 지금-여기에 대한 집중적인 자각으로 시작하여 행동과 지각 둘 다에 대해 대안을 만들고 선택한다는 것으로부터 나온다고 믿는다.

Sonstegard와 Bitter(2004)에 따르면 집단상담은 사람들이 자각을 하고 잘못된 목표나 개념을 재정향하도록 돕는 데 개인상담보다 효과적이라고 했다. Adler 학파의 집단에서 집단원들은 왜곡된 지각을 갖게 하는 자기 파괴적인 인지를 탐색한다. 집단 내에서의 상호작용은 자신에 대해 배우는 데 이상적인 환경을 제공한다. 집단에서는 다른 구성원들의 피드백과 지지로부터 자각이 일어나며, 이는 집단지도자가 말하는 것보다 더 큰 비중을 가진다. 집단구성원들은 시간이 지남에 따라 발전하는 상호 배려뿐만 아니라 그들 사이에 일정한 평등이 존재한다고 느끼기 때문에 서로의 피드백을 받아들인다. 게다가, 집단에서 발달하는 사회적 유대감은 다른 사람들 속에서 집단원 자신의 일부를 볼 수 있게 하고 다른 사람들을 비판단적인 방식으로 지지할 수 있게 한다. 자각과 통찰 단계는 참가자들이 왜 현재의 모습대로 살아가고 있는가를 이해하도록 돕는다.

해석(interpretation)은 개인이 자신의 생활양식에 대한 통찰력을 얻는 과정이다. 해석은 구성원들이 지금-여기에서 하고 있는 행동의 이면에 있는 숨겨진 동기를 다룬다. 해석이 결코 내담자에게 강요되어서는 안 되며, 다음과 같은 가설적인 형태로 제시되어야 한다. "그게 ________일 수도 있나요?" "저는 당신과 함께 나누고 싶은 느낌이 들어요." "제가 보기에는 __________한 것처럼 보이네요." 이러한 협력적인 방식으로 제공되는 해석은 집단구성원들이 그 해석을 받아들여야 한다는 느낌 없이 그들이 듣는 것을 자유롭게 생각할 수 있게 한다.

해석은 집단 회기에서 발생하는 구체적인 집단 행동과 연결될 수 있다. 집단구성원들의 공유된 경험은 이러한 행동 패턴을 탐구할 수 있는 실제 기회를 제공한다. 해석이 맞으면 구성원들은 새로운 이해를 나타내는 말로 반응하는 경향이 있다. 만약 해석이 적합하지 않으면 집단은 더 정확한 해석을 찾아내려고 한다. 집단원들에게도 자신에 대한 해석을 스스로 해 보도록 권유하기도 한다. 이 과정의 궁극적인 목표는 집단원들이 스스로에 대해 더 깊은 심리적 이해를 갖는 것이다. 해석의 목표는 구성원들이 자신의 문제를 만드는 데 있어 자신의 역할, 그 문제를 유지해 온 방식, 스스로 상황을 개선하기 위해 무엇을 할 수 있는지에 대한 좀 더 깊은 자각을 얻는 것이다.

4단계: 재정향 및 재교육

집단과정의 마지막 단계는 재정향(reorientation) 및 재교육(reeducation)이다. 재정향 단계에서, 구성원들은 자신, 삶, 그리고 다른 것들에 대한 잘못된 믿음의 방향을 바꾸는 데 도움을 받는다. 강조점은 대안적인 믿음, 행동, 그리고 태도를 고려하는 것이다. 이 단계에서 구성원들은 행동에 대한 통찰을 행동으로 옮기고 자신이 원하는 목표와 더욱 일치하는 새로운 선택을 하게 된다(Carlson & Englar-Carlson, 2017).

이 단계에서는 현재 삶의 상황과 해결해야 할 문제에 대한 구성원들의 태도에서 변화가 나타난다. Adler 학파의 집단상담은 잘못된 삶의 패턴을 재정향하고 집단 구성원들에게 협력적으로 상호작용하는 방법을 가르치려는 시도가 특징적이다. Adler 학파의 집단상담사는 참가자들에게 어떻게 하면 삶의 과제를 더 효과적으로 처리할 수 있는지를 가르치는 것을 목표로 한다. 상담사는 또한 내담자가 위험을 감수하고 변화를 경험하도록 도전하고 격려한다. 전반적인 목표는 말 그대로 전 인생의 과정에서 해온 잘못된 움직임을 개인적인 책임, 소속, 기여, 용기, 공동체 느낌과 사회적 관심으로 특징지어지는 움직임으로 대체하는 것이다(Rasmussen & Schuyler, 2020).

재정향 단계 동안, 집단원들은 집단참여를 통해 배운 것에 근거하여 행동으로 옮기도록 격려받는다. 구성원들 간의 대인관계가 개선되기 때문에 집단은 자신의 변화의 매개체가 된다. 집단 과정은 구성원들이 다른 사람들이 하는 것을 보고, 자신이 추구해 온 잘못된 자기개념이나 잘못된 목표를 인식하도록 돕는다. 변화는 희망의 출현에 의해 촉진된다. 구성원들은 다른 사람에게 다르게 보일 수 있고, 삶이 잘 풀릴 수 있는 선택권이 있다는 것을 인정한다. 이러한 믿음과 희망은 구성원들이 일상생활에 배어 있는 부정적인 사회적 영향을 반박할 수 있게 한다(Sonstegard & Bitter, 2004).

격려(Encouragement)는 '용기를 북돋는 것'을 말하며, 내담자의 강점과 자원은 격려의 원천이 된다. Adler 학파는 내담자가 새로운 행동 패턴을 만들고 강점과 자원을 개발하는 데 도움을 주기 위해 상담의 모든 과정에서 격려를 사용한다. 격려는 사람들에 대한 믿음을 보여 주고, 자신의 삶에 책임감을 갖도록 기대하고, 현재 있는 그대로의 자신에 대해 가치를 부여하는 것을 의미한다(Sweeney, 2019). 격려는 존경, 신뢰, 자신과 다른 사람에 대한 믿음, 그리고 다른 사람을 배려하는 깊은 의식을 체화한다. 격려가 없으면 상담에 대한 노력이 뿌리내리지 않는다. 격려는 낙담에 대한 해독제이며, 치료적 변화를 만드는 데 중요하다. 격려는 상담의 모든 단계에 기본적인 것이지만, 재정향 단계에서는 필수적이다(Carlson & Englar-Carlson, 2017). 격려를 통해, 집단 참가자들은 자신의 내적 자원과 스스로 선택하고 자신의 삶의 방향을 결정하는 힘을 경험하기 시작한다. 동료 구성원들의 격려는 종종 이러한 재정향과 재교육에서 가장 중요한 역할을 한다. 가장 큰 격려는 집단원들이 집단에서 자리를 찾았다고 느끼는 것에서 나온다. 구성원들은 그들의 차이점과 공유하는 공통점에 대해 인정받고 있다는 것을 깨달았을 때 격려를 받는다(Sonstegard & Bitter, 2004).

집단 구성원들은 비효율적이거나 자기 파괴적인 행동을 초래했던 오래된 패턴을 반복하는 과정에서 '자신을 포착하기(catching oneself)'를 요구받을 수 있다. 자기 포착하기 기술은 구성원들이 자신의 문제 행동이나 감정과 관련된 신호를 알아차리도록 해 준다. 이때 집단원들은 자신의 문제를 대신하는 증상을 멈추는 결정을 내릴 수 있다. 집단원들이 변화를 원한다면, 스스로 과제를 설정하고, 자신의 문제에 대해 구체적인 무언가를 해야 한다. 새로운 통찰을 구체적인 행동으로 전환하기 위해서는 많은 노력이 필요하며, 집단 회기 사이에 수행할 과제는 변화를 만드는 데 유용하다. 이러한 회기 사이에 부여되는 과제는 집단지도자와 구성원이 공동으로 개발한다.

상담사(C): 빌, 당신이 화가 나기 시작할 때 몸 어디에서 그것을 느끼나요? 무엇이 당신이 화를 내고 있다는 것을 말해 주나요?

내담자(B): 제 가슴에서 시작됩니다. 마치 제가 거기서 불이 난 것처럼요.

C: 확 붙은 불?

B: 처음에는 작은 불이지만, 점차 더 뜨거워지고, 일어나는 모든 일이 연료를 더 붓는 것과 같아요. 그 불은 매우 빠르게 커집니다.

C: [집단을 향해] 그럼 빌에서 불이 시작되는 것을 감지하면, 우리가 무엇을 할 수 있을까요?

집단원(M)-1: 내가 빌에게 진심으로 대하기를 원하고 있다는 것을 빌이 알기를 원해요. 그러나 빌에게 상처를 주고 싶지는 않습니다.

C: 어떻게 하시겠어요?

M-1: 빌에게 할 말이 있다고 말할 것 같아요. 왜냐하면 제가 빌을 아끼기 때문이죠.

M-2: 우리가 빌에게 화가 시작되는 것 같은 느낌이 드는지를 물어볼 수 있을 것 같아요.

C: (M-2에게) 네. 만약 당신에게 화가 일어나기 시작한다면 무엇이 도움이 될까요?

M-2: 글쎄요, 내가 그 상황을 바라보는 다른 방법들을 생각하는 것을 누군가가 도와줬으면 좋겠어요.

C: 어떻게 그런 일이 일어날 수 있을까요?

M-2: 여러분은 내가 그 순간에 무슨 생각을 하고 있었는지, 그리고 그것을 바라보는 몇 가지 다른 방법이 무엇인지 물어볼 수 있을 것입니다.

C: 빌, 그 아이디어에 대해 어떻게 생각해요? 그것이 당신에게 효과가 있을 수도 있는 것입니까? 아니면 무엇이 효과가 있는지에 대한 다른 아이디어가 있나요?

적용: 치료 기법과 절차

집단 접근에 대한 이론적 접근

Adler 학파는 개인의 문제는 주로 사회적인 성격의 문제라고 생각한다. 이러한 가정에 기초하여, 집단은 진단 및 치료의 관점에서 특별한 의미가 있다. 집단은 구성원들이 소속감, 사회적 유대감, 그리고 공동체를 발전시킬 수 있는 사회적 맥락을 제공한다. 집단에서 열등감은 도전받고 효과적으로 다루어질 수 있으며, 사회적, 정서적 문제의 근원에 있는 잘못된 개념과 가치관은 집단에 의해 많은 영향을 받을 수 있다(Sonstegard & Bitter, 2004). 구성원들은 많은 문제들 중 상당수가 본질적으로 상호작용에 관한 것이고, 자신의 행동에는 사회적 의미가 담겨 있으며, 자신의 목표는 사회적 목적의 틀 내에서 가장 잘 이해될 수 있다는 것을 알게 된다.

단기 집단치료의 적용

Carlson 등(2006)은 단기치료를 "간결하고, 세심하며, 직접적이고, 효과적이고, 효율적이고, 집중적이고, 계획적이고, 목적이 있고, 시간이 제한된 접근법"으로 정의한다(p. 155). Adler 학파의 집단상담은 단기 개입과 단기적인 형식에 적합하다. Adler와 Dreikurs는 처음부터 단기간에 많은 사람에게 도움을 주기 위한 방법으로 집단 처치를 개발하고 사용했다. 단기 집단치료와 관련된 핵심적인 특징으로 강력한 치료 동맹의 신속한 확립, 명확한 문제에 대한 초점과 목표 정렬, 신속한 평가, 적극적이고 지시적인 치료 개입에 대한 강조, 내담자의 강점과 능력에 대한 집중, 변화에 대한 낙관적인 견해 등을 들 수 있다. 현재와 미래 모두에 초점을 맞추고, 내담자의 고유한 요구에 알맞은 단기간의 맞춤 치료가 가능하다는 것이다(Carlson et al., 2006). 시간-제한 집단의 장점 중 하나는 내담자에게 짧은 시간 내에 변화가 일어날 것이라는 기대를 전달한다는 것이다. 집단의 회기 수를 정해서 진행하면 집단 구성원과 상담사 모두 원하는 결과에 집중하고 가능한 한 효율적으로 작업하도록 동기를 부여할 수 있다. Bitter와 Nicoll(2000)은 Adler 학파의 단기치료 상담사들이 내담자와 함께하면서 치료가 가능한 것에 집중함으로써 내담자들의 삶에 변화를 가져오도록 노력한다고 주장한다. 향후 회기가 더 진행될 것이라는 보장이 없기 때문에 단기치료 상담사들은 스스로에게 "만약 내가 한 사람의 삶에서 유용한 회기가 하나만 있다면, 나는 무엇을 성취하고 싶을까?"라고 스스로에게 물어보는 경향이 있다(p. 38).

Adler 학파의 집단지도자는 집단원들의 많은 변화가 집단 회기 사이에 일어난다는 것을 인식하고, 집단지도자는 집단원들이 지도자와 함께 구체적인 목표에 집중할 수 있도록 도와주는 구조를 만든다. 일단 한 번의 집단 모임에서 각 집단원이 스스로 설정한 목표가 구체화되면, 그 목표는 집단 작업의 중심이 된다. 집단원들은 자신에게 주어진 시간을 가장 잘 활용할 수 있는 방법을 결정하고 또한 집단의 방향을 제시하는 일련의 지침을 만들 수 있다.

시간이 제한된 집단에서는 종료, 미해결 과제의 완수, 의뢰, 후속 모임 일정 계획 등의 작업을 수행하기 위해 적어도 한두 번의 회기가 필요하다. Bitter와 Nicoll(2000)은 시간-제한 집단 중 일부는 나중에 짧은 시일 내(아마도 첫 회기 후 6개월 또는 1년 후)에 단기 모임을 가지는 것이 바람직하다고 제안한다. 공식적인 후속 모임으로 구성된 이 회기로 보면, 집단이 공식적으로 끝나지 않았으며 집단원들이 서로를 점검하도록 하는 시간이다. 이런 종류의 집단의 좋은 예로는 간헐적으로 단기간 동안 모이는 치료집단이다.

Adler 학파는 시간 제한과 격려를 결합한 집중 집단은 집단원들이 변화가 가능하고 비교적 단기간에 이루어질 수 있다는 희망을 갖는 데 도움을 준다고 인식한다(Bitter & Nicoll,

2000). 집단상담사는 기존의 내적 및 외적 자원으로부터 새로운 행동을 이끌어 내는 권한 부여에 초점을 맞춘다. 집단상담사는 집단원들이 처음 왔을 때보다 더 좋은 모습으로 떠나기를 원한다(Bitter, 2021).

집단 이론의 실제: Adler 학파의 적용***

Adler 집단 접근법의 독특한 측면은 초기 기억을 확인하고 탐구하는 것이다. 이러한 기억을 공유하는 것은 집단 내 결속력을 구축하는 하나의 방법이다. 이러한 기억들은 우리가 우리 자신과 세상을 어떻게 보고 있는지, 그리고 삶에서 무엇을 중요하게 여기는지 이해하는 열쇠를 쥐고 있다. 집단원들은 일반적으로 과거의 경험이 그들의 현재 성격에 어떤 영향을 미쳤는지 알게 된다. 초기 기억의 의미를 공유하고 탐구하는 것은 상담사의 이론적 성향과 상관없이 대부분의 집단에 적용될 수 있다.

이 회기에서, 나는 집단 구성원들에게 그들이 아주 어렸을 때의 초기 기억에 대해 잠시 생각해 볼 것을 요청했다. 루페(Lupe)가 먼저 네 살이었을 때의 아버지에 대한 초기 기억을 나누기 시작했다. 아버지는 집을 나가 일하러 가는 도중에 돌아가셨다. 루페는 아버지와 어머니 둘 다에게 버림받고 외로웠던 느낌을 회상했다. 루페는 이 기억이 오늘날 자신에게 갖는 의미에 대해 이야기하도록 초대되었다. 루페는 언제나 초과 달성해야만 하고, 자신이 성취한 것에 대해 거의 만족하지 못한다고 느끼고 있다. 간단한 긴장도 늦추지 않고 항상 더 많은 것을 해야 하는 압박감을 가지고 있다. 루페는 완벽함을 이루는 데 덜 애쓰고, 자신의 기대를 초과하지 않으며, 잠시 멈추면서 인생을 더 즐기고 싶어한다. 루페는 자신이 필요로 하는 것을 다른 사람에게 요구하기를 원하지만, 다른 사람들이 자신에게 무언가를 해 주면 힘들어한다는 사실을 알고 있다.

이 초기 기억을 설명하는 것은 집단의 많은 다른 사람들이 초기 기억을 드러내게 하는 촉매제이며, 집단원들은 자신의 기억 중 일부를 공개하도록 초대될 수 있다. 이것은 여러 집단원들의 작업을 연결하는 자연스러운 방법이다. 랜디(Randy)는 다섯 살 때 어린이 병원에서 심장 수술을 받은 것을 기억하며, 이 경험이 혼자라는 자신의 감정과 관련되어 있다고 말한다. 멜리사(Melissa)는 어렸을 때 수술을 받기 위해 병원에 있었기 때문에 혼자 있는 랜디의 감정에 공감할 수 있었다. 단순히 이러한 초기 기억을 나누는 것 자체가 대개 치료적이다.

*** 여기서 논의된 집단 회기는 온라인 학생 자료에 포함된 '집단 이론의 실제' 비디오에 있는 Adler 학파 집단 작업에서 나온 것이다.

줄리어스(Julius)는 다른 집단원들이 초기 기억을 나누는 것을 들으면서, 자신의 초기 경험을 자각하기 시작했다. 줄리어스는 부모가 자신의 삶의 현실 중 일부를 보호해 주었다는 것을 깨달았다. 나는 줄리어스에게 몇 명의 구성원들을 바라보게 하고, 그들이 줄리어스에게서 무엇을 알고 싶은지를 물어보라고 했다. 단순히 집단원들에게 초기 기억을 서로 나누도록 요청하는 것만으로도 집단 응집력을 발전시키는 기반이 된다. 한두 명의 집단원에게 집중하기보다는 서로를 바라보게 하고, 초기 기억이 오늘날의 생활에 어떤 의미가 있는지 생각해 보도록 요청했다. 집단원들은 다른 사람들의 초기 기억을 듣고, 그것과 자신들이 어떻게 관련될 수 있는지에 대해 서로에게 직접 이야기하도록 권장한다. 이러한 초기 기억을 지금-여기로 가져오는 것은 현재의 구성원들과의 관련성을 더욱 높여 준다.

또 다른 촉매제로는 집단원들에게 가족에서 성장하면서 가장 눈에 띄는 것이 무엇인지에 대해 이야기하도록 요청하는 것이다. '어렸을 때, 자신에게 중요한 사람들은 누구였습니까? 자신은 부모님과 어떻게 관계를 맺었습니까? 형제들과는 어떤 관계인가요?' 다양한 연령으로 구성된 원가족에 대한 기억에 집중하는 것은 종종 그들의 현재 행동에 대한 통찰력을 갖게 한다.

학교 집단상담에 대한 Adler 학파 접근의 적용

집단의 전체 시간이 6회기로 제한될 수 있는 학교 환경에서 Adler 학파의 많은 개념, 기술 및 절차는 어린이들을 위한 집단에 활용될 수 있다. Adler 학파는 과거를 탐색하기보다는 의식적인 측면, 목표와 동기에 초점을 맞추고 현재를 다루기 때문에 학교 내 다양한 학생들을 위한 단기 집단을 설계할 수 있다. Adler 학파는 집단 상황에서 협력적인 상담 모델을 사용하여 교사, 학부모 및 관리자가 다른 사람의 경험을 통해 배울 수 있도록 한다.

Adler 학파의 많은 개념과 주제는 다양한 유형의 집단 형식으로 아동과 청소년을 상담하는 데 적합하다. 학교상담사들은 Adler 이론과 치료 기법이 자신의 상담 업무에 가치가 있다는 것을 발견할 것이다. 그러한 예 중 하나인 가족구도에 기반한 개입은 다음의 상담사가 타미(Tami)에게 하는 것처럼 아이와 청소년들이 가족에서 자신의 위치에 대해 이야기하도록 하는 것이다.

상담사(C): 타미, 형제자매가 어떻게 되나요?

타미(T): 저는 막내이고 오빠와 언니가 있습니다.

C: 타미보다 몇 살이나 더 위인가요?

T: 음, 오빠는 일곱 살 더 많아요. 지금 군대에 가 있고요. 언니, 줄리(Julie)는 저보다 다섯 살이 더 많습니다. 언니는 대학에 진학하려고 해요.

C: 그렇구나. 티미와 오빠는 꽤 잘 지낸다고 생각되는데⋯ 하지만 너와 언니는 아마도, 그렇게 잘 지내지 않은 것 같은데. 내가 정확하게 추측했나요?

T: 아니요, 별로요. 제 오빠는 저에게 못되게 굴었고, 오히려 언니 줄리는 저를 보호했어요. 언니는 오빠에게 맞섰습니다. 언니는 항상 무엇을 해야 할지 아는 것 같았어요. 난 그렇게 못해요.

이 집단의 상담사는 출생 순위와 관련된 다소 일반적인 믿음, 즉 모든 다른 아이들이 순위로 정렬하는 경향이 있다는 것을 바탕으로 추측했다. 비록 추측이 틀린 것으로 밝혀졌지만, 타미에게 그것이 어땠는지 설명할 수 있는 출발점, 즉 응답할 수 있는 기반을 제공했다. 타미는 형제자매와의 관계를 간략하게 설명하면서도 형제자매들이 맡은 역할과 심지어 자신을 위해 채택한 결론에 주목한다. 그리고 상담사는 구성원들을 보고 타미의 이야기를 들으면서 무엇을 배웠는지 간단하게 물었다. 몇몇은 타미가 했던 말을 다시 말하면서 다소 구체적인 대답을 했다. 한 소녀가 타미에게 "당신의 오빠는 위험한 사람이었지만, 언니는 당신을 보호했어요. 저도 위험한 오빠는 있었지만 저를 지켜줄 언니가 없었습니다."라고 말했다.

많은 어린이와 청소년들은 깊은 낙담을 하고 있기 때문에 격려의 개념은 어린이와 청소년들을 위한 집단 작업에 매우 적절하다. 집단 과정은 구성원들이 낙담을 경험하는 방식을 표현할 수 있게 해 주고, 또한 그런 감정을 느끼는 것이 혼자만이 아니라는 점을 배우게 된다. Adler의 기본 개념을 사용하는 집단은 삶이 더 나아질 수 있다는 희망을 잃은 사람, 특히 위험에 노출되어 있는 고등학생들에게 매우 성공적일 수 있다. 앞서 논의한 Adler 학파의 4단계 집단 모델은 목적의식이 부족한 청소년에게 적용될 수 있다. 재정향 과정을 통해, 청소년들은 삶의 방향을 바꿀 수 있는 새로운 희망을 찾을 수 있다.

아이들은 종종 잘못된 행동으로 인해 선생님들에 의해 상담 집단으로 보내진다. Adler 학파는 잘못된 행동 패턴을 가진 아이들이 보통 관심끌기, 힘겨루기, 보복하기 또는 무능함 보이기 또는 철회의 증거와 같은 잘못된 목표를 추구한다고 본다(Albert, 1996; Dreikurs, 1967). 아이들과 함께하는 Adler 집단상담은 이러한 잘못된 목표와 그들의 행동을 설명하는 동기의 변화를 도모한다. 집단상담사는 토미의 잘못된 행동의 목표를 탐색하고 있다.

토미(Tommy): 난 그 토아디(Toady) 부인이 싫어요.

요아나(Yoana): 그녀의 이름은 토아디(Toady) 아니라 토디(Toddy)야.

상담사: 왜 토디(Toddy) 선생님을 싫어하나요? 토미!

토미: 그 선생님은 비열해요. 그녀는 악마야. 그녀는 밤에 집에 앉아서 우리를 고문하는 방법을 알아내고 있어요. 그 선생님은 죽어야 합니다.

하오(Hao): 물론입니다. 그 선생님은 죽어야 합니다.

상담사: 하오, 너는 토미의 말에 동의하지만, 토미만큼 화가 난 것 같지는 않네. 왜 그런 것일까?

하오(Hao): 글쎄요, 모르겠어요. 하지만 토미는 너무 멋져요, 토미는 며칠 전에 그 선생님의 멍청한 과학 프로젝트를 망치는 것을 좋아해요.

토미(Tommy): 네, 그것이 저를 여기로 오게 한 이유예요.

상담사는 집단구성원들에게 토미가 선생님에게 왜 그렇게 화를 내고, 선생님이 하는 모든 것을 파괴하고 싶어하는지 물어 본다. 많은 아이디어가 나왔는데, 대부분은 선생님이 얼마나 끔찍한지와 관련이 있다. 그런 다음 상담사는 다른 해석을 제안한다.

상담사: 다른 생각이 있어요. 한번 들어 볼래요? [집단의 일반적인 승인]. 토미가 그 선생님이 상처받기를 원하고 복수를 하고 싶어하는 것일 수도 있나요? 토미는 자신이 하는 행동으로 선생님이 상처를 받기를 원하는 것일까요?

토미: 네, 바로 그거예요. 그리고 선생님이 나를 해고하지 않는다면, 내가 그녀를 가만두지 않을 거예요.

토미와 마찬가지로 집단은 아이들이 노력하고 있는 목표와 '행동 문제'의 기초가 되는 목적을 이해하기 위한 맥락을 제공할 수 있으며, 교정 조치의 근거를 제공할 수 있다(Henderson & Thompson, 2015).

다문화 집단에 대한 Adler 학파 접근의 적용

Adler 이론은 사회적 맥락 안에서 개인을 이해하고, 사회적 관심과 사회적 정의를 강조하기 때문에 문화적으로 다양한 내담자와 함께 일하는 것에 적합하다. Adler 학파의 접근 방식이 개인심리학이라고 불리지만, 환경 속에 있는 개인에 초점을 두고 있으며, 개인과 문화적 다양성을 존중하는 방식으로 내담자를 정의하는 데 도움이 될 수 있다(Carlson & Englar-

Carlson, 2017). Manacci와 Sackett-Manacci(2019)는 치료자가 생활양식 평가를 통해 내담자에 대해 많은 것을 배울 수 있다고 주장하며, "다양한 문화의 내담자들과 일하는 것은 각각의 새로운 내담자와 함께 다문화주의에서 개인적인 지도를 받는 것과 같다."(p. 21)라고 덧붙였다. 치료자는 내담자들에게 초기 가족 상황을 설명하도록 요청함으로써 문화적 가치와 전통, 양육 방식, 가족 역동, 사회적 관습, 그리고 종교적 배경에 대해 배울 수 있다.

Carlson과 Englar-Carlson(2017)은 Adler 학파의 치료가 다문화 및 사회적 정의 문제를 고려할 뿐만 아니라 "현대의 글로벌 사회의 관심사를 생생하게 살아 있게 잘 전달하고 있다."고 주장한다(p. 24). 타인을 돕고, 사회적 관심을 갖고, 삶의 의미를 추구하고, 소속감을 갖고, 집단 정신을 추구하는 Adler 학파의 관심은 집단 과정과 잘 맞아떨어진다. 이 접근법은 성격 발달에 영향력이 있는 가족의 역할을 존중하고 사회적 유대를 강조하며 공동체에서 의미 있는 관계를 구축한다. Adler 치료자들은 경쟁적이고 개인주의적인 가치와는 반대로 협력과 사회 지향적인 가치에 초점을 맞추는 경향이 있다.

Adler 치료의 많은 핵심적인 측면들은 효과적인 다문화 심리치료와 일치한다. 이러한 중요한 측면들 중 일부는 평등주의적이고 존중하고 협력적인 치료 관계의 중요성, 사회적 평등과 사회 정의에 대한 강조, 마음, 몸, 정신을 고려하는 전체론적 접근, 사람을 가족, 사회, 문화적 맥락에서 바라 보는 것, 그리고 격려, 권한 위임, 낙관주의, 홍보와 지지에 대한 강조를 포함하고 있다(Carlson & Englar-Carlson, 2017).

Adler 접근법이 적절하고 제대로 실시된다면 다문화적 관점에서 한계를 찾기 어렵다. Adler 접근법의 현상학적 특성은 내담자의 세계관을 이해하는 데 도움이 되며, 출생 순위와 가족 분위기에 접근하는 것과 매우 동일한 방식으로 문화를 조사한다. 문화는 삶이 경험되고 해석되는 데 많은 이점이 있다. 문화는 또한 개인에 의해 전달되는 가치, 역사, 신념, 믿음, 관습, 그리고 기대에 대한 배경이 된다. Adler 학파는 내담자를 위해 무엇을 변화해야 하는지 또는 목표가 무엇인지를 상담사가 결정하는 것이 아니라 내담자가 스스로 정의한 목표에 도달할 수 있도록 협력적으로 작업을 수행한다.

집단에 대한 Adler 학파 접근의 평가

이 접근의 기여와 강점

나의 집단상담 지도는 행동에 동기를 부여하는 사회적 힘에 대한 강조와 숙달, 우월성, 권력에 대한 조사를 포함한 몇 가지 Adler의 개념에 의해 영향을 받는다. 나에게 흥미로운 점은 사람들이 자신의 부모와 형제자매와의 관계에서 발달하는 패턴과 우리의 인식된 열등감에 대한 반응으로 독특한 삶의 양식을 창조한다는 개념이다.

Adler의 접근법은 많은 면에서 정신분석학적 모델에서 벗어나 있다. 대부분의 Adler 학파는 Adler 작업의 많은 부분이 Freud와 독립적으로 이루어졌다고 주장한다. 그러나 두 접근 방식 사이에는 중요한 공통점이 있다. 여기에는 결정적 발달 시기에 대한 관심, 초기 기억에 대한 관심, 해석에 대한 강조 등이 포함된다. 차이점은 Freud의 결정론적 관점과는 반대로 이러한 영역에 대한 Adler의 사회 구성주의적 관점에 있다. 집단상담에 대한 Adler의 주요 기여는 초기 기억의 사용이다. Adler 학파의 사람들은 우리가 과거로부터 선택적으로 주의를 기울이는 것이 현재의 행동 방식에 반영된다고 믿는다.

초기 기억은 집단의 구성원들에 의해 공유되고, 이것은 집단원의 상호작용과 응집력을 증진시킬 수 있다. Adler 학파 접근법의 장점 중 하나는 통합적인 특성이다. Carlson과 Englar-Carlson(2017)은 "Adler 학파의 심리치료는 최초의 진정한 통합적 조력 시스템이었을 뿐만 아니라, 진정으로 전체적인 심리치료의 통합적 시스템 중 하나이다."라고 주장한다(p. 134). 이 통합적 접근 방식은 인간 경험의 모든 범위를 포함하며, 상담사는 자신의 치료 방식에 고유하게 적합한 방식으로 내담자와 작업할 수 있는 많은 자유를 가진다. Adler는 내담자가 제시하는 문제와 구체적인 요구를 바탕으로 다양한 이론적 관점에서 다양한 기법 중 하나를 선택한다. 그러한 기술 중 하나는 내담자의 정체성 해석을 학습하는 수단으로 가족 구도를 사용하는 것이다. Adler 학파가 자주 사용하는 다른 기술은 격려, 자신의 삶의 양식에 대한 분석, 질문, 마치 ~인 것처럼 행동, 재구성, 역할 연기이다(Carlson & Englar-Carlson, 2017).

Adler 학파에 속한 모든 사람들이 기본적으로 같은 이론적 개념을 받아들인다 하더라도, 치료 과정에 대한 획일적인 관점을 공유하는 것은 아니다. Adler 학파의 상담사들이 사용하는 평가와 치료 방법은 매우 다양하다. 일부 Adler 집단상담사들은 매우 지시적이지만, 다른 사람들은 그렇지 않다. 일부는 기꺼이 자신을 공개하고, 다른 상담사는 내담자에게 개인적인 공개를 거의 하지 않는다. Adler에게 훈련받은 Adler 학파들은 초기 기억을 한 번 요구하는 경향이 있는 반면, Dreikurs에게 훈련받은 사람들은 일상적으로 생활양식 조사의 일부로 6~12번의 기억을 요청할 수 있다. Adler 집단상담사들은 특정 절차를 따라야 하는 것이 아니며, 특정 기술을 사용하는 것에 국한되지도 않으며, Adler 학파의 모든 견해에 전적으로 동의할 필요도 없다. 한마디로 Adler 학파의 치료자의 수만큼 많은 기술과 접근법이 있을 수 있다. 기본적인 기준은 치료 기술이 이론과 내담자에게 적합하냐이다. 치료자들은 자신만의 독특한 치료 방식을 개발하는 데 창의적이 됨으로써 개인적으로나 전문적으로 성장하도록 장려된다.

다른 접근 방식과의 통합

Adler 학파 접근법의 장점 중 하나는 Adler의 개념이 임상 및 교육 환경 모두에서 집단상담 프로그램을 가지고 있다는 것이다. 지금까지 살펴본 바와 같이, 사회적 요인에 대한 강조는 부모 교육 집단, 교사 집단 및 가족을 포함한 집단의 개인에게 성공을 가져다 줄 뿐만 아니라 다양한 내담자 층에 광범위하게 적용할 수 있다.

현대 치료에서 Adler의 기여를 매우 높게 평가하고 있다고 말하기는 어렵다. Adler의 영향력은 집단상담을 넘어 지역사회 정신건강 운동으로 확대되었다. Adler의 가장 중요한 공헌 중 하나는 다른 치료적 접근법에 대한 Adler의 영향이었다. Abraham Maslow, Viktor Frankl, Rollo May, Karen Horney, Erich Fromm, Carl Rogers, Virginia Satir, William Glasser, Aaron Beck, Albert Ellis는 모두 Adler에게 빚을 지고 있다는 것은 모두 알고 있는 사실이다(Carlson & Englar-Carlson, 2017). Frankl과 May 모두 인간은 자유롭게 선택할 수 있고 스스로 나아갈 방향을 전적으로 결정할 수 있는 존재로 간주했다는 점에서 Adler를 실존주의 운동의 선구자로 보았다. 이러한 관점은 또한 Adler를 행동의 내적 결정 요인인 가치, 신념, 태도, 목표, 관심사, 개인적 의미, 현실에 대한 인식, 그리고 자기 실현을 향한 노력에 초점을 맞춘 심리학에 대한 주관적이고 현상학적인 접근의 선구자로 볼 수 있다. Carlson과 Englar-Carlson(2017)은 거의 모든 치료 시스템이 Adler의 원래 아이디어인 "많은 면에서 Adler는 현대 심리치료의 할아버지로 여겨질 수 있다."(p. 12)로 거슬러 올라갈 수 있다고 지적한다.

Adler 심리학은 많은 상담 이론에 근간이 되는 기본 가정에 기초한 현상학적, 전체론적, 낙관적, 사회적으로 내재된 이론이다(Maniacci & Sackett-Maniacci, 2019). Adler의 관점은 게슈탈트 치료, 실존치료, 사회 학습 이론, 현실치료, 합리적 정서행동치료, 인지행동치료, 해결중심 단기치료, 수용전념치료, 긍정심리학, 가족치료, 그리고 인간중심 접근과 일치한다. 이 모든 접근 방식은 목적적이고 자기 결정적이며 항상 이 세상에서 성장, 가치, 의미를 위해 노력하는 사람에 대한 유사한 개념에 기초하고 있다(Carlson & Englar-Carlson, 2017). 몇 가지 중요한 측면에서, Adler는 인지행동치료의 현재 발전을 위한 길을 닦은 것 같다. Adler 학파의 상담의 기본 전제는 치료자들이 내담자들에게 그들의 생각을 바꾸도록 격려할 수 있다면, 내담자들은 그들의 감정과 행동을 바꿀 것이라는 점이다. 광범위한 현대 이론과 심리치료에 대한 이러한 연결은 Adler 모델의 사용으로 통합의 목적을 달성할 수 있게 한다.

Adler 학파의 일부 학자들은 Adler 심리치료와 다른 모델의 통합 가능성을 언급하고, 이 접근의 지속적인 진화와 발달을 위한 도전을 제시하고 있다. Bitter(2006, 2007)는 자신의 연설에서 정통성이 반드시 발전에 도움이 되지 않으며, 상담사들은 모델의 발전에 관심을 가져야 한다는 점을 강조했다. Bitter에 따르면, Adler 학파의 핵심 개념은 새로운 아이디어와 실행의 통합을 위한 확고한 기반을 제공하고 있다. Bitter는 새로운 지식이 Adler 모델에 쉽게 들어맞지 않을 때, Adler와 Dreikurs의 아이디어를 더욱 발전시키기도 하고, 때로는 그것에 도전하여 현대 세계와 일치하도록 하는 것이 필요하다고 주장한다.

접근 방식의 한계

집단 작업에 대한 Adler 학파의 접근법은 정신분석적 접근법이 가지는 몇 가지 기본적인 한계를 공유한다. 좀 더 구조화된 집단을 이끄는 집단상담사들은 구성원들의 생활양식을 이해하고 이전의 경험이 현재 기능에 어떻게 영향을 미치는지 보여 주기 위해 맞추어진 절차 중 일부를 통합하는 데 어려움을 겪을 수 있다. 구조화 집단 또는 단기 집단의 구성원들은 종합적인 평가를 기반으로 어린 시절의 역학 관계를 탐구하는 가치를 인식하지 못할 수 있다.

이 책의 다른 치료 모델들과 마찬가지로, Adler 학파의 치료는 서양식으로 개발되었다. 개인성에 대한 초점과 변화와 책임이 개인에게 있다는 전제는 집단주의적 문화에 속한 내담자들에게 문제가 될 수 있다. 또한 선택의 개념과 개인의 책임은 억압받고 있는 내담자들에게 몇 가지 한계를 가질 수 있다. 집단상담사들은 특히 구성원들의 역학을 해석할 때 중요한 실수를 피할 수 있도록 잘 훈련되어야 한다. Adler 학파의 개념에 대한 일반적인 이해만 가지고 있는 집단상담사들은 출생 순위와 가족 구도의 의미에 대해 집단원들에게 가르치려고 시도할 때, 상담사의 능력의 한계를 뛰어넘을 수 있다. 이 장에 설명된 많은 절차를 사용하려면 많은 지식과 훈련이 필요하다. Adler 치료의 또 다른 한계는 접근법의 핵심 개념에 대한 경험적 연구가 부족하다는 것이다. Carlson과 Englar-Carlson(2017)은 미래가 증거 기반 치료 전략으로 이동하고 있으며, 이러한 접근 방식이 생존하고 번영하려면 Adler 학파의 이론 구조가 더 많은 연구에 의해 지지되어야 한다고 지적한다. "우리는 Adler의 증거 기반 심리치료의 구체적인 목표를 가지고 Adler 심리치료에 대한 더 많은 연구, 연구 및 기금이 필요하다고 생각한다." (p. 113)

자기성찰과 토론을 위한 질문

1. 당신의 초기 기억은 무엇인가? 주로 즐거운가, 아니면 고통스러운가? 구체적인 초기 기억 하나를 확인하고 이 초기 기억이 당신에게 의미하는 중요성을 되새겨 보라. 집단구성원들이 자신의 초기 기억을 회상하게 하는 Adler 학파의 기술에서 당신은 어떤 가치를 볼 수 있는가? 당신이 이끌 수 있는 집단에서 이 기술을 사용하는 방법을 생각해 볼 수 있는가?

2. Adler 학파는 우리 각자가 어떤 열등감을 보상하고 극복하기 위해 어린 시절부터 발달하기 시작하는 독특한 생활양식, 즉 성격을 가지고 있다고 주장한다. 이 개념이 당신에게 어떻게 적용되는가? 당신은 과거에 어떤 면에서 열등감을 느꼈는가? 당신은 현재 자신이 하는 일을 완성과 의미성을 위해 노력하고 기본적인 열등감을 극복하기 위한 방법으로 해석할 수 있는가?

3. Adler 학파의 관점에서, 집단구성원들은 자신이 어디로 가고 있는지를 보는 것이 가장 잘 이해될 수 있다. 이 진술을 당신에게 적용하고 당신이 노력하고 있는 방향을 되돌아 보라. 당신의 목표가 현재 하고 있는 일에 어떤 영향을 미치고 있는가? 당신의 과거가 미래 목표에 어떤 영향을 주었다고 생각하는가? 집단과의 작업에서 이러한 목적 지향적인 접근 방식을 어떤 방식으로 적용할 수 있는가?

4. Adler 학파는 가족 분위기와 가족구도를 강조한다. 당신이 가족에서 어떻게 성장했는지를 성찰해 보라. 당신은 형제자매들과의 관계를 어떻게 특징지을 것인가? 당신은 초기 가족 경험을 통해 당신 자신과 다른 사람들에 대해 무엇을 배웠는가?

5. 사회적 관심은 집단 작업에 대한 Adler 접근법의 중심 개념이다. 당신은 자신의 삶에 대한 사회적 관심에 어떤 가치를 두고 있는가? 당신은 어떤 방식으로 집단구성원들이 그들의 사회적 관심을 높이는 것을 도울 수 있다고 생각하는가?

참고문헌 및 권장 도서 (별표(*)가 표시된 문헌들은 추가 연구를 위한 제안 자료임)

Adler, A. (1927). *Understanding human nature* (trans. W. B. Wolfe). George Allen & Unwin.

Adler, A. (1964). *Social interest: A challenge to mankind.* Capricorn.

Adler, A. (1996a). The structure of neurosis. *Individual Psychology, 52*(4), 318-333. (Original work published in 1935)

Adler, A. (1996b). What is neurosis? *Individual Psychology, 52*(4), 363-371. (Original work published in

1935)

Albert, L. (1996). *Cooperative discipline*. American Guidance Service.

Ansbacher, H. L. (1974). Goal-oriented Individual Psychology: Alfred Adler's theory. In A. Burton (Ed.), *Operational theories of personality* (pp. 99-142). Brunner/ Mazel.

Bitter, J. R. (2006, May 26). *Am I an Adlerian?* Keynote address, Ansbacher Lecture at the 54th annual convention of the North American Society of Adlerian Psychology (NASAP), Chicago, Illinois.

Bitter, J. R. (2007). Am I an Adlerian? *Journal of Individua Psychology, 63*(1), 3-31.

*Bitter, J. R., & Nicoll, W. G. (2000). Adlerian brief therapy with individuals: Process and practice. *Journal of Individual Psychology, 56*(1), 31-44.

Bitter, J. R. (2021). *Theory and practice of couples and family counseling* (3rd ed.). American Counseling Association.

*Carlson, J., & Englar-Carlson, M. (2017). *Adlerian psychotherapy*. American Psychological Association.

Carlson, J., & Maniacci, M. (2012). *Alfred Adler revisited*. Routledge.

*Carlson, J., Watts, R. E., & Maniacci, M. (2006). *Adlerian therapy: Theory and practice*. American Psychological Association.

Christensen, O. C. (Ed.). (2004). *Adlerian family counseling* (3rd ed.). Educational Media Corporation.

Dreikurs, R. (1960). *Group psychotherapy and group approaches: The collected papers of Rudolf Dreikurs*. Alfred Adler Institute.

Dreikurs, R. (1967). *Psychodynamics, psychotherapy, and counseling: Collected papers*. Alfred Adler Institute.

Dreikurs, R. (1969). Group psychotherapy from the point of view of Adlerian psychology. In H. M. Ruitenbeek (Ed.), *Group therapy today: Styles, methods, and techniques* (pp. 37-48). Atherton.

Dreikurs, R. (1997). Holistic medicine. *Individual Psychology, 53*(2), 127-205.

Henderson, D., & Thompson, C. L. (2015). *Counseling children* (9th ed.). Cengage Learning.

*Maniacci, M. P., & Sackett-Maniacci, L. (2019). Adlerian psychotherapy. In D. Wedding & R. J. Corsini (Eds.), *Current psychotherapies* (11th ed., pp. 59-100). Cengage Learning.

*Mosak, H. H., & Di Pietro, R. (2006). *Early recollections: Interpretative method and application*. Routledge.

*Powers, R. L., & Griffith, J. (2012). *The key to psychotherapy: Understanding the self-created individual*. Adlerian Psychology Associates.

*Rasmussen, P. R. (2010). *The quest to feel good*. Routledge.

Rasmussen, P. R., & Schuyler, E. J. (2020). Life tasks and psychological muscle. *Journal of Individual Psychology, 76*(4), 308-327.

*Sonstegard, M. A., & Bitter, J. R. (with Pelonis, P.). (2004). *Adlerian group counseling and therapy: Step-by-step*. Taylor & Francis.

Sonstegard, M. A., Bitter, J. R., Pelonis-Peneros, P. P., & Nicoll, W. G. (2001). Adlerian group psychotherapy: A brief therapy approach. *Directions in Clinical and Counseling Psychology, 11*(2),

11-12.

Sue, D. W., Sue, D., Neville, H. A., & Smith, L. (2019). *Counseling the culturally diverse: Theory and practice* (8th ed.). Wiley.

*Sweeney, T. J. (2019). Adlerian counseling and psychotherapy: A practitioner's wellness approach (6th ed.). Routledge.

*Sweeney, T. J. (2019). *Adlerian counseling and psychotherapy:* A practitioner's wellness approach (6th ed.). Routledge.

Terner, J., & Pew, W. L. (1978). *The courage to be imperfect: The life and work of Rudolf Dreikurs*. Hawthorn Books.

8장

사이코드라마와 집단상담

학습목표

1. 사이코드라마의 주요 개념을 정의한다: 창조성, 자발성, 현재 순간에서의 작업, 텔레, 잉여현실, 카타르시스와 통찰력, 현실 검증
2. 사이코드라마 집단지도자의 역할과 기능을 설명한다.
3. 사이코드라마의 세 단계에 대해 설명한다.
4. 지금-여기에서 집단구성원의 관심사 탐색에 대한 근본적인 이유를 설명한다.
5. 집단 회기에서 다양한 방식으로 역할 반전을 수행할 수 있는 방법 설명한다.
6. 집단구성원이 원하는 변화를 명확히 하여 구성원이 도울 때 미래 투사 기법의 유용성에 대해 설명한다.
7. 사이코드라마에서 사용되는 기법들을 설명한다: 이중 자아, 독백, 빈 의자 기법, 거울 기법, 마술 가게 기법
8. 사이코드라마의 기여와 한계를 확인한다.
9. 사이코드라마가 다른 접근과 어떻게 통합될 수 있는지 설명한다.
10. 집단 내에서 사이코드라마를 적용할 때 주의해야 하는 몇 가지 사항을 이해한다.

서론

1930년대 중반, J. L. Moreno는 사이코드라마를 창시하였다. 그리고 이 사이코드라마는 그의 세 번째 부인, Zerka Toeman Moreno와 다른 이들이 더욱 발전시켰다. 오늘날까지도 정교화 작업과 새로운 기법 개발이 계속해서 이루어지고 있다(Cruz et al., 2018; Nolte, 2020). 넓은 의미에서 사이코드라마는 광범위의 심리적 문제들을 탐색하기 위해서 상상, 직관, 신체적 행동, 다양한 극적 장치들을 엮는 기술, 철학, 이론의 복합체이다. 흔히 실연(enactment)이라고 불리는 정신역동 방법을 통합하면 이 책에 설명된 모든 접근법의 효과성을 확대할

수 있다. 또한 드라마 치료와 다른 치료법들은 역할의 유연성과 통찰력을 확장하는 것을 목표로 하는 실연, 즉흥성, 협력적 창조성을 포함하며, 사이코드라마는 이러한 수많은 접근법에 대한 아이디어의 중요한 원천이다.

Jacob L. Moreno

Jacob L. Moreno(1889~1974)는 1930년대 중반에 심리치료에 대한 접근법으로서 사이코드라마를 개발했다. Moreno는 루마니아에서 태어났고 20세기 초, 이지적 분위기가 만연하던 비엔나에서 청소년기와 청년기를 보냈다. 그는 1918년경 비엔나대학 의과대학에서 의학박사 학위를 받았으며 1925년에 미국으로 이민을 떠났다. 1930년대 중반에 그는 사이코드라마, 소시오드라마, 소시오메트리를 개발했고, 역할 이론 발달에 기여했으며, 집단 심리치료의 선구자였다. 또한 다른 표현 예술치료들을 촉진했고, 의식-모으기에 있어 즉흥극과 이의 적용에 대한 선구자였으며, 창의성에 대한 철학과 자발성에 대한 심리학을 탐색하고, 다른 면에서는 가장 독창적인 사유가였다.

Moreno는 사람들 간의 관계를 연구하는 사회측정학이라는 용어를 만들었고, Moreno의 아들, Jonathan은 Moreno가 Sing Sing 교도소, 사립여학교 그리고 브루클린 초등학교에서의 패턴을 그가 측정했음에 주목하여 Moreno를 사회적 네트워크의 아버지라고 불렀다(J. D. Moreno, 2014). Moreno는 대인관계 이론의 발달, 사이코드라마 및 소시오메트리, 소시아트리, 소시오드라마, 집단 심리치료의 혁신적인 효과에 Freud가 기여한 것을 넘어선다.

그의 자서전에서, Moreno(1985)는 1912년경 비엔나에서 Sigmund Freud와의 만남을 다음과 같이 이야기한다. "나는 Freud의 한 강연에 참여했다. 그는 막 텔레파시적 꿈에 대한 분석을 마쳤다. 학생들이 줄을 서자, 그는 군중 속에서 나를 지목하여 내가 무엇을 하고 있었는지 물었다. 나는 '글쎄요, Freud 박사님. 저는 당신이 멈춘 곳에서 시작합니다. 박사님은 사무실의 인위적인 환경에서 사람들을 만납니다. 저는 그들을 거리에서, 그들의 집에서, 그들의 자연스러운 환경에서 만납니다. 당신은 그들의 꿈을 분석합니다. 저는 그들이 다시 꿈을 꿀 수 있도록 용기를 줍니다. 당신은 분석하고 이를 찢어버립니다. 저는 그들이 상반되는 역할을 수행하게 하고 그들이 다시 그 부분들을 함께 할 수 있도록 돕습니다.'"(p. 95)

게슈탈트 치료, 발성치료, 그리고 역할 연기를 사용하는 다른 치료법이나 교육방법을 포함하여 많은 종류의 치료법은 부분적으로 사이코드라마에서부터 유래되었다. Moreno는 미국정신의 학협회가 치료에 대한 유용한 접근으로서 집단 심리치료를 인식하는 데 도움이 되었다. 그는 자신의 방법을 장려하는 데 지칠 줄을 모르고 전국적, 세계적으로 돌아다녔고, 워크숍을 제공하였으며, 여러 전문 학술지와 책을 편집 및 출판하고 많은 책들에 대한 기사를 썼다. Moreno는 심리치료에 있어 자발성과 창의성의 포함을 주장하였고, 창의적인 정신을 향상시키기 위한 방법을 개발하였다. Moreno의 비문에는 "정신의학에 웃음과 놀이를 다시 가져온 사람이 여기 잠들다." 라고 쓰여 있다.

J. L. Moreno는 언어가 인간의 감정을 완벽하게 표현해 내는 데 한계가 있으며, 어떤 감정들은 행위, 대인 간 상호작용 또는 심상을 통해 보다 적절하게 표현될 수 있음을 인식하였다. 이러한 맥락에서 즉흥극은 이해와 치유를 위한 방법을 제공할 수 있다. 집단치료에 적용되는 사이코드라마의 주요 접근법에는 역할극을 통해 내담자 자신의 문제 탐색하기, 통찰을 얻기 위한 다양한 극적 장치를 활용하여 문제 상황 실연(enactment)하기, 내담자 자신의 창의성을 발견하여 행동적 기술 개발하기 등이 있다. J.L. Moreno는 사이코드라마와 관련된 개념이 결코 정신과 치료에만 사용되는 것은 아니라고 말하였다. 사이코드라마의 원칙과 기술은 수많은 비임상적 맥락에 적용될 수 있으며, 전문적 훈련, 교육, 영적 성장, 레크리에이션, 사회적 지능 형성, 지배력 훈련, 사업, 공동체 형성, 자발성 및 상상력 발달, 일상생활에 유용할 수 있다.

Zerka T. Moreno

Zerka Toeman Moreno(1917~2016)는 사람을 이해하는 인본주의적 접근의 사이코드라마 개발의 선구자였다. Zerka Moreno는 사이코드라마의 이론과 실제에 크게 기여하였으며, 사이코드라마가 처음 소개된 이후 수십 년간 그것이 구체화되도록 도왔다. 그녀는 사이코드라마를 세계 여러 곳으로 인도하여 J. L. Moreno의 작업을 확장하는 데 핵심적 역할을 한 인물로 인정받고 있다. 필자는 Zerka Moreno에게 사이코드라마 영역에 참여하게 된 과정, 남편(Jacob)과의 관계와 작업, 그녀의 개인적 여정의 중요한 부분을 듣기 위해 초대하였다. 그녀가 말해 준 인물스케치는 다음과 같다.

“사람들이 나에 대해 기억해 주길 가장 바라는 것은 내가 다차원적인 인생의 두려움 속에 있는 행운아였다는 것이다. 내가 정신병을 앓는 언니의 치료를 위해 그녀를 데리고 갔을 때 J. L. Moreno를 만난 것은 내 인생에서 큰 전환점이었다. Moreno는 정신증 환자들이 경험하고 있는 것과 대처하고 있는 것을 온전히 이해하고 그들을 상대했으며, 치료 과정에 동행하고 환자들이 삶에서 새로운 의미를 찾을 수 있도록 돕는 것이 그의 소망이었다. 환자를 대하는 그의 겸손함은 감동적이었다. 또한 그는 내가 상상하지도 못했던 온전한 시야를 열어주었다. 무엇보다도 그는 내 안에서 무언가를 보았고 그 어떤 사람도 할 수 없는 방식으로 나를 믿어주었다. 이러한 점들이 개인적으로도, 직업적으로도 모두 나에게 큰 영향을 주었다.”

“나는 언니가 기능적인 상태가 되어 퇴원을 한 후, 1941년 말 Moreno의 학생이 되었다. 나는 패션디자이너가 되겠다는 생각으로 미술을 전공한 학생이었다. 잉글랜드에서 새롭게 온 이민자로서 나는 생계를 위해 돈을 벌어야 했고 비서가 되었다. Moreno가 그와 공부할 수 있는 장학금을 제안했을 때, 나는 원고, 잡지, 책 작업에 있어 내 기술을 사용하여 돕고 싶다고 주장하였다. 1942년 3월, Moreno가 뉴욕에 연구소를 열었을 때, 그는 나를 연구조수로 임명하였다. 나는 언니의 반복되는 병을 옆에서 지켜본 것을 제외하고는 정신의학을 전혀 배운 적이 없었다. 그로부터 7년간의 도제기간을 통해 나는 사이코드라마에 대해 배울 수 있었다. Moreno의 격려와 끊임없는 지지와 함께, 사이코드라마의 연출자가 될 수 있다고 믿게 되었다. 그는 환자에 대한 치료 결정에 있어 나를 포함시키기 시작했다. 특히 이중 자아(사이코드라마의 기법)로서 보조 자아 역할뿐만 아니라 우리의 작업에 대한 연구와 글을 Moreno와 함께 쓰면서 사이코드라마에 대해 많은 것을 배웠다. 33년에 걸친 협력 기간 동안 우리 작업의 영향력은 전 세계적으로 뻗어나갔다.”

“이 분야에서 내가 기여한 것 중 하나는 내 방식대로 사이코드라마 작업을 할 수 있다는 것이다. 사이코드라마를 효과적으로 촉진하기 위해 J. L.의 특별한 카리스마가 필요하지 않다는 것과 나의 재능인 자발성과 창의성을 사용함으로써 나만의 독특한 치료양식을 만들어 낼 수 있다는 것을 배웠다. 1974년 Moreno의 사망 이후, 우리의 작업을 세계 각국에 계속해서 전할 수 있었다. 여러 국가에서 작업을 하면서 배운 점은 사람들이 참여하는 사이코드라마에 다양한 문화가 실제로 영향을 미친다는 것이다. 예를 들어, 1980년대 일본에서 사이코드라마를 진행하고 있었는데 가족사진을 보여 주자는 나의 제안은 참여자들의 문화에 반하는 것이었기 때문에 받아들여지지 않았다. 한국에서 전문직 여성들이 말하는 가장 관심이 있는 문제는 시어머니와의 관계였다. 튀르키예에서 나는 집단 참여자들이 최근 일어났던 지진 경험에 대해 작업할 것이라 예상했으나 집단 참여자들은 미국에서 그랬던 것과 마찬가지로 진찰을 위해 가족문제를 제시하였다. 하나의 보편적인 주제는 다음과 같았다. 고통의 원천이 무엇이든 상관없이 어디에서나 같은 얼굴을 하고 있다."

"나는 사이코드라마에 대해 글을 쓰고 많은 사람에게 이 치료적 접근법을 제공하는 것에 참여하게 되어 기쁘다. 98세가 된 오늘, Edith Piaff의 말을 빌려 진심으로 말할 수 있다. '아니요, 후회하지 않아요.' 후회가 없을 뿐만 아니라, 살아온 내 인생에 깊은 감사를 표한다."

Zerka Moreno는 99세의 나이로 사망하였으며, 그녀는 숨을 거두기 직전까지 요양원 침대에서 환자들을 보았다.

Adam Blatner

Adam Blatner(1937~)는 수년간의 치료가 필요한 선천적 질환을 가지고 있었고 유년기 중반에 수술을 성공적으로 받았다. 그는 해부학, 의학절차, 자신을 치료한 의사들에게 매력을 느꼈다. 아주 어린 나이에 Blatner는 아픈 다른 어린이들을 돕는 방법을 배우기로 결심했다. 그는 1963년에 샌프란시스코에서 캘리포니아대학의 의과대학을 졸업하였다.

의대생 시절, Blatner는 환자들의 인생 이야기가 인체가 가지는 경이로움보다 흥미롭다는 것을 알게 되었다. 의학박사 학위를 받은 후, 그는 아동 및 성인을 대상으로 정신의학에 대한 전문적인 훈련을 지속적으로 받기로 결심하였다. 그는 바로 이 시기에 당시 지배적이었던 정신분석학의 한계를 느꼈다. Blatner는 항상 창의적으로 표현했다. 그는 노래하고, 춤추고, 만화를 그리고 인물을 연기했다. 치료 방법으로 사이코드라마를 소개받았을 때, 그가 거부감 없이 받아들일 수 있는 접근법이라는 것을 알았다. 그는 내담자의 문제를 다루기 위한 새로운 선택을 탐색할 때, 내담자의 창의성을 확인하고 강점을 발달시킬 수 있는 체제 내에서 내담자와 상호작용할 수 있는 기회에 들떴다. 그는 J. L. Moreno와 그의 동료들과 훈련을 받았고 사이코드라마의 연출자 및 선생님이 되었다.

Adam Blatner는 임상작업에 사이코드라마 기법을 적용했다. 그는 이 방법들을 전 세계의 많은 학생과 전문가에게 가르쳤다. 그리고 이 분야의 책, 장, 기사를 작성한 주요한 저자이다. 그는 사이코드라마의 이론과 실제의 이론적 기반을 심화하고 사이코드라마 기법을 다른 형태의 치료와 통합하는 것을 포함하여 적용범위를 넓히는 데 헌신했다. 그는 북미와 전 세계에서 창의적인 예술치료의 적극적인 협력자이자 지지자였다.

집단 환경을 포함하는 고전적인 사이코드라마는 내담자 중심적이며 복합적이고 집약적인 방식을 취하고 있다. 이들 단계에 대해서는 이 장의 후반부에서 논의된다. 대부분의 심리치료가 엄선된 정신역동기술과 이를 뒷받침하는 기본 원리를 통합함으로써 그 효과를 극대화할 수 있는 것처럼 사이코드라마 또한 그 기술과 원리에 대한 고도의 훈련을 받은 임상가에 의해 실시될 때 더욱 효과적이다(Blatner, 2005b). 다양한 이론적 지식에 대한 사전 교육을 받은 집단 운영자들은 문제해결과 의사소통, 그리고 자각 능력을 향상하기 위해 여러 가지 형태의 역할극을 활용한다(Blatner, 2001). 이 과정은 과도한 감정 또는 연출법을 요구하지 않는 대신 실연을 사용하여 내담자가 본인의 삶에 대한 공동 연출자인 동시에 주인공이 되어 봄으로써 문제 상황에서의 반응을 재탐색할 수 있는 기회로 활용할 수 있다는 데 그 핵심이 있다.

사이코드라마는 1921년경 '자발성 극장(Theater of Spontaneity)'이라는 즉흥극단에 도입한 Moreno의 실험(Moreno's experiments)에 그 뿌리를 두고 있다. 그는 배우로 하여금 대본을 외우지 않고, 일간신문에 실린 사건 또는 관객들로부터 추천받은 주제를 토대로 즉흥극을 실연하도록 하되 때로는 관객을 무대에 초대하여 다양한 역할 실연에 참여하도록 하였다. Moreno는 이러한 과정을 통해 배우와 관객 모두가 카타르시스를 느끼고 심리적으로 억압된 감정을 표출한다는 것을 발견하였다. 자발적 참여극(Stegreiftheater)을 통해 그는 1930년대 중반까지 특별한 치료적 기술과 집단치료 방법을 개발함으로써 사이코드라마의 점진적 발전을 이끌어 나갔다.

사이코드라마는 집단구성원들이 자신의 다양한 역할과 측면들을 발견하고 자신과 관계를 맺고 있는 타인의 지각을 경험하는 데 도움을 준다. 사이코드라마에 사용되는 기술들은 집단구성원이 자기 자신을 충분히 표현하고 내적 갈등과 대인관계 문제를 탐색하며, 타인을 이해하는 데 있어 건설적인 피드백을 습득하도록 돕는다. 또한 개인의 고립감을 감소시키고 삶의 중요한 타인에게 다가갈 수 있는 방법을 제시하기 때문에 집단 내의 상호작용을 촉진하는 데 매우 효과적이다. Z. T. Moreno(1983)는 "사이코드라마의 큰 전환점은 고립된 개인에 대한 치료에서 벗어나 집단 내의 개인에 대해 언어적 방식에 의한 치료가 아닌 행동적 방식에 의한 치료를 제시했다는 것이다."(p. 158)라고 하였다. 또한 J. L. Moreno는 집단 안에서 개인의 소망, 꿈 그리고 힘겨움에 대해 언급하기보다는 집단 상황에서 전개되는 개인의 감정과 상황에 대해 표현할 것을 요구하였다.

주요 개념

J. L. Moreno는 사이코드라마에서 사용되는 기술은 물론 인간관계가 갖는 특성에 대한 통찰을 매우 중요하게 보았다. 그의 이러한 관점은 집단에 대한 통합적 접근에 있어 매우 큰 의미를 갖는다고 할 수 있다.

창조성

Moreno는 내담자 자신의 삶에 대한 탐색, 삶의 영역 확장 그리고 삶에서 부딪히는 문제에 대한 대처 방식에 있어 창조성(creativity)을 촉진하는 것이 치료 과정의 주요한 기능이라고 본 독특한 신념의 소유자였다. 창조성은 때로 신중하고 합리적인 계획이 아닌 직관적인 행위의 발현에 의해 드러나며, 역동적인 실험을 통해 발생하기도 한다(Blantner, 2001). 사이코드라마는 개인, 집단, 그리고 궁극적으로는 문화권 전체의 창조성을 촉진하는 것을 목표로 한다. 그리고 개인이 자신의 창조성뿐만 아니라 타인의 창조성에도 큰 영향을 미친다는 전제를 수반한다(Blatner, 2000). 이러한 면에서 사이코드라마는 심리사회적 경험과 창조성 향상을 위한 일종의 실험실이라고 볼 수 있다(Blatner, 2005b). 예를 들어, 친구에게 단호하게 대하고 새롭고 창의적인 방법으로 대응하는 것을 상상하는 다른 많은 방법들을 내담자는 실험해 볼 수 있다.

자발성

Blatner(2000)에 따르면 Moreno의 중요한 통찰 가운데 하나는 상상과 직관에 기초한 자발적 탐색 활동을 통해 창조성을 증진하는 것이 최선의 방법이라는 것이다. Moreno는 사이코드라마의 가장 중요한 개념 중 하나로 자발성(spontaneity)을 고안해 냈다. 그는 인간이 영위하는 삶의 행위가 자발성을 억압하는 경향이 있다는 점에 착안하여 자발성을 강조하였다. 또한 그는 즉흥적으로 역할극에 참여할 수 있는 용기를 극대화하는 활동과 적절한 맥락을 창조해 냄으로써 개인 스스로 자발성을 억압하는 경향을 감소시키기 위한 방안을 모색하였다.

Moreno는 어른에 비해 상대적으로 어린이들이 역할극과 환상적인 상황에 대해 공감을 더 잘하고, 자신의 감정을 자유롭게 표현하는 한편 나이를 먹어 감에 따라 자발성이 점점 감소하는 경향이 있다는 사실을 알게 되었다. 이러한 경향을 해소하기 위해 Moreno는 제한된 '대본'과 엄격하고 정형화된 반응으로부터의 해방을 목표로 자발성 훈련 방법을 개발하였다. 그는 자발성 훈련이 신선한 관점으로 새로운 상황에 대처할 수 있는 가장 좋은 방법이라고 보았다. 지금-여기에서 살기 위해 배우고 새로운 문제에 우리의 낡은 해결책을 제시하는 것을 멈추기 때문에 자발성은 Moreno가 말하는 정신건강의 정의라고 할 수 있다(Nicholas, 2009).

Moreno의 관점에서 자발성이란 생생하고 적응적인 방법으로 각각의 순간을 접하면서 새로운 상황에 적절하게 반응하거나 기존의 상황에 새롭게 반응하는 것을 의미한다. 그러나 자발성을 충동적인 행동 혹은 그러한 행동 표출의 면죄부로 생각해서는 안 된다. 자발성은 반영을 통해 현재 개인이 직면한 상황에 맞게 행동할 수 있는 능력을 갖춤으로써 새로운 상황에서 불안을 경험하는 대신 도전적인 상황에 접근할 수 있는 감각을 발달시키는 것이라 할 수 있다(Z. T. Moreno, Blomkvist, & Ruetzel, 2000). Blatner(2000)는 자발성이 용기·생동감·약속·개방성·위험을 감수하려는 의지, 그리고 마음의 긴장과 같은 요소들로 이루어져 있다고 보았다. "자발성은 질문, 도전, 재고(re-thinking), 재평가, 새로운 관점을 취하는 경향과 관련되어 있으며 그것은 곧 태도의 변화를 의미한다."(pp. 83-84)

현재 순간에서의 작업

'현재 순간에서의 작업(working in the present moment)'은 창조성 및 자발성과 밀접하게 관련되어 있는 개념이며, '지금-여기(here-and-now)'라는 개념이 통용되기 전에 사이코드라마의 중요한 요소로서 Moreno에 의해 개발되었다. 내담자들은 때로 그들이 경험하는 감정에 대하여 방어하고 거리를 두기 위해 과거나 미래 상황에 대하여 이야기한다. 그러나 마치 지금 이 순간에 상황이 발생한 것처럼 재창조할 때 '지금-여기'에서의 참만남이 이루어지며, 이러한 참만남은 의식으로 이어지게 된다. 주인공(집단구성원)이 문제에 대해 해설하거나 이야기하고자 할 때, 연출자는 "문제에 대해서 이야기하지 마세요. '현재 문제가 일어난 것처럼' 무슨 일이 일어났는지 나에게 보여 주세요." 혹은 "좌절감을 나에게 보여 주세요, 화가 난 것을 보여 주세요."라고 하면서 주인공을 이끌어 나간다. 또한 연출자는 집단구성원들에게 "당신이 어린아이였을 때 무슨 일이 일어났는지 보여 주세요." 또는 "부모님이 이혼했다는 사실을 알았을 때 당신에게 무슨 일이 일어났는지 보여 주세요."라고 요구하기도 한다(Blatner, 2001).

사이코드라마의 기본적인 명제는 집단구성원들에게 과거의 장면을 제시하여 당시의 감정과 생각들을 다시 체험하고 경험하도록 함으로써 해당 사건이 현재 그들에게 어떠한 영향을 미치고 있는지 살펴보고 현재 상황에서 그 사건을 처리할 수 있는 새로운 방법에 대해 검토할 기회를 제공해 주어야 한다는 것이다. 현재 시점에서 '마치 ~인 것처럼(as if)' 이미 발생한 과거 사건을 재현함으로써 개인은 그 사건에 대해 새로운 의미를 부여할 수 있으며, 이러한 과정을 통해 집단구성원은 미해결 사건을 완결짓고 과거에 경험한 문제 상황에 대한 인식을 재구조화할 수 있다.

또한 사이코드라마는 현재 경험하고 있는 갈등(예: "대학 재학과 자퇴라는 결정 사이에서 당신이 현재 경험하고 있는 갈등을 보여 주세요.")을 다루는 한편, 집단구성원으로 하여금 미래에 발생할 수 있는 문제를 현재 시점에서 예측(예: "지금으로부터 1년 후 당신의 애인과 어떤 방식으로 대화할 것인지에 대해 보여 주세요.")해 볼 수 있도록 해 준다. 사이코드라마에서 과거, 현재, 미래는 모두 중요한 시제이지만 행위는 현재 시점에서 완성된다. 무엇보다 서로 다른 이들에게 자신의 생각과 감정을 보여 줌으로써 집단에 참여한 구성원들은 자신의 경험을 구체화하고 방어적 태도를 버릴 수 있게 되며, 개인으로 하여금 근심을 유발하는 주제에 대한 추상적이고 이론적인 내적 논쟁으로부터 자유로워진다.

참만남

사이코드라마의 기저를 이루는 목표로서의 즉시성과 참여는 참만남 집단의 움직임이 시작된 1960년대 이전인 1914년, 참만남 이론에 대한 Moreno의 교육과 저서 활동을 계기로 주목받기 시작했다. 참만남(encounter)은 개인과 개인의 의미 있고 진정성 있는 연결을 통해 가능하며, 실연의 내용이 과거에 발생한 사건인지, 예상되는 미래 사건인지의 여부와 상관없이 '지금-여기'라는 맥락 안에서 이루어진다. 높은 수준의 진실한 의사소통 및 자기개방과 밀접하게 관련되어 있다는 점에서 참만남은 큰 영향력을 갖고 있으며, 비록 역할극이 상징적인 형태를 취하고 있다 해도 단순히 사건을 보고하는 것보다는 훨씬 효과적이라 할 수 있다.

사이코드라마에서의 참만남은 주인공과 보조자(auxiliary)에 의해 묘사되는 중요한 타인들과의 만남을 의미하므로 이는 완전한 참만남이라 할 수 없다. 이와 관련하여 Moreno는 자신의 저서에서 두 주인공 간에 이루어지는 '눈과 눈' '얼굴과 얼굴'의 참만남을 언급하고 있지만, 사이코드라마에서의 참만남은 불완전할 수밖에 없다. 그럼에도 불구하고 사이코드라마 무대에서 중요한 타인의 역할을 맡은 누군가와 참만남을 갖는 것은 여전히 강력하고 치유적인 힘을 갖는다. 예컨대, 사이코드라마의 극적 작업을 통해 내 안에 존재하는 '아버지'를 변화시킬 수 있다면 실제로 아버지에 대한 나의 개념이 변화될 수 있고, 이는 아버지에 대한 행동의 변화를 가져올 수 있으며 궁극적으로 아버지를 대하는 나의 변화된 방식으로 인해 실제 아버지는 변화될 수 있다는 것이다.

Moreno는 이상적인 참만남이란 역할 바꾸기를 통해 상대방의 관점에 대한 자기 생각과 감정을 털어놓으며, 타인의 입장에 서서 생각해 보는 것이라고 주장했다. 이와 같이 타인과의 깊고 의미 있는 만남뿐 아니라 타인에 대한 높은 수준의 이해를 도모할 수 있다는 점에서 참만남은 사이코드라마에서 매우 핵심적인 부분이라 할 수 있다.

심리적 · 정신적 문제를 경험하는 집단구성원들에게는 그들의 삶에서 고통을 야기한 행동을 한 누군가의 반대 역할을 경험해 보도록 도와주어야 한다. 집단구성원들은 고통을 야기한 대상으로 역할 바꾸기를 시도하기 전에 자신의 경험이 갖는 정당성에 대해 느낄 수 있는 충분한 기회를 확보해야 한다.

텔레

텔레(tele)는 끌림을 느끼는 정도, 사람 간의 양방향적인 감정의 흐름으로, '라포(rapport)'와 유사한 역동의 의미로 Moreno가 만들어 낸 용어이다. Moreno는 이를 "개인이 서로에게 느끼는 감정으로서 집단을 하나로 묶는 접착제"라 칭하였다(J. L. Moreno, 1964, p. xi). 많은 사람에게 있어 이와 같은 역동은 전의식 또는 무의식 수준에서 작동한다. 텔레와 개인 상호 간의 선호를 보다 명확하게 알아차리도록 돕는 것은 자각을 발달시키는 데 중요한 요소이다.

텔레는 양방향적인 공감을 통해 치유를 촉진함으로써 개인의 변화를 이끌어 내는 치료적 요소이다. 집단 내에서 나타나는 긍정적인 텔레의 수준은 집단의 응집성과 관련이 있다. 사람은 특별한 이유 없이 자연스럽게 그 누군가에게 매력을 느끼는 반면, 다른 사람에게는 그렇지 않다. 집단 내에서 끌림 또는 끌림의 부족을 파악하는 것은 집단역동을 이해하는 데 필수적이다. Moreno는 치료적인 관계에는 긍정적인 텔레의 발달이 요구된다고 믿었으며, 실제로 긍정적인 상호 신뢰 관계가 형성될 때 사람들은 타인에 대해 훨씬 공감을 잘하는 반면, 텔레가 부정적일 경우 개인 상호 간 오해가 증가하고 타협이 감소하는 경향을 나타내고 있었다(Blatner, 2000, 2009).

잉여현실

심리치료는 사람들로 하여금 보다 깊이 있는 태도와 동기를 의식화하는 데 도움을 준다.

또한 때로 언급되지 않고 충족되지 않은 상상들을 분명한 자각 안으로 끌어들이는 데 유용하다. 사이코드라마에서는 실제로 무슨 일이 발생했는지 혹은 아직 발생하지 않았는지에 대해 언급하기보다는 비록 비현실적일지라도 내담자로 하여금 그들이 바라거나 두려워했던 것이 무엇이었는지에 대해 명료화하도록 하는 것이 중요하다. 사이코드라마는 개인이 경험하는 희망과 두려움 등에 대한 묘사를 포함하고 있는데, Moreno는 일상적 현실의 한계에 대한 모든 우려를 배제한 내담자의 심리적 세계를 반영하는 이와 같은 실연을 가리켜 잉여현실(surplus reality)이라 명명하였다(Z. T. Moreno et al., 2000).

이러한 상상의 구체적인 표현들은 실제로 일어나지 않은 사건에 대한 심리치료적 경험을 가능케 한다. 예컨대, 치료자들은 내담자에게 종종 "만일 당신이 크게 말했다면 어땠을까요?" "만일 그녀가 죽지 않았다면 어땠을까요?" "만일 당신에게 새엄마나 새아빠가 있다면 어땠을까요?"와 같은 질문을 던진다. 사이코드라마에서 이와 같은 '만일 ~라면' 관점은 우리가 그것을 신체적으로 실연(enact)함으로써, 그리고 감정이 '만일 ~라면, ~했을 텐데'와 같은 방식으로 작용한다는 것을 인식하기 위해 현실적 제약을 뛰어넘음으로써 더욱 명확해진다. 예컨대, 한 소년은 임종 전의 상황으로 돌아가서 고인이 된 아버지와 대화를 나눌 수 있고, 한 여성은 20년 후 보다 현명해진 자신과 만날 수 있으며, 한 남성은 실망스러웠던 기억과 직접 마주하기 위해 과거로 되돌아가 7세 생일을 다시 맞이할 수 있다. 잉여현실의 활용을 통해 개인은 잃어버린 자신의 또 다른 모습과 만날 수 있으며, 이전에 표현되지 않은 감정에 대해 이야기하고 질문하며 답할 수 있다. 또한 잉여현실은 운이 없었던 상황, 정신적 외상을 경험한 사건들을 재현하는 데 이용되기도 하며, 이를 통해 개인은 보다 자율적이고 만족스러운 해결 상황을 경험할 수 있게 된다. 내담자는 흔히 다른 무언가를 하고 싶다는 소망이 상상했던 것만큼 만족스럽지 않다는 것을 알게 된다. 예를 들어, 배우자의 외도를 경험한 남성은 그가 그의 배우자를 물리적으로 바닥에 던져버릴 수 있다면 무기력함을 덜 느꼈을 것이라는 신념을 가지고 있었다. 그러나 그가 반복적으로 파트너를 잔디밭에 던지는 역할극을 하는 동안, 갑자기 그는 자신이 수동적이었다는 것에 화가 났었다는 것과 폭력적인 행동이 고통을 해소시키지는 않을 것이라는 것을 깨달았다.

Moreno는 사이코드라마를 '진실의 극장(theater of truth)'이라 불렀다. 왜냐하면 사람의 마음에 내재되어 있는 가장 아프고 중요한 진실은 일상적 현실을 초월하여 무엇인가가 존재하거나 어떤 일이 발생함으로써 발현되는 특별한 차원과 관련되어 있기 때문이다. 내담자로 하여금 그들의 억압된 감정, 표현되지 못한 신념과 태도를 인식하도록 돕기 위해서는 자발적인 반응과 자기방어가 이루어질 수 있는 환경이 마련되어야 한다. 이때 자기방어를 위한 방법에는 언어적 표현 자제하기, 해설하기, 분위기 묘사하기, 설명하기 등이 있으며, 이 모든 것은 주인공과 다른 이들과의 직접적인 만남이 이루어질 때 기억에서 사라지게 된다.

카타르시스와 통찰

사이코드라마가 카타르시스(catharsis)를 유발한다는 점에서 이는 하나의 치료 방법으로 알려져 있지만 치료자들은 카타르시스 유발 자체를 치료 목적으로 사용하지 않고 있으며, 실제로 이러한 형태의 치료는 사용하지 않도록 하고 있다. 다만 한 개인의 억압된 감정을 재발견할 필요가 있는 경우, 엄격한 훈련을 받은 치료자들이 의식적 · 무의식적 기능의 원활한 재결합을 돕는 기술을 활용함으로써 카타르시스를 유발할 수 있다.

자아방어기제의 주된 기능은 자신의 감정과 태도를 분리하고자 하는 것이다. 그러나 감정과 태도가 접촉하는 순간 눈물, 웃음, 화남, 취약성, 죄책감, 희망 등과 같은 개인의 감정은 방출된다. 카타르시스(catharsis)는 감정이 가득한 상황에서 언어적, 신체적으로 행동함으로써 발산되는 축적된 감정의 표현이다. 이는 치료적 접근으로서의 카타르시스를 유발하며, 카타르시스는 사이코드라마 심리치료에서 자연스럽게 나타날 수 있는 하나의 과정으로 볼 수 있으나 그 자체를 치료적 접근으로 이해해서는 안 된다. 개인의 내면에 잠재되어 있는 감정을 들추어내는 데서 끝나는 것이 아니라(Bemak & Young, 1998; Young & Bemak, 1996) 그러한 감정을 갖게 된 근본적인 원인에 대한 통찰 또는 문제 상황에 대한 깊은 이해를 제공해 주는 통합적 과정으로 접근해야 한다.

통찰(insight)이란 사고 또는 행동에 대한 의미 있는 해석 또는 자기 자신에 대한 축적된 이해가 개인의 다양한 정서적 경험에 대한 자각과 함께 기능함으로써 나타나는 인지적 변화 과정이라 할 수 있으며, 이러한 통찰은 카타르시스를 이해하는 데 많은 도움을 주고, 때로는 경험 자체가 충분한 '행동 통찰'을 제공해 줄 수 있다. J. L. Moreno는 환자들의 상태가 호전되는 데 있어 언어화된 통찰이 필요하다는 사실을 인정하지 않고 행동 학습과 행동 통찰에 대해서만 언급함으로써 언어적 방법에 의한 내적 치유가 갖는 한계를 제시하고자 하였다. Moreno에게 배움은 인지적인 것이라기보다는 정서적인 것이었다.

주인공들은 다양한 사이코드라마 심리치료 기법을 통해 감정을 표현할 수 있는 언어들을 발견해 낼 수 있으며, 이러한 방식으로 통찰을 얻을 수 있음을 기억해야 한다. 주인공들에게 있어 통찰은 무대 위에서 벌어진 상황에 대해 주인공과 그 밖의 집단구성원이 그들 자신의 감정과 반응을 공유하는 과정을 통해 이루어질 수도 있으며, 때로 보조자(auxiliaries)와 청중들은 자신의 삶과 관련된 주제에 대해 다양한 수준의 통찰을 경험하기도 한다. 통찰을 얻는 데에는 다양한 방법이 존재하며, 이는 문제 또는 상황에 대한 인지적 이해를 훨씬 뛰어넘는 차원에서 이루어진다고 할 수 있다.

사람들은 자신을 통제하고 있던 극심한 감정으로부터 자유를 얻음으로써 이전과는 다른 삶을 살아가는 데 필요한 인지적·감정적(또는 경험적) 수준에 이르게 되면 억압되어 있거나 표현되어 온 부적절한 감정들을 조절할 수 있는 중요한 단계에 돌입하게 된다.

현실 검증

사이코드라마 심리치료 집단은 타인들이 어떻게 느낄지, 특정 행동의 결과가 어떠할지에 대해 발견할 수 있는 기회를 제공한다. 집단은 현실 검증(reality testing)을 위해 비교적 안전한 환경을 제공하는 실험실과 같은 역할을 수행하는 한편 '실제 삶'에서 직면하는 상황에 대해 사회적으로 수용될 수 없는 행동들을 찾아내고자 한다.

예를 들어, 무관심하고 애정 표현에 인색한 아버지로 인해 깊은 정서적 고통에 빠져 있는 한 젊은 여성이 있다고 가정하자. 그녀가 아버지에게 잃어버린 사랑에 대한 자신의 감정을 '이야기하는' 방식으로 사이코드라마의 실연이 이루어지고 난 후에도 그녀는 여전히 아버지에 대해 화가 나 있을 수 있으며, 아버지의 변화를 통한 문제해결을 기대할 것이다. 이 문제에 대한 토론 과정에서 지도자와 집단구성원들은 그녀에게 아버지란 친밀한 존재여야 한다는 기본적인 가정이 잠재되어 있다는 사실을 발견해 내었다. 실제로는 아버지가 딸에게 애정과 관심을 표현하는 데 서툴거나, 딸이 그런 친밀한 관계를 원하지 않을 것이라고 생각하는 사람일 수도 있다. 이러한 방법을 사용함으로써 아버지와의 새로운 관계 정립을 위해 딸인 그녀가 먼저 움직여야 한다는 것을 깨닫도록 하는 데 있어 집단은 매우 큰 도움을 줄 수 있다. 더 나아가 사이코드라마는 자신의 행동에 통찰을 부여하는 치료적 접근법을 적용함으로써 문제 상황에 대한 그녀의 인식 전환에 도움을 줄 수 있으며, 이는 상호작용적인 학습의 과정을 극대화한다.

역할 이론

Moreno는 1930년대의 사회학적 역할 이론(role theory)의 선구자 중 한 명이다. 그는 실용적인 함의를 갖고 있는 많은 심리학적 현상에 대해 고민하였고 또한 언급하였다. 사이코드라마를 이용하여 우리는 자신이 맡은 역할을 평가하고 재검토할 수 있으며 역할 연기를 위한 다양한 방법들을 선택할 수 있다. 사이코드라마에서는 다양한 역할을 시도할 수 있는 자유가 주어지는데, 이는 집단구성원들로 하여금 부모 또는 타인 등 그들 자신이 맡은 역할에 보다 확실하게 집중하게 해 주고 미처 깨닫지 못했던 자신의 모습을 만날 수 있는 기회를 제공해 준다. 이를 통해 그들은 사람에 대한 정형화된 반응양식을 인지하고 발견하는 한편 새로운 차원의 자신을 창조해 감으로써 고착화된 행동패턴에서 벗어날 수 있게 된다(Carnabucci, 2014).

Moreno의 역할 이론에 따르면 사람은 누구나 삶의 무대 위에서 대본 없이 자신의 역할을 창조해 가며 즉흥적으로 연기할 수 있다. 개인의 행동 패턴을 드라마에서의 역할로 간주함으로써 주어진 역할에 대해 평가해 보는 한편 리허설이 이루어지는 동안 연기자들은 무대 뒤에 서서 주어진 배역을 가장 잘 소화해 낼 수 있는 방법에 대해 고민하게 된다. 더 나아가 자신이 원하는 역할이 무엇인지 혹은 어떤 역할이 새롭게 등장할지에 대한 의문을 제기할 수 있으며 단순한 사회적 역할 수행을 넘어서서 특정한 역할을 자유자재로 시도해 볼 수 있다. 그러나 역할 수행이 심리적 · 정서적 변화에 영향을 주지 않을 때 무대에서의 '역할'은 개인에게 있어 더 이상의 의미를 갖지 못한다. 사이코드라마에 있어 보다 확장된 개념으로서의 역할 연기는 '함께 연기한다'는 입장을 취하고 있는데, 이러한 인식은 역할을 수행하는 데 있어 자발성과 창의성 및 개선의 여지를 부여해 주며, 근본적으로 역할 재설정 및 재조정 작업과 깊이 관련되어 있다고 볼 수 있다(Kipper, 1986). 요컨대, 사이코드라마는 사람들이 그들의 삶에서 맡게 되는 다양한 역할을 보다 의식적이고 창의적으로 수행해 나갈 수 있도록 돕는 하나의 방법이라고 이해할 수 있다.

집단지도자의 역할과 기능

J. L. Moreno(1964)에 의하면 사이코드라마 연출자(또는 사이코드라마를 진행하는 집단치료자)는 제작자이며 촉진자, 조력자인 동시에 관찰자, 분석가 등의 다양한 역할을 지니고 있다. 연출자는 극 중 주인공을 선택하고, 개인의 문제를 탐색하는 데 어떠한 기법이 적절할지에 대해 결정한다. 그들은 사이코드라마를 구조화하고 집단을 정비하는 데 있어 주요한 역할을 하며, 드라마에서 펼쳐지는 상황에 집중한다. 연출자는 주인공이 장면을 발전시키고 자유롭게 감정을 표출할 수 있도록 돕는다는 점에서 촉매제이자 윤활제로서의 역할을 수행한다. 상황에 따라서는 주인공이 문제를 이해하는 데 있어 새로운 시각을 확보할 수 있도록 치료적인 해석들을 제공하는 경우도 있다.

사이코드라마 심리치료에서는 불충분한 준비로 마지못해 역할을 수행하고 있는 주인공에 대하여 이를 내담자의 '저항'으로 다루지 않고, 불충분한 준비 단계로 인식하는 것을 주요 기법으로 사용한다. 불충분한 준비 단계는 주인공의 '무대공포'의 주요한 원인이다. 효과적인 준비 단계는 집단 내에서 안전한 분위기를 조성하는 데 많은 도움이 될 수 있으나 주인공에게 보다 적극적인 태도를 강요하는 것은 오히려 자발성을 감소시킬 수 있다. 연출자는 다른 사람들이 자신을 판단적인 태도로 취할 수 있다는 것에 대한 두려움으로 무대 위에서 머뭇거리고 있는 주인공의 내적 감정과 생각을 이끌어 낼 수 있어야 하며, 집단 안에서 주인공의 생각과 감정에 대한 지지적인 탐색 작업을 진행해 나갈 수 있어야 한다. 이러한 과정을 통해 주인공은 집단구성원들과 더 연결되었다고 느끼게 되고, 이는 주인공으로 하여금 자신의 내적 측면들을 진정성 있게 드러낼 수 있는 용기를 북돋아 주는 계기로 작용할 수 있다. Blatner(1996)는 이 주제에 관한 Moreno의 충고를 인용한다. "우리는 주인공의 벽을 허물지 않는다. 다만 많은 문을 두드려 보고 이 가운데 어떤 문이 열릴지 지켜볼 뿐이다."(p. 78)

사이코드라마의 기본 요소

고전적인 사이코드라마는 연출자 혹은 집단리더(directior; the group leader), 중심 역할자 또는 주인공(protagonist; the main player), 조력하는 역할자 또는 보조 자아(auxiliary egos; the supporting players), 관객(audience)으로서의 집단구성원들, 무대, 그리고 보다 효과적인 문제해결을 위해 필요한 사이코드라마 기법 등과 같은 요소로 구성되어 있다.

주인공

주인공(the protagonist 혹은 main player)은 집단 내에서 함께 탐색해 볼 문제를 제시하는 존재로, 사이코드라마가 진행되는 과정에서 중심이 되는 인물이다. 집단구성원 간 상호작용을 통해 집단에서 다룰 주제가 논의된 후 그 주제가 집단 안에서 탐색할 만한 가치가 있는지에 대한 타당성이 입증되고 나면 이와 가장 밀접하게 연관되어 있는 대상이 사이코드라마의 주인공이 된다. 주인공의 역할은 치료자나 집단이 제안할 수도 있지만 대개 주인공 자신에 의해 자발적으로 상정되는 경우가 많다. 자기개방에 대한 요구를 받아야 하는 입장에서 이에 대해 얼마든지 거절할 수 있는 자유가 있다는 사실을 아는 것은 사이코드라마에 참여하는 집단구성원들에게 있어 매우 중요한 일이다.

주인공은 탐색할 사건을 선택한 후 연출자와의 논의를 거쳐 결정된 과거, 미래, 현재의 한 장면에 대해 마치 '지금-여기'에서 일어나는 것처럼 재연하게 된다. 과거 사건의 경우, 정확한 단어를 기억할 필요는 없지만 주인공의 경험 가운데 중요한 요소들이 극 중에 묘사되는 것이 좋다. 연출자는 상상의 원천인 주인공이 문제를 탐색하고 사이코드라마를 창작해 나가는 데 있어 지원을 아끼지 말아야 하며, 주인공이 단순히 사건에 대해 이야기하는 데서 그치지 않고 자발적인 행동력으로 옮길 수 있도록 격려해야 한다.

주인공이 상황을 실연함으로써 스스로 의미 있다고 판단되는 장면과 주변 관계의 다양한 양상들에 대해 탐색할 수 있는 자유를 갖는 것은 중요하다. 연출자가 주인공으로 하여금 상황을 재연하거나 예상되는 사건을 다루도록 독려하기는 하나 연출자의 제안을 수용할지의 여부에 대해 결정하는 것은 주인공의 몫이다. 이때 연출자는 주인공을 '이끈다(lead)'기보다는 '따르는(follow)' 입장에 있다고 볼 수 있으며 이러한 맥락에서 주인공의 선호, 주어진 테마에 참여하기 위한 주인공의 준비 상태, 그 외 제반 사항에 대한 주인공의 결정은 연출자나 집단의 욕구보다 우선시되어야 한다. 집단의 지지와 함께 주인공은 장면에 더 충분히 참여하기로 결정을 내릴 수 있다. 효과적인 사이코드라마는 강제성을 수반하지 않으며, 보조 자아와 연출자는 주인공을 지원하기 위한 존재라 할 수 있다.

보조 자아(조력하는 배우)

종종 '보조자(auxiliary)' 또는 '조력하는 배우(supporting player)'라고도 칭하는 '보조 자아(auxiliary egos)'는 사이코드라마에 참여하는 주인공이나 연출자와 달리 집단 내에서 활동하며, 보통 주인공의 삶에서 의미 있는 외부 존재의 역할을 재연한다. 이들은 생존해 있는 존재일 수도, 죽은 존재일 수도 있고, 현실적인 존재일 수도, 상상 속에서 만들어 낸 존재일 수도 있다. 또한 보조 자아는 무생물, 애완동물, 또는 정서적으로 격한 감정을 유발하는 대상 등 주인공의 사이코드라마와 연관된 존재를 연기한다.

Z. T. Moreno(1987)는 보조 자아의 다음 네 가지 기능에 주목한다. (1) 적어도 드라마의 시작 지점에서 주인공이 갖고 있는 지각들을 연기할 것, (2) 주인공과 보조 자아 간의 상호작용에 대하여 파악할 것, (3) 주인공과 보조 자아 간의 상호작용과 관계를 해석할 것, (4) 주인공이 관계를 발전시키고 향상할 수 있도록 치료적인 안내자로서 행동할 것이다. 보조 자아의 효과적인 역할 수행은 주인공의 준비 과정을 돕고, 보다 강렬한 움직임을 취하며, 주인공으로 하여금 '지금-여기'에 더 깊이 몰입할 수 있도록 독려하는 방식을 통해 사이코드라마에 보다 강력한 힘과 강렬함을 부여할 수 있다.

일반적으로 주인공이 조력자 역할을 맡을 집단구성원을 선택하는데, 이때 주인공의 의식적 · 무의식적인 근거들이 반영되기도 한다. 즉, 주인공은 때로 자신이 선택한 장면에 등장하는 존재와 비슷해 보이는 구성원의 개성을 기초로 선택을 하기도 하는데 이러한 경우 주인공과 보조 자아 사이의 상호작용은 보다 자발적이고, 실제적이며, 효과적으로 이루어질 수 있다. 한편 주인공이 특별한 치료적 잠재력을 지닌 보조 자아 역할로서의 집단구성원을 원한다면 연출자는 주인공이 보조 자아를 선택하는 기존의 원칙에 예외를 두고 보조 자아를 선택 · 지도할 수 있다. 주제로 상정된 문제가 주인공의 것이기는 하나 보조 자아의 역할 수행 방법에 대한 지도는 주인공과 연출자 모두에게 주어진 기능이기 때문이다. 이 과정에서 보조 자아는 그들이 연기하는 인물들에 대한 배경지식이나 스타일에 대한 느낌을 전해 듣는가 하면, 주인공은 이들에게 해당 인물의 행동 양식을 가장 잘 표현할 수 있는 방법에 대해 가르치거나 지도하기도 한다. 예를 들어, 집단구성원인 조엘(Joel)이 상사와 대면해야 한다고 가정해 보자. 조엘이 먼저 보스를 묘사하고 연출자가 면담을 한다면 보조 자아는 조엘의 진정한 반응을 이끌어 내기 위해 어떻게 역할을 해야 할지 더 잘 이해할 수 있을 것이다.

연출자는 보조 자아의 역할 연기가 주인공에게 유익 추구 이상의 의미를 가지고 작용하는지, 보조 자아의 욕구를 충족하고 있는지의 여부를 평가하는 과업을 수행해야 한다. 후자의 경우 연출자는 보조 자아에게 다시 지시할 수도 있지만, 전자의 경우 사이코드라마가 주인공은 물론 보조 자아를 위한 명확한 치료적 함의를 갖고 있다는 측면을 고려할 때 연출자는 집단의 '나누기 단계'에서 이러한 발달 과정에 대해 논의할 필요가 있다. 사이코드라마가 집단 과정(group process)이며 보조 자아로서의 작업이 훌륭한 치료적 잠재력을 지니고 있다는 사실을 기억하는 것은 중요하다. 다른 이의 역할을 연기하는 것은 자신의 역할을 연기하는 동안 미처 발견하지 못했던 자신의 부분들과 접촉할 수 있는 중요한 매개체로 작용할 수 있기 때문이다. 때로 보조 자아에게 그들이 맡은 역할을 묘사하는 데 있어 표현의 자유를 제공하는 것은 문제를 바라보는 새로운 시각을 제공해 줄 수도 있으나 일반적으로 연출자는 보조 자아의 연기를 제한함으로써 주인공의 인식과 일치하는 방향으로 극을 이끌어 나간다. Z. T. Moreno(1987)는 주인공의 사이코드라마와 보조 자아의 사이코드라마가 결합되었을 때 발생할 수 있는 위험에 대해 언급하면서, 보조 자아와 연출자가 모두 그들 자신의 사이코드라마를 할 경우에는 주인공의 사이코드라마에 초점을 맞추지 않게 될 수 있다고 경고한 바 있다.

관객

관객(audience)은 문제를 탐색하기 전 주인공과 연출자 등을 제외한 집단구성원들은 물론이고 연극에 참여하지 않는 모든 집단구성원들도 포함하는 개념이다. 다른 이의 자기 폭로를 목격함으로써 집단구성원들은 심리적으로 일종의 표면화된 '거울'로서의 기능을 한다. 이는 주인공으로 하여금 다른 사람들이 세상을 이해하는 데 있어 주인공과 같은 관점을 공유하고 있다는 사실을 인식할 수 있도록 해 준다. 또한 관객은 보조 자아로서 혹은 미래 사건에 대한 실연 과정에서 주인공의 조력자로서 문제 장면에 자발적으로 참여하거나 선택되어 등장하는 등 즉흥적 · 지속적으로 기능한다.

사이코드라마는 주인공뿐 아니라 집단 전체적으로 매우 유익하다. 어떤 구성원은 사이코드라마의 재연 장면을 보고 특별한 감동을 받는가 하면 주인공 또는 다른 역할을 통해 자신의 정체성을 발견하기도 한다. 이 정도가 아니더라도 대부분의 집단구성원은 사이코드라마를 통해 공감을 느끼고 다른 이들과의 심리적 동일시를 통해 자신의 감정을 표출하는 경험을 할 수 있다. 이를 통해 대인관계 갈등에 대한 통찰을 얻게 된 집단구성원(관객)은 주인공에게 가치 있는 지지나 피드백을 제공할 수 있다.

무대

무대(stage)는 연극이 펼쳐지는 장소로, 주인공의 삶에 있어 확장된 형태로서의 공간을 나타낸다. 무대에는 주인공, 보조 자아 그리고 연출자가 움직일 수 있는 충분한 공간이 있어야 한다. 무대는 일반적으로 빈 상태이지만 의자와 책상, 의상을 비롯하여 다른 소품 준비를 위해 필요한 직물, 그리고 그 밖의 소품을 활용할 수 있으며 이는 드라마적인 기능을 강화하는 데 도움을 준다. 주인공은 사이코드라마를 창조해 내기 위해 집단에서 나와 무대로 이동하게 된다. 특별한 사이코드라마 무대는 대부분 비실용적인 경우가 많으며, 대부분의 경우 사이코드라마 무대 공간 구획은 '마치 ~인 것처럼'의 행위를 위해 설계된다. 따라서 사이코드라마에서 부분을 연기하는 동안 사이코드라마를 위한 전용 공간에서 이루어지는 참여자들의 모든 행위가 특별히 반영적이거나 집단구성원 간 상호작용이 기능적일 것이라 기대해서는 안 된다.

사이코드라마 과정의 단계

사이코드라마는 (1) 준비 단계(warm-up), (2) 행위화 단계(action), (3) 나누기 및 토론 단계(sharing and discussion)의 3단계로 구성되어 있다. 이 단계들은 절대적이지는 않지만 일반적으로 실무자들이 참여자의 자발성을 구축하고, 이를 드라마에 적용하며, 집단 과정에 실연을 통합하는 데 있어 유용한 지적 구조(intellectual construct)이다.

사이코드라마에서 행위화 활용 방식의 기저를 이루는 원칙은 다음과 같다. 첫째, 행위화 단계로 가기 전에 준비 단계를 거쳐야만 상황의 모호함에 의해 감정적으로 지배당하지 않는다.

둘째, 행위화 단계 이후 주인공과 다른 집단구성원에게는 감정과 통찰을 통합하기 위해 자신의 경험을 공유할 시간이 필요하다. 이후 이어지는 토론 단계는 고전적인 사이코드라마는 물론 거의 모든 형태의 집단치료에 적용된다.

준비 단계

준비 단계는 참여와 자발성의 점진적인 증대를 위한 초기 활동들로 구성되어 있다. 우선 참여자들로 하여금 극에 최대한 몰입할 수 있도록 독려하는 작업이 이루어진다. 준비 단계에는 연출자의 준비, 신뢰감 형성, 집단 응집, 집단 주제 확인하기, 주인공 찾기, 주인공 무대로 이동하기 등의 활동 등이 포함되어 있는데(Blatner, 1996, 2001), 이는 행위화 단계에서 사용할 방법들에 대해 참여자들을 준비시킨다는 점에서 그 의미를 찾을 수 있다. 이러한 준비는 개인의 목표를 정립하는 데 있어 충분한 동기부여 및 집단 내 구성원들과의 안정적인 신뢰 관계 형성과 깊이 연관되어 있으며, 집단을 준비시키기 위한 신체적 기법들은 보통 음악, 무용, 신체 움직임을 비롯한 여러 가지 비언어적인 활동들로 진행된다.

사이코드라마 초기에는 집단 내 자신의 상호작용 과정을 명료화할 필요가 있거나 집단과 상관없이 개인적 상황에서의 관계에 대해 경험적 탐색 작업을 체험해 보고자 하는 일부 집단구성원들이 등장하기도 하는데 이와 같은 집단 과정의 흐름은 준비 단계를 실행하는 데 있어 효과적으로 작용한다. 사이코드라마의 준비 단계에서 문제를 탐색하기 위해 활용되는 방법은 다음과 같다.

- 연출자는 사이코드라마의 특징과 목적에 대해 간략히 설명하고, 집단구성원들의 질문을 받는다.
- 연출자는 집단구성원들과 간단한 면담을 한다. 집단구성원은 주로 "당신이 현재 혹은 과거에 관계를 맺었던 사람 가운데 보다 깊이 이해하기를 원하는 대상이 있나요?"와 같은 질문에 반응을 하고, 집단 응집을 위한 기초를 정립해 나간다.
- 집단구성원들은 각각 2인 1조로 이루어진 팀을 이루어 그들이 경험하고 있거나 혹은 회기에서 탐색해 보고 싶은 갈등에 대해 공유할 수 있는 시간을 짧게나마 확보할 수 있다.

- 각 집단구성원들로 하여금 돌아가면서 순간의 경험에 대하여 간략하게 이야기하도록 하는 기법은 집단 내 의사소통을 촉진하는 데 있어 매우 유용하다. 또한 돌아가면서 이야기하는 방식은 회기가 진행되는 동안 각각의 집단구성원이 수행하기를 원하는 개인적 작업에 집중할 수 있도록 해 준다.
- 사이코드라마를 운영하는 데 필요한 기능을 수행하는 사람들과의 장기(long-time)집단에서 비지시적인 준비 단계는 때로 집단구성원들이 회기를 준비하는 데 사용된다. 예를 들어, 연출자는 구성원들에게 회기가 다가옴에 따라 무엇을 깨달아 가고 있는지에 대해 간단하게 언급하도록 요구할 수 있고, 집단구성원들은 작업에 대한 본인의 준비 정도에 대해 자유롭게 이야기할 수 있다.

준비 단계는 집단구성원들 간의 저항을 완화하고 자발적 분위기를 조성하는 것을 목표로 한다. 종종 집단지도자는 불안을 감소시키고, 안전하고, 신뢰할 수 있고, 위험을 감수할 수 있으며 쾌활한 분위기를 조성하는 데 도움이 되는 구조화된 활동을 만든다. 자발성 발달을 촉진하는 환경을 조성 가능하게 하기 위해 집단상담사들은 자신의 감정을 인식하고 직관적인 방법으로 이를 이끌어 내야 한다. 이를 위해 집단구성원들에게 제공되는 구조화된 경험들은 준비 단계의 작업 중 일부로 볼 수 있다. Leveton(2001)은 준비 단계에 적용되는 다양한 언어적 · 비언어적 기법에 대해 설명하고 있다. 준비 단계에서는 행위화 단계 준비를 위하여 구조화된 기법들이 사용되는가 하면 집단 회기의 도입 단계에서 이루어지는 주인공의 자발적 상호작용 과정 등 비구조화된 작업이 이루어지기도 한다. 주인공이 탐색할 주제에 대하여 묘사하는 동안 집단지도자는 언어적 · 비언어적 단서들에 주의를 기울여야 한다.

Leveton(2001)은 성공적인 준비 단계가 집단구성원들에게 줄 수 있는 교훈에 대해 언급하였는데, 집단에 적극적인 참여와 기여에는 반드시 보상이 따른다는 것이었다. 준비 단계에서 집단구성원들은 작업 환경이 안전하고, 그 자신에 대해 언제 그리고 무엇을 밝힐지에 대해 결정할 수 있으며, 그들이 언제든 그만둘 수 있다는 점에서 집단 참여에 대해 안심할 수 있어야 한다. 집단에서 사용되는 기법들은 집단에 임하는 마음가짐이나 준비 단계에서 추구하는 목표에 비해 그다지 중요하지 않다. 집단의 응집력을 촉진하고 신뢰 관계를 형성하며 개인과 집단의 자발성을 향상하는 등의 모든 작업은 사이코드라마의 초기 단계에 있어 매우 유용한 도구가 될 수 있다.

프란체스카(Francesca)는 10명의 치료사들과 존경받는 사이코드라마 전문가와 함께 한 주 동안 사이코드라마 훈련 집단에 참여했고, 준비 단계가 어땠고, 준비 단계를 잘 수행하는 것의 중요성에 대해 배운 점을 설명하였다.

> 우리는 '가장 좋아하는 장소'를 준비하여 자신을 소개했다. 먼저 초기 준비 단계 역할을 하는 '가장 좋아하는 장소'에 대해 이야기를 나누었다. 그 방은 단지 호텔의 미팅룸에 불과했지만, 테이블과 의자를 소품으로 배치하고 열린 공간을 나무집, 할머니 부엌, 호숫가 공간으로 만들었다. 연출가는 "이게 맞나요?" "호수를 내다보면 무엇을 볼 수 있나요?"라고 물으며 주인공을 위한 촉진자 역할을 했다. 우리는 정확한 세부 사항과 사람들로 장면을 구성하는 것에 있어 주인공이 참여하는 것이 얼마나 중요한지 배웠다. 나는 내가 가장 좋아하는 장소인 어린 시절 쓰던 침실을 집단에게 보여 주기가 다소 꺼려졌다. 그러나 그 장면을 내가 만들면서 나는 다시 그곳으로 이동했고 내가 잊고 있었던 많은 사소한 것들, 특히 어린 시절 느꼈던 외로움에 대해 깨닫게 되었다.

프란체스카는 개인, 커플, 집단과 함께 역할놀이를 할 때 준비 단계의 필요성을 잊은 적이 단 한 번도 없다고 이야기한다. 그녀는 장면을 설정하고 그 안에 있는 사람들을 확인하며 그 후 역할극을 사용하여 내담자가 통찰력을 얻거나 새로운 행동을 실천할 수 있게 함으로써 안전하고 지지적인 분위기를 조성하는 데 시간을 할애한다.

Blatner(1996)는 준비 단계에서 이루어져야 하는 가장 중요한 과업으로 자발성을 촉진하는 분위기 조성을 강조하였으며, 자발적인 행동 유발에 필수적인 네 가지 조건을 다음과 같이 제시하였다.

- 신뢰와 안전에 대한 생각
- 직관, 상상 그리고 감정에 대한 이해
- 유희(playfulness) 요소
- 위험을 감수하거나 새로운 행동에 도전해 보고자 하는 적극성

Blatner(1996)는 자발적인 행동을 격려하는 분위기 창조의 핵심적인 요소로서 연출자 자신의 준비가 갖는 중요성에 대해 강조한다. 참여자들과 진정성 및 따뜻한 감각을 교류하고 스스로에 대한 자신감과 신뢰를 향상함으로써 연출자는 준비 단계에서 자신의 자발성을 발달시킬 수 있다. 또한 연출자의 위험감수 모델링, 자기개방, 유머, 자발성, 창의성, 공감, 그리고 감정과 행동 표현에 대한 수용성은 집단의 응집력 향상에 도움을 준다. 주제가 상정되고 주인공이 선택되고 나면 다음 단계를 위해 무대로의 이동이 이루어진다.

행위화 단계

행위화 단계(the action phase)는 실연을 비롯하여 과거 또는 현재 상황 및 예견되는 사건에 대한 모든 작업을 포함한다. 이 단계의 목표는 집단구성원들로 하여금 그들이 완벽하게 인지하지 못하고 있는 내적 사고, 태도 그리고 감정을 이끌어 내는 것으로, 모든 과정은 주인공이 가능한 한 빨리 행동으로 옮기는 데 도움이 되는 방향으로 진행된다. 이때 집단지도자는 표정, 말투, 몸짓을 통해 주인공이 처한 상황을 이해하는 데 있어 중요한 단서를 얻을 수 있으며, 이를 통해 주인공으로 하여금 자신이 처한 특정한 문제에 대해 명확한 관점을 가질 수 있도록 돕는다. 연출자는 주인공에게 자세한 표현과 설명을 요구함으로써 사이코드라마의 에너지를 약화시키는 상황을 만드는 대신 다음에 제시하는 질문에 초점을 두고 이에 대해 표현하도록 하는 방법을 사용한다.

- 당신 인생에서 가장 큰 어려움을 겪을 때 함께해 준 사람은 누구였나요? (한 사람을 선택하여 그 장면을 보여 주세요)
- 당신의 아버지 혹은 어머니가 되어 보세요. 그분들은 평소 당신에게 어떤 말을 하나요? (장면을 보여 주세요.)
- 당신의 어머니나 아버지에게 어떻게 반응하고 싶은지 보여 주세요.
- 당신의 애인이 어떻게 행동하기를 원하는지를 하나의 장면을 통해 보여 주세요.
- 당신의 아들로부터 듣고 싶은 말이 무엇인지 이야기해 주세요.
- 당신의 딸에게 가장 듣고 싶은 말이 무엇인지 이야기해 주세요.

이러한 개입의 요점은 주인공의 행위에 대한 해설을 피하는 대신 주인공이 '직접적인 만남'에 빠져들어 감으로써 이전과는 다른 방식으로 문제에 접근해 보도록 하는 것이다.

일단 주인공이 탐색하고자 하는 것이 명확해지면 장면의 창조와 보조 자아에 대한 지도가 가능해지고, 이러한 집중 과정이 이루어진 후 주인공은 비로소 무대 위에서 자신의 문제와 자신을 둘러싼 관계에 대해 행위로써 표현해 낼 수 있다. 단일한 행위화 단계는 하나 혹은 몇 개의 장면으로 구성되는데, 여기에서 장면들은 주인공의 문제를 중심으로 구조화되어 상연된다. 여기에서 다루어지는 주인공의 문제는 본질적으로 상호작용적인 것일 수도, 개인 내적인 것일 수도 있으며 보통 주변적인 문제(표면적인 문제들)에서 중심적인 문제(보다 실질적이거나 혹은 깊은 문제들)로 발전해 간다. 예를 들어, 집단구성원인 가일(Gayle)이 버림받았을 때의 느낌을 발견하게 되면 지도자가 "당신이 고립되거나 버려졌다고 느꼈을 때의 장면을 묘사해 봅시다. 시작해 볼까요?"와 같이 말한 후 실연이 이루어진다. 장면이 끝나고 나면 가일 또는 연출자는 자신의 요구에 주인공이 효과적으로 반응했는지의 여부를 판단하기 위해 그로 하여금 같은 상황에서 다른 역할을 맡아 보도록 제안할 수 있다. 또는 1년 후 상황이 어떻게 변했을지에 대해 예측하며 역할을 수행해 봄으로써 미래에 대해 상상해 보도록 할 수도 있다. 이와 같은 과정을 통해 주인공은 관객과 개인적인 생각을 공유할 수 있다. 행위화 단계는 주인공의 참여에 대한 연출자의 평가 및 집단의 참여 수준에 따라 달라진다. 때로 집단구성원들 간의 관계와 관련된 문제가 대부분의 회기를 차지하는 주제로 상정될 수도 있으며, 때로는 외로움, 친밀함에 대한 두려움, 거절에 대한 느낌과 같이 집단 내 모든 구성원과 관련된 공통된 주제가 다루어지기도 한다. 집단지도자의 능숙한 촉진적 역할 수행을 통해 집단구성원의 작업은 공통된 주제 안에서 서로 긴밀하게 연결되어 발전해 나갈 수 있다.

행위화 단계의 종반부에서는 주인공으로 하여금 자신이 수행한 모든 작업에 대한 성취감을 획득할 수 있도록 돕는 것이 중요하다. 종결을 유도하는 유용한 방법 중 하나는 주인공이 집단을 통해 배운 내용을 일상의 삶으로 전환하는 데 필요한 행동 실행법(behavioral practice)을 마련하는 것이다. 행동 실행법은 다양한 새로운 행동을 주인공이 실행해 볼 수 있도록 장면을 재연해 보는 것으로, 이러한 과정을 통해 개인은 집단 밖의 다른 사람들에게 실험을 통해 터득한 새로운 행동들을 이행해 볼 수 있으며, 또한 보다 효과적으로 문제 상황에 대처해 나갈 수 있게 된다. 보다 용이한 행동 실행법의 적용을 위해 주인공은 상황이 현재 일어나는 것처럼 표현한 다음 이에 대한 대안적 방법들을 모색해 볼 수 있다. 이때 역할 바꾸기, 미래 투사법, 거울 기법 그리고 피드백과 같은 기법들은 주인공으로 하여금 자신의 새로운 행동이 갖는 영향력에 대해 보다 분명하게 인식하도록 하는 데 있어 유용하게 작용한다. (이러한 기법들은 이 장의 후반부에서 논의될 것이다.)

사이코드라마 워크숍에 구성원으로 참여한 한 치료사가 행위화 단계에서 배울 수 있는 것에 대한 상황을 제공하였다.

> 내가 사이코드라마 집단에서 겪은 매우 감동적인 경험은 청중으로서 참여했을 때였다. 구성원 중 한 명은 마약에 중독된 열여덟 살 아들에게 더 이상 함께 살 수 없다고 말하기로 결정을 내렸다. 연출자는 그녀가 자신이 도움이 되지 않았다고 느꼈을 때, 그녀가 과거에 경험한 몇 가지 사건들을 탐색하는 것을 도왔다. 그녀가 이러한 장면들을 경험하며 살아오면서 어머니로서 실패했다는 감정이 아들이 도움을 받도록 강요하는 것을 방해하고 있는 것을 알 수 있었다. 마지막 장면에서 그녀는 아들을 보호할 필요가 있다는 자신의 감정과 그가 치료를 받도록 강요할

필요가 있다는 두 감정을 모두 표현할 수 있었다. 나는 나중에 그녀가 아들을 디톡스 프로그램에 참여시키기로 한 그녀의 결심을 실제로 실행했다는 것을 알게 되었다. 그녀의 영웅성과 패배를 모두 탐구했기 때문에 이 회기는 매우 인상 깊었다. 나는 그녀가 자신의 감정을 탐색하고, 자신의 인지를 고찰하고 새로운 행동을 실험할 수 있게 해 준 사이코드라마의 전반적인 성질에 대해 알아차리기 시작하였다.

나누기 및 토론 단계

사이코드라마의 세 번째 단계는 나누기 및 토론 단계(sharing and discussion phase)이다. 실연이 이루어진 후 사이코드라마 지도자는 모든 집단구성원들로 하여금 실연 과정이 그들 개인에게 어떠한 영향을 미쳤는지에 대해 표현해 보도록 요청한다. 관중 역할을 한 구성원은 종종 주인공의 작업에 매우 강한 감정적인 반응을 보인다. 보조 자아의 역할을 맡았던 이들에게는 다음과 같은 두 가지 방법으로 나누기 작업이 이루어진다. 첫째, 자신의 역할에서 느끼거나 생각한 것들이 무엇인지에 대해 서로 나누도록 한다. 둘째, 실연을 하는 과정에서 자신의 삶과 맞닿아 있다고 깨닫게 된 부분에 대해 함께 나누도록 한다.

Z. T. Moreno(Moreno et al., 2000)는 집단구성원과 지도자가 단순히 열린 마음(openmind)이 아닌 열린 심장(open heart)을 소유하고 있어야 한다고 강조하였다. 나누기는 인지적인 반영이 아니라 깊이 있는 개인적 과정이기 때문이다. Moreno는 나누기 회기를 치료적 경험으로 승화시키는 데 필요한 지침을 다음과 같이 제시하였다.

- 집단구성원들은 주인공에게 충고나 분석을 제공해서는 안 된다. 대신 주인공의 실연을 보고 어떠한 영향을 받았는지에 대해 이야기할 수 있어야 한다.
- 주인공은 분석이나 비평 이상의 논쟁이 오갈 수 있는 열린 나누기 과정에 참여한다.
- 나누기는 치료 효과를 갖는다. 다른 이들의 경험에 대해 듣는 것은 사람들로 하여금 자신이 혼자가 아니며 끈끈한 유대감으로 이어져 있음을 느끼게 해 준다.
- 해석과 평가는 이후 주인공이 내적으로 취약하지 않은 상태에 있을 때 다루는 것이 좋다.

사이코드라마에서 나누기 과정이 진행되는 동안 연출자가 수행해야 하는 기능은 피드백을 극대화할 수 있도록 최대한 많은 참여자가 확보된 토론을 시작하고 이끄는 것이다. 나누기 단계에서는 사이코드라마 집단의 모든 구성원에게 감정을 표현할 수 있는 기회가 부여된다. 그러나 이때 주인공으로 하여금 자신의 경험을 개방하지 않아도 되는 기회를 제공하는 것은 매우 중요하다. 집단 안에서 그 자신을 완전히 개방하고 깊은 감정을 표현하기 위해서는 경험이 갖는 의미에 있어 집단의 지지에 대한 확신이 선행되어야 하기 때문이다. 만약 주인공에게 이러한 기회가 주어지지 않는다면, 그들은 자신을 자유롭고 결단력 있는 존재로 느끼기보다 거절받았다는 느낌과 상실감으로 회기를 떠날 수 있다.

연출자는 일부 구성원의 자기표출, 지지, 그리고 정서적 관여를 수반하는 형태의 나누기를 강화해야 한다. 나누기 과정을 훌륭하게 구조화함으로써 구성원들은 회기 참여를 통해 어떤 영향을 받았는지, 그리고 자신의 참여도, 투명성 그리고 성장이 어떻게 촉진될 수 있었는지에 대해 논의할 수 있다. 만일 구성원들이 분석하거나 해결책을 제시하고자 한다면, 연출자는 다음과 같은 질문들을 던짐으로써 개입해야 한다.

- 카네샤의 드라마는 당신에게 어떠한 영향을 미쳤는가?
- 방금 본 장면 가운데 누가 또는 무엇이 당신에게 가장 와닿았는가?
- 당신의 삶에서 어떠한 경험들이 카네샤의 상황과 연관되어 있는가?
- 카네샤와 공유하고 싶은 감정이 있는가?

나누기는 특히 회기가 진행 중인 집단의 연출자에게 또 다른 쓰임새로 활용된다. 집단구성원이 내놓는 새로운 정보는 이와 관련된 사람들의 사전 허가가 이루어진 것으로서, 연출자는 이를 비교적 자유롭게 집단 진행에 필요한 소재로 사용할 수 있으며, 보다 심도 있는 치료적 탐색의 자원이 될 수 있다는 점에 주목해야 한다. 집단구성원들이 서로의 경험을 나눌 때, 일반적으로 집단 응집력은 증가하고, 이 과정에서 집단구성원들은 서로의 공통점들을 발견하게 되는데, 주인공은 친근하지 않은 경험 세계 속에서도 홀로 남겨졌다는 느낌을 갖지 않게 된다. 서로에게 수용받았다는 느낌을 토대로 한 집단구성원 간 피드백은 집단 내에서 개인적인 생각들을 보다 활발하게 드러내고 탐색할 수 있는 강화제로서 작용한다.

Leveton(2001)은 주인공, 보조 자아, 그리고 다른 집단구성원들의 회기 작업 후에 이루어지는 마무리 작업에 있어 조력자로서의 연출자가 갖는 역할의 중요성에 대해 강조하였다. 종결(closure)이 곧 문제의 해결을 의미하는 것은 아니지만 사이코드라마에 참여한 모든 사람들은 집단 참여를 통해 어떠한 영향을 받았고, 또 무엇을 배웠는지에 대해 이야기할 수 있는 기회를 가져야 한다. 종결의 핵심적인 측면은 바로 주인공과 보조 자아가 그들의 역할을 내려놓는 과정이라 할 수 있다.

종결 작업은 구성원, 상황 그리고 집단에 따라 달라진다. 회기의 길이, 응집의 정도, 그리고 작업의 강도는 어떠한 종결 방법이 적절한가를 결정짓는 또 다른 요인들이다. 집단이 앞으로 다시 만나지 않는다면 종결 작업은 특히 중요하다. 토론의 과정은 격화된 감정을 완화해 줌으로써 집단에서의 경험을 보다 높은 수준의 인지적 차원으로 승화시키고, 주인공과 관객이 회기의 핵심적인 측면들을 통합해 나가는 데 있어 매우 유용하다.

실연에 있어 정서적인 측면들이 굉장한 치료적 가치를 지닌 것은 분명한 사실이다. 그러나 이것이 인지적인 측면과 통합될 때 경험적인 감정의 가치는 극대화된다. 이를 위해 지도자는 주인공에게 실연을 통해 특별히 배우게 된 것들, 그리고 그들이 획득한 통찰에 대해 표현하도록 요구할 수도 있고, 상황을 다시금 체험해 보는 것이 그 자신에게 어떤 의미를 갖는지에 대해 이야기해 보도록 격려하는 방법을 사용할 수도 있다. 또한 억압된 감정에 대처할 수 있도록 허락된 행동 절차는 물론 미래에 발생할 수 있는 비슷한 문제 상황을 보다 효과적으로 다룰 수 있는 실용적인 방법에 대해 생각해 보도록 독려할 수도 있다. 다음은 회기를 종결하기 위해 집단지도자가 해야 할 일에 대해 Blatner(1996)가 제시한 목록 중 일부이다.

- 구성원들이 집단에서 배운 내용을 일상생활에 적용할 수 있도록 조력하라.
- 회기의 핵심을 요약하라.
- 집단구성원이 집단의 진행 과정에 대해 질문할 수 있도록 하라.
- 미해결 과제를 확인하라.
- 다음 회기를 위한 계획을 세우거나 미래에 다룰 주제를 확인하라.
- 추가적인 지지를 제공하라.
- 종결 절차(closing ritual)에 참여하라(그것이 적절한 경우).
- 분리에 대한 감정을 다루어 주도록 하라.

사이코드라마의 마지막 단계에서 미해결 과제를 다루는 것은 중요하다(Blatner, 1996; Leveton, 2001; McVea et al., 2011; Z. T. Moreno, 1987). 일반적으로 회기를 마치기 전에 연출자는 구성원들로 하여금 사이코드라마가 진행되는 동안 그들이 느껴 왔지만 표현하지 않은 모든 감정을 언어화하도록 격려해야 한다. 이 가운데 어떤 문제들은 드러냄으로써 충분히 탐색될 수도 있으나 여전히 주인공은 문제를 해결하지 못한 상태에 머무를 수도 있다. 성공적인 나누기 회기 이후, 다른 구성원들은 그들의 경험을 확인함으로써 새로운 작업을 전개해 나가고자 할 수도 있다. 물론 새로운 주제를 다룰 수 있는 시간이 충분히 주어지지 않는다면 주어진 회기 안에서 심화된 작업에 착수하는 것은 현명하지 않다.

집단구성원들은 지나치게 빨리 문제를 종결하려 하거나 이를 강요하는 행위의 위험성에 대해 유의하여야 한다. 주인공이 그들의 감정을 표현하고, 갈등을 경험하며, 정서적 표출의 의미를 탐색할 수 있는 충분한 기회들을 갖는 것은 매우 중요하다. 어떤 임상가들은 내담자의 문제를 빨리 해결해 주고 싶은 나머지 문제가 갖는 다양한 측면들에 대해 확인하고 감정을 표현하는 기회를 갖기도 전에 행동 실행법과 행동 계획을 먼저 제시하기도 한다.

Leveton(2001)은 몇몇 실무자들의 경우, 내담자의 완벽한 문제해결을 기대한다고 주장한다. 모든 문제가 해결되지 않는 한 이들은 실패감을 느끼게 되고, 따라서 이러한 감정을 피하기 위해 그들은 집단구성원들에게 무슨 일이 일어나는지에 대해 지속적으로 지켜보다가 그들의 상태가 최대한 호전된 상태에서 집단의 종결을 강요할 수 있을 것이다. 연출자에게 있어 가장 모험적인 임무 가운데 하나는 집단구성원들로 하여금 자신의 문제해결에 필요한 심도 있는 자기탐색의 기회를 빼앗지 않고 회기를 종결하는 방법에 대해 배우는 것이라 할 수 있다.

적용: 치료 기법과 절차

사이코드라마는 외래환자 클리닉, 입원환자 조직, 주거치료센터, 그리고 개인적인 실습과 같은 다양한 치료적 집단 환경에도 적용할 수 있는 통합적인 접근법이라 할 수 있다. 또한 사이코드라마 기법들은 상담사 훈련을 위해 조직된 집단에도 적용할 수 있다. 그들의 삶에서 상황을 반복하고 재작업함으로써, 사이코드라마의 참여자들은 사건에 대한 통찰력을 얻고 대인관계 문제에 대처하는 새로운 방법을 배울 수 있다. 사이코드라마는 감정을 심화시키고, 혼란과 내재된 신념을 명료화하며, 통찰과 자각을 증대시키고, 새로운 행동을 실행할 수 있도록 고안된 수많은 특정 기법을 사용한다. 이 기법들은 재학습을 최적화하기 위해 주인공과 다른 집단구성원들이 무엇을 경험해야 하는지와 관련된 특별한 목적을 위해서만 사용되어야 한다. 드라마 그 자체는 목적이 될 수 없기 때문이다(J. L. Moreno, 1978).

연출자는 자신의 기법을 개발하거나 표준화된 사이코드라마 기법을 수정할 수 있는 자유를 가지고 있다. 집단지도자가 그들의 전문적인 기법들을 실행하는 데 있어 조심성과 책임감을 갖는 것은 매우 중요하며, 언제 그리고 어떻게 이러한 방법들을 적용할지에 대해 인지할 필요가 있다. 효과적인 사이코드라마는 단순한 특정 기술의 사용 그 이상의 의미를 가지고 있다. 실무자들은 교양 있고, 숙달된 방법, 섬세하고 배려적이며, 창의적인 방식으로 집단구성원의 심리적 세계에 대해 이해하고 그들과 함께 작업할 수 있도록 학습해야 한다.

사이코드라마 기법 사용과 관련된 몇몇 원칙들은 실무자에게 유용한 지침을 제공한다(Blatner, 2000, pp. 227-228).

- 가능하다면 상황에 대해 이야기하기보다는 신체적인 움직임을 사용하라.
- 가능한 한 참만남을 촉진하라. 집단구성원들은 연출자에게 설명하기보다는 서로 직접적인 소통을 할 수 있어야 한다.
- 집단구성원들을 최대한 실연에 참여시킴으로써 다른 구성원들과의 적극적인 활동을 촉진할 수 있는 방법을 찾아내라.
- 구체적인 장면들을 활용하여 작업함으로써 추상적인 상황들을 보다 구체화하라.
- 집단구성원들로 하여금 '나'로 시작하는 문장을 사용하도록 함으로써 자신에 대해 긍정적인 진술을 할 수 있도록 격려하라.
- 집단구성원들이 과거 또는 미래의 상황들을 현재에 일어나고 있는 것처럼 다룰 수 있도록 격려하라.
- 현재 시점에서 재결정, 재검토된 과거 또는 현재 경험의 가능성을 깨닫고 이용하라.
- 의사소통의 비언어적인 측면에 주의를 기울여라.
- 자기개방과 진실성을 촉진하는 방향으로 작업하라.
- 조건이 허락된다면 극적 상황 안에 어느 정도의 유희, 유머 그리고 자발성을 투입하는 것도 좋다.
- 상징과 은유를 사용하되, 그것을 인격화하고 보다 선명하게 표현해 내라.
- 움직임, 무대, 조명, 소품, 시, 미술, 그리고 음악과 같은 예술적 원리와 수단을 포함시켜라.
- 집단구성원의 반응을 보다 광범위하게 탐색하기 위하여 과장하여 행동하거나 움직임을 크게 하도록 하라.
- 창의적이고 자발적인 행동 촉진을 위한 서막으로서의 준비 과정을 인식하고 활용하라.
- 집단의 치료적 요소들을 활용하라.
- 사이코드라마를 다른 치료적인 접근법 및 창조적인 예술과 통합하라.

자기표현

자기표현(self-presentation) 기법에서 주인공은 자신을 묘사하고 자신의 문제에 대해 이야기한다. 가령 집단에서 잭(Jack)이 그의 딸 로라(Laura)와의 관계를 탐색하기를 원한다고 가정해 보자. 집단은 이 상황에 관심을 갖고, 그대로 실연되기를 바란다. 연출자(집단지도자)는 잭으로 하여금 자리에서 일어나 무대 공간으로 오도록 한 다음 잭과 로라가 소통하는 것처럼 장면을 설정하기 시작한다. 잭은 집단에서 그의 딸 역할을 맡을 보조 자아를 선택하고,

잭은 마치 보고 있는 것처럼 문제 상황을 설명한다. 이때 연출자는 잭이 자신의 이야기를 행동으로 표현하도록 도와줌으로써 그가 말을 하는 데 그치지 않고 자신과 딸 사이의 상호작용을 '보여 주게' 한다.

역할 바꾸기

사이코드라마의 가장 강력한 도구 가운데 하나인 역할 바꾸기(role reversal)는 다른 사람의 눈으로 자신을 보는 것이다. 역할 바꾸기에서 주인공은 자신의 드라마에서 묘사되는 다른 이의 인격을 일부 받아들인다. 예를 들어, 아버지는 딸의 역할을 연기할 수 있고 반대로 딸은 아버지를 연기할 수 있으며, 또 다른 방법으로서 아버지는 "당신의 딸은 어떻게 이야기하고 행동하나요?"와 같은 질문을 받을 수도 있다.

역할 바꾸기를 통해 사람들은 자신이 구사하는 언어적 틀에서 벗어날 수 있고, 다른 이들에게는 좀처럼 드러내지 않는 자신의 모습을 연기할 수 있다(Z. T. Moreno et al., 2000). 일단 실연이 시작되면 연출자는 주인공이 다른 인격을 어떻게 상상하고 기억하는지에 대해 보다 잘 묘사하고, 다른 이의 관점이나 상황에 대해 충분히 이해할 수 있도록 하기 위해 역할 바꾸기 기법을 활용하고자 한다. 사이코드라마에서 핵심 인물과의 역할 바꾸기를 통해 주인공은 다른 이의 상황 속으로 들어가 의미 있는 정서적 · 인지적 통찰을 얻을 수 있으며, 다른 이들과의 관계에서 공감을 형성하는 데 도움을 받기도 한다. Nolte(2020)는 학대하는 부모나 우리에게 잘못을 저지른 다른 사람과 역할을 바꿀 때, 우리가 통찰력을 얻을 수 있다고 믿는다. 이렇게 함으로써 우리가 거부하는 역할을 경험하고 자신의 그림자를 인식할 수 있게 된다.

장면을 구성함에 있어 어머니, 아버지, 자매, 애인, 가까운 친구, 선생님 혹은 친척과 같은 특정 역할을 연기하도록 선택된 보조 자아는 주어진 역할의 비언어적 혹은 언어적 요소들을 어떻게 연기해야 할지에 대해 잘 알지 못한다. 주인공은 이를 보여 주기 위해 역할 바꾸기를 요구받는다. 장면이 진행되는 과정에서 보조 자아가 주인공의 문제에 적용할 수 없는 방향으로 연기를 하게 되면, 연출자는 다시 역할을 바꾸어 보조 자아로 하여금 본래의 역할을 맡도록 할 수 있다. 지도자는 보조 자아가 그 자신의 역동성으로 극의 진행을 방해할 가능성을 줄이기 위해 개입할 필요가 있다. 보조 자아는 주인공의 사건에 극적 진실을 유지하도록 교육받는다.

역할 바꾸기의 중요한 기능 가운데 하나는 주인공이 그들 삶의 중요한 인물에 대해 진정으로 공감하게 되는 것이다. 사이코드라마를 통해 상대방의 역할을 맡아 봄으로써 주인공은 해당 인물의 내적 세계에 대해 깊이 있는 공감을 발달시키게 된다. 또한 이러한 역할 바꾸기는 주인공으로 하여금 다른 관점에서 환경을 경험할 수 있도록 해 준다. 일반적으로 연출자는 주인공이 그 자신과 갈등을 겪고 있는 사람의 '입장이 되어 보는' 시도가 유용하다고 판단될 때 역할 바꾸기를 제안한다. 이 기술의 묘미는 주인공을 다른 사람인 것처럼 준비시키는 연출자의 능력에 있다고 할 수 있다(Blatner, 2005).

Z. T. Moreno(1983)에 따르면, 주인공은 그들의 표현이 다른 구성원들과 지도자에게 얼마나 왜곡되어 보일까에 개의치 말고 주관적인 입장에서 느끼는 그대로의 진실을 연기해야 한다. 예를 들어, 잭이 그의 딸이 '되었을 때', 다른 구성원은 아버지로서의 잭의 역할을 가정해 볼 수 있다. 그는 로라의 역할을 연기하면서 그녀가 일반적으로 어떻게 반응하는지를 표현한다. 로라의 역할을 연기함으로써 잭은 그녀를 경험하게 되고 잭은 그녀가 어떻게 느끼는지에 대해 보다 명확하게 이해하기 시작한다. 연출자는 주인공이 바뀐 역할에 보다 깊이 몰입할 수 있도록 딸의 역할을 하고 있는 잭을 상대로 면담을 할 수도 있다. 또한 이 기술은 연출자와 집단구성원에게 잭이 그의 딸을 어떻게 생각하는지, 또 그녀가 그를 어떻게 생각하고 있다고 여기는지에 대해 보다 명확한 그림을 제공한다.

Z. T. Moreno(1983)는 이 기법이 갈등 상황에 대한 표현을 극대화할 수 있다고 주장했다. 주인공들이 경험하는 왜곡된 관계가 표면화되어 탐색됨으로써 행동 수정이 이루어질 수 있다. 이를 위해 우선 내담자들은 환기와 카타르시스를 통해 자신의 정서를 '소유'해야만 한다. 이후 역할 바꾸기를 통해 주인공들은 재통합 및 재검토 과정을 거쳐 그들을 통제하고 있는 상황을 극복하고 성장할 수 있게 된다. 역할 바꾸기는 구성원들로 하여금 현실에 대한 그들의 인식을 온전히 표현할 수 있도록 하고, 그들의 주관적인 관점에 대해 집단 내 다른 이들로부터 피드백을 얻을 수 있게 해 주며, 이를 통해 그들이 발견한 왜곡된 지각을 개선해 나갈 수 있다. 이는 드라마가 진행되는 동안 보조 자아에 의해 이루어지고 있는 역할 묘사를 수정하기 위해, 그리고 보조 자아에게 추가적인 정보를 제공하기 위해 사용된다.

역할 바꾸기는 집단 작업 외에도 다양한 분야에 적용할 수 있는 유용한 사이코드라마 기법이다. 예컨대, 수퍼비전에 적용될 수 있는가 하면 상담 수련자들로 하여금 그들의 '다루기 힘든 내담자들' 중 한 명이 되어 봄으로써 경험적 지각을 얻도록 하는 데 도움을 준다.

이중 자아

이중 자아(double)는 특별한 역할을 수행하는 보조 자아(주인공의 '내면적 자아')이다. 이중 자아는 다른 방법으로는 표현할 수 없는 주인공의 생각과 감정을 표현함으로써 그가 갖고 있는 또 다른 면들을 나타낸다. 주인공이 이중 자아를 원하는지 물어보는 것이 현명하며, 주인공이 이중 자아를 수용하는 것이 중요하다. 이중화하는 것은 영화나 텔레비전에서 '목소리만을 삽입하는' 것과 같은 기능을 수행한다. 이중 자아는 주인공 옆에 서서(주인공의 비언어적인 의사소통 과정을 보고 투영할 수 있도록 하기 위해, 그리고 주인공의 인지적 장[field]에 침범하지 않기 위해) 주인공이 입 밖으로 표현하지 않은 말을 한다. 주인공이 내면의 갈등과 억압된 감정에 대한 인식을 높이고, 이를 표현할 수 있도록 돕는 자세와 태도를 동시에 가정하는 것이 이중 자아에 있어 도움이 된다. 이때 연출자는 "이 사람은 당신의 이중 자아예요. 그 사람이 현재 당신이 생각하고 있는 것을 말한다면 그것을 반복하세요."라고 한다. 주인공과 이중 자아의 만남이 진행되는 과정에서 연출자는 "이중 자아가 당신을 정확하게 표현하고 있나요? 이것이 당신이 표현하고자 하는 바인가요?"와 같이 질문하는데 이는 주인공에게 권한을 부여해 주기 위함이다. 주인공의 바람대로 이중 자아를 세우는 경우라 할지라도 이중 자아가 주인공을 장악하거나 압도하지 않도록 하는 것은 매우 중요하기 때문이다(Z. T. Moreno, 2000).

보조 자아로서의 이중 자아는 수면 아래에 놓여 있는 주인공의 또 다른 측면들을 발견해내는 특정한 작업에서 중요한 역할을 한다. 이중화는 주인공이 느낄 것이라고 생각되는 것들을 직관적으로 인식하는 것이라 할 수 있다. 그러나 보조 자아가 자신의 개인적인 감정을 표출하는 통로로 생각해서는 안 된다. 이중 자아는 주인공이 제시한 단서에 집중하고, 그 자신이 주도하기보다는 주인공의 주도에 따라야 한다. 이중화는 사이코드라마에서 가장 강력한 도구 중 하나로 신중하게 활용해야 한다(Leveton, 2001).

이중화는 무의식이 아닌 물리적인 전의식의 표현, 때로 언어화되지 않은 생각과 감정의 표현을 이끄는 내담자의 내적 자각을 촉진한다. 또한 이중 자아는 주인공의 조력자인 동시에 연출자와 주인공을 이어 주는 가교로서의 역할을 수행한다. 일단 이중 자아와 주인공 간의 동맹 관계가 형성되면 연출자는 감정의 표현과 명료화 과정을 촉진하기 위해 이중 자아에게 확장적 또는 직면적인 몇몇 진술을 하도록 지도한다.

이중 자아는 주인공으로 하여금 눈앞에 당면한 사건과 순간의 과정들을 처리하는 한편 다른 역할들을 수행해 볼 수 있는 기회를 제공해 주는 존재이다. 잭의 사례에서 만일 그가 딸과의 상징적 작업 과정 중 답답하거나 압도되었다는 느낌을 받았다면 이중화 기법을 사용할 수 있다. 이때 이중 자아는 잭이 그의 감정과 접촉하고 그의 감정을 표현하는 데 도움을 줄 것이다. 효과적인 이중화는 상호작용의 단계적 확대를 낳고, 주인공이 아직 표현하지 않은 것들을 말하는 데 필요한 촉매제로 작용할 수 있다.

다중 자아(multiple doubles)는 주인공의 다양한 측면을 표현하고 구현하는 데 사용될 수 있다. 또한 주인공이 경험하는 각양각색의 갈등적인 측면들 또는 삶 속에서의 다양한 역할을 표현할 수도 있다. 잭의 사례에서, 한 이중 자아는 딸을 그리워하고 사랑을 표현하기를 원하는 그의 모습을 나타낼 수 있고, 또 다른 이중 자아는 딸과 친밀한 관계를 갖고 싶어 하지 않는 '차가운 아버지'의 모습을 표현할 수 있다. 이때 이중 자아들은 동시에 말할 수도 있고, 번갈아 가며 말할 수도 있다. 이중화 작업이 효과적으로 이루어진다면 딸에 대한 아버지의 애증이 무대 위에서 성공적으로 묘사될 수 있을 것이며 잭은 어떠한 측면이 자신에게 더 강하게 존재하는지에 대해 알 수 있을 것이다. 또한 그는 그의 딸 로라에게 표현하고 싶은 감정이나 태도에 대해 보다 명확한 그림을 그릴 수 있을 것이다.

독백

때로 주인공은 독백(soliloquy)을 할 수 있는 장소에 혼자 놓여 있는 자신에 대해 상상해 보도록 요구받기도 한다. 연출자는 주인공에게 몇몇 지점에서 행동을 멈추고, 그 상태에서 느껴지는 순간의 어떤 감정이든 표현해 보도록 요구할 것이다. 또는 연출자가 주인공의 또 다른 면에 대한 모순을 발견할 경우, 그로 하여금 행동을 멈추고 무대를 돌아다니며 생각하고 느끼는 바에 대해 이야기하도록 요구할 수도 있다. 예컨대, 주인공은 '집에 혼자 걸어가기'와 같이 혼자 하는 활동에 참여하게 될 수도 있으며 변형된 방법으로서 주인공은 이중 자아와 함께 걸어가며 내면적인 대화의 형태로 독백을 할 수도 있다.

이중화 기법과 마찬가지로 독백은 주인공이 생각하고 느끼는 것을 묘사하는 데 매우 유용하다. 예를 들어, 잭은 역할 바꾸기 과정에서 그의 생각을 언어화하라는 요구를 받을 수 있다. 이러한 독백은 그에게 로라가 생각하고 느끼고 있음을 확신하지만 직접 표현하지 못한 것들을 인지할 수 있는 기회를 제공한다.

빈 의자 기법

J. L. Moreno는 빈 의자 기법(the empty chair)을 고안해 낸 후, Rosemary Lippitt에게 이를 보조 의자 기술(auxiliary chair)로 명명하자고 제안하였다(Lippitt, 1958 참조). 빈 의자 기법은 후에 게슈탈트 치료의 창시자인 Fritz Perls에 의해 게슈탈트 치료에 통합되었다. 빈 의자 기법은 보조 자아의 역할 수행이 유용하지 않거나 실제적인 인물과의 만남이 너무 위협적인 경우 사용된다. 이 기법은 '다른 이'가 생각하거나 느끼고 있는 것에 대한 상상을 의식화시키는 데 매우 유용하게 쓰인다. 예컨대, 개인은 외현화된 방식으로 비판적인 부모 또는 심약한

아이와 같은 자아의 또 다른 부분을 상상할 수 있고 대화에 참여할 수도 있다. 치료자들은 빈 의자 기법을 진행하는 코치로서의 역할을 하고, 내담자로 하여금 마음 깊은 곳에 내재되어 있는 가정 또는 감정을 이끌어 내도록 유도한다. 보다 중요한 활용법 중 하나는 한 개인이 사회적 관계 속에서 다른 이가 주인공에 대해 실제로 어떻게 느끼는가에 대해 이해하고 개인이 처한 실제적 어려움에 대해 탐색할 수 있도록 하는 것이라 할 수 있다.

빈 의자 기법은 사이코드라마에 등장하는 그 누군가가 부재하거나 혹은 세상을 떠났을 때 유용하게 활용할 수 있다. 집단구성원인 애들린(Adeline)은 갑자기 세상을 떠난 그녀의 어머니를 빈 의자에 앉힐 수 있다. 애들린은 어머니가 죽기 전 어머니에게 자신을 알 수 있는 기회를 주지 못한 아쉬움 등을 비롯하여 하고 싶었던 많은 이야기들을 할 수 있다. 이때 연출자는 애들린을 지지하기 위해 그녀 옆에 앉아 있거나 서 있을 수 있고, 비슷한 주제를 갖고 있는 다른 구성원도 애들린 옆에 있을 수 있다. 이 기법의 변화된 형태는 역할 바꾸기의 연장선상에서 이해할 수 있다. 예컨대, 지도자는 애들린에게 빈 의자에 앉아 '그녀의 어머니가 되어' 애들린에게 말하도록 요구할 수 있다. 이러한 역할 바꾸기는 애들린으로 하여금 그녀가 어머니로부터 듣고 싶어 하던 말들을 언어화할 수 있는 기회를 제공한다. 이와 같이 빈 의자 기법은 아직 해결되지 않은 감정에 대한 작업을 완성하는 방법으로 활용된다(Leveton, 2001). 이 외에도 빈 의자 기법은 매우 다양한 방법으로 활용될 수 있으며, 빈 의자 기법은 일대일 치료 회기 작업에 가장 적합한 방법이다.

거울 기법

거울 기법(mirror technique)은 다른 구성원이 실연에 등장하여 주인공의 자세, 몸짓 그리고 언어를 투사하는 방법이며, 자아성찰의 촉진을 지향한다. 만일 잭(주인공)이 다른 이들에게 반영된 자신의 행동을 관찰한다면, 그는 자신을 제3자의 시선으로 볼 수 있게 된다. 그것은 마치 잭이 자신의 모습을 담은 비디오테이프 재생 장면을 보는 것과 같다. 이러한 과정은 잭이 보다 정확하고 객관적인 자기평가를 발달시키는 데 도움이 된다. 주인공에 대한 피드백은 주인공의 자각과 다른 사람의 눈에 비친 자기 모습 사이에 어떠한 차이가 있는지에 대한 이해를 돕는 데 있어 매우 유용하다. 예를 들어, 다른 구성원이 잭을 요구가 많고 비판적이며 냉담하고 차가운 사람으로 묘사한다면, 그는 딸이 그를 인식하는 방식 또한 그러한가에 대한 의문을 갖게 될 것이다. 이 기법은 집단의 다른 이들이 잭 스스로 자신을 인식한 방식과 다르게 그를 볼 때, 혹은 그가 언어나 행동으로 자신을 표현하는 데 어려움을 느낄 때 더욱 유용하다. Blatner(2000)는 거울 기법이 강력한 직면 기법이 될 수 있으므로 신중하게 사용되어야 한다고 경고하였다. 주인공을 조롱의 대상으로 만들어서는 안 되며 관심과 공감의 정신적 차원에서 수용해야 한다.

미래 투사 기법

미래 투사 기법(future projection)은 집단구성원들이 미래에 대하여 갖고 있는 불안을 표현하고 명료화하는 데 도움을 주기 위해 고안되었다. 미래 투사 기법에서는 예상되는 사건을 현재의 그것으로 영입하여 실연해 보일 수 있다. 이 기법은 바람과 희망, 미래에 대한 두려움과 공포, 삶에 일정한 방향성을 제시하는 목표들을 포함한다. 주인공은 미래의 시간을 창조해 내고, 보조 자아로 선택된 사람들과 함께 미래의 사건을 현재에 옮겨 놓은 후 문제에 대한 새로운 관점을 부여한다. 주인공은 주어진 상황이 이상적으로 진행되기를 바라는 방식의 형태 혹은 가장 끔찍한 결과의 형태로 실연할 것이다.

Z. T. Moreno(1983)는 미래는 일반적으로 치료적 실천에 있어 도외시되어 온 영역이었다고 주장한다. 비록 사건이 지금-여기에서 벌어지고 있는 것처럼 가정되기는 하나 사이코드라마의 참여자들은 예견된 사건을 실연함으로써 다양한 선택 가능성에 대한 인식을 증대시킬 수 있게 된다. 건설적이고 명확한 피드백과 결합된 미래와의 만남에 대한 리허설은 삶에서 의미 있는 사람들과 보다 효과적으로 관계를 발전시키고 싶은 이들에게 매우 가치 있는 작업이다.

일단 주인공이 특정한 결과에 대한 바람들을 명료화하고 나면 더 나은 위치에서 소망하는 미래를 성취할 수 있는 구체적인 단계들을 밟아 나갈 수 있게 된다. 잭의 사례로 돌아가 보자. 집단지도자는 그에게 1년 뒤, 이상적으로 생각되는 딸과의 대화를 계속해서 유지해 나가도록 요구할 수 있다. 또한 역할을 바꾸어 그가 바라는 모든 것을 딸이 그에게 말하는 것처럼 해 보도록 요구할 수도 있다. 또는 스스로를 그의 딸에게 투사하여 그녀에게 그가 작년에 어떻게 다르게 행동했는지에 대해 말할 수도 있다. 만일 그가 딸과 맺기를 원하는 관계에 대해 보다 명확한 관점을 가지고, 그 관계가 갖는 특성에 대한 책임감을 수용한다면 그는 그가 딸에게 다가가는 방법을 수정해 나갈 수 있을 것이다.

마술 가게 기법

마술 가게 기법(the magic shop)은 준비 단계에서 사용되고, 때로 행위화 단계를 거치는 동안 정교화되기도 한다. 마술 가게 기법은 다양한 선반 위에 각기 다른 종류의 개인적 특성이 담겨 있는 많은 병과 색다른 용기(容器)가 놓여 있는 가게를 상상하고 '창조해 내는 것'이다. 내담자가 갖기를 원하는 상상 속의 용기 안 개인의 특성들을 마술처럼 얻을 수 있지만 이는 주인공이 이미 소유하고 있는 다른 특성과의 교환이 이루어질 때에만 가능하다. 이 기법의 중요 장치는 용기에 담겨 있는 상상 속의 특성을 얻기 위해, '가게 지킴이' 역할을 수행하고 있는 보조 자아와 협상을 해야 한다는 것이다. 예를 들어, 잭은 그의 경쟁적인 성향을 애정 어린 방식으로 그의 딸에게 마음을 터놓을 수 있는 능력과 교환하기를 원할 수도 있다. 이 기법은 그가 자신의 우선순위를 평가하고, 로라와의 관계에서 그에게 필요한 것이 무엇인지를 발견할 수 있도록 해 준다. 마술 가게 기법은 가치 있게 여기는 것이 무엇인지에 대한 판단 기준이 명확하지 않거나 목표가 혼란스러운 주인공 또는 가치의 우선순위를 매기는 것에 어려움을 느끼는 주인공에게 매우 효과적이다. 이는 강력한 기법이지만, Leveton(2001)은 기법 사용에 있어서의 한계에 대해 지적한다. 즉, 마술 가게 기법은 시의적절하게 사용해야 하고, 동일한 집단 내에서 너무 반복적으로 사용해서는 안 된다. 마술가게 기법에 대해 더 알고 싶다면 Barbour(1992)와 Nolte(2020)을 참고하라.

재연법

뮤지컬이나 드라마의 예행연습에서 널리 사용되는 확실한 기법 중 하나는 보다 풍부한 표현들로 행동을 개량하거나 재연하고, 다른 방식으로 변화시킴으로써 단순하게 재행위(redoing)를 하는 것이다. 당신이 실수를 했다면 "일이 잘 안 됐어. 내가 다시 해 봐도 될까?"라고 간단히 말할 것이다. 사이코드라마에서 재연법(replay)은 행위를 통해 이루어진 자각에 대한 인지를 강조하고, 소유권과 책임감에 대한 의식을 강화하기 위해, 혹은 주인공의 역할 레퍼토리를 확장하기 위해 사용될 수 있다. 재연법은 행동치료나 게슈탈트 치료 등과 같은 다른 접근법들에서 활용되어 왔으며, 여러 번의 수정 과정을 거쳐 사이코드라마의 핵심적인 기법으로 자리 잡게 되었다.

역할 훈련

역할 훈련(role training)은 재연법, 거울 기법, 역할 바꾸기, 피드백과 같은 기법을 보다 체계적으로 활용하고, 내담자들이 이전에 난처했거나 또는 위협을 느꼈던 상황을 다루는 데 있어 보다 높은 수준의 기술과 자신감을 발달시키도록 돕는 집단 내 모델링 등과 관련되어 있다. 이는 행동 시연(behavioral rehearsal)과 유사한 개념이며, 행동적 집단치료의 구성요소로서 1930년대부터 Moreno에 의해 발전되고 전파되기 시작했다.

사이코드라마에서 사용하는 기법들은 단지 감정을 이끌어 내거나 통찰을 증진하기 위한 목적만을 갖는 것은 아니며, 때로 개인의 역할 레퍼토리 확장 또는 재발견을 위한 서비스를 제공하는 데 사용될 수도 있다. 역할 훈련은 개인이 안전한 집단 안에서 새로운 행동을 경험해 볼 수 있도록 해 준다. 주인공들은 개인적으로 자신에게 맞는 반응을 발견할 때까지 장면을 재현할 수 있는 많은 기회를 갖는다. 그들은 지지, 강화, 그리고 새로운 행동이 갖는 효과에 대한 피드백을 받는다. 문제를 해결하기 위한 작업의 일부로서, 연출자는 일반적으로 다른 구성원들에 대한 모델링을 통해 학습되는 특별한 상호작용적 기술들을 획득하거나 연습하는 데 집중한다.

집단구성원들은 그들의 불안을 관리하는 법에 대한 학습을 목적으로 취업 면접과 같은 상황에서 지도 또는 역할 훈련을 받을 수 있다. 이를 통해 그들은 자신의 감정과 접촉할 수 있을 뿐 아니라 효과적인 면접을 방해할 수 있는 행동들에 대한 통찰을 얻을 수도 있다. 또한 그들은 면접에서 자신을 표현하는 방법에 대한 피드백을 얻을 수 있으며, 스트레스라 생각되는 경험에 대해 그들 스스로를 심리적으로 준비시키기 위해 다양한 행동 양식을 연습해 볼 수도 있다. 이를 통해 집단구성원들은 다양한 상호작용적 상황에 효과적으로 대처할 수 있도록 도와주는 구체적인 사회적 기술들을 발달시키고 실행할 수 있다.

집단 이론의 실제: 사이코드라마의 적용*

집단 회기를 시작할 때, 나는 구성원들에게 영향을 준 과거 관계나 그들이 더 잘 이해하고 싶어하는 현재의 관계에 대해 되돌아보게 함으로써 사이코드라마로부터 나온 아이디어를 사용한다. 이는 집단구성원이 자신과 관련된 관계를 탐색하기 위해 하는 준비 단계의 예시이다. 구성원들이 더 충분히 이해하고 싶어하는 관계를 찾도록 요청했을 때, 랜디(Randy)는 빠르게 그의 어머니와의 관계가 현재 여성과 관계를 맺는 데 어떻게 방해가 되는지 작업할 준비가 되어 있다고 이야기하였다. 그는 자신이 자라면서 어머니가 비판했던 모든 방법에 대해 자세히 설명하면서 시작하였다.

나는 랜디가 어머니에 대해 이야기하는 것을 막고 그가 어머니 역할을 해 줄 누군가를 선

* 여기서 논의된 집단 회기는 온라인 학생 자료에 포함된 '집단 이론의 실제' 비디오에 있는 사이코드라마 집단 작업에서 나온 것이다.

택할 의향이 있는지 물었다. 어머니와의 장면을 상징적인 방식으로 지금-여기에서 재연하는 것이 그의 작업이 더 생생해질 수 있을 것이라 생각했다. 랜디는 다나(Dana) 옆에 앉아, 다나를 그의 어머니라고 생각하며 이야기할 수 있다고 하였다. 랜디는 그의 어머니 역할을 하는 다나에게 직접 이야기하였다.

> "저는 엄마가 어떻게 반응할지 잘 몰랐고 엄마의 반응을 전혀 이해할 수 없었기 때문에 항상 엄마 옆에서는 불안했어요. 엄마가 저에게 더 잘 반응해 주었다면 좋았을 거예요. 저는 엄마와 함께했던 방법에 대해 후회해요. 엄마와의 관계가 오늘날 제가 여자들과 지내는 방식에 매우 큰 영향을 미치고 있다는 걸 깨달았어요. 저는 보통 여자들과 있을 때 불암감을 느껴요."

상징적인 어머니와 직접 대화를 나눈 후, 나는 랜디에게 역할을 바꿔 '그의 어머니가 되어 달라' 요청했다. 랜디의 어머니 역할을 하면서 그녀가 가진 것이 거의 없지만 그녀가 할 수 있는 최선을 다했다고 들었다. 그런 다음 랜디에게 그녀를 기억하는 만큼 비판적인 입장을 취해 보라고 요청하였다. 랜디는 어머니의 목소리 톤과 비판적인 태도를 따라하며 역할을 열정적으로 연기하였다.

다나가 영향을 받고 있다는 것을 알아차리고 이 순간 다나가 경험하고 있는 것을 말해 달라고 요청하였다. 다나는 랜디에게 자기가 어머니라고 생각하고 있었고 자신을 아이들이 어떻게 느끼고 있을지 궁금해졌다고 말했다. 나는 다나가 되고자 노력했던 어머니에 대해 랜디(자신의 자녀를 대신 할 수 있는)에게 이야기해 볼 것을 제안했다. 다나는 "내가 최선을 다했지만 충분하지 않았구나. 어떤 면에서는 내가 널 실망시켰겠지만, 네가 나에게 얼마나 중요한지 네가 알아줬으면 좋겠다."라고 말했다. 다나는 자녀를 실망시킨 몇 가지 자신의 방식에 대해 자녀에게 이야기해 달라고 요청을 받고, 이러한 대화를 나누는 것이 실제 삶에서 얼마나 중요한지 깨닫기 시작했다. 다나는 그녀의 아이들과의 관계에 대해 이야기하고 싶어할 것이고 나는 이 집단 내에서 그녀의 아이들에게 상징적으로 이야기하기를 제안했다. 나는 지금으로부터 6개월 후에 다나가 각 자녀들과 관계 맺기를 원하는 방식으로 이야기하도록 하기 위해 미래 투사 기법을 사용할 수도 있다. 다나는 지금으로부터 1년 후에 각 자녀가 자신에게 말을 걸어주길 바라는 방식으로 이야기하며 역할을 바꿔볼 수도 있다.

이러한 개입은 다나와 랜디를 몇 가지의 고통스러운 주제로 연결시키고, 다른 구성원들이 그들이 관찰하고 있는 작업에 대해 반응을 보이게 한다. 한 구성원은 용서할 준비가 되어 있지 않은 아버지에 대한 자신의 부정적인 감정을 알아차렸다. 또 다른 구성원은 자신이 할 수 있었던 만큼 자녀에게 주의를 기울이지 않았다는 사실을 깨달았다. 다나와 랜디가 참여한 이러한 상호작용은 많은 구성원들이 관계 중에서도 특히 현재의 관계의 질에 영향을 미치고 있는 초기 관계를 탐색할 시간을 가지도록 이끌었다. 구성원들은 관계와 관련된 사람들을 상징적으로 방으로 불러와 어떤 것이 떠오르는지 탐색하도록 요청할 수 있으며, 다른 구성원들은 역할극을 실연하는 데 도움을 줄 수 있다.

학교 집단상담에 대한 사이코드라마의 적용

사이코드라마는 행위를 통해 통찰을 이끈다. 사이코드라마는 개인의 내면에 잠재되어 있는 태도, 생각 그리고 감정의 의식화와 표현을 위해 개발되었다. 고전적인 사이코드라마는 아동이나 청소년에게 사용하기에는 부적절할 수도 있으나 사이코드라마에 기원을 두고 있는 역할 연기의 경우 현대인의 삶에 적응하는 데 필수적인 심리사회적 기술들을 발달시키는 데 있어 매우 효과적일 수 있다. 역할 연기는 인간 경험에 대한 상상적·정서적 차원들을 역동적으로 통합하는 실험적인 방식으로서 학령기 전 단계부터 전문적인 대학 프로그램에 이르기까지 광범위하게 활용되고 있다(Blatner, 2007; Crane & Baggerly, 2014; Green & Drewes, 2014; Kipper, 1986).

일부 사이코드라마의 방법들은 여러 가지 형태로 실연되고 극화될 수 있는 갈등이나 문제 상황을 경험하고 있는 아동과 청소년에게 매우 유용할 수 있다(Bannister & Huntington, 2002; Green & Drewes, 2014). 이는 주인공이 될 어린이나 청소년은 물론 집단에 참여한 다른 학생들에게도 유익한 경험이 될 수 있다. 이러한 행동 지향적인 방법들은 집단 응집력을 구축하고 어린이와 청소년들로 하여금 자신이 겪는 어려움을 다른 사람들도 겪고 있다는 사실을 인식할 수 있는 기회를 제공한다.

학교 집단은 일반적으로 시간제한적이고 하나의 주제를 중심으로 구조화되어 있다. 이 장에서 제시하고 있는 수많은 사이코드라마 기법은 아동과 청소년에 대한 집단 작업을 보다 흥미롭게 해 줄 수 있다. 이전에 발생하였거나 혹은 예견되는 상황에 대한 역할극은 실제로 몸을 움직여 재연해 볼 수 있다. 아동 및 청소년과 작업하는 학교상담사들은 묘사를 작업할 때, 놀이치료 기술을 활용할 수 있다. 인형극, 인형이나 가면을 사용하여 아이들의 자연스러운 놀이 언어를 통해 복잡하고 어려운 문제들을 설명할 수 있다. 카타르시스를 느끼는 것은 어린이들로 하여금 고통스러운 경험을 다시금 겪어야 하는 상황을 초래하지만 자신감과 자기유능감을 느끼는 것은 미래에 하게 될 도전들에 대한 성공적인 예행연습으로부터 시작될 수 있다.

역할 바꾸기는 어린이와 청소년에게 타인의 눈을 통해 자신의 상황을 경험함으로써 다른 사람의 세계를 이해할 수 있는 기회를 제공해 준다. 이 방법은 주인공의 시야를 확장하고, 공감 능력의 발달을 돕는다. 미래 투사 기법은 아동과 청소년들에게 적용하는 데 있어 많은 가능성을 가지고 있으며, 특히 미래에 대한 생각들을 명료화하는 수단으로서 유용하다. 구성원들은 다른 이들과 맺고 싶은 관계들을 창조해 낼 수 있고, 미래에 만날 수 있는 상황에 대한 대처 방법을 미리 연습할 수 있으며, 또한 다른 사람들과 더불어 살아가는 방법에 대한 유익한 피드백을 얻을 수 있다. 마술 가게 기법은 어린이와 청소년들로 하여금 그들의 가치관을 확인하고 이것이 자신의 행동과 어떻게 연관되어 있는지 명료화하는 데 도움을 준다.

집단 안에서 무엇이 이루어지고 있는가에 따라 행동 지향적 기법들은 구성원들의 창의성, 자발성 그리고 상상력을 자극할 수 있다. 집단지도자들은 집단의 특별한 목적과 학교 상황에 적합한 방법을 고르도록 유의해야 한다. 지도자들은 학교 상황에 따라 부여된 한계 안에서 적절히 다루어질 수 없는 부분, 그들의 능력을 벗어나는 영역에 대해서는 접근하지 않도록 주의해야 한다. 사이코드라마에서 집단지도자에 대한 훈련 및 수퍼비전과 관련된 주제에 대해서는 이 장의 후반부에서 보다 자세히 다룰 것이다.

다문화 집단에 대한 사이코드라마의 적용

만약 실무자들이 이 장에서 언급된 주의 사항들을 진지하게 받아들인다면 사이코드라마는 민족학적 · 문화적으로 다양한 사람들을 돕는 데 특별한 기여를 할 수 있을 것이다. 사이코드라마는 전 세계적으로 수많은 전문가에 의해 활용되고 있다(Blatner, 2005). 영어를 제2외국어로 사용하고 있는 많은 사람에게 사이코드라마를 흥미롭게 적용해 볼 수 있다. 동료들과 나는 때로 집단 회기의 역할 연기 상황 안에서 구성원들에게 그들의 모국어로 의미 있는 이들에게 말을 해 보도록 요구한다(Corey et al., 2015). 그리고 그렇게 했을 때 그들의 감정은 즉시 표면화되어 나타난다. 나는 역할 연기 상황에서 그녀의 '아버지'에게 영어로 말하던 독일 태생의 한 집단구성원을 기억한다. 그렇게 하는 동안 그녀는 담담한 태도를 보였고, 그녀의 말은 예행연습이라도 한 것처럼 조리가 있었다. 우리는 그녀에게 계속해서 아버지와 대화하되 독일어를 사용하라고 요청했다. 그녀는 요청에 따랐고 곧 격렬한 감정에 휩싸였다. 모국어를 사용하면서 강렬한 감정적 경험에 대해 방어를 유지하는 것은 어려운 일이었다. 지도자나 다른 집단구성원들이 주인공에 의해 표현된 말의 정확한 의미를 이해할 수는 없었지만 주인공의 비언어적인 단서들과 목소리 톤을 통해 그녀의 내면 깊은 곳에 있는 감정적인 메시지를 이해할 수 있었다. 그녀가 사이코드라마를 마친 후 나는 그녀가 무엇을 경험했는지에 대해 영어로 이야기해 보도록 요청했다. 그녀는 독일어로 이야기함으로써 초기 장면들을 생생하게 상기할 수 있었는데, 이는 생동감 있는 유년 시절의 경험으로 그녀를 강하게 이끌었다고 말했다. 이는 독일어를 이해하지 못하는 이들이 그녀의 작업에 보다 집중할 수 있도록 해 주었고, 그녀로 하여금 인지적인 관점에 정서적인 측면을 통합하여 문제에 대한 작업을 할 수 있도록 해 주었다.

〈집단상담의 실제(Groups in Action)〉라는 비디오 프로그램(Corey et al., 2014)에 소개된 사례에서 케이시(Casey)는 그녀의 어머니에게 베트남어를 사용하여 상징적으로 말했고 역할 바꾸기를 통해 그녀의 엄마는 다시 케이시에게 베트남어로 말을 했다. 같은 DVD의 다른 집단 프로그램에서 마리아(Maria)는 집단의 각 구성원들에게 그녀의 모국어인 스페인어로 자신의 생각과 감정에 대해 이야기했다. 이러한 사례들은 특정한 상황에서 구성원들의 모국어 사용이 갖는 치료적 가치의 경험적인 증거를 제공해 준다.

구성원들이 개인적인 주제에 대해 이야기하는 것을 매우 불편해한다면 다른 이들 앞에서 스스로 감정을 표현하도록 놔두도록 한다. 단, 이때 사이코드라마 기법을 적용하는 것은 적절하지 않다. 그러나 몇몇 기법은 인지적 · 행동적 원리를 활용하는 문제해결 접근법에 적용할 수 있다. 다문화 구성원으로 이루어진 구조화 집단에서는 교훈적이고 실험적인 방법들을 사용할 수 있다. 모든 사이코드라마 기법이 감정을 이끌어 내거나, 구성원들로 하여금 그들의 감정을 표현하고 탐색하도록 격려하기 위한 목적으로 사용될 필요는 없다. 역할 연기 기법들은 특별한 행동이 이루어지는 새로운 상황을 다루는 구조화된 집단에 생산적으로 적용될 수 있다.

집단 안에서 가족에 대해 언급하는 것에 대한 심각한 문화적 거부감을 갖고 있는 이들은 어머니나 아버지에게 '말하는' 등의 역할 연기 앞에 머뭇거릴 수 있다. 이러한 망설임은 적절한 준비 절차 마련 및 집단에 대한 충분한 신뢰와 안정감 창출을 통해 감소시킬 수 있다. 지도자는 구성원들이 추구하는 문화적 가치관과 그들이 특정 기법에 대한 참여를 주저하는 이유에 대해 충분히 탐색해야 한다. 이는 지도자에게 높은 수준의 훈련과 역할 기술을 요구한다. 훈련되지 않고 문화적 차이에 대한 인식이 없는 지도자의 집단 개입은 오히려 역효과를 낼 수 있기 때문이다.

사이코드라마에 대한 평가

이 접근의 기여와 강점

이 장에서 언급하고 있는 행동 지향적 방법들은 다른 집단 접근법 체제로 통합될 수 있다. 점차 많아지고 있는 사이코드라마 실무자들은 그들의 이론적 기반 안에서 사이코드라마 기법들의 통합을 이루어 내고 있다. 나는 사이코드라마의 행동적인 기법들과 역할 연기를 가치 있게 생각하는데, 집단구성원이 객관적이고 스토리텔링적인 방법으로 자신에 대해 이야기하는 것은 다른 동료들로 하여금 단순한 사례 이상의 보다 강력한 수준으로 현실적인 갈등을 직접 경험할 수 있도록 해 주기 때문이다.

사이코드라마는 삶 속에서 부딪히는 현실적 문제해결을 위한 역동적인 접근법을 제공하고, 집단구성원들에게 그들의 문제에 대처할 수 있는 대안적인 방법들을 제시해 준다. 사람들은 자신의 삶에서 중요한 타인들과의 관계를 개선해 나가는 데 있어 필요한 대안을 찾지 못한다. 사이코드라마에서 집단구성원들은 타인에 대한 반응 방식을 다양하게 보여 줄 수 있으며, 이는 말로 제시하는 것과는 다른 인식의 틀을 제공해 줄 수 있다. 예를 들어, 역할 연기 상황에서 노린(Noreen)은 그녀의 파트너인 실비아(Sylvia)의 약점이 적힌 목록을 가지고 그녀에게 다가간다. 실비아에 대해 이야기할 때, 그녀는 실비아가 이기적이고, 무관심하며, 감정을 잘 드러내지 않고, 진정성 있게 자신의 삶을 타인과 공유하고자 하지 않는다고 하였다. 역할 연기의 몇몇 변형을 통해 다른 구성원은 실비아에 대해 비난하지 않고, 실비아가 방어적인 태도를 취하거나 노린의 불만을 무시해 버릴 가능성을 최소화하면서 노린이 그녀의 파트너와 관계를 맺어 갈 수 있는 다른 방법들에 대해 설명해 줄 수 있다.

다른 접근과의 통합 가능성

정신역동적 접근, 인본주의적 접근, 그리고 인지행동적 접근은 사이코드라마의 개념과 방법으로부터 상상, 행동, 그리고 직접적이고 상호작용적인 만남과 같은 요소를 받아들였다. 이 책에서 다루어지는 사이코드라마 접근법들의 대다수는 집단 과정을 보다 실험적이고 의미 있으며 집단역동이 좀 더 풍부하게 일어나도록 할 수 있다. 이러한 이유로 사이코드라마 치료자들은 다른 접근법에서 가져온 개념과 기술을 사이코드라마의 그것과 통합해 왔다(Baim, Burmeister, & Maciel, 2007). 예를 들어, 토론, 인지적 처리 과정, 모델링 그리고 피드백은 사이코드라마의 카타르시스적인 경험을 통해 감정과 태도들을 표면화하는 데 도움이 될 것이다.

앞서 논의된 바와 같이 사이코드라마는 보통 카타르시스와 관련되어 있지만 카타르시스 자체가 사이코드라마의 주된 목표는 아니다. 카타르시스는 통합이나 치유의 과정에서 자연스럽게 생산되는 부산물일 뿐이다. 집단구성원들은 강렬한 감정적 작업에 참여하기 전까지 경험적 기술의 힘을 깨닫지 못한다. 집단치료자들은 감정을 표출함으로써 구성원들이 작업하는 것을 도울 수 있고 구성원들이 카타르시스 경험의 의미를 이해할 수 있도록 안내해야 한다. 그러나 카타르시스가 갖는 가치는 분명 있다. 집단과 함께한 경험은 나 자신에게 시간을 가르쳐 주었으며, 울적한 감정이 자신과 타인과의 관계에 어떻게 영향을 주는지에 대해 이해할 수 있도록 구체적인 맥락을 제공하는 것이 얼마나 중요한지에 대해 새삼 깨닫게 해주었다. J. L. Moreno는 모든 감정적 카타르시스는 통합된 형태로 존재해야 한다고 주장하였다(Blatner, 2000).

사이코드라마는 치유적인 카타르시스를 촉진할 수 있는데, 이는 통찰을 통합하고 보다 효과적인 행동들을 발전시키고 실행하는 데 큰 도움을 줄 수 있다. 나의 관점에서 볼 때 구성원들이 회기에서 배운 내용을 일상생활로 전환하는 방법에 대한 학습이 이루어진 경우에 한하여 개인적으로 중요한 변화들이 일어날 수 있으며, 이는 사이코드라마에서 기억해야 할 매우 중요한 부분이라 할 수 있다. 또한 구성원들에게 이러한 긍정적인 정서적 · 행동적 변화들을 유지하는 방법에 대해 가르치는 것은 매우 중요하다. 이는 그들이 세상에서 좌절감을 느낄 때 효과적으로 대처할 수 있는 방법에 대한 계획을 수립할 수 있도록 도와줌으로써 달성될 수 있다. 이러한 인지적 작업과 행동 계획 수립은 사이코드라마가 끝난 이후, 회기 나누기 작업의 마무리와 함께 진행된다. 구성원들이 감정적 문제들에 대해 성공적인 마무리를 할 수 있도록 돕는 방법 가운데 하나는 그들로 하여금 고조된 감정 상태의 의미에 대해 생각해 볼 수 있도록 하는 것이다. 구성원들에게 그들의 신념과 결단이 사이코드라마에서 재경험되는 감정적인 혼란에 어떠한 기여를 하는가에 대해 반추해 보도록 격려할 수 있다.

사이코드라마의 가장 중요한 공헌은 심리치료에서 기술적 절충안을 지향하는 추세를 선도하고 지지한다는 점이다. 사이코드라마는 집단 맥락 안에서 사용될 때 가장 강력한 효과를 발휘할 수 있다. 실무자들은 주어진 상황에서 어떠한 도구가 유용할지에 대해 판단해야 한다. 그러나 사이코드라마는 그 자체로서 집단구성원들의 모든 문제를 다룰 수 있는 단일한 접근법이라기보다는 선택적인 도구의 하나로 이해하는 것이 가장 적합하다(Blatner, 1996).

사이코드라마는 집단치료에 가장 적합한 방법이기는 하지만 개인치료, 부부치료, 가족

치료에도 적용할 수 있다(Hayden-Seman, 1998). 사이코드라마의 변형들은 어떠한 연령대의 집단에 대해서도 적용할 수 있다. 선행연구에 따르면 아동과 청소년을 대상으로 한 작업에서 표현예술, 놀이치료, 드라마 치료 접근법이 지지되는 것으로 나타났다(Felsman et al., 2019; Green & Drewes, 2014). 사이코드라마에서 사용하는 방법들은 인지행동적 지향을 강조하는 집단 접근법들의 기법과 결합하여 강력한 상승 효과를 창출해 낸다. 예를 들어, 내담자가 어머니를 만나러 여행을 가는 역할극을 한다고 상상해 보라. 연출자는 다가오는 만남에 대한 생각과 기분을 큰 소리로 이야기해 보라고(독백) 요청한다. 이는 인지치료를 지금-여기의 경험으로 가져온다. 다른 집단치료적 접근법들에 대해 기술한 문헌을 읽어 본다면 얼마나 많은 사이코드라마의 기초적인 개념과 기법들이 '혁신적인 치료법'으로 불리고 있는지에 대해 알 수 있을 것이다. 다른 치료법들과의 통합에 대한 보다 자세한 논의를 살펴보고자 한다면, Blatner(1996, 2000, 2005)를 참고하라.

사이코드라마 분야는 진화로 특징지을 수 있으며, 의미 있는 이론의 개선과 J. L. Moreno의 독창적인 작업을 뛰어넘어 이루어지고 있는 수많은 실천을 통해 지속적으로 발전하고 있다(Baim, Burmeister, & Maciel, 2007; Dayton, 2005; Gershoni, 2003). Z. T. Moreno는 사이코드라마 방법론의 발전에 크게 공헌했으며, 그 밖의 많은 사이코드라마 치료자들도 독자적이고 의미 있는 혁신과 응용을 통해 사이코드라마의 발전에 기여했다. Horvatin과 Schreiber(2006)의 편저인 『Zerka의 정수(The Quintessential Zerka)』는 Z. T. Moreno의 방대한 작업을 모아 정리한 책이다.

이 접근의 제한점

Blatner(1996)는 사이코드라마가 만병통치약이 아니라는 점, 그리고 그것은 정확한 판단 및 다른 집단치료 기법들과 조화를 이루며 사용되어야 한다는 점을 강조한다. 사실 실연은 강력한 감정을 일으킬 수 있기 때문에 치료자들은 이 방법에 대해 정확하게 이해해야 하며, 전문적이고 정서적인 교육에 사용하기 위해 자신의 기술을 개선해 나가는 데 있어 겸허함을 가질 필요가 있다. 자발성이 사이코드라마의 기본 개념 가운데 하나이지만 오용될 수도 있다. 또한 집단지도자의 자발성, 독창성, 그리고 새로운 기법들을 시도하고자 하는 용기는 사이코드라마 기법 적용에 있어서의 주의 사항, 구성원들에 대한 존중, 그리고 집단구성원들의 복지에 대한 관심을 고려하여 적절하게 조절되어야 한다.

고전적인 사이코드라마에서 한 개인은 2시간의 전체 회기 동안 집단의 관심을 받을 수 있다. 주요한 작업은 집단구성원 사이의 대인 간 상호작용보다는 주인공의 삶에 대한 깊은 탐색이다. 집단구성원들이 보조 자아로서, 관중으로서, 그리고 이후 자신의 통찰을 공유하지만 회기의 초점은 한 구성원에게 있다. 그러나 하나의 사이코드라마는 또 다른 사이코드라마를 낳고, 집단구성원이 유사한 주제로 준비 단계를 진행하면 다른 구성원들은 더 많은 탐색을 할 수 있다. 실제적인 관점에서 볼 때, 대부분의 집단에서 고전적인 2시간짜리 사이코드라마를 위한 시간이 거의 없다. 그러나 사이코드라마에서 자주 사용되는 몇몇 기법들은 다양한 이론적 배경을 가진 집단치료자들이 이끄는 다른 종류의 집단에서도 사용될 수 있다.

사이코드라마를 활용하는 실무자들은 과잉 행동을 보이는 사람들이나, 심각한 심리적 장애를 지닌 개인과 함께 작업할 때 특히 주의를 요한다. 지도자가 구성원의 정신병리를 다룰 수 있는 경험, 역량, 그리고 지식을 갖추는 것은 매우 중요하다. 또한 높은 수준의 민감성을 지닌 지도자는 장애를 가진 구성원이 치료를 요하는 시기에도 조속한 변화를 강요하지 않는다. 상황을 구조화하는 데 있어 정확한 판단을 내리는 것 또한 중요한데 이를 통해 집단구성원들은 그들의 문제를 감추지 않으면서 오래된 상처들에 대해 마음을 열 수 있게 된다.

사이코드라마의 강력한 방법을 사용하는 데 있어 지도자들은 자신의 개인적 문제와 충족되지 않은 욕구들이 어떻게 그들의 전문적인 기능을 방해하고 있는지에 대해 자각해야 한다. 지도자들은 집단에 대해 치료적인 영향력을 가지고자 할 수도 있기 때문에 역전이는 반드시 이해하고 탐색해야 하는 주제라 할 수 있다. 예를 들어, 몇몇 집단지도자는 '느린 진전'을 보이는 구성원이라고 인식된 이들에 대해 쉽게 인내심을 잃어버리곤 한다. 즉각적인 성과를 보고 싶은 욕망으로 집단지도자들은 보다 긴장감 있는 드라마의 진행을 위해 구성원을 흥분시키기 위한 다양한 속임수를 사용할 수 있다. 또한 집단지도자들은 그들이 어떻게 강렬한 감정을 경험하고, 표현하며, 관리하는지에 대해 인식해야 하고 역전이에 대해서도 인식하고 있어야 한다. 연출자 자신의 개인적인 발전을 향한 지속적인 노력은 필수적이다.

사이코드라마의 기저에 깔린 철학은 실존치료, 인간중심치료, 그리고 게슈탈트 치료의 전제와 상통하며, 이 모든 접근들은 내담자의 경험에 대한 이해와 존중, 그리고 치유 요소로서 치료적인 관계의 중요성에 대해 강조한다. 사이코드라마 기법을 사용하는 집단지도자들이 역동적이고 지시적인 역할을 수행하여 집단을 활성화할지라도, 인간중심치료의 정신을 유지해야만 이러한 기법을 통해 최대의 성과를 거둘 수 있다(Blatner, 1996). 구성원들과 좋은 관계를 맺는 집단지도자, 심리적으로 민감하고 공감을 잘 표현하며 구성원들에 대한 존중과 긍정적인 관심을 가진 지도자들은 대부분 다양한 사이코드라마 기법들을 효과적으로 활용할 수 있다. 이러한 기법들을 적절히 사용하는 데 있어 가장 안전한 보호 장치들 중 하나는 인간중심의 철학적 기반에 기초한 지도자들의 실천이라 할 수 있다.

사이코드라마의 효과에 대한 연구는 제한적이며, 통제된 연구는 거의 이루어지지 않았다(Wieser, 2007). 최신 연구들은 사이코드라마와 그와 유사한 방법인 '드라마 치료'를 지지해왔다(Feniger-Schaal & Orkibi, 2020; Gokkaya et al., 2020). 이와 관련된 접근인 즉흥극은 사회불안을 감소시키는 것으로 나타났다(Felsman et al., 2019). 집단의 치료 효과를 사이코드라마의 특정한 효과와 분리하는 것은 어려우며, 이로 인해 일부 심리치료사들은 결과를 평가할 때 사이코드라마의 효과성을 믿지 않게 되었다(Norcross et al., 2006). 현재까지 사이코드라마 커뮤니티는 주로 이론 개발과 실무자 양성에 초점을 맞추며 연구는 부차적으로 진행되어왔다. 대부분의 최근 연구들은 미국에서 진행된 것이 아니며, 대부분 질적 연구이다. 또한 다른 인구를 대상으로 한 혁신에 집중하고 있고 사이코드라마 접근법을 다른 방법과 통합하고 있다(Karabilgin et al., 2012). 현재 미국보다는 유럽, 브라질, 아르헨티나, 튀르키예에서 사이코드라마에 대한 관심이 더 높은 실정이다(Nolte, 2020).

안전장치로서의 훈련

사이코드라마와 관련된 잠재적인 한계점과 문제점을 최소화하기 위해 사이코드라마 치료자들은 반드시 이 접근법에서 필요로 하는 훈련과 수퍼비전을 받아야 한다. 유사하게 기법에 대해 읽어보는 것만으로는 충분하지 않다. Leveton(2001)은 사이코드라마 치료자들이 사이코드라마 절차를 무책임하게 사용하는 행태에 대해 경고한다. 그녀의 주장에 의하면, 숙련된 연출자들은 그들의 기술을 발전시키는 데 시간을 투자하고 경험 있는 임상가들의 수퍼비전하에 훈련을 받아야 한다. 사이코드라마는 전문적인 판단 능력을 갖춘 임상가들과 함께 작업을 진행할 때 가장 효과적이다. 또한 다양한 접근법으로부터 기법을 이끌어 내는 데 개방적이라는 점은 실무자들이 많은 사람을 대상으로 완전한 형태의 '고전적 실연'이 아닌 사이코드라마의 특정 부분들을 사용할 수 있다는 사실과 일맥상통한다.

연출자가 수행해야 하는 기능은 복잡하고, 예술과 과학의 조합적 성격을 띠고 있으며, 수년간의 수련을 필요로 한다(Z. T. Moreno, 1987). 그러나 사이코드라마 실무자 자격증을 받기 위한 요구 조건들을 충족하는 데는 더 오랜 시간을 필요로 할 수 있다. 연출자는 자신의 삶을 보다 풍부하게 영위해 나감으로써 사이코드라마에서 요구되는 기능들을 보다 잘 완수해 나갈 수 있을 것이다.

Blatner(1996)는 연출자에게 있어 사이코드라마 기법에 대한 이론적 · 기술적 · 실용적 지식은 필수적이라 주장한다. 이러한 기법들에 내재하는 잠재적인 가치와 위험을 온전히 이해하기 위해 연출자는 이러한 기법들을 실험적으로 배우는 과정에 참여할 필요가 있다. 효과적인 사이코드라마 치료자의 기술은 수백 시간의 훈련과 수퍼비전을 필요로 한다.

사이코드라마 치료자는 훈련을 통해 상담 또는 그와 관련된 분야의 석사 학위, 사이코드라마 회기 진행에 대한 지도로서의 수퍼비전 경험과 함께 780시간 이상의 교훈적 · 경험적 작업을 수행함으로써 완전한 형태의 사이코드라마 치료자 자격증을 취득할 수 있게 된다. 자격증은 윤리적인 문제, 이론과 실제에 관한 지식, 사이코드라마를 이끌어 가는 기술에 대한 관찰 결과를 토대로 한 평가를 통해 부여된다(Blatner, 2001). 집단치료자는 사이코드라마 치료자 자격증 취득에 필요한 광범위한 사이코드라마 훈련이 없어도 역할극과 같은 제한된 형태의 사이코드라마를 배울 수 있다.

사이코드라마를 배우는 학생들은 보조 자아, 관객, 연출자, 특히 주인공 등 가능한 모든 역할을 경험해 보아야 한다. 사이코드라마의 과정 전반에 개인적으로 참여함으로써 훈련생들은 자신에 대한 심도 있는 이해를 도모할 수 있을 뿐 아니라 내담자 역할에 대한 민감성을 발전시킬 수 있다. 예컨대, 자신의 문제를 집단 안에서 다룰 준비가 되어 있지 않은 구성원의 참여를 강요하는 등의 서툰 리더십은 구성원들에게 매우 부정적인 결과를 초래할 수도 있다. 따라서 구성원들의 치료적 요구를 충족하기 위해서는 지도자의 민감성과 전문성이 매우 중요하다.

사이코드라마를 자신의 리더십 스타일에 통합하고자 하는 집단상담 실무자들은 기법 적용에 있어서의 첫 시도가 완벽할 수 없음을 알아야 한다. 사이코드라마 집단구성원으로서의 경험 및 특화된 훈련 등 집단 운영에 있어 꾸준한 수퍼비전을 받아 온 집단상담 실무자들은 사이코드라마 기법들을 집단에 적용하기 위한 역량을 획득하는 데 있어 유리한 위치에 서게 된다.

자기성찰과 토론을 위한 질문

1. 사이코드라마의 집단지도자는 다음과 같이 말할 수 있다: "그것에 대해 이야기하지 말고, 지금 그게 일어난 것처럼 우리에게 보여 주십시오." 지금-여기에서의 직접적인 경험에 대한 강조에 대해 어떻게 생각하는가?

2. 집단 응집력이 없다면 구성원들이 삶의 중요한 문제를 역할극으로 다루는 위험을 감수할 가능성이 거의 없다. 집단 내에서 신뢰감, 안전함 및 위험을 감수하려는 의지를 촉진하기 위해 당신이 할 수 있는 것은 무엇인가?

3. 카타르시스는 사이코드라마 과정에서 자연스러운 것이지만 그 자체가 목표는 아니며 이는 통합이 발생하기 위해 함께 다루어져야 한다. 카타르시스를 야기하고 통합을 가능하게 하기 위해 사이코드라마에서 어떤 기법을 고르겠는가?

4. 어떤 특정한 사이코드라마 기법이 당신이 이끌 집단에서 잠재적으로 도움이 되는가? 당신의 집단 작업에서 사이코드라마 기법을 사용할 가능성은 어느 정도인가? 사이코 드라마 기법을 소개할 때 당신은 얼마나 편안하다고 느낄 것 같은가?

5. 준비 단계 과정은 성공적인 사이코드라마 실연을 위해 매우 중요하다. 행동화 단계를 촉진하도록 집단을 준비시키는 방법에 있어 어떠한 아이디어가 있는가?

참고문헌 및 권장 도서 (별표(*)가 표시된 문헌들은 추가 연구를 위한 제안 자료임)

*Baim, C., Burmeister, J., & Maciel, M. (Eds.). (2007). *Psychodrama: Advances in theory and practice.* Routledge.

Bannister, A., & Huntington, A. (Eds.). (2002). *Communicating with children and adolescents: Action for change*. Jessica Kingsley.

Barbour, A. (1992). Purpose and strategy behind the magic shop.*Journal of Group Psychotherapy, Psychodrama & Sociometry,45*(3), 91-101.

Bemak, F., & Young, M. E. (1998). Catharsis in group psychotherapy. *International Journal of Action Methods, 50*(4), 166-184.

*Blatner, A. (1996). *Acting-In: Practical applications of psychodramatic methods* (3rd ed.). Springer.

*Blatner, A. (2000). *Foundations of psychodrama: History, theory, and practice* (4th ed.). Springer.

Blatner, A. (2001). *Psychodrama. In R. J. Corsini (Ed.), Handbook of innovative therapies* (2nd ed., pp. 535-545). Wiley.

Blatner, A. (2005). Psychodrama. In R. J. Corsini & D. Wedding (Eds.), *Current psychotherapies* (7th ed., pp. 405-438). Cengage Learning.

Blatner, A. (2007). Psychodrama, sociodrama, and role playing. In A. Blatner (Ed.), *Interactive and improvisational drama: Varieties of applied theatre and performance*. iUniverse.

Blatner, A. (2009, July 6). *Tele: The dynamics of rapport.* http://www.blatner.com/adam/pdntbk/tele.htm

Carnabucci, K. (2014). *Show and tell psychodrama.* Nusanto.

*Corey, G., Corey, M., & Haynes, R. (2014). Groups in action: Evolution and challenges, *DVD and*

workbook (2nd ed.). Cengage Learning.

*Corey, G., Corey, M., Callanan, P., & Russell, J. M. (2015). Group techniques (4th ed.). Cengage Learning.

Crane, J. M., & Baggerly, J. N. (2014). Integrating play and expressive art therapy into educational settings: A pedagogy for optimistic therapists. In E. J. Green & A. A. Drewes (Eds.), *Integrating expressive arts and play therapy with children and adolescents* (pp. 231-251). Wiley.

Cruz, A., Sales, C. M. D., Alves, P., & Moita, G. (2018). The core techniques of Morenian psychodrama: A systematic review of literature.*Frontiers in Psychology,9*, 1263. https://doi.org/10.3389/fpsyg.2018.01263

Dayton, T. (2005). *The living stage: A step-by-step guide to psychodrama, sociometry, and experiential group therapy*. Health Communications.

Felsman, P., Seifert, C. M., & Himle, J. A. (2019). The use of improvisational theater training to reduce social anxiety in adolescents.*The Arts in Psychotherapy,63*, 111-117.

Feniger-Schaal, R., & Orkibi, H. (2020). Integrative systematic review of drama therapy intervention research.*Psychology of Aesthetics, Creativity, and the Arts,14*(1), 68-80.

Gershoni, J. (Ed.). (2003). *Psychodrama in the 21st century: Clinical and educational applications*. Springer.

Green, E. J., & Drewes, A. A. (Eds.). (2014). *Integrating expressive arts and play therapy with children and adolescents*. Wiley.

Gökkaya, F., Zorluoğlu, E., Işık, ī., Önkür, B., Bozdemir, T., Kızıltan, R., Mıh, C., Salıkyüz, S., & Deniz, C. (2020). Investigation of effectiveness studies conducted by using cognitive behavioral group therapy, psychodrama and art therapy in Turkey.*Psikiyatride Güncel Yaklaşımlar,12*(2), 258-273. https://doi.org/10.18863/pgy.569156

Hayden-Seman, J. (1998). *Action modality couples therapy: Using psychodramatic techniques in helping troubled couples*. Jason Aronson.

*Horvatin, T., & Schreiber, E. (Eds.). (2006). *The quintessential Zerka: Writings by Zerka Toeman Moreno on psychodrama, sociometry and group psychotherapy*. Taylor & Francis.

Karabilgin, Ö., Gökengin, G., Doğaner, İ., & Gökengin, D. (2012). The effect of psychodrama on people living with HIV/AIDS.*European Journal of Psychotherapy and Counselling,14*(4), 317-333. doi:10.1080/13642537.2012.734529

*Kipper, D. (1986). Psychotherapy through clinical role playing. Brunner/Mazel.

*Leveton, E. (2001). *A clinician's guide to psychodrama* (3rd ed.). Springer.

Lippitt, R. (1958). The auxiliary chair technique. *Group Psychotherapy, 11*, 8-23.

McVea, C. S., Gow, K., & Lowe, R. (2011). Corrective interpersonal experience in psychodrama group therapy: A comprehensive process analysis of significant therapeutic events. *Psychotherapy Research, 21*(4), 416-429.

Moreno, J. D. (2014). *Impromptu man*. Bellevue Press.

Moreno, J. L. (1964). *Psychodrama* (3rd ed., Vol. 1). Beacon House.

Moreno, J. L. (1978). *Who shall survive?* (3rd ed.). Beacon House.

Moreno, J. L. (1985). *The autobiography of J. L. Moreno, M.D.* (Abridged). Moreno Archives, Harvard University.

Moreno, J. L., & Moreno, Z. T. (1958). *Psychodrama* (Vol. 2). Beacon House.

Moreno, J. L., & Moreno, Z. T. (1969). *Psychodrama* (Vol. 3). Beacon House.

Moreno, Z. T. (1983). Psychodrama. In H. I. Kaplan & B. J. Sadock (Eds.), *Comprehensive group psychotherapy* (2nd ed., pp. 158-166). Lippincott, Williams & Wilkins.

Moreno, Z. T. (1987). Psychodrama, role theory, and the concept of the social atom. In J. K. Zeig (Ed.), *The evolution of psychotherapy* (pp. 341-366). Brunner/Mazel.

*Moreno, Z. T., Blomkvist, L. D., & Ruetzel, T. (2000). *Psychodrama, surplus reality and the art of healing*. Taylor & Francis.

Nicholas, M. (2009). Introduction to the special issue on psychodrama with some comments on Moreno's concept of spontaneity. *Group, 33*(4), 291-295.

*Nolte, J. (2020). *J. L. Moreno and the psychodramatic method*. Routledge.

Norcross, J. C., Koocher, G. P., & Garofalo, A. (2006). Discredited psychological treatments and tests: A Delphi poll. *Professional Psychology: Research & Practice, 37*(5), 515-522. doi:10.1037/0735-7028.37.5.515

Wieser, M. (2007). Studies on treatment effects of psychodrama psychotherapy. In C. Baim, J. Burmeister, M. Maciel (Eds.), *Psychodrama: Advances in theory and practice* (pp. 271-292). Taylor & Francis.

Young, M. E., & Bemak, F. (1996). Emotional arousal and expression in mental health counseling. *Journal of Mental Health Counseling, 18*(4), 316-332.

9장

실존주의 접근과 집단상담

학습목표

1. 자각, 자유와 책임, 친밀감과 고립, 삶의 의미, 죽음에 대한 불안, 죽음과 무(無), 그리고 진정성을 포함한 실존주의 접근의 주요 개념과 기본 가정을 알아본다.
2. 실존주의 집단 작업에서 의미 추구가 어떻게 핵심 주제가 되는지 설명한다.
3. 죽음의 현실이 목적의식을 증가시키는 행동을 취하는 촉매제가 될 수 있는 방법을 이해한다.
4. 다양한 이론의 기술이 어떻게 실존주의 원리에 기초한 집단에 통합될 수 있는지 설명한다.
5. 실존주의 집단에서 치료적 관계에 대한 고유한 강조점을 이해한다.
6. 단기 집단치료에서 실존주의 접근의 적용을 이해한다.
7. 실존적 주제가 학교 환경에서 아동 및 청소년과 어떤 관련이 있는지 설명한다.
8. 실존적 주제가 어떻게 다문화적 관심사의 탐구를 향상시킬 수 있는지 이해한다.
9. 집단치료에 대한 실존주의 접근의 기여와 강점을 평가한다.
10. 집단 작업에 대한 실존주의 접근의 몇 가지 한계를 알아본다.

서론

실존치료는 집단치료를 시행하는 특별한 방식이라기보다는 하나의 사고방식으로 보는 것이 가장 바람직하다. 그것은 특정한 기법을 갖고 있지 않고 명확하게 규정되거나 체계적인 모델도 아니다. 광범위한 신념, 가치 및 관행은 실존주의 심리치료 분야를 특징짓고 있다. 따라서 단일한 실존주의 접근보다는 실존주의 치료를 참조하는 것이 더 적절하다(Craig et al., 2016). 보편적인 인간의 관심사와 실존적 주제는 대부분의 집단 배경을 구성한다. 이 장에서는 실존적 주제들이 갖고 있는 실제적인 의미에 대해서 다룬다. 실존적 주제는 광범

Irvin Yalom

Irvin Yalom(1931~)은 제1차 세계대전 직후 러시아에서 이민 온 부모 사이에서 태어났다. 어린 시절 동안, 그는 워싱턴 D.C.의 가난한 동네에서 살았다. 길거리는 매우 위험했기 때문에, 집안에서 책을 읽는 것이 Yalom에게는 가장 안전했다. 일주일에 두 번, 그는 읽을 책을 채우기 위해 도서관까지 위험한 자전거 여행을 했다. 그는 책을 읽으며 대안적이고 만족스러운 세계를 찾았고, 그것은 영감과 지혜의 원천이 되었다. 어린 시절에는 소설을 쓰는 것이 사람이 할 수 있는 가장 훌륭한 일이라고 생각했고, 이후에 『나는 사랑의 처형자가 되기 싫다(Love's Executioner)』(1987), 『니체가 눈물을 흘릴 때(When Nietzsche Wept)』(1992), 『카우치에 누워서(Lying on the Couch)』(1997), 『폴라와의 여행: 삶과 죽음, 그 실존적 고뇌에 관한 심리치료 이야기(Momma and the Meaning of Life)』(2000) 등 여러 교육용 소설을 저술했다. Yalom은 『쇼펜하우어, 집단심리치료(The Schopenhauer Cure: A Novel)』(2005)에서 실존주의 집단 작업을 설명하였다. 핵심 주제 중 하나는 소설 내 집단에서 집단치료자의 죽음에 직면하는 것이었다.

Yalom은 스탠퍼드대학교 의과대학 정신과 명예 교수이며, 집단심리치료 분야에서 중요한 역할을 해왔다. 그가 동료와 함께 저술한 『집단정신치료의 이론과 실제(The Theory and Practice of Group Psychotherapy)』(Yalom & Leszcz, 2020)는 현재 6판째를 맞고 있다. 1980년에 저술한 그의 선구적인 작품인 『실존주의 심리치료(Existential Psychotherapy)』는 실존치료에 관한 고전적이고 권위 있는 교과서이다. 그의 책 『보다 냉정하게, 보다 용기있게(Staring at the Sun: Overcoming the Terror of Death)』(2008)는 심리치료에서 죽음에 대한 불안의 역할에 관한 책으로, 어떻게 죽음과 삶의 의미가 심도 있는 치료 작업과 관련된 기본 주제인지를 설명한다. 20개 이상의 언어로 번역된 이 책은 치료자와 일반인 모두에게 널리 읽혔다.

치료적 접근은 모든 내담자가 드러내는 이야기에 경이로움을 가지고 접근하는 Yalom에게는 끝없이 흥미로운 것이었다. 그는 각 개인이 고유한 이야기를 가지고 있기 때문에 각각의 내담자를 위해 다른 치료법이 설계되어야 한다고 믿는다. 그는 내담자의 대인관계 세계를 탐구하기 위해 치료적 관계에서 지금-여기를 사용하는 것을 지지한다. 그의 기본 철학은 실존적이며 관계적이다. 그리고 그 철학은 개인 및 집단치료 모두에 적용된다.

위한 종류의 치료 집단, 상담 집단 및 지지 집단들과 관련이 깊다.

실존치료는 내담자가 실존적 관심을 탐구하고 이해할 수 있도록 돕고 이러한 관심이 그들의 삶에 어떻게 영향을 미치는지에 특별히 중점을 둔다. Yalom은 자유와 책임, 실존적 고립, 무의미, 죽음이라는 네 가지 '실존적으로 주어진 것들' 또는 인간의 궁극적인 관심을 다루는 실존치료를 발전시켰다. 이러한 실존적 주제는 많은 심리적 어려움의 근원이며, 이러한 관심을 다루는 것은 개인이 심리적 안녕감을 높이고 삶의 깊이와 질을 향상시키는 변화를 가능하게 한다(Yalom, 1980; Yalom & Joselson, 2019).

실존적 관심은 집단상담에서 종종 발생한다. 예를 들어, 한 집단구성원은 최근 사랑하는 사람을 잃고 죽음의 현실에 직면하고 있을 수도 있고, 다른 집단구성원은 삶의 의미와 목적을 찾기 위해 고군분투하고 있을 수도 있고, 어떤 집단구성원은 깊은 고립감과 외로움을 겪고 있을 수도 있다. 우리는 이러한 인간의 기본적인 관심에 어떤 식으로든 직면하기 때문에, 이러한 논의는 종종 가슴 아프고 강력한 집단치료 세션으로 귀결된다.

실존주의 접근은 인간은 자유로운 존재이므로 우리 자신의 선택과 행위에 책임이 있다는 가정에 기초한다. 우리는 자신의 삶에서 개척자가 되고 우리 자신에게 의미를 주는 모델을 찾을 필요가 있다. 우리가 때때로 우리 자신에게 일어나는 일들을 통제할 수 없다 하더라도, 우리는 그것들을 지각하고 다루는 것을 선택하는 방식을 통제할 수 있다. 행동할 수 있는 자유가 외부적 현실에 의해 제한된다고 하더라도, 존재할 수 있는 자유는 우리의 내적 현실과 관련되어 있다. 치료 과정의 목표 중 하나는 내담자로 하여금 대안을 발견하고 수많은 대안들 중에서 선택하게 하는 것이다. Schneider와 Krug(2017, 2020)은 실존치료자의 주된 관심은 사람들이 자신의 삶을 재설정하거나 재소유하도록 돕는 데 있다고 기술했다. Schneider와 Krug은 실존적-인본주의적 치료의 네 가지 기본적인 목적을 다음과 같이 정의하였다. (1) 내담자들이 자신의 현존을 자각할 뿐 아니라 타인에게도 드러내도록 돕고, (2) 온전한 현존을 방해하는 것이 무엇인지 찾아낼 수 있도록 도우며, (3) 내담자가 자신들의 현재 삶에 대해 책임을 지도록 도전시키고, (4) 내담자가 매일의 삶에서 보다 확장된 존재 방식을 선택하도록 격려한다. Schneider와 Krug(2020)은 현존을 실존적-인본주의적 변화과정의 핵심으로 본다. "이러한 현존은 다음과 같은 두 가지 기능을 가지고 있다. (1) 내담자들이 자신의 고통과 재연결되도록 하며(예: 차단, 두려움, 불안), (2) 내담자가 그 고통을 변화시키거나 초월할 수 있는 기회에 적응시킨다."(p. 280) 현존은 삶에서 정말 중요한 것을 포함하고 있다.

실존치료는 궁극적으로 내담자의 삶에 의미를 부여하는 가치와 믿음을 탐색하는 과정이다(Deurzen, 2012). 실존치료자는 내담자가 자기 삶의 목적에 대한 정직한 평가에서 비롯된 행동을 취하도록 안내하는 것이다. 실존치료자의 기본적인 과업은 내담자가 가장 심각하게 여기는 것에 대해 숙고하도록 격려함으로써 삶에서 자신의 방향을 추구할 수 있도록 하는 것이다. 실존치료자는 내담자가 치료 과정에서 적극적인 역할을 해야 하며, 자신의 삶에 대해 충분히 알고 선택할 수 있다는 전제를 받아들인다. 집단구성원은 집단 내에서 자신의 집단에서의 목적을 창조한다. 그리고 집단구성원들의 선호, 신념, 동기, 집단구성원에 대한 기대는 치료 결과에 상당한 영향을 미친다(Bohart & Wade, 2013). "전반적인 연구에서 내담자가 자신의 치료 경험을 찾아내고 관리하는 데 적극적인 역할을 할 수 있다는 것을 보여 준다. 내담자는 치료의 '공저자'이다."(p. 245)

실존치료의 역사적 배경

실존주의는 유럽에서 시작된 철학사상의 한 부류이다. 덴마크의 철학자이자 신학자인 Søren Kierkegaard(1813~1855)는 실존주의 철학의 창시자로 여겨진다. 그는 추상적인 철학 체계에 회의적이었고 철학은 인간의 일상적인 관심을 다루어야 한다고 생각했다. 비록 그는 심리학자는 아니었지만, 그의 작품들은 불안, 우울과 같은 심리적 문제에 대한 중요한 통찰력을 제공한다. 그의 두 작품, 『공포의 개념(The Concept of Dread)』『죽음에 이르는 병(The Suffering Unto Death)』는 종종 '심리학 저서'로 언급된다. 『공포의 개념』은 불안에 대한, 『죽음에 이르는 병』은 우울(절망감)에 대한 통찰력 있는 분석이다. 그는 불안을 치료해야 할 병리학으로 보는 대신, 자아가 되기 위해 '교육'을 받는 '학교'라고 믿었다. 그리고 우울(절망감)은 자아가 아직 진정한 근원을 찾지 못했음을 보여 주는 것으로 보았고, '우울(절망감)의 반대'는 '진정한 자신이 되는 것'이라고 제안했다. 물론 그는 어떤 형태의 불안과 우울이 '병적'일 수도 있다는 것은 받아들였지만, 그의 분석은 이러한 고통스러운 심리적 상태가 개인적 성장, 더 깊고 심오한 인간이 되는 문(door) 역할을 할 수 있다는 것을 시사했다.

Kierkegaard와 마찬가지로 Martin Heidegger(1889~1976)와 Jean-Paul Sartre(1905~1980) 같은 다른 핵심 실존주의 작가들은 심리학자들에게 직접적이지는 않았지만, 도움이 되는 인간의 상태에 대한 통찰을 제공했다. 실존적 전통은 한쪽으로는 인간 존재의 비극적 차원과 한계의 인식, 그리고 다른 한쪽으로는 생생한 실존을 성취하기 위해 이런 한계들을 초월하려는 가능성과 기회 사이에서 균형을 찾으려고 노력한다. 이것은 현대인으로 하여금 피할 수 없는 삶의 딜레마, 즉 고립, 소외, 무의미함 등에 직면하도록 돕기 위한 열망에서 비롯되었다.

Rollo May는 유럽의 실존주의 사상을 받아들이고 핵심 개념을 미국의 심리치료 실무에 적용했다. May의 저작들(1953, 1961, 1981, 1983)은 실존주의를 지향하는 전 세계의 치료자들에게 의미심장한 영향을 끼쳤다. May에 따르면 사람이 된다는 것은 자동적인 과정이 아니며, 사람이 자신의 잠재력을 실현하려는 바람을 가져야 가능한 것이다. 우리 내부에는 끊임없는 투쟁이 존속한다. 우리가 성숙과 독립을 향해 성장하기를 원한다 해도, 우리는 성장한다는 것이 고통스러운 과정임을 종종 깨닫게 된다. 따라서 투쟁은 의존이 주는 안정과 성장이 가져오는 기쁨과 고통 사이에 존재하게 된다. Irvin Yalom은 미국의 실존치료 옹호자들 가운데 May와 함께 중요한 위치를 차지하는 인물이다.

영국의 실존주의 접근에서의 중대한 발전은 대체로 Emmy van Deurzen의 노력의 결과이다. 그녀는 현재 심리치료, 상담, 코칭 등의 분야와 관련된 박사 과정 훈련기관인 NSPC(New School of Psychotherapy and Counselling)에서 학술 및 훈련 프로그램을 개발하고 있다. 영국 실존치료의 역사적 맥락과 발전에 관한 자료를 보기 위해서는 Deurzen(2002), Deurzen과 Adams(2011), Cooper(2017)를, 실존치료의 이론과 실제에 관한 뛰어난 개관을 살펴보고 싶다면 Deurzen(2012)과 Schneider와 Krug(2017)을 참조하기 바란다.

실존주의 접근은 세계에 대한 개인의 주관적 관점의 이해에 초점을 두고 있다. 현상학적 관점이 바로 그것이다. 치료란 내담자가 지각하고 경험하는 세계로 치료자와 내담자가 함께 여행을 떠나는 것이다. 그러나 이러한 탐구는 실존치료자들이 그들 자신의 현상학적 세계와 접촉할 것을 요구한다. 실존치료자는 그들의 작업에 있어서 개인적으로 참여하고 내담자의 경험에서 기꺼이 영향을 받을 준비가 되어 있다. 치료적 관계로 인한 인간적 딜레마는 내담자뿐만 아니라 치료자에게도 일어난다(van Deuzen, 2002). Bugental(1987)은 삶을 변화시키는 심리치료(life-changing psychotherapy)에 대해 저술하였다. 이것은 내담자가 삶의 실존적 질문들에 대해 대답하는 방법을 탐색하도록 돕고 그들이 자신의 대답을 수정하고 진정성을 가지고 살아가도록 안내하는 노력이다.

실존치료자들은 진정한 삶의 복잡한 과제에 문제해결적 기술을 적용하는 데 초점을 두지 않으며, 전통적인 의학적 의미에서 사람들을 치료하는 것을 목표로 하지도 않는다. Yalom과 Josselson(2019)은 실존치료를 다음과 같이 설명한다. "실존치료는 매뉴얼이 없는 인간 고통에 대한 태도이다. 실존치료는 인간 존재의 본성과 불안, 절망, 슬픔, 고독, 고립, 그리고 가치관이 붕괴된 혼돈 상태의 본질에 관해 심각한 질문을 던진다. 그것은 또한 의미, 창조성, 그리고 사랑을 중심적으로 다룬다."(p. 274)

실존치료자는 내담자들이 치료에서 제시하는 가장 난해하고 심오한 문제들을 다루는 데 관심이 있다. 내담자를 '환자'가 아니라 주어진 역할에 지쳤거나 삶에 서툰 사람으로 간주한다. 내담자는 자신이 나아갈 경로를 결정하는 데 있어 조력을 필요로 하며, 실존치료자는 내담자가 수많은 모순을 내포한 삶을 받아들일 수 있도록 도와야 한다. 실존치료의 목표 중 하나는 사람들이 삶의 어려움을 피하는 것이 아니라 용기를 가지고 삶의 어려움에 직면하도록 돕는 것이다(Deurzen & Adams, 2011). 또 다른 목표는 사람들이 자신에게 일어나고 있는 일에 대한 책임감의 부족과 삶에 대한 과대한 요구와 관련된 자기 기만을 멈추도록 돕는 것이다(Deurzen, 2002).

May(1981)는 실존치료의 목적은 내담자를 자유롭게 하는 것이라고 보았다. 실존치료 경험을 통해 사람들은 자신이 자유로운 존재이므로 얼마든지 변화할 수 있음을 깨닫게 되면서도, 한편으로는 인간이 (Heidegger가 말했듯이) 스스로 창조하지 않은 세상에 '내던져진' 존재임을 인식하게 된다. 내담자는 점차 삶의 복잡성과 모순성을 받아들이게 된다. 그리고 이러한 과정에서 삶의 한 부분인 불가항력적인 문제, 역경, 위험, 절망에 직면하는 법을 배운다. 내담자들은 자신이 구속받지 않는 것은 어떠한 반응이나 행동을 하기 때문이 아니라 진정한 자유를 성취할 능력을 갖고 있기 때문임을 깨닫게 된다. 그들은 주어진 삶을 더 잘 살 수 있으며, 자신에게 불확실성에 대처할 용기가 있음을 발견한다. 실존치료는 내담자들에게 삶의 가치에 대해 숙고할 기회를 제공한다(Deurzen, 2012).

실존주의 집단의 목적

실존주의 집단은 많은 사람이 살아가고 활동하는 세상의 축소판을 드러내 보여 준다. 시간이 갈수록 구성원들의 대인관계와 실존적 문제들이 집단 내의 지금-여기 상호 작용 안에서 분명해진다(Yalom & Josselson, 2011). 집단의 주된 목표는 구성원들이 실존적 관심들을 공유함으로써 있는 그대로의 자기 자신을 발견하는 것이다. 실존주의 관점은 우리의 존재가 결코 한 번에 모두 고정되지 않는다는 것이다. 대신 우리는 프로젝트를 통해 지속해서 자신을 재창조해 나간다. 사람이 된다는 것은 우리가 자신의 존재를 발견하고, 이해하고 있음을 의미한다. 우리는 끊임없이 우리 자신과 타인, 그리고 세상에 질문한다. 실존주의 집단에서는 구성원들이 다음과 같은 목표들에 대해 평생 자기 탐색에 전념한다. (1) 자기 자신에게 정직하기, (2) 자신의 주변 세계와 자신에 대한 조망을 확장하기, (3) 현재, 그리고 미래의 삶에 부여할 의미를 명료화하기, (4) 과거, 현재, 미래의 위기에 대해 성공적으로 협상하기, (5) 자신과 타인을 보다 더 이해하고 타인과 의사소통하는 더 나은 방법을 학습하기(Deurzen, 2002). 삶에 대한 개방된 자세, 즉 미지의 영역을 기꺼이 탐색하려는 태도는 필수적이다. Deurzen(2010)은 이런 생각을 다음과 같이 잘 표현하고 있다.

> 실존적 여행을 떠나기 위해서는 여행 중에 만나는 것들로 인해 받는 충격에 대비하고 우리

> 자신의 한계와 약점, 불확실성과 의심들을 발견하는 것에 대해 두려워하지 말아야 한다. 삶에 대한 개방성과 경외심을 갖는 태도에 의해서 우리는 이해할 수 없는 일상적 삶의 신비를 수용할 수 있다. 이것은 우리의 슬픔과 집착을 넘어서고, 죽음에 직면하여 삶을 재발견할 수 있게 해 준다. (p. 5)

치료적 과정은 집단구성원들이 자기 내면의 목소리를 경청하고 자신의 주관적 경험에 주의를 기울이도록 권장한다. 집단은 집단구성원이 직면하고 있는 현재의 경험에 초점을 두는데, 이는 삶의 의미와 목적을 찾기 위한 탐색에 있어 집단구성원이 자신의 존재를 더 깊이 자각하도록 돕기 위해서이다(Sharp & Bugental, 2001). 이러한 현상학적인 자기 탐구는 자신에 대한 자각이 제대로 이루어지지 않을 때 치료자에 의해 구성원들이 자신의 의식의 흐름 안에서 어떤 것을 발견하는 것을 강조한다. 대체로 치료의 과업은 내담자가 자신, 자신의 세계, 삶 자체에 대해 개방적인 위치로 돌아가도록 돕는 것이다(Deurzen & Adams, 2011). 공통적인 개인적 관심사들을 개방적으로 탐색하고 공유함으로써 상호관계성(mutuality)에 대한 구성원들의 감각이 발달한다. 집단은 사람들이 매우 의미 있는 방식으로 하나가 될 수 있는 장소이다.

주요 개념

실존주의 접근의 주요 개념으로는 자각, 자기결정과 책임, 실존적 불안, 죽음과 무(non being), 의미 추구, 진정성 추구, 그리고 혼자임과 관계함 등이 있다. 이러한 핵심적 실존 개념은 집단 내에서 개인을 이해하고 바라보는 관점을 제공함으로써 집단 작업의 실제를 안내해 준다. 실존주의를 지향하는 집단상담사들이 다른 상담 모델의 여러 기법을 반영한다고 해도, 이러한 개입들은 구성원의 주관적 세계를 이해하려고 애쓰는 맥락 속에서 이루어진다. 집단 기법들에 초점을 맞추기보다는 이런 정신을 기억하면서 집단 작업을 위한 주요 개념의 적용을 주로 다룰 것이다.

자각

자각(self-awareness) 능력은 인간을 동물과 구분해 주며 자유로운 선택을 할 수 있게 해 준다. 자각이 클수록 우리는 자유로워질 가능성이 커진다. Schneider(2008)에 따르면, 실존주의의 핵심적인 관점은 우리가 자유로운(의지가 있는, 창조적인, 표현적인) 존재인 동시에 환경적, 사회적 제약의 구속을 받는 존재라는 것이다. 우리 모두는 사회문화적 조건형성이라는 결정론적인 힘과 유전적으로 물려받은 것으로부터 벗어날 수 없다. May(1961)에 의하면 이러한 힘들이 아무리 강력하더라도 우리는 그것을 인식할 수 있는 능력을 갖고 있기 때문에 어떠한 상황 속에서도 버틸 수 있다. 또한 자각을 통해 선택하고 행동할 수 있는 자유와 연관된 책임감도 인식할 수 있게 된다.

집단 작업에 대한 시사점

집단 작업에서는 구성원의 자각을 확장하고 선택에 관한 잠재력을 증진한다는 실존적인 기본 목표를 이루기 위해 구성원이 자신만의 '세계 내 존재(being-in-the-world)'를 발견하도록 돕는다. 다음과 같은 핵심 질문을 함으로써 구성원들은 자기 자신을 규정하고 자기 실존의 중심적 차원을 자각한다. '나는 내가 누구인지 그리고 어디로 가고 있는지를 얼마나 자각하고 있나?' '나는 나의 세계를 어떻게 경험하고 있나?' '나는 내가 경험하는 사건(event)들에 대해 어떤 의미들을 부여하고 있는가?' '어떻게 나의 자각을 높일 수 있을까?' '구체적으로 어떤 방법을 통해 의식을 확장하고 나의 대안을 증가시킬 수 있을까?' 집단구성원의 과제는 자신의 실존을 가능한 한 충분히 자각하는 것이다. 자각이란 자신의 가능성을 깨닫고 그 가능성에 기초하여 행동하는 법을 배우는 것이다. 실존주의 접근에서 중요한 주제 중 하나는 실존을 진지하게 받아들이는 것이다.

집단 상황에서 구성원들은 자신의 독특한 감정과 세계에 대한 주관적 관점을 표현하는 기회를 갖는다. 구성원들은 또한 다른 사람들에 의해 분명히 도전받을 것이고, 일상생활이 주는 안정감이 없는 상태로부터 일어나는 불안을 다루는 것을 학습하게 된다. 실존주의자들은 불안을 긍정적인 의미로 보는데 이것은 이 장의 뒷부분에서 상세히 다룰 것이다. 불안은 타인이 우리에게 기대하는 진정성 없는 존재 방식을 버리고 깨어남으로써 '개인화'되는 것을 도우며, 그것은 우리 자신이 독특하다는 이해를 반영한다.

나는 집단지도자가 구성원들에게 보다 큰 자각을 추구하도록 독려해야 한다고 믿는다. 사람들은 보다 깊게 자각할수록 '다시 예전의 상태로 돌아가는 것'이 더 어려워진다는 것을 알게 된다. 자신의 실존을 무시하면서 사는 것은 공허함을 가져오지만, 한편으로는 어느 정도의 만족감 또는 안정감을 주기도 한다. 이전에 닫혔던 문을 열 때 우리는 삶의 질을 향상할 가능성뿐만 아니라, 보다 많은 갈등에 직면하게 된다. 그 경험은 흥분되고 기쁠 수도 있으나 때로는 두렵고 우울하게 만들기도 한다. 이것은 집단의 초기 단계에서 반드시 언급되어야 하는 주요 쟁점이다. 높은 수준의 자각은 우리 자신을 위한 선택을 할 수 있다는 것을 깨닫게 해 준다. 그 예는 다음과 같다.

- 우리는 자각을 확장할 수도 있고, 우리의 시야를 제한할 수도 있다.
- 우리는 삶의 방향을 스스로 결정할 수도 있고, 타인이나 환경이 결정하도록 맡길 수도 있다.
- 우리는 행동하는 데 필요한 잠재력을 사용할 수도 있고, 행동하지 않겠다고 결정할 수도 있다.
- 우리는 타인과 의미 있는 관계를 맺을 수도 있고, 스스로 고립될 수도 있다.
- 우리는 자신의 독특함을 추구할 수도 있고, 단지 순응함으로써 정체성을 버릴 수도 있다.
- 우리는 삶의 의미를 창조하고 발견할 수도 있고, 공허하고 무의미한 실존에 안주할 수도 있다.
- 우리는 어떤 위험 속으로 뛰어들거나 스스로 결정해야 하는 불안한 상황을 경험할 수도 있고, 의존이 주는 안정감을 선택할 수도 있다.
- 우리는 죽음의 불가피함을 수용함으로써 현재의 삶을 최대한 충실하게 살아갈 수도 있고, 죽음이 불러일으키는 불안감 때문에 현실에서 도피할 수도 있다.

사례

집단구성원들이 점진적으로 보다 높은 수준의 자각을 성취해 나가는 예를 하나 제시하겠다. 요나(Yoana)가 집단에 처음 들어왔을 때 그녀는 강렬한 감정을 표현하는 것의 가치를 알 수 없었고, 어떠한 경우에도 이성적이어야만 한다고 주장했다. 그녀는 항상 자신의 감정을 경직되게 유지하려고 매우 애썼다. 왜냐하면 그녀는 만일 강렬한 감정을 느끼게 된다면 미쳐 버릴지도 모른다는 두려움이 있었기 때문이다. 그래서 그녀는 자신의 감정을 다양한 방식으로 엄격하게 통제했다. 예를 들면, 다른 구성원들이 고통스러운 정서적 사건을 드러낼 때 요나는 극심한 공포를 느꼈고 집단이 모인 장소를 떠나려고 했다. 그리고 종종 타인에 의해 유발된 강한 감정의 표현을 억누르려 했다.

그러나 어떤 회기에서는 다른 집단원의 작업이 요나에게 고통스러운 기억을 불러일으켰다. 그것은 그녀의 부모가 이혼한 것과 관련된 어린 시절의 기억이었다. 갑자기 그녀는 다시 겁에 질린 아이가 되어 부모에게 함께 머물러 달라고 애원했고, 정서적 통제를 할 수 없었다. 이런 예상치 못한 경험은 요나에게 그녀 자신이 강렬한 감정을 숨기고 살아왔다는 것을 알게 했다. 그리고 너무 많은 상처로부터 도피하기 위한 방어는 다른 사람들에게 접근하고 분노를 표현하고 가족에게 느끼는 사랑을 표현하는 데 있어 어려움을 초래했다. 그녀는 또한 그녀의 깊은 감정을 경험하도록 허락해도 '미쳐 버리지 않는다.'는 것을 배우게 되었다. 이 경험 후 요나는 스스로 감정을 느낄 수 있도록 선택했고, 다른 구성원들의 강렬한 감정이 두려워 집단 모임 장소를 나가 버리는 일은 더 이상 없었다.

자기결정, 자유, 그리고 개인적 책임

또 다른 실존적 주제는 우리는 자기결정적 존재이며, 많은 대안 중에서 선택할 수 있고, 따라서 우리의 삶의 방향을 결정짓고 우리의 운명을 만들어 나가는 데 있어 책임을 져야 한다는 것이다. 비록 우리는 세상에 던져졌지만, 실존주의자들의 관점에서는 우리가 어떻게 살고 무엇이 될 것인지는 우리 자신의 선택의 결과라는 것이다. Sartre(1971)에 따르면 실존은 우리의 의지와 무관하게 주어진 것이지만, 우리는 고정불변의 '본질' 또는 '본성'을 갖고 있지 않으며 가질 수도 없다. 우리는 끊임없이 우리가 되기를 원하는 종류의 사람을 선택해야만 하고 우리가 살아 있는 한 선택을 계속해야만 한다. Sartre에 의하면 "자유를 선고받은 인간은 그 자신의 어깨 위에 전 세계의 무게를 짊어지고 간다. 그리고 존재 방식으로서의 자기 자신과 세계에 대해서 책임을 진다"(p. 553). Sartre의 관점에 따르면 우리는 단지 우리가 행하는 것에 있어서만 자유로우며, 우리가 행하는 것은 과거의 산물이 아니다. 그러나 우리는 우리 자신의 행동에 대해서 수많은 변명거리를 늘어놓으며, 나쁜 신념을 행동으로 옮긴다. Schneider와 Krug(2017)은 실존치료는 다음의 세 가지 가치를 지니고 있다고 기술했다. (1) 자연적, 그리고 자기부과적 한계라는 맥락 안에서 무엇이 될 자유, (2) 선택의 의미에 대해 반성할 수 있는 능력, (3) 선택을 행동으로 옮길 수 있는 능력.

실존주의를 지향한 정신과 의사인 Victor Frankl은 자유와 책임의 관계를 강조했으며 궁극적인 자유를 우리 자신으로부터 빼앗아 갈 수는 없다고 주장했다. 왜냐하면 주어진 어떤 상황 속에서도 최소한 우리 자신의 태도는 선택할 수 있기 때문이다. 이 진술을 지지하기 위해 Frankl(1963)은 독일 유대인 포로수용소에서 겪은 그 자신의 경험을 들려준다. 포로수용소에서 포로들은 모든 외적 자유를 빼앗겼다. 그러한 극단적으로 무력한 상황에서조차 사람은 궁극적으로 자기 자신의 주인이 될 수 있다는 것이 Frankl의 주장이다. 왜냐하면 그들이 자신의 고통에 대해 갖는 태도는 그들 자신의 선택에 달려 있기 때문이다. "인생은 궁극적으로 문제에 대한 바른 답을 찾기 위해 책임지는 것을 의미하며 각 개인에게 끊임없이 주어지고 있는 과업을 성취하는 것이다."(p. 122) Frankl은 인간의 자유란 조건으로부터 해방되는 것이 아니라 어떤 조건 속에서도 자신의 입장을 선택하는 것이라고 믿었다.

Frankl의 실존치료의 부류인 의미치료(logotherapy)에서는 삶의 의미는 선언될 수 없고,

오직 우리 자신의 실존적 상황에서 탐구함으로써만 발견될 수 있다고 주장한다. 의미치료를 지향하는 집단치료자들은 내담자에게 삶의 특별한 의미가 무엇이어야 하는지 말하지 않는다. 대신에 집단구성원이 그들의 삶의 의미의 잠재적인 근원을 알아차리고 연결하거나 재연결할 수 있도록 돕기 위해서, 과거, 현재, 그리고 미래의 의미 탐구를 촉진한다(Craig et al., 2016). Frankl(1963)은 '의미 발견하기'와 '의미 창조하기'에 대해 이야기하였으며, 목표는 마음의 평화를 얻는 것이 아니라 건강한 투쟁 속에서 의미를 경험하는 것이라고 믿었다. 우리는 자유롭고 충만하게 사는 능력을 제한하는 증상들에 대해 그것을 비난하지 않고 책임질 수 있다. 우리 자신의 실존의 질을 창조하는 데 있어서 우리 자신의 역할을 인식하고 수용하는 것은 매우 중요한데, 삶은 우리에게 그냥 일어나지는 않기 때문이다. 우리는 우리의 생각, 행동, 느낌에 적극적으로 영향을 미칠 수 있다. 자유로워질 수 있는 가능성을 수용하지 않는다면 우리는 변화할 수 없을 것이다. 무언가 의미 있는 일이 일어나도록 행동하지 않고 타인이나 환경이 변화하기를 기다린다면, 우리의 고통과 절망은 커질 것이다.

집단 작업에 대한 시사점

실존주의 집단의 구성원은 자유로부터 도피할 수 없으며, 자신의 실존에 대해 책임이 있다는 사실을 반복적으로 직면한다. 자유와 책임을 수용하는 것은 불안을 불러일으키며 선택과 관련된 위험 감수 또한 불안을 불러일으킨다. 실존주의 집단의 또 다른 목표는 구성원이 이런 불안을 직면하고 다루도록 돕는 것이다. 집단지도자의 주된 과업은 구성원들이 자유의 실재에 직면하게 하고, 그들 스스로가 자유를 어떻게 제한하거나 부인하고 있는지를 깨닫게 하는 것이다. 구성원들은 종종 자신을 피해자로 묘사하고 무력함과 절망의 감정에 대해 이야기하며 자신의 불행을 타인과 외부 상황의 탓으로 돌리려 한다. 보다 광범위한 자기결정권을 향해 나가기 위한 최적의 방법은 자신이 선택한 역할에 대해 자각하는 것이다. 사람들이 자기 자신이 선택할 수 있다고 믿기 시작할 때 자신의 운명의 방향을 정할 수 있고 궁극적으로는 자신의 삶을 통제할 수 있게 된다.

Yalom과 Josselson(2019)은 집단이 개인적 책임에 대한 치료적 자각을 위해서 최적의 조건을 제공한다고 하였다. 구성원은 자신이 집단 내에서 나타내는 대인관계적 입장에 대한 책임이 있다. 그리고 집단 내에서의 대인관계를 통해 실생활에서의 대인관계를 짐작할 수 있다. 피드백을 주고받음으로써 구성원들은 타인의 시선으로 자신을 바라볼 수 있게 되고 자신의 행동이 타인에게 어떤 영향을 미치는지를 알게 된다. 이런 발견들을 축적해 나감으로써 구성원들은 일상적 삶에서의 변화에 대해 책임질 수 있게 된다. 집단 작업은 "구성원들로 하여금 서로 관계를 맺는 방식을 바꾸도록 촉진할 뿐 아니라, 그들이 겪고 있는 역경은 그들 스스로 초래한 것임을 깨닫게 하며, 이는 분명히 실존치료적 기제이다"(p. 299). 실존주의 집단지도자는 구성원들이 집단에서 자신들이 수행하는 역할에 대해 책임을 지고 이러한 변화를 일상적인 삶에 적용할 수 있도록 격려한다.

사례

에드워드(Edward)는 내 집단에 마지못해 참석했다. 내가 '마지못해'라고 말한 이유는 그가 집단에 참여하는 것에 대해 몹시 불안해했기 때문이다. 에드워드는 62세의 성공적인 사업가로 소극적이며 뻔하지만, 편안하고 안전한 삶을 살고 있다. 집단에 참여했을 때 그는 자신을 다음과 같이 소개했다. "나는 이 집단이 나에게 도움이 될지 안 될지 모르겠어요. 솔직히 말해, 나는 변화하기에는 너무 늙었고 지금 내가 갖고 있는 것이 내 삶으로부터 내가 취할 수 있는 최선이라고 생각해요. 그래서 나에게는 별다른 변화가 없을 것이라고 생각합니다." 겉으로는 이렇게 말했고 실제로도 그의 생활은 질서 정연하고 안정되어 있었지만, 그는 자신이 '메말라 가고 있고', 삶에 대한 열정을 잃어 가고 있다고 느꼈다. 그는 기꺼이 변화할 준비가 되어 있었다. 물론 변화가 가능할지에 대해 확신하지는 못했다.

집단에 참여하면서 에드워드는 자신이 생각했던 것보다 훨씬 많은 대안이 있다는 것을 깨닫게 되었다. 그는 자신이 직업을 바꿀 수 없었고 원하는 삶을 살지 못했던 것에 대해 언제나 아내, 세 아들, 그리고 딸을 탓했었다. 그는 가족의 기대를 확인하지 않고, 가족이 기대한 것에 초점을 맞춤으로써 자신의 문제에 초점을 맞추는 것을 피하고 있었다.

다른 집단구성원들과 나는 에드워드로 하여금 그가 원하는 삶의 변화란 무엇인지를 스스로 생각해 보도록 요청했다. 나는 그에게 이렇게 물었다. "당신이 근본적인 변화 없이 지금까지와 똑같은 삶을 살아가게 된다면 어떤 느낌이 들까요?" "당신이 원하는 생활양식의 변화를 당신의 가족들도 바란다고 가정해 보세요. 그렇다면 당신의 삶은 지금과 비교해서 1년 후 혹은 5년 후에는 어떻게 달라질까요?" "당신이 원하는 변화를 이루기 위해서 오늘 무엇을 하고 싶습니까?"

집단에서의 안전감은 에드워드와 같은 집단구성원들이 위기를 그동안 잊고 있던 기회와 도전을 재발견하는 기회로 인식하는 데 도움이 된다. 실존주의 집단지도자는 에드워드로 하여금 자신이 허용하고 있는 실제 쇠퇴의 과정에 직면하도록 도울 수 있다. 자신이 자기기만의 방식으로 이미 얻은 성공에 안주하는 것을 선택했었다는 것을 알게 되면, 에드워드는 다른 방향을 찾게 될 것이다.

실존적 불안

실존치료자들은 불안이 잠재적으로 개인이 더 진성성 있는 삶을 살아가도록 돕는 교훈적인 신호를 제공하는 기능을 한다고 본다. 실존적 불안은 실존적으로 주어진 것들(죽음, 자유, 실존적 고립, 그리고 무의미함)과 직면할 때 피할 수 없는 산물이다(Vontress, 2013; Yalom, 1980). 실존적 불안은 우리의 취약함과 피할 수 없는 죽음을 자각할 때 우리가 경험하는 근원적인 불편감이다(Deurzen, 2012). 불안은 인간 조건의 일부이지만, 불안 때문에 아무것도 하지 못하면 신경증적 불안이 발생한다. 실존적 관점에서 불안은 제거되거나 '치료'되어야 하는 증상이 아니라 자유로의 초대라고 할 수 있다.

이 개념은 Deurzen와 Adams(2011)에 의해 잘 설명되었다. 불안은 명확한 안내가 없을 때 또는 결과를 모르면서도 선택해야 할 때 일어난다. 불안은 또한 우리가 행위의 결과에 궁극적으로 책임을 져야 한다는 것을 자각할 때 온다. 집단 작업의 맥락에서 보면 우리가 불안을 느낄 것임을 예상할 수 있다. 어떤 수준에서 우리는 새로운 차원을 경험하기 위해선 낡은 부분이 죽어야 한다는 것을 알고 있다. 성장하기 위해 익숙하고 안전한 것을 새롭고 알 수 없는 것으로 바꿔야 한다는 앎 자체가 불안의 근원이다.

실존적 불안은 인간 존재의 정상적인 부분이며, 존재에 대한 기본적인 질문에 직면하는 것을 포함한다. Deurzen(2012)의 관점에 따르면, 실존적 불안은 자각이 함께하고 충분히 살아 있는 삶에는 기본적인 것이다. 사실상 충만한 삶을 살고자 하는 용기는 불확실성을 수반하는 죽음과 불안이라는 실재를 필요로 한다. 설사 우리가 이런 불안을 환영하지 않는다 하더라도 그것은 우리가 될 수 있는 것이 되기 위해서 지불해야만 하는 대가이다. 어떤 사람들은 삶에서 마주치는 근본적인 도전을 회피하기 위한 방편으로 자신의 감수성을 둔화시킨다. 그러나 그런 대처 방식의 표면 밑에서 사람들은 불안을 언제나 현존하는 위협으로 인식한다. 역설적으로 그것은 동시에 변환의 근원이기도 하다.

집단 작업에 대한 시사점

실존치료의 핵심은 구성원들이 인간이라는 존재의 근본적 조건을 받아들여야만 한다는 것이다. 실존적 불안의 원인이 되는 이러한 근본적 조건을 치료 과정에서 직면하고 다루어야 한다. 이를 위해서는 다음과 같은 요소들에 대해 인식해야 한다. 고립감, 타인들과 함께함, 진정성 있게 살지 않을 때 일어나는 죄의식, 이 우주에서의 공허감과 의미 상실, 선택에 따르는 책임감이 주는 어려움, 그리고 죽음과 무(無)에 대한 공포. 치료가 진전됨에 따라 집단구성원들은 실현할 수 없는 이상화된 자기상을 유지하기 위해 그들 스스로가 얼마나 많은 에너지를 쏟아 왔는지를 고통스럽게 인식할 때가 많다. 그들은 또한 제한된 실존으로 유도하는 자기 자신에 대한 정체된 이미지를 포기해야만 한다는 것도 발견한다. 집단구성원들은 진실되지 않은 역할들을 포기함으로써 새로워진 삶을 영위하게 된다. 이러한 과정은 보통 불안을 야기하는데 구성원들이 스스로에게 친근한 방식을 포기해야 하기 때문이다.

실존주의 집단치료에서 구성원들은 실존의 역설을 받아들이게 된다. 그것은 곧 삶은 완성되지 못한 채 죽음에 의해 끝날 수 있다는 것, 성공은 위태로운 것이라는 것, 우리는 자유의지를 가진 존재이지만 스스로 선택하지 않은 세상에 대한 책임을 갖고 있다는 것, 스스로 선택할 수 있으며 그것으로부터 오는 어려움을 받아들일 역량을 가지고 있다는 것, 의심과 불확실성에도 불구하고 이러한 선택은 매우 중요하다는 것이다. 집단구성원들이 자신의 도덕성, 고통과 어려움에 대한 직면, 생존을 위해 투쟁할 필요성, 기본적 불완전함을 인식할수록 불안이 떠오르게 된다. 그러므로 불안은 구성원들의 인식 수준에 대한 지표가 될 수 있다. 실존적 불안은 집단 속에서 발현된다. 특히 구성원들이 기본적 불안정함과 불안을 가리기 위해 유지해 온 현재 생활 방식에 너무 편안하게 적응했던 자신을 탐색할수록 더욱 그러하다. Deurzen(1991, 2010)은 실존치료의 주된 목표는 삶을 더 쉽고 안전한 것으로 만드는 것이 아니라, 불안정함과 불안의 원천을 더 잘 인식하고 다룰 수 있도록 격려하는 것이라고 했다. 실존적 불안을 마주한다는 것은 보호해 주는 듯 보이는 안정감 뒤에 숨는 것이 아니라 삶을 모험이라고 생각하는 것이다. Deurzen(1991)은 다음과 같이 말하였다. "우리는 질문해야 한다. 그리고 쉬운 대답은 문질러 없애야 한다. 깊고 진실된 삶을 살 수 있게 해 주는 불안에 우리 자신을 노출시켜야 한다."(p. 46)

집단지도자들에게 구성원들이 실존적 불안을 인식하고 그것을 건설적으로 탐색할 수 있도록 돕는 일은 매우 중요하다. 실존주의 집단의 목적은 불안을 제거하는 것이 아니다. 불안을 제거하는 것은 생명력의 근원을 차단해 버리는 것과 같기 때문이다. 불안의 긍정적 이용은 실존치료의 목표 중 하나이다. 지도자들은 구성원들이 그들의 실존적 불안을 잘 다루도록 격려하고, 삶을 정면으로 마주할 용기를 심어 주어야 한다(Deurzen, 2012; Deurzen & Adams, 2011).

집단구성원들이 자신의 불안을 직면하고 완전히 수용하고 나면, 그다음 단계는 그들이 행동할 수 있도록 격려하는 것이다. 지도자와 다른 동료들의 지지를 통해 구성원은 몰랐던 길을 탐색하고 자신의 새로운 측면을 살펴볼 동기를 부여받게 된다. 이러한 탐색은 때로 더 큰 불안을 가져다줄 수도 있다. 하지만 성장하는 과정에 있는 구성원은 불안이 꼭 절망적인 것은 아니며, 불안을 경험해야만 실존의 제약에서 벗어날 수 있음을 알게 된다.

사례

앤(Ann)은 평생 동안 다른 사람들이 그녀를 대신해 결정하도록 해 왔다. 그녀는 부모님의 종교적 가치관을 무비판적으로 받아들였고 교회에 중요한 결정을 맡겨 왔다. 그 당시 그녀는 자신이 성장하면서 받아들여 왔던 가치관을 따르기 위해 애쓰고 있었다. 집단 작업을 통해 그녀는 자신이 변화를 원한다면 자신의 결정에 대한 책임을 져야 한다는 것을 분명히 알게 되었다. 앤은 자신의 내면에 있는 강점과 방향을 살펴보기로 마음먹었다. 그녀가 자기 자신을 믿기 시작하는 데는 시간이 조금 걸렸다. 해답과 안정감을 외부 권위에서 찾으려는 욕구를 버리는 데는 시간이 더 많이 걸렸다. 스스로 결정하는 것은 매우 불안하고 의심스러운 일이었다. 물론 그녀가 가지고 있던 가치관 중 일부는 그대로 남아 있지만, 이제 그녀는 자기 자신만의 가치 체계를 가지고 있다는 것을 느낀다.

실존치료의 과업은 앤이 자기가 어떤 사람이 될 것인지 결정하는 것은 바로 자신임을 깨달았을 때 떠오르는 감정을 어떻게 이해해야 하는지를 스스로에게 가르치는 것이다. 앤은 더 이상 '예전의 자기'가 될 필요가 없다는 것을 깨달으면서, 그동안 익숙해져 있던 안전감을 버려야 한다는 어려움을 겪기 시작한다.

죽음과 무(無)

실존치료자들은 죽음을 삶의 의미와 목적을 발견하는 데 있어 필수적인 것으로 본다. 삶은 끝이 있기 때문에 의미를 지닌다. 또한 우리가 영위하고 있는 삶의 현실을 진지하게 받아들일 때 그 가치가 향상된다. 우리 존재의 유한함은 우리에게 우선순위가 무엇인지 생각하게 하고, 가장 가치 있는 것이 무엇인지 질문하도록 한다. 현재는 소중하다. 왜냐하면 그것이야말로 우리가 진정으로 소유하고 있는 것이기 때문이다. 살아가는 동안 뭔가 해야겠다는 절박감을 느끼도록 하는 것은 바로 우리가 가진 시간이 제한되어 있기 때문이다. 이 제한은 우리가 될 수 있는 사람이 되도록 삶을 긍정할 것인가, 아니면 되는 대로 살아서 결국 뭔가 달라져 볼 기회를 스스로 버릴 것인가의 사이에서 결정을 하도록 만든다. Frankl(1963)은 우리 삶의 질과 의미를 결정하는 것은 '어떻게' 사느냐이지 얼마나 오래 사느냐가 아니라고 하였다. 우리가 언젠가 죽는다는 현실을 정서적으로 수용할 때, 우리는 행동이 정말 중요하다는 것, 우리에게 선택권이 있다는 것, 어떻게 사느냐에 대한 궁극적인 책임은 바로 우리에게 있다는 것을 더욱 분명히 깨닫게 된다(Corey et al., 2018).

미래에 대한 강한 지각을 가진 유일한 생명체로서 인간은 삶의 종말에 대해 다룰 필요가 있다. Heidegger(1962)는 그것을 '가능성의 중단(cessation of possibility)'이라고 불렀다. 많은 사람이 죽음이라는 현실과 그에 대한 불안에 직면하길 두려워한다. 그래서 우리는 이러한 현실 인식으로부터 도망가려는 시도를 하는지도 모른다. 하지만 무(無)에 직면하지 않고 도망치려는 시도는 그 대가로 자기소외라는 결과를 낳게 된다.

죽음에 대한 인식은 중대한 변화를 만들기 위한 유용한 촉매제가 될 수 있는 자각적 경험이다. 죽음의 현실을 성찰함으로써 우리는 온전히 사는 법을 배울 수 있다. Deurzen과 Adams(2011)는 다음과 같이 말했다. "삶은 업무 감독관이며, 죽음은 감독관의 교사이다." (p. 105) 죽음에 대한 생각에 직면하는 것은 삶의 방식에 있어 거대한 변화로 이어질 수 있다(Yalom & Josselson, 2019). 우리가 사람은 언젠가 죽는다는 현실을 받아들일 때 죽음에 대한 공포를 긍정적 힘으로 돌려놓을 수 있다. 우리는 용기 있게, '완전히' 살기 위해 이 지구에서 우리에게 주어진 시간을 현명하고 단호하게 사용할 수 있다(Vontress, 2013).

집단 작업에 대한 시사점

죽음에 대한 인식과 이것이 자아내는 불안은 집단 작업의 실행에 있어 중요한 시사점을 준다. 그냥 단순히 존재하는 것이 아니라 좀 더 완전한 삶을 살고자 하는 것은 많은 집단에서 되풀이되는 주제이다. 일반적으로 나는 집단구성원들에게 자신의 삶의 질에 대해 솔직히 어떻게 느끼느냐고 물어봄으로써 이 주제에 대해 다루곤 한다. 그러고는 만약 그들이 곧 죽게 된다는 것을 알았다고 가정하고 똑같은 질문에 대답해 보도록 한다. 두 가지 대답은 어떻게 다를까? 그들이 성취할 수 없는 결정을 내려 왔는가? 변화할 수 있는 기회를 무시했을까? 구성원들은 아직 마무리 짓지 못한 일들에 대해 생각함으로써 그들이 살고자 했던 삶을 살고 있지 않다는 것을 깨닫게 될 것이다. 혹은 이 불만족스러운 실존의 이유를 찾게 될지도 모른다. 가끔은 누군가의 죽음에 대한 꿈이 삶, 흥미, 일, 관계의 어떤 측면의 끝이 오고 있다는 것을 상징할 때도 있다.

신체적 죽음을 다른 종류의 죽음으로 확장해 보는 것도 가치가 있다. 비록 신체적으로는 살아 있다 하더라도, 우리는 삶의 어떤 중요한 부분에서는 죽어 있거나 죽어 가고 있을 수도 있다. 아마 자신의 감정에 무감각하거나 죽어 가는 역할에 몰두하고 있을 수도 있다. 지적 호기심이나 삶에 대한 경이로움을 잃어버렸는지도 모른다. 중요한 사람과의 관계를 단지 일상적인 습관이나 의식처럼 이어 가고 있을지도 모른다. 우리가 하는 행동이 별 의미 없는 것일 수도 있다. 사실 집단의 끝이란 것 자체도 우리가 피하려고 하는 일종의 '죽음'이다. 집단은 우리에게 점점 진부하게 느껴지는 영역을 찾고, 변화를 이루기 위해 무엇을 해야 할지 깨닫는 데 유익하다.

변화의 과정 중에는 항상 새로운 성장을 위한 자리를 마련하기 위해 어떤 다른 부분은 죽을 수밖에 없다. 성장은 종종 우리에게 친근한 방식을 버리도록 요구한다. 아마도 앞으로 나아가고 새로운 패턴을 만들기 전에 상실에 대해 애도하는 기간을 가질 필요가 있을 것이다. 집단은 슬픔을 표현하고, 변화와 함께 수반되곤 하는 모호함을 탐색하고, 새로운 존재 방식을 실험하기에 안전한 장소를 제공해 준다.

사례

고대 그리스의 스토아 학파는 "어떻게 살아야 할지 배우고 싶다면 죽음에 대해 생각해 보라."고 했다. 실제로 우리는 죽음을 앞두고 있는 사람 혹은 거의 죽을 뻔한 경험을 해 본 사람들로부터 많은 것을 배울 수 있다. 시한부 삶을 살고 있는 사람들은 종종 삶이라는 선물에 대해 새롭게 이해하게 되며, '사형 선고'가 어떻게 가능한 한 온전한 삶을 살도록 일깨웠는지 말하곤 한다. 그들은 죽음에 직면함으로써 상대적으로 짧은 기간 동안 가장 많은 것을 얻는다. 시간의 압박은 그들로 하여금 남은 시간이 얼마나 됐든 그 시간을 어떻게 보낼 것인지 선택하게 만든다. Kinnier 등(2001)은 삶에서 위기를 경험해 본 사람들과 함께 면담을 진행하여 몇 가지 공통된 주제를 발견했다. 그것은 물질주의의 감소, 높아진 영성, 다른 사람에 대한 배려와 도움이었다. Kinnier와 동료들은 죽음에 직면해 본 사람들은 일상적인 일에 대해 덜 걱정하며 인간의 미래에 대해 훨씬 더 긍정적인 태도를 갖게 된다는 것을 발견했다.

이러한 틀은 집단 작업에도 적용될 수 있다. 이 집단에는 아주 어린 사람들이나 삶에서 위기를 경험해 보지 않은 사람들이 포함된다. 구성원들은 자신들이 현재 어떻게 살고 있는지 바라보도록 요구받는다. 만약 그들이 현재 움직이고 있는 방향에 만족하지 않는다면 새로운 선택을 할 수 있다. 만약 개인적 목표를 성취하는 데 필요한 시간이 제한되어 있다는 현실을 받아들인다면 삶에서 새로움을 발견하게 될지도 모른다.

Irvin Yalom(1980)은 집단치료를 받는 암 환자들은 현재의 위기를 삶에 변화를 가져올 기회로 여기는 경향이 있음을 발견했다. 암에 걸렸다는 것을 알고 난 후 많은 이가 다음과 같은 내적 변화를 겪었으며, 그것으로 인해 그들은 삶에 강하게 집중할 수 있게 되었다(p. 35).

- 삶의 우선순위 재배치: 사소한 문제에 얽매이는 것을 피하게 되었다.
- 해방감: 가장 원하는 것을 선택할 수 있게 되었다.
- 현재를 살고 있다는 느낌: 미래를 위해 살지 않게 되었다.
- 삶의 기본적인 사실들에 대한 생생한 이해: 자연의 다양한 모습을 알아차리게 되었다.
- 사랑하는 사람과 이전보다 더 깊은 의사소통을 하게 되었다.

- 대인관계에 대한 두려움이 줄어들었고, 안전감에 대한 걱정을 덜하게 되었으며, 기꺼이 위험을 무릅쓰게 되었다(p. 35).

원하는 방식대로 살기 위해 반드시 불치병을 선고받을 때까지 기다려야 하는 것은 아니다. 다양한 집단의 구성원들과 지도자들은 암 환자 혹은 생명을 위협하는 경험을 하고 있는 집단으로부터 많은 것을 배울 수 있다.

Barnett(2008)의 저서인 『죽음이 치료 현장을 찾아왔을 때(When Death Enters the Therapeutic Space)』는 치료 중에 죽음이라는 문제에 직면하는 상황에 대한 실존주의적 관점과 여러 가지 중요한 통찰을 제시해 준다. Irvin Yalom(2005)의 『쇼펜하우어, 집단심리치료(The Schopenhauer Cure: A Novel)』에서는 한 집단치료자가 그 자신의 죽음에 직면하면서 자신의 삶과 일의 의미에 대해 생각하게 된다. Yalom(2008)은 『보다 냉정하게, 보다 용기있게(Staring at the Sun: Overcoming the Terror of Death)』라는 저서에서 죽음에 대한 직면이 우리를 더욱 온정적인 삶으로 이끈다고 주장했다. 우리는 자신의 죽음에 대해 생각할 때 종종 인생에서 진정으로 중요한 것이 무엇인지 깨닫게 된다. 한 사람이 "당신이 무엇을 위해 기꺼이 죽을 것인지를 찾아서 그것을 위해 살아라."라고 말한 것과 같이….

의미 추구

삶의 목적과 의미를 찾으려 하는 것은 인간의 독특한 특징이다. 우리는 삶에서 의미와 경외감을 찾아나갈 역량을 가지고 있다. 우리는 의미와 개인의 정체성을 찾으며 실존적 질문을 던진다. '나는 누구인가? 내가 어떻게 여기로 오게 되었나? 나는 어디로 가고 있으며 그 이유는 무엇인가? 내가 왜 여기에 있나? 내 삶의 목적과 의미는 무엇인가?' 실존주의적 관점에 따르면, 삶 자체에 긍정적인 의미가 담겨 있는 것은 아니다. 삶의 의미는 우리 자신이 만들어 가는 것이다. Vontress(2013)는 삶의 의미란 우리가 전 생애에 걸쳐 고군분투하는 계속적인 과정이라고 하였다. "어느 날 의미 있었던 것이 다음 날엔 의미 없는 것이 될 수 있다. 한 사람에게 평생 동안 의미 있었던 것이 그가 죽었을 땐 의미 없는 것이 될 수도 있다." (p. 147)

Frankl(1963)은 실존치료를 발전시키는 데 헌신해 왔다. 이 치료는 삶의 의미가 갖는 역할에 근거한다. 그에 따르면 인간의 주요 관심사는 삶에서 방향을 제시해 주는 의미를 추구하는 것이다. 그는 자신의 임상 작업과 연구를 기초로 하여 의미의 부재가 실존적 스트레스와 현대인이 느끼는 불안의 주요 원인이라는 결론을 내렸다. 그는 실존적 신경증이란 진정성이 없는 삶의 방식에서 비롯되는 무의미함을 경험하는 것이라고 보았다. 많은 사람이 실존적 공허함 때문에 치료실에 온다. 실존적 공허함이란 의미를 완전히 다루어 보지 않은 데서 오는 내면적 공허감이다. 그러므로 Frankl에 따르면 치료의 기능은 내담자들이 자신의 삶에서 의미를 창조할 수 있도록 돕는 것이라 할 수 있다.

의미를 창조하는 방법에는 여러 가지가 있다. 일, 사랑, 고통 또는 다른 사람을 위해 일하는 것 등이다. Frankl에 따르면 치료자의 과업은 내담자에게 삶의 의미가 어떠해야 하는지 말해 주는 것이 아니라, 스스로 의미를 찾도록 내담자를 격려하는 것이다. 그는 고통 또한 성장의 원천이 될 수 있다고 믿었다. 또한 만약 고통을 경험하려는 용기가 있다면 그 속에서 의미를 찾을 수 있을 것이라고 믿었다. 고통은 우리가 그것을 마주할 때 어떤 입장을 취하느냐에 따라 성취될 수도 있다. Frankl은 나치의 죽음의 수용소 경험을 통해 이것을 발견하였다. 고통, 절망, 죽음에 직면함으로써, 또한 그것의 의미를 이해하려고 노력함으로써 우리는 삶의 부정적 측면을 승리로 바꿔 놓게 된다.

Clara Hill(2018)은 삶의 의미에 초점을 맞추었고, 보편적인 인간의 관심은 종종 내담자가 치료실에 가져오는 우울증, 불안, 고립, 신체적 질병, 노화 및 죽음에 대한 불안의 근간이 된다고 지적하였다. 실존적 관심을 다루는 것은 내담자를 더 풍요로운 존재가 되도록 만드는 방법을 찾는 데 도움을 줄 수 있다. Hill은 치료자가 내담자를 평가할 때 다음과 같은 질문 중 일부를 고려할 것을 권장한다.

- 내담자는 삶에 관여하고 있는가? 만약 그렇다면, 어떤 방식으로 관여하고 있는가?
- 만약 내담자가 삶의 의미와 목적을 가지고 있지 않다면, 그 이유는 무엇일까?
- 내담자는 구체적으로 어떤 방식으로 삶의 의미를 찾고 있는가?
- 내담자는 삶의 의미를 무엇이라 여기는가?
- 삶의 의미를 찾는 것이 내담자에게 중요한 관심사인가?
- 삶의 의미를 찾는 것과 관련이 있을 수 있는 내담자의 재능, 능력, 강점 및 한계는 무엇이 있는가?

실존치료자의 핵심 역할은 내담자가 삶의 의미를 얻기 위해 변화를 원하는지 여부를 결정하고, 그렇다면 내담자가 원하는 변화를 가져오기 위해 고려할 수 있는 행동을 결정하는 데 도움을 주는 것이다. Hill의 포괄적인 삶의 의미 원천 목록에는 다음과 같은 활동이 포함된다.

- 창의적인 활동에 참여하기
- 종교적 또는 영적 활동에 참여하기
- 상실이나 고통 헤쳐나가기
- 자신의 일에 열정 갖기
- 가족 및 친구와의 개인적인 관계 맺기
- 여가 활동에 참여하기
- 타인에게 봉사하는 존재 되기
- 다음 세대를 위한 유산 남기기
- 더 높은 차원의 원인에 몰입하기(자기 초월)
- 자율성을 위해 노력하기
- 유능성을 위해 노력하기
- 소속감 느끼기

삶의 의미의 원천은 수명에 따라 그리고 내담자의 현재 욕구와 욕망에 따라 매우 달라질 수 있다. 개인 및 집단상담 모두에서 실존치료자는 내담자가 자신의 삶에서 현재 의미 있는 활동을 찾을 수 있도록 돕고, 내담자가 의미 있는 삶을 살아가는 정도를 평가할 수 있도록 지원한다. 심리치료에서 삶의 의미의 역할에 대한 더 자세한 논의를 위해 『삶의 의미를 찾아주는 상담사(Meaning in Life: A Therapist's Guide)』(Hill, 2018)를 추천한다.

집단 작업에 대한 시사점

의미를 찾는 것, 그리고 더 이상 의미 있지 않은 가치관을 살펴보거나 폐기하는 것과 관련된 질문을 탐색하는 것은 집단에서 흔한 일이다. 많은 집단구성원은 새롭거나 더 바람직한 대안을 찾지 못한 채 기존의 가치관을 저버리는 것에 대해 염려한다. 어떤 사람들은 한 번도 비판적으로 평가해 보지 않은 채 자연스럽게 물려받았던 가치 체계 속에 살고 있다. 어떤 사람들은 사회에 순응하면서 자신의 정체성을 잃고 있다. 이 문제는 다른 사람의 기대에 순응하는 데 상당한 압박을 느끼는 집단 속에 여전히 존재한다.

치료 과정의 과업 중 하나는 구성원들이 그들의 의미 있는 실존에 도움이 되지 않으며 검증되지 않은 가치관에 따라 살아왔다는 사실을 직면하도록 하는 것이다. 우리는 우리에게 어떤 의미도 없는 가치관에 대해 책임감을 느끼지 않아도 된다. 하지만 우리가 그 가치관을 고수하며 새로운 가치관을 찾는 데 실패한 것에 대해서는 확실히 책임을 져야 한다. 집단구성원들은 집단의 지지를 통해 자신의 존재 방식과 일치하며 내면에서 나온 가치 체계를 만들어 갈 힘을 찾을 수 있다. 이 과정은 적어도 한 번 정도의 불안을 일으킬 것이다. 명확한 가치관의 부재에 허둥댈지도 모른다. 다음은 집단 상황에서 유용하게 쓰일 수 있는 질문이다.

- 당신은 자신의 삶의 방향을 좋아하는가? 그렇지 않다면 그것에 관해 무엇을 하고 있는가?
- 당신의 삶 중에서 당신을 가장 만족시키는 측면은 무엇인가?
- 당신이 진짜 원하는 것을 하지 못하도록 방해하는 것은 무엇인가?

집단 작업은 특히 나이 든 사람들에게 유용하다. 이 접근은 그들이 자신의 삶을 전체적으로 살펴보고, 살면서 겪은 것들의 의미를 통합하며 새로운 의미를 찾을 수 있도록 도와준다. 삶의 의미를 찾는 것은 나이가 들어 상실을 경험할수록 더욱 절박한 일이 된다.

> 상실은 나이를 먹으면서 나타나는 실존적 산물이다. 우리는 매일 아침 깨어나 우리가 결코 대비할 수 없었던 존재 방식과 마주하게 된다. 우리의 마음, 육체, 사랑하는 사람, 배경, 어려움을 다루는 습관적 방식, 사회적 관계에서 차지하는 위치, 지위, 일, 자각 등이 그것이다. 우리가 모두 붙잡으려 애쓸수록 이것들은 우리의 손에서 분해된다. (Bugental, 2008, p. 334)

Elizabeth Bugental(2008)은 자신이 이끄는 노인 집단을 "상실의 바다에서 함께 헤엄치는 사람들"이라고 묘사하였다. 그 집단은 65세에서 90세 사이의 노인 8명으로 구성되어 있으며 1주일에 한 번씩 8주 동안 만난다. 집단 회기는 나이 듦과 상실에 관한 개인적 경험 등의 실존적 주제들을 가지고 느슨한 구조로 진행된다. 구성원들이 함께 탐색했던 이 주제들은 다음과 같은 질문의 형태로 표현되어 있다.

- 어떻게 내가 이렇게 늙게 되었는가?
- 어떻게 내가 새로운 노년기를 만들 수 있을까?
- 나는 지금 누구인가?
- 어떻게 다른 사람과 연결되어 있을 수 있는가?
- 어떻게 내 삶을 아름다움, 선함, 경이, 진실로 채울 수 있을까?
- 나는 상실의 한 가운데에서 새로운 가능성을 찾을 용기를 가지고 있는가?

이 집단은 치료 집단이 아니지만 치료적인 요소를 많이 갖고 있다. 구성원들은 자신들의 이야기, 특히 매우 다양한 상실에 관한 이야기를 나눈다. 또한 가능한 한 지금-여기에 머물러 있도록 요청받는다. 구성원들이 자신의 감정을 표현하고 다른 구성원들에게 공감을 얻을수록 그들은 다른 사람들과의 공통된 유대를 발견하게 된다. 집단을 이끄는 전반적 주제는 '삶의 마지막 단계를 위해 어떤 선택을 할 것인가?'이다.

사례

프리실라(Priscilla)는 전통적 가치 체계 속에서 자랐으며, 지금껏 그에 대해 진정으로 의문을 제기해 본 적이 없다. 그녀는 항상 '정숙한 숙녀'가 되도록 강요받는다고 느꼈다. 마치 부모님이 늘 어깨너머로 자신을 감시하고 있는 것 같았다. 프리실라는 자신이 생각하기에 부모님이 절대 허용하지 않을 것 같은 행동을 할 때면 마치 엄마, 아빠의 목소리를 듣는 것처럼 느꼈다. 그 목소리는 그녀가 해야 할 것과 느껴야 할 감정에 대해 말하고 있었던 것이다. 다양한 집단 활동에서, 프리실라는 자신의 부모가 '되어' 보고, 우리를 상대로 우리의 방식을 어떻게 바꿔야 할 것인지에 대해 자기 부모처럼 잔소리를 늘어놓는 경험을 가졌다.

어느 시점에 나는 그녀에게 앞으로 죽을 때까지 부모가 기대했던 것처럼 친절하고 예의 바른 숙녀로 남아야 한다고 가정하고 행동해 보라고 요청했다. 그리고 여러 회기 동안 집단 내에서 그런 여성적인 행동을 더욱 과장하여 해 보라고 요구했다. 그 후 그녀는 그토록 고리타분하고 순응적으로 행동하는 것이 토할 정도로 싫었다고 말했다. 프리실라는 그것이 아무리 힘들지라도 변화하기로 마음먹었다. 그녀는 성장 과정에서 배운 핵심 가치 중 일부를 여전히 존중하면서도, 죄책감을 느끼더라도 다른 나머지 가치를 버릴 수 있는 자유를 원했다. 집단 안팎에서의 작업은 그녀에게 스스로 자신의 가치를 정립할 새로운 자유를 가져다주었다. 그녀가 스스로 찾아낸 가치는 그녀에게 의미 있었으며, 타인에 의해서가 아니라 자기 자신의 기대에 따라 살도록 해 주었다.

진정성 추구

신학자 Paul Tillich(1952)는 모든 형태의 '무(無)'를 그 자체로 받아들일 수 있는 용기를 정의하기 위해 '존재하려는 용기'라는 표현을 사용하였다. 왜냐하면 '무'란 존재의 이유를 바탕으로 하기 때문이다. 우리 존재 속의 핵심을 발견하고 창조하고 유지하는 것은 매우 어렵고 끝이 없는 투쟁이다. Deurzen(2012)는 진정한 삶이란 가만히 고정된 결과라기보다는 과정에 가깝다고 주장했다. 진정성 있게 사는 것은 가치 있다고 생각하는 것을 하고 사는 것이다. 진정성은 우리가 우리의 행동과 삶의 방식에 대해 책임을 지는 주인임을 주장하는 것과 관련이 있다(Deurzen & Adams, 2011). 간단히 말하자면 스스로에게 진실해지는 것을 뜻한다. 이러한 종류의 삶은 깊은 내적 평화감을 주지만, 진정성이란 결코 쉬운 문제가 아니다. 진정성 있게 산다는 것은 한계를 알고 수용하는 것과도 관련이 있다. '평온을 비는 기도'는 이러한 수용의 본질을 담고 있다. "하나님, 내가 변화시킬 수 없는 일에 대해서는 그것을 받아들일 수 있는 침착함을 주시고, 변화시킬 수 있는 일에 대해서는 도전할 용기를 주옵시며, 그리고 이 두 가지의 차이를 분별할 수 있는 지혜를 주옵소서."

Frankl(1963)이 즐겨 사용한 인용문은 Goethe의 경구이다. "우리가 어떤 사람을 대할 때 그의 현재 모습만을 본다면, 우리는 그로 하여금 더욱 퇴보하게 만드는 것이다. 하지만 우리가 그를 대할 때 그가 가진 잠재력을 본다면, 우리는 그가 실제로 그러한 잠재력을 실현하도록 돕는 것이다." Frankl은 내담자가 완전하고 진정한 자기가 되도록 도전하는 것이 치료자의 과제라고 보았다. 그것은 삶에 대한 개입과 몰입을 통해 이루어지는 것이었다. 의미치료(logotherapy)는 사람의 영적 측면과 더 높은 열망에 관심을 둠으로써 진정으로 살기 위해 필요한 의미를 찾도록 영감을 준다. 이런 관점은 내가 하와이의 한 교회에서 발견한 격언에도 담겨 있다. "너의 존재는 너에게 주는 하나님의 선물이다. 네가 만드는 너 자신은 하나님께 드리는 너의 선물이다."

실존적 죄책감은 우리가 어떤 사람이 될 잠재력을 갖고 있다고 해도 결국 그 잠재력을 완전히 실현할 수는 없을 것이라는 깨달음에 뿌리를 두고 있다. 이 말은 우리가 항상 어느 정도 삶에 빚을 지고 있다는 뜻이다. 실존적 죄책감은 자신이 불완전하다는 느낌, 그리고 우리가 다른 사람의 눈을 통해 삶을 바라보고 있다는 인식으로부터 생긴다. 궁극적으로 존재감의 상실은 심리적 질병이 되는 것이다. 타인이 우리의 삶을 설계하도록 내버려 두는 한, 우리의 실존은 제한될 수밖에 없다.

집단 작업에 대한 시사점

집단은 사람들이 스스로를 바라볼 수 있도록 강력한 맥락을 제공해 준다. 또한 이 집단은 타인이 기대하는 것을 반영하는 것이 아니라 '완전히 기능하는' 한 사람으로서 결정하고, 어떤 결정이 진정으로 스스로의 것인지 고려할 수 있는 환경을 만들어 준다. 집단구성원들은 만족스럽지 않은 방식으로 사는 것에 대한 두려움을 공유할 수 있으며, 자신의 온전함을 되찾기 위해 어떻게 해야 할지 알게 된다. 집단은 삶의 과제들과 맞설 많은 기회를 제공한다. 집단구성원들은 서서히 그동안 잃어버렸던 방향을 발견하게 되고, 스스로를 더욱 신뢰하기 시작한다. 물론 실존주의 집단지도자들은 간단한 해결 방법을 처방하진 않을 것이다. 그것은 집단구성원들이 진정성 있는 삶을 살도록 돕는 방법이 아니기 때문이다. 또한 집단구성원들이 집단의 다른 구성원에게 특정한 방식으로 살라고 설득하지 않도록 경계하는 것도 집단지도자에게는 매우 중요하다.

집단상담 경험의 주요한 부분은 집단구성원들로 하여금 자신이 누구인지, 자신이 무의식적으로 가지고 있는 정체성은 무엇인지 알도록 하는 것이다. 낡은 정체성에 갇힌 채 살아갈 때, 그들의 삶은 의미를 잃게 된다. 실존주의 집단은 집단구성원들이 타인과의 관계 속에서 자신에 대해 완전하게 인식할 수 있도록 돕는 것에 중요한 역할을 할 수 있다. 집단 경험을 통해 구성원들은 자신의 정체성이 고정불변의 것이 아니며, 스스로의 삶을 만들어 나갈 수 있다는 것을 알게 된다. 스스로 자신의 개인적 의미를 새로 만들어 나가는 집단지도자들은 그 자체로 집단구성원들에게 용기가 된다.

사례

45세의 마사(Martha)는 평생 동안 가족에게 헌신했다. 그녀는 내가 운영한 집단이나 개인 성장 워크숍에 참석했던 많은 여성의 전형이었다. 그녀는 거의 평생 자신의 정체성을 아내, 어머니, 주부로서의 역할에서만 찾아왔다. 그녀의 자녀들이 고등학교, 대학에 들어가고 마침내 집을 떠났을 때 그녀는 스스로에게 자주 이런 질문을 던졌다. "내 삶에 지금껏 내가 해왔던 것 이상이 존재할까? 그동안 책임감 있게 맡아 왔던 모든 역할을 제외한다면 나는 누구인가? 남은 삶 동안 내가 하고 싶은 것은 무엇인가?"

마사는 대학으로 돌아가 사회복지 분야에서 학위를 취득했다. 그것은 자신에게 새로운 문을 열어 준 아주 중요한 삶의 전환점이었다. 그녀는 노인 관련 업무를 포함하여 여러 프로젝트에 참여했고, 그것은 그녀의 삶을 풍성하게 해 주었다. 그녀는 공부와 관련된 프로그램을 통해 여러 집중 개인 성장 워크숍에 참여하였다. 그녀는 그런 활동을 통해 다음과 같은 질문에 대해 토론하고 생각해 볼 기회를 얻게 되었다. "나에게 나 자신을 위한 새로운 정체성을 만들 만한 용기가 있는가? 나의 변화를 원치 않는 가족들의 압력을 내가 과연 이겨 낼 수 있을까? 다른 사람에게 도움이 되면서 동시에 나 자신에게도 도움이 될 수 있을까?" 이러한 질문들은 마사의 인식이 성장하고 있다는 것을 보여 준다. 이러한 질문들은 마사가 다음과 같은 인식을 확립해 가고 있음을 나타낸다. 즉, 그녀가 한 개인으로서 자신만의 권리를 갖고자 하며 '진정한 존재'로 살기를 원한다는 것이다. 마사의 자기성찰은 또한 그녀가 선택이란 항상 스스로 해결해야 할 의심과 투쟁을 수반한다는 것을 알게 되었음을 보여 준다.

혼자임과 관계함

실존주의 집단상담 실무자들은 비록 가까운 친구가 있다 하더라도 우리는 궁극적으로 혼자라고 생각한다. 또한 오직 자신만이 삶의 의미를 찾고 어떻게 살 것인지 결정할 수 있으며, 스스로의 해답을 찾고 존재할 것인지 아닌지 결정할 수 있다고 믿는다. 실존적 고립이란 우리가 이 우주 속에 혼자임을 의미한다. 설사 타인과의 관계를 통해 의미를 찾는다고 하더라도, 우리는 이 세상에 혼자 와서 혼자 떠난다. 우리는 타인과 연결되고자 하는 소망과 혼자라는 현실 간의 긴장을 잘 다루어야 한다. "어떤 관계도 실존적 고립을 없앨 수는 없지만, 사랑이 고통을 보상하는 방식으로 외로움을 공유할 수는 있다."(Yalom & Josselson, 2019, p. 291) 우리가 '궁극적 혼자임'을 인식하는 것은 두려울 수 있다. 그래서 어떤 사람은 가벼운 관계 또는 정신없는 활동에 참여하거나, 그것들이 두려움과 괴로움을 잊게 해 줄 것이라고 믿으며 그러한 인식을 피하려고 한다.

우리는 우리의 경험을 선택할 수 있다. 그리고 자기 자신 안에서 의미와 방향의 중심을 찾으려고 노력한다. 우리가 그러한 선택을 하고 자신의 정체성을 찾는 데 성공했을 때, 비로소 타인과 진실하고 의미 있게 연결될 수 있다. 진정으로 타인과 어울리기 위해서는 혼자임을 견딜 수 있어야 한다. 고독은 혼자임과는 달리 스스로 선택할 수 있는 것이다. 고독 속에서 우리는 자기 자신과 함께하고, 자신이 누구인지 발견하며 자신을 새롭게 할 시간을 갖게 된다(Corey et al., 2018).

우리가 실존적으로 혼자인 동시에 연결되어 있다는 명제에는 역설이 존재한다. 하지만 그것은 바로 인간의 상황을 설명해 주는 역설이다. 우리는 사회적 존재이며 인간성을 유지하기 위해 대인관계에 의지한다. 또 의미 있는 관계를 소망하며, 타인의 세계에서 중요한 존재가 되고자 한다. 그리고 자신의 세계에서 타인의 존재가 매우 중요하다는 것을 느끼고 싶어 한다. 하지만 우리가 자기 내면에서 힘을 찾지 못한다면 박탈감이 아닌 충족감을 바탕으로 타인과 풍성한 관계를 맺을 수 없을 것이다.

집단 작업에 대한 시사점

집단구성원들은 타인과 의미 있는 방식으로 연결될 기회를 가진다. 다른 사람과 함께 있을 때 있는 그대로의 자신이 되는 방법을 배우거나, 그들이 맺는 관계 속에서 보상과 자양분을 찾는 방법을 배울 기회도 가진다. 또한 그들은 삶의 중요성과 목적을 찾는 질문에 대한 해답이 타인에게 있지 않다는 것을 배운다. 만약 자각을 위한 노력이 성공적이라면, 그들은 그들이 맺은 관계가 얼마나 가치 있는가와 상관없이 궁극적으로 자기 스스로 깨닫게 된다.

집단구성원들이 집단 내에서 맺는 관계는 서로에게 집단 밖에서 타인과 연결되는 방법을 가르친다. 집단 내에서 사람들은 타인을 위해 애쓰고 있는 자신을 발견하게 되고 이것이 종종 유대감으로 이어진다. 그들이 궁극적으로 자신이 실존적으로 혼자라는 것을 수용한다

할지라도, 그들은 자신이 노력하는 한 혼자가 아니라는 것을 깨닫게 된다. 타인들 역시 용기 있게 자신을 탐색하고 있으며 자신만의 정체성을 찾기 위해 노력한다는 것도 알게 된다. 간단히 말하자면, 집단은 개인치료를 통해서는 얻을 수 없는 집단구성원들이 타인과 친밀하게 연결될 수 있는 분명한 가능성을 제공해 준다고 할 수 있다.

사례

프레스턴(Preston)의 사례는 한 사람이 타인과 함께인 동시에 어떤 면에서는 혼자일 수 있다는 것을 보여 준다. 집단 회기에서 프레스턴은 집단에 있는 모든 사람으로부터 단절된 것 같다고 말했다. 그는 자신을 '이곳 밖에 있는 관중'으로 묘사하였다. 나는 그에게 집단과 분리되어 거리를 유지한 채로 우리를 관찰해 보는 실험에 한번 참여해 보겠느냐고 물었다. 그는 그 방을 떠나 발코니에 앉아서 창문을 통해 진행되는 상황을 관찰해 보라는 요청에 동의하였다. 나는 그에게 밖에 앉아 우리를 관찰하는 동안 떠오른 생각과 감정에 대해 주의 깊게 인식해 볼 것을 요청하였다. 그리고 밖에 앉아 경험한 것에 대해 말할 준비가 되었을 때 돌아오라고 하였다.

프레스턴은 되돌아와서 처음으로 관중 역할에 안주하는 것이 얼마나 안전하게 느껴졌는지 깨달았다고 했다. 또한 그가 무엇인가 다른 행동을 할 준비가 되었다고 하였다. 나는 그에게 집단 내의 한 사람 한 사람에게 다가가 다음 두 문장을 완성해서 말해 보도록 하였다. "당신을 멀리하기 위해 내가 취했던 방법은 ________ 입니다." "내가 당신에게 더 가까워질 수 있는 방법은 ________ 입니다." 그는 '한 바퀴 돌고 난 후', 자신이 많은 사람에게 둘러싸여 있을 때도 혼자라고 느꼈던 전형적인 상황에 대해 설명하였다. 또 친밀감에 대한 욕구와 사람들에게 다가갈 때 느껴지는 두려움에 대해서도 말하였다. 집단에서 그의 작업은 스스로를 타인으로부터 분리하려는 시도를 강화한 것이었다. 그리고 그것은 마침내 변화하려는 욕구로 이어졌다.

집단지도자의 역할과 기능

Schneider와 Krug(2017)에 따르면 실존적 인본주의 치료자들은 내담자가 자신을 변화시킬 수 있는 역량을 최대화함으로써 행동적, 인지적으로뿐만 아니라 경험적으로 그들의 문제를 해결하도록 돕는다. 실존주의 치료자들은 이러한 목표를 달성하기 위해 경험적 해방과 깊은 변화가 뿌리내릴 수 있는 실존적 조건을 이용한다. 실존주의적 관점에서 치료는 치료자와 내담자 사이의 파트너십이자 공동의 모험이다. 이러한 협력적 파트너십을 발전시키기 위해 치료자는 개인 대 개인 관계에 중점을 둔다. 실존치료자는 자신의 주관성을 작업에 반영해야 하며, 집단구성원들과 효과적인 치료적 관계를 만들기 위해서는 치료자 자신의 존재를 보여 주는 것이 필수적이다. 치료적 관계의 질은 치유력에 높은 우선순위를 가진다.

Bohart와 Wade(2013)는 내담자들이 그들이 원하는 치료적 관계의 질에 대한 선호를 가지고 있다고 믿었다. 그들은 진정성이 있고 공감을 보여 주며, 치료적으로 존재할 수 있는 치료자를 높이 평가한다. Bohart와 Wade는 내담자를 치료 과정의 중심으로 보고 있으며, 이는 치료자는 치료 과정과 결과에 기여하는 능동적인 학습자이자 문제해결자로서 내담자의 역할을 강화해야 함을 의미한다. "치료자뿐만 아니라 내담자도 치료적 관계에 능동적으로 대처하고 관리하는 역할을 할 수 있다."(p. 240) (다음 장에서 볼 수 있듯이 관계는 인간중심 접근과 게슈탈트 치료에서도 핵심적이다.)

Bugental(1997)은 실존치료의 주요 과제는 내담자의 인식의 범위와 깊이를 증진하는 것이라고 보았다. 그는 내담자들에게 그들이 인식을 제한하고 있는 방식과 그러한 제한의 대가를 보여 주는 것이 바로 치료자의 역할이라고 하였다. 만약 집단과 심리적으로 괴리되어 있고 비인격적인 기술에만 숙련된 지도자가 객관적 경향성만을 고집한다면 변화를 위한 분위기가 생성되기 어려워진다. Bugental은 종종 치료자들이 말하는 내용에만 과도하게 관심을 갖는 경우가 있는데, 이는 치료자와 내담자 사이의 거리를 인식하는 데 방해가 된다고 믿었다. 치료자들은 내담자의 행복에 진심으로 관심을 가질 필요가 있다. 존재와 진정성 측면에서 내담자가 중요하게 여기는 것은 전문적인 역할에 얽매이지 않고, 한 사람으로서 자신을 만날 수 있는 치료자이다(Craig et al., 2016).

변화는 집단지도자와의 관계뿐만 아니라 다른 집단구성원과의 관계를 통해 일어나기도 한다. 집단지도자의 주된 역할은 집단구성원들이 주요 실존적 관심에 초점을 맞추고, 이러한 관심에 대해 충분히 탐색할 수 있는 환경을 제공함으로써 집단구성원들 간의 의미 있는 관계를 촉진하는 것이다. 실존주의 집단의 지도자는 진실함을 가치 있게 여기며 적절한 자기개방을 통해 기꺼이 자기 자신을 알리려 한다(Yalom & Josselson, 2019). 집단지도자는 삶의 궁극적인 실존적 고민을 받아들여야 한다는 점에서 집단구성원들의 동료 여행자라고 할 수 있다. 그러므로 치료적 공동체는 보편적 투쟁이라는 공통성을 기반으로 만들어진다.

실존주의 집단지도자는 내담자들이 그들 자신의 자유를 제한하는 방식을 평가하고, 어떻게 선택을 촉진할 수 있을지 깊게 고민하며, 스스로의 선택에 책임을 지도록 격려하는 역할을 한다. 집단은 집단구성원들이 집단에서 보여 주는 자기제한 패턴(self-constricting patterns)이 어떻게 그들의 일상생활에서도 똑같이 나타나는지 볼 수 있게 도와준다는 점에서 매우 중요하다. 구성원들은 자신이 집단에서 어떻게 하는지에 대해 더 잘 이해함으로써 자신이 세상에 존재하는 방식에 대한 인식을 증진할 수 있다. Deurzen(2010)은 실존치료자가 한 인간의 삶에서 실제적인 측면이나 문제를 다루지는 않는다고 하였다. 그는 "우리는 인간 존재에 대한 사람들의 투쟁에 초점을 맞추고, 개인이 받아들이려고 애쓰는 인간 조건의 매개변수를 명료화한다."(p. 236)고 하였다. 실존치료자는 내담자들이 자신의 상황을 더 잘 숙고하고, 곤경에 직면하고, 스스로를 위해 생각하도록 돕는다.

적용: 치료 기법과 절차

실존주의적 모델은 다른 다양한 집단 접근과는 달리 특정한 기법을 쓰는 것보다는 지금 현재 집단구성원들을 경험하고 이해하는 것에 더 많은 강조점을 둔다. 치료적 관계는 집단구성원이 자신의 삶의 방식을 정직하게 탐색하는 도움이 되는 분위기를 조성하는 것이 핵심이다. 치료적 관계는 실존주의 치료의 핵심이다(Craig et al., 2016). 실존주의 치료자는 진단, 처치, 예후를 제시하기보다는 내담자의 주관적 현실을 이해하고 탐구하는 것을 강조한다. 목표는 사람들이 어려움을 피하지 않고 받아들이고 직면하도록 돕는 것이다. 실존주의 치료자들은 치료 기법에 대한 강조가 이러한 치료 목표를 방해할 수 있다고 주장해 왔다(Deurzen & Adams, 2011). May(1983)는 치료 기법은 이해 뒤에 따라오는 것이라고 강조하였다. 치료 기법을 과도하게 강조하는 것은 치료자가 내담자의 주관적 세계를 이해하는 능력을 제한할 수 있다. 이 접근에서 '옳은' 치료 기법이란 없다. 내담자와 치료자 간에 일어나는 치료적 만남과 대화를 통해 작업이 이루어지는 것이다. 이 접근은 치유하기 위한 이론 또는 기법이 아니라 내담자와 치료자가 함께 작업할 때 일어나는 '만남'이라고 할 수 있다(Elkins, 2007). Elkins(2016)는 치료 효과와 관련된 요인을 밝히는 수백 건의 연구를 조사하고 다음과 같이 결론을 내렸다. "놀랍게도, 연구 결과는 치료 기법은 효율성과 거의 관련이 없으며 공통적인 요인은 변화의 실제 주체였다."(p. 4) Elkins는 심리치료의 인간적 요소가 정서적 치유의 주요 요인이라고 확신하게 되었다. Duncan 등(2010)은 『변화의 핵심 요인(The Heart and Soul of Change)』에서 공통 요인(내담자, 치료자, 치료 동맹)이 심리치료의 효과를 결정하는 주요 요인이며 치료 결과의 핵심이라는 중심 메시지를 전달한다.

치료자들이 이용하는 개입 방법은 인간 존재의 필수적 특성에 관한 철학적 관점을 기반으로 한다. 실존주의 집단치료자들은 다른 여러 가지 치료 접근으로부터 다양한 기법을 차용하여 통합하기도 한다. 하지만 그들은 통합되지 않은 기법들은 사용하지 않는다. 일련의 추정과 태도가 그들의 개입을 이끌며(Deurzen & Adams, 2011), 훈련된 방식으로 작업에 치료 기법을 통합한다.

Deurzen(2010)은 치료자들이 자신들의 삶에서 충분한 깊이와 개방성에 도달하는 것이 중요하다고 하였다. 그렇게 함으로써 그들은 자신의 정체성을 잃어버리지 않고 내담자의 주관적 세계를 탐험할 수 있다. Deurzen은 실존치료가 내담자와 치료자의 공동 탐험이라는 것을 상기시켜 준다. 삶의 영향을 기꺼이 받아들인다면 내담자와 치료자 모두 이 공동의 탐험을 통해 변화하게 될 것이다. 그녀는 치료자들이 자기 자신의 성격과 스타일을 반영한 개입 방법을 사용하도록 격려하였다. 하지만 그들의 내담자의 필요에 관해서는 유연성을 발휘해야 한다고 주장했다.

Deurzen(2010)은 침묵, 질문, 해석의 치료적 사용을 포함한 몇 가지 종류의 개입 방법을 다음과 같이 제안하였다.

- 침묵은 치료자가 쓸 수 있는 가장 중요한 개입 방법 중 하나이다. 대화와 대화 사이에 숨 쉴 공간이 필요하다. 수용적 태도로 경청하여 내담자들이 자신이 선택한 방향으로 움직일 수 있도록 하는 것이 치료자의 임무라고 할 수 있다.
- 질문은 치료에서 상당한 위치를 차지하고 있다. 하지만 질문은 더 많은 정보 조사가 아니라 내담자가 말하는 것을 기반으로 해야 한다. 치료자가 개방형 질문을 하는 것이 가장 좋다. 그러한 질문은 내담자의 말과 그 이면의 메시지를 통해 그 의미가 드러난다.
- 해석은 실존 치료에서 내담자가 하는 이야기 전체를 그 의미가 통하도록 만드는 방법이다. 이것은 그 의미를 명확히 하기 위해 각각의 문장과 경험을 연결함으로써 이루어진다. "완성되어야 할 퍼즐은 내담자의 것이지 우리의 것이 아니다."(p. 293)

실존주의 상담은 철학적 탐색이기 때문에 Deurzen(2012)은 실존치료자를 생활 기술에 관한 조언자로 보았다. 이 조언자는 똑똑한 기술자보다는 현인에 가깝다.

실존주의라는 틀 안에서 작업하는 집단상담 실무자들은 종종 이 책에서 설명된 기법을 사용한다. Adler 학파가 사용한 많은 과정, 사이코드라마에서 쓰이는 기법들은 실존주의 철학과도 아주 잘 맞다. 게다가, 인지행동치료, 합리적 정서행동치료, 현실치료, 해결중심 단기치료 등과 같은 행동 지향적 치료 접근 기법들은 실존주의 개념을 근거로 실행될 수 있다. 하지만 실존주의 집단상담사들은 특정한 기법보다는 집단 속에서 형성되고 있는 관계를 중시한다. '나-너' 만남 속에서 집단지도자의 가장 깊은 자기가 구성원 개인의 가장 깊은 부분과 만날 때 집단 과정이 가장 좋은 상태가 된다고 할 수 있다.

집단지도자는 치료 기법을 소개하고 '무언가 행동함(doing something)'으로써가 아니라, 누군가로서 '존재(being)'하고 '되어감(becoming)'으로써 집단을 위한 분위기를 만든다. 집단 경험은 집단구성원들의 세상을 바라보던 전통적인 방식을 흔들어 놓을 수 있다. 그들의 현재 상태가 흔들릴 때, 집단구성원들은 자기 자신에 직면하고 변화할 더 좋은 기회를 갖게 된다.

실존주의 집단의 단계

치료 집단의 진행 과정은 창의적이며 진화하고 있다. 이 과정은 일반적으로 세 단계로 개념화된다. 첫 단계 동안 집단지도자들은 구성원들이 세상에 대한 자신의 가정을 알아내고 명료화할 수 있게 돕는다. 집단구성원들은 자신의 존재를 인식하고 이해하는 방법을 정의하고 질문하도록 요청받는다. 그들은 자신의 타당성을 결정하기 위해 자신이 가진 가치관, 신념, 가정을 살펴본다. 많은 구성원에게 이것은 어려운 과제이다. 그들은 처음엔 거의 완전히 외적 요인에 의해 생긴 문제들만 표현할 것이기 때문이다. 아마도 다른 사람들이 자신에게 어떤 감정이 들게 만들었는지, 또는 자신이 어떤 행동을 하거나 아무것도 하지 않은 것이 왜 다른 사람의 책임인지에 대해 집중할 것이다. 집단지도자들은 집단구성원들에게 자신의 존재를 되돌아보는 방법, 삶의 문제를 해결하는 데 있어 자신의 역할이 무엇인지 찾는 방법을 가르친다.

실존주의 집단상담의 중간 단계에서 집단구성원들은 자신의 현재 가치 체계의 근원과 권위에 대해 좀 더 면밀히 살펴보도록 격려받는다. 이러한 자기 탐색 과정은 새로운 통찰과 자신의 가치관, 태도의 재구조화로 이어진다. 집단구성원들은 어떤 삶이 살아 볼 가치가 있는지에 대한 더 좋은 생각을 얻게 된다. 실존적 탐색은 의미 추구의 영적 측면을 다룬다. 핵심적 삶의 문제에 대해 초점이 맞추어지고, 내담자는 삶의 핵심 문제를 다루게 된다(Deurzen, 2010; Deurzen & Adams, 2011).

마지막 단계에서는 집단구성원들이 자신에 대해 배운 것을 행동으로 옮길 수 있도록 돕는 것에 초점을 맞춘다. 집단 경험의 목적은 집단구성원들이 자신의 검증되고 내면화된 가치관을 구체적인 방법으로 실현할 수 있도록 임파워링하는 것이다. 치료적 집단 경험을 통해 집단구성원들은 자신의 강점을 찾아낼 수 있게 된다. 또한 이러한 역량을 의미 있는 존재로 사는 데 적용할 수 있게 된다. 많은 사람에게 있어, 스스로 희생자를 자처해 왔음을 인식하는 것이 바로 변화의 시작이라 할 수 있다. 집단 과정을 통해 우리는 의식적으로 자기 삶의 주인이 되도록 선택할 수 있다는 것을 이해하기 시작한다.

집단 이론의 실제: 실존주의적 적용*

실존주의 집단 회기에서 집단구성원들은 지구상에서 제한된 시간을 가지고 살고 있다는 현실을 숙고하도록 했다. 나는 집단구성원들에게 죽음의 현실이 그들의 삶의 의미에 어떻게 영향을 미치는지에 대해 간략하게 설명함으로써 확인해 보았다. 갈로(Galo)는 그의 삶의 의미에 어머니가 한 역할을 언급한다. 랜디(Randy)는 자신의 아버지가 우체국에서 은퇴한 직후 50세에 사망하였으며, 자신의 삶은 아버지의 삶과 다르기를 원한다고 하였다. 그는 자신의 삶이 영원하지 않다는 것을 인정하고 인생을 즐기고 싶어 한다. 켈리(Kellie)는 지구상에서 제한된 시간밖에 없다는 것을 깨닫고 스스로에게 다음과 같은 질문을 던졌다. "나는 정말로 내가 하고 싶은 일을 하고 있는가?" 루페(Rupe)는 삶의 균형을 위해 노력하고 있으며 동화책을 쓰고 싶다고 이야기했다.

집단구성원들의 모든 이야기를 들은 후, 갈로는 그가 세상을 떠났을 때, 사람들이 자신에 대해 어떻게 말할지 확신이 없으며, 어떤 유산을 남기고 있는지 궁금하다고 덧붙였다. 나는 이 기회를 이용하여 갈로에게 각각의 집단구성원을 살펴보고, 그가 떠났을 때 남기고 싶은 한 가지를 설명하도록 요청함으로써 집단 작업을 촉진하도록 하였다. 그런 다음 다른 집단구성원들에게도 자신의 유산에 대해 생각해 보고 집단 내에서 탐색해 보도록 하였다. 나는 이것을 집단구성원들이 자신의 삶에 의미를 부여하는 것이 무엇인지 숙고하도록 격려하는 촉매제로 이용한다.

집단에서 만든 관련 개입은 집단구성원들이 자신의 일기에 자신의 추도문을 작성하도록 하고, 이후 회기에서는 집단구성원들을 초대하여 추도문을 공유하도록 하는 것이다. 집단구성원들이 삶의 의미에 대해 생각하도록 돕는 또 다른 방법은 집단구성원들에게 자신의 묘비에 원하는 것을 적어보라고 하는 것이다. 다른 회기에서 집단구성원들은 이 비문이 그들에게 의미하는 것과 그 단어들이 그들에게 상징하는 것을 표현하도록 한다. 이러한 훈련은 집단구성원들이 궁극적인 죽음의 현실이 삶의 의미를 만드는 데 어떤 영향을 미칠 수 있는지에 대해 생각하도록 격려한다. 삶의 의미와 목적을 탐색하는 것은 실존주의의 기반이며, 모든 연령대와 많은 다양한 종류의 집단에게 이 작업은 적합할 수 있다.

* 여기서 논의된 집단 회기는 온라인 학생 자료에 포함된 '집단 이론의 실제' 비디오에 있는 실존주의 집단 작업에서 나온 것이다.

학교 집단상담에 대한 실존주의 접근의 적용

실존주의 접근은 오늘날 많은 실존적 문제에 직면하고 있는 학생들에게 많은 것을 제공한다. 최근 코로나바이러스 대유행 기간 동안 죽음, 삶의 의미, 실존적 불안과 같은 실존적 주제는 모든 연령대의 사람들에게 현실이 되었다. 이 치명적인 바이러스의 확산을 막기 위한 노력으로 미국 전역의 학교가 폐쇄됨에 따라 교사와 학교상담사는 질병과 가족구성원의 죽음을 경험하고 있는 학생들에게 거의 지원을 할 수 없었다. 학교상담사는 이제 온라인 포럼에서 이러한 실존적 질문을 논의함으로써 지원을 시작하고 있다.

초등학교에서 고등학교까지 폭력 문제가 점점 더 흔해지고 있으며 학교상담사들은 위기 개입 및 폭력 방지 프로그램 개발을 요청받고 있다. 이러한 젊은이들은 비극이 일어날 때 비로소 확실히 죽음의 현실을 깨닫게 된다. 그런 사건들은 우리에게 남겨진 시간이 그리 길지 않으며 각자의 꿈을 성취하지 못할 수도 있다는 것을 냉혹하게 일깨워 준다. 위기 상황을 다루는 집단은 학생들에게 그들의 충격, 슬픔, 분노, 두려움을 언어적으로 표현할 기회를 준다.

학교 집단상담 지도자가 이러한 주제에 대한 해답이나 결론을 제시하기 위해 폭력과 관련된 여러 가지 감정을 다루어야만 하는 것은 아니다. 집단지도자는 학생들이 그들의 감정이나 생각을 충분히 표현하도록 격려함으로써 도움을 줄 수 있다. 집단구성원들은 그들의 공통된 관심사를 인식하고 만약 필요하다면 서로에게 지지를 제공할 수 있다. 그러한 집단은 학생들이 자신의 삶을 평가하도록, 그리고 삶의 긍정적인 선택을 하기 위해 필요한 일을 하도록 하는 촉매제가 될 수 있다. 집단은 집단에 속한 학생들과 개방적 반응 표현을 촉진하는 상담사 모두에게 치유의 풍성한 원천이 될 수 있다. 모르는 사람들 틈에서 실존적 불안을 탐색하는 것은 위기 상황을 다루는 집단의 주요 과제라고 할 수 있다.

실존주의 개념은 청소년 집단 내에서 또 다른 방법으로도 통합될 수 있다. 내 동료 중 한 명인 콘래드(Conrad)는 중학교에서 일하는 사회복지사이다. 그는 다양한 종류의 집단을 이끌고 있는데, 그중에는 부모의 죽음을 겪은 중학생들로 구성된 사별 집단이 포함되어 있다. 콘래드는 이 중학생들이 중대한 상실과 관련된 다양한 감정과 반응을 다룰 수 있다는 것을 알게 되었다. 또한 그들이 서로에게 진실한 지지의 원천이 될 수 있다는 것, 그들이 상실로부터 치유를 시작할 수 있다는 것도 발견하였다. 위기 상황 집단의 경우가 그러하듯, 콘래드가 이끄는 집단구성원들은 자신의 유한성에 대해 생각해 보고, 죽음의 두려움에 대해 이야기해 보도록 하였다. 또한 자신의 삶에서 진짜로 중요한 것에 대해 탐색해 보도록 하였다.

콘래드는 학생들과 함께할 때의 열정과 집중 수준은 그가 소개한 어떤 치료 기법이나 훈련보다 훨씬 중요하다고 말했다.

실존주의 접근의 대부분의 주요 개념은 매우 다양한 아동 및 청소년 집단과 관련이 있다. 아동 및 청소년들은 자유와 책임감, 예측할 수 없는 삶의 본질에 대한 실존적 불안, 죽음의 현실, 삶의 진정한 목적에 대한 질문, 진정성을 위한 노력에 대한 성찰과 같은 문제와 씨름한다. 그리고 집단지도자가 집단구성원들의 고민에 담긴 실존적 주제를 주의 깊게 살펴본다면 심리교육 집단이나 단기의 학교 집단에서도 더욱 심오한 영역을 다룰 수 있게 된다. 집단은 대처 기술을 가르치는 것이나 특정 정보를 획득하는 것 외에도, 아동 및 청소년들이 자신의 존재에 대한 실존적 문제를 진지하게 받아들이도록 해 주는 숙고 과정을 시작하는 데 있어 중요하다. 학령기 학생들과의 작업에서는 개인적 책임감과 그들이 하는 선택에 초점이 맞추어질 필요가 있다.

다문화 집단에 대한 실존주의 접근의 적용

실존주의 접근은 현존, 나-너 관계, 그리고 용기를 강조한다. 이것은 다양한 문제를 가진 내담자들과 광범위한 상황에 효과적으로 적용될 수 있다(Schneider & Krug, 2017, 2020). Deurzen과 Adams(2011)는 실존치료자들이 상황에 필요하다면, 특히 다문화적 상담 상황에서는 얼마든지 자신의 태도를 바꿀 수 있다고 하였다. 실존치료자들은 가능한 한 자신의 선입견과 편견에서 벗어나, 다른 삶의 방식이 있음을 인정하고자 노력한다. 그들은 내담자 각각이 가진 상황의 독특성을 존중하며 내담자에게 자신의 문화적 가치관을 강요하지 않는다. 실존주의 경향을 가진다는 것은 우리가 내담자에게 자각, 선택, 책임감의 가치에 대해 설교해야 한다는 것을 의미하는 것이 아니다. 집단지도자는 대부분의 집단에서 필연적으로 발생하는 실존적 주제에 귀를 기울이고, 그러한 주제들을 집단 과정에 포함한다.

실존주의 접근은 특정한 가치와 의미를 부여하지 않기 때문에 다문화 상황에 특히 적합하다. 오히려 그보다는 집단구성원들의 가치와 의미를 탐색한다. 개인이 의미 있는 존재를 탐색하는 과정에서 영적 가치는 잠재적 자원으로 간주된다. 많은 내담자에게 영성은 자기탐색을 통해, 자신의 결점을 인정하는 것, 개인적인 책임을 받아들이는 것, 분노를 버리는 것, 죄책감을 다루는 것과 같은 자신을 받아들이고 타인과 자신을 용서하는 법을 배움으로써 치유를 촉진하는 강력한 힘이 될 수 있다. 영성은 분명한 실존적 문제이다. Elkins(1998)는 수백만 명의 사람들이 자신을 '영적이지만 종교적이지 않다.'고 생각한다고 지적하면서 종교와 영성을 구분한다. 전통적인 의미에서 종교적이지 않은 집단구성원도 영성과 깊은 자아를 배양하기 위한 방법에 관심이 있을 수 있다. 많은 실존치료자는 진정한 영성이 힘과 치유의 원천이 될 수 있다고 믿는다.

Vontress(2013)는 문화적으로 다른 집단을 대상으로 작업할 때 실존치료가 특히 유용하다고 믿었다. 왜냐하면 이 접근이 우리 모두가 공유할 수 있는 유사성과 보편성에 집중하기 때문이다. 그는 수련 중인 상담사들에게 첫째로 내담자들의 보편적 공통성에 집중하고, 그다음은 차이점 부분에 초점을 맞출 것을 주문했다. 그는 우리가 어떻게 유사하고, 어떻게 다른지에 대해 인식하고 다루는 것이 매우 필수적이라고 믿었다. 실존주의 집단상담은 집단구성원의 삶의 철학을 이루는 다른 요소들을 존중한다. 다른 세계관에 대한 이해를 통해 집단상담 실무자들은 개인들과 상호 합의된 목표를 세우게 되며, 이 목표는 변화의 방향을 제공해 준다.

집단상담에 참여하려고 하는 사람들은 심리적 고통을 겪고 있는 경우가 많다. 그들은 위기와 무력감을 마주한 상태에서 종종 삶이 자신의 통제에서 벗어난 것 같은 경험을 한다. 몇몇 사람은 단순히 자신에게는 선택권이 없다고 믿거나 선택이란 중산층에게만 가능한 것일 뿐이라고 믿는다. 그들이 매우 자유롭다 할지라도, 인종주의, 차별, 기회 박탈 같은 사회적 요소가 스스로 선택할 수 있는 능력을 심각하게 제한할지도 모른다. 실존주의 집단지도자들은 선택을 제한하는 사회문화적 요소들을 잘 고려한다. 예를 들어, 라틴계 주민 밀집 지역이나 빈민가에 살고 있는 내담자들에게는 안전과 생존의 문제가 특히 중요하게 여겨질 것이다. 그들은 이러한 기본적 요구를 만족시키기 위해 도움을 구할 수도 있을 것이다. 단순히 사람들에게 삶을 더 좋게 만들 선택권이 있다고 말하는 것은 별로 도움이 되지 않으며, 오히려 부정적인 영향만 줄 수도 있다. 우리 모두가 자유롭게 우리의 삶의 의미를 찾을 수 있다는 성급한 확신은 둔감하고 진부한 말처럼 보일 것이다. 집단지도자가 기꺼이 그것을 다룬다고 가정했을 때, 집단 모두에게 이익이 되는 것은 바로 실제 삶의 문제이다. 그것이 변화를 향한 작은 발걸음에 지나지 않는다고 하더라도, 집단구성원들이 실제로 행동에 옮기도록 돕는 개입 방법은 장기적으로 봤을 때 내담자의 삶에 중대한 영향을 끼칠 수 있다(Deurzen, 2010).

실존주의 접근은 국제적인 관심을 얻고 있다. 실존주의 상담사 및 심리치료자를 위한 국제협력기구(International Collaborative of Existential Counselors and Psychotherapists: ICECAP)는 온라인 모임을 가지고 국제학술대회를 개최한다. 실존주의 조직 및 수련 프로그램은 이스라엘, 포르투갈, 중국, 싱가포르, 호주 등에서 생겨나고 있다. 또 (스웨덴, 덴마크, 노르웨이) 스칸디나비아 국가에서도 실존치료를 발전시키기 위한 노력이 진행되고 있으며(에스토니아, 라트비아, 리투아니아, 러시아, 우크라이나, 벨라루스), 동유럽 사회에서도 실존주의 운동이 인기를 얻는 중이다. 멕시코 및 남미 사회 역시 실존주의 접근이 소개되어 발전하고 있다. 영국에서는 실존주의 운동이 매우 활발하며 박사학위 프로그램들도 운영되고 있다. 이러한 국제적 발전은 실존치료가 세계 곳곳의 다양한 사람들에게 널리 관심을 끌고 있다는 것을 확인해 준다.

집단에 대한 실존주의 접근의 평가

이 접근의 기여와 강점

나는 집단 작업을 할 때 실존주의 접근의 많은 특징을 통합하여 왔다. 나의 기본 가정은 사람들은 자각할 능력이 있으며, 인식의 확장은 자기 삶의 방향을 선택할 자유의 증진으로 이어진다는 것이다. 나는 사람들이 과거의 희생자로 남아 있을 필요가 없으며, 적어도 어느 정도는 스스로 선택하고 행동할 힘이 있다고 믿는다. 사람들이 외부의 힘에 의해 희생자가 될 수도 있지만, 실존치료를 통해 그런 사람들도 자신의 힘을 되찾거나 획득할 수 있고, 그럼으로써 그들은 생존자로 거듭날 수 있다. 이 접근은 주로 개인에 대한 '임파워먼트'에 관한 것이다. Yalom과 Josselson(2019)은 실존주의 접근의 현대적 가치의 본질을 포착하였다. "우리의 현시대는 문화적, 역사적 관습, 사랑과 결혼, 가족, 물려받은 종교 등이 붕괴되는 시대이다. 이러한 현실을 감안할 때 의미, 책임, 유한한 삶을 온전히 사는 것에 대한 실존적 강조는 점점 더 중요해질 것이다."(p. 305)

실존적 관점은 매우 큰 가치가 있다. 왜냐하면 이 관점은 사람들을 중심으로 되돌아가게 하며, 실존이 인간에게 무엇을 의미하는지에 대한 기본적 질문을 다루기 때문이다. 이 접근은 심리치료를 더욱 인도적인 것으로 만들 뿐만 아니라 그것이 '기술자'의 손에 달린 기계적 과정이 될 가능성을 줄여 준다.

Deurzen과 Adams(2011)는 실존치료자가 내담자의 경험에 공감하고, 삶을 정직하게 마주하기 위해 노력해야 한다고 주장한다. 이러한 공감 능력은 지속해서 연마되어야 하며, 실존치료자가 내담자와 온전히 함께 있고, 온전히 참여하는 방식으로 치료적 만남에 참여해야 한다.

실존주의 접근의 중요한 기여는 치료 기법보다는 이해를 우선시해야 한다는 개념이다. 이 기본 개념은 치료 기법을 잘못 사용할 위험을 줄여 준다. 개인의 세계에 대한 이해에 초점을 맞출 때, 집단지도자의 첫째 관심사는 타인의 핵심 투쟁을 진정으로 이해하는 것이며, 그다음은 집단참여자가 그 투쟁을 더 완전히 탐색하도록 돕는 특정 치료 기법을 쓰는 것이다. 실존주의 집단지도자들은 이 책에서 소개된 대부분의 다른 접근의 치료 기법을 활용할 수 있기 때문에, 다양한 집단에 적합한 매우 유연한 치료 스타일을 발전시킬 수 있다.

인간중심 치료연구는 지난 10년 동안 상당한 발전을 이루었다. Elliott 등(2013)은 인간중심 심리치료(Humanistic-Experiential Psychotherapies: HEP)에 대한 포괄적인 리뷰를 작성했고, 실질적이고 빠르게 증가하는 데이터가 이러한 치료법을 지원한다고 보고했다. "CBT와 마찬가지로, 인간중심 심리치료(HEP)는 문제를 제시하는 광범위한 내담자를 위한 증거 기반 치료이다."(p. 526) Elliott 등은 기존 연구는 우울증, 관계 문제, 불안장애, 섭식장애, 의학적 만성질환에 대처하는 것, 정신병적 장애, 약물 남용과 같은 내담자의 문제에 적용할 때, 이러한 접근 방식에 대한 긍정적인 평가를 보장하기에 충분하다고 주장했다.

Deurzen(2002, 2012)은 실존주의 접근에 가장 적합한 내담자는 삶에 대한 자신의 문제에 관심을 갖고 있으며 그것을 해결하는 데 몰입하는 사람이라고 보았다. 실존주의 접근은 특히 현재 사회의 기대로부터 동떨어져 있다고 느끼는 사람이나 자신의 삶 속에서 의미를 찾고 있는 사람에게 적절하다. 그리고 사별, 직업 상실 등 개인적인 상황 변화에 대처해야 하는 어떤 교차로에 서 있는 사람에게 잘 맞는 경향이 있다. Deurzen(2002, 2012)은 실존치료가 현재 상태에서 변화하려는 의지가 있는 개인들에게 효과적이라고 믿는다. 그녀는 이 접근이 실존의 벼랑 끝에 있는 사람들에게 유용하다고 주장했다. 죽어가는 사람들, 발달적 혹은 상황적 위기를 헤쳐 가고 있는 사람들, 더 이상 자신의 환경에 속해 있다고 느끼지 않는 사람들, 삶의 새로운 국면을 시작하는 사람들이 그 예이다.

실존치료의 또 다른 강점은 그것이 영성과 삶의 의미에 집중한다는 점이다. 어떤 집단구성원들의 경우, 그들의 종교적 또는 영적 믿음과 실천이 일상생활에서 얼마나 중요한 요소인지를 이해하지 못하면 그들을 전혀 이해할 수 없다. 자유와 책임감, 불안, 죄책감, 죽음과 삶의 목적 찾기 간의 관계 등에 관한 보편적 관심은 모두 실존주의 집단 속에서 탐색될 수 있다. 만약 영성이나 종교적 가치가 구성원들의 삶에서 중요하다면, 치료 집단의 과정 향상을 위해 그것 또한 다루어져야 하고 다른 치료적 도구와 함께 통합될 수 있다. 하지만 이러한 가치가 지도자에 의해 집단에 강요되어서는 안 된다.

많은 집단구성원이 마치 삶에 구멍이 있는 것 같다고 표현했으며, 이러한 공허함을 채우려는 시도를 하는데도 불구하고 별로 성공을 거두지 못한다. Frankl(1963)은 이러한 공허함의 상태를 '실존적 공허함(진공 상태, existential vacuum)'이라고 불렀다. 사람들이 자신의 두려움과 완전한 삶의 능력을 가로막고 있는 원천들에 직면하지 않는 한, 그들은 이 내면의 공허함이 만들어 내는 고통을 무마하기 위해 헛된 노력을 할 것이다. 실존주의 집단은 집단구성원들이 용기 있게 스스로 직면하고 삶의 거짓된 측면을 다루도록 격려하는 데 중요한 역할을 한다. 집단구성원들이 가장 큰 마음의 평화는 자기 자신을 경청하고 스스로에게 진실함으로부터 온다는 것을 배울 수 있다(Vontress, 2013).

실존주의 집단 작업은 일대일로 이루어지는 실존치료와 비교해 차별화되는 장점이 있다. 실존주의 집단상담은 포괄적이다. 그것은 사람들이 살고 있는 세계를 고려한다. 이 세계에서 가장 중요한 것 중 하나는 주변 세계(Mitwelt), 즉 우리가 타인과 관계하고 있는 대인관계의 환경이라고 할 수 있다. 인간이 서로 연결되어 있다는 생각은 보편적이다(Vontress, 2013). 영아에서부터 노인이 되어서까지, 우리는 다른 사람을 필요로 하며 타인에 대한 공감을 발달시켜 간다. 우리는 타인과의 유대감을 통해 완성되며 그들과의 계속적인 접촉에 의해 영향을 받는다. 다른 사람과 관계 맺는 방법을 배우는 사람들은 보통 자기 자신과 연결되는 데에도 아무런 문제가 없다. 하지만 타인과 의미 있는 관계를 맺기 이전에 자기 자신에 대해 잘 알고 스스로와 좋은 관계를 맺을 필요가 있다.

인간 존재의 더 깊은 층을 탐색하는 것은 장기 집단에 가장 적합한 관련 과정이지만, 실존주의 접근의 기본 개념은 단기적이고 구조화된 집단의 기초를 형성할 수 있다. Sharp와 Bugental(2001)은 이러한 단기적인 초점이 종종 비용 감소, 간결성 및 정량화 가능한 행동 변화로 특징지어지는 관리형 치료 프로그램을 위해 필요한 절충안이라고 믿는다. 시간적 제한이 있는 집단은 집단구성원들이 각각의 집단 회기에 적극적이고 완전히 몰입하도록 하는 촉매제가 될 수 있다. Bugental(2008)은 단기 실존치료 작업에는 명확히 정의된 목적과 제한된 치료 목표가 필요하다고 하였다. 그 제한된 기회로부터 최대한 많은 것을 얻기 위해서는 신중하게 고안된 구조가 필요하다. 집단구성원들은 자신의 당면 과제를 간결한 형태로 표현하도록 요청받으며, 상담은 특정 문제의 해결법을 찾아 작업이 진행되도록 고안될 수 있다. 시간적 제한이 있는 집단에서는 구성원들이 자신이 집단 경험의 지금-여기 측면에 어떻게 연결되어 있는지 살펴볼 수 있다. 그들은 자신들이 집단 속에 있는 자원을 얼마나 활용하고 있는지, 그들이 집단에서 얼마나 적극적인지를 평가해 보라고 요청받을 수도 있다. 단기 집단은 집단구성원들이 그들의 초점을 정확하게 기억하도록 하고, 개인적인 목표를 달성하기 위해 그들이 가진 제한된 시간을 최적으로 사용할 수 있도록 격려한다.

이 접근의 제한점

많은 실존주의 개념은 매우 추상적이고 실생활에 적용하기 어렵다. Kierkegaard,

Heidegger, Nietzsche, Sartre 같은 실존주의 이론가들의 책은 집단상담사와 치료자를 위해 집필된 것이 아니다. 실존주의는 형식적인 철학 운동으로 시작되었다. 결국 심리학 및 정신의학의 실존주의 접근으로 이어지긴 했으나, 여전히 철학적 특성이 우세한 학문이다. 상담 초심자와 숙련 상담사 모두 철학적 사고방식을 가지고 있지 않은 집단상담사라면 실존주의 개념이 고상하고 추상적이며 규정하기 어렵다고 생각하는 경향이 있다. 이 관점의 핵심 주장에 공감하는 집단상담사들도 가끔은 이러한 개념을 어떻게 집단 작업에 적용해야 할지 알아내기 위해 애를 쓰곤 한다. 실존주의 철학을 적용하는 것보다는 집단지도자가 구체적이고 실제적인 삶의 쟁점에 관해 배우는 것이 더 중요한 문제일 것이다.

Zur(2009)는 관리 의료가 선호하는 단기 집단이 즉각적인 결과와 형세를 강조한다는 것을 관찰했다. 그러나 실존주의 심리학은 속도와 빠른 해결책이 우리에게 삶의 자유와 의미를 제공하지 않을 것이라는 것을 가르쳐 준다. 이 장에서 고려된 대부분의 실존적 주제는 관리 의료맥락에 맞추기에는 너무 추상적이고 복잡하며, 비정형적인 것으로 간주 된다.

효과적인 실존주의 상담사가 되려면 성숙함, 삶의 경험, 집중적인 수퍼비전과 수련이 필요하다. 그러므로 치료자 스스로가 실존주의 집단 작업에서 가장 제한적인 요소가 될 수 있다. Deurzen(2002)은 "실존치료자들은 현명해야 한다. 또한 인간이라는 존재의 의미를 깊고 폭넓게 이해할 수 있어야 한다."(p. 198)고 하였다. 이 접근에 대한 이해가 얕은 치료자, 그리고 자신이 충분히 지혜롭다고 생각하며 자기 자신과 내담자를 속이는 치료자는 너무나 큰 위험을 야기할 수 있다. 효과적인 실존치료자는 삶의 경험으로부터 배울 수 있는 능력이 있다(Deurzen & Adams, 2011). 반성적이며 정직한 삶을 사는 것은 유능한 실존치료자가 되기 위한 최고의 방법이다.

자기성찰과 토론을 위한 질문

1. 실존주의 접근은 집단실무자들에게 불안과 죄책감의 가치, 죽음의 의미와 역할, 혼자임과 스스로 선택하는 것의 창의적 측면을 이해하기 위한 관점을 제공한다. 당신이 치료 기법의 일부로 통합하고 싶은 핵심 개념은 무엇인가?

2. 집단지도자의 존재는 효과적인 집단의 주요한 특징이다. 집단지도자는 집단구성원과 함께 한 인간으로서 존재해야 하며, 집단의 적극적인 관리자가 되어야 한다. 당신이 이끄는 집단에서 참석을 극대화하기 위해 집단지도자로서 무엇을 할 수 있는가?

3. 실존주의 집단지도자는 규정된 절차에 구속되지 않으며 다른 치료적 접근의 기법을 활용할 수 있다. 실존주의 접근과 통합하고 싶은 다른 치료 모델의 기법은 무엇인가?

4. '실존적으로 주어진 것들'에는 죽음, 자유, 실존적 고립, 무의미함과 같은 핵심 주제가 포함된다. 이러한 주제는 당신의 삶과 어떠한 관련이 있는가? 집단 작업에서 이러한 실존적 주제에 대해 어느 정도나 생각하는 경향이 있는가?

5. 인간의 고유한 특성인 삶의 의미와 목적을 위한 투쟁은 실존주의 접근에서 지배적인 힘이다. 삶의 의미를 위해 노력하는 것이 개인적으로 당신과 어떤 관련이 있는가? 의미를 추구하는 이 주제가 당신이 이끄는 집단에서 어떻게 집중할 수 있는 주제가 될 수 있을까?

참고문헌 및 권장 도서 (별표(*)가 표시된 문헌들은 추가 연구를 위한 제안 자료임)

*Barnett, L. (Ed.). (2008). *When death enters the therapeutic space: Existential perspectives in psychotherapy and counselling*. Routledge.

Barnett, L., & Madison, G. (Eds.). (2012). *Existential therapy: Legacy, vibrancy, and dialogue*. Taylor & Francis.

Bohart, A. C., & Wade, A. G. (2013). The client in psychotherapy. In M. J. Lambert (Ed.), *Bergin and Garfield's handbook of psychotherapy and behavior change* (6th ed., pp. 219-257). Wiley.

Bugental, E. K. (2008). Swimming together in a sea of loss: A group process for elders. In K. J. Schneider (Ed.), *Existential-integrative psychotherapy: Guideposts to the core of practice* (pp. 333-342). Routledge.

*Bugental, J. F. T. (1987). *The art of the psychotherapist*. Norton.

*Bugental, J. F. T. (1997). There is a fundamental division in how psychotherapy is conceived. In J. K. Zeig (Ed.), *The evolution of psychotherapy: The third conference* (pp. 185-196). Brunner/Mazel.

Bugental, J. F. T. (2008). Preliminary sketches for a short-term existential-humanistic therapy. In K. J. Schneider (Ed.), *Existential-integrative psychotherapy: Guideposts to the core of practice* (pp. 165-168). Routledge.

*Cooper, M. (2017). *Existential therapies* (2nd ed.). Sage.

*Corey, G., Corey, M., & Muratori, M. (2018). *I never knew I had a choice* (11th ed.). Cengage Learning.

*Craig, M., Vos, J., Cooper, M., & Correia, E. A. (2016). Existential psychotherapies. In D. J. Cain, K. Keenan, & S. Rubin (Eds.), *Humanistic psychotherapies: Handbook of research and practice* (2nd ed., pp. 283-317). American Psychological Association.

Deurzen, E. van. (1991). Ontological insecurity revisited. *Journal of the Society for Existential Analysis, 2*, 38-48.

Deurzen, E. van. (2002). Existential therapy. In W. Dryden (Ed.), *Handbook of individual therapy* (4th ed., pp. 179-208). Sage.

*Deurzen, E. van. (2010). *Everyday mysteries: A handbook of existential psychotherapy* (2nd ed.). Routledge.

*Deurzen, E. van. (2012). *Existential counselling and psychotherapy in practice* (3rd ed.). Sage.

*Deurzen, E. van, & Adams, M. (2011). *Skills in existential counselling and psychotherapy.* Sage.

Deurzen, E. van, & Arnold-Baker, C. (2005). *Existential perspectives on human issues: A handbook for practice.* Palgrave, Macmillan.

*Deurzen, E. van, & Iacovou, S. (Eds.). (2013). *Existential perspectives on relationship therapy.* Palgrave, Macmillan.

Deurzen, E. van, & Young, S. (2009). *Existential perspectives on supervision: Broadening the horizon of psychotherapy and counselling.* Palgrave, Macmillan.

*Duncan, B. L., Miller, S. D., Wampold, B. E., & Hubble, M. A. (Eds.). (2010). *The heart and soul of change: Delivering what works in therapy* (2nd ed.). American Psychological Association.

Elkins, D. N. (1998). *Beyond religion: A personal program for building a spiritual life outside the walls of traditional religion.* Quest Books.

Elkins, D. N. (2007). Empirically supported treatments: The deconstruction of a myth. *Journal of Humanistic Psychology, 47*, 474-500.

*Elkins, D. N. (2016). *The human elements of psychotherapy: A nonmedical model of emotional healing.* American Psychological Association.

*Elliott, R., Greenberg, L. S., Watson, J., Timulak, L., & Freire, E. (2013). Research on humanistic-experiential psychotherapies. In M. J. Lambert (Ed.), *Bergin and Garfield's handbook of psychotherapy and behavior change* (6th ed., pp. 495-538). Wiley.

*Frankl, V. (1963). *Man's search for meaning.* Washington Square Press.

Heidegger, M. (1962). *Being and time* (J. Macquarrie & E. Robinson, Trans.). Harper & Row.

*Hill, C. E. (2018). *Meaning in life: A therapist's guide.* American Psychological Association.

Kinnier, R. T., Tribbensee, N. E., Rose, C. A., & Vaughan, S. M. (2001). In the final analysis: More wisdom from people who have faced death. *Journal of Counseling and Development, 79*(2), 171-177.

*May, R. (1953). *Man's search for himself.* Norton.

May, R. (Ed.). (1961). *Existential psychology.* Random House.

May, R. (1981). *Freedom and destiny.* Norton.

May, R. (1983). *The discovery of being: Writings in existential psychology.* Norton.

Sartre, J. P. (1971). *Being and nothingness.* Bantam.

*Schneider, K. J. (Ed.). (2008). *Existential-integrative psychotherapy: Guideposts to the core of practice*. Routledge.

*Schneider, K. J., & Krug, O. T. (2017). *Existential-humanistic therapy* (2nd ed.). American Psychological Association.

*Schneider, K. J., & Krug, O. T. (2020). Existential-humanistic psychotherapies. In S. B. Messer & N. J. Kaslow (Eds.), *Essential psychotherapies: Theory and practice* (4th ed., pp. 257-293). Guilford Press.

Sharp, J. G., & Bugental, J. F. T. (2001). Existential-humanistic psychotherapy. In R. J. Corsini (Ed.), *Handbook of innovative therapies* (2nd ed., pp. 206-217). Wiley.

Tillich, P. (1952). *The courage to be*. Yale University Press.

*Vontress, C. E. (2013). Existential therapy. In J. Frew & M. D. Spiegler (Eds.), *Contemporary psychotherapies for a diverse world* (pp. 131-164). Taylor & Francis.

Yalom, I. D. (2019). *Becoming myself: A psychiatrist's memoir*. Basic Books.

*Yalom, I. D. (1980). *Existential psychotherapy*. Basic Books.

*Yalom, I. D. (2005). *The Schopenhauer cure: A novel*. HarperCollins.

*Yalom, I. D. (2008). *Staring at the sun: Overcoming the terror of death*. Jossey-Bass.

* Yalom, I. D., & Josselson, R. (2019). Existential psychotherapy. In D. Wedding & R. Corsini (Eds.), *Current psychotherapies* (11th ed., pp. 273-308). Cengage Learning.

*Yalom, I. D., & Leszcz, M. (2020). *The theory and practice of group psychotherapy* (6th ed.). Basic Books.

*Yalom, I. D., & Yalom, M. (2021). *A matter of death and life*. Redwood Press.

Zur, O. (2009). *Clinical update: Existential-humanistic psychotherapy revisited*. info@zurinstitute.com

10장

인간중심 접근과 집단상담

학습목표

1. 공감, 무조건적인 긍정적 존중, 진실성이 치료의 과정과 결과에 기본인 이유를 설명한다.
2. 인간중심 접근의 집단촉진자의 역할과 기능을 설명한다.
3. 인간중심 접근의 집단에서 치료 기법의 사용에 대해 토론할 수 있다.
4. 인간중심 접근 관점에서 효과적인 집단상담을 방해하는 몇 가지 장애물을 나열할 수 있다.
5. 인간중심 접근 집단에서 일반적으로 발생하는 단계를 설명한다.
6. 집단 환경에서 표현예술치료의 몇 가지 원칙을 설명한다.
7. 학생의 대인관계 및 개인 내 문제를 다루기 위해서 함께 작업할 때, 인간중심 접근의 집단 놀이치료를 적절하게 적용할 수 있는 방법을 이해한다.
8. 집단 경험의 일부인 다양성 주제를 인식하고 탐색하는 데 치료적 요인이 어떻게 적용되는지 이해한다.
9. 신뢰와 응집력 수준을 달성한 집단에서 집단구성원 간의 문화적, 인종적 차이를 효과적으로 탐색할 수 있는 방법을 이해한다.
10. 인간중심 접근 집단의 기여와 한계를 인식한다.

Carl Rogers

인본주의 심리학의 주요 인물인 Carl Rogers(1902~1987)는 반 세기에 걸쳐 자신이 발전시킨 사상이 반영된 삶을 살았다. 그는 질문하는 자세, 변화에 대한 깊은 개방성, 한 사람으로서 그리고 전문가로서 미지의 영역으로 나아가는 용기를 보여 주었다. Rogers는 교육, 사회사업, 상담, 심리치료, 집단치료, 평화, 대인관계 등 다양한 분야에서 학문적인 위치를 차지하였으며, 심리치료의 인본주의적 운동을 창시하고 발전시킨

공로로 전 세계적으로 인정을 받았다. 그의 근본적인 아이디어, 특히 성장과 변화의 수단으로서 내담자–치료자 관계의 중심 역할은 다른 많은 이론적 접근에 통합되었다. Rogers는 심리치료 분야에 계속해서 광범위한 영향을 미치고 있는 획기적인 연구를 한 선구자이다(Cain, 2010).

1960년대와 1970년대에 Rogers는 인간중심의 원칙을 집단 작업에 적용하여 집단상담의 인기를 높였다. 그는 기본적인 만남 집단과 자기성장 집단의 발전을 주도했다. 1974년 Rogers와 그의 동료 중 일부는 대규모 공동체 집단으로 알려진 새로운 형태의 인간중심 집단을 시작했다. 캘리포니아, 라 호야에 있는 Center for Studies of the Person에서 시작된 이 집단은 결국 전 세계 여러 곳에서 제공되었다. 종종 75~800명에 이르는 이 집단은 문화 간 및 국제적 차이를 해결할 수 있는 방법을 이해하기 위한 자료를 제공했다.

임상 및 상담심리학에 대한 Rogers의 기여의 중요성을 과대평가하기는 어렵다. 그는 '시대를 약 50년 앞섰고 우리가 따라잡기를 기다려 온' 용감한 개척자였다(Elkins, 2009, p. 20). 종종 '심리치료 연구의 아버지'라고 불리는 Rogers는 먼저 실제 치료 회기의 녹취록을 분석하여 상담 과정을 심층적으로 연구한다. 그는 양적 방법을 사용하여 심리치료에 대한 주요 연구를 수행한 최초의 임상가였다. 그는 경험적 연구에 기초한 성격 및 심리치료에 대한 포괄적인 이론을 공식화한 최초의 인물이다. 또한 그는 병리학을 강조하지 않고 개인의 강점과 자원에 초점을 맞춘 심리치료 이론을 개발하는 데 기여했다. Rogers는 막강한 지위를 차지하는 것을 두려워하지 않았으며, 경력 전반에 걸쳐 그 지위를 유지했다.

Rogers는 인생의 마지막 15년 동안, 세계 평화를 위해 정책입안자, 지도자 및 분쟁 중인 집단을 교육함으로써 인간중심 접근을 적용했다. 아마도 그의 가장 큰 열정은 인종 간 긴장 완화와 세계 평화 달성을 위한 노력이었을 것이다. 그 노력으로 그는 노벨평화상 후보에 오르기도 하였다. Carl Rogers의 삶의 여정에 대한 흥미로운 설명은 『칼 로저스의 삶과 일(The Life and Work of Carl Rogers)』(Kirschenbaum, 2009)을 참조하라.

Natalie Rogers

Natalie Rogers(1928~2015)는 성장과 치유를 촉진하기 위해 지지적인 환경에서 운동, 회화, 조각, 음악, 글쓰기, 즉흥 연주와 같은 다양한 창의적 형식을 사용하는 표현예술치료 분야의 선구자이다. N. Rogers는 개인과 집단의 자기성장을 향상시키기 위해 표현예술을 사용하여 아버지(Carl Rogers)의 창의성 이론을 확장했다. 표현예술치료로 알려진 그녀의 접근 방식은 개인이

자발적인 창의적 표현을 통해 자신의 감정에 접근할 수 있도록 도와줌으로써 인간중심 접근 이론을 확장한다.

그녀의 아버지의 연구에서 부모의 양육과 부모의 관점에서 벗어나는 것으로부터 영향을 받아, N. Rogers의 연구는 아버지의 이론이 부족하다고 느꼈던 것에서부터 발전시켰다. Carl Rogers는 집에서나 동료들과의 관계에서 분노를 공개적으로 표현한 적이 거의 없다(편지를 쓰는 것을 제외하고). 여성이 남성에게 순응해야 했던 시대에 성장한 여성으로서 N. Rogers는 결국 자신이 2등 시민이 된 것에 대한 근본적인 분노가 있다는 것을 발견했다. 그녀의 예술은 이 불의에 대해 표현하고 통찰력을 얻는 하나의 수단이었다. 그녀는 또한 자신도 모르게 가부장제에 속해 있던 아버지에게 분노를 표출하기도 했다. 아버지는 놀랐지만, 자신과 다른 남성들이 여성을 통제하는 데 어떤 역할을 했는지 기꺼이 듣고자 했다.

서론

Carl Rogers는 노년에 이르러 인간중심 접근을 개발했다. 그는 다양한 여러 가지 집단 접근의 개척자들 중에서도 상담의 이론과 실제에 가장 큰 변혁을 가져온 인물이라고 할 수 있다. 2,000명 이상의 심리치료자를 대상으로 한 인터넷 설문조사에서 Carl Rogers는 심리치료 분야에서 가장 영향력 있는 인물로 지속적으로 선정되었다(Cook et al., 2009). 1940년대 초, Rogers는 비지시적 상담(nondirective counseling)을 개발하였다. 비지시적 상담은 실제 치료에 사용되고 있던 지시적이고 해석적인 접근의 강력하고 혁명적인 대체물이었다. Elkins(2016)는 Rogers가 상담사는 전문가이고 내담자는 수동적 역할을 한다는 기본 가정에 도전함으로써 이 분야에서 중요한 변화를 개척했다고 지적하였다. Rogers는 진단, 해석, 조언, 제안, 교육과 같이 널리 사용되고 있던 치료 과정의 정당성에 대해 의문을 제기하였다.

비지시적 상담에서는 치료자의 진실함과 공감을 강조한다. 또한 치료자의 기법보다는 치료적 관계가 변화를 촉진하는 주된 요인이 된다. Rogers의 접근은 인간이 전체성과 자기실현(self-actualization)을 향해 나아가려는 경향이 있다는 가정에 근거하고 있다. 그는 하나의 전체로서의 집단, 그리고 구성원들은 집단촉진자(group facilitator)의 최소한의 지시를 통해 그들 스스로 나아가야 할 방향을 찾을 수 있다고 믿었다. Rogers의 접근은 조용한 혁명(quiet revolutionary)이라고 할 수 있었다. 그의 생각은 전통적 치료 접근의 임상 모델에 도전하였고, 현재까지도 상담 현장에 영향을 주고 있다(Cain, 2010; Kirschenbaum, 2009; Rogers & Russell, 2002).

Rogers의 초기 연구에 공통적으로 등장하는 주제는 내담자의 능력에 대한 기본적 믿음이다. 그들은 성장을 촉진하는 조건이 갖추어져 있다면 앞으로 나아갈 수 있는 능력이 있다. Rogers에 따르면 자연에는 유기체를 유지하고 향상하려는 형성적 경향성(formative tendency)이 있다. 이 에너지의 주요한 원천은 성취와 실현을 추구한다. 현실은 창조적으로 드러나는 특성을 가진다는 믿음, 치료란 창조적으로 드러나는 관계적 과정이라는 믿음은 인간중심 치료를 다른 대부분의 심리학 이론과 차별화한다. 그리고 이것은 자연스럽게 주관적 경험에 대한 믿음, 인간 본성에 대한 기본적 신뢰에 대한 믿음으로 이어진다. 내담자는 자기 이해와 건설적 변화를 위한 역량을 지니고 있다. 이러한 실현 경향성(actualization tendency)은 개인이 선천적으로 자기조절, 자기결정, 내적 자유를 향해 나아간다는 것을 뜻한다. 깊이 이해되고 존중받는다고 느끼는 사람일수록 더욱 신뢰할 만한 사람이 된다는 것을 그의 경험을 통해 깨닫게 된 Rogers는 이를 바탕으로 자신의 개념적 틀을 발전시켰다(Kirschenbaum, 2009).

역사적 배경

Rogers의 비지시적 접근은 내담자 개개인의 감정을 반영하고 명료화하는 것에 초점을 둔다. Rogers는 관계를 받아들임으로써 내담자가 자신의 문제를 들여다볼 수 있는 통찰력을 얻을 수 있고, 그런 다음 새로운 자기 이해에 근거하여 건설적인 행동을 할 수 있다고 믿었다. 1950년대에 Rogers는 심리치료에 대한 기본적 가정을 발전시키고 가다듬었고, 이 원칙들은 나중에 집단치료에 적용되었다. 그는 또한 체계적인 성격 이론을 발전시켜 개인 상담에 적용하였고, 나중에 이 접근을 내담자 중심 치료(client-centered therapy)라고 명명했다(Rogers, 1951). 내담자 중심 접근은 교수/학습 상황, 정서/인지 학습 워크숍, 조직발달 및 리더십 분야에 적용됨으로써 범위를 확장하였다.

적용 분야가 늘어나고 다양해짐에 따라 '내담자 중심 치료'라는 이름이 인간중심 접근으로 변경되었다. Rogers는 내담자가 표현하는 것을 정확히 반영하는 치료자의 능력을 강조하는 데 그치지 않고, 치료 과정에 더욱 몰입하고자 하는 치료자의 조화성과 의지에도 초점을 맞추었다. Rogers가 개척한 집단 작업 중 대부분은 주말 워크숍 형태를 띠었는데, 그중 몇몇 워크숍은 2~3주 동안 지속되기도 했다. 이 소규모 집단들은 집단 작업의 실천에서 커다란 변화를 일으켰다.

Bozarth 등(2002)은 이 치료적 접근의 발달 시기에 따라 인간중심 치료연구에 대한 다음과 같은 종합적 해석을 제시하였다.

- 인간중심 접근의 초기에는 내담자가 치료자보다 치료에서 더 중요한 역할을 맡고 있었다. 여러 연구는 비지시적 치료가 향상된 이해(understanding), 더 많은 자기탐색(self-exploration), 발전된 자기개념(self-concepts)과 관련이 있다는 것을 보여 준다.
- 그 후 '감정의 명료화'로 특징지어지던 이 접근은 '내담자의 참조틀'에 더 집중하게 된다. 연구는 치료적 관계가 매우 가치 있다는 사실, 그리고 성공적인 치료를 위해 내담자의 자원이 가장 중요하다는 사실에 대한 강력한 증거를 제시하며 Rogers의 많은 가설을 확인하였다.
- 인간중심 치료가 발달함에 따라 연구는 성공적인 치료의 필요충분조건으로 간주되는 핵심 조건에 집중하였다. 이 연구는 성공적인 치료 결과의 기본으로 치료자의 특정한 태도가 중요하다는 것을 강하게 뒷받침한다.

비록 인간중심 치료는 세월이 흐르며 변화해 왔지만, 인간의 근본적인 실현 경향성에 대한 믿음은 여전히 그 기반에 남아 있다. 현재의 인간중심 집단상담은 60여 년 전에 시작되어 여전히 개방적인 변화와 개선을 거듭하고 있는 진화 과정의 결과라고 할 수 있다(Bozarth et al., 2002; Cain et al., 2016).

실존치료와 인본주의 심리학 간의 관계

Rogers와 학자들은 실존치료의 주요 개념 중 인본주의적 주제와 공통된 몇 가지를 제시하였다. 실제로 Rogers는 인간이 된다는 것의 의미, 자유와 책임 사이의 균형, 변화를 위한 핵심이라 할 수 있는 내담자-치료자 관계 등에 대한 실존주의 원칙에 근거해 그의 치료적 실천 개념을 정립하였다. 인간중심 치료와 게슈탈트 치료는 모두 경험주의적, 인본주의적, 현상학적이며 실존주의에서 비롯되었다.

많은 인본주의 이론이 심리학에서 정신분석적, 행동주의적 영향에 반하여 나타난 제3의 움직임에 기여해 왔다. 이 이론들은 인간 존재의 특성, 인간이 기능하는 방식에 대한 연구 방법, 인본주의적 가설의 영향 등에 대해 설명해 왔다. 초기 인본주의 심리학자들은 각기 다른 분야와 접근으로부터 파생된 이론들을 통합하며, 사람은 분리된 방식으로 이해되거나 연구될 수 없다고 주장하였다. 이러한 관점에 따르면, 인간은 그들이 타인 및 세상과 상호작용하는 방법과 관련지어 연구되어야만 한다. 인본주의 심리학의 발달에서 핵심적인 인물로는 Carl Rogers, Rollo May, Abraham Maslow, Fritz Perls, Virginia Satir, Clark Moustakas, Sidney Jourard, James Bugental이 있다. 이 심리학자들 중 상당수가 실존주의로부터 출발했으며, 사랑, 자유, 선택, 창의성, 목표, 관계, 의미, 가치관, 성장, 자기실현, 자율성, 책임감, 자아초월, 유머, 자발성 등과 같은 인간의 독특한 능력을 강조하는 주제들을 심리치료 실제에 적용하였다. Natalie Rogers의 표현예술 방법은 미국, 영국, 스페인, 한국에서 가르치고 워크숍을 진행하면서 인본주의적 접근의 지속적인 발전에 크게 기여했다. 인본주의 심리학자들은 성장을 목표로 하는 모든 치료는 이러한 인간의 능력을 고려해야 한다고 하였다.

몇몇 연구자들(Bohart & Watson, 2020; Greenberg & Rice, 1997; Page et al., 2002)은 인간중심 집단치료, 게슈탈트 집단치료, 실존주의 집단치료 같은 인본주의 접근들이 공유하는 몇 가지 기본 개념을 제시하였다. 그들은 이 세 가지 이론을 인본주의라는 범주에 포함시켰는데, 그것들이 모두 인간의 본성과 효과적인 치료 결과에 핵심적인 치료 과정에서 공통된 가정을 가지고 있기 때문이었다. 심리치료의 인본주의적 접근 중 가장 중요한 기본 개념들은 다음과 같다.

1. 자각의 중요성: 이 이론들은 자각의 중요성을 강조한다. 자각을 할 수 있는 사람들은 자신의 삶을 좀 더 긍정하는 선택을 할 수 있다고 보기 때문이다.
2. 현상학적 접근에의 전념: 자신을 되돌아보며 자각할 수 있는 인간의 독특한 능력에 대해 신뢰하므로 내담자의 주관적 세계를 고려하고 내담자의 관점에서 현실을 이해하려고 노력한다. 개인의 독특함과 개별성을 강조한다는 것이다.
3. 실현, 성장, 경향성: Maslow와 Rogers는 인간이 안정을 유지하려 하기보단 성장하려 애쓰는 존재라고 주장하였다. 사람들은 그들이 갖고 있는 최대의 잠재력을 깨달으려는 타고난 추동을 가지고 있고, 그것을 통해 치료로부터 이점을 얻을 수 있게 된다.
4. 인간은 자유로우며 스스로 결정하는 존재라는 믿음: 개인들은 그들이 과거나 환경으로부터 영향을 받을 수 있으나, 자신이 누구이고 어떤 사람이 될 것인지를 스스로 결정하는 존재이다.
5. 개인의 주관적 경험에 대한 배려와 존중: 인본주의 치료자들은 내담자의 경험적 세계를 이해하고 파악하려고 한다. 인본주의 접근들은 모두 사람들이 대인관계에서 책임감 있고 배려하는 방식으로 행동할 수 있다는 개념을 강조한다.

주요 개념

집단 과정에 대한 믿음

Rogers(1986b)는 인간중심 접근이 자신의 잠재력을 최대한 실현하려는 인간의 경향성에 대한 기본적 믿음을 기반으로 한다는 것을 명확히 하였다. 마찬가지로 인간중심 치료의 기본은 건설적인 방향으로 움직여 자신들의 잠재력을 개발하려는 집단의 역량에 대한 확고한 신념이다. 성공적인 집단에서 집단구성원은 자신이 더 큰 무엇의 일부임을 느끼기 시작하고 자신의 자율성을 포기하지 않고 더 큰 과정에 기꺼이 참여하게 된다. 집단이 앞으로 나아가기 위해서는 집단구성원들이 그동안 숨겨 왔던 자신의 모습을 보여 주고 새로운 행동으로 변화할 수 있도록 서로 수용하고 믿어 주는 분위기를 만들어 나가야만 한다. 예를 들면, 다음과 같다.

- 집단구성원들은 단지 역할을 수행하는 것에서 벗어나 좀 더 직접적으로 자신을 표현하게 된다.
- 집단구성원들은 경험에 대해 비교적 폐쇄적인 상태에서 바깥세상의 현실에 대해 개방적인 상태로 변한다.
- 집단구성원들은 내적, 주관적 경험에 주의를 기울이지 않다가 그것을 점차 인식하게 된다.
- 집단구성원들은 그들 바깥에서 답을 찾으려고만 하다가 그들 내면으로부터 스스로 삶을 바꾸려는 의지를 갖게 된다.
- 집단구성원들은 대인관계를 두려워하며 다소 폐쇄적이고 믿음이 부족한 상태에서 타인에 대해 좀 더 개방적이고 표현적으로 변한다.

성장을 위한 치료적 조건

Rogers(1980)는 인간중심 집단상담의 기본적인 원칙을 다음과 같이 간략하게 설명했다. "개인들은 그들 내면에 자기 이해, 자기개념 변화, 기본 태도, 자기 지시적 행동 등에 필요한 엄청난 자원을 가지고 있다. 이러한 자원들은 촉진적인 심리적 분위기가 갖추어질 때 잘 사용될 수 있다."(p. 115) Rogers(1986b)에 따르면 우리의 실현 경향성을 작동시키기 위해 필요한 분위기는 치료자의 세 가지 중요한 태도를 통해 특징지을 수 있다. 그것은 진실성(또는 일치성), 무조건적인 긍정적 존중(또는 소위 감정에 치우치지 않는 따뜻함 또는 수용), 그리고 공감이다. 집단촉진자들이 이러한 태도를 모방할 때 수용적이며 배려하는 분위기가 나타난다. 일단 우호적인 분위기가 생겨나면, 집단구성원들은 방어를 멈추고 그들 내면의 자원을 이용하게 되고, 중요한 변화로 이끌어 줄 의미 있는 개인의 목표를 향해 작업할 수 있게 된다. 집단이 효과적으로 기능하기 위해서는 집단촉진자들은 집단구성원들이 스스로 순조로운 방향으로 성장할 수 있다는 것을 믿어야 한다. 그렇지 않으면 집단지도자는 집단 과정에 쓸데없이 더 많은 통제를 할 가능성이 높다(Page et al., 2002).

집단촉진자들이 집단구성원들에게 진실성, 수용, 적절한 공감을 보여 줄 때, 그리고 집단구성원들이 이에 대해 인식할 때 치료적 측면에서 성격이 변화하고 성장이 이루어지게 된다. Rogers는 이러한 핵심 조건들이 독립적으로 작용하는 것이 아니라 모두 함께 작용한다고 믿었다. 이 핵심 조건들은 매우 다양한 집단, 문화, 국가 등의 광범위한 상황에서 테스트되었다(Rogers, 1987d). Rogers는 이러한 핵심 조건들이 효과적인 치료를 위한 필요충분조건이라고 강조하였다.

집단지도자에 대한 시사점

Bozarth 등(2002)은 치료자들이 세상에 대한 내담자의 인식을 지지하고, 내담자의 내적 자원에 대한 믿음을 보여 주며, 치료적 관계에 진심으로 임할 수 있어야 한다고 주장했다. 그리고 이러한 태도를 발전시키는 것이야말로 지도자 수련에 있어 가장 중요한 측면이라고 주장하였다. 왜냐하면 인간중심 접근은 힘의 균형을 강조하기 때문에, 집단촉진자의 행동이 집단구성원의 능력을 약화하지 않도록 하는 것이 매우 중요하다.

연구자들은 집단촉진자가 세 가지의 치료적 핵심 태도, 즉 진실성 또는 일치성, 수용, 공감적 이해를 표현하는 것이 긍정적인 치료 성과를 얻는 데 필수적이라는 인간중심 접근의 가정을 증명해 왔다(Cain, 2013; Kirschenbaum, 2009). 이러한 핵심적인 특성은 치료자의 존재와 함께 내담자의 중요한 변화를 만들 수 있는 안전한 환경을 조성하는 데 기여한다. 기술과 전략보다는 경청과 이해의 기술에 중점을 둔다. 내담자는 종종 '이해받는 것'을 치료의 가장 도움이 되는 측면으로 여기고, 자신에게 주의 깊게 경청해 준 것에 대해 감사를 표시하곤 한다(Cain, 2010). 심리치료자들에게 실제로 무엇을 하느냐는 질문을 받았을 때, 가장 자주 지지를 받는 방법은 관계였으며 따뜻함, 수용, 이해, 공감을 전달하는 것을 포함했다(Cook et al., 2010). 이러한 핵심 조건은 치료자의 삶의 방식을 나타내기도 한다.

다음 이어지는 절에서는 Rogers의 세 가지 핵심적 치료 조건을 집단지도자의 행동에 적용해 보기로 한다.

진실성

집단촉진자에게 필요한 첫째 요소는 바로 진실성이다. 치료자는 자신으로서 존재해야 하며, 전문적인 역할 뒤에 숨지 않고, 그들의 전문적인 기능을 수행해야 한다. 적어도 치료가 진행되는 동안에는 치료자가 외적으로 표현하는 것과 그의 내적 경험이 반드시 일치해야 한다. 즉, 진실한 치료자는 전문가가 되거나, 분리된 관찰자가 되거나, 그 역할에 집착하지 않는다. 진실한 치료자들은 흥미를 느끼는 척하거나 집중하는 척하거나 이해하는 척하지 않고, 진심이 아닌 것을 말하지 않으며, 인정받기 위해 의도된 행동을 하지 않는다. 진실성은 수용, 공감, 긍정적 존중이라는 더 큰 대인관계 맥락에서 발생한다. 유머, 자발성, 취약성은 작업 동맹을 촉진한다(Miller & Moyers, 2021).

진실성은 자신에 대한 깊은 탐구와 이 탐구의 진실을 기꺼이 받아들이려는 의지에서 비롯되는 진정성의 상태이다. 치료자가 진실하다고 인식되지 않는 한, 공감이나 긍정적 존중은 작동할 수 없다. 일치성은 공감과 긍정적 존중에 신뢰성을 부여하며, 이것은 인간중심 개념의 중심적인 위치를 차지한다(Kolden et al., 2019).

집단지도자에 대한 시사점

진실한 집단지도자는 스스로를 숨기는 데 그들의 전문적인 지위를 사용하지 않는다. 대신 자연스러운 자기 자신의 모습으로 집단구성원들과 관계를 맺는다. 집단지도자는 집단구성원과 대면할 때 매우 진실해야 하지만, 그들이 무분별하게 개방적인 것은 아니다. 그들은 적절한 자기개방의 경계선을 알고 있다. 그들은 집단에서 그들이 표현한 감정에 대해 책임지는 것의 중요성, 그리고 특히 온전한 현존을 방해하는 지속적인 감정을 집단구성원과 함께 탐색하는 것의 중요성을 알고 있다. 진실한 집단지도자는 자신의 일치성을 통해, 집단구성원이 보다 큰 진실함으로 향하고, 심리적 접촉을 보다 즉각적으로 만드는 데 도움이 되는 모델을 제공한다. 집단치료자는 내담자가 자신의 문제를 이야기할 수 있는 안전한 분위기를 조성함으로써 진실성과 진정성을 장려할 수 있다(Kolden et al., 2019).

어떤 집단지도자들은 '자기 자신이 되기'에 어려움을 겪곤 한다. 그러한 어려움은 종종 진실성이 즉각적인 생각이나 감정을 모두 표현하는 것이라는 오해로부터 생겨난다. 또한 진실성이 저항 또는 반응의 적절성 및 적시성에 대한 숙고 없이 즉흥적으로 행동하는 것이라고 오해하기도 한다. 또 다른 집단지도자들은 진실성이라는 이름으로 자신의 개인적인 문제를 너무 세부적으로 다루어 스스로를 집단의 초점으로 만들 때 어려움을 겪게 된다. 집단촉진자는 자신의 개인적 이슈를 다룰 때 그 동기를 면밀히 살피고, 그 개방이 집단구성원들의 필요 때문인지 아니면 자신의 필요 때문인지에 관해 스스로에게 질문해 보아야 한다. 치료자는 내담자의 현실을 정당화하고, 경험을 정상화하며, 동맹을 강화하거나, 대안적인 사고 또는 행동을 제시하기 위해 자기개방을 사용한다(Norcross, 2010). 집단지도자의 자기개방도 적절한 시기에, 집단의 성장을 도울 목적으로 조심스럽게 진행되어야 한다.

무조건적인 긍정적 존중과 수용

두 번째 핵심 요소는 집단구성원을 수용하는 것에 대한 무조건적인 긍정적 존중이다. 이것은 판단하지 않는 개인의 감정이며 집단구성원에 대한 존중과 배려이다. 집단촉진자들이 내담자에게 긍정적이고 비판단적이며 수용적인 태도를 보여 줄 때 치료적 변화가 일어날 가능성이 크다(Rogers, 1986b; Farber et al., 2019). 치료자들은 긍정적 존중과 확언을 통해 집단구성원들이 치료 과정에 참여할 수 있도록 하는 긍정적 강화물 역할을 한다. 효과적인 치료자는 내담자의 자존감을 긍정하고 존중하고, 배려하며, 긍정적인 태도를 전달한다. 수용은 내담자를 존중하는 태도로 대하는 것뿐만 아니라, 비판하거나, 비난하거나, 꼬리표를 붙이는 것을 하지 않는 것으로도 전달된다. Miller와 Moyers(2021)는 수용적인 태도가 소외된 집단과 함께 작업할 때와 문화 전반에 걸쳐 상담할 때 특히 영향력이 있다고 주장한다. 긍정적 존중과 수용은 내담자의 긍정적인 속성, 강점, 성취, 미덕을 긍정함으로써 전달된다. 조건이나 기대 없이 구성원들의 경험을 수용해 주고 존중해 준다면, 집단구성원들은 방어적인 태도를 덜 보이고 모든 경험을 열린 마음으로 받아들이며 치료 과정에 더욱 적극적으로 참여하게 된다.

하지만 수용은 인정과는 다르다. 집단촉진자들은 내담자의 어떤 행동들을 인정할 필요 없이, 그들의 개별성을 존중하고 그들을 한 명의 분리된 인간으로서 수용하고 가치를 부여할 수 있다. 내담자들이 있는 그대로 보여지고 받아들여지고 소중히 여겨지면, 그들은 그들 자신에 대한 가치를 느끼고 더 많은 자기 수용적 감정을 발달시킬 수 있다(Cain, 2010).

긍정적 존중은 무소유적인 배려와 따뜻함과 같은 태도와 관련이 있다. 그것은 제스처, 눈맞춤, 목소리 톤, 얼굴 표정 같은 미묘한 방식으로 표현된다. 내담자들은 진실한 존중의 표현을 알아챌 수 있고, 이것은 그들의 성장을 촉진할 것이다. 반면, 가식적인 따뜻함은 쉽게 식별되며, 집단구성원들에게 도움이 되지 않을 것이다. 만약 내담자가 치료자의 따뜻함이 진짜 감정이 아니라 기법이라고 느낀다면, 치료자가 나타내는 다른 반응의 진정성도 믿기 어려워질 것이다.

지속적으로 모든 구성원에게 진실한 무조건적 수용을 해 주는 집단촉진자는 드물다. Rogers도 진실성, 공감, 수용의 조건을 완벽하게 충족시킬 수 있는 치료자는 없다는 사실은 인정했지만, 치료자가 이러한 조건을 충족할 수 있는 만큼 내담자가 긍정적인 방향으로 나아가는 경향이 있다고 믿었다. 무조건적인 긍정적 존중은 집단구성원의 주관적이고 경험적인 세계에 대한 수용적인 태도로 생각할 수 있다.

무조건적인 긍정적 존중, 배려, 따뜻함으로 구성원 개개인을 수용한다는 개념은 하나의 전체로서의 집단이 수용적 태도를 발전시켜 나가는 것과 관련이 있다. Rogers(1970)는 사람이 자기 자신의 방향을 찾는 능력을 가지고 있다고 믿었을 뿐 아니라 집단 역시 다른 사람이 그 방향을 제시하지 않아도 그들 스스로를 수용할 수 있다고 믿었다. 그는 "그동안의 경험을 통해서 나는 집단을 더 깊은 수준으로 밀어 넣는 것이 장기적 관점에서 효과가 없다는 것을 알게 되었다."(p. 48)라고 말했다.

집단지도자에 대한 시사점

수련 중인 집단지도자들은 종종 수용적이어야 한다는 것, 긍정적 존중을 보여 줄 수 있어야 한다는 것을 엄청난 과업으로 여겨 매우 힘들어한다. 그들은 항상 수용적이어야 하고 어떤 상황에서도 따뜻하게 반응해야 한다는 비현실적 기대로 스스로 매우 부담을 느낀다. 집단지도자들은 집단구성원들뿐만 아니라 스스로에 대해서도 수용적인 태도를 키울 필요가 있다. 효과적인 집단지도자가 되기 위해 항상 높은 수준의 따뜻함과 무조건적인 긍정적 존중을 보일 필요는 없다. 이러한 태도는 양자택일의 문제라기보다는 연속선상의 문제라고 볼 수 있다. 효과적인 집단지도자가 되는 것은 자신을 수용하는 것으로부터 시작되며, 집단구성원들을 소중히 여기고, 돌보고, 수용하는 것이 그들의 변화를 촉진하는 기회로 이어진다는 것을 명심해야 한다.

공감

세 번째 촉진적 측면은 공감적 이해이다. 그것은 집단구성원들이 경험하고 있는 감정과 개인적 의미를 정확하게 느끼는 것이다. Rogers(1961)는 공감이란 다른 사람의 내적 틀을 통해 그 사람의 세계를 보는 능력이라고 정의했다. "내담자의 사적 세계를 마치 자신의 것처럼 느끼되, 그것이 여전히 다른 사람의 것이라는 점을 잊지 않는 것이 바로 공감이다. 공감은 치료에 필수적이다."(p. 284) 하지만 내담자의 사적 세계를 느끼는 것, 심지어 이해하는 것도 충분하지는 않다. 집단촉진자들은 이러한 이해를 효과적으로 집단구성원들에게 전달할 수 있어야 한다. 집단구성원들이 집단촉진자의 공감을 경험하고 있는지 아닌지 판단하는 방법 중 첫 번째는 바로 집단구성원들로부터 피드백을 받는 것이다(Norcross, 2010).

Miller와 Moyers(2021)는 정확한 공감의 핵심 측면은 내담자 자신의 경험과 관점을 이해하려고 노력하는 것이라고 지적한다. 효과적인 치료자는 다른 사람의 경험을 파악하는 데 호기심과 관심을 보인다. 정확한 공감 능력이 뛰어난 치료자는 내담자의 의미에 대한 깊은 이해를 보여 주고 이러한 이해를 내담자에게 전달할 수 있는 능력이 있다. Miller와 Moyers는 메타 분석을 통해 공감적 경청이 내담자의 자기 탐색 및 긍정적인 치료 결과와 더 큰 관련이 있음을 보여 주었다.

Rogers(1975)는 많은 집단상담사에게 있어 공감이란 '평가받지 않는 존재 방식(an unappreciated way of being)'이라고 여겼다. 그는 공감이 학습과 자기 지시적 변화를 가져올 수 있는 가장 강력한 요인 중 하나라고 하였으며, 그러므로 공감은 전문가가 아닌 내담자에게 더 큰 권한을 부여한다고 하였다. 그는 공감에 관한 일반적인 연구 결과에 대해 다음과 같이 요약하였다.

- 서로 다른 이론적 지향점을 가진 치료자들조차도 내담자의 관점을 취함으로써 내담자를 더욱 세심하고 정확하게 이해하는 것이 치료의 성패를 좌우하는 결정적인 요인이라는 데 동의한다.
- 공감의 주요 기능 중 하나는 내담자의 자기 탐색을 발전시키는 것이다. 내담자는 자신이 다른 사람에게 이해받고 있다고 느끼는 관계를 통해 더 깊은 자기 이해에 도달하게 된다. 여러 연구는 치료자에게 이해받는다고 느끼는 내담자들이 자기 자신을 다른 사람에게 더욱 잘 드러낼 수 있게 된다는 것을 보여 준다.
- 공감은 소외감을 해소한다. 공감받는다고 느끼는 사람은 다른 이들과 더 연결되어 있다고 느낀다. 게다가 공감을 받는 사람들은 그들이 가치 있게 여겨지고 배려받고 있으며 있는 그대로 수용되고 있다는 것을 알게 된다.
- 공감을 보여 주는 능력은 치료자의 인간적인 발달에 달려 있다. Rogers는 "치료자가 한 인간으로서 심리적으로 더 성숙하고 통합될수록, 그가 제공하는 관계가 더욱 도움이 된다."(p. 5)라는 결론에 이르렀다.
- 숙련된 분석가가 되는 것과 해석을 하는 것은 수용적이고 비판단적인 공감과는 별로 관련이 없다. 사실 Rogers는 "진정한 공감이란 평가나 진단과 무관한 것이다."(p. 7)라고 믿었다.

정확한 공감(accurate empathy)은 인간중심 집단 작업에서 중심적인 역할을 한다. 그것은 자각의 경계에 서 있는 집단구성원들이 의미 있는 것을 표현할 때 집단촉진자들이 그것을 듣는 방법이다. Elliott 등(2019)에 의하면 공감은 내담자가 경험하고 있는 감정과 의미를 이해하는 것, 그리고 그것을 그 사람에게 명확하게 전달하는 것을 의미한다. 치료자가 이해하는 느낌에 대한 내담자의 인식이 긍정적인 결과의 핵심 요소라는 일관되고 강력한 증거가 있다. 수년간의 연구는 공감이 치료에서 내담자의 성장을 결정하는 가장 강력한 요인이라는 것을 일관되게 입증했다(Elliott et al., 2019).

적극적이고 민감한 경청은 Rogers(1970)가 집단을 촉진할 때 행했던 것이다. Rogers는 "나는 각각의 개인이 표현하는 것을 내가 할 수 있는 한 조심스럽고 정확하고 민감하게 들었다. 그들의 말이 피상적이든 의미가 있든 나는 그들의 말을 귀 기울여 들었다."(p. 47)라고 말했다. Rogers가 단순히 말 이상의 것을 들었음은 분명하다. 그는 언어적, 비언어적 내용 뒤에 숨은 의미를 들었던 것이다. 이런 측면에서 그는 사람의 주관적인 경험의 가장 진실한 표현을 촉진하는 것에 관심을 기울였다고 할 수 있다.

집단 상황에서 공감의 대인관계적, 고차원적 측면은 하나의 전체로서의 집단 속에서 구성원들 간의 결합과 유대, 동맹을 낳는다. Cain(2010)에 따르면, 정서에 초점이 맞추어진 공감은 내담자가 (1) 자신의 경험에 주의를 기울이고 가치를 부여하도록 돕고, (2) 자신의 경험을 인지적으로 그리고 신체적으로 다루게 하며, (3) 과거의 경험을 세계관의 변화와 자기지각을 촉진하는 수단으로 보도록 도와주며, (4) 지각과 판단에 있어서 '자신감'과 건전한 결정을 내리고 실행에 옮기는 '능력'을 증진하도록 돕는다. 집단이라는 안전한 테두리 안에서 그들은 자기 자신에 대해 배워 가고 자신이 어떻게 타인과 연결되어 있는지 알아 가는 능력을 조금씩 복원한다.

집단지도자에 대한 시사점

공감적 이해는 수용과 믿음의 분위기를 만들어 가는 데 필수적이며, 이러한 분위기는 집단의 성공을 위해 꼭 필요하다. 공감은 계발할 수 있는 기술이며 효과적인 집단지도자들이 발달시켜야만 하는 것이다.

집단지도자들과 작업하다 보면, 그들 중 상당수가 집단구성원들이 말하는 문제와 똑같은 문제를 직접 겪지 않으면 진정한 공감을 할 수 없을 것이라고 잘못 생각하고 있다는 것을 발견하게 된다. 그러한 추측은 집단지도자의 효율성을 심각하게 제한할 수 있다. 집단구성원들이 고통스러운 경험을 털어놓으며 느끼는 괴로움에 공감하기 위해 집단지도자가 근친상간을 경험할 필요는 없다. 버림받는 것에 대한 슬픔을 경험하고 느끼기 위해 부모에게 버림을 당할 필요도 없다. 분리에 대한 구성원의 분노, 상처, 슬픔을 나누기 위해 이혼을 해야 하는 것도 아니다. 그러한 경험은 다양한 형태와 수준으로 생기며 우리 모두에게 흔한 것들이다. 삶의 모든 상황들이 고립, 분노, 화, 죄책감, 슬픔, 상실, 거부 같은 감정을 자아내는데, 이들은 집단 안에서 표현되는 감정이기도 하다. 분노, 기쁨, 공포, 사랑을 경험할 수 있는 능력은 우리로 하여금 타인의 세계 속에 들어갈 수 있도록 해 준다. 비록 그 사람의 상황이 우리의 상황과 다르다 해도 말이다. 집단지도자로서 우리가 자신의 감정을 개방하고, 타인의 정서에 대해 감동하며, 특정한 어려운 문제를 다시 경험하고자 한다면, 우리는 타인과 '심리적으로 함께하는' 능력을 길러야 한다.

효과적인 치료에 대한 방해물

집단지도자가 집단의 실패한 경험을 보고할 때, 적극적 경청, 공감, 긍정적 존중의 조건이 집단에 부족한 경우가 많다. 다음은 집단 진행에 방해가 되는 구체적인 문제 목록이다.

- 공감과 집중 부족: 어떤 집단지도자들은 종종 경청하지 않는다. 그들은 자신이 집단에 전하고 싶은 메시지에 정신이 팔려 있다. 그리고 집단을 교화를 위한 수단으로 사용한다. 또는 폐쇄형 질문을 많이 사용하고, 문제를 이해하려 하기보다 문제를 해결하는 데에 몰입한다. 종종 무슨 일이 일어나야만 한다는 것에 너무 많은 책임감을 느낀다. 요컨대, 집단상담 초심자들은 말을 너무 많이 하고 적게 듣는다.
- 상담사 자기개방의 부재: 몇몇 조직, 기관에서는 집단지도자에게 비개방적인 태도를 취할 것을 장려하고 심지어 요구하기도 한다. 집단지도자들은 '너무 사적인 것은 피하라, 너무 깊게 개입되지 말라, 설사 관계에 영향을 미치더라도 자신에 대한 것을 공유하는 것을 피하라.'와 같은 메시지를 듣곤 한다. 집단지도자는 집단구성원과의 상호작용을 피하면서 집단구성원들의 행동이 변화되기를 기대한다.
- 긍정적 존중, 따뜻함, 수용의 부족: 어떤 집단지도자들은 그들이 도와야 하는 사람들에 대한 인내심이 부족하다. 집단구성원을 정형화된 범주 속에 끼워 맞춰 놓고 거기에만 매달린다. 그러한 편견은 내담자의 변화를 어렵게 만든다. 인정하건데, 배우자 폭력, 아동 폭력 또는 살인 같은 범죄자 치료 프로그램에 참여하고 있는 사람들에 대한 긍정적 존중, 따뜻함, 수용을 유지하기란 어려울 것이다. 집단지도자들은 그러한 행동을 용서하지 않는다 하더라도, 적어도 집단치료 시간 내에서는 그 행동들에 대한 반응을 따로 분리해 놓을 수 있어야 한다. 만약 그것이 불가능하다면, 집단이 성공할 가능성은 거의

없다.

- 치료과정에 대한 믿음 부족: 긍정적 존중과 수용이라는 개념에 내재되어 있는 믿음은 사람들이 변화할 수 있으며 개인의 조건을 향상할 수 있다는 것이다. 집단 과정에 관한 워크숍에서, 우리는 단지 그렇게 하라는 요구를 받았기 때문에 집단을 운영하고 있으며 집단치료의 효과에 대한 의문을 가지고 있는 집단실무자나 학생을 종종 만나게 된다. 집단지도자가 집단에서의 열정, 동기, 신념이 없다면 집단구성원들은 그 과정을 신뢰할 수 없을 것이다. 집단지도자들이 자신이 하고 있는 일에 대해 믿음을 가지고 집단 접근이 가지는 독특한 특성을 가치 있게 여긴다면, 집단상담이야말로 많은 내담자에게 차선책이 아닌 최적의 선택이라는 것을 교육할 수 있는 위치에 설 수 있게 된다.

집단지도자에 대한 시사점

집단지도자가 자신의 태도와 행동이 어떻게 집단의 발전에 장애물이 될 수 있는지를 검토하는 것은 필수적이다. 다음은 자기반성을 위한 유용한 촉매제로 쓰일 수 있는 몇 가지 질문이다.

- 집단지도자가 됨으로써 나는 어떤 개인적 요구를 만족시키고 있는가?
- 집단 내에서 나는 있는 그대로의 나 자신인가, 아니면 집단지도자의 역할 뒤에 나 자신을 숨기고 있는가?
- 나는 다른 사람들이 가진 자기 지시 능력을 믿을 수 있는가, 아니면 내가 그들의 삶을 지시할 필요가 있다고 생각하는가? 집단구성원들에게 나의 시각을 통해 세상을 보라고 주장하고 있지 않는가? 집단에 참여하는 다양한 사람과 동등하게 집단에 참여할 수 있는가?
- 타인을 이해하기 위해 기꺼이 시간을 들이고 있는가, 아니면 그들에게 내 계획을 따르라고 강요하고 있는가?
- 집단구성원들이 그들이 원하는 것을 갖도록 돕는 것이 나의 업무인가, 아니면 내가 그들이 가졌으면 하는 것을 그들도 원하도록 만드는 것이 나의 업무인가?

집단지도자의 역할과 기능

인간중심 접근은 주도적인 치료 기법보다는 집단지도자의 개인적인 자질을 더 강조한다. 집단촉진자의 주된 기능은 집단 내에 수용적이고 치유적인 분위기를 만드는 것이다. 인간중심 치료는 '행동하는 방법'이라기보다는 '존재하는 방법'이라고 생각하면 된다. Rogers(1986b)는 치료자의 역할이 자기 발견을 위한 여행에서 내담자들의 동반자가 되어 주는 것이라고 서술하였다. 집단촉진자들이 '하는 것'이 아니라, '되는 것' 정도의 수준이 될 수 있다면, 비로소 예술과 과학 분야의 장인들처럼 자신의 행동을 통합하는 상태에 도달할 수 있다.

집단지도자들은 집단촉진자라고 불리기도 하는데, 이는 집단구성원들 간의 상호작용의 중요성과 집단구성원들이 자신을 표현하는 것을 돕는 집단지도자의 능력을 반영한다. 인간중심 집단촉진자들은 자기 자신을 집단의 변화를 위한 도구로 사용한다. 그들의 주요 기능은 집단구성원들이 점점 더 진실하고 정직한 방법으로 상호작용하도록 치료적인 분위기를 만들어 주는 것이다. 치료자의 태도와 행동은 진정한 의사소통이 일어나는 수용적인 집단 분위기를 만드는 데 강력한 결정요소라고 할 수 있다. 집단촉진자는 회기에서 시시각각 전개되는 상황을 면밀히 살펴보고, 집단구성원들 간에 일어나는 일에 주의를 기울여야 한다. 집단구성원들이 하는 이야기에 함께 하는 것은 집단이 앞으로 나아갈 수 있도록 한다.

Rogers는 전문가로서의 역할을 맡으려 하기보다, 구성원들 앞에서 한 사람의 인간이 되고자 최선을 다했다. 그는 집단촉진자로서 긴 여행의 가이드 같은 역할을 하였다. Rogers(1970)는 다음과 같이 집단촉진자의 특징을 강조하였다.

- 그들은 집단 과정에 대한 깊은 신뢰를 가지고 있으며, 집단이 지시적 개입 없이도 앞으로 나아갈 수 있다고 믿는다.
- 그들은 각각의 집단구성원들의 이야기를 조심스럽고 민감하게 경청한다.
- 그들은 집단구성원들에게 심리적 안전감을 주는 분위기를 만들기 위해 가능한 한 모든 것을 한다.
- 그들은 개인과 집단 전체를 공감적으로 이해하고 수용하고자 한다. 그들은 그들의 의제를 집단구성원들에게 강요하지 않는다.
- 그들은 자신의 경험과 감정에 따라 행동한다. 그들이 '지금-여기' 반응을 표현한다는 뜻이다.
- 그들은 집단구성원에게 피드백을 제공하는데, 만약 적절한 경우 집단구성원의 행동의 세부 사항에 대해서도 피드백을 준다. 그들은 판단하는 것을 피하고, 대신에 그들이 관찰하고 있는 것과 타인의 행동에 의해 어떻게 영향을 받고 있는지에 대해 이야기한다.

인간중심 집단 접근에서는 집단촉진자에게 필수적인 부분으로서 다음과 같은 태도 및 기술을 강조한다. 즉, 적극적이고 민감한 경청, 수용, 이해, 존중, 반영, 명료화, 요약, 개인적인 경험의 공유, 반응, 집단 내에서 다른 구성원이 직면하고 참여하게 하기, 집단의 방향을 제시하기보다는 집단의 흐름과 함께 가기, 구성원의 자기결정 능력 지지하기이다. 또 다른 인간중심 치료자에게 요구되는 그 밖의 자질 또는 태도로는 경험에 대한 수용성, 접촉과 개입, 치료적 동맹, 진실한 대화, 내담자의 경험을 이해하는 것, 내담자에게 관계를 맺고 유지할 능력이 있다는 희망 등이 있다(Cain, 2010, 2013). 집단촉진자는 집단구성원들이 그들의 믿음과 행동 간의 불일치에 대해 탐색해 보고, 내면의 감정과 주관적 경험이 이끄는 쪽으로 움직여 보도록 격려한다. 집단구성원들은 자신에게 이러한 모순이 있음을 깨닫게 되면서, 스스로를 더 넓은 관점에서 바라보게 된다.

Rogers(1970)는 개인들이 가진 실현 경향성을 믿었던 것처럼 집단에도 자신들만의 계획대로 움직일 수 있는 능력이 있다고 믿었다. 그러나 특히 초기 단계에서는 명확하고 잘 공유된 구조가 자리 잡지 못해 집단구성원들 사이에서 불안과 분노가 나타날 수 있다고 하였다. 그는 집단구성원들이 스스로 어떻게 시간을 보낼지 결정하는 것이 집단을 위해 매우 중요하다고 믿었다. 아마도 "오늘 여러분이 이 집단상담에서 시간을 어떻게 보내고 싶어 할지 궁금합니다."라는 말로 한 회기를 시작할 수 있을 것이다. 또는 "환영합니다. 오늘 우리는 서로 인사하고 얼굴을 익히는 시간을 따로 마련했어요. 우리가 무엇에 대해 이야기하고 생각하며 끝낼지는 잘 모르지만, 어떻게 전개될지 매우 기대가 됩니다."라고 말할 수도 있다. 성공적인 집단 경험을 위해 집단구성원들의 적극적 개입은 중요하다. 이 개입에서는 협조적 참여, 공동적 자세와 같은 치료 과업에 기꺼이 함께하고자 하는 개방성과 의지가 필요하다.

Rogers는 집단촉진자가 적극적이고 지시적인 역할을 맡지 않더라도 집단구성원들에게 긍정적 변화를 위한 자원이 풍부하다고 믿었다. 집단촉진자가 비지시적일 때 집단구성원들은 집단 상황 속에서 자신의 전형적인 대인관계 양식을 드러낸다. 일반적으로 집단이 구조화되어 있지 않을 때 집단구성원들은 평상시와 마찬가지로 행동하는 경향이 있다. 권위를 따르는 데 익숙해져 있는 집단구성원들은 스스로 목적과 방향을 형성해 보도록 요청받는다. 집단촉진자들은 전문가로서 행동하거나 내담자에게 뭔가 하라고 지시하지 않고, 내담자들이 자기 자신과 다른 집단구성원들의 목소리를 주의 깊게 경청할 수 있도록 돕는다. 내담자들은 자기 자신과 투쟁하고 자신을 표현해 보도록 도전받는데, 이러한 투쟁은 자신을 신뢰하는 방법을 배우는 기초가 된다. 만약 집단촉진자가 집단을 잘 이끌기 위해 너무 지시적인 태도를 보이거나 집단 활동에만 의존한다면, 집단구성원들의 자연스러운 상호작용 방식은 쉽게 발전하지 않을 것이다.

인간중심 실무자들은 집단 과정에 대한 기본적인 믿음을 가지고 있기 때문에, 자신의 과업은 집단 과정을 촉진하는 것이라고 여긴다. 다음은 집단상담사가 집단 과정을 촉진하는 데 사용하는 몇 가지 방법을 제시한 것이다.

- 집단구성원들이 그들의 감정과 기대를 개방적으로 표현하도록 장려한다.
- 집단구성원들에게 자기 자신과 자신의 감정에 집중하도록 가르친다.
- 집단구성원들이 위험을 감수할 수 있도록 안전감을 주는 분위기를 조성한다.
- 새로운 행동을 시도해 보도록 집단구성원들을 지지한다.
- 집단구성원-집단지도자의 상호작용보다 집단구성원-집단구성원의 상호작용을 장려한다.
- 직접적인 의사소통을 막는 방해물을 극복하도록 돕는다.
- 집단 속에서 배우는 것을 통합하고 그것을 그들의 일상생활에 적용하는 방법을 찾도록 돕는다.
- 집단 속에서 진행되는 것에 대해 계속해서 평가하고, 변화하고 싶은 것은 없는지 생각해 보도록 장려한다.

Tallman과 Bohart(1999)는 내담자는 변화에 있어 가장 중요한 주체이며, 집단구성원과 집단촉진자의 관계는 집단구성원의 자기 치유 능력을 활성화하는 지지적 구조를 제공한다고 주장한다. "내담자는 특별한 치유 능력을 지닌 마법사이다. 치료자는 무대를 만들고, 그 마법이 잘 일어나도록 하는 조건을 제공하는 조수 역할을 하는 것이다."(p. 95)

인간중심 집단의 단계

집단의 특성

인간중심 집단은 매주 약 2시간 정도, 횟수를 정해 놓지 않고 만난다. 또 다른 형태의 자기 성장 워크숍은 주말 또는 1주일 또는 더 길게 진행되기도 한다. 이러한 소규모 자기 성장 집단의 함께 생활하는 특성은 집단구성원에게 하나의 공동체가 될 수 있는 기회를 제공한다.

인간중심 집단을 조직화하고 실행할 때 집단구성원을 선정하는 몇 가지 규칙이나 과정이 있다. 만약 집단촉진자와 예비 집단구성원이 모두 집단 경험이 유익할 것이라고 기대한다면, 그 예비 집단구성원은 집단의 일원이 될 것이다. 집단구성원들이 처음 만났을 때 집단촉진자는 집단구성원들이 따라야 하는 기본 규칙을 알려 준다거나, 여러 가지 정보 및 예비교육을 제공하지 않는다. 자신들의 상담 회기를 위한 규칙을 만들거나, 목표에 도달하는 데 도움을 줄 것이라고 여겨지는 규준을 만드는 것은 집단구성원의 몫이다.

집단 과정의 전개

Rogers(1970)는 수많은 집단 경험을 기초로 인간중심 접근을 사용하는 집단에서 일어나는 15단계의 패턴을 상세히 설명하였다. 이러한 패턴 또는 경향은 명확하게 구분되어 일어나지 않는다. 또한 집단별로 매우 상이하게 나타날 수도 있다.

1. 서성거림 단계: 집단지도자의 지시가 없기 때문에 어쩔 수 없이, 실제로나 언어적으로나 초기의 혼란, 흥분, '서성거림'이 나타나게 마련이다. "누가 여기 담당자인가요?" 또는 "우리가 뭘 하기로 되어 있나요?" 같은 질문들이 특징이며, 이것이 이 단계에서 나타나는 감정을 반영해 준다.
2. 사적인 표현 및 탐색에 대한 저항: 처음에 구성원들은 집단에 받아들여질 것이라고 생각되는 공적 자아를 보여 준다. 그들은 자신의 사적인 모습을 공개하는 것에 대해 두려움과 저항을 느낀다.
3. 과거에 느꼈던 감정에 대한 설명: 자신을 드러냄으로써 발생할 위험과 집단의 신뢰성에 대해 우려하고 있으면서도 반신반의하며 개인적인 감정을 드러내기 시작한다. 이러한 개방은 일반적으로 집단 바깥에서 벌어졌던 사건들에 관한 것이다. 그들은 '그때-거기'에서 느꼈던 감정에 관해 이야기하는 경향이 있다.
4. 부정적 감정의 표현: 집단이 진전될수록 집단구성원들은 '지금-여기'에서 느끼는 감정을 표현하는 쪽으로 변화한다. 이러한 표현들은 종종 집단지도자를 비판하는 형태로 표현되기도 하는데 보통은 필요한 지시를 해 주지 않는다는 이유 때문이다.
5. 개인적으로 의미 있는 물건에 대한 표현과 탐색: 부정적 반응을 표현하는 것이 집단에서 받아들여지는 것으로 보일 때, 집단 내에는 신뢰의 분위기가 생겨난다. 그러면 집단구성원들은 개인적인 일들을 개방하는 것에 대한 위험을 감수할 수 있게 된다. 이때 집단구성원들은 집단은 자신들이 만들어 나가는 것이라는 점을 깨닫기 시작하고 자유를 경험하기 시작한다.
6. 집단 내 대인관계에서 느끼는 즉각적 감정의 표현: 이 시기에 집단구성원들은 서로를 향해

폭넓은 감정을 표현한다.

7. 집단 내 치유 능력의 향상: 다음으로 집단구성원들은 자발적으로 타인에게 배려, 지지, 이해, 염려를 표현함으로써 관심을 표현한다. 종종 이 단계에서 집단구성원이 집단 밖에서도 보다 건설적인 삶을 살아가도록 도움을 제공하는 집단 내 관계가 형성되는 경우가 많다.
8. 자기수용, 변화의 시작: 집단구성원들은 이전에 부정하고 왜곡했던 자신의 모습들을 받아들이기 시작한다. 자기 감정에 더 가까이 다가가게 되고 그 결과 조금 덜 완고하고 변화에 열린 사람이 된다. 자신의 강점과 약점을 받아들이면서 그들은 방어를 낮추고 변화를 맞이하게 된다.
9. 허울 깨뜨리기: 여기서 집단구성원들은 가면과 겉치레를 내려놓으라는 집단의 요구에 반응하기 시작한다. 몇몇 집단구성원은 더 깊은 수준의 자아를 드러냄으로써 위험을 감수하고 표면적인 상호작용의 이면을 탐색하는 것이 의미 있는 만남을 이끌어 낸다는 이론을 입증하게 된다. 이 단계에서는 집단이 더 깊은 수준의 의사소통을 하기 위해 노력한다.
10. 피드백: 피드백을 받는 과정에서, 집단구성원은 다른 집단구성원들이 자신을 어떻게 경험하고 있는지, 그리고 그들이 자신에게서 어떤 영향을 받고 있는지에 대한 많은 정보를 얻게 된다. 이 정보는 그들이 변화하고 싶은 자신의 측면을 결정하는 데 도움이 되는 새로운 통찰력으로 이어지기도 한다.
11. 대립: 이 단계에서 집단구성원들은 피드백을 포함한 정서적 과정 속에서 타인과 대립한다. 대립은 초기 단계에서 설명했던 상호작용에서 한 단계 더 나아간 것으로 볼 수 있다.
12. 집단 밖에서 도움을 주는 관계: 이 단계에서 집단구성원들은 집단 밖에서도 서로 연락을 하기 시작한다. 여기서 우리는 7단계(집단 내 치유 능력의 향상)에서 서술한 과정의 확장판을 볼 수 있다.
13. 참 만남: 집단구성원들은 일상생활에서보다도 더욱 밀접하고 직접적인 접촉을 하게 되므로 진실한 인간 대 인간의 관계를 맺을 수 있게 된다. 이 시점에 집단구성원들은 공동의 목표와 공동체 의식에 몰입할 때, 어떻게 의미 있는 관계가 일어나는지 경험하기 시작한다.
14. 친밀감의 표현: 회기가 진행됨에 따라 자기 자신과 다른 이들에 대한 감정표현의 진실성으로 인해 집단 내의 따뜻함과 친밀감이 향상된다.
15. 집단 내에서의 행동 변화: 집단구성원들이 자신의 감정을 표현하는 것에 대해 점점 편

안하게 느끼면서 그들의 행동, 습관, 심지어는 외양까지 변하기 시작한다. 그들은 좀 더 개방적인 방식으로 행동하는 경향이 있으며, 타인에 대한 깊은 수준의 감정도 표현한다. 자기 자신에 대한 이해가 증대되고, 타인과 함께하는 좀 더 효과적인 방법을 알게 된다. 만약 그 변화가 바람직하다면, 집단구성원들은 일상생활에도 새로운 행동을 적용하게 될 것이다.

집단 경험의 결과

집단 및 워크숍 실행, 과정 및 결과 연구에 대한 광범위한 경험을 바탕으로 Rogers (1987d)는 성공적인 집단 경험을 한 개인들 안에서 일어나는 몇 가지 변화를 정의하고 요약하였다. 집단구성원들은 더욱 개방적이고 진실해진다. 그들은 자기 내면의 목소리를 주의 깊게 듣는 방법을 배우고 자기 이해를 향상한다. 그들은 조금씩 덜 비판적이고 더 자기 수용적으로 변해 간다. 그들이 점점 이해받고 수용받는다고 느끼면 스스로 방어할 필요성을 덜 느끼게 된다. 결과적으로 가면을 버리고 기꺼이 있는 그대로의 자신이 되려고 한다. 자신의 감정과 자기 주변에서 일어나는 일에 대해 더 잘 인식하게 되므로, 좀 더 현실적이고 객관적인 입장을 취할 수 있다. 또 그들은 집단 경험을 시작하기 전부터 그들이 되고자 했던 자기에 좀 더 가까워지는 경향이 있다. 집단 내에서 느끼는 안전감이 자기 자신과 타인에 대한 태도를 변화시켰기 때문에 쉽게 위협받지 않는다. 집단 내에서는 타인에 대한 좀 더 깊은 이해와 수용의 분위기가 자리 잡게 된다. 집단구성원들이 있는 그대로의 자신에게 더욱 감사하게 되고 자기 지시적으로 변화한다. 새로운 방식으로 스스로에게 자율성을 부여하고 점점 자신을 믿게 된다. 자기 자신만의 독특성을 기꺼이 받아들이기 때문에 더욱 창조적으로 변하게 된다. 그들은 다른 사람과의 관계에서 좀 더 공감적이고 수용적이며 일치적인 태도를 취하게 되며, 그렇게 행동함으로써 더욱 의미 있는 관계를 맺게 된다(Cain, 2010, 2013).

인간중심 표현예술과 집단상담*

Carl Rogers의 딸 Natalie Rogers는 개인과 집단에서 개인적인 성장을 도모하기 위한 표현

* 이 섹션에 있는 대부분의 자료는 표현예술이 어떻게 개인의 심리치료를 강화하고 심화시킬 수 있는지에 초점을 맞춘 Natalie Rogers의 저서 『창의적 연결: 치료적 표현 예술(The Creative Connection: Expressive Arts as Healing)』(N,

예술을 통해 아버지의 이론을 창의적으로 확장했다. 인간중심 표현예술을 수련한 집단촉진자, 상담사, 심리치료자들은 그들의 내담자와 집단에 운동, 시각예술, 글쓰기, 소리 및 음악을 접할 기회를 제공한다. 그들은 이러한 활동을 통해 자신의 감정을 표현하고 통찰력을 얻을 수 있다(N. Rogers, 1993).

표현예술치료의 원칙

표현예술치료(expressive art therapy)는 성장, 치유를 목적으로 지지적인 환경 속에서 행해지는 움직임, 연필그림, 페인팅, 조각, 글쓰기, 음악, 즉흥 연주 같은 다양한 예술 형태를 통해 마음, 신체, 정서, 영적 내면 자원을 통합하는 다중 접근 방식이다(N. Rogers, 2011). 이 치료는 감정에 대해 말하는 것 이상이다. 깊은 정서로부터 만들어지는 것이라면 어떤 형태의 예술도 자기 발견 과정을 도울 수 있으며, 생생하고 자발적인 결과물은 있는 그대로 치료 과정의 한 부분이 된다.

N. Rogers의 집단 작업은 그녀의 아버지인 Carl Rogers의 기초 이론과 방법을 기반으로 했다. 그녀의 작업 확장이 표현예술을 사용하여 발전한 것은 그녀와 여섯 명의 스태프들이 함께 7번의 여름(1974년부터 1982년까지)에 걸쳐 대규모 만남 집단에서 작업하는 동안이었다.

> 10일간의 프로그램 동안 많은 사람이 앉아서 자신의 삶에 대해 이야기하고 비극, 혼란, 두려움, 딜레마와 같은 감정적인 내용으로 가득 찬 개인적인 이야기를 들려주었어요. 우리는 스태프로서 그들의 마음을 진정으로 듣고 반영하는 데 능숙했습니다. 우리는 이러한 개인적인 순간을 위해 안전한 공간도 확보하였습니다. … 저는 움직이는 걸 좋아하는 사람이기 때문에 매일 아침, 점심, 저녁을 가만히 앉아 있는 것이 힘들었습니다. 그래서 저는 워크숍 중, 결국 이렇게 말했습니다. "저에게는 미술 재료가 있는 스튜디오 공간이 있고 이러한 개인적인 문제를 탐구하는 다른 방법을 찾고자 하는 사람은 누구나 저와 함께 할 수 있습니다. 우리는 예술을 사용하여 자아를 탐구하는 실험을 할 것입니다."(N. Rogers, 2011, pp. 9-10)

N. Rogers의 표현예술치료 방법은 다음의 인본주의적 원칙에 근거한다.

Rogers, 1993)과 모든 유형의 집단에서 '창의적 연결'의 사용을 탐구하는 『창의적 연결 집단(The Creative Connection for Groups: Person-Centered Expressive Arts for Healing and Social Change)』(N. Rogers, 2011)에서 보다 완전하게 발전된 핵심 아이디어를 기반으로 한다. 이 섹션은 N. Rogers와 긴밀하게 협력하여 작성되었다.

- 모든 사람은 선천적으로 창의성을 갖고 있다.
- 창조적 과정 자체가 치유이다. 표현의 산물은 각 개인에게 중요한 메시지를 전달한다. 그러나 정말로 깊이 일어나는 변혁은 창조 과정 그 자체이다.
- 개인적 성장과 더 높은 수준의 의식은 자각, 자기 이해와 통찰을 통해 얻어진다.
- 자각, 이해, 통찰은 자신의 감정에 깊이 파고듦으로써 얻어진다. 슬픔, 분노, 고통, 공포, 기쁨, 절정감 같은 감정은 자각, 이해, 전체성에 도달하기 위해 거쳐야만 하는 터널과 같다.
- 감정과 정서는 우리의 에너지 원천이다. 그 에너지는 표현예술을 통하여 발산되고 변형될 수 있다.
- 표현예술은 우리를 무의식으로 이끈다. 그것은 이전에는 잘 몰랐던 자신의 어떤 측면들을 표현하도록 해 주어 새로운 정보와 인식을 얻도록 한다.
- 예술방식은 '창조적 연결'과 관련되어 있다. 우리가 변화할 때, 그것은 글을 쓰거나 그림을 그리는 방법에 영향을 미친다. 우리가 글을 쓰거나 그림을 그릴 때, 그것은 느끼고 생각하는 방식에 영향을 미친다. 창조적 연결 과정 동안, 한 가지 예술 형태는 또 다른 형태를 자극하고 만들어 내며, 우리 삶의 에너지가 되는 내면의 핵심 또는 본질을 가져다준다.
- 연결은 우리의 생명력(내면의 핵심 또는 영혼)과 모든 생명체의 본질 사이에 존재한다. 우리의 본질이나 전체성을 발견하기 위한 여정을 진행할수록, 우리는 바깥세상과의 연결성을 발견하게 되며 내면과 바깥 세계는 하나가 된다(N. Rogers, 1993, p. 7).

창의성을 촉진하기 위한 조건

N. Rogers(2011)는 개인은 적절한 환경이 갖추어지기만 한다면, 창의성을 통해 엄청난 자기치유력을 가질 수 있다고 믿었다. N. Rogers의 주요 초점은 "집단구성원이 비언어적 및 언어적 방법으로 두려움, 수치심, 피해의식을 안전하게 탐구할 수 있는 인간중심적 환경을 만들고 지원하는 것"이었다(p. 11). 감사와 신뢰를 받고 있다고 느낄 때, 계획을 세우고 프로젝트를 만들고 글을 쓸 때 개성을 살리거나 진실하도록 지지받을 때, 그 도전은 흥미롭고 자극적이며 자신이 확장되고 있다는 느낌을 주게 된다. 창의적 연결 또는 표현예술이 공감적이고 비판단적인 분위기의 일부일 때, "생명력과 치유 에너지를 불러일으키고 건설적인 사회적 변화와 개인적 변화를 자극한다"(p. 11). N. Rogers는 완전한 잠재력을 발견하고 실현하려는 경향성과 타고난 창의성이 우리 사회에서 과소평가되고 무시되고 있으며 종종 억압

되고 있다고 믿었다. 전통적 교육기관들은 독특한 사고와 창의적 과정을 촉진하기보다는 그저 순응하도록 가르치는 경향이 있다.

Carl Rogers는 우리가 다른 사람의 반응을 경청하되, 그러한 반응에 과도하게 관심을 기울이지는 않을 때 내적 평가 소재(internal locus of evaluation)를 발달시킬 수 있다고 주장했다. 그것은 스스로를 신뢰하고 인정할 수 있게 해 준다. 우리 대부분은 강한 인정 욕구를 가지고 있기 때문에 그러한 자기평가가 도전적인 과업이다. 또한 많은 사람이 타인보다 자기 자신에게 더 비판적이다. 자기가 가진 재능과 능력에 대한 예리한 감각을 가지는 것은 자존감을 발달시키는 것과 관련이 있다. 자신에 대해 정직하게 평가하게 될수록, 타인의 끊임없는 칭찬을 갈구할 필요가 없어지게 된다.

자극적이고 도전적인 경험 제안하기

어떤 외적 조건들은 창의성을 위한 내적 조건을 조성 및 육성한다. Carl Rogers(1961)는 그러한 조건 두 가지를 서술하였다. 첫 번째는 개인을 무조건적 가치를 지닌 존재로서 수용하는 것, 외적 평가를 하지 않는 분위기를 제공하는 것, 공감적 이해로 구성되는 '심리적 안전감'이고, 두 번째는 '심리적 자유'이다. N. Rogers(1993)는 여기에다 세 번째 조건, 즉 '자극적이고 도전적인 경험 제안하기'를 더하였다. 심리적 안전감과 심리적 자유는 창의성을 위한 토양과 영양분이라 할 수 있다. 하지만 일단 씨앗이 뿌려져야 한다. N. Rogers가 아버지와 함께 작업하며 부족하다고 느꼈던 것은 '자극적 경험'이었다. 그러한 경험은 사람들이 창의적 과정에 좀 더 개입할 시간과 공간을 남겨 두도록 동기를 부여한다. 사람들은 실제로 창의적 과정을 경험하지 않고도 치료 시간에 앉아 창의성에 대해 이야기할 수 있다. 미국 문화에서는 특히 말로 표현하는 것이 적절하게 여겨진다. N. Rogers는 도전적인 경험을 해 보도록 제안함으로써 내담자나 집단구성원을 자극할 필요가 있다고 주장한다. 표현예술집단은 집단참가자들이 인간중심 접근의 철학을 기반으로 사회적 탈을 벗고 진정한 자아를 발견할 수 있는 안전하고 창의적인 환경을 조성한다. 내담자나 집단구성원이 표현예술치료에 참여하도록 주의 깊게 계획된 실험이나 경험은 (내담자나 집단구성원이 이에 응한다면) 그들이 창조적 과정에 집중하도록 이끌어 준다.

N. Rogers의 저서 『창의적 연결 집단』(2011)에서는 집단 전체주기에서 집단 과정을 진행하기 위한 많은 연습 활동을 제공하고 있다. 집단이 시작되면 집단촉진자는 자극적인 비언어적 움직임과 예술 경험을 제공하여 사람들이 친해지고 현재 자신이 누구인지 발견하고 내면의 자원을 찾도록 돕는다. 내면 작업을 한 후, 집단구성원은 자신의 예술과 글을 적어도

한 명의 타인과 공유하여 경험을 검증하고 집단응집력을 촉진한다. 집단참가자가 준비되면 자신의 창작물을 집단 전체와 공유한다. 이 집중적인 한 주는 영혼의 영양 공급에 초점을 맞추고 있다.

집단 중기에는 집단구성원들이 자신의 그림자를 발견하고, 정신을 회복하도록 하는 운동이 제공된다. 집단의 누군가가 위험을 무릅쓰고 강간 경험과 같이 중대한 폭로를 하게 되면, 다른 집단구성원들은 감수성과 공감으로 경청했다. 모든 집단구성원은 이야기를 들은 후, 예술을 사용하여 자신의 기억과 감정을 표현하도록 한다. 이것은 집단구성원들이 타인 앞에서 예술을 통해 자신의 감정에 깊이 빠져들 수 있는 좋은 시간이다. 이때 집단공간은 침묵, 집중 및 상호지지를 느낄 수 있는 신성한 분위기가 된다. 예술과 글이 공유될 때, 각 집단구성원이 사건에 대해 다른 경험과 인식을 가지고 있음이 분명함을 알게 된다. 이러한 다양성이 수용됨에 따라 집단응집력은 깊어진다.

표현예술은 상징이나 은유를 통한 표현의 이상적인 수단이다. 예를 들어, 싫어하는 사람에 대해 상징적으로 표현된 감정은 그 사람에게 어떤 해를 끼치지 않고도 억눌린 감정을 발산시킨다. 그 사람에 대한 감정을 표현하는 스케치, 그림 그리기, 조각하기는 엄청난 위안과 새로운 관점을 가져다준다. 또한 상징은 언어가 의미하는 것 이상의 메시지를 전달한다(N. Rogers, 2011).

N. Rogers는 대부분의 사람이 안전하지 않은 환경에서 창의성을 표현하려고 해 왔다고 믿는다. 그들은 선생님이 이것은 맞고 저것은 틀렸다고 말하는 교실이나 작업실에서 미술 재료를 접해 왔다. 오로지 점수나 평가를 받기 위해, 또는 틀린 부분을 고치기 위해 춤추거나 노래해 왔던 것이다. 대부분의 사람에게 지지적이고 비판단적인 공간에서 다양한 재료를 탐색하고 실험해 볼 기회를 가지는 것은 완전히 새로운 경험이다. 그러한 환경은 내담자들이 진실되게, 마치 어린아이처럼, 스스로에 대해 깊이 파고들도록 해 준다. 그냥 재료를 꺼내 "뭐든 해 보세요."라고 말하면 된다. 그러나 N. Rogers(1993)는 그 결과물이 옳지도 그르지도 않으면서 창의성을 자극할 수 있는 프로젝트나 경험을 제안하는 것도 도움이 된다고 말하였다.

N. Rogers는 우리 사회가 대부분의 사람에게 창작 과정에서 가장 멋진 부분을 빼앗아 가 버렸다고 믿는다. 우리는 타인의 인정을 기대하지 않고, 자발적인 표현의 자유를 되찾아야 한다. 예술가만이 창의성의 영역으로 들어갈 수 있는 유일한 사람이라는 생각에 계속 붙잡혀 있다면, 창의성의 만족스러움과 기쁨을 우리 자신에게서 박탈하게 된다. 우리 모두는 자기표현과 개인적인 성장에 집중하기 위해 예술을 사용할 수 있다.

집단 및 공동체 구축에서 창의적 표현을 위한 안내

N. Rogers(2011)의 집단 작업은 워크숍이나 체험 수업 시작 시, 집단참가자들이 창의적 표현의 개념과 집단행동에 대한 기본 지침을 이해할 수 있도록 집단 지침을 제공했다는 점에서 아버지와 달랐다. 25년에 걸친 집단 평가 및 피드백에서 집단참가자들이 도움이 된다고 일관되게 느낀 것은 다음 지침과 같다.

- 자신의 감정과 신체를 의식하고, 자기 자신을 돌보라.
- 예술에는 옳은 방식도 틀린 방식도 없다.
- 모든 지침은 '항상' 제안이다. 당신에게는 하지 않을 선택권이 있다. 여기에서 자기 자신의 주인이 되어 보아라.
- 이러한 경험은 많은 감정을 불러일으킬 수 있다. 울거나 큰 소리를 내야 할 수도 있는데 이는 매우 도움이 될 수 있다.
- 관찰자가 되기로 선택한 경우, 집단 역동을 알아차리거나, 그 경험을 즐겨라. 타인을 판단하려 하지 말고 비밀보장에 있어 일반적인 선을 지켜라.

집단촉진자들은 집단구성원들이 창의적으로 표현할 수 있도록 집단 내에 신뢰할 수 있는 분위기를 만드는 데 핵심적인 역할을 한다. 비록 집단구성원들이 집단 과정을 신뢰하도록 '만들지는' 못하지만, 집단촉진자가 그들을 존중하고 배려함으로써 집단구성원들로부터 신뢰를 얻을 수는 있다. 다른 형태의 인간중심 치료가 그렇듯이, 효과적인 집단촉진자가 되는 것은 그 사람의 치료 기법보다는 '존재하는 방식'과 더 밀접한 관련이 있다. 집단촉진자가 존중하고 배려하며 진실되고 반응적이며 완전히 그 자리에 존재하지 않는 한, 어떤 치료 기법이나 개입도 신뢰를 만들어 낼 수는 없다. N. Rogers(2011)는 집단촉진자로서 자신의 역할의 본질을 다음과 같이 표현했다. "나의 주된 의도는 집단참가자들이 자신의 진짜 모습을 자유롭게 드러낼 수 있는 이해와 신뢰의 환경을 만드는 것이다."(p. 8)

집단 상황에서의 신뢰는 그 구성원들의 태도와 행동에 달려 있기도 하다. N. Rogers에 따르면 오랫동안 함께 살거나 작업하는 집단은 공동체가 된다. 공동체가 안전하고 지지적인 환경을 제공해 주느냐는 촉진자뿐만 아니라 그 공동체에 속한 개인들에게 달려 있다. 각각의 사람들은 공동체에 속하게 되느냐, 속하지 못하게 되느냐, 인정을 받느냐 못 받느냐, 또는 보고, 듣고, 이해하는 것에 따라 다양한 감정을 느낀다. 공동체 속에서 신뢰를 높이려면, 이러한 감정들이 공개적으로 논의되어야 한다. 함께 만들어 낸 공동체는 학습 능력에 중요한 요소이다.

인간중심 표현예술의 적용

인간중심 표현예술 인증 프로그램 졸업생이 제공한 이야기는 다양한 내담자(어린이 및 청소년, 노인, 섭식장애 집단, 애도 집단, 장애가 있는 사람들을 위한 집단, 암 환자 집단, 범죄 피해자 집단, 정신질환자 집단)에 대해 이 작업을 어떻게 적용했는지 설명한다(N. Rogers, 2011). 러시아에서는 제2언어로서의 영어를 가르치고, 교사 교육과 사회 정의를 통합하고, 문화 간 이해를 촉진하기 위해 인간중심 표현예술 방법을 사용하기도 했다. N. Rogers는 스웨덴의 사회적 비극을 다루는 사람들뿐만 아니라, 이스라엘과 팔레스타인 여성들과 함께 인간중심 표현예술 집단을 이끌었다. 평화로운 사회변화를 가져오기 위해 이러한 방법을 사용하는 방법을 알기 위해서는, 이러한 집단 과정의 이론 및 적용 분야의 발전은 필수적이다.

요약

인간중심 표현예술치료는 자발적인 창의적 표현에 예술을 사용한다. 이 표현은 깊고 가끔은 쉽게 접근할 수 없는 감정과 정서 상태를 상징화한다. 창의성을 키우는 조건은 집단구성원 그리고 집단 환경 모두에서 만들어진다. 자유로운 표현을 위해서는 집단구성원들의 수용, 비판단적 환경, 공감, 심리적 자유, 자극적이고 도전적인 경험의 활용이 필요하다. 집단구성원들은 경험에 대하여 방어적이지 않은 개방된 자세와 내적 평가 소재를 가지고 반응한다. 내적 평가 소재란 타인의 반응을 받아들이되 그것에 너무 민감하게 염려하지 않는 것을 뜻한다. 집단 과정을 시작할 때, 집단구성원들에게 지침을 제시하는 것은 유용하며, 이 지침은 인간중심적인 틀 속에서 유지된다. 그것이 집단구성원들에게 책임감과 권위를 부여해 주기 때문이다. N. Rogers는 Carl Rogers의 인간중심 철학을 기본으로 개인적 성장과 정서적 안녕을 도모하기 위한 적극적 집단 접근을 발달시켰다. Cain(2010)은 "N. Rogers의 표현예술치료는 실천의 주요 혁신을 나타내며 인간중심 치료자가 실천의 다양성과 범위를 확장할 수 있는 길을 여는 데 도움이 되었다."(p. 60)라고 믿는다.

적용: 치료 기법과 절차

Carl Rogers는 처음에 감정반영 방법을 강조했다. 이후에 심리치료에 대한 그의 관점이 발전하면서, 점차 치료 기법보다 치료자의 개인적 자질, 신념, 태도, 그리고 치료자와 내담자의 관계에 초점을 맞추게 되었다. 우호적인 관계를 형성하기 위해 매우 중요한 태도와 자질로는 치료자의 일치성, 진실성, 투명성, 비판단적인 배려, 소중히 여김, 현존, 수용, 공감적 태도, 존중, 무조건적인 긍정적 존중이 있다(Cain, 2010, 2013). 치료 기법이 집단촉진자와 별개로 작용하는 것이 아님을 명심해야 한다. 어떤 개입도 집단촉진자의 진실한 표현을 통해서만 가능하다. 하지만 Rogers의 반영적 반응 양식이 집단촉진자가 되는 단 한 가지 방법은 아니다. Rogers는 집단을 촉진할 수 있는 많은 방법이 있다는 것을 강조했으며, 타인이 자신을 모방하기를 바라지 않았다. 집단을 촉진하는 사람들은 자기 자신만의 방법을 찾고 독특한 양식을 찾을 필요가 있다.

치료 스타일과 방법의 다양성

인간중심치료는 다양성, 독창성, 창의성, 개별성을 통해 발전해 왔다. 오늘날 상대적으로 소수의 집단실무자만이 고전적 또는 전통적인 인간중심 모델을 고수한다(Cain, 2010, 2013). 인간중심치료는 다양성, 독창성, 창의성, 개별성 측면에서 진화해 왔다(Cain, 2010). 최근의 인간중심 접근에서는 집단촉진자에게 관계를 맺고, 반응하고, 돌봄의 태도로 내담자를 대하고, 치료 과정에 적극적으로 임하는 데 있어 더 큰 자유를 부여한다(Bozarth et al., 2002; Kirschenbaum, 2009). 현재 이 접근의 형태에서는 치료자들이 그들 자신의 '지금-여기' 경험을 가지고 집단에 참여하는 것을 훨씬 중요하게 여긴다. 이를 통해 집단구성원들이 좀 더 깊은 수준에서 자신을 탐색하도록 자극할 수 있다고 보는 것이다. Rogers의 상담사에 대한 원래 관점에서 이러한 변화는 더욱 광범위한 치료 기법과 다양한 치료 스타일의 사용을 장려하고 있다.

치료자의 수용적 태도는 여전히 가장 중요한 요소로 꼽히고 있다. 하지만 내담자의 경험적 과정을 격려하기 위해 치료자가 하는 행동까지 배제해야 한다는 뜻은 아니다. 인간중심 치료자들은 진실성에 중점을 두며 자기 성격에 잘 맞는 좀 더 유연하고 창의적인 방식을 실천할 수 있다. 또한 각기 다른 내담자에 맞추어 관계 양식을 달리할 수도 있다. 인간중심 집단실무자들은 내담자의 경험을 이해하고 반영하는 데 초점을 맞추면서, 내담자의 참조 틀을 유지하도록 한다. 인간중심치료는 그 자체가 치료 기법이자 전략인 촉진적 치료관계를 확립하는 것을 강조한다. 어떤 치료 기법을 사용하든 사용하지 않든, 어떤 치료 스타일을 선택하거나 자제하는 것에 대한 접근은 집단과 집단구성원의 필요에 맞게 결정해야 한다. 다양한 내담자 집단과 집단구성원들의 특징짓는 개인차는 어떠한 접근이라도 유연하게 적용되어야 함을 나타낸다. 일부 내담자는 높은 수준의 구조에서 잘 기능하는 반면, 다른 내담자는 구조를 거의 필요로 하지 않기도 한다. 집단구성원의 요구와 더불어 리더십 접근 방식은 집단지도자의 성격과 스타일에 맞아야 한다. Cain(2013)은 치료자가 내담자의 요구에 가장 적합한 것에 따라 치료를 개별화할 수 있도록 다양한 접근 방식의 개념, 방법 및 관계 양식을 통합하는 것이 가능하다고 주장하였다. 치료자는 내담자가 치료 목표를 달성할 수 있도록 유연성을 유지하면서 인간중심 관점 내에서 치료할 수 있다.

Rogers(1970)는 촉진을 위한 다양한 양식의 가치를 확실히 인정했지만, 집단이 변화하도록 만들기 위해 치료 기법이나 연습 활동을 사용하는 것은 비관적으로 보았다. 또한 그는 촉진자들에게 해석적 발언을 피하라고 권고하였다. 왜냐하면 그러한 발언은 집단이 남의 시선을 의식하도록 만들고, 집단 과정 속도를 늦추는 경향이 있기 때문이다. 집단 과정에 대한 관찰은 집단구성원이 해야 한다. 이것은 집단구성원에게 자신들이 나아가는 방향에 대해 책임을 지게 하는 Rogers의 철학과 일치하는 관점이다.

이 접근에 따르면 집단구성원들이 집단의 중심이다. 내담자의 참조 틀을 공감적으로 경험하려는 치료자의 헌신은 내담자가 나아가는 방향과 속도를 존중할 수 있게 한다. 성장을 위한 치료적 환경을 조성하는 것은 내담자의 내적 자원에 대한 치료자의 태도와 믿음이다 (Bozarth et al., 2002). 인간중심 집단의 집단구성원들은 종종 집단지도자만큼이나 다른 집단구성원들에게 도움이 되기도 하고, 집단 과정과 진전을 지시하고 조직하기도 한다.

집단상담에서 인간중심 접근의 적용 분야

심리학 교육을 받지 않은 사람들은 진실성, 공감적 이해, 무조건적인 긍정적 존중과 같은 치료적 조건을 그들의 개인적 · 직업적 삶에 빗대어 설명해 주면 쉽게 받아들인다. 이 접근의 기본 개념은 직접적이고 이해하기 쉽지만, 실천하기는 쉽지 않다. 이 접근은 통제와 힘이 사람에게 주어지지 않는 권위주의적 구조를 만드는 것이 아니라 사람 속에 있는 힘을 찾는 것을 기본으로 한다. 이러한 핵심 기술들은 타인에게 도움을 주는 직종에 있는 많은 사람에 의해 사용될 수 있으며, 이 책에서 논의되는 사실상 거의 모든 이론적 배경의 기초이다. 만약 집단을 운영하는 사람이 관계나 의사소통 능력이 부족하다면, 그들은 집단 내에서 효과적으로 역할을 수행할 수 없으며 기능하지 못할 것이다.

집단 이론의 실제: 인간중심 적용**

이 집단구성원은 인종, 문화적 배경, 연령, 성별 및 삶의 경험이 다양하다. 다양성이 있는 집단에서 자신의 차이가 집단 참여에 어떤 영향을 미칠 수 있는지에 대해 솔직하게 이야기하기 위해서 집단구성원들이 어려운 대화에 참여할 수 있도록 안전하고 신뢰할 수 있는 분위기를 조성해야 한다. 집단은 차별에 대한 대처 경험과 그들이 그대로의 가치를 인정받지 못하는 것과 관련하여 실제 경험에 대한 논의를 시작한다. 때때로 집단구성원들은 사회에서 경험한 고통을 집단으로 끌어들이고, 이러한 삶의 경험으로부터 치유 받는다.

나는 집단구성원들이 집단을 둘러보고 그들이 누구를 주목하고 있는지, 그들의 차이가 집단에 어떤 영향을 미치고 있는지 인식하도록 함으로써 집단을 시작한다. 제프(Jeff)는 그가 다른 집단구성원들에게 방해가 되는지 궁금해한다. 그는 자신이 자주 말을 하고, 종종 가장 먼저 말을 한다는 것을 알고 있다. 제프는 자신의 백인 특권을 인정했으며 자신이 이 집단의 다른 집단원을 소외시키지 않기를 희망했다. 그는 자신의 무감각함으로 집단구성원들 간의 신뢰와 응집력에 방해되기를 원하지 않았다. 그런 다음 다른 집단구성원들은 제프를 장애물로 보지 않는 방법과 얻지 못한 특권을 소유하고 있는 그의 정직성에 대한 감사함에 관해 피드백을 제공한다. 다양한 집단구성원들이 대화에 참여한다.

줄리어스: 나는 나 자신을 취약하게 만드는 것이 느리고, 나 자신에 대한 많은 반응을 간직합니다. 제프가 백인 남성의 특권을 인정할 수 있어서 기분이 좋습니다. 아프리카계 미국인 남성으로서, 이제까지 자신의 특권적 지위를 인정한 백인 남성을 두 손가락으로 꼽을 수 있습니다.

멜리사: 내가 어렸을 때 나의 문화에 대해 들었습니다. 나는 내 문화가 자랑스러워요. 나는 내가 누구인지 보여 줄 수 있기를 원합니다. 그리고 사람들의 눈에 띄지 않게, 자신을 보이지 않게 유지하는 법도 배웠습니다. 나는 내 문화를 자랑스러워하는 것에 어려움이 있지만, 동시에 아무도 눈치채지 못하게 해야 될 필요가

** 여기서 논의된 집단 회기는 온라인 학생 자료에 포함된 '집단 이론의 실제' 비디오에 있는 인간중심 집단 작업에서 나온 것이다.

있음을 느낍니다.

루페: 나의 절반은 라틴계이기 때문에, 가끔 부족함을 느끼는 것에 공감할 수 있습니다. 나는 부족한 느낌을 극복하기 위해 열심히 노력합니다. 아무리 성취하고, 아무리 많이 해도 더 해야 할 필요성을 느낍니다.

줄리어스: 외출할 때는 항상 옷을 차려입어야 해요. 총에 맞을까 봐 두려워서 티셔츠를 입을 수 없습니다.

갈로: 나는 자라면서 차별을 많이 받았고 두려웠습니다. 차를 운전하고 있을 때, 경찰이 여러 번 차를 세웠고, 폭력배로 보았습니다. 나는 좋은 사람이 되기 위해 노력했지만, 사회가 장애물을 만들 때 나 자신에 대해 스스로 좋게 느끼는 것이 얼마나 힘든지 알고 있습니다.

켈리: 줄리어스가 말하는 것을 들으니 내 아들이 보입니다. 그것을 보니 마음이 아프네요. 나는 그가 안전함을 느끼고, 자신을 좋아하고 소중히 여기며, 자신이 성취하고 있는 일에 감사하기를 바랍니다.

켈리는 줄리어스가 말하는 것에 대해 감정을 느끼고 있기 때문에, 켈리에게 줄리어스를 보고 그녀의 아들인 것처럼 이야기해 달라고 부탁한다. 이 치료 기법을 사용함으로써 나는 인간중심 접근 방식이 권장하는 것보다 더 지시적일 수 있지만 집단구성원들이 진정한 대화에 참여할 수 있도록 한다. 이 집단 회기는 핵심 조건이 존재할 때, 집단에서 얼마나 많은 치료 작업을 할 수 있는지에 대해 보여 준다.

집단구성원은 집단 외부에서 겪은 경험에 대해 이야기하지만, 이러한 경험은 자신을 드러내는 방법과 집단 내 타인에게 자신의 모습을 보여 주는 방법에 대해서도 보여 준다. 집단 촉진자로서 나는 집단구성원을 함께 연결하여 일부 작업을 하고, 의제를 강요하지 않고 나 자신으로서 집단에 영향을 미친다. 안전하고 배려하는 환경을 조성하면 집단이 건설적인 방향으로 나아갈 것이라 믿는다. 이 접근의 주요 강점은 내담자의 내적 참조 틀에서 진정성 있게 경청하고, 내담자의 세계를 깊이 이해하는 것을 강조한다. 집단구성원의 주관적인 입장을 경청하고 이해할 수 있다면, 집단구성원은 건설적인 방향으로 에너지를 쏟을 것이다.

학교 집단상담에 대한 인간중심 접근의 적용

『학습의 자유(Freedom to Learn)』(Rogers & Freiberg, 1994)라는 책에서는 전통적인 학교가

아이들이 자유롭게 배우고 학생-교사 관계의 인간적인 차원을 중시하는 학교로 변화하기 위한 토대를 설명한다. 저자인 Rogers와 Freiberg는 이러한 핵심 가치가 모든 수준의 교육에 적용될 때 교육의 변화가 일어날 수 있다고 하였다. 연구와 경험 모두 인간중심적 분위기의 수업에서 학습, 문제해결, 창의성이 더 많이 나타난다는 것을 보여 준다. 인간중심 환경의 핵심적 요소는 다음과 같은 특성이 있다.

- 교사는 단순히 정보를 제공하는 것이 아니라 학습을 촉진하는 역할을 맡는다.
- 초등학교부터 대학원에 이르기까지, 모든 교사는 학생들이 배우고 결정을 내릴 수 있도록 도울 수 있는 독창적인 방법을 찾는다.
- 학생들은 책임감, 자기 규율, 협동심을 계발한다.
- 교사는 학생들에게 더 진실하고, 더 이해하고, 더 배려하는 방향으로 변화한다.
- 학생들은 점점 자기 지시적으로 변화하며 스스로의 선택에 책임을 질 수 있게 된다.

Rogers와 Freiberg(1994)는 통제적인 관리자에서 학습 촉진자로 변화한 교사들에 대해 이야기하였다. 그들 각각은 자유에 관한 자신만의 방법을 발견해 왔다.

인간중심 접근의 많은 기본 아이디어와 기법은 놀이치료의 소집단 작업에 적용될 수 있다. 놀이는 아동들이 자신의 감정을 표현하고, 갈등을 삶으로 가져오며, 관계를 탐색하고, 소망과 두려움을 나타내는 매개체가 될 수 있다. 미술, 음악, 신체 활동과 같은 다른 표현 기법도 아동 집단 작업에서 활용될 수 있다.

이러한 인간중심 접근의 핵심적인 원칙을 고려하면서도 동시에 어느 정도의 구조를 갖춘 집단을 만들 수도 있다. 아동의 나이와 집단의 주목적에 따라 집단촉진자는 너무 비지시적이지 않은, 좀 더 적극적인 역할을 맡고자 할 수도 있다. 일반적으로 아동들이 상담사가 자신을 이해하고 수용한다고 느끼면 그들은 마음을 열고 상당히 반응적으로 변화한다. 이 접근은 아동 집단 작업에서 치료자들이 유연성을 발휘하도록 허용한다.

집단 놀이치료는 초등학교에서 아동들을 상담할 때 적절하게 응용될 수 있다(Landreth, 2002). 아동 중심 집단 놀이치료는 아동들이 대인관계에 대한 책임감을 기르고, 자신의 행동을 탐색하고 불안과 스트레스에 대처하며, 타인과 함께 생활하는 것에 만족을 느끼는 법을 배우도록 돕는다. 또한 집단 경험을 통해 아동은 개인 내 및 대인관계적 수준에서 개인적인 문제를 다룰 수 있게 된다(Landreth, 2002; Sweeney & Homeyer, 1999). Baggerly와 Parker(2005)는 초등학교에 재학 중인 아프리카계 미국인 소년을 대상으로 한 집단 놀이치료가 어떻게 아프리카적 세계관을 존중하는 태도와 소년들의 자신감을 촉진하는지에 대해 설명하였다. Baggerly와 Parker는 집단 놀이치료 시간 동안, 어린 집단구성원들이 자신을 더 나이를 먹은 아동들과 동일시하는 경향이 있었으며, 용기를 얻고, 새로 발견한 강점과 기술을 보여 준다는 것을 발견하였다. 소심했던 아동들은 다른 아동들이 과제에 성공하는 모습을 지켜보며 망설임을 극복하곤 했다. Baggerly와 Parker에 따르면, "아동 중심 집단 놀이치료는 아프리카계 미국인 소년들의 인종적, 문화적 정체성을 긍정적인 방향으로 성장하게 하는 혁신적인 전략이라 할 수 있다"(p. 394).

인간중심 접근의 교육적 적용에 관심이 있다면 『효과적인 교사 되기: 인간중심 교육, 심리학, 철학에 관한 대화(On Becoming an Effective Teacher: Person-Centered Teaching, Psychology, Philosophy and Dialogues with Carl R. Rogers and Harold Lyon)』(Rogers et al., 2014)를 추천한다.

다문화 집단에 대한 인간중심 접근의 적용

Rogers의 관심은 개인을 대상으로 한 작업에서 집단, 공동체, 국제 관계, 세계 평화에 이르기까지 점차 확장되었다. 집단이 발전하면서, 인간중심 접근은 인간의 고통을 줄이는 것, 다문화 인식, 국제적 규모의 갈등 해결에 점점 더 관심을 갖기 시작했다. 그는 생애의 마지막 15년 동안 더 넓은 사회적 쟁점, 특히 평화에 대한 열정을 키워 갔다. 또한 집단 간의 의사소통을 방해하는 심리적 장벽을 줄이는 방법을 모색했다(Kirschenbaum, 2009; Rogers, 1987c; Rogers & Malcom, 1987).

인간중심 접근은 상호 이해를 증진하기 위해 다양한 문화권에 속한 사람들을 한데 모으는 데 다른 어떤 모델보다도 더 많이 활용되어 왔다. Rogers는 다른 문화권의 사람들이 서로의 말을 경청할 수 있게 되고, 그들을 하나로 통합해 주는 공통점을 발견하게 되길 바랐다. 1948년 그는 적대적 집단 간의 긴장 해소를 위한 이론을 개발하기 시작하였고, 이 작업은 1987년 그가 사망하기 전까지 계속되었다.

죽기 직전 Rogers는 러시아 심리학자, 교육자, 연구자들과 함께 4일 과정의 워크숍을 진행했다. 그는 이 회기에서 사람들이 표현한 관심사들이 미국의 비슷한 직업의 집단에서 느꼈던 것과 별반 다르지 않았다고 말했다. 이렇듯 인간중심 접근은 구성원들이 집단에서 표현하는 더 깊은 메시지를 경청하는 것에 기초를 두고 있다. 공감하기, 현존하기, 집단구성원의 가치관 존중하기는 문화적으로 다양한 구성원들이 속한 집단에서 특히 중요한 태도이자 기술이다. 이러한 태도들은 어떤 한 문화 집단에만 제한되는 것이 아니라 문화를 초월한다. Cain(2010, 2013)은 공감, 무조건적인 긍정적 존중, 일치성 같은 치료자의 핵심 조건은 보편적이며, 모든 내담자에게 건설적인 영향을 줄 것이라고 했다. 그러므로 인간중심 치료는 다양한 범위의 내담자들에게 적용될 수 있다.

인간중심 치료자들은 다양성에 대해 인식하고 있다 하더라도, 문화적 배경이나 자신이 속한 특정 집단에 근거하여 개인에 대한 섣부른 추측을 하지 않고 내담자로부터 문화적 맥락이 나오기를 기다리도록 권장한다. 그들은 내담자 각각의 여정은 독특하며, 개개인에게 맞추어 그 방법을 다르게 적용하는 것이 중요하다는 것을 잘 인식하고 있다. Cain(2010)은 비지시성을 너무 강조하는 것이 치료자와 내담자에게 너무 제한적일 수 있다고 지적하였다. 그러므로 다양한 집단구성원의 개인적 선호와 학습 스타일을 고려해야 한다. 어떤 사람들은 지시적이고 적극적인 스타일을 선호하지만, 다른 사람들은 덜 지시적인 집단지도자에게 잘 반응할 수도 있기 때문이다.

앞서 서술했듯이, 집단구성원들은 이 집단이 무엇이고, 어떻게 하면 잘 참여할 수 있는지에 대한 예비교육을 통해 큰 도움을 받을 수 있다. 인간중심적인 틀이 특히 집단에 적용되는 경우에는 다른 어떤 경우보다도 더 많은 준비와 예비교육이 필요하다. 집단구성원들은 어떤 행동이 집단 상황에서 유용한지 잘 이해한 상황에서 집단 과정을 더욱 건설적으로 활용할 수 있다. 집단구성원들은 집단 과정의 절차와 일반적인 목표, 집단이 자신의 관심사를 다루는 데 도움이 될 수 있는 방법과 목표에 도달하는 방법에 관해 토론함으로써 도움을 얻을 수 있을 것이다.

집단에 대한 인간중심 접근의 평가

이 접근의 기여와 강점

인간중심 접근은 내담자의 주관적 세계관에 기초한, 매우 현상학적인 관점이기 때문에, 나는 이러한 특성이 모든 집단의 초기 단계에 더할 나위 없이 적절하다고 생각한다. 많은 인간중심 집단실무자들은 이 접근이 집단의 모든 단계에 적합하다고 주장하고 있다. 인간중심 접근은 집단구성원들이 집단에 어느 정도로 참여할지, 그리고 개인적 관심사 중에서 어떤 것을 다룰지를 초기에 결정하도록 한다. 공감은 인간중심 접근의 주춧돌이며, 다른 모든 이론의 기초이기도 하다(Cain, 2010, 2013; Elliott et al., 2019). 비판적 평가, 분석, 판단은 잠시 미루고, 사람들이 표현하는 감정이나 생각을 깊이 이해하는 것에 주의를 기울이는 것이다. 이러한 경청과 이해는 모든 집단 접근, 그중에서 특히 집단구성원들이 자신의 고민을 개방적으로 탐색하는 것이 중요한 초기 단계에서 전제조건이라 할 수 있다. 집단구성원들이 자신이 이해받는다고 느끼지 않는다면 어떤 치료 기법이나 개입도 실패할 수밖에 없다.

나는 인간중심 접근의 핵심 가치와 원칙을 중요시하고 있다. 또한 이 원칙 중 다수가 집단 작업에 관한 다른 접근에 통합될 수 있다고 생각한다. 이 접근은 개인에게 자기 자신의 문제에 대한 답을 찾을 능력이 있다고 강조한다. 집단촉진자가 정답을 가진 권위 있는 존재로서가 아니라 탐색을 위한 안전한 장소를 제공해 주는 사람으로서, 평등한 환경을 조성함으로써, 집단구성원들은 스스로를 임파워링한다. 인간중심 집단에서 집단촉진자가 된다는 것은 집단구성원들이 자신의 삶을 책임지는 것을 보면서, 그 속에서 보람을 느끼는 것을 의미한다.

수련 중인 집단지도자들의 문제점 중 많은 부분은 집단구성원들의 주관적 세계를 이해하는 데 실패함으로써 생긴다. 우리는 내담자의 문제를 해결해 주려는 욕구를 억제하고 오로지 경청하고 집중함으로써 그러한 이해에 도달할 수 있다. 이 접근의 주요 강점은 한 인간으로서의 집단상담사를 매우 중요하게 여기는 것, 그리고 내담자를 치료 집단에서 가장 주요한 변화 동인으로 간주하는 것이다. 이 두 가지 가정은 집단의 결과와 매우 깊은 관련이 있다. 내담자가 치료 과정에 많은 기여를 하고 있다는 사실은 대부분의 이론에서 중요하게 다루어지지 않았다(Bohart & Tallman, 1999, 2010; Bohart & Wade, 2013). 치료자의 개인적 발달은 진심 어린 공감적 반응을 할 수 있는 능력을 습득하는 것과 관련되어 있다. 내담자의 자기치유력에 대한 믿음은 다른 많은 이론과는 매우 대조적이다. 다른 이론들에서는 치료자의 기법과 치료 과정이 변화를 위한 가장 강력한 동인이라고 본다(Tallman & Bohart, 2010).

집단지도자는 집단구성원을 위해 온전히 현존하는 능력을 발전시켜야 하며, 집단구성원들이 개방적으로 상호작용하도록 격려하는 능력을 발달시켜야 한다. 만약 집단지도자가 집단에 개방적이고 수용적인 분위기가 생겨나도록 한다면, 집단구성원들의 자기치유력과 공동체로서의 집단에 존재하는 치유력이 작동하게 될 것이다. 또 집단구성원들은 자기 자신 또는 대인관계와 관련된 작업에 몰입하게 될 것이다. 이러한 작업은 집단구성원들이 자기 스스로 해결책을 찾도록 해 주며, 결국 이것은 자기수용으로 이어진다. 궁극적으로 집단구성원들은 스스로 결정을 내리고 자기 자신을 위해 변화한다. 집단구성원들은, 집단촉진자의 존재와 다른 집단구성원들의 지지를 통해, 자신이 이 과정을 혼자 겪지 않아도 되며 공동체로서의 집단이 변화를 위한 자원을 가지고 있다는 것을 깨닫게 된다.

나는 집단구성원에게 구조화된 경험을 제공하고 신체 활동, 시각예술, 음악 및 글쓰기를 사용하여 내면으로의 여행을 할 수 있는 기회를 제공한 N. Rogers의 공헌을 소중하게 여긴다. 집단촉진자는 집단구성원의 세계를 존중하고 이러한 예술 경험에 의해 자극되는 깊은 감정을 반영함으로써 인간중심의 방식으로 예술에 반응한다.

창의적 예술의 활용과 적용은 N. Rogers의 인간중심 표현예술을 넘어 확장되었다. Gladding(2021)은 음악, 춤과 동작, 이미지, 동물 보조 요법, 시각예술, 글쓰기, 드라마, 유머, 연극, 자연 및 야생 요법 등 다양한 형태의 창의적 예술을 다룬다. Gladding에 따르면, 창조적 예술은 세계적이며, 문화적으로 다양한 환경에서 훈련된 상담전문가와 관련성이 있다. 그는 "상담에서 창조적 예술은 현재 장기적으로, 다면적이고, 생산적으로 변해 가는 전환기를 겪고 있다."고 결론지었다(p. 259). 이러한 형태의 창작예술은 분명히 인간중심 이론의 관점 내에서 통합될 수 있으며, 모든 연령대의 사람들과 함께하는 집단 작업에도 통합될 수 있다.

Rogers와 그의 동료들은 집단 작업의 전성기였던 1960년대에 자기 성장 집단 연구에 참여했다. 하지만 Page 등(2002)은 인지적 접근에 대한 관심이 높았던 1970년대에는 인간중심 연구가 양적으로 감소했다고 지적한다. 그러나 지난 20년간 인간중심 집단에 대한 연구가 특히 유럽에서 많이 나타났다. 이러한 연구의 결과들은 보통 집단 상황에서 공감, 따뜻함, 진실성과 긍정적 치료 결과 간의 강한 연관성을 지지해 준다. 확실히 치료적 관계의 질은 인간중심 접근에서 가장 중요한 한 가지 요소라고 할 수 있다. 효과적인 치료적 관계는 성공적인 심리치료의 핵심 요소이다(Bohart & Watson, 2020; Elkins, 2012, 2016; Gelso et al., 2019).

Cain(2013)은 60년에 걸쳐 수행된 광범위한 연구가 "광범위한 내담자와 모든 연령 집단의 문제에 대해 인간중심 치료의 효과를 뒷받침한다."고 하였다(p. 199). 이 연구는 세계 곳곳에서 현재도 진행되고 있으며, 무엇이 효과적인 심리치료인지에 대한 이해를 확장하고 향상해 주고 있다. Cain(2013)은 "인간중심 치료는 그 어느 때보다 중요하고 효과적이며, 앞으로도 점점 더 발전할 것이다."(p. 208)라고 결론지었다. Murphy와 Joseph(2016)은 인간중심 이론의 미래 발전은 비지시성과 다른 접근의 치료 기법을 현대 상담 실제로 통합하게 될 것이라고 하였다. "우리는 미래에 유연하고 효과적이며 광범위하게 이용 가능한 증거 기반 치료를 제공하는 인간중심 경험적 치료를 기대한다."(p. 210).

Page 등(2002)은 인간중심 집단치료 연구에 대한 요약에서 심각한 문제를 안고 있는 사람들에 대한 이 접근의 효과에 대해 지적했다. 약물 남용 내담자는 집단 내에서 개인적인 성취를 이룸으로써 책임감을 가질 수 있게 되었고, 병원 입원 환자와 상담센터 내담자들 역시 집단에 참여함으로써 상당한 성과를 가져왔다. 다양한 문제를 가진 내담자들이 상호작용과 문제해결을 더욱 잘할 수 있도록 돕는 데 인본주의 집단치료가 효과적이라는 것은 분명하다. 하지만 인본주의 집단치료는 구체적이고 측정 가능한 성과를 보여 주어야 하는 관리 의료의 영역에서는 충분히 활용되고 있지 않다. 많은 집단실무자는 임상적인 집단에도 인본주의 접근이 효과적이라고 보고한 연구들이 있음을 알지 못한다.

이 접근의 제한점

나는 인간중심 철학의 가치를 높이 인정하지만, 인간중심 접근의 집단구성원을 위한 구조와 집단지도자의 적극적인 개입 부족이 집단의 효율성을 제한할 수 있다고 생각한다. 적극적인 지지와 지시적인 개입 모두 내담자의 변화를 촉진하는 데 매우 유용할 수 있다. 나는 내담자가 필요로 한다면 치료적 지시 행동을 선호하기도 하고, 일반적으로 이 접근에 쓰이는 것보다 더 지시적인 기술을 선호하기도 한다.

인간중심 접근은 다양한 사회적, 정치적, 문화적 배경을 가진 집단 작업에 상당한 기여를 했지만, 지역사회 기관 환경 및 외래 진료에서는 이 접근의 틀 내에서만 독점적으로 적용하는 것에 몇 가지 제한이 있다. 지역사회 정신건강 클리닉을 방문하거나 다른 유형의 외래 환자 치료를 받는 내담자는 보다 체계적인 집단 경험을 원하거나 필요로 할 수 있다. 이것은 특히 단기 집단, 집단구성원이 빠르게 변화하는 개방형 집단, 과업 중심 집단 및 문화적으로 다양한 사람들로 구성된 집단이 그렇다. 정신–신체적 증상 완화, 스트레스 관리와 같은 대처 기술 배우기와 같은 현재의 위기에 대처하기 위해 전문적인 도움을 구하거나, 긴급한 문제에 대한 해결책을 찾기 위해 전문적인 도움을 구하는 내담자는 권위자로서 전문가 역할을 수행하는 보다 지시적인 집단지도자로부터 도움을 받을 수 있다.

Bohart와 Watson(2020)은 인간중심 치료자는 내담자에게 '올바른 존재 방식'을 알려주는 전문가가 아니라고 지적하였다. 대신 치료자는 내담자의 경험적 세계를 호기심을 가지고, 흥미롭게 개방적인 방식으로 깊이 이해하려고 노력하는 '동료 탐험가'이다. 이런 치료 스타일은 일부 내담자에게는 적합하지 않을 수도 있다. Cain(2010)은 항상 자기 자신과 내담자에게 '이 방법이 잘 맞을까?'라는 질문을 던진다. 그는 치료자들이 과연 자신이 '맞게' 하고 있는지 지속적으로 모니터링할 것이다. Cain은 인간중심 집단실무자는 내담자가 치료자의 접근 방식과 스타일을 선택하기를 기대하기보다는, 내담자가 자신의 문제를 보고 이해하는 방식과 치료 스타일이 양립할 수 있도록 조정해야 한다고 믿는다.

맺음말

인간중심 접근의 수명은 그 영향을 평가할 때 고려해야 할 요소이다. 인간중심 접근이 집단상담에 가장 크게 기여한 점은 집단지도자들로 하여금 집단구성원이 가진 자원에 대해 신뢰할 뿐 아니라 그러한 자원의 개발을 촉진하는 집단지도자(와 다른 집단구성원들)의 역할에 대해 신뢰하는 것이 중요하다는 점을 깨닫게 했다는 것이다. 점점 더 많은 실무자가 즉각적인 치료와 빠른 해결을 위한 기술을 찾고 있는 이 시대에, 인간중심 접근은 사람을 치유하는 것은 치료 기법이 아니라 사람이라는 것을 상기시켜 준다(Cain, 2010).

Rogers가 했던 작업의 범위와 영향력은 그의 죽음 이후에도 지속되고 있다. 인간중심 접근은 지속되고 있을 뿐 아니라 확장되고 있다(Kirschenbaum, 2009). "이것은 매우 활발한 국제적 움직임이다. 이와 관련된 출판, 조직, 연구, 이론, 예비교육, 적용, 지지자들이 모두 늘어나고 있다. 이러한 부흥기가 계속되려면 앞으로 많은 도전을 헤쳐나가야 하겠지만, 확실한 것은 이 이론이 그 창시자보다 오래 살아남아 있다는 것이다."(p. 607) 오늘날의 인간중심 치료는 더 이상 하나의 관점으로 머물러 있지 않으며, 인간중심 심리치료에서 비롯된 수많은 이론과 기법이 계속해서 진화하고 있다(Cain, 2010). 비록 자신이 오직 인간중심 이론적 경향만 지향한다고 주장하는 심리치료자는 없지만, 그 철학과 원칙은 많은 치료자의 관행 속에 스며들어 있다. 치료적 관계가 치료적 변화를 위한 통로로 중요하다는 인식은 다른 치료 학파 사이에서도 점점 더 증대되고 있다.

자기성찰과 토론을 위한 질문

1. 인간중심 접근은 사용하는 치료 기법보다는 집단지도자의 개인적 자질을 강조한다. 당신은 인간중심 관점에서 기능할 수 있도록 도움을 주는 어떤 자질을 가지고 있는가?

2. Carl Rogers는 성장과 치유의 핵심 조건은 진실성, 무조건적인 긍정적 존중, 공감이라고 가르쳤다. 그는 이러한 조건이 변화를 위한 필요충분조건이라고 믿었다. 동의하는가? 그렇지 않다면 변화를 위해 무엇이 필요하다고 생각하는가?

3. 인간중심 철학을 채택한 집단 작업에 보다 적극적인 방식의 기법을 통합할 수 있는가? 당신은 사람들을 어느 정도까지 인간중심의 관점에서 볼 수 있는가? 반대로 집단지도자로서 더 적극적이고 중심적인 역할을 맡는가?

4. 인간중심 표현예술의 어떤 측면이 집단 작업에서 특별한 가치가 있다고 생각하는가? 집단 작업에 표현예술을 통합하면 어떤 이점이 있는가?

5. 당신이 인간중심 표현예술 집단구성원이라면 어떨 것이라고 생각되는가? 표현예술 방법에 참여하는 것이 집단에서 감정적인 작업을 하는 능력에 어떤 영향을 미칠 수 있는가?

참고문헌 및 권장 도서 (별표(*)가 표시된 문헌들은 추가 연구를 위한 제안 자료임)

Baggerly, J., & Parker, M. (2005). Play therapy with African American boys at the elementary school level. *Journal of Counseling and Development, 83*(4), 387-396.

*Bohart, A. C., & Tallman, K. (1999). *How clients make therapy work: The process of active self-healing.* American Psychological Association.

*Bohart, A. C., & Tallman, K. (2010). Clients: The neglected common factor in psychotherapy. In B. L. Duncan, S. D. Miller, B. E. Wampold, & M. A. Hubble (Eds.), *The heart and soul of change: Delivering what works in therapy* (2nd ed., pp. 83-111). American Psychological Association.

*Bohart, A. C., & Wade, A. G. (2013). The client in psychotherapy. In M. J. Lambert (Ed.), *Bergin and Garfield's handbook of psychotherapy and behavior change* (6th ed., pp. 219-257). Wiley.

*Bohart, A. C., & Watson, J. C. (2020). Person-centered and emotion-focused psychotherapies. In S. B. Messer & N. J. Kaslow (Eds.), *Essential psychotherapies: Theory and practice* (4th ed., pp. 221-256). Guilford Press.

*Bozarth, J. D., Zimring, F. M., & Tausch, R. (2002). Client-centered therapy: The evolution of a revolution. In D. J. Cain & J. Seeman (Eds.), *Humanistic psychotherapies: Handbook of research and practice* (pp. 147-188). American Psychological Association.

*Cain, D. J. (2010). *Person-centered psychotherapies*. American Psychological Association.

Cain, D. J. (2013). Person-centered therapy. In J. Frew & M. Spiegler (Eds.), *Contemporary psychotherapies for a diverse world* (pp. 165-214). Taylor & Francis.

*Cain, D. J., Keenan, K., & Rubin, S. (Eds.). (2016). *Humanistic psychotherapies: Handbook of research and practice* (2nd ed.). American Psychological Association.

*Cook, J. M., Biyanova, T., & Coyne, J. C. (2009). Influential psychotherapy figures, authors, and books: An internet survey of over 2,000 psychotherapists. *Psychotherapy: Theory, Research, Practice, Training, 46*(1), 42-51.

*Cook, J. M., Biyanova, T., Elhai, J., & Schnurr, P. P. (2010). What do psychotherapists really do in practice? An internet survey of over 2,000 psychotherapists. *Psychotherapy: Theory, Research, Practice, Training, 47*(2), 260-267.

Elkins, D. N. (2009). *Humanistic psychology: A clinical manifesto.* University of the Rockies Press.

Elkins, D. N. (2012). Toward a common focus in psychotherapy research. *Psychotherapy, 49*(4), 450-454.

*Elkins, D. N. (2016). *The human elements of psychotherapy: A nonmedical model of emotional healing.* American Psychological Association.

*Elliott, R., Bohart, A. C., Watson, J. C., & Murphy, D. (2019). Empathy. In J. C. Norcross & M. J. Lambert (Eds.), *Psychotherapy relationships that work: Evidence-based therapist contributions* (3rd ed., Vol. 1, pp. 245-287). Oxford University Press.

Elliott, R., Greenberg, L. S., Watson, J., Timulak, L., & Freire, E. (2013). Research on humanistic-experiential psychotherapies. In M. J. Lambert (Ed.), *Bergin and Garfield's handbook of psychotherapy and behavior change* (6th ed., pp. 495–538). Wiley.

*Farber, B. A., Suziki, J. Y., & Lynch, D. A. (2019). Positive regard and affirmation. In J. C. Norcross & M. J. Lambert (Eds.), *Psychotherapy relationships that work: Evidence-based therapist contributions* (3rd ed., Vol. 1, pp. 288–322). Oxford University Press.

*Gelso, C. J., Kivlighan, D. M., & Markin, R. D. (2019). The real relationship. In J. C. Norcross & M. J. Lambert (Eds.), *Psychotherapy relationships that work: Evidence-based therapist contributions* (3rd ed., Vol. 1, pp. 351–378). Oxford University Press.

*Gladding, S. T. (2021). *The creative arts in counseling* (6th ed.). American Counseling Association.

Greenberg, L. S., & Rice, L. N. (1997). Humanistic approaches to psychotherapy. In P. L. Wachtel & S. B. Messer (Eds.), *Theories of psychotherapy: Origins and evolution* (pp. 97–129). American Psychological Association.

*Kirschenbaum, H. (2009). *The life and work of Carl Rogers.* American Counseling Association.

*Koldon, G. G., Wang, C., Austin, S. B., Chang, Y., & Klein, M. H. (2019). Congruence/genuineness. In J. C. Norcross & M. J. Lambert (Eds.), *Psychotherapy relationships that work: Evidence-based therapist contributions* (3rd ed., Vol. 1, pp. 323–350). Oxford University Press.

Landreth, G. L. (2002). *Play therapy: The art of relationship* (2nd ed.). Brunner-Routledge.

MacMillan, M., & Lago, C. (1999). PCA groups: Past, present . . . and future? In C. Lago & M. MacMillan (Eds.), *Experiences in relatedness: Groupwork and the person-centred approach* (pp. 29–45). PCCS Books.

*Miller, W. R., & Moyers, T. B. (2021). *Effective psychotherapists: Clinical skills that improve client outcomes.* Guilford Press.

*Murphy, D., & Joseph, S. (2016). Person-centered therapy: Past, present, and future orientations. In D. J. Cain, K. Keenan, & S. Rubin (Eds.), *Humanistic psychotherapies: Handbook of research and practice* (2nd ed., pp. 185–218). American Psychological Association.

*Norcross, J. C. (2010). The therapeutic relationship. In B. L. Duncan, S. D. Miller, B. E. Wampold, & M. A. Hubble (Eds.), *The heart and soul of change: Delivering what works in therapy* (2nd ed., pp. 113–141). American Psychological Association.

*Page, R. C., Weiss, J. F., & Lietaer, G. (2002). Humanistic group psychotherapy. In D. J. Cain & J. Seeman (Eds.), *Humanistic psychotherapies: Handbook of research and practice* (pp. 339–368). American Psychological Association.

Rogers, C. (1951). *Client-centered therapy.* Houghton Mifflin.

Rogers, C. (1957). The necessary and sufficient conditions of therapeutic personality change. *Journal of Consulting Psychology, 21*, 95–103.

*Rogers, C. (1961). *On becoming a person.* Houghton Mifflin.

*Rogers, C. (1970). *Carl Rogers on encounter groups.* Harper & Row.

Rogers, C. (1975). Empathic: An unappreciated way of being. *The Counseling Psychologist, 5*(2), 2–9.

*Rogers, C. (1980). *A way of being.* Houghton Mifflin.

Rogers, C. (1986a). Carl Rogers on the development of the person-centered approach. *Person-Centered Review, 1*(3), 257-259.

Rogers, C. (1986b). Client-centered therapy. In I. L. Kutash & A. Wolf (Eds.), *Psychotherapist's casebook* (pp. 197-208). Jossey-Bass.

Rogers, C. R. (1987a). Inside the world of the Soviet professional. *Counseling and Values, 32*(1), 46-66.

Rogers, C. R. (1987b). Rogers, Kohut, and Erikson: A personal perspective on some similarities and differences. In J. K. Zeig (Ed.), *The evolution of psychotherapy* (pp. 179-187). Brunner/Mazel.

Rogers, C. R. (1987c). Steps toward world peace, 1948-1986: Tension reduction in theory and practice. *Counseling and Values, 32*(1), 12-16.

Rogers, C. R. (1987d). The underlying theory: Drawn from experience with individuals and groups. *Counseling and Values, 32*(1), 38-45.

Rogers, C. R., & Freiberg, H. J. (1994). *Freedom to learn* (3rd ed.). Prentice Hall.

Rogers, C. R., Lyon, H., & Tausch, R. (2014). *On becoming an effective teacher: Person-centered teaching, psychology, philosophy and dialogues with Carl R. Rogers and Harold Lyon.* Taylor & Francis.

Rogers, C. R., & Malcolm, D. (1987). The potential contribution of the behavioral scientist to world peace. *Counseling and Values, 32*(1), 10-11.

Rogers, C. R., & Russell, D. E. (2002). *Carl Rogers: The quiet revolutionary.* Penmarin Books.

*Rogers, N. (1993). *The creative connection: Expressive arts as healing.* Science & Behavior Books.

Rogers, N. (2002). *Carl Rogers: A daughter's tribute* [CD-ROM]. Produced by Mindgarden Media, Inc.

*Rogers, N. (2011). *The creative connection for groups: Person-centered expressive arts for healing and social change.* Science & Behavior Books.

Sweeney, D. S., & Homeyer, L. E. (Eds.). (1999). *The handbook of group play therapy.* Jossey-Bass.

Tallman, K., & Bohart, A. C. (1999). The client as a common factor: Clients as self-healers. In M. A. Hubble, B. L. Duncan, & S. D. Miller (Eds.), *The heart and soul of change: What works in therapy* (pp. 91-131). American Psychological Association.

11장

게슈탈트 치료와 집단상담

학습목표

1. Fritz Perls의 선구적인 작업에서 Erving과 Miriam Polster가 개발한 현대적인 관계 접근 방식에 이르기까지 게슈탈트 접근 방식의 진화를 이해한다.
2. 게슈탈트 이론과 치료의 기초가 되는 철학과 기본 가정을 정의한다.
3. 게슈탈트 치료의 주요 개념인 '지금-여기, 현재중심의 자각, 미해결 과제 해결, 접촉 및 접촉에 대한 저항, 신체 언어 및 실험'을 식별한다.
4. 지금-여기에서 게슈탈트 기법의 집단 작업의 중요성을 인식한다.
5. 게슈탈트 치료 개입에 대해 설명한다: 역할극, 미래 투사, 한 바퀴 돌기, 감정에 머무르기, 꿈 작업, 지금-여기 인식을 기반으로 한 실험 만들기.
6. 구성원들이 상징적인 작업에 참여하도록 장려하는 이유를 이해한다.
7. 게슈탈트 집단치료에서 기법과 실험을 구별한다.
8. 다문화적 관점에서 게슈탈트 기법의 실천을 설명한다.
9. 그룹 작업에 대한 게슈탈트 접근 방식의 기여와 강점을 평가한다.
10. 게슈탈트 집단 치료의 한계를 확인한다.

서론

게슈탈트 치료(gestalt therapy)는 1940년대에 Fritz Perls와 그의 아내 Laura Perls에 의해 개발되었다. 게슈탈트 치료는 '인간은 환경 속에서 가장 잘 이해될 수 있다.'는 가정을 기반으로 하고 있다. 게슈탈트 집단의 기본 목표는 내담자들에게 경험에 대한 자각과 타인과 갖는 접촉의 질을 증진할 수 있는 환경을 제공하는 것이다. 매 순간의 경험에 대한 자각과 함께 이를 방해하는 요소에 대한 즉각적인 자각의 과정 자체를 치료로 본다.

Erving Polster*

Erving Polster(1922~)는 여전히 전문적으로 활동하고 있으며 프레젠테이션, 치료 시연 및 워크숍을 하고 있다. 그는 Evolution of Psychotherapy 회의에 정기적으로 참여하고 있으며, 게슈탈트 치료와 자신의 관계에 대해 다음과 같이 설명했다. "1953년 Frederick Perls와 함께 클리브랜드에서 워크숍에 참석했을 때 게슈탈트 기법에 대해 처음 알게 되었습니다. 저희가 참석한 워크숍에서 그가 진행한 치료 회기는 탁월했습니다. 그곳에서 경험한 것 중 두 가지 측면이 제 눈에 띄었습니다. 첫 번째는 개념과 치료 작업 모두에 해당하는 성실함과 재능의 조합이었고, 두 번째는 개인적인 탐구에 대한 놀라운 대중성이었습니다. 이러한 개방성은 개인의 프라이버시에 스며드는 과정에서 드러났습니다. 이는 자연스러우면서도 대담해 보였고, 삶이라는 드라마에 대한 매혹적인 예시였습니다."

"이러한 탐색을 통해 클리브랜드의 게슈탈트연구소가 설립되었으며, 그곳에서 1956년부터 1973년까지 연구소장으로 역임했습니다. 제가 그곳에서 만든 코스는 통합적 게슈탈트 치료의 기초가 된 관점을 구성했습니다. 『게슈탈트 치료 통합: 이론과 실습(Gestalt Therapy Integrated: Contours of Theory and Practice)』(Polster & Polster, 1973)은 아내 Miriam과 공동 저술한 책입니다. 우리는 1973년에 샌디에이고로 이사했고 게슈탈트훈련센터를 열었습니다. 25년 동안 전 세계 사람들이 우리와 함께 광범위한 교육 작업을 위해 이곳을 찾았습니다. 신나고 생산적인 날들이었으며 Miriam과 나는 우리의 아이디어와 교육 프로그램을 개발하는 데 함께 협력할 수 있어 기뻤습니다."

"몇 년 후 나는 『모든 사람의 삶은 소설 한 편의 가치가 있다(Every Person's Life Is Worth a Novel)』(Polster, 1987), 『자아의 집단: 성격의 다양성에 대한 치료적 탐구(A Population of Self: A Therapeutic Exploration of Personality Diversity)』(Polster, 1995)를 썼고, Miriam과 『래디컬 센터에서: 게슈탈트 치료의 핵심(From the Radical Center: The Heart of Gestalt Therapy)』(Polster & Polster, 1999a)이라는 제목으로 제 글들의 문집을 공동 집필했습니다. Miriam은 우리가 은퇴한 지 2년이 지난 2001년에 세상을 떠났습니다. 그녀가 세상을 떠난 후, 나는 은퇴 후 새로운 주제를 탐구하기 시작했고, 개인 오피스에서 사용되는 절차에서 공동 응용 프로그램으로 심리치료 원칙의 발전을 주장하였습니다. 그리고 이에 대해 『흔하지 않은 땅(Uncommon Ground)』(Polster, 2006), 『치료 그 이상: 삶 중심 커뮤니티 활동(Beyond Therapy: Igniting Life Focus Community Movements)』(Polster, 2015), 『마술과 게슈탈트 이론: 삶을 탐구하는 동반자들(Enchantment and Gestalt Therapy: Partners in Exploring Life)』(Polster, 2021)이라는 세 권의 책을 썼습니다."

게슈탈트 치료는 '지금-여기'를 중심으로 한 실존적인 대화를 강조한다는 점에서 실존적(existential) 접근이라 할 수 있다. 자각, 선택, 책임은 치료의 토대를 이루는 요소들이다. 게슈탈트 치료는 타인과의 접촉과 통찰을 통한 인간의 성장 및 치유 능력을 확인한다. 한편 게

Miriam Polster

Miriam Polster(1924~2001)는 음악 학사 학위를 받았다. 그녀는 클래식 성악가이자 오페라 음악 연주자로 훈련을 받았다. 그녀의 예술적 재능은 개인 생활과 직업 생활 내내 그대로였다. M. Polster는 내담자의 개인적 경험을 탐구하도록 돕는 체계로서 음악을 사용하는 워크숍을 이끌었다.

그녀는 게슈탈트 치료의 관계적 차원을 강력하게 지지했으며, 이는 게슈탈트 치료가 모순되며 기술적으로 편협하다는 왜곡된 고정관념에 대한 반박이었다. 그녀의 찬란함이 불러일으키는 그녀의 새로운 관점, 언어의 명료함, 동요는 모두 개인이 삶을 사는 방식에 대한 꾸밈없는 매력적인 영역에 들어간 치료사의 카리스마적 잠재력을 높이는 데 기여했다. 그녀의 영향력은 강인함보다는 여성적 솔직함과 대화의 상호성에 의한 것이었다. 조작보다 관계, 유물적인 합리주의보다 낙관주의, 그리고 마지막으로 경험의 자연스러운 흐름을 만들어 낸 지혜에 기반한 갈등이었다. 『게슈탈트 치료 통합』(Polster & Polster, 1973)는 그녀의 남편 Erving과 공동 저술한 것으로, 게슈탈트 치료 발전의 고전이자 기준으로 여겨지고 있다. 또 다른 저서인 『이브의 딸들: 금지된 여성의 영웅주의(Eve's Daughters: The Forbidden Heroism of Women)』(M. Polster, 1992)에서 Miriam은 우리 사회에서 여성의 공헌과 성격에 대한 놀라운 그림을 그렸다. 그녀는 여성의 역사적 역할과 사회 발전에 대한 여성의 특별한 영웅적 기여를 설명했다. 그러나 그녀는 영웅주의 자체의 그림을 게시함으로써 그들이 간과한 영웅주의보다 더 나아갔다. 그녀는 일상생활의 일부인 영웅주의를 상기시켜 개념을 밝혔다. 여성의 영웅주의와 일상생활의 영웅주의의 결합은 새로운 사회적 규범에 영향을 미치는 여성의 잠재력의 가치를 강조했다. 여성의 영웅주의는 당연하게 여겨져 사회적 중요성의 배경으로 밀려났었다. M. Polster는 일상적인 세계에서 봉사의 일부로 흔히 여겨지는 여성적 영웅주의의 사회적 확장을 일반 사람들의 평범한 영웅주의의 이해하기 어려운 역할에 대한 생생한 이해와 연결했다.

* Erving Polster에게 그와 그의 아내 Miriam의 전기를 부탁했고 그는 친절하게도 수락해 주었다. 게슈탈트 치료법 개발에 관한 개요를 제공해 준 Polster에게 감사의 말을 전한다.

슈탈트 치료는 현상학적(phenomenological) 접근으로서 우리가 어떻게 세상을 보고, 경험을 창조해 내기 위해 어떻게 기여하고 있는지, 그리고 자신과 세계를 어떻게 조직하는지에 대해 강조한다. 또한 게슈탈트 치료는 경험적(experiential) 접근이기도 하며, 집단구성원들은 집단 내에서 다른 이들과의 상호작용을 통해 '무엇을(What)' 그리고 '어떻게(how)' 생각하고, 느끼고, 행동하는지에 대해 이해할 수 있게 된다. 집단구성원들은 새로운 행동을 시도하고, 잠재적인 그들의 개성을 표현하며, 세상에 대응하는 능력을 증진시키기 위한 대안적 행동들을 시도해 보도록 격려받는다.

내담자가 현재중심의 자각을 얻고 자신의 대인관계 방식이 갖는 한계에 대해 분명히 인식하면 미해결 과제가 떠오르게 된다. 현재를 보다 충실히 살아가기 위해서는 현재의 기능을 방해하는 과거의 잔재들을 확인하여 처리할 필요가 있다. 과거의 갈등을 현재 일어나는 것처럼 재경험하도록 함으로써 내담자는 자각의 수준을 향상하는 동시에 부정되고 해체되었던 개인의 부분들을 통합할 수 있게 되고, 이를 통해 전체(whole)로서 존재할 수 있게 되는 것이다.

게슈탈트 접근은 내용보다 과정에 더 초점을 둔다. 이 과정에서 게슈탈트 집단치료자는 판단, 분석 또는 해석 없이 집단구성원의 경험에 최대한 완전히 들어가는 동시에 독립적인 존재감을 유지한다. 게슈탈트 집단치료자는 개인의 경험이 치료자의 해석보다 강력한 힘으로 작용한다고 본다. 치료자들은 구성원에게 자신의 행동에 대한 이유를 설명하지 않을 뿐 아니라 집단구성원들의 경험이 갖는 참된 의미에 대해서도 해석하지 않는다(Frew, 2008). 대신 그들은 구성원들로 하여금 스스로의 행동과 경험이 갖는 의미를 발견할 수 있도록 격려한다.

게슈탈트 집단치료의 발전

게슈탈트 치료의 창시자 중 한 명인 Fritz Perls는 자신의 치료적 훈련 방법을 발전시키는 데 매우 큰 영향을 미쳤다. Perls는 게슈탈트 치료의 수많은 주요 개념을 발전시켰지만 집단치료의 실시를 주장한 것은 아니었다. 1950년대부터 1960년대 초까지 Perls는 개인치료에 적용되는 게슈탈트 이론과 기법에 대한 정신건강 실무자 양성 워크숍을 여는 데 많은 노력을 기울였다. 그는 '뜨거운 의자(hot seat)' 기법을 활용한 일대일 작업을 강조한 반면, 집단의 상호작용은 제한하였다. Perls는 사이코드라마의 선구자 J. L. Moreno(8장 참조)가 창안한 '빈 의자' 기법을 자주 사용하였다. Miriam Polster(1997)는 Perls의 작업이 집단에 속해 있지 않지만 집단을 위해 작업에 자원한 내담자와 지도자 간의 상호작용에 집중되어 있음을 지적한다. 그녀는 또한 Perls가 집단 작업에 큰 관심이 없었고 능숙하지도 못했으며, 자신의 작업에서 집단의 존재를 인식하는 경우도 거의 없었다고 덧붙였다. 그에게 있어 관객은 온전히 지도자와 개별 참여자의 만남을 위한 배경으로서 존재할 뿐이었다(Feder & Frew, 2008).

Perls는 내담자로 하여금 그 자신의 책임이나 감정을 어떻게 회피하고 있는지 찾아보도록 하고, 이들의 문제에 대해 연극법, 날카로운 직면, 강렬한 카타르시스를 주요 특징으로 하는 치료 기법들을 적용하였다. Yontef(1999)는 게슈탈트 훈련이 1960년대와 1970년대의 날카롭고 극적인 방식에서 벗어나 "지속적인 공감을 추구하면서, 분명하고도 적절한 지각에 초점을 맞추는" 접근으로서의 현대적 면모를 갖추게 되었다고 주장하였다(p. 10). Frew(2008)는 게슈탈트 치료가 자각과 대인관계 접촉에 초점을 두고 발달되었다는 사실에 동의한다.

현대 미국의 게슈탈트 치료는 Fritz Perls의 대립적이고 극적인 스타일과 매우 다르다. 관계성 게슈탈트 치료(relational Gestalt therapy)라 불리는 새로운 형태의 치료법은 내담자와 치료자 사이의 대화와 나-너 관계를 강조한다. 치료자는 치료적 관계를 강조하고 이해를 원하는 내담자와 협력하여 작업한다(Wheeler & Axelsson, 2015). 대부분의 현대 게슈탈트 치료사는 존재감, 공감적 조율, 진정한 대화, 온화함, 치료자의 직접적인 자기 표현, 연습 줄이기, 내담자의 경험과 지혜에 대한 신뢰를 강조한다. 게슈탈트 치료의 현재 추세는 치료적 관계를 더욱 강조하는 방향이며, 이 과정에서 치료자는 내담자가 자신의 인식을 심화하고 다른 사람과 접촉할 수 있도록 하는 현재 중심적이고 비판단적인 대화를 구축할 수 있다(Wheeler & Axelsson, 2015).

관계성 게슈탈트 치료의 선구자인 Erving Polster와 Miriam Polster(1973, 1999)는 현대 게슈탈트 치료의 이론적 · 실용적 발전에 지대한 공헌을 했다. 치료자로서, 관리자로서, 훈련자로서 Polster 부부는 지지적이고 수용적이며 모험적인 방식을 채택하였고, 개인의 삶에서 필수적인 부분을 차지하는 가족과 지역사회에 더 많은 관심을 기울였다.

오늘날 게슈탈트 치료자들은 집단상담의 주요한 방법으로 빈 의자 기법을 거의 사용하지 않는다(Feder & Frew, 2008; Kepner, 2008). 게슈탈트 집단상담의 치료 핵심은 강요하거나 비난하지 않고 집단구성원이 자신의 경험을 더 많이 인식하도록 지원하는 것이다. 이 장에서는 진화 과정에서 게슈탈트 실제에 대한 관계적 접근을 특징짓는 현대의 발전 양상에 대해 살펴보고자 한다.

주요 개념

치료 목표

게슈탈트 치료의 기본적인 목표는 자기치유와 성장의 원동력인 자각을 증진하는 것이다. 자각은 지금 이 순간 자신의 경험에 주의를 기울이는 과정이다. 자각에는 자신에 대한 지식(self-knowledge), 선택에 대한 책임, 환경과의 접촉, 현재 경험에의 몰입, 자기수용, 접촉을 만들어 내는 능력 등이 요구된다(Yontef et al., 2019). Polster(2021)는 우리가 매 순간 자각을 가지고 머문다면 우리가 가고자 하는 곳에 도달할 것이라고 말했다. 자각 능력을 갖고 있는 내담자는 문제를 해결하고, 가능성을 변화시킬 수 있는 조건들을 발견해 내는 데 필요한 자원을 자기 안에서 찾을 수 있는 능력을 갖고 있는 반면, 자각 능력이 부족한 내담자들은 개인의 변화를 위한 방법들을 가지고 있지 않다.

게슈탈트 치료는 개인의 내적 분석이 아닌 상충되는 관점들 간의 통합을 목표로 한다. 이러한 단계별 과정은 지금까지 단절되었던 자신의 부분들을 되찾고(reowning) 이를 전체로 통합하는 방식으로 진행된다. 내담자는 완전한 자각을 통해 그 자신의 개인적인 성장을 도모하는 한편 현명한 선택을 바탕으로 의미 있는 존재로서 살아갈 수 있다. 게슈탈트 치료의 기본 가정은 주변에서 일어나고 있는 상황들을 잘 인식한다면 개인은 자기조절을 훌륭하게 해낼 수 있다는 것이다. 개인이 속한 환경은 그의 개인적인 욕구에 완벽하게 반응하지 않기 때문에 창조적인 적응이 나타나기도 하고 자각을 상실하는 일이 발생하기도 한다. 개인치료 또는 집단치료는 내담자로 하여금 현재의 상황적 조건에서 잃어버린 가능성의 파편들을 깨닫도록 돕는다.

수정된 게슈탈트 이론은 우리가 그 자신이 아닌 어떤 사람이 되고자 하면 할수록 계속해서 같은 모습으로 남아 있게 된다는 사실을 명시하고 있다. Beisser(1970)는 '변화에 대한 역설적 이론(paradoxical theory of change)'이라는 글에서 개인의 변화는 우리가 자신이 아닌 어떤 사람(what we are not)이 되려고 애쓸 때가 아니라 우리 자신(what we are)이 되려고 할 때 일어난다고 하였다. 즉, '되어야 하는(should be)' 그 무엇이 되기 위해 노력하는 것보다 우리 자신이 누구이며 무엇을 원하는지에 대해 인식하는 것이 중요한 것이다. Erving Polster(1995, 2021)는 치료자가 집단구성원들에 대해 파악하고 집단을 구성하기 위해서는 내담자 한 사람, 한 사람을 그 존재 자체로 보아야 하며, 그들의 이야기에 귀를 기울이고 그들과 이야기하며 그들을 느낄 수 있어야 한다고 주장하였다. 우리가 자신을 그 자체로 받아들이고 우리 자신이 될 때 변화를 위한 풍부한 가능성을 맞이할 수 있다는 것이다. 집단치료자에게 있어 중요한 과제는 구성원들을 참여시키고 구성원들이 현재 자신이 어떠한 상태인지에 대한 자각을 개발할 수 있도록 돕는 것이다.

치료 목표를 세울 때는 목표에 관한 각 구성원의 개인적인 관점뿐만 아니라 집단 전체의 관점까지도 고려해야 한다. Zinker(2008)는 개인 수준의 목표(individual goal)를 다음과 같이 제시했다.

- 자신의 내면적 양극성 통합
- 풍부하고 확장된 자각
- 자신 및 타인과 접촉하기
- 타인의 지지를 기대하기보다는 스스로를 지지(self-support)하는 방법에 대한 학습
- 자신만의 명확한 경계 설정
- 행동에서 통찰로의 전환
- 창조적인 실험 참여를 통하여 자기 자신에 대해 자발적으로 학습하기
- 심각한 장애물이 없는 자각-흥분-접촉 주기의 원활한 흐름에 대한 학습

Zinker(2008)가 제시한 집단 수준의 목표는 다음과 같다.

- 자신의 바람 또는 욕구를 위해 명확하게 그리고 직접적으로 질문하는 방법의 학습
- 대인관계 갈등을 효과적으로 처리하는 방법의 학습
- 상대방에게 지지와 힘을 주는 방법의 학습
- 타인과 직접 소통하고, 1인칭 시점에서 말하기
- 공간과 경계에 대한 자신의 욕구를 존중하는 한편 성장을 위한 구성원들의 도전 방법 찾기
- 깊고 의미 있는 수준의 작업을 위하여 신뢰를 기반으로 한 지역사회 만들기
- 피드백의 상호 교환 방법에 대한 학습
- 조언을 하지 않는 방법의 학습
- 감독자로서의 집단지도자에게 의존하기보다는 집단 내의 자원 활용하기

게슈탈트 집단의 목적은 과정과 내용 모두에 동등한 수준의 중요성을 부여하는 것이다. Frew(2013)는 "게슈탈트 치료는 과정과 내용에 있어 음과 양 모두를 아우르지만, 주로 과정

중심의 상담 접근을 지향한다."(p. 242)라고 하였다.

Miriam Polster(1997)는 구성원이 그들의 삶 속에서 경험하는 근심이나 좌절에 대해 말하고, 이를 바탕으로 집단 내에서 타인과 관계를 맺는 것은 매우 중요하다고 지적한다. 물론 구성원이 집단 내에서 자신의 이야기를 할 수 있다는 사실은 중요하지만 이야기 자체로는 충분하지 않다. 중요한 것은 구성원들이 어떻게 이야기를 풀어 나가는지, 집단 내의 다른 이들이 그 이야기를 듣고 어떤 영향을 받았는지에 대한 것이라 할 수 있다. M. Polster는 자신이 하고 있는 말에 대해서조차 관심이 없는 듯 잦아드는 목소리로 이야기하는 집단의 한 남성의 사례를 제시하였다. Polster는 남성에게 "나는 정말 그런 뜻이었어요."라는 구절로 말을 끝내도록 요청했다. 이것은 그의 말에 생기를 불어넣어 주었고 다른 집단구성원들로 하여금 그의 이야기에 보다 집중할 수 있도록 해 주었다. 상호작용 학습의 가능성을 높이기 위해 집단지도자는 이 남성으로 하여금 그의 변화된 표현 방법이 집단구성원들에게 어떻게 영향을 미치고 있는지에 대해 알 수 있도록 집단구성원들에게 여러 가지 질문을 던질 것이다. 이를 통해 다른 구성원들은 일상과 집단 내에서 남성의 비효과적인 소통 방법으로 인한 부정적 영향을 감소시키는 몇 가지 방식을 공유하게 되고, 이로써 보다 생기 있게 언어적인 소통을 할 수 있게 되었다. 즉, 개인적인 작업이 대인관계 차원으로 확대됨으로써 구성원들은 집단 상황에서 어떻게 기능해야 할지에 대해 보다 예민하게 자각할 수 있게 되는데, 이는 집단 밖 상황에 대해서도 마찬가지로 적용된다.

게슈탈트 치료 이론의 원리

게슈탈트 치료 이론에는 전체론, 장 이론, 전경 형성 과정, 유기체의 자기조절 등과 같은 몇 가지 기본적인 원리가 있다.

전체론

전체론(holism)은 게슈탈트 치료의 근본적인 원리로서(Latner, 1986), '전체는 부분의 합보다 크다.'라는 명제를 전제로 하고 있다. 인간이 갖는 기능에 대한 전체적인 차원에서의 탐색이 선행될 때 우리는 비로소 인간 자체에 대해 이해할 수 있게 된다. 게슈탈트 치료자는 전체로서의 인간에 관심을 두기 때문에 개인의 특정한 측면에 높은 가치를 두지 않는다. 게슈탈트 치료는 형상화되거나 전경으로 떠오른 내담자의 사고, 감정, 행동, 신체 그리고 꿈에 주목한다(Frew, 2008). 중요한 것은 매 순간 개인에게 전경으로 떠오르는 핵심적인 측면, 통합을 위한 개인 각 부분들 간의 조화, 그리고 개인이 환경과 접촉해 나가는 양상에 관한 것이라 할 수 있다.

장 이론

게슈탈트 치료는 '유기체가 환경과 맥락 속에서 끊임없이 변화하는 장의 일부로 드러난다.'는 원리에 근간을 둔 장 이론(field theory)에 기초한다. 모든 것은 끊임없이 변화하며 그 과정 안에 상호 연관되어 있으므로, 게슈탈트 치료자들은 유기체와 환경의 경계에서 무엇이 일어나고 있는지에 대해 특별한 주의를 기울여 탐색해야 한다.

전경 형성 과정

이는 본래 게슈탈트 심리학자 집단에 의해 시각적인 지각의 장에서 발전하였으며, 이 과정은 한 개인이 매 순간의 경험을 조직해 나가는 방법에 대해 설명해 준다. 게슈탈트 치료에서 장은 관심의 초점으로 떠오르는 형태와 배경이 되는 환경으로서의 영역으로 분리된다. 전경 형성 과정(figure-formation process)은 배경에서 개인의 욕구와 관련된 환경적 장의 양상들이 어떻게 나타나고, 이것이 어떻게 개인의 관심과 흥미의 초점이 되어 가는지를 추적한다.

유기체의 자기조절

전경 형성 과정은 유기체의 자기조절(organismic self-regulation) 원리와 연관되어 있으며 이는 개체와 환경이 갖는 관계의 본질을 나타낸다. 감각 또는 흥미와 관련된 욕구의 발생으로 인해 이들 사이의 평형 상태가 무너지면(disturbed) 유기체는 자신의 욕구를 충족하기 위한 방법을 찾게 된다. 이에 유기체는 스스로를 조절하기 위해 최선을 다하고, 균형을 회복하며 성장과 변화에 기여할 수 있는 행동을 한다.

Frew(1997)는 치료 집단에서의 전경 형성 및 유기체의 자기조절 원리가 갖는 의미를 설명한다. 집단구성원들은 매 순간 전경을 형성하는 데 집중함으로써 집단 상황 안에서 자기조절을 시도한다. 구성원들과 함께 작업하면서 게슈탈트 치료자들이 주로 사용하는 방법은 집단 회기 동안 배경에서 나타난 '전경(figures)'에 대하여 구성원들이 자각할 수 있도록 지도하는 것이다. 이 순간 구성원들의 요구는 이 과정에 영향을 미친다. 이는 각 구성원들이 관심을 갖고 있는 것, 또는 평형감이나 일정 수준의 개인적 성장을 회복하는 데 있어 필요한 것과 관련되어 있다. 치료자들은 전경 형성 과정을 구성원으로 하여금 집단 내의 탐색과 작업에 집중시키기 위한 지침으로서 활용한다.

자각

게슈탈트 집단의 구성원의 과제는 경험을 구조화하는 데 집중하고 그러한 경험의 내용과 방법을 알아차리는 것이다. 정신분석학적 접근은 우리가 왜(why) 특정한 행동을 하는지에 관심을 갖는다. 게슈탈트 집단지도자는 '무엇(what)'과 '어떻게(how)'라는 질문은 하지만 '왜(why)'라는 질문은 거의 하지 않는다. 시시각각으로 변하는 경험의 흐름 속에서 구성원들은 자각의 연속성에 집중함으로써 세상 속에서 자신들이 어떠한 기능을 수행하는지에 대해 깨닫게 된다.

게슈탈트 집단지도자는 구성원들이 그들 자신에게 전경이 되는 것에 집중할 수 있도록 돕는 데 있어 전경 형성 과정을 활용한다. 그들이 생각하고 느끼고 행동하는 것에 대해 보다 명확히 자각하도록 돕기 위해 게슈탈트 집단치료자는 현재중심의 다음과 같은 질문들을 한다.

- 당신은 지금 무엇을 경험하고 있습니까?
- 당신이 말하는 동안 당신의 내면에서는 어떠한 일들이 일어나고 있습니까?
- 당신의 불안한 마음이 몸에서 어떻게 나타나고 있습니까?
- 지금 이 순간을 어떻게 모면하고 있으며, 불쾌한 감정과의 접촉을 어떻게 피하고 있습니까?
- 거기에 앉아 이야기하는 지금 이 순간의 기분은 어떻습니까?
- 당신의 아버지에게 말하는 지금 내면에서 어떠한 소리를 듣고 있습니까?

우리 존재에 대한 현재중심의 자각을 얻기 위해 게슈탈트 치료는 구성원들의 움직임, 자세, 언어적 표현 방식, 목소리, 몸짓, 타인과의 상호작용에 집중함으로써 겉으로 드러나는 행동에 주의를 기울인다. 관찰 가능한 행동에 주의를 기울임으로써 구성원들로 하여금 매 순간 변화하는 자신의 자각에 접촉할 수 있는 환경을 창조하는 것은 매우 가치 있는 일이다.

지금-여기

게슈탈트 치료의 가장 중요한 공헌 가운데 하나는 현재에 대해 이해하고 충분히 경험하는 방법에 대한 학습을 강조한 것이다. 게슈탈트 치료의 핵심 원리는 현재 일어나고 있는 모든 것이 핵심적인 단계라는 것이다(Polster, 2021). 과거는 이미 지나갔으며 미래는 아직 오지 않았으나 현재 순간은 생기 넘치고 흥미로운 형태로 존재한다. 과거가 중요한 것은 현재의 우리가 기능하는 데 필요하기 때문이다. 게슈탈트 치료자들은 개인으로 하여금 새로운 실험을 스스로 발견하고, 이를 시도해 보도록 돕는 방법론들을 개발해 왔다. 게슈탈트 집단 과정은 자각을 촉진하고 변화를 유발하기 위해 현재중심의 기법을 사용할 수 있는 많은 기회를 제공하며, 현재중심의 상호작용을 통해 구성원들이 미해결 과제를 알아차릴 수 있는 보다 좋은 기회 또한 제공한다(Schoenberg & Feder, 2005).

게슈탈트 집단의 구성원들은 과거의 문제 상황을 마치 현재에 일어나는 것처럼 재현하면서 현재의 시점으로 그 상황을 가져온다. 예를 들어, 집단구성원인 레슬리(Leslie)가 어린 시절에 아버지와 살고 싶었던 욕구와 그 과정에서 경험한 어려움에 대해 이야기를 하기 시작하면 치료자는 레슬리에게 아버지와 함께 '지금-여기에 머무르면서(be here now)' 아버지에게 직접 이야기해 보라고 요청할 수 있다. 치료자는 "당신의 아버지를 지금 이 방으로 모셔오세요. 그리고 당신이 아이였던 시절로 거슬러 올라가 보세요. 그리고 마치 아버지가 여기에 있고 당신이 아이가 된 것처럼 상상하면서 아버지에게 당신이 가장 하고 싶은 말을 해 보세요."와 같이 말할 것이다. 지도자는 레슬리로 하여금 아버지가 빈 의자에 앉아 있는 것처럼 상상하도록 제안하고 그녀에게 직접 말하도록 요구하는 빈 의자 기법을 활용할 수 있다. 또는 지도자가 레슬리에게 그룹에서 "누군가의 눈을 빌려달라"고 요청하고 그녀의 아버지가 있는 것처럼 그 사람과 대화할 수도 있다. 집단지도자가 집단 과정을 향상시키기 위해 제안하는 또 다른 대안으로, 레슬리의 작업에 다른 구성원들을 동참시키는 방법이 있다. 레슬리는 실제로 아버지의 역할을 연기할 한 명의 집단구성원을 선택할 것이다. 이는 게슈탈트 작업에 개인 내적인 차원을 도입하여 집단구성원들로 하여금 집단 내의 다른 사람에 대한 그들의 반응을 표현하도록 함으로써 집단 활동에 참여할 수 있도록 해 준다.

대부분의 게슈탈트 실험은 내담자로 하여금 매 순간의 경험들을 보다 가깝게 접촉할 수 있도록 설계되었다. "실험의 목표는 학습이며, 더 유연하고 효과적인 대응을 위한 새로운 이해와 가능성에 대한 경험을 천천히 심화시키는 것이다"(Wheeler & Axelsson, 2015, p. 40). 일부 게슈탈트 집단은 '지금-여기'라는 개념을 지나치게 중시하고 있다. Feder(2008a)의 상호작용적인 '지금-여기' 접근 방식은 구성원들이 집단 내에서 발생하고 있는 일과 자신의 경험을 연관짓는 작업에 그들의 관심과 노력을 쏟고자 하는 것이다. 그러나 E. Polster(2021)는 지금-여기에 너무 집중하면 과거와 현재의 밀접한 연속적 관계와 같은 중요한 많은 것들을 놓치게 될 것이라고 주장한다.

미해결 과제

미해결 과제(unfinished business)는 분노, 증오, 적개심, 고통, 상처, 불안, 죄책감, 수치심, 슬픔 등 표현되지 않은 감정을 비롯하여 배경 속에 오래도록 남아 있는 사건과 기억, 그리고 완결에 대한 갈망을 의미한다. 이와 같이 미해결된 상황과 표현되지 못한 감정들이 전경으로 떠올라 해소되지 않으면 개인은 현재중심의 자각과 효과적인 기능 수행에 있어 혼선을 빚게 된다.

우리는 미해결된 감정에 직면하여, 이를 충분히 경험할 수 있는 개인 내적 · 환경적 지지를 느낄 수 없기 때문에 이러한 감정은 불편한 통증과 같이 지속되고, 이는 우리가 온전히 살아 있음을 느끼는 데 방해 요소로 작용한다. 게슈탈트 치료자들은 치료 회기에서 이전에 한 번도 직접 표현하지 못한 감정을 표현해 보도록 유도할 것이다. 만약 내담자가 증오와 악의와 같은 감정을 표현하기가 두렵다고 말한다면, 치료자는 내담자로 하여금 '그들이 두려워하는' 전경 속에 머물러 보도록 함으로써 두려움에 대한 자각의 깊이를 더할 수 있도록 실험을 설계할 수 있다. 예를 들어, 레슬리는 전체 구성원에게 그녀의 두려움에 대해 말할 수도 있고 구성원과 개별적으로 그에 대한 이야기를 나눌 수도 있다. 일단 한 명의 집단구성원이 그녀의 두려움을 탐색하게 되면 다른 구성원들도 그녀에게 반응을 하게 되고, 일상과 집단 자체 내에서 느끼는 그들의 두려움에 대해 공유할 수 있을 것이다. 이러한 개입은 구성원의 두려움을 탐색하는 데 있어 다른 구성원들 중 일부를 참여시킬 수 있는 하나의 방법이다.

집단 회기 동안 어떤 구성원은 공허감이나 무력감을 느낀다고 말할 수 있는데, 치료자는 이러한 불편한 감정에 머무르도록 하는가 하면 구성원들로 하여금 '공허해지고' '무력해진' 그들의 감정을 과장하여 표현해 보도록 요구하기도 한다. 만약 이 구성원이 집단의 지지를 통해 감정의 깊이를 견디고 진실로 경험할 수 있다면 그는 자신의 감정이 실제보다는 환상에 가깝다는 사실을 발견할 수 있을 것이며, 이로써 그의 무력감과 공허감은 최소한으로 줄어들게 된다. 현재 우리의 삶을 방해하는 미해결 과제들을 효과적으로 처리하고 환경에 창조적으로 적응해 나감으로써 우리는 건강하고 통합된 삶을 향해 나아갈 수 있게 되는 것이다.

접촉과 접촉 장애

게슈탈트 치료에서 접촉(contact)이란 보기, 듣기, 냄새 맡기, 만지기, 움직이기 등에 의해 일어난다. 환경과의 적절한 접촉이 이루어질 때 변화는 필연적으로 발생한다. 효과적인 접촉은 개인이 자신의 개성을 잃지 않으면서 이루어지는 자연 및 타인과의 완전한 상호작용을 의미한다. 이는 환경에 대한 개인의 창조적인 적응을 지속적으로 갱신하는 것이다(M. Polster, 1999). 좋은 접촉에는 자각, 에너지 감각 및 자신을 표현할 수 있는 능력이 포함된다. Polster는 접촉이 성장의 원동력이라고 주장한다. 이때 접촉을 위해서는 열정, 상상력, 창의력이 필요하다. 진정한 접촉은 매우 짧은 순간에 이루어질 뿐이므로 그러한 접촉을 이루기 위한 조건보다는 접촉의 수준에 대해 숙고하는 편이 낫다. 접촉 경험 이후에는 일반적으로 배운 것들을 통합하기 위해 분리 또는 철회가 이루어진다.

또한 게슈탈트 치료자는 접촉 장애(disturbances to contact)에 대해서도 관심을 갖는다. 게슈탈트 치료자는 간섭, 장애, 접촉에 대한 저항에 초점을 맞추는데 이는 대처 과정으로써 개발되었지만, 우리가 완전하고 실제적인 방식으로 현재를 경험하게 하는 것을 방해하게 된다. 저항은 일반적으로 우리의 자각 밖에서 이루어지며, 저항이 만성적으로 기능할 때 접촉 장애 행동의 원인이 될 수 있다. Polster(2021)는 전통적으로 저항이란 사람들이 해야 할 일을 하지 않는 것을 의미한다고 말하였다. 저항은 개인적인 갈등이나 고통스러운 감정을 탐색하지 못하게 하는 행동으로 이해할 수 있다. 이는 불안으로부터 자신을 보호하고 고통으로부터 자신을 방어하려는 우리의 시도로 기능을 수행한다.

일부 집단치료자는 저항을 비판적인 방식으로 해석한다. 개념을 재구성함으로써 저항으로 보이는 것을 치료 방법으로 사용할 수 있다. 집단지도자는 구성원의 저항이 한때 적응 기능을 제공했지만, 이제는 더 이상 유용하지 않은 구식의 대처전략으로 이해할 수 있다. 구성원의 저항을 존중함으로써 집단지도자는 구성원의 특정 대처전략이 어려운 상황에서 구성원이 최선의 대응을 한 것이라는 사실을 이해할 수 있다. 일부 저항은 맥락에서 이해할 때 의미가 있음을 인식하는 것이 유용하다. Polster(2021)는 저항 행동이 바람직한 특성이 될 수 있음을 암시하는 '창조적 저항'이라는 개념에 대해 이야기한다. 집단지도자는 저항에 대한 긍정적인 견해를 채택할 수 있으며 실제로 '저항 없는 치료' 개념을 수용할 수 있다. 저항은 삶의 상황에 대처하는 수단으로 개발되기 때문에 긍정적인 특성과 문제가 있는 특성을 모두 가지고 있으며, 많은 현대 게슈탈트 치료사들은 이를 '접촉 경계 장애'라고 일컫는다(Polster, 2021). E. Polster와 Polster(1973)는 게슈탈트 치료에서 다루어지는 내사, 투사, 반전, 융합, 편향의 다섯 가지 접촉 경계 장애에 대해 다음과 같이 설명한다.

내사(introjection)는 타인의 신념이나 기준을 그 자신의 것으로 완전히 소화하거나 만들지 못한 채 무비판적으로 받아들이는 경향을 뜻한다. 이러한 내사는 타인의 신념이나 기준을 분석하거나 재구성하지 않았기 때문에 우리에게 맞지 않는다. 우리는 내사를 할 때, 자신이 원하고 필요로 하는 것에 대해 명확하게 인지하지 못한 채 환경이 제공하는 것들을 수동적으로 받아들이게 된다. 지도자가 집단의 구조와 방향을 제공할 것이라고 기대하는 구성원들의 심리적 경향으로 인해 내사는 집단 초기 단계에서 흔히 발생한다. 이러한 집단 발달 단계에서 일반적으로 구성원들은 지도자의 개입이나 역할에 대한 질문을 하지 않는다. 집단이 작업 단계에 이르면 구성원들이 집단지도자의 제안 모두를 가감 없이 받아들이는 경향은 줄어들게 된다.

투사(projection)는 내사와 반대되는 개념으로서 우리가 자신의 특정한 측면을 자신의 것으로 인정하지 않고 환경의 탓으로 전가하는 것이다. 투사가 발생할 때 내적 세계와 외적 세계를 구분하는 데 있어 문제가 발생한다. 자기가 바라는 모습과 일치하지 않는 개인적 속성을 부인하고 문제에 대한 책임의 원인을 다른 사람에게서 찾는 것이다. 인정하고 싶지 않은 자신의 속성들을 다른 사람에게서 찾음으로써 우리는 자신의 감정과 스스로에 대한 책임을 피할 수 있게 된다. 물론 투사는 전이 과정의 기초로서 집단 초기, 전이 감정이 표면화될 때 나타나는 집단의 역동을 생산적으로 탐색하는 데 도움을 준다. 때로 집단구성원은 지도자와 다른 동료들의 생각을 알고자 할 때, 자신의 삶에서 의미 있는 타인의 속성들을 지도자와 동료들에게 전가하기도 한다. 과도기 단계 동안 통제력과 힘을 얻기 위한 집단구성원들의 치열한 노력이 이루어질 때, 투사는 주요한 접촉 방식이 된다. 이때 구성원들은 자신이 집단을 통제하려는 욕구를 갖고 있음을 부정할 것이다. 집단을 통제하고자 하는 자신의 욕구를 인식하지 못한 채 이를 계속해서 투사하는 구성원들이 존재하는 한 이 단계에서 발생하는 갈등들은 해결하기 어렵다(Frew, 1986).

반전(retroflection)은 다른 누군가에게 하고 싶은 것을 우리 자신에게 하는 것을 의미한다. 예를 들어, 자신을 비난하고 스스로에게 상처를 주는 것은 우리가 타인에게 표출하기를 꺼리는 공격성이 우리 안으로 향하는 반전의 모습이다. 일반적으로 이러한 기능적인 부적응 형태는 자각의 외부에서 일어난다. 게슈탈트 치료 과정의 일부는 우리가 자기조절 체계를 발견함으로써 세계를 보다 현실적으로 다룰 수 있도록 도와준다. 집단의 초기 단계 동안 반전은 말수가 적고 거의 감정을 표현하지 않음으로써 집단의 진행을 '방해하는(hold back)' 집단구성원들의 경향성에서 쉽게 관찰된다.

융합(confluence)은 개인과 환경 간의 구별에 대한 자각이 모호한 상태를 의미한다. 융합적인 사람에게는 내적 경험과 외적 현실 사이의 명확한 경계가 존재하지 않는다. 관계에서의 융합은 갈등의 부재, 또는 모든 이들이 동일한 감정과 생각을 경험한다는 신념과 상통한다. 이는 수용받고 사랑받고 싶은 욕구가 강한 집단구성원들에게서 특징적으로 나타나는 접촉 형태인 경우가 많다. 융합은 의존적인 개인에게 매우 높은 수준의 불안을 야기할 수 있다(Frew, 1986). 융합은 개인으로 하여금 자신만의 생각을 갖는 것, 자기 자신에 대해 이야기하는 것에 대한 어려움을 야기하며, 이는 진정한 접촉을 거의 불가능하게 만든다.

편향(deflection)은 자각을 방해함으로써 일관된 접촉의 유지를 어렵게 만드는 접촉 장애이다. 편향적인 사람들은 유머의 남발, 추상적 일반화, 진술이 아닌 질문의 사용 등을 통해 접촉을 회피하고자 한다(Frew, 1986). 편향은 정서적 경험을 감소시키며, 편향을 주로 사용하는 사람들은 다른 사람을 통해 말하고 또한 다른 사람을 대변하기도 한다.

지금까지 살펴본 내사, 투사, 반전, 융합, 편향은 접촉의 유형을 나타낸다. 이러한 유형은 상황과 구성원의 자각 수준에 따라 건강할 수도 있고 그렇지 않을 수도 있다. '접촉 중단'이나 '경계 장애'와 같은 용어들은 환경을 통제하고자 하는 사람들을 특징짓는 데 사용된다. 게슈탈트 치료의 기본 가정은 '접촉과 철회는 모두 정상적이며 또한 건강하다.'는 것이다. 그러므로 이러한 접촉 유형에 관한 논의는 이러한 과정들에 대한 개인의 자각 수준에 초점을 두는 한편 적응적 목표를 제공해 주어야 한다. 내담자들은 접촉을 방해하는 자신의 지배적 방식에 대한 자각을 증진할 수 있어야 한다.

에너지와 에너지 차단하기

표현되지 않은 감정은 몸 안에서 일종의 방해물을 만들어 낼 수 있다. 게슈탈트 치료에서는 표현되지 않은 감정이 결과적으로는 육체적 불쾌감 또는 문제를 초래한다는 가정을 바탕으로 신체적 증상에 집중한다. 구성원들이 집단 회기의 작업을 위한 에너지를 필요로 하기 때문에 게슈탈트 지도자는 에너지가 어디에 자리하고 있으며, 어떻게 사용되고 있는지, 그리고 어떻게 차단될 수 있는지에 대해 특별한 주의를 기울인다. 에너지의 차단은 여러 가지 신체화 반응으로 나타난다. 어떤 집단구성원은 목과 어깨에서 긴장을 경험하기도 하고, 또 어떤 구성원은 숨이 가빠오는 것을 경험하기도 한다. 다른 이는 힘이 빠진 작은 목소리로 말할 것이다. 에너지를 차단하는 다른 방법들은 자신의 입을 단단히 다무는 것(마치 무슨 말인가가 무심코 튀어나오는 것을 두려워하는 것처럼), 몸을 구부리는 것, 타인의 시선을 회피하기 위해 땅을 쳐다보거나 허공을 응시하는 것, 몸을 움츠리는 것, 딱딱 끊는 방식으로 빠르게 이야기하는 것, 감정적 기복이 없는 것, 또는 숨이 멎을 듯하거나, 입술을 떨거나, 매우 흥분된 감정을 느끼거나, 손과 다리를 떨거나, 현기증을 일으키는 등의 신체적 증상을 통해 자기 자신을 표현한다.

구성원들은 그들의 에너지 자체를, 또는 그 에너지가 어디에 있는지를 자각하지 못하기 때문에 부정적인 방법으로 에너지를 경험하기도 한다. Zinker(1978)는 최고의 치료법으로 "내담자의 내면에 자각과 접촉의 불을 지피는 생생한 과정"을 제시했다(p. 24). 이 과정은 치료자가 자신의 에너지를 약화시키지 않는 방법으로 내담자를 각성시키고 그들의 생각과 감정을 풍요롭게 하는 치료적 관계를 포함한다. Zinker는 내담자로 하여금 에너지를 차단하는 방식에 대해 발견하고 차단된 에너지를 적응적인 행동으로 전환할 수 있도록 돕는 것이 치료자의 중요한 역할이라는 점을 강조하였다. 집단지도자들은 치료적 작업을 심화하는 방식으로 차단된 에너지를 받아들이고 또한 그것을 활용하는 방법에 대해 배울 수 있으며, 구성원들로 하여금 신체에서 에너지가 어떻게 표현되고 또 어떤 신체적 제약으로 작용하는지에 대해 깨달을 수 있도록 격려한다. 이를 통해 집단구성원들은 신체적 증상들을 스스로 제거하고자 하기보다 긴장 상태를 충분히 탐색하게 된다. 지도자는 평소 입을 꽉 다물고 다리를 심하게 떠는 구성원에게 그러한 행위를 하도록 허용함으로써 그 구성원이 자신의 에너지를 얼마나 낭비하고 있으며, 이로 인해 얼마나 무력한 상태에 놓여 있는지를 스스로 깨닫게 한다.

실험은 구성원들로 하여금 다양한 신체적 자세들을 취해 볼 수 있도록 설계될 수 있다. 예를 들어, 만일 한 구성원이 팔짱을 끼고 배타적인 자세로 앉아 있다면 지도자는 그에게 팔짱을 풀게 하여 그 감정을 경험해 보도록 한 다음, 다시 원래의 자세를 취해 보라고 요청할 수 있다. 구성원들로 하여금 특정한 자세에서 벗어나 새로운 자세를 취해 보도록 함으로써 지도자는 그들의 자각을 촉진할 수 있다. 항상 구부정한 자세를 취하며 낮은 자존감에 대해 불평하는 구성원에게는 자리에서 일어나 똑바로 걸어 보도록 하기도 한다. 이와 같이 구성원들은 자신에 대해 보다 깊이 알아 가기 위해 특정한 몸짓이나 자세를 과장하여 표현해 보는 방법을 사용한다. 요컨대, 신체와 신체 내 에너지를 차단하는 요인에 대해 관심을 갖는 것은 구성원의 경험에 대한 의미 탐색 및 언급되지 않았던 문제들을 드러내는 데 있어 생산적인 방법이라 할 수 있다.

집단지도자의 역할과 기능

게슈탈트 지도자는 의식 있는 자각, 접촉 그리고 실험에 집중한다. 치료자는 자신들의 지각과 경험을 드러냄으로써 훌륭한 상호작용 과정의 본보기가 될 수 있다(Yontef & Jacobs, 2011). 지도자는 집단 밖에서의 자신에 대해 드러내지 않고, 집단 안에서 현재 경험하고 있는 것에 집중함으로써 자신의 많은 부분을 공유할 수 있다. 듣고 관찰하는 것을 통해 어떻게 영향을 받고 있는가를 표현하는 방식으로 지도자들이 집단 내에서 발생되고 있는 상황에 대한 개인적 반응을 공유하는 것은 특히 효과적인 방법이다. 개인적인 문제 또는 집단 밖에서의 삶에 대한 개방은 계획적으로 이루어져야 하며, 지도자의 요구보다는 집단의 요구에 충족할 수 있어야 한다.

상당 부분 예술가와 같은 역할을 수행하는 집단지도자는 자신의 역할 범위를 확장하기 위해 구성원과 함께 실험을 고안해 나간다. 지도자의 역할은 집단의 창조성과 창의성이 부각될 수 있도록 분위기와 구조의 기반을 만들어 내는 것이다(Zinker, 1978). 예를 들어, '외로움'이라는 주제가 집단 내에서 거론될 수 있는데, 이때 지도자의 주요 과업은 구성원들이 하나로 이어져 집단 전체가 외로움에 대해 탐색함으로써 이 주제를 심도 있게 다루도록 하는 것이다.

게슈탈트 치료자들은 집단구성원이 개인 내·외적 갈등을 충분히 알아차리고 경험할 수 있도록 광범위한 개입과 실험을 통해 적극적인 역할을 수행한다. 게슈탈트 치료에서는 구성원들이 자신의 자각과 개인적 기능을 스스로 어떻게 차단하는지 발견할 수 있도록 지지적인 치료적 관계와 역동적인 방법을 모두 사용한다.

또한 게슈탈트 치료자는 집단 내에서 안전한 환경을 촉진한다. 이는 구성원들이 존재하고 행동하는 새로운 방식을 시도하도록 권장하는 분위기를 조성한다. 집단 분위기가 안전하다고 인식되지 않는 한 구성원은 자신을 숨겨 치료 작업에 한계가 있을 것이다(Feder, 2008b). 치료자가 안내자이며 촉진자로서의 역할을 하고, 실험을 제안하며 관찰 내용을 공유하겠지만, 기본적인 탐색 작업은 집단구성원이 수행한다.

관계의 역할

치료자는 기본적으로 그들의 개성을 잘 드러낼 수 있는 자신만의 실험법을 개발할 자유를 갖고 있다. 단, 그들은 내담자가 경험하는 현실에 기반을 두고, 현재 일어나고 있는 일들과 조화를 이루는 실험을 고안해야 한다. 집단 치료자는 집단구성원을 참여시킬 때 기술에 얽매이지 않고, 자신의 존재를 잃어버리지 않도록 주의해야 한다. 치료자의 태도와 행동, 집단구성원 간에 정립된 관계는 매우 중요한 부분이다(Wheeler & Axelsson, 2015; Yontef et al., 2019). 많은 연구자들은 현재의 게슈탈트 치료가 초기의 치료적 실제를 뛰어넘었다고 지적한다. 현대의 많은 게슈탈트 치료자는 실존, 진정성 있는 대화, 관대함, 치료자에 의해 이루어지는 보다 직접적인 자기표현과 같은 요소들을 중요하게 인식하는 반면, 틀에 박힌 활동, 내담자의 경험에 대한 무한한 신뢰, 게슈탈트 집단 과정의 활용에 대한 관심에서는 점차 멀어지고 있다. 치료적 관계를 형성하는 것은 게슈탈트 치료의 핵심이다. "내담자-상담사의 관계는 게슈탈트 치료의 심장이며 영혼이다. … 내담자와 상담사는 자각을 높이고, 관심사들을 확인하며, 접촉 기능을 회복시키기 위해 노력하는 동반자이다."(Frew, 2013, p. 242)라고 말했다.

게슈탈트 치료에 관해 저술한 많은 연구자는 '나-너(I-Thou)' 태도 또는 개인 간의 진정한 만남 중심으로 이뤄지는 대화관계를 가장 중요하게 생각한다. 집단구성원이 진솔한 사람이 되고자 한다면, 그들에게는 진솔한 집단 치료자와의 접촉이 필요하다. 게슈탈트 치료는 실존주의 접근 중 하나이기 때문에 '나-너' 만남이 갖는 상호 관계는 치료의 성공을 위해 매우 중요하다고 할 수 있다. 최선의 실험은 지도자가 만들어 내는 신뢰 관계를 바탕으로 시작되며, 치료 과정의 현상학적 부분이어야 한다. 만일 치료자가 내담자에게 실망하여 그를 변화시키기 위한 목적으로 실험이 사용되는 경우, 치료자들은 실험을 오용하게 되고 이는 내담자의 성장과 변화를 촉진하기는커녕 내담자의 성장과 변화를 방해하는 요소로 작용할 가능성이 높다(Hycner & Jacobs, 1995 참조).

Polster와 Polster(1973)는 치료자에 대해 새로운 삶을 창조하는 예술가 이상의 의미를 부여하지 않았다. 그러나 다른 대부분의 접근들과 마찬가지로 게슈탈트에도 치료자가 치료 과정의 진정한 의미를 보지 못하고 기법에 능한 기술자로 전락할 위험성이 존재한다. 치료자들은 치료 과정의 필수적인 요소로서 자신의 경험을 활용해야 하며 스스로가 단순한 반응자, 피드백 제공자 혹은 자기 자신의 변화는 추구하지 않는 촉진자 이상의 의미를 갖는 존재가 되어야 한다는 사실을 잊어서는 안 된다고 Polsters는 강조하였다.

창의적인 치료자들은 삶의 경험 범위를 확장함으로써 삶을 보다 충만하게 할 수 있는 풍부한 개인적 배경지식을 소유하고 있다(Zinker, 1978, 2008). 요컨대 그들은 치료자 역할을 수행하면서 한 개인으로서의 자신을 활용할 수 있게 되는 것이다. 성숙하고 통합적 시각을 갖고 있는 창의적인 치료자는 확실한 자격과 능력 및 과학적 기술을 보유하고 있다. 실험적 태도를 토대로 그들은 구성원들로 하여금 새로운 비전을 갖도록 하는 데 있어 자신과 집단구성원들, 집단 환경의 대상과 사건들을 효과적으로 활용한다.

게슈탈트 집단지도자의 역할과 기능에 대한 이상의 논의를 통해 어떤 사람이 지도자가 되어야 하고, 집단 내에서 어떻게 기능해야 하며, 기법에 대한 전문적인 지식을 어떻게 창의적으로 개발해 나가야 하는가에 대한 부분들이 유능한 리더십을 결정하는 중요한 요소라는 것을 알 수 있었다. Yontef 등(2019)은 게슈탈트 치료를 실행하는 데 있어 여러 방법이 존재하지만 다음과 같은 공통요소를 공유한다.

- 경험과 실험
- 직접적인 접촉과 개인적 실존의 활용
- '무엇'과 '어떻게'에 대한 관심

• '지금-여기'에 초점 두기

게슈탈트 집단의 단계

게슈탈트 집단지도자의 역할을 개념화하는 방법 가운데 하나는 집단 발달 단계에 주의를 기울이는 것이다. Kepner(2008)는 집단 과정의 다양한 차원들을 가지고 작업하는 지도자의 다양한 역할 모델을 제시했다. 게슈탈트 집단 과정은 구성원들이 의미를 부여하는 것이 무엇인지에 대해 배우기 위한 환경 조성을 목표로 한다. Kepner(2008)는 게슈탈트 집단치료가 (1) 정신적(intrapsychic) 또는 개인 내적(intrapersonal, 개인의 생각, 감각, 느낌), (2) 대인관계(interpersonal, 구성원들 간 상호작용), 또는 (3) 집단 수준(group level, 집단 전체를 포함하는 과정)과 같은 세 가지 접촉 경계 중 하나에 역점을 두어 이루어질 수 있다는 점에 주목한다. 그녀는 중요하게 다루고자 하는 경계에 대한 선택은 '개인 내적인 차원의 치료자' '상호작용 과정의 촉진자' '집단 전체에 대한 상담사'와 같은 지도자의 역할 선택에 의해 결정된다고 주장하였다. 게슈탈트 집단 과정에 대해 서술하면서, Kepner는 지도자가 개인과 집단 모두의 향상을 위해 노력해야 한다는 점을 강조했다. 그녀는 게슈탈트 과정 집단에서 다양한 지도자의 역할을 수행하는 데 있어 활용할 수 있는 3단계 모델을 제시하였다.

첫 번째 단계

집단의 첫 번째 단계(초기 단계)의 핵심적인 특징은 정체성과 의존성이다. 각 구성원들은 자신이 다른 구성원들과 지도자에 의해 인식되고 반응되는 방식에 의존한다. 치료자로서의 지도자는 구성원들이 집단 내에서의 정체성에 대해 품고 있는 의문을 개인적으로 탐색하도록 도와준다. 지도자의 활동은 개인 간 상호작용 과정에서 발생할 수 있는 위험을 감수하고자 하는 태도와 유대감을 형성할 수 있고 신뢰할 수 있는 분위기를 제공하는 방식으로 진행된다. 일단 구성원들이 공통적으로 갖고 있는 것들이 무엇인지에 대한 발견이 이루어지면 집단은 차별화 작업에 돌입하게 된다.

두 번째 단계

두 번째 단계(과도기 단계와 비슷함)의 주요한 특징은 영향력과 비의존성이다. 두 번째 단계에서 집단은 영향력, 권위, 통제와 같은 문제들을 해결하기 위해 노력한다. 지도자의 과제는 구성원들의 다양성, 발산성(divergence), 역할의 융통성을 증가시키는 것이다. 지도자는 집단 내에서 일어나고 있는 상황에 대해 반응함으로써 구성원들의 작업을 돕는 촉진자로서의 역할을 수행한다. 이러한 촉진적인 활동들은 집단에 적용되고 있는 규범에 대한 인식을 증진하고, 구성원들로 하여금 집단의 규범에 도전함으로써 차이와 불만족감에 대해 개방적으로 표현할 수 있도록 하며, 개인의 역할을 차별화할 수 있도록 해 준다.

세 번째 단계

세 번째 단계(작업 단계와 비슷함)에서는 친밀감과 상호 의존성이 핵심적인 주제이다. 이러한 집단의 발달 단계에서, 진정한 접촉은 구성원들 사이에서 발생한다. 구성원들이 영향력, 힘, 권위에 대한 논의를 통해 작업을 진행해 온 이 시점은 집단 내에서 개인적으로 그리고 집단 전체적으로 심도 있는 작업을 할 준비가 되어 있는 상태라고 할 수 있다. 응집력 수준이 높아진 이 단계에서는 새로운 학습을 위한 실험에 참여함으로써 위험을 감수하도록 구성원들을 격려한다. "실험은 자신의 내적 삶에 대한 구성원들의 지각뿐 아니라 타인의 삶에 대한 변화도 이끌어 준다."(Zinker, 2008, p. 107) 집단구성원들은 중요한 발견을 위한 방법으로 실험을 활용한다.

집단지도자는 더 이상 최고의 권위자는 아니지만 경험 있는 정보원 혹은 조언자의 역할을 수행한다. 지도자는 집단을 종결짓는 데 도움을 주고, 구성원들로 하여금 집단 내에서 다루어지지 못한 미해결 과제가 있음을 깨닫도록 도와준다. Kepner(2008)의 모델은 집단지도자의 역할과 기능이 집단에서 동시다발적으로 발생하는 세 가지의 과정(개인 내적 수준, 대인관계 수준, 조직으로서의 집단 수준)에 기반하고 있다는 사실을 명확히 제시하고 있다. 게슈탈트 집단의 지도자는 이 세 가지 수준에 모두 개입할 수 있다는 이점을 가지고 있다. 개인 내적인 수준은 자각의 향상을 목표로 할 수 있고, 대인관계 수준은 주로 대인관계의 접촉 증진에 활용할 수 있으며, 집단 발달의 모든 여정에 대한 지지와 조명을 그 목적으로 집단 수준에서의 작업이 이루어질 수 있다.

적용: 치료 기법과 절차

게슈탈트 치료는 구성원들의 인식을 증진하기 위한 목적으로 현재를 보다 강렬하게 경험할 수 있도록 고안된 다양한 개입 방법들을 활용한다. Melnick과 Nevis(2005)는 "게슈탈트 방법론은 자각과 지금-여기에서의 존재를 강조하는 동양 사상 및 행위와 행동을 강조하는 서양 사상의 결합이다."(p. 114)라고 밝힌 바 있다. 단순히 갈등, 문제, 감정을 다루는 방식과는 대조적으로 게슈탈트 치료는 직접적인 경험과 행동의 수행을 강조한다. 실험을 통해 어떤 주제에 대하여 이야기하던 것에서 행동으로 옮겨지는 것이 그 예이다. 이러한 실험은 개인의 목적에 부합되어야 하고 시의적절하게 사용되어야 하며, 또한 집단 내의 지지와 위험이 균형을 이루는 상황에서 수행되어야 한다. 실험은 내담자가 새로운 행동을 안전하게 연습할 수 있는 기회를 제공하며, 이를 '안전한 비상 상황'이라고 한다. 집단구성원은 제한적이고 습관적인 행동 방식을 넘어 탐구할 수 있는 기회를 갖는다. 새로운 행동 양식을 시도하는 것은 위험할 가능성이 있지만, 충분한 지지는 새로운 행동을 위험 없이 실천할 수 있도록 한다(E. Polster, 2021; M. Polster, 1997). 실험은 치료적 관계에서 벗어나 구성원들의 인식을 높이고 새로운 사고 및 행동 방식을 시도할 수 있는 기회를 제공한다. 실험은 치료적 만남, 즉 집단구성원과 집단지도자의 상호 경험에 근거한 치료적 만남의 결과여야 한다. 게슈탈트 지도자들이 반드시 따라야만 하는 규정된 기법들은 없다.

실험의 역할

기법(techniques)과 실험(experiments)은 동의어가 아니기 때문에 이 두 용어에 대한 구분이 필요하다. 기법이란 마음속에서 미리 정해 놓은 성과로서의 행동 또는 상호작용을 발생시키기 위해 사용되는 연습 또는 절차를 일컫는다. 일반적으로 기법은 내담자의 내적 과정 또는 집단 환경의 통합된 부분으로서, 한순간에 만들어지는 것이 아니다. 한편 실험은 현상학적인 방법론에 기반을 두고 있다. 즉, 실험은 한 명의 구성원이나 여러 구성원들에게 그 순간에 일어나는 사건으로부터 발달하며, 그 결과는 알려지지 않는다. Frew(2013)는 실험을 "경험을 통해 내담자의 자각과 이해를 촉진하는 활동 주제에 대해 이야기하는 것에서 상담에 집중하는 것으로 전환하는 방법론"으로 정의하였다(p. 238). 게슈탈트 집단 실험에서 구성원들은 몇 가지 새로운 행동을 시도하고, 그들이 경험하는 것에 주의를 기울이게 된다. 실험의 목표는 구성원들이 적극적인 자기탐색을 할 수 있도록 조력하는 것이다(Melnick & Nevis, 2005). 게슈탈트 치료를 지지하는 집단지도자는 광범위한 개입 방법을 고안하고 수행하는 한편 구성원들에게 가장 중요한 욕구와 관심사를 이끌어 내는 데 있어 창의성을 발휘할 수 있어야 한다.

집단 훈련(group exercise)과 집단 실험(group experiment)의 차이를 구분하는 것도 매우 유용하다. 지도자는 상호작용을 촉진하는 방법으로 집단의 만남이 이루어지기 전에 집단 훈련을 준비한다. 구성원들은 짝을 지어 이야기하도록 요구받거나, 집단 내의 촉진자로서 집단 회기의 특정한 부분에 집중하도록 요구받기도 한다. 반면, 집단 실험은 집단의 경험을 바탕으로 발달하는 창조적인 사건으로, 미리 결정될 수 없으며 그 결과 또한 예측할 수 없다(Zinker, 1978).

M. Polster(1999)는 실험은 "개인의 삶에서 경직된 부분들에 대한 기능 회복을 목표로 한다. 치료를 통해 내담자로 하여금 상황에 맞는 행동을 할 수 있는 기회를 제공함으로써 신중함과 자발성 간의 관계를 회복하는 한 방법이다."(p. 107)라고 하였다. Frew(2013)는 실험이 언제나 동일한 형태를 취하고 있음을 지적하며 "실험은 기본적으로 매 순간 일어나는 상담사와 내담자의 접촉을 통해 이루어지며 대화 과정 속에서 발견된다."(p. 238)라고 하였다.

게슈탈트 실험은 아픈 기억을 극화하기, 두려운 만남에 대해 상상하기, 누군가의 부모 역할 해 보기, 자기 내면에 존재하는 두 자아 간의 대화를 창조해 내기, 지금까지 간과해 왔던 몸짓에 관심 갖기, 특정 자세를 과장하여 표현하기 등과 같은 방법으로 이루어지기도 한다. 치료자의 역할 가운데 하나는 실험이 너무 안전한 것은 아닌지 혹 너무 위험한 것은 아닌지를 주의 깊게 관찰하는 것이다(M. Polster, 1999). Polster 부부(M. Polster & Polster, 1990)는 치료자가 민감성과 세심한 주의를 지녀야만 내담자가 "지나치게 위협적인 경험에 휩쓸리거나 아무것도 얻을 수 없는 불모지에 안주하지 않도록" 도울 수 있다고 강조했다(p. 104).

Polster(1995)는 다양한 게슈탈트 실험이 유용하며, 치료자들은 내담자와의 치료적 관계에 기초하여 현장에서 다양한 실험들을 창조해 낼 수 있다고 기술한다. 큰 소리로 말하는 내담자에게는 보다 부드럽게 말하는 실험을 요구할 수 있고, 집을 떠난 자신의 신세를 한탄하는 내담자에게는 집으로 걸어 들어가는 자신을 상상한 후, 보고 느낀 것들을 보고해 보도록 요구할 수 있다.

이와 비슷한 맥락에서, Feder(2008b)는 게슈탈트 집단 내의 안전과 위험의 균형에 주목한다. 실험은 항상 지지적인 환경 속에서 이루어져야 한다. 구성원들이 편안한 구역을 넘어서서 새로운 영역에 대한 모험을 시도하는 데 있어 안전함을 느끼지 못한다면 위험을 감수해야 하는 실험에 참여할 수 없을 것이다. Feder는 특히 집단 전체적으로 보호적인 분위기의 조성을 언급하면서 안전성의 결핍을 알리는 모든 신호에 대한 지도자의 각별한 주의를 당부하였다.

만일 구성원들이 집단을 안전한 공간으로 느낀다면 그들은 기꺼이 미지의 세계를 향해 모험을 떠나게 될 것이다. 지도자들이 실험의 역할에 대한 구성원들의 일반적인 이해를 돕는 것은 집단 과정에 있어 매우 유용하다. 게슈탈트 치료의 유익을 누릴 수 있는 기회를 증대시키기 위해 집단지도자는 이러한 개입 방법의 일반적인 목적에 대해 구성원들과 함께 나누고 실험적인 환경을 창조해 낼 수 있어야 한다. '무언가의 규모를 정하고, 그것이 얼마나 잘 맞아떨어지는지 확인하라.' 혹은 '그것을 시도하고, 당신이 무엇을 배웠는지 확인하라.'와 같은 말들은 지도자의 역할에 있어 실험적인 태도의 중요성을 나타내 준다. 이 메시지는 또한 지도자들이 자신의 주장을 입증하고자 하지 않음으로써 구성원들이 새로운 사고와 행동을 시도하고, 어떠한 작업이 진행되고 있는지 그들 스스로 밝혀내는 데 있어 자유롭다는 사실을 나타내고 있다.

구성원들이 집단에서 거론하는 문제는 그들의 삶에서 중요한 인물들과의 미해결 상황들과 관련되어 있는 경우가 많다. 어린 시절 아버지와의 관계를 통해 주변의 남성을 조심해야 한다는 학습을 경험한 클라리사(Clarissa)의 예를 살펴보자. 그녀는 남성이란 필요할 때 곁에 있어 주지 않는 존재라는 신념을 바탕으로 남성에 대한 분노와 불신을 품게 되었을 것이다. 그녀는 이러한 현재 감정을 아버지에게 가졌던 옛 감정, 즉 그녀로 하여금 자신을 계속해서 우울하게 하고 큰 고통을 느끼게 한 알코올중독자 아버지에게 가졌던 감정과 연결시킬 것이다. 남성을 신뢰하지 않겠다는 그녀의 초기 결정을 바탕으로 그녀는 이제 그녀의 부정적인 감정을 모든 남성에게 투사할 것이다. 만일 그녀의 아버지가 그녀에게 사랑과 보호에 대한 확신을 심어 주지 않았기 때문에 다른 남성들도 믿을 수 없다는 판단에 이른 것이라면, 그녀는 이제 이러한 가설을 지지하기 위한 증거들을 찾아나설 것이다. 게슈탈트 집단지도자는 그녀로 하여금 지금-여기에서 상징적으로 아버지를 설정하여 문제를 다루어 보도록 할 것이다. 그녀는 아버지와 대화를 해 나가면서 아버지와 그녀 자신이 되어 간다. 그녀는 아버지에게 어린 시절, 말하고 싶었으나 두려움 때문에 마음에 담아 두었던 모든 말을 할 수 있게 된다.

물론 집단 내에는 수많은 창의적 가능성이 존재한다. 그녀는 집단 내의 남자 구성원들을 보며 적개심을 표현할 수도 있다. 집단 내에서 각 남성들과의 접촉을 통해 그녀는 남성들이 그녀를 우울하게 하고 그녀의 요구를 받아들이지 않을 것이라는 환상을 공유할 수 있을 것이다. 이 실험의 이론적 근거는 어린 시절에 그녀가 겪었던 억압된 감정이 왜곡이나 부인과 같은 형태로 다뤄질 수 있다는 가정에 뿌리를 두고 있다. 게슈탈트 지도자는 과거의 사건들을 지금-여기에서 생생하게 재경험해 보도록 함으로써 억압된 감정을 표면화할 수 있도록 돕는다. 지도자와 구성원들의 지지를 통해, 그녀는 스스로 자각 밖에 덮어 두었던 감정을 체험할 수 있으며, 그녀를 힘들게 했던 감정과 신념에 대한 작업을 끝까지 수행해 나갈 수 있게 된다. 즉, 그녀는 남성들에 대하여 기존에 자신이 갖고 있던 가정에 도전함으로써 남성과의 관계에 있어 새로운 기초를 형성해 나갈 수 있게 된다.

실험은 현재의 갈등과 과거의 미해결 사건들뿐 아니라 미래의 사건들에도 적용할 수 있다. 예를 들어, 클라리사가 미래에 발생할 수 있는 아버지와의 대립을 두려워한다면 집단 내에서 상징적인 방식으로 아버지에게 그 자신의 두려움과 희망에 대해 직접 이야기함으로써 지금-여기에서 예상되는 상황을 경험하도록 요구받을 것이다. 그녀는 아버지에게 다음과 같이 말할 것이다. "나는 내가 아버지와 얼마나 가까워지고 싶었는지에 대해 말하고 싶어요. 하지만 내가 그렇게 말할 경우 아버지가 신경조차 쓰지 않을 것이라는 사실이 두려워요. 나는 틀린 것들을 말하는 것이 두렵고, 이 때문에 아버지가 나에게서 멀어질 수도 있다는 사실이 두려워요."

이 사례에서 집단지도자와 구성원들 간에 바람직한 접촉이 발생하고, 표현되지 않은 생각과 감정을 다룰 수 있는 수많은 방법들을 시도할 수 있는 안전한 분위기가 조성된다면 실험의 가능성은 무한할 것이다. 구성원들로 하여금 그들의 행동과 태도 및 생각을 검토해 보도록 안내하는 것(지시하는 것이 아니라)은 매우 중요하다. 지도자는 구성원들이 언어적 표현과 비언어적인 표현 간의 괴리와 같은 특정한 모순을 보도록 할 수 있다. 게슈탈트 집단은 구성원들로 하여금 지금-여기에서 그들이 경험하고 있는 것들에 집중하도록 하는 데 도움을 준다는 특징을 지니고 있다. 때로 어떤 구성원에게는 이와 같은 점검 작업을 실시해 보도록 하는 것이 모험으로 인식될 수도 있다. 구성원으로 하여금 위험을 감수하도록 요청할 때는 반드시 조심스러운 접근이 이뤄져야 한다. 또한 지도자의 모험은 반드시 구성원의 약점이나 부정적인 특성을 겨냥하여 이루어질 필요는 없다. 구성원들은 자신의 강점을 차단하고, 그들의 삶에서 충분히 기능하지 못하도록 막는 방식에 주의를 기울이라고 요구받을 것이다. 구성원에 대한 지도자의 진정성 있는 관심의 표현이 시의적절하게 이루어진다면 지도자의 개입은 직설적이고 투박한 것이 아니라 지지적이며 치유적인 것으로 인식될 수 있다.

이와 더불어 구성원들은 실험에 참여할 준비가 되어 있어야 한다. 그들은 원하는 작업을 선택할 수 있고, 실험을 중단하는 것을 결정할 수 있다는 사실을 알아야 한다. 구성원들에게 일방적으로 실험을 강요해서는 안 되며, 그들 스스로 자신의 새로운 면모를 발견할 수 있도록 해 주는 것이 게슈탈트가 표방하는 실험의 정신이라 할 수 있다. 실험은 구성원들의 지지를 통해 그들이 보다 자발적일 수 있도록 잠재력을 향상 시킬 수 있다. 집단구성원을 게슈탈트 실험에 참여하도록 할 때 문화적 고려 사항을 고려해야 한다. 일부 개입은 모든 사람들에게 적합하지 않을 수 있고 또는 다양한 문화권의 개인에 맞게 수정해야 할 수 있다.

나는 일반적으로 집단의 기존 요소를 강화하고 강조하기 위해 실험을 사용한다. 예를 들어, 구성원들이 인생에서 외로운 시간에 대해 이야기하고 슬픔이 자연스럽게 떠오를 때 나는 그들에게 여러 가지 일을 하도록 요청하는 경향이 있다. 방에 있는 다른 사람을 보고 그 슬픔에 대해 그 사람에게 직접 이야기하며, 그 사람이 중요한 다른 사람인 것처럼 이야기하거나 과거의 사건을 지금 일어나고 있는 것처럼 재현한다. 나는 구성원들이 그들의 삶에서 중요한 사람들과의 다툼이나 미해결 과제를 현재로 가져올 때 그들이 경험하는 것이 무엇이든 강렬해진다는 것을 계속해서 발견하였다. 일부 치료 구조를 제공하는 것은 구성원들이 개인적인 고통을 충분히 경험하고 결정적인 돌파구를 만드는 데 필요한 격려와 지원을 받을 수 있게 한다.

게슈탈트 개입과 그 근거, 집단 상황에의 적용과 관련하여 다음에서 소개될 내용들을 잘 숙지하기 바란다. 나의 논의는 Frew(2013), Levitsky와 Perls(1970), Passons(1975), E. Polster (1997), Polster와 Polster(1973, 1999), M. Polster(1997), Zinker(1978)와 같은 다양한 연구 문헌에 기초하고 있다. 나는 몇몇 기법들을 집단 상황의 요구 사항에 맞게 수정하였다.

언어에 주의 기울이기

게슈탈트 치료는 언어 패턴과 성격의 관계를 강조한다. 언어는 경험의 깊이를 더하기도 하지만 사고와 감정의 표현에 있어 방해요소로 작용하기도 한다. 언어 패턴을 알아차리는 것은 자각을 증진하는 데 도움이 된다. 다만 내담자의 언어 패턴은 집단지도자가 수행해야 할 수많은 기술들을 요구한다는 점에 주목해야 한다. 지도자의 도움을 받았음에도 불구하고 구성원이 자신의 언어 스타일이 갖는 영향력의 가치를 깨닫지 못한다면 그들은 자신이 말하고 행하는 모든 것이 불필요한 검토의 대상이 되고 있다고 느끼게 될 것이다. 언어를 기반으로 한 이러한 개입은 특정한 내담자에게는 적합할 수도 있고 그렇지 않을 수도 있다. 이와 같은 실험은 내담자에 대한 현상학적인 작업에서 발전한 것으로, 진부하고 틀에 박힌 방법으로 사용되는 기술이 아니다.

그것

'그것(it)'이라고 말하는 것은 언어를 비인격화하는 방법이다. '나(I)' 대신 '그것(it)'을 사용함으로써 우리는 경험으로부터 멀어지게 된다. 예컨대, 집단구성원이 "이 집단에 오는 것은 두려움을 일으킨다."라고 말할 때, "난 이 집단에 올 때 두려움을 느낀다."라는 문장으로 바꿔 말하도록 요구할 수 있다. 사물대명사를 인칭대명사로 대체하여 사용하는 것은 말하는 사람으로 하여금 책임감을 갖게 하는 하나의 방법이다.

당신

집단구성원들은 종종 "누군가 당신을 거부할 때, 당신은 상처를 받습니다."라고 말한다. '당신(you)'이라는 단어를 사용함으로써 사람들은 자신의 감정으로부터 스스로를 분리시킨다. 구성원들에게 '당신' 진술문과 "나는 누군가가 나를 거부하면 상처를 받습니다."라고 말하는 것의 차이점에 주목하도록 요구하라. '당신' 진술문을 '나' 진술문으로 전환함으로써 우리는 자신을 드러내고, 자신이 언급한 부분에 대한 책임감을 가질 수 있다. '당신'이라는 단어로 문장을 시작하게 되면 타인에 대하여 방어적인 태도를 취하게 될 뿐 아니라 그 자신의 경험을 부정하는 상황이 발생하기도 한다.

질문

게슈탈트 집단에서 구성원들의 질문은 권장되지 않는다. 질문(question)은 자기 자신이 아닌 타인에게 주의를 기울이게 하고, 타인으로 하여금 더 방어적인 태도를 갖게 만든다. 또한 질문을 받는 사람에게 자신을 드러내도록 요구하는 반면, 정작 질문자 자신은 질문 뒤에 안전하게 숨을 수 있다. 지나치게 많은 질문을 하는 집단구성원들에게는 다음에 제시하는 내용들을 실험해 보도록 요청할 수 있다.

- 질문을 하기보다는 타인에게 직접적으로 진술을 하고 그러한 질문을 하게 된 동기를 공유하라.
- '왜'라고 묻는 질문을 피하라. 이 질문은 '왜'와 '왜냐하면'이 반복되는 대화를 이끌어 내기 때문이다. 그 대신 '어떻게'와 '무엇'을 묻는 질문을 해라.
- '나' 진술을 연습함으로써 자신의 입장, 견해, 선호에 대한 책임감을 가져라.

한정하는 표현과 부정하는 표현

집단구성원은 진술에 '한정하는 표현(qualifiers)'을 사용하는 것에 주의를 기울임으로써 그들이 주고자 하는 메시지가 갖는 힘이 얼마나 감소되는지에 대한 자각을 증진할 수 있다. 흔한 예로 '그러나'의 사용을 들 수 있다. "나는 당신을 좋아합니다. 그러나 당신의 틀에 박힌 행동은 나를 벽으로 몰고 갑니다." "나는 가끔 우울합니다. 그러나 이러한 상황을 변화시키기 위해 무엇을 해야 할지 모르겠습니다." "나는 이 집단이 나를 돕고 있다고 생각합니다. 그러나 외부의 사람들은 이곳의 사람들과는 매우 다릅니다." 이와 같은 각각의 예시에서 '그러나'라는 단어는 근본적으로 앞서 이루어진 진술을 무가치한 것으로 만들어 버린다. 그러므로 지도자는 집단구성원들이, 타인의 시선을 지나치게 의식하지는 않으면서도, 한정하는 표현과 부정하는 표현(disclaimers)의 사용이 갖는 영향력에 주의를 기울이도록 해야 한다.

'할 수 없다' 진술

집단구성원들은 '나는 하지 않을 것이다.'라는 의미를 표현할 때 '나는 할 수 없다.'고 말하곤 한다. 샐리(Sally)는 "나는 단순히 아버지와 대화를 할 수 없으며, 내가 느끼는 바를 아버지에게 말할 수 없는 겁니다. 아버지는 결코 나를 이해하지 못합니다."라고 하였다. 이 말을 보다 정확하고 솔직하게 표현한다면 샐리는 아버지와의 대화를 시도하고 싶지 않다는 것이며, 이는 본질적으로 그녀가 위험을 감수하고 싶지 않거나, 그러한 노력이 가치 없다고 생각하는 것이라 할 수 있다. 만약 집단지도자가 구성원들에게 '할 수 없다' 진술("can't" statements)을 '하지 않을 것이다'로 대체하도록 지속적이고 친절하게 요구한다면, 구성원들은 자신의 결정에 대한 책임감을 가짐으로써 이러한 표현 방법이 갖는 힘을 수용하고 또한 소유하게 될 것이다.

'해야 한다'와 '할 의무가 있다'

어떤 집단구성원은 '해야 한다(shoulds)'와 '할 의무가 있다(oughts)'라는 명제들에 의해 지배받는다. '나는 이 집단에서 다른 사람이 하는 말에 흥미를 가져야 한다.' '나는 모든 사람을 돌봐야 한다. 그렇게 하지 않으면 기분이 좋지 않다.' '나는 오직 긍정적인 감정만 표현해야 한다.' 등이 그것이다. '해야 한다 주의(shouldism)'는 일상과 집단 상황에서 무수히 많이 나타난다. 구성원들은 '해야 한다'와 '할 의무가 있다'의 발언 빈도와 그러한 표현으로 인해 느끼게 되는 무력감을 자각할 수 있게 된다. '해야 한다'에 의해 부여된 한계에 대한 자각을 증진하는 한 가지 방법은 '나는 해야 한다(I should)'와 '나는 할 의무가 있다(I ought to)'를 '나는 선택한다(I choose to)'로 교체하는 실험을 하는 것이다.

언어를 통해 작업을 할 때는 집단 발달 단계를 고려하는 것이 중요하다. 만약 지도자나 구성원이 집단 초기 단계에서 누군가의 언어를 변화시키기 위해 도전한다면 이는 집단의 안전성을 침해할 수도 있다. 어떤 구성원의 언어를 변화시키는 것은 그의 감정을 비판하고 판단하며 이해하지 못하는 것으로 비춰질 가능성이 있기 때문이다. 그러므로 민감성과 개입의 적절한 시점은 지도자가 구성원의 언어 패턴을 탐색하는 데 본질적으로 중요한 요소라 할 수 있다.

비언어적인 요소

숙련된 집단상담사는 의사소통의 언어적 수준뿐 아니라 목소리 톤, 높낮이, 크기, 전달의 속도 등을 통해 나타나는 숨겨진 의미를 보다 예리하게 포착해 낸다.

집단 환경은 비언어적 메시지에 담긴 의미를 탐색할 수 있는 많은 기회를 제공하는데, 이는 구성원들이 언어로 표현하는 것과 비언어적인 단서들이 일치하지 않는 상황에서 특히 유용하다. 예를 들어, 데릭(Derek)이라는 구성원은 집단지도자에게 그가 자신을 무시해서 화가 났다고 했는데, 그러한 말을 하면서 미소를 지어 보였다. 지도자는 데릭에게 화가 났다는 그의 언어적인 표현과 미소 사이의 불일치에 주목하도록 할 것이다. 지도자는 데릭에게 언어적 표현과 미소 사이에서 대화를 해 보도록 요구하거나, '그의 미소가 되어 보기' 그리고 '미소를 목소리로 표현해 보기' 등을 해 보도록 할 수 있다. "당신의 미소가 뭐라고 말하고 있나요?" 이 절차는 데릭에게 스스로 불일치의 의미를 발견할 수 있는 기회를 제공한다. 사실 그는 "나는 당신이 나를 무시해서 화가 났다는 것을 전달하고 싶었습니다. 하지만 내가 얼마나 화가 났는지를 전달함으로써 당신에게 비난받는 위험을 감수하고 싶지는 않았습니다."와 같이 말할 것이다.

비언어적인 표현을 탐색함으로써 구성원들에게 그 순간의 진정한 경험에 대한 자각을 증진하는 또 다른 예는 다음과 같다.

- 콘래드(Conrad)는 거의 구부정한 자세로 다닌다. 이때 지도자는 "당신의 자세를 인지해 보세요. 집단을 돌며 다른 구성원들에게 당신의 자세가 당신에 대해 무엇을 말해 주고 있는지에 대해 이야기해 보세요."라고 한다. "나는 나의 자세이고, 내가 나에 대해 당신에게 말하고자 하는 것은 ________ 이다."라는 문장을 완성시켜 보도록 한다.
- 마키코(Makiko)는 입을 오므리고 부드러운 목소리로 말하는 경향이 있다. 지도자는 그녀가 집단에서 이야기를 할 때, 의도적으로 이러한 습관적인 행동들을 과장하여 표현해 보도록 할 수 있다. 그녀는 '그녀의 입을 최대한 오므린 채' "나는 당신에게 내 언어와 자신을 숨기고 있습니다. 나는 마음을 열지 않을 것입니다. 따라서 나에게 바라는 바가 있다면 당신은 나를 깊이 파헤쳐야 할 것입니다."와 같이 말할 수 있다.
- 마뉴엘(Manuel)은 자신이 항상 청중들에게 훈계를 하고 있다는 사실을 우연히 깨달았다. 다른 구성원들은 그의 목소리와 화법이 타인과의 관계 형성에 있어 장애로 작용한다고 말해 주었다. 그는 집단 앞에 서서 훈계를 하고, 스스로 이러한 행위에 대한 가치 판단을 해 볼 수 있을 것이다.

이와 같이 비언어적인 단서를 통해 구성원의 문제를 다루는 방법에 대한 예들은 무수히 많다. 창의적인 집단지도자는 구성원들로 하여금 전체적인 신체의 움직임뿐 아니라 눈 맞춤, 습관적인 행동, 미묘한 몸짓, 목소리 톤, 손의 움직임 등을 통한 비언어적인 소통에 대한 자각을 증진하는 데 도움이 되는 다양한 실험을 개발할 수 있다. 지도자는 구성원들로 하여금 실험에 반드시 따를 것을 지시하기보다는 안내하는 방식으로 접근해야 한다는 점을 반드시 기억해야 한다. 집단지도자는 성급한 해석(예: 팔짱을 낀 사람이 폐쇄적일 것이라고 추측함)을 피해야 한다. 그리고 구성원들이 그들 자신의 비언어적 단서에 주의를 기울이도록 격려해야 한다. 지도자가 비교 문화적인 맥락에서 비언어적인 행동에 대한 해석을 피하는 것 또한 매우 중요하다. 예를 들어, 지도자는 시선을 마주치지 못하는 것을 자신감의 결핍으로 가정해서는 안 된다. 어느 문화적 배경에서는 직접적인 눈 맞춤은 피해야 할 대립적인 행동일 수 있기 때문이다.

내적 대화 실험

게슈탈트 치료의 목표는 거부하고 부인해 온 개인의 특징적 측면을 수용하고 기능을 통합하는 것이다. 따라서 치료자들은 성격 기능의 분열과 양극성에 주목한다. 상상적인 대화는 내적 분열은 물론 궁극적으로 성격의 통합에 대한 자각을 촉진해 준다. 대화에는 예컨대 개인 내부의 상반된 측면이나 양극성(부드러움 대 강함, 용감함 대 두려움, 남자다움 대 여자다움, 사랑스러움 대 미움, 적극적 대 소극적) 간의 대화 혹은 부모, 다른 의미 있는 사람, 상상 속의 인물 및 무생물 대상과의 대화 등과 같은 여러 가지 방법이 존재한다.

양극성이 내적 갈등과 어떻게 관련되어 있는지에 대해 이해하는 것은 게슈탈트 치료에서 매우 중요하다. 대화에 대한 다양한 실험은 구성원들로 하여금 자신의 이분법적인 사고방식에 대한 자각을 증진하고 서로 반대되는 성격의 타협을 이끌어 낼 수 있도록 도와준다. 자아개념은 때로 우리 내부의 양극성을 자각하는 데서 오는 고통을 거부하기도 한다. 우리 모두는 스스로가 지루하기보다는 재미있는 사람이, 무자비하기보다는 친절한 사람이, 몰인정하기보다는 자애로운 사람이, 무관심하기보다는 섬세한 사람이 되기를 바란다. 일반적으로 우리는 자신의 일부로서 수용하기를 원치 않는 모습들을 보지 않으려고 한다. 비록 우리가 자신의 이타적인 측면을 인식할 수 있다 하더라도 이 과정에서 자기중심적인 본성을 함께 수용하는 데에는 어려움이 수반된다. 우리가 심리적으로 성숙하고 건강하다면 사회적으로 인정받지 못하는 사고나 감정으로서의 내적 양극성을 최대한으로 인식할 수 있다. 우리가 내면의 복잡성과 모순에 보다 관대해진다면 스스로 수용하고 싶지 않은 자신의 본성을 거부하는 데 쏟는 에너지를 줄일 수 있다.

대화 실험은 드러내고 싶지 않은 자신의 본성과 접촉하는 데 있어 매우 강력한 방법이다. 자신의 다양한 모습과의 대화를 통해 잃어버린 부분들을 되찾을 수도 있다. 예컨대, 자신의 여성성과 남성성 간의 대화를 수행하는 방법에 대한 학습은 우리가 가지고 있는 양극성의 내적 갈등을 표면화하는 방법 가운데 하나이다. 각기 다른 측면을 번갈아 가며 완전히 경험함으로써 우리는 우리 성격의 실상들을 알게 된다.

대화 실험은 일반적으로 내사와 투사에 대한 자각을 촉진하기 위해 사용된다. 내사는 우리가 타인, 특히 부모의 사고와 가치관들을 자신의 성격적 측면의 일부로 포함시켜 무비판적으로 받아들이는 것을 의미한다. 타인의 가치관을 무비판적으로, 가감 없이 자신의 것으로 수용하는 것은 성격적 통합을 저해할 수 있는 위험성을 내포하고 있다. 게슈탈트 실험은 내담자로 하여금 내사를 개방하여 드러냄으로써 지금까지 소화하지 못한 채 그대로 받아들여 왔던 것이 무엇인지를 확인하도록 하는 데 그 목표를 두고 있다.

예를 들어, 호아킨(Joaquin)은 상상 대화를 활용한 실험을 통해 그가 내면화해 온 몇몇 메시지를 자각하게 될 것이다.'나는 현실적이어야 한다.' '나는 안전을 지켜야 하며, 모든 가능성에 대한 신중한 검토가 선행되지 않는 한 절대 새로운 길을 가서는 안 된다.' '무책임한 사람이 재미를 추구하기 위해 말장난을 친다.' 등이 그것이다. 다시 말해 '하라' '하지 말라' '해야 한다' '해서는 안 된다'와 같은 표현들은 그로 하여금 인생을 즐기지 못하게 하는 방해 요소로 작용하고 있었다. 마침내 호아킨은 다른 사람의 지시가 자신의 인생을 이끄는 원동력이 되어 왔다는 사실을 깨닫게 된다. 그는 지금까지 인식하지 못했던 자신의 색다른 측면과 대화를 함으로써 그 자신에 대한 힘의 회복을 원하고 있음을 자각하게 된다.

한 바퀴 돌기

한 바퀴 돌기는 구성원들로 하여금 자신의 숨겨진 두려움을 깨닫도록 돕는 데 매우 유용한 기법이다. 각각의 구성원은 다른 구성원들의 주변을 돌며 평소 언어적으로 소통하지 않았던 주제에 대해 대화를 시도해 볼 수 있다. 예를 들어, 래리(Larry)는 자신을 타인에게 아무것도 요구하지 않고 자수성가한 사람으로 보고 있다고 가정하자. 그는 비록 이러한 자신의 생각을 입 밖으로 꺼내지 않지만 '나는 스스로 할 수 있다'는 그의 인생관은 그의 삶에서 중요하게 기능한다. 이 주제가 실질적으로 그의 행동을 어떻게 결정짓는가에 대해 보다 깊은 이해를 도모하기 위하여 지도자는 래리에게 집단의 각 구성원 앞에 서서 그 사람에게 자신에 대한 이야기를 하고 난 후, "그리고 (혹은 하지만) 나는 스스로 모든 것을 할 수 있습니다."

라는 말을 덧붙이도록 할 수 있다. 첫째로, 래리는 예세니아에게 가서 "나는 다른 사람에게 정서적 지지를 요구한 적이 단 한 번도 없습니다. 그리고 나는 가끔 외롭습니다…. 그러나 나는 스스로 모든 것을 할 수 있습니다."라고 말한다. 그런 다음 그는 마이클에게 가서 "나는 내 일의 모든 사항을 스스로 결정합니다…. 그리고 나는 스스로 모든 것을 할 수 있습니다."라고 말한다. 이 실험의 목적은 래리가 타인으로부터 도움을 구하지 않을 정도로 독립적인 사람이 되었다는 느낌을 충분히 경험하도록 하기 위함이다. 마침내 그가 앞으로도 모든 것을 스스로 해 나갈 것이라고 결정하게 될지라도, 그런 결정으로 인해 치러야 할 대가는 인식하게 될 것이다. 혹은 자신이 완전히 고립된 채로 살 수는 없다는 것과 때로 다른 사람들이 그를 위하여 무엇인가를 해 준다 해도 그는 독립적인 사람이 될 수 있다는 사실을 깨닫게 될 것이다.

다음은 한 바퀴 돌기를 사용한 몇 가지 예이다.

- 줄리어스(Julius)는 여성을 두려워한다고 말한다. 그는 집단을 한 바퀴 돌면서 각 여성들에게 '나는 ______ 때문에 당신이 두렵습니다.' 혹은 '만약 내가 당신과 가까워진다면______.'와 같이 말한다.
- 애드리아나(Adriana)는 자신이 집단에서 사람들을 지루하게 하는 것에 대해 걱정을 한다. 그녀는 한 바퀴 돌며 사람들에게 각각 '내가 당신을 지루하게 하는 방법은 ______ 입니다.' 혹은 '내가 ______한다면 당신은 지루해지게 될 것입니다.'와 같은 문장을 완성해 본다.
- 니샤(Nisha)는 다른 집단구성원들과 동질감을 갖고 싶지만 거리감이 느껴진다고 한다. 그녀는 한 바퀴 돌면서 '내가 당신으로부터 거리감을 느끼는 방식은 ______입니다.' 혹은 '내가 당신과 다른 점은 ______입니다.'와 같은 문장을 완성하는 실험을 한다.

상상적 접근

다양한 상상의 상황을 다루는 집단 내 실험은 개인의 의미 있는 성장을 촉진할 수 있다. 상상은 다음의 간략한 목록에서 제시하고 있는 바와 같은 방식으로 개인의 자각을 증대시킬 수 있다.

- 상상은 구성원이 구체적인 방식으로 문제를 처리하는 것에 너무 큰 위협감을 느낄때 사용할 수 있다. 예를 들어, 적극적인 태도를 취하는 것에 대한 두려움을 갖고 있는 구

성원은 스스로 확신에 찬 행동을 하는 상황에 대해 상상할 수 있으며 이를 통해 소극적인 태도를 취했을 때의 느낌과 원하는 것을 요구할 때의 느낌을 비교할 수 있다.

- 상상적 접근은 파국으로 귀결되는 부정적 예측을 다루는 데 있어 매우 유용할 수 있다. 자신이 사랑하는 누군가에 대한 생각과 느낌을 표현하는 데 두려움을 느끼는 구성원의 경우, 표현하기는 두렵지만 자신이 원하는 모든 것들을 말하는 상황에 대해 상상해 볼 수 있다. 말하는 사람은 반드시 집단 앞에서 사랑하는 사람에게 말하되 (마치 그가 바로 여기에 있는 것처럼) 지금-여기에서 말한다. 지도자는 다음과 같이 말할 것이다. "집단에서 당신의 엄마(혹은 다른 특정 인물)가 되어 줄 한 명을 고르세요. 당신이 어머니에게 가장 해 주고 싶었던 말을 이 사람에게 해 보세요." 상상적 접근의 안전함 속에서 이러한 감정에 대하여 작업하는 것은 내담자로 하여금 지금까지 숨겨 왔던 감정을 표출함으로써 그 감정에서 벗어날 수 있는 기회를 제공한다는 점에서 심리학적으로 높은 가치를 지니고 있다고 할 수 있다. 그러나 개인이 이러한 감정을 실제 삶에서 표현할 필요는 없다.
- 상상은 집단 참여에 대한 구성원들의 두려움을 탐색할 수 있는 유용하고 안전한 방법이다. 예컨대, 구성원들에게 가장 큰 두려움을 유발하는 것에 대해 상상해 보도록 요구할 수 있다. 또한 구성원 중 누군가가 집단에서 거절당하는 것에 대해 두려워한다면, 집단구성원 모두가 조직적으로 자신을 거절하는 상황을 상상하도록 한 후 이러한 상상을 통해 유발된 감정에 대해 다루어 보도록 지도할 수 있다.

집단에서 시도한 상상은 집단 밖에서도 가능하다. 구성원들은 원하는 대인관계의 그림 안에 자신을 그려 넣곤 한다. 이를 통해 구성원들은 강력하고, 생기 있으며, 창조적이고, 역동적인 방식으로 스스로를 경험함으로써 집단 내에서 그들의 상상을 서로 공유하고 이야기를 나눌 수 있다. 그런 다음 그들은 자신이 되고자 했던 상상 속 인물이 된 것처럼 집단 내에서 행동하게 된다. 실험이 성공적으로 이루어진다면 구성원들은 현실 속 자신의 삶에서 새로운 행동을 시도할 수 있는 용기를 얻게 될 것이다.

시연

우리는 일상 속에서 '옳은' 말을 하지 못하거나 '적절하게' 수행해 내지 못할 것으로 예상되는 역할에 대한 시연을 해 보곤 한다. 내적인 시연은 많은 에너지를 필요로 하며 대개의 경우 자발성이 제한된다. 시연(rehearsal)에 참여함으로써 구성원들은 조용히 생각하고 있던 바를 큰 소리로 말하게 된다. 이는 구성원이 그들 스스로의 행동을 지나치게 제한하거나 검열할 때, 그리고 특정한 결과를 계산하여 신중하게 말할 때 특히 유용하다. 거듭 강조하자면 시연 기법은 시의적절하게 사용되어야 하고, 그 구성원에게 어려움을 주는 상황에 바탕을 둔 것이어야 한다. 시연은 감정을 격정적으로 고조시키기 위해 고안된 것이 아니라 자각 없이 일반적으로 행해지던 치료 과정에서 보다 예리한 자각을 증진하기 위한 방법으로 개발되었다. 예를 들어, 내가 운영한 집단의 구성원이었던 에린(Erin)은 집단의 초기 단계에서 묵묵히 관찰자로서의 자세를 발달시켜 나가는 듯 보였다. 내가 그녀에게 진정으로 말하고 싶은 모든 것을 이야기하도록 요구했을 때, 그녀는 고개를 저으며 거절했다. 이에 대해 나는 그녀가 침묵하면서 생각했던 것들 중 무엇이든 큰 소리로 표현하도록 요청하였다.

시연 기법은 또한 구성원이 미래에 직면할 상황을 예견하는 데 있어 매우 생산적이다. 상사에게 자신이 인정받지 못하고 있으며, 그의 성과를 인정받고 싶다고 말하고자 하는 클라우스(Klaus)의 상황을 가정해 보자. 상상 속에서 그는 상사 앞에 당당히 서서 자신이 원하는 바를 이야기할 준비를 하고 있다. 클라우스가 큰 소리로 시연해 볼 수 있는 말은 다음과 같다. "나는 여기 바보처럼 서 있습니다. 만약 내가 이 행동을 망쳐 버린다면 그는 내 말을 듣지 않을 것이며, 나는 어떤 말도 할 수 없을 것입니다. 내가 생각하고 있는 바를 그에게 어떻게 알릴 수 있을까요? 지금 나는 도망치고 싶고 또한 그에게 정중하게 사과하고 싶은 심정입니다."

게슈탈트 집단에서 구성원들은 사회적 역할을 보다 잘 수행할 수 있는 다양한 방법을 인식하기 위해 타인과 함께 자신의 시연을 공유한다. 이를 통해 그들은 자신이 타인들을 기쁘게 하기 위해 얼마나 애쓰는지, 다른 사람들에게 얼마나 수용받고 괜찮은 사람으로 인정받고 싶어 하는지, 그리고 소외되지 않기 위해 얼마나 많은 노력을 기울이고 있는지에 대해 보다 명확하게 인식할 수 있게 된다.

과장 기법

이 기법은 우리가 신체 언어를 통해 보내는 미묘한 신호와 단서를 보다 잘 자각할 수 있도록 해 준다. 집단구성원들은 의식 밖의 정서적 과정을 의식 안으로 불러들이기 위한 목적으로 반복을 통한 특정 행동의 강화를 요구받게 된다. 그들은 자신이 전달하고자 하는 의미를 보다 명료화하기 위해 과장된 움직임, 자세, 몸짓으로 표현한다. 과장된 움직임이나 몸짓이 반복됨으로써 그 행동과 관련된 감정을 경험하는 사람들은 그 행동의 내적 의미를 보다 강렬하게 인식할 수 있게 된다.

예컨대, 샌디(Sandy)는 사람들이 하는 말에 대한 동의의 표현으로 계속해서 머리를 끄덕인다. 이 사실을 지도자가 알아챈다면, 지도자는 그녀에게 각 구성원들 앞으로 가서 의도적으로 과장하여 머리를 끄덕이는 동시에 이 행동에 대해 설명하도록 요구할 것이다. 스스로 과장된 행동을 하도록 하는 예로는 아픔이나 부정적인 정서를 표현하는 동안 습관적으로 미소 짓기, 몸 떨기, 주먹 꽉 쥐기, 발 동동 구르기, 팔짱 끼기, 다른 사람을 향하여 손가락질하기 등이 있다.

집단구성원인 베린(Berrin)은 "나는 이 집단에서 모든 사람의 문제를 듣는 것이 부담스럽습니다!"라고 말했다. 초기 회기에서 스테판은 베린이 가족들과 겪었던 갈등에 대한 작업을 진행하는 과정에서 직면 기법을 사용하여 베린 자신의 감정을 보다 깊이 느껴 보도록 하는 등의 개입을 서둘러 시도하였다. 그녀는 어린 시절 주로 가족의 중재자 역할을 맡았으며, 항상 가족 간의 다툼을 원만하게 처리하기 위해 최선을 다했던 경험을 드러냈다. 베린은 마침내 자신이 모든 사람의 걱정을 떠맡는 것이 아프고 피곤하다고 토로했는데 이것이 바로 그녀를 짓누르고 그녀의 마음을 무겁게 만드는 것이었다.

지도자는 베린에게 집단 내의 각 사람들을 쳐다보면서 무거운 물체를 들고 있도록 제안했다. 이는 그녀로 하여금 무겁고 부담스러운 경험 속으로 들어가 보도록 하기 위한 작업이라 할 수 있다. 예컨대, 무거운 물체를 들고 있는 동안 그녀는 한 바퀴 돌면서 "당신을 바라볼 때, 나는 _______ 때문에 부담스럽습니다."라는 문장을 완성하거나, "당신의 부담을 나에게 건네주십시오. 나는 모든 사람의 문제를 짊어질 수 있어서 좋습니다. 나에게 이러한 무거운 부담이 없다면 무엇을 해야 할지 모를 것입니다."와 같이 말하도록 한다. 그녀는 다른 사람의 짐을 대신 짊어지는 것이 무척 고통스럽고 피곤하다고 말했었다. 그런데도 우리는 그녀가 자신이 느끼고 있는 부담감을 인정하고, 그럼으로써 얻게 될 유익에 관해 다른 사람들에게 이야기하도록 격려했다. 이러한 실험의 논리적인 근거는 그녀가 충분히 부담을 느끼는 경험을 하게 된다면 짧은 순간이라 하더라도 자신이 지금까지 느껴 왔던 부담에서 벗어나 마음이 가벼워지는 경험을 할 수 있게 된다는 데 있다. 자신의 장점을 발견하기 위한 가장 좋은 방법은 자신의 단점을 살펴보는 것이다.

집단에서의 꿈 작업

치료에 있어 비해석적인 접근을 추구하는 게슈탈트 접근은 꿈을 해석하거나 분석하지 않는 대신, 꿈을 삶 속으로 가져와서 지금 현재 일어나는 사건처럼 재창조하고 재경험하도록 한다. 여기서는 이 접근법에 대해 간략하게 설명할 것이다.

구성원들은 과거 시제가 아닌 현재 시제에서 꿈이 현재 일어나고 있는 것처럼 이야기한다. 꿈의 내용이 지금-여기에서 일어나고 있는 것처럼 상상하며 이야기할 때 구성원 자신이 훨씬 더 깊이 몰입할 수 있고 감정들을 생동감 있게 체험할 수 있기 때문이다. 그들은 주관적인 관점에서 꿈의 각 부분들과 그 자신을 동일시하여 꿈에 대해 이야기한다. 또한 그들은 꿈의 핵심적인 요소들을 대화로 변형시킴으로써 스스로 꿈의 일부분이 되어 보기도 한다. 집단 환경은 집단구성원들로 하여금 꿈이 마치 현재 일어나고 있는 사건인 것처럼 상상하면서 꿈의 각 부분을 연기해 볼 수 있도록 해 준다.

꿈은 우리의 갈등과 소망, 그리고 우리 삶의 핵심적인 주제와 같은 실존적 메시지를 담고 있다. 개인, 사건, 기분 등과 같이 꿈속의 모든 세부사항에 대한 목록을 작성한 다음 꿈의 각 부분들을 가능한 한 충분히 실연함으로써 자기 인격의 또 다른 측면과 이면의 감정에 대한 인식을 높일 수 있게 된다. 이를 통해 개인은 자신의 복잡성을 이해하고 수용하게 되며, 개인 내적으로 갈등을 빚고 있는 힘들의 통합을 이루게 된다. 꿈에 대한 개별 작업들은 더 깊은 차원의 동화와 통합을 이끈다. 꿈에 대한 분석과 해석을 피하는 대신 꿈에 나타난 모든 부분과 장면들을 동일시하고 경험함으로써 내담자는 꿈의 실존적인 메시지에 더 가까이 다가갈 수 있게 된다. 이와 관련하여 Freud는 꿈에 대해 "무의식에 이르는 왕도", Perls(1969a)는 "통합에 이르는 왕도"라 칭하였다(p. 66).

Polster(E. Polster & Polster, 1973)는 꿈을 내담자의 투사로 보았다. 꿈의 모든 측면은 꿈꾸는 자의 표현이다. 그는 꿈을 접촉에 이르는 길로 이해하였다. 내담자는 자신이 꾼 꿈의 많은 부분들과 자신이 깊이 있게 연관되어 있음을 인정하고 다양성에 대한 의식의 폭을 넓힘으로써 자신의 경험을 확장하고, 스스로 세상의 중심에 서게 된다. 꿈은 집단 내에서 "현재 다른 구성원이나 치료자와의 관계에 대한 발견을 위한 시작점으로써, 혹은 탐색의 출발점으로써 사용되는 꿈의 실존적 역할에 대한 인식에 기초하여" 매우 창조적으로 활용될 수 있다(p. 273).

Polster는 큰 개구리가 항상 자신을 쳐다보고 뛸 준비를 하고 있는 꿈을 꾼다는 프레드(Fred)의 사례를 제시한다. 지도자는 프레드를 집단 내의 다른 구성원들과 접촉시키기 위한 창의적인 실험들을 제안했다. 지도자는 프레드에게 현재 시점에서 그의 꿈과 관련된 집단 내의 경험에 대해 설명해 보도록 하였다. 이때 프레드는 "집단 내의 구성원들에게 무엇을 말하고 싶습니까?"와 같은 질문을 받을 수 있다. 만약 프레드가 다른 구성원들에게는 숨기고 싶은 것이 있다고 말한다면, 프레드는 구성원들이 자신을 바라보며 무엇을 발견하게 될지 상상해 보라는 요청을 받게 될 것이다. 꿈 작업은 프레드가 다른 사람들의 시선에 대한 지나친 의식과 비난받는 것에 대한 두려움을 보다 강렬하게 경험할 수 있는 상호작용 과정이라

할 수 있다. 이로써 프레드는 구성원들이 자신을 비난한다고 생각했던 시기와 관련된 집단 내의 미해결 과제를 갖게 되었을 것이다.

다음은 집단 내에서 구성원들의 꿈 탐색 작업을 조력하는 집단지도자들을 위한 제안이다.

- 구성원들로 하여금 그들의 꿈이 바로 지금 일어나고 있는 것처럼 다시 체험하도록 한다.
- 구성원에게 현재 시제를 사용하여 꿈의 내용을 상세히 이야기할 기회를 부여한 후, "당신이 지금 경험하는 것은 무엇입니까?" "당신은 꿈을 묘사할 때 어떤 부분이 좋았습니까?" "당신은 꿈의 내용 중 무엇이 가장 흥미로웠습니까?"와 같은 질문을 할 수 있다.
- 구성원들에게 그들 자신과 가장 흡사하게 닮아 있는 꿈의 요소들을 선택하도록 한뒤 "꿈의 어떤 요소에서 가장 많은 에너지를 느꼈습니까?"와 같은 질문을 던진다.
- 구성원이 꿈에서 고질적으로 나타나는 문제에 대해 호소한다면 그에 대해 물어보는 것이 좋다. 단, 이러한 문제를 다루는 작업은 되도록 초기에 이루어지는 것이 좋다.
- 구성원들로 하여금 꿈의 다른 부분이 '되어 보도록' 한다. 예를 들어, 구성원들은 꿈속에서 모든 사람이 될 수 있다. 이 가운데 중요한 인물이 있는가? 그들은 꿈속에서 사물이 '되어' 볼 수도 있는데, 특히 전화선이나 고속도로와 같이 연결 수단으로서의 사물이 될 수도 있다. 구성원들은 이러한 경험이 갖는 폭풍과 같이 강력한 힘을 확인할 수 있게 된다.
- 구성원이 꿈의 한 부분이 되는 방법은 이러한 꿈의 요소들에 목소리와 인격을 부여함으로써 그 자신으로 하여금 특정 인물 또는 사물의 정체성을 갖도록 하는 것이다.

Rainwater(1979)는 당신이 꿈에서 깨어났을 때 어떤 느낌이었는지에 대해 알아야 한다고 제안한다. 당신은 두려움, 즐거움, 슬픔, 좌절, 놀람, 분노를 느꼈는가? 느낌을 확인하는 것은 꿈이 갖는 의미를 발견하는 데 있어 중요한 열쇠가 될 수 있다. 게슈탈트 치료의 꿈 작업에서 내담자는 "꿈속에서 당신은 무엇을 했습니까?" "무엇을 느꼈습니까?" "꿈속에서 무엇을 하고 싶었습니까?" "꿈속에서 다른 사물 또는 사람들과의 관계는 어땠습니까?" "당신이 지금 할 수 있는 행동은 무엇입니까?" "당신의 꿈은 당신에게 무엇을 말하고 있습니까?"와 같은 질문에 집중할 수 있다.

집단 실험은 집단 내에서 이루어지는 개인의 꿈 작업 중에 도출될 수 있다. Zinker(1978)는 꿈에 대한 개인적 차원의 작업을 넘어서 '극장으로서의 꿈 작업(dream work as theater)'이라 불리는 접근법을 발달시켰다. 구성원이 자신의 꿈에 대해 보고하고 이와 관련된 작업이 이루어지고 나면, 꿈을 꾼 구성원의 독창적 형상화를 바탕으로 다른 구성원들이 치료적인 성과를 얻을 수 있는 집단 내 실험이 창조된다. 구성원들은 그 꿈의 일부를 연기해 본다. 이러한 과정은 꿈을 꾼 사람뿐만 아니라 그 밖의 구성원들에게도 그 꿈에서 자신의 삶과 관련된 특정 영역을 찾아내고 실연해 보는 기회가 된다.

예컨대, 카라는 고장 난 차 안에서 한 남성이 사람들에게 총을 쏘고, 승객들을 구하기 위해 노력하는 한 여성이 등장하는 꿈을 꾸었다. 어떤 구성원은 총을 쏘는 사람이 될 수도 있고, 다른 구성원은 차 안에서 총을 맞는 사람들 중 한 명의 역할을 맡을 수 있으며, 또 다른 구성원은 작동하지 않는 차가 되어 볼 수도 있다. 각 구성원은 자신의 역할을 연기할 수 있고, 꿈을 꾼 사람은 다른 구성원들이 꿈에 등장한 인물과 사물을 이해할 수 있도록 도와줄 수 있다. 집단지도자는 집단의 모든 구성원들이 극적이고 치료적인 경험을 할 수 있도록 꿈의 생산을 촉진할 수 있다. 이러한 접근법은 집단의 응집력을 증진하고 구성원들 각각의 작업을 서로 연결짓는 데 있어 많은 이점을 지니고 있다.

집단구성원의 꿈은 그들이 집단에서 어떻게 느끼고 있는가에 대한 함의를 나타내기도 한다. 예를 들어, 카라(Kara)라는 여성은 자신이 집단에 참여하기를 두려워하고 벗어나려 한다는 것을 깨닫게 되었다. 그녀는 그녀를 구하기 위해 다가오는 한 여성과 함께 자신이 한 명 또는 그 이상의 구성원에게 공격(총을 겨눔)을 받았다고 느꼈을 것이다. 이 사례에서 카라는 그녀 자신을 가장 심각하게 공격했다고 생각하는 한 사람을 골라 그 사람에게 직접 말함으로써 집단 내에서 꿈을 실연해 볼 수 있다. 이후 부서진 차(그녀의 무력한 도피처)가 되어 보는 과정 속에서 그녀는 꿈의 각 부분들이 갖는 연관성이 그녀에게 어떠한 통찰을 제공해 주는지에 대해 깨닫게 될 것이다. 그녀는 또한 집단 안에서 그녀를 가장 많이 지지해 주었다고 생각되는 사람을 선정하여 그 대상과 대화를 해 볼 수도 있고, 역할 바꾸기를 통해 총을 쏘는 인물이 되어 볼 수도 있다. 이러한 방법으로 꿈 작업을 하는 것은 집단 내에서 개인의 미해결 과제를 다룰 수 있는 많은 가능성을 지니고 있다.

집단 이론의 실제: 게슈탈트 치료의 적용*

구성원들이 자신의 삶에서 끝내지 못한 일을 깨닫지 못한다면, 그들의 환경에서 좋은 접촉을 하고 효과적으로 기능하는 능력이 방해받을 것이다. 집단지도자가 구성원이 서로 상

* 여기서 논의된 집단 회기는 온라인 학생 자료에 포함된 '집단 이론의 실제' 비디오에 있는 게슈탈트 치료 집단 작업에서 나온 것이다.

호작용할 때 지금 여기에서 일어나는 일에 주의를 기울이면 구성원과 지도자 모두 현재 상호작용에서 나타나는 미해결 과제를 인식하게 될 가능성이 높다. 지도자는 구성원들이 집단 회기에서 미해결 과제를 탐색할 수 있도록 해야 한다. 몇 명의 구성원들이 아버지에 관한 기억을 언급하는데, 이는 미해결 과제 중 한 주제이다.

갈로(Galo)는 부재하는 아버지에 대해 더 이야기하고 싶다고 말하였다. 하지만 그는 이전 회기에서 감정적으로 변했고 우는 것에 대해 불안해하고 있다는 것을 알고 있다. 지도자는 갈로에게 그의 머릿속에 들리는 주문을 공유할 수 있도록 개입한다. "강한 남자는 울지 않는다." "우는 건 남자답지 않아. 극복해!" "우는 것은 나약함의 표시이고, 사람들이 나를 나약함으로 보지 않았으면 해." 갈로는 계속해서 집단의 각 사람에게 '울음'에 관한 문장을 공유한다. 그런 다음 그는 자신의 삶에서 아버지를 잃은 것이 오늘날 그에게 영향을 미치고 있으며 이 상실을 극복하고 싶다고 알려준다. 지도자가 갈로에게 집단에서 그의 아버지가 될 사람을 골라보라고 요청하였을 때, 그는 랜디가 아버지가 되어줬으면 좋겠다고 말하였다. 지도자는 갈로에게 상징적인 아버지와 이야기를 해달라고 요청하였고, 갈로는 이렇게 시작하였다. "아빠, 저는 겨우 열두 살이고 당신이 떠나는 것을 원하지 않아요. 저에겐 아빠가 필요하고 아빠가 떠나는 것은 불공평해요." 갈로는 계속해서 아버지와 이야기하고 랜디는 아버지 입장이 되어 이렇게 대답한다. "나는 아빠로서 부족했어요, 미안해요. 다를 수 있으면 좋겠어요." 지도자는 켈리, 줄리어스, 제프, 다나, 루프가 모두 눈물을 흘리고 있다는 것을 알아챘다. 그리고 구성원들의 작업을 연결해서 갈로에게 그들이 교류로 인해 어떤 영향을 받는지 말해 달라고 부탁하고, 그들은 각자 자신이 느낀 고통에 대해 아버지와 이야기한다. 루프는 제프와 갈로 사이에 앉아 있는데 둘 다 매우 감정적이였다. 루프가 영향을 받은 것을 알아차린 지도자는 그녀에게 제프와 갈로에게 이야기를 해달라고 부탁하고, 그녀는 어린 나이에 아버지를 잃은 것에 대해 느끼는 고통에 대해 이야기하기 시작한다. 다나는 감정적으로 변하고 질병으로 인해 잃을까봐 두려워하는 아버지와의 좋은 관계에 대해 이야기한다. 각 구성원에게는 현재 그들에게 영향을 미치고 있는 몇 가지 고통을 식별할 시간이 주어진다. 그 순간에 일어나고 있는 일에 머무르는 것은 많은 구성원들에게 감동을 주었고, 구성원들은 회기가 끝나기 전에 그들이 감정적으로 경험한 것을 이해할 수 있는 기회를 가지는 것이 중요하다. 정서적 환기는 치료적일 수 있지만, 구성원들은 그들이 배우고 있는 것을 말로 표현하기 위해 현재 노력해야 한다. 이 회기는 구성원들의 자기 이야기와 신념이 그들이 어떤 사건과 관련된 감정에 영향을 미쳤다는 것을 보여 준다. 그들이 감정적으로 경험하는 것을 처리하는 것은 구성원들이 이러한 사건들을 균형 있게 보는 데 도움이 된다.

학교 집단상담에 대한 게슈탈트 치료의 적용

게슈탈트 치료에서 강조하는 양질의 치료적 관계 형성은 어린이와 청소년으로 구성된 집단을 성공적으로 운영하는 데 필요한 것들과 상당 부분 일치한다. 지도자가 집단에 가져올 수 있는 개인적인 차원은 아동 및 청소년들의 참여를 촉진한다. Coker(2004)는 게슈탈트 상담은 학교 중심의 상담 접근법으로 보기는 어렵지만 단기적인 상담 현장에서 아동과 청소년을 대상으로 효과적인 작업을 수행하는 데 적합한 기법들을 많이 가지고 있다고 주장하였다. 게슈탈트 상담은 학교상담사들에게 학생들의 통찰과 행동 변화를 이끌 수 있는 이론 기반의 간단한 접근법을 제공해 준다.

당신이 이 장에서 배운 바와 같이 게슈탈트 집단 작업은 개인과 집단의 접촉을 그 무엇보다도 중요시한다. 게슈탈트 접근의 이러한 측면은 실존적이고 인간중심적인 접근과 몇 가지 공통점을 공유한다. 나는 이것이 게슈탈트 치료의 주요한 강점이라 생각하며, 게슈탈트 치료가 갖는 이러한 협력적 정신은 아동과 청소년에게 효과가 있을 것이라 본다. 아동에게 게슈탈트 개입을 적용한 사례들은 Lambert(2003), Lederman(1969), Oaklander(1988), Owmby(1983)의 저작들에서 찾아볼 수 있다. Lederman의 책『흔들의자 속의 분노(Anger in the Rocking Chair)』는 아동을 대상으로 한 그녀의 게슈탈트 자각 작업에 대해 묘사하고 있다. 그녀는 아동들에게 다른 사람을 흔들의자에 앉힌 후 그 사람에게 자신의 감정을 표현해 보라고 요청했다. 이 방법을 통해 분노를 지닌 아동들은 카타르시스를 경험하였고, 자신의 문제와 관련하여 남을 탓하기보다는 다른 해결책을 모색할 수 있었다. Lederman은 특별한 교육 환경에 놓인 어린이에게 게슈탈트 기법을 적용했지만, 그녀가 설명한 게슈탈트 자각 개입들은 다른 학교 환경에 있는 아동과 청소년에게도 생산적으로 적용할 수 있다. Oaklander는 그녀의 책『아이들에게로 열린 창(Windows to Our Children)』에서 어린이들을 위한 집단 작업에 적용할 수 있는 다양한 게슈탈트 기법에 대해 설명한다. 그녀는 자신이 사용한 다양한 창의적 활동에 대해 기술하였는데, 이러한 활동들은 어린이가 그 자신의 감정을 체험하고, 자신을 둘러싼 환경 안에서 다른 이들과 관계를 형성하며, 자신의 행동에 대해 책임감을 갖도록 돕는 데 그 목표를 두고 있다. Oaklander는 아동의 자각 능력을 높여 줄 수 있는 방법으로써 미술과 스토리텔링을 통한 투사의 가치를 높이 평가했다. Lederman과 마찬가지로 Oaklander 또한 어린이가 그들의 좌절, 화, 분노 그리고 미해결 과제들을 이해하고 다룰 수 있도록 조력하기 위한 방법으로 종종 빈 의자 기법을 사용하였다.

청소년 집단, 특히 집단의 성격이 비자발적인 경우 게슈탈트 치료 기법의 활용은 매우 제한적이다. 중 · 고등학생들은 종종 높은 자각을 갖고 있어 '이상하다고' 생각하는 기법들에 대해서는 순순히 받아들이지 않는다. 특정한 게슈탈트 활동에 참여하기를 꺼리는 청소년들은 숙련된 지도자와 함께 지금-여기 실험에 참여하는 위험에 동참할 수 있다. 집단지도자들이 역할 연기 개입 기법을 소개하는 방식은 구성원들 간 협동 정신 함양을 도모하기 위한 방안의 일환으로 이루어져야 한다. 청소년들이 관계에서의 문제에 대해 단순히 이야기하기보다는 게슈탈트 치료의 현재중심적 방법을 사용하여 그들의 삶에서 경험하는 대인관계의 어려움에 대해 토로할 때, 어떻게 진정한 상호작용이 이루어지는지에 대해 기대 이상의 놀라운 경험을 할 수 있을 것이다.

다문화 집단에 대한 게슈탈트 치료의 적용

문화적으로 다양한 내담자들에게 게슈탈트 접근을 적용하는 데에는 분명한 이점들이 있다. 게슈탈트 치료는 내담자가 자신의 세상을 어떻게 보는지에 관심을 갖고, 치료자는 무엇이 내담자의 다양한 문화적 배경을 형성하고 있는지에 대해 주의를 기울인다. 게슈탈트 치료는 현상학적인 입장을 취하기 때문에 치료자들은 내담자의 가치관과 문화적 규범을 간과하기 쉽다. 그러나 Frew(2013)는 게슈탈트 치료가 내담자의 상황을 고려하기 때문에 다양한 문화적 배경을 가지고 있는 내담자들에게 유용하고 효과적일 수 있다고 주장하였다.

게슈탈트 지도자가 다양한 내담자들을 대상으로 창의성을 발휘할 수 있는 기회들은 많다. 다문화적 배경을 가진 집단의 구성원들은 구두를 통한 소통보다는 비언어적인 방식으로 자신을 표현하는 데 주의를 기울인다. 어떤 내담자는 말보다 비언어적인 방법을 사용할 때 자신을 훨씬 더 잘 표현할 수 있다. 예컨대, 집단지도자가 구성원들로 하여금 그들의 자세, 얼굴 표정, 신체 내 경험에 집중해 보도록 한 상황에서, 만일 집단구성원인 에두아르도(Eduardo)가 위협받는 느낌이 든다고 말한다면 지도자는 그에게 신체적 반응에 관심을 기울이도록 할 것이다. 몇몇 창의적인 작업들은 자세나 신체적 감각을 활용한 작업들로부터 개발될 수 있다. 게슈탈트 실험의 장점 중 하나는 집단 내의 개인이 자신의 문화를 지각하고 해석하는 독특한 방식에 맞게 가공할 수 있다는 점이다. 물론 게슈탈트 절차가 소개되기 전, 구성원들의 준비는 반드시 선행되어야 하며 특히 다양한 문화적 배경을 가진 구성원들에게 이러한 과정은 필수적이라 할 수 있다.

구성원들이 잘 준비되어 있고 집단 내에 높은 수준의 신뢰가 형성되어 있을 경우, 집단 작업에 있어 심상과 환상의 활용은 많은 가능성을 내포하고 있다. 사랑하는 이의 죽음을 둘러싼 죄의식과 관련하여 미해결 과제를 다루고 있는 지아니(Jianni)의 상황을 가정해 보자. 죽은 사람을 상징적으로 방 안에 데리고 와 현재 시점에서 그녀와 함께 문제를 다룸으로써 미해결 과제 해결을 위한 의미 있는 도전을 시작할 수 있다. 만일 영어가 그녀의 제2외국어라면, 지도자는 지아니에게 모국어를 사용하도록 할 수 있다. 그러나 이러한 연습은 두 가지 이유에서 내담자의 저항에 부딪힐 수 있다. 우선 그녀는 죽은 사람에 대해 이야기하는 것에 어려움을 느낄지도 모른다. 이 경우 혼자서 '직접 말하기(speak directly)'를 하도록 하는 것도 좋다. 또한 그녀는 영어로 말하는 것이 더 편하다고 주장할지도 모른다. 궁극적으로 이 연습에 참여하는 것은 지아니의 선택이다.

감정을 숨기는 것이 바람직하게 여겨지는 문화권에 속한 내담자들에게 정서에 초점을 둔 개입을 적용하는 데는 제약이 있다. 왜냐하면 공개적으로 자신의 문제를 꺼내는 것은 그들에게 나약함을 드러내는 행동으로 여겨질 수 있고, 자신의 취약성을 드러내 보이는 것이기 때문이다. 효과적으로 집단을 이끄는 게슈탈트 지도자는 이러한 구성원들로 하여금 취약성을 둘러싼 그 자신의 감정과 생각, 태도를 탐색해 보도록 할 것이다. 그러나 구성원에게 카타르시스를 강요하는 지도자는 내담자들이 점차 비협력적으로 변해 가는 모습을 발견할 것이고, 집단은 결국 종결을 맞이하게 될 것이다. 예컨대, 감정의 경험과 표현을 망설이는 구성원은 '빈 의자를 향해 말하라'는 지도자의 제안을 받아들이지 않을 수도 있다.

다문화 집단에 사용되는 게슈탈트 개입에 대한 우려의 목소리가 있지만 개인의 문화적 배경에 대한 선입견을 가지고 실험적인 접근법들이 효과적이지 않을 것이라 미리 판단해 버린다면 치료는 오히려 구성원들에게 피해를 줄 것이다. Marianne Schneider Corey와 내가 한국에서 실시했던 집단상담 워크숍 훈련을 통해 우리는 집단구성원들이 매우 개방적이고 자신의 감정을 잘 공유하는 것을 발견했다. 특히 다른 문화권에 속한 구성원과 함께 작업을 할 때 지도자는 '알지 못함의 자세(not-knowing position)'로 작업을 시작하게 된다. 이때 지도자가 구성원들에 대한 성급한 가정을 세워서는 안 되며 그들에게 자신의 세계관이나 가치관을 강요해서도 안 된다. 그보다는 구성원들을 존중하고 그들에게 관심을 기울이며 온정적이고 함께하는 사람의 면모를 보일 필요가 있다. 지도자는 구성원들이 사회 환경의 맥락에서 개인 내적으로 그리고 대인관계에서 겪는 어려움을 가장 잘 해결하도록 도와줄 수 있는 방법을 알아내기 위해 그들과의 협동 작업을 수행할 수 있다. 다양한 문화에 대해 모든 것을 알아야 한다고 생각하는 것은 비현실적이다. 그러나 문화적인 차이에 대한 존중과 공감의 태도를 갖는 것은 필수적이다.

집단에 대한 게슈탈트 접근의 평가

이 접근의 기여와 강점

Perls는 원래 게슈탈트 치료를 개인적인 접근 목적으로 개발하였지만 게슈탈트 치료의 실제는 몇 년에 걸쳐 집단 작업으로 진화하고 확장되었다. 게슈탈트 치료자들은 심리치료와 훈련, 수퍼비전 집단에서 가장 인기 있는 적용 프로그램을 활용한 집단 작업에 지나치게 의존하고 있다.

게슈탈트 치료는 집단 작업의 실제에 신선하고 창조적인 시각을 제공하는 인간적이고, 실존적이며, 전체론적인 모델이다. 나는 게슈탈트 실험들이 매우 강력하여 때로는 즉각적인 감정의 표현과 과거에 느꼈던 감정의 재경험을 이끌어 낼 수 있다는 사실을 발견했다. 사이코드라마 기법과 마찬가지로 삶의 초기 경험들을 재현하는 게슈탈트의 현재중심적 방법들은 개인 작업 및 집단구성원들에게 생명력을 가져다준다. 경험적 학습을 위한 경로로서 능동적 실험을 창의적이고 자발적으로 사용하는 것은 게슈탈트 기법의 주요한 기여이다.

게슈탈트 치료의 또 다른 특징은 신체에 주목한다는 점이다. 사이코드라마에서 신체가 담당하는 역할을 다룬 유명한 저서에서, Kepner(1993)는 내담자의 자세, 움직임, 그리고 신체적인 경험들이 게슈탈트 치료의 실제에 어떻게 통합될 수 있는지에 대해 설명한다. 지도자는 구성원들에 대한 해석을 제시하지 않고 그들에게 신체적으로 경험하고 있는 것에 집중하도록 격려한다. 이러한 집중은 구성원들이 피하고 싶은 영역에 대한 풍부한 단서들을 제공할 수 있으며, 또한 구성원들이 그들의 근심과 접촉할 수 있는 방법을 제공한다. 만일 지도자가 구성원들에게 그들의 몸짓, 자세, 신체적 증상들의 의미에 대해 말하기를 피한다면, 구성원들은 그들이 경험하고 있는 것에 보다 잘 머무를 수 있을 것이며 마침내 자신의 의미를 찾게 될 것이다.

이 접근의 제한점

게슈탈트 개입은 종종 구성원들의 감정을 이끌어 내는데, 이러한 개입은 지도자들로 하여금 감정에 초점을 맞추도록 하며 때로는 인지적인 요소들에 관심을 덜 기울이도록 한다. 구성원들로 하여금 그들 자신의 감정적 경험의 의미를 발견하도록 돕는 것은 집단을 넘어 확장되어 나갈 개인의 성격적 변화를 만들어 내는 데 있어 중요한 요소이다. 게슈탈트 치료의 초기에는 인지적 과정에 초점을 두지 않았지만, 이후 수정을 거친 현대 게슈탈트 치료는 인지적 요인을 다루고 있으며 인간 경험의 정서적·인지적 측면에도 관심을 기울이고 있다(Yontef et al., 2019).

게슈탈트 치료가 실행되는 방법에 관한 나의 주된 관심사는 권력의 잠재적 오용이다. 일반적으로 게슈탈트 치료자들은 매우 적극적이다. 그들이 Zinker(1978)가 언급한 특징들, 즉 민감성, 적기를 포착하는 능력, 창의성, 공감, 내담자에 대한 존중 등을 가지고 있지 않다면, 치료 과정 중에 이루어지는 실험들은 틀림없이 부메랑이 되어 그들에게 다시 돌아올 수 있다. 또한 구성원들은 자신만의 실험을 만들어 내려 하기보다는 그들을 위하여 실험을 창조해 내는 지도자의 주도적인 역할에 점점 익숙해질 수 있다. 집단에서 이루어지는 실험의 가장 이상적인 형태는 지도자와 구성원들이 함께 만들어 가는 것이라 할 수 있다.

구성원에게 지대한 영향(그것이 긍정적이든 부정적이든)을 미칠 수 있는 접근을 윤리적으로 실천하기 위해서는 지도자가 적절한 훈련과 수퍼비전을 받아야 한다. 게슈탈트 치료와 그 밖의 치료 접근이 당면한 한계점은 치료자의 기술, 지식, 훈련, 경험, 그리고 판단이다. 몇몇 지도자는 권력 남용의 가능성을 증가시키는 강압적 방식을 취한다. 구성원을 위압하는 지도자는 구성원들이 그들에게 원하는 것보다는 그들이 원하는 바에 관심이 더 많다. 위압적인 상황에서 집단지도자는 구성원의 경험을 이해하고 존중하는 것보다 어떤 일이 일어나도록 하는 것에 더 많은 관심을 갖는다(Frew, 1992).

서툰 치료자들은 구성원들로 하여금 감정을 격동시키고 완전한 자각이 이루어지지 않은 문제들을 개방하도록 하기 위해 강력한 개입 방법들을 사용할 것이다. 이러한 개입 방법들은 일단 구성원들이 극적인 카타르시스를 경험하고 나면 버려지는 것들이다. 이러한 지도자는 구성원들이 자신의 경험을 통해 작업하도록 도와주는 데 실패하고 집단의 종결을 맞이하기도 한다. 구성원들이 감정을 표현할 때 지도자가 이를 심리학적으로 표현할 줄 아는 것은 매우 중요하다. 만일 지도자가 감정적인 격렬함에 위협을 느낀다면 그들은 그 감정을 경험하는 구성원을 버릴 것이다. 따라서 지도자는 강력하게 표현된 감정을 처리하고 관리하는 방법에 대하여 학습할 필요가 있다. 현대 게슈탈트 치료는 기법보다는 치료적 관계에 더 초점을 맞추고 있다는 점을 강조할 필요가 있다.

게슈탈트 방법론의 오용은 집단지도자들이 그들의 개인적 반응을 숨기고, 나-너 관계에 대하여 망각하게 하는 유혹의 여지를 제공하며 특히 이러한 지도자들은 위압적인 방식을 채택하는 경우가 많다. 게슈탈트 치료 이론에 대한 뚜렷한 이해 없이 직면적인 기법을 사용함으로써 지도자는 구성원에게 유익을 주기보다는 피해를 입힐 수 있다. 현대 게슈탈트 치료자는 강압적이고 직설적인 방식에 의지하는 것이 아니라 개인 간의 상호작용 과정을 중시하는 촉진적인 개입들을 사용한다(Schoenberg & Feder, 2005). 게슈탈트 실무자들은 구성원들의 주저함을 존중하는 방식으로 개입하는 방법을 배워야 한다. 위험 감수에 대한 지지와 안내는 내담자가 새로운 관계를 통해 보편적인 심리적 갈등(예: '나는 변화를 원한다.' 대 '나는 이대로 머물고 싶다.')을 탐색하는 데 큰 도움을 준다.

치료적 접근을 적절하게 통합한 게슈탈트 집단지도자는 융통성 있게 치료를 해 나갈 수 있는 충분한 능력을 갖추고 있다. 게슈탈트 이론과 실제에 대해 확실한 훈련을 받은 지도자는 구성원들이 하는 작업에 깊이를 더해 줄 실험을 개발할 수 있다. 그들은 구성원들이 현재의 자신을 최대한 충분히 경험할 수 있도록 돕고자 노력한다. 하지만 그들은 구성원들이 현재로부터 벗어나려고 할 때마다 완고한 지시에 묶어 두지도, 기계적으로 명령하며 개입하지도 않는다. 구성원이 겪는 경험의 변화를 민감하게 인식하기 위해서는 특정한 효과를 거두기 위해 기법들을 기계적으로 사용하기보다는 구성원 자체에 초점을 맞추어야 한다.

자기성찰과 토론을 위한 질문

1. 게슈탈트 치료의 기본 가정은 지금-여기에 대한 초점이 과거를 포함하고 미래에 영향을 미치는 데 도움이 된다는 것이다. 구성원들에게 마치 지금 일어나고 있는 것처럼 상황을 재연함으로써 과거의 문제를 현재로 불러오도록 요청하는 것에 대해 어떻게 생각하는가?

2. 현대 게슈탈트 치료사는 존재감, 진정한 대화, 온화함, 내담자의 경험에 대한 신뢰, 게슈탈트 집단 과정을 최대한 활용하는 것에 대한 관심을 강조한다. 관계형 게슈탈트 기법의 이러한 추세에 대해 당신은 어떻게 생각하는가?

3. 게슈탈트 치료에서 기법을 사용하는 것과 실험을 만드는 것의 차이점은 무엇인가?

4. 게슈탈트 기법은 신체 언어를 포함한 비언어적 측면을 강조한다. 구성원을 위해 해석하지 않고 집단에서 비언어적 언어를 관찰하는 데 어떤 가치가 있다고 보는가?

5. 꿈 이해에 대한 게슈탈트의 접근 방식을 설명하라. 집단구성원이 공유하는 꿈을 가지고 일하는 데 어떤 치료적 가치가 있다고 보는가?

참고문헌 및 권장 도서 (별표(*)가 표시된 문헌들은 추가 연구를 위한 제안 자료임)

Beisser, A. R. (1970). The paradoxical theory of change. In J. Fagan & I. L. Shepherd (Eds.), *Gestalt therapy now* (pp. 77-80). Colophon.

Coker, J. K. (2004). Using Gestalt counseling in a school set-ting. In B. T. Erford (Ed.), *Professional school counseling: A handbook of theories, programs & practices* (pp. 131-138). CAPS Press.

*Feder, B. (2006). *Gestalt group therapy: A practical guide*. Gestalt Institute Press.

*Feder, B. (2008a). Gestalt group therapy: An interactive approach. In B. Feder & J. Frew (Eds.), *Beyond the hot seat revisited: Gestalt approaches to group* (pp. 157-166). Gestalt Institute Press.

*Feder, B. (2008b). Safety and danger in the Gestalt group. In B. Feder & J. Frew (Eds.), *Beyond the hot seat revisited: Gestalt approaches to group* (pp. 67-84). Gestalt Institute Press.

Feder, B., & Frew, J. (2006). A survey of the practice of Gestalt group therapy. *Gestalt Review*, 10(3), 242-248.

*Feder, B., & Frew, J. (Eds.). (2008). *Beyond the hot seat revisited: Gestalt approaches to group*. Gestalt Institute Press.

Frew, J. E. (1986). The functions and patterns of occurrence of individual contact styles during the development phase of the Gestalt group. *The Gestalt Journal, 9*(1), 55-70.

Frew, J. E. (1992). From the perspective of the environment. *The Gestalt Journal, 15*(1), 39-60.

Frew, J. E. (1997). A Gestalt therapy theory application to the practice of group leadership. *Gestalt Review, 1*(2), 131-149.

Frew, J. E. (2013). Gestalt therapy. In J. Frew & M. Spiegler (Eds.), *Contemporary psychotherapies for a diverse world* (pp. 215-257). Taylor & Francis.

Hycner, R., & Jacobs, L. (1995). The healing relationship in Gestalt therapy. The Center for Gestalt Development.

*Kepner, E. (2008). Gestalt group process. In B. Feder & J. Frew (Eds.), *Beyond the hot seat revisited: Gestalt approaches to group* (pp. 17-37). Gestalt Institute Press.

Kepner, J. I. (1993). *Body process: Working with the body in psychotherapy*. Jossey-Bass.

Lambert, R. (2003). *A child's view: Gestalt therapy with chil- dren, adolescents, and their families*. Gestalt Journal Press.

Latner, J. (1986). *The Gestalt therapy book*. Center for Gestalt Development.

Levitsky, A., & Perls, F. (1970). The rules and games of Gestalt therapy. In J. Fagan & I. Shepherd (Eds.), *Gestalt therapy now*. Colophon.

Melnick, J., & Nevis, S. (2005). Gestalt therapy methodology. In A. L. Woldt & S. M. Toman (Eds.), *Gestalt therapy: History, theory, and practice* (pp. 101-116). Sage.

*Oaklander, V. (1988). *Windows to our children: A Gestalt therapy approach to children and adolescents*. Center for Gestalt Development.

*Oaklander, V. (2006). *Hidden treasure: A map to the child's inner self*. Karnac Books.

Passons, W. R. (1975). *Gestalt approaches in counseling*. Holt, Rinehart & Winston.

*Perls, F. (1969a). *Gestalt therapy verbatim*. Bantam. (Reprinted 1992 by The Gestalt Journal Press)

Perls, F. (1969b). *In and out of the garbage pail*. Bantam.

*Polster, E. (1987). *Every person's life is worth a novel: How to cut through emotional pain and discover the fascinating core of life*. Norton.

*Polster, E. (1995). *A population of selves: A therapeutic exploration of personal diversity*. Jossey-Bass.

Polster, E. (1997). The therapeutic power of attention: Theory and technique. In J. K. Zeig (Ed.), *The evolution of psycho- therapy: The third conference* (pp. 221-229). Brunner/Mazel.

Polster, E. (2006). *Uncommon ground. Zeig*, Tucker, and Theissen.

Polster, E. (2008). Life focus communities. In B. Feder & J. Frew (Eds.), *Beyond the hot seat revisited: Gestalt approaches to group* (pp. 345-370). Gestalt Institute Press.

*Polster, E. (2015). *Beyond therapy: Igniting life focus community movements*. Taylor & Francis.

*Polster, E. (2021). *Enchantment and Gestalt therapy: Partners in exploring life*. Routledge.

*Polster, E., & Polster, M. (1973). *Gestalt therapy integrated: Contours of theory and practice*. Brunner/Mazel.

Polster, E., & Polster, M. (1999a). *From the radical center: The heart of Gestalt therapy*. The Gestalt Institute of Cleveland Press.

*Polster, E., & Polster, M. (1999b). Therapy without resistance: Gestalt therapy. In E. Polster & M. Polster (Eds.), *From the radical center: The heart of Gestalt therapy* (pp. 118-142). The Gestalt Institute of Cleveland Press.

Polster, M. (1992). *Eve's daughters: The forbidden heroism of women*. Jossey-Bass.

*Polster, M. (1997). Beyond one-to-one. In J. K. Zeig (Ed.), *The evolution of psychotherapy: The third conference* (pp. 233-241). Brunner/Mazel.

Polster, M. (1999). Gestalt therapy: Evolution and application. In E. Polster & M. Polster (Eds.), *From the radical center: The heart of Gestalt therapy* (pp. 96-115). The Gestalt Institute of Cleveland Press.

Polster, M., & Polster, E. (1990). Gestalt therapy. In J. K. Zeig & W. M. Munion (Eds.), *What is psychotherapy? Contem-porary perspectives* (pp. 103-107). Jossey-Bass.

Rainwater, J. (1979). *You're in charge! A guide to becoming your own therapist*. Guild of Tutors Press.

*Schoenberg, P., & Feder, B. (2005). Gestalt therapy in groups. In A. L. Woldt & S. M. Toman (Eds.), *Gestalt ther- apy: History, theory and practice* (pp. 219-236). Sage.

Yontef, G. (1999). Awareness, dialogue and process: Preface to the 1998 German edition. *The Gestalt Journal, 22*(1), 9-20.

*Yontef, G., Jacobs, L., & Bowman, C. (2019). Gestalt therapy. In D. Wedding & R. Corsini (Eds.), *Current psychotherapies* (11th ed., pp. 309-348). Cengage Learning.

*Wheeler, G., & Axelsson, L. (2015). *Gestalt therapy*. American Psychological Association.

*Zinker, J. (1978). Creative process in Gestalt therapy. Vintage.

*Zinker, J. C. (2008). The developmental process of a Gestalt therapy group. In B. Feder & J. Frew (Eds.), *Beyond the hot seat revisited: Gestalt approaches to group* (pp. 85-109). Gestalt Institute Press.

12장

인지행동적 집단상담

학습목표

1. 다양한 인지행동 치료 접근이 공유하는 공통 특징을 파악한다.
2. 인지행동 집단치료 접근에 대한 주요 개념을 설명한다.
3. 인지적 방법이 사고와 행동의 변화에 어떻게 적용될 수 있는지 이해한다.
4. 부정적인 인지를 건설적인 사고방식으로 대체하는 데 사용되는 인지적 방법을 설명한다.
5. 인지행동 집단지도자의 역할과 기능을 설명한다.
6. 인지행동 집단의 단계를 설명한다.
7. 모델링, 행동 시연, 과제, 피드백, 인지 재구조화와 같은 인지행동 치료기법을 집단에 사용하는 방법을 정의하고 설명한다.
8. 마음챙김과 수용 접근의 주요 특징을 설명한다: 변증법적 행동치료, 마음챙김에 기반한 스트레스 감소법, 마음챙김에 기반한 인지치료, 수용전념치료
9. 다문화적 관점에서 인지행동치료의 강점을 파악한다.
10. 인지행동 치료집단의 기여와 한계를 파악한다.

서론

인지행동치료(Cognitive Behavior Therapy: CBT)는 구조화되어 있고, 현재 중심 접근 방법으로 내담자의 역기능적인 사고와 행동을 수정하고, 기능적인 사고와 행동을 할 수 있는 전략을 개발하도록 돕는다. 1970년대 중반까지는 다양한 학습이론에 근거를 둔 여러 기법과 절차를 사용한 '행동치료'라는 용어를 사용했으나, 현재는 '인지행동치료'라는 용어로 대체되고 있다. 인지적 요소들이 행동적 집단 작업에 통합되었으며, 행동치료자들은 전통적인 조건

형성 용어가 아닌 인지적, 사회적 학습 용어로 그들의 기법을 재구성했다. 많은 집단들이 일차적으로 내담자의 일상생활에서 통제 정도와 자유를 증진시키기 위해 설계되었다. 예를 들어, 스트레스 관리 훈련, 사회적 기술 훈련, 자기 지시적 행동변화(이 장의 후반부에서 다루는 모든 주제)를 위해 설계된 집단에서 개인의 자기통제와 독립성에 인지적 요소가 강조된다.

Aaron T. Beck

Aaron T. Beck(1921~)은 로드아일랜드주 프로비던스에서 태어났다. 그는 행복한 유년시절을 보냈지만, 여덟 살 무렵 치명적인 병을 앓았다. 그로 인해 피가 나는 것, 질식에 대한 두려움, 건강에 대한 불안을 경험했다. Beck은 자신의 개인적인 문제를 다른 사람들을 이해하고 자신의 인지이론을 발전시키기 위한 근거로 사용했다.

브라운대학교와 예일대학교 의과대학을 졸업한 후, Beck은 처음에는 신경과 의사로 훈련받았으나 레지던트 기간 동안 정신과로 바꾸었다. Beck은 Freud의 우울증 이론을 검증하려고 시도했으나, 그 자신의 연구를 통해서 Freud의 동기 모델과 우울증을 자기를 향한 분노로 보는 견해와 결별하게 되었다. 이 결정으로 Beck은 수년간 정신의학계의 많은 사람들로부터의 고립과 거부를 견뎌내야 했다.

Beck이 개발한 우울증의 인지이론은 우울증에 대한 가장 포괄적인 이해를 제공하는 이론 중 하나이다. 그는 우울한 사람들의 인지가 '인지왜곡'이라고 부르는 해석의 오류를 가지고 있다는 것을 발견했다. Beck에게 부정적인 생각은 기저하는 역기능적인 신념과 가정을 반영한다. Beck은 내담자들이 역기능적 사고를 수정하는 데 적극적인 역할을 함으로써, 정신적 상태가 안정된다고 믿었다. 그는 정신병리학과 인지치료의 유용성에 대해 지속적으로 연구했으며, 미국 과학계에서 명성을 얻게 되었다. Beck은 인지치료의 선구자이며, 인지치료는 가장 영향력 있고 경험적으로 검증된 심리치료 접근법 중 하나가 되었다.

그는 넷째 딸인 Judith Beck이 운영하는 Beck 연구소의 설립자이며, 8명의 손자와 2명의 증손자가 있고 결혼한 지는 60년이 넘었다. Beck은 자신의 명성으로, 전 세계 수천명의 임상가들의 인지치료 기술을 훈련하는 데 집중했다. 이들 중 상당수가 자신의 인지치료센터를 설립했다. Beck은 세계적이고 포괄적이며 협력적인 인지치료 공동체에 대한 비전을 가지고 활동하였다. 그는 21권의 책과 450권 이상의 논문을 집필했으며, 저술과 연구에 적극적이었다.

현대 행동치료의 실제는 하나의 이론이 뒷받침하는 것은 아니며, 엄밀히 말하자면 하나의 집단 모델을 '행동집단'이라고 부를 수 없다. 현대 행동치료는 인지적 전략, 수용기반 접근, 동기면담을 포함하는 것으로 확장시켰다. 행동치료는 행동을 이해하는 수준에서 더 나아가 행동을 변화시키는 실험적 접근을 기반한 임상실제에 대한 일반적인 접근으로 개념화할 수 있다. 행동치료가 계속 확장됨에 따라 치료에 대한 이론적 접근이 점차 중복되고 있다. 제3세대 행동치료들은 마음챙김, 수용, 치료관계, 영성, 가치, 삶의 의미와 목적, 명상, 현재에 존재하기, 정서표현을 강조한다(Hayes et al., 2004, 2011). 이러한 새로운 접근들은 특히 여러 임상적 문제를 치료하는 행동치료에 영향을 주었다(Antony et al., 2020; Spiegler, 2016).

오늘날의 행동치료는 변화기제가 인지(행동을 변화시키기 위한)와 행동(행동변화를 이끄는 외적 요인의 변화)이라는 점에서 인지행동치료(CBT)와 공통점이 많다. CBT는 문제행동과 부적응적인 인지를 목표로 한다. 공통문제를 다루는 기술을 내담자에게 가르치는 것은 CBT의 중요한 요소이다(Dobson & Dobson, 2017).

인지행동 집단의 구조화된 특성은 심리교육집단을 촉진하는 많은 사람에게 도움이 되고, 이러한 접근은 점차 많은 내담자 집단과 치료장면에서 인기가 있다. 인지행동 집단치료는 다양한 내담자들의 특정한 문제를 치료하는 데 효과적인 방법이다(Antony, 2019; Bieling et al., 2006; White & Freeman, 2000). 인지행동치료자들은 시간제한적이며, 적극적이고, 지시적이며, 투명하고, 협력적이고, 현재에 초점을 두고, 교훈적이며, 교육적이고, 목표지향적이고 구조화되어 있으며, 개념과 기법들이 경험적으로 타당화된 증거기반 접근을 이용한다(Antony, 2019; Beck, 2021).

CBT의 기본 가정은 대부분의 문제 행동과 인지 및 정서가 학습된 것이며, 새로운 학습에 의해 수정될 수 있다는 것이다. 이 과정은 흔히 '치료'라고 언급하는데 그 과정의 중요한 요소는 교육이다. 구성원들은 교육과 학습 과정에 참여하며, 학습을 통해 새로운 관점을 발달시키는 방법을 배운다. 구성원들은 보다 효과적인 행동, 인지, 정서를 시도해 볼 수 있도록 격려받는다. 또한 문제는 기술 부족으로 인해, 즉 적응 행동이나 인지적 전략이 학습되지 않아서 발생할 수 있으며, 구성원들은 이러한 교육 경험에 참여함으로써 대처 기술을 습득할 수 있다. 하나의 예로서 두려움에 직면해야 하는 광장공포증이나 사회공포증이 있는 사람들에게 효과적인 사회적 기술을 제공할 수 있다.

CBT의 또 다른 가정은 내담자의 행동을 (문제의 증상으로 보는 것이 아니라) 문제의 본질로 간주한다는 것이다. 이러한 문제 행동의 성공적 해결은 문제의 해결이며, 새로운 일련의 문제가 반드시 일어나는 것은 아니다. 인지행동 접근은 기저하는 역동에 대한 통찰의 역할을 강조하지 않고 변화가 일어날 수 있다고 가정한다. 이 접근은 내담자가 증상의 본질과 원인을 이해하면 삶을 더 잘 통제할 수 있다고 가정하는 관계 지향적 또는 통찰 지향적 접근과는 대조적이다. 행동치료자들은 행동의 변화가 개인의 이해와 동시에 혹은 그에 앞서서 발생할 수 있으며, 자기이해 수준을 좀 더 높일 수 있다는 전제에서 작업한다.

인지행동 접근을 하는 집단치료자들은 다양한 이론적 관점에서 나온 기법과 전략을 발전시킬 수 있다. 하지만 치료 목적을 달성하기 위해서는 이러한 방법들의 효과가 반드시 과학적으로 입증되어야 한다. 인지행동적 집단지도자는 사용되는 기법의 효과성을 검증하는 데 관심이 있는 임상가이면서 과학자이다. 이러한 지도자는 개입 이전, 중간, 개입 이후에 자료를 수집하여 구성원의 변화를 알아본다. 이러한 접근은 치료의 진전에 대해 구성원과 지도자에게 계속해서 피드백을 제공한다.

행동치료 분야의 발전에 걸맞게 이 장에서는 전통적 행동치료보다는 인지행동치료를 더 깊게 다루고자 한다. 이 장에서 논의된 사회적 기술 훈련, 인지치료, 스트레스 관리 훈련, 마음챙김, 수용 기반 치료 등은 모두 인지행동 접근의 전통을 대표하는 것들이다. 13장에서는 CBT의 한 가지 지류로서 Albert Ellis에 의해 개발된 합리적 정서행동치료에 대해 기술하였다.

주요 개념

CBT는 이 책에서 다루고 있는 대부분의 다른 집단 접근과는 구별되는 독특한 특징이 있다. 즉, 과학적 방법의 절차와 원리를 이용하며, 부적응 행동을 변화시키기 위해 실험에서 나온 학습원리들을 체계적으로 적용하고 있다는 것이다. 인지행동치료자들의 두드러지는 특징 중 하나는 구체성과 측정을 체계적으로 이용한다는 점이다. 그들은 개념과 절차를 분명하게 진술하고, 경험적으로 검증하며, 계속해서 수정한다. 평가와 치료가 동시에 이루어진다. 행동치료의 독특한 특징은 다음과 같다. (1) 행동평가 실시하기, (2) 협력적으로 치료 목표를 명확히 정하기, (3) 특정 문제에 적합한 구체적인 치료절차를 계획하기, (4) 객관적으로 치료 결과를 평가하기.

행동평가

행동평가(behavioral assessment)는 각각의 내담자에게 맞는 구체적인 치료 계획을 세우고, 치료 효과를 평가하는 데 필요한 정보를 얻기 위한 일련의 절차로 구성되어 있다.

Spiegler(2016)에 따르면 행동평가는 행동치료의 특성과 일치하는 다섯 가지 특성을 갖고 있다. 즉, 행동평가는 (1) 내담자의 문제에 대해 독특하고 상세한 정보를 얻는 것이 목적이며, (2) 내담자의 현재 기능과 생활 환경에 초점을 두고, (3) 다양한 상황에서 내담자가 일반적으로 어떻게 기능하는지를 알기 위해 내담자의 행동을 표집하는 것에 관심을 두며, (4) 내담자의 전체 성격을 다루기보다 한정된 것에 초점을 두고, (5) 치료와 통합된다.

구체적인 치료 목표

CBT 집단의 가장 독특한 측면은 변화시킬 구체적인 목표를 정하는 것이다. CBT 집단치료는 다른 어떤 접근보다도 변화시킬 구체적인 목표에 초점을 둔다. 대부분의 CBT 집단의 초기 단계에서는 구성원들로 하여금 그들이 이루고자 하는 개인적 목표를 구체적으로 진술하도록 하여 평가의 마지막 단계를 확장시키는 데 전념한다. 목표 확인은 치료 방향을 결정해 준다. 비록 집단지도자가 구성원들과 목표를 논의하고 협력하지만, 구성원들은 스스로 자신의 목표를 선택하는 데 책임이 있다. 구성원들은 변화시키고자 하는 구체적인 문제 행동과 배우고 싶은 새로운 기술을 모두 적는다. 목표는 안전하고, 구체적이고, 측정 가능하고, 현실적이며 달성 가능한 것이 중요하다(Antony, 2019; Antony et al., 2020). 내담자들이 정할 수 있는 개인적인 목표로는 시험 상황에서 불안 감소시키기, 효과적인 기능을 방해하는 두려움 제거하기, 우울에 대처하기, 의사소통 기술 배우기, 일상에서 직면하는 다양한 상황에 대처할 수 있는 문제해결 전략 개발하기, 체중 감소하기, 중독(흡연, 술, 기타 약물) 제거하기 등이 있다. 집단을 시작할 때 구성원의 목표 중 우선순위를 정하고, 시간을 어떻게 사용할 것일지를 기술하기 위한 의제(agenda)를 정한다. 이러한 의제는 구성원과 지도자가 함께 정한다. CBT 집단은 최선을 다하여 협력적 노력을 한다.

집단지도자의 과제는 구성원들이 광범위하고 일반적인 목표를 체계적인 방식으로 달성하기 위해서 정확하고 구체적이며 측정 가능한 목표로 세분화할 수 있도록 돕는 것이다. 예를 들어, 앨버트(Albert)가 사회생활을 하는 데 자신이 부적절하다고 느끼며 이를 변화시키기를 원한다고 말한다면 지도자는 다음과 같은 질문을 할 수 있다.

- '부적절하다'는 것은 무엇을 의미합니까?
- 부적절하다는 감정 때문에 당신은 무엇을 하고, 무엇을 하지 않습니까?
- 당신이 부적절하다고 느끼는 상황은 어떤 상황입니까?
- 당신이 부적절하다고 느끼는 구체적인 상황을 몇 가지 예시로 들어주실 수 있나요?

- 당신은 어떠한 방식으로 행동을 변화시키고 싶습니까?

앨버트는 집단을 통해 이와 같은 질문에 대해 생각할 기회를 얻고 적절하게 답을 찾고 각각의 회기에서 새로운 행동을 연습하고 다른 구성원들에게 피드백을 얻을 수 있다.

치료 계획

구성원들이 구체적인 목표를 정하고 나면 목표를 달성하기 위한 치료 계획을 세운다. CBT 기법은 행동 지향적이다. 구성원들은 자신의 문제에 대해 수동적으로 사색하거나 이야기하는 것이 아니라 주어진 과제에 따라 적극적인 역할을 수행해야 한다. 초기에는 집단지도자가 구성원들을 참여시켜 협력적인 방식으로 계획을 점차 발전시킨다. 초기 평가 이후에 구성원들은 필요한 기술을 익혀 나가면서 집단지도자와 함께 사용할 수 있는 개입 전략이나 구체적 행동을 찾아본다. 마지막으로, 문제가 있는 사람들이 자신이 취할 수 있는 행동이나 전략을 결정한다. 가장 일반적으로 사용되는 기법에는 모델링, 행동 조성, 행동 시연, 코칭, 과제, 피드백, 인지 재구조화, 둔감화, 문제해결, 명상, 이완 훈련, 스트레스 관리, 정보 제공이 있다. (이러한 기법들에 대해서는 이 장의 후반부에서 설명하고 논의할 것이다.)

객관적 평가

목표 행동이 분명히 정해져 치료 목표가 구체화되고, 치료 절차가 상세히 기술되면 치료의 결과를 객관적으로 평가할 수 있다. CBT 집단에서는 구성원들이 사용하는 기법의 효과를 평가하는 것이 중요하기 때문에 구성원이 목표를 달성하는 정도를 계속해서 평가한다. 예를 들어, 한 집단이 사회적 기술 훈련을 위해 10주 동안 만나게 된다면, 구성원들의 사회적 기술에 대한 기초 자료를 집단 초기에 수집할 수 있을 것이다. 이후 매 집단 회기마다 행동 변화에 대한 평가가 이루어질 것이고, 구성원들은 목표가 얼마나 성공적으로 달성되고 있는지를 알 수 있게 된다. 구성원들에게 피드백을 제공하는 것은 CBT 집단치료의 중요한 부분이다.

특정한 기법의 사용을 결정하는 것은 기법의 효과성이 증명되었는지의 여부에 달려 있다. 이러한 기법들은 아주 다양하며, 많은 CBT 집단치료자는 치료 기법을 선택하는 데 절충적이다. 그들은 구성원의 사고, 감정, 행동 패턴의 변화에 도움이 될 수 있다면 기꺼이 다른 여러 가지 치료 접근의 기법들을 사용한다.

집단지도자의 역할과 기능

인지행동적 집단은 상세하고, 구체적이며, 문제중심의 구조를 갖고 있다. 이 집단은 단기개입을 사용하는 경향이 있고, 지도자는 효과적으로 문제를 해결하고 구성원이 새로운 기술을 발달시킬 수 있는 광범위하고 다양한 단기개입을 사용하는 데 능숙해야 한다. 인지행동 집단은 단기적이기 때문에 목표가 한정되어 있고 구체적일 때 가장 효과가 있다. 시간제한은 구성원이 자신의 목표를 달성하기 위해 집단 시간을 잘 활용할 수 있도록 촉진하는 역할을 한다.

인지행동 집단의 지도자는 교사 역할을 하고, 구성원들이 집단 안에서 일상생활에 적용할 수 있는 사회적 기술을 배우고 연습할 수 있도록 격려한다. 집단지도자는 집단 내에서 적극적이고 지시적이며 지지적인 역할을 하고, 문제를 해결하기 위해 행동원리에 대한 지식과 기술들을 적용한다. 지도자는 의제를 만들고, 적응적인 반응을 하며, 과제를 내주고, 기술을 가르칠 때는 집단 내에서 자신의 행동을 통해 구성원들에게 적극적인 참여와 협력의 모델을 보여 준다(White, 2000a). 집단지도자는 특정한 문제와 관련이 있는 상황이나 변화를 일으킬 수 있는 상황을 파악하기 위해 행동을 주의 깊게 관찰하고 평가해야 한다. 인지행동 집단의 구성원들은 자신에게 부족하거나 향상시킬 수 있는 구체적인 기술을 확인해야 한다. 구성원들은 기술 모델링, 행동 시연, 코칭, 피드백, 집단 회기 안과 집단 회기 사이의 과제, 자기 모니터링하기와 같은 개입 방법들이 포함된 일련의 훈련을 통하여 변화한다.

치료에서 모델링과 모방을 통해 일어나는 사회학습을 논의한 Bandura(1969, 1977, 1986)는 직접적인 경험을 통해 일어나는 대부분의 학습은 다른 사람의 행동을 관찰하는 것으로도 배울 수 있다고 주장하였다. Bandura의 관점에 따르면, 내담자가 새로운 행동을 학습하는 기본적인 과정 중 하나가 바로 치료자가 제공하는 사회적 모델을 모방하는 것이다. 그러므로 집단지도자는 구성원들의 행동이 구성원들 서로에게 본보기가 될 뿐 아니라 자신의 가치관, 태도, 행동이 구성원들에게 영향을 미친다는 것을 인식해야 한다. 만일 지도자가 내담자의 행동방식에 미치는 자신의 영향력을 인식하지 못한다면 지도자의 존재가 치료 과정에 미치는 영향의 중요성을 부정하는 것이다.

이러한 폭넓은 기능에 덧붙여, 집단지도자는 다음과 같은 여러 가지 구체적인 교육적·치료적 기능 및 과제를 수행해야 한다.

- 집단지도자는 예비 구성원을 대상으로 접수 면담을 실시하고, 집단에 대한 사전평가와

예비교육을 하며, 구성원들의 문제를 지속적으로 평가한다.

- 집단지도자는 구성원이 제시한 목표를 달성하기 위하여 다양한 기법을 사용한다.
- 집단지도자의 주요 기능은 적절한 행동에 대한 모델을 보여 주는 것이다. 또한 지도자는 특정한 상황에서 사람들이 반응하는 방법을 구성원들이 서로 역할 연기를 통해 모델링하도록 준비시키고 지도한다.
- 집단지도자는 작은 변화라도 인정을 해 주면서 구성원들이 새롭게 발달시키는 행동이나 기술들에 대해 강화를 제공한다.
- 집단지도자는 구성원들에게 집단 안과 밖에서 적극적으로 참여할 책임이 있다는 것을 가르친다. 적응적인 행동 목록을 확장하도록 하기 위해 구성원들이 집단 내에서 실험을 해 보고 과제를 통해 연습하도록 한다.
- 집단지도자는 변화를 위한 구성원들의 계획과 적극적인 자세를 강조하고, 말로 표현하는 것과 통찰만으로는 변화가 이루어지기 어렵다는 것을 구성원들이 이해하도록 돕는다.
- 집단지도자는 집단을 종결하기 전에 구성원들이 자신의 반응을 논의하고 학습한 것을 통합하며, 집과 직장에서 새로운 기술을 적용하는 훈련을 할 수 있는 충분한 시간을 가짐으로써 종결 준비를 하도록 돕는다.

치료적 관계는 치료적 결과에 대한 최근의 확장된 연구와 문헌에서 단일의 가장 중요한 변인이다(Sperry & Sperry, 2018). CBT의 기본 가정은 지도자와 구성원들 사이의 긍정적인 관계가 변화를 위한 충분조건은 아니지만 필요조건이라는 것이다. 대부분의 인지행동치료자는 지도자와 구성원 사이의 협력적인 관계를 강조한다. 집단치료자들은 원하는 행동에 대한 즉각적인 사회적 지지를 제공하고, 효과적인 대인관계 기술 모델을 보여 주고, 치료과정에 대한 참여를 촉진하고, 과제를 완성하도록 내담자를 격려하며, 치료 목표에 대한 협력을 증진할 수 있다(Antony, 2019). 요약하면 인지행동적 집단지도자들은 신뢰와 배려의 분위기를 이끄는 인간적 자질을 가진 숙련된 전문가가 되어야 하며, 이것은 효과적인 기법들을 적용하는 데 필요하다. CBT의 관점에서 치료는 강한 협력적 치료동맹 없이는 진행될 수 없다(Beck, 2021). Dobson과Dobson(2017)은 치료적 계획은 문제를 해결하기 위해 내담자와 치료자가 공동으로 협력하는 것을 포함한다고 말한다. 효과적인 관계 형성과 시기 적절한 치료개입의 사용 모두 긍정적 결과에 매우 중요하다.

Beck(2021)은 CBT 방법론의 효과적인 실행을 위한 전제조건으로 CBT 치료자가 양질의 치료관계를 형성하고 유지하는 것이 얼마나 필수적인지를 강조한다. 내담자와 이러한 양질의 관계를 만들기 위해서는 개인에 맞는 치료를 적용하고, 좋은 상담기술을 사용하고, 내담자와 협력적 관계를 형성하고, 내담자의 피드백을 받고 적절하게 반응하며, 동맹의 갈등을 해결하고, 역전이를 관리하는 것이 필요하다.

인지행동 집단의 단계

인지행동 집단은 스트레스 관리, 분노 조절, 사회적 기술습득, 통증 관리와 같은 공통의 주제를 다룬다. 집단 장면에서 변화를 보여 주는 것은 변화가 실생활로 이어지도록 하는 최종목표를 이루기 위한 첫 단계이다. 집단 과정의 후반부 회기는 이러한 학습의 일반화가 더 잘 이루어지도록 구조화된다. 이러한 전이와 일반화를 촉진하는 방법에 대해서는 집단의 마지막 단계에서 다루어진다.

인지행동 집단의 단계에 대한 논의는 부분적으로 Antony와 Roemer(2011), Ledley 등(2018) 및 Reinecke와 Freeman(2003)의 연구에 기초를 두고 있다. Bieling 등 (2006)의 임상적 경험에 따르면 인지행동 집단이 반복적이고 예측 가능한 순서로 변화한다고 주장한다.

초기 단계

예비 구성원은 일반적으로 인지행동적 프로그램에 대해 잘 모른다. 따라서 집단에 참여하기 전에 집단 과정에 대한 모든 관련 정보를 제공하는 것이 중요하다. 사전 개인면담과, 첫 번째 집단 회기에는 예비 구성원들의 기대에 대해 알아보고 집단 참여 여부를 결정하도록 한다. 집단에 참여하기로 결정한 뒤에는 치료 계약을 하고, 집단 과정 동안 지도자가 구성원들에게 무엇을 기대하며, 구성원들이 지도자에게 무엇을 기대할 수 있는지에 대해 설명한다. 심리교육은 인지행동적 집단의 기본적인 부분이다. 구성원들은 CBT가 무엇이고, 어떻게 진행되며, 그 특징은 무엇인지에 대한 정보를 제공받아야 한다. Ledley 등(2018)은 집단의 사전동의 과정의 네 가지 주요 요소를 구체화하였다. 먼저, 구성원들은 협력적 경험주의의 과정을 이해할 필요가 있다. 협력적 경험주의는 지도자와 구성원들이 이러한 생각을 지지하거나 거부하는 증거를 찾고 검증하는 것을 협력하는 것을 말한다. 두 번째, 구성원은 CBT가 일반적으로 시간제한적인 치료라는 것을 알아야 한다. 세 번째, CBT는 심리적 문제를 다루기 위해 행동적이며, 구조화되어 있고, 지시적이며, 문제중심적이고, 현재에 초점을 둔 접근을 이용하기 때문에 일반적으로 목표가 빨리 달성될 수 있다는 점을 구성원들이 알도록 하는 것이 바람직하다. 마지막으로, CBT 치료자들은 구성원들에게 효과가 입증된 기법만을 사용한다는 점을 알려야 한다. 또한 사전동의 과정에서는 비밀보장의 의미와 집단에서의 비밀보장의 한계점에 대해 논의한다.

집단 초기 단계에 CBT 지도자는 집단 경험에서 최상의 것을 얻기 위한 방법을 구성원들에게 가르치는 데 적극적인 역할을 한다. 집단 초기 단계에 구성원은 집단이 어떻게 기능하고 각 회기가 어떻게 구성되는지를 알게 된다. 이 단계의 주요 과제는 구성원들이 서로 친해지도록 하고, 구성원들을 교육하며, 동기를 향상시키는 것이다. 그리고 변화가 가능하다는 희망을 갖게 하고, 검토할 문제 영역을 확인하며, 안전감을 제공하고, 초기 응집력을 형성하도록 하는 것이다. 행동치료 기법은 특히 초기 단계에서 효과적이며, 부적응적인 행동 패턴을 수정하는 것뿐 아니라 희망을 심어주고 치료 경험에서 성공을 제공할 수 있다(Dienes et al., 2011). 응집력 형성은 여러 집단 발달단계에서 효과적인 작업을 하기 위한 기본 토대이며, 지도자는 신뢰와 안전감을 형성하는 데 중심적인 역할을 한다. 집단구성원들은 집단 경험의 시작에서 생기는 생각과 느낌을 표현하도록 격려받는다. 일반적으로 각각의 회기는 구성원들의 중요한 변화에 대해 언급하고, 과제를 보고하며, 의제로 정하고 싶은 주제와 문제를 확인하면서 시작된다.

유용한 집단은 회기를 검토하거나 정리하며 집단을 마치는 것이다. 이 과정은 구성원들이 잘 수행하는데, 구성원들에게 목표를 명료화하고 지금까지 탐색해 온 통찰과 기술을 확인하는 기회를 제공한다. 집단 밖에서 하게 되는 과제는 집단을 마치기 전에 협력적으로 만들어질 수 있다(Dienes et al., 2011). 구성원에게 집단에 대한 반응을 간단히 이야기하도록 요청하는 것이 유용하다.

작업 단계: 치료 계획과 기법의 적용

CBT에서 치료는 내담자와 지도자 모두가 적극적인 역할을 한다. 협력적 관계란 치료자는 특정한 치료 기법을 실시하는 전문가이며, 내담자는 자신의 삶과 경험에 대한 전문가라는 의미이다(Cattie et al., 2020). 치료 계획은 행동 변화를 달성하는 데 효과적이라고 입증된 구체적인 전략들 중에서 가장 적합한 절차를 선택하는 것을 말한다. 작업 단계에서도 진단과 평가를 계속하며, 집단지도자는 각 회기의 효율성 수준과 치료 목표의 달성 여부를 계속해서 평가해야 한다. 작업 단계에서 이러한 평가를 하기 위해 지도자는 구성원의 참여도, 만족도, 출석률, 그리고 집단상담의 초기에 합의한 과제의 달성 여부와 같은 자료를 계속해서 수집해야 한다. 이러한 평가는 또한 집단에 문제가 있는지의 여부와 집단 목표가 어느 정도

달성되었는지를 확인하기 위한 자료를 수집하는 것을 포함한다. 집단구성원에게 피드백을 얻고 이용하는 것은 CBT 집단의 기본 사항이다. 집단이 진행되는 동안, 구성원들은 자신의 행동과 그것이 일어난 상황을 점검한다. 이러한 방식으로 그들은 치료 전략들이 효과적인지의 여부를 신속하게 판단할 수 있다. 이러한 계속적인 평가 과정을 통해 구성원과 지도자는 대안적이고 더 효과적인 전략을 찾기 위한 근거를 얻는다. 전형적으로 작업 단계에서 사용되는 일부 전략은 다음과 같다.

모델링

모델링은 구성원들이 지도자와 다른 구성원들을 관찰하고 모방하는 것을 통해 배우는 과정을 말한다. 언어적 지시가 유용하지만 그것만으로는 일반적으로 행동을 수정하기 어렵다. 모델링 절차들은 학습하고자 하는 구체적인 기술을 보여 주고, 생활기술을 가르치고 연습시키는 데 유용하다. 역할 모델링(role modeling)은 집단지도자가 이용할 수 있는 가장 강력한 교육 도구 중 하나이다. 우리가 다른 접근들에서도 보았듯이 개인상담에 비해 집단상담의 장점은 구성원들에게 모방할 수 있는 다양한 사회적인 역할 모델을 제공한다는 것이다. 모델링은 여러 인지행동 집단, 특히 기술 훈련 집단과 자기주장 훈련 집단에서 많이 사용된다. 모델들은 가능한 한 관찰자가 있을 때 강화를 받고, 관찰자는 그들이 배워야 할 행동을 모방할 때 강화를 받아야 한다.

특정한 행동의 모델링은 집단 시간에 역할 연기를 통해 이루어지고, 실생활에서 연습되어야 한다. 예를 들어, 모리스(Maurice)는 남자들과 만남을 시작하는 데 어려워하고, 강의실에서 남학생들에게 편하게 다가가고 싶어 했다. 그는 집단에서 효과적으로 첫 대화를 시작하는 한 가지 방식을 보여 주는 구성원을 관찰할 수 있었다. 모리스는 집단에서 본보기가 된 사람으로부터 배운 기술을 연습했다. 그 뒤 그는 강의실에서 다른 남학생들과 여러 번 대화를 할 수 있었다. 모델링은 사회적 기술 훈련 집단에서, 그리고 내담자에게 좀 더 건설적인 자기진술을 하고, 인지 구조를 변화시키는 방법을 교육할 때 효과적이다.

행동 시연

집단 회기에 일상생활에서 이용할 수 있는 새로운 행동을 연습하는 것을 행동 시연이라고 한다. 행동 시연의 목표는 집단 밖에서 모델링 단서를 이용할 수 없을 때 구성원들이 집단 밖에서 바람직한 행동을 수행하도록 준비시키는 것이다. 이는 통합적인 모델링으로, 흔히 구성원들에게 모델을 관찰하고 나서 즉시 행동을 수행해 보라고 요구한다. 새로운 행동은 실생활과 유사한 안전한 상황에서 연습된다. 시연은 바람직한 행동을 내담자의 실생활과 가능한 한 유사한 조건하에서 이루어지게 하여 집단에서의 변화가 실생활에까지 최대한 일반화될 수 있도록 한다.

행동 시연은 점진적인 행동 조성 과정으로 생각할 수 있으며, 피드백은 행동 시연 동안에 일어나는 변화에 유용한 기제이다. 일단 구성원이 집단 상황에서 성공적인 수행을 하면 그 다음에는 실제 생활에 적용하는 것이 행동 시연의 기본적인 부분이라는 점을 인식해야 한다. 이것은 구성원에게 과제를 완수하는 것의 중요성을 상기시키고, 집단에서 적절한 과제를 결정하도록 하며, 집단을 시작할 때 구성원들의 과제를 확인함으로써 성취될 수 있다.

코칭

모델링과 행동 시연뿐만 아니라, 구성원들은 때때로 코칭도 필요로 한다. 코칭은 구성원에게 바람직한 행동을 효과적으로 수행하기 위한 일반적인 원칙을 제공하는 것이다. 이는 코치가 행동을 연습하는 구성원 뒤에 앉아 있을 때 가장 큰 효과를 나타내는 것으로 보인다. 구성원이 어려움에 처해서 어떻게 해야 할지 모를 때 다른 구성원들은 의견을 줄 수 있다. 한두 번의 코치를 받고 행동을 연습한 뒤에, 다음 역할 연습에서는 코칭이 줄어든다. 구성원들은 실생활에서 새로운 역할을 시도하기 전에 각자 연습할 수 있다(Rose, 1998).

과제

치료적 과제(혹은 집단 밖 활동)는 구성원이 집단에서 중요한 문제라고 탐색한 행동을 실행하는 데 목적이 있다. 과제 또는 집단 밖 활동은 구성원이 실생활에서 새로운 기술을 연습할 수 있는 많은 기회를 준다. 가장 좋은 과제는 집단과 일상생활에서 할 수 있는 것을 통합한 것이다.

인지행동 집단에서 과제는 집단 과정에서 필수적인 부분이다. 개업한 심리학자들에 대한 연구에 의하면 치료자의 98%가 임상적 상황에서 과제를 사용한다는 것을 보여 주었다(Kazantzis & Deane, 1999). 과제를 사용하는 것에 대한 다른 연구에서는 행동 변화를 확실하게 하는 도구로서 과제 사용이 가치가 있다는 점을 보여 주었다(Kazantzis et al., 2017). 구성원들이 치료 상황 이외에도 자신의 문제를 인식하는 시간이 많을수록 긍정적인 이득을 얻을 수 있는 가능성이 더 높아진다(Ledley et al., 2018).

효과적인 개입 방법인 과제를 활용할 기회를 얻기 위해 집단상담사들은 어떻게 해야 할까? 어떻게 하면 구성원들이 과제 수행을 잘하도록 할 수 있을까? 심리치료에서 과제의 역할에 대해 Kazantzis와 Lampropoulos(2002)는 과제 수행이 치료 효과를 일관성 있게 예측해 주는 중요 변인이라고 말했다. 그들은 치료자가 과제를 정확하게 기술하고, 합리적인 근거를 제공하며, 내담자를 참여시키는 것이 과제의 효과성을 결정하는 중요한 요인이라고 하였다.

만약 집단지도자가 구성원들에게 과제를 부여한다면 긍정적인 결과는 거의 없을 것이다. 많은 집단지도자들은 과제에 대한 부정적인 이미지가 연관되어 있기 때문에 과제를 '집단 회기 사이의 활동'이나 집단 밖 활동으로 언급한다. 구성원들이 자신의 과제를 계획하는 데 참여할 때 협력적인 태도를 유지하고, 과제를 수행하는 데 필요한 동기를 갖는다. CBT 집단에서는 협력이 중요한 요소이기 때문에 구성원들의 참여가 특히 중요하다. 구성원들이 자신에게 적합한 과제를 찾도록 안내하기 위해서는 지도자가 숙련된 기술을 갖추어야 한다. 모든 구성원이 과제를 수행하면서 도움을 얻을 수 있기 때문에 과제 수행이 중요하다. 과제 수행에 있어 가장 큰 어려움은 적절하게 다룰 필요가 있다(Dattilio, 2002, 2003; Kazantzis et al., 2017). 이를 다루는 한 가지 방법은 구성원들에게 과제 수행을 방해하는 것에 대해 물어보고, 특정 변화를 이끌어 내기 위해 어느 정도 전념해야 하는지를 탐색하도록 하는 것이다. 집단지도자는 또한 과제 수행에 장애물이 되는 것과 구성원의 자기태만을 야기하는 것이 무엇인지 물어볼 수 있다.

피드백

구성원이 집단 내에서 새로운 행동을 연습하거나 일상에서 과제를 수행한 것을 보고한 후, 다른 구성원들이나 집단지도자는 이러한 수행에 대해 언어적 반응을 할 수 있다. 피드백은 전형적으로 두 가지 측면을 갖고 있다. 하나는 행동에 대해 칭찬과 격려를 하는 것이고, 다른 하나는 실수를 교정하고 수정할 수 있도록 구체적인 제안을 하는 것이다. 피드백은 새로운 행동을 학습할 때, 특히 그 행동이 건설적이고 구체적이며 긍정적일 때 유익하다.

강화

강화(reinforcement)는 반응이 반복해서 일어나는 경향을 강화시키는 구체적인 사건을 말한다. 행동주의 집단에서 사회적 강화는 집단지도자와 다른 구성원들이 제공하는 주요한 개입이다. 구성원들은 집단지도자가 제공하는 강화뿐만 아니라 다른 구성원들의 칭찬과 인정, 지지와 관심을 통해서도 강화를 받는다. 매 회기에 구성원들의 실패가 아닌 성공 경험에 대한 이야기로 시작하는 것이 좋은 방법이다. 이는 긍정적인 집단 분위기를 조성하고, 일상생활에서 잘 지낸 사람에게 강화물을 제공하며, 변화가 가능하다는 것을 집단구성원들에게 상기시켜 준다. 성공 경험에 대해 말하는 것은 행동 변화가 있지만 기대에 미치지 못할 때와 행동 변화가 일상생활에서 인정받지 못할 때 특히 중요하다. 이 경우에 구성원이 변화를 유지하도록 하는 데 집단에서의 강화와 지지가 매우 중요하다.

사회적 강화는 바람직한 행동을 조성하는 강력한 방법이다. 또 자기강화는 구성원의 변화를 돕는 중요한 기술이다. 구성원들은 자기통제력을 키우고 다른 사람에게 덜 의존하기 위해 스스로를 강화하는 방법을 배운다.

인지 재구조화

개인의 인지 과정은 행동 변화와 밀접한 관련이 있다. 실제로 구성원들은 스트레스를 받는 상황에서 종종 자기패배적인 사고와 부정적인 혼잣말(self-talk)을 한다. 인지 재구조화(cognitive restructuring)는 개인의 인지를 확인하고 평가하며, 어떤 생각이 부정적 행동에 영향을 미치는지를 이해하고, 이러한 인지를 좀 더 현실적이고 적절하며 적응적인 것으로 대체하는 것을 학습하는 과정이다. 구성원들은 자기패배적 사고를 확인하고 혼잣말을 점검한다. 인지 재구조화는 우리의 생각이 행동과 감정과 인과적으로 연결되어 있다는 이론에 기반을 둔다. 행동과 감정을 변화시키는 경로는 부정적이거나 자기패배적인 인지를 변화시키는 것이다(Wilson et al., 2012). Cormier와 동료들(2017)은 인지 재구조화 과정의 기본 요소를 다음과 같이 기술하였다.

- 내담자들에게 기본적인 인지 재구조화 개념과 절차에 대한 근거를 설명해 준다.
- 내담자들은 문제 상황과 관련된 생각을 확인하는 법을 배운다.
- 대처 사고를 소개하고, 연습한다.
- 자기 패배적인 생각을 대처 생각으로 바꾼다.
- 내담자들은 자기 진술을 강화하는 방법을 배우고 연습한다.
- 구성원들이 협력하여 집단 밖 활동을 설계하고 수행한 후 후속 논의에서 평가한다.

집단 과정 초기에 구성원들은 처음에 자기패배적 진술문과 자기강화 진술문을 구별하는 법을 설명하는 집단 활동을 통해 배운다. 전형적으로 구성원들은 다른 구성원에게 피드백과 다양한 인지분석 모델을 제공한다. '현실적인 인지적 진술문(realistic cognitive statements)'을 작성한 구성원은 스트레스 상황에서 이 진술문을 떠올리고, 자기패배적 표현을 자기고양 진술로 대체하는 인지적 모델링을 사용한다. 구성원들은 모델을 따라 인지적 시연을 하고, 다른 구성원에게 피드백을 받는다. 집단에서 여러 번 연습을 하고 난 뒤 구성원들은 실생활에서 새로운 양식을 시도해 보기 전에 집에서 새로운 진술문을 연습하는 과제를 부여받는다. 인지 재구조화의 마지막 단계에서 각각의 회기가 끝나면 과제가 주어지고, 다음 회기의 시작 부분에서 과제를 검토한다. 구성원들이 점점 나아질수록 성공의 난이도 수준이 높아진다.

문제해결

문제해결치료는 개인 또는 집단원이 문제를 분석하는 단계를 통해 체계적으로 작업하도록 가르치는 인지행동 전략이다. 즉, 문제에 대한 새로운 접근 방식을 찾아내어 평가하고, 이러한 접근 방식을 실시하기 위한 전략을 개발하는 것이다(Cormier et al., 2017; Spiegler, 2016). 주요 목표는 문제에 대한 가장 효과적인 해결 방법을 찾아내고, 인지행동 기술을 체계적으로 훈련시켜 구성원들이 스트레스가 많은 문제에 대처하는 보다 적응적인 방법을 만들어 효과적으로 대처하게 하는 것이다. Spiegler(2016)는 문제해결 과정의 일곱 가지 전략을 소개하였다.

1. 문제해결 접근의 채택: 구성원들은 문제를 평가하고, 정의하고, 이해하는 것에 대해 도움을 받을 수 있다. 구성원들은 문제가 발생했을 때 문제를 확인하는 것이 필수적임을 이해할 필요가 있다. 구성원들은 일상에서 일어날 수 있는 문제를 해결하기 위해 기술을 습득해야 한다는 확신을 가져야만 한다. 마지막으로 문제를 해결할 때 대안적인 행동에 대해 신중하게 평가하는 것이 중요하다.
2. 문제 정의하기: 구성원들은 특정 문제 상황이 왜 발생했는지를 이해하는 데 도움을 받고, 그들이 대처하는 방법을 배울 수 있다는 기대를 해야 한다.
3. 목표 설정: 구성원들의 목표는 문제 상황이나 문제 상황에 대한 반응, 혹은 두 가지 모두에 초점을 두어야 한다. 구성원이 해야 하는 질문은 '더 이상 문제가 일어나지 않게 하려면 어떤 일이 있어야 하는가?'이다.
4. 대안적 해결책 만들기: 이것의 목적은 가능한 한 많은 해결책을 생각하여 문제에 대한 적절한 해결책을 찾는 기회를 갖도록 하려는 것이다. 브레인스토밍이 대안적인 목표와 가능한 해결책을 만드는 데 이용될 수 있다.
5. 최상의 해결책 선택: 이전 단계에서 만들어진 대안들을 근거로 내담자들이 각각의 행동의 잠재적 결과를 검토하고 해결책을 선택하고 해결 계획을 발전시킨다.
6. 해결책 이행: 이것은 아마 가장 중요한 단계가 될 것이다. 왜냐하면 최상의 해결책도 적절하게 실행될 때만 문제 상황을 다루는 데 효과적일 수 있기 때문이다.
7. 행동에 대한 효과성 평가: 이 검증 단계는 구성원들이 일상생활에서 자신의 행동에 대한 결과를 관찰하고 평가하는 것으로 구성된다.

집단치료에서 문제해결 기술은 일반적으로 교육하는 방식으로 소개되며, 구성원이 경험하는 문제를 다룰 때 전 구성원이 참여할 수 있다(Bieling et al., 2006). 모델링, 코칭, 강화와 같은 절차들이 문제해결 훈련 시에 사용된다. 치료 과정 동안 구성원은 자기조절 기술을 배우고, 자신의 성공 경험에 대해 강화를 받는다. 치료과정에서 내담자들은 자기통제 기술들을 배우고, 자신의 성공적인 수행을 강화하도록 격려받는다. 또한 효과적인 문제해결 절차를 보여 주는 치료자나 다른 모델을 관찰하는 기회를 갖게 될 때 더욱 적극적인 역할을 수행하는 것을 기대할 수 있다. 구성원들은 주중에 문제 상황에 부딪혔을 때 그들이 배운 방법으로 연습해 보도록 한다.

문제해결 치료는 즉각적인 문제의 해결을 개인에게 가르치는 데 유용하고, 미래에 문제를 해결하는 기술을 제공할 수 있다. 이러한 행동적 접근은 광범위한 문제를 다루는 데 적용될 수 있다(Spiegler, 2016). 문제해결 치료는 우울, 범불안장애, 사회불안장애, 다른 문제들을 치료하는 데 성공적으로 적용되었다(Nezu & Nezu, 2012 참조).

종결 단계

인지행동 집단의 종결 단계에서 지도자는 주로 구성원들이 집단 안에서 보여 준 변화가 일상생활에서도 일어나게 하는 데 초점을 둔다. 실생활의 모의실험을 포함한 연습 회기들은 이러한 전이를 촉진하기 위해 이용된다. 구성원들은 삶에서 의미 있는 타인에게 말하고자 하는 것을 연습하고 새로운 행동을 실행해 본다. 집단에서 다른 사람이 준 피드백과 코칭은 종결 단계에서 가장 유용하다. 집단 회기들은 새로운 행동을 일상생활에서도 점진적으로 수행할 수 있도록 체계적으로 계획되어 있다. 종결 단계에서는 일반화에 대한 준비와 변화 유지에 더 관심을 두지만, 이는 집단의 모든 단계에서 보여준다.

학습한 것을 정리하고, 집단에서 배운 것을 일상생활에 전이시킬 전략을 발전시키는 것이 종결 단계의 중요한 목표이다. 다음의 과제들은 집단 종결 단계의 특징적인 것들이다.

- 피드백을 주고받는다.
- 새롭고 더 효과적인 행동을 연습할 기회를 많이 준다.
- 집단 밖의 상황에 변화를 적용하기 위한 구체적인 행동 계획을 발전시킴으로써 학습한 것을 일상생활에 전이시킨다.
- 가능한 한 실패에 대해 대처하도록 구성원을 준비시킨다.
- 구성원에게 집단 경험과 그 경험이 자신에게 주는 의미를 검토해 보도록 돕는다.

자기책임감은 집단을 하는 내내 강조되지만, 종결을 계획할 때 특히 중요하다. 집단이 발달해 감에 따라 구성원들은 집단지도자와 공동으로 발달시켜 온 행동 계획을 실천하는 것에 책임감을 가져야 한다. 성공적인 치료의 주요 목표 중 하나는 구성원에게 스스로 치료자가 되는 데 필요한 기술들을 가르치는 것이다(Kazantzis et al., 2017; Ledley et al., 2018). 종결 단계에서 집단지도자의 역할은 직접적인 치료자에서 자문자로 바뀐다. 구성원들은 보통 그들이 새롭게 배운 기술들을 다른 사람이 있는 집단 밖의 새로운 상황에 적용해 보도록 격려를 받는다. 게다가 구성원들은 집단에서는 접하지 못했던 상황들에 대처할 준비 방법으로 자기강화와 문제해결과 같은 자조적인 기술을 배운다. 구성원들은 문제 증상이 다시 발생할 때 어떻게 해야 하는지를 알아야 한다. 구성원들이 집단에서 독립하고자 하는 움직임은 새로운 문제에 효과적으로 대처하는 능력에 대한 자신감을 얻고자 할 때 필수적이다. Ledley 등(2005)은 치료의 주요 목표는 구성원들이 미래에 일어날 새로운 문제뿐 아니라 치료 후에도 남아 있는 어려움을 해결할 수 있는 새로운 기술을 획득하도록 돕는 것이라고 말했다. 종결 시기가 다가오면 초기 평가 도구를 집단 프로그램의 효과성을 평가하기 위해 다시 사용한다.

집단 종결과 추후 회기는 CBT 집단 치료자들에게 특별한 관심을 끄는 주제이다. 집단의 결과를 결정하기 위해 단기, 그리고 장기 추후 면담을 계획하고, 그 시기의 자료를 수집한다. 추후 면담은 구성원들이 변화 행동을 유지하고, 자발적인 변화가 이루어지도록 돕기 위해 '보조 회기'로서 제공된다. 집단 추후 회기는 구성원들에게 배운 것을 검토하고, 그들이 사용하고 있는 방법에 대해 새로운 정보를 얻고, 변화 여부에 대해 책임을 지도록 하는 기회를 준다. 그리고 구성원들이 약속하고 계획한 일을 지키도록 돕는 역할을 한다. 구성원들이 책임을 인식한다면 집단에서 배웠던 새로운 기술을 유지하고 사용하도록 하는 동기를 부여해 줄 수 있다.

추후 회기를 계획하는 중요한 이점은 집단의 종결 회기 이후에 구성원이 직면할 수 있는 실패를 예견하고, 계획을 세울 방법을 제시해 준다는 것이다. 재발 예방은 구성원에게 집단의 지지가 더 이상 없을 때 직면할 수도 있는 잠재적인 문제를 다룰 수 있는 방법을 생각해 보도록 한다. 이것은 CBT 집단을 종결하는 데 필수적인 부분이다. 구성원들이 새로운 위기를 맞이하거나 스트레스가 높아져 갈 때 오래된 학습으로 인한 습관화된 패턴으로 되돌아가는 것은 아주 쉽다. 구성원들이 치료 종료 후에도 실패에 대한 준비를 하도록 하는 것이 중요하다. 구성원들이 실패를 겪었을 때 어떤 자동적 사고 패턴이 있는지를 묻는 것이 유용하다(Beck, 2021). 구성원들에게 치료에서 배운 기술들을 요약하고, 치료 종료 후의 목표, 이후 작업을 위한 권장 사항, 필요한 경우 향후 도움을 받을 수 있는 방법들을 포함하는 재발 방지 계획을 서면으로 작성하도록 권장할 수 있다(Dobson & Dobson, 2017).

적용: 치료 기법과 절차

심리학의 기여가 갈수록 커지고 있다. 심리학은 사람들에게 대인관계기술을 삶에 적용하는 방법을 가르치는 경향이 있기 때문이다. 이러한 경향은 전문가들이 그들의 지식을 대중과 공유하고, 더 많은 사람들이 자기주도적인 삶을 누리면서 문제를 (전문가의 도움 없이) 스스로 해결하게 될 것이라는 점을 의미한다.

인지행동 집단은 자기관리에 필요한 기술 습득을 원하는 사람에게 좋은 방법을 알려 준다. 개인이 행동 통제를 배우고 자기주도적인 변화를 일으킬 수 있는 영역은 과식, 음주, 흡연을 통제하고, 직장이나 학교에서 자제하는 법을 배우는 것이다. 어떤 사람들은 직장에서 많은 노력을 하지만 그러한 노력이 조직화되어 있지 않기 때문에 목표달성에 실패한다. 그들은 어디서부터 시작해야 할지, 어떻게 노력해야 할지, 혹은 그들이 목표 달성에 실패했을 때 경험하게 될 실망감을 어떻게 해소할 수 있는지를 모른다. 이러한 영역과 그 밖의 유사한 영역들에서 자기주도적 변화를 위한 행동 집단은 변화를 일으키는 데 필요한 지침과 계획을 제공할 수 있다.

이 절에서는 집단 작업에서 적용할 수 있는 일반적인 인지행동 기술에 대해 다룰 것이다. 이러한 논의의 목적을 위해, 인지행동 집단의 실제에 적용할 수 있는 네 가지 일반적인 접근으로 기법들을 분류하였다. 그것은 (1) 사회적 기술 훈련 집단, (2) 인지치료 집단, (3) 스트레스 관리 훈련 집단, (4) 인지행동치료의 마음챙김과 수용 기반 접근이다.

사회적 기술 훈련 집단

좋은 사회적 기술은 사람들이 적절하고 효과적으로 다른 사람들과 소통하도록 한다. 사회적 기술 훈련(Social Skills Training: SST)은 구성원들에게 다양한 사회적 상황에서 다른 사람들과 효과적으로 상호작용하는 방법을 가르치는 광범위한 범주의 훈련이다. SST는 치료자가 교사 역할을 하는 고도로 구조화된 교육적 접근방식이다(Strong Kinnaman & Bellack, 2012). 사회적 기술은 이 장의 앞에서 논의한 많은 행동적 기법을 포함하고, 구성원이 효과적으로 의사소통하고 사회적 상호작용을 개선하는 데 도움을 주는 많은 행동 기술 중 일부인 심리교육, 모델링, 행동 시연, 역할극, 강화, 조성, 피드백 및 학습 일반화를 적용하는 것을 포함한다(Antony, 2019; Antony et al., 2020; Strong Kinnaman & Bellack, 2012). 이 접근 방식을 사용하여 다양한 심리적, 대인관계적 문제를 해결할 수 있다.

대인관계의 어려움과 어느 정도 관련이 있는 심리사회적 문제를 경험하는 사람들이 사회적 기술 훈련에 적합한 대상자이다. SST의 목표는 개인의 사회적 상황에서의 기능을 향상시키는 것이다. SST는 평가, 직접적인 교육, 모델링, 역할극, 과제, 추후 단계를 포함한다(Twohig & Dehlin, 2012). 집단구성원들은 개선하고자 하는 특정한 사회적 기술 결함이나 의사소통 관련 문제를 파악한 후에 이러한 사회적 기술을 집단 회기에서 대상으로 삼는다. 이러한 과정은 효과적인 의사소통에 필요한 기술을 익히거나, 좀 더 자기주장적인 태도를 갖추거나, 취업 면접에 대비하는 데 활용될 때가 많다. 구성원들은 역할극을 통해 새로운 기술을 연습하고, 자신이 잘한 부분에 초점을 맞춘 구체적인 교정적 피드백을 받는다. 집단은 실생활에서 사회적 기술을 연습할 수 있는 자연스러운 장소를 제공한다. 사회적 기술 훈련에 대한 더 상세한 논의와 연구는 Strong Kinnaman과 Bellack(2012)을 참조하라.

사회적 효율성 훈련

사회적 기술 훈련의 일종인 사회적 효율성 훈련은 사회불안(social anxiety) 감소, 대인관계 기술 향상, 즐길 수 있는 사회 활동 범주 늘리기 등을 포함하는 다면적 치료 프로그램이다(Turner, Beidel, & Cooley, 1994). 이 프로그램의 주요 구성요소는 사회불안을 감소시키기 위해 노출을 하고, 일반적인 사회적 기술과 사회적 결함을 개선하기 위해 사회적 기술을 훈련하는 것이다. 이 프로그램은 10년간의 임상 경험과 경험적 문헌을 기반으로 하고 있다. 이 훈련 프로그램은 소집단을 대상으로 매주 1회, 총 12주 이상의 기간 동안 실시된다. 이 집단 경험은 (1) 사회적 환경의 자각, (2) 대인관계 기술 향상, (3) 발표 기술 향상의 세 가지 영역을 훈련하는 데 초점을 맞춘다. 이 세 가지 영역에서 구성원들은 대인관계 상호작용과 의사소통에서의 미묘한 차이를 배우는데, 이것은 성공적인 사회적 만남에서 해야 할 언어적 및 비언어적 행동, 하지 말아야 할 행동, 그리고 발표할 때 필요한 의사소통 기술을 포함한다. 교훈적 지시, 모델링, 행동 시연, 교정적 피드백, 긍정적 강화는 집단 과정에서 이러한 성과를 달성하기 위해 활용된다.

Turner 등(1994)은 사회적 효율성 훈련 프로그램은 수퍼비전을 받는 사람이나 일반적인 임상 기술을 훈련받는 사람, 사회불안과 사회공포증에 대한 지식이 있는 사람, 행동 개입 전략에 익숙한 사람과 같은 정신건강 전문가들이 주로 사용한다는 것을 강조했다. Beidel 등(2005)이 실시한 사회불안장애 진단을 받은 어린이와 청소년을 대상으로 한 3년간의 추적 연구 결과에 따르면, "치료에서 얻은 대부분의 효과가 3년 후에도 유지되었으며, 치료를 받은 어린이의 72%가 3년 후에도 사회불안 증세가 없는 것으로 나타났다" (p. 721). 사회불안 장애로 고통받는 어린이와 청소년을 대상으로 한 사회적 기술 훈련의 장기적 효과를 지지한다는 것을 이 연구자들이 제시하고 있다.

인지치료 집단

인지치료 집단은 부적응적이고 역기능적인 신념과 해석, 행동 및 태도를 변화시키기 위해 기본적인 인지행동 기술과 함께 집단역동 방식을 이용한다. 가장 일반적인 개입에는 자동 사고 기록지, 신념 논박하기, 감정 모니터링하기, 각성의 위계 발달시키기, 행동 관찰하기, 문제해결, 소크라테스식 문답법, 이완법, 위험 평가, 재발예방이 포함된다(Beck, 2021; Petrocelli, 2002; White, 2000b). 인지행동치료(CBT) 집단치료 모델은 우울증, 사회불안, 강박증, 불면증, 약물 복용 의존 및 만성통증과 같은 다양한 문제를 치료하는 데 효과적임이 입증되어 왔다(Cattle et al., 2020). 가장 잘 알려진 두 개의 인지행동 집단치료 모델은 Albert Ellis의 합리적 정서행동치료(13장의 주제)와 다음에 설명할 Aaron Beck의 인지치료 이론이다.

Aaron Beck(1976, 1997)은 수년간 정신분석치료자로 활동하면서 환자들의 자동 사고(automatic thoughts)에 관심을 가졌다. 자동 사고란 정서적 반응을 일으키는 특정한 자극들에 의해 일어나는 개인적 생각이다. Beck은 환자들에게 객관적인 증거에 반함에도 불구하고 지속적으로 떠오르는 부정적인 자동 사고를 관찰하도록 했으며, 이를 근거로 우울증에 대한 가장 종합적인 이론을 만들어 냈다. Beck(1976)과 J. Beck(2021)은 정서적인 어려움을 겪는 사람들은 자기를 비하하고 객관적인 현실을 부정하는 특징적인 '논리적 오류'를 보이는 경향이 있다고 주장했다. 인지치료에서는 심리적 문제가 잘못된 사고 과정에서 생긴다고 본다. 잘못된 사고 과정은 부적절하거나 잘못된 정보에 근거해 부정확한 추론을 하고, 현실과 환상을 구별하지 못하는 데에서 생긴다.

인지적 집단치료 모델은 사고, 감정, 그리고 행동 간의 상호작용을 강조하는 이론에 바탕을 두고 있으며, 이러한 구성요소들은 서로 밀접한 관련이 있고 복합적이다(White, 2000b). 역기능적인 정서와 행동들을 변화시키는 가장 직접적인 방법은 부정확하고 역기능적인 사고를 수정하는 것이다. 우리가 사건에 대해 느끼는 것을 변화시키기 위해서는 사건을 생각하는 방식을 변화시킬 필요가 있다(Neenan & Dryden, 2004).

인지적 집단치료 모델을 효과적으로 적용하기 위해서는 협력과 적극적인 참여를 강조하는 건강한 치료적 관계가 필수적이다. 인지치료자들은 구성원들에게 평가 과정을 통해 왜곡되고 역기능적인 인지 방식을 확인하는 방법을 가르친다. 집단지도자는 구성원들이 가설을 만들고, 그들의 가정을 검증해 보도록 하는데, 협력적인 노력을 통해 구성원들은 자신의 사고와 실제로 일어난 사건을 구별하는 방법을 배운다. 그들은 인지가 그들의 감정과 행동, 그리고 심지어 환경적 사건에 미치는 영향에 대해 알게 되며, 특히 그들이 습득해 온 인지적 왜곡에 대해 깨닫게 된다. 집단상담 맥락에서 구성원들은 그들의 사고와 가정, 특히 부정적인 자동 사고를 인식하고 관찰하고 모니터링하는 방법을 배운다.

집단구성원들은 많은 상황에서 아주 극단적으로 부정적인 시나리오를 떠올리며 파국적인 생각을 한다. 집단지도자는 구성원들이 상상하는 최악의 결과에서 벗어나지 못할 때를 찾아내어 "일어날 수 있는 최악의 일은 무엇입니까?" "만약 그 일이 일어난다면, 어떤 부정적인 결과가 나타납니까?"와 같은 질문을 하며 도움을 줄 수 있다.

집단구성원들은 특히 파국으로 치닫는 사고에 사로잡히는 시점을 알아차리고 좀 더 현실적인 사고를 하는 것을 배울 수 있다. 구성원들이 가진 핵심 신념과 잘못된 사고를 지지하거나 반박할 수 있는 증거를 찾아보도록 하는 것도 도움이 된다. 핵심 신념은 자신, 세상, 다른 사람에 대한 의심할 여지없는 경직된 가정과 신념이다. 개인이 다양한 자기패배적 신념을 확인함으로써, 이러한 신념들이 일상생활에서 일어나는 빈도를 관찰할 수 있다. '________에 대한 증거는 어디 있습니까?'라는 단순한 질문을 자주 한다. 만일 이 질문이 충분하다면 구성원들이 자신의 역기능적 사고를 찾아내고, 인지 패턴에 주의를 기울이도록 한다. 일단 구성원들의 올바르지 않은 신념들을 발견하면, 새로운 신념이 더 적절하고 기능적인지 여부를 결정하기 위해 다른 신념을 시험해 보도록 한다(Beck & Weishaar, 2019).

비현실적인 부정적 사고가 자신에게 미친 영향에 대해 깨닫게 된 구성원들은 현실과는 다른 자동 사고와 일치하는 증거와 반대되는 증거를 확인하고 검증하는 훈련을 받는다. 이 과정은 능동적으로 참여함으로써 그들의 신념을 경험적으로 검증하는 것을 포함한다. 새로운 학습을 촉진하는 한 가지 방법은, 상담사가 목적을 가진 일련의 질문을 제시하여 (1) 문제를 정의하고, (2) 구성원들이 자신의 생각, 이미지 및 가정을 인식하도록 도와주며, (3) 구성원들이 사건의 의미를 검토하고, (4) 이러한 부적응적인 생각과 행동을 유지하는 것이 가지는 결과를 평가하는 소크라테스 대화를 이용하는 것이다(Beck & Weishaar, 2019).

인지치료 집단의 구성원들은 행동에 대한 가설을 만들고, 구체적인 문제해결 기술과 대처 기술을 사용하는 것을 배운다. 안내된 발견(guided discovery) 과정을 통해 구성원들은 자신의 생각과 느끼고 행동하는 방식 간의 관련성에 대한 통찰을 얻게 된다. 안내된 발견 과정에서 집단치료자는 또한 구성원들이 사고와 문제의 의미를 논리적으로 밝히도록 하고, 새로운 정보를 얻고, 다르게 생각하고, 행동하며, 느끼는 방식을 습득하도록 도와줄 수 있다(Bieling et al., 2006). 그러고 나서 집단지도자가 아닌 구성원들이 자신이 가진 신념의 유용성을 결정한다.

인지치료 집단은 현재를 강조하고 시간제한적이다. 집단 회기는 진단과는 관계없이 현재의 문제에 초점을 둔다. 특정한 상황하에서 과거가 집단 작업 내에서 다루어지기도 한다. 구성원이 과거 상황에 대해 말하고자 하는 욕구가 강할 때와 현재 문제를 다루는 것이 인지적 · 행동적 · 정서적 변화를 거의 가져오지 못할 때, 그리고 치료자가 언제, 어떻게 특정한 역기능적 신념이 발생했고, 이러한 신념이 어떻게 구성원의 현재 문제에 영향을 끼쳤는지를 이해하는 것이 필요하다고 생각될 때 과거를 다룬다. CBT에서 과거의 역할에 대해 언급하면서 Ledley 등(2018)은 과거를 활용하는 치료자들은 과거의 경험과 현재의 신념 및 행동 간의 연관성에 관심을 가진다고 하였다. 과거의 역할은 치료 과정을 통해 검토되는데, 특히 구성원의 핵심 신념을 더 잘 이해하기 위해 고려한다. 그러나 단지 문제의 근원을 이해하는 것만으로는 충분하지 않다. 내담자들은 현재의 문제를 유지시키는 역기능적 신념과 행동을 변화시키기 위해 이러한 지식에 따라 행동해야 한다. 이와 같이 현재에 초점을 맞추는 인지적 집단치료는 단기적이고 과제중심적인 경향이 있다. 개입을 위한 치료의 목표는 증상을 완화하고, 구성원들이 가장 심각한 문제를 해결하도록 돕고, 그들에게 재발 예방을 위한 전략을 가르치는 것이다.

스트레스 관리 훈련 집단

스트레스는 현대 사회의 기본 요소이다. 우리가 스트레스를 없앨 수 있다고 생각하는 것은 현실적이지 못하며, 스트레스 사건을 어떻게 통제하고, 바라보고, 대처하는지를 배우는 것이 현실적이다. 스트레스 관리 훈련은 내담자들의 스트레스 장애의 치료와 예방 같은 다양한 문제에 유용하게 적용되어 왔다. 스트레스 관리 훈련은 분노, 불안, 공포증, 그리고 건강 문제를 다루는 데 특히 유용하다. 이 훈련은 피해자 집단과 전문가 집단에게 적절하다. 스트레스 관리 집단은 오늘날 참전 군인과 그들의 가족에게 큰 도움을 주고 있다.

스트레스 관리 훈련의 목표는 스트레스를 없애는 것이 아니고, 내담자를 대상으로 스트레스의 특성과 그것의 결과에 대한 교육을 하고 스트레스를 건설적으로 다루는 다양한 개인 내적 기술과 대인관계 기술을 가르치는 것이다(Meichenbaum, 1985). 스트레스 관리 프로그램의 기본 가정은 '우리는 단지 스트레스의 희생자가 아니라는 것'이다. 대신 우리가 행동하고 생각하는 것이 스트레스를 어떻게 경험할지에 대해 많은 영향을 줄 수 있다. 다시 말해서, 삶에서 일어난 사건을 어떻게 평가하는지에 따라 스트레스가 우리에게 미치는 영향이 긍정적일 수도 있고 부정적일 수도 있다는 것이다.

Kaplan과 Laygo(2003)는 스트레스 관리 훈련이 어떻게 작용하는지를 설명하였다. 이 훈련은 스트레스를 일으킬 수 있는 측면을 확인하는 작업을 포함한 내담자의 생활양식에 대한 간단한 평가를 하며 시작한다. 그런 다음 내담자들은 심리사회적 관점에서 스트레스에 대한 심리교육적인 검토를 하고, 다양한 스트레스 상황에서 대처 행동과 대처 사고를 이용하는 것을 배운다. 내담자들은 삶의 질을 높이기 위한 생활양식을 변화시키는 구체적인 행동 계획을 세운다.

Meichenbaum의 스트레스 면역 훈련

Meichenbaum(1985, 1986, 1993, 1994, 2008)은 사람들에게 단지 구체적인 대처 기술을 가르쳐 주는 것 이상에 관심이 있었다. 그의 스트레스 면역 훈련 프로그램은 내담자가 치료 개입에 대해 준비하고 변화에 대한 동기를 가질 수 있도록 고안되었으며, 저항이나 재발과 같은 문제들을 다룬다. 스트레스 면역 훈련(Stress Inoculation Training: SIT)은 정보 제공, 소크라테스식 논의, 인지 재구조화, 문제해결, 이완 훈련, 행동 시연 및 상상 시연, 자기 모니터링, 자기지시, 자기강화, 환경 변화와 같은 요소들을 조합하여 구성한 것이다. Meichenbaum(2008)은 스트레스 반응을 경험한 다양한 사람에게 예방과 치료의 목적으로 SIT를 사용할 수 있다고 하였다. 이 접근은 현재 문제와 미래에 직면하게 될 스트레스 요인 모두에 적용할 수 있는 대처 기술을 가르치기 위해 고안되었다. 만약 구성원들이 대처 기술을 현재 문제 이외의 다른 상황에서 적용할 기회가 없다면, 대처 기술은 새로운 상황에 일반화될 수 없다.

Meichenbaum(1985, 1993, 2008)은 SIT의 세 단계 모델을 만들었는데, 세 가지 단계는 (1) 개념 교육, (2) 기술 습득, 강화, 시연, (3) 적용과 마무리이다. SIT의 초기 단계(개념 교육) 동안, 일차적인 목표는 스트레스의 본질을 이해하고, 이 스트레스를 사회적 상호작용 용어로 재개념화하도록 교육시킴으로써 구성원과 작업관계를 형성하는 것이다. 이 단계에서 구성원들은 스트레스와 대처의 상호작용적 특성에 대해 교육받는다. 그들은 인지와 정서가 스트레스의 발생과 유지에 어떤 영향을 미치는지에 관해 배운다. 또한 스트레스에 대한 반응이 스트레스 사건 자체보다는 그 사건에 대한 인식에서 비롯된다는 것을 배운다. 협력적 방식을 통해 내담자들은 그들이 현재 직면하고 있는 문제의 결정 요인을 확인하게 된다. 그들은 적극적으로 평가를 한 후에 치료에서 달성할 구체적인 목표를 정한다. 이 시점에 시작되는 자기 모니터링은 훈련 내내 지속된다. 구성원들은 일반적으로 그들의 구체적인 사고와 감정, 행동을 체계적으로 기록하는 개방형 일지를 쓴다. 자기 모니터링 훈련은 내담자들로 하여금 그들 스스로가 스트레스의 발생에 어떤 영향을 미치는지를 깨닫고, 이러한 스트레스에 대처하기 위한 장점과 자원을 확인하도록 해 준다. 이를 통해 내담자는 치료의 논리적 근거에 대해 알게 되고, 스트레스의 부정적 효과를 감소시키는 방법을 학습해야 하는 이유에 대해서도 깨닫게 된다.

SIT의 두 번째 단계(기술 습득, 강화, 시연)에서는 내담자들이 대처 전략을 학습하고 시연해 본다. 이러한 구체적 기법들 중 일부는 인지 재구조화, 문제해결, 사회적 기술 훈련, 시간 관리, 자기지시 훈련, 안내된 자기대화, 이완 훈련, 우선순위의 재평가, 지지 체계의 개발, 스트레스를 주는 상황을 바꾸기 위한 직접적인 행동하기와 같은 생활양식을 변화시키는 것을 포함한다. SIT의 두 번째 단계에서 내담자들은 다양한 이완 방법을 배우고, 스트레스 때문에 일어난 감정을 가라앉히는 데 이러한 기술들을 사용하는 방법을 익힌다. 교육을 받고 시범을 보며 연습을 하고 구성원들은 더 나은 이완 기술을 배운다. 내담자들은 규칙적으로 상상이나 행동시연을 하면서 기술을 익힌다. 이러한 활동들은 명상, 요가, 근육의 긴장과 이완, 호흡통제 기법, 걷기, 달리기, 정원 가꾸기, 뜨개질하기, 또는 신체 활동을 포함한다. Meichenbaum은 훈련자와 내담자 모두 신체뿐 아니라 마음의 상태가 이완되어야 한다는 점을 이해하는 것이 중요하다고 강조했다.

대처 기술을 가르치는 또 다른 방법은 단계별 과제를 부여하는 것이다. 이것은 내담자가 작고 연속적인 단계를 거쳐 목표에 도달하도록 하는 행동 조성 전략이다. SIT에서는 세 가지 핵심 기술을 사용한다. (1) 사건에 대한 내담자들의 생각, 감정, 해석을 알아낸다. (2) 내담자들이 자신의 해석을 지지하거나 반박하는 증거를 수집한다. (3) 해석의 타당성을 검증하고, 더 많은 논의 자료를 모으기 위한 과제를 계획한다.

인지 재구조화에서 내담자들은 부적응적인 사고를 확인하고, 좀 더 적응적이 되도록 논박하고 재구조화하는 것을 배운다. 인지 재구조화를 통해 내담자는 스트레스의 발생과 유지에 있어 인지와 정서가 어떤 역할을 하는지를 자각하게 된다. SIT에서 사용하는 인지 재구조화 접근은 앞에서 기술한 Beck(1976)의 인지치료에 기반을 두고 있다. 치료자들은 건설적인 사고와 대처 기술을 가르치기 위해 모델링과 행동 시연 같은 전략을 체계적으로 사용한다. 내담자는 인지치료 기법을 통해 부정적이고 스트레스를 유발하는 사고를 발견하고, 스트레스를 악화하는 자동 사고에 도전하도록 배운다. 내담자는 또한 문제 상황에 대처할 때 조용히 자신에게 지시하는 자기지시 훈련도 받는다. 내담자들은 스트레스 요인에 직면할 때 적용할 수 있는 새로운 인지적 대처 전략을 배우고 연습한다. 만약 생각이 우리를 더 악화시킨다면 스트레스를 감소시키거나 피하거나 스트레스를 건설적으로 이용하기 위해 다양한 자기진술문을 적용할 수 있다고 가정한다.

SIT의 세 번째 단계(적용 및 마무리)에서는 치료 상황에서의 변화를 일상생활로 전이시키고 유지시키는 것을 준비하는 데 초점을 둔다. 이것은 치료실에서 연습한 대처 기술이 일상생활 상황에 자동적으로 일반화되지 않을 것이라는 가정에 근거하고 있다. 훈련 회기에서 배운 것을 강화하기 위해 내담자들은 심상을 통한 연습과 행동 시연, 역할극, 모델링, 실생활에서의 연습 등의 다양한 활동에 참여한다. 내담자들은 과제를 하거나 개인적인 실험을 해 보도록 요청받는다. 이러한 과제의 결과들은 다음 모임에서 주의 깊게 점검을 받는다. 만약 내담자가 과제를 하지 않았다면 지도자와 구성원들이 함께 과제를 하지 못한 이유를 검토한다.

집단참여자들은 또한 재발예방 훈련을 받는데, 이는 일상생활에서 학습한 것을 적용하는 과정에서 불가피하게 경험하게 될 어려움들을 다루는 절차를 배운다. 재발 예방 교육은 집단원들이 집단에서 얻은 것을 유지하고, 스트레스가 증가하거나 고위험 상황이 있을 때 재발하는 것을 줄이는 데 도움을 준다(Sperry & Sperry, 2018).

Cormier 등(2017)은 SIT가 가장 융통성 있는 인지행동 전략 중 하나라고 결론을 내렸다. 그들은 "현재 및 잠재적인 문제 상황에서 직접적인 행동 및 인지 대처 기술을 가르쳐 주는 것은 현재와 미래 상황에서 적용할 수 있고, 내담자의 통제하에 있는 기술들을 제공한다." (p. 450)라고 덧붙였다.

인지행동치료의 마음챙김과 수용 기반 접근

1990년대에는 행동치료의 범위에서 일부 제외되었던 고려 사항들을 다루기 위해 제3세대(또는 '제3의 물결') 행동치료 접근법이 개발되었다. 마음챙김, 수용, 영성, 가치, 가치 있는 삶에 전념, 명상 및 현재에 살기와 같은 주제들이 강조되는 제3세대 접근법에서는 치료적 관계, 내담자 강점 및 자원의 확인, 다양성과 문화에 대한 관심, 그리고 내담자의 힘을 키우기가 강조된다(Sperry & Sperry, 2018). 다양한 치료법이 소개되어 여러 장애의 치료에서 점차적으로 인기를 얻고 있다(Bieling et al., 2006; Masuda & Rizvi, 2020). 그것들은 집단 실제에 뿌리를 두고, 인지행동 전통을 확대한 것이다.

마음챙김(mindfulness)은 지금 이 순간의 내적 · 외적 자극을 관찰하고 지각하며, 현재 상황을 판단하지 않고 수용하는 개방적인 태도를 갖는 과정이다(Kabat-Zinn, 1994, 2003; Segal et al., 2013). 마음챙김은 "매 순간의 경험에 의도적으로, 현재 순간에, 비판단적으로 주의를 기울여서 일어나는 자각"이다(Kabat-Zinn, 2003, p. 145). 주의분산이 발생하면 알아차리고, 주의를 다시 현재 경험에 둔다(Germer, 2013). 우리 중 많은 사람이 현재 일어나고 있는 일이 아닌 다른 것에 집중하고 있다. 우리는 미래에 대해 걱정하고, 과거에 대해 반추하고, 바로 앞에 있는 것에 주목하기보다는 다음에 올 일에 관심을 가진다(Roemer & Orsillo, 2020).

수용은 지금 이순간을 호기심과 친절함으로 완전히 자각하려고 하며, 현재 경험을 판단 분별없이 받아들이는 것을 의미한다(Germer, 2013). 수용의 개념은 삶의 문제를 체념하는 것을 의미하는 것이 아니다. 대신에 수용은 개인적인 사건들을 알아차리고 수용하고, 포용하는 내담자의 능력으로 볼 수 있다(Antony, 2019).

임상 기법으로서 많은 잠재성을 가진 마음챙김 기반 개입과 수용 기반 CBT에 대한 문헌이 증가하고 있으며, 이러한 경향은 전통적인 인지행동 접근을 더욱 확장해 왔다(Hayes et al., 2004). 이와 관련하여 다음과 같은 네 가지 주요 접근이 있다. (1) 변증법적 행동치료(Linehan, 1993a, 1993b ; Chapman & Dixon-Gordon, 2020)는 경계선 성격장애를 위한 치료 방법으로 알려졌다. (2) 마음챙김 기반 스트레스 감소 훈련(Kabat-Zinn, 1990)은 스트레스에 대처하고 신체 및 정신적 건강을 증진하기 위해 마음챙김 기법을 적용한 8~10주간 집단 프로그램을 말한다. (3) 마음챙김 기반 인지치료(Segal et al., 2013 2002)는 주로 우울증을 치료하는 것에 목표를 둔다. (4) 수용전념치료(Hayes et al., 2005, 2011; Roemer & Orsillo, 2020)는 내담자들이 불쾌한 감각을 통제하거나 변화시키려고 하기보다는 수용하도록 격려하는 것에 중점을 둔다. 이 네 가지 접근 모두 경험적 자료에 근거를 두고 있으며, 이것은 행동치료의 특징이다.

치료자들은 많은 사례에서 최상의 치료는 한 가지 이상의 행동적 접근이 필요하다는 것을 점차 인식하고 있다. 또한 심리치료를 통합해 가는 흐름은 둘 혹은 그 이상의 이론에서 나온 치료 전략을 융합하는 것을 포함한다. 이 흐름에 맞게 CBT 치료자들은 이제 그들이 추진하는 치료 계획에 부가적인 방법들을 통합한다. 이와 마찬가지로, CBT에 바탕을 두지 않는 치료자들 역시 마음챙김 및 수용 접근의 다양한 방법을 차용하여 실무에 적용하고 있다(Spiegler, 2016). 마음챙김 기술을 가르치는 데 관심이 있는 치료자에게 유용한 책은 『마음챙김 기술을 가르치는 안내서(Teaching Clients to Use Mindfulness Skills: A Practical Guide)』(Dunkley & Stanton, 2014)이다.

변증법적 행동치료(DBT)

변증법적 행동치료(Dialectical Behavior Therapy: DBT)는 자살시도 내담자가 살아갈 가치가 있는 삶을 만들 수 있도록 돕기 위해 개발된 통합적인 인지행동치료다. DBT는 인지행동 개념을 '동양의 심리적 및 영적 수행(주로 선 수행)'(Linehan, 1993b, p. 6)의 마음챙김 훈련과 통합하여 내담자들의 우울증과 관련된 정서와 행동을 조절하는 것을 돕는다. Linehan(1993a, 1993b)은 치명적이지 않은 자해 행동을 포함한 내담자의 증상을 치료하기 위해 DBT를 만들었다. 이 증상들은 경계선 성격장애로 진단받은 사람들의 가장 대표적인 증상이지만, 다른 내담자들에게도 해당될 수 있다. DBT 역시 치료적 관계, 내담자의 타당화(validation of the client), 아동기의 '적합하지 않은 환경(invalidating environment)'에서의 경험의 인과적 중요성 등을 강조한다. DBT에서 강조하는 학습은 '경험적으로 타당한' 치료 접근이다. 많은 연구들이 DBT가 경계선 성격장애의 특징을 보여 주는 사람들에게 효과적인 치료 기법임을 경험적으로 입증해 왔고(Wilson et al., 2012), Linehan은 경계선 성격장애를 가진 사람들에게 복잡한 도전을 하기 위해 이론과 치료요소를 만들었다(Chapman & Dixon-Gordon, 2020). DBT는 경계선 성격장애에 대해 가장 널리 사용되고 연구된 개입이다(Sperry & Sperry, 2018). DBT의 기본 개념과 전략은 불안장애, 우울증, 섭식장애를 포함한 다양한 문제를 치료하는 데도 적용되고 있다(Antony, 2019). 현재 DBT가 인기 있는 이유 중 하나는 경험적 근거가 계속 증가하고 있다는 점이며, Champman과 Dixon-Gordon(2020)은 "포괄성, 유연성 및 증거기반 CBT 원리의 통합과 함께 DBT의 상식적이고 실용적인 특성이 훨씬 더 광범위한 내담자들에게 서비스를 제공하는 다양한 프로그램에 유용하도록 만들었다."고 언급했다(p. 134).

DBT는 내담자에게 마음챙김과 수용 모두를 가르친다. 수용의 연습은 왜곡, 판단, 평가 없이, 그리고 경험에 집착하지 않고 현실을 있는 그대로 보면서 현재에 머무르는 것이다. 그것은 현재 일어나는 사건과의 상호작용에서 자신을 분리하지 않고 현재의 활동에 적극적으로 참여하는 것을 포함한다.

DBT에서 내담자들은 삶을 있는 그대로 받아들이는 기술을 배운다(Robins, Schmidt, & Linehan, 2004). 마음챙김 기술은 두세 시간 동안 배우고 나중에 연습한다. 마음챙김 기술에는 호흡에 집중하기, 현재 활동에 머무르기, 감정을 확인하고 기술하기, 고통을 피하지 않고 정서에 주의를 기울이기, 생각이 흐르는 대로 내버려 두기, 비판단적인 태도갖기, 한 번에 한 가지 일에만 초점 두기, 모든 감정을 수용하기 등이 있다.

DBT는 삶을 견딜 수 없는 사람들에게 치료제를 제공하는 것이 아니며, DBT는 가치 있는 삶을 만드는 길이다. 이 접근 방식은 내담자가 문제를 수용하도록 돕고 문제를 해결하는 실용적인 방법을 제공한다(Linehan, 2020).

DBT는 증상을 빨리 해결하는 접근이 아니며, 일반적으로 최소 1년 동안 치료를 해야 한다. 집단 작업에서도 개인치료를 병행한다. Linehan(1993b)은 일부 상황에서 DBT 기술 훈련과 정신역동치료의 통합을 시도했다(p. 14). DBT를 실시하기 위해서는 집중적인 훈련과 수퍼비전이 요구된다. Marcha Linehan의 삶과 작업에 대해서는 『가치 있는 삶을 만들기(Building a Life Worth Living)』(Linehan, 2020)을 참조하라. DBT에 대한 포괄적이고 명확하며 개인적인 설명은 『DBT 실행 원리: 수용, 변화, 변증법(DBT Principles in Action: Acceptance,

Change, and Dialectics)』(Swenson, 2016)을 참조하라.

마음챙김 기반 스트레스 감소 훈련(MBSR)

1997년 매사추세츠대학의 Kabat-Zinn이 의학적 환자의 스트레스, 통증, 질병 및 기타 형태의 고통을 완화시키기 위한 마음챙김 기반 스트레스 감소(Mindfulness-Based Stress Reduction: MBSR) 프로그램을 개발하였다. 8주간의 구조화된 집단치료 프로그램에는 마음챙김 명상훈련이 포함된다. MBSR은 본래 자신의 웰빙에 대한 책임감을 높이고 신체적 건강 문제를 치료하기 위한 내적 자원을 적극적으로 개발하도록 돕기 위하여 고안되었다(Kabat-Zinn, 2003). 기본적으로 MBSR 프로그램에서 가르치는 모든 기법(예: 정좌 명상, 요가)은 마음챙김을 촉진하는 데 목적이 있다. 이 프로그램은 내담자가 자신의 모든 신체 감각을 관찰할 수 있도록 돕는 바디 스캔 명상법을 포함한다. 내담자들은 서있기, 걷기, 먹기를 포함한 일상생활의 모든 측면에서 마음챙김의 태도를 갖도록 격려를 받는다. MBSR 프로그램에 참여한 사람들은 하루에 45분씩 공식적인 마음챙김 명상을 수행하도록 한다. MBSR 프로그램은 주로 내담자에게 건설적인 방법으로 내적 · 외적 스트레스 원천을 이해하고 연결하도록 하며 현재를 더 충실히 살아가는 방법을 가르치는 데 목적을 두고 있다. 내담자는 마음챙김 수련을 통해 판단하지 않는 태도를 기르려고 노력한다. MBSR은 인지 수정 기술을 적극적으로 가르치지 않으며 특정 인지를 '역기능적'이라고 명명하지 않는다.

마음챙김 방식으로 존재하는 것을 습득하는 것은 연습훈련을 통해 더 깊어진다. Kabat-Zinn(2003)은 마음챙김은 어느 곳에 도달하거나 무언가를 고치는 것이 아니라고 하였다. 그것은 이미 자신이 있는 곳에 존재하도록 하며 매 순간 직접적인 경험의 안팎의 풍경을 알도록 한다.

MBSR은 불안, 스트레스, 우울과 같은 다양한 심리적 상태를 포함하도록 발전하는 경향이 있다. 수많은 연구의 개관과 메타분석은 마음챙김, 수용, 연민기반 치료들이 신체적 건강과 심리적 건강을 증진시키고, 건강한 생활양식을 변화시키는 데 효과적이라는 점을 보여 준다.

마음챙김 기반 인지치료(MBCT)

마음챙김 기반 인지치료(Mindfulness-based Cognitive Therapy: MBCT)는 Kabat-Zinn(1990, 2003)의 MBSR 프로그램을 적용한 8주간의 집단치료 프로그램을 우울증 치료를 위해 개발한 것이다. MBCT는 인지치료의 요소와 MBSR의 절차를 통합한 것이다. 마음챙김 연습에서 내담자는 자신의 생각과 감정이 일어날 때 '알아차리기'를 요청받는다. 내담자는 마음챙김 명상을 배우며 부정적인 생각, 감정, 신체 상태에 대해 개방적이고 비판단적인 자세를 취한다(Wilson et al., 2012). MBCT는 내담자들에게 생각에 관여하지 않고 생각에 주의를 기울이도록 가르친다.

Segal 등(2003)은 친절과 자기 연민을 MBCT의 필수 구성 요소로 설명한다. 마음챙김은 자기돌봄의 한 형태인 자기 연민을 개발하는 방법이다. 비판적인 판단 없이 우리의 결점을 인정할 때, 우리는 스스로 자신을 친절하게 대할 수 있게 된다. 마음챙김은 순간순간의 경험에 초점을 맞추고, 내담자가 자기 비판적이기보다는 개방적인 인식과 수용의 태도를 경험하는 데 도움이 된다. 우리는 분노, 불안, 우울과 같은 감정을 경험하면서 의도적으로 자신과 다른 사람들에 대한 선의를 활성화할 수 있다.

내담자는 자신의 생각이 사실이 아니며 전통적인 CBT에서 해온 것처럼 생각에 대해 논쟁하기보다는 생각이 오고 가도록 허용할 수 있음을 깨닫게 된다. MBCT는 부정적인 생각에 대한 내담자의 자각과 관계를 변화시키는 것을 목표로 한다(Germer, 2013). 내담자들은 집단 내에서 마음챙김을 연습하는 것뿐만 아니라 일상생활에서도 적용하도록 한다. 우울증 치료에 관한 MBCT 효과의 초기 연구들은 전망을 보여 주지만 더 많은 연구가 이루어져야 한다. MBCT의 간명성과 집단형식은 이 접근을 효과적이고, 비용 효용성이 있는 치료로 만들었다.

수용전념치료(ACT)

마음챙김에 기반을 둔 또 하나의 접근 방식이 바로 수용전념치료(Acceptance and Commitment Therapy: ACT)이다(Hayes et al., 1999, 2005). 이 치료 기법은 현재의 경험을 온전히 수용하고, 장애물을 내버려 두도록 한다. 이 접근에서 "수용은 단지 참는 것이 아니라 지금-여기에서 경험하는 것을 판단하지 않고 수용하는 것이다"(Hayes, 2004, p. 32). ACT 수행에서는 심리적 사건에 대해 의식적으로 개방하고, 수용하는 자세를 갖는다. 수용은 특정한 기법이 아니며, 내담자가 삶을 살아가고 치료를 수행하는 자세를 의미한다(Hayes & Pankey, 2003). 수년 동안 CBT에서 수용의 특정 측면이 존재했지만, CBT 계열 치료 내에서 수용에 대한 강조가 증가하고 있다(Wilson et al., 2012). ACT는 내담자가 부정적이거나 원하지 않는 사고 혹은 고통스러운 감정을 억압하는 것이 도움이 되지 않는다는 것을 알 수 있도록 한다. 부정 정서의 회피는 해결보다는 더 고통을 가져온다. 전념이란 내담자가 무엇을 가장 중요하게 생각하고 의미 있는 삶을 살기 위해 무엇을 기꺼이 할 것인지에 대한 결정을 내리는 것을 말한다. 가치관은 치료 과정의 기초가 되는 부분이며, ACT 치료자들은 내담자에게 이렇게 질문할 수 있다. "당신의 삶에서 받아들이기를 원하는 것이 무엇입니까?" ACT는 내담자가 자신에게 중요한 것이 무엇인지 인식하고, 자신의 가치와 좀 더 일치하는 생활 방식으로 행동을 전환하도록 가르치는 것을 포함한다(Antony, 2019). ACT의 목표는 심리적 유연성을 증가시키는 것이다. 이 접근은 내담자가 일상생활에서 가치 있는 삶을 살도록 하는 과제와 행동 연습을 이용한다.

ACT 치료자들은 각 내담자들에 대해 개별화된 다양한 기술을 선택할 수 있다. 몇몇 수용 연습에는 평온을 비는 기도, 고통스러운 사건에 대한 일기 작성, 자신의 생각을 매우 천천히 말하는 것, 카드에 어려운 생각을 써서 가지고 다니기, 그리고 다른 일을 하고 일어나는 일을 기록하는 것이 포함된다. 의미 있는 삶을 추구하면서 경험이 오고 갈 수 있도록 하는 것이 ACT의 초점이다.

Hayes와 Lilis(2012)는 ACT가 폭넓은 증거 기반 치료법이라고 보고 한다. ACT는 약물 남용, 우울증, 일반화된 불안장애, 공황장애, 공포증, 강박장애, 외상 후 스트레스 장애, 섭식장애 등 다양한 장애의 치료에 효과가 있다는 것이 경험적 증거를 통해 입증됐다. 행동 의학 및 신체 건강에 대한 연구에서는 만성 통증, 흡연, 당뇨병 관리, 체중 유지, 운동 및 직장 스트레스를 치료하기 위해 ACT를 사용했다. ACT 방법은 미국과 유럽을 넘어 세계의 많은 지역에서 연구되어 왔다.

미래 방향

새로운 행동치료는 전통적인 행동치료에 여러 가지 새로운 아이디어를 가져왔다. 행동치료 분야의 이러한 발전은 CBT 치료자들이 그들의 실무 경험에서 얻은 자료를 적극적으로 활용하고 있음을 의미한다. 치료자들은 학교와 지역사회 정신건강기관의 다양한 내담자들의 특별한 요구에 맞게 점점 더 다양한 집단을 만들고 있다. Antony(2019)는 "행동치료는 잘 정착되어 있으며, 앞으로 수년 동안 계속 성장하고 발전할 것이라는 모든 지표가 있다."고 예측했다. 심리치료의 미래에 대한 델파이 설문 조사에서 치료자들은 마음챙김 접근법이 향후 10년 동안 가장 많이 증가할 것으로 예측했다. 실질적으로 증가할 것으로 예상되는 다른 이론들은 인지행동치료, 통합치료, 다문화치료, 동기강화상담, 변증법적 행동치료가 있다(Norcross et al., 2013).

마음챙김과 수용 기반 접근은 모두 경험적 자료를 기반으로 일반적 행동 우산 아래로 들어갈 수 있는 하나의 중요한 특징을 공유한다. 새로운 마음챙김 및 수용 기반 치료법은 행동치료법을 단순하고 별개의 문제를 치료하는 것에서 행동 원리에 기반한 더 복잡하고 완전한 심리치료로 전환했다(Prochaska & Norcross, 2018). 이러한 3세대 치료는 1세대 및 2세대 행동치료에 대한 대안적 치료 전략을 제공한다.

심리치료와 실제에서 마음챙김의 역할에 대해 좀 더 심도 깊게 논의한 책으로 『마음챙김과 수용: 전통적 인지행동치료의 확장(Mindfulness and Acceptance: Expanding the Cognitive-

Behavioral Tradition)』(Hayes et al., 2004), 『마음챙김과 심리치료(Mindfulness and Psychology)』(Germer et al., 2005), 『마음챙김과 수용에 기반을 둔 행동치료의 실제(Mindfulness Acceptance-Based Behavioral Therapies in Practice)』(Roemer & Orsillio, 2009) 등이 있다.

집단 이론의 실제: CBT 이론의 적용*

이 집단 회기에서는 각 집단원들에게 간략한 체크리스트를 확인하는 것으로부터 시작한다. 나는 집단원들이 핵심 신념을 파악하고 검토하도록 격려하고, 각 집단원들의 행동에 영향을 미치는 신념의 본질을 파악하는 한 문장을 요청한다. 집단원들이 확인한 일부 핵심 신념은 다음에 제시되어 있다.

- 나는 충분하지 않다.
- 나는 충분히 똑똑하지 않다.
- 나는 모두의 인정이 필요하다.
- 나는 게으르다.
- 나는 숙련되지 않았는데, 왜 원하는 것을 추구하는가?
- 나는 점점 더 많은 일을 해야 한다. 뭐든지 내가 하는 건 100% 이루어져야 한다.
- 나는 쉴 시간이 없다. 할 일이 너무 많은데 시간이 너무 부족하다.

이 간략한 체크리스트를 완성한 후에 집단원에게 두 번째 체크리스트에서 그들의 혼잣말을 확인하도록 요청한다. 예를 들어, 켈리(Kellie)는 "나는 숙련되지 않았고, 일을 끝까지 잘 마무리하는 사람이 아니다."라는 말을 자주 듣는다고 한다. 켈리는 자신의 프로젝트를 마무리하지 못한다는 그녀의 신념이 어떻게 목표 달성에 방해가 되고 있다는 것을 인식하고, 이에 대해 연구하고 싶다고 말했다. 나는 켈리에게 끝낸 프로젝트가 있는지 물었고 그녀는 이렇게 말했다. "나는 박사학위를 받았고 대학에서 종신교수가 되었으며 대학에서 웰니스 프로그램을 만들었습니다. 나는 좋은 선생님, 좋은 아내, 그리고 좋은 어머니였습니다." 켈리는 몇 가지 중요한 프로젝트를 끝낸 것처럼 보이지만, 그녀는 여전히 자신이 마무리를 잘하

* 여기서 논의된 집단 회기는 온라인 학생 자료에 포함된 '집단 이론의 실제' 비디오에 있는 인지행동치료 집단 작업에서 나온 것이다.

는 사람이 아니라고 믿고 있다.

나는 협력적 경험주의(Collaborative Empiricism) CBT 전략을 활용하여 켈리에게 이러한 핵심 신념이 옳은지 아닌지 검증할 증거를 찾도록 요청했다. 구성원들과 나는 켈리가 방금 나열한 모든 성취가 그녀가 끝을 내지 않고, 숙련되지 않다는 그녀의 신념을 뒷받침하지 않는다고 언급했다. 그 후 켈리가 추구하고 싶은 프로젝트에 대한 질문을 받았다.

> 켈리: 나는 책을 쓰려는 프로젝트가 있지만, 아직 내 안에 장애물이 있다는 것을 깨달았습니다. 나는 시집을 완성하고 싶지만, 취약성에 대한 두려움 때문에 마무리하는 데 어려움이 있습니다. 내 시를 공개하면, 날 비판할지도 모른다는 걱정이 있습니다.

나는 소크라테스식 질문을 사용하여 켈리와의 작업을 계속했다. 내가 켈리를 탐색하기 위해 했던 질문은 다음과 같다.

- 누군가 당신과 당신의 작업을 평가할 가능성은 얼마나 됩니까?
- 당신이 책을 완성했다고 상상해 봅시다. 이 프로젝트를 마친 후, 스스로에게 말하는 것은 무엇일까요?
- 비평가들이 무엇을 말하는 것을 두려워하나요?
- 당신의 책을 보고 사람들이 뭐라고 말하기를 희망하나요?
- 당신이 책을 출판했는데, 아무도 읽지 않는다면 어떻게 될까요?
- 만약 어떤 사람들이 당신의 책을 좋아하지 않는다면 그것이 그렇게 파국적인가요?

켈리가 질문에 대답을 하면서, 그녀는 혼잣말에 도전한다. 이 작업을 계속하면서, 켈리가 미뤄왔던 결정을 내리고 실행 계획을 준비하는 데 도움이 될 수 있다. 켈리와 이 작업을 진행한 후, 나는 집단구성원들에게 켈리에게 어떤 피드백을 주고 싶은지 물었다. 그런 다음 다른 사람들은 자신이 중요하다고 생각하는 목표를 달성하는 데 방해가 되는 자신의 신념을 탐구하는 시간을 갖도록 했다.

학교 집단상담에 대한 인지행동 접근의 적용

현재중심적이며, 단기적이고, 행동에 초점을 둔 인지행동 접근은 다양한 학생들과 함께 작업하는 데 적합하다. 인지행동적 집단상담은 다양한 주제가 있는 유치원에서부터 고등학생들과 작업할 때 적용할 수 있다. 학교에서 CBT 집단을 활용하는 가장 큰 이유 중 하나는 나이에 맞는 연습과 교육이 치료와 예방을 위해 사용될 수 있다는 것이다(Vernon, 2004). Vernon은 학생들을 대상으로 한 CBT의 효율성에 대한 몇 가지 근거를 다음과 같이 제안했다.

- CBT 원리는 이해하기 쉽고, 대부분의 연령대와 다양한 문화에 속한 아이들에게 적용할 수 있다.
- CBT 집단은 단기적이며, 시간이 제한된 학교 환경에 맞는 간단한 개입을 사용한다.
- 가르치는 개념들은 학생들이 삶의 기술을 습득하도록 한다.
- 아동과 청소년은 자신의 사고, 감정, 행동 간의 관계를 이해함으로써 정서와 행동면에서 자기조절을 배울 수 있다.
- CBT 집단은 구성원들이 변화할 수 있는 것에는 대처하도록 하고, 변화할 수 없는 것들은 수용하도록 도와준다.
- 인지 원리는 학생들에게 현재의 고민과 미래의 문제를 잘 다루는 힘을 길러준다.

집단치료는 고등학생들에게 특히 유용하다. 개인치료에서는 내담자의 인지 패턴을 재구성하도록 돕는 것은 지도자의 역할이다. 집단 상황에서, 숙련된 지도자는 다른 집단구성원이 잘못된 신념에 도전하도록 피드백을 촉진시킬 수 있다. 사회적 관계는 청소년기의 발달단계에서 중요한 역할을 하기 때문에 집단에서 또래의 피드백은 고등학생들에게 특히 중요할 수 있다.

다문화 집단에 대한 인지행동 접근의 적용

인지행동적 집단치료는 다문화 집단을 대상으로 작업하는 데 분명한 장점이 있다. Spiegler(2016)는 CBT가 개별화된 치료와 외부 환경을 강조하고 심리교육에 초점을 두는 적극적 특성 때문에 다양한 내담자 집단을 치료하는 데 적합하다고 하였다. 다양한 문화적 배경을 가진 내담자는 문제 중심적이고, 현재 중심적이고, 시간 제한적이며, 인지적이고 행동적인 기술을 내담자들에게 가르쳐 주기 때문에 이 접근을 통해 이점을 얻게 된다. CBT는 융통성이 있으며, 인지행동적 기술을 각 내담자에 맞게 조정할 수 있다(Cattie et al., 2020). CBT 집단은 강렬한 감정을 경험하고 표현하기보다는 사고와 행동의 패턴에 더 주목한다. 감정

표현을 억압하는 문화적 경향으로 인해 카타르시스에 대한 거부감을 느끼는 구성원들도 인지행동 접근에 대해서는 비교적 호의적인 반응을 보이는 경향이 있다. 또한 CBT 집단은 단기적이고, 아주 구조화되어 있어, 내담자는 CBT 집단에 참여하기로 결정했을 때 그들이 무엇을 해야 할지 알 수 있다. CBT 치료자는 일반적으로 집단원들이 집단에 참여할 수 있도록 준비하는 데 시간을 보낸다. 이는 집단 과정의 애매함을 제거하고 규범을 명확해지게 만든다. CBT에서 분명한 치료 목표는 집단원과 치료자가 공동으로 결정한다. 집단원들은 어떤 목표를 달성할지 결정하고, 치료자들은 이러한 목표가 안전하고 구체적이며 측정 가능하고 실현 가능한지 확인한다. 개인 목표 달성은 지속적으로 평가되며 집단원들은 자신의 치료 작업의 방향과 과정에 영향을 미칠 기회를 갖는다(Antony et al., 2020). 이 접근은 집단 경험의 가치에 대한 다소간의 의구심을 갖고 있지만 즉각적인 문제에 대처하는 실제적인 방법을 학습하는 데 관심이 있는 내담자들에게 매력적일 수 있다.

현대적인 CBT는 성공적인 치료 관계를 구축하는 데 특히 적합하다. 제3세대 접근법은 치료적 관계, 내담자 자원 및 강점에 민감하며 문화적으로 적응성이 있다(Sperry & Sperry, 2018). 행동치료 실제에서 문화적으로 민감한 행동적 방법의 중요성이 점점 인식되고 있다. 연구들을 통해 소외된 집단에 행동치료를 적용하는 것이 효과적임을 입증했고, 심리치료 개입의 문화적 적용은 다양한 문화적 배경을 가진 개인들에게 적용될 때 향상된 결과를 보였다(Antony et al., 2020). CBT는 자기도전 방법의 일부로 개인의 신념 체계를 사용하기 때문에 문화적으로 민감한 경향이 있다. Beck과 Weishaar(2019)는 인지치료가 문화적 맥락 안에 존재하는 내담자의 신념과 가치관을 이해하기 시작했다는 점을 지적한다. 인지치료자는 구성원들에게 자신의 신념을 강요하지 않는다. 오히려 그들은 이러한 신념이 구성원들에게 적응적인 정도와 정서적 안녕감을 가져오는지 여부를 평가하는 데 도움을 준다. CBT 집단 치료자들은 많은 내담자가 직면하는 스트레스, 불평등, 사회적 불공평과 같은 문제의 환경적 원인을 인정한다(Cormier et al., 2017). Antony(2019)는 행동 문제가 개인에게 원인이 있다기보다는 환경 또는 개인과 환경의 상호작용을 통해 발생한다는 견해를 갖고 있다. "인지행동 치료사들은 문제 행동을 그들의 이해할 만한 특정 맥락으로 보기 때문에 내담자들은 그들의 행동이나 문제에 대해 비난을 받지 않는다."(p. 200) 이 관점은 확실히 사회 정의 관점과 일치한다.

Pamela Hays는 CBT 전략들이 내담자들의 문화적 배경과 문화적 맥락에 맞게 수정된 문화적으로 반응적인 CBT(CR-CBT) 모델을 개발했다. CR-CBT의 핵심 측면 중 하나는 문화적인 강점 강조, 내담자의 핵심 문화적 신념 수용, 억압을 경험한 내담자를 존중하고 인정하는 것을 포함한다(Hays, 2016). CR-CBT는 문화적 강점을 중시하고 이러한 내담자의 자원을 강화한다. 이 접근법은 내담자의 심리적 요인과 문화적 요인이 복지와 문제에 영향을 미치는 것을 이해하고 평가하기 위한 강점 지향적이며, 문화에 반응적인 접근을 설계하는 유용한 틀을 제공한다(Sperry & Sperry, 2018).

Hays(2009)는 CBT와 다문화치료 사이에 '거의 완벽한 일치'가 있다고 주장한다. 두 관점 모두 통합을 촉진하는 공통된 가정을 공유하고 있다.

- 두 치료는 개인의 독특한 요구와 강점에 맞는 개입의 필요성을 강조한다.
- 두 치료는 힘을 복돋아 주는 것을 강조한다. CBT는 내담자들에게 일상생활에 적용할 수 있는 구체적인 기술을 가르치며, 다문화치료는 문화적 요인이 내담자의 독특성에 미친 문화적 영향을 강조한다.
- 두 치료는 내담자의 내적 자원이 변화를 촉진할 수 있다는 강점 모델을 강조한다.
- CBT의 행동주의 접근은 환경의 영향에 관심을 두는데, 이것은 문화의 영향을 강조하는 다문화치료에 잘 맞는다.

인지행동 접근이 다양한 내담자를 대상으로 하는 집단 작업에서 성과를 얻는 데 기여한 그 밖의 요인으로는 구체성, 과제중심, 객관성에 초점을 두는 것, 협력 강조, 인지와 행동에 초점을 두는 것, 행동중심적인 경향, 과거보다 현재를 다루는 것, 단기개입과 문제해결을 강조하는 것 등이 있다. 학습한 내용의 실제 적용, 그리고 일상생활에서의 새로운 행동을 유지하기 위한 원칙과 전략에 주의를 기울이는 것은 매우 중요하다. 단기 집단 형태에 특히 적합한 CBT는 특정 유형의 내담자들이 직면하는 여러 가지 문제에 적용하기에 좋고, 내담자들이 치료 과정에서 일상적 고민거리를 다룰 수 있게 해 준다.

Organista(2000)에 따르면 CBT 집단에 참여하는 라틴계 내담자들은 그들의 기대에 부합하는 개입 방법을 특히 선호하는 경향이 있다. 라틴계 내담자들은 증상 완화, 안내와 조언, 지시, 지도자의 전문적 역할, 문제를 다루는 데 초점 맞추기, 단기성, 내담자의 환경에 따른 맞춤형 치료와 같은 CBT의 특성이 효과적이고 유용하다고 인정하고 있다. 문화적 배경이 다른 많은 내담자들은 CBT의 철학이 그들의 성향과 일치하며 현재의 문제에 초점을 맞춘다는 것을 알게 될 것이다.

주장성, 독립성, 언어적 능력, 합리성, 인지 및 행동적 변화를 강조하는 CBT는 주장성보다는 섬세한 의사소통을, 개인적 독립성보다는 상호 의존성을, 말하는 것보다는 관찰하고 듣는 것을, 행동 변화보다는 수용을 가치 있게 여기고, 덜 직선적인 인지양식을 선호하는 문화권에서는 활용에 있어 제약이 따를 수 있다(Hays, 2009). 더욱이 CBT에서 현재에 초점을 두는 것은 과거를 무시하는 결과를 가져올 수 있다. 인지행동평가는 내담자의 개인사를 탐색하는 과정을 포함한다. 만약 치료자들이 내담자의 문화적 신념을 인식하지 못한다면 내담자의 개인적 경험을 해석하는 데 어려움을 겪을 수 있다. 다문화 관점에서 나온 CBT의 또 다른 제한점은 신체적 · 사회적 환경의 영향을 강조하는 개인적 접근을 포함한다. 경험이 없는 치료자들은 환경적 개입(environmental interventions)을 무시하고 인지 재구조화를 지나치게 강조할 수도 있다. 억압적인 사회적 상황에 대한 개인의 신념을 재구성하는 데 초점을 맞추면 내담자에게 도움이 될 수 있는 환경 내 작은 변화를 고려하는 데 제한이 있을 수 있다.

새로운 사회적 기술을 습득함으로써 얻게 될 결과를 구성원들이 특정한 문화적 맥락 속에서 평가할 수 있도록 돕는 일은 집단지도자에게 매우 중요하다. Sue와 Sue(2016)는 권위에 대한 복종, 대인관계 조화, 겸손, 공개적인 수치심 회피와 같은 주장성 수준에 영향을 미칠 수 있는 아시아 문화적 규범을 설명하였다. 중국 문화는 전통을 따르는 것에 가치를 두기 때문에 자기주장적인 태도는 문제를 야기할 수 있다. 전통적인 중국 가정에서 성장한 사람은 자기주장이나 의사결정 능력을 발달시킬 기회가 거의 없다. 그 대신 그 부모나 연장자가 결정하는 힘을 가지며, 아이들이 복종하고 존경심을 갖기를 기대한다. 집단지도자는 문화적 가치관이 구성원들의 행동에 어떤 영향을 미치는지를 염두에 두어야 하며, 그들이 자기주장적인 태도의 장단점을 검토할 수 있도록 도움을 줄 필요가 있다. 구성원들은 이미 가지고 있는 장점을 활용하는 방법을 배울 수 있다. 구성원들이 직장과 가정에서 새로운 태도와 행동을 습득할 때 직면하는 문제들에 대해 이야기할 기회를 갖는 것 또한 중요하다.

집단에 대한 인지행동 접근의 평가

이 접근의 기여와 강점

인지행동 접근의 장점 중 하나는 교육과 예방에 중점을 두는 것이다. CBT는 목표, 표적 행동, 치료 절차를 분명하고 측정 가능한 용어로 명확하게 정의한다. 이런 구체성은 평가, 치료, 평가 전략 간의 관련성을 고려한 것이다. 이런 구체성 때문에 치료적 성과를 평가하는 데 명백한 기준이 정해질 수 있다(Spiegler, 2016). 비록 CBT 치료자들이 다양한 치료 양식을 활용하고 있지만, CBT는 경험적 근거에 바탕을 둔 기법과 문제중심적인 개입을 지향한다는 공통점을 갖고 있다(Antony et al., 2020; Craske, 2017).

CBT 실제에서 다른 통합된 측면은 부적응적인 인지와 행동 및 정서를 더 적응적인 것으로 바꾸는 데 관심을 둔다. 인지행동의 전통은 각 내담자들에게 맞는 구체적인 전략을 찾는다. CBT는 기법의 효능을 결정하기 위한 연구를 수행한 점에서 인정을 받았다(Beck, 2021). 이는 집단에서 사용되는 절차를 체계적으로 평가하기 위해 전념한다. 효과적이지 않은 개입들은 없애고, 기법들이 계속해서 발전되고 있다. CBT 치료자들은 집단에서 여러 이론적 모델에서 나온 기법들을 통합하는 데 개방적이다. 인지행동의 치료적 개입은 이질적 집단과 동질적 집단에 모두 효과적으로 통합될 수 있고, 다양한 특정 목적을 가진 집단에서 함께 사용될 수 있다.

CBT는 경험적 방법을 사용하여 개발되었으며, 가장 엄격한 기준을 사용하여 검증된 최초의 심리치료 형태이다(Cattie et al., 2020). 행동 및 인지행동 접근법은 가장 광범위하게 연구된 심리 기법으로, 광범위한 정서적 및 행동 문제에 대한 효과를 뒷받침하는 수백건의 연구가 있다(Antony, 2019). Hollon과 Beck(2013)은 "인지치료와 인지행동치료의 개입은 전 임상 집단에서 다수의 정교한 실험을 통해 성공적인 증거를 도출해 냈다."(p. 424)고 했다. CBT 개입은 다양한 장애의 치료에 효과적이고 구체적이며, "이러한 개입은 대부분 다른 심리사회적 개입에서 발견되지 않는 지속적인 효과를 가져왔으며, 약물치료에서는 분명히 발견되지 않았다."라고 말했다(Hollon & Beck, 2013). CBT 효과를 확인하는 포괄적인 연구들을 검토해 본 결과, 우울증, 불안장애, 공황장애, 사회적 공포증, 외상 후 스트레스 장애, 식사장애, 약물 남용, 성격장애, 어린 아이들의 우울증과 불안장애 등의 치료에서 이 접근법의 효과성을 입증했다(Dienes et al., 2011; Hollon & Beck, 2013). 인지행동치료는 치료의 실패와 그 이유를 밝히는 연구를 하면서 성숙하게 발전해 왔다(Dimidjian & Hollon, 2011).

인지행동 분야는 확장되고 있으며 인본주의적 접근을 포함한 다른 치료적 접근과 통합하고 있다. 인지행동 집단은 인본주의적으로 접근한 구체적인 예가 있다. 마음챙김과 수용 기반의 접근을 도입한 제3세대 행동치료 기법들은 치료에 더 많은 기법을 통합하여 적용하는 인지행동 치료자들의 개방성을 보여 주는 증거이다. 가치관, 영성, 관계, 현재의 순간에 초점 두기, 명상, 마음챙김과 같은 주제들은 모두 인본주의적 심리학에서 탐색되었고, 그러한 주제들은 현대 CBT에 포함되어 있다.

인본주의적 차원을 가진 CBT의 또 다른 방식은 구성원들이 목표와 치료 전략을 선택할 때 협력적으로 참여한다는 점이다. 많은 집단에서 지도자는 구성원들에게 지도자의 역할을 위임함으로써 독립해 나가도록 돕는다. CBT 집단의 구성원들은 과제를 하고 집단 회기에 배운 것을 일상생활에 적용함으로써 집단과는 독립적으로 치료 과정의 일부를 수행한다. 따라서 집단은 구성원들이 학습하는 방법을 배우고, 미래 문제를 해결하는 데 필요한 기술들을 개발하도록 동기를 갖게 하는 장소이다.

인지행동 접근은 개입 방법을 평가한다. 연구에 초점을 둠에 따라 이 기법들은 보다 정교화되어 다양한 문제를 가진 내담자들에게 적용될 수 있게 되었다. 집단에 대한 인지행동적 접근은 증거 기반의 치료 움직임과 잘 맞는다. 이 책에 제시된 어떤 이론적 모델 이상으로 CBT는 지지적인 경험적 증거가 있는 치료 전략을 사용하며, 그 기법은 다양한 임상적 장애를 치료하는 데 효과적이다. CBT는 치료자들에게 매우 인기 있는 접근이며, 몇몇 연구에 따르면 대다수의 임상가들은 CBT를 지향한다고 밝히고 있다(Craske et al., 2010; Craske, 2017). 이러한 인기는 CBT의 이론적 틀이 강력한 경험적 증거에 의해 지지되고 있고, 임상적 결과 연구가 많이 이루어졌기 때문이다(Beck & Weishaar, 2019). Sperry와 Sperry(2018)는 500개 이상의 연구 결과들이 인지행동적 치료의 효과성을 지지하고 있으며, 그것은 대화치료 접근의 훌륭한 기준이 된다(p. 138)고 주장하였다. 이러한 모델이 집단지도력에 관한 양식에 주는 영향력에도 불구하고 CBT 정신은 우리로 하여금 치료가 효과적이라는 신념이나 직감에 단순히 의존하기보다는 책임감을 갖고 노력하도록 격려한다.

집단 접근의 장점

집단지도자는 이론적 방향과 관계없이 특정한 행동 기법을 사용함으로써 치료적 이득을 얻을 수 있다. 실제로 일부 경험적 · 인본주의적 모델들은 고유의 관계 지향적 구조에 인지행동 기법의 일부를 체계적으로 통합함으로써 더욱 발전할 수 있다. 또한 많은 행동원리는 어느 집단에든지 적용할 수 있다. 예를 들어, 모델링과 강화는 성공적인 집단에서 필수적인 요소들이다. 구성원들은 정직함을 보이고, 위험을 감수하며, 새로운 행동을 실험하고, 적극적이고, 솔선하며, 집단에 적극적으로 참여할 때 지지(강화)를 받는다. 행동치료 원리들은 구성원들이 문제만을 가진 사람이 아니라는 느낌을 갖게 하는 집단 응집력을 기르는 데 도움을 준다. 상호 간의 학습과 개인적 문제의 탐색은 구성원들을 의미 있는 방식으로 묶어 준다.

인지행동 접근의 또 다른 장점은 구성원들이 목표를 구체화하고 이런 목표는 달성하기 위해 필요한 기술을 발전시키는 데 사용할 수 있는 다양한 기법이 있다는 것이다. CBT 접근의 구체성은 구성원들이 분명하지 않은 목표를 구체적인 행동 계획으로 바꿀 수 있도록 도와주는데, 이것은 구성원들이 이러한 계획에 집중할 수 있도록 해 준다. 역할극, 행동시연, 코칭, 안내된 연습, 모델링, 피드백, 점진적 접근에 따른 학습, 마음챙김 기술들, 과제와 같은 기법들은 이론적 지향과 관계없이 집단지도자의 기술 목록에 포함될 수 있다. 더욱이 특정 임상 문제에 대한 인지행동 전략은 연구 증거에 의해 지지된다. 이러한 CBT의 원리와 기법들은 단기 집단에 적합하고, CBT 집단의 광범위한 활용에 기여하는 요인이다.

이 접근의 제한점

CBT 집단은 몇 가지 단점이 있다. 예를 들어, 지나치게 구조화된 CBT 집단은 구성원들이 개인적 욕구를 해결하는 것을 방해할 수 있다. CBT 집단은 교육적인 면을 강조하는데 이것은 장점이자 단점이 될 수 있다. 집단의 교육적인 측면은 집단 작업의 경험적인 측면과 균형을 이루어야 한다. 인지행동적 집단지도자들은 구성원들 간의 관계를 관찰하고, 개방적인 대화를 격려하며, 감정표현을 촉진하고, 구성원들이 유용한 피드백을 주고받도록 하는 것을 포함한 집단 과정의 문제들을 자각해야 한다(Bieling et al., 2006).

CBT를 너무 엄격하게 적용할 때 집단지도자는 기법이나 특정한 문제를 해결하는 데만 초점을 둠으로써 집단에서 사람들을 볼 수 없다. 나의 의견에 따르면, 문제와 증상에 초점을 맞춤으로써 오히려 개인의 행동 이면에 숨겨진 의미를 이해하지 못하게 될 수도 있다. 물론 집단치료에서 행동의 기저에 숨겨진 원인에 초점을 두어야 한다는 것은 아니다. 그러나 나는 행동 문제를 일으킬 수 있는 외부 상황과 이러한 환경적 변인들에 대한 내적인 반응 모두를 다루는 것을 선호한다.

엄격하게 말하면, 오늘날 대부분의 CBT 치료자는 상황과 반응에 주목하고 있다. 그들은 내담자의 문제와 관련하여 인지적 요인뿐만 아니라 정서적 요인까지도 탐색하고자 한다. 달리 말하자면, CBT 치료자들은 단순히 문제 행동의 증상을 제거하는 것 이상에 관심을 둔다. 어떤 이론적 지향을 가진 치료자이든 인지행동 개입에서 나온 것들을 사용하고, 집단에 인지행동 개입을 결합시킴으로써 도움을 받을 수 있다.

자기성찰과 토론을 위한 질문

1. CBT 집단지도자는 교사로서 여러 가지 역할을 한다. 이 역할이 본인의 개인적인 양식과 어떻게 부합하는가?

2. 인지행동 집단치료자는 개념과 기술의 경험적 타당화에 의존하는 단기적이고 적극적이며 지시적이며 협력적이고 현재 중심적이며 교훈적이고 심리 교육적인 치료 모델을 사용한다. 이러한 강조점이 집단 치료에 대한 당신의 신념과 어느 정도 일치하는가?

3. 마음챙김 접근법은 많은 CBT 집단에 통합되었다. 마음챙김에 대해 배우고, 개인적인 발전을 위해 그것을 연습하고, 당신이 진행하는 집단에 마음챙김을 사용하는 데 얼마나 관심이 있는가?

4. CBT는 다양한 기법 사용을 제공한다. 어떤 기법들을 당신 자신에게 적용할 수 있는가? 당신이 진행하는 집단에 어떤 기법들을 통합시키겠는가?

5. 인지 재구성은 CBT의 핵심 기법이다. 당신이 가지고 있는 한 가지 잘못된 신념을 확인하고, 이 신념을 수정하기 위해 어떻게 인지 재구조화를 사용할 수 있는지 생각해 보라. 만약 당신이 이 잘못된 신념을 건설적인 신념으로 대체할 수 있다면 당신의 삶에 어떤 차이를 만들 수 있을까?

참고문헌 및 권장 도서 (별표(*)가 표시된 문헌들은 추가 연구를 위한 제안 자료임)

Antony, M. M. (2019). Behavior therapy. In D. Wedding & R. J. Corsini (Eds.), *Current psychotherapies* (11th ed., pp. 199-236). Cengage Learning.

*Antony, M. M., & Roemer, L. (2011). *Behavior therapy.* American Psychological Association.

*Antony, M. M., Roemer, L., & Lenton-Brym, A. P. (2020). Behavior therapy: Traditional approaches. In S. B. Messer & N. J. Kaslow (Eds.), *Essential psychotherapies: Theory and practice* (4th ed., pp. 111-141). Guilford Press.

Bandura, A. (1969). *Principles of behavior modification.* Holt, Rinehart & Winston.

Bandura, A. (1977). *Social learning theory.* Prentice Hall.

Bandura, A. (1986). *Social foundations of thought and action: A social cognitive theory.* Prentice Hall.

*Beck, A. T. (1976). *Cognitive therapy and the emotional disorders.* New American Library.

Beck, A. T. (1997). Cognitive therapy: Reflections. In J. K. Zeig (Ed.), *The evolution of psychotherapy: The third conference* (pp. 55-67). New York: Brunner/Mazel.

*Beck, A. T., & Weishaar, M. E. (2019). Cognitive therapy. In D. Wedding & R. J. Corsini (Eds.), *Current psychotherapies* (11th ed., pp. 237-272). Cengage Learning.

*Beck, J. S. (2005). *Cognitive therapy for challenging problems.* Guilford Press.

*Beck, J. S. (2021). *Cognitive behavior therapy: Basics and beyond* (3rd ed.). Guilford Press.

Beidel, D. C., Turner, S. M., Young, B., & Paulson, A. (2005). Social effectiveness therapy for children: Three-year follow-up. *Journal of Consulting and Clinical Psychology, 73*(4), 721-725.

*Bieling, P. J., McCabe, R. E., & Antony, M. M. (2006). *Cognitive-behavioral therapy in groups.* Guilford Press.

*Cattie, J. E., Buchholz, J. L., & Abramowitz, J. S. (2020). Cognitive therapy and cognitive-behavioral therapy. In S. B. Messer & N. J. Kaslow (Eds.), *Essential psychotherapies: Theory and practice* (4th ed., pp. 142-182). Guilford Press.

*Chapman, A. L., & Dixon-Gordon, K. L. (2020). *Dialectical behavior therapy*. American Psychological Association.

Cook, J. M., Biyanova, T., Elhai, J., & Schnurr, P. P. (2010). What do psychotherapists really do in practice? An internet survey of over 2,000 psychotherapists. *Psychotherapy: Theory, Research, Practice, Training, 47*(2), 260-267.

*Cormier, S., Nurius, P. S., & Osborn, C. J. (2017). *Interviewing and change strategies for helpers* (8th ed.). Cengage Learning.

*Craske, M. G. (2017). *Cognitive-behavioral therapy* (2nd ed.). American Psychological Association.

Dattilio, F. M. (2002). Using homework assignments in couple and family therapy. *Journal of Clinical Psychology, 58*(5), 570-585.

Dattilio, F. M. (2003). Family therapy. In R. L. Leahy (Ed.), *Roadblocks in cognitive behavior therapy* (pp. 236-252). Guilford Press.

Dienes, K. A., Torres-Harding, S., Reindecke, M. A., Freeman, A., & Sauer, A. (2011). Cognitive therapy. In S. B. Messer & A. S. Gurman (Eds.), *Essential psychotherapies: Theory and practice* (3rd ed., pp.143-183). Guilford Press.

Dimidjian, S., & Hollon, S. D. (2011). What can be learned when empirically supported treatments fail? Introduction. *Cognitive and Behavioral Practice, 18,* 303-305.

*Dobson, K. S. (2012). *Cognitive therapy*. American Psychological Association.

*Dobson, D., & Dobson, K. S. (2017). *Evidence-based practice of cognitive-behavioral therapy* (2nd ed.). Guilford Press.

Dobson, K. S., & Dozois, D. J. A. (Eds.). (2019). *Handbook of cognitive-behavioral therapies* (4th ed.). Guilford Press.

*Dunkley, C., & Stanton, M. (2014). *Teaching clients to use mindfulness skills: A practical guide*. Taylor & Francis.

*Germer, C. K. (2013). Mindfulness: What is it: What does it matter? In C. K. Germer, R. D. Siegel, & P. R. Fulton (Eds.), *Mindfulness and psychotherapy* (2nd ed., pp. 3-35). Guilford Press.

*Germer, C. K., Siegel, R. D., & Fulton, P. R. (Eds.). (2013). *Mindfulness and psychotherapy* (2nd ed.). Guilford Press.

Harris, R. (2019). *ACT made simple: An easy-to-read primer on acceptance and commitment therapy* (2nd ed.). New Harbinger Publications.

*Hayes, S. C., Follette, V. M., & Linehan, M. M. (Eds.). (2004). *Mindfulness and acceptance: Expanding the cognitive-behavioral tradition*. Guilford Press.

*Hayes, S. C., & Lillis, J. (2012). *Acceptance and commitment therapy*. American Psychological Association.

*Hayes, S. C., Strosahl, K. D., & Houts, A. (Eds.). (2005). *A practical guide to acceptance and commitment therapy*. Springer.

*Hayes, S. C., Strosahl, K. D., & Wilson, K. G. (Eds.). (2011). *Acceptance and commitment therapy: The* *process and practice of mindful change* (2nd ed.). Guilford Press.

*Hays, P. A. (2009). Integrating evidence-based practice, cognitive-behavior therapy, and multicultural therapy: Ten steps for culturally competent practice. *Professional Psychology: Research and Practice, 40*(4), 354-360.

*Hays, P. A. (2016). *Addressing cultural complexities in practice: Assessment, diagnosis, and therapy* (2nd ed.). American Psychological Association.

Herbert, J. D., & Forman, E. M. (2011). *Acceptance and mindfulness in cognitive behavior therapy: Understanding and applying the new therapies*. Wiley.

*Hollon, S. D., & Beck, A. T. (2013). Cognitive and cognitive-behavioral therapies. In M. J. Lambert (Ed.), *Bergin and Garfield's handbook of psychotherapy and behavior change* (6th ed., pp. 393-492). Wiley.

*Kabat-Zinn, J. (1990). *Full catastrophe living: Using the wisdom of your body and mind to face stress, pain, and illness*. Dell.

Kabat-Zinn, J. (1994). *Wherever you go there you are: Mindfulness meditation in everyday life*. Hyperion.

Kabat-Zinn, J. (2003). Mindfulness-based interventions in context: Past, present and future. *Clinical Psychology: Science and Practice, 10*(2), 144-156.

Kaplan, A., & Laygo, R. (2003). Stress management. In W. O'Donohue, J. E. Fisher, & S. C. Hayes (Eds.), *Cognitive behavior therapy: Applying empirically supported techniques in your practice* (pp. 411-416). Wiley.

*Kazantzis, N., Dattilio, F. M., & Dobson, K. S. (2017). *The therapeutic relationship in cognitive-behavioral therapy: A clinician's guide*. Guilford Press.

Kazantzis, N., & Deane, F. P. (1999). Psychologists' use of homework assignments in clinical practice. *Professional Psychology: Research and Practice, 30*, 581-585.

Kazantzis, N., & Lampropoulos, G. K. (2002). The use of homework in psychotherapy: An introduction. *Journal of Clinical Psychology, 58*(5), 487-488.

*Ledley, D. R., Marx, B. P., & Heimberg, R. G. (2018). *Making cognitive-behavioral therapy work: Clinical processes for new practitioners* (3rd ed.). Guilford Press.

Linehan, M. M. (2021). *Building a life worth living: A memoir*. Random House.

Linehan, M. M. (1993a). *Cognitive-behavioral treatment of borderline personality disorder*. Guilford Press.

Linehan, M. M. (1993b). *Skills training manual for treating borderline personality disorder*. Guilford Press.

*Masuda, A., & Rizvi, S. L. (2020). Third-wave cognitivebehaviorally based therapies. In S. B. Messer & N. J. Kaslow (Eds.), *Essential psychotherapies: Theory and practice* (4th ed., pp. 183-217). Guilford Press.

Meichenbaum, D. (1985). *Stress inoculation training*. Pergamon Press.

Meichenbaum, D. (1986). Cognitive behavior modification. In F. H. Kanfer & A. P. Goldstein (Eds.),

Helping people change: A textbook of methods (3rd ed.). Pergamon Press.

Meichenbaum, D. (1993). Stress inoculation training: A 20-year update. In P. M. Lehrer & R. L. Woolfolk (Eds.), *Principles and practice of stress management* (2nd ed., pp. 373-406). Guilford Press.

Meichenbaum, D. (1994). *A clinical handbook/practical therapist manual for assessing and treating adults with posttraumatic stress disorder (PTSD).* Institute Press.

*Meichenbaum, D. (2008). Stress inoculation training. In W. O'Donohue & J. E. Fisher (Eds.), *Cognitive behavior therapy: Applying empirically supported techniques in your practice* (2nd ed., pp. 529-532). Wiley.

*Meichenbaum, D. (2017). *The evolution of cognitive behavior therapy: A personal and professional journey with Don Meichenbaum.* Taylor & Francis.

*Messer, S. B., & Kaslow, N. J. (2020). (Eds.), *Essential psychotherapies: Theory and practice* (4th ed.). Guilford Press.

*Neenan, M., & Dryden, W. (2004). *Cognitive therapy: 100key points and techniques.* Taylor & Francis.

Nezu, A. M., & Nezu, C. M. (2012). Problem solving. In W. T. O'Donohue & J. E. Fisher (Eds.), *Cognitive behavior therapy: Core principles for practice* (pp. 159-182). Wiley.

*Norcross, J. C., Pfund, R. A., & Prochaska, J. O. (2013). Psychotherapy in 2022: A Delphi poll on its future. *Professional Psychology: Research and Practice, 44*(5), 363-370.

Organista, K. (2000). Latinos. In J. R. White & A. Freeman (Eds.), *Cognitive-behavioral group therapy for specific problems and populations* (pp. 281-303). American Psychological Association.

*Padesky, C. A. (2020). *The clinician's guide to CBT using mind over mood* (2nd ed.). Guilford Press.

Petrocelli, J. V. (2002). Effectiveness of group cognitivebehavioral therapy for general symptomatology: A metaanalysis. *Journal for Specialists in Group Work, 27*(1), 92-115.

*Prochaska, J. O., & Norcross, J. C. (2018). *Systems of psychotherapy: A transtheoretical analysis* (9th ed.). Oxford University Press.

Reinecke, M. A., & Freeman, A. (2003). Cognitive therapy. In A. S. Gurman & S. B. Messer (Eds.), *Essential psychotherapies: Theory and practice* (2nd ed., pp. 224-271). Guilford Press.

*Roemer, L., & Orsillo, S. M. (2020). *Acceptance-based behavioral therapy: Treating anxiety and related challenges.* Guilford Press.

*Rose, S. D. (1998). *Group therapy with troubled youth: A cognitive-behavioral interactive approach.* Sage.

*Segal, Z. V., Williams, J. M. G., & Teasdale, J. D. (2013). *Mindfulness-based cognitive therapy for depression* (2nd ed.). Guilford Press.

*Sperry, J., & Sperry, L. (2018). *Cognitive behavior therapy in counseling practice.* Routledge.

*Spiegler, M. D. (2016). *Contemporary behavior therapy* (6th ed.). Cengage Learning.

*Sue, D. W., & Sue, D. (2016). *Counseling the culturally diverse: Theory and practice* (7th ed.). Wiley.

Strong Kinnaman, J. E., & Bellack, A. S. (2012). Social skills. In W. O'Donohue & J. E. Fisher (Eds.), *Cognitive behavior therapy: Core principles for practice* (pp. 251-272). Wiley.

Swenson, C. R. (2016). *DBT principles in action: Acceptance, change, and dialectics*. Guilford Press.

*Turner, S., Beidel, D., & Cooley, M. (1994). *Social effectiveness therapy*. Turndel.

Twohig, M. P., & Dehlin, J. P. (2012). Skills training. In W. O'Donohue & J. E. Fisher (Eds.), *Cognitive behavior therapy: Core principles for practice* (pp. 37-73). Wiley.

Vernon, A. (2004). Using cognitive behavioral techniques. In B. ㅠT. Erford (Ed.), *Professional school counseling: A handbook of theories, programs & practices* (pp. 91-99). CAPS Press.

White, J. R. (2000a). Depression. In J. R. White & A. Freeman (Eds.), *Cognitive-behavioral group therapy for specific problems and populations* (pp. 29-61). American Psychological Association.

White, J. R. (2000b). Introduction. In J. R. White & A. Freeman (Eds.), *Cognitive-behavioral group therapy for specific problems and populations* (pp. 3-25). American Psychological Association.

*White, J. R., & Freeman, A. (Eds.). (2000). *Cognitive-behavioral group therapy for specific problems and populations*. American Psychological Association.

Wilson, K. G., Flynn, M. K., Bordieri, M., Nassar, S., Lucas, N., & Whiteman, K. (2012). Acceptance and cognitive behavior therapy. In W. O'Donohue & J. E. Fisher (Eds.), *Cognitive behavior therapy: Core principles for practice* (pp. 377-398). Wiley.

13장

합리적 정서행동치료와 집단상담

학습목표

1. REBT를 집단에 적용할 때, A-B-C 이론에 포함된 것들을 기술할 수 있다.
2. 비합리적 신념을 찾아내고 논박하는 방법이 REBT 집단 작업의 핵심임을 설명할 수 있다.
3. 비합리적 신념을 확인하고, 관찰하고, 도전하고, 그리고 수정할 수 있는 방법을 이해할 수 있다.
4. REBT 집단의 주요 목표를 열거할 수 있다.
5. REBT 집단상담사의 역할과 기능을 기술할 수 있다.
6. REBT 집단에서 잘못된 신념을 논박하고 잘못된 신념을 현실적인 신념으로 교체할 수 있는 인지적 방법을 설명할 수 있다.
7. REBT 집단에서 사용되는 정서적 방법에 대해 기술할 수 있다.
8. REBT 집단에서 사용되는 행동적 개입에 대해 설명할 수 있다.
9. 다문화 집단에 REBT 원칙과 방법을 어떻게 사용할 수 있는지를 설명할 수 있다.
10. REBT 집단의 기여와 강점을 설명할 수 있다.

Albert Ellis

Albert Ellis(1913~2007)는 피츠버그에서 출생하여, 인생의 대부분을 뉴욕에서 살았다. 아동기에 여러 번 입원을 하였고, 19세에 만성 당뇨증이 시작되어, 40세에는 당뇨로 진단받았다. 그는 여러 가지 건강상의 어려움을 경험했지만, 93세에 사망하기까지 적극적인 생산적 삶을 살았다. 그는 자신을 '성자 Albert'라고 칭하면서, "성자 Albert의 복음을 전하느라 바쁘다."라고 말하고는 하였다.

Ellis는 뉴욕의 컬럼비아대학에서 정신분석으로 수련을 받고, 분석을 받았으며, 수퍼비전을 받았다. 그리고 정신분석적 접근으로 치료를 시작하였지만, 내담자의 더딘 변화로 인해 정신분석에

대한 환상을 버리게 되었다. 그는 내담자가 자신의 감정을 만들어 내는 데 책임을 지고 자신과 문제에 대해 생각하는 방식을 바꾸는 것이 치료에 좀 더 효과적이라는 것을 관찰하였다. 그래서 Ellis는 자신의 치료실에서 보다 적극적이고 지시적인 접근을 시도하였다. 그는 인본주의와 행동치료를 통합하고, 1955년에 합리적 정서행동치료(REBT)를 창시하였으며, 이는 인지행동치료의 시작점이 되었다.

Ellis 자신이 젊은 시절에 경험했던 어려움들을 다루고 대처했던 구성주의적이고 효과적인 방법들 역시 그의 접근의 독특한 점이라 할 수 있다. 한 예로, 그는 10대 시절과 대학 시절에 대중 앞에서 발표하는 것을 공포스러워했고, 젊은 여성 앞에서 극도로 수줍어했다. 19세 때 그는 뉴욕 브롱크스의 식물원에서 1달 동안 100명의 여성에게 말을 걸었다. 이 시도에서 Ellis는 단 한 번의 데이트 기회만 얻었고, 이마저도 상대는 약속장소에 나타나지 않았지만, 이를 통해 그는 여성으로부터 거절당하는 것을 두려워하는 마음을 극복하였다. 합리적, 인지적, 정서적, 그리고 행동적 방법을 사용하여 자신의 가장 큰 정서적 장애를 정복한 것이다(Ellis, 1994, 1997).

Ellis의 강연을 들었던 사람들은 그의 거칠고, 유머스럽고, 이색적인, 자신만만한 스타일에 대해서 언급하곤 한다. 그는 강연에서 욕설을 사용하기도 하는 등 자신만의 터무니없는 방식으로 표현하는 것을 즐겨했다. 하지만 이러한 그의 행동은 분별이 없는 것이 아니라, 사람들이 주의집중할 수 있도록, 그리고 그들로 하여금 경직되고 도움이 되지 않는 생각에서 벗어나도록 하기 위해서라는 의도가 있었다. 그는 자신의 작업과 REBT를 가르치는 것을 즐겼고, 그 활동이 자신의 인생에서 열정과 헌신을 바친 활동이었다. 여러 해 동안 Ellis는 개인상담뿐만 아니라 집단상담을 진행했다. 그는 여행을 가는 곳마다 워크숍을 진행했는데, "타지마할에서 워크숍을 요청하지 않는 한 나는 타지마할에 가지 않겠다."라고 말하곤 했다.

2004년 11월에 오스트리아의 심리학자 Debbie Joffe와 결혼한 Ellis는 그녀가 자신의 인생에서 가장 큰 사랑이라고 불렀다(Ellis, 2010). 이들은 인생에서 목표와 이상을 공유하며, 팀으로서 함께 워크숍을 진행했다. 아내인 Debbie Joffe Ellis는 뉴욕 컬럼비아대학의 겸임교수로서, 미국과 더불어 전 세계를 다니며 REBT를 가르쳤고, 이 분야의 선도적인 전문가가 되었다. 그녀는 REBT를 지금-여기의 접근으로 만들었으며, 전통적인 REBT를 가르치고 관련 책을 저술하고, 무조건적인 수용과 감사의 중요성을 강조하였다. Albert Ellis의 삶과 이론에 대해서 더 알기를 원한다면 다음의 두 책을 추천한다: 『합리적 정서행동치료(Rational Emotive Behavior Therapy: It Works for Me-It Can Work for You)』(Ellis, 2004a), 『전력질주(All Out! An Autobiography)』(Ellis, 2010).

서론

1950년대에 합리적 치료를 창시한 Albert Ellis는 행동에 대한 인지의 영향력을 강조한 초기 학자들 중 한 명이다. 1950년대 초에 Ellis는 자신의 이론을 합리적 정서치료(rational emotive therapy: RET)로 명명하였고, 1993년에는 다시 합리적 정서행동치료(rational emotive behavior therapy: REBT)로 바꾸었다. 이론의 명칭을 바꾼 이유에 대해서 Ellis는 자신의 이론이 항상 인지, 정서, 행동의 상호작용을 강조하였기 때문이라고 밝혔다. REBT는 초기의 CBT 기법 중의 하나이며, 오늘날도 여전히 주요한 인지행동적 접근이다. Ellis와 Beck은 REBT가 다른 인지적 접근보다는 철학적 신념에 초점을 맞춘다는 것에 동의하였다(Ellis, 2003, 2005b; Padesky & Beck, 2003).

합리적 정서행동접근은 집단상담사와 참여자 사이의 관계를 집단의 목적을 달성하기 위한 도구로서 중요시한다. 정서적 행동을 일으키고 오랫동안 지속시키는 가장 효율적인 방법은 생각하는 방법을 바꾸는 것이다. 이 접근은 참여자의 생각과 행동의 변화를 이끌어 낼 수 있는 활동들을 참여자들이 집단 안에서 그리고 밖에서 수행할 수 있도록 도전하고, 직면하고, 설득할 수 있는 상담사의 역량과 열의를 중요하게 여긴다. 이 접근은 치료 집단에서 얻은 통찰을 가지고 무엇인가를 하는 행동을 강조한다. 변화는 새로운 행동을 지속적으로 시도하는 헌신에 의해서 이루어진다고 가정한다.

Ellis와 Ellis(2019b)는 REBT가 특히 집단상담에 적용 가능성이 높고, 자주 선택되는 치료법이라고 주장한다. 집단상담사는 참여자들이 REBT의 원리와 과정들을 집단회기에 적용하는 방법을 배울 수 있도록 도울 수 있다. 집단 작업은 과제 수행에 동의하기, 자기주장 기술을 연습하기, 무조건적인 타인 수용과 자기수용 연습하기, 다른 행동을 시도하는 모험하기, 자기패배적인 생각을 탐색하기, 타인의 경험으로부터 배우기, 집단회기 후에 치료적으로 사회적으로 서로 상호작용하기, 그리고 참여자들과 집단상담사로 하여금 자신의 행동을 관찰하게 하기 등과 같은 많은 기회를 제공한다. REBT는 단기적 집단 과정을 가능하게 하고, 일반적으로 참여자들은 10~20회기의 집단을 통해 의미 있는 변화를 얻었다. 다음과 같은 REBT의 기본 특징들인 특정 목표에 초점 맞추기, 빠르고 긍정적인 연대 강조하기, 변화에 대한 기대와 현재와 미래를 지향하기, 그리고 변화를 가져오는 데 필요한 행동을 취할 책임을 강조하기 등은 단기치료에 잘 적용된다. 참여자는 자신의 작업과 수행에 지속적으로 적용할 수 있는 자기-치료 기법들을 배운다(Ellis & Ellis, 2019a).

주요 개념

REBT의 가정

REBT의 기본 가정은 다음 3개로 정리될 수 있다(Ellis, 2004a; 2004b; Ellis & Ellis, 2019a, 2019b).

- 사고, 감정, 행동은 끊임없이 상호작용하고, 서로에게 영향을 미친다. 우리는 인지적으로, 정서적으로, 행동적으로 혼란을 경험할 수 있다. REBT는 우리가 괴롭히는 생각, 감정, 행동을 스스로 어떻게 최소화할 수 있는지를 보여 주는 여러 기법을 사용한다.
- 불행한 사건이 일어났을 때, 우리는 절대적이고 독단적인 생각으로 특징지을 수 있는 '사건에 대한 비합리적 신념'을 만들어 낸다. 정서적 혼란을 가져오는 것은 불행한 사건이 아니며, 그 사건에 대한 비합리적인 신념이 심리적인 문제를 일으키는 경우가 많다.
- 변화를 바란다면 (1) 자신의 혼란스러운 생각, 감정, 행동에 대한 책임이 스스로에게 있음을 인정하여야 한다. (2) 자신이 혼란스러울 때 어떻게 생각하고 행동하는지를 살펴보아야 한다. (3) 변화를 가져오기 위해서는 비합리적 신념을 가려내고, 논박하고, 건강하고 합리적인 신념으로 교체하는 힘든 작업에 전력을 기울여야 한다.

혼란스러운 감정의 기원

REBT의 주요 개념 중 하나는 사람들이 정서적 혼란을 느끼고 그러한 혼란에 계속 사로잡힐 때 절대주의적인 '해야 한다.' '할 의무가 있다.' '반드시 해야만 한다.'와 같은 명제가 어떤 작용을 하는가에 대한 것이다.

Ellis(2001a, 2001b)에 따르면 불안, 우울, 상처, 분노, 수치감은 우리가 무비판적으로 습득한, 일반적으로 아동기에 습득한 비합리적 신념 체계에 의해 시작되고 지속된다. Ellis는 우리가 다른 사람들의 역기능적인 신념을 받아들일 뿐만 아니라, 자신만의 '반드시 ~해야만 한다.'를 개발한다고 강조하였다. Ellis는 우리가 공유하는 비합리적인 신념은 다음의 세 종류의 '반드시 해야만 한다.'로 분류될 수 있다고 하였다(Ellis, 1994, 1997; Ellis & Ellis, 2019a).

1. 나는 꼭 잘 해내야만 하고, 내 주변의 중요한 사람들로부터 인정을 받아야 한다. 나는 꼭

타인의 승인을 받아야 하고, 그렇지 못하면 나는 능력이 부족하고 쓸모없는 사람이다.

2. 당신은 어떤 상황에서도 배려하고, 사랑하고, 친절하고, 공정해야 한다. 그렇지 않으면 당신은 나쁜 사람이다.
3. 나는 너무 많은 노력을 하지 않아도 내가 원하는 것을 얻을 수 있는 상황에서만 편안할 수 있다. 그렇지 않으면 상황이 너무 안 좋은 것이고, 나는 참을 수 없으며, 나의 삶은 정말 좋지 않은 것이다.

A–B–C 이론

REBT 이론과 실제에 중심이 되는 것은 성격과 감정혼란을 설명하는 A–B–C 이론이다. A–B–C 이론은 C라는 시점에 감정 반응이 있을 때, A라는 시점에서는 선행사건(Activating Event)이 일어났다고 설명한다. 선행사건(A) 그 자체가 감정상태(C)를 직접적으로 일으키는 것은 아니다. 물론 선행사건(A)이 감정상태(C)에 영향을 미치기는 한다. 감정상태(C)를 일으키는 것은 신념 체계인 B(Belief System) 혹은 선행사건에 대한 생각(Belief)이다. 예를 들면, 승진이 되지 않아(A) 우울을 느낀다면(C), 승진이 되지 않아서 우울이 일어났다기보다는 승진이 되지 않은 사건에 대한 신념(B) 때문에 우울을 느낀다. 꼭 승진해야만 한다고 믿고 있었는데, 승진되지 않았다면, 당신은 실패자가 된다. 그리고 그 믿음은 우울하다는 감정의 결과를 가져온다. 우리는 삶의 사건과 연관된 신념을 통해 감정적 혼란을 생성하는 책임을 진다.

Ellis와 Ellis(2019b)는 우리가 스스로의 인지, 정서, 행동을 유의미하게 변화시킬 수 있는 역량을 가지고 있다고 본다. 우리는 이 목표를 선행사건(A)에 극도로 사로잡히는 것을 피함으로써, 그리고 감정적 결과(C)에 끝없이 매여 있는 것이 아무런 도움이 되지 않는다는 것을 인정함으로써 달성할 수 있다. 우리는 선행사건(A)에 대해 가지고 있는 비합리적 신념을 확인하고, 검토하고, 의문을 제기하고, 논박하는 것을 선택할 수 있다.

비합리적 신념 논박하기를 배우기

REBT 집단상담사는 집단참여자들이 A–B–C 이론을, 즉 비합리적 신념이 감정적 · 행동적 혼란을 가져온다는 것을 이해하면 신념을 논박(Dispute: D)할 준비가 된 것으로 평가한다. 논박(D)은 과학적 원리를 적용하여 자기패배적인 철학에 도전하고, 비현실적이거나 증명할 수 없는 가정(hypotheses)을 버리게 하는 것이다. REBT의 핵심기법인 '인지 재구조화'는 비합리적 신념을 포기할 때까지 적극적이고 열성적으로 비합리적 신념을 논박함으로써 자기 스스로를 덜 괴롭게 하는 방법을 가르친다. 논박에는 다음과 같은 세 가지 형태가 있다.

(1) 현실적 논박(realistic disputing): 사실적 현실을 보게 하는 것으로, 비합리적 신념에 대한 '증거는 어디에 있나요?'를 질문하는 것을 포함한다.
(2) 논리적 논박(logical disputing): 논리를 적용함으로써 비합리적 신념의 타당성(validity)에 의문을 제기한다.
(3) 실용적 논박(pragmatic disputing): 비합리적 신념의 실제적 결과와 그 신념을 계속 유지했을 때 어떤 이익이 생기는지를 질문한다(Ellis, 1994, 1996; Ellis & Ellis, 2019a).

D단계 후에는 논쟁의 효과(effective new philosophies)인 E가 온다. 효과적인 새로운 철학(E)은 자기파괴적인 생각을 버리고, 효과적인 새로운 신념을 갖게 되며, 자신과 타인, 그리고 매일의 피할 수 없는 좌절을 수용하는 것이다. 이 새로운 삶의 철학은 구체적이고 실질적인 측면을 가진다. 앞의 예에서, 효과적인 새로운 철학(E)은 다음과 같은 진술로 나타날 수 있다. "나는 승진을 하고 싶지만, 내가 원하는 것을 꼭 얻어야 할 이유는 없다. 승진을 못 한다면 안타깝겠지만, 이를 극심한 상황이라고 보기는 어렵다." REBT 이론이 추구하는 결과는 개인이 '건강한 부정적 정서'를 경험하는 것이다. 이 예에서는 우울보다는 실망과 슬픔이 건강한 부정적 정서가 될 수 있다.

REBT 집단의 목표

REBT에서는 집단상담사와 집단참여자가 현실적이고 자기고양적인(self-enhancing) 결과 목표를 선택하는 협력적인 노력을 한다. REBT 집단상담사는 참여자가 합리적인 방식으로 생각하고, 자기를 방해하거나 해치는 방식이 아니라 자신을 고양하는 방식으로 행동하도록 지속적으로 노력할 수 있게, 그리고 자기 자신과 집단의 다른 참여자들을 무조건적으로 수용하는 것을 연습하도록 도우려 애쓴다. 집단상담사는 참여자들에게 REBT 원리를 가르치는 것뿐만 아니라, 모델이 되기 위해 최선을 다해야 한다. Ellis(2001b; Ellis & Ellis, 2019b)에 따르면, REBT의 주요한 목표는 내담자가 다음 세 가지 영역보다 무조건적인 수용을 성취하는 과정에 있도록 돕는 것이다. 세 가지 영역은 (1) 무조건적인 자기수용(unconditional self-acceptance: USA), (2) 무조건적인 타인수용(unconditional other acceptance: UOA), 그리고 (3) 무조건적인 삶 수용(unconditional life acceptance: ULA)이며, 이 세 영역의 상호연결성을 이해하는 것이 중요하다. 집단참여자는 자기를 수용할 수 있는 만큼 타인을 수용할 수 있다. 다음 Albert Ellis의 발언은 유명하다. "삶의 고통은 즐거움과 마찬가지로 피할 수 없다. 당신이 할 수 있는 것을 현실적으로 생각하고, 느끼고, 행동하고, 바꿀 수 없는 것은 고통스러운 측면에 화를 내지 않고, 불평하지 않으며 수용함으로써 당신은 더 큰 기쁨에 자신을 개방할 수 있다."(p. 55.)

REBT의 목표는 집단참여자에게 부정적인 사건에 대하여 건강하지 않은 감정(우울이나 불안)보다 건강한 감정(슬픔이나 걱정)을 느낄 수 있는 도구를 제공하는 것이고, 그렇게 해서 참여자들이 보다 풍요롭고 만족스러운 삶을 살도록 하는 것이다. 이 기본적인 목표를 달성하기 위해서 참여자는 자신의 비합리적인 신념을 확인하고, 평가하고, 합리적인 신념으로 바꾸는 실용적인 방법을 배운다.

기본적으로 참여자들은 감정적 반응에 대한 책임이 자신에게 있음을 깨닫고, 자기-언어화(self-verbalization)에 주의를 기울이고, 비합리적 신념을 바꿈으로써 감정적 혼란을 줄일 수 있다. 또한 보다 현실적인 철학을 갖게 된다면 삶의 대부분의 불행한 사건에 좀 더 효율적으로 대응할 수 있다는 것을 배운다. 참여자는 완고한 요구(rigid demand)를 유연한 선호(flexible preferences)로 교체하는 것을 배운다. 개인상담과 집단상담에서 REBT의 목표는 궁극적으로 같지만, 구체적인 방법과 전략에 있어서는 다르다. REBT 집단상담의 방법과 전략에 관해서는 이어지는 내용에서 소개한다.

집단지도자의 역할과 기능

REBT 집단의 치료적 활동은 참여자들이 이전에 사회적 환경이나 자기 자신에 의해서 절대적이고 극단적인 신념을 내재화했듯이 삶을 바라보는 합리적 철학을 내재화하는 것을 돕는다는 목표를 중심으로 진행한다. REBT 집단상담사는 참여자들에게 그들의 혼란의 기원을 교육하고, 어떻게 건설적인 변화를 만드는지 방법을 가르친다. 심리교육은 이 이론의 중요 요소이다(Ellis & Ellis, 2019a). 이 궁극적인 교육적 목표를 달성하기 위해 집단상담사는 몇 가지 구체적인 기능과 과제를 수행한다. 첫 번째 과제는 참여자들에게 그들 스스로가 어떻게 감정적 · 행동적 문제를 창조하였는가를 보여 주는 것이다. 상담사는 참여자들이 예전에는 의문을 가지지 않고 받아들였던 비합리적 신념을 확인하고 의문을 제기하도록 도우며, 어떻게 비합리적인 신념으로부터 영구적으로 해방될 수 있는지를 보여 주고, 대안적인 합리적 신념으로 대체함으로써 생각을 바꿀 수 있는 방법을 가르친다. 또한 집단상담사는 어떻게 자기비난과 타인비난 과정의 악순환의 고리를 끊을 수 있는지를 가르친다.

REBT는 사람들의 비합리적 신념은 마음 속 깊숙이 자리 잡고 있기 때문에 그것을 바꾸는 것이 쉽지 않다고 가정한다. 따라서 의미있는 인지적 변화를 가져오기 위해서 상담사는 다양한 적극적인 인지적·정서적 기법을 활용해야 한다고 주장한다(Ellis, 1996, 2001b; Ellis & Ellis, 2019a). REBT 집단상담사는 의문을 제기하기, 직면하기, 과제에 관해 협상하기, 다른 참여자가 새로운 생각, 감정, 행동을 실험하기 등의 개입을 선호한다. REBT 집단상담사는 적극적으로 이론적 모델을 가르치고, 대안방법을 제시하며, 가설과 해결책을 검증하는 전략을 가르친다.

Ellis와 Ellis(2019b)는 "REBT 상담사는 매우 적극적이고, 주저없이 자신의 시각을 드러내고, 자신의 개인정보에 대한 질문에 직접적으로 답변하고, 에너지가 넘치고, 집단에서 종종 지시적이고, 발언의 양이 꽤 많으며, 특히 초기 단계에는 심리교육을 제공한다."(p. 186)라고 언급하였다.

REBT 집단상담사는 자신의 역할을 심리교육가로 가정하고 있기 때문에, 참여자들이 집단에서 배운 것을 일상생활에서 적용하도록 격려한다. 상담사는 집단에서 일어나는 변화도 중요하지만 집단 회기와 회기 사이에, 그리고 집단이 종결된 다음에 일어나는 변화가 더 중요하다고 생각한다. 집단은 참여자가 일상생활에서 새로운 문제를 만났을 때 자기 자신을 더욱 신뢰하고, 자신을 무조건적으로 받아들일 수 있는 기제를 제공하는 환경이다.

적용: 치료 기법과 절차

초기부터 REBT는 광범위한 인지적·정서적·행동적 방법을 내담자에게 적용해 왔다. REBT는 구체적인 상황에서 자기패배적인 생각을 바꾸는 기법에 초점을 맞춘다. 생각을 바꾸는 것뿐만 아니라, 이 접근은 참여자로 하여금 생각이 어떻게 감정과 행동에 영향을 미치는지를 보도록 돕는다. 또한 경직되고 극단적인 생각으로 인한 감정과 행동을 바꾸는 것도 강조한다. REBT 상담사는 기법을 사용하는 데 있어서 융통성이 있으며 창의적이어서, 참여자의 고유한 요구에 따라 기법을 변용하여 적용한다(Ellis & Ellis, 2019a).

REBT 집단의 인지적인 방법

인지적 측면에서 REBT는 내담자에게 비합리적 신념과 그로 인해 생겨난 자기대화가 감정적 혼란을 가져온다는 것을 보여 준다. 다양한 기법이 이러한 자기패배적인 인지에서 벗어나 삶에 대한 합리적 접근 방향을 배울 수 있도록 가르친다. REBT 집단에서 사용하는 기법들은 다음과 같다.

REBT의 A–B–C를 가르치기

개인상담과 집단상담 동안 상담사는 내담자에게 A–B–C 이론을 가르친다. 참여자들은 자신의 절대적인 '해야 한다.' '할 의무가 있다.' '반드시 해야만 한다.' 등이 어디서부터 어떻게 유래했는지를 배운다. 그리고 지금 그러한 당위적 생각을 논박하고 새로운 생각으로 대체함으로써 그 생각에 항복하지 않을 힘을 가지고 있음을 배운다. 참여자들은 매일의 삶에서 일어나는 실제적인 문제에 A–B–C 이론을 적용하는 법을 배운다. 자신이 경험하는 문제의 A–B–C를 빨리, 그리고 명확하게 보게 되면, 이를 상담에 적용한다.

비합리적 신념에 대한 적극적인 논박

참여자들은 자신에 대한, 타인에 대한, 그리고 삶의 조건에 대한 자신의 경직되고 극단적인 신념을 확인하고 수정할 수 있는 방법을 배운다. 예를 들어, 한 참여자는 모든 사람이 자신을 높게 평가하지 않으면 자신의 자존감이 회복될 수 없을 정도로 손상된다고 생각한다. 상담사는 적극적이고 대화 참여적인 역할 속에서 이 잘못된 신념을 논박한다. 결과가 좋으려면 뜨겁고 지속적인 논박이 필요하다. 참여자들은 자신의 잘못된 생각을 검토하고, 또한 신념에 대한 논박을 확대하는 방법으로 정서적 방법에도 참여한다.

적응적인 자기진술 가르치기

참여자들은 자기파괴적인 신념을 의미 있고, 합리적이며, 적응적이고 대처적인 자기진술로 바꾸는 방법을 배운다. 참여자들은 자신의 말을 글로 적고 분석함으로써 (합리적이거나 비합리적이거나) 자신의 말을 관찰한다. 예를 들면, 윌마(Wilma)는 "나는 꼭 잘해야만 하고, 그것은 완벽하다는 것을 뜻한다. 내가 완벽할 때만 사람들이 인정하고 사랑할 것이다. 그리고 나 자신이 가치가 있다고 느끼기 위해서는 타인의 승인과 사랑이 필요하다."라고 말하고 있다.

심리교육적 방법

REBT와 대부분의 인지행동 치료 프로그램은 내담자에게 교육적인 입장을 취한다. 상담사는 내담자에게 문제의 성격과 치료가 어떻게 진행될 것인지를 설명한다. REBT 집단에서 참여자는 집단에서 배운 것을 현재와 미래의 문제에 어떻게 적용할 수 있는지를 배운다. 집단상담사는 참여자들이 자기 자신의 상담사가 되는 법을 가르친다. 집단 과정이 어떻게 진행되고 특정 기법이 왜 쓰이는지를 이해하면, 참여자는 치료 프로그램에 대해 협력적인 태도를 취하게 된다(Leadley et al., 2018). REBT는 일반적인 정서적 문제를 다루는 데 활용될 뿐만 아니라 중독을 극복하는 법, 우울을 다루는 법, 분노를 다루는 법, 체중을 조절하는 법, 자기 주장적인 태도를 취하는 법, 미루는 습관을 극복하는 법과 같은 많은 자원을 제공한다.

인지적 과제

REBT 집단에 참여하는 사람은 일상생활의 문제에 A-B-C 이론을 적용할 수 있는 인지적 과제를 받게 된다. 참여자들은 REBT 자조 양식(self-help form)을 받게 되는데(이 책과 함께 출간된『학생 안내서』에도 소개되어 있다), 여기에 자신의 비합리적 신념을 나열한다. 그리고 나열한 비합리적 신념 옆에는 그 신념을 논박하는 문구를 쓰게 된다. 그리고 그 오른쪽에는 비합리적 신념을 대신할 합리적인 생각을 적는다. 그리고 마지막 칸에는 합리적 신념을 적은 후에 느낀 자신의 감정과 행동을 적는다. 회기 사이의 일주일 동안 참여자들은 자신의 문제를 일으키는 비합리적 신념을 생각하고 기록하고, 이러한 비합리적 신념의 뿌리를 뽑기 위해 열심히 노력한다. 그리고 다음 회기에 그 주에 자신이 잘한 상황과 어려웠던 상황을 집단에서 나눈다.

REBT 집단의 정서적인 방법

REBT는 변화를 가져오기 위해 항상 여러 가지 인지적·행동적·정서적 기법을 사용하기 때문에 여러 가지 모델의 통합이라고 할 수 있다(Ellis, 1994; Ellis & Ellis, 2019a). 정서적 기법으로는 무조건적 수용, 합리적-정서적 상상하기, 유머를 사용하기, 수치심 공략하기 등이 있다(Ellis, 2005a). 정서적 기법은 활력을 불러일으키고 정서를 자극하지만, 주요 목적으로 내담자의 비합리적인 신념을 논박하는 것이다. 집단상담사는 우선 인지적으로 통찰을 하며 생각, 행동, 감정을 바꾸기 위해 여러 가지 방법을 사용할 수 있다는 것을 참여자에게 가르친다. 관련 기법에 대한 더 구체적인 설명은 다음과 같다.

무조건적 수용

참여자들은 자신이 진정으로 어떤 사람인지 밝혀지면 타인에게 거부될 것이라는 두려움으로 마음이 무거운 경우가 많다. 집단상담사는 참여자가 스스로를 수용하는 것보다 더 수용적인 태도를 보여 줄 수 있다. 이와 같은 REBT의 무조건적 수용은 참여자들로 하여금 자신의 모든 것이 받아들여질 것이라고 느끼게 만드는 집단 분위기를 형성한다. 덧붙여서, 집단상담사는 내담자에게 자신의 비합리적인 신념을 확인하고 도전하는 방법과 그렇게 함으로써 자기 패배적인 행동을 변화시킬 수 있도록 가르친다.

합리적-정서적 상상하기

합리적-정서적 상상하기(rational-emotive imagery: REI)를 할 때, 참여자들은 자신에게 일어날 수 있는 가장 나쁜 상황을 생생하게 상상해 보라는 지시를 받는다. 참여자는 자신이 정서적 어려움을 경험하는 구체적인 상황을 상상한다. 그리고 그들은 파괴적인 감정이 일어나는 상황에서 건강한 감정을 불러일으키는 방법을 보게 된다. 참여자들은 비합리적인 신념을 합리적인 신념으로 교체하고자 적극적으로 노력하고, 그렇게 함으로써 여러 가지 상황에서의 행동을 바꾸고자 한다. 집단상담사의 역할은 이러한 정서적 변화가 내적 신념의 변화에서 기인한 것임을 확인시켜 주는 것이다. 예를 들면, 상담사는 계속해서 실패하고 그래서 비난을 받는 장면을 상상해 보라고 한다. 이러한 상상은 충분하지 못한 느낌(inadequacy)을 불러일으키게 된다. 이때 참여자들은 자신에게 아무런 가치도 없다고 느끼는 감정을 단순한 후회나 실망으로 바꿀 수 있다는 것을 깨닫는다. 참여자들은 처참함 대신에 후회스럽고 실망스러움을 자동적으로 느낄 때까지 이 연습을 최소한 30일 동안 계속한다. 참여자들은 자신이 가장 두려워하는 일이 일어나는 것을 상상한다. 집단 안에서 두려움을 나누고, 그 두려움이 행동하고 말하는 데 어떤 영향을 미치는지에 대한 정서적 통찰을 얻고, 결과적으로 다른 방식으로 반응하는 법을 배운다. 상상은 일상의 두려움을 실제로 직면하는 것을 안전하게 준비하는 작업이다(Ellis, 2001a).

유머를 사용하기

유머는 변화를 가져오는 데 있어 인지적이고 정서적인 효과가 있다. Ellis(2001a)는 사람들이 정서적 어려움을 겪을 때 유머 감각을 잃고 너무 심각해진다고 생각했다. REBT는 자신을 곤란하게 만드는 일종의 과장된 생각에 맞서는 방법으로 유머를 사용한다. REBT에서는 자기 자신이 아니라 비합리적인 신념을 웃음거리로 만든다. 집단상담사는 비합리적인 신념이 얼마나 어리석은 생각인지를 참여자들에게 보여 주기 위해 유머를 사용한다(Ellis & Ellis,

2019a). 집단 초기에 유머 사용 방법을 소개하거나 적용하면 부적절할 수 있지만, 집단 안에 신뢰할 수 있는 관계가 형성되었다면 참여자들은 유머를 사용하는 방법을 배우게 되고, 자신의 행동에 유머를 적용할 수 있다(더 자세한 것은 Ellis & Ellis, 2019a의 유머와 재미있는 노래 부분 참조).

수치심 공략하기

수치심을 공략하는 활동의 기저에 있는 논리는 자기 자신과 관련된 정서적 어려움은 수치심, 죄책감, 우울, 불안이라는 것이다. 수치심, 죄책감, 불안, 우울 뒤에 있는 비합리적인 신념을 직면하고 다루면, 정서적으로 훨씬 안정될 것이다. 참여자들은 다른 사람들이 어떻게 생각할까를 두려워하느라 자신이 하고 싶은 것을 하지 못하는 경우가 많다는 것을 시인한다. REBT 집단의 참여자들은 자신이 어리석어 보일지도 모른다는 두려움을 극복하기 위해 모험을 시도하도록 격려받는다. 그러나 상담사는 참여자가 불법적·비도덕적인 행동을 하거나 다른 참여자들에게 지나친 경각심을 주지 않도록 주의를 주어야 한다. 예를 들면, 참여자는 주의를 끌 수 있는 시끄러운 소리를 내는 옷을 입을 수도 있고, 큰 소리로 노래를 부를 수도 있고, 수업에서 어리석은 질문을 할 수도 있다. 집단상담사는 참여자들이 타인의 반응에 관계없이 스스로를 수용할 수 있도록 가르치기 위해 수치심 공략하기 활동을 사용한다. 이 활동은 자신에 대한 수용을 촉진하고, 참여자가 수치스럽다고 생각한 것들이 자신이 현실을 어떻게 정의했는지에 따른 것뿐이라는 점을 깨닫게 한다. 참여자들이 수치심 공략하기 활동을 통해 배울 수 있는 중요한 교훈은, 타인에게 인정받지 못한다고 해도 자신의 가치가 손상되는 것은 아니며, 타인에게 인정받지 못할 것이라는 두려움 때문에 자신이 옳다고 믿는 행동을 스스로 포기해서는 안 된다는 것이다.

REBT 집단의 행동적인 방법

REBT 상담사들은 모든 인지행동적 기법 전체를 활용한다. Ellis(1996, 2001a)에 따르면 REBT의 행동적 기법은 정서적·인지적 기법과 함께 활용할 때 더욱 효과적이다. 자기관리 방법은 집단상담사가 참여자의 행동을 통제하기보다는 참여자가 자신의 행동을 통제할 때 가장 효과적이다.

역할극

역할극에는 정서적·인지적·행동적 요소가 모두 포함되어 있다. 참여자들에게 두려움을 경험하고 극복하도록 돕는 방법 중의 하나는 역할을 바꿔보도록 하는 것이다. 마이클(Michael)이 취업 면접 때문에 불안하다면 면접관의 역할을 하게 한다. 그리고 불안감에 사로잡힌 면접대상자 역할과 자신감에 찬 면접관 역할을 모두 해 볼 수 있다. 집단에서 서로의 어려움이나 신념에 대해서 말하는 것보다 역할극을 하면 훨씬 정서적으로 몰입할 수 있다. 역할극은 참여자를 정서적으로 자유롭게 할 뿐만 아니라 새로운 행동을 시험해 볼 수 있는 무대가 된다. REBT 집단에서 역할극은 경험되고 있는 감정과 신념에 대한 인지적 평가를 포함한다. 역할극은 참여자가 느끼고 행동하는 방식을 변화시킨다.

과제

REBT 집단은 개인적인 변화를 촉진하기 위해서 회기와 회기 사이의 노력을 격려한다. 그리고 참여자가 원하는 변화를 돕기 위해서 집단은 행동중심의 과제를 협상한다. 집단상담사가 과제를 정해 주는 것보다 수행할 과제에 대해 협상을 하는 것이 더 효과적이다. 회기와 회기 사이의 과제는 주의깊게 설계되고 참여자가 동의를 얻어야 하며, 이 과제들은 정서와 태도의 변화에 기여하는 생산적인 행동을 수행하는 것을 목적으로 한다. 참여자에게 무엇을, 어떻게, 어떤 상황에서 할 것인지를 질문하는 것이 중요하다. 집단 안에서 하는 것보다 집단 밖에서 새로운 행동을 해 보는 것이 더 가치가 있다(Ledley et al., 2018). 집단상담사는 참여자에게 먼저 할 행동을 상상하게 하고, 실제 상황에서 수행하도록 격려해야 한다.

참여자들은 PYA(Push Your Ass, 지금 당장 움직여라) 활동에 참여하여, 두려운 상황에서 어떻게 대응할 것인지를 배울 때까지, 자기 자신을 위험한 상황으로 내몬다. 이때 두려워하는 일을 여러 번 하는 것이 과제가 되며, 결과적으로 두려움을 극복하게 된다. 집단상담사와 다른 참여자들이 제안하는 과제를 집단 안에서 혹은 집단 밖의 상황에서 수행한다. 집단 밖에서 수행한 경우에는 과제의 결과를 집단에 보고한다.

통상적으로 집단 회기는 참여자들이 회기와 회기 사이에 과제를 했는지를 확인하는 것으로 시작된다. 과제에 대해 검토하고 논의한 후에 참여자들은 일반적으로 자신이 탐색하고 싶은 문제를 제시하거나 자신의 목표나 계획을 토론하거나, 자신의 변화 과정을 보고 한다. 집단 회기 동안 참여자의 역기능적 핵심 신념이 확인되고, 참여자들은 격렬하게 논박하며, 합리적이고 적응적인 자기진술을 학습한다. 그리고 참여자들은 새롭게 학습한 신념과 행동을 일상생활에서 계속해서 연습할 수 있는 과제를 만든다.

강화

강화는 소설을 읽거나, 극장이나 음악회에 가거나, 좋아하는 음식을 먹는 것이 될 수 있다. 참여자들은 자신이 좋아하는 것을 통해 스스로를 강화할 수 있다. 강화는 평상시에 회피했던 일을 해 보겠다고 스스로에게 약속하고 이러한 과제를 이해한 후에 이루어져야 한다. REBT의 목표 중 하나는 자기관리이다. 그리고 이 기법이 성공하는 데는 참여자의 실행이 중요하다. 참여자의 궁극적인 성공은 집단 밖에서 자신의 삶을 얼마나 주관적으로, 그리고 효과적으로 책임지는가에 달려 있다. 강화의 원칙을 따름으로써 참여자들은 이후에 직면하게 될 새로운 문제에 대해 합리적인 원칙을 일관성 있게 적용할 수 있게 된다. 이런 의미에서 참여자는 스스로 자신의 상담사가 되어 삶을 어떻게 영위할 것인지를 스스로에게 끊임없이 가르친다.

집단 이론의 실제: REBT의 적용*

나는 8명의 집단참여자들에게 집단 회기에서 다룰 안건들을 만드는 과정은 어떠한지를 질문하면서 집단을 시작한다. 참여자들에게 자신의 기능 수행을 막는 비합리적 신념을 확인한 것이 있는지를 묻는다. 집단참여자들이 표현한 잘못된 신념들은 다음과 같다.

- 상담사로서 나는 언제나 완벽하게 개입해야 한다.
- 해야 할 일이 많기 때문에 나는 언제나 일해야 한다. 내가 쉴 수 있는 시간을 만들 수가 없다.
- 모든 사람으로부터 나는 인정을 받아야 한다. 인정을 충분히 받지 못한다면 자신감을 잃는다.
- 나는 타인에게 도움을 청해서는 안 된다. 다른 사람을 돌봐야 한다.
- 나는 좋은 아내가 아니기 때문에, 죄책감을 느끼는 것은 당연하다.
- 나는 언제나 이성적으로 생각하고 행동해야 한다. 그렇지 않으면 나는 가족들을 실망시킬 것이다.
- 내가 하는 모든 일은 완벽해야 한다. 실수를 해서는 안 된다.
- 나한테 주의를 기울이라고 해서는 안 된다.

* 여기서 논의된 집단 회기는 온라인 학생 자료에 포함된 '집단 이론의 실제' 비디오에 있는 합리적 정서행동치료 집단 작업에서 나온 것이다.

나는 집단참여자들에게 잠깐 시간을 가지고, 이 잘못된 신념을 기능적이고 합리적인 신념으로 바꾸어 보도록 한다. 그리고 참여자들이 만약 인지적 변화를 한다면, 삶이 어떻게 달라질 것인가에 대해서 성찰하게 한다. 그리고 이들 중 자신의 신념에 대해서 작업하고 싶은 참여자가 있는지를 묻는다. 루페(Lupe)는 내담자를 실망시키지 않기 위해서 항상 전화를 받아야 하는 자신의 신념에 대해서 작업하고 싶다고 했다. 나는 루페에게 그 신념을 혼돈시키는 실험을 집단에서 할 의향이 있는지를 묻는다. 루페가 동의했기에, 나는 역할극을 제안한다. 나는 루페에게 끊임없이 일하라고 말하는, 그래서 친숙한 역할을 맡으라고 한다. 그리고 나는 그녀 인생에서 일만이 유일한 것은 아니라는 것을 믿도록 하기 위해 최선을 다한다. 몇 번의 대화를 주고 받은 후에, 나는 역할을 바꾸도록 한다. 루페는 이제 내가 말하는 비합리적 신념에 합리적이고 보다 친절한 신념을 표현해야 한다. 이 기법의 목표는 그녀가 자신의 신념을 알아차리도록 하고, 자신의 자기대화(self-talk)를 점검하게 하는 것이다. 그리고 우리가 통찰한 것을 나누고, 루페의 삶에서 어떻게 새로운 생각을 실행할 것인가를 이야기한다. 나는 다른 참여자를 초대하여, 효과적으로 기능하지 못하게 하는 혼란스러운 신념에 대해서 작업하도록 격려한다. 역할극은 작업에 생기를 가져오고, 참여자들이 문제적 믿음에 대해서 이야기하는 것보다 효과적이다. 이런 작업을 집단에서 하는 것은 참여자들에게 촉매제가 되어, 일상에서 효율적으로 기능하는 것을 가로막는 특정 믿음에 대해서 더 자주 생각하게 한다. REBT는 집단참여자들에게 자신이 신념에 대해서 논박하도록 하고, 그래서 더 이상 그 신념이 영향을 미치지 못하게 한다. 참여자들이 자신의 신념이 스트레스에 영향을 미친다는 것을 이해하게 되면, 인지재구성과 새롭고 기능적인 신념을 만드는 작업을 시작한다.

학교 집단상담에 대한 REBT의 적용

REBT는 내담자를 재교육시키는 여러 가지 방법을 수용하는데, 그 방법들은 유치원부터 고등학교 학생들을 대상으로 하는 집단상담에 직접적으로 적용될 수 있다. REBT는 아동의 불안, 분노, 우울, 학교 거부, 비행 행동, 완벽주의, 낮은 성취도의 문제 등 광범위한 문제를 해결하는 데 적용되어 왔다(Vernon, 2004). Knaus(2014)에 의하면, 학생들은 감정적 스트레스를 받을 때 대처할 수 있는, 그리고 더 나아가 행복과 성취로 이끄는 인생 기술을 개발하도록 돕는 합리적인 원칙들을 배울 수 있다. REBT의 원칙과 방법은 정서적 · 행동적 문제를 예방하는 것이고, 따라서 심리교육 집단에 이상적인 모델이다.

REBT의 주요 개념을 중심으로 하는 집단은 학교에서의 문제들을 해결하는 데 유용하지만, 학생들이 경험하는 대인관계와 집에서의 문제를 다루는 데도 적용된다. 학생들이 통제할 수 없는 문제에 어떻게 대처할 수 있는지를 배울 수 있기 때문에 학교 환경에서의 집단은 유용하다. 집단상담사는 A-B-C 모델을 사용하여, 학생들이 가지고 있는 문제적 믿음을 확인하고, 보다 기능적인 믿음으로 교체할 수 있도록 도울 수 있다. 집단은 학생들이 일상적인 삶을 살아가는 데 필요한 대응 기술을 가르치고, 학생들의 특정 생각, 감정, 행동을 수정하도록 돕는 것을 목적으로 한다. 이 교육적 집단에서 집단참여자는 변화가 집단 밖에서의 연습과 노력의 결과라는 것을 배우게 된다.

학교 장면에서 REBT를 사용하는 데 어려운 점은 인지적 과제의 사용이다. 집단 밖에서의 활동이 도움이 되지만, 학생들은 이미 교사로부터 받은 숙제도 많다고 느낀다. 학교상담사는 과제를 내 줄 때 여러 상황을 고려해야 하고, 인지적 과제의 경우에는 학생이 이를 잘 달성할 수 있는 것이어야 한다.

다문화 집단에 대한 REBT의 적용

REBT는 다문화 내담자와 함께 작업할 때 다음과 같은 강점을 가지고 있다. 만약 내담자를 성급하게 재촉하지 않으면, 내담자는 자신의 행동 이면의 전제를 검토하도록 안내할 수 있다. 어떤 집단이 최선의 노력, 협력, 독립성, 가족의 중요성, 근면함을 강조하는 문화적 배경을 가진 참여자들로 이루어져 있다고 가정해 보자. 이 집단에는 부모나 가족의 기대를 충족하지 못하고 있다고 인식하여 수치심과 죄책감을 느끼는 구성원이 있을 수도 있다. 만약 집단상담사가 이러한 참여자의 문화적 가치에 성급하게 도전하면, 부정적인 결과가 일어날 수 있다. 참여자는 오해를 받는다고 느끼면서 집단에서 초기에 탈퇴할 수 있다. 감수성이 뛰어난 집단상담사는 참여자에게 이런 문화적 가치관을 어떻게 아무런 의심 없이 진실이라고 받아들였는지에 대해 생각보자고 할 수 있다. 상담사는 내담자가 자신의 문화적 유산에 대한 존중을 포기하지 않으면서도 그동안 고수해 온 신념에 도전하고 그 결과를 이해하도록 격려할 수 있다.

REBT 상담사는 교사의 역할을 수행한다. 교사라는 이미지는 어떤 문화권에서는 특히 이상적인 것으로 여겨지는데, 정신병리라는 사회적 편견에서 탈피하여 문제해결에 초점을 맞출 것이라는 기대를 갖게 하기 때문이다. 참여자들이 당면한 문제에 대해 생각하는 더 나은 방법을 배운다면 삶이 더욱 충만해질 것이다. 집단상담사와 다른 참여자들의 도움을 받아 참여자가 새롭게 생각하고 행동하는 방법을 배운다면 결과적으로 새로운 정서를 경험할 것이다. REBT 상담사는 내담자 개인뿐만 아니라 집단참여자들에게 일상에서 감사하게 여길 수 있는 일에 초점을 맞추도록 격려한다(D. Ellis, 2015). 삶에서 좋은 경험에 초점을 맞추는 것은 특별히 힘든 시기에 내담자의 우울이나 자신을 쇠약하게 하는 정서를 제거하거나 줄여줄 수 있다. 만약 도움이 될 것이라고 판단하면, 집단상담사는 자신의 일상의 감사를 나누고, 감사하는 것으로 인해 발생하는 이익을 개방할 수 있다.

REBT는 약간의 밀어붙이는 것 같은 느낌을 줄 수도 있기 때문에, 집단상담사는 특정 신념을 비합리적인 것으로 해석할 때 최대한 조심해야 한다. 적극적이고 지시적인 접근에 익숙한 참여자는 상담사의 권위적인 스타일을 받아들이는 반면, 자신에게 중요한 타인과 다문화적 영향을 간과할 수 있다(Ellis, 2001b). 집단상담사에게는 비합리적인 신념으로 보이는 것이 참여자에게는 오랫동안 소중하게 지켜온 가치일 수 있다. 집단상담사가 자신의 가치를 참여자에게 강요하는 실수를 하지 않는 것이 중요하다.

Ellis(2001b)는 사회적 관심을 격려하였는데, 사람의 행복은 그들이 속한 공동체에서의 역할의 질에 달려 있기 때문에 사람들과 잘 지내는 것이 삶의 중요한 부분이라고 생각하였다. REBT는 개인이 가족, 공동체 및 그 밖의 체계와 맺고 있는 관계를 강조한다. 이러한 REBT의 지향점은 개개인의 존재를 위한 상호 의존, 공동체의 생산적인 구성원이 되는 것, 다양성을 중시한다.

집단에 대한 REBT의 평가

이 접근의 기여와 강점

과거의 사건이나 중요한 인물과의 경험이 내가 현재 가지고 있는 신념을 형성하는 데 중요한 역할을 했다고 생각하지만, 나 역시 REBT의 관점처럼 자기파괴적이고 잘못된 믿음을 유지하는 것은 우리 자신의 책임이라고 생각한다. 우리가 한때 그러한 특정 전제들을 무비판적으로 받아들였다고 해도, 그것을 비판적인 관점에서 재평가할 수 있으며, 보다 기능적인 행동으로 이끄는 더욱 효과적인 사고로 전환할 수도 있다. 이런 측면에서 REBT는 우리가 과거에 의해 결정되는 존재가 아니라, 자유로운 존재이며, 자신의 삶에 책임을 져야 한다고 주장하는 실존주의적 철학에 바탕을 두고 있다고 할 수 있다. 집단은 우리가 자기파괴적인 신념을 어떻게 가지게 되었는지를 탐색할 수 있는 장을 제공하고, 새롭고 건설적인 생각과 행동을 시험할 수 있는 분위기를 조성해 주기 때문에 특히 유용하다.

나는 종종 참여자들에게 그들이 경험하는 문제의 근원이 되는 생각이나 가정을 확인하고 탐색하라고 요청한다. 그리고 다음과 같은 질문을 한다. "그 생각이 지금 당신에게 타당하게 여겨지나요? 그런 가정들을 가지고 살아간다면 당신의 삶은 어떻게 될까요? 그런 기본적인 생각을 바꾼다면 당신의 삶은 어떻게 달라질까요? 이 집단에서, 그리고 당신의 일상에서 어떤 행동을 하면 지금 가지고 있는 생각을 바꾸는 데 도움이 될까요?"

또 다른 REBT의 공헌은 집단상담사의 훈련과 관련된다. REBT는 자기회의에 빠뜨리고 역할 수행을 방해하는 내적 대화를 확인하며 그에 도전하는 방법을 배우는 데 효과적이다. Corey와 동료들(1998)은 집단 촉진을 공부하는 학생이나 수련생에게 방해가 되는 자기대화의 예를 다음과 같이 제시하였다.

- 나는 참여자 모두와 동료 그리고 수퍼바이저로부터 사랑과 승인을 얻어야만 한다. 내가 상담사로서 그리고 한 인간으로서 갖고 있는 가치는 이 모든 사람의 승인에 달려 있다.
- 집단상담사로서 나는 언제나 유능하고 완변하게 수행해야 한다. 중대한 실수를 해서는 안 되고, 실수는 실패를 의미하며, 눈에 띌 정도의 실수는 내가 실패자라는 것을 의미한다.
- 참여자 개개인으로부터 내가 원하는 것을 얻지 못하는 것은 너무 끔찍한 일이며, 나는 그것을 견딜 수 없다. 집단은 내가 원하는 때에 내가 원하는 방법으로 진행되어야 한다.
- 나는 언제나 할 말을 알고 있어야 하고, 항상 바른 대답을 하는 것이 중요하다.
- 나는 모든 참여자에게 완벽한 역할 모델이어야 한다.
- 나는 어리석어 보일 것을 두려워한다. 그러나 결코 그래서는 안 된다.
- 나는 각 상황에 적절한 기법을 적용할 수 있어야 하고, 만약 그렇지 않다면 그 결과는 재앙이 될 것이다.

집단상담사는 집단 작업에서, 자신의 개인적 삶과 전문적 역할 모두에 부정적인 영향을 미치는 역기능적인 신념을 발견하게 될 수도 있다. REBT의 개념과 기법을 이용하여 당신은 역기능적인 생각을 보다 생산적인 신념으로 전환하는 방법을 배울 수 있다. 당신 자신을 제한하는 사고를 탐색할 수 있는 역량이 증가한다면, 참여자의 사고 패턴에 도전하는 역량도 증가할 것이다(Corey et al., 1998).

다른 행동지향적 접근처럼, REBT에서는 새롭게 얻은 통찰을 행동으로 옮겨야 한다. REBT에서 과제를 부여하는 방법은 통찰을 구체적인 행동 프로그램으로 전환하는 훌륭한 방법이다. 집단상담사만이 과제를 부여해야 하는 것은 아니며, 참여자들이 자기 자신을 위한 의미 있는 과제를 스스로에게 부여할 수 있다. 내 생각에 과제는 참여자들이 특정 문제에 맞추어 정하는 것이 좋고, 참여자와 상담사가 협력하여 개발하는 것이 이상적이다.

근거가 없는 결론과 잘못된 신념을 확인한 참여자들은 그러한 신념과 자신의 개인적 문제 사이에 어떤 관련성이 있는지 검토하고 기록해 보라는 요청을 받는다. 이러한 방법을 통해 참여자들은 자기파괴적인 인지 방식을 비판적으로 검토하는 작업을 하게 된다. 다음 회기에 참여자들은 자신이 과제를 잘 수행했거나 어려움을 겪었던 상황에 대해 밝힌다. 참여자들은 자신이 직면한 상황에 대한 구체적인 증거에 관해 끊임없이 질문을 던짐으로써 집단 밖에서도 과제를 수행하여, 집단을 목적 달성을 위한 수단으로 활용하게 된다. 참여자는 한 가지 문제에서 배운 것을 다른 문제에 적용하는 법을 배우고, 집단에서 배운 것을 일상에 적용하는 법을 배운다.

이 접근의 제한점

나의 관점에 따르면, REBT의 가장 큰 제약은 상담사의 직면적이고 설득적인 입장에 내재된 위험 혹은 상담사의 가치관을 참여자에게 강요할 가능성이다. 다른 접근에 비해 REBT에서는 강요가 일어날 가능성이 높다. 효율적인 집단상담사는 어떤 신념이 도움이 되거나 문제가 되는지를 판단할 때 참여자들의 의견을 구한다. 또한 집담상담사가 그 과정에 대한 안내를 잘하면, 참여자 스스로가 자신의 신념에 의문을 제기하고 치료적 과정에서 적극적인 역할을 한다. 참여자는 스스로 잘못된 신념을 가지고 있다는 확신이 들지 않더라도 집단상담사와 다른 참여자들의 집단 압력에 의해서 자신의 생각을 바꿀 수도 있다. 효율적인 REBT 집단상담사는 주의를 기울이고 이러한 상황이 일어나지 않도록 하여야 한다. REBT는 잘못 실시될 가능성이 높기 때문에, 이 접근에 대한 충분한 훈련과 수퍼비전이 필요하다. 상담사의 지식, 훈련, 인식, 그리고 판단의 정확성은 특히 중요하다.

Ellis와 Ellis(2019b)는 "빠르고, 불 같으며, 적극적, 지시적으로 설득하는 철학적 방법을 사용한다. 대부분의 경우에 그들은 내담자의 몇 가지 역기능적인 신념을 빨리 찾아낼 수 있다."(p. 176)라고 하였다. 그런 효과적인 REBT 상담사는 내담자의 수용성을 높이기 위해서 보다 상냥한 스타일을 사용할 수 있다. 무엇이 합리적인 사고를 구성하는지에 대한 결정에 있어 집단상담사에게 의존하는 참여자도 있지만, 집단상담사의 직면적 스타일에 위협감을 느끼는 참여자도 있을 것이다. 민감하지 않은 적극적, 지시적 접근의 단점은 내담자 자신의 고유한 가치 체계와는 다른 그러나 상담사가 강요하는 목표와 가치관을 수용해야 한다는 압박감을 느끼게 할 수 있다는 것이다. 적극적, 지시적 치료를 지향할 경우 상담사가 지나친 권한과 책임을 가지게 되고, 결과적으로 협동적이고 협력적인 내담자-상담사 관계를 파괴할 수 있다. 참여자의 신념 중에 어떤 것이 비합리적인지, 그리고 무엇을 바꾸어야 하는지를 대신 결정하는 집단상담사도 있는데, 이는 비윤리적이다. REBT의 효과성에는 치료적 동맹이 중요하다. 최근에는 REBT 상담사도 라포를 형성하고 강한 작업동맹을 유지하는 데 가치를 두고 있다(Ellis & Ellis, 2019a).

Ellis가 추천하였듯이, 많은 상담사가 Ellis의 스타일과는 다른 스타일로 REBT를 수행하고 있다는 것을 강조하고자 한다(Ellis & Ellis 2019a). REBT의 원칙과 기법을 Ellis의 직면적인 방법과 분리해 보는 것도 의미가 있을 것이다. 상담사는 REBT의 개념과 기법을 사용하면서도 부드럽게 말하고 상냥한 태도로 상담을 진행할 수 있다. 치료적 스타일에 있어서 REBT가 처방적인 것은 아니다. 참여자에 따라 다른 치료적 스타일을 적용할 수 있다. 혹은 같은 사람에 대해서도 때에 따라 다른 접근이 필요하다.

자기성찰과 토론을 위한 질문

1. 만약 여러 문화적 배경을 가진 참여자들로 구성된 집단을 담당하게 된다면 어떤 REBT 기법이 특별히 효과가 있는가? 이 접근의 어떠한 측면이 문화적 다양성을 가진 내담자와 작업할 때 가장 적절한가?

2. 당신이 혼란을 경험했던 삶의 사건을 생각해 보라. A-B-C 모델을 적용하고, 그 사건에 대한 신념을 바꾼다면 그 사건을 어떻게 다르게 해석할 수 있을지 성찰해 보라. 이런 생각의 방법을 개인적으로 적용한 경험이 어떻게 문제를 관점으로 변화시키는 데 활용될 수 있는가?

3. 집단상담사로서 적용하고 싶은 한 가지 인지적 기법이 있다면 무엇인가? 생각을 바꾸면 감정과 행동이 바뀐다는 전제에 당신을 얼마나 동의하는가?

4. REBT 집단상담사는 참여자가 비합리적 신념을 합리적 신념으로 대체하도록 논박, 가르침, 설득 등 적극적인 인지적 방법을 사용한다. 참여자의 잘못된 신념을 논박하도록 돕는 데 당신은 얼마나 편안한가?

5. 과제는 REBT 집단상담의 기본적인 부분이다. 집단 안에서 그리고 일상에서 참여자가 실행할 수 있는 과제를 어떻게 협력적으로 만들어 낼 수 있는가? 집단 작업의 한 부분으로서 과제에 당신은 얼마나 중요도를 부여하는가?

참고문헌 및 권장 도서 (별표(*)가 표시된 문헌들은 추가 연구를 위한 제안 자료임)

Corey, G., Ellis, A., & Cooker, P. G. (1998). Challenging the internal dialogue of group counselors. *Journal of the Mississippi Counseling Association, 16*(1), 36-44.

Ellis, A. (1994). *Reason and emotion in psychotherapy* (Rev. ed.). Citadel.

Ellis, A. (1996). *Better, deeper, and more enduring brief therapy: The rational emotive behavior therapy approach*. Brunner/Mazel.

Ellis, A. (1997). The evolution of Albert Ellis and rational emotive behavior therapy. In J. K. Zeig (Ed.), *The evolution of psychotherapy: The third conference* (pp. 69-82). Brunner/Mazel.

*Ellis, A. (2001a). *Feeling better, getting better, and staying better*. Impact.

*Ellis, A. (2001b). *Overcoming destructive beliefs, feelings, and behaviors*. Prometheus Books.

Ellis, A. (2003). Similarities and differences between rational emotive behavior therapy and cognitive therapy. *Journal of Cognitive Psychotherapy, 17*(3), 225-240.

*Ellis, A. (2004a). *Rational emotive behavior therapy: It works for me—It can work for you*. Prometheus Books.

*Ellis, A. (2004b). *The road to tolerance: The philosophy of rational emotive behavior therapy*. Prometheus Books.

Ellis, A. (2005a). *The myth of self-esteem*. Prometheus Books.

Ellis, A. (2005b). Discussion of Christine A. Padesky and Aaron T. Beck, "Science and philosophy: Comparison of cognitive therapy and rational emotive behavior therapy." *Journal of Cognitive Psychotherapy, 19*(2), 181-185.

*Ellis, A. (2010). *All out! An autobiography*. Prometheus Books.

*Ellis, A., & Ellis, D. J. (2019a). *Rational emotive behavior therapy* (2nd ed.). American Psychological Association.

*Ellis, A., & Ellis, D. J. (2019b). Rational emotive behavior therapy. In D. Wedding & R. J. Corsini (Eds.), *Current psychotherapies* (11th ed., pp. 157-198). Cengage Learning.

Ellis, D. J. (2014). *Rational emotive behavior therapy* [video]. American Psychological Association.

*Ellis, D. J. (2015). Reflections: The profound impact of gratitude in times of ease and times of challenge. *Journal of Spirituality in Clinical Practice, 2*(1), 96-100.

Knaus, W. (2014). Group rational emotive and cognitive behavioral therapy. In J. Carlson & W. Knaus (Eds.), *Albert Ellis revisited* (pp. 86-89). Taylor & Francis.

*Ledley, D. R., Marx, B. P., & Heimberg, R. G. (2018). *Making cognitive-behavioral therapy work: Clinical processes for new practitioners* (3rd ed.). Guilford Press.

Padesky, C. & Beck, A. T. (2003). Science and philosophy: Comparison of cognitive therapy and rational emotive behavior therapy. *Journal of Cognitive Psychotherapy, 17*(3), 211-224.

Vernon, A. (2004). Using cognitive behavioral techniques. In B. T. Erford (Ed.), *Professional school counseling: A handbook of theories, programs & practices* (pp. 91-99). CAPS Press.

14장

선택 이론/현실치료와 집단상담

학습목표

1. 전체 행동(total behavior)의 개념과 함의를 이해할 수 있다.
2. 현실치료 집단상담사의 역할과 기능을 변별할 수 있다.
3. 현실치료의 기본 가정, 독특성, 그리고 목표를 설명할 수 있다.
4. WDEP 모델이 집단 작업에 어떻게 적용될 수 있는지를 설명할 수 있다.
5. 실제적이고 효과적인 행동 계획의 요소를 진술할 수 있다.
6. 집단상담에서 행동계획을 평가하는 방법을 이해할 수 있다.
7. 집단상담을 의무적으로 받아야 하는 참여자들에게 현실치료가 특별히 어떻게 적절할 수 있는지를 설명할 수 있다.
8. 집단에서 재발예방 전략을 설계하는 근거를 설명할 수 있다.
9. 다문화 맥락에서 현실치료 집단 작업의 강점과 제한점을 확인할 수 있다.
10. 선택 이론/현실치료이 집단작업에 대한 공헌과 강점을 설명할 수 있다.

William Glasser

William Glasser(1925~2013)는 처음에는 화공학을 공부하였다가 후에 심리학에 관심을 가졌고, 최종적으로 정신과 의사가 되기 위해서 의과대학에 입학하였다. 1957년까지 그는 전역 군인 병원과 로스앤젤레스에 위치한 캘리포니아 주립대학에서 정신과 수련을 마쳤으며, 1961년에 정신과 전문의가 되었다.

초창기에 Glasser는 정신분석 수련을 받은 상담사들이 Freud의 원칙들을 실제로 수행하지 못하는 것을 관찰하고 Freud의 정신분석 모델을 거부했다. 오히려 사람들이 자신의 행동에 책임이 있다는 믿음을 가지고 있는 것을 관찰하였다. 경력 초기에 Glasser는 캘리포니아 청소년행정국이 운영하는 교도소 겸 학교인 벤투라 학교(Ventura School)에서 정신과 의사로 일했다. 그는 자신이 받은 정신분석 훈련이 이 학교의 청소년들을 돕는 데 한계가 있음을 확신하게 되었다. Glasser는 이곳의 청소년들의 혼란스러운 부분보다는 정상적인 부분에 대해 이야기하는 것이 최선이라고 결론을 내리게 되었다. Glasser의 전기에서, Jim Roy(2014)에 의하면, "Glasser는 정신과 병원에 입원한 환자에게도 성공의 방향으로 약간 밀어주고, 초대하고 그리고 당겨주는 것이 필요하다고 언급하였다. 그는 삶에서의 긍정적인 관계가 이렇게 약간 밀어주고 초대하는 것이어야 한다고 확신하였다"(p. 103).

Glasser의 획기적인 책, 『현실치료(Reality Therapy)』(1965)는 정신건강 분야의 전문가들 사이에서 큰 반향을 일으켰다. 그는 정신과 병원 및 교정기관에서의 경험과 연구를 통해, 사람들은 자신의 행동을 선택하고, 그렇기 때문에 그 선택을 바꿀 수 있다고 믿게 되었다. 정신과 병동의 동료들은 그의 주장을 받아들일 준비가 되어 있지 않았지만, 상담사들, 사회복지사들, 그리고 교육자들은 그의 공헌을 열광적으로 환영했고, 학교, 상담실, 그리고 교정기관에서는 그의 접근을 적용하였다. Glasser의 지속되는 중요한 주제는 인간관계는 효과적인 정신건강 프로그램의 핵심이라는 것이다. 현실치료는 교육에 지속적으로 적용되었고, 궁극적으로 모든 대인관계에, 그리고 특별히 친밀한 관계에 적용되었다.

Glasser는 Naomi와 47년 동안 결혼관계를 유지했고, Naomi는 1992년 사망하기까지 William Glasser Institute의 일에 깊게 관여하였다. 1995년에 Glasser는 자신의 기관에서 강사로 일하고 있는 Carleen과 결혼하였다. 2013년 8월 23일, Glasser는 부인인 Carleen과 아들 Martin이 지켜보는 가운데, 집에서 평화롭게 삶을 마감하였다.

Robert E. Wubbolding

Robert E. Wubbolding(1936~)은 오하이오주 신시네티에서 6남매 중 막내로 태어나고 자라났다. 그는 신시네티대학에서 상담으로 박사학위를 받았고, 상담사, 심리학자, 그리고 코치 자격증을 획득했다. 그는 고등학교에서 역사를 가르쳤고, 학교상담사로 초등학교와 고등학교에서 일했으며, 미국 육군과 공군의 약물 및 알코올 프로그램의 자문가로 일했다. 또한 가톨릭 신부이기도 하였고, 후에 종교적으로는 헌신하였지만 자유롭게 그리고 명예롭게 성직자의 길을 떠났다. 그리고 종교적 헌신은 타인에게 봉사하는 것으로 그의 삶의 특성으로 남았다.

박사과정 동안 Wubbolding은 여러 상담 이론에 대한 지식을 쌓았다. 그는 여러 이론의 워크숍에 참석했지만, 현실치료가 자신에게 가장 잘 맞는다는 것을 알게 되었다. 그는 William Glasser가 진행하는 훈련 워크숍에 여러 번 참석했고, 1987년에 Glasser는 그를 William Glasser Intitute의 소장으로 임명했으며, 그는 2011년까지 소장을 역임했다. Wubbolding은 현실치료의 이론과 실제를 그가 제안한 WDEP 체계로 확장하였고, 현재는 WDEP로 현실치료가 요약된다.

Wubbolding은 서든캘리포니아대학의 해외 프로그램 교환교수로 일본, 한국, 독일에서 일하면서, 일생의 꿈이었던 외국을 여행하고 살아보는 경험을 하였다. 그는 국제적으로 알려진 현실치료의 교사, 저자, 그리고 상담사로서 선택 이론과 현실치료를 유럽, 아시아 및 중동에 소개하였다. 그의 전문성 중 하나는 선택 이론과 현실치료를 다양한 문화와 민족들에게 적용하도록 변용하는 것이다. 그는 2009년에 영국에서 현실치료를 시작하게 하여 공로상을 받았고, 동시에 유럽심리치료학회로부터도 공로를 인정받았다.

현재 신시내티의 Center for Reality Therapy의 소장으로 지내면서 자비에대학(Xavier University)의 명예교수로 있다. 자비에대학에서는 32년 동안 일했다. 그는 Sandra Trifilio와 결혼했는데, 그녀는 과거에는 프랑스어 교사였지만, 남편과 함께 현실치료에 대한 열정을 공유하였다. 그녀는 Center for Reality Therapy의 행정을 담당하고 있으며, Wubbolding의 책을 편집하였다. Wubbolding은 18권의 책, 150개의 학술 논문, 그리고 여러 교재에 40개의 장(chapter)을 썼다.

서론

이 책에 소개된 다른 이론적 접근의 창시자처럼, William Glasser는 초기 훈련 과정에서 Freud 학파의 이론에 심취했다. 하지만 그는 곧 Freud 학파의 영향에서 벗어나 혁신적인 접근을 실험하였는데, 이 접근이 후에 현실치료(reality therapy)라 불리게 되었다. 이미 세계적으로 잘 알려져 있듯이, 선택 이론/현실치료의 핵심은 우리가 스스로의 선택에 대해 책임을 져야 한다는 것이다. 우리 문제의 대부분이 현재와 관련되기 때문에, 현실치료는 현재의 소망, 인식, 그리고 행동에 대하여 논의하는 것을 강조한다. Glasser는 우리가 현재 하고 있는 일만을 통제할 수 있다고 생각했다. 우리는 과거의 산물이긴 하지만, 우리가 선택하지 않으면, 과거의 피해자가 되지는 않는다.

선택 이론/현실치료는 인간이 자신의 욕구를 충족하기 위해서 삶을 통제하려고 노력한다고 가정한다. 인지행동치료, 합리적 정서행동치료, 해결중심 단기치료와 마찬가지로 현실치료는 공감적이고 적극적이고, 지시적이며, 구조화되어 있고, 심리교육적이다. 그리고 실제로 행동하는 것과 행동 계획에 초점을 맞춘다. 태도, 감정, 통찰, 전이, 과거사 혹은 무의식적 동기는 강조되지 않는다. 현실치료는 내담자가 문제를 진술하고, 자기 주변의 요구에 대처하고, 보다 효율적인 선택을 함으로써 내적 갈등을 다룰 수 있도록 돕는다. 사람들은 자신의 바람, 욕구 그리고 인식을 정직하게 점검함으로써 삶의 질을 높일 수 있다. 참여자들은 상담사와 다른 참여자들로부터 현재의 행동을 평가하고, 변화를 위한 계획을 세우며, 그 계획에 헌신하고, 그 헌신을 지속하라는 요청을 받는다.

1960년대에서 1970년대까지 현실치료는 몇 가지 기본 개념을 교도소, 학교, 개인병원, 부부치료 및 가족치료, 집단상담, 지역상담센터 등의 다양한 환경에서 실시되는 작업에 기본 개념을 적용하는 데 초점을 맞추고 있었다. 1980년대 초기에 Glasser는 인간의 행동을 설명하기 위해 통제 이론(control theory)을 개발하였고, 이 이론은 현실치료 실제의 근간을 이루게 되었다. 1996년 3월에 Glasser는 자신의 이론을 선택 이론(choice theory)으로 다시 명명하였다.

Glasser(2001, 2005, 2011)는 대부분의 내담자가 현재의 관계에 대한 불만족으로 인해 상담을 받으러 온다고 전제한다. 간단히 말해서 Glasser는 우리들 대다수가 경험하는 가장 핵심적인 문제는 원하는 만큼 타인과 잘 지내지 못하는 것이라고 믿는다. 더 나아가 선택 이론의 핵심은 우리의 모든 행동은 선택의 결과라는 것이므로, 우리는 더 나은 선택을 하는 방법을 배워야 한다. 현실치료는 개인이 보다 효율적으로 자신의 삶을 통제하도록 돕기 위해 선택 이론의 주요 개념을 적용한다. 이 장은 선택 이론의 주요 개념을 현실치료 집단상담에 적용하는 방법에 초점을 맞춘다.

주요 개념

인간의 욕구와 목적적 행동

선택 이론은 인간의 행동이 목적 지향적이며 외부의 영향보다는 자기 자신에게서 비롯된다는 인식에 기초한다. 우리는 내적인 힘에 의해서 동기화되며, 우리의 모든 행동은 기본 욕구를 충족하는 것을 목적으로 한다. Glasser(1998, 2001, 2005)와 Wubbolding (2011, 2013, 2017)은 인간의 기본 욕구를 생존, 사랑과 소속, 권한, 자유, 그리고 즐거움의 다섯 가지로 보았다. 생존(혹은 자기보존)은 생명과 건강을 유지하는 것과 관련된다. 사랑과 소속은 사람들과의 관계를 맺고자 하는 욕구, 그리고 타인을 사랑하고 타인으로부터 사랑을 받고자 하는 욕구이다. 권한(혹은 내적 통제)은 성취나 성공에 대한 욕구 혹은 자기 삶의 통제에 대한 욕구이다. 자유(혹은 독립)는 어떤 제약도 없이 선택하기를 원하는 욕구이다. 즐거움은 삶을 즐기고, 웃고, 유머를 즐길 수 있는 욕구를 말한다. 선택 이론은 우리의 모든 행동이 우리의 유전적 구조 안에 이미 형성되어 있는 이 다섯 가지 욕구를 충족하기 위해 우리 주변의 세계를 통제하려는 시도라고 전제한다. 사람들은 종종 추가적인 욕구의 가능성에 대해 질문한다. Wubbolding(2017)은 "선택 이론은 개방적 구조로 추가적인 욕구를 통합할 만큼 유연하다. 어떤 상담사는 종교 혹은 영적 존재에 대한 욕구를 포함하기도 한다. Viktor Frankl은 인간의 가장 기본적인 욕구는 의미와 목적을 찾는 것이라는 믿음으로 자신의 생명을 구했다"(p. 9).

우리는 자기 자신만의 방법으로 다섯 가지 기본 욕구를 충족한다. 예를 들면, 우리 모두는 사랑에 대한 욕구가 있다. 하지만 어떤 사람은 타인에 비해서 사랑에 대한 욕구가 더 클 수 있다. 우리는 특정 욕구와 그 욕구를 충족하는 정확한 방법에 대한 내적 사진첩(또는 질적 세계)을 가지고 있다. 우리는 자신의 삶을 가장 효과적으로 통제할 수 있는 행동을 선택하는데, 이는 질적 세계라는 사진첩 속의 사진을 적절하게 만족시킬 수 있는 행동을 선택한다는 것을 의미한다(Glasser, 1998, 2011; Wubbolding, 2017).

조각가가 진흙으로 상을 만들듯이, 사람들은 환경을 조성하고 자신이 원하는 내적 그림과 부합하는 행동을 한다. 선택 이론과 현실치료의 중요한 부분은 사람들에게 자신의 욕구를 알게 하고, 그 욕구를 효과적으로 만족시킬 수 있는 방법을 가르치는 것이다. 이 목표는 일관적인 노력과 힘든 작업을 통해서만 달성할 수 있다(Wubbolding, 2013, 2017). 우리는 자기 삶에 대한 통제력을 가지고 있고, 그 통제력을 보다 효과적으로 사용할수록 우리의 욕구는 더 많이 충족될 수 있다. 현실치료 집단의 정수는 효과적인 선택이라는 책임을 수용하기 위해 집단참여자들이 서로를 돕도록 가르치는 것이다.

선택 이론은 우리가 자신의 욕구를 직접적으로 만족시키지는 않는다고 설명한다. 우리는 출생 직후부터 일생 동안 우리를 즐겁게 하는 모든 것을 세심하게 관찰하면서 이에 관한 지식을 질적 세계라고 불리는 뇌의 특정 영역에 저장한다. 이 세계는 가능하다면 우리가 살고 싶은 개인적인 낙원(Shangri-La)이다. 우리가 공유하는 일반적인 욕구에 근거하기는 하지만, 이 세계는 매우 독특하다. 우리에겐 사랑이 필요하고 우리가 사랑하고 싶은 현실의 인물들을 자신만의 질적 세계에 포함시킨다. 바로 이들이 질적 세계의 가장 중요한 요소이며, 우리가 진정으로 연대하고자 하는 대상이다. 우리는 또한 권한, 자유, 그리고 즐거움과 같은 같은 욕구와 관련된 내적 심상을 삽입한다.

선택 이론은 인간의 동기를 설명한다. 그리고 현실치료는 전달 체계이다. Wobbolding은 욕구를 인간의 동기로 설명하는 것을 선호한다(개인적 교류, 2021년 2월 15일). 선택 이론이 고속도로라면, 현실치료는 상품을 전달하는 차량이다(Wubbolding, 2011). 선택 이론과 현실치료의 관계를 Glasser와 Glasser(2008)는 "선택 이론이 기차의 선로라면, 현실치료는 기차이다."라고 설명하였다(p. 1). 연대와 대인 상호관계를 강조하는 선택 이론과 현실치료는 여러 종류의 집단상담에 잘 적용될 수 있다. 집단상담은 집단 안에서 관계를 형성함으로써 욕구를 충족할 수 있는 방법을 탐색할 수 있는 많은 기회를 참여자들에게 제공한다.

실존주의적/현상학적 접근

선택 이론은 현상학과 실존주의의 전제(premises)에 근거하고 있다. 우리는 세상을 현실 그대로가 아니라 자신의 욕구 맥락 속에서 인식한다. 집단상담사가 참여자들에게 그들이 인식하는 세상과 타인이 인식하는 세상이 다르다는 것을 가르치는 것은 중요하다. 선택 이론은 외부 통제적인 심리학을 내적 통제의 심리학으로 대체할 수 있다는 실존주의의 가정에 근거하고 있다.

현대 선택 이론은 내적 통제와 주관적 세계에 초점을 맞출 뿐만 아니라, 강한 실존주의 경향을 유지하고 있다. 우리는 자기 자신을 위한 목표를 설정하고 우리 자신을 위해 만든 세계에 대한 책임을 지는 존재로 여겨진다. 우리는 무력한 피해자가 아니며, 보다 나은 삶을 창조할 수 있다. 현실치료 상담사는 불행을 단지 우리에게 일어나는 사건으로 보는 관점을 거부한다. 우리는 스스로 불행을 선택하기도 하는데, 이는 고통을 원해서가 아니라 고통을 통해 삶에 대한 통제력을 얻기 위해서이다. 때로는 고통만이 유일한 선택인 것처럼 보이는데, 사람들은 타인이 자기가 원하는 대로 행동하지 않기 때문에 불평하곤 한다. 사람들은 비참함을 느끼고 스스로를 희생자로 여기는 것을 포함하여 모든 것이 자신의 선택에 달려 있다는 것을 자각함으로써 커다란 교훈을 얻게 된다. 효과적인 선택의 예는 논쟁하거나, 비난하거나, 비평하는 친구보다, 우리는 무조전적으로 수용하는 친구를 선택하는 것이다.

Glasser(1998, 2001, 2003)는 우울하다(being depressed)거나 화가 난다(being angry)고 말하기보다는 우울해하고 있다(depressing)거나 화를 내고 있다(angering)고 표현하였다. 현재진행형으로 진술함으로써, 상태에 능동성을 부여하고, 감정을 생성된 행동으로 강조하였다.

이러한 시각을 가지면 우울증은 수동적인 피해자의 증상이 아니라 적극적인 선택으로 간주될 수 있다. 우울해하고 있다는 과정은 분노를 억제하고 도움을 구하도록 한다. Glasser는 우리가 우울증의 피해자라거나 불행이 우리에게 일어났다고 생각하는 동안은 긍정적인 방향으로 변화할 수 없다고 말한다. 우울해하는 것과 같은 고통스러운 행동을 선택하지 않는다면, 우리는 우리가 원하는 것과 우리가 하고 있는 것, 그리고 이 두 가지 모두를 바꿀 수 있다. Wubbolding(개인적 교류, 2021년 2월 15일)은 현재진형행을 사용하면 행동을 개인으로부터 분리할 수 있는데, 그 행동을 개인의 외부에 두면 대안을 선택하도록 할 수 있다고 하였다. 그는 "나는 나의 감정이나 생각과 동일한 존재는 아니다. 나는 느끼고 생각하고, 그러므로 내가 지금 경험하고 있는 것과 다른 그리고 더 도움이 되는 느낌과 행동을 생성할 수 있다."고 보았다.

전체 행동

선택 이론의 가장 기본적인 가정은 우리는 우리가 하는 모든 일에 대한 통제력을 언제든지 가지고 있다는 것이다(Glasser, 1998, 2001, 2005). Wubboling(개인적 교류, 2015년 2월 15일)은 우리는 우리가 처음 생각할 때 가지고 있다고 여기는 것보다 우리가 하는 일에 더 많은 통제력을 가지고 있다고 덧붙였다. 우리의 행동에 대한 통제에는 정도(degree)가 있다. 이 기본 전제는 전체 행동을 이해하는 맥락 안에서 명확히 할 수 있다. 전체 행동은 독특하지만 분리할 수 없는 4개의 요소, 즉 행동(말하거나 조깅하는 것과 같은 우리가 하는 것), 사고(자발적 생각과 자기진술), 감정(분노, 기쁨, 우울, 불안과 같은), 그리고 생리(physiology: 땀 흘리기, 두통, 다른 심리신체적 증상을 발달시키는 것)로 구성된다. 이 4개의 요소는 서로 관련되어 있지만, 종종 그중 하나가 특히 두드러지게 나타날 수 있다(Wubboldig, 2017).

만약 우리의 행동적 선택을 자동차에 비유한다면, 엔진은 기본 욕구를 나타내고, 운전대는 우리가 질적 세계의 방향으로 차를 돌릴 수 있도록 허용한다. 행동, 사고, 감정, 생리는 바퀴와 같다. 행동과 사고는 선택하는 것이기 때문에 앞바퀴와 같고, 차의 방향을 결정한다. 감정과 생리는 뒷바퀴에 해당하므로, 앞바퀴를 따라가야 한다. 뒷바퀴가 독립적이거나 직접 방향을 결정할 수 없는 것처럼, 우리도 어떻게 느낄지 혹은 어떤 생리적 반응을 보일지를 직접적으로 결정할 수는 없다.

선택 이론은 전체 행동을 선택하면서 네 가지 요소 중 모두를 동시에 선택할 수는 없다는 가정에 근거하고 있다. 전체 행동을 선택할 수는 있지만, 행동과 사고라는 두 요소에 대해서만 직접적인 통제력을 가질 수 있다. 우리가 전체 행동(우울의 결과로 경험하는 정서적 · 생리적 반응)을 바꾸기를 원한다면, 우리의 행동과 사고를 바꾸어야 한다. 현실치료 상담사들은 사람의 기분이 나빠지면 생리적 건강도 악화될 수 있다는 것을 인정한다(예: 심신증 환자). 하지만 정서나 생리 반응에 초점을 맞추지는 않는데, 정서와 생리는 직접적으로 변화시킬 수 없기 때문이다. 예를 들어, 취직이 되지 않으면 화가 나거나 우울해질 수 있다. 행동과 사고는 감정과 불가분의 관계에 있으며, 우리는 감정을 직접적으로 변화시킬 수 없다. 그러나 우리의 감정이 어떻든 간에, 우리는 행동과 사고를 변화시킬 수는 있다. 그러므로 전체 행동을 바꾸는 가장 좋은 방법은 우리가 통제할 수 있는 행동을 바꾸는 것이다. 행동을 크게 바꾸면 사고, 정서, 생리 등의 요소도 함께 바뀐다(Glasser, 1998, 2001, 2011).

선택 이론의 핵심

선택 이론은 우리가 통제할 수 있는 행동은 우리 자신의 행동뿐이라는 것을 가르친다. 주변에서 일어나는 사건을 통제하는 유일한 방법은 자신의 행동을 선택하는 것이다. 우리가 어떻게 느끼느냐 하는 것은 타인이나 사건에 의해서 통제되는 것은 아니다. 스스로 선택하지 않는다면, 우리는 타인의 심리적 노예도 아니고 과거나 현재에 갇혀 있지도 않다. 과거나 증상에 초점을 맞춤으로써, 내담자는 현재의 만족스럽지 않은 관계에 대해 말하는 것을 피할 수 있다. 선택 이론의 원칙은 과거나 현재의 문제에 영향을 주었을 수는 있지만, 과거보다는 현재의 역기능적 관계가 더 중요하다는 것이다. Wubbolding(개인적 교류, 2021년 2월 15일)은 '과거는 죽지 않는다'는 미국의 위대한 소설가 William Faulkner의 말을 인용하였다. 심지어 그건 과거가 아니다. 많은 경우 내담자를 괴롭혔던 사건은 과거에 존재하지만, 그 사건과 관련된 생각과 감정은 현재에도 살아있다. 그러나 과거에 어떤 일이 일어났든 간에, 우리는 효율적으로 기능하기 위해 현재에서 살고 행동을 계획해야 할 필요가 있다.

Glasser(2005)는 거의 모든 증상은 현재의 행복하지 않은 관계에 의해서 생긴다고 보았다. 우리의 과제는 현재의 관계를 교정하기 위해 할 수 있는 일을 하는 것이다. 예를 들어, 어렸을 때 부모로부터 버림을 받은 경우처럼 과거에 만족스럽지 않은 관계를 경험했다고 해 보자. 실제로 일어난 일을 바꿀 수는 없다. 우리가 통제할 수 있는 것은 우리 자신의 행동뿐이고, 우리가 할 수 있는 것은 현재 필요한 주변 사람들과 잘 지내기 위해 나의 행동을 바꾸려고 노력하는 것뿐이다. 현실주의 집단상담사는 참여자들에게 다음과 같은 말을 자주 한다. "과거는 이미 지나갔기 때문에 바뀌지 않습니다. 과거에 대해 이야기하기보다는 당신의 현재 문제를 직면하고 해결책을 찾는 것이 더 도움이 됩니다."

현실치료 집단상담과 관련하여 선택 이론이 갖는 함의는 무엇인가? 집단상담사는 참여자들로 하여금 그들 자신의 행동이 도움이 되지 않는다는 것을 인식하고, 자기 자신을 있는 그대로 수용하며, 개인적인 수행을 향상하고 집단 내의 다른 참여자들을 돕기 위한 현실적인 계획을 세우도록 안내한다. 집단상담사는 참여자들이 자기가 원하는 것을 평가하도록 하는 목적을 가진 기술적 질문을 통해서 도움을 준다. 만약 집단상담사가 참여자들로 하여금 그들의 전체 행동이 원하는 바를 얻는 데 도움이 되지 않는다는 것을 깨닫도록 돕지 못한다면, 상담은 효과를 거두지 못할 것이다.

집단상담사는 기본적인 현실치료 질문을 자주 사용하여 참여자들을 직면한다. "지금 하기로 선택한 것(행동과 생각)이 원하는 것을 가져다 줍니까?" 다음은 집단상담사가 자주 사용하는 질문이다.

- 당신은 변화하기를 바랍니까?
- 당신의 삶이 어떻게 바뀌기를 바랍니까?
- 삶에서 원하지만 얻지 못한 것은 무엇인가요?
- 당신의 현재 행동이 주변 사람들과 더 가까워지게 합니까? 혹은 멀어지게 합니까?
- 당신이 변화한다면 어떤 면에서 더 나아졌다고 느끼겠습니까?
- 바꾸어야만 한다면 삶에서 무엇을 바꾸겠습니까?
- 변화가 일어나도록 하기 위해서 지금 해야 하는 것은 무엇입니까?

참여자들은 자신이 행동하는 것, 생각하는 것, 그리고 느끼는 것이 '그들에게 일어난 것'이 아니고, '스스로 선택한 것'임을 알게 되면 보다 나은 행동을 보다 쉽게 선택할 수 있다.

집단지도자의 역할과 기능

집단상담사는 현실치료를 효과적으로 활용하는 데 필요한 공감적이고 신뢰할 수 있는 치료적 동맹을 맺으려고 노력한다. 효과적인 치료적 관계가 형성되고 나면, 현실치료 상담사는 내담자에게 선택 이론의 기본 개념과 실제 적용에 대해서 가르친다(Wubbolding, 2011, 2013, 2017). 현실치료는 사람들이 자신이 선택한 행동을 인식하고 그에 대한 책임감을 수용하면 삶에서 보다 효율적인 통제력을 얻을 수 있고, 보다 나은 선택을 할 수 있다고 가르친다. 집단상담사는 다른 행동과 사고를 선택함으로써 감정을 어느 정도 통제할 수 있다는 것을 참여자들이 이해하도록 돕는다(Wubbolding, 2019). 집단상담사는 다음과 같은 방법으로 다른 선택을 고려할 수 있도록 참여자들을 격려함으로써 멘토 역할을 한다.

- 참여자들의 현재 행동에 대한 논의를 촉진하고, 책임감 없고 효과적이지 않은 행동에 대한 변명을 단념시킨다.
- 참여자들이 무엇을 통제할 수 있고, 무엇을 통제할 수 없는지를 어떻게 인식하고 있는지를 탐색하도록 돕는다.
- 참여자들이 자신의 현재 행동을 평가하는 것을 돕는다.
- 어떤 욕구가 현실적으로 달성 가능한지를 평가하는 과정을 소개하고 격려한다.
- 참여자들에게 행동을 바꾸는 계획을 수립하고 실행하는 방법을 가르친다.
- 참여자들이 자신의 행동 계획에 헌신하는 정도를 평가하도록 돕는다.
- 집단이 끝난 후에 자신이 원하는 변화를 지속시키는 방법을 구체화하도록 격려한다.

현실치료 집단상담사는 언어적 표현을 통해 적극적이고 지시적인 역할을 수행한다. 이런 기능을 수행하면서, 집단상담사는 참여자들의 불행이 아닌 강점과 잠재력에 초점을 맞춘다. 그들은 내담자의 한계, 문제, 그리고 실패에 초점을 맞추는 것이 낮은 자존감과 비효율적인 통제를 강화한다고 생각한다. 그러므로 집단상담사는 참여자들로 하여금 그들 자신의 숨겨진 잠재력을 깨닫고 더욱 효과적인 선택과 통제를 할 수 있는 방법을 찾기 위해 도전하도록 이끈다.

적용: 치료 기법과 절차

현실치료의 실제는 (1) 상담 환경, (2) 행동의 변화를 가져오는 구체적인 과정이라는 두 개의 구성요소를 가진다. 상담 기술은 이 두 구성요소를 잘 조직하여 내담자가 자신의 삶을 평가하고 보다 효율적인 방향으로 나아가기를 결정하도록 격려하는 것이다. Wubbolding (2000, 2020)은 이 두 가지가 상담 주기(cycle of counseling)를 구성한다고 설명하였다. 상담 주기는 현실치료 이론이 실제로 전환되는 일련의 과정을 보여 준다. 개입에 관한 구체적인 지침으로 이루어지는 상담 환경은 각 절차의 기초가 된다.

몇 가지 기억해야 할 사항이 있다. 첫째는 여기에 소개된 개념이 명확하고 단순해 보일 수도 있지만, 개념을 실제 치료적 개입으로 옮기는 것은 쉽지 않다는 점이다. 개념을 성공적으로 집단 작업에 적용하기 위해서는 기술과 창의성이 필요하다. 원칙은 같을지라도, 적용되는 방법은 상담사의 스타일, 기술, 개인적 특성에 따라 그리고 상담사가 현실치료의 어떤 부분을 강조하기를 선택하느냐에 따라 매우 다를 수 있다.

현실치료는 과정이다. 그리고 현실치료의 여러 가지 방법을 융통성 없이 단계적으로만(요리책을 보고 음식을 만들듯이) 적용하는 것은 실수이다. 상담사가 반드시 따라야 하는 절대적인 패턴, 질문, 기법, 시기는 존재하지 않는다. 집단상담사는 선택 이론의 원리를 지침으로 삼아 참여자들이 논의하고 싶어하는 주제에 따라 자신의 개입 방법을 조정한다. 상담사가 미리 정해진 기법만을 사용하는 것이 아니며, 참여자들과의 관계를 만족시키는 방향으로 움직여야 한다.

다음의 내용은 다양한 자료의 통합된 요약이자 적용방법이다(Glasser, 1992, 1998, 2001; Wuboolding, 1988, 1991, 2000, 2009, 2011, 2013, 2017). 그리고 온라인 학생 참고자료 속의『학생 안내서』에는 Wubbolding(2020)이 현실치료 집단의 각 단계별로 달성해야 하는 주제와 과제를 요약한 도표가 소개되어 있다.

현실치료 집단의 단계

이 책의 4장과 5장에서 논의한 집단의 발달단계는 현실치료 집단에도 적용된다. 현실치료의 집단은 상담사가 심리적으로 안전한 환경을 조성하고, 사전동의를 구하고, 집단의 규칙과 경계를 설명하는 것으로 시작된다. 치료적 분위기를 조성하기 위해서, 집단상담사는 집단참여자들의 삶에 관심을 가지고 치료적 관계의 근간이 되는 라포를 형성함으로써 참여자들과 좋은 작업 관계를 형성할 필요가 있다. 집단상담사가 참여자들이 세상을 보는 관점으로 세상을 보는 것이 중요하다. 이것이 집단의 가장 중요하고 어려운 측면이다. 현실치료가 효과적이지 않을 때는 대부분 진정한 참여(involvement)가 일어나지 않았기 때문이다. 집단상담사의 보살핌은 참여자가 긍정적인 변화를 만들라는 도전에 헌신하도록 하는 데 필요한 신뢰를 쌓는 긴 여정일 수 있다. 작업 관계가 형성되면, 참여자들은 일반적으로 자신이 원하는 것과 현재 선택하고 있는 전체 행동을 평가할 수 있다.

집단이 과도기일 때, 상담사는 불안, 갈등, 통제, 그리고 저항을 효과적으로 다루기 위해 준비되어 있어야 한다. 작업단계에서 상담사의 역할은 참여자들 사이의 피드백 교환을 격려하고, 참여자들이 자신의 헌신 정도를 평가하도록 돕고, 실패를 다르게 해석하는 것을 돕고, 행동 계획 수립을 격려하는 것이다. 종결단계에서 현실치료 상담사의 중요한 역할은 변화에 대한 강화와 종결이라는 주제와 관련된다. 예를 들면, 집단 종결과 관련된 감정과 생각, 미해결 과제를 끝내기, 그리고 추후 학습을 수행하기이다. 종결단계에서 상담사의 또 다른 역할은 참여자들이 자신의 행동 계획을 평가하는 것, 새로운 문제에 당면했을 때 참여자들을 도울 수 있는 미래 지도를 그리는 것, 참여자들이 미래에 대한 인식을 요약하는 것을 돕는 것이다.

상담 환경

변화를 촉진하는 상담사의 태도와 행동

치료적 환경을 조성하는 데 유용한 방법으로는 주의를 기울이기, 공감을 표현하기, 판단을 유보하기, 기대하지 못한 일을 하기, 유머를 적절하게 사용하기, 상담사로서 자기 자신이 되기, 촉진적인 자기 개방을 하기, 내담자의 자기표현에서 은유를 확인하기, 주제를 주의깊게 듣기, 요약하고 초점맞추기, 그리고 윤리적인 상담사 되기가 있다. 효과적인 치료적 개입의 기본은 공정하고, 확고하며, 친절하고, 신뢰할 수 있는 환경이다.

상담사는 바람직한 변화를 이끌어 내기 위해 여러 가지 자질을 갖추고 있어야 하며, 치료적 동맹을 맺기 위해서는 언쟁, 공격, 책망, 비난, 비판, 강요, 비하, 요구하기, 변명을 조장하기, 잘못을 찾기, 쉽게 포기하기 등을 피해야 한다(Wubbolding, 2017). 대신에 내담자를 있는 그대로 수용하고, 내담자가 통제할 수 있는 것에 초점을 맞추도록 격려해야 한다.

집단상담사는 참여자들이 자신의 전체 행동에 대한 책임을 지는 태도를 중요시하도록 가르치고자 한다. 그러므로 집단상담사는 참여자가 하겠다고 말하고 실제로는 하지 않는 것과 같이 부정적 선택을 한 것에 대해 변명하는 것을 수용하지 않는다. 만약 참여자가 변화를 위한 계획을 실행하지 않으면 상담사는 왜 그 계획이 실패했는지와 같은 도움이 되지 않는 질문을 하지 않는다. 대신에 상담사는 참여자들에게 변명은 자기기만이며, 단기적인 위안이 될 수는 있지만 궁극적으로는 실패를 가져오고, 실패자라는 정체성을 굳힌다고 가르친다. 상담사는 참여자가 선택의 결과를 학습하도록 하지만, 내담자나 WDEP 체계는 결코 포기하지 않는다.

현실치료 집단의 과정: WDEP 체계

Wubboling(2000, 2008, 2011, 2013, 2017, 2020)은 현실치료 집단상담을 실시하는 데 적용되는 주요 과정을 WDEP라는 두문자어를 사용하여 설명한다. 선택 이론에 근거하여 구성된 WDEP 체계는 사람들이 자신의 기본 욕구를 충족하는 것을 돕는다. 각 문자는 변화를 촉진하기 위한 전략들을 의미한다. 즉, W는 욕구(wants), D는 행동과 방향(doing and direction),

E는 자기평가(self-evaluation), P는 계획(planning)을 나타낸다. WDEP 체계는 상담사와 내담자가 함께 목표와 행동 계획을 수립하는 협력적 접근을 포함한다.

W (wants, 욕구)

현실치료 상담사는 내담자가 자신의 욕구, 필요, 인식, 희망, 그리고 꿈을 발견하도록 돕는다. 현실치료 상담사는 "무엇을 원하나요?"라고 묻는다. 상담사의 기술적 질문을 통해서 내담자 자신이 욕구 충족을 위해 사용하고 싶은 방법을 인식하고, 정의하고, 개선하도록 격려받는다. 질문의 사용은 현실치료 실제에서 가장 기본적인 것이다. 시의적절하고 전략적인 질문은 참여자들이 자신이 원하는 것을 생각하게 하고, 자신의 행동이 원하는 것을 얻는 데 도움이 되는지를 평가하게 만든다. 현실치료에서는 다른 상담 접근보다 질문을 많이 사용하기 때문에 집단상담사는 광범위한 질문 기술을 개발하는 것이 중요하다. 상담사가 무엇에 대해, 어떻게, 그리고 언제 질문할지를 알아야 좋은 집단상담이 가능하다.

질문은 집단상담사에 의해 오용될 때가 많다. 어떤 상담사의 질문은 참여자가 계속 이야기하도록 만드는 목적 외에는 유용하지 않는 것처럼 보인다. 이런 상담사는 자신이 무엇을 해야 하는지 모르기 때문에 질문-답변 기술을 사용한다. 질문을 지나치게 많이 하면 참여자가 저항적이거나 방어적인 태도를 갖게 된다. 만약 상담사가 질문만을 주요 기법으로 사용한다면 집단 내에 거리감이 생기고 상담사가 모르는 사람(anonymous)으로 남게 된다. 질문이 성찰적 사고나 인식 확인과 같은 다른 기법들과 함께 쓰일 때 관계가 촉진된다.

내담자의 질적 세계(사진첩)를 탐색하는 것, 그리고 내담자가 외적 세계를 자신의 내적 세계에 가깝게 조절하기 위해 하는 행동을 탐색하는 것은 상담의 한 부분이다. 집단이 끝날 때까지 이 탐색은 계속되어야 한다. 왜냐하면 내담자의 사진이 바뀌기 때문이다. 참여자들은 자신이 가족, 친구와 일로부터 원하는 것이 무엇인지, 그리고 그 밖에 인생의 모든 부분을 탐색할 기회를 갖게 된다. 더 나아가 참여자들이 상담사와 자기 자신에게 무엇을 기대하고 원하는지를 정리하는 것이 바람직하다(Wubbolding, 2013, 2017).

Wubbolding에 의하면 행동은 언어이고, 언어의 목적은 세상으로부터 자기 자신이 원하는 것을 얻도록 우리를 돕는 것이다. 집단상담사는 다음과 같은 질문을 통해 참여자가 자신의 행동을 통해 세상에 보내는 메시지가 무엇인지를 탐색할 수 있다.

- 어떤 메시지를 타인들이 얻기를 바랍니까?
- 타인들이 어떻게 해 주기를 기대 혹은 하지 말기를 하는지를 타인이 전달받고 있습니까?

집단에서 참여자들은 자신이 무엇을 원하고, 무엇을 가지고 있고, 무엇을 얻지 못하고 있는지를 탐색한다. 이러한 과정 전반을 통해 참여자들은 행동의 방향을 결정하는 데 필요한 자기평가를 할 수 있게 된다. 자기평가는 참여자가 좌절감을 줄일 수 있도록 돕는 작은 변화를 시작하도록 한다. 참여자들이 스스로 원하는 바를 정확히 찾아내는 데 유용한 질문은 다음과 같다. "당신은 자신이 어떤 사람이 되기를 바랍니까?" "당신이 원하는 것과 가족이 원하는 것이 일치한다면 가족들은 어떻게 될까요?" "당신이 바라던 대로 살고 있다면 당신은 무엇을 하고 있을까요?" "이 선택은 단기적 · 장기적 이익을 고려할 때 최선입니까? 그리고 이 선택은 당신의 가치관에 부합합니까?" Wubbolding과 Brickell(2009)은 인식에 초점을 맞추는 질문을 추가하였다. "이 상황을 어떻게 생각합니까? 당신이 이 상황을 얼마나 통제하고 있다고 평가하십니까?"(p. 51) 이러한 질문의 목적은 내담자가 외적 통제보다 내적 통제를 인식하는 데 초점을 맞추도록 돕는 것이다. 그리고 이런 질문은 현실치료의 다른 과정을 적용하기 위한 기본적 토대가 된다.

D (doing and direction, 행동과 방향)

참여자들이 자신의 질적 세계(원하는 것)와 욕구를 탐색한 후에는 지금 자신이 하는 행동이 원하는 것을 얻는 데 도움이 되는지를 판단하기 위해 현재 행동을 검토해 보라는 요청을 받는다. 집단상담사는 참여자가 전체 행동(행동, 생각, 감정, 생리)을 묘사하도록 돕는다. 자각과 자기통찰은 변화를 만들기 위해 중요한 단계이다.

집단상담사가 과거 행동에 대한 논의를 격려하는 경우는 그것이 현재의 상황과 관련이 있거나 더 나은 미래를 위한 계획을 세우는 데 도움이 될 때뿐이다. 문제는 과거에 시작되었다 해도 현재에도 일어나고 있다. 그러므로 문제는 현재 혹은 미래 계획을 통해서만 해결되어야 한다. 만약 문제가 해결된다면 그건 내담자가 상담을 시작했을 때와 비교했을 때 생각을 바꾸었거나 더 나은 행동을 선택하는 법을 배운 결과이다.

현실치료 상담사는 전체 행동과 분리된 내담자의 느낌이나 생리적 반응에 대한 끝없는 논의를 피한다. 이렇게 논의를 피하는 것은 전체 행동의 변화라는 결과를 가져온다. 현실치료 상담사는 행동과 사고를 바꾸는 것이 감정을 바꾸는 것보다 쉬우며, 치료 과정에서 더 큰 가치가 있다고 믿는다. 그래서 참여자들은 감정을 행동과 사고와 연계하여 논의하도록 격려를 받는다. 참여자들이 행동을 바꾸면 그들의 감정과 사고 또한 바뀌게 될 것이다.

이러한 탐색의 한 부분으로 개인의 선택과 관련된 내적인 자기대화(self-talk)를 논의한다(Wubbolding, 2013, 2017). 집단상담사는 참여자의 감정이나 생리적 증상을 참여자가 보다 직접적으로 통제할 수 있는 현재의 행동 및 사고와 연관 짓는다. 참여자가 자신의 감정에 대해 토론하는 것을 상담사가 격려할 수는 있지만, 이때 그러한 감정과 동반되는 행동 또는 그러한 감정을 지지하는 행동을 확인하도록 격려하는 데 초점을 맞추어야 한다.

현재의 행동을 강조하는 목적은 참여자가 자신의 감정에 대한 책임을 깨닫도록 돕기 위해서이다. 참여자들로 하여금 행동과 감정의 관련성을 살펴보도록 격려하기 위해서 다음과 같은 질문을 할 수 있다.

- 지금 무엇을 하고 있습니까?
- 지난 한 주 동안 실제로 무엇을 하였습니까?
- 지난 한 주 동안 어떻게 다르게 하기를 원했습니까?

참여자들이 현재 무엇을 하고 있는지에 초점을 맞추는 것은 그들이 의식적으로 자신의 행동을 통제할 수 있고, 선택을 할 수 있고, 삶을 바꿀 수 있다는 것을 가르치기 위해서이다. 어떤 참여자는 자신의 기대에 부응하지 못하는 타인들에 관해, 그리고 세상이 바뀌면 얼마나 행복해질지에 관해 장황하게 이야기하고 싶을 수도 있다. 하지만 그러한 대화는 단지 자신이 피해자의 입장에 있다는 것을 공고히 할 뿐이다. 현실치료 상담사는 이 이야기를 내담자가 어느 정도의 내적 통제감을 가지고 있음을 측정하기 위해, 그리고 그 행동으로부터 상담을 시작하기 위해 경청한다(Wubbolding et al., 2012).

E (self-evaluation, 자기평가)

참여자들이 자신의 전체 행동을 탐색하도록 돕는 것이 집단상담사의 과제이다. 상담사는 참여자들의 행동의 결과를 직면하고, 참여자에게 그 행동의 질을 평가하도록 한다. 참여자들은 자신의 행동을 평가하고 지금 하고 있는 행동이 도움이 되지 않는다고 판단하고 나서야 행동을 변화시키거나 더 나은 선택을 한다(Wubbolding, 2017). 자기평가는 내담자가 현재 자신의 행동이 자신의 욕구를 충족시키고 있는지 그렇지 않은지를 평가하도록 한다. "이 선택이 당신이 원하는 곳으로 가는 방법입니까?"는 현실치료 상담사가 자주하는 질문이다. 자기평가는 현실치료 과정의 추춧돌이다. 참여자는 행동의 질을 평가한 후에 무엇이 자신의 실패에 기여했는지 확인하고, 성공을 하기 위해서는 어떻게 해야 하는지를 숙고해 볼 수 있다.

집단상담사가 참여자의 행동에 대해 무비판적인 태도를 견지하는 것, 그리고 참여자를 대신하여 이러한 가치판단을 하지 않는 것은 매우 중요하다. 집단상담사는 참여자들이 멈추고, 살펴보고, 경청하게 함으로써 그들을 가장 잘 도울 수 있다. 상담사가 내담자의 자기

질문(self-questioning)을 자극할 수 있다면, 내담자가 변화할 가능성이 높아진다. 참여자에게 자신의 전체 행동의 각 요소를 평가하도록 요청하는 것이 현실치료의 주요 과제이다. 숙련된 집단상담사는 참여자가 자신의 행동을 어떻게 평가할 수 있는지를 배우도록 방향을 제시하고 가르친다. 참여자는 다음과 같은 질문을 받을 수 있다. "지금 당신이 하고 있는 행동이 당신을 돕고 있습니까, 아니면 당신에게 상처를 주고 있습니까?" "지금 현재 행동에 만족합니까, 그렇지 않습니까?" "지금 하는 행동이 관계를 증진하는 데 어느 정도 도움이 됩니까?"

P (planning, 계획)

현실치료 작업이 많은 부분은 잘못된 선택을 성공적 선택으로 바꾸는 구체적인 방법을 확인하도록 참여자들을 돕는다. 참여자가 자신의 행동을 평가하고 행동을 바꾸기로 결정하였다면, 집단상담사는 행동 변화를 위한 계획을 세우는 것을 돕는 입장에 서게 된다. 가장 좋은 계획은 내담자가 직접 세운 계획이다. 두 번째로 좋은 계획은 집단상담사와 참여자가 함께 세운 계획이다. 그리고 세 번째로 좋은 계획은 집단상담사가 시작한 계획이다(Wubbolding, 2000, 2009). 누가 계획을 세우는 데 더 많이 공헌하였는지와 상관없이, 계획단계에서는 성공할 가능성이 높은 실제적인 단기적 목표를 세우는 것이다. 이런 성공은 참여자의 장기적인 목표를 달성하기 위한 노력을 강화한다.

책임감 있는 행동을 계획하는 것은 현실치료 집단 과정의 정수이다. 그것은 치료에 있어 교육적인 단계이다. 그러므로 이 단계는 참여자에게 새로운 정보를 제공하고, 원하는 것을 얻을 수 있는 보다 효율적인 방법을 발견하도록 돕는 방향으로 진행된다. 회기의 많은 시간이 계획을 만들고, 이 계획들이 어떻게 실행되고 있는지를 확인하는 데 쓰인다. 집단 맥락에서 각 참여자는 다른 참여자들이나 상담사와 접촉하면서 계획을 현실적이고 책임감 있게 세우는 방법을 배운다. 참여자들은 새로운 행동을 실험하고, 목표를 달성할 수 있는 다른 방법들을 시도하고, 행동 계획들을 실행하도록 격려받는다. 너무 거창하지 않은 계획을 세우는 것이 중요한데, 사람은 성공을 경험할 필요가 있기 때문이다. 계획의 목적은 성공적인 경험을 얻기 위한 것이다. 계획이 성공하면 자존감은 상승할 것이다. 효과적인 계획은 초기 단계에는 거창하지 않아야 하며, 무엇이, 언제, 그리고 얼마나 자주 이루어져야 하는지가 구체적으로 나타나 있어야 한다. 요약하자면, 계획은 내담자가 말하고 의도한 바를 행동으로 옮기도록 격려하는 것이라고 할 수 있다. 더 나아가 효과적인 계획은 정신건강 상담의 요구사항을 충족하여야 한다. Fulkerson(2019)은 "현재의 건강 돌봄 서비스(managed health care system) 체제에서는 상담사는 치료 목표가 DSM 진단과 연관되도록 설정하는 것이 필요한데, DSM 진단은 내담자의 전체 행동을 기술하고 있다."(p. 7)라고 진술하였다.

원하는 것과 필요한 것을 충족하는 계획은 효과적인 집단상담의 핵심이다. 계획을 창조하고 실행하는 과정은 사람들이 자기 삶에 대한 효과적인 통제력을 얻도록 해 준다. Wubbolding(2017)은 좋은 계획은 간단하고, 달성 가능하며, 측정 가능하고, 즉시적이며, 일관적으로 실행되고, 계획자에 의해 통제되고, 전념할 수 있는 것이라고 정의하였다. Wubbolding(2011, 2017)은 효과적인 계획의 특징을 다음과 같이 정리하였다.

- 좋은 계획은 간단명료하고, 이해하기 쉬우며, 현실적으로 실행 가능하며, 부정적이기보다는 긍정적이고, 계획을 수립한 사람에게 적합하며, 구체적이고 즉시적이고, 반복할 수 있다.
- 효과적인 계획은 과정중심적인 활동을 포함한다. 예를 들면, 참여자는 다음과 같은 일을 할 수 있다고 말할 수 있다. 자녀에게 3번 칭찬을 한다. 하루에 30분 조깅을 한다. 일주일에 2시간은 봉사활동에 참여한다. 오랫동안 바라왔던 휴가를 떠난다.
- 집단에서 사람들과 새롭게 관계함으로써, 예를 들면 '아니요'라고 말함으로써, 혹은 자기주장적인 행동을 함으로써, 그리고 보다 정중하게 말하는 법을 배움으로써, 계획을 지금-여기로 불러올 수 있다.
- 계획을 실행하기 전에 집단 안에서 계획을 평가하고 참여자들과 상담사로부터 피드백을 구하는 것이 좋다. 그리고 계획을 실제 삶에 실행한 다음 그 계획을 다시 평가하는 것은 유용하다. 참여자는 집단으로 돌아와서 계획이 얼마나 성공적이었는지 이야기할 수 있다. 집단의 의견으로부터 참여자는 계획 중 부족했던 것은 무엇이고, 어떻게 더 구체화될 필요가 있는지, 혹은 어떻게 수정될 수 있는지를 알 수 있다.
- 참여자가 자신의 계획에 보다 헌신하기 위해서는 계획을 서술하는 것이 유용하다. 집단상담사와 다른 참여자들은 효과적인 계획에 대한 강화를 제공함으로써 도움을 줄 수 있다.

대부분의 참여자는 앞에서 설명한 것처럼 이상적인 계획을 세우지 않는다. 하지만 좋은 계획일수록 참여자가 자신이 원하는 것을 얻을 수 있는 기회가 더 많아진다. 결국 중요한 것은 참여자가 계획을 완수하도록 결심하는 것이다.

C (commitment, 헌신)

내담자에게 계획을 실행하려는 마음이 부족하다면 가장 합리적이고 실용적인 계획을 세우는 것도 시간 낭비일 뿐이다. 현실치료 집단의 계획은 계약의 형태로 수립되는데, 이는 참여자의 수행을 촉진하기 위해서이다.

한 개인이 계획을 만들고 발표할 때 집단은 계획을 검토하도록 돕고, 필요할 때는 지지와 격려를 제공한다. 만약 한 참여자가 충분히 헌신하지 못하거나 어떤 식으로든 계획을 수행하는 데 실패한다면, 이 사실을 타인은 물론 자기 자신에게도 숨겨서는 안 된다. 만약 참여자 중에 계획 실행을 완수한 사람이 있다면, 그 사람은 집단 전체에게 본보기가 된다. 동료가 할 수 있다면 나도 성공할 수 있다는 것을 깨닫게 해 주기도 한다.

집단참여자들로 하여금 원하는 것을 확인하고 행동 계획을 실행하게 하는 것은 그들이 기대하는 변화를 얻기 위해 얼마나 노력할 수 있는지를 스스로 점검하는 데 도움을 준다. 헌신은 현실적 계획을 지속하는 행동이다. 헌신은 전부 아니면 전무의 문제가 아니라 정도의 문제이다. 상담사는 참여자가 변화를 이끌어내기 위해 더 많이 헌신하도록 격려할 수 있다. 헌신하기를 주저하는 참여자가 실패에 대한 두려움을 표현하고 탐색하도록 돕는 것은 중요하다. 매 집단 회기를 시작할 때 지난주 활동에 대해 보고하도록 격려한다. 보고는 실제 삶에서 계획을 실행하면서 마주쳤던 어려움과 새로운 행동을 시도하면서 경험한 성공을 포함한다. 행동주의 집단에서 동료 체계(buddy system)를 사용하는 것처럼, 현실치료에서는 계획을 실행하는 데 어려움을 느끼면 회기 사이에 참여자들끼리 연락하도록 격려한다.

어떤 참여자는 헌신할 의사가 전혀 없을 수 있다. 이때 상담사가 변화를 강요할 수는 없지만 변화를 위해 헌신하는 것을 막는 것이 무엇인지를 살펴보도록 도울 수는 있다. 사람들은 자신이 변화할 수 없거나 어떤 결정도 내릴 수 없으며 실패자의 운명을 타고 났다고 믿을 때가 있다. 이런 경우 그 참여자가 변화를 거부함으로써 맞이할 결과를 검토하도록 돕는 것이 중요하다. 그리고 쉽게 이룰 수 있는 목표를 수반하는 매우 단기의 제한된 계획을 수립하도록 지도하는 것이 중요하다.

헌신은 변화의 책임을 직접적으로 내담자에게 돌린다. 만약 참여자가 변화하기를 바라고 희망한다고 반복해서 말하면 "정말 변화할 건가요?" 그리고 "언제 변화할 건가요?"라는 질문을 던진다. 참여자가 계획을 실행하지 않을 위험이 있으며, 그렇게 되면 좌절감이 커지고 또 다른 실패를 경험하게 된다. 현실치료는 비합리적이고 불가능한 헌신을 요구하지 않음으로써 이 문제를 피한다.

집단 이론의 실제: 현실치료의 적용*

집단참여자가 자신이 하고 있는 행동을 평가하고, 변화를 원한다고 결정하면, 현실치료는 행동을 위한 구체적인 계획을 만들 수 있는 구조를 제공한다. 대부분의 내가 진행한 집단에서, 참여자들이 집단에서 배운 것을 집단 밖의 일상으로 적용하려고 할 때 행동지향적인 과정은 유용했다. 나는 또한 참여자들에게 행동 계획을 수립하고, 그 계획을 실행한 결과를 집단에서 보고하도록 요청한다. 계획을 세우는 것은 집단의 시작 시점에서부터 종결시점까지 중요한 부분이다.

이 회기에 나는 참여자들에게 자신의 목표를 달성하도록 돕는 변화를 위한 계획을 수립하도록 요청하였다. 나는 참여자들에게 변화가 일어나기를 원하는 특정 영역을 정하기를 요청하면서 이 회기를 시작했다. 그리고 참여자 중 몇 명과 계획을 세웠다. 다음은 확인 과정 속에서 일어난 참여자들의 진술이다.

멜리사: 나는 자기돌봄을 하고 싶어요.

랜디: 나는 타인을 언제나 우선순위에 두고 싶지 않아요. 내 자신의 욕구를 더 잘 돌보고 싶어요.

다나: 나는 일 외에 다른 활동을 하는 데 시간을 더 쓰고 싶어요.

루페: 나는 다른 일을 하면서 끼니를 때우는 게 아니라, 신경 써서 식사를 하고 싶어요.

켈리: 나한테 정말 중요한 그 시집을 완성하고 싶어요.

제프: 나는 삶의 모든 영역에서 좀 더 정돈되면 좋겠어요.

갈로: 내 목표는 현재에 더 충실한 거예요. 과거를 걱정하거나 미래를 생각하는 대신에.

줄리어스: 나는 다른 사람들의 요청에 제한을 두는 계획을 만들고 싶어요. 그리고 언제든지 부르면 달려가야 하는 것처럼 느끼고 싶지 않아요.

자신이 원하는 것을 나눈 후에, 나는 참여자들에게 그들이 원하는 변화를 가져올 계획을 탐색하는 시간을 가지도록 하였다. 다나는 일주일에 하루를 일 외에 다른 활동을 하고, 그날 일하지 않아도 죄책감을 느끼고 싶지 않다고 하였다. 나는 다나에게, 집단 참여자 한 명 한 명에게 일하지 않은 자유의 날에 어떤 일을 할 것인지를 한 가지씩 말하도록 하였다. 그녀는 외출하기, 아이들과 시간을 보내기, 운동, 아무 일도 하지 않기, 쉬기, 즐거운 활동하기 등을 언급하였다. 나는 다나에게 더 구체적인 계획을 우리와 함께 세워보도록, 그리고 그 계획을

* 여기서 논의된 집단 회기는 온라인 학생 자료에 포함된 '집단 이론의 실제' 비디오에 있는 현실치료 집단 작업에서 나온 것이다.

실행하기 위해 어떻게 헌신할 것인지를 이야기하도록 하였다. 다나가 무엇을 바꾸고 싶은지, 그리고 무엇이 이 계획을 실행하도록 도울 것인지를 명료화하는 것은 중요하다. 나는 다나에게 변화가 일어나도록 집단참여자들을 어떻게 활용할 것인지를 물었다. 다나는 집단참여자들과 자신의 계획을 어떻게 실행할 것인지를 이야기는 역할극을 하였다. 다나의 작업 후에 다른 참여자들이 자신이 실행하기를 원하는 계획을 구상하기 시작하였다. 계획하기는 통찰을 행동으로 옮겨가게 하도록 한다. 계획에 대한 다른 참여자들의 반응은 유용하다. 지지와 격려는 참여자들이 계획을 행동으로 실행하는 데 중요한 요소이다.

학교 집단상담에 대한 현실치료의 적용

현실치료의 기본 개념을 교실에 적용하고자 하는 교육자들은 Glasser의 관점을 수용하였다. 교육자들은 현실치료의 기본 원칙들을 수용하고, Glasser는 교실과 학교에 초청받았다. 이러한 경험을 근거로, 그는 1969년에 『실패 없는 학교(school without failure)』라는 책을 집필하였는데, 이 책은 학교 행정, 교사 교육, 그리고 학교에서 학습이 이루어지는 방법에 큰 영향을 미쳤다. Glasser는 학생들이 실패 정체성이 아니라 성공 정체성을 성취할 수 있도록 학교를 구조화해야 한다고 믿었다. 그는 학습자의 삶에 초점을 맞추는 교육과정을 주장하였다. Glasser는 교사와 행정가를 위한 워크숍을 통해서 교육에 큰 공헌을 하였다.

Roy(2014)에 의하면, 질적 세계 혹은 내적 소망의 세계는 Glasser가 형성한 좋은 학교 컨소시움(Quality School Consortium)의 가장 핵심적인 내용이다. 현재 세계적으로 18개의 학교가 Glasser의 좋은 학교를 운영하고 있고, 이 학교의 프로그램은 선택 이론과 현실치료로 구성되어 있다(Wubbolding & Brickell, 1999). 좋은 학교 모델은 관료적인 구조화 대신 민주적인 구조를 가지고 있다. Glasser(1998)는 좋은 학교가 최근 많은 학교에서 나타나고 있는 여러 가지 문제의 해법이 될 것이라고 생각했다. 그는 "좋은 학교에서는 학생들이 권위에 복종하는 것이 아니라 스스로 주도하면서 배운 것을 이용해서 많은 지식을 습득하고 자기 것으로 만든다."(p. 237)라고 말했다. Wubbolding(1997, 2007)은 학생들을 임파워링함으로써 학교 환경을 향상시킬 수 있는 다음과 같은 방법에 대해 기술하였다. (1) 생존, 소속, 권한, 자유, 그리고 즐거움이라는 기본 욕구를 충족하는 것을 목적으로 하는 교육과정을 개발한다. (2) 학생들이 자신을 위해 선택하고 또 선택에 의해 생겨난 결과를 수용할 권리를 가진다. (3) 학생들에게 자기평가의 기술을 가르친다. (4) 학급 회의를 열어 학생들이 학급의 규칙을 만드는 데 필요한 논의를 하도록 격려한다. (5) 명확하고, 간단하며, 합리적이고, 모든 학생에게 알려진 학교의 규칙과 정책을 개발하고 일관되게 실행한다.

선택 이론과 현실치료를 학교에 적용하는 것과 관련된 저술 중 상당수가 학급 내의 작업과 전체 학교 체제에서의 작업에 초점을 맞추고 있지만, 선택 이론의 기본 철학은 아동 및 청소년을 대상으로 한 모든 집단상담에 적합하다. 어떤 상담 집단이든지 학생들이 생존, 사랑, 소속, 권한, 자유, 그리고 재미라는 기본 욕구를 어느 정도 만족시키고 있는지 탐색할 수 있도록 회기를 구성할 수 있다. 집단상담의 꽤 많은 시간을 학생들이 자신의 행동을 바꾸기 위한 유용한 행동 계획을 수립하는 데 부여할 수 있다.

앞에서 기술된 WDEP 체계를 사용할 경우 아동 및 청소년은 자신의 욕구, 필요, 그리고 인식을 탐색할 수 있게 된다. 그들은 자신의 행동을 있는 그대로 살펴보고 그런 행동이 자신이 원한 바를 충족하는지를 명확히 알 수 있게 된다. 현재 행동에 초점을 맞추는 것은 학교 상담에서 큰 강점이 되는데, 학교 현장에서는 집단 회기 시간이 제한되기 때문이다. 발달 수준에 따라 아동과 청소년에게 자신이 하고 있는 것을 평가하는 방법, 그리고 다르게 행동하고 싶은지를 확인하기 위해 자기평가를 사용하는 방법을 가르칠 수 있다. 아동 및 청소년들은 자신이 무엇을 원하는지에 대한 명확한 그림을 그릴 수 있게 되면, 목적을 달성하기 위한 계획을 만들기 시작한다. 현실치료를 학교상담에 적용하는 것을 요약하면, "WDEP 과정을 예술적으로 그리고 연계되도록 진행하면, 학생들의 동기는 높아지고, 행동과 성적이 향상된다"(Wubbolding, 2015, p. 184).

선택 이론의 주요 개념과 현실치료에서 사용되는 개입들은 다양한 집단에 속하고 다양한 연령대의 학생들을 상담하는 데 효과적이다. Passaro와 동료들(2004)에 의하면 현실치료는 적대적으로 반항적인(oppositional defiant) 청소년에게 효과적인데, 평균 42%의 청소년들이 일상의 행동에서 향상됨을 보고하였다. 일반 학교 과정에서 현실치료에 참여한 학생들의 62%가 향상됨을 보고하였고, 정학은 12%로 줄어들었다.

김혜숙(2016)은 자녀가 정서-행동 문제를 경험하는 엄마들에게 현실치료를 적용하였다. 10주의 기간 동안 부모들의 스트레스 수준은 유의미하게 감소하였다. 이 연구는 다문화적인 측면에서, 부적절한 행동을 보이는(acting-out behavior) 자녀를 가진 부모에게 현실치료를 적용하는 효과를 보고한 연구이다.

학교에서 일하는 집단상담사에게 집단 안에 신뢰할 수 있는 분위기를 조성하는 것이 중요한 과제이다. 학교 집단에서 생산적인 작업을 촉진하는 안전한 분위기를 조성하고 유지하는 데, 그리고 개방적인 분위를 창조하는 데는 집단상담사의 성격적 특성이 중요하다.

다문화 집단에 대한 현실치료의 적용

Wubbolding(2000, 2007), 그리고 Wubbolding과 동료들(2004)은 현실치료 작업을 집단상담과 다문화상담으로 확장하였다. Wubbolding은 현실치료가 북아메리카가 아닌 다른 문화적 배경을 가진 사람들에게 적용될 때는 변용이 필요하다고 생각했다. 7년의 노력 끝에, 2008년 41개 유럽 국가의 12만 명 심리학자를 대변하는 유럽심리치료학회(European Association for Psychotherapy: EAP)에서는 현실치료를 과학적으로 근거가 있는 이론으로 인정하였다. Wubbolding(2011)은 이것이 다문화 집단에 대한 현실치료 적용의 미래가 밝은 이유라고 밝혔다.

Wubbolding은 세계 각국에서 현실치료 워크숍을 진행하면서, 문화에 대해 일반화하는 것이 어렵다는 것을 알게 되었다. 이러한 경험을 기초로 Wubbolding(1990, 2000)은 상담의 주기 개념을 일부 변용하여 일본인 내담자들과 작업에 적용하였다. 그는 일본 문화와 서양 문화 간의 기본적인 언어 차이를 지적하였다. 미국인과 캐나다인은 의도한 바를 기꺼이 말하고, 자기주장적이며, 명확하고 직설적으로 요구하는 경향이 있다. 일본 문화에서는 자기주장적 언어 표현이 부모와 자녀 간에 그리고 팀장과 팀원 사이에 부적절하다고 인식된다. 의사소통하는 방식은 우회적이다. 이처럼 우회적인 스타일 때문에, 일본인 내담자에게 현실치료를 적용할 때는 변용이 필요하다.

첫째, 내담자가 구두로 구체적인 욕구나 자신의 목표를 표현하게 할 필요는 없다. 또한 현실치료 상담사는 직설적 질문을 하는 경향이 있는데, 다소 순화하여 표현할 필요가 있다. 질문은 보다 덜 직설적이게, 그리고 정교하게 주어져야 하고, 직면의 횟수는 줄여야 한다. 예를 들면, 미국 학생의 상담에서는 상담사가 "지금 하고 있는 일이 당신에게 도움이 되나요, 혹은 해가 되나요?"라는 질문을 던질 수 있다. 하지만 싱가포르에서 동양계 청소년을 상담한다면, "가족은 당신의 행동에 대해 어떻게 생각합니까?" 혹은 "가족은 당신의 행동에 대해 수치스럽게 느끼나요, 아니면 자랑스럽게 느끼나요?"라는 질문을 사용할 수도 있다. 현실치료를 가르치고 적용할 때는 개인의 가치관, 욕구, 그리고 표현 방식을 고려해야 한다.

둘째, 현실치료의 실제에서 중요한 차원인 계획과 신뢰성(accountability)을 일본어로는 정확하게 번역할 수 없다. 그러므로 상담사가 내담자의 욕구, 평가 과정, 계획 세우기, 그리고 계획에 헌신하기와 같은 개념에 대해 설명할 때, 서양에서보다는 훨씬 우회적인 스타일을 취하는 것이 유용하다. 예를 들면, 서양 문화권의 내담자를 상담할 때, 상담사는 내담자의 "시도해 볼게요(I'll try)."라는 응답에 만족하지 않는다. 하지만 일본에서는 내담자의 "시도해 볼게요."라는 답변을 상담사는 확신을 갖고 수용할 가능성이 높다.

이러한 예화들은 현실치료가 어떻게 서양 문화권 밖의 내담자에게 적용될 수 있는지를 보여 준다. 현실치료 상담사는 기본 욕구(생존, 소속, 권한, 자유, 즐거움)가 어떤 문화에나 적용되는 일반적인 것이라고 생각하면서도 이런 욕구가 표현되는 방법은 문화에 따라 다르다고 보았다. 다른 문화적 배경을 가진 내담자를 상담할 때, 상담사는 욕구를 만족시키는 다양한 행동을 수용할 필요가 있다.

집단상담사가 어떤 행동을 바꾸어야 할지를 결정하지 않는 것이 참여자를 존중하는 태도일 것이다. 숙련되고 세심한 질문을 통해서, 상담사는 참여자 자신이 주류문화에 어느 정도 동화되었는지를 확인하도록 도울 수 있다. 그 후에 참여자들은 자신의 욕구와 필요가 어느 정도 충족되었는지에 관해 평가를 할 수 있다. 참여자가 문화적 · 민족적 정체성을 유지하면서도, 주류 집단의 가치관과 상담 실제를 통합하는 것 사이의 균형을 이루는 것이 가능하다. 다시 한번 강조하지만, 상담사가 참여자를 위해 이런 결정을 대신 내려서는 안 되며, 참여자가 자신의 가치 체계에 근거해서 자신의 고유한 해답에 이르도록 해야 한다. 이러한 관점은 참여자를 임파워링해 준다.

서로 다른 문화적 배경을 가진 참여자들이 포함된 집단의 상담사는 집단 초기 단계에서 어떤 참여자는 감정을 나누는 데 주저하는 것을 보게 될 수도 있다. 문화적 가치관 때문에 어떤 참여자는 감정에 초점을 맞추기보다는 무엇을 원하고 무엇을 하고 있는지에 초점을 맞출 경우 더욱 긍정적으로 반응하고 협력한다. 예를 들면, 어떤 참여자는 우울과 불안 혹은 수치심과 당혹스러움을 경험하고 집단에 참여하면서 이런 증상의 감소를 기대할 수 있다. 이러한 증상을 현실치료의 관점에서 생각할 때, 상담사는 어떤 행동을 하거나 하지 않는 것이 특정한 정서 상태를 불러일으켰는지를 살펴보도록 인도할 수 있다. 현실치료 집단에는 카타르시스를 경험해야 한다거나 집단 내에서 정서를 다루어야 한다는 압력은 없다. 그러나 참여자들은 결국 우울이나 불안과 같은 감정이 일어나는 것이 아니라, 그들 스스로가 우울해하거나 불안해하는 것임을 깨닫게 된다. 특정 행동이 자신의 목적을 달성하는 데 도움이 되지 않다는 것을 깨닫고 나면, 그들은 다른 결과를 가져오는 변화를 이루기에 더욱 유리한 위치에 서게 된다.

현실치료 집단상담은 교수-학습 과정의 틀 속에서 이루어지기 때문에 다양한 민족 출신의 내담자들로 구성된 집단에 특히 적합하다고 여겨진다. 그리고 하나의 주요 문제(즉, 특정한 행동 패턴)가 개인의 대상이 된다. 현실치료 집단상담사는 참여자가 자신의 욕구를 충족시킬 수 있는 더 좋은 방법을 발견하도록 돕는 데 관심이 있다. 선택 이론과 현실치료는 (특히 계획 단계에서는) 바람직한 변화를 만들 수 있는 도구를 제공한다. 동료들과 상담사의 지지와 도움으로 참여자들은 구체적이고 실행 가능한 행동 계획을 수집할 수 있다. 이런 맥락에서 참여자들은 도움을 받아 외적 세계를 자신의 내적 세계와 비슷하게 변화하도록 구체적인 단계를 밟을 수 있다. 실제 상황에서 그 계획이 성공하지 못하면, 참여자는 구체적인 상황을 집단 회기로 가지고 올 수 있다. 소수문화권에 속한 참여자와 함께 작업할 때 이런 종류의 구체성과 효과적인 계획이 제공하는 방향은 큰 자산이 된다.

현실치료를 다문화적 상황에 적용하는 것에 대해 기술하면서, Wubbolding과 동료들(2004)은 현실치료가 여러 문화에서 적용되는 원칙에 근거하기 때문에, 여러 문화와 나라에서 활용되고 가르쳐지고 있음을 밝혔다. 효과적인 현실치료 상담사는 현실치료의 방법론을 다양한 문화권에 속한 개인 또는 집단에 따라 변용하여 적용할 수 있다. 현실치료는 다양한 집단의 욕구에 근거하여 적용을 변용할 수 있는 유연성을 가진 개방적 체계이다.

집단에 대한 선택 이론과 현실치료 평가

이 접근의 기여와 강점

현실치료의 특징 중 내가 가장 좋아하는 것은 신뢰성(accountability)에 대한 강조이다. 참여자가 특정 행동을 바꾸고 싶은 마음을 표현하면, 상담사는 무엇이 그렇게 하는 것을 방해하는지를 직면하다. 나는 상담사가 아닌 참여자가 자신의 행동을 평가하고 변화해야 할지를 결정하는 것을 높게 평가한다. 내 관점에서는 상담사가 저항에 부딪히게 되는 이유는 참여자가 어떻게 사는 것이 가장 좋을지에 대한 계획을 상담사가 제시하기 때문이다. 공을 참여자에게 돌리기 위해서, 현실치료 상담사는 참여자에게 지금 하고 있는 행동이 원하는 것을 얻는 데 도움이 되는지를 평가하도록 계속해서 질문한다. 만약 참여자가 지금 하는 행동이 자신이 원하는 것을 제공하지 않는다고 동의하면, 저항은 녹아내릴 것이고 다른 행동을 시도하는 데 더 개방적인 태도를 취하게 될 것이다. 현실치료 상담사의 숙련된 질문 기술은 이 접근의 강점 중 하나이다. 물론 집단참여자가 자신의 내적 세계를 탐색할 수 있도록 개방형 질문을 사용해야 하고, 변호사가 질문하는 것처럼 하지는 말아야 한다.

또한 나는 통찰만으로는 변화가 일어나지 않는다는 현실치료의 전제를 좋아한다. 변화는 현재의 행동이 도움이 되지 않는다는 것을 확인하고, 참여자가 무엇인가 다른 행동을 시작할 때 일어난다. 나는 집단상담을 진행할 때 참여자들로 하여금 타인의 변화를 기대하는 것이 무익함을 깨닫게 한다. 나는 그들의 삶에서 중요한 사람이 평생 변하지 않을 수도 있음을 고려하라고 요청한다. 그 말은 자신의 운명을 형성하는 데 있어 보다 적극적인 입장을 취해야 한다는 걸 의미한다. 그들의 변화는 타인의 변화를 가져올 수 있을 것이다. 하지만 나는 현실치료 상담사가 내담자들에게 그들이 통제할 수 있는 삶은 오직 자신의 삶뿐임을 가르치는 것을 높게 평가한다.

현실치료는 내담자로 하여금 자신이 갖고 있는 자유와 그에 수반되는 책임을 깨닫게 해준다. 이런 의미에서 현실치료는 실존치료의 개념에 근거한 접근이라고 할 수 있다. 현실치료는 내적 필요, 욕구, 자기평가, 그리고 내담자에 의한 선택을 강조한다(Wubbolding, 2011, 2017). 인지와 행동 체계의 강조 때문에 현실치료는 인지행동적 접근으로 여겨질 수도 있다. 이 접근의 강점은 개인의 주관적인 내적 세계를 이해하는 데 있다. 이런 현상학적 시각은 참여자들이 세계를 어떻게 지각하는지를 상담사가 충분히 이해하도록 돕는다. 상담사가 사람은 변화할 수 있다는 희망을 일관되게 유지하는 것은 긍정적 관점을 불러일으키고 활성화하는 촉매가 된다.

현실치료의 또 다른 매력은 간단하고 명확하다는 것이다. 물론 중요 원칙은 간단하고 기본적이지만, 집단상담에 이 접근을 적용하는 데는 기술과 경험이 필요하다. 이 방법을 집단에서 효과적으로 사용하기 위해서는 훈련과 수퍼비전이 필요하다.

현실치료는 문제 행동을 보여 학교에서 계속적으로 어려운 상황에 놓이게 된 아동과 청소년의 부모, 그리고 다양한 학생을 만나는 교사 집단에게 큰 도움을 줄 수 있다(Wubbolding, 2010). 그리고 현실치료는 자신의 생활양식이 도움이 되지 않는다는 것을 인식한 사람들에게도 적용될 수 있다. 또한 위기상담 상황에 대한 단기개입으로도 적당하다. 현실치료는 내담자의 행동을 다루고 내담자에게 무엇을 변화시키고 싶은지를 평가하도록 하기 때문에, 상담 회기의 수를 제한하는 상황에서도 적절하다.

선택 이론에 근거한 집단은 자신을 타인의 학대적 행동의 피해자로 보는 내담자를 도울 때 유용하다. 현실치료는 지난 30년간 중독치료나 회복 예방 프로그램에 효율적으로 사용되었다(Wubbolding & Brickell, 2005). 현재의 선택에 초점을 맞추는 현실치료는 심리교육 집단에 적합한 단기적 접근이다.

선택 이론과 현실치료는 다양한 집단을 이끄는 많은 전문가에 의해 효과적으로 활용되었고 교육기관, 교정기관, 중독치료기관, 재활기관, 공공 정신건강 기관, 개인상담소 등에서 성과를 거두어왔다. 선택 이론은 부모, 사회복지사, 종교지도자, 의료인, 결혼상담사와 가족상담사, 그리고 청소년 지도사들에 의해 활용될 수 있다. 현실치료는 내담자가 자신의 욕구를 만족시키는 방법을 배워가면서 통제력과 자기결정에 대한 내적 감각을 향상할 수 있도록 돕는다(Wubbolding, 2013, 2016).

이 접근의 제한점

현실치료의 실제에서 잠정적인 문제는 경험이 적은 집단상담사가 집단참여자들을 평가하고 그들이 어떻게 변화해야 하는지를 결정할 때 발생한다. 참여자가 질문하거나 스스로 평가하지 않고 집단상담의 행동 기준을 수용하면, 자신의 가치를 발견하기 위해 자신의 내면을 들여다 보지 않게 되고, 이것은 바람직하지 않은 결과를 가져온다. 사람들은 문제에 대한 해결이나 조언 이상의 것을 필요로 한다. 그들은 충만한 삶으로 이끄는 창조적 방법을 발견하기 위해 자신의 자원을 활용하는 방법을 배워야 한다.

선택 이론과 현실치료를 민족적 소수자, 동성애자, 그리고 여성에게 사용할 때의 제한점은 이 내담자들이 일상에서 자신에게 부정적으로 작용하는 실제 환경을 고려하지 못하는 경우에 일어난다. 차별, 인종차별주의, 성차별, 동성애 공포증, 이성애만 수용하는 것, 나이 든 사람을 존중하지 않는 것, 그리고 장애에 대한 부정적인 태도는 불행하게도 현실이며, 이러한 현실은 많은 사람이 삶에서 자신이 원하는 것을 얻는 것을 어렵게 한다. 만약 집단상담사가 이러한 환경적 제약을 인정하지 않거나, 개인의 변화만큼이나 사회적 변화에 관심을 보이지 않으면, 참여자들은 오해받는다고 느낀다. 만약 현실치료 상담사가 내담자가 자신의 삶에 대한 통제권을 가지고 있음을 지나치게 강조하면서, 체계적인 그리고 환경적인 주제에 주의를 기울이지 않으면 이 또한 위험하다. 이런 경우 내담자는 상담의 연속되는 질문을 "만약 당신이 정말 열심히 노력했다면, 당신의 자원을 모두 활용해서 당신이 선택하는 어떤 존재라도 될 수 있다."라는 메시지로 해석할 수도 있다. 이런 메시지를 받은 참여자는 상담사와 동료 참여자들이 자신이 경험하는 일상의 고군분투를 이해하지 못한다고 생각하면서 집단을 조기 종결하게 된다. 이러한 제한점은 선택 이론이나 현실치료의 제한점이라기보다는 현실치료를 실행하는 데서 발생하는 제한점이다.

현실치료는 내담자의 자기평가를 강조하고, 자기평가는 일종의 인지적 기능이다. 나는 선택 이론이나 현실치료에서 이야기하는 것보다 감정을 많이 표현하고 탐색하는 데 더 주의를 기울이기를 선호한다. 문제로 보이는 행동은 우리가 자주 스스로에게 반복하는 자기패배적 자기진술과 관련이 있다. 나는 참여자들로 하여금 그들 자신의 감정과 충분히 접촉하도록 격려하고, 정서적 · 행동적 문제의 발생에 영향을 미치는 사고와 신념을 확인하도록 돕는다. 선택 이론과 현실치료는 경험주의적 접근에는 주의를 많이 기울이지는 않는다. 대신에 이 접근은 행동을 변화하는 데 먼저 초점을 맞추고, 바뀐 행동이 감정의 변화를 가져온다고 여긴다.

나는 과거에 대한 Glasser의 시각에는 허점이 있다고 생각한다. Glasser(1998)는 현재를 다루기 전에 과거를 아는 것이 중요하다는 시각을 버려야 한다고 주장하였다. 그는 "우리가 만족스러웠던 과거를 다시 방문하는 것은 좋은 일이다. 하지만 행복하지 않았던 때는 그대로 두는 것이 좋다."(p. 334)라고 덧붙였다. 하지만 몇몇 현실치료 상담사들은 만약 과거가 현재와 연결되어 있다면 과거에 대하여 말하도록 하고 있다(Wubbolding, 2011, 2017). 예를 들면, 어린 시절에 부모에게 버림받은 사람을 돕고 있다면, 그 사건이 오래전에 일어난 일어지만 충분히 말하도록 한다. 만약 내담자가 이 거절 경험을 누구에게도 말한 적이 없다면, 이 경험은 행동에 영향을 미칠 것이다. 그 사건은 현재 고통의 이유일 수 있으므로, 그 경험은 과거 행동이라기보다는 현재 행동일 수 있다. 따라서 그 경험은 지금-여기의 주제로 논의될 수 있다.

선택 이론과 현실치료의 많은 원칙들은 이 책에서 이미 거론한 여러 체계 속에 효율적으로 통합될 수 있다. 집단상담사로서 집단을 촉진하는 데 있어 개인적 · 치료적 스타일에 통합할 수 있는 요소가 무엇인지 판단하기 위해, 선택 이론의 개념과 현실치료 과정을 검토할 필요가 있다.

자기성찰과 토론을 위한 질문

1. 선택 이론에 근거하여, WDEP 체계는 사람들이 자신의 기본 욕구를 충족시킬 수 있도록 돕는다. 이 체계의 어떤 아이디어가 당신 자신을 이해하는 데 잘 적용되는가? 선택 이론과 현실치료의 원칙들을 당신의 삶에 어떻게 적용할 수 있는가? 이 접근이 당신의 행동을 변화하는 데 어떻게 도움이 되는가?

2. WDEP 모델을 당신이 집단 작업에 적용할 수 있는 방법에는 어떤 것이 있는가? 집단참여자들이 현재 자신의 행동을 평가하고, 그들이 무엇을 변화하고 싶은지를 결정하도록 격려하는 것에 대해서 어떻게 생각하는가?

3. 현실치료는 우리가 무엇을 하고 있는지에 초점을 맞춘다. 당신이 행동을 다르게 할 때 생각과 감정이 변하는 경험은 어느 정도인가? 개인적인 예를 제공할 수 있는가?

4. 집단참여자가 특정 행동을 바꾸기로 결정했다면 행동 계획을 설립하는 것이 중요하다. 참여자가 효과적인 행동 계획을 수립하는 것을 돕기 위해 사용하는 어떤 가이드라인을 가지고 있는가?

5. 집단에 적용했을 때 선택 이론과 현실치료가 가지는 공헌과 강점은 무엇인가? 이 접근의 제한점은 무엇인가?

참고문헌 및 권장 도서 (별표(*)가 표시된 문헌들은 추가 연구를 위한 제안 자료임)

Fulkerson, M. (2019). *Treatment planning from a reality therapy perspective* (2nd ed.). iUniverse.

Glasser, W. (1965). *Reality therapy: A new approach to psychiatry*. Harper & Row.

Glasser, W. (1969). *Schools without failure*. Harper & Row.

Glasser, W. (1986). *Control theory in the classroom*. Harper & Row.

Glasser, W. (1990). *The quality school: Managing students without coercion*. Harper & Row.

Glasser, W. (1992). Reality therapy. *New York State Journal for Counseling and Development*, *7*(1), 5-13.

Glasser, W. (1993). *The quality school teacher*. Harper & Row.

*Glasser, W. (1998). *Choice theory: A new psychology of personal freedom*. HarperCollins.

*Glasser, W. (2001). *Counseling with choice theory: The new reality therapy*. HarperCollins.

Glasser, W. (2003). *Warning: Psychiatry can be hazardous to your mental health*. HarperCollins.

Glasser, W. (2005). *Defining mental health as a public health issue: A new leadership role for the helping and teaching professions*. William Glasser Institute.

*Glasser, W. (2011). *Take charge of your life*. iUniverse.

Glasser, W., & Glasser, C. (2008). Procedures: The cornerstone of institute training. *The William Glasser Institute Newsletter* (Summer). The William Glasser Institute.

Kim, H. S. (2016). *Development and effect of psychological well-being promoting program to reduce parenting stress for mothers of children with emotional behavioral problems* [Unpublished doctoral dissertation]. Inje University, Pusan, South Korea.

Passaro, P., Moon, M., Wiest, D., & Wong, E. (2004). A model for school psychology practice: Addressing the needs of students with emotional and behavioral challenges through the use of an in-school support room and reality therapy. *Adolescence*, *39*(155), 503-517.

Roy, J. (2014). *William Glasser: Champion of choice*. Zeig, Tucker, Theisen.

Wubbolding, R. (1988). *Using reality therapy*. Perennial.

Wubbolding, R. (1990). *Expanding reality therapy: Group counseling and multicultural dimensions*. Center for Reality Therapy.

Wubbolding, R. (1991). *Understanding reality therapy*. Perennial.

Wubbolding, R. (1997). The school as a system: Quality linkages. *Journal of Reality Therapy*, *16*(2), 76-79.

*Wubbolding, R. (2000). *Reality therapy for the 21st century*. Taylor & Francis.

Wubbolding, R. (2007). Glasser quality school. *Group Dynamics: Theory, Research and Practice*, *11*(4), 253-261.

Wubbolding, R. (2009). *Reality therapy training manual* (15th rev.). Center for Reality Therapy.

Wubbolding, R. (2010). Professional school counselors and reality therapy. In B. Erford (Ed.), *Professional school counseling: A handbook of theories, programs & practices* (pp. 338-351). CAPS Press.

*Wubbolding, R. (2011). *Reality therapy*. American Psychological Association.

Wubbolding, R. (2013). Reality therapy. In J. Frew & M. Spiegler (Eds.), *Contemporary psychotherapies for a diverse world* (1st rev. ed., pp. 339-372). Taylor & Francis.

Wubbolding, R. (2015). Reality therapy and school practice. In R. Witte & G. S. Mosley-Howard (Eds.), *Mental health practice in today's schools* (pp. 169-192). Springer.

Wubbolding, R. (2016). Reality therapy. In H. E. A. Tinsley, S. H. Lease, & N. S. Giffin Wiersma (Eds.), *Contemporary theory and practice in counseling and psychotherapy* (pp. 173-200). Sage.

*Wubbolding, R. (2017). *Reality therapy and self-evaluation: The key to client change*. American Counseling Association.

Wubbolding, R. (2019). *A choice theory guide to depression: Lift your mood*. Amazon.

Wubbolding, R. (2020). *Cycle of counseling, therapy, coaching, managing, supervising, and parenting* [chart] (21st rev.). Center for Reality Therapy.

Wubbolding, R., & Brickell, J. (1999). *Counselling with reality therapy*. Winslow.

Wubbolding, R., & Brickell, J. (2001). *A set of directions for putting and keeping yourself together*. Educational Media Corporation.

Wubbolding, R., & Brickell, J. (2005). Reality therapy in recovery. *Directions in Addiction Treatment and Prevention*, *9*(1), 1-10.

Wubbolding, R., & Brickell, J. (2009). Perception: The orphaned component of choice theory. *International Journal of Reality Therapy*, *28*(2), 50-54.

Wubbolding, R., Brickell, J., Burdenski, T., & Robey, P. (2012). Implementing one caring habit: Listening with reality therapy procedures, Part I. *International Journal of Reality Therapy*, *32*(2), 22-26.

Wubbolding, R., Brickell, J., Imhof, L., In-za Kim, R., Lojk, L., & Al-Rashidi, B. (2004). Reality therapy: A global perspective. *International Journal for the Advancement of Counseling*, *26*(3), 219-228.

15장

해결중심 단기치료와 동기강화상담에서의 집단상담

학습목표

해결중심 단기치료

1. 해결중심 단기치료의 특징과 주요 개념을 확인할 수 있다.
2. 해결중심 단기치료에서 집단상담사의 역할과 기능을 정의할 수 있다.
3. 해결중심 단기치료자가 주로 사용하는 다섯 가지 기법을 변별할 수 있다.
4. 예외 질문의 개념을 정의할 수 있고, 집단에서 예외 질문의 사용 목적을 설명할 수 있다.
5. 기적 질문의 개념을 정의할 수 있고, 그 질문을 통해 달성하고자 하는 목표를 설명할 수 있다.
6. 집단상담사가 척도 질문 기법을 어떻게 사용할 수 있는지를 설명할 수 있다.
7. 해결중심 단기치료 상담사가 집단참여자에게 피드백을 제공하는 이유를 설명할 수 있다.
8. 해결중심 단기치료 상담사의 관점으로부터 질문하기의 역할을 설명할 수 있다.
9. 다문화적 관점에서 해결중심 단기 집단 접근의 강점과 제한점을 나열할 수 있다.
10. 해결중심 단기 집단치료의 공헌을 설명할 수 있다.

동기강화상담

1. 동기강화상담의 주요 개념과 원리를 확인할 수 있다.
2. 동기강화상담의 철학적 배경을 설명할 수 있다.
3. 저항을 보다 잘 이해하기 위해서 상담사가 양가감정을 어떻게 해석할 수 있는지를 설명할 수 있다.
4. 양가감정을 다루는 것이 어떻게 변화 동기를 증가시킬 수 있는지를 설명할 수 있다.
5. 동기강화상담의 주요 원리와 임상적 전략을 열거할 수 있다.
6. 해결중심 단기치료와 동기강화상담이 공유하는 개념들을 설명할 수 있다.
7. 동기강화상담을 통합적(intergrative) 접근으로 분류할 수 있는 이유를 설명할 수 있다.
8. 집단 접근으로서 동기강화상담의 공헌과 강점을 밝힐 수 있다.
9. 동기강화상담의 제한점을 기술할 수 있다.
10. 집단상담 장면에서 동기강화상담의 기법과 개념들이 다른 치료적 모델 적용에 어떻게 활용될 수 있는지를 설명할 수 있다.

Insoo Kim Berg

Insoo Kim Berg(1934~2007)는 한국에서 태어난 미국 심리치료사이며, 해결중심 단기치료(SFBT)의 선구자였다. 1978년 그녀와 남편인 Steve de Shazer는 위스콘신주의 밀워키시에 단기가족치료센터(Brief Family Therapy Center)를 공동으로 개원하였다. SFBT의 실제 지도자로서, 그녀는 여러 다양한 기관들에 자문을 제공했다. 그 기관들에는 인력개발기관(human service agencies), 정신건강센터, 약물남용 치료기관, 노숙자쉼터, 교정기관, 가정폭력 피해여성쉼터, 학교와 대학 등이 포함된다. 그녀는 미국, 일본, 한국, 호주, 덴마크, 영국, 그리고 독일에서 워크숍을 진행하였다. Berg는 10권의 획기적인 책을 출간하였고, 그 책들은 폭넓고 다양한 임상적 장면에서 SFBT를 적용하는 방법을 설명하였다. 그 책들 중에는 『가족근거 서비스: 해결중심 접근(Family Based Services: A Solution-Focused Approach)』(1994), 『음주문제를 가진 내담자를 돕기: 해결중심 접근(Working with the Problem Drinker: A Solution-Focused Approach)』(Berg & Miller, 1992), 그리고 『문제해결을 위한 상담(Interviewing for Solutions)』(De Jong & Berg, 2013)이 있다.

Berg는 다른 전문가들과 대화하기를 좋아했다. 그녀는 내담자를 주의 깊게 경청하였고 높은 수준의 인내력을 보여 주었으며, 언제나 내담자를 존중하였다. 그녀의 동료들은 그녀를 영감을 제공하는, 겸손하고, 열정적이라고 묘사하였다. Berg는 자신의 업무에 헌신하였고, 휴가를 자주 갖지는 않았지만, 스트레칭, 요가, 걷기, 그리고 정원 가꾸기와 같은 다양한 신체 활동을 즐겼다. 2007년에 그녀는 운동 후 한증실에서 휴식 중 갑자기 사망하였는데, 남편인 Steve de Shazer가 사망한 지 16개월 후였다.

Steve de Shazer

Steve de Shazer(1940~2005)는 해결중심 단기치료의 창시자이다. 오랫동안 그는 위스콘신주 밀워키시의 단기가족치료센터(Brief Family Therapy Center) 연구센터장이었다. 그 센터에서 부인인 Insoo Kim Berg와 함께 해결중심 단기치료(SFBT)를 개발하였다. 그는 SFBT에 관한 여러 책을 출간하였는데, 대표 저서로는 『단기상담에서의 해결의 실마리(Keys to Solutions in Brief Therapy)』(1985), 『단서들: 단기치료에서 해결책 탐색하기(Clues: Investigating Solutions in Brief Therapy)』(1988), 『차이점을 활용하기(Putting Difference to Work)』(1991), 그리고 『언어는 본래

마술이다(Words Were Originally Magic)』(1994)가 있다.

Berg와 함께 de Shazer는 내담자가 이미 자기 문제를 해결하기 위해 하고 있는 활동에 큰 흥미를 느꼈다. 그는 내담자들의 삶이 어떻게 달라야 하는지와 그가 바라는 변화를 가져오기 위해 무엇을 해야 할지에 대한 내담자의 생각에 관심이 있었다. de Shazer는 내담자가 내담자 자신의 삶에 대한 전문가라고 보았고, 변화를 가져오기 위해서 문제의 근원을 이해하는 것이 중요하다고는 생각하지 않았다. de Shazer는 현재에 어떻게 변화가 일어나게 할지에 초점을 맞추었고, 내담자가 보다 나은 미래를 창조하는 것을 돕기 위해 SFBT의 기법을 사용하였다.

de Shazer는 야구를 사랑하였고, 훌륭한 요리사이기도 했으며, 날마다 긴 시간 동안 산책하였다. 그의 취미는 독일이나 프랑스의 철학책 읽기, 재즈 감상하기, 구하기 어려운 요리책 정독하기였다. 그는 클래식 연주가로 훈련을 받았고, 몇 개의 악기에서는 전문 연주가 수준의 경지에 이르러 젊은 시절에는 재즈 색소폰 연주자로 활동하기도 했다. 그는 북아메리카, 유럽, 호주, 그리고 아시아에서 워크숍 수련 프로그램과 자문을 제공하였다. 유럽에서 강연 일정 중 de Shazer는 비엔나(Vienna)에서 병원에 입원하게 되었고, 입원 후 몇 시간이 지나 사망하였다.

William R. Miller

William R. Miller(1947~)는 뉴멕시코대학(UNM) 심리학과 및 정신의학과 석좌교수이다. Miller는 오리건대학에서 임상심리학으로 박사학위를 받은 후 1976년에 동 대학의 교수로 임용되었다. 그는 UNM APA 인증 임상심리 박사과정 프로그램의 책임자였으며, UNM의 알코올 중독, 물질남용과 중독센터(Center on Alcoholism, Substance Abuse and Addictions: CASAA)의 공동이사였다. Miller와 Stephen Rollnick은 동기강화상담의 공동 창시자이다.

Miller의 전문가로서의 관심은 중독행동의 치료, 자기조절, 그리고 변화 동기이다. 그는 40여 권의 책과 400여 개의 학술논문, 그리고 학문적 주제에 대한 책을 공동 저술하였다. 그는 다수의 연구과제의 주 연구자였으며, 개업 상담사 단체를 신설하고, 다양한 기관의 자문가이다. 그가 자문을 제공한 기관은 미국 상원의원(the United States Senate), 세계건강기구(the World Health Organization), 미국과학협회(the National Academy of Science), 그리고 미국건강기구(the National Institute of Health)이다. 그는 연구 공헌에 대해 국제 젤리넥 기념상(International

Jellinek Memorial Award), 미국심리학회로부터 2번의 경력 성취상(career achievement awards), 로버트 우드 존슨 재단(Robert Wood Johnson Foundation)으로부터 물질 남용과의 전쟁에 대한 혁신상(Innovators in Combating Substance Abuse awards)을 수상하였다. 그는 목회 상담, 영성과 심리학의 통합에 대한 적극적인 관심을 유지하고 있다.

서론

해결중심 단기치료(Solution-Focused Brief Therapy: SFBT)는 미래와 목표를 중시하는 단기치료적 접근이다. 이 접근은 1980년대 초반 밀워키의 단기가족치료센터(Brief Family Therapy Center)의 Steve de Shazer와 Insoo Kim Berg에 의해 개발되었다. SFBT는 문제의 예외상황에 초점을 맞추고 내담자가 해결책으로 고안한 생각들을 경청함으로써 개인의 강점과 회복탄력성(resiliencies)을 강조한다. 일련의 개입을 통해서, 상담사는 내담자가 과거에 했던 행동 중에서 도움이 되었던 행동을 더 많이 하도록 격려한다(de Shazer & Dolan, 2007). Ratner와 동료들은(2012) SFBT의 정수를 "내담자가 심리치료의 결과로 어떤 삶을 살고 싶을지를 탐색하고, 그 삶에 도달하기 위해 자신이 가지고 있는 기술과 자원을 점검하는 시간에 민감한 접근"(p. 4)이라고 정리하였다.

기존 상담 이론에 대한 불만이 높아지면서 1980년대에 de Shazer는 Eve Lipchik, John Walter, Jane Peller, Michele Weiner-Davis와 협력 작업을 시도하였다. de Shazer의 동료들은 후에 각자 해결중심치료에 대한 저서들을 출간하고 교육센터들을 건립하였다. 후에 Scott Miller는 Insoo Kim Berg와 공동 작업을 하였고, Michele Weiner-Davis는 후에 Milton Erickson의 제자인 Bill O'Hanlon과 공동 작업을 하였다. 이 공동 작업자들은 de Shazer가 제안한 기초를 확장하였고(Nicholas & Davis, 2017, 2020), 자신들의 생각을 다양한 환경의 내담자들에게 적용하였다. 결과적으로 해결중심 접근에는 다양한 용어가 사용되고 있다.

de Shazer는 해결중심치료의 발전에 미국 정신과 의사인 Milton Erickson이 유의미하게 영향을 끼쳤음을 인정한다. Erickson은 심리치료자로서 많은 참신한 시도들을 하였고, 심리치료에 기여한 그의 공헌은 1980년, 그가 사망한 후에도 오랫동안 지속되고 있다. Erickson은 진단적 명명을 사용하는 것에 큰 의미를 부여하지 않았고, 개인이 병리적이라고 생각하지 않았다. 대신에 그는 개인이 옴짝달싹 못하고 있다(being stuck)고 인식하였다. 그는 내담자가 심리치료에서 무엇이 효과적이고 효과적이지 않은지를 가장 잘 가르칠 수 있는 교사라고 믿었다. 그리고 그는 개인이 생성하는 작은 변화와 큰 변화라는 결과를 가져온다는 것을 인식하였다. Erickson은 문제에 대한 자세한 정보가 없어도 내담자가 심리치료에서 호소하는 문제에 대한 해결책은 찾아질 수 있다고 믿었다. 그의 관점에서는 가장 빠른 해결책은 내담자의 강점과 자원에 근거하여 만들어진다. Erickson은 심리치료가 효과적이기 위해서 긴 과정일 필요는 없다고 생각하였다. de Shazer와 Berg는 Erickson의 원리와 치료적 방법을 해결중심 단기치료에 통합하였다.

동기강화상담(Motivational Interviewing: MI)은 변화에 대한 내담자의 양가감정을 줄이는 것과 내적 동기를 증가시키는 데 초점을 맞춘 정교하고 직접적인 접근이다. MI와 해결중심 단기치료에는 공유하는 특성들이 있다. 다양한 특성의 집단과 작업할 때 집단상담사들은 해결중심치료의 원리와 기법들을 동기강화상담과 함께 사용할 수 있다. 두 접근을 효과적으로 통합하고, 내담자와 협력적이고 존중하는 치료적 관계를 맺는다면, 내담자의 변화는 촉진된다. 내담자의 이야기를 존중하고, 내담자의 강점과 선호도를 인지함으로써 그리고 내적 동기를 높임으로써, SFBT와 MI는 내담자가 변화 과정에서 종종 마주치게 되는 장애물을 다룰 수 있는 다양한 방법을 제공한다(Cormier et al., 2017; Lewis & Osborn, 2004). 다음에서 해결중심 단기치료를 먼저 다루고, 동기강화상담을 설명한다.

주요 개념

긍정적 경향

해결중심 단기치료(SFBT) 혹은 해결중심상담은 사람들이 자원을 가지고 있고, 유능하며, 삶의 방향을 바꿀 해결책을 구성할 수 있는 능력을 가지고 있다는 낙관주의적 가정에 근거한다. 상담사의 역할은 내담자로 하여금 자신이 이미 회복탄력성, 용기, 창의성과 같은 자원을 가지고 있다는 것을 인식하도록 돕는 것이다. 해결중심상담사는 잘 되어가는 것, 미래의 가능성, 성취감을 느끼게 하는 것 등에 관하여 내담자와 대화한다.

존중과 희망으로 가득 찬 상담 경향을 내담자가 갖고 있는 강점, 그리고 다른 상황에서는 효과적으로 작용하는 기존의 해결책과 같은 이미 존재하는 긍정적인 측면에 근거한다. 해결중심상담은 긍정심리학과 맥락을 같이한다. 긍정심리학은 부족, 약함, 문제에 머물러 있기보다 무엇이 옳은지 그리고 무엇이 도움이 되는지에 초점을 맞춘다(Murphy, 2008). 긍정적인 측면을 강조하면 내담자가 문제해결을 더 빨리 시작하기 때문에 해결중심상담은 내담자에게 임파워먼트를 제공하는 접근이다.

내담자는 '문제 지향적' 상태로 상담을 받으러 오는 경우가 많기 때문에, 그들이 고려해 본 해결책들도 문제 지향적인 힘에 둘러싸여 있다. 내담자는 과거에 일어났던 일이 미래에 영향을 끼칠 것이라는 결정론적인 견해에 근거한 이야기를 한다. 사실 그들의 문제 지향성은 그 이야기를 다시 체험함으로써 강화된 것이다. 해결중심상담사는 내담자의 부정적인 표현에 성취 가능하고 유용한 목표에 대한 믿음을 강조하는 긍정적인 대화로 맞선다. 해결중심 단기치료의 목표 중 하나는 White와 Epston(1990)이 명명한 '내담자의 문제로 가득 찬 이야기(clients' problem-saturated stories)'를 상담사의 기술적인 언어 사용을 통해 재구조화함으로써 내담자의 인식을 전환하는 것이다. 해결중심상담사는 내담자의 문제에 대한 풍부한 묘사를 끌어내는 데 관심이 있다. 내담자와 상담사가 함께 해결책을 구상하면서, 상담사는 내담자가 새로운 결말을 가진 다른 이야기를 쓰도록 격려한다. 해결중심상담사는 내담자가 안정적인 문제 상태에서 벗어나 창의적 해결을 이끄는 새로운 가능성의 세계로 이동할 수 있도록 돕는다.

문제가 아닌 해결책에 초점 맞추기

해결중심 단기치료는 과거를 피하고 현재와 미래를 선호한다는 점에서 전통적 치료와 다르다(Franklin et al., 2012). 과거의 정보는 호소하는 문제가 자주 일어나지 않았던 시기를 새로 확인하거나, 내담자의 고군분투를 알아줄 때만 사용된다. Murphy(2013, 2015)에 의하면, SFBT는 현재의 문제에 대해서 논의하는 것도 내담자의 경험을 인정하고, 내담자가 자신의 고통, 노력, 좌절을 묘사할 때만 허용한다. 하지만 이런 짧은 과거의 탐색은 다른 상담 이론에서 공통적으로 나타나는 문제의 원인이나 역사에 대한 긴 대화는 아니다. 해결중심상담은 과거를 탐색하는 것을 최소화하고, 미래에 초점을 맞춘다는 점에서 전통적 심리치료와 다르다. 해결중심상담사는 지금과 미래에 무엇이 가능한지에 관심이 많으며, 현재 문제를 이해하고 과거 주제를 탐색하는 데는 관심을 가지지 않는다(Bitter, 2021).

해결중심 철학에서는 미래의 해결책 대신에 과거나 현재의 문제에 초점을 맞추면 사람들이 과거의 미해결 과제와 역경 속에서 길을 잃고 막막해진다고 가정한다. de Shazer(1988, 1991)는 문제를 해결하기 위해서 그 원인을 알아야 하는 것은 아니며, 문제와 해결책 사이에 꼭 필연적인 인과관계가 있는 것은 아니라고 하였다. 문제에 대한 정보를 수집하는 것이 변화를 일으키는 데 꼭 필요하지는 않다. 문제를 알고 이해하는 것이 중요하지 않은 것처럼,

'정답'인 해결책을 찾는 것도 중요하지 않다. 누구라도 여러 개의 해결책을 생각해 낼 수 있으며, 한 사람에게 적절한 해결책이 다른 사람에게는 그렇지 않을 수 있다. 내담자는 성취하고 싶은 목표를 선택하지만, 진단, 개인사 탐색, 역기능적인 상호작용 분석, 그리고 문제 탐색에는 그다지 주의를 기울이지 않는다(Bertolino & O'Hanlon, 2002; Bitter, 2021; Murphy, 2015; O'Hanlon & Weiner-Davis, 2003).

효과적인 것을 찾기

사람들은 상담 회기에 이야기들을 가지고 온다. 어떤 이야기들은 삶이 바뀌지 않거나 악화될 거라는, 그리고 자신들이 원하는 목표로부터 멀어지게 될 것이라는 믿음을 정당화한다. 상담사는 내담자가 자신의 문제 패턴의 예외상황, 그리고 자신의 성공 사례에 초점을 맞추도록 돕는다. 비슷한 맥락에서 Metcalf(1998)는 "지난주를 돌아보고 무엇이 조금이라도 나아졌는지를 말해 봅시다."라고 말하며 집단을 시작한다. 해결중심상담은 사람들이 효율적으로 수행하고 있는 것을 찾아내는 것을 강조하고, 가능한 한 가장 짧은 시간에 문제를 제거하도록 돕는다. 중요한 개념은 "무엇이 효과적인지를 알면 그것을 더 많이 하라."이다. 무엇인가가 효과적이지 않다면, 내담자는 다르게 하도록 격려를 받는다(Guterman, 2013; Hoyt, 2011).

내담자로 하여금 과거에 효율적이었던 것을 생각하도록 돕는 여러 가지 방법이 있다. de Shazer(1991)는 진취적인 서사(progressive narratives)로 이끄는 대화에 내담자들을 참여시킴으로써 그들이 목표를 향해 조금씩 나아가도록 하는 방법을 선호했다. 그는 "조금 기분이 좋았을 때를, 그리고 원하는 대로 삶이 진행되던 때를 말해 보세요."라고 말한다. 이 이야기 속에서 삶은 살만해지고, 문제는 와해되고, 새로운 해결책이 나타나고, 실행 가능하게 된다.

상담 실제를 안내하는 기본 가정

SFBT는 교정적이라기보다는 예방적인 접근으로, 특별히 발달적 주제를 강조하는 치료집단에 유용하다. Walter와 Peller(1992, 2000)는 해결중심치료는 사람들이 어떻게 변화하고 어떻게 목표를 달성하는지를 설명하는 모델이라고 생각하였다. 다음은 집단상담 맥락에 맞추어 해결중심상담의 기본 가정을 정리한 것이다.

- 해결책과 미래에 긍정적인 초점을 맞추는 데는 강점이 있다. 참여자들이 해결 대화

(solution-talk)를 사용하며 자신의 강점을 보게 된다면, 집단상담은 단기가 될 수 있다. 성공에 초점을 맞추면 좋은 변화가 일어날 가능성이 높다.

- 집단상담에 참여하는 사람은 일시적으로 부정적인 인지 및 언어로 인해 효과적으로 행동할 역량을 발휘하기 어렵다고 하더라도 그러한 역량을 가지고 있다. 문제중심 사고는 문제를 해결하는 데 효과적이었던 방법을 인식하기 어렵게 만든다.
- 참여자는 자신의 한 측면만 표현한다. 해결중심 집단상담사는 참여자가 다른 측면의 이야기를 검토하도록 돕는다.
- 계속 같은 상태에 머물러 있는 문제는 없다. 그리고 변화는 불가피하다. 작은 변화는 큰 변화를 가져온다. 그리고 작은 변화는 내담자가 상담에 가져오는 문제를 해결하는 데 필요한 것일 때가 많다(Guterman, 2013). 어떤 문제라도 천천히 조금씩 해결된다.
- 사람은 변하기를 원하고, 변할 수 있는 역량을 가지고 있으며, 변화가 일어나도록 최선을 다하고 있다. 집단상담사는 저항하는 행동을 통제하기 위한 전략을 수집하는 것이 아니라, 참여자들과 협력하려는 마음가짐을 가져야 한다.
- 참여자들이 자신의 문제에 대한 해결책을 창조하려는 의도를 가지고 있다고 믿어야 한다. 특정 문제에 있어 모든 사람에게 적용될 수 있는 일반적인 해결책은 없다. 모든 개인은 독특하며, 해결책 역시 독특하여야 한다.

집단지도자의 역할과 기능

알지 못함의 자세

치료적 과정의 상당 부분은 내담자가 자신의 미래에 대해, 그리고 삶에서 이루어져야 할 변화에 대해 생각해 보는 것과 관련이 있다. 해결중심 집단상담사는 '알지 못함의 자세(not-knowing position)'를 취함으로써 참여자가 자신의 삶에 대한 전문가의 위치에 서게 한다(Anderson & Goolishian, 1992). 이러한 접근에 따르면, 특히 내담자가 삶에서 원하는 것에 대해서는 '치료자가 전문가'라는 관점이 '내담자가 전문가'라는 관점으로 대체된다.

집단상담사는 내담자가 직접적으로 변화 방안을 물으면 이 질문을 다른 집단참여자에게 답변하도록 한다. 그리고 참여자의 주도를 따라간다. 참여자는 자기 삶의 전문가이기는 하지만 종종 자신에게 효율적이지 않은 패턴 속에 놓여 있다.

해결중심상담사는 보다 협력적이고 자문가적인 입장을 선호하고, 내담자가 자기 삶의 전문가가 될 수 있는 기회를 제공하는 것이 자신의 역할이라고 본다.

해결중심 집단상담사가 '알지 못함의 자세'를 가지고 치료적 대화에 참여하고자 하는 것은 참여자들과의 돌봄 관계를 촉진한다. 알지 못함의 자세를 취하는 집단상담사는 자신의 삶에서 얻은 지식, 개인적 · 경험적 역량을 유지하면서도, 호기심과 발견하고자 하는 강한 흥미를 가지고 대화에 참여한다. 목표는 내담자의 세상에 온전히 들어가서 내담자의 시각, 자원, 강점, 그리고 독특한 경험을 끌어내는 것이다.

이 모델은 전통적 모델이 상담사를 평가, 진단, 치료의 전문가로 보는 것과는 다른 관점에서 상담사의 역할과 기능을 정의한다. 공감과 치료적 과정의 협력적 파트너십은 평가 혹은 기법보다 더 중요하게 여겨진다.

진단 및 평가와 같은 기능은 내담자가 자신의 삶에 대해 갖고 있는 지식보다 상담사의 진실을 우선시하도록 만들 때가 많다. 해결중심상담사는 진단, 평가, 개입을 상징하는 용어의 사용을 피하는 경향이 있다. 대신에 그들은 문제와 해결책에 대해서 말하는 방식이 변화를 가져온다고 믿는다. 그리고 언어 사용이 문제를 개념화하는 데 중요하며, 더 나아가 언어가 실제를 참조한다고 가정한다.

치료적 관계를 형성하기

해결중심상담사는 감정 다루기와 치료적 관계 형성을 강조한다(Lipchik, 2002). 치료적 관계의 질은 SFBT의 효과성의 핵심이다. 치료적 결과는 참여자와 집단상담사가 맺는 동맹과 유의미한 상관관계를 갖는다(Betrolino, 2010; Murphy, 2013). 치료적 협력 관계를 맺는 한 가지 방법은 집단상담사가 참여자가 이미 가지고 있는 강점과 자원을 해결책을 구축하기 위해 사용하는 방법을 보여 주는 것이다. Bertolino(2010)는 내담자는 과거에 무엇이 효과적이었고, 무엇이 효과적이지 않았는지, 그리고 미래에도 무엇이 효과적일지를 잘 알고 있다고 강조했다.

Murphy(2013, 2015)에 따르면 내담자가 치료적 과정에 적극적으로 참여하고, 상담사와 긍정적인 관계를 맺고, 상담 과정에서 내담자가 중요하다는 것을 다룰 때 상담 성과가 극대화된다.

문제와 목표를 명료화하는 것은 집단상담사와 참여자들 사이의 협력적인 협상 과정이다. 내담자는 상담에서 성취하기를 원하는 것을 선택하기에 가장 적절한 사람이다(Bitter, 2021). 상담의 시작부터 끝까지 내담자가 치료적 과정에 참여하면 상담이 성공적일 가능성이 높아진다.

Metcalf(1998)에 따르면 해결중심 집단상담사는 인간은 유능하며, 자신의 유능함을 느끼는 환경에서는 문제를 스스로 해결할 수 있으며, 결과적으로 보다 풍요로운 삶을 살 수 있다고 믿는다. 집단상담사는 첫 집단 회기를 "이 집단은 좀 다릅니다. 당신이 여기 있는 이유를 이야기하더라도, 당신이 여기 있는 이유보다는 무엇을 달성하고 싶은지에 초점을 맞출 것입니다."라고 말하며 시작할 수 있다. 혹은 집단상담사는 "당신이 이 집단으로부터 무엇을 얻고 싶은지에 초점을 맞출 것입니다."라고 말하면서 시작할 수도 있다.

돌봄, 관심, 존중적인 호기심, 개방성, 공감, 접촉, 매력이라는 개념은 관계적 필수요인으로 여겨진다. 집단상담사는 참여자가 자유롭게 자신의 이야기를 창조하고, 탐색하고, 공동저자가 될 수 있는 상호존중, 대화, 질문, 승인(affirmation)의 분위기를 형성한다. 참여자가 스스로를 자원이 많은 사람으로 인식할 기회를 만드는 것이 상담사의 역할이다.

해결중심상담은 단기상담을 위한 기법으로 개발되었기 때문에, 상담사는 문제의 궤도(problem track)가 아니라 해결의 궤도(solution track)에 머물도록 하는 과제를 수행한다. 참여자가 문제로 가득 찬 이야기를 한다면 그들이 긍정적인 방향으로 나아가기는 쉽지 않다.

상담사의 주요 과업은 내담자로 하여금 자신이 원하는 삶과, 무엇이 그러한 삶의 변화를 가져올지에 대해 상상해 보도록 돕는 것이다. 그리고 집단상담사의 역할은 참여자에게 질문을 하고, 참여자의 대답에 근거해서 그다음 질문을 하는 것이다.

집단상담사는 내담자가 선호하는 이야기 줄거리를 구성하도록 돕는다. 상담사는 존중이 수반된 호기심이라고 특징지을 수 있는 태도를 취하고, 문제가 내담자에게 끼친 영향을, 그리고 내담자가 그 영향을 줄이기 위해 무엇을 하고 있는지를 탐색한다(Winslade & Monk, 2007).

해결중심 집단의 과정

변화 과정의 단계

Walter와 Peller(1992)는 해결중심치료의 4단계를 다음과 같이 제시하였는데, 이 단계는 집단상담에도 적용될 수 있다.

1. 참여자들이 원하지 않는 것을 탐색하지 말고 그들이 원하는 것을 확인하라.
2. 참여자들을 병리적으로 보지 말고, 그들에게 진단명을 붙임으로써 그들의 역량을 간과

하지 마라. 대신에 그들이 하고 있는 일 중에 효과적인 것을 찾고, 그 방향으로 계속 전진하도록 참여자들을 격려하라.

3. 만약 지금 하고 있는 일이 효율적이지 않다면 지금과는 다른 무엇인가를 시험하도록 격려하라.
4. 각 회기가 마지막 회기, 그리고 유일한 회기인 것처럼 상담 과정을 짧게 진행한다.

이러한 단계는 분명해 보이지만, 참여자와 상담사가 해결책을 구성하는 협동적 과정은 단지 몇 가지 기법을 숙달하는 것만을 의미하지는 않는다. 해결중심 집단상담 모델은 사람의 현재 모습을 수용하고 스스로 해결책을 찾도록 돕는 철학적 입장을 필요로 한다. 집단상담사의 태도는 집단의 효과에 핵심적이다.

de Shazer(1991)의 관점에 의하면, 내담자는 문제의 특성을 평가하지 않고도 일반적으로 해결책을 구성할 수 있다. 이 시각은 전통적인 문제해결 접근과 구조적으로 다르다. 다음은 해결중심 집단상담에 대한 Metcalf(1998)의 저서를 요약한 집단상담의 과정이다.

집단의 분위기를 조성하기

집단상담사는 처음부터 해결책을 강조하는 분위기를 조성한다. 참여자들은 자신의 문제를 간략하게 설명할 기회를 갖는다. 집단상담사는 "내가 어떻게 도움을 줄 수 있을까요?"라는 질문을 던지고 참여자들이 하는 대답을 존중하면서, 그리고 조심스럽게 경청한다. 또는 집단상담사는 "자기소개를 해 주세요. 소개를 할 때 여기에 참여하는 목적도 말씀해 주세요."라고 요청할 수도 있다. 집단상담사는 이 대화에서 참여자들의 문제를 외재화하도록 돕는다. 문제를 외재화하면 참여자들이 안도감을 느끼는데, 이는 외재화를 통해 자기 자신을 보다 문제가 적은 사람으로 인식할 수 있기 때문이다.

목표 설정을 시작하기

집단상담사는 가능한 한 빨리 참여자들과 함께 구조화가 잘된 목표를 설정하는 작업을 한다. "만약 이 문제의 중요도가 줄어들거나 상관이 없어지거나, 혹은 사라진다면 삶이 어떻게 달라질까요?"와 "당신이나 참여자들에게 삶이 나아졌다고 말할 수 있으려면 미래에 어떤 일이 일어나야 할까요?"와 같은 질문을 활용할 수 있다. 때때로 참여자들은 다른 참여자들은 타인이 무슨 일을 하거나 하지 않을지에 관해 이야기하면서 정작 자신의 목표나 행동에 대해서는 주의를 기울이지 못할 때도 있다. 그럴 때는 "당신은요? 그 그림에서 당신은 무엇을 다르게 하고 있을까요?"라는 질문을 던질 수 있다. 참여자들의 목표를 설정하는 과정은 이 장의 뒷부분에서 더 자세히 다룬다.

문제에 대한 예외상황 찾기

집단상담사는 참여자들에게 문제가 없었거나 심하지 않았던 시기를 묻는다. 이 예외상황을 탐색하고, 그런 예외상황이 일어나는 데 참여자가 어떤 역할을 했는지를 강조한다. 상담사는 다음과 같이 진행할 수 있다. "저는 여러분이 이 자리에 참석한 이유에 대해 들었습니다. 해결과 성장을 위해 집단에 참여하기로 결심하고, 이 자리에 오신 여러분을 환영합니다. 이제 분위기를 바꾸어서, 문제가 삶에 영향을 끼치기 전에 대하여 이야기해 봅시다. 그때는 문제가 활성화되지 않기 위해 무엇을 하고 있었습니까?"

참여자들은 서로의 예외 상황을 확인하는 작업에 참여한다. 이러한 활동은 집단 과정을 향상하고 해결중심적 분위기를 촉진하는 큰 성과를 가져온다. 예를 들어, 성폭력 생존자 집단에서 참여자들이 탄력 기술에 초점을 맞추면, 자기 자신을 다르게 보기 시작한다. 과거에는 자신을 희생자로 보았다면, 이제는 자신의 자신감과 유능성에 대한 믿음이 극적으로 증가한다. 예외상황을 찾는 작업을 이 장 후반부에서 더 자세히 다룬다.

동기화하기

희망은 동기의 원천이며, 집단의 주요한 치료적 요인이다. 집단상담사는 다음과 같은 질문을 던질 수 있다. "언젠가 문제가 수그러들면, 무엇을 하고 있을 것 같으세요?" "오늘 다른 참여자들의 이야기를 듣고 나서, 새로운 행동을 해야겠다고 자극이나 본이 된 사람이 이 집단에 있을까요?" "집단에서 문제에 대해서 덜 신경 쓰거나, 문제로부터 자유로워 보이는 참여자를 알아차렸나요?"

참여자가 과제를 개발하도록 돕기

해결책을 찾는 대화를 마무리 지으면서 상담사는 요약 피드백을 제공하고, 격려하고, 문제해결을 위해서 다음 회기 전에 관찰하거나 수행해야 할 과제를 제안한다. 상담사는 참여자들이 서로에게 피드백을—특히 다른 참여자들이 이루기 시작한 작은 진전에 대해—제공하도록 격려한다.

집단상담사는 "오늘 많은 참여자가 문제가 우리를 덜 괴롭혔던 시간들에 대해서 이야기했습니다. 다음 회기 전까지 문제의 심각성을 완화하기 위해서 할 수 있는 일들에 대해서 생각해 봅시다."라고 말할 수 있다.

만약 목표가 설정되지 않았다면, 집단상담사는 "오늘은 여기까지 하겠습니다. 다음 회기까지 여러분은 일상의 활동을 관찰하면 좋겠습니다. 예전보다 힘들지 않은 상황에 더욱 관심을 기울여 봅시다. 그런 성공 상황에 대해 적어두었다가 다음 집단 회기에 가져오세요." 라고 말할 수 있다.

회기를 끝내기 전에 집단상담사와 참여자들은 척도를 사용하여 만족스러운 해결책을 만들어가는 과정을 평가할 수 있다. 또한 참여자들에게 문제를 해결하기 위해서 이루어져야 할 것은 무엇인지, 그리고 다음 단계에 필요한 것은 무엇인지 물을 수 있다.

다음 집단 회기

상담사는 "지난 회기보다 상황이 좋아진 사람부터 이야기를 시작해 볼까요?"라고 질문하면서, 다음 회기를 시작할 수 있다. 참여자 중에 향상이 별로 없었거나 문제 상황이 지속되었다고 보고하는 사람이 있다면, 상담사는 다시 해결책에 초점을 맞추도록 도울 수 있다. 상담사는 "이 상황이 지속된다고 가정해 봅시다. 우리가 다음 회기에 만났을 때는 어떨까요? 달라져 있기를 바라는 부분은 무엇인가요?"라고 개입할 수 있다.

참여자의 목표를 설정하기

해결중심 단기치료는 목표 달성, 변화, 그리고 상호작용에 기본 가정을 반영한다. 집단상담사는 참여자가 자기 자신을 가장 잘 알기 때문에 자신에게 의미 있는 목표를 정의할 수 있고, 자신이 달성하고자 하는 목표를 선택할 수 있다고 믿는다. 따라서 참여자가 자신이 원하는 것과 걱정하는 것을 자발적으로 탐색하는 것은 중요하다.

집단상담사는 참여자가 집단상담에 참여하는 이유는 변화를 얻기 위해서지 실패에 대해서 이야기하기 위해서가 아니라고 가정하고, 목표 설정을 첫 회기부터 시도한다. 만약 목표가 설정되지 않으면, 집단은 너무 쉽게 문제 중심으로 돌아간다.

상담사는 향후 또 다른 긍정적 결과를 가져올 수 있는 분명하고, 구체적이며, 관찰 가능하고, 작고, 현실적이며, 달성 가능한 변화에 집중한다. 하나의 성공은 또 다른 성공을 불러오기 때문에, 작은 목표는 변화의 시작점으로 여겨진다. 해결중심상담사는 내담자가 사용하는 것과 비슷한 용어, 말의 속도, 그리고 어조를 사용한다. 상담사는 "지난 회기 이후에 무엇이 변화되었나요?" 혹은 "변화가 일어난 부분은 없나요?"와 같은 질문을 하면서, 변화를 암시하고, 다양한 답변을 유도하고, 목표 지향적이고 미래 지향적인 관점을 유지한다.

Murphy(2015)는 내담자가 명확하고 잘 정의된 목표를 설정하도록 돕는 것의 중요성을 강조하였다. 명확하고 잘 정의된 목표란 (1) 내담자의 언어를 사용하여 긍정적으로 표현된, (2) 과정 혹은 행동 지향적인, (3) 지금-여기의 형태로 구조화된, (4) 달성 가능하고 구체적인,

(5) 내담자에 의해 통제 가능한 목표이다. 하지만 내담자가 자신의 염려를 표현할 기회를 갖는 것과, 상담사가 명확한 목표를 설정하라는 압력을 가하고 있다고 느끼지 않도록 하는 것이 중요하다. 자신의 걱정을 이야기한 후 이해받았다고 느낀 내담자는 개인적으로 의미 있는 목표를 기꺼이 설정하려고 할 것이다. 걱정을 공유하는 것은 집단 응집력을 높이고, 소속감은 집단 작업에 더 많이 참여하게 한다.

해결중심 단기치료에는 다음과 같은 몇 가지 목표가 있다. (1) 상황을 바라보는 시각을 바꾸는 것, (2) 문제 상황에서의 행동을 달리하는 것, (3) 내담자가 자신의 강점과 자원을 깨닫게 하는 것이다(Murphy, 2015; O'Halon & Weiner-Davis, 2003). 말하는 대로 상황이 일어난다는 가정하에 참여자들은 문제 대화보다는 해결 대화에 참여하도록 격려된다. 문제를 이야기하면 문제가 지속되고, 변화를 이야기하면 변화가 일어난다. 무엇을 유능하게 수행할 수 있는지, 어떤 강점과 자원을 가지고 있는지, 그리고 무엇을 이미 성공적으로 이루었는지를 이야기하는 것을 배웠다면, 이미 해결을 향한 길로 들어선 것이다(Murphy, 2015; Nichols & Davis, 2020).

종결하기

해결중심 집단의 상담사는 첫 회기부터 종결을 향해 나아가고 있음을 염두에 둔다. 초기 목표를 수립하기 위해 상담사는 "집단에 참여한 것이 그럴만한 가치가 있었다고 이야기하려면 당신 인생에서 무엇이 달라질 필요가 있습니까?"라는 질문을 한다. 집단의 시작부터 명확하고 구체적인 목표를 설정하는 것은 효과적인 종결의 초석이 된다(Murphy, 2015). 집단상담사는 참여자들의 진척을 관찰하고, 그들이 개인적인 목표를 달성하면 궁극적으로 종결한다.

집단 경험을 끝마치기 전에 참여자들은 자신이 이루어 낸 변화의 지속을 위해 할 수 있는 일이 무엇인지 확인하게 되며, 상담사는 이러한 작업을 돕는다(Bertolino & O'Halon, 2002). 또한 참여자들이 변화를 유지하려고 할 때 예상되는 혹은 지각되는 장애물들을 확인하도록 돕는다. 이런 장애물들이 인식되면 집단상담사는 다른 참여자에게 해결책을 질문할 수 있다. 그렇게 함으로써 참여자들이 과거의 장애물을 검토해 보도록 도울 수 있다.

이 모델은 단기적이고 현재중심적 · 미래중심적이며, 구체적인 어려움을 다루기 때문에 참여자들이 집단 종결 후에 다른 발달적 과제 혹은 문제를 경험할 수도 있다. 참여자들은 삶을 다시 해결중심적으로 바뀌게 하거나 자신의 근황에 대해서 이야기하고 싶을 때는 상담사와 개인 회기를 가질 수 있고 개방 집단이라면 다시 집단에 돌아올 수도 있다.

적용: 치료 기법과 절차

해결중심 집단상담사들이 많이 활용하는 주요 기법에는 행동에서의 차이점 찾기, 예외상황 찾기, 질문하기, 척도 질문, 그리고 기적 질문이 있다. Murphy(2015)는 이러한 해결중심적 기법들을 유연하게 적용해야 하며, 참여자들의 독특한 상황에 맞추어야 한다고 강조하였다. 집단상담 과정은 참여자의 목표, 지각, 자원, 그리고 피드백에 의해 이루어져야 한다. 기법보다는 참여자들에게 우선순위를 두어야 한다.

상담 전의 변화

상담 전의 변화는 첫 회기 이전에 일어난 변화를 의미한다. 단순히 상담 회기를 예약하기만 해도 긍정적인 변화에 발동이 걸린다. 첫 회기에 일반적으로 해결중심상담사는 "이 회기를 예약하고 나서 일어난 변화는 없었나요?"라고 묻는다(de Shazer & Dolan, 2007, p. 5). 그러한 변화에 관해 물음으로써 상담사는 이미 내담자가 만들어 낸 긍정적인 방향으로의 변화를 촉진하고 극대화할 수 있다. 이러한 변화는 치료 때문에 일어난 것이 아니기에, 상담 전의 변화를 확인함으로써 상담에서 목표로 하는 변화가 상담사에 의해서라기보다는 내담자의 자원에 의해서 달성될 수 있다는 것을 격려하게 된다(de Shazer & Dolan, 2007).

질문하기

질문은 주요한 의사소통 도구이자 주요 개입 방법이다. 해결중심 집단상담사는 정보를 수집하기 위해서라기보다는 참여자들의 경험을 이해하기 위해서 질문을 사용한다. 집단상담사는 자신이 대답을 알고 있는 질문을 던지지 않는다. 질문할 때의 태도에는 존중, 진정한 호기심과 관심, 개방적인 관점이 담겨 있어야 한다. 그리고 질문의 방향을 제시하는 사람은 참여자여야 한다. 해결중심 단기치료에서 상담사의 질문에 답하는 사람은 언제나 '전문가로서의 내담자'이다. 참여자의 대답은 상담사의 관심을 자극하는 정보를 제공하고, 각 대답에 대해 또 다른 질문이 생성된다. 다른 참여자들은 상담사와 함께 집단의 공동 작업을 촉진하기 위해 노력한다. 협력적인 집단 과정을 만드는 것은 성공적 집단상담의 핵심이다. 집단상담사가 예외상황을 확인하고 개인의 회복탄력성과 유능성을 인식하기 시작하면 참여자들은 문제중심 집단과는 맥락이 다르다는 것을 느끼기 시작한다. 이것은 집단 과정이 해결중심적인 것이 되도록 유지시킨다. 자신의 능력과 자원에 대해 보다 많이 배울 수 있는 집단 맥락을 만드는 것은 참여자들이 자신의 문제에 대한 해결책을 찾는 데 중요하다.

예외질문

해결중심 단기치료는 개인이 겪는 문제가 심각하지 않았던 시기가 있다는 가정에 기초하며, 이러한 시기가 바로 예외상황이다. Bateson(1972)은 우리가 하나의 현상을 다른 현상과 비교함으로써 이해하고, 이른바 '차이에 대한 뉴스(the news of difference)'를 발견한다고 하였다. **예외질문**은 참여자들에게 문제가 일어나지 않았던 시기 혹은 문제의 심각성이나 발생 빈도가 덜했던 시기를 바라보게 하는 것이다. 예외상황은 참여자들의 삶 속에서 문제가 생길 가능성이 있었지만, 어떤 이유에서건 실제로 문제가 생기지는 않았던 때를 말한다(de Shazer, 1985; Murphy, 2015). 참여자들이 그러한 예외상황을 한 번이라도 발견한다면 변화를 촉진하는 데 유용하게 활용될 수 있다. **변화에 초점을 맞춘 질문**은 참여자들이 중요한 목표라고 믿는 것을 확인하고 그 목표를 달성하기 위해 자신의 강점과 자원을 어떻게 활용할 수 있는지를 탐색하는 것이다(Murphy, 2015). 이 탐색은 사람들에게 문제가 아주 강력한 것은 아니며 영원히 존재하는 것도 아니라는 것을 일깨운다. 또한 자신이 갖고 있는 자원을 인식하고 강점을 다시 확인하고, 가능한 해결책을 제시할 수 있는 기회를 제공한다. 예외상황은 문제 맥락 밖에서 일어난 실제 사건이다. 해결중심상담사는 내담자들의 이야기를 경청하며 그들의 옛 해결책, 예외상황, 목표를 나타내는 신호가 있는지를 살핀다(de Shazer & Dolan, 2007). 해결중심상담사는 삶이 변화에 대한 것이라고 생각하고 변화는 필연적이라고 믿는다.

상담사의 의도는 내담자가 과거의 성공경험에 근거해서 스스로 정한 방향으로 나아가도록 돕는 것이다. 상담 대화는 내담자가 자신들의 목표를 달성하기 위해 발전하는 것이 가능한 상황을 조성하도록 돕는 것이다(de Shazer, 1991). 이렇게 하면서 상담사는 "당신이 기분이 좋을 때, 모든 것이 당신의 의도대로 진행될 때, 가족이나 친구와 즐거운 시간을 보낼 때를 말해 보세요."라고 말할 수 있다. 살 만한 가치가 있는 삶에 관한 이야기 속에서 문제의 영향력은 줄어들고, 새로운 해결책이 발견된다.

기적질문

많은 집단에 참여자들은 '문제 중심'의 사고 틀을 가지고 온다. 그들이 이미 고려해 본 해결책들도 문제중심 경향의 힘에 둘러싸여 있다. 해결중심적 관점을 가진 집단상담사는 단기간에 목표를 달성할 수 있다는 신념을 강조하는 긍정적인 대화를 이끌기 위한 긍정적인 시각을 요청하는 개입을 한다. 이 목표는 de Shazer(1985, 1988)가 **기적질문**이라고 명명한 개입 방법에 의해 달성될 수 있다. 기적질문의 예는 다음과 같다. "만약 기적이 일어난다면, 그리고 문제가 하룻밤 사이에 사라진다면 문제가 사라졌다는 것을 어떻게 알 수 있으며, 무엇이 달라지겠습니까?" 참여자들은 인식된 문제 대신에 '무엇이 달라질 것인가?'에 초점을 맞추도록 격려받는다. 기적질문은 참여자들이 문제가 존재하지 않는 삶을 시각화하도록 돕기 위해 개발되었다. 만약 참여자가 더욱 자신감을 갖고 안정적으로 느끼기를 원하면 상담사는 다음과 같이 말할 수 있다. "만약 당신이 오늘 집단을 떠난 후 당신의 삶이 본궤도에 오르고 자신감 있고 안정적으로 행동하게 될 것이라고 가정해 봅시다. 이전과 다르게 무엇을 하겠습니까?" 이와 같이 가정적 해결책을 검토하는 과정은 O'Halon과 Weiner-Davis(2003)의 신념에 기초하는데, 이 두 사람은 변화가 다음 세 가지 방식으로 일어난다고 믿는다. 즉, (1) 지금 하고 있는 것을 바꿈으로써, (2) 우리가 문제 상황을 보는 시각을 바꿈으로써, (3) 해결책을 마련할 때 사용할 수 있는 강점과 자원에 대해 이야기함으로써 변화가 일어난다는 것이다. 해결중심상담에서는 문제가 '풀리는' 것이 아니라 해결책이 구성되는 것이라고 본다. 참여자들이 궁극적으로 구성하는 해결책은 그들이 집단에 참여하기 시작할 때 설명하던 문제와는 전혀 상관이 없을 수도 있다.

집단상담사가 참여자들로 하여금 꿈을 갖도록 격려하는 것은 매우 중요하다. 꿈은 사람들이 지향하는 목표와 삶에 대해 많은 것을 이야기해 준다. 때로는 참여자들이 불가능한 꿈에 초대되기도 한다. 하지만 그들이 꿈을 추구할 용기를 가지고 있다면, 상상에 한계선을 긋는 것보다 더 많은 성공을 거두게 될 것이다. 기적질문은 미래 지향적인 예외상황을 상상하게 하고, 기적이 어떤 것인지에 대한 아무런 힌트가 없을 때라도 참여자들이 목표를 정할 수 있도록 돕는 기법이다. 기적질문은 내담자의 목표를 발견하는 방법이며, 내담자의 상황을 존중하면서, 그들이 보다 작고 달성하기 쉬운 목표를 확인하도록 돕는다(de Shazer & Dolan, 2007).

기적질문은 개인의 지속적인 부정적 이야기를 단절시킴으로써 그리고 창의적 해결을 향한 상상력을 자극함으로써 대화를 전환한다(Hoyt, 2011). 자신의 목표에 대한 확신이 없는 참여자는 다른 참여자들과 함께 이야기를 나누면서, 자신에게 필요한 기적이란 무엇일지를 깨닫게 될 수 있다. 미래에 초점을 맞추는 기적질문을 통해 참여자는 자신이 집단상담의 초기 단계에서 묘사했던 '문제로 가득 찬 이야기'에서 벗어나 또 다른 삶에 대해 생각해 볼 수 있게 된다. 이러한 개입방법은 과거와 현재의 문제에서 미래의 보다 만족스러운 삶으로 초점을 옮긴다.

척도질문

해결중심상담사는 감정, 기분 혹은 의사소통과 같이 쉽게 관찰하기 어려운 인간 경험의 변화를 측정하기 위해 **척도질문**을 사용한다. 예를 들어, 참여자가 공황이나 불안과 같은 감정을 보고할 때 "0에서 10까지의 척도가 있는데, 0은 당신이 이 집단에 처음 참여했을 때의 기분이고, 10은 기적이 일어나 당신의 모든 문제가 사라진 후의 기분이라고 한다면, 지금 당신의 기분은 몇 점입니까?"라고 물을 수 있다. 0에 해당하던 참여자가 1까지 변화했더라도, 향상된 것이다. 상담사는 "어떻게 그렇게 할 수 있었나요? 1만큼 더 향상하기 위해서는 무엇을 해야 하나요?"라고 질문할 수 있다. 척도질문은 내담자가 자신이 지금 하고 있는 일에 초점을 맞추게 하고, 자신이 원하는 변화를 일으키기 위해서 다음에는 무엇을 해야 할지를 생각하게 만든다. 척도화(Scaling)는 내담자 삶의 다양한 부분을 내담자와 상담사 모두 보다 구체적이고 접근 가능하게 만드는 데 유용한 기법이다(De Jong & Berg, 2013). 이 기법은 자존감, 회기 전 변화, 자신감, 변화에 대한 투자, 원하는 변화를 위해 노력하겠다는 의지, 해결해야 할 문제에 우선순위를 정하는 것, 희망의 지각, 향상의 진행을 평가하는 것 등을 포함하는 광범위한 경험에 대한 내담자의 인식을 활용하는 데 창의적으로 적용될 수 있다(Berg, 1994, pp. 102-103).

Metcalf(1998)는 집단상담사가 해당 집단 회기에서 자신이 집단을 어떻게 이끌었는지를 평가하는 것의 중요성에 대해 기술하였다. 그녀는 상담사가 해당 회기를 회고하면서, '0에서 10까지의 척도에서, 0은 상담사가 한 일이 아무것도 없는 것이고, 10은 상담사가 집단의 모든 작업을 한 것이라면 나는 몇 점일까? 또 집단 전체는 몇 점일까?'를 확인해야 한다고 하였다. 만약 상담사 점수는 10점인데, 집단 전체의 점수는 낮다면, 집단 회기가 진행되도록 하기 위한 책임에 대해 가정하는 책임감 정도를 바꿀 필요가 있다. 각 회기를 종결할 때 참여자에게 자신의 리더십 수준을 평가하도록 요청함으로써 상담사는 피드백을 얻을 수 있다. 이것은 상담사가 실무 기반의 증거를 집단 작업에 통합할 수 있음을 보여 주는 예이다(2장, 집단 리더십 참조).

첫 회기 과제 생성하기

첫 회기 과제 생성하기는 상담사가 첫 회기와 두 번째 회기 사이에 참여자들에게 과제를 부여하는 것이다. 상담사는 "지금부터 다음에 우리가 만날 때까지 여러분이 관찰을 하면 좋겠습니다. 그래서 다음 시간에 만날 때 여러분은 가족, 삶, 결혼생활, 관계에 있어 항상 원해

왔고, 앞으로도 계속되길 바라는 일이 일어났는지에 관해 우리에게 이야기해 줄 수 있을 것입니다."라고 할 수 있다(de Shazer, 1985, p. 137). 두 번째 회기에서는 참여자에게 무엇을 관찰하였고 미래에는 어떤 일이 일어나기를 바라는지를 묻는다. 그리고 참여자들은 동료로서 서로의 관찰에 반응한다. de Shazer는 이 개입이 개인의 낙관주의와 현재와 미래에 대한 희망을 증가시킨다고 생각했다. 해결중심 단기치료는 과거의 문제가 아닌 미래의 해결책을 강조한다(Murphy, 2008). 해결중심 기법은 내담자가 현재 갖고 있는 우려, 관점, 그리고 이야기를 표현할 기회를 가진 후에 사용되어야 한다. 참여자들이 변화하도록 독려되기 전에 이해받았다고 느끼는 것이 중요하다.

집단상담사가 참여자들에게 제공하는 피드백

해결중심상담사는 매 집단 회기의 마지막에 칭찬이나 제안 형태의 피드백을 참여자들에게 제공한다. 피드백은 참여자들이 집단 상호작용에서 보여 준 자신들의 목표를 성공적으로 달성하기 위한 변화를 증가시키기 위해 무엇을 다르게 할 필요가 있는지에 대한 정보에 근거한다(De Jong & Berg, 2013). 요약적 피드백은 참여자들이 집단에서 배운 것을 집단 밖의 일상생활로 옮기는 것을 돕는다.

De Jong과 Berg는 요약적 피드백의 세 가지 요소인 칭찬, 다리 놓기, 과업 제안에 대해 다음과 같이 설명하였다. 첫째, 칭찬은 내담자가 이미 하고 있으며 효과적인 해결로 이끄는 일(예외상황)에 대해 진정으로 인정해 주는 것이다. 격려의 형태로 이루어지는 칭찬은 희망을 불러일으키고 내담자에게 자신의 강점과 성공 사례를 통해 목표를 성취할 수 있다는 기대감을 갖게 한다. 칭찬은 참여자가 한 회기 동안 보여 준 예외상황에 대한 긍정적이고 진실된 피드백이다. 예를 들어, 자기주장 훈련 집단이라면, 상담사가 "저는 여러분 각자가 이번 회기에서 침묵을 지키지 않고, 소리내어 말해서 타인이 여러분의 이야기를 듣게 하는 용기에 감명을 받았습니다."라고 말할 수 있다.

둘째, 다리 놓기는 칭찬과 집단 밖에서 수행할 과제의 제안을 연결하는 과정으로서 확인된 예외상황에 기초한다. 다리 놓기는 과업 제안의 근거를 제공한다. 칭찬에 다리 놓기는 다음과 같을 수 있다. "우리는 또한 목소리를 내야 할 때—시점—를 배우는 것의 중요성에 대해서도 이야기를 나누었습니다."

피드백의 세 번째 요소인 과업 제안은 집단 밖에서 수행되므로 숙제라고 볼 수 있다. 관찰 과제는 내담자에게 자신의 특정 부분에 주의를 기울이도록 하는 것이다. "지금부터 다음 회기까지 당신이 소리 내어 자신의 주장을 이야기할 때에 주의를 기울이고, 그때와 주장을 하지 않았을 때 당신의 접근이 어떻게 다른지를 기록해 주세요." 이런 자기 모니터링 과정은 내담자가 예외상황의 다른 점, 특히 자신의 생각, 느낌, 행동에서의 차이를 알아차리도록 돕는다. 행동 과제는 참여자가 자신의 어떤 부분이 달라지기를 원하는지 혹은 상황이 좋을 때 자신이 무엇을 해야 하는지를 모를 때 주어진다. 행동 과제는 참여자가 해결책을 구성하는 데 도움이 되는 특정 행동을 하도록 요구한다.

해결중심 단기치료 집단상담사는 참여자가 자신의 목표를 향해 나아가기 위해 이미 하고 있는 것(예외상황), 생각하는 것, 느끼는 것에 기초한 실험을 제안함으로써 회기를 마치는 방식을 선호한다. 이런 변화에 대한 아이디어나 과제는 상담사가 아닌 참여자들이 제안하는 것이 가장 좋다. 보통 상담사는 참여자가 다음 회기 전에 자신이 하고 싶은 실험을 스스로 제안하도록 격려한다(de Shazer & Dolan, 2007).

집단 이론의 실제: 해결중심 단기치료의 적용*

이 회기에서 나는 집단참여자들에게 문제에 매달려 있기보다는 강점에 초점을 맞추기를 요청한다. 나는 참여자들에게 집단 안에서 그들이 만들어 낸 변화를 확인하도록 초대하고, 그 변화가 아무리 작은 것이라도 그것이 그들이 만들었음을, 즉 그들이 공헌했음을 인정하도록 요청한다. 그리고 나는 그들이 앞으로 더 만들고 싶은 변화에 대해 이야기할 기회를 제공한다. 참여자에게 이러한 변화에 성공하면 삶이 어떠할 것 같은지를 묻는 것도 도움이 된다.

- 켈리(Kellie)는 어떻게 박사학위 논문을 작성하고, 박사학위를 획득할 수 있는지를 확인했다. 그녀는 때때로 실수를 한다는 것을 수용할 수 있고, 그 실수는 수용 가능한 것이었다. 그녀는 '고개를 들고 있는 그대로의 당신이 되어라.'는 주문을 스스로 되새기고 있다.
- 랜디(Randy)는 스스로에게 '나는 충분히 괜찮지 않아.'라고 말하지 않는 예외상황을 생각한다. 그는 자신이 유능한 사람임을 보여 주는 무언가를 했을 때를 기억한다.
- 제프(Jeff)는 주로 자신감이 부족했을 때에 초점을 맞춘다. 그는 자신이 잘했을 때와 자

* 여기서 논의된 집단 회기는 온라인 학생 자료에 포함된 '집단 이론의 실제' 비디오에 있는 해결중심 단기치료 집단 작업에서 나온 것이다.

신감을 느낄 때 무엇을 하고 있었는지를 생각한다. 이것은 자신을 실패자라고 느끼는 것과는 대조된다. 실패자라고 느끼는 때에 머물러 있지 않고 스스로에 대해서 좋은 기분을 느낀다는 수용할 수 있는 자기 자신에 대해서 자신의 공헌을 인정한다.

- 루페(Lupe)는 2주 휴가를 갈 수 있었고, 자신이 휴가를 갈 만큼 열심히 일했다고 평가할 수 있었다고 보고한다. 그녀는 휴가를 가지려 했을 때 죄책감을 느낀 적이 많았다고 진술했다. 그녀는 휴가를 갔고, 아무 일도 일어나지 않는다는 것을 알게 되었다고 자랑스럽게 보고한다.
- 줄리어스(Julius)는 자신이 언제나 다른 사람들의 요구를 들어줘야 할 것처럼 느낀다는 것을 알게 되었다. 그는 모든 것을 자신이 관리해야만 하는 것처럼 느끼는 태도를 바꾸기로 하였다. 그는 다음과 같이 태도를 바꾸었다. "나는 한 사람이고, 나는 한 사람 분의 일만 할 수 있다." 항상 학생들에 대한 책임이 자신에게 있는 것은 아니라는 것을 수용하자 안도감을 느꼈다.
- 다나(Dana)는 모든 것을 끝낸 후에는 시간이 없어 자신만의 시간을 가질 수 없다는 것을 깨달았다. "내가 지금까지 했던 일들, 그리고 내가 이룬 것에 대해서 생각하면 도움이 돼요."라고 보고하였다. 그녀는 자기 자신을 보다 온전히 수용하게 되고, 자신이 모든 사람의 인정을 받을 수 있다는 것을 기대하지 않는다.
- 멜리사(Melissa)는 항상 자녀에게 경청하고, 자녀와 함께 있어야 한다고 생각한다. 그녀는 충분히 좋은 어머니가 아닐 것이라는 자기의심에 도전 중이다. 그녀는 집단에서 자신을 있는 그대로 보여 주는 것을 즐기고, 자신을 고립시켜야 한다고 느끼지 않는다.
- 갈로(Galo)는 모든 것을 완벽하게 해야 한다는 느낌으로 어려움을 겪고 있다. 그를 도운 것은 자신이 이룬 것을 돌아보고, 지금의 자신이 된 것에서 느끼는 자긍심이었다. 그는 자신이 일반적으로 최선을 다하고, 그것으로 충분히 괜찮다는 것을 깨달았다.

나는 모든 문제에는 예외가 있다는 것과, 문제가 최소화되거나 없는 상황이 있다는 것을 전제로 한다. 참여자들에게 성공상황에 대해 이야기하도록 초대함으로써 지금 압박을 느끼는 문제에 대한 통제감을 다시 찾을 수 있다. 그리고 이런 예외의 분위기는 해결책의 창조 가능성을 가능하게 한다. "과거에 한 일 중에서 효과적이었던 것은 무엇인가요?"라고 내가 물을 때 참여자들은 자신의 상황에 대한 새로운 시각을 발전시킨다. 나는 참여자들에게 자신이 만들어 가는 변화와 그 변화가 일어나도록 무엇을 하고 있는지를 알아차리도록 요청한다. 더 나아가서 나는 그들이 지금 얻을 새 통찰을 어떻게 일상에 적용할지를 고려해 보도록 격려한다.

학교 집단상담에 대한 해결중심 단기치료의 적용

해결중심상담은 학교 상황에서 실제적이고 시간 효율적인 개입을 원하는 상담사에게 아주 희망적인 접근이다. 이미 언급했듯이, 해결중심 단기치료는 무엇이 잘못되었는지에서 무엇이 잘되고 있는지로 초점을 바꾼다. 이 접근은 학생들의 문제를 제거하는 기법을 담은 '요리책'을 제공하는 것이 아니라, 학교상담사에게 학생들로 하여금 더욱 생산적인 방향을 찾게 해 주는 작고 구체적인 변화를 지향하는 협력적인 생각의 틀을 제공한다. 이 모델은 유치원부터 고등학교까지의 넓은 범위, 그리고 많은 수의 학생을 담당하는 학교상담사에게 많은 것을 제공할 수 있다(Murphy, 2008; Sklare, 2005). Gingerich와 Wabeke(2001)에 따르면 해결중심 단기상담이 학교에 성공적으로 적용된 사례들과 이에 관한 논의는 이미 문헌으로 많이 발표되었다.

Charlesworth와 Jackson(2004)은 해결중심상담이 다음과 같은 이유에서 학교현장에 적절하다고 보았다.

- 상담사들은 보다 짧은 시간에 더 많은 학생에게 효과적인 상담을 제공할 수 있다.
- 이 모델은 작고 구체적인 변화의 중요성, 그리고 상담사와 내담자가 함께 구성한 목표의 중요성을 강조한다.
- 이 접근은 학생들이 무엇인가를 그만두어야 하는 부정적인 목표가 아닌 긍정적인 목표를 설정하도록 돕는다.
- 이 접근은 왜 문제가 생겼는가보다 무엇이 효과적일까를 강조하기 때문에 효과적이고 실제적이다.
- 해결중심 단기치료는 다양한 의견과 믿음의 수용과 조정을 촉진하는 것이기 때문에, 다양한 학생집단과 학교에서 일해야 하는 학교상담사에게 적절하다.
- 해결중심 단기치료는 명확한 개념에 근거하고 있어 상대적으로 배우기 쉽다.
- 이 접근은 심리적 장애나 역기능적 행동에 초점을 맞추기보다는 강점에 초점을 맞춘다.

Sklare(2005)는 학생들의 개인상담과 집단상담 모두에 적용할 수 있는 해결중심 단기치료의 5단계를 다음과 같이 설명하였다.

- 학생은 자신에게 의미가 있는 잘 정의된 목표를 확인한다.

- 학생들은 목표를 달성하는 데 방해가 되는 문제가 없다면 삶이 어떨 것 같은지를 이야기한다.
- 상담사는 학생들이 문제가 일어나지 않았던 시기를 확인하고 예외 상황을 만들어 낼 수 있도록 돕는다.
- 상담사는 척도질문을 통해 학생에게 현재 상황의 심각도를 점수화하고 그 선을 기저선으로 잡을 수 있다. 그 후 상담사는 학생에게 더 높은 점수를 향해 천천히 나아가도록 격려할 수 있다. 과제들은 매우 구체적이어서 학생이 변화를 향한 방향을 명확하게 파악할 수 있게 한다.
- 상담사는 학생의 노력에 대한 칭찬과 완수한 과제를 적은 문서를 구성한다.

집단상담에 적용할 수 있는 보다 자세한 15단계를 확인하려면 Sklare(2005, pp. 147-156)를 참조하라.

Sklare(2005)는 특히 목표설정 과정을 강조하였고, 상담사가 학생이 잘 수립된 목표를 확인하도록 돕는 구체적인 예를 제공하였다. 긍정적인 목표는 학생이 성취하기를 바라는 것이며, 관찰 가능하고 구체적이고 측정 가능하고 달성 가능한 방법으로 진술된 것이다. 상담사는 학생이 무엇인가가 결여된 것을 강조하는 부정적 목표를 바람직한 행동에 초점을 맞춘 긍정적인 목표로 전환하는 것을 돕는다. 예를 들면, 어떤 학생은 '화가 나지 않는' 것을 어떻게 기술해야 할지 모를 수도 있다. '대신에'라는 문구를 사용하여 학생이 긍정적인 미래를 확인할 수 있도록 도울 수 있다. "그럼 화가 안 났을 때, 화를 내는 것 대신에 무엇을 하고 있을까요"(Davis & Osborn, 2000, p. 64).

해결중심 접근의 개념과 기법은 집단상담과 개인상담에 모두 적용 가능하다(Murphy, 2015). 집단상담에 참여한 학생들은 문제상황과는 다른 예외상황을 확인하고, 목표를 달성하는 데 유용한 자원을 확인하라는 질문을 받는다. 이 집단에서 학생들은 자신의 목표를 향한 성장을 평가할 수 있고, 각 회기의 유용성에 대한 피드백을 집단상담사에게 제공할 수 있다. 학교에서 사용할 수 있는 해결중심상담의 과제와 기법에 관한 정보는 Murphy(2015)의 문헌을 참조하라. 또 학교에서의 해결중심 집단에 대해서는 Tollison과 Synatschk(2007)의 문헌을 추천한다.

다문화 집단에 대한 해결중심 단기치료의 적용

Sklare(2005)는 해결중심 단기치료의 많은 특징이 다문화 상담에 이상적이라고 주장하였다. 상담사의 개념의 틀보다 내담자의 경험을 강조하고, 문제보다는 해결에 대해 논의하고, 상담사의 단어나 구문보다는 내담자의 언어를 사용하고, 약점보다는 강점에 초점을 맞추는 것이 그러한 특징이다.

Murphy(2015)는 해결중심상담은 강점과 자원을 강조하기 때문에 어떤 민족성, 문화적 배경을 가진 학생에게도 문화적으로 적절한 서비스를 제공한다고 하였다. 해결중심상담의 특징 중 문화적으로 적절한 상담을 가능하게 하는 특징으로는 (1) 각 내담자를 유일한(unique) 개인으로 다루는 것, (2) 상담 목표의 설정에 협력하는 것, (3) 내담자 개인에 맞추어 상담 서비스를 제공하는 것, (4) 개입의 유용성에 대한 피드백을 지속적으로 받고 그에 따라 개입을 수정하는 것 등이 있다.

Meyer와 Cottone(2013)은 해결중심치료를 미국 인디언 내담자들에게 적용하였다. 이 집단의 내담자들에게 특별히 내담자의 인식의 틀을 가지고 개입하고, 안녕을 강조하고, 과거와 현재에 대한 전문가는 내담자라는 개념이 유용하였다. Meyer와 Cottone은 기적질문을 적용할 때 조금 변형이 필요하다고 제안하였다. 기적질문은 미래에 초점을 맞추고 있기 때문에, 미국 인디언 내담자가 현재 초점을 맞추고 있는 주제와 불일치할 수 있다. 내담자의 시간에 대한 인식을 고려하여 기적질문은 다음과 같이 변형할 수 있다. "당신이 사람들과 여러 가지 일들과 조화를 이루었던 때를 기억해 봅시다. 지금 그때처럼 느끼려면 무엇이 달라져야 합니까?" 겸손이 미국 인디언 공동체에서 가치 있게 여겨지기 때문에, 내담자가 자신의 자원과 강점을 척도로 답하는 질문도 변형이 필요할 수 있다.

Bertolino와 O'Hanlon(2002)은 내담자의 경험에 대한 선입견을 가지고 내담자를 대하지 말라고 한다. 대신에 상담사는 내담자의 경험적 세계를 내담자로부터 배워야 한다. Bertolino와 O'Hanlon은 상담사가 내담자를 최고의 스승으로 여기고 존중하며 경청함으로써 문화적 호기심을 실천할 수 있다고 하였다. 문화가 내담자에게 끼친 영향을 충분히 이해하기 위해 제안된 질문은 다음과 같다.

- 문화가 당신의 삶에 끼친 영향에 대해 말씀해 주세요.
- 당신을 좀 더 충분히 이해하기 위해서 내가 알아야 할 문화적 배경에 대해서 말해 줄 수 있나요?

- 당신의 문화 속에서 자라면서 경험한 어려움은 어떤 것이 있었나요?
- 당신의 문화적 배경 때문에 어려움을 겪은 적이 있나요?
- 당신의 문화에서 강점이나 자원을 찾은 적이 있나요?
- 필요할 때 어떤 자원을 활용할 수 있나요?

이와 같은 질문은 내담자에게 지지적 자원이 되었거나 문제의 원인이 된 구체적인 문화적 영향을 밝힐 수 있다.

Bitter(2021)는 다문화적 시각을 지지하는 상담사들에게 다음과 같은 해결중심 질문을 성찰하도록 요청한다.

- 당신이 권한이 있다고(empowered) 느꼈던 적은 언제인가요?
- 기적이 일어나서 세상에 억압받고 소외된 사람들이 더 이상 존재하지 않는다면, 당신의 삶에서 무엇을 다르게 하는 것이 가능한가요?
- 당신이 살고 있는 공동체에서 인종주의, 성차별주의, 그리고 다른 형태의 차별이 줄어든다면, 어떤 차이를 알아차릴 수 있나요?

상담사가 '알지 못함의 자세'를 취하고 내담자가 전문가라고 가정하는 것이 어떤 내담자에게는 해결중심 단기치료의 효과를 떨어뜨리는 결과를 가져올 수 있다. 어떤 문화에서는 상담사가 도움을 구하는 사람에게 방향과 해결책을 제시하는 전문가로 여겨질 것이다. 만약 집단상담사가 "나는 전문가가 아닙니다. 당신이 전문가지요. 당신의 문제에 대한 해결책은 당신 안에 있다고 믿습니다."라고 말하면 집단상담사는 자신감이 부족하다고 여겨질 것이다. 이러한 상황을 막기 위해 집단상담사는 자신이 집단 과정에 대한 전문성을 갖고 있지만, 참여자들의 목표에 어긋나는 행동을 요구하지는 않겠다는 것을 밝힌다. 참여자들이 자신의 문화적 규범에 따라 상담사에게 상담사가 생각하는 답을 묻는다면, 상담사는 그 답이 어떤 것이 될 수 있는지를 토론하도록 집단을 이끌 수 있다.

동기강화상담

동기강화상담(motivational interviewing: MI)은 인본주의적이고, 내담자 중심적이며, 지시적인(directive) 상담 접근으로, William K. Miller와 Stephen Rollnick이 1980년대 초 개발하

였다. 지난 40년간 동기강화상담은 연구와 임상적 적용 면에서 괄목할 만한 발전을 이루었으며, 800개의 문헌과 200개의 임상실험이 보고되었다(Arkowitz & Westra, 2000). 이 연구들은 MI의 적용과 제한점에 대한 통찰을 제공하였다.

동기강화상담은 초기에는 음주 문제에 적용할 수 있는 단기개입 방법으로 개발되었다(Miller, 1983). 그리고 이후 이 접근은 약물남용 장애를 가진 내담자들을 치료하는 근거기반 개입으로 자리매김하였다. 뒤를 이어 약물남용, 강박적 도박, 섭식장애, 불안장애, 우울, 자살, 만성질환 관리, 건강을 위한 상담 등에도 적용되었다(Arkowitz & Miller, 2008; Arkowitz & Westra, 2009). 동기강화상담은 집단상담보다는 개인상담에 적용되었지만, 집단 동기강화상담(그리고 집단 동기증진상담)은 효율적이고 비용 효과적인 예방 방법으로, 그리고 음주 문제로 법원 명령을 받았거나 학교에서 교육을 받도록 명령받은 사람들을 위한 개입 방법으로 자리를 굳혀가고 있다(Lachance et al., 2009).

『동기강화 집단상담』이라는 책에서, Wagner와 Ingersoll(2013)은 동기강화 집단상담의 근거기반 자료를 제공하였고, 많은 학자들이 동기강화 집단상담이 다양한 내담자 집단에게 적용될 수 있음을 기술하였다.

다음에서는 집단상담사가 동기강화의 원리를 해결중심 치료뿐만 아니라 인간중심상담, 인지행동상담, 현실치료에 적용할 수 있는 방법에 대해 기술한다.

동기강화상담의 정신

동기강화상담은 인간중심상담에 철학적 근거를 두고 있지만, 이를 약간 변형하였다. 비지시적인 인간중심 접근과는 달리 동기강화상담은 지시적인 경향이 있으며, 변화에 대한 양가감정을 줄이고, 내적 동기를 증가시킨다는 구체적인 목표를 가지고 있다(Arkowitz & Miller, 2008). 동기강화상담은 목적지향적이며 핵심에 빨리 도달한다. 우리는 이 때문에 참여자들을 긍정적인 변화로 안내한다.

동기강화상담은 내담자들이 바라는 변화를 만들도록 돕는 잘 구성되고 존중받는 접근이다(Cormier et al., 2017). 동기강화상담은 살아있고, 진화하는 접근이다. 현재는 동기강화상담의 정신이 강조되고 있으며, 상담사가 수련받는 방법이 수년간에 걸쳐 크게 변화하고 있다(Miller & Rollnick, 2009).

해결중심 단기치료처럼, 동기강화상담은 기법적 개입의 집합이라기보다는 '동기강화상담 정신'으로 알려진 치료의 관계적 맥락을 강조한다. 동기강화상담 정신이 집단상담에 적용될 때 집단상담사는 참여자들과 협력적 동료 관계를 형성하고, 참여자들의 아이디어와 자원을 이끌어 내고, 모든 선택이 상담사가 아닌 참여자들에게 달려 있음을 알아차림으로써 참여자들의 자율성을 보존한다.

동기강화상담과 해결중심 단기치료는 내담자들의 내적 참조틀, 현재의 관심사, 그리고 가치관과 행동 사이의 불일치를 강조한다.

Rollnick과 동료들(2008)은 동기강화상담을 '세련된 형태의 안내(guide)'라고 명명하였다. 동기강화상담은 내담자 자신의 변화와 상담에 헌신하고자 하는 동기에 의해 활성화된다.

Miller와 Rollnick(2013)은 "동기강화상담은 대화를 재배치하는 것이고, 이를 통해 사람들이 자신의 가치와 흥미에 근거하여 스스로의 변화를 이야기하도록 한다."(p. 4)고 하였다. 집단상담사는 자신의 생각을 참여자들에게 강요하지 않고, 참여자들이 자신의 변화에 대한 최고의 옹호자이자 대리인이 될 수 있도록 돕는다. 동기강화상담은 내담자가 자신의 동기와 변화에 대한 헌신을 강화하는 협력적인 대화방식이다(Miller & Rollnick, 2013, p. 29).

Wagner와 Ingersoll(2013)에 의하면, 동기강화상담은 내담자의 변화를 위한 에너지를 높이고, 내켜하지 않는 마음을 줄이며, 변화를 막는 자연적인 방어를 줄여주기 때문에 치료적으로 가치가 있다.

변화에 대한 준비는 자신이 있는 곳과 있고 싶은 곳의 괴리를 인식하고 수용할 때 시작된다. 동기강화상담은 내담자가 자신이 선호하는 방향으로 변화하도록 돕는다. 외부 영향에 의해서 압력을 받거나 억지로 끌려가는 변화가 아니다. 동기강화상담은 내담자가 변화되도록이 아니라 변화하도록 돕는다(p. 31).

동기강화상담의 원리와 임상적 전략

Miller와 Rollnick(2013)은 동기강화상담의 기본 원리를 규정하였고, 이를 집단상담에 맞추어 정리하면 다음과 같다.

1. 집단상담사는 판단과 비난 없이 세상을 내담자의 관점에서 경험하려고 노력한다. 동기강화상담은 반영적 경청(reflective listening)을 강조하는데, 이는 집단상담사가 참여자들의 주관적 세계를 더 잘 이해할 수 있는 방법이다. 내담자의 주관적 세계에 대한 이해를 강조하는 것은 동기강화상담뿐만 아니라, 관계 지향적인 모든 치료기법들이 공유하는 주요 개념이다.
2. 동기강화상담을 사용하는 집단상담사는 변화 동기를 증가시키기 위해서 참여자들의 행동과 가치관의 차이를 반영한다. 동기강화상담은 양가감정을 부각시키고 탐색하

기 위해 고안되었다. 상담사는 특히 변화와 관련없는 논의보다는 변화에 관한 논의에 관심을 기울인다. 상담사는 참여자들의 변화에 관한 그리고 변화와 관련없는 논의를 모두 경청한 뒤, 참여자들이 변화에 대해 이야기하도록 돕는다. 상담사는 변화 대화(change talk)를 이끌어 내고 강화하기 위해 다양한 전략을 적용한다. 동기강화상담은 지시적이며 목적지향적이기 때문에, 이 접근을 취하는 집단상담사는 참여자들에게 변화를 직접적으로 요구하지 않으면서도 변화를 지향하는 대화를 이끌어 낸다. 동기강화상담을 사용하는 집단상담사는 참여자들이 변화할 것인지, 그리고 만약 그렇다면 어떤 종류의 변화가 언제 일어나게 할 것인지를 결심하도록 격려한다.

3. 동기강화상담을 사용하는 상담사는 필요한 행동을 하기 위해 자신의 자원을 사용하고 변화하는 데 성공하도록 참여자들을 격려함으로써 참여자의 자기효능감을 지지한다. 동기강화상담을 사용하는 상담사는 변화에 대한 내담자의 의지를 향상시키기 위해 노력하고, 변화에 대한 내담자의 생각에 관심을 기울인다. 이 접근은 내담자의 스스로 결정할 수 있는 역량을 강조한다.
4. 동기강화상담은 저항을 구성적으로 다른 개념으로 보는데, 저항을 상담관계에서의 부조화로 재명명하였다(Miller et al., 2006). 내담자와 상담사가 목표에 동의하지 않을 때 저항은 일어난다. 변화를 주저하는 것과 양가감정은 정상적이며 치료과정의 한 부분으로 간주된다. 양가감정은 내적인 투쟁을 포함하고, 대인관계적이다. 저항은 사람들 사이에서 일어나고(집단참여자들 사이에서도), 본질적으로 대인관계적이다. 동기강화상담을 활용하는 상담의 초기에 참여자들이 변화에 대해 양가감정을 보이는 것은 일반적인 현상이며, 집단상담사는 참여자들의 시각에서 양가감정을 이해하려고 노력하고 양가감정의 두 측면을 집단상담 회기에서 충분히 탐색한다. 집단상담사는 참여자들이 양가감정을 탐색하고, 내적 동기를 수립하도록 격려한다.
5. 내담자가 변화할 준비가 되었음을 나타내는 신호를 보일 때, 즉 변화에 대한 저항은 감소하고 변화에 대한 언급이 증가할 때, 동기강화상담은 중요한 국면을 맞게 된다. 이 단계에서 내담자는 변화하려는 열망과 역량을 표현하고, 변화와 관련된 질문에 관심을 보이며, 회기와 회기 사이에 가능한 변화 행동을 실험하고, 열망하는 변화가 일어난 후의 삶을 상상한다. 상담사는 변화에 대한 내담자의 헌신을 강화하고 변화 계획을 실행하는 것을 돕는 데 초점을 맞춘다.
6. Marshall과 Nielsen(2020)은 계획 과정은 변화의 특성에 따라 다르지만, 일반적으로 좋은 계획은 다음과 같은 특징을 가진다고 하였다.

(1) 계획은 구체적이고, 보상적이며, 관찰 가능하고, 측정 가능하다.
(2) 목표가 명료하고, 구체적이고, 달성 가능하다.
(3) 내담자는 변화를 가져오는 계획을 세우는 데 책임을 진다.
(4) 변화를 돕기 위해서 구체적인 단계가 명료화된다.
(5) 중요한 타인들로부터의 지지는 가치가 있다.
(6) 이것은 내담자의 계획이어야 한다.
(7) 내담자는 계획을 실행하는 데 헌신해야 한다.

Marshall과 Nielsen은 동기강화상담의 주요한 측면은 이 접근은 양가감정을 경험하는 개인과 효율적으로 의사소통하는 방법이라고 제안한다. 동기강화상담의 목표는 변화가 노력할 가치가 있다는 것을 결정함으로써 양가감정을 해결하는 것이다. 개인이 변화를 원한다고 결정을 하고 나면, 계획은 변화를 실행하려고 할 때 가이드하는 지도를 제공한다.

인간중심상담과 동기강화상담은 정확한 공감과 무조건적인 긍정적 존중을 전달함으로써 성장과 변화의 조건을 제공한다. 동기강화상담에서 치료적 관계는 상담사가 취하는 특정한 이론적 모델이나 성공적 결과를 성취하는 데 중요하다(Miller & Rollnick, 2013).

동기강화상담의 태도와 기술은 인간중심상담의 철학에 근거하고 있다. 동기강화의 기술로는 개방형 질문, 반영적 경청, 내담자에 대한 확신과 지지, 각 회기가 끝나는 시점에 요약하고 연결하기, 변화의 이야기를 이끌어 내고 강화하기 등이 있다. 내담자가 변화하기를 원하거나 필요하다는 표시를 보이기만 하면, 상담사는 내담자가 원하는 변화를 가능하게 하는 단계를 밟도록 돕는다(Arkowitz & Miller, 2008). 동기강화상담에서 집단상담사는 변화에 대한 안내자 혹은 자문가 역할을 수행하며, 참여자들이 세운 변화 계획을 격려한다.

변화 단계

변화 단계 모델은 상담 과정이 변별할 수 있는 5개의 단계가 있다고 가정한다(Krebs et al., 2019). 전인식단계에서는 가까운 미래에는 행동패턴을 변화하려는 의도가 전혀 없다. 예를 들면, 집단상담 수강명령을 받은 사람은 집단에 출석하도록 강요받았다고 느끼고, 자신이 문제 혹은 어려움을 가지고 있다는 것을 시인하는 데 저항할 가능성이 높다. 인식 단계에서는 내담자가 문제를 인식하고, 문제의 극복 혹은 해결에 대해 고민하지만, 실제로 변화를 가져올 행동을 시작하지는 못한다. 이 단계에서는 사람들은 지금 상태를 유지할 것인지, 행동 변화를 위해서 시간과 에너지를 투자할 것인지 사이에서 갈등한다. 준비 단계에서, 개인은 가까운 미래에 행동을 실행하려는 의도를 가지고 있는, 작은 행동 변화를 보고한다. 행동 단계에서는 문제를 해결하기 위해 행동을 수정하는 단계들을 밟아간다. 행동은 외현적인 행동적 변화를 포함하고, 헌신을 요구한다. 유지 단계에서는 내담자가 변화를 통해 얻은 것을 견고히 하고, 재발을 예방한다.

이 다섯 단계를 내담자가 수월하게 순차적으로 통과하는 것은 아니다. 만약 변화가 초기에 성공적이지 않으면 내담자는 앞 단계로 돌아간다(Prochaska & Norcross, 2018). 동기강화상담을 사용하는 상담사는 내담자가 경험하고 있는 변화 단계에 적절한 구체적 개입을 하려고 노력하여야 한다. 또한 변화 단계에 적절한 개입을 적용해야 하는 것과 마찬가지로 변화 단계에 적절한 관계 맺기도 필요하다. 만약 상담 과정과 내담자의 단계가 일치하지 않으면 상위 단계로의 진전은 이루어지지 않으며 저항적인 행동이 나타나기 쉽다. 동기강화상담은 현재와 미래의 상황에 초점을 맞추고, 내담자가 목표를 달성하는 방법을 찾도록 임파워링한다.

해결중심 단기치료와 동기강화상담의 공통개념

동기강화상담과 해결중심치료는 공통점이 많으며, 지난 20년간 이 두 접근은 더 많은 인정을 받고 갈수록 더 큰 호응을 얻었다(Lewis & Osborn, 2004). 두 접근의 통합은 상담 실제를 향상시킬 수 있으며, 이러한 통합이 어떤 이론적 배경을 가진 집단상담사에게도 시사하는 점이 있다고 생각한다. 두 접근의 공통점은 다음과 같다.

병리화를 지양하고 건강증진을 강조함

해결중심 단기치료와 동기강화상담은 문제에 초점을 맞추는 의학적 모델에 대한 반작용으로 나타났다. 내담자에게 병리적 진단명을 붙이는 것이 인간적이지 않기 때문에 두 접근 모두 진단명을 중요하게 생각하지 않는다. 해결중심 단기치료와 동기강화상담을 사용하는 상담사는 내담자의 역량, 감정, 자원, 유능성을 신뢰한다. 두 접근은 내담자가 건강하게 되기를 스스로 원하며 긍정적인 변화를 바란다고 가정한다. 집단상담사는 참여자들의 문제보다는 그들에게 효과적이고 성공적인 것이 무엇인지를 탐색하는 데 관심을 기울인다.

시각의 다양화

동기강화상담과 해결중심 단기치료는 다수의 사회적 실재가 존재한다고 주장한 사회적 구성주의, 포스트 모더니즘을 반영한다(Lewis & Osborn, 2004). 동기강화상담은 상담사가 내담자의 관점에서 그들의 삶을 검토하고 목표를 정하려 한다는 점에서 현상학적인 접근이다. 동기강화상담은 내담자가 상담사의 조언을 받아들이라는 설득을 받지 않고, 대안적 개입이나 선택의 목록들을 생각해 보라는 초대를 받는다.

저항을 재해석하기

저항은 일반적으로 내담자 안에 있는 현상으로 인식되었고, 전통적인 치료에서는 내담자가 변화에 저항하면 '멈춘' 상태라고 가정한다. 치료가 진행되지 않으면, 내담자는 '동기화되지 않았다'고 평가되면서 비난을 받았다. 동기강화상담과 해결중심 단기치료는 내담자에게 '저항적인 사람'이라는 꼬리표를 붙이면 내담자의 행동을 이해할 수 없으며 내담자와 협력적인 관계를 맺을 수 없다고 본다. 동기강화상담은 상담사로 하여금 내담자의 상호작용 방식을 성찰하도록 격려한다. 이러한 성찰을 통해 상담사는 내담자의 저항과 비순응적 행동에 자신이 어떤 영향을 미쳤는지를 이해하게 된다. 상담을 받으러 오는 사람은 변화에 대해 양가감정을 가지고 있으며 치료 과정 중에 동기는 밀물처럼 커졌다 썰물처럼 사라지기도 한다. 상담은 개인의 가치와 목표를 탐색하는 것이다. 우리가 개인이 무엇을 중요하게 여기는지를 이해할 수 있을 때, 우리는 그 사람을 동기화시킬 수 있는 열쇠를 가진 것이다. 동기강화상담의 주요 목표는 변화하려는 내적 동기를 높이는 것이며, 변화하려는 내적 동기는 개인의 목표나 가치관에 근거한다(Miller & Rollnick, 2013). 이와 마찬가지로, 해결중심 단기치료를 사용하는 상담사는 내담자가 목표와 성공을 위한 전략을 선택하는 데 참여하도록 한다. 동기강화상담과 해결중심 단기치료를 사용하는 집단상담사는 저항을 존중하고 치료적으로 다룬다.

협력의 중요성

동기강화상담은 초기에는 중독 내담자들을 돕기 위해 많이 사용하는 직면적 스타일을 지양하는 기법으로 고안되었다(Miller & Rollnick, 2013). 동기강화상담은 행동 문제에 대한 대안적 해결책을 생성하기 위해서 내담자의 자기 책임감을 강조하고 내담자와 협력적으로 작업하는 방식을 선호한다. 동기강화상담을 사용하는 상담사는 내담자와의 논쟁과 저항을 피하고 공감을 표현하며 반영적으로 경청한다. 해결중심 단기치료에서도 상담사는 내담자와 협력적으로 작업하며, 내담자는 상담사로부터 지지를 받는다. 이러한 특성은 결과적으로 미래의 가능성과 새로운 방향에 대한 열린 태도를 촉진한다. 동기강화상담과 해결중심 단기치료를 사용하는 상담사는 내담자를 맞서 싸워야 할 적이 아니라, 현재와 미래의 성공에 중요한 역할을 할 동료로 본다.

내담자의 강점과 자원을 사용하기

동기강화상담과 해결중심 단기치료는 인간이 긍정적인 변화를 이끌어 내는 데 필요한 강점과 자원을 가지고 있다고 전제한다. 두 접근은 변화에 대한 책임이 상담사가 아닌 내담자에게 있음을 강조한다. 인간은 변화하려는 내적 동기를 생성하는 역량을 가지고 있으며, 상담사와 내담자는 변화가 가능하다는 희망과 낙관적 태도를 공유한다. 내담자가 자신에게 변화와 치유의 능력이 있음을 믿게 되면, 무궁무진한 가능성이 열린다. 그리고 이러한 희망은 목표 달성에 대한 동기를 고취한다.

시간에 대한 민감성

해결중심 단기치료와 동기강화상담은 특히 시간을 중시하는 상담 접근으로서, 중독 상담을 위한 단기 개입 및 그 밖의 단기치료에 활용된다는 공통점을 갖고 있다. 동기강화상담은 처음부터 성과를 산출하기 위한 단기개입 방법으로서 고안되었다. 해결중심 단기치료는 단기적이지만 현재와 미래를 지향한다. 해결중심 단기치료와 동기강화상담을 사용하는 상담사는 자신과 내담자를 다그치지 않으면서 시간을 효율적으로 사용한다(Lewis & Osborn, 2004).

변화를 가져오는 전략

해결중심 단기치료와 동기강화상담은 모두 내담자가 변화하는 것을 돕는 것을 목적으로 한다. 두 접근에서 자주 사용하는 개입들은 다음과 같다. 반영적으로 경청하기, 공감을 표현하기, 회기의 주요 측면을 밝혀주는 요약하기, 개방적으로 질문하기, 진전을 측정하는 척도 질문하기, 내담자의 목표와 가치 탐색하기, 그리고 내담자가 원하는 미래를 기대하도록 요청하기이다.

통합적 접근으로서의 동기강화상담

동기강화상담은 CBT나 그 밖의 이론적 접근에 통합될 수 있다(Arkowitz et al., 2008). Constantino와 동료들은 내담자의 희망, 두려움, 욕망, 그리고 상담사에 대한 양가감정을 다룰 수 있는 동기강화상담의 특성이 통합적 접근으로서의 주요 강점이라고 평가하였다. Westra와 Arkowitz(2011)는 CBT의 시작 지점에 동기강화상담을 사용할 수 있으며, 더 좋은 상담 결과를 가져올 것이라고 주장하였다. 동기강화상담은 내담자가 치료적 과정에 헌신하도록 도울 수 있고, 결과적으로 내담자가 상담에 더 몰입하게 되고, 따라서 인지행동과 다른 행동 경향적인 치료를 완결하게 한다.

동기강화상담의 원리 중 상당수는 CBT의 여러 기법에도 적용된다. 동기강화상담의 목적적이고 지시적인 접근은 내담자의 행동을 조성한다. CBT 집단상담사 역시 구조화된 접근을 사용하고, 참여자들의 행동 변화를 돕기 위한 과업을 수행한다. 양가감정을 탐색하고 내담자의 내적 동기를 높이는 동기강화상담의 기법을 사용한다면, 인지행동 집단의 기능을 향상할 수 있다. 동기강화상담은 공식적인 상담의 준비과정으로 활용되기도 하는데, 예를 들어 내담자가 CBT 집단상담을 준비하는 데 도움이 된다(Westra & Arkowitz, 2011).

동기강화상담과 현실치료를 통합할 가능성은 높다. 현실치료는 참여자가 현재 자신의 행동을 평가하는 것의 중요성을 강조한다. 참여자들은 자신이 지금 하고 있는 일이 자신에게 도움이 되는지, 그리고 자신의 욕구를 어느 정도 충족하는지를 평가한다. 현실치료 집단의 참여자가 자신의 행동을 바꾸겠다고 결정했다면, 이는 곧 행동계획을 수립할 준비가 되었다는 뜻이다. 현실치료와 동기강화상담은 어떻게 변화계획을 수립하고 실행할 수 있는지에 대한 개념을 공유한다.

집단에 대한 해결중심 단기치료와 동기강화상담의 평가

해결중심 단기치료의 기여와 강점

나는 특히 해결중심 단기치료의 긍정적 특성을 높이 평가한다. 이 접근은 사람이 기본적으로 유능하며 자신의 자원을 활용하여 더 나은 해결책을 창조하고 삶을 가치 있게 만들 수 있다고 전제한다. 이 접근은 개인이 가진 한계보다는 가능성을 강조한다. 해결중심상담사와 연구자들은 내담자가 단기간에 보다 만족스러운 삶으로 이끄는 의미 있는 변화를 만들 수 있다는 것을 발견하였다(De Jong & Berg, 2013; de Shazer & Dolan, 2007; Guterman, 2013; Metcalf, 1998; Murphy, 2015; O'Hanlon & Weiner-Davis, 2003; Sklare, 2005; Walter & Peller, 1992, 2000).

나는 해결중심상담사들의 특징, 즉 병리화를 지양하는 태도는 상담 분야에 크게 기여하고 있다고 생각한다. 집단상담사는 참여자들이 그동안 간과되어 온 자신의 어떤 측면을 새롭게 자각하도록 돕는다. 내담자가 문제가 있을 때 무엇을 하는가 대신에 문제가 없었을 때 무엇을 하는지를 강조함으로써, 상담사는 참여자들이 자신의 역량을 충분히 알아차리고 활동할 수 있는 방향으로 안내한다(Hoyt, 2011).

상담사의 이론적 경향성이 어떤 것이든지, 단기치료는 다양한 어려움에 효과적인 것으로 여겨진다. De Jong과 Berg(2013)에 의하면, 해결중심상담은 가장 많이 연구된 증거기반의 접근이다. 해결중심 단기치료의 성공적인 결과를 제공하는 연구결과들이 보고되고 있다(Franklin et al., 2012; Gingerich & Peterson, 2013). Gingerich와 Peterson(2013)은 통제집단과 해결중심 단기치료를 실시한 실험집단을 비교한 연구들에서 74%의 연구들은 통계적으로 유의미하게 실험집단의 결과가 긍정적이었고, 23%의 연구들은 긍정적인 결과를 보고하였다. 43개의 연구결과들을 종합해 보면, 해결중심 단기치료는 여러 영역에서 내담자에게 긍정적인 도움을 주는 것으로 결론내릴 수 있다(p. 279).

해결중심 단기치료는 사설 의료보험 환경(managed care environment)에서는 정신건강 상담사들에게 널리 수용되고 있다. 왜냐하면 이 접근은 강점과 해결에 초점을 맞추며, 단기적 접근이기 때문이다(Gingerich & Peterson, 2013). 매 회기가 중요하고, 회기 이후에 일어나는 변화를 내담자가 이해하는 것이 중요하다는 관점은 이 접근의 강점이다. “가장 기본적인 진실은 대부분의 심리치료는 단기치료이며, 점점 더 그렇게 될 것이다. 내담자와 전문가 집단을 위해서, 이 접근으로 상담하는 방법을 잘 배울 필요가 있다”(Hoyt, 2011, p. 419). Gingerich와 Peterson(2013)은 내담자는 해결중심 단기치료의 실용적이고, 시간 효율적이고, 강점 기반적 특징을 선호한다고 보고하였다.

해결중심 집단상담의 큰 강점은 이 접근의 중심요소인 질문을 사용하는 것이다. 문제가 적게 일어났을 때나 덜 심각했을 때의 집단참여자의 태도, 생각, 감정, 행동, 그리고 인식을 개방 질문으로 탐색하는 것은 주요 기법 중의 하나이다. 능숙한 집단상담사는 내담자를 취조하듯이 질문하는 것이 아니라, 집단참여자가 향상하도록 존중적 경청과 질문을 적절히 결합한다. 특히 집단참여자들이 미래에 어떻게 잠정적 문제들을 해결할 수 있는지를 생각하도록 격려하는 미래 지향적 질문은 유용하다. 이 접근은 우리가 미래를 창조하고 조절할 수 있다고 가정한다. 미래는 희망적이며, 사람은 자신의 운명을 설계한다(de Shazer & Dolan, 2007). 해결중심 집단상담사의 역할은 참여자가 미래라는 구조물을 건축할 때 조경(landscape)을 맡아 돕는 것이다.

동기강화상담의 기여와 강점

동기강화상담의 강점은 이 이론에 근거한 연구가 많이 수행된 것이다. 연구들은 동기강화상담이 넓은 범주의 임상적인 문제들을 치료하는 데 효과적이라는 결과를 제공하였다. Miller와 Rose(2009)는 동기강화상담을 증거-기반의, 상대적으로 단기적인, 구별되는, 여러 다양한 문제에 적용할 수 있는, 다른 적극적 치료를 대신할 수 있는, 넓은 범위의 정신건강 전문가들에게 유용한 심리치료적 방법이라고 설명하였다. Cormier와 동료들(2017)은 동기강화상담은 방대하고 인상적인, 그리고 잘 설계된 연구결과를 가지고 있다고 보고하였다. 동기강화상담 개관 문헌은 행동적 영역에서 넓게 적용 가능한 상담 스타일이며, 동기강화상담 그리고 다른 치료적 방법과 함께 사용된 동기강화상담은 내담자의 긍정적 결과를 가져왔다. 동기강화상담은 내담자가 심리치료 과정에 헌신하도록 돕는 데 중요한 요인이 될 수 있다. 그래서 내담자의 인지행동치료와 다른 행동지향적 상담에 참여 지속을 높인다. 동기강화상담은 이론적 그리고 연구적 헌신 때문에 상담실무자들에게 인정과 인기를 얻어가고 있다.

동기강화상담은 조직에서의 변화에도 적용될 수 있다. 『정신건강 분야의 지도자들을 위한 동기강화상담(Motivational Interviewing for Leaders in the Helping Profession)』이라는 책에서 Marshall과 Nielsen(2020)은 개인과 조직에 접근하여 동기강화상담의 정신을 표현할 때 상담사의 태도와 가치에 대해서 강조하였다. 동기강화상담은 인간중심상담에 근거를 두고 있으며, 동기강화상담 과정의 4단계를 구성하는 기술들에 상담사는 숙련되어 있어야 한다. 4단계는 관련 맺기, 초점 맞추기, 촉발하기(evoking), 계획하기이다. 이 과정은 개인과 조직이 변화를 성공적으로 만드는 것을 돕는다.

해결중심 단기치료의 제한점

경험이 적고 훈련받지 않은 집단상담사는 해결중심 단기치료의 기법을 맹신하며 기법 자체를 찬양하고 목적으로 여기기도 한다. Murphy(2015)는 효과적인 해결중심 단기치료가 반드시 따라야 할 공식이나 레시피는 아니라고 하였다. 효과적인 집단 작업은 단순히 이런 개입들을 활용하는 것만은 아니다. 대신에 집단 작업은 문제 중심의 시각을 가진 집단을 모든 참여자가 자신들의 문제를 해결할 수 있는 역량을 가지고 있다는 믿음으로 옮겨가도록 돕는 집단상담사가 만들어 내는 분위기이다.

해결중심 집단상담을 효과적으로 수행하기 위해서 집단상담사는 집단과 임상 기술을 가지고 있어야 하며, 그 기술들을 시기에 적절하게 사용할 수 있어야 한다. 집단상담사는 비교적 짧은 기간 동안 구체적 목표 설정의 중요성을 설명해야 하고, 그런 다음 참여자들이 목표를 달성하도록 돕기 위해 적절한 기법을 효과적으로 적용해야 한다. 상담사의 태도와 성찰적이고 진정으로 존중하는 흥미를 포함하는 질문을 사용하는 역량은 집단의 과정과 결과에 중요하다. 그리고 어떤 상담사들은 집단참여자들과 이런 수준의 협력관계를 맺기 어려울 수 있다.

해결중심상담사는 이제 몇 개의 기술에 지나치게 의존하는 경우의 문제점을 인식하고, 치료적 관계와 해결중심상담의 철학을 보다 강조한다(Lipchik, 2002; Murphy, 2015; Nichols & Davis, 2017, 2020). 오늘날의 해결중심상담사는 가능성에 주목하면서 긍정적으로 사고하고, 상담 과정에서 존중과 호기심이 담긴 질문을 던지도록 격려받는다. 이러한 경향은 해결중심 방법을 집단에 적용하려는 집단상담사에게 많은 것을 시사한다.

해결중심치료의 주요 창시자들은 이 이론을 혁명적이고 새로운 것으로 표현하지만, Adler의 접근과 해결중심 단기치료는 놀라울 만큼 유사하다(Carlson et al., 2006). 많은 해결중심 저자들은 전통적 이론들이 병리, 결함, 과거 탐색을 강조하고 내담자의 역량과 자원을 무시한다고 비판하였다. 하지만 Adler 학파에 속한 연구자들은 오래전부터 의학적 모델에 반대하고, 단기치료를 높게 평가하며, 내담자의 문제를 치료하기보다는 성장에 관해 더 많이 이야기하고, 과거보다 현재와 미래에 관심을 더 기울이고, 격려 과정을 치료의 중심에 두었다. Walts와 Pietrzak(2000)은 특히 이 격려 과정에 초점을 맞추어 해결중심 단기치료와 Adler 상담 사이의 유사성에 대해 논의하였다. 하지만 해결중심 단기치료 연구자와 상담사들의 Adler 학파가 해결중심 단기치료에 끼친 영향을 인정하지 않았다.

해결중심 단기치료는 집단상담사에게 많은 것을 제공한다. 해결중심 단기치료의 기본적인 개념과 기법 중 상당수는 동기강화상담과 이 책에 소개된 다른 이론적 접근과 통합될 수 있다. 이 모델은 집단상담사의 이론적 배경이 무엇이든 간에 집단상담사에게 개념적 틀을 제공하는데, 이 개념적 틀은 집단상담사로 하여금 자신이 수행하는 개입의 근간이 되는 기본 가정을 비판적으로 검토하게 한다.

동기강화상담의 제한점

Miller와 Rollnick(2009)은 동기강화상담이 만병통치약이 아니며, 상담에 대한 종합적인 접근으로 고안된 것이 아니라는 것을 분명히 하였다. 이 접근은 특정 문제에 대한 주저함이나 양가감정을 다루기 위한 방법이다. Miller와 Rollnick은 "변화할 준비가 되어 있는 사람에게는 동기강화상담이 필요하지 않다. 동기강화상담은 행동중심치료에 비해서 변화속도를 늦춘다는 연구결과도 있다."라고 주장하였다(p. 136). 동기강화상담은 내담자가 상담에 가지고 오는 문제를 다루도록 고안된 것은 아니며, 또한 내담자의 실존적 선택의 탐색을 돕기 위한 것은 아니다.

동기강화상담을 사용하는 숙련된 상담사를 관찰하면, 동기강화상담 기법은 배우기 쉬운 것처럼 보인다. 하지만 "동기강화상담은 복합적인 기술을 통합한 것으로, 내담자가 말하는 내용 속에서 순간순간 바뀌는 변화에 유연하게 반응하는 것이다"(Miller & Rollnick, 2009, p. 135). 동기강화상담은 책을 읽거나 워크숍에 참여한다고 쉽게 익힐 수 있는 기술은 아니다. 내담자의 상담 결과에 영향을 미칠 수 있는 기법적 기술과 대인관계적이고 치료적 기술을 의도적으로 사용하고 피드백을 받는 것이 필요하다(Miller & Moyers, 2021). 내담자가 자신이 원하는 방향으로 움직이도록 돕는 기술을 습득하고 정교하게 하는 데는 의도적인 수행(deliberate practice)이 필요하다. Miller와 Moyers는 의도적인 수행(deliberate practice)은 반복과 연속적인 수정(refinement)을 통해 상담사의 역량을 향상시키기 위해 고안된 행동에 의도적으로 참여하는 것이라고 설명하였다.

Miller와 Moyers(2021)는 상담사의 교육을 담당하는 사람이 내담자가 자신의 삶에서 변화를 만드는 방향으로 움직이도록 초래하는 데 중요한 대인관계 기술을 가르치고 시연해 주는 것이 중요하다고 하였다. 동기강화상담은 개인의 변화를 위한 동기를 불러일으키도록 고안된 특정 의사소통 원칙과 기술을 훈련받고 사용하는 것을 포함한다. 이 접근은 내담자가 변화 대화에 참여하도록, 그리고 변화하는 데 헌신하도록 안내하는 상담사의 기술을 중요시한다. Miller와 Moyers는 긍정기반 치료과정과 치료적 관계는 성공적인 치료결과와 관련된다고 언급하였다.

자기성찰과 토론을 위한 질문

1. 해결중심 단기치료는 문제를 탐색하기보다는 해결에 초점을 맞춘다. 집단참여자는 자신의 삶의 전문가이며, 변화를 위한 자원을 가지고 있는 것으로 여겨진다. 집단상담사로서 해결에 대한 현재와 미래의 초점을 어떻게 사용할 수 있는가?

2. 해결중심 단기치료 집단상담사는 종종 기적질문을 사용한다. 기적질문을 어떻게 적용할 것인가? 이러한 종류의 질문을 사용하는 데 어떤 잠정적인 장애물이 있는가?

3. 해결중심 단기치료의 주요 개념을 당신의 삶에 어떤 식으로 적용할 수 있는가? 집단상담사로서 어떤 한두 개의 개념 혹은 기술을 집단 작업에 적용할 수 있는가?

4. 동기강화상담에서 양가감정은 판단되기보다는 탐색되고, 변화에 대한 주춤거림은 치료 과정에서 예상되는 것으로 여겨진다. 당신이 바꾸고 싶지만 주저하게 되는 특정 행동에 대해 생각해 보라. 당신의 갈등 감정과 변화에 대한 두려움을 해결하기 위해 무엇이 가장 도움이 될 것인가? 당신에게 효과적인 것을 집단상담사 역할에 어떻게 적용할 수 있는가?

5. 해결중심 단기치료와 동기강화상담의 공통요인은 무엇인가? 이 접근들은 그동안 공부했던 다른 이론적 접근들과 어떻게 다른가? 점점 커지는 긍정적인 치료 효과를 만드는 데 해결중심 단기치료와 동기강화상담은 어떻게 기여하였는가? 그리고 이 두 접근의 제한점은 무엇인가?

참고문헌 및 권장 도서 (별표(*)가 표시된 문헌들은 추가 연구를 위한 제안 자료임)

Anderson, H., & Goolishian, H. (1992). The client is the expert: A not-knowing approach to therapy. In S. McNamee & K. J. Gergen (Eds.), *Therapy as social construction* (pp. 25-39). Sage.

*Arkowitz, H., & Miller, W. R. (2008). Learning, applying, and extending motivational interviewing. In H. Arkowitiz, H. A. Westra, W. R. Miller, & S. Rollnick (Eds.), *Motivational interviewing in the treatment of psychological disorders* (pp. 1-25). Guilford Press.

Arkowitz, H., & Westra, H. A. (2009). Introduction to the special series on motivational interviewing and psychotherapy. *Journal of Clinical Psychology, 65*(11), 1149-1155.

*Arkowitz, H., Westra, H. A., Miller, W. R., & Rollnick, S. (Eds.). (2008). *Motivational interviewing in the treatment of psychological problems*. Guilford Press.

Bateson, G. (1972). *Steps to an ecology of mind*. Ballantine.

Berg, I. K. (1994). *Family-based services: A solution-focused approach*. Norton.

Berg. I. K., & Miller, S. D. (1992). *Working with the problem drinker: A solution-focused approach*. Norton.

*Bertolino, B. (2010). *Strengths-based engagement and practice: Creating effective helping relationships*. Pearson Education.

*Bertolino, B., & O'Hanlon, B. (2002). *Collaborative, competency-based counseling and therapy*. Allyn & Bacon.

*Bitter, J. R. (2021). *Theory and practice of couples and family counseling* (3rd ed.). American Counseling Association.

*Carlson, J., Watts, R. E., & Maniacci, M. (2006). *Adlerian therapy: Theory and practice*. American Psychological Association.

Charlesworth, J. R., & Jackson, M. (2004). Solution-focused brief counseling: An approach for professional school counselors. In B. T. Erford (Ed.), *Professional school counseling: A handbook of theories, programs & practices* (pp. 139-148). CAPS Press.

Constantino, M. J., DeGeorge, J., Dadlani, M. B., & Overtree, C. E. (2009). Motivational interviewing: A bellwether for context-responsive psychotherapy integration. *Journal of Clinical Psychology, 65*(11), 1246-1253.

*Cormier, S., Nurius, P. S., & Osborn, C. J. (2017). *Interviewing and change strategies for helpers* (8th ed.). Cengage Learning.

*Davis, T. E., & Osborn, C. J. (2000). *The solution-focused school counselor: Shaping professional practice.* Taylor & Francis.

*De Jong, P., & Berg, I. K. (2013). *Interviewing for solutions* (4th ed.). Cengage Learning.

*de Shazer, S. (1985). *Keys to solutions in brief therapy.* Norton.

*de Shazer, S. (1988). *Clues: Investigating solutions in brief therapy.* Norton.

*de Shazer, S. (1991). *Putting difference to work.* Norton.

*de Shazer, S. (1994). *Words were originally magic.* Norton.

*de Shazer, S., & Dolan, Y. (with Korman, H., Mccollum, E., Trepper, T., & Berg, I. K.). (2007). *More than miracles: The state of the art of solution-focused brief therapy.* Haworth.

Franklin, C., Trepper, T. S., Gingerich, W. J., & McCollum, E. E. (Eds.). (2012). *Solution-focused brief therapy: Research, practice, and training.* Oxford University Press.

*Gingerich, W. J., & Peterson, L. T. (2013). Effectiveness of solution-focused brief therapy: A systematic qualitative review of controlled outcome studies. *Research on Social Work Practice, 23*(3), 266-283.

Gingerich, W. J., & Wabeke, T. (2001). A solution-focused approach to mental health intervention in school settings. *Children & Schools, 23*, 33-41.

*Guterman, J. T. (2013). *Mastering the art of solution-focused counseling* (2nd ed.). American Counseling Association.

Hoyt, M. F. (2011). Brief psychotherapies. In S. B. Messer & A. S. Gurman (Eds.), *Essential psychotherapies: Theory and practice* (3rd ed., pp. 387-425). Guilford Press.

*Krebs, P. M., Norcross, J. C., Nicholson, J. M., & Prochaska, J. O. (2019). Stages of change. In J. C. Norcross & B. E. Wampold (Eds.), *Psychotherapy relationships that work: Evidence-based responsiveness* (3rd ed., Vol. 2, pp. 296-328). Oxford University Press.

LaChance, H., Ewing, S. W. F., Bryan, A. D., & Hutchison, K. E. (2009). What makes group MET work: A randomized controlled trial of college student drinkers in mandated alcohol diversion. *Psychology of Addictive Behaviors, 23*, 598-612.

*Lewis, T. F., & Osborn, C. J. (2004). Solution-focused counseling and motivational interviewing: A consideration of confluence. *Journal of Counseling and Development, 82*(1), 38-48.

*Lipchik, E. (2002). *Beyond technique in solution-focused therapy: Working with emotions and the therapeutic relationship.* Guilford Press.

*Marshall, C., & Nielsen, A. S. (2020). *Motivational interviewing for leaders in the helping professions.* Guilford Press.

*Metcalf, L. (1998). *Solution-focused group therapy: Ideas for groups in private practice, schools, agencies, and treatment programs.* Free Press.

Meyer, D. D., & Cottone, R. R. (2013). Solution-focused therapy as a culturally acknowledging approach with American Indians. *Journal of Multicultural Counseling and Development, 41*(1), 47-55.

Miller, W. R. (1983). Motivational interviewing with problem drinkers. *Behavioural Psychotherapy, 11*, 147-172.

*Miller, W. R., & Moyers, T. B. (2021). *Effective psychotherapists: Clinical skills that improve client outcomes.* Guilford Press.

Miller, W. R., Moyers, T. B., Amrhein, P., & Rollnick, S. (2006). A consensus statement on defining change talk. *MINT Bulletin, 13*(2), 6-7. http://www.motivationalinterviewing.org/sites/default/files/MINT13.2.pdf

Miller, W. R., & Rollnick, S. (2009). Ten things that motivational interviewing is not. *Behavioural and Cognitive Psychotherapy, 37*, 129-140.

*Miller, W. R., & Rollnick, S. (2013). *Motivational interviewing: Helping people change* (3rd ed.). Guilford Press.

Miller, W. R., & Rose, G. S. (2009). Toward a theory of motivational interviewing. *American Psychologist, 64*(6), 527-537.

*Murphy, J. J. (2013). *Conducting student-driven interviews: Practical strategies for increasing student involvement and addressing behavior problems.* Routledge.

*Murphy, J. J. (2015). *Solution-focused counseling in schools* (3rd ed.). American Counseling Association.

*Nichols, M. P., & Davis, S. (2017). *Family therapy: Concepts and methods* (11th ed.). Pearson Education.

*Nichols, M. P., & Davis, S. (2020). *The essentials of family therapy* (7th ed.). Pearson Education.

*O'Hanlon, W. H., & Weiner-Davis, M. (2003). *In search of solutions: A new direction in psychotherapy* (Rev. ed.). Norton.

Prochaska, J., & Norcross, J. (2018). *Systems of psychotherapy: A transtheoretical analysis* (9th ed.). Oxford University Press.

Ratner, H., George, E., & Iveson, C. (2012). *Solution-focused brief therapy: 100 key points and techniques.* Taylor & Francis.

*Rollnick, S., Miller, W. R., & Butler, C. C. (2008). *Motivational interviewing in health care: Helping patients change behavior.* Guilford Press.

*Sklare, G. B. (2005). *Brief counseling that works: A solution-focused approach for school counselors and administrators* (2nd ed.). Corwin Press.

Tollison, P. K., & Synatschk, K. O. (2007). *SOS: A practical guide for leading solution-focused groups with kids K-12.* PRO-ED.

*Wagner, C. C., & Ingersoll, K. S. (2013). *Motivational interviewing in groups*. Guilford Press.

*Walter, J. L., & Peller, J. E. (1992). *Becoming solution-focused in brief therapy*. Brunner/Mazel.

*Walter, J. L., & Peller, J. E. (1996). Rethinking our assumptions: Assuming anew in a postmodern world. In S. D. Miller, M. A. Hubble, & B. L. Duncan (Eds.), *Handbook of solution-focused brief therapy* (pp. 9-26). Jossey-Bass.

*Walter, J. L., & Peller, J. E. (2000). *Recreating brief therapy: Preferences and possibilities*. Norton.

Watts, R. E., & Pietrzak, D. (2000). Adlerian "encouragement" and the therapeutic process of solution-focused brief therapy. *Journal of Counseling and Development, 78*(4), 442-447.

Westra, H. A., & Arkowitz, H. (2011). Introduction to the special series: Integrating motivational interviewing with cognitive behavioral therapy for a range of mental health problems. *Cognitive and Behavioral Practice, 18*, 1-4.

White, M., & Epston, D. (1990). *Narrative means to therapeutic ends*. Norton.

*Winslade, J., & Monk, G. (2007). *Narrative counseling in schools: Powerful and brief* (2nd ed.). Corwin Press.

03 통합과 적용

16장 … 비교, 대비, 통합

16장

비교, 대비, 통합

학습목표

1. 집단상담의 특정 측면을 기준으로, 다양한 이론적 모델을 비교하는 개념적 틀을 이해한다.
2. 지도자의 이론적 지향성이 목표 설정 과정에 어떤 영향을 미치는지 이해한다.
3. 다양한 접근법에서 집단지도자의 주요 역할과 기능을 파악한다.
4. 지도자의 이론적 성향에 따라 구조화 및 책임 분담의 정도가 어떻게 달라지는지 이해한다.
5. 집단 작업에서 기법을 적용하는 것이 자신의 이론적 입장과 어떤 관련이 있는지 설명할 수 있다.
6. 집단 작업의 다문화적 맥락을 이해한다.
7. 특정 이론이 다문화 집단상담에 기여한 몇 가지를 나열한다.
8. 다문화 집단상담의 한계점을 구체적인 이론을 통해 나열한다.
9. 통합적 모델을 집단 단계의 관점에서 설명한다.
10. 통합적 집단 작업의 장단점을 식별한다.

서론

이 장의 목적은 다음의 네 가지이다. (1) 집단상담에서 각 주제별로 다양한 모델을 비교 및 대조한다. (2) 이 책을 읽고 있는 지금, 그리고 집단상담 작업을 할 때 당신이 답해야 하는 몇 가지 질문을 제시한다. (3) 당신에게 매력적으로 느껴지는 다양한 이론적 관점을 개념화하고 통합할 수 있도록 돕는다. (4) 당신의 리더십 스타일을 반영하는 집단상담 기술을 개발하고 다듬는 방법에 대한 생각을 자극한다. 이 장은 당신이 다음과 같은 질문에 답하는 데 도움이 될 것이다.

- 모델의 공통점에 초점을 맞춤으로써 다양한 집단상담 모델의 통합이 가능한가?
- 다양한 관점에 대한 통합적 접근은 내가 집단상담의 목표를 설정하는 데 어떤 도움을 주는가?
- 집단 지도자의 역할과 집단 리더십 스타일에 대한 나 자신의 고유한 정의와 개념을 가지기 위해 몇몇 집단상담 접근에서 사용되는 개념과 기법을 어떻게 통합적으로 사용할 것인가?
- 구성원들과의 협력적 관계를 발전시키고 집단에 대한 책임을 그들과 공유하기 위해서는 어떻게 해야 하는가?
- 나는 집단을 어떤 식으로 구조화할 것인가? 나는 적절한 집단 구조화의 정도를 어떻게 결정할 것인가?
- 나는 나의 성격과 스타일, 그리고 내가 지도하는 집단의 특성에 맞는 기법을 어떻게 개발할 것인가?
- 나는 다양한 내담자의 문화적 배경에 적합하도록 집단 기법과 이론적 접근을 어떻게 수정할 것인가?
- 집단을 운영할 때, 통합적 접근이 갖는 강점과 약점은 무엇인가?

집단상담의 목표: 다양한 관점

집단의 방향을 의미 있게 설정하려면 집단지도자는 집단상담의 목표에 대해 깊이 생각해 보아야 한다. 주어진 집단의 구체적인 목표는 무엇인가? 누가 그 목표를 결정해야 하는가? 집단지도자는 구성원들이 자신을 위한 목표를 설정하도록 어떻게 도울 수 있는가? 집단지도자의 이론적 성향은 목표 설정 과정에 어떤 영향을 끼치는가? 다양한 이론적 성향에 근거해서 집단상담 목표를 설정하는 일이 가능한가? 다양한 이론적 모델이 강조하는 목표의 공통분모를 찾고 이러한 모델들을 통합하도록 돕기 위해 제2부에서 논의된 다양한 집단상담 접근의 핵심적인 상담 목표를 〈표 16-1〉에서 열거했다. 이 표를 검토할 때, 다양한 집단 목표를 일반적 · 총체적 · 장기적 목표부터 구체적 · 세부적 · 단기적 목표까지의 연속선상에 놓인 것으로 이해함으로써 좀 더 단순화할 수 있다. 실존적이고 관계 지향적인 집단상담 접근은 구성원들이 설정한 광범위한 목표를 다루는 경향이 있는 반면, 인지행동적 접근은 구성원과 지도자가 협력하여 설정하는 단기적이고 관찰 가능하며 구체적인 목표에 초점을 맞춘다. 집단의 목표가 양극단에 위치한다고 해서 반드시 상반된다는 것을 의미하지 않는다.

표 16-1 집단상담 목표에 대한 관점 비교

모델	목표
정신분석	초기 가족관계의 경험을 재경험하도록 하는 분위기를 제공하는 것. 현재의 행동에 영향을 끼치는 과거의 사건과 관련된 억압된 감정을 드러내는 것. 잘못된 심리적 발달의 근원에 대한 통찰을 촉진하고 교정적 정서 경험을 자극하는 것.
Adler	구성원의 삶에 대한 기본적 가정을 탐색하는 치료적 관계를 조성하고 생활양식에 대한 포괄적인 이해를 돕는 것. 구성원들이 자신의 강점과 변화하는 힘을 자각하도록 돕는 것. 사회적 관심에 대한 감각을 키우고 삶의 목표를 발견하도록 하는 것.
사이코드라마	억압된 감정을 표출하도록 이끌고 통찰을 제공하며 구성원들이 새롭고 좀 더 효율적인 행동을 하도록 돕는 것. 내담자가 현재에 살 수 있도록 돕는 것. 개방성, 진실성, 자발성을 촉진하는 것. 아직 탐색해 보지 못한 갈등의 해결과 창의적 삶의 가능성에 대해 개방적인 태도를 가지도록 하는 것.
실존주의	자각을 극대화하고 성장을 막는 장애물을 감소하는 조건을 제공하는 것. 구성원들로 하여금 선택의 자유를 발견하고 사용하도록 도우며, 그것에 대해 책임을 지도록 돕는 것. 구성원들이 다른 구성원들을 지금-여기에서 만나고 집단을 소외라는 감정을 극복하는 장소로 활용하도록 하는 것.
인간중심	구성원들이 자신의 감정과 경험을 전 영역에서 탐색할 수 있는 안전한 환경을 제공하는 것. 구성원으로 하여금 새로운 경험에 대해 더욱더 개방되고 자신과 자신의 판단에 대해 자신감을 가지게 되는 것.
게슈탈트	구성원들이 순간순간의 경험에 주목함으로써 그동안 자신의 부분으로 인정하지 않았던 부분을 자각하고 통합하도록 하는 것.
인지행동	구성원들로 하여금 그들 자신의 생각이 행동에 어떤 영향을 끼치는지 평가하도록 돕는것. 구성원들로 하여금 부적응적인 행동을 제거하고 새롭고 좀 더 효율적인 행동 패턴을 학습하도록 하는 것(광범위한 목표를 구체적인 하위 목표로 분화시킴).
합리적 정서행동 접근	구성원들로 하여금 무조건적인 자기수용과 무조건적인 타인수용을 성취하도록 하는 것. 삶에 대한 자기파괴적인 관점을 제거하고 좀 더 유연하고 합리적인 것으로 대체하는 것.
선택 이론/ 현실치료	구성원들로 하여금 현실적이고 책임감 있게 행동하도록 인도하는 것. 구성원들이 자신의 행동을 평가하고 변화를 위한 행동 계획을 결정하도록 돕는 것.
해결중심	구성원들로 하여금 문제에 대해 이야기하는 것으로부터 해결책에 대해 이야기하는 쪽으로 태도나 언어를 전환하도록 돕는 것. 그들이 집단에서 성취하고자 하는 목표를 선택하도록 돕는 것. 구성원들이 새로운 가능성으로 이어질 자신의 능력과 강점을 알아차리도록 돕는 것. 구성원들이 생활패턴이나 특정 행동의 변화에 대한 양면성을 파악하고, 검토하며, 해결하도록 돕는 것. 구성원들의 변화에 대한 동기와 의지를 강화하는 것.

그것은 단지 그 목표가 얼마나 구체적으로 설정되는지의 문제이다. 따라서 집단상담사가 단기적 목표를 광범위하고 장기적인 목표의 한 요소로 볼 수 있다면 이 두 가지 사이의 수렴은 가능하다.

대부분의 이론적 관점은 구성원들이 스스로 자신의 구체적인 목표를 설정하는 일이 중요하다고 본다. 집단지도자가 구성원들에게 가장 좋은 것이 무엇인지를 판단하고 구성원들의 목표를 그것에 맞추려고 하면, 지도자는 대체로 구성원들의 저항을 겪게 된다. 물론 지도자는 집단 전체를 위한 어떤 목표를 설정할 필요가 있으며, 이 목표는 구성원들에게 공개적으로 전달되어야 한다. 이와 같은 전체적인 집단 목표가 구성원들 각자가 목표를 세우고 집단상담 내에서 각자가 수행할 작업의 방향을 설정할 자유를 제한해서는 안 된다. 각 구성원이 목표를 설정하는 것은 협력을 통해서 이루어지는 과정이며 지속적으로 재평가될 필요가 있다. 집단지도자는 구성원들이 분명하고 구체적인 목표를 세우고 이러한 목표를 성취하는 방법을 결정하도록 도움으로써 집단상담의 목표를 협력적으로 설정하는 데 매우 중요한 역할을 할 수 있다.

다양한 이론과 관련된 목표

애틀랜타 주에 있는 아거시 대학(Argosy University)의 상담 프로그램에서 근무하는 Mary Kate Reese 박사와 동료들은 많은 집단지도자들에게 '당신은 사전 선별 면담, 홍보 자료, 또는 집단의 첫 회기에서 이 집단상담의 성격에 대해 어떤 식으로 묘사하겠는가?'라는 질문을 던졌다. 그리고 집단지도자들의 관점을 이론적 지향에 따라 구분하고 다음과 같이 요약하였다.

정신분석: "이 집단에서 나는 지금-여기에서 일어나는 일, 그중에서도 특히 타인에 대한 당신의 반응에 많은 주의를 기울일 것이다. 나는 당신이 다른 구성원과 관계를 형성하는 방식과 패턴에 유의할 것이며, 내가 할 일은 당신의 초기 경험이 타인에 대한 당신의 시각과 반응에 어떤 영향을 끼치는지를 스스로 알게끔 돕는 것이다. 집단상담 과정은 과거의 경험을 재현하고 분석하며 논의하고 해석하는 것, 그리고 무의식적 수준에서 작동하는 방어와 저항에 대해 작업하는 것에 초점을 맞추게 될 것이다."

Adler의 개인심리학: "이 집단은 소속감과 연결성을 경험하고, 원하는 방향으로 변화하는 데 필요한 격려를 받으며, 자긍심과 자기수용을 촉진하고, 사회적 관계에 대해 작업하는 곳이 될 것이다. 우리는 당신이 아동기의 가족관계를 어떻게 인식하고 있는지를 탐색하고, 그러한 인식을 바탕으로 당신이 만들어 낸 삶에 대한 기본적 가정(assumption)을 찾아내며, 대안적인 인식과 선택은 없는지 탐색할 것이다."

사이코드라마: "이 집단은 당신이 살고 있는 방식과 관련해서 내린 당신의 결정들을 점검하도록 도울 것이다. 이 집단에서 나는 당신이 당신의 갈등과 당신이 탐색하기를 원하는 문제에 대해 (단순히 이야기만 하는 것이 아니라) 실연(enact)하도록 도울 것이다. 당신의 삶에서 특정한 사건의 재연과 관련된 감정을 표현함으로써 당신은 그 사건에 대해 다른 방식으로 이해하게 될 것이다. 당신은 새로운 행동을 실험함으로써 당신의 창조성과 자발성을 촉진하게 될 것이다."

실존주의: "이 집단은 자신에게 더욱 진실해지고 무엇이 자신의 현재와 미래에 의미를 부여하는지 명료화하기를 원하는 사람들을 위한 것이다. 집단원들은 만족스럽지 못한 방식으로 살아가는 것과 관련된 두려움을 공개적으로 공유하고, 자신이 어떻게 자신의 진실성을 훼손했는지 알게 된다. 집단은 삶에서 직면하게 되는 도전들과 맞붙어 싸울 수 있는 기회를 제공한다. 구성원들은 그동안 잃었던 삶의 방향을 점차 재발견하고 미래에는 좀 더 진실한 자기 자신이 될 수 있다."

인간중심: "우리는 이 집단의 모습을 함께 결정해 갈 것이다. 나의 가장 중요한 역할은 전문가로서 무엇인가를 구조화하고 결정하거나 내담자를 성장시키기 위한 기법을 적용하는 것이 아니라, 성장을 촉진하는 분위기를 형성하는 것이다. 나는 (안전한 환경 내에서) 당신이 바람직한 삶의 변화를 가져올 수 있는 내적 욕구를 스스로 발견할 수 있다고 확신한다."

게슈탈트: "우리는 지금-여기에 특별한 주의를 기울이며, 인간중심적인 자각을 유지하지 못하도록 방해하는 모든 요인을 다룬다. 우리는 어떤 행동의 '왜'(이유)보다는 '무엇'과 '어떻게'에 초점을 맞춘다. 나의 역할 중 하나는 당신이 과거의 미해결 과제를 찾게끔 돕고, 그것을 현재로 가지고 오며, 당신의 과거가 현재의 경험을 어떻게 방해하는지 이해하도록 돕는 것이다. 나는 때때로 구성원들에게 다양한 연습과 실험을 제시함으로써 그들의 자각을 증진한다."

인지행동치료: "이 집단에서 나의 중요한 목표는 당신의 현재 행동이 당신의 욕구를 적절

히 만족시키는지를 판단하도록 돕는 것이다. 만약 그 행동이 당신의 욕구를 만족시키지 못한다는 것을 발견하고 당신이 변화하기로 결정한다면, 우리는 구체적인 목표를 세우고 관련된 행동의 현재 수준에 대한 기초선 자료를 수집하며 변화를 촉진하는 행동 계획을 세우게끔 협력하고 돕는다. 이 집단은 변화를 이루기 위해 이러한 계획을 연습할 장소를 제공한다."

합리적 정서행동치료: "우리의 사고 패턴과 행동은 우리의 정서에 큰 영향을 끼친다. 이 집단에서 우리는 도움이 안 되는 자기대화에 주목하고 변화시킴으로써 구성원이 겪는 문제의 원인이 되는 감정을 경감시키는 교육적 모형을 탐구한다. 구성원들은 집단 회기에 적극적으로 참여하고 과제를 완성함으로써 변화의 여정에 참여하게 된다."

선택 이론/현실치료: "우리의 모든 행동은 특정한 기본 욕구를 만족시키기 위해 우리 주변의 세계를 변화시키는 최선의 시도이다. 이 집단에서 나의 역할은 구성원들이 자기를 평가하고 계획을 세워서 수행함으로써 행동을 변화시키도록 돕는 것이다. 이 집단은 생각과 행동을 변화시킴으로써 현재 겪는 문제를 해결하는 데 주력하고, 신뢰할 만하고 지지적인 환경을 제공함으로써 구성원들이 바라는 변화를 계획하고 성취하도록 한다."

해결중심 단기치료: "이 집단에서 우리는 문제보다 해결에 주목한다. 목표를 세우고 당신의 능력을 강조하는 일을 매우 중시한다. 집단지도자로서 나는 당신이 사용하는 언어와 당신이 다른 상황에서 사용했던 해결 방식, 그리고 예외 상황들(당신이 상담 시간에 언급했던 문제가 없었던 상황들의 예)에 초점을 맞추는 질문을 할 것이다."

집단지도자의 역할과 기능: 다양한 관점

집단지도자로서 당신의 역할은 무엇인가? 촉진자, 치료자, 교사, 조력자, 코치, 조언자, 해결책 제시자, 문제해결자, 동반적 탐색자, 기술자, 감독, 여행 가이드, 멘토, 평가자…. 이 질문에 대한 당신의 답은 부분적으로는 당신의 이론적 관점에 따라 좌우된다. 그러나 궁극적으로는 집단지도자의 역할에 관한 당신의 정의, 그리고 지도자가 취하는 가장 중요한 기능이 무엇인지에 대한 당신의 평가에 따라 결정된다. 어떤 범주, 예컨대 집단의 유형과 목표, 집단이 이루어지고 있는 환경, 구성원의 특성, 당신에게 요구되는 과제 등은 모든 이론적 접근에서 유의해야 하는 것들이다.

집단지도자의 역할과 기능에 관한 다양한 관점을 논의하기 전에 성공적인 집단지도자가 반드시 수행해야 할 몇 가지 과제를 간략히 검토해 보기로 하자.

1. 집단지도자는 집단을 구조화하고 행동에 대한 모범을 보임으로써 상호작용을 주도하고 촉진한다. 그들은 마음과 생각을 나누고, 위험을 감수하며, 진실한 관계를 맺고, 타인과 상호작용하는 방법의 본보기를 보여 준다.
2. 집단지도자는 구성원들로 하여금 집단의 과정에 주목하고 집단으로부터 최대한의 효과를 끌어내는 법을 가르치며 집단역동을 자각하도록 돕는다.
3. 집단지도자는 민감하고 적극적인 경청에 유능해야 한다. 구성원들의 언어적 · 비언어적 의사소통에 전적으로 주의를 기울이기만 해도 구성원들이 더 깊은 자기탐색과 이해를 하도록 도울 수 있다.
4. 집단지도자에게는 구성원들의 개인적으로 중요한 주제들을 탐색하는 데 적합한 안전하고 지지적인 분위기를 만들 책임이 있다.
5. 집단지도자는 한계를 설정하고 집단 규범을 규정하며 구성원들의 권리와 의미를 알려주고 구성원들을 보호하는 책무를 띤다.

우리가 앞에서 보았듯이 각각의 접근은 집단지도자들에게 서로 다른 역할과 기능을 요구하고 강조한다. 예를 들면, 인간중심 접근은 촉진자의 역할을 강조한다. 이 모델에 따르면 집단은 스스로 방향을 설정하며 지도자는 집단 과정을 이끌기보다는 촉진할 뿐이다. 해결중심적 단기치료에서 집단지도자는 전문가의 역할을 취하지 않고, 대신 협력적 관계를 더 선호한다. 집단지도자가 전문가라는 관점보다는 구성원이 전문가라는 입장을 취한다. 다른 접근은 지도자를 교사로 보기도 한다. 예컨대, 합리적 정서행동치료, 현실치료, 인지행동치료, 교류분석 등은 집단상담이 대체로 교육적인 학습 과정이라는 가정을 가지고 있다. 이러한 모델에서 지도자가 수행하는 핵심적인 기능은 기술을 가르치고 재교육과 행동 변화를 촉진할 인지적 틀을 제공하는 것이다.

사이코드라마, 실존주의, 인간중심, 게슈탈트 등과 같은 다른 접근에서는 구성원이 집단 내에서 지도자나 다른 구성원들 같은 의미 있는 대상들과 맺는 관계 속에서 경험하는 갈등을 경험적으로 자각하도록 돕는 역할을 강조한다. 앞에서 보았듯이 집단지도자로서 당신이 수행할 역할과 기능은 다양하다. 그리고 당신이 어떤 역할을 선택할지는 부분적으로 당신의 이론적 성향에 좌우된다. 집단이 여러 단계를 거쳐 진행되면서 구성원들의 욕구는 변화하고 그에 따라 당신의 역할도 변화한다. 〈표 16-2〉에 요약된 다양한 관점들을 검토하면서

표 16-2 집단지도자의 역할과 기능에 대한 관점 비교

모델	지도자의 역할
정신분석	수용적이고 허용적인 분위기를 조성함으로써 집단의 상호작용을 촉진함. 전이와 집단 내에서 발생하는 복합적인 전이에 초점을 맞춤. 저항과 전이를 보여 주는 신호에 유념하며 그것들의 의미를 해석함. 구성원들이 좀 더 의식적으로 바뀌도록 돕고 미해결 과제를 반복적으로 다룸. 집단상담의 틀을 설정함으로써 집단을 위한 한계를 설정함.
Adler	생활양식 평가를 통해 구성원이 자신의 패턴에 대한 통찰을 얻게 함. 주의를 기울이며 배려하는 행동의 모범을 보임. 구성원이 자신의 자원을 받아들이고 활용하도록 도움. 구성원이 집단에서 배운 내용을 집단 밖에서 적용하는 데 필요한 용기를 키움.
사이코드라마	집단 워밍업, 사이코드라마의 설정, 실연을 도움, 참여자들과 함께 성과를 정리함. 구체적인 업무로는 촉진, 관찰, 연출, 제작 등이 있음.
실존주의	집단구성원들이 온전한 현존의 중요성을 깨닫게 하고 그들 자신의 세계 내 존재(being-in-the-world)를 파악하게 함. 개인 대 개인의 관계를 형성하고, 구성원들로 하여금 자신을 개방하게 하며, 그들을 세심하게 보살피면서 직면시키는 방식이 필요함.
인간중심	집단을 (주도적으로 인도하기보다) 촉진함. 즉, 의사소통의 장벽을 다루며, 신뢰하는 분위기를 형성하고, 집단이 효과적으로 기능하도록 조력함. 중요한 과제는 회기 내에서 진솔한 태도를 유지하며 돌보고 존중하며 이해하는 태도를 가지는 것임. 구성원들로 하여금 자신의 내면세계에서 지시하는 방향을 따를 수 있게 도움.
게슈탈트	구성원들이 자신의 경험을 선명하게 느끼고, 신체적 메시지에 주목하도록 돕는 실험을 제안함. 구성원들의 과거에서 비롯되었으며 현재의 기능을 방해하는 미해결 과제를 발견하고 다룰 수 있게 조력함. 그것이 무엇이든 구성원이 자각한 전경에 있는 것에 초점을 맞춤.
인지행동	구성원들의 사고와 행동을 수정하는 전문가로서 기능함. 지도자는 지시적이고 때때로 교사와 같은 역할도 수행함. 구성원들이 집단 밖에서 연습할 수 있도록 정보를 제공하고 대처 기술과 행동수정 방법을 가르치는 경향이 있음.
합리적 정서행동 접근	가르치는 역할을 함. 즉, 설명하고 가르치며 재교육하는 역할을 수행함. 구성원들로 하여금 그들 자신의 비논리적인 사고를 보고 지속적으로 직면하도록 하고, 그러한 사고와 자기파괴적인 행동 간의 관계를 이해하게 함.
선택 이론/현실치료	그들이 왜 그러한 행동을 하게 되는지 이해하도록 돕기 위해 선택 이론의 기초적 지식을 가르침. 구성원들이 현재 보이는 자신의 행동을 평가하고 좀 더 효과적인 선택을 하도록 도움. 구성원들이 변화를 위한 계획을 구성하고 적용하도록 도움.
해결중심	구성원의 관점과 자원, 그리고 독특한 경험들을 드러내게 함으로써 집단을 촉진함. 구성원들이 자신을 능력 있고 자원이 풍부한 사람으로 볼 수 있는 기회를 만듦. 구성원들이 서로 지지하고 격려하는 공동촉진자의 역할을 하게 하고 문제보다는 예외 상황에 초점을 맞추도록 도움. 집단구성원이 현재 상태와 원하는 상태 사이의 차이를 인식하게 함. 어려운 변화에 대한 희망을 심어줌. 이전의 성공에 초점을 맞추고 구성원이 이미 가지고 있는 강점을 강조함으로써 자기 효능감을 높임.

자신이 취할 집단지도자의 역할을 규정할 때 어떤 요소를 포함하고 싶은지 생각해 보라.

구조화의 정도와 책임의 분배: 다양한 관점

집단지도자는 집단이 어느 정도로 구조화되어야 하는지에 대해 생각한다. 모든 집단에 구조가 있다는 점은 분명히 해야 한다. 집단에 일률적인 방식을 적용하는 것을 피하고 지시적인 활동을 최소화하는 지도자일지라도 개방적 구조를 취하고 구성원들이 집단 과정을 결정하도록 하는 '선택'을 한다.

집단 구조는 극단적으로 비지시적인 쪽에서부터 반대로 극단적으로 지시적인 쪽에 이르는 연속선상에서 결정된다. 연속선상에서 비지시적인 극단에는 정신분석, 인간중심 관점의 집단, 그리고 몇몇 실존주의 관점의 집단이 위치한다. 이러한 집단에서 지도자는 비지시적인 입장을 취하며 집단이 진행하는 방향에 대해 구성원들이 많은 책임을 지게 한다.

연속선상에서 반대편 극단에는 높은 수준의 구조를 제공하는 지도자들이 위치한다. 이쪽 극단에 속하는 지도자는 집단상담 회기를 시작할 때 구조화된 활동을 사용하는 경향이 있으며, 특정한 주제나 문제 영역에서 여러 가지 기법을 사용하여 구성원들에게 개입하곤 한다. 많은 인지행동치료 집단의 집단지도자 리더십은 적극적이고 구조화 수준이 높으며 지시적인 특성을 띤다. 선택 이론/현실치료, 합리적 정서행동치료, 해결중심 관점의 집단들 역시 이와 같은 특성을 지닌다. 이러한 집단들은 매 회기에 진전 상황을 관찰할 수 있으며, 회기는 미리 정해진 계획에 따라 조직되고, 특정 문제 영역의 탐색이나 해결, 또는 구성원의 목표성취를 위해 전체 집단을 움직여 가게 하는 특정한 절차를 밟는다.

구조화처럼 책임의 분배 역시 연속선상에서 이해할 수 있다. 한쪽 극단에 속하는 집단상담 지도자는 자신을 전문가로 보고, 집단상담이 생산적인 방향으로 진행되기 위해서는 자신이 적극적으로 개입해야 한다고 생각한다. 이러한 지도자는 집단상담의 성과가 대체로 그들의 전문성과 기술에 좌우된다고 믿는다. 상담은 교육적인 과정으로 간주되기 때문에 집단지도자는 구성원들을 재교육하는 교사의 역할을 하게 된다. 효율적인 결과를 얻기 위해 집단지도자는 인지 재구조화나 행동 변화를 목표로 하는 방법을 사용한다. 이러한 관점을 취하는 상담사는 인지행동적 관점, 합리적 정서행동 관점, 선택 이론/현실치료 및 해결중심적 단기상담의 관점을 취한다. 이러한 접근을 취하는 지도자들이 적극적이고 지시적인 역할을 선택하지만, 그럼에도 불구하고 이러한 접근들 역시 집단상담의 방향을 정하는 책임을 구성원들과 공유한다. 따라서 구성원들은 집단 회기 내에서나 각 회기 사이에 적극적인 태도를 취할 필요가 있다.

반대쪽 극단의 지도자는 집단이 나아갈 방향을 정할 책임은 구성원들에게 있음을 집단상담 초기에 알린다. 이러한 유형의 리더십은 특히 인간중심 집단지도자들에게서 두드러지게 나타난다. 그들은 구성원에게 무엇이 최선인지를 가장 잘 아는 사람은 구성원 자신이라 믿는다. 지도자는 집단 전체의 진행 경로를 지시하는 역할을 취하기보다 구성원들이 자신에게 중요한 주제를 안전하게 탐색하고 그들의 내면에서 필요한 자원을 찾게 하는 신뢰할 만한 분위기 조성을 촉진하는 기능을 수행한다.

게슈탈트 집단상담은 연속선상에서 중간쯤에 위치한다. 이 접근을 취하는 지도자는 구성원들에게 구조를 제공하는 개입을 한다는 점에서 적극적이다. 그러나 구성원의 자각 수준을 높일 수 있는 실험을 고안하는 데 구성원을 많이 참여시킨다. 집단지도자는 집단의 전체 과정에서 자신의 경험을 지속적으로 자각하고 집단 작업의 수준을 높이게 하는 적절한 실험을 제시할 책임이 있다. 한편 구성원들은 그들이 집단에서 다루고자 하는 개인적인 주제를 제시하고 스스로 의미를 해석해야 할 책임이 있다. 해결중심 집단상담 및 동기강화상담 집단의 지도자는 적극적인 태도를 취하면서도 구성원들과 치료적 협력 또는 동반자 관계를 만들기 위해 노력한다. 해결중심 집단과 동기강화상담 집단의 촉진자는 구성원들이 문제를 해결하는 데 필요한 강점과 자원을 이미 갖고 있음을 알려 주기 위해 최선을 다한다. 〈표 16-3〉은 구조화와 책임의 분배에 대한 다양한 입장을 보여 준다.

나 자신의 관점에서 보면 집단 지도자는 집단의 방향에 대한 책임을 너무 많이 지는 것과 거의 책임지지 않는 것 사이에서 적절한 균형을 유지할 필요가 있다. 만약 지도자가 구성원들이 자신을 돌볼 능력이 없다고 믿으면, 구성원들은 순식간에 이러한 지도자의 믿음에 맞추어 살기 시작하게 된다. 그렇게 되면 구성원의 독립성이 훼손될 뿐 아니라 지도자 자신도 무리한 부담을 지게 된다. 이러한 지도자는 구성원이 집단에 생산적으로 참여하지 않는 것은 자신의 기술 부족 때문이라고 생각한다. 이러한 유형의 지도자는 쉽게 지치며, 집단을 운영할 때 필요한 에너지를 순식간에 소진하고 말 것이다.

반면, 집단의 진행과 성과에 대한 모든 책임을 구성원들에게 돌리는 지도자는 집단의 성과에 대한 자신의 역할을 최소화할 개연성이 있다. 집단이 방향을 잃고 생산적인 작업이 이루어지지 않을 때 이러한 지도자는 집단 과정에서 집단 과정의 성공에 기여할 수 있는 자신의 역할을 무시하게 된다.

표 16-3 구조화 및 책임 안배의 정도에 대한 관점 비교

모델	구조화 및 책임 안배
정신분석	지도자는 지시적인 역할을 피하고 구성원들로 하여금 그들 자신의 방향을 결정하게 함; 특정 행동 패턴의 의미를 해석함. 구성원은 주제를 제시하고 무의식적 자료를 드러냄; 좀 더 자발적으로 상호작용하고 해석하며 타인에 대한 통찰을 공유할 책임을 짐; 타 집단에 대해서는 공동 지도자의 역할도 수행함.
Adler	지도자는 초기에는 목표의 조율을 위해 작업함; 치료적 관계를 형성하고 유지하며, 개인의 역동을 탐색 및 분석하고, 구성원에 대해 관심과 희망을 가진 태도를 전달하려고 적극적인 태도를 취함. 구성원은 자신에 대해 좀 더 많은 통찰을 함; 변화를 위해 긍정적인 수단을 사용할 책임을 짐; 대안적인 신념과 목표 그리고 행동을 고려함.
사이코드라마	연출자/지도자는 강렬한 감정 경험을 촉진하고 과거 상황을 재구성하며 갈등을 자각하도록 하는 구체적인 기법을 제시함; 주인공이 주목받고 다른 구성원들은 사이코드라마를 하면서 경험했던 것을 공유할 기회를 가지게 함. 구성원들은 사이코드라마를 하기 위한 자료를 제공하며 주인공으로 참여할 경우 자신의 사이코드라마를 연출함.
실존주의	지도자는 자유, 책임, 불안, 죄의식과 같은 특정한 실존적 주제의 맥락에서 집단을 구조화함; 지금-여기의 감정을 구성원과 공유함. 구성원은 자신이 탐색할 주제를 선택하며 그 결과로 집단의 방향을 결정할 책임을 지게 됨.
인간중심	지도자는 구조나 방향을 거의 제시하지 않고 구성원으로 하여금 집단에서의 시간을 어떻게 사용할지 결정하게 함. 구성원은 의미 있는 방향을 찾고 서로 도우며 건설적인 결과를 도출하는 방향으로 나아갈 능력을 가지고 있는 것으로 간주됨.
게슈탈트	지도자는 자신의 현재중심적인 경험을 자각할 책임과 그것을 집단의 맥락에서 사용할 책임을 가지고 있음; 구성원이 무엇을 경험하고 있든 그것을 더 강렬하게 경험하게 하는 적절한 실험을 소개함으로써 구조를 제공함. 구성원은 적극적이어야 하며 스스로 해석해야 함.
인지행동	지도자는 적극적인 교육과 미리 정해지고 구조화된 계획에 따라 집단을 운영할 책임을 짐. 구성원은 적극적으로 참여하고 자신의 생각을 평가하며 그들이 습득한 것을 일상생활에 적용하고 새로운 행동을 집단 밖에서 연습할 책임을 짐.
합리적 정서행동 접근	지도자는 잘못된 생각에 기초한 행동이 드러날 때 직면할 책임을 짐; 집단 경험을 구조화함으로써 구성원들이 사고와 행동 측면에서 건설적인 변화를 구현하는 과제에 집중하도록 도움. 구성원은 자신이 가지고 있는 자기파괴적인 생각을 탐색할 책임이 있음; 그들은 집단 밖에서도 이와 같은 일을 지속할 것으로 기대됨.

선택 이론/ 현실치료	지도자는 구성원들이 그들 자신의 삶에 대한 책임을 지도록 가르침. 구성원들로 하여금 그들이 지금 하고 있는 일이 원하는 것을 얻는데 얼마나 도움이 되는지를 평가하게 함. 구성원들이 일상생활과 집단에서 대인관계의 질을 평가하도록 도움. 구성원은 원하는 구체적인 변화를 결정하고 이러한 변화를 구현하기 위한 실행 계획을 설계함.
해결중심	지도자는 집단이 문제에 초점을 맞추지 않고 해결에 초점을 맞추는 방향으로 나아가게 함; 구성원들과 협력적인 관계를 형성함으로써 그들에게 건설적인 해결책을 도출하기 위해 자신의 강점과 자원을 활용하는 방법을 보여 줌. 구성원은 문제 대신 해결책의 맥락을 유지함; 일상생활에서 도움이 되는 것에 주목하고 그것을 더 많이 하도록 유의함; 일이 잘되어 갈 때 그들이 무엇을 하고 있는지를 관찰함.

기법의 사용: 다양한 관점

기법은 집단 활동의 촉매로서, 그리고 집단을 계속 진행되게끔 하기 위한 장치로서 매우 유용하다. 그러나 기법은 도구일 뿐이어서, 다른 모든 도구처럼 효과적으로 사용될 수도 있고 그렇지 않을 수도 있다. 특정 도구와 방식을 기계적으로 사용하는 집단지도자들은 기술자로 전락하며 그들이 운영하는 특정 집단의 요구에 반응하지 못하게 된다. 게다가 기법을 무분별하게 사용하면 더 깊은 수준의 소통이나 탐색을 촉진하기보다 집단의 저항을 유발할 수 있다. 어떤 지도자는 새로운 방법을 열심히 적용하고, 집단의 에너지 수준을 높이려고 지나치게 많은 기법에 의존하며, 특정한 방향성을 가지고 기법을 적용한다. 다른 지도자는 집단에서 드러난 특정 문제를 다룰 방법을 알지 못한다는 불안 때문에 목적을 이해하지 못한 채 기법을 사용한다. 집단지도자는 특정 개입 방법을 사용하기 위해서 충분한 근거를 가지고 있어야 한다. 기법을 선택할 때는 지도자가 가진 인간적 특성을 반영해야 하며, 자신의 성격이나 리더십 스타일에 맞지 않는 기법을 억지로 사용해서는 안 된다.

나는 기법이 집단 과정을 촉진하는 것일 뿐, 집단 내에서 특정 행동을 인위적으로 만들어 내는 것은 아니라는 가정을 갖고 있다. 나는 또한 지도자가 집단 내에서 명백하게 부각되는 것에 주의를 기울여야만 집단상담 기법을 더욱 효과적으로 적용할 수 있다고 가정한다. 나는 집단 내에서 지도자와 구성원이 협력하여 현재 발생하고 있는 것으로부터 끌어낼 수 있는 실험을 창의적으로 만들어 낸다고 생각하는데, 이것은 게슈탈트 접근의 관점과 공통점이 있다. 나는 집단의 초기 단계에 주요 사항을 안내하기 위해, 그리고 종결 단계에 구성원들로 하여금 그들이 배운 것을 통합하도록 돕기 위해 몇몇 기법을 사용하는 경향이 있다. 그러나 나는 일반적으로 특정한 의제를 미리 정하지는 않는다. 나는 집단에서 발생하는 것으로부터 실마리를 발견하고 집단의 흐름을 따르지만, 특정 주제를 다루게끔 지시하지는 않는다. 예를 들면, 집단의 에너지 수준이 낮거나 의미 있는 작업을 하려고 하는 구성원이 별로 없다는 것을 알아차렸을 때 나는 감정을 끌어내거나 상호작용을 촉진하는 집단 활동을 도입하지 않는다. 대신에 나는 내가 생각하거나 느끼는 것을 구성원들에게 알리고, 각 구성원들이 무엇을 경험하는지 알아보려고 한다.

집단 과정을 촉진하는 기법을 선택할 때 당신은 몇 가지 요소를 고려하는 것이 좋다. 물론 당신의 이론은 당신이 어떤 기법을 채택할지를 좌우한다. 당신이 선택한 이론이 인지적 측면에 초점을 둔다면, 그 이론으로부터 나온 기법은 자연스럽게 구성원들이 자신의 생각 패턴과 행동 간의 관련성을 찾게끔 하는 것들이 된다. 만약 당신이 경험적 접근을 채택한다면, 그때 사용하는 기법은 현재의 감정을 자각하고 그러한 감정을 강하게 느끼게끔 하는 기법일 것이다. 당신이 해결중심적인 접근을 취하면, 당신은 구성원들에게 그들이 겪던 어려움이 적거나 없었던 예외 상황에 대해 말하도록 하고 그러한 예외 상황을 더 많이 만들게끔 구성원들을 도울 것이다. 당신이 행동적 접근을 취한다면 당신이 사용하는 기법의 대부분은 구성원들이 자신의 행동을 모니터링하거나 구체적인 행동을 실험하도록 하는 것과 관련될 것이다. 당신이 인지적으로 접근한다면 당신이 사용하는 기법은 주로 구성원들의 생각과 신념, 자기대화를 확인하고 좀 더 기능적인 신념을 가지게끔 하는 것들이 될 것이다. 당신의 리더십 스타일 역시 당신이 사용하게 될 기법과 밀접하게 관련된다. 끝으로, 구성원이 누구인지, 집단의 목적, 집단의 발달단계 등도 지도자의 기법 선택에 영향을 미치는 요소들이다. 당신이 어떤 이론을 채택하든, 당신은 기법과 이론적 개념 간의 관련성뿐만 아니라 특정 기법을 사용하는 이유에 대해서도 숙지하고 있어야 한다. 당신이 적용하는 기법의 효과를 지속적으로 평가해야 한다는 것은 두말할 나위도 없다.

〈표 16-4〉에 소개되었듯이 다양한 집단상담 모델은 집단의 시작과 유지를 위한 다양한 전략을 제공한다. 당신이 집단지도자로서 단순히 특정 접근을 좋아한다고 해서 당신이 사용하는 기법을 그 접근에 맞는 것으로 제한할 필요는 없다. 당신이 실존주의 접근을 취하더라도 당신은 인지행동적 접근, 해결중심적 접근으로부터 기법을 빌려 올 수 있다. 요약하면, 당신은 다양한 이론적 접근이 제공하는 기법을 당신이 진행하는 구체적인 집단에 적합하도록 수정하고, 그것을 당신의 리더십 스타일과 구성원의 필요에 맞게끔 바꾸는 방법을 찾기 위해 당신의 상상력을 발휘할 수 있다.

표 16-4 집단상담 기법에 대한 관점 비교

모델	기법
정신분석	해석, 꿈 분석, 자유연상, 저항분석, 전이분석 등은 무의식을 의식으로 떠올리고 통찰을 하기 위해 고안됨.
Adler	분석과 평가, 가족구조의 탐색, 초기 기억의 보고, 직면, 해석, 인지 재구조화, 개인의 신념 체계에 대한 도전, 사회적 역동과 개인의 고유한 삶의 방식의 탐구.
사이코드라마	자기의 표현, 타인의 표현, 타인 역할 속에서의 대화, 자기 역할 속에서의 대화, 독백, 역할 바꾸기, 이중 자아, 보조 자아, 거울 기법, 미래 투사 등.
실존주의	이 접근은 이해를 우선시하고 기법은 이차적인 것으로 간주하기 때문에 특기할 만한 기법은 없음. 그러나 지도자는 다른 접근의 기법을 차용할 수 있으며, 구성원의 주관적 세계를 이해하는 데 초점을 둠으로써 치료적인 작업의 수준을 더 깊은 곳으로 이끌 수 있음.
인간중심	촉진자의 태도와 행동을 더 중시하는 한편, 구조화되고 계획된 기법은 잘 사용하지 않음. 기법 대신에 구성원에 대한 적극적 경청, 감정의 반영, 명료화, 지지, 공감, '함께함' 등의 태도를 중시함.
게슈탈트	지도자가 활용할 수 있는 많은 행동 지향적인 기법이 있음. 이 모든 기법은 즉시적인 경험을 강렬하게 느끼고 현재의 느낌을 자각하도록 하는 것들임. 주요 기법으로는 빈 의자 기법, 대화 실험, 상상적 접근, 행동 시연 기법, 행동의 과장, 감정에 머무르기, 자기 또는 현재 중요한 타인과 대화하기, 꿈 작업 등이 있음. 많은 실험은 구성원들의 자각 수준을 높이게끔 고안됨. 실험들은 지도자와 구성원 간의 협력적인 관계에서 가장 잘 수행됨.
인지행동	주요 기법은 행동원리와 학습원리에 근거하고 있으며 행동의 변화와 인지 재구조화를 목표로 하고 있는데, 이에 해당하는 기법으로는 소크라테스 대화, 자기 모니터링, 자조적 기법, 강화와 지지 방법, 행동 시연, 코칭, 모델링, 피드백, 평가와 인지변화를 촉진하는 절차 등이 있음.
합리적 정서행동 접근	지도자들은 광범위한 인지적·행동적·정서적 개입 방법을 도입하여 변화를 유도함. 지도자는 가르치고 모범을 보이며 탐색하고 직면하며 도전하고 적극적으로 지시함. 인지적 방법으로는 잘못된 신념에 대한 논박, 적응적인 자기진술, 심리교육적 작업, 인지적 과제 등이 있음. 행동적인 방법에는 역할극, 행동 시연, 과제 주기 및 기술 훈련 등이 포함됨.
선택 이론/현실치료	광범위한 기법들이 사용되는데, 그중에는 역할 연기, 모델링, 유머의 사용, 계약, WDEP 모델의 적용, 구체적 행동 계획의 수립 등이 포함됨.
해결중심	해결중심 단기치료의 주요 기법에는 질문 제기, 내담자에게 문제의 예외를 찾도록 요청하기, 기적 질문, 질문 확장하기, 강점에 집중하기, 은유 사용, 숙제 수행 등이 있음. 동기강화상담의 주요 기법에는 현상 유지의 이유와 변화 가능성에 대한 개방형 질문 제기, 내담자의 강점 확인, 성찰적 경청, 회기에서 진행된 내용의 요약, 변화에 대한 양면성을 탐색하도록 내담자 격려 등이 포함됨.

다문화 맥락에서의 집단상담: 다양한 관점

이 책에 소개된 각 이론이 문화적으로 다른 구성원에 적용하기에 적합한지 여부는 간략히 검토되었다. 〈표 16-5〉에서 볼 수 있듯이 각각의 관점은 효과적인 다문화 집단상담에 기여할 수 있는 개념과 기법들을 가지고 있다. 그러나 그 이론들은 모두 한계를 몇 가지씩

표 16-5 다문화상담에 기여하는 것들에 대한 비교

모델	기여하는 것들
정신분석	많은 소수집단을 대상으로 작업할 때 가족 역동에 초점을 맞추는 것은 적절함. 상담사의 공적인 태도는 전문가와의 거리감을 기대하는 내담자들에게는 도움이 됨. 방어에 대한 이해는 내면의 역동을 이해하고 환경적인 스트레스를 다루는 데 도움이 됨.
Adler	문화는 하나의 관점이며 삶의 의미가 도출되는 배경으로 간주됨. 각 개인은 자신의 문화적 경험에 의해 서로 다른 의미를 만들어 냄.
사이코드라마	이 접근은 소극적인 내담자가 현재 시점에서 자기표현을 하는 데 도움을 줌. 연출자는 문화적으로 민감한 상황을 연출해 내고 문화가 내담자에게 끼치는 영향을 이해하도록 도움. 내담자는 실연을 통해 다른 종류의 소통 방식을 가지게 됨. 주어진 문화의 틀 속에서 자발성과 창의성을 개발하는 기회를 제공함.
실존주의	가장 높이 평가받아야 할 부분은 내담자의 문화적 배경을 포함한 현상학적 세계에 대한 이해를 강조하는 것임. 이 접근은 내담자에 대한 임파워먼트를 추구하며, 문화적 현실이라는 맥락 속에서 내담자가 변화하는 데 도움을 주는 선택 가능성을 검토하도록 조력함.
인간중심	주요 강점은 내담자의 가치관과 적극적 경청, 차이점에 대한 존중, 비판단적인 태도, 이해, 내담자가 회기 중에 무엇에 대해 탐색할지 스스로 결정할 기회를 제공하는 것, 문화적 다양성이 가진 가치를 높게 평가하는 것 등임.
게슈탈트	비언어적 표현에 초점을 맞추는 관점은 언어 이면의 메시지를 중시하는 문화적 관점과 일치함. 이 접근은 감정을 자유롭게 표현하지 못하도록 막는 문화적 규범을 가진 내담자와의 작업에 도움이 되는 방법을 제공함.
인지행동	감정보다 사고나 행동에 초점을 맞추는 것은 많은 문화권에서 적절하게 여겨짐. 이 접근이 가진 강점으로는 집단의 목적을 가르침으로써 구성원을 준비시키는 것, 실용적인 기술을 학습하도록 돕는 것, 집단에서 교육적인 부분을 중시하는 것, 자기관리 전략을 가르치는 것 등이 있음. 집단지도자의 전문성, 집단의 구조, 실용적인 것을 강조하는 관점 등은 많은 내담자들이 긍정적으로 평가하는 측면임.

합리적 정서행동 접근	이 접근은 한 사람의 신념 체계에 대해 재점검하고 더 이상 기능적이지 않은 가치관을 발견하는 방법을 제공함. 사고와 합리성(감정표현과 상반되는 것)에 초점을 두는 것은 많은 내담자들에게 긍정적으로 받아들여질 수 있음. 교수/학습 과정을 강조하는 것은 정신병에 관한 낙인을 피하는 데 도움이 됨. 많은 내담자들은 지도자의 지시적 특성, 구조화된 접근, 과제를 강조하는 것 등에 가치를 둠.
선택 이론/ 현실치료	내담자들이 자신의 행동을 스스로 평가하는 것(그리고 그들이 자신의 문화에 어떻게 반응하는지)에 초점을 맞춤. 개인적인 평가를 통해 그들은 자신의 욕구와 바람이 만족되고 있는 정도를 가늠할 수 있음; 그들은 자신의 인종적 정체성을 보존하는 것과 현재 속한 사회에서 통용되는 가치관과 행동규범 등을 통합하고 균형을 맞추는 방법을 찾을 수 있음.
해결중심/ 동기강화상담	이 접근은 감정을 많이 다루기보다 직접적인 행동 변화를 추구하는 개인이나 문화와 잘 맞음. 상담사의 틀에 맞추어 작업하기보다 내담자의 경험을 강조하는 것이 이 접근이 가진 강점임. 이 모델은 자신의 문제를 가능한 한 신속하게 개선하기를 원하는 사람에게 설득력이 있음.

가지고 있으며 주어진 이론의 특정 기법을 사용할 때에는 주의를 기울여야 한다(〈표 16-6〉 참조). 기법 측면의 절충은 다양한 문화적 배경을 가진 내담자들과 상담할 때 특히 필요하다. 적용되고 있는 이론의 가치관이 구성원의 문화적 배경에 맞든 맞지 않든 간에 이론에 구성원들을 맞추려 하면 구성원들에게 피해를 줄 수 있다. 단일한 이론에 구성원을 맞추기보다 당신의 집단운영 방식을 구성원들의 특성에 따라 수정하여 적용할 필요가 있다. 이 말은 집단지도자라면 다양한 문화에 대한 지식, 자신의 문화적 유산에 대한 자각, 그리고 다양한 구성원들이 문화적 제약 속에서도 자신의 요구를 충족할 수 있도록 돕는 기술 등을 가지고 있어야 한다는 것을 의미한다.

집단지도자는 구성원의 특수한 요구를 평가할 수 있어야 한다. 구성원의 인종과 문화, 집단 참여를 결정하게 만든 문제의 유형 등에 따라 당신은 다양한 상담 전략을 유연하게 활용할 필요가 있다. 때때로 어떤 구성원에게는 좀 더 많은 지시가 필요하다. 또 어떤 구성원은 집단 초기에 자신의 사적인 부분에 대해 말하기를 매우 주저한다. 인내심을 가지며 구성원에게 '자신을 개방하고 현실적인 사람이 되라고' 강요하지 않는 것이 좋다. 그뿐 아니라 당신은 저항으로 보이는 것도 오랫동안 문화적으로 조건화된 반응일 수 있다는 점을 이해하고 특정한 가치관과 전통을 존중할 필요가 있다. 집단지도자는 다양한 이론적 관점을 숙지하고 구성원의 환경에 따라 여러 기법을 수정하여 적용할 필요가 있다. 통찰을 얻고 억제된 감정을 표현하며 특정한 행동을 변화시키도록 돕는 것만으로 부족하다. 당신의 과제는 구성

표 16-6 다문화상담 관련 한계점에 대한 비교

모델	한계점
정신분석	현재의 환경적인 압박을 다루기 위한 대처 기술을 습득하기를 원하는 내담자들은 통찰, 심리내적 역동, 그리고 장기적 치료를 강조하는 접근을 높이 평가하지 않음. 내면세계에 초점을 맞추는 것은 대인관계나 환경을 강조하는 문화적 가치관과 충돌함.
Adler	가족 배경에 대해 상세하게 탐색하는 이 접근은 가족 문제를 외부인에게 말하지 말라는 규범을 가진 문화와는 갈등을 일으킴. 지도자는 구성원이 세우는 목표는 존중되고, 이러한 목표는 주어진 집단의 목표와 일치된다는 점을 분명히 알려 줄 필요가 있음.
사이코드라마	감정을 경험하고 표현하며, 카타르시스와 과거 문제를 현재에 다시 실연하는 것을 강조하는 관점은 어떤 내담자들에게는 매우 위협적인 관점이 될 수 있음. 다른 사람들 앞에서 내담자의 강한 감정을 표현하도록 격려할 때 주의를 기울일 필요가 있음.
실존주의	개별성, 자유, 자발성, 자기실현과 같은 가치관은 집단주의, 전통의 존중, 권위에 대한 순응, 상호 의존성 등을 강조하는 문화적 가치관과 자주 충돌할 수 있음. 어떤 내담자는 구체적인 기법이 없다는 사실 때문에 상담을 떠날 수도 있음. 또 다른 내담자는 그들이 세상에서 생존하는 방법에 좀 더 초점을 맞추기를 기대할 수도 있음.
인간중심	이 접근의 핵심적인 가치의 일부분은 구성원의 문화와 불일치할 수도 있음. 지도자의 지시나 방향제시가 없다는 점은 많은 지식을 가진 지도자로부터 지시와 도움, 해결책을 찾으려 하는 내담자가 수용하기 어려움.
게슈탈트	정서적 표현을 하지 않게끔 문화적으로 조건화된 구성원들은 게슈탈트에서 사용하는 기법들을 받아들이기 어려움. 그들은 '현재의 경험을 자각하는 것'이 그들의 문제를 해결하는 데 어떤 도움을 주는지 이해할 수 없음.
인지행동	지도자는 행동적 변화로 인해 발생할 결과를 평가할 필요가 있음. 가족들은 내담자가 새롭게 습득한 자기주장적 스타일을 선호하지 않을 수 있음. 따라서 각 개인은 가족이나 타인들이 보일 저항을 다루는 방법을 습득해야 함.
합리적 정서행동 접근	지도자가 강하고 지시적인 리더십 스타일을 가지고 있을 때 구성원들은 철회할 수 있음. 지도자가 비합리적인 것으로 지각한 신념에 대해 강하게 직면하기 전에 내자의 세계를 이해할 필요가 있음.
선택 이론/현실치료	이 접근은 내담자가 자신의 삶에 대해 책임을 지는 것을 강조함. 그러나 어떤 구성원들은 그들의 외적 환경을 바꾸려고 함. 지도자는 차별과 인종주의의 영향을 이해하고 내담자가 사회적 · 정치적 현실을 다루게끔 도울 필요가 있음.
해결중심/동기강화상담	해결중심 지도자가 '내담자가 전문가'라는 관점을 갖고 '알지 못함의 자세'를 취하면, 전문적 지도자의 방향제시와 해결책을 요구하는 구성원들로부터 환영받지 못할 수 있음.

원들이 문화와 삶의 관련성을 탐색하고, 그들의 삶에서 변화시킬 부분을 결정할 수 있도록 돕기 위해 당신이 개발해 온 기법을 수정하여 적용할 방법을 찾는 것이다. 효율적인 집단상담사가 되려면 당신의 문화적 배경이 당신 자신이나 당신의 개입 방법에 끼치고 있는 영향에 대해 숙고해야 한다. 이러한 자각은 집단의 문화적 배경에 좀 더 세심한 주의를 기울이게끔 하는 데 핵심적인 요소이다.

통합적 모델의 적용

통합적 모델이라는 말은 다양한 이론적 접근으로부터 온 개념과 기법에 근거한 관점을 지칭한다. 그것은 나 자신이 집단을 운영할 때 적용하는 관점이다. 이 절에서 나는 집단의 각 발달단계에서 통합적 모델을 어떻게 적용하는지 설명하고자 한다. 이 모델은 사고, 감정, 행동의 세 요소를 다루게끔 고안되어 있다. 당신이 이미 보았듯이 제2부에 소개되었던 10개의 이론 중에서 몇 가지는 인지에, 다른 것은 감정의 경험에, 그리고 나머지는 행동에 초점을 맞추고 있었다. 나의 목표는 이러한 이론들이 독자적으로 기여하는 바를 통합하여 집단의 발달단계에서 인간 경험의 세 가지 차원 모두에 주목하는 것이다. 이와 더불어 이런저런 이론들을 잘 조합되지 않은 상태에서 서로 섞어 사용하지 않는 것 또한 중요하다. 당신의 목표는 당신이 공부했던 다양한 기법 중에서 일부를 선택하여 적용할 때 근거로 삼을 수 있는 일관성 있는 개념적 틀을 개발하는 것이 되어야 한다. 당신 자신의 통합적 접근을 개발하는 것은 오랜 세월에 걸쳐 이루어져야 할 작업이며 대학원을 졸업한 후 바로 그러한 관점을 가진다는 것은 아마도 비현실적인 목표가 될 것이라는 점을 강조하고 싶다. 이러한 접근들 중에서 무엇을 사용할지를 현명하게 결정하기 위해서는 다양한 이론을 깊이 연구하여 기초를 닦아야 한다. 이 책에서 논의된 모든 접근 방식은 가치가 있으며, 학생과 실무자는 통합적인 관점에서 사고할 수 있는 열린 자세를 유지하는 것이 좋다.

이론적 성향에 관계없이 어떤 기법이나 개입 방법을 활용할지, 언제 사용할지, 어떤 내담자에게 적용할지 결정해야 한다. 당신은 다양한 내담자를 만나게 될 가능성이 높다. 효과적인 상담을 위해서는 내담자의 가치관, 세계관, 삶의 경험, 문화적 배경에 부합하는 방식으로 기법을 활용해야 한다. 문화적 맥락이 내담자의 문제에 어떤 영향을 미치는지 평가하는 것이 유용하다. 일부 기법은 내담자가 사회화된 방식 때문에 금기일 수 있다. 특정 기법에 대한 내담자의 반응은 이러한 방법의 효과를 판단하는 데 중요한 척도가 된다.

집단상담 준비 단계에 적용되는 이론

집단을 구성하기 위한 준비 기간은 어쩌면 가장 중요한 시점일 수 있다. 기초가 약한 집단은 결코 출발선에 서지 못할 수도 있다. 효과적인 집단은 우연히 '발생'하지 않는다. 집단을 계획할 때부터 열심히 준비하고 면밀하게 조직하면, 일단 집단이 시작한 이후에 그 노력에 대한 보상을 받게 된다.

인지행동 이론은 집단상담 준비 단계에 특히 적절하다. 이 이론은 개별 집단의 요구와 구성원들의 준비도, 적합성 등의 평가를 강조한다. 집단지도자로서 당신은 분명한 목표, 집단이 왜 그리고 어떻게 도움이 되는지에 대한 분명한 이해, 구성원의 특별한 요구와 관심에 맞는 구체적인 집단을 고안하는 방법에 대한 감각을 가지고 있어야 한다. 집단이 잠재적 구성원에게 유익할 것이라는 확신이 있다면, 당신은 그들이 참여 여부를 결정하는 데 더 많은 도움을 줄 수 있을 것이다. 만약 구성원이 지금 참여하고자 하는 집단의 특성이 무엇인지 잘 안다면, 그들이 적극적이고 헌신적으로 집단에 참여할 가능성이 높아진다.

이러한 점에서 계약에 따라 집단을 구성하는 접근은 이점이 많다. 계약은 집단의 과정을 신비로운 것이 아닌 매우 현실적인 것으로 이해하게 하며, 구성원이 자신의 변화를 위해 책임을 지는 적극적인 위치에 서 있음을 깨닫게 하고, 집단이 취할 방향을 구조화하는 데 도움이 된다. 계약은 구성원과 지도자 사이에서 책임을 명확하게 분배하며 지도자에게는 상담에서 활용할 수 있는 지렛대를 제공한다.

초기 단계에 적용되는 이론

이론과 연결하기 초기 단계에서는 구성원들에게 어느 정도의 주저함이 있다. 아마도 가장 핵심적인 주제는 신뢰감의 형성과 유지일 것이다. 집단지도자의 태도와 행동은 중요한 상호작용을 촉진하는 데 도움이 되는 신뢰의 수준을 높이는 것과 직접적으로 관련된다. 관계 지향적 접근(특히 인간중심, 실존치료, 게슈탈트, 사이코드라마 관점)들은 변화를 위해 필수적인 신뢰 및 위험을 감수하는 의지 같은 특성을 지닌 공동체를 형성하는 기초를 제공한다. 지도자가 모범을 보이는 것은 특히 중요하다. 왜냐하면 구성원들은 지도자가 말하는 것보다 행동하는 것을 보면서 배우기 때문이다. 초기 단계는 헌신적이고 능력 있으며 도움을 주고자 하는 지도자의 열정이 구성원들에게 전달되는 시기이다. 새로운 집단을 시작할 때 구성원들이 경험하는 것에 대해 지도자가 존중을 표현하는 방법 중 하나는 구성원들에게 지금-여기에서의 생각과 느낌을 표현하도록 허용하는 것이다. 대체로 구성원은 집단 초기에 일정한 정도의 불안을 느낀다. 그들은 익숙하지 않은 환경, 거절, 또는 친밀함에 대한 두려움을 경험할 수 있다. 어떤 구성원은 자신이 감당할 수 있는 수준 이상으로 스스로에 대해 개방하거나, 집단 밖의 사생활에 방해를 받거나, 다른 구성원들의 반감을 사게 될 것을 두려워한다. 진실한 관심을 갖고 이러한 감정을 주의 깊게 살핌으로써 돌봄, 정중함과 연민이 깃든 집단 분위기를 만들고 구성원들이 자신의 느끼고 생각한 것을 자유롭게 나눌 수 있도록 격려할 수 있다.

개인적인 목표 설정하기

인지행동적 접근이 특히 유용한 시기는 초기 단계이다. 나는 인지행동적 접근이 구성원들로 하여금 자신이 변화시키고자 하는 행동의 구체적인 측면들을 확인하게 한다는 점을 좋아한다. 지도자는 구성원들에게 집단 참여가 목표를 달성하기 위한 수단이 될 수 있음을 보여 줌으로써 일종의 교육을 할 수 있다. 나는 지도자가 각 구성원들에게 구체적인 목표를 설정해 주는 것은 효과가 없다고 생각한다. 왜냐하면 구성원들 스스로가 진정으로 변화하려고 하지 않는 한 그들이 변화할 가능성은 거의 없기 때문이다. 이러한 이유 때문에 나는 Adler가 제시한 목표의 조율(goal alignment)이라는 개념을 중요시한다. Adler의 관점을 취하는 상담사들은 내담자와 상담사의 입장을 모두 충족하는 공동의 목표를 설정하기 위해 많은 노력을 한다. 현실치료 접근에서는 구성원들에게 그들이 가진 욕구에 대해 묻고 그들의 욕구가 현실적인지 스스로 평가하게 한다. 더욱이 현실치료에서는 구성원들이 현재 하고 있는 행동을 스스로 들여다보고 그것이 자신에게 도움이 되고 있는지를 판단하게 한다. 만약 구성원들이 현재 자신이 하고 있는 행동이 도움이 되지 않는다고 평가하면, 행동을 변화시키는 구체적인 과정이 시작된다. 해결중심 집단상담사는 다음과 같은 기적질문(miracle question)을 던짐으로써 자신의 목표를 확인하도록 한다. "만약 기적이 발생하고 당신의 문제가 해결된다면, 당신의 삶에서 무엇이 달라져 있을 것 같습니까?" 집단지도자는 구성원이 가능한 한 신속하게 잘 진술된 목표를 설정하도록 돕는다. 목표 설정을 돕는 질문에는 다음과 같은 것들이 포함된다. "당신의 문제가 해결되었을 때, 당신의 삶에서 무엇이 달라질까요?" "당신 자신과 다른 구성원들에게 당신이 더 나아졌다고 말할 수 있으려면 어떤 변화가 일어나야 할까요?"

구성원들이 자신의 바람, 욕구, 현재 행동 등을 평가하도록 지도자가 도와주지 않으면 그들은 어디서부터 시작해야 하는지 판단하기 어렵다. 이러한 개인적 평가는 구성원들이 집단에 적극적으로 참여하게 하고 무엇인가 다른 것을 하려는 동기를 불러일으킬 수 있다. 물론 집단을 촉진하는 기술에는 구성원들에게 그들이 원하는 욕구를 충족하는 데 집단이 어떤 도움을 주는지를 보여 주는 것도 포함된다. 나는 구성원들이 자신의 생각과 감정 그리고 행동을 정말 변화시키고 싶은지 숙고하고 결정하도록 하는 일의 중요성을 강조하지 않을 수 없다.

나는 자유와 책임을 받아들임으로써 자신의 삶을 더 창조적으로 사는 방법을 배운다는 실존적인 목표가 중요하다는 점에 동의한다. 그러나 그와 같은 포괄적인 목표는 구성원들이 어떤 생각과 감정 그리고 행동을 변화시키고 싶은지, 그리고 어떻게 변화를 촉진할지 등에 대해 분명한 생각을 가질 수 있을 만큼 구체화될 필요가 있다고 생각한다. 구성원들이 자신의 목표를 구체화하는 한 가지 방법은 그것을 문장으로 써 보게 하는 방법이다.

과도기 단계에 적용되는 이론들

갈등과 저항을 다루는 방법 학습하기

집단의 발달 과정 중에서 가장 어렵고 때때로 좌절스러운 시기는 과도기 단계이다. 집단이 작업 단계로 발전하려면, 구성원들은 불안과 방어, 저항, 갈등, 통제력에 관한 갈등, 지도자에 대한 도전, 그리고 문제가 될 만한 다른 행동들을 발견하고 다루는 방법을 습득해야 한다. 어떤 집단은 과도기 단계까지만 진행되다가 더 이상 진행되지 않고 머물러 버리기도 한다. 이러한 막다른 골목과 같은 상황이 발생하는 것은 집단 규범을 잘 형성하지 못했거나 집단 내의 저항과 갈등을 효과적으로 다루지 못했기 때문이라고 추정할 수 있다. 집단을 진행하려면 반드시 갈등이 인식되고 치료적으로 다루어져야 한다. 잠재적인 저항을 인식하는 한 가지 방법은 집단에 참여하는 구성원들의 만족도를 수시로 평가하는 것이다. 이러한 평가는 간략한 지필 방식으로 이루어질 수 있는데, 이것은 요약 · 정리되어 집단에 피드백으로 주어질 수 있다. 구성원들이 정기적인 평가에 익숙해지게끔 하는 것은 유용하다. 그 이유는 정기적인 평가를 함으로써 집단 내의 문제를 발견하고 그것을 매 회기에 다룰 수 있기 때문이다. 집단지도자는 각 구성원의 관여 정도, 회기에 대한 만족도, 신뢰 수준, 위험을 감수하고자 하는 의지 수준 등에 대해 구체적으로 질문할 수 있다. 집단 과정을 평가하는 데 사용될 수 있는 설문에 대한 아이디어를 얻으려면 이 책과 함께 출간된『학생 안내서(Student Manual)』를 참조하기 바란다. 물론 이런 유형의 평가는 집단에서 의 개입이 효과적인지 가늠하는 방법으로 행동의 구체화, 성과, 그리고 집단 과정에 대한 정기적인 피드백을 강조하는 행동주의 관점과 일치한다.

다시 한번 강조하건대, 회피나 저항을 수용하고 다루는 문제에 있어서 지도자가 모범을 보이는 일은 매우 중요하다. 때때로 지도자는 그들이 하거나 하지 않는 일 때문에 구성원의 저항적인 행동을 촉발하기도 한다. 만약 지도자가 집단 내에서 발생하는 문제를 지나치게 개인적인 것으로 받아들이면, 그들은 불필요한 부담을 스스로에게 지우고, 그 결과 방어적인 태도를 취하게 된다. 구성원들에게 운신할 수 있는 여지를 주는 것, 날카롭거나 방어적으로 반응하지 않는 것, 그리고 빈정거리지 않는 것은 매우 중요하다. 집단에서 어쩔 수 없이 발생하는 저항은 다양한 형태의 회피나 방어적 행동으로 드러나는데, 지도자가 이런 저항을 다루는 태도는 집단 전체가 과도기 단계에서 수행해야 할 과제를 얼마나 잘 수행할 것인지를 좌우한다. 저항이란 집단이 좀 더 자율적인 방향으로 발전하고 있을 때 발생하는 정상적이고 건강한 신호라고 보는 것이 유용하다. 구성원의 주저함이나 저항을 집단을 피하는 것으로 보기보다 그들이 하는 행동의 근원을 이해하고 치료적으로 다루는 것이 좋다.

사고, 감정, 행동을 다루는 관점

나는 특히 감정을 표현하고 이에 대한 수용을 얻음으로써 자유로움을 경험하게 하는 인간중심 접근이 특히 집단의 과도기에 유용하다고 생각한다. 나는 구성원들이 집단 과정에 대해 저항하면서 동시에 경험하는 감정을 스스로 느낄 뿐 아니라, 그러한 느낌을 강렬하게 경험하도록 스스로 열린 태도를 가지기를 희망한다. 따라서 나는 게슈탈트 접근과 사이코드라마에서 사용하는 행동 지향적인 기법을 적용하는데, 이러한 기법을 통해 내담자는 그들이 무엇을 느끼든 그 감정을 최대한 강렬하게 경험한다. 그러나 이런 경우에는 내담자들이 자신의 문화적 배경이 허용하는 범위 내에서 이러한 작업이 이루어지게끔 평가하는 일이 중요하다. 일부 구성원들은, 그들의 문화적 규범으로 인해, 정서적 측면을 포함하는 게슈탈트 실험이나 정서적 고양을 이끌어 내는 사이코드라마에 참여할 때 어려움을 겪게 된다. 내담자가 감정을 경험하도록 지나치게 강요하는 것은 치료적으로 효과적이지 않다. 그러나 감정 표현과 관련된 그들의 생각과 믿음을 탐색해 보는 것도 도움이 된다.

합리적 정서행동치료와 그 밖의 인지행동적 접근은 구성원으로 하여금 집단에서 방어적인 태도를 야기하는 자기파괴적인 신념에 도전하게 하는 데 유용하다. 어떤 구성원은 다른 사람이 인정하지 않을지도 모른다는 두려움이나 그들이 다른 사람에게 제대로 이해되려면 말을 '완벽하게' 잘 해야 한다는 믿음 때문에 말을 거의 하지 않는다. 자신이 감정적 차원에서 주저하고 있음을 깨달은 구성원은 방어적 행동과 관련된 자신의 인지 방식에 진정으로 도전할 수 있게 된다. 이때 글쓰기가 도움이 된다. 구성원들로 하여금 자신의 생각(그리고 이러한 생각이 원치 않는 행동과 감정을 어떻게 유발하는지)을 기록하게 하면, 그들은 비효율적인 자기대화를 좀 더 깊이 탐색할 수 있게 된다. 그들은 새롭고 좀 더 기능적인 생각을 습득할 수 있고, 집단 안팎에서 그러한 생각을 연습할 수 있다. 이와 관련하여 내담자들은 다른 방식으로 행동해 보려는 의지를 가질 필요가 있다. 나는 선택 이론/현실치료와 해결중심 단기 상담 접근이 내담자의 행위에 주목하고, 합리적 정서행동치료가 변화의 지속성을 보장하기 위해 새로운 행동의 연습을 강조하는 것을 높이 평가한다. 해결중심적 접근과 동기강화 상담접근, 현실치료는 변화를 위한 구성원들의 계획 수립을 유도하는 데 유용한 몇 가지 질문 방법을 제공한다. 이와 같은 계획 수립은 그 자체로 구성원들이 지금과는 다른 방식으로 행동하도록 이끄는 한 가지 방법이 될 수 있다.

작업 단계에 적용되는 이론

작업 단계는 구성원들이 가지고 온 중요한 문제를 탐색하고 집단에서 현재 발생하는 일에 대한 구성원들의 반응에 전념하는 단계이다. 나는 이 단계가 집단의 구조화 수준이 가장 낮은 단계라고 생각한다. 이처럼 구조화 수준이 낮은 이유 중 몇 가지는 구성원들 자신이 작업하고 싶은 주제를 스스로 제시하고, 다른 구성원과 자유롭게 상호작용하며, 낯설지 않은 많은 구성원과 함께 집단에 속해 있다고 느끼고, 집단이 제대로 진행되는 것에 대한 책임을 받아들이기 때문이라고 생각한다.

개념과 기법

나는 구성원들을 초대하고 그들을 집단에 참여시키며 그들이 말해야할 것이 무엇인지 알려 주기보다 구성원이 스스로 자신이 다루고 싶은 주제를 거론하게 하는 방법을 선호한다. 나는 각 집단에서 구성원들로 하여금 그들 자신이 다룰 주제를 생각해 보게끔 질문하는 것이 도움이 된다고 생각하고, 각 회기가 시작할 때 그 회기에서 그들이 얻어 가고 싶은 것에 대해 가능한 한 명료하게 말하도록 질문을 던지면서 집단 회기를 시작한다. 이 말은 작업 단계에서 지도자가 수동적인 입장을 취해야 한다는 의미가 아니다. 나는 새로운 실험을 제안하고 경험의 강도를 높이게끔 고안된 방법에 구성원들이 참여하도록 안내한다. 여기에서 강조하고 싶은 것은 내가 사고, 감정, 행동의 차원 모두에 주목하며, 내가 제안하는 기법들은 이 차원들을 통합한 것이라는 점이다. 구성원들이 일단 집단 작업 참여 의사를 밝히고 그들이 성취하고 싶은 것이 무엇인지를 선언하면, 대체로 나는 그들에게 새로운 실험에 참여하고 싶은지를 묻는다.

일반적으로 나는 구성원들에게 그들이 지금-여기에서 경험하고 자각한 것에 주목하도록 요청하고 돕는 것으로 시작한다. 게슈탈트 접근에서의 실험은 현재 시점의 자각에 초점을 맞추고 과거의 미해결 과제를 수면으로 떠올리는 데 가장 유용하다. 나는 과거의 주제를 현재로 가지고 오게끔 하는 방법을 선호하는데, 이는 사이코드라마나 게슈탈트 접근에서도 많이 사용된다. 이런 방법은 집단 작업에 생생함을 더해 준다. 그렇게 하면 구성원들은 그들이 느끼고 생각하는 것을 추상적 차원에서 진술하기보다 느낌과 생각을 좀 더 빨리 생생하게 경험하기 시작한다. 예를 들면, 어떤 여성 구성원이 자신이 혐오하는 어머니와 유사한 모습으로 성장하는 것을 두려워할 경우, 상징적으로 "당신의 어머니를 이 집단에 모시고 오기 바랍니다."라고 요청할 수 있다. 게슈탈트 접근과 사이코드라마는 그녀의 경험에 초점을 맞추고 그 경험을 강렬하게 느끼게 하는 다양한 기법을 제공한다. 그녀는 어머니와 자신을 동일시하고 집단에서 다른 구성원에게 '마치 자신의 어머니가 하는 것처럼' 말할 것이다. 나는 감정에 대한 접촉의 가치를 인정하지만 카타르시스나 자신의 감정을 표현하는 것만으로는 그 가치를 제한하는 것이라고 생각한다. 나는 그녀에게 어머니로부터 배운 신념 체계 중 일부라도 찾아볼 것을 제안한다. 그녀는 아마 자기파괴적인 신념을 무비판적으로 받아들이고 그러한 신념을 재검토하지 않은 채 화만 내고 있을 수도 있다.

그녀의 정서적 측면과 함께 인지적 측면을 탐색함으로써 그녀가 자신의 일상적 행동으로 인해 어떤 제약을 받고 있는지를 밝힐 수 있다. 따라서 나는 집단에서 토론이 생산적일 수 있다고 생각한다. 특히 구성원들 사이에서 이루어지는 토론은 큰 가치가 있다. 구성원들은 검증되지 않은 가정에 도전할 수 있고, 주어진 주제와 관련하여 찬반논쟁을 할 수 있으며, 어떻게 그들이 스스로를 패배자로 만드는지에 대해 생각해 볼 수 있다. 결국 인지행동적 차원에서 작업하는 것은 사고의 오류와 정서적 문제를 수정하는데 매우 효과적인 방법이다.

내가 작업 단계에서 특히 강조하는 것은 집단 회기 밖에서 구성원들이 하는 행동에 초점을 맞춘다는 점이다. 따라서 나는 매 회기의 끝 부분에 모든 구성원에게 다음과 같은 질문을 하고 답하게 한다. "오늘 회기에서 당신은 자신에 대해 무엇을 알게 되었습니까?" "다음 주까지 당신이 연습하고 싶은 행동은 무엇입니까?" "당신이 수행하고 싶은 구체적인 과제는 무엇입니까?" 이러한 접근은 집단 내에서 이루어지는 학습 경험을 강화하며, 집단에서 습득한 새로운 사고 및 행동 방식을 일상생활에 어떻게 적용할지에 대해 지속적으로 생각하도록 돕는다.

종결 단계에 적용되는 이론

앞으로 남은 과제의 점검

집단의 발달 과정에서 종결 단계는 매우 중요하다. 이 단계에서 구성원들은 집단에서 그들이 했던 경험의 의미를 명료화하고 그들이 습득한 것을 견고하게 다지며 그들이 일상생활에 적용하고 싶은 새로운 행동에 대한 의사결정을 내린다. 집단에서 학습한 것을 견고하게 다지려는 구성원들 앞에 놓인 과제는 이러한 행동 변화를 집단 외부에서 유지하는 방법을 배우는 것이다. 나는 사고, 감정, 행동 수준에서 나타난 모든 변화를 점검하는 일을 중시한다. 내담자들은 자신에게서 어떤 자원과 강점을 발견했는가? 그들은 자신의 감정을 삼키기보다 표현하는 것의 가치를 학습했는가? 그들은 감정을 억제하면 그것이 간접적으로 표현된다는 것을 알게 되었는가? 그들은 어떤 인지나 사고방식을 수정했는가? 그들은 정서적인 문제를 야기하는 역기능적 인지를 버렸는가? 그들은 자신의 신념 체계와 가치관을 비판적으로 평가하고, 그들 자신의 것으로 만들었는가? 그들이 가치 있게 여기는 구체적 행동 변화를 이루었는가? 그러한 행동을 어떻게 변화시켰는가? 그들이 생산적인 행동을 지속할 수 있는 방법은 무엇인가? 집단상담을 종결해 가는 이 시점에서 그들이 지속적으로 성장해 가기위해서는 어떤 구체적 행동 계획을 수립할 수 있는가?

이론적 관점

나는 집단을 시작할 때와 마칠 때 가장 구조화된 절차를 사용하는 경향이 있다. 나는 구성원들이 집단에서 습득한 인지적 · 정서적 · 행동적 변화를 집단 밖으로 자동적으로 전이시킬 것이라 생각지 않는다. 따라서 나는 이와 같은 학습의 전이를 촉진할 것이라고 생각되는 구조를 제공한다. 나는 집단을 운영하면서 구성원의 행동을 촉진하는 데 도움이 되는 것이라면 구성원들이 자신이 수행할 과제를 설정하거나 그들이 변화한 점에 대해 이후 회기에서 이야기하도록 하는 방식 등을 포함하여 그 어떤 일이든 한다고 말한 적이 있다. 이 방법을 통해 구성원 자신이 어떻게 달라질 수 있는지, 그리고 새로운 행동을 일상생활에서도 수행할 수 있는지를 지속적으로 학습하는 장으로 집단을 활용할 수 있다.

나는 작업 단계에서 경험적 접근을 사용하고 감정을 탐색하는 반면, 종결 단계에서는 인지행동적 접근을 좀 더 사용하고 집단에서 학습한 것을 개념적인 이해의 틀 속에 통합하려는 경향이 있다. 인지행동적 접근의 관점에서 나는 집단을 떠나기 위한 연습과 시연, 자기모니터링 과정, 집단 밖 사람들과의 지지 체계 형성, 자기강화를 통한 학습 방법 등을 도입한다. 나는 상담이 교수/학습 과정이라고 생각하며 구성원들이 경험한 것을 이해하는 데 도움이 되는 인지적 틀을 고안하게 하려고 노력한다. 따라서 종결단계에서 나는 다음과 같은 질문을 한다. “당신은 이 집단상담에서 어떤 가치 있는 것을 습득했나요? 그리고 어떤 방법으로 습득했나요?” 나는 구성원이 자신의 변화의 원인을 집단이라는 마술보다 그들이 변화하기 위해 취했던 구체적인 행동에서 찾기를 바란다. 이 시점에서는 인지행동치료, 합리적 정서행동치료, 선택이론/현실치료, 해결중심 단기치료, 동기강화상담 등이 유용하다. 왜냐하면 이 접근들은 변화를 위한 구체적인 계획을 개발하고 그러한 변화를 촉진하기에 필요한 헌신과 약속, 그리고 상담 과정에 대한 평가를 강조하기 때문이다.

구성원들이 작업 단계에서 행동 계획을 시도하기도 하지만 그러한 계획에 따라 새로운 행동을 시도하는 것은 종결 단계에서 가장 중요한 작업이다. 구성원들이 새로 습득한 기술을 지속적으로 개발하는 방법을 찾게끔 돕는 것 역시 중요하다. 집단이 종결되기 전에 구성원들은 자신의 변화를 촉진하기 위해 다른 경로를 찾아 시도해 보는 것도 중요하다. 그들은 자신에게 지속적으로 도전하도록 하는 활동을 시도할 수 있다. 그들은 집단이 종결되어도 특정한 방식으로 행동하겠다는 계약을 맺을 수도 있다.

나는 집단 종결기에 인지적인 작업과 행동적 계획을 강조한다. 그러나 이 시점에서 감정이 중요하지 않다고 생각하는 것도 아니다. 구성원들이 이별과 종결에 대한 자신의 감정을 다루는 일과 집단이라는 지원 체계가 없을 때 경험하는 두려움과 염려를 표현하는 것, 작별인사를 하는 방법을 습득하는 것 등은 매우 중요한 일이다. 그뿐 아니라 집단 내에서 해결되지 않은 미해결 과제를 해결하는 것은 그 무엇보다 중요한 일일 것이다.

집단이 종결로 향하면서 지도자는 그들이 집단을 떠난 후 겪을 수 있는 어려움을 다루는 실용적인 방법을 제공할 수 있다. 구성원들은 성장으로 향해 가는 길은 장애물이 많고 평탄치 않을 것이라는 점을 배울 필요가 있다. 이 시점에서 그들은 집단에서 그들이 이룬 성취를 평가할 뿐 아니라 집단이 그들에게 끼친 영향을 평가하는 방법을 습득할 필요가 있다.

집단이 종결된 후 적용되는 이론

집단이 종결되면 구성원들에게 중요한 과제는 그들이 집단에서 습득한 것을 일상생활에 적용함으로써 자기주도적으로 기능하는 삶을 사는 것이다. 나는 가능하다면 추후면담의 일환으로 각 구성원과 개별적으로 면담하는 시간을 따로 할애하는 것이 유용하다고 생각한다. 그러한 절차는 책무성을 높이며, 구성원과 지도자는 양측 모두가 집단의 영향력을 좀 더 정확하게 평가할 수 있다. 그리고 인지행동적 접근은 이러한 책무성과 평가를 중시하는데, 이러한 책무성과 평가는 이전 집단에서 효과적이었던 것을 수정하여 또 다른 집단에 적용할 수 있게 해 주기 때문이다. 추후 절차는 하나의 안전장치를 제공한다. 구성원들이 해결되지 않은 주제나 부정적인 경험을 가진 채 집단을 마쳤다면, 그들은 이에 대해서 집단지도자와 이야기를 나눌 수 있다.

통합적 모델의 강점과 약점

몇 차례에 걸쳐 말했듯이, 나는 집단상담사는 인간으로서의 자신에게 맞는 스타일을 찾을 필요가 있다고 믿는다. 나에게 통합적 모델이란 전문적 · 개인적 측면에서 나에게 적합한 집단에 접근하기 위해 나 자신이 수행해 온 연구의 산물이다. 통합적 모델은 집단에 대한 나의 관점을 반영하며 구성원 개인의 사고, 감정, 행동 차원을 통합한 형태로 표현된다. 통합적 모델은 또한 경험적인 차원과 교육적인 차원을 결합한 것인데, 그 이유는 우리가 집단에서 경험한 것은 개념적 틀에 의해 지지될 필요가 있기 때문이다. 그러한 개념적 틀이 없이는 우리의 경험을 이해하거나 그것이 우리의 일상생활에 제공하는 함의를 알 수 없기 때문이다. 나의 모델은 행동 지향, 통찰 지향, 그리고 경험 지향적인 접근(즉, 인지적 차원, 정서적 차원, 행동적 차원)을 통합한 것이며, 모든 집단에서 기본적인 목표, 즉 변화를 효과적으로 추구한다.

나는 상담적 관점을 통합하는 것이 집단에서 지도자 자신의 개입 방법을 개발하는 가장 좋은 방법이라고 생각한다. 그러나 통합적인 관점을 수립하는 것은 경험과 성찰을 통해 도달하는 지속적인 과정이다. 즉, 단순히 여러 이론으로부터 무작위적이고 파편화된 방식으로 이런저런 조각들을 선택함으로써 이루어질 수 있는 것이 아니다. 통합적인 관점을 형성할 때 당신은 스스로 다음과 같은 질문을 해 보는 것이 중요하다. '어떤 이론이 인지적 차원, 감정적 차원, 행동적 차원을 이해하는 데 기초가 되는가?' 내가 제시한 10가지 접근 중 대부분은 인간 경험 중에서 한 가지 차원에 초점을 둔다. 다른 차원들은 무시되지는 않지만 덜 강조되는 경향이 있다.

앞에서 언급했듯이 통합적 관점을 개발하는 일은 많은 독서와 사고, 그리고 실제 상담 경험이 필요하다. 모든 이론에 대한 정확하고 깊은 지식이 없이는 진정한 통합을 이룰 수 없다. 이 책에서 제시하는 핵심 메시지 중 하나는 각 이론에 대해 개방적인 태도를 가지고 더 많은 책과 문헌을 읽으며 각 이론의 주요 개념이 당신의 성격과 얼마나 부합하는지에 대해 성찰해야 한다는 것이다. 여러 가지 이론들의 특성 중에서 당신이 생각하기에 가장 좋은 것들만을 선별하고 이를 바탕으로 당신만의 이론 체계를 구축하는데는 많은 시간과 노력이 필요하다. 효과적인 지도자가 된다는 것은 상담 실제에서 당신을 인도하고 집단에서 발생하는 여러 가지 일을 이해하도록 돕는 당신만의 집단상담 이론을 규정하고 다듬는 일을 포함한다. 물론 당신이 운영하는 집단의 구체적인 유형과 집단구성원들의 특성은 적절한 집단상담 전략을 결정하는 데 있어 가장 중요한 변인이다. 당신이 사용하는 기법을 수정할 수 있는 열린 태도를 가지기 바란다. 또 그렇게 함으로써 구성원의 욕구나 그들의 사회적 · 문화적 배경에 적합한 기법을 적용하기 바란다.

나는 통합적 접근의 중요성을 강조함과 더불어 한 가지 이론을 고수하기보다 여러 이론을 통합함으로써 유발되는 잠재적 문제에 대해서도 언급하고자 한다. 가장 문제가 되는 것은 통합적 접근을 표방하면서 실제로는 조잡한 상담(즉, 당신이 실제로 상담에서 무엇을 하는지에 대한 체계적인 논리가 부족한 상담)을 하게 되는 경우이다. 당신이 기분에 따라서 기법을 선택한다면, 그것은 당신이 편견이나 선입견을 따르는 것 이상도 이하도 아닌 상담이 된다. 최대한 긍정적으로 보더라도 이러한 통합이란 기껏해야 다양한 접근이 독특하게 기여하고 있는 점들을 창의적으로 조합한 것, 당신의 고유한 성격이 나 스타일에 맞는 개념이나 기법을 역동적으로 통합한 것 정도가 될 것이다.

요약과 검토를 위한 표

이 시점에서 이 강좌를 듣고 이 책을 읽으면서 당신이 깨달은 중요한 사항에 대해 성찰해 보는 것이 유용하다. 우선 당신의 현재 삶과 상황을 이해하는 데 가장 도움이 되는 이론이 무엇인지 생각해 보라. 당신이 어떤 변화에 관심을 두는지, 어떤 접근이 구체적인 사고와 감정, 행동을 수정하는 전략을 제공하는지 생각해 보라. 이 시점은 타인과 효과적인 관계를 형성하는 당신의 능력에 대해 배운 것을 검토하기에 좋은 시점이다. 특히 당신의 구성원과 함께 작업할 수 있는 관계를 형성하는 데 도움이 되거나 방해가 되는 개인적 특성을 검토하는 것이 중요하다.

개인적으로 습득한 것을 검토한 후, 나는 집단 과정에 대해 당신이 습득한 것을 검토하고 성찰할 것을 제안한다. 집단상담 입문 과정의 첫날과 마지막 날을 비교해 보면, 학생들은 처음에는 압도적인 지식의 양과 이해하기 어려운 내용 때문에 종잡을 수 없다고 생각하다가도 마치는 날쯤 되면 상담의 기초에 대해 활용 가능할 정도로 이해하는 것 같다. 그뿐 아니라 나는 당신이 다양한 집단을 운영하고 경험이 쌓이면서 이 책을 통해서 얻게 된 이론적 기초에 당신만의 새롭고 독창적인 의미를 추가하게 될 때까지 인내할 수 있기를 바란다. 이 책에서 논의된 많은 전문적 · 윤리적 주제에 대해서도 마찬가지이다. 나는 이와 같은 기본적 주제에 대해 성찰하고, 그것들에 대한 당신 자신의 견해를 형성하며, 동료 학생들이나 교수와 함께 토론하는 일이 필수적이라고 생각한다. 경험이 당신에게 새로운 교훈을 제공하겠지만, 당신이 지금 성찰한다면 그러한 주제를 맞닥뜨렸을 때 훨씬 더 잘 무장될 것이라고 생각한다.

10개의 이론을 요약한 표들(〈표 16-1〉에서 〈표 16-6〉까지)을 검토하고 다음과 같은 측면, 즉 (1) 집단상담의 목표, (2) 집단지도자의 역할과 기능, (3) 구조화와 책임 분배의 정도, (4) 집단상담 기법, (5) (이론을 다문화상담에 적용할 때) 기여하는 점, (6) 제한점 등을 고려하고 어떤 접근이 가장 끌리는지 생각해 보기 바란다.

찾아보기

인명

내용

저자 소개

Gerald Corey는 풀러턴에 소재한 캘리포니아 주립대학교 휴먼 서비스 및 상담학과(Human services and Counseilng) 명예교수이며, 뉴올리언스 홀리 크로스 대학교의 상담학 특별 초빙교수이다. 서던 캘리포니아 대학교에서 상담학 전공으로 박사학위를 받았으며, 1992년에는 국립 루이스 대학교 명예 인문학 박사학위를 받았다. 미국심리전문가위원회(American Board of Professional Psychology)의 공인을 받은 상담심리학 전문가이고, 국가공인 심리학자이자 상담가이며, 미국심리학회(APA, 17분과 상담심리학, 28분과 집단심리치료)와 미국상담협회(ACA) 및 집단상담전문가협회(ASGW)의 특별 회원이다. 2011년에는 미국정신건강상담사협회(American Mental Health Counselors Association)에서 공로상을 수상했으며, 2001년에는 집단상담전문가협회(ASGW)로부터 특별공헌상(Eminent Career Award)을 받았고, 1991년에는 풀러턴 소재 캘리포니아 주립대학교 올해의 교수상을 받았다. 또한 2021년 미국상담협회(ACA)의 가상 회의에서 토마스 호헨실 전국 출판물상 등을 수상했다. 16권의 상담학 교과서의 저자 또는 공저자이며, 70편 이상의 학술논문과 다수의 저서를 집필했다. 그의 저서인『심리상담과 치료의 이론과 실제(Theory and Practice of Counseling and Psychotherapy)』는 아랍어, 인도네시아어, 포르투갈어, 한국어, 중국어로 번역되었으며,『집단상담의 이론과 실제(Theory and Practice of Group Counseling)』는 한국어, 중국어, 스페인어 그리고 러시아어로 번역되었다.『상담 및 심리치료 윤리(Issues and Ethics in the Helping Professions)』는 한국어, 일본어, 중국어로 번역되었다. 그리고 동료들과 함께 미국, 독일, 아일랜드, 벨기에, 스코틀랜드, 멕시코, 캐나다, 중국, 한국에서 집단상담 훈련을 중점적으로 워크숍을 진행했다.

역자 소개

김창대

서울대학교 교육학과 교수

전문상담사단체협의회 회장

한국상담학회 전문상담사 수련감독급, 한국상담심리학회 상담심리사 1급

전 한국상담학회 회장, 한국상담진흥협회 이사장

서울대학교 대학생활문화원 원장

천성문

국립부경대학교 평생교육상담학과 교수

한국청소년상담복지개발원 이사

문화체육부 영상물등급위원회 이사

한국교육치료학회 회장

한국상담학회 전문상담사 수련감독급, 한국상담심리학회 상담심리사 1급, 정신보건임상심리사

전 경성대학교 교육학과 교수, 한국상담학회 회장

서울대학교, 스탠퍼드대학교 초빙객원교수

이동훈

성균관대학교 교육학과 교수

성균관대학교 외상심리건강연구소 소장

전국대학교학생상담센터협의회 회장

한국상담학회 전문상담사 수련감독급, 한국상담심리학회 상담심리사 1급, 게슈탈트상담학회 전문가

전 부산대학교 교육학과 교수, 한국청소년상담원 상담조교수

전종국

대구사이버대학교 상담심리학과 교수

한국상담학회 산하 집단상담학회 회장, 한국아들러심리협회(KSAP) 회장

한국집단상담학회, 한국학교상담학회 수련감독

Certified Adlerian Counselor by The Alfred Adler Institute at British Columbia

전 한국심리학회 선임이사, 한국코칭심리학회 학술위원장

여성가족부 정책자문위원, 한국교류분석학회 회장

이영순

전북대학교 심리학과 교수

전북대학교 부설 심리코칭연구소 소장

한국상담학회 전문상담사 수련감독급

한국상담심리학회 상담심리사 1급

정신보건임상심리사

방기연

고려사이버대학교 상담심리학과 교수

한국상담학회 학교상담학회 회장

APA Div 29 International Committee Member

한국상담학회 전문상담사 수련감독급, 한국상담심리학회 상담심리사 1급

전 전국대학상담학과협의회 회장, CUK심리상담센터 센터장

김장회

경상국립대학교 교육학과 교수

경상국립대학교 교육연구원장, 학생상담센터장

한국상담학회 회장

한국상담학회 전문상담사 수련감독급

전 인제대학교 상담심리치료학과 교수

전국대학교학생상담센터협의회 회장

원서 10판

집단상담의 이론과 실제

Theory & Practice of Group Counseling
Tenth Edition

2024년 9월 15일 1판 1쇄 인쇄
2024년 9월 20일 1판 1쇄 발행

지은이 • Gerald Corey
옮긴이 • 김창대 · 천성문 · 이동훈 · 전종국 · 이영순 · 방기연 · 김장회
펴낸이 • 김진환
펴낸곳 • ㈜학지사
04031 서울특별시 마포구 양화로 15길 20 마인드월드빌딩
대표전화 • 02-330-5114 팩스 • 02-324-2345
등록번호 • 제313-2006-000265호

홈페이지 • http://www.hakjisa.co.kr
인스타그램 • https://www.instagram.com/hakjisabook

ISBN 978-89-997-3204-1 93180

정가 34,000원

출판미디어기업 **학지사**

간호보건의학출판 **학지사메디컬** www.hakjisamd.co.kr
심리검사연구소 **인싸이트** www.inpsyt.co.kr
학술논문서비스 **뉴논문** www.newnonmun.com
교육연수원 **카운피아** www.counpia.com
대학교재전자책플랫폼 **캠퍼스북** www.campusbook.co.kr

THE LEESOO SCHOOL,Hwang Jungwon's overture to 'LEESOO OJASUL' / 地支算命術

The Matrix

오자술 ❖ 매트릭스

가장 쉽게 익히고 푸는 21세기 한국의 운명예측기법

황정원 지음

장서원
도서출판

李修命理學 學習 體系圖

course	module		textbook	extra
1	李修五字術	basic	오자술매트릭스	看破命運
2				
3			十二運數	The Key to Happiness
4				
5		advanced	命理36禽獸(上)	五行干支叢論
6			命理36禽獸(下)	
7		mastery	Zoological Fatalism	
8			李豹神技	
9	子平命理理法	basic	干支八字	한권으로 읽는 이수명리학
10		advanced	五行十星	滴天髓써머리
11				
12			子平眞詮리뷰 I	
13			子平眞詮리뷰 II	
14		mastery	八字術必殺技	八字術 FINALBLOW
15			刑沖會合	刑沖會合精解
16	八字氣學	basic	生旺死絶	八字來情
17			空亡秘鑰	
18		advanced	欄江網마스터리 I	窮通寶鑑一讀
19			欄江網마스터리 II	
20			欄江網마스터리 III	
21	門下秘笈	advanced	六神物象	命理物象實戰57招
22			八字虛字論	THE INVISIBLE
23			滴天髓스펙트럼 I	滴天髓摘要(해설)
24			滴天髓스펙트럼 II	
25		mastery	RED Book	胞胎珍技

A Personal Note*

뉴밀레니엄의 도래와 함께 예고된 한국의 사주학四柱學, 이수李修 스승의 오자술五字術 체계가 최근에 들어 점차 베일을 벗고 있습니다. 이미 기초 학습 과정의 '간파명운看破命運'과 '십이운수十二運數'가 문하門下들에 의해 출간 됐고, 간지술干支術의 본격적인 오자술 학습의 주된 교재인 '이표신기李豹神技'의 출간 시점이 임박했다는 얘기가 솔솔 흘러나오고 있습니다. 운 좋게 문하생들은 지난해 기초 과정을 사사師事받아 오자술의 기본 골격을 이루는 십이성신十二星辰과 신살神煞, 포태胞胎의 합작 통변을 익히고 이해하게 되었지만, 아직까지는 오자술 전체 지식 체계의 그림자만 얼핏 보았을 뿐 실체를 경험하지 못한 것 같습니다. 이제 다양한 수법을 다루는 '이표신기'의 공개에 앞서 이전에 배우고 익혔던 기본 과정의 통론을 세워 체계화할 필요가 있지 않나 싶습니다.

친애하는 독자 여러분, 지금부터 이 책을 통해 음양오행陰陽五行의 기초지식만으로도 운명運命 예측술의 큰 효용을 맛볼 수 있는 가장 손쉬운 방도를 제시해 나가려 합니다. 자신을 낮추고 비우는 태도와 믿음으로 다가선다면 당신은 삼십 년쯤 살면서 차근차근 알아야 할 것들을 폭풍우처럼 삼일 만에 다 알아버릴 지도 모릅니다.

※ 술수術數 방면에 문외한조차도 이 책을 차분하게 읽어나가면 큰 어려움 없이 재미가 붙고 운명의 예측이 가능하도록 가급적 쉽게 오자술의 기본기를 설명하고 있습니다.

이미 '간파명운'이나 '십이운수' 등의 입문서를 통해 오자술에 대한 예비지식을 갖추었다면 지금부터 씨줄과 날줄로 얽혀 관계를 맺을 수밖에 없는 십이성살론에 대한 철저한 복습과 함께 육신(六神) 운용의 기초지식을 견지할 필요가 있습니다. 대개의 학습자들은 '십이성신, 십이신살, 십이운성'의 원리 이해와 합작 키워드가 곧 '오자술' 이론의 기초임을 알고 있습니다. 그런데 안다고 생각하는 순간 진실은 달아나기 십상입니다. 오자술 학습의 초기 과정에서 성신과 신살, 운성(포태) 등의 합작 각론에 대한 이해를 구했다면 반복 읽기와 사유로 신살의 구조가 사상(四象)과 오행(五行)의 온전한 결합체임을 깨닫는 순간을 맞이하기 바랍니다. 이 책에서 필자는 십간십이지 처음부터 성살론(星煞論)과 육신론(六神論)에 이르기까지 각론의 배열에 그치지 않고, 전체가 융합된 형태의 초급 통변

通辯 실기가 가능토록 정리했습니다. 간단한 실전 스킬에 비해 현상을 담아내는 적중률은 상당히 높습니다. 역학易學의 술기術技에만 국한하자면 오직 현상의 적중만으로 그 의미를 살릴 수 있을 터인데, 이런 점에서 현존하는 어떤 방술보다 뛰어난 점을 알게 될 것입니다. 프로 술가術家들에게는 최소의 비용과 노력으로 최대의 학습 효과를 거두는 결정적인 기회를 제공할 것이라 믿습니다. 물론 감탄하는 가운데 '이수명리'의 독특한 '오자술' 학습의 최고봉까지 나아가지 않고서는 배길 수 없을지도 모르겠습니다.

술術과 학學에서 도道로 나아가는 여정에서 이 책이 친근하고 부담 없는 벗이 되길 소망하며.

己丑 小寒 달구벌, 저자 識

Author**

황정원

이수학파 문하 16회 과정 사사

Introduction***

이 책의 제목 '오자술*매트릭스'는 '간파명운看破命運'과 '십이운수十二運數'에서 다뤄진 '십이성신과 십이신살(포태)의 통합 운용 체계'를 의미하는 용어로 풀이될 수 있습니다. 또 입문 과정에서 다루지 않은 오자술(五字術) 육신(六神)법을 다루고 있습니다. 따라서 오자술의 텍스트인 '이표신기'에서 본격적으로 다루는 간지술干支術의 '형충회합刑沖會合, 십성분할十星分割, 금수물상禽獸物象, 공망비약空亡秘鑰' 등의 첨단 실기 전반에 대한 설명은 포함되지 않습니다. 다시 말해 지지술地支術에 한정된 사주四柱 간법看法을 주로 설명하였으므로 간지술(干支術)의 오자술 전체 지식 체계를 포괄하지 않습니다.

이 책은 '입문'과 '명운', 그리고 '행운'의 3장으로 구성되어 있습니다. 독자들은 전체를 통독한 다음 2장과

3장을 정독하고, 재차 1장을 정독하는 순으로 학습하면 최적의 학습 효과를 기대할 수 있습니다. 재차 전체 읽기를 반복하며 속도를 붙여나가면 높은 학업성취를 볼 수 있습니다.

Contents****

■ 입문(入門;Introduction)

■ 명운(命運;Destiny)

■ 행운(行運歲月;Fortune)

▪ 입문(入門;Introduction)

1. 십이부호(十二符號;12 Signs)
2. 사십팔형(四十八型;48 Patterns)
3. 음양(陰陽;Yin & Yang)
4. 오행(五行;Five Elements)

1. 십이부호(十二符號; 12 Signs)

오래 전부터 민간에서 유행해 온 당사주(唐四柱; 看破一掌金)는 십간(十干)을 배제한 십이지(十二支)의 기본 틀로 명운(命運)을 헤아린다. 팔자명리와 달리 천간을 배제한 지지술(地支術)은 운용 체계나 기법이 단순하고 현상의 적중률 면에서도 효용이 떨어지는 편이어서 여타 술수(術數)의 일정한 표준이나 한도 밖으로 밀려나는 처지에 놓이게 됐다. 무릇 한줌 지식에 지나지 않는 알량한 밑천을 지닌 이들은 긍정보다 부정을 즐기기 마련이다. 그러지 않고서는 인정받기 어렵다는 생각에서일까. 돌이켜 따져보면 동양의 제 술법에 관심을 두고 학습해 본들 흡족하거나 가히 인정할만한 술법을 경험하긴 어렵다. 결국 학습의 대상이 무엇이든 그것을 운용하는 자의 능력에 따라 결과는 달라지는 듯싶다. 필자 역시 당사주의 존재나 가치에 대해 그다지 긍정적인 입장을 취한 적이 없는 한 사람이지만, 근래에 스승이 가르쳐 준 '오자술(五字術)'을 접하고 당사주에 대한 인식을 완전히 바꾸게 됐다. 오자술은 엄밀히 팔자술과 마찬가지로 천간과 지지를 공히 운용하는 간지술(干支術)의 복잡한 이론 체계를 갖추고 있지만, 지지의 십이성살론(十二星煞論)이 저변의 기본 매커니즘으로 작동하는바 여기에 뿌리를 두고 있는 것으로 볼 수 있다.

역학계 일반에 당사주는 오색찬란한 화도(畵圖)나 응용하기가 수월한 술수의 하나 정도로 인식된다. 그런데 지금 당사주는 유독 한국에만 그 뿌리를 깊이 내렸고 발전했다. 시원(始原)과 무관하게 오래토록 우리의 정서와 교감하며 실체를 남겼고 새롭게 재해석된 우리 것이 됐다. 달마(達摩) 선사가 틀을 세우고 당대(唐代)의 이허중(李虛中)이 다듬은 이 술법이 세간에 알려진 대로 그리 호락할 리 만무다. 문제는 늘 누구 손에 쥐어진 도구인가에 있다. 일률단편적인 십이진법의 윤회만으로 모든 것을 설명하는 게 당사주가 아니라는 얘기다. 앞으로 본격적으로 다루게 될 '십이성살의 합작 키워드'를 알게 되면 가공할 방술임을 자연스럽게 깨달을 것이다. 여기에 이수명리(李修命理)의 독보적이고 현란한 명리(命理) 이론체계가 더해지면 그것이 곧 온전한 모습을 드러낼 오자술(五字術)의 위용이 될 것임을 추측해 볼 수 있다.

복잡한 얘기는 이만 끝이다. 지금부터 당사주에 숨겨진 비밀을 탐구해 보자. '2장'에서는 '십이지, 십이성,

십이살'의 기본 내용을 익히고, '3장'에서는 신살포태합작(神煞胞胎合作)의 키워드를 중심으로 오자술(五字術)로 향하는 기본기를 다지도록 하겠다. 독자들은 이 책에서 언급된 내용만 가지고도 운명술(運命術)의 놀라운 효용을 만끽할 수 있을 것이다. 조금만 집중하면 된다. 아래에 나열되는 열두 글자의 세 그룹- 서른 여섯 글자 - 은 도리 없이 암기하고 넘어가야 한다. 더 이상의 특별한 주문은 없는 만큼 첫 관문은 주의 깊게 살펴 익힐 필요가 있다.

▶ 십이부호(十二符號)

十二支(십이지)	子(자), 丑(축), 寅(인), 卯(묘), 辰(진), 巳(사), 午(오), 未(미), 申(신), 酉(유), 戌(술), 亥(해)
十二星(십이성)	貴(귀), 厄(액), 權(권), 破(파), 奸(간), 文(문), 福(복), 驛(역), 孤(고), 刃(인), 藝(예), 壽(수)
十二煞(십이살)	劫(겁), 災(재), 天(천), 地(지), 年(년), 月(월), 亡(망), 將(장), 攀(반), 驛(역), 六(육), 華(화)

이중 십이지는 최소한의 교양수준에서 한자를 익혀두어야 하고, 십이성과 십이살은 순서대로 익숙해질 때까지 반복해서 소리 내어 음독(音讀)해야 한다. 이때 십이성은 십이지의 글자 순서대로 배당되어 각 글자의 의미를 포괄하게 되므로 두 글자의 조합을 같이

익혀두도록 한다. 십이성은 십이성신(十二星辰), 십이살은 십이신살(十二神煞)이 준말이다.

子(자)	丑(축)	寅(인)	卯(묘)	辰(진)	巳(사)	午(오)	未(미)	申(신)	酉(유)	戌(술)	亥(해)
貴(귀)	厄(액)	權(권)	破(파)	奸(간)	文(문)	福(복)	驛(역)	孤(고)	刃(인)	藝(예)	壽(수)
星(성)	星(성)	星(성)	星(성)	星(성)	星(성)	星(성)	星(성)	星(성)	星(성)	星(성)	星(성)

진리는 멀리 있지 않고, 가까이에 존재한다. 당사주는 바로 "그대의 손안에 모든 진리가 담겨 있다"고 설파한다. 이 말의 진의를 깨닫기엔 아직 절대적인 시간이 부족하다. 아무튼 세사(世事)의 이치를 헤아리는 십이진법의 윤회체계를 손바닥 안에 담아 볼 수 있다는 뜻이다. 우리 조상들은 과거와 현재, 미래사를 통틀어 그 이치를 헤아리는 방편으로 육갑(六甲)을 짚었고 - count the sexagenary cycle on one's fingers - 이것은 일반적으로 왼손을 이용했다. 굳이 좌수(左手)를 드러내고 손가락 마디를 짚을 필요는 없다. 언제든 머릿속에 왼손바닥을 펼쳐 짚을 수 있도록 연습해 두면 된다.

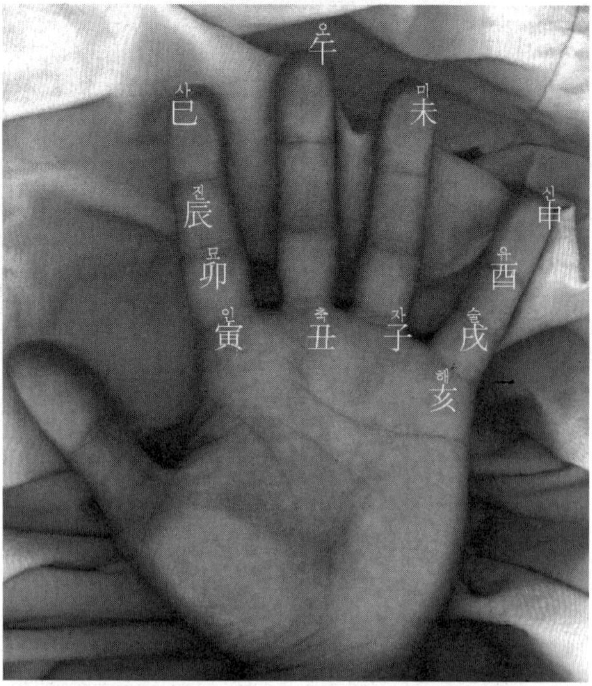

'한명회'와 '유자광'이 말한 "이 손안에 있다"는 십이진법의 술수(術數)이자, '장자방(張子房)'의 비법이었다. 이것이 곧 당사주(唐四柱)다.

▶ 당사주(唐四柱) 세우기

사주(四柱)란 연월일시의 네 기둥을 말하는데 연의 기둥을 년주(年柱), 월의 기둥은 월주(月柱), 일의 기둥은 일주(日柱), 시의 기둥은 시주(時柱)라 한다. 당사주를 세울 때 기준은 태어난 해의 지지(地支)가 되는데 즉 생년(生年)의 띠가 연주의 자리에 해당된다. 이때 생년월일시는 음력(陰曆)에 준하므로 가령, 양력 1965년 8월 20일생이라면 음력 1965년 7월 24일생으로 환산해서 사주를 세우게 된다. 십이지(十二支)에는 십이지수(十二支獸)라고 하여 각각의 동물과 결합되어 있다.

▲ 십이지수(十二支獸: The 12 Earthly Animals)

자 子	축 丑	인 寅	묘 卯	진 辰	사 巳	오 午	미 未	신 申	유 酉	술 戌	해 亥
쥐	소	범	토끼	용	뱀	말	양	잔나비	닭	개	돼지
서 鼠	우 牛	호 虎	토 兎	용 龍	사 蛇	마 馬	양 羊	후 猴	계 鷄	구 狗	저 豬

이제 1965년 7월 24일 오전 11시 40분에 태어난 남자의 사주를 세워보자. 먼저 1965년의 간지(干支)를 살펴야 한다. 이 해는 을사(乙巳)년으로 뱀띠 생에 해당한다. 따라서 年의 자리는 巳가 된다. 이때 연의 자리 '巳'는 곧 자신을 의미하는 주(主)의 개념으로 매우 중요한 글자임을 염두에 두어야 한다.

연주	월주	일주	시주
巳			

다음으로 월주(月柱)는 생년의 자리 '巳'를 포함해서 해당 월의 숫자만큼 세어 나간다. 7월생이므로 '巳1, 午2, 未3, 申4, 酉5, 戌6, 亥7'이니 7에 해당하는 亥가 월주가 된다.

연주	월주	일주	시주
巳	亥		

일주(日柱)를 세우는 법 또한 월주와 마찬가지다. 24일생이므로 월주에 해당하는 '亥'에서 시작해서 24번째가 되는 글자가 일주가 된다.

子	丑	寅	卯	辰	巳	午	未	申	酉	√ 戌	亥 ➜
2	3	4	5	6	7	8	9	10	11	12	1
14	15	16	17	18	19	20	21	22	23	24	13

위의 그림 순서대로 亥에서 24번째가 되는 자리의 글자는 戌임을 알 수 있다. 따라서 일주는 戌이 된다.

연주	월주	일주	시주
巳	亥	戌	

이상과 같이 띠를 기준으로 십이지지 글자를 순서대로 세어 나가면 사주(四柱) 네 기둥 중 연월일의 삼주(三柱) 세 기둥을 세울 수 있음을 알게 되었다. 이때 십이지지의 글자를 일렬로 늘어놓지 않고, 위 그림 십이지수(十二支獸)와 같이 원형으로 도식해서 글자를 짚어 나가면 더 효과적으로 빠른 시간 내에 사주를 세울 수 있을 것이다. 그래서 이를 염두에 두고 각 글자를 왼손의 손가락 마디에 십이지를 붙여둔 것이다. 이로써 한 손 안에 운명을 쥐게 됐다.

이제 남은 것은 시의 자리, 시주(時柱)다. 먼저 태어난 시간을 지지(地支)의 시간대로 환산해야 한다. 오전 11시 40분생으로 이 사람의 생시(生時)는 아래 표의 7번째 오시(午時)에 해당됨을 알 수 있다.

구분	생시(生時)	시간
1	子時자시	23시 30분 – 01시 30분
2	丑時축시	01시 30분 – 03시 30분
3	寅時인시	03시 30분 – 05시 30분
4	卯時묘시	05시 30분 – 07시 30분
5	辰時진시	07시 30분 – 09시 30분
6	巳時사시	09시 30분 – 11시 30분
7	午時오시	11시 30분 – 13시 30분
8	未時미시	13시 30분 – 15시 30분
9	申時신시	15시 30분 – 17시 30분
10	酉時유시	17시 30분 – 19시 30분
11	戌時술시	19시 30분 – 21시 30분
12	亥時해시	21시 30분 – 23시 30분

따라서 시주(時柱)는 일주의 자리 '戌'에서 7번째가 되는 글자로 정해진다. '戌1, 亥2, 子3, 丑4, 寅5, 卯6, 辰7'과 같은 순으로 번호를 매겨 辰의 글자가 시주가 됨을 알 수 있다. 시각 구분이 30분 단위로 정해진 것은 현재 우리가 쓰는 시간이 동경시를 기준으로 하기 때문이다. 출생 지역에 따라 대략 10분 내외의 편차가 있으나 30분을 기준으로 하면 크게 어긋나지 않는다.

이상으로 1965년 7월 30일 오전 11시 40분에 태어난 사람의 사주는 다음과 같이 세워졌다.

연주	월주	일주	시주
巳	亥	戌	辰

참고로 당사주를 세울 때는 윤달(潤-)의 개념을 무시한다. 그러므로 음력 생일 그대로 사주를 세우면 무방하다. 또 한 해를 구분하는 기준, 즉 띠를 정하는 시점이 명리(命理)에서는 절기(節氣)로 입춘(立春)일이 되지만, 당사주에서는 1월 1일 음력설이 기준이다. 자시(子時)도 조자(朝子), 야자(夜子)를 구분하지 않는다. 즉 23시 30분이 하루의 경계가 된다.

사주 명식을 세우는 연습을 한 번 더 해보자. 가령 음력 1971년 7월 7일 밤 9시 50분에 태어난 여성이 있다고 치자. 사주를 세울 때 남자와 여자는 방법이 다르다. 앞에서 남자의 사주를 세울 때 숫자를 순행(順行)으로 세어 나갔지만, 여자의 경우는 역행(逆行)이다. 다시 말해 '子丑寅卯辰巳午未申酉戌亥' 순의 순행이 아니라 '亥戌酉申未午巳辰卯寅丑子' 순의 역행이란 얘기다.

1971년은 신해(辛亥)년으로 이 사람은 돼지띠가 된다. 따라서 年의 자리는 亥가 된다.

연주	월주	일주	시주
亥			

다음으로 월주(月柱)는 생년의 자리 '亥'를 포함해서 해당 월의 숫자만큼 지지의 역순으로 세어 나간다. 7월생이므로 '亥1, 戌2, 酉3, 申4, 未5, 午6, 巳7'이니 7에 해당하는 巳가 월주가 된다.

연주	월주	일주	시주
亥	巳		

7일생이니 월주에 해당하는 '巳'에서 시작해서 역순으로 7번째가 되는 글자가 일주가 된다.

子	丑	寅	卯	辰	← 巳	午	未	申	酉	戌	√ 亥
6	5	4	3	2	1						
											7

위의 그림 순서대로 巳에서 7번째가 되는 자리의 글자는 亥임을 알 수 있다. 따라서 일주는 亥가 된다.

연주	월주	일주	시주
亥	巳	亥	

밤 9시 50분에 태어난 이 여성은 해시(亥時)에 태어났다.

1	子時자시	23시 30분 - 01시 30분
2	丑時축시	01시 30분 - 03시 30분
3	寅時인시	03시 30분 - 05시 30분
4	卯時묘시	05시 30분 - 07시 30분
5	辰時진시	07시 30분 - 09시 30분
6	巳時사시	09시 30분 - 11시 30분
7	午時오시	11시 30분 - 13시 30분
8	未時미시	13시 30분 - 15시 30분
9	申時신시	15시 30분 - 17시 30분
10	酉時유시	17시 30분 - 19시 30분
11	戌時술시	19시 30분 - 21시 30분
12	亥時해시	21시 30분 - 23시 30분

따라서 시주(時柱)는 일주의 자리 '亥'에서 12번째가 되는 글자로 정해진다. 이때도 마찬가지로 역순이다. '亥1, 戌2, 酉3, 申4, 未5, 午6, 巳7, 辰8, 卯9, 寅10, 丑11, 子12'와 같은 순으로 번호를 매겨 子의 글자가 시주가 됨을 알 수 있다.

이상으로 1971년 7월 7일 밤 9시 50분에 태어난 사람의 사주는 다음과 같이 세워졌다.

연주	월주	일주	시주
亥	巳	亥	子

▶ 오자(五字) 세우기

이 책에서는 본격적으로 다루지 않지만 향후 학습하게 될 오자술(五字術)에서 세우는 오자(五字) 명식(命式:사주)도 당사주를 세우는 것과 거의 유사하다. 앞에서 예로 든 두 사주는 지지 4글자로 사자(四字) 명식이다. 여기에 한 글자가 더 보태진 게 오자(五字) 명식이다. 그런데 오자술에서는 엄밀히 육자(六字)로 명식을 세운다. 당사주로 세워진 명식에 천간, 연간(年

干)과 원래 생시(生時)의 두 글자가 더해지므로 6글자가 되는 것이다.

1) 1965년 7월 30일 오전 11시 40분에 태어난 남자 ※ 남자는 건명(乾命)으로 구분

당사주[1]

乾命

巳亥戌辰

오자술[2]

乾命

乙　午

巳亥戌辰

1965년은 을사(乙巳)생으로 태세(太歲), 연간(年干) '乙'과 원래 생시인 '午'가 당사주 위에 덧붙여졌다.

2) 1971년 7월 7일 밤 9시 50분에 태어난 여자 ※ 여자는 곤명(坤命)으로 구분

당사주[1]

坤命

亥巳亥子

오자술[2]

坤命

辛　亥

亥巳亥子

※ 오자술(五字術)이란 두 가지 의미를 지닌 용어다. 첫째는 당사주의 4글자에 생시 1글자가 보태지므로 지지 5글자가 된다는 뜻이다. 둘째는 당사주의 사주 4글자에 연간 1글자가 보태지므로 5글자가 된다는 뜻이다. 따라서 오자술이란 지지의 네 글자에 한 글자가 더 붙었다는 말인데, 당사주의 지지 4글자에 천간 1글자가 더 붙으므로 지지술(地支術)에서 간지술(干支術)로 운용 기법상의 큰 차이가 나타난다. 이 책에서는 본격적인 간지술(干支術)을 다루지 않고 지지술(地支術) 위주로 설명하므로 난도가 높지 않다. 하지만 당사주의 지지 4글자가 아닌 지지 5글자의 오자술을 위주로 설명하기 때문에 종래의 당사주 내용과는 차별되는 점이 많다. 지금부터 서술될 내용은 편의상 '오자술'로 통칭한다.

이상에서 1965년생의 남자는

巳亥戌辰(午)

1971년의 여자는

亥巳亥子(亥)

로 오자(五字)의 사주가 세워졌다.

이렇게 기본 명식이 세워지면 각 글자에 해당하는 십이성(十二星)을 붙여, 사주의 꼴을 다듬게 된다. 이에 따라 위 두 남녀의 사주에 십이성을 붙여 적용하면 다음과 같다.

乾命, 1965년생

年柱	月柱	日柱	時柱	生時
사 문 성 巳文星	해 수 성 亥壽星	술 예 성 戌藝星	진 간 성 辰奸星	오 복 성 午福星

坤命, 1971년생

年柱	月柱	日柱	時柱	生時
해 수 성 亥壽星	사 문 성 巳文星	해 수 성 亥壽星	자 귀 성 子貴星	해 수 성 亥壽星

다음으로 각 글자에 해당되는 십이살(十二殺)을 배정하면 온전한 명식이 완성된다. 십이살은 '① 겁살

(劫煞), ② 재살(災煞), ③ 천살(天煞), ④ 지살(地煞), ⑤ 연살(年煞), ⑥ 월살(月煞), ⑦ 망신(亡身), ⑧ 장성(將星), ⑨ 반안(攀鞍), ⑩ 역마(驛馬), ⑪ 육해(六害), ⑫ 화개(華蓋)'의 십이 종으로 이루어져있다.

이상의 십이살은 십이성과 같이 십이지의 각 글자별로 배정되는 게 아니라, 생년의 띠에 따라 각각의 자리가 달라진다.

▶ 십이살(十二煞) 조견표

생 년 生年 (띠)	자 子 귀 貴	축 丑 액 厄	인 寅 권 權	묘 卯 파 破	진 辰 간 奸	사 巳 문 文	오 午 복 福	미 未 역 驛	신 申 고 孤	유 酉 인 刃	술 戌 예 藝	해 亥 수 壽
해 묘 亥,卯 미 ,未	년 年	월 月	망 亡	장 將	반 攀	역 驛	육 六	화 華	겁 劫	재 災	천 天	지 地
인 오 寅,午 술 ,戌	재 災	천 天	지 地	년 年	월 月	망 亡	장 將	반 攀	역 驛	육 六	화 華	겁 劫
사 유 巳,酉 축 ,丑	육 六	화 華	겁 劫	재 災	천 天	지 地	년 年	월 月	망 亡	장 將	반 攀	역 驛
신 자 申,子 진 ,辰	장 將	반 攀	역 驛	육 六	화 華	겁 劫	재 災	천 天	지 地	년 年	월 月	망 亡

위 조견표를 살펴보면 해묘미(亥卯未:돼지,토끼,양띠)생은 未 다음의 글자인 申부터, 인오술(寅午戌:범,말,개띠)생은 戌 다음의 글자인 亥부터, 사유축(巳酉丑:뱀,닭,소띠)생은 丑 다음의 글자인 寅부터, 신자진(申子辰:원숭이,쥐,용띠)생은 辰 다음의 글자인 巳부터 '① 겁살(劫煞), ② 재살(災煞), ③ 천살(天煞), ④ 지살(地煞), ⑤ 년살(年煞), ⑥ 월살(月煞), ⑦ 망신(亡身), ⑧ 장성(將星), ⑨ 반안(攀鞍), ⑩ 역마(驛馬), ⑪ 육해(六害), ⑫ 화개(華蓋)' 순으로 십이살이 진행되어 나감을 확인할 수 있다.

즉 1965년 뱀띠생의 경우, '사유축(巳酉丑:뱀,닭,소띠)' 군에 속하여 丑 다음의 글자인 寅부터 寅劫(인겁), 卯災(묘재), 辰天(진천), 巳地(사지), 午年(오년), 未月(미월), 申亡(신망), 酉將(유장), 戌攀(술반), 亥驛(해역), 子六(자육), 丑華(축화)의 순으로 십이지의 각 글자에 해당 십이살이 부여되므로 다음과 같이 완성된 당사주의 명식이 세워진다.

乾命, 1965년생

巳文星(사문성)	亥壽星(해수성)	戌藝星(술예성)	辰奸星(진간성)	午福星(오복성)
地煞(지살)	驛馬煞(역마살)	攀鞍煞(반안살)	天煞(천살)	年煞(연살)

마찬가지로 1971년 돼지띠는 '해묘미(亥卯未:돼지,토끼,양띠)' 군에 속하여 未 다음의 글자인 申부터 申劫(신겁), 酉災(유재), 戌天(술천), 亥地(해지), 子年(자년), 丑月(축월), 寅亡(인망), 卯將(묘장), 辰攀(진반), 巳驛(사역), 午六(오육), 未華(미화)의 순으로 십이지의 각 글자에 해당 십이살이 부여되므로 다음과 같은 명식으로 정해진다.

坤命, 1971년생

亥壽星(해수성)	巳文星(사문성)	亥壽星(해수성)	子貴星(자귀성)	亥壽星(해수성)
地煞(지살)	驛馬煞(역마살)	地煞(지살)	年煞(연살)	地煞(지살)

이로써 예로 든 두 사람의 오자 명식은 온전하게 세워졌다.

▶ 원형이정(元亨利貞)과 근묘화실(根苗花實)

기본 명식을 작성하면 다음으로 대운(大運)을 정하게 된다. 인생 전반의 대운(大運)을 구분하는 법은 원형이정(元亨利貞)으로 각 글자를 15년씩 분할해서 적용한다. 이를테면 다음과 같은 식이다.

乾命, 1965년생

年柱	月柱	日柱	時柱	生時
巳文星(사문성)	亥壽星(해수성)	戌藝星(술예성)	辰奸星(진간성)	午福星(오복성)
1세~ 15세	16세~ 30세	31세~ 45세	46세~ 60세	61세 이후

坤命, 1971년생

年柱	月柱	日柱	時柱	生時
亥壽星(해수성)	巳文星(사문성)	亥壽星(해수성)	子貴星(자귀성)	亥壽星(해수성)
1세~ 15세	16세~ 30세	31세~ 45세	46세~ 60세	61세 이후

이와 같이 시간의 흐름에 따라 사주의 각 기둥별로 운기의 변화를 설명하는 것이 원형이정법이다. 또 각각의 기둥은 육친의 성쇠와 건전 유무를 나타낸다. 연주는 본本으로 자신自身을 의미하는 동시에 조상祖上을 투영한다. 월주는 부모, 형제를 일주는 배우자를 나타낸다. 시주는 자식과 후손後孫이다. 이상은 근묘화실(根苗花實)로 보는 육친궁(六親宮)의 관법이다. 오자술에서 생시 자리는 육친을 배당하지 않으므로 근묘화실론이 적용되지 않는다.

年柱	月柱	日柱	時柱	生時
사문성 巳文星	해수성 亥壽星	술예성 戌藝星	진간성 辰奸星	오복성 午福星
조상 祖上	부형 父兄	배필 配匹	후손 後孫	

오자술에서 육친궁의 동향을 살필 때는 2차원 평면적 상황이 아닌 3차원 입체적 수법을 적용한다.

年柱	月柱	日柱	時柱	生時
사문성 巳文星	해수성 亥壽星	술예성 戌藝星	진간성 辰奸星	오복성 午福星

年柱	月柱
사문성 巳文星	해수성 亥壽星
아 我	부형 父兄

年柱	日柱
사문성 巳文星	술예성 戌藝星
아 我	배필 配匹

年柱	時柱
사 문 성 巳文星	진 간 성 辰奸星
아 我	후 손 後孫

십이성신(十二星辰) 개론

십이성신의 개론은 '간파명운(看破命運)' 책에 상세히 설명돼 있다. 십이성은 사주체의 타고난 복분과 성향, 그리고 대운의 운기를 파악하는 도구로 인식된다. 각 글자는 독립적으로 고유의 의미를 품고 있지만 대개 다른 글자와 합작(合作)하여 뜻을 나타내게 된다. 이를테면 子는 귀貴한 것인데 그 자체로는 귀를 단정할 수 없고, 이 글자가 申이나 辰과 합合이 돼야만 합생(合生)이 되어 귀한 신분으로 결정되는 것이다. 이러한 합생합작(合生合作) 키워드는 '3장'에서 본격적으로 다루는 주제이므로 여기서는 각 글자의 단편적인 내용을 숙지하는데 중점을 둔다. 특히 대운(大運)별로 암시하는 운기와 관련해서 오자술에서는 생시의 글자를 중시한다.

子(자) 貴(귀) 星(성)	작사영리 용계비상 作事怜悧, 用計非常 경우가 밝고 영리하다. 처세자중 물사경사 處世自重, 勿事輕事 실패의 원인은 경솔이다. 서입추원 의식풍족 鼠入秋園, 衣食豊足 쥐띠가 申,酉,戌을 보면 의식이 풍족해진다. ☞ 요는 "곡간의 쥐냐, 시궁창 쥐냐"의 문제다. 대체로 귀상(貴相)이다. 月日에 子가 있으면 매력적이나 이성문제로 인한 갈등을 겪기 쉽다.
丑(축) 厄(액) 星(성)	성이온순 심지후중 性以溫順, 心志厚重 원만한 성품에 고통이 따라도 불평 없이 잘 삭히는 기질이다. 근검절용 자수성가 勤儉節用, 自手成家 성실한 노력 형으로 자수성가한다. 약불수화 일경사구 若不水火, 一驚蛇狗 수재나 화재가 아니면 뱀이나 개로 한번은 놀란다. ☞ 신체상의 흉터가 깊다면 이로써 대부분의 액(厄)을 면하나, 그렇지 않다면 중년에 병(病)으로 고생하거나, 심하면 형벌(刑罰)이 따르기도 한다.

寅權星 (인권성)	天性剛强, 不屈他人 (천성강강 불굴타인) 성정은 급하며 자존심이 강하고 고집이 센 편이다. 威壓群衆, 骨肉無情 (위압군중 골육무정) 권세와 위엄이 당당하나, 육친의 덕은 없는 것과 다름이 없다. 背信之數, 速成速敗 (배신지수 속성속패) 배신을 당하는 일이 있고 속성속패한다. ☞ 범은 백수의 왕이지만, 고독을 면할 수 없다. 사주에 午나 戌을 보면 관록(官祿)이 따른다. 巳나 申이 있으면 심한 변화와 기복을 겪는다.
卯破星 (묘파성)	爲人聰明, 未免輕薄 (위인총명 미면경박) 위인이 총명하고 지혜롭지만, 의외로 가볍게 행동할 때가 있다. 心思不閑, 恒時奔走 (심사불한 항시분주) 심사가 편치 않고 늘 분주하며, 외유(外遊)하기 쉽다. 或有疾病, 不然官厄 (혹유질병 불연관액) 질병이 있거나, 아니면 관액을 겪기도 한다. ☞ 年月의 卯는 학문의 중단이나 교양이 풍부하지 않음을 나타낸다. 日時의 卯는 파산(破産)을 암시하며, 특히 時에 있으면 말년을 미리 대비해야한다.

辰(진) 奸(간) 星(성)	魚變成龍(어변성룡), 造化無窮(조화무궁) 임기응변이 뛰어나고 유연하며, 변화가 무궁하다. 天恩厚重(천은후중), 名振四海(명진사해) 하늘의 은혜가 두터워 이름을 널리 떨친다. 酒肆青樓(주사청루), 風流之人(풍류지인) 풍류를 즐기고, 어진 덕을 갖추었다. ☞ '용이거나, 미꾸라지' 둘 중 하나다. 어진 덕이 있고 수하나 아랫사람에게 온정을 베풀고 감싼다. 日의 辰은 이성과 재화로 인해 망신을 당할 수가 있다.
巳(사) 文(문) 星(성)	博學多識(박학다식), 孰不願見(숙불원견) 글공부와 인연을 맺으며, 학식이 넓으니 사람들이 보길 청한다. 若勤學問(약근학문), 名掛龍門(명괘용문) 학문에 힘쓰면 출세한다. 衣食豊足(의식풍족), 口舌紛紛(구설분분) 의식은 풍족하나 구설이 따르기 쉽다. ☞ 寅이나 申, 亥, 戌의 글자를 보면 파란을 겪게 된다. 日時에 巳가 들면 뱀이 용으로 변한 격이라, 말년에 영화를 누린다.

午(오) 福(복) 星(성)	聰明多才, 人人稱讚 (총명다재, 인인칭찬) 기본적인 복은 타고난 사람이다. 性急如火, 解如春雪 (성급여화, 해여춘설) 불과 같이 급한 성격이지만 봄눈 녹듯 녹는다. 奔走東西, 橫財之運 (분주동서, 횡재지운) 동서로 분주히 움직이면 뜻밖의 재물을 얻게 된다. ☞ 月의 午는 육친의 덕이 두터움을 의미하고, 日時의 午는 배우자의 덕과 복록이 창성함을 암시한다. 寅이나 戌을 보면 이름이 나게 된다.
未(미) 驛(역) 星(성)	岩上走羊, 奔走不暇 (암상주양, 분주불가) 절벽에 붙은 양이니 분주할 도리밖에 없다. 無益之事, 虛送歲月 (무익지사, 허송세월) 생각은 많으나 끝까지 전념하지 못해 간혹 좌절하는 경우가 있다. 在家不利, 出則有樂 (재가불리, 출즉유락) 항상 바쁘면서 건강하고 장수하는 운명이다. ☞ 양은 높은 자리에 올라 터를 살피며, 자주 위치를 바꾼다. 여러 곳을 두루 다니며 사업의 활로를 개척하고 재물을 모으는 경우가 많다.

<table>
<tr>
<td>신 고 성
申孤星</td>
<td>성정교묘 수시변통
性情巧妙, 隨時變通

성품이 교묘하고 때때로 일을 막힘없이 잘 처리한다.

육친무덕 공문득재
六親無德, 公門得財

육친의 덕은 박하고, 단체와 교섭하여 재물을 구할 때가 많다.

위인다의 매탄실수
爲人多疑, 每嘆失手

여러 가지를 재고 임해도 매번 실수를 한탄한다.
☞ 원숭이는 똑똑하기로는 최고지만, 나무에서 떨어질 때가 있다. 허영에 들뜨면 고립되기 쉽고, 사주에 申酉가 겹치면 신체이상을 면키 어렵다.</td>
</tr>
<tr>
<td>유 인 성
酉刃星</td>
<td>출입주루 손재불소
出入酒樓, 損財不少

술집에 출입하니 손재가 적지 않다.

조기불리 이향위길
祖基不利, 離鄕爲吉

조상의 터는 불리하고, 고향을 떠나면 길하다.

편답강산 천지위가
編踏江山, 天地爲家

널리 각지를 돌아다니며 천지를 집으로 삼는다.
☞ 申酉가 겹치면 수술이나 심하면 불구가 될 우려가 있다. 일시의 곤액을 겪고 액운이 사라지면 말년에 영화를 본다.</td>
</tr>
</table>

戌(술) 藝(예) 星(성)	才藝招衆, 以此得名(재예초중, 이차득명) 타인과 비교되는 재능이 있으니 이로써 이름을 얻는다. 若非功名, 東西流理(약비공명, 동서유리) 만일 이름이 나지 않으면 동서로 떠돌아다닌다. 晩得富貴, 家內多厄(만득부귀, 가내다액) 늦게 부귀는 얻으나, 집안의 액은 잦은 편이다. ☞ 다재다능하여 기술직이나 예능계통에서는 성공이 빠르지만, 사업에는 운이 덜 미치므로 욕심을 부리면 곤란해진다.
亥(해) 壽(수) 星(성)	困以得財, 利於他人(곤이득재, 이어타인) 어렵게 재물을 모아 타인을 이롭게 한다. 性急如火, 非官則舌(성급여화, 비관즉설) 불과 같이 급하게 굴면 관액이 아니면 구설에 오른다. 莫恨初困, 後分太平(막한초곤, 후분태평) 후일 태평해지니, 초년의 곤함을 한스러워 말라. ☞ 돼지는 식록과 부귀를 상징하므로 時에 亥가 들면 장수하고 만사가 태평해진다는 길한 암시가 있다.

십이신살(十二神煞) 개론

십이신살 개론은 '십이운수(十二運數)'와 '행운을 부르는 특급비결' 책에 자세히 설명돼 있다. 십이살은 형편의 추이나 정황을 파악하는 잣대로 활용된다. 십이성과 마찬가지로 각 신살의 글자는 독립적으로 고유의 의미를 품고 있지만 대개 다른 글자와 합작(合作)하여 뜻을 나타내게 된다. 이를테면 연살(年煞)은 그 자체로 특별한 의미가 없고, 겁살(劫煞)이나 반안(攀鞍)과 합(合)이 될 때 도화(桃花)의 기질이 극명하게 드러나는 식이다. 또 어느 십이성과 결합되느냐에 따라 길흉이 갈리기도 한다. 예컨대 子貴가 도화면 재능이 사랑받는 요소가 되지만, 卯破가 도화면 재능이 화의 근원이 될 수도 있다. 성살(星煞)의 통합적 운용과 합생합작 물상의 세부 내용은 후술하기로 하고 여기서는 각 신살의 단편적인 내용을 살펴 익히는 것으로 그친다.

十二煞(십이살)	概要(개요)	月柱(월주)	日柱(일주)	時柱(시주)
劫煞(겁살)	敵將(적장), 不安(불안), 劫奪(겁탈), 獨善(독선), 執念(집념), 不當(부당)	祖業(조업) 難守(난수)	百事(백사) 難成(난성)	膝下(슬하) 子厄(자액)
災煞(재살)	災殃(재앙), 損財(손재), 離間(이간), 汚名(오명), 囚獄(수옥), 端正(단정)	天賊(천적) 失物(실물)	中年(중년) 致敗(치패)	子孫(자손) 不孝(불효)

천살 天煞	천명 천재 순명 天命, 天災, 順命, 탄식 영감 무덕 歎息, 靈感, 無德,	조년 早年 상별 相別	부부 夫婦 풍파 風波	신병 身病 곤액 困厄
지살 地煞	비애 은둔 후원 悲哀, 隱遁, 後援, 축재 부명 전원 畜財, 富命, 田園	필시 必是 이향 離鄕	선별 先別 당친 堂親	사로 四路 유연 有緣
연살 年煞	도화 일탈 외유 桃花, 逸脫, 外遊, 이상 화식 색정 理想, 華飾, 色情	신상 身上 유병 有病	유두 有頭 무미 無尾	일신 一身 고독 孤獨
월살 月煞	고갈 중단 중독 枯渴, 中斷, 中毒, 유전 업보 축재 流轉, 業報, 畜財	사불 事不 여의 如意	동분 東奔 서주 西走	상별 喪別 내고 內苦
망신 亡身	파가 부정 영욕 破家, 不正, 榮辱, 파란 배신 불굴 波瀾, 背信, 不屈	형제 兄第 배반 背反	부부 夫婦 고통 苦痛	만년 晩年 무공 無功
장성 將星	권위 고집 독단 權威, 固執, 獨斷, 성취 발전 상해 成就, 發展, 傷害	두각 頭角 발현 發顯	장수 長壽 명진 名振	일신 一身 영귀 榮貴
반안 攀鞍	인덕 인기 출세 人德, 人氣, 出世, 복록 공명 번영 福祿, 功名, 繁榮	명진 名振 사해 四海	부귀 富貴 겸전 兼全	자손 子孫 영달 榮達
역마 驛馬	이동 주유 원행 移動, 周遊, 遠行, 타향 재복 풍류 他鄕, 財福, 風流	외친 外親 내소 內疏	처첩 妻妾 양가 兩嫁	강산 江山 편답 遍踏
육해 六害	수술 사고 영락 手術, 事故, 榮落, 선행 신심 종교 善行, 信心, 宗教	인인 因人 피해 被害	타향 他鄕 유리 流離	만년 晩年 영고 榮苦
화개 華蓋	문성 지혜 기예 文星, 智慧, 技藝, 재회 귀향 구제 再會, 歸鄕, 救濟	기상 氣像 명랑 明朗	자수 自手 성가 成家	소영 所榮 필성 必成

2. 사십팔형(四十八型;48 Patterns)

십이성신과 십이신살은 각기 고유의 의미와 상징을 나타내며, 본래적 길흉의 뜻을 지니고 있다. 예컨대 子貴星이나 午福星, 寅權星, 戌藝星 등은 길성(吉星)으로, 丑厄星이나 申孤星, 卯破星, 酉刃星 등은 흉성(凶星)으로 분류되는데 이 같은 이분법적 구분으로는 간명(看命) 실제에서는 잘 통하지 않게 된다. 신살 또한 마찬가지다. 사주에 月煞이나 災煞은 대개 불안하고 고독한 뜻을 품지만 재산적 측면에서는 유리한 살성이다. 이 책에서는 성과 살의 통합적 운용 체계를 다루게 된다. 이를테면 午福이 災煞에 놓인 것과 卯破가 災煞에 놓인 것은 차이가 크다. 또 卯破 災煞이 亥壽 驛馬와 합작하는 것과 未驛 月煞과 합작하는 상황은 災煞의 효용, 추이 면에서 의미가 달라진다.

이것이 곧 '오자술매트릭스'의 주된 줄거리를 이룬다. 성과 살의 배합은 48개의 유형으로 정해지고, 이를 연월일시, 오주의 자리별로 재차 분류하면 240개의 패턴으로 분류할 수 있다. 더해서 각각의 신살은 어떤 신살과 합작하는가에 따라 길흉의 의미가 달라지므로 변화무쌍한 통변(通辯)의 묘용을 살릴 수 있는 것이다. 이 장에서는 개요만 파악하고, 자세한 뜻은 3장에서 학습하도록 한다.

사생, 寅巳申亥

이상의 네 글자에는 劫煞(겁살), 地煞(지살), 亡身(망신), 驛馬(역마)의 십이살 4종이 배속된다. 겁살은 적장(敵將), 지살은 장수(將帥), 역마는 마차(馬車), 망신은 전장(戰場)에 비유될 정도로, 이 네 글자가 상호 작용하게 되면 신상의 급격한 변동사나 반전 국면을 초래하기 쉽다.

星煞(성살)	劫(겁)	地(지)	亡(망)	驛(역)
寅權(인권)	權在四方(권재사방) 難免口舌(난면구설)	因人成事(인인성사) 落馬之運(낙마지운)	榮落交叉(영락교차) 官厄侵氾(관액침범)	若非官祿(약비관록) 以商得財(이상득재)
巳文(사문)	諸營凡事(제영범사) 龍頭蛇尾(용두사미)	博學多識(박학다식) 豪傑之人(호걸지인)	衣食足足(의식족족) 妻憂子患(처우자환)	出入取財(출입취재) 衣食足足(의식족족)
申孤(신고)	恩人爲仇(은인위구) 妻子之患(처자지환)	莫恨初困(막한초곤) 富命可期(부명가기)	手段則好(수단즉호) 狂風飄落(광풍표락)	難免孤獨(난면고독) 後半奉貴(후반봉귀)
亥壽(해수)	親人爲敵(친인위적) 一被基害(일피기해)	一喜一悲(일희일비) 後日太平(후일태평)	怪變層生(괴변층생) 長沙之厄(장사지액)	行處有旺(행처유왕) 壽致八十(수치팔십)

사정, 子卯午酉

이상의 네 글자에는 災煞(재살), 年煞(년살), 將星(장성), 六害(육해)의 십이살 4종이 배속된다. 대체로 위의 사생(四生) 글자와 같은 급격한 변화와 반전을 야기하지 않는다. 가령 재살은 적병(敵兵)이지만, 장성은 대장(大將)에 비유되므로 재살의 부정적인 의미는 장성으로 극복된다는 특징이 있다. 따라서 사주(四柱)에 겁살과 망신이 같이 있으면

이 둘은 상호작용으로 더욱 맹렬한 기세를 보이기 쉽지만, 재살과 장성이 있다면 재살의 작용력은 감소되고, 장성의 긍정적인 의미가 우세를 보이게 된다는 말이다. 연살은 시녀(侍女), 육해는 마부(馬夫)에 곧잘 비유되는데 귀한 신분을 보좌하며 얻는 이득이 있다. 이 같은 글자들이 상호 중첩되면 치명적 상황에 놓이기보다 한때의 사건 정도로 판단하는 게 무난하다.

星煞(성살)	災(재)	年(연)	將(장)	六(육)
子貴(자귀)	守舊安常(수구안상) 中年致敗(중년치패)	衣食豊足(의식풍족) 左琴右琴(좌금우금)	苦盡甘來(고진감래) 胸中愁心(흉중수심)	身煩東西(신번동서) 榮辱交差(영욕교차)
卯破(묘파)	事不如意(사불여의) 心思不閑(심사불한)	多有疾病(다유질병) 不然刑厄(불연형액)	雖有譽聲(수유예성) 權變下賤(권변하천)	活人求濟(활인구제) 養虎爲患(양호위환)
午福(오복)	錦依玉食(금의옥식) 一有疾厄(일유질액)	名利雖吉(명리수길) 一有災厄(일유재액)	一身榮貴(일신영귀) 心身有病(심신유병)	高樓巨閣(고루거각) 骨肉無情(골육무정)
酉刃(유인)	飛鳥傷翼(비조상익) 累年風波(누년풍파)	財運雖吉(재운수길) 身有苦楚(신유고초)	若無身欠(약무신흠) 手足有欠(수족유흠)	若非僧道(약비승도) 困厄重重(곤액중중)

사고, 丑辰未戌

이상의 네 글자에는 天煞(천살), 月煞(월살), 攀鞍(반안), 華蓋(화개)의 십이살 4종이 배속된다. 이중 반안은 갑의(甲衣)를 상징하는 최상의 살성(煞星)으로 "일생에 한 번의 영화를 반드시 본다"는 길조가 있다. 반면 일시(日時)의 천살과 월살은 상제(上帝)나 성역(城域) 등으로 비유되며 존귀함과 거역할 수 없는 비운을 동시에 암시하는 특별한 의미가 있다. 화개 또한 복잡한 개념의 살성으로 길흉을 판단하기 쉽지 않지만, 일단은 참모(參謀)와 같은 헌신이나 보좌의 의미로 받아들이면 적합하다. 화개는 십이성의 각 글자와 조합되어 뜻이 갈라지므로 신중히 판단할 필요가 있다. 가령 辰戌의 글자에 배당된 화개는 丑未의 화개에 비해 문장(文章)이나 기예(技藝), 신분의 고저나 공익(公益)에 기여하는 측면에서 한 단계 높은 차원을 시사한다.

성살 星煞	천 天	월 月	반 攀	화 華
축액 丑厄	명주잠해 明珠潛海 실의지탄 失意之嘆	신액상수 身厄常髓 성패빈빈 成敗頻頻	어입대해 魚入大海 횡액경계 橫厄警戒	약불등과 若不登科 예기지인 藝技之人
진간 辰奸	변화무궁 變化無窮 이호타인 以好他人	변화무궁 變化無窮 관재지수 官災之數	구변유여 口辯有餘 교룡득운 蛟龍得運	이재성공 以才成功 천금자산 千金自散
미역 未驛	출입빈번 出入頻繁 호사다마 好事多摩	물근허망 勿近虛妄 간간구설 間間口舌	출타심한 出他心閑 락극생비 樂極生悲	육친무덕 六親無德 불연고분 不然叩盆
술예 戌藝	성교재다 性巧才多 가내다액 家內多厄	수무세업 雖無世業 자수성가 自手成家	약불관위 若不官位 가탄평생 可嘆平生	근고득재 勤苦得財 매제빈궁 每濟貧窮

3. 음양(陰陽;Yin & Yang)

'명(命), 복(卜), 의(醫), 상(相), 산(山)'으로 대별되는 동양술학(東洋術學)의 모든 범주는 음양(陰陽), 오행(五行), 팔괘(八卦), 구성(九星)의 원리로 이루어져 있다. 이때 무형의 운기(運氣)를 다루는 명리(命理)는 특별히 음양오행(陰陽五行)의 이법(理法)과 기학(氣學)에 충실한 이론 체계를 이루므로 음양오행의 적자(嫡子)라는 말이 있을 정도다. 당사주도 예외가 아니다. 종래의 보편적인 헐거운 이론체계에 음양오행의 기본 원리를 가미해 나가면 본래의 모습을 수월하게 찾을 수 있다.

이 세상의 모든 만물은 보완적 대립 관계로 존재하면서 더불어 작용한다. 가령 남자와 여자, 생물과 무생물, 밝음과 어두움, 강함과 부드러움 등등이다. 그런데 음은 음으로만 존재하는 게 아니라 시간이 흐르면 양이 되고, 음 그 자체에도 양의 기운이 잠복하고 있는 것이다. 음에는 양이 있고, 양에는 음이 있으며 음이 양이 되고, 양이 음이 되는 게 만물의 이치라 할 수 있다. 이러한 법칙을 그림으로 나타내면 아래와 같다.

▶ 음양도

흰색 바탕의 양(陽:Yang) 속에 검은 점, 음(陰:Yin)이 존재하고, 음과 양은 태극의 형상을 이루며 맞물려 돌아간다. 그림 위의 양이 가득 찬 순간에 음이 태동하기 시작하고, 음이 가득 찬 아래 부분에서 양이 시작되는 이치를 인식할 수 있다. 이렇게 음과 양은 흑백(黑白)으로 구분하기도 하고, 또는 청적(淸赤:푸른색과 붉은색)으로 구분하기도 한다. 가령 태극기의 태극 형상은 음양도라 할 수 있다.

▶ 태극

태극의 붉은색이 양이고, 푸른색이 음의 영역이다. 그래서 아래와 같은 모양이 되어야 올바른 음양의 배치가 된다고 해서 일각에서는 태극기의 모양을 바꿔야 된다는 주장이 제기되기도 했다.

▶ 태극 음양도

이제 기와 음양의 관계에 대해 논해 보자. 기는 음의 영역에서 저장, 응축되고 양의 영역에서 활기(活氣)를 띠게 된다. 즉 음은 저축(saving)을 의미하고, 양은 유통(circulation)을 뜻한다. 동양의 선학들은 이러한 현상을 두고 재물도 마찬가지로 양의 영역에서 순환이 활발해지지만, 음의 영역에서 증식된다고 사유했다. 즉 남자는 돈을 쓰지만, 여자는 돈을 모은다는 것이다. 다분히 봉건적인 사유 체계에서 비롯된 발상이지만, 이치는 그러하다. 재물은 모은다고 해서 능사가 아니다. 투자하고, 활용해서 늘려야 부자가 된다. 따라서 음양이 결합되어야만 진정한 부자가 될 수 있다. 이러한 연유로 결혼을 해야만 부자가 된다는 말이 생겼다. 결혼이 이루어지지 않은 독신(獨身)의 삶은 그만큼 불완전하고, 부자라 해도 재물을 지키기 어렵다는 얘기가 된다. 가령 지갑은 어두운(陰) 곳에 보관해야 한다. 밝은(陽) 곳에 두면 지출과 낭비가 심해진다는 식이다.

어쨌든 양의 속성은 강렬하고 활기차며, 음의 속성은 유순하고 정적이다. 십이지의 각 글자는 음과 양으로 구분되는데, 이들 글자는 양의 성질로만 구성되거나, 혹은 음양이 배합되어 음이나 양 어느 한편으로 무게가 실리는 경우의 두 가지로 나눌 수 있다. 가령 寅申巳亥와 같은 네 글자는 양성(陽性) 그 자체로 몹시 맹렬한 기질을 함유한다. 반면 辰戌과 같은 경우에는 음양의 속성을 공히 함유하며, 양의 성질이 다소 강하므로 양의 글자로 분류되지만 전자의 네 글자와는 성질이 다르다. 십이지 각 글자의 음양 배속은 다음과 같다.

양 陽	음 陰	양 陽	음 陰	양 陽	음 陰	양 陽	음 陰	양 陽	음 陰	양 陽	음 陰
자 子	축 丑	인 寅	묘 卯	진 辰	사 巳	오 午	미 未	신 申	유 酉	술 戌	해 亥

이중 子午와 巳亥는 체용(體用)을 달리 하는 바, 양은 음의 글자로 음은 양의 글자로 변하여 실제 용법

에서는 아래와 같이 음양이 배정되는 것이다.

음 陰	음 陰	양 陽	음 陰	양 陽	양 陽	음 陰	음 陰	양 陽	음 陰	양 陽	양 陽
자 子	축 丑	인 寅	묘 卯	진 辰	사 巳	오 午	미 未	신 申	유 酉	술 戌	해 亥

사유해보면 당사주로 세워지는 네 글자는 가급적 음양이 고루 분배되어 조화의 묘를 살리는 게 좋을 것이다. 이를테면 사주를 구성하는 글자 모두가 寅申巳亥辰戌의 양으로 구성된 경우라면 몹시 맹렬한 기세로 인해 삶의 파란(波瀾)을 암시하는 직접 요인이 된다. 마찬가지로 네 글자 모두 子午卯酉丑未의 음으로 이루어진 명(命)이라면, 이 또한 곤액(困厄)을 암시하는 의미를 갖게 된다. 그러나 후자의 여섯 글자 중 丑과 未는 특히 음의 속성이 중(重)하므로 이 두 글자로만 이루어지지 않은 한, 치명적으로 수복(壽福)을 해할 염려는 없다. 따라서 글자 자체의 음양 속성으로만 판단한다면, 寅申巳亥와 丑未의 여섯 글자의 구성을 두려워하게 된다. 이를테면

년 年	월 月	일 日	시 時
인권성 寅權星	사문성 巳文星	신고성 申孤星	사문성 巳文星

이나

년 年	월 月	일 日	시 時
미 역 성 未驛星	미 역 성 未驛星	축 액 성 丑厄星	축 액 성 丑厄星

과 같이 양이나 음의 글자로만 이루어진 사주는 두말할 것도 없이 고독하고 불행한 명으로 판단하고, 극심한 파란이나 불미한 일이 잦음을 추리할 수 있다.

또 지지에는 조습(燥濕)의 배합이 중요하다. 각 글자는 수기(水氣)와 화기(火氣)를 품고 있는데 수기를 품으면 습한 글자가 되고, 화기를 품으면 조한 글자로 구분한다.

습 濕	습 濕	조 燥	–	습 濕	조 燥	조 燥	조 燥	습 濕	–	조 燥	습 濕
자 子	축 丑	인 寅	묘 卯	진 辰	사 巳	오 午	미 未	신 申	유 酉	술 戌	해 亥

사주는 조습이 배합돼야 평생 식록(食祿)을 잃지 않는다. 만약 조습이 배합되지 않으면 기본적인 의식주(衣食住) 문제를 해결하기 어려울 정도로 상황이 악화될 우려가 있다. 그만큼 인덕(人德)도 박(薄)하다는 얘기가 된다. 이를테면

년 年	월 月	일 日	시 時
인 권 성 寅權星	사 문 성 巳文星	인 권 성 寅權星	사 문 성 巳文星

과 같이 조(燥)한 글자로만 구성됐거나

년 年	월 月	일 日	시 時
해 수 성 亥壽星	자 귀 성 子貴星	축 액 성 丑厄星	신 고 성 申孤星

네 글자 모두 습(濕)한 글자로 구성되면 조습의 배합이 되지 않은 명식으로 불미한 것이다. 또

년 年	월 月	일 日	시 時
유 인 성 酉刃星	유 인 성 酉刃星	묘 파 성 卯破星	묘 파 성 卯破星

과 같이 조습(燥濕)과 무관한 글자로만 이뤄진 사주도 신고(辛苦)한 삶이 예정돼있기는 마찬가지다.

▶ 일복(一複)

사주를 구성하는 글자가 양이나 음으로 치우치는 경우 이외에도 같은 글자가 중복되는 현상 또한 음양이나 오행의 적절한 배합, 즉 균형(均衡)를 깨는 요인이 된다. 한마디로 조화되기 어렵다는 얘기다. 사주는 절충(折衷)되어야 안전하고 길한 것이다. 명(命)에 같은 글자가 겹으로 나타나면 이를 '복(複)'이라 해서 대개 좋지 않게 본다. 이것은 '몸이 아프거나', 또는 '성격, 육친상의 결함'과 같은 현상으로 나타나게 된다. 성인병에 노출되기 쉽고, 질병에 시달릴 우려가 있으며, 특히 여성은 뚜렷한 원인도 없이 늘 몸이 아픈 경향이 나타난다. 복(複)이 현상에서 나타나는 모습은 생각 이상으로 위중할 때가 많다. 히스테리 증세를 보이기도 하고, 배우자를 혐오하는 등 부부의 연(緣)이 불길해져 이혼이나 사별, 별거 등의 파란을 수반하는 경우가 많기 때문이다. 이러한 바는 '팔자술 필살기[데쓰블로]'에 수록된 세계 유명 인사들의 명례(命例) 중 이혼 경력이 있는 사주나, 주변에서 이혼이나 혹은 사별한 이들의 사주를 세워보면 금세 실감하는 바가 있을 것이다.

연주와 월주의 복	부모, 형제간 소원한 육친 관계가 있다.
연주와 일주의 복	부부간 불화, 별거다.
연주와 시주의 복	자식과의 관계가 소원하다.
일주와 시주의 복	배우자가 자식을 버리고 집을 나가는 경우가 있다.
월주와 시주의 복	부모와 자식 간의 인연의 박한 편이다.

▶ 사파(四破)

동양의 수리관(數理觀)에 '一'은 수의 첫째로 탄생을 의미하고, '十'은 끝이자 종말을 뜻한다. 사물이 극(極)에 이르면 악기(惡氣)가 발생하고, 극수(極數)인 십수(十數)는 결국 공(空)이 된다. 이것은 차면 기울고, 기울면 역전반기(逆轉反起) 한다는 뜻으로 과유불급(過猶不及)과 같은 말이다. 음양오행과 팔괘구성의 길흉변화(吉凶變化)는 수리(數理)를 벗어날 수 없는 법인데, 일단 이 대목에서는 역순(逆順)으로 십위(十位)에 해당하는 글자 조합은 불리하다는 점만 우선 인식해 두면 무방하다. 가령 다음의 십이지 글자 순(順)에서,

陰(음)	陰(음)	陽(양)	陰(음)	陽(양)	陽(양)	陰(음)	陰(음)	陽(양)	陰(음)	陽(양)	陽(양)
子(자)	丑(축)	寅(인)	卯(묘)	辰(진)	巳(사)	午(오)	未(미)	申(신)	酉(유)	戌(술)	亥(해)

끝의 글자 亥에서 역순으로 열 번째에 해당하는 글자는 寅이다. 戌에서라면 丑에 해당한다. 酉에서 보면 子, 申에서 보면 亥의 글자가 해당된다. 이를 역으로 발상하면 역행(逆行)으로 열 번째에 해당하는 글자는 순행(順行)으로 네 번째에 해당하는 글자임을 알 수 있다. 이와 같이 '역행십위(逆行十位), 순행사수(順行四數)'에 해당하는 글자 조합을 정리해보면 다음과 같다.

子(자)	丑(축)	寅(인)	卯(묘)	辰(진)	巳(사)	午(오)	未(미)	申(신)	酉(유)	戌(술)	亥(해)
卯(묘)	辰(진)	巳(사)	午(오)	未(미)	申(신)	酉(유)	戌(술)	亥(해)	子(자)	丑(축)	寅(인)

이상의 글자 조합은 대개 부정적인 의미를 담는다. 고법(古法)에서는 이를 두고 이름도 생소한 '구문살(勾紋煞)'로 다뤘다. 심하면 자살(自殺)이나 사망(死亡)에 이를 수도 있다고 했을 정도다. 辰未를 예로 들자면 용띠가 양의 해인 미년(未年)이나 미월(未月)에 불미스런 일을 겪기 쉽다는 식이다. 까닭에 고인(古人)들은 '사수(四數)와 십수(十數)'를 흉수(凶數)로 간주하고 이

를 몹시 꺼렸다. 오자술 실전 기법에서는 사수(四數)의 조합을 중요하게 다룬다. 간단한 응용법은 다음과 같다. 가령 다음과 같은 명식에서

년 年	월 月	일 日	시 時
신 고 성 申孤星	해 수 성 亥壽星	해 수 성 亥壽星	축 액 성 丑厄星

연주와 월주, 일주는 申과 亥로 구문(勾紋)이 성립되었다. 이 같은 사주에서 가장 위태로운 해라면 우선 '뱀띠의 해', 즉 사년(巳年)을 들 수 있다. 오자술에서 가장 중요한 포지션, 즉 본(本)이 되는 연주의 글자 申을 기준으로 구문(勾紋)에 해당되는 두 글자는 亥와 巳가 된다. 그러므로 사년(巳年)에 본주(本主)가 되는 申은 흉한 수리(數理)에 중복되어 노출됐다. 이렇게 되면 당해 순식간에 심대한 사건, 사고를 동반하는 변화가 나타나기 쉽다. 특히 '월의 자리'는 인생의 전반 시기로 대운(大運)이 설정되므로 나이 20세를 전후한 시점의 사년(巳年)이 특히 흉하다고 볼 수 있다.

그리고 이들 사혹십악(四或十惡)의 글자 조합은 팔자술(八字術)에서 즐겨 다루는 '형(刑), 해(害), 파(破)' 등의 불리한 지지(地支) 조합에 다 속한다.

子(자)	丑(축)	寅(인)	卯(묘)	辰(진)	巳(사)	午(오)	未(미)	申(신)	酉(유)	戌(술)	亥(해)
卯(묘)	辰(진)	巳(사)	午(오)	未(미)	申(신)	酉(유)	戌(술)	亥(해)	子(자)	丑(축)	寅(인)
刑(형)	破(파)	刑(형)	破(파)	破(파)	刑(형)	破(파)	刑(형)	害(해)	破(파)	刑(형)	破(파)

'자유(子酉), 오묘(午卯), 진축(辰丑), 신사(申巳), 인해(寅亥), 미술(未戌)'의 글자 조합으로 이루어진 '육파(六破)'나 '자미(子未), 축오(丑午), 인사(寅巳), 해신(亥申), 묘진(卯辰), 술유(戌酉)'의 글자 조합인 '육해(六害)'는 형(刑)이나 충(沖)과 같이 비교적 뚜렷한 오행(五行) 상호 작용의 이법(理法) 체계로 설명하기에는 다소 부족한 면이 있다. 이들은 보통 대대(待對)하여 쟁투(爭鬪)의 속성을 함유하게 되는데, 파(破)는 파손(破損), 파재(破財), 파산(破散) 등 주로 재산상의 손실을 암시하고 해(害)는 합(合)을 방해하는 글자로 불화(不和)를 시사한다.

그런데 운명술 실전(實戰)에서 이처럼 여러 가지 재료들을 무분별하게 남용하게 되면 실제 현상의 어느 것도 적중시키지 못하는 혼돈에 빠지기 쉽다. 이를테면 자축(子丑)의 합(合)을 방해하는 미(未)의 글자가 해(害)가 된다는 식으로 원리상의 이해는 용이하지만, 원리와 실상 사이의 괴리는 존재하게 되어 있다. 그것은 지지(地支)의 합(合) 자체가 오행(五行)의 이법(理法) 체계로 이루어지지 않았는데, 이를 오행(五行)의 상극(相剋) 작용인 충(沖)의 원리로 방해(妨害)한다는 논리 자체가 어설프기 때문이다. 아무튼 일반 독자들에게는 지루하고 다소 버거운 설명이므로 이 정도로 마감하고 요점만 간추리겠다.

파(破)나 해(害)는 다 같이 육친(六親)과의 결별이나, 신상의 병고(病苦)와 관련이 있는 글자 조합이다. 당장은 '역행십위(逆行十位), 순행사수(順行四數)'에 해당하는 글자 조합, 즉 '구문살'만 익혀두면 그만이다. 이러한 글자들의 조합이 육친과의 결별, 부부 이별 등의 파란(波瀾)이나 상해, 병고 등의 고독(孤獨)을 암시하는 불리한 조건이라는 점만 염두에 두면 된다. 그리고 각 글자의 조합은 십이지별 음양(陰陽)의 배속에 의해 전개 과정과 체감도(體感度) 상의 차이를 보인다.

子(자)	丑(축)	寅(인)	卯(묘)	辰(진)	巳(사)	午(오)	未(미)	申(신)	酉(유)	戌(술)	亥(해)
卯(묘)	辰(진)	巳(사)	午(오)	未(미)	申(신)	酉(유)	戌(술)	亥(해)	子(자)	丑(축)	寅(인)
陰(음)	陰(음)	陽(양)	陰(음)	陽(양)	陽(양)	陰(음)	陰(음)	陽(양)	陰(음)	陽(양)	陽(양)
陰(음)	陽(양)	陽(양)	陰(음)	陰(음)	陽(양)	陰(음)	陽(양)	陽(양)	陰(음)	陰(음)	陽(양)

이상의 열 두 조합에서 양양(陽陽)의 글자 조합이 가장 맹렬한 기세로 전개되고, 다음은 음음(陰陰)으로 반드시 상처를 남기고, 마지막은 음양(陰陽)이나 양음(陽陰)의 조합 순으로 영향력이 나타난다. 이를테면 寅巳의 양양(陽陽) 글자 조합은 급격한 변동사와 성패의 부침을 암시하는 반면 辰未와 같은 경우에는 다소 온건하게 사안이 진행되는 특성이 있다. 가령 부부가 이별하는 경우를 예로 전자의 경우에는 돌연 이혼이나 사별 등으로 완전히 갈라서는 액운이 닥치지만, 후자의 경우 한때의 별거나 각거(各居) 상황으로 그치거나, 이혼을 감행해도 재회(再會)의 끈이 닿는 현상으로 나타나기 쉽다는 뜻이다. 예를 들어 아래와 같은 남자의 사주에서

年(년)	月(월)	日(일)	時(시)
巳文星(사문성)	未驛星(미역성)	寅權星(인권성)	子貴星(자귀성)

연주 巳와 일주 寅은 명백한 '구문살'의 성립이다. 일주는 배우자의 자리이므로 처연(妻緣)은 불리함을 알 수 있다.

4. 오행(五行;Five Elements)

음양(陰陽)과 더불어 오행(五行)은 사주(四柱)를 분석하고 판단하는 중요한 요소라 할 수 있다. 십이지는 다섯 가지의 기(氣)로 분류되는데 '목(木), 화(火), 토(土), 금(金), 수(水)'로 나눠진다.

음 陰	음 陰	양 陽	음 陰	양 陽	양 陽	음 陰	음 陰	양 陽	음 陰	양 陽	양 陽
수 水	토 土	목 木	목 木	토 土	화 火	화 火	토 土	금 金	금 金	토 土	수 水
자 子	축 丑	인 寅	묘 卯	진 辰	사 巳	오 午	미 未	신 申	유 酉	술 戌	해 亥

또 십이지의 각 글자에는 십간의 기운을 품고 있는데 이것을 지장간(地藏干)이라 하고, 자연 각각의 오행 기운을 내포한다.

子(자)	丑(축)	寅(인)	卯(묘)	辰(진)	巳(사)	午(오)	未(미)	申(신)	酉(유)	戌(술)	亥(해)
壬(임) 水(수)	癸(계) 水(수)	戊(무) 土(토)	甲(갑) 木(목)	乙(을) 木(목)	戊(무) 土(토)	丙(병) 火(화)	丁(정) 火(화)	戊(무) 土(토)	庚(경) 金(금)	辛(신) 金(금)	戊(무) 土(토)
	辛(신) 金(금)	丙(병) 火(화)		癸(계) 水(수)	庚(경) 金(금)	己(기) 土(토)	乙(을) 木(목)	壬(임) 水(수)		丁(정) 火(화)	甲(갑) 木(목)
癸(계) 水(수)	己(기) 土(토)	甲(갑) 木(목)	乙(을) 木(목)	戊(무) 土(토)	丙(병) 火(화)	丁(정) 火(화)	己(기) 土(토)	庚(경) 金(금)	辛(신) 金(금)	戊(무) 土(토)	壬(임) 水(수)

위에서 십간의 음양오행 배속은 다음과 같음을 알 수 있다.

陽木(양목)	陰木(음목)	陽火(양화)	陰火(음화)	陽土(양토)	陰土(음토)	陽金(양금)	陰金(음금)	陽水(양수)	陰水(음수)
甲(갑)	乙(을)	丙(병)	丁(정)	戊(무)	己(기)	庚(경)	辛(신)	壬(임)	癸(계)

비화(比和;Comradeship)

동일 오행의 글자에 음양이 배우(配偶)하면 유정(有情)의 비화 관계가 성립된다. 가령 寅에는 甲木이 있고 卯에는 乙木이 있다. 甲과 乙은 음양으로 짝이 되고, 이 둘은 동일한 木 오행의 글자다. 이러한 관계가 곧 비화로 인정이나 동정심이 있는 사이를 암시한다.

木(목)의 比化(비화)	寅卯(인묘)	卯辰(묘진)	寅辰(인진)	亥卯(해묘)	卯未(묘미)	亥未(해미)
火(화)의 比化(비화)	巳午(사오)	午未(오미)	巳未(사미)	寅午(인오)	午戌(오술)	寅戌(인술)
金(금)의 比化(비화)	申酉(신유)	酉戌(유술)	申戌(신술)	巳酉(사유)	酉丑(유축)	巳丑(사축)
水(수)의 比化(비화)	亥子(해자)	子丑(자축)	亥丑(해축)	申子(신자)	子辰(자진)	申辰(신진)

사주가 비화 관계로 성립된 명식은

年(년)	月(월)	日(일)	時(시)
亥壽星(해수성)	卯破星(묘파성)	亥壽星(해수성)	子貴星(자귀성)

골육간의 정이 깊다.

삼회(三會;Cooperation)

비화比和 관계를 이루는 세 글자가 모두 모이면 삼회가 된다. 삼회를 이루면 다툼의 뜻이 사라지고 협력하여 생산(生産)하는 상, 합화(合化) 현상이 일어난다.

木의 三會	寅卯辰	亥卯未	木化(木局)
火의 三會	巳午未	寅午戌	火化(火局)
金의 三會	申酉戌	巳酉丑	金化(金局)
水의 三會	亥子丑	申子辰	水化(水局)

위 표에서 보듯이 삼회에는 방합(方合)과 삼합(三合)의 두 종류가 있다. 방합은 글자 그대로 같은 방위에 모인 세 글자의 합이다.

木의 三會	寅卯辰	木方; 東
火의 三會	巳午未	火方; 南
金의 三會	申酉戌	金方; 西
水의 三會	亥子丑	水方; 北

방합의 도식은 원형(圓形), 공간의 상으로 무형(無形)의 합이다. 이에 반해 삼합(三合)은 평면(平面)의 동일 권역에 놓인 음양의 합으로 유형(有形)의 합이다. 그러므로 현상의 체감도 면에서 삼합이 방합을 앞선다. 또 삼합은 '아버지와 아들, 손자'간의 부자손합(父子孫合)을 이룬다. 삼합은 삼위일체(三位一體)로 곧 본신(本身)을 정하는 기준이 된다.

本身	太歲	띠
木身	亥卯未	'돼지, 토끼, 양' 띠
火身	寅午戌	'범, 말, 개' 띠
金身	巳酉丑	'뱀, 닭, 소' 띠
水身	申子辰	'잔나비, 쥐, 용' 띠

예컨대 해년(亥年)에 태어난 돼지띠는 목신(木身)이 된다. 연월일 삼주(三柱)가 삼합을 지어

年	月	日	時
亥壽星	卯破星	未驛星	子貴星

육친간의 정이 두터웠다.

상생(相生;Enhancing)

오행은 두 가지의 대표적인 운동 체계로 상호작용을 한다. 그것은 '상생(相生)'과 '상극(相剋)'으로 일컬어지는데, 상생은 서로가 힘을 보태주고 보호하는 건전한 작용력을 말한다. 상생의 작용을 사물에 비유해서 시간의 경과에 따라 자연스럽게 변해가는 과정을 설명하면 다음과 같다. "나무가 재료가 되어 불을 지핀다(목생화:木生火)", "불의 결과는 재와 따뜻한 기운을 만들어 흙을 기름지게 한다(화생토:火生土)", "땅속에서 금속과 광물이 형성된다(토생금:土生金)", "금속은 결국 물과 같은 유동체로 화하여 용을 다하게 되고, 암반에서 샘이 솟는다(금생수:金生水)", "물은 나무에 자양분을 준다(수생목:水生木)"과 같은 식이다.

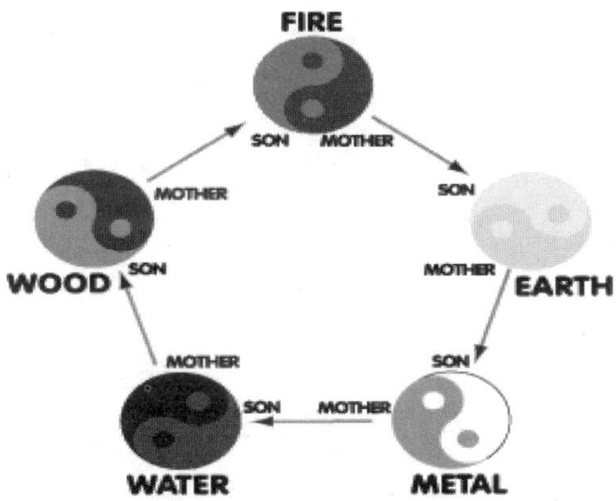

상생은 현상에서 원조와 보호의 길상으로 나타난다. 예를 들어

年(년)	月(월)	日(일)	時(시)
辰干星(진간성)	酉刃星(유인성)	亥壽星(해수성)	子貴星(자귀성)

과 같이 사주 전체가 상생의 구도를 연출하면 육친관계가 건전하고 나날이 발전하는 번영지상을 이룰 가능성이 높아진다.

상극(相剋;Controlling)

오행 상생의 순환체계는 하도(河圖)에서 추상되고, 상극의 체계는 낙서(洛書)에서 추상된 것이다. 상생과 달리 상극의 작용은 각 대상의 형체를 변질시키거나 약화시키는 상황을 묘사하는 식으로 비유되는데 다음과 같다. '나무가 흙의 양분을 빨아들이면 토양이 황폐해진다(목극토:木克土)', '물은 흙에 의해 오염되고 흡수되며 흐름이 막힌다(토극수:土克水)', '물로 불을 끈다(수극화:水克火)', '불은 쇠를 녹인다(화극금:火克金)', '쇠붙이로 나무를 베어낸다(금극목:金克木)'는 식

이다.

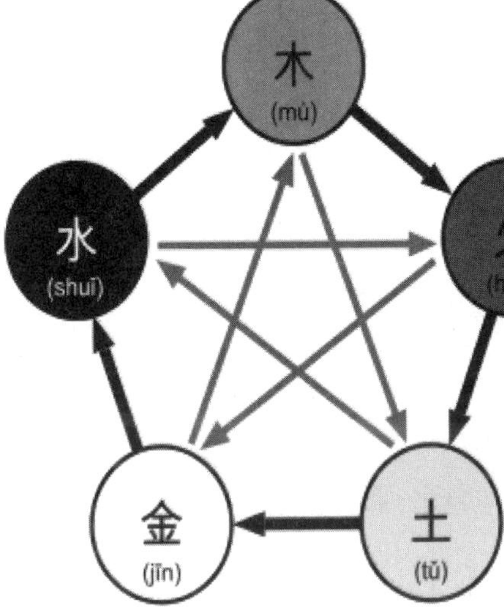

▶ 육신(六神)

십이지 글자에 배당된 오행 관계로 육신을 정할 수 있다. 육신은 '아(我), 비(比), 식(食), 재(財), 관(官), 인(印)'의 6종으로 각각의 상징이 있다.

我		本身		
比	比肩	本身과 같은 五行의 글자	得勢	acquire influence
食	食神	本身이 生하는 五行의 글자	開進	carve out a future
財	財星	本身이 克하는 五行의 글자	獲財	accumulate wealth
官	官祿	本身을 克하는 五行의 글자	司職	get assigned to a position
印	印綬	本身을 生하는 五行의 글자	後援	get support

육신을 정하는 기준은 본신(本身) 오행이다. 가령 뱀띠 생이라면

年	月	日	時
巳文星	亥壽星	辰奸星	寅權星

본신 오행은 金이다. 金을 기준으로 '金은 비(比), 水

는 식(食), 木은 재(財), 火는 관(官), 土는 인(印)'이다. 이를 위 사주에 적용해 보면

年(년)	月(월)	日(일)	時(시)
巳文星(사문성)	亥壽星(해수성)	辰奸星(진간성)	寅權星(인권성)
火·官(화관)	水·食(수식)	土·印(토인)	木·財(목재)

와 같이 사주에 '식(食), 재(財), 관(官), 인(印)'을 다 갖추고 있음을 알 수 있다. 그런데 어느 육신 하나도 유형(有形)의 합(合)인 삼합을 짓지 못한다. 즉 육신이 암시하는 표상이 분명치 않다는 얘기다. 오자술에서는 생시를 더하는데

年(년)	月(월)	日(일)	時(시)	生時(생시)
巳文星(사문성)	亥壽星(해수성)	辰奸星(진간성)	寅權星(인권성)	戌藝星(술예성)
火·官(화관)	水·食(수식)	土·印(토인)	木·財(목재)	土·印(토인)

여기서는 寅과 戌이 합국(合局)을 지었다. 합국은 곧 합하여 생산하는 현상을 암시하므로 합작(合作)이라는 표현을 쓴다. 寅과 戌이 합하여 화국(火局)을 지으니 재인관(財印官)이 합작하게 된다. 그 시점이 시(時)에

서 동(動)했으니 원형이정법으로 나이 46세 이후의 만성(晩成)이다. 육신은 실제로 더 세밀하게 분할된다. 지장간(地藏干)을 모두 도식하면 그리 될 수밖에 없다.

년 年	월 月	일 日	시 時
사문성 巳文星	해수성 亥壽星	진간성 辰奸星	인권성 寅權星
무토인 戊土印	무토인 戊土印	을목재 乙木財	무토인 戊土印
경금비 庚金比	갑목재 甲木財	계수식 癸水食	병화관 丙火官
병화관 丙火官	임수식 壬水食	무토인 戊土印	갑목재 甲木財

지장간의 육신을 분할하니 이렇게 풍성해졌다. 중요한 점은 각 육신이 현상으로 나타나는 데 있다. 앞에서 삼합의 지지(地支) 합작을 말했는데 천간(天干)도 일음일양(一陰一陽)이 만나 합하여 생산하는 합생(合生)의 이치가 있다. '팔자입문(八字入門) 시리즈의 오행십성(五行十星)' 편을 보면 음과 양이 아무 때나 합하는 게 아니라 같은 권역(圈域)에 있을 때 합이 성립되는 것으로 설명돼 있다. 아래 하도(河圖)에 보면 '1과 6, 2와 7, 3과 8, 4와 9, 5와 10'이 홀수와 짝수의 음양으로 같은 권역에 속해 있음을 알 수 있다. 바로 여기

에서 십간(十干)의 합(合)인 간합(干合)이 성립된다.

▶ 하도

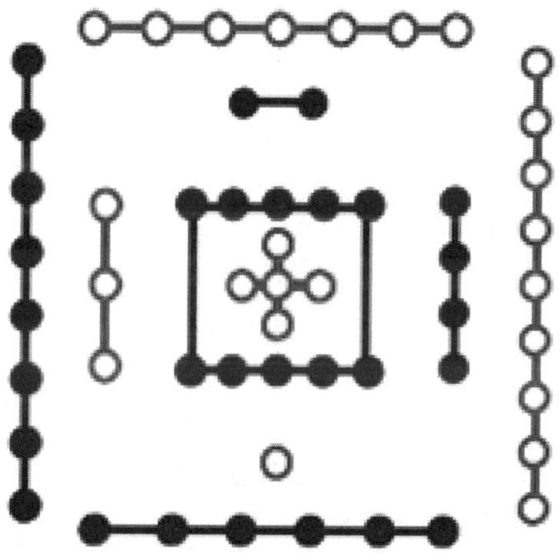

천간에 숫자를 배당하면 '甲1, 乙2, 丙3, 丁4, 戊5, 己6, 庚7, 辛8, 壬9, 癸10'이 된다. 이를 '1과 6, 2와 7, 3과 8, 4와 9, 5와 10'의 짝으로 묶으면 다음과 같은 간합 관계가 도출된다.

▶ 간합(干合)

갑 기 합 甲己合
을 경 합 乙庚合
병 신 합 丙辛合
정 임 합 丁壬合
무 계 합 戊癸合

오자술은 간지술(干支術)이므로 이상의 '간합 합생' 관계를 자유자재로 구사하는 현란한 기법이 주종을 이룬다. 이 책에서는 노출된 십간의 간합 관계를 본격적으로 다루지는 않지만, 지장간의 합생 관계는 설명하고 있다. 위에 언급된 명식을 다시 한 번 살펴보자.

년 年	월 月	일 日	시 時	생 시 生時
사 문 성 巳文星	해 수 성 亥壽星	진 간 성 辰奸星	인 권 성 寅權星	술 예 성 戌藝星
무 토 인 戊土印	무 토 인 戊土印	을 목 재 乙木財	무 토 인 戊土印	신 금 비 辛金比
경 금 비 庚金比	갑 목 재 甲木財	계 수 식 癸水食	병 화 관 丙火官	정 화 관 丁火官
병 화 관 丙火官	임 수 식 壬水食	무 토 인 戊土印	갑 목 재 甲木財	무 토 인 戊土印

물론 가장 두드러진 현상으로 나타나는 상황은 지지의 합국, 즉 삼합이다. 하지만 음양의 간합이 나타내는 합생도 분명한 생산 효과가 나타난다. 사주에 연주와 월주의 巳와 亥에는 양간(陽干)들로만 채워져 합생의 뜻이 없다. 이것은 생의 전반기에 특별한 성취나 성업과 무관한 삶이 펼쳐진다는 암시다. 일주, 辰에 이르러 戊癸의 인식(印食) 합생 상황이 나타난다. 중년기에 들어 "진로를 열고 이름을 얻거나 후원을 받는다"는 얘기다. 또 乙庚의 재비(財比) 합생이 있는데 이것이 '세력과 재물'을 구하는 동기가 된다. 합생의 효용은 지지의 각 글자가 첩(貼)해야 높고, 글자 간격이 떨어질수록 효용이 떨어진다. 이때 연주와 생시의 자리는 속칭 '통사주'라 해서 오히려 멀지 않고 인접한 관계로 본다.

▶ 지충(支沖)

지지의 음양이 불배우(不配偶), 즉 '음음'이나 '양양'으로 조화되지 않으면서 서로 상극 관계에 놓이면 충(沖)의 관계가 성립된다. 이러한 충의 조합은 크게 수화교전(水火交戰)과 금목상쟁(金木相爭)의 현상으로 수렴된다.

水火交戰(수화교전)		金木相爭(금목상쟁)	
申(신)	寅(인)	巳(사)	亥(해)
子(자)	午(오)	酉(유)	卯(묘)
辰(진)	戌(술)	丑(축)	未(미)

이상에서 지지의 충 관계를 알 수 있다.

子午沖(자오충)
丑未沖(축미충)
寅申沖(인신충)
卯酉沖(묘유충)
辰戌沖(진술충)
巳亥沖(사해충)

사주에 충(沖)이 성립되면 육친과 배우자의 생이별이나 사별, 신체상의 횡액 등을 암시하는 부정적인 의미가 가중된다.

年(년)	月(월)	日(일)	時(시)
辰干星(진간성)	戌藝星(술예성)	亥壽星(해수성)	巳文星(사문성)

연월과 일시의 충으로 육친과 소원했고 배우자는 자식을 두고 집을 나갔다.

사주에 충이 있으면 운(運)에서 이를 재차 충(沖)할 때가 위태하다. 가령 巳亥의 충이 있을 때 사운(巳運)이나 해운(亥運)을 맞으면 두 글자의 충격을 받은 한 글자는 기물(器物)이 파괴되므로 마음을 놓을 수 없을 만큼 위험한 지경에 처하는 것이다. 특히 본주(本主)가 되는 연주의 충이 사주체 당사자에게 타격을 입힐 가능성이 높다. 지지의 충은 7번째에 해당하는 글자로 성립됨을 알 수 있다.

▶ 삼형(三刑)

형(刑)이란 형벌을 뜻하는 말로 글자의 기운이 극렬해지는 현상으로 인해 나타나는 신액(身厄)을 암시한다. 이것은 삼회(三會)에서 비롯되는데 방합(方合)과 삼합(三合)이 겹치는 대대(待對) 작용으로 각 글자는 맹렬한 기세를 보이는 것이다.

목형 木刑		화형 火刑		금형 金刑		수형 水刑	
삼합 三合	방합 方合	삼합 三合	방합 方合	삼합 三合	방합 方合	삼합 三合	방합 方合
해 亥	인 寅	인 寅	사 巳	사 巳	신 申	신 申	해 亥
묘 卯	묘 卯	오 午	오 午	유 酉	유 酉	자 子	자 子
미 未	진 辰	술 戌	미 未	축 丑	술 戌	진 辰	축 丑

이상에서 지지의 형 관계를 알 수 있다.

자 子	축 丑	인 寅	묘 卯	진 辰	사 巳	오 午	미 未	신 申	유 酉	술 戌	해 亥
자 子	진 辰	사 巳	묘 卯	미 未	신 申	오 午	술 戌	해 亥	유 酉	축 丑	인 寅
형 刑	형 刑	형 刑	형 刑	형 刑	형 刑	형 刑	형 刑	형 刑	형 刑	형 刑	형 刑

가만 살펴보니 寅申巳亥 사생(四生)과 辰戌丑未 사고(四庫)의 글자는 각각 4번째에 속하는 글자와의 관계가 형(刑)임을 알 수 있다. 팔자명리(八字命理)에서는 寅申巳와 丑戌未를 삼형(三刑)으로 놓고 子卯를 상형(相刑)으로 午午, 酉酉, 辰辰, 亥亥를 자형(自刑)으로 구분하는데 이에 괘념할 필요는 없다. 子午卯酉 사패(四敗)의 글자도 각각 4번째에 속하는 '子卯, 卯午, 午

酉, 酉子'를 다 같이 형(刑)의 관계로 봐도 무방하다. 어쨌든 이러한 글자 조합은 사주에 파손(破損)의 불리한 작용을 한다는 점에서 마찬가지다. 이상을 모두 형파(刑破)의 범주로 묶어 나열하면 다음과 같다.

子(자)	子(자)	子(자)	丑(축)	丑(축)	寅(인)	寅(인)	卯(묘)	辰(진)	辰(진)	巳(사)	午(오)	午(오)	申(신)	酉(유)	戌(술)
子(자)	卯(묘)	酉(유)	辰(진)	戌(술)	巳(사)	亥(해)	卯(묘)	辰(진)	未(미)	申(신)	午(오)	卯(묘)	亥(해)	酉(유)	未(미)

형(刑)은 형벌과 신액의 뜻을 품는데 사주에 寅申巳나 丑戌未의 삼형을 다 갖추면 온전한 삶이 불가할 지경에 이른다. 모진 고초와 형벌을 피하기 어렵다는 얘기다. 이외 각 글자의 조합은 다음과 같은 현상으로 나타나기 쉽다.

刑破(형파)	神煞(신살)	一次的 現狀(일차적 현상)
四生(사생)의 刑(형)	亡身(망신), 驛馬(역마), 劫煞(겁살)	金錢(금전) 관계 등의 背信(배신)으로 인한 官厄(관액)
四敗(사패)의 刑(형)	桃化(도화), 六害(육해), 囚獄(수옥)	懸針(현침) 물상의 개입으로 手術(수술), 傷害(상해)
四庫(사고)의 刑(형)	月煞(월살), 華蓋(화개), 天煞(천살)	恩惠(은혜)가 怨讐(원수)로 변하는 訟事(송사), 監禁(감금), 病疾(병질)

형(刑)이란 각 글자에 과도한 에너지가 주입되어 일종의 과부하(過負荷) 상태에 이른 상황으로 비유되곤 하는데, 이렇게 형(刑)에 이르면 일반적 동요(動搖) 차원을 넘어 몹시 파괴적인 성질을 띠게 된다. 사주에 형(刑)이 있으면 성급하거나 과격한 면모를 드러내기 쉽다. 때에 따라서는 잔인해지고, 냉혹한 기질을 드러내기도 하고, 배신과 불화가 따르며 구설(口舌)이 분분하고 심하면 관재(官災)나 각종 형액(刑厄)을 겪기도 한다. 형을 당한다는 것은 자연히 발생하는 불가사의한 험조(險阻)로 가벼운 경우에는 외지(外地)에서 심신의 고통을 당하거나, 군대나 훈련소에서 혹독한 훈련 내지 구타 및 기합, 각종 법규의 위반으로 벌금형 등의 상황으로 나타난다. 이것이 중(重)하면 감금, 납치, 폭행, 소송(訴訟), 기소(起訴), 구속(拘束) 등으로 가시화된다. 형이 심대한 경우에는 불치병, 수족불구, 장기복역, 사망에 이르는 요인으로 작용하기도 한다. 따라서 사주에 寅巳申이나 丑戌未의 세 글자가 모두 들면, 이를 두고 삼형(三刑)이 다 들었다 해서 극심한 파란이나 중한 형액을 예고하는 것이다. 대개 寅巳申와 관련된 형은 도산(倒産), 부도(不渡), 사기(詐欺), 횡령(橫領) 등과 같은 재정적인 문제나 교통사고, 심한 외상(外傷) 등의 사고와 관련이 깊고, 丑戌未는 폭행(暴行), 수술(手術), 질병(疾病) 등의 현상으로 나타나기 쉽다고 했다. 여성의 경우에는 낙태(落胎)나 유산(流産) 등의 산액(産厄)과 배우자의 불운(不運)을 통감하게 되는 요소로 작동한다.

일차적으로 불리한 지지의 조합 관계인 형충파해(刑沖破害)는 모두 삼합(三合)에서 비롯됐다. 이것은 형충회합의 흉의를 감소하는 요소가 곧 합국(合局)임을 시사한다. 예로

년 年	월 月	일 日	시 時	생 시 生時
사 문 성 巳文星	해 수 성 亥壽星	진 간 성 辰奸星	인 권 성 寅權星	술 예 성 戌藝星

연월의 巳亥 충(沖)은 구제되기 어렵지만 시주의 寅은 생시 戌과 합작하여 寅巳, 寅亥의 흉의를 감면한다. 신운(申運)에도 申辰 합작으로 별다른 형액에 노출되지 않는다.

▶ 어항(魚缸)

강호 명리학도들의 절대적 호응을 받은 '팔자술필살기(deathblow)'에 보면 지지를 어항으로 설명하는 내용이 나온다. '지지는 어항이고, 지장간은 어항에 담긴

물고기'로 지지가 형충(刑沖)되면 어항이 깨져 물고기들이 바깥으로 쏟아져 나오는 현상에 비유했다. 대개 물고기는 죽고 어항은 깨지니 손실과 상신(傷身)되기 쉽다. 그런데 엄밀히 따져 형과 충은 의미가 다르다. 보통 충은 어항을 깨뜨리지만 형은 어항이 흔들리는 현상에 비유할 수 있다. 이를 각각의 경우에 따라 구분하여 묘사할 수 있으면 형충(刑沖)의 첨단 실기에 밝은 인사로 볼 수 있다. 문제는 형충으로 인해 잃는 것과 얻는 것이 있다는 점인데 이것이 곧 형충득실론(刑沖得失論)이다. 형충득실의 수법은 '이표신기(李豹神技)'에서 비중 있게 다루는 오자술의 고급 기법이라 할 수 있다. 다시 말해 종래의 지지술(地支術)로는 파악하기 어려운 복잡한 물상(物象) 변화가 간지술(干支術)에서는 포착될 수 있다는 얘기다.

먼저 충(沖)과 형(刑)의 차이부터 간단하게 알아보자. 가령 寅의 어항이 申과의 충으로 깨졌다고 치자. 이런 상황 자체로 어항 속의 물고기가 다 죽는다고 단정하진 않는다. 그런데 세월에서 신년(辛年)이 왔다고 치면 寅中丙火의 물고기는 튀어 올라 辛과 丙辛 합으로 사라지므로 - 합거(合去) - 寅의 어항은 복구할 수 없이 파손되고 장간(藏干)의 물고기는 모두 죽게 된다. 이와 같이 辛이라는 천간이 개입되면서부터 오자술은 지지술을 벗어나 간지술의 범주로 상향되는 것이다. 반면 寅申이 충해도 장간의 물고기가 합하는 십간(十干)이 존재하지 않을 때는 어항에 금만 간 정도의 손상에 그치고 오히려 위기를 벗어나며 발전하는 형세를 나타내게 된다. 이것을 곧 충기(沖起)라 말한다. 충동(沖動)으로 인한 충기의 현상에는 분명 상처가 있다. 즉 영광의 상처가 나타난다. 충과 달리 형은 작용력 면에서는 유사하지만, 형기(刑起)에는 상처가 없다. 어항이 금가는 게 아니라 흔들리다가 만 것이므로 정상의 상황으로 복구된다는 점이 다르다. 한때의 형적(刑的) 물상이 나타나지만 회복이 되고 이를 계기로 공고한 환경을 구축하게 된다.

형충으로 인해 물고기가 합거(合去)되는 상황이 연출되면 해당 기물에 속하는 글자의 육신(六神) 화액(禍厄)은 면할 수 없다는 점에서 둘은 동일하다. 또 재충(再沖)이나 재형(再刑)은 물고기의 합거(合去) 상황과 무관하게 쇠자(衰字)는 파괴되는 결과가 나타나는 점에서도 공통점이 있다. 그래서 사주에 형이나 충이 이미 성립돼 있으면 불리한 형국에 처하기 쉬운 것이다. 예건대 사주의 申亥 형(刑)을 운에서 亥로 재차 형을 가하면 申은 반드시 다친다. 마찬가지로 申寅 충(沖)을 운에서 寅으로 재차 충하면 申의 육친궁이나 육신은 필시 상하게 된다.

1. 어항을 흔들거나 깨뜨려 물고기가 튀어 오르는 동요 현상은 寅申巳亥 사생 글자의 사수(四數) 관계인 형(刑)과 칠수(七數) 관계인 충(沖)에 의해 나타난다.

2. 子午卯酉 사패 글자의 사수(四數) 관계인 형(刑)과 칠수(七數) 관계인 충(沖)은 현침(懸針) 물상의 '찌르고, 찔리는' 상황으로 쌍방이 다치는 결과를 보기 쉽다. 이때 강한 세력의 글자가 덜 피해를 보고 약자는 깊은 상처를 입게 된다. 가령 子午子나, 子卯酉의 상황이라면 午나 卯가 확실한 피해를 입는다는 얘기다.

3. 辰戌丑未 사고의 글자는 보다 복잡하다. 각 글자는 삼회의 마지막 글자로 각기 水火金木의 고지(庫地)가 된다.

辰(진)	水庫(수고)
戌(술)	火庫(화고)
丑(축)	金庫(금고)
未(미)	木庫(목고)

이상의 글자들이 형충되면 어항 속의 물고기가 튀어 오르는데 이를 개고(開庫)로 표현한다. 개고는 타간(他干)과 합거되는 결과만 보지 않으면 '반짝 효과'라 해서 일종의 횡재수(橫財數)와 같이 예기치 않았던 득(得)의 현상으로 나타난다. 반대로 고지(庫地) 오행의 글자가 사주에 이미 있으면 오히려 입고(入庫) 현상이 나타나 실(失)하는 결과를 본다. 이것이 곧 '이수명리'가 강조하는 '실자입고(實字入庫), 암신개고(暗神開庫)' 설이다. 예를 들어

年(년)	月(월)	日(일)	時(시)
巳文星(사문성)	亥壽星(해수성)	辰奸星(진간성)	寅權星(인권성)

에서 축운(丑運)이 도래하면 丑辰이 파(破)하여 金과 水의 개고나 입고 현상 둘 중 하나의 결과로 나타난다. 사주에 이미 亥水의 글자가 있다. 亥水는 辰으로 입고한다. 金 오행의 글자가 보이지 않는다. 하지만 이 사주는 본신(本身)이 금신(金身)이다. 따라서 본신도 丑에 입고한다. 亥水는 식신(食神)으로 진로가 막히는 결과를 본다. 본신이 입고되면 활동이 위축되고 정지되는 시간을 갖게 된다.

▶ 득실(得失)

가장 구체적인 득(得)의 상황은 지지(地支)의 합국(合局)이다. 가령 寅이 있고 戌을 보면 木土가 합작(合作)하여 火를 얻으니 木火土 삼자간의 합작 생산의 가시적 획득 현상이 있다. 다음으로는 간합(干合)으로 엄격히 암합(暗合)의 상황이다. 예컨대 사주에 寅이 있고 축운(丑運)을 보면 寅中甲木과 丑中己土, 寅中丙火와 丑中辛金, 寅中戊土와 丑中癸水가 합생(合生)하는 복잡다단한 현상이 나타난다. 반면 사주에 戌이 있고 丑을 보게 되면 형(刑)으로 인해 개고된 戌中戊土와 丑中癸水가 암(暗)이 아닌 밖으로 드러난 명합(明合)을 이루는 셈이 된다. 이때는 득(得)이 아니라 실(失)이다. 이처럼 득실(得失) 관계가 엇갈리는 상황을 '팔자술파이널블로(finalblow)'에는 동력선후(動力先後)의 개념으로 설명했다. 운의 향배를 살피는 운법(運法)에 세운(歲運)의 작용은 사주의 연월일시(年月日時) 순으로 작용한다. 이것이 시제선후(時制先後)의 구분이다. 이를테면 아래의 사주에서

년 年	월 月	일 日	시 時	생시 生時
사문성 巳文星	해수성 亥壽星	진간성 辰奸星	인권성 寅權星	술예성 戌藝星

세운
歲運

축년
丑年

축년(丑年)을 맞이하면 최초에 '巳丑 합작(合作)', 다음으로 '丑辰 파(破)로 인한 亥水와 본신(本身) 金의 입고(入庫)', '寅丑의 암합(暗合), 寅中甲木과 丑中己土, 寅中丙火와 丑中辛金, 寅中戊土와 丑中癸水의 합생(合生)', 끝으로 丑戌 형(刑)에 따른 巳火 본명(本命)과 본신(本身) 金의 입고(入庫)' 등의 복잡한 득실(得失) 상황이 펼쳐진다. 만약 사주의 戌과 寅의 위치가 달라져 丑戌 형(刑)이 먼저 일어났다면 戌中戊土와 丑中癸水의 명합(明合), 즉 합거(合去)로 丑과 戌의 기물이 이미 파괴되는 결과를 보기 때문에 丑은 더 이상 기능하지 않게 된다. 동력(動力)이 상실된 것이다. 따라서 丑과 寅의 암합(暗合), 합생(合生) 상황은 나타나지 않는다.

형충(刑沖)의 파괴 작용을 완화하는 조건은 합국(合局)이라는 점을 앞에서 설명했다. 寅申이 충(沖)할 때 午를 보면 寅은 午를 보아 충격을 덜 입는다. 寅을 巳로 형(刑)할 때 戌을 봐도 寅戌은 합작(合作)하여 생을 구하는 구생(求生) 효과가 나타난다. 합국은 일종의 완충(緩衝; bumper zone) 역할을 한다. 예컨대 사주의 연주와 일주의 글자가 합이 되면 이것은 '자신과 배우자'의 자리가 일체(一體)를 이룬 것으로 부부의 애정이나 화합이 공고함을 의미하는 것이다. '형충회합정해(刑沖會合精解)'와 '레드북(red book)'에 설명된 '이수학파의 합충 용어 정리' 편을 유심히 살펴보면 득실(得失) 상황을 판단하는 미세한 법수를 얼추 파악할 수 있다.

用語(용어)	用例(용례)	得失(득실)	備考(비고)
合作(합작)	寅(인) <- 午(오)	得(득)	
沖破(충파)	寅申(인신) <- 申(신)	失(실)	旺者沖衰衰者拔(왕자충쇠쇠자발)
促進(촉진)	寅午(인오) <- 子(자)	得(득)	衰者沖旺旺神發(쇠자충왕왕신발)
沖分(충분)	寅午(인오) <- 申(신)	失(실)	四生怕動(사생파동)
求生(구생)	寅申(인신) <- 戌(술)	得(득)	
開鎖(개쇄)	丑(축) <- 未(미)	得(득)	開庫(개고)
淹埋(엄매)	酉丑卯(유축묘) <- 未(미)	失(실)	入庫(입고)

▶ 오자술(五字術) 핵심 수리(數理)

오자술에서 사주를 동(動)하게 하는 다섯 종류의 수리 관계는 '1, 3, 4, 5, 7' 수로 요약된다.

一數(일수)	複(복)	排(배)	밀치다
三數(삼수)	隔(격)	碍(애)	방해하다
四數(사수)	刑(형)	破(파)	상하다
五數(오수)	會(회)	作(작)	생산하다
七數(칠수)	沖(충)	別(별)	헤어지다

이 같은 수리 관계를 통해 사주 원국(元局)이 내포한 징후(徵候)을 쉽사리 짐작해 볼 수 있다. 이런 수법은 종래 당사주 비결(秘訣)로 속간법(速看法)의 일종으로 유행된 바 있다.

1월생	年月複	몸이 아프고 부모, 형제간과 소원한 관계
4월, 10월생	年月刑	중년 이전 장애와 중단수 등으로 평탄치 않음
5월생	年月合	골육간의 정이 깊고 형제간 우애가 두터움
7월생	年月沖	부모대의 풍파나 육친과의 이별수가 있음
1일, 13일, 25일생	月日複	결혼 후 독립하지 않으면 불편함
4일,10일,16일,22일생	月日刑	중년기에 장애와 애로로 성패가 다단함
5일, 17일, 29일생	月日合	육친간의 덕이 두텁고 배우자의 성정이 온후함
7일, 19일생	月日沖	배우자와 본가와의 관계가 소원하여 이별수 있음
子時생	日時複	부부간 각거
卯時, 酉時생	日時刑	황혼기에 파란이 일고 부침이 잦음
辰時생	日時合	자식의 봉양을 받고 정이 두터움
午時생	日時沖	이혼이나 사별의 가능성이 높음

형충이 드는 육친궁은 멀리 떨어져 사는 게 상책이다.

▪ 명운(命運;Destiny)

1. 자(子;Rat)
2. 축(丑;Ox)
3. 인(寅;Tiger)
4. 묘(卯;Rabbit)
5. 진(辰;Dragon)
6. 사(巳;Snake)
7. 오(午;Horse)
8. 미(未;Sheep)
9. 신(申;Monkey)
10. 유(酉;Hen)
11. 술(戌;Dog)
12. 해(亥;Pig)

1. 자(子;Rat)

子貴는 귀한 것인데 아름다운 용모는 도화에 해당될 때가 제일이다. 사주에 子貴가 있으면 이성에게 매력으로 작용하는 유리함이 있다. 이 글자는 申孤나 辰奸과 합작하여 귀를 드러낸다. 申과 합작하면 홀로 고상한 것이고, 辰과 합작하면 귀한 가운데 수완이 있다. 이성으로 인한 번뇌가 심한 것은 申의 작용이고, 성패와 희비가 엇갈리는 것은 辰의 작용이다. 반양반음이라 외견으로는 평범한 생활에 만족하는 듯 보여도 실상은 불만투성이고, 허영에 가까운 소망이 자신을 괴롭힌다. 염원하는 바가 깊은 만큼 고통과 방황이 심하고 때로는 실의에 빠져 세상을 한탄할 때도 있으나 일단 마음에 정한 일은 직업의 귀천이나 남의 이목을 불문하고 강한 집념으로 전력하는 특성이 있다. 부귀를 누리는 곡간의 쥐는 子도화와 辰반안의 합작일 때다. 쥐틀에 치이는 쥐의 물상은 午, 卯, 未 등의 현침 글자가 겹칠 때다. 쥐띠가 자시에 태어나면 화재로 인해 재산을 소훼한다는 암시가 있다. 子는 子가 겹칠 때나 午가 충할 때를 가장 기피한다. 이때 子가

도화나 육해에 속하면 午는 육해나 도화가 되므로 포태로 욕사의 염습 물상이 나타난다. 죽은 사람의 몸을 씻긴 뒤에 옷을 입히고 염포로 묶는 상황을 말하므로 위태로운 것이다.

子貴가 재살이면 申孤는 역마다. 옛 제도나 풍습을 그대로 지키면 귀함을 유지할 수 있지만 터전을 벗어나면 고립되어 패할 수다. 子貴가 재살이면 辰奸은 월살이다. 이것의 포태 물상은 수의를 입은 물상이다. 변화가 무궁한 가운데 관재수가 있다.

子貴가 도화면 申孤는 겁살이다. 뛰어난 용모와 재능이 오히려 화를 부른 격이니 은인이 원수가 되는 불운을 겪는다. 子貴가 도화면 辰奸은 반안이다. 총명함과 재기는 때를 만나 빛을 발한다. 교룡이 구름을 얻었으니 의식은 풍족하고 멋스럽고 풍치가 있다.

子貴가 장성이면 申孤는 지살이다. 고귀한 사람이지만 가슴 속에는 수심이 있다. 子貴가 장성이면 辰奸은 화개다. 고진감래라, 이재로 성공하고 사회로 환원한다.

子貴가 육해면 申孤는 망신이다. 동서로 분주한 가운데 영예와 치욕이 교차한다. 子貴가 육해면 辰奸은 천살이다. 성패와 희비가 교차하는 가운데 종내는 타인을 돌보거나 부양당하는 처지에 놓인다.

2. 축(丑;Ox)

丑厄은 재앙과 불행, 멍에를 암시하는 글자다. 이 글자는 丑이 겹치거나 巳文, 酉刃과 합작하여 흉조를 나타낸다. 巳와 합작하면 골골한 선비의 상이고, 酉와 합작하면 질병을 수술하는 물상이 된다. 한번 화가 나면 오래가는 외고집이 있고, 고통을 잘 삭히는 기질이 있다. 소띠는 형충복이 두려운 것인데 1, 4. 7, 10월생이나 1, 4, 7, 10, 13, 16, 19, 22, 25일생에 속하면 이에 속하여 흉의를 품는다. 액운이 신병으로 나타나면 암과 관계된 질병일 가능성이 높다. 육친에 암환자가 나타나고 이로 인해 사별하는 경우가 많다. 丑의 화개와 화개가 중첩되면 사방이 막힌 격이다. 丑 화개와 未 월살이 형하면 상궤의 이탈이다. 소띠가 7월에 출생하면 부모형제를 30세 이전에 사별하게 된다. 주로 부모는 편친만 생존하는 경우가 많고 이때도 신병이나 가난 등의 파란이 심하다. 직업궁이 혼탁하고 상업이나 사업에서 실패를 겪으며 나이 40이 지나야 좋은 운을 기대할 수 있다.

丑厄이 천살이면 巳文은 망신이다. 의식을 갖추었지만 배우자와 자식의 병환 등으로 실의에 빠져 탄식하는 일이 있다. 丑厄이 천살이면 酉刃은 육해다. 몹시 딱하고 어려운 사정과 재앙이 겹친 불운이 따르니 신앙에 귀의한다.

丑厄이 월살이면 巳文은 역마다. 움직여 재물을 구하고 재산을 모으지만 항상 신액이 따른다. 丑厄이 월살이면 酉刃은 재살이다. 새가 날개를 다친 격이니 여러 해에 걸쳐 풍파가 있다.

丑厄이 반안이면 巳文은 겁살이다. 거북이 대해로 든 격이니 번영하나 용두사미가 될 우려가 있다. 丑厄이 반안이면 酉刃은 도화다. 재운은 길하지만 횡액으로 인한 신상에 고초가 따를 수다.

丑厄이 화개면 巳文은 지살이다. 박학다식하여 일찍 등과하거나 아니면 예기로 두각을 드러낸다. 丑厄이 화개면 酉刃은 장성이다. 출세한 사람으로 이 사람의 몸에는 상처가 있거나 수족에 흠이 있다.

3. 인(寅;Tiger)

寅權은 위품이 준엄하고 당당하며 의리를 나타낸다. 권세를 누리지만 외로운 처지에 놓이기 쉽다. 공직자도 일시에 일확천금을 쥘 수 있다. 사주에 이 글자가 있으면 정의에 불타는 마음과 만인을 호령할 수 있는 통솔력을 타고 났다고 본다. 명예를 중히 여기고 가까운 사람에게 배신이나 속임을 당할 때가 많다. 속이 좁게 구는 법은 없으나 한번 마음이 크게 상하면 기어이 끝을 보는 강한 복수심이 있다. 조금도 굽히지 아니하고 버티어 나가는 성품이나 태도가 크게 이루고, 크게 망한다. 속성속패의 운기다. 배짱이 좋아 일을 크게 벌려 난관과 패배의 늪에 빠진다. 그러면 경솔하다거나 사기꾼 소리를 듣게 된다. 불신과 배신자가 나타나는 연유는 寅申巳 삼형에 있다. 사주에 寅申巳가 있으면 관액이 필연 침범한다. 삼형의 흉의를 면하려면 사주에 午나 子, 酉가 있어 합생하는 작용이 있어야 한다. 혹은 戌과 辰, 丑으로 합작해야 구설이 있는 가운데 심한 형벌을 면한다. 寅權이 酉刃을 보면 검난이나 피 흘리는 사고를 당하기 쉽다. 酉日생이면 특히 그러하다.

寅權이 겁살이면 午福은 도화다. 사방에 위세가 있고 명리가 따르지만 구설을 면치 못하는 가운데 재액이 나타난다. 寅權이 겁살이면 戌藝는 반안이다. 예술로 승화될 정도로 갈고 닦은 기술이나 재주가 있어 벼슬이 없으면 시비하거나 헐뜯는 말이 무성하다.

寅權이 지살이면 午福은 장성이다. 후원으로 성공하고 일신이 영귀한 가운데 신병이 있다. 寅權이 지살이면 戌藝는 화개다. 모은 재산으로 어려운 처지에 있는 사람을 돕는다.

寅權이 망신이면 午福은 육해다. 영락이 교차하고 관액이 침범하며 높고 큰 집에 홀로 사는 골육무정을 실감한다. 寅權이 망신이면 戌藝는 천살이다. 영고성쇠를 거듭하며 가내에 재앙이 있다.

寅權이 역마면 午福은 재살이다. 실업으로 재물을 얻고 호강하지만 병을 얻기 쉽다. 寅權이 역마면 戌藝는 월살이다. 유산이나 유업을 물려받지 않지만 관록이나 또는 상업으로 자수성가한다.

4. 묘(卯;Rabbit)

卯破는 병들고 깨지는 물상이다. 소심한 가운데 우월감과 자존심이 있다. 빈궁해도 내색하지 않는다. 때로는 솔직담백하면서도 변덕이 심한 편이다. 토끼는 순하고 연약하며 인기와 재롱부리는 것을 좋아하니 이 사람은 사랑으로 감싸주면 가장 큰 행복으로 안다. 천성이 인기 있고 친절하며 순발력이 뛰어나 요식업이나 유흥업계에서 풍부한 재운을 실감하기도 한다. 卯破는 酉刃을 두려워하는데 건강이 나쁘고 수족에 이상이 나타날 가능성이 높다. 여기에 申孤가 겹치면 십중팔구 신체이상자가 된다. 생시에 卯破가 들면 창업이나 독립은 실패를 보게 되므로 피하는 게 좋다. 卯가 子를 보면 성교의 음란한 물상을 짓는다. 여기에는 병의 물상이 녹아들어 성병으로 추리되기도 한다. 卯는 중복되면 '고슴도치딜레마' 현상이 나타나 육친간 멀어지는 결과를 본다. 卯破가 午福을 보면 돈을 많이 벌어도 뜯어가는 사람이 많다. 토끼띠가 3월생이면 卯巳의 욕패 작용으로 걸인의 운기가 들어 친지들의 도움을 받아 먹고사는 팔자가 되기 쉽다.

卯破가 재살이면 亥壽는 역마다. 매사가 뜻과 같지 않고 빈한하지만 수명이 길다. 卯破가 재살이면 未驛은 월살이다. 마음과 생각에 여유가 없고 간간히 구설이 따르며 허망함을 실감한다.

卯破가 도화면 亥壽는 겁살이다. 질병이 침범하고 병액을 치르지 않으면 형액인데 친한 사람 가운데 적이 있어 피해를 준다. 卯破가 도화면 未驛은 반안이다. 자리를 옮겨야 아프지 않고 도락에 빠지면 비애가 있다.

卯破가 장성이면 亥壽는 지살이다. 명예와 명성이 드높다가도 권세가 변해 하천해질 우려가 있어 일희일비하는 가운데 후일 태평이다. 卯破가 장성이면 未驛은 화개다. 외지에서 성공하나 육친이 무덕하고 그렇지 않으면 육친을 잃는다.

卯破가 육해면 亥壽는 망신이다. 활인구제하나 보람이 없고 예상치 못한 재난과 사고가 이어진다. 卯破가 육해면 未驛은 천살이다. 은혜가 원수로 변하고 출입이 빈번한 가운데 호사다마다.

5. 진(辰;Dragon)

辰奸은 간교하여 바르지 않다는 뜻을 지녔다. 그런데 이게 조화를 부리면 무궁무진한 경험담이 된다. 지극히 귀한 상으로 지존의 자리에 거할 수도 있고 자칫하면 물 마른 개천에서 신음하는 미꾸라지 꼴이 될 수도 있다. 사주에 辰이 있으면 인격은 돈후하여 인정이 두텁고 후하며 눈빛은 사람을 꿰뚫어보는 듯 특별한 안광을 지녔다. 치아를 잘 보이지 않으며 마음속으로 영웅적인 발전을 추구하는 깊고 높은 이상을 품고 있다. 이 사람은 수하나 부하들에게 특히 온정을 베풀고 덕으로 감싼다. 융통성이 있고 수완가적 기질을 발휘한다. 또 배우자를 두고 다른 이성과 친하여 덕을 보거나 해를 입는 일이 있다. 특히 생일 자리에 辰이 있으면 이성으로 인해 패가망신할 우려가 크다. 3월생으로 辰月에 태어난 사람은 장남의 역할을 할 운명이다. 용띠가 7월생이면 자연 연월이 충을 이루는데 예로부터 사대부 집안에서 자식이 7월에 출생하면 양어머니를 정하고 모시도록 했으며 칠성님을 아버지로 섬겨 매년 정월 보름에 부처님께 치성을 드려 부모형제의 화액을 막아 왔다.

辰奸이 천살이면 申孤는 망신이다. 변화가 무궁하고 타인을 이롭게 하는 자로 일을 처리하여 나가는 솜씨와 꾀가 좋으나 크게 꺾이는 운기다. 辰奸이 천살이면 子貴는 육해다. 삶에 변화가 잦고 동서로 분주하며 영욕이 교차한다.

辰奸이 월살이면 申孤는 역마다. 이때는 관재가 따라 고독한 처지를 면키 어려우며 종내 귀한 대접을 받는다. 辰奸이 월살이면 子貴는 재살이다. 관재수가 발동하니 옛것을 지키면 이로우나 중년에 이르러 패할 수다.

辰奸이 반안이면 申孤는 겁살이다. 언변이 뛰어나고 교룡이 구름을 얻은 격이나 은인이 원수가 되고 처자에 우환이 있다. 辰奸이 반안이면 子貴는 도화다. 의식이 풍족하고 도처에 이성지락이 있다.

辰奸이 화개면 申孤는 지살이다. 초년에 어려움이 있었지만 부자의 운명이 분명하므로 이재로 성공한 자산가가 되어 이를 사회에 환원한다. 辰奸이 화개면 子貴는 장성이다. 고진감래라 천금을 희롱하지만 가슴속에 수심이 있다.

6. 사(巳;Snake)

巳文은 공부와 학식을 상징한다. 학문의 과정은 외롭고 고되다. 고독하고 인덕이 없음을 실감할 때가 많다. 과욕하고 분수를 잊으면 장애와 풍파를 겪기 쉽다. 유흥가 등지에서 낭비하기가 쉬운데 눈빛이 차갑게 돌고 핏빛이 서리면 가정의 풍파와 사고의 조짐으로 보면 틀림없다. 운명학에 일세의 영웅은 뱀띠에게서 발견된다고 했는데 간교하고, 잔인하며 용감무쌍한 인물로 엄청난 고통을 극복한 지극히 발견하기 어려운 사람이다. 뱀띠가 9월생으로 丑戹과 합작하면 장군의 명이다. 뱀띠가 4, 7, 10월생이면 일단 흉명에 속한다. 형액이 침범하는 까닭이다. 나이 서른 이전에 부모, 형제의 우환을 당하는 일이 있다. 특히 巳時, 巳日, 巳月, 巳年의 원행은 피하는 게 좋다. 또 寅申巳亥의 일진에는 죽은 듯이 보내라는 격언이 있을 정도다. 뱀띠가 1월생으로 4일이나 7일, 10일에 태어나면 중년이 지나도록 파란만장한 삶이 펼쳐지게 된다. 배우자가 왜소하거나 신체상의 이상이 있지 않다면 부부간의 화합은 거의 불가할 정도다. 일생을 통해 험한 일을 자주 보고 실로 슬픈 일을 많이 당한다.

巳文이 겁살이면 酉刃은 도화다. 매사 용두사미에 재운이 따라도 신상에 고초를 겪기 쉽다. 巳文이 겁살이면 丑厄은 반안이다. 집념으로 부를 일구니 물고기가 큰 바다에 든 격이나 횡액을 경계해야 한다.

巳文이 지살이면 酉刃은 장성이다. 박학다식하고 기개와 풍모가 있는 자로 이 사람의 몸에는 상처가 있거나 수족에 흠이 있다. 巳文이 지살이면 丑厄은 화개다. 문성이 겹쳐 지혜와 용기가 뛰어나므로 일찍 관록이 들어야 길하고 그렇지 않으면 예능인에 불과하다.

巳文이 망신이면 酉刃은 육해다. 의식은 족하지만 처자에 병환이 있고 종교의 길로 가지 않으면 딱하고 어려운 사정과 재앙이 겹치는 불운이 있다. 巳文이 망신이면 丑厄은 천살이다. 의식을 갖추지만 종내 뜻이나 의욕을 잃고 탄식한다.

巳文이 역마면 酉刃은 재살이다. 타지로 들고나며 재산을 모으지만 새가 날개를 다쳤으니 여러 해 풍파를 겪는다. 巳文이 역마면 丑厄은 월살이다. 의식은 풍족하지만 신병이 낫지 않으니 애로가 깊다.

7. 오(午;Horse)

午福은 복록이요 복덕이다. 신의와 충성심이 있고 자기 직분을 잃지 않으며 매사 소홀함이 없다. 남에게 지기 싫어하고 자존심이 매우 강하다. 일생 분주하고 재복이 따른다. 하지만 인덕은 기대에 미치지 못한다. 남을 위해 헌신해도 후회와 마음의 상처를 남기기 일쑤다. 동정심과 정직한 마음은 특별하지만 이해타산이 빠르고 표현력과 사리분별력은 부족한 편이다. 밝고, 깨끗하고 아름다운 것을 좋아하며 본심은 착하여 복이 있다. 午福은 중복을 특히 꺼린다. 사주가 모두 午로 구성되면 대흉명이 되고, 午時에 태어나도 역시 日時가 충이 되어 부부 관계는 파탄에 이르기 쉽다. 사주에 午가 있고 申이 있으면 의마심원이라, 뜻은 날뛰는 말과 같고 마음은 떠드는 원숭이와 같다는 의미로 세속 번뇌의 정욕 때문에 흐트러진 마음을 억누를 수 없는 현상이 나타날 가능성이 높다. 午福이 寅權이나 戌藝와 합작하면 필시 명성이 난다. 午福이 육해에 속하면 부모형제에게 지출하는 돈이 많다.

午福이 재살이면 寅權은 역마다. 관록이든 실업이든 호의호식하며 재산을 축적하지만 질액을 피하기 어렵다. 午福이 재살이면 戌藝는 월살이다. 물려받은 재산이 없어도 자기 혼자의 힘으로 집안을 일으키고 재산을 모은다.

午福이 도화면 寅權은 겁살이다. 명예와 이익이 따르지만 재앙으로 인한 불운은 따라 붙는다. 午福이 도화면 戌藝는 반안이다. 명리가 높고 관록으로 출사해야 후회를 남기지 않는다.

午福이 장성이면 寅權은 지살이다. 일신이 영귀하며 많은 이들의 성원으로 크게 성공한다. 午福이 장성이면 戌藝는 화개다. 지체가 높고 귀한 자로 병으로 고생하며 대중의 가난을 구제하는데 힘쓴다.

午福이 육해면 寅權은 망신이다. 대궐에 거하지만 골육은 무정하고, 영락이 교차하는 가운데 관액을 당한다. 午福이 육해면 戌藝는 천살이다. 겉은 화려하나 육친의 덕이 박하고 가내에 모질고 사나운 운수가 침범할 수다.

8. 미(未;Sheep)

未驛은 주거나 직장 등에 이동이 심한 운수로 본다. 양은 자신을 해칠 수 없는 높은 절벽에 올라 주변을 살피고, 또 항상 불안한 생각에서 한 자리에 오래 있지 못하고 자리를 옮긴다. 늘 바쁜 가운데 건강하고 장수하는 상이다. 성질은 급하지만 수양은 잘 된 편으로 참을성이 있다. 마음이 악독하지 못하면서도 이기적인 성질에 외고집 인생이라 스스로 고독을 자초하고 외로움을 통감하기도 한다. 때로는 거대한 꿈을 실현하고자 필요 이상의 에너지를 소모하고 때때로 타인을 원망하는 습성을 드러낼 때가 있다. 丑戌未 삼형은 은혜를 베푼 게 화가 되는 결과를 보기 쉽다. 未驛이 있는 사주에 반안이나 지살이 함께하면 자리를 옮길수록 복이 있어 승승장구한다. 반대로 역마가 형충된 경우에는 떠돌아다니는 운명으로 이동하는 곳의 운이 좋지 않은 것으로 판단한다. 양띠가 4월과 7월에 출생하면 육친의 덕을 기대하기 어려워진다.

未驛이 천살이면 亥壽는 망신이다. 늘 움직이는 가

운데 좋은 일도 있지만 일이 잘되지 아니하게 헤살을 부리는 요사스러운 장애물을 만나기 일쑤다. 未驛이 천살이면 卯破는 육해다. 호사다마에 호랑이 새끼를 키워 화를 부르는 격이다.

未驛이 월살이면 亥壽는 역마다. 간간히 구설이 따라도 움직일수록 좋아진다. 未驛이 월살이면 卯破는 재살이다. 되는 일이 없고 움직이기가 용이하지 않아 불안한 마음이 불운한 운기를 부르는 셈이다.

未驛이 반안이면 亥壽는 겁살이다. 움직여 평안을 도모하지만 종내 피해를 끼칠 가까운 사람을 조심해야 한다. 未驛이 반안이면 卯破는 도화다. 도락을 즐기는 가운에 질병이 침범하고 그렇지 않으면 형벌을 받는다.

未驛이 화개면 亥壽는 지살이다. 육친은 무덕하고 사별하는 슬픔이 있지만 종내 태평해진다. 未驛이 화개면 卯破는 장성이다. 타지에서 명성이 높아지나 전성기가 지나면 하천해지는 수가 있다.

9. 신(申;Monkey)

申孤는 외롭고 고독한 독수공방의 처지를 뜻한다. 고독은 영감으로 가는 유일한 통로라고 했는데 그래서인지 사주에 申이 있으면 영특한 지혜와 영적 감각도 뛰어나다. 예술적 감각과 재치 넘치는 수단으로 매사를 능수능란하게 처리하는 효용이 있다. 타인이 보기에는 명랑하고 화창해도 속에는 잡념과 번민이 있어 우울하고 독선적인 면이 많아 고독한 시간을 면키 어렵다. 한번 신뢰하면 끝까지 상대를 믿고 한번 불신하면 그것으로 끝이다. 남의 일은 잘 처리하나 자신의 일은 등한시하는 결함이 있다. 사주에 申孤가 겹치면 고독한 운을 벗어나기 어렵다. 만일 세 개 이상의 申이 발견되면 소아마비 등의 불구로 보면 거의 틀림이 없다. 특히 申孤와 酉刃이 겹치면 필시 신체에 이상이 있고 독신이나 종교인의 명으로 살게 된다. 형충을 당하면 주위로부터 오해와 미움을 사서 고립되고 형벌을 받기 쉽다. 잔나비띠가 10월생이면 巳文, 월주에 망신이 드는데 몹시 흉하다. 특히 여성의 경우 남편이 사고로 사망하는 예가 있을 정도다.

申孤가 겁살이면 子貴는 도화다. 은혜를 베푼 게 화가 되고 처자에 우환이 있으나 의식이 풍족하고 좋은 이성과 인연이 있다. 申孤가 겁살이면 辰奸은 반안이다. 파란 많은 시절을 보내고 크게 성공하는 길조다.

申孤가 지살이면 子貴는 장성이다. 초년의 고통이 약이 되어 부자가 되는 성공을 기약한다. 申孤가 지살이면 辰奸은 화개다. 크게 성공하고 천금을 희롱하다 종내는 구제 사업에 힘쓴다.

申孤가 망신이면 子貴는 육해다. 수단과 재치가 있으나 한판에 가진 것을 잃을 우려가 있으니 영욕이 교차하는 격이다. 申孤가 망신이면 辰奸은 천살이다. 풍파를 겪으며 성숙해지고 타인을 이롭게 한다.

申孤가 역마면 子貴는 재살이다. 고독하지만 귀한 신분을 유지하고 움직이면 패할 수니 가진 것을 지키는 게 좋다. 申孤가 역마면 辰奸은 월살이다. 타지에서 성공하지만 관재수가 발동한다.

10. 유(酉;Hen)

酉刃은 칼이니 상처나 신병과 연관이 깊다. 몸에 칼로 상해를 입거나 중병을 앓는 경우가 많다. 천성은 고강하고 진취적이며 투쟁적인 기상을 품었다. 외모는 대개 날씬하고 눈빛은 맑고 반짝인다. 봉사정신이나 희생심이 있고 따뜻한 온정이 있다. 재복은 따르지만 수입보다 지출이 많은 편이다. 생시가 卯時거나 酉時면 사혹십악의 수리에 속하여 인생 말년에 패망수가 있으니 미리 대비할 필요가 있다. 사주에 酉刃이 중복되고 겁살이 있으면 폭력성이 나타나고 칼이나 흉기, 낙상, 교통사고, 폭행 등의 각종 사고에 노출되기 쉽다. 申孤가 겹치면 불구에 가까운 명이다. 닭띠가 12월생이면 월주 申孤가 망신으로 사나운 운기에 휩싸이고 6월생이면 寅權이 겁살, 원진이 되어 흉명의 전조가 된다. 7월생이면 卯破 재살이니 편친 슬하에서 극빈하게 성장할 가능성이 높다. 30세 이전의 고통이 필연적으로 따른다는 얘기다.

酉刃이 재살이면 巳文은 역마다. 여러 해 풍파를 겪

으며 고향을 떠나 재물을 구하고 의식이 안정된다. 酉刃이 재살이면 丑厄은 월살이다. 새가 날개를 다쳤으니 신병으로 고생하고 성패가 잦다.

酉刃이 도화면 巳文은 겁살이다. 의식주는 부족하지 않아도 고초가 따르며 고비를 넘기지 못한다. 酉刃이 도화면 丑厄은 반안이다. 재앙으로 인한 불운이 따르지만 큰물에서 노는 격이다.

酉刃이 장성이면 巳文은 지살이다. 문무를 겸비한 호걸지상으로 화려한 성격에 겁이 없으며 큰일에 뛰어드는 용기와 담력이 있다. 酉刃이 장성이면 丑厄은 화개다. 신체나 수족에 흠이 있고 예술인의 명이다.

酉刃이 육해면 巳文은 망신이다. 딱하고 어려운 사정과 재앙이 겹친 불운이 염려되니 신앙에 종사하면 의식이 족해진다. 酉刃이 육해면 丑厄은 천살이다. 신병과 곤액이 깊어 치유하는 가운데 실의에 빠진 격이다.

11. 술(戌;Dog)

戌藝는 재기로 다재다능의 표상이다. 기술이나 예능 방면에서 성공이 빠르다. 무엇이든 특별한 재주가 있게 된다. 용감하고 야심이 있다. 보은 사상을 지녔고 타이밍을 포착하면 총명, 민첩하게 행동한다. 따뜻한 온정을 그리워하면서도 누군가 접근하면 냉정한 반응에 경계하는 천성이 있다. 사주에 戌藝가 있으면 먹고 살 재주를 부여받은 셈이 되어 남녀를 막론하고 대략 일정한 복분은 타고 난 격으로 본다. 부자를 단정하기 보다는 행복한 가정 분위기는 조성된다는 뜻이다. 戌에 형충이 들면 신의를 잃고 부도덕해질 우려가 있다. 재산을 지키기 어렵다. 돈을 잘 벌어도 잔고가 쌓이지 않는다. 戌藝는 午福과의 합작을 가장 기뻐한다. 午時에 나면 자식은 크게 출세한다. 명운이나 세월, 언제든 午運이 도래하면 재능을 인정받고 도약하는 운기를 맞이한다. 화려한 삶의 종막이 가까워져 오면 불행한 타인을 구제하고 돕는데 힘쓰는 것이 이 사람의 운명이다.

戌藝가 천살이면 寅權은 망신이다. 성정이 교묘하고 재주가 출중하나, 영락이 교차하고 관액이 침범할 우려가 있다. 戌藝가 천살이면 午福은 육해다. 집안에 우환이 있고 좋은 집에 살지만 가족은 불화하는 상이다.

戌藝가 월살이면 寅權은 역마다. 유업을 물려받지 못하고 자수성가하며 관록이나 실업 어느 분야든 성공한다. 戌藝가 월살이면 午福은 재살이다. 성공하고 호화롭게 살지만 질액이 나타난다.

戌藝가 반안이면 寅權은 겁살이다. 일시에 출세하고 도약하지만 구설이 분분하다. 戌藝가 반안이면 午福은 도화다. 명예와 이익이 높고 높은 직책에 오르니 관록과 인연이 없다면 한탄하게 된다.

戌藝가 화개면 寅權은 지살이다. 대업을 성취하고 낙향하면 모은 재산으로 타인을 구제한다. 戌藝가 화개면 午福은 장성이다. 일신이 영귀하고 병을 얻게 되면 활인구제에 힘쓰게 된다.

12. 해(亥;Pig)

亥壽는 수명과 장수를 의미하는데 사업으로 성공하는 경우가 많다. 성정은 성급하고 낙천적이며 불리한 조건에 놓여도 잘 참아낸다. 실익을 구하는 지혜가 있다. 재복은 있지만 귀기에는 미치지 못하므로 관록과는 인연이 잘 닿지 않는다. 대개 재물에 욕심이 많아 초년에는 잠시 고생을 하지만 중년 이후 호운을 맞아 자력갱생하여 축재하게 되고 말년에는 사회사업에 관심을 보이는 경우가 많다. 壽의 운명을 타고나면 일생을 통해 반드시 형벌은 겪게 되므로 벌금 등의 가벼운 형액부터 중형에 이르기까지 다양한 경험을 하게 된다. 역술에 '부하면 단명하고, 빈하면 장수한다'는 격언이 있는데 亥壽는 이를 그대로 증명한다. 일찍 부를 축적하면 중년 이후에 병을 얻어 고생하고, 소식과 운동을 통해 고통을 대체하면 자연 장수하는 것이다. 또 이타하고 음덕을 쌓으면 이보다 길한 게 없다. 돼지띠가 3월에 나면 걸인의 팔자가 된다. 亥丑에는 암합이 들어 가까운 형제 등의 도움으로 밥상을 받아먹는 처지가 되기 쉽다.

亥壽가 겁살이면 卯破는 도화다. 친한 사람이 적이 되어 피해를 주고 질병이나 형액이 따른다. 亥壽가 겁살이면 未驛은 반안이다. 절박한 상황에서 멀리 이동하면 한가해지고 더할 나위 없이 안락해진다.

亥壽가 지살이면 卯破는 장성이다. 일희일비하는 가운데 후일 태평해지고 명성이 높아지며 다시 병을 얻는다. 亥壽가 지살이면 未驛은 화개다. 근심걱정이 사라질 때 가족들이 떠나므로 고독해진다.

亥壽가 망신이면 卯破는 육해다. 괴이한 변고가 나타나고 활인, 구제하는 삶을 도모하게 된다. 亥壽가 망신이면 未驛은 천살이다. 출입하는 가운데 좋은 일이 있지만 방해되는 일도 많이 겪는다.

亥壽가 역마면 卯破는 재살이다. 타지에서 운동과 노동으로 연명하며 장수하는 경우가 많다. 亥壽가 역마면 未驛은 월살이다. 움직일수록 길한 상으로 삶의 허망함을 실감하나 수명은 길다.

▪ 행운(行運歲月;For tune)

1. 절(絶;Extinction)
2. 태(胎;Pregnancy)
3. 양(養;Embryo)
4. 생(生;Birth)
5. 욕(浴;Bathe)
6. 대(帶;Attire)
7. 록(祿;Blessing)
8. 왕(旺;Heyday)
9. 쇠(衰;Decline)
10. 병(病;Disease)
11. 사(死;Death)
12. 묘(墓;Burying)

1. 절(絶;Extinction)

해 묘 미 생 亥卯未 生	신 절 申絶
인 오 술 생 寅午戌 生	해 절 亥絶
사 유 축 생 巳酉丑 生	인 절 寅絶
신 자 진 생 申子辰 生	사 절 巳絶

'절'은 다른 말로 포(胞)라 한다. 운기에서 '절' 다음의 단계는 '태'로 이 둘을 합하면 포태(胞胎)가 되는데 이 말은 십이운성(十二運星) 전체를 포괄하는 용어로 쓰이기도 한다. 절은 십이신살로 겁살에 속한다. 예컨대 亥卯未 생은 申이 겁살이 된다. 오행의 木 또한 申에서 절지에 놓이므로 절은 겁살과 동일한 것이다. 다시 말해 십이운성의 각 단계는 십이신살의 각 단계와 동일한 조합 관계를 이룬다.

포 胞	태 胎	양 養	생 生	욕 浴	대 帶	록 祿	왕 旺	쇠 衰	병 病	사 死	묘 墓
겁 劫	재 災	천 天	지 地	연 年	월 月	망 亡	장 將	반 攀	역 驛	육 六	화 華

'절'은 글자 그대로 절멸의 운기다. '절'에 해당하는 글자에는 무정(無情)의 극(剋)이 되는 칠살(七殺)의 성분이 생왕(生旺)하게 자리 잡고 있다. 사주에 겁살이 있으면 대인관계의 단절 현상이 나타나게 된다. 친척이나 동창, 동기 등의 인연 관계를 이어가기 어렵다는 말이다. 성격은 급하고 강경하다. 폭력성을 띠어 타인에게 상처를 입히기도 한다. 높은 데서 떨어지는 사고를 당할 수도 있기 때문에 낙상살(落傷煞)이라는 별칭이 있다. 겁살이 연월에 있으면 성장기에 싸움이나 교통사고 등으로 몸을 다치는 일이 발생한다. 특히 사주에 酉刃이 있으면 상해의 조짐이 깊다. 겁살은 반안과 합작하게 돼있는데 운성으로는 '절쇠'의 합작이다. 까닭에 사주에 겁살이 있으면 반드시 반안이 있어야 절멸의 운기에서 다시 부활하는 건재를 과시하게 된다. 또 화개라도 있어야 자숙하는 기간을 갖게 된다. 겁살이 있는 여성은 이성으로부터 겁탈당할 우려가 있다. 남자는 사업이 망하면 필시 차압 등으로 재산을 강탈당하는 일을 겪게 된다. 그만큼 '절'의 운명은 드라마틱하게 펼쳐질 공산이 크다. 겁살은 연살, 도화와 합작하므로 이 사람은 인기가 있는 편이다. 유흥에 빠질 가능성이 깊다. 조상을 욕되게 하기 일쑤다. 성격이 강하고 언제든 일어선다는 특별한 자부심이 있어 대인 관계는 별로 좋지 않다. 겁살의 불운은 스스로의 수양으로 극복할 도리밖에 없다. 운을 맞이하면 크게 성공한다. 겁살이 형충된 자는 형벌, 관액을 피해나갈 방법이 없다. 사업이 망하면 거덜이 나므로 상업이나 사업은 절대 불리한 명이다.

월에 겁살이 있으면 성장기에 무도를 배우는 게 좋다. 형제들의 성격이 대개 불같이 급하고 강기가 있다. 월지 겁살이 형충됐다면 본인이 싸움판에 들거나 그러한 형제가 필시 있다.

일에 겁살이 있으면 남녀를 막론하고 파란을 겪는다. 참지 못하는 성격이 화근이 된다. 폭력을 행사하면 후회막급이고 교통사고나 낙상사고 등을 겪을 우려가 있다. 여성은 남편이 흉조를 대신 겪는 불상사로 나타나기 쉽다. 일지가 충되면 남편은 되는 일이 없을 것이다. 결혼은 혼전에 배우자로부터 이미 순결을 잃은 상태일 가능성이 농후하다. 일찍이 급사하거나 흉사한 배우자가 있었다면 재혼으로 인해 불운은 거의 감면된다. 이때 여성이 팔자의 일주로 납음(納音) 목성에 해당하면 십중팔구 남편의 구타를 경험하게 된다. 납음으로 수성 일주에 태어나면 외도를 하고 정부를 둔다. 외도로 인해 폭행을 당해도 이혼이 성립되지 않는 특징이 있다.

석류목 石柳木	경신 신유일생 庚申, 辛酉日生
상자목 桑柘木	임자 계축일생 壬子, 癸丑日生
평지목 平地木	무술 기해일생 戊戌, 己亥日生
송백목 松柏木	경인 신묘일생 庚寅, 辛卯日生
양류목 楊柳木	임오 계미일생 壬午, 癸未日生
대림목 大林木	무진 기사일생 戊辰, 己巳日生

대해수 大海水	임술 계해일생 壬戌, 癸亥日生
천하수 天河水	병오 정미일생 丙午, 丁未日生
대계수 大溪水	갑인 을묘일생 甲寅, 乙卯日生
장류수 長流水	임진 계사일생 壬辰, 癸巳日生
간하수 澗下水	병자 정축일생 丙子, 丁丑日生
천중수 泉中水	갑신 을유일생 甲申, 乙酉日生

시에 겁살이 있으면 자식이 겁살을 당하는 형국이라 자식으로 인한 고통이 따르게 된다. 반면 말년에 성공하고 출세하는 경우가 있는데 이것은 겁살이 반안과 합작하는 때다. 경솔한 언행은 패망의 전조가 되

므로 항상 조심하며 살아가야 한다.

세월에 절운이 들면 폭력, 상해 등의 가해자나 피해자가 되어 형액을 당할 전조가 된다. 사주의 망신과 형이 성립되면 가장 위태한 것이다. 사주의 도화와 합작되면 강간이나 추행 등 정조에 관한 죄를 범하거나 당할 우려가 있다. 이외 파산이나 손재, 전출 등의 불운한 상황이 나타나기 쉽다. 이때 칠살의 성분이 사주의 여타 장간과 합생하는지 여부를 살펴 판단한다. 사주에 반안의 성분이 있어 이와 합작하면 오히려 복이 된다.

2. 태(胎;Pregnancy)

亥卯未 生 (해묘미 생)	酉胎 (유태)
寅午戌 生 (인오술 생)	子胎 (자태)
巳酉丑 生 (사유축 생)	卯胎 (묘태)
申子辰 生 (신자진 생)	午胎 (오태)

'태'는 잉태로 이제 막 생명의 싹이 튼 것이다. 여리고 잘리기 쉽다. 또 불안한 심성이 되어 모태에 갇힌 격이 되므로 수옥살(囚獄煞)이라는 별칭이 있다. 또 태지, 재살은 삼합국의 본진인 장성을 충하는 성분으로 재앙이나 이간질 등의 현상을 수반한다. 사주에 재살이 있으면 대개 재물을 모으는 데 혈안이 되어 일편단심으로 노력하는 경향이 나타난다. 巳酉丑이나 申子辰 생에 재살은 곧 재물인 까닭이다. 이러한 재물은 관록을 생하고, 亥卯未나 寅午戌 생에게는 재살이 곧 정관으로 평균 이상의 복된 삶을 꾸리는 동기로 작용한다.

재살은 합격의 성분으로 각광받는다. 시험이나 면접, 계약 등의 중대사를 앞두고는 장성에 대치되는 재살(災煞)의 색상을 입는 게 상책이다. 재살은 새로운 변화의 계기가 되는 동시에 관대(冠帶)와 합작되는 성질을 띠기 때문이다. 그래서 시험 당일 수험생의 띠를 기준으로 재살(災煞)에 해당하는 색상의 옷을 입히도록 권하는 것이다. 수험생의 생년, 띠를 기준으로 '돼지, 토끼, 양'띠에 해당하면 酉가 재살에 속한다. '범, 말, 개'띠라면 子, '뱀, 닭, 소'띠는 묘卯, '원숭이, 쥐, 용'띠에게는 오午가 재살이다. 酉는 오행(五行)의 金으로 백색(白色)이고, 子는 水로 흑색(黑色)에 속한다. 卯는 木으로 청색(靑色)이고, 午는 火로 적색(赤色)에 속한다.

시험에 강한 색은 다음과 같이 정리할 수 있다.

해묘미 생 亥卯未 生	유태 酉胎	백 白
인오술 생 寅午戌 生	자태 子胎	흑 黑
사유축 생 巳酉丑 生	묘태 卯胎	청 靑
신자진 생 申子辰 生	오태 午胎	적 赤

그러나 재살의 성정은 불안하고 이기적이다. 그래서

저축을 하고 돌발 상황에 대비하는 것이다. 특히 이웃이나 가까운 사이를 이간시키는 고질적인 심성이 있으므로 후일 이로 인한 오명이나 딜레마에 빠질 수 있다. 巳酉丑 생은 卯破가 재살이므로 이 경우에는 파산의 운기로 작용한다.

월에 재살이 있으면 남을 이간하는 행위를 절대 금해야 한다. 몸에 흉터가 있으면 좋은 것이다. 그렇지 않으면 상해를 입을 수 있다. 여성은 종교나 점술을 좋아하는데 사주에 역마나 월살이 있어 합작하면 무녀(巫女)일 가능성이 높다. 산 기도를 열심히 다니고, 월살은 관대이므로 특별한 옷차림이 있다. 재살은 재앙과 재물인데 월주 재살은 재물과 더 연관된다. 재운은 있지만 말이 화근이 될 수 있다는 얘기다. 남성은 재산을 가져오는 부인과 인연을 짓는데 성격은 까칠한 상대다.

일에 재살이 있으면 재앙에 가깝다. 이때는 수옥이 작동하기 쉬우므로 한번쯤 관액을 당한다는 우려가 있다. 여성은 남편이 수옥살을 당하는 예로 나타나기 쉽다. 그러나 재복은 따른다. 얼마간의 재산은 있다는 말이다.

시에 재살이 있으면 악착같이 돈을 많이 모아 꽤

재산은 있지만 풍파는 잦다. 사사건건 트러블이 일어난다. 인덕이 없음을 실감하고 한탄할 때가 있다. 코는 후중하나 귀는 박한 관상이 많다. 사주에 지살이 겹쳤거나 반안, 화개 등이 함께하면 이 사람은 재력이 있다. 자식궁에 재앙이 드니 임신이 힘들고 임신해도 출산이 수월치 않다. 키우기도 쉽지 않다. 여성은 힘들여 얻은 자식을 애지중지한다. 그러니 생시 재살의 여명이 자식을 얻으면 이혼은 불가다.

세월에 태운이 들면 잡다한 문제들이 쉴 새 없이 나타나지만 재산은 모으는 운기다. 이때 변동하면 유리하다. 역마와 합작하거나 월살과 합작하면 발전한다. 따라서 전년에 하던 일을 그대로 유지시키면 패업으로 간다고 보면 된다. 공직자나 직장인은 부정한 돈을 보게 된다. 부정축재가 있다. 문제는 이듬해 양운에 나타나기 쉬우므로 경계할 필요가 있다. 평소에 신병이나 중병을 앓던 자는 재살이 드는 시기에 수술하면 완쾌될 가능성이 높다.

3. 양(養;Embryo)

亥卯未 生 (해묘미 생)	戌養 (술양)
寅午戌 生 (인오술 생)	丑養 (축양)
巳酉丑 生 (사유축 생)	辰養 (진양)
申子辰 生 (신자진 생)	未養 (미양)

'양'은 양육의 뜻을 품어 배양이 진행되는 단계를 말한다. 신살로는 천살이다. 하나의 생명이 잉태되어 배양되다가 이 세상에 태어나는 것은 신(神)의 공덕이다. 하늘의 뜻에 맡겨야 하니 성정은 낙천적이다. 혹 잘못되면 사람의 힘으로는 어쩔 도리가 없다. 그래서 하늘을 보고 원망한다. 일명 탄식살(歎息煞)이다. 사주에 천살이 있으면 기막힌 일을 당하기 쉽다. 윤리에 어긋나는 패덕이 일어나거나 목도한다. 특히 辰奸이 천살이면 불륜의 관계를 맺는다. 酉刃이나 申孤, 월살이나 망신이 겹치면 흉조가 가중된다. 천살에는 상관(傷官)의 기가 작동하므로 법이나 윤리의 경계를 넘나

드는 것이다. 따라서 실업이나 관록과 같은 유형의 성취는 기대에 미치지 못한다. 이보다 학문이나 종교 등의 추상적인 분야에서는 특별해질 수 있다. 사람을 돌보고, 교육하고 육성하는 점에서는 탁월하다.

결정적인 말썽은 늘 상관(傷官)의 성분에서 나타나기 쉽다. 이것은 유정(有情)의 설기(洩氣)로 몸의 에너지를 심대하고 급속하게 격감시킨다. 바로 천살의 중기(中氣)에서 상관기가 작동하고 게다가 사람의 힘으로는 어쩔 수 없는 천살의 영역에서 발병(發病)한 사안이므로 위태할 수 있다. 그래서 심각한 질병은 천살(天煞)에 해당하는 글자의 중기(中氣)가 병원(病源)이 될 때가 많다. '돼지, 토끼, 양'띠는 戌이 천살이고, '범, 말, 개'띠는 丑, '뱀, 닭, 소'띠는 辰, '원숭이, 쥐, 용'띠는 未가 천살이다. 각 글자의 중기를 살피면 戌은 정화(丁火), 丑은 신금(辛金), 辰은 계수(癸水), 未는 을목(乙木)이 배당되는데 각 글자 오행에 속하는 병상(病象)이 있다. 쉽게 풀어 설명하면 '돼지, 토끼, 양'띠는 정화(丁火)의 병상에 속하는 심장이나 소장 계통의 질환을 눈여겨봐야 한다. 일단 이 부위가 발병하면 중증일 가능성이 높다. 병이 나타나는 시점을 예측할 때는 선천수(先天數)의 개념을 적용하는데 대략 나이의 끝수가 '6'이나 '4'에 해당될 가능성이 높다. '범, 말, 개'띠는 폐(肺) 계통의 질환에 노출되면 심각해질 우려가 있다. 나이의 끝수가 '7'이나 '3'에 해당할 시점에 결핵성의 질병이 나타나면 중병이 분명하다. '뱀, 닭, 소'띠는 신장·방광이나 비뇨기 계통의 질환에 유의해야 한다. 나이로는 끝수가 '5'나 '0'인 때에 발병하는 질환이 무섭다. '원숭이, 쥐, 용'띠는 나이의 끝수가 '2'나 '8'일 때 발병하는 간(肝) 계통이나 안과 질환 등이 중증으로 나타나는 경우가 많다. 질병이 드는 해에는 대개 집중적으로 발병하는 시점이 있다. 예컨대 나이의 끝수가 '6'이나 '4'에 해당될 때 심장 계통의 병증이 나타나면 그 시기가 음력으로 '1월(寅月), 5월(午月), 9월(戌月)'일 공산이 크다. 나이의 끝수가 '7'이나 '3'에 해당하면 '4월, 8월, 12월'이다. 나이의 끝수가 '5'나 '0'에 해당하면 '3월, 7월, 11월'이다. 나이의 끝수가 '2'나 '8'에 해당하면 '2월, 6월, 10월'에 발병할 확률이 높다.

선천수(先天數)는 다음과 같다. 천간의 갑(甲)·기(己)는 9, 을(乙)·경(庚)은 8, 병(丙)·신(辛)은 7, 정(丁)·임(壬)은 6, 무(戊)·계(癸)는 5고, 지지의 자(子)·오(午)는 9, 축(丑)·미(未)는 8, 인(寅)·신(申)은 7, 묘(卯)·유(酉)는 6, 진(辰)·술(戌)은 5, 사(巳)·해(亥)는 4다.

甲己子午 (갑기자오)	九數 (구수)
乙庚丑未 (을경축미)	八數 (팔수)
丙辛寅申 (병신인신)	七數 (칠수)
丁壬卯酉 (정임묘유)	六數 (육수)
戊癸辰戌 (무계진술)	五數 (오수)
巳亥 (사해)	四數 (사수)

기도와 소원은 천살 방향으로 해야 통한다. 많은 사람들이 행운은 조상(祖上)이 주는 선물로 여긴다. 여기에는 여러 가지 이견이 있을 법하지만, 어쨌든 조상에게 제사를 올리는 예법과 절차는 매우 소중한 문화유산이다. 제사를 지낼 때는 집안의 종손을 기준으로 반드시 천살(天煞) 방향으로 절을 올려야 한다. 의도적이 아니라 해도 천살 방향으로 제사 음식을 차리고 절을 하면 그 집안과 가족에는 난치병자가 발생하는 경우가 거의 없다. 종손이 '돼지, 토끼, 양'띠에 해당하면 술戌이 천살이고, '범, 말, 개'띠라면 丑이 천살이다. '뱀, 닭, 소'띠 생은 辰이 천살이고 '원숭이, 쥐, 용' 띠에게는 未가 천살이다. 종손이 사망했을 경우에는 종손의 후손으로 승계하여 해당자의 띠를 기준으로 천살 방향을 정한다. 제사의 예행(禮行)은 각각의 종교

형식에 맞추어 무방하지만 방향만큼은 철저히 바로잡아야 좋다. 또 속설에 제사를 올릴 때는 흔히 북으로 음식을 차려 놓고 지낸다는 말이 있는데 몰라서 하는 얘기다.

천살에는 상관기가 작동한다. 상관의 성분은 무형, 추상의 별로 '무(無)에서 유(有)'가 나타나는 통로를 만들어 낸다. 무릇 기도는 천살 방향을 보고 하는 것이다.

해묘미 생 亥卯未 生	술양 戌養	술향 戌向
인오술 생 寅午戌 生	축양 丑養	축향 丑向
사유축 생 巳酉丑 生	진양 辰養	진향 辰向
신자진 생 申子辰 生	미양 未養	미향 未向

시계의 12시 방향을 정북(正北), 子에 맞추었을 때 종손이 '돼지, 토끼, 양'띠의 해당하면 술(戌)의 10시 방향으로 조상께 제를 올려야 한다. '범, 말, 개'띠는 1시, '뱀, 닭, 소'띠는 4시, '원숭이, 쥐, 용' 띠는 7시 방향이 천살에 속한다.

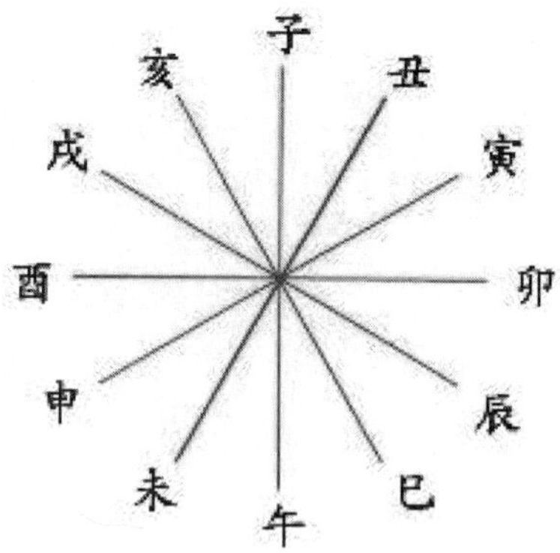

학생들에게 책상의 바른 배치는 여간 중요한 일이 아니다. 책상의 위치도 중요하지만, 더욱 신경을 써야 할 대목은 책상에 앉은 수험생이 어느 방향을 바라보는 자세로 앉느냐의 문제다. 시선이 천살(天煞) 방위로 향하는 책상에 앉는 학생은 거의 예외 없이 우등생이다. 천살의 반대 방향이 되는 반안(攀鞍) 방위로 배치되면 성적이 하위권이다. 학생의 생년(生年)을 기준으로 '돼지, 토끼, 양'띠에 해당하면 戌이 천살이고, '범, 말, 개'띠라면 丑이 천살이다. '뱀, 닭, 소'띠 생은 辰이 천살이고 '원숭이, 쥐, 용' 띠에게는 未가 천살이다. 시계의 12시를 정북(正北)에 맞추었을 때 戌은 10시, 丑은 1시, 辰은 4시, 未는 7시 방향에 속한다. 예컨대 토끼띠의 학생이 戌의 방향을 앞으로 바라보는 책상에 앉아 공부하면 그는 필시 우등생이다. 또 이런 배치로 책상을 옮겼다면 성적이 날로 향상되는 결과를 본다. 닭띠라면 辰의 방향으로 시선이 향하는 책상이어야 성적이 우수하다. 반대로 戌을 바라보는 책상 배치라면 성적이 하위권이다. 또 성적뿐만 아니라 품행에도 영향을 미치므로 수험생 자녀를 둔 학부모들은 공부방의 책상 배치부터 점검할 필요가 있다. 수험생에게 고액과외보다 자리 교정이 성적 향상에 더 큰 영향을 미친다.

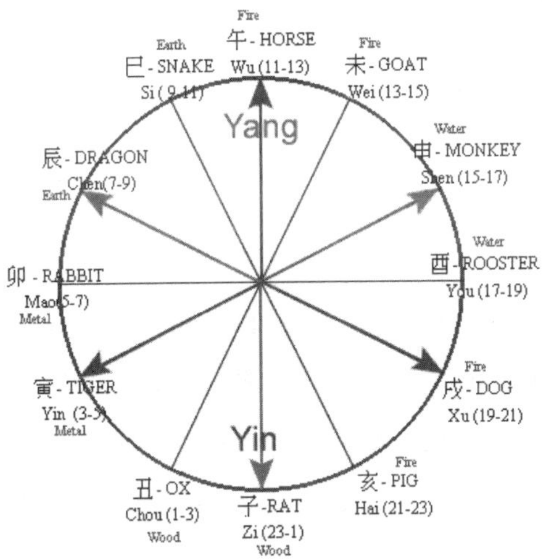

풍수에서 책상의 배치는 침대와 더불어 매우 중요한 교정수단이 된다. 책상을 좋은 방위에 배치하면 자연 학습자의 시선 방향이 정해지므로 후자의 요소를 반드시 고려해 위치를 정해야 한다. 이때 책상의 배치는 8방위의 길흉을 따져 정하므로 12방위의 수험생 시선 방향과 합치되지 않을 때가 더러 있다. 상황이 이러하면 8방위의 45도 각도로 子, 午, 卯, 酉의 사정(四正) 방위를 제외한 나머지 네 방위를 辰, 戌, 丑, 未의 사고(四庫) 방위로 통합한다. 이를테면 亥卯未 생이 亥方을 바라보는 책상 배치라 해도 이를 戌方에 귀속시켜 천살 방향을 바라보는 것과 유사하게 취용하는 것이다. 책상 배치에는 '위치'의 좌위(坐位)와 더불어 '방향'의 좌향(坐向) 또한 매우 중요하다. 후자가 더 긴급한 문제다.

수험생 자녀를 둔 학부모들이라면 몇 가지 역술적 조언도 귀담아들을 만하다. 보통 많은 이들이 응시하는 큰 시험의 출제 경향은 공통된 추세가 있다. 문제가 아주 어렵지도 않고, 쉽지도 않으며 기초와 원리에 충실해야만 풀기 용이한 내용이 주를 이룬다. 공부는 대개 학교 공부에 충실하여 각 과목의 기본적인 개념이나 원리, 법칙, 탐구 방법 등을 철저히 이해해야만 다양한 유형의 문제들의 해답을 구한다. 하지만 형편이나 사정이 여의치 않을 때면 단기간에 걸쳐 집중적인 학습으로도 얼마든지 효과를 본다. 결코 바람직한 방법은 아니지만, 정 시간이 급할 때는 묘수를 띄울 수도 있다. 이 방법은 시험을 앞두고 마지막 최종 정리할 때도 유용하게 활용할 수 있으니 참고하기 바란다. 결론적으로 '돼지, 토끼, 양'띠는 교과서나 참고서를 공부할 때 끝자리가 '3'페이지, '7'페이지에 해당하는 부분을 보다 철저히 익혀두라. '범, 말, 개'띠는 '5'와 '0'페이지, '뱀, 닭, 소'띠는 '2'와 '8'페이지, '원숭이, 쥐, 용'띠는 '4'와 '6'페이지를 집중적으로 살펴 요약하면 이곳에서 특별히 많은 문제가 출제됨을 확인하게 될 것이다. 각 숫자의 도출은 생년을 기준으로 천살(天煞)에 속하는 글자 여기(餘氣)의 선천수(先天數)에 근거를 둔 것이다. 천살의 여기(餘氣)에는 재관(財官)의 길신(吉神)이 작용한다. 여기에는 천살 고유의 상관기(傷官氣)와 달리 배양(培養)의 감응(感應)과 구응(救應)의 기능이 있다. 비단 대입 시험에만 국한할 게 아니다. 다양한 국가시험과 각종 자격시험에서도 이 방법이 통한다. 현대인들이 자격시험을 볼 때면 대개 비교적 짧은 기간 내에 전체를 총정리하기엔 부담스러울 정도의 많은 과목 수와 씨름해야 한다. 보통 객관식 문제가 대부분인데 이번에는 재미삼아 정답을 찍는 과외 수업을 펼쳐보겠다. 이때는 응시자의 생년보다 시험이 치러지는 해의 태세(太歲)를 기준으로 천살 여기의 선천수를 도출해 중요 숫자를 걸러낸다. 예컨대 경인년(庚寅年)의 천살은 丑이다. 丑에는 癸辛己의 장간(臟干)이 각기 여기와 중기, 정기로 배속되어 있는 데 이중 여기에 속하는 癸의 선천수에 주목한다. 癸의 선천수는 '5'다. 올해 각종 시험의 객관식 정답으로는 단연 '5번'이 높은 확률을 나타낼 것이다. 사지선다형이면 5에서 4를 감한 '1번'을 택한다. 재차 정리하면 어느 해에 시험을 치룰 때는 천살의 여기에 속하는 선천수에 해당하는 페이지에서 시험 출제의 개연성이 높다.

월에 천살이 있으면 성장기에 한때의 가난을 실감하다 잘 살게 된다. 선빈후부다. 이것은 천살에 상관과 생재(生財)의 기가 공존하는 까닭이다. 남자는 대개 대인 관계에 원만함이 결여된 부인과 인연을 맺는다. 천살에 형충이 들면 일시적 욕구를 자제하지 못하고 신들린 듯 미치광이 같은 경솔한 행동이 나타난다. 여자의 경우 약간 모자란 언행을 하기도 한다.

일에 천살이 있으면 평생 사람의 덕이 없고 필시 구설수가 있다. 이 사람은 말년에 성공할 가능성이 높다. 재산은 모으지만 오명은 수회 듣게 된다. 자신을 스스로 교정하고 단점을 고쳐나가면 말로가 아름답다. 여자는 남편의 병으로 인해 고생할 가능성이 높다. 남편이 건강하면 윤리에 어긋난 짓으로 속을 태운다. 생시에 망신이 들면 천망살(天亡煞)이 되어 최악의 결과를 보기 쉽다.

시에 천살이 있으면 자식의 부도덕으로 탄식할 공산이 크다. 혹은 자식을 두지 못하고 양자를 두는 경우가 있다. 의록은 족하다. 요약하면 천살은 사주 어디에 있더라도 의식주에 구애를 받지는 않는다. 형충이 성립되면 흉성의 위력이 나타난다.

세월에 양운이 들면 형충이 성립되지 않는 한 크게 흉할 일이 없다. 전반적인 운기로는 서서히 호전되는 국면에 놓이는데 실감은 잘 나지 않는다. 저조한 형국에 놓여도 이듬해에 상황이 개선되는 것으로 보아 틀림없다. 사주의 육해와 합작하면 지나친 언행이 화근과 장애로 작용하고 심하면 형벌을 받는 단계에 이르기도 한다. 또 지나친 음주나 흡연이 심신이 마비되는 중병의 발생 요인이 되므로 조심해야 한다. 한편으로 개고(開庫) 현상이 나타나면 횡재수가 있다. 잃어버린 부동산이나 명예를 찾아 하늘에 감사할 일이 있다.

4. 생(生;Birth)

亥卯未 生 (해묘미 생)	亥生 (해생)
寅午戌 生 (인오술 생)	寅生 (인생)
巳酉丑 生 (사유축 생)	巳生 (사생)
申子辰 生 (신자진 생)	申生 (신생)

'생'은 탄생이다. 태어날 때 우는 소리는 두 가지 의미가 있다. 하나는 고통이고 또 하나는 선전이다. 그리고 주변의 축하가 있으며 새 생명을 귀여워한다. 후원성後援星이 별칭으로 귀인의 조력이 있다. 생의 글자에는 인수(印綬)의 성분이 살아 숨 쉰다. 시작으로 땅을 밟았으니 지살이다. 지살은 토지의 신이다. 사주에 지살이 3개 이상 있으면 갑부의 명이라 했다. 또 육친의 비애가 있는 것이다.

월에 지살이 있으면 숨은 슬픔이 있다. 연월에 지살

이 겹치면 육친에 숨겨진 비밀이 있다. 부모, 형제의 믿음과 의리를 저버리고 외곬 인생을 살기 쉽다. 부모의 자산이 받쳐주므로 '절태양'에 비해 대개 학력이 높은 자다. 다만 공부에 대한 본인의 의지가 학업기에 부족한 편이다. 부모, 형제가 모두 눈물이 많은 특징이 있다. 지살이 충되면 형제의 성공은 불가하다. 혹 성공하는 자가 있으면 배다른 형제다. 남자는 눈물이 많은 여성을 배우자로 두게 된다.

일에 지살이 있으면 형충이 드는 운에 부부 이별수를 겪는 것이 정설이다. 음덕이 있어 땅을 유산으로 받게 된다. 도심지보다 전원이 주거에 유리하다. 형충만 없으면 여성의 남편은 성공한다.

시에 지살이 있으면 보편적으로 좋은 운기에 놓인 자로 재복이 따르는 귀명에 속한다. 말년에 많은 부동산을 소유한다. 자식은 잘 운다. 성공한 사람이 지난날의 설움이 복받쳐 우는 물상이다. 육친을 회상하면 그리움으로 항상 눈물이 난다.

세월에 생운이 들면 행업이 비교적 잘되는 길한 운기로 판단한다. 선전이 통하고 이익이 있어 점진적으로 발전한다. 사주의 역마를 충하면 자리의 변동이 있다. 움직여 대략 길하다. 변동하지 않으면 크게 불리하다. 형이 성립되면 대인 관계의 트러블이 나타나고 특히 이성으로 인해 슬픈 일이 있기 십상이다. 문서와 관련이 깊은 시기다.

5. 욕(浴;Bathe)

해 묘 미 생 亥卯未 生	자 욕 子浴
인 오 술 생 寅午戌 生	묘 욕 卯浴
사 유 축 생 巳酉丑 生	오 욕 午浴
신 자 진 생 申子辰 生	유 욕 酉浴

'욕'은 목욕 물상이니 가꾸고 다듬는 반복적 행위가 수반된다. 반복 순환되니 연살이다. 보기에 좋아 도화(桃花)다. 연살은 겁살 또는 반안과 합작한다. 겁살과 합작되면 꺾이는 꽃이다. 일명 욕패(浴敗)이다. 반안과 합작되면 부단한 노력의 결과로 스타덤에 오른 격이다. 이때는 아름다운 함지(咸池)가 별칭이다. 마음이 붕 떠서 떠돌아다닌다. 돌아오는 가출이고 출가다. 허영과 사치다. 먼저 보고 따라하니 유행에 민감하고 세련된 자다. 도화의 글자는 인수(印綬) 혹은 정관(正官)의 성분으로 구성됐다. 수련을 통한 전문적 지식을 갖게 되는데 도화에는 인수(印綬)의 성분이 함유되어 있

기 때문이다. 이것이 겁살과 합작하면 살효(煞梟)의 흉조가 개입된다. 도화가 흉하게 작용하면 주색에서 헤어나지 못하므로 남녀의 음욕(淫慾)으로 설명되는 경우가 많다. 또 여기에는 장리(牆裡) 도화와 장외(牆外) 도화를 가려 설명하는 법수가 있기도 한데 사주의 연월(年月)에 도화가 있으면 장리 도화라 하고, 시(時)에 도화가 있으면 장외 도화로 구분한다. 장리 도화는 부부가 사랑하고 아껴주므로 해가 되지 않지만, 장외 도화에 속하면 만나는 사람마다 다 노리개를 삼을 수 있으니 불길하게 보는 것이다. 봉건시대에는 여자 팔자에 도화가 끼어 있으면 남자 집안에서 가장 금기의 대상으로 삼았을 정도다. 반면 도화가 반안과 합작하면 '인(印), 인(刃), 식재관(食財官)'의 정신기(精神氣) 삼자의 균형을 갖추어 길한 것이다.

개운술(開運術)에서는 색상이 지닌 힘을 매우 중시한다. 이를테면 빨간색은 젊음과 활기찬 에너지를 의미하므로 동쪽의 물을 사용하는 공간 등에 빨간색 소품을 사용하면 떠오르는 태양처럼 도전적이며 원기 왕성한 기운을 받을 수 있다는 식이다. 파란색은 청산과 시작, 정화를 의미하므로 정신적인 건강을 도모한다. 초록색은 봄의 시작과 같이 싱그러운 기운을 담고 있어 별거중인 사람이나 이별의 슬픔으로 상처 받은 사람이 녹색 소품이나 식물을 두면 가까운 시일에 상처를 잊고 새로운 사랑을 시작할 수 있다고 말한다. 황금색은 어떤가? 곧 돈이다. 서쪽 벽을 노란 벽지로 바르면 금전운이 곧장 상승하는 비법의 하나로 강조할 정도다. 분홍색은 황홀한 연애 감정을 북돋우고, 보라색은 우아하며 흰색은 청결의 상징으로 요소요소에 맞추어 배합한다. 하지만 진짜 행운의 색상은 따로 있다. 자신에게 맞는 색이 다 각각이라는 얘기다. 여성은 도화(桃花)의 색상이 최고다. '돼지, 토끼, 양'띠는 자수(子水)의 흑색(黑色), '범, 말, 개'띠는 묘목(卯木)의 청색(靑色), '뱀, 닭, 소'띠는 오화(午火)의 적색(赤色), '원숭이, 쥐, 용'띠는 유금(酉金)의 백색(白色)이 도화의 색상으로 행복한 운수를 부르는 비결이 된다. 한 마디로 수치레하려면 자신에게 맞는 컬러로 옷부터 잘 입어야 한다는 얘기다. 특히 '뱀, 닭, 소'띠의 부인이 붉은 색상의 옷을 즐겨 입으면 남편의 출세에 도움이 된다.

亥卯未 生(해묘미 생)	子浴(자욕)	黑(흑)
寅午戌 生(인오술 생)	卯浴(묘욕)	靑(청)
巳酉丑 生(사유축 생)	午浴(오욕)	赤(적)
申子辰 生(신자진 생)	酉浴(유욕)	白(백)

받들고 모시는 인연은 도화에 해당하는 띠다. 가령 뱀띠가 말띠를 보면 도화의 인연을 만난 셈이다. 이때 뱀띠의 사주에 戌의 반안이 있다면 금상첨화다. 말띠는 신분상승에 기여한다. 이 사람은 궂은일을 도맡아 하고 끈기가 있다. 도화를 인사(人事)로는 시녀나 궁녀에 비유한다. 궁녀가 궁궐에 들어가면 가족과 이별하고 적조(積阻)해지기 마련이다. 끊임없이 반복되는 시중 등으로 고단하지만 운이 좋아 일약 발탁되면 후궁 자리라도 얻게 된다. 즉 지루해도 참고 견디면 일약 스타덤에 오를 수도 있다는 얘기다. 간간이 행하 돈이 생기기도 하는 자리인데 혼자 독식하지는 못하는 처지다. 그래서 사주에 도화가 있으면 줄 것은 주고, 받을 것은 받는 깔끔한 기질을 품게 된다. 실리를 추구하기 위해서는 웬만한 수모를 감수해야 하고 민첩한 행동과 센스를 갖춘다.

불황일수록 빨간색 상품이 잘 팔린다는 속설이 있다. 하지만 레드 마케팅에는 시한이 정해져 있다. 배우들도 일정 시간이 지나면 한동안 레드 드레스를 찾지 않게끔 돼있다. 그렇다면 언제 사람들이 레드에 열광할까? 역리(易理)의 이치로 보면 답이 간단하다. 신자진(申子辰), 즉 '원숭이, 쥐, 용'의 해에 사람들은 붉은 색을 선호하게 된다. 적색은 오화(午火)의 색깔이다. 신자진(申子辰)년에 태어난 사람들에게 오화(午火)는 재살(災煞)에 속한다. 재살에는 정당한 부귀(富貴)를 상징하는 재관(財官)의 요소가 내포되어 있다. 그래서 재살의 색상은 곧 행운의 색이 되는 것이다. 2004년 갑신년(甲申年)에 중국인들은 원숭이의 해에 태어난 사람이 붉은 색 속옷을 입어야 액을 몰아내고 복을 받을 수 있다는 믿음을 가졌다. 또 원숭이의 해에는 붉은 색이 길하다고 생각했다. 이것은 누군가의 조언이 배경으로 작용한 게 틀림없다. 미용이나 의상 모두 행운의 색을 찾아 실생활에서 응용하면 이게 곧 개운(開運)의 비법이라 할만하다. 행운의 색상은 재살(災煞)과 도화(桃花)의 글자 오행(五行)이 상징하는 색이다. '돼지, 토끼, 양'띠는 백색과 흑색이 행운의 색이다. '범, 말, 개'띠는 흑색과 청색, '뱀, 닭, 소'띠는 청색과 적색, '원숭이, 쥐, 용'띠는 적색과 백색이 행운의 색이다. 미혼의 남녀가 선을 보러가는 자리에는 행운의 색조로 된 화장품을 쓰고, 행운의 색상으로 된 의상을 입고 나가면 좋은 결과를 보게 된다. 교제 문제뿐만이 아니다. 시험이나 면접 등의 중대사에도 행운의 색상은 좋은 결과를 가져온다. 최악의 색상은 장성(將星)에 해당되는 색이다. '돼지, 토끼, 양'띠는 청색, '범, 말, 개'띠는 적색, '뱀, 닭, 소'띠는 백색, '원숭이, 쥐, 용'띠는 흑색이 장성의 색상이다. 오행술(五行術)에서 색의 중요성은 더할 나위 없이 강조되는 분야다. 행운의 색상 코드는 다음과 같이 활용할 수 있다. 보통 재살의 색상을 대표적인 길한 색깔로 보게 되는데 한해의 태세, 지지나 일진의 지지를 주동하여 해당 시기의 유행 색조를 미리 파악하거나 행운의 색을 활용할 수 있다. 띠에 따라 정해진 행운 색상과 일진의 색상을 일치시키면 좋은 하루를 만끽할 수 있다. 일진별 행운의 색상은 다음과 같다.

亥卯未日(해묘미일)	白(백)	黑(흑)
寅午戌日(인오술일)	黑(흑)	靑(청)
巳酉丑日(사유축일)	靑(청)	赤(적)
申子辰日(신자진일)	赤(적)	白(백)

월에 연살이 있으면 공부에 취미가 없고 다니길 좋아하여 학력은 대개 낮은 편이다. 특유의 감각이나 안목, 기술을 습득하므로 의식은 자족한다. 사주에 망신이나 형충이 없으면 객지를 오가도 무병, 무탈하다. 방황하다 후회하고 귀가하는 물상이다. 남자는 도화의 기질이 있는 부인을 연분으로 맞이한다.

일에 연살이 있으면 도박, 주색에 빠지기 쉽다. 한동안은 그럴만한 재력이 받쳐준다는 얘기다. 형충이 들면 배우자의 방황, 수술이나 자살 기도를 목도하기도 한다. 현침(懸針) 물상인 까닭이다. 辰奸이 사주에 있으면 애정사로 인한 비극이 있다.

시에 연살이 있으면 풍류가 있다. 申孤나 형충이 들면 노년 괄시를 당한다. 가출하고 문신을 새기는 자식이 있다.

세월에 욕 운이 들면 집을 떠나고 싶은 마음이 인다. 불륜이나 이성과의 인연을 소원하는 운이다. 문서운이 따르므로 쾌락을 자제하면 재산상의 이익이 된다. 사주에 겁살과 합작하거나 형충이 성립되면 색정이나 유흥으로 인한 파탄이 우려된다.

6. 대(帶;Attire)

해묘미 생 亥卯未 生	축 대 丑帶
인오술 생 寅午戌 生	진 대 辰帶
사유축 생 巳酉丑 生	미 대 未帶
신자진 생 申子辰 生	술 대 戌帶

'대'는 관대로 복장을 뜻한다. 등과나 입학, 취업, 승진 등과 연관이 깊다. 이 글자에는 재관(財官)이 들었기 때문이다. 한편 이제 막 성인이 되어 관대를 갖추는 격이니 외견으로는 성장을 마쳤으나 성숙한 단계는 아니다. 이율배반적이다. 재복은 있어 부자가 되지만 가정파란은 피할 수가 없다. 이것은 다달이 피해가지 못하는 고통의 순간을 암시하기도 한다. 마치 월경(月經)과 같다. 월경은 저주이기도 하고 축복이기도 하다. 달마다 한 번 여성들은 지구의 순환주기와 파동 그리고 달의 인력에 연관되어 있다는 점을 월경에 의

해 끊임없이 떠올리곤 한다. 이것은 여성이 임신을 해서 아이를 낳을 수 있다는 힘이 있음을 알려주는 것이다. 근대 사회에서는 일반적으로 월경을 한다는 징후를 모두 감추려고 했다. 생리통과 피 그리고 더러워지는 것을 모두 남들 눈에 띄지 않고 마치기 위해서였다. 여성의 월경은 여성의 적이 되어버렸다. 여성으로부터 에너지와 시간 그리고 청결함을 빼앗아가는 적이 된 것이다. 월경을 뜻하는 대부분의 단어들이 초자연, 영(靈), 신(神) 같은 의미를 동시에 내포하기도 했다. 라틴어 사케르(sacer)와 마찬가지로 고대 아랍어에서 '순결한'과 '불결한'을 뜻하는 두 단어는 모두 월경을 의미했고 다른 의미는 갖지 않았다. 요약하면 '대'는 종교와 신앙의 물상이다. 고통이 따르고 힘을 가진다. '대'는 신살로 월살이다. 별칭은 고초살(苦楚煞)이다. 월살은 불교(佛敎)와 연관이 깊다. 대개 월살이 역마와 합작하면 무속, 재살과 합작하면 불도에 속한다. 사주에 월살이 있으면 파란을 많이 겪는 운명이다. 가정에 문제가 있고 봉신(封神)의 삶을 영위하는 경우가 많다. 특히 여자의 운명에 월살은 실로 고된 것이다.

긴급히 자금이 필요하면 월살의 띠에 속하는 사람에게 부탁해서 금전을 융통하면 문제를 풀 수 있다.

월살에는 문서의 인수(印綬)와 재물의 재성(財星), 두 가지 성분이 함유되어 있으므로 이야기가 통할 가능성이 높다. 또 상대에게 예전에 얼마간 베풀어 둔 공이 있는 인연이기 쉬우므로 거북한 채권관계가 잘 성립되지 않는다. 한번 정도는 형편을 봐주는 거래란 뜻이다. 예컨대 소띠와 양띠, 용띠와 개띠의 거래는 대개 '주고, 받는' 식의 관계일 공산이 크다. 월살은 글자 그대로 밤길에 달빛을 만난 격과 같다. 월살의 인연은 대개 자비가 있다. 후일 채무를 변제하지 못할 처지에 놓여도 여타의 방도로 고통스럽지 않게 은혜에 보답할 수 있다는 얘기다. 도화는 월살을 두려워한다. 첩과 처의 관계에 비유됐을 정도다. 월살에는 재극인(財克印)하는 재(財)의 요소가 작동하는 까닭으로 사주(四柱)에 도화와 월살이 다 있으면 명리 용어로 탐재괴인(貪財壞印)의 불리한 상황이 전개되기 쉽다. 탐재괴인이란 한 마디로 재를 탐하다 본분을 잃는다는, 즉 두 마리 토끼를 쫓다 한 마리도 잡지 못하는 것을 뜻하는데 투기 등으로 어려움을 겪는 경우가 많다. 여자는 대개 난산(難産)으로 고생하고 심하면 애기를 낳고 숨지는 불운에 이를 때가 있다. 식신(食神)을 억제하는 인수(印綬) 성분이 너무 강한 까닭이다.

월에 월살이 있으면 부모대의 불륜사가 있다. 이혼

한 형제가 있다. 남녀 공히 외도의 우려가 깊다. 여성은 남편이 일방적 결별을 통보하는 식이다. 신앙을 가지면 월살의 흉조를 감면한다.

일에 월살이 있으면 고향을 떠나 자수성가하는 명이다. 각종 종교를 숭앙하는 경향이 짙다. 부부 해로와 순조로운 자식 양육을 기대하기 어렵다. 죽일 듯이 싸우고 미련 없이 헤어지는 경우도 많다.

시에 월살이 있으면 자식, 재물 등 인생 말년부터 꼬이는 운기다. 월살에는 관(官)의 자식이 숨겨져 있다. 그래서 외방에 자식을 두는 경우가 많다. 서출(庶出)은 말썽 없이 잘 크고 성공하는 특징이 있다.

7. 록(祿;Blessing)

해묘미 생 亥卯未 生	인록 寅祿
인오술 생 寅午戌 生	사록 巳祿
사유축 생 巳酉丑 生	신록 申祿
신자진 생 申子辰 生	해록 亥祿

'록'은 복록으로 타고난 복과 벼슬아치의 녹봉이라는 뜻으로, 복되고 영화로운 삶을 이르는 말이기도 하다. 한 마디로 의식(衣食)과 재록(財祿)이다. '대'의 단계를 지났으니 성숙한 개인으로 진정한 독립이 가능한 운기라 할 수 있다. 그런데 신살로는 의미가 불순한 망신이다. 망신은 육해와 천살과 합작한다. 여기에 문제가 있다. 망신이 건록(建祿)으로 작동할 때는 필시 상관(傷官)의 작용을 수반하기 때문이다. 망신에는 식신(食神)의 성분이 강하다. 식신과 상관이 융합되면 심신이 지치게 된다. 몸을 망치는 것이다. 얻는 것에 비

해 드는 노력의 공이 지나치다는 얘기다. 형충은 겁살과 망신의 경우에 가장 강렬한 작용력이 나타난다. 망신이 형충되면 '속망신'이 들었다고 표현할 정도다. 사주에 망신은 합작되지 않은 상태로 있는 게 좋지만, 형충을 당하는 경우에는 합작으로 구생(求生)의 효과를 볼 수 있다. 사주에 寅申巳나 丑戌未의 삼형이 있으면 망신은 절대적으로 불리한 작용을 한다. 하지만 분명 소득은 있다. 그래서인지 장사와 투기 모두에 적용되는 긴요한 술책 가운데 망신을 활용하는 비법이 있다. 당일 일진(日辰)을 기준으로 망신(亡身) 방향은 곧 뜻밖의 재물을 얻는 선상이 된다. '돼지날, 토끼날, 양날'에는 동동북쪽의 인(寅) 방향을 바라보고 승부를 가려라. 백발백중 승리하고, 상대를 쉽게 공략한다. '범날, 말날, 개날'에는 사(巳)의 남남동, '뱀날, 닭날, 소날'에는 신(申)의 서서남, '잔나비날, 쥐날, 용날'에는 해(亥)의 북북서 방향에 행운이 있다. 행운의 방향을 주목하고 그곳으로 움직여라. 실행하면 기적 같은 이익을 낚을 공산이 크다.

亥卯未 日 (해묘미 일)	寅祿 (인록)	東東北 (동동북)
寅午戌 日 (인오술 일)	巳祿 (사록)	南南東 (남남동)
巳酉丑 日 (사유축 일)	申祿 (신록)	西西南 (서서남)
申子辰 日 (신자진 일)	亥祿 (해록)	北北西 (북북서)

방위 이론에는 위(位)와 향(向), 즉 좌위(坐位)와 좌향(坐向)의 두 가지 개념이 존재하는데 '위'는 사물을 배치하는 영역의 문제고 '향'은 머리나 시선이 향하는 방향을 말한다. '위'는 풍수의 양택(陽宅) 8방위가 적용되고 '향'은 주로 신살의 12방위가 적용된다. 8방위는 '동쪽, 서쪽, 남쪽, 북쪽, 동북, 동남, 서북, 서남'의 영역으로 각 45도씩 배분된다.

12방위는 12지지를 각 30도씩 분할하여 배당하여 영역을 정한 것이다. 이수학파(李修學派)의 방위이론 요체는 다음과 같다. 지면에 사물을 배치할 때는 자북(磁北)을 기준으로 길흉을 가린다. 한편 공간의 방향 길흉을 적용할 때는 정북(正北)을 기준으로 정한다. 다시 말해 이 책에서 주로 설명하는 방위(방향)의 길흉 이론은 모두 정북(正北)을 자수(子水)의 방향으로 설정하는 게 원칙이다.

위 배치(位)	팔 방 위 八方位	자 북 磁北 기준
향 방향(向)	십 이 방 十二方	정 북 正北 기준

나침반이 없을 경우 낮에 시계를 이용하여 태양의 위치로 방위의 방향을 확인하는 방법이 있다. 시침을 태양 쪽으로 향한 후 시침바늘과 12시 사이의 중간이 남쪽 방향이 된다.

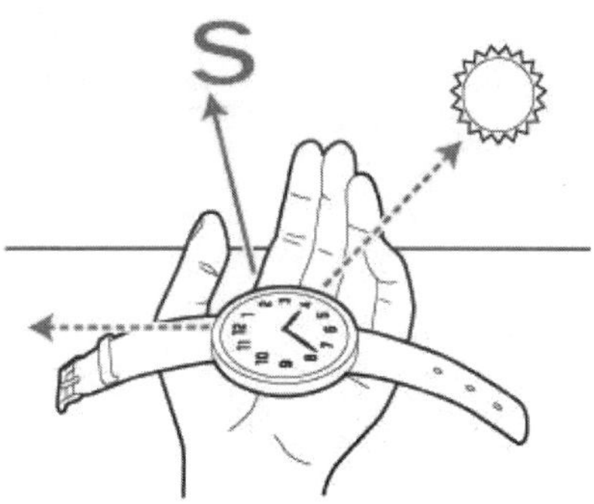

당일의 길흉을 판단하는 방법으로는 일진(日辰)의 지지(地支)를 주동(主動)하여 망신(亡身)과 겁살(劫煞)로 성패를 가른다. 망신의 방향에는 록(祿)이 작용하고, 겁살의 방향에는 살(殺)이 작용한다. 큰 집단적 재앙은 대개 당일 일진의 겁살 방위를 향하는 진로 선상에서 발생할 가능성이 크다.

일진 日辰	길방 吉方	흉방 凶方
해묘미 일 亥卯未 日	인방 寅方	신방 申方
인오술 일 寅午戌 日	사방 巳方	해방 亥方
사유축 일 巳酉丑 日	신방 申方	인방 寅方
신자진 일 申子辰 日	해방 亥方	사방 巳方

일진과 마찬가지로 한 해의 길흉 방위를 태세(太歲)의 지지로 주동하여 살피기도 한다. 방법이 같다.

太歲(태세)	吉方(길방)	凶方(흉방)
亥卯未 年(해묘미 년)	寅方(인방)	申方(신방)
寅午戌 年(인오술 년)	巳方(사방)	亥方(해방)
巳酉丑 年(사유축 년)	申方(신방)	寅方(인방)
申子辰 年(신자진 년)	亥方(해방)	巳方(사방)

망신은 지살의 장생으로 흉의를 면한다. 망신이 합작되면 식상(食傷)의 소모가 심한데 이를 인수(印綬)로 보(補)하는 연유다. 지살과 망신은 형(刑)이 성립되지만 이미 망신의 합작으로 흉의를 감면했다. 사주에 망신이 있으면 한적한 농촌에서 살아가면 무탈하다고 했다. 이 또한 지살이 작용하는 까닭이다.

월에 망신이 있으면 참고 참아야 화를 면한다. 질병으로 고생할 수다. 남자는 여자로 인해 여자는 남자로 인해 망신수가 발동한다. 부인은 도망가고, 남편은 난폭하기 쉽다. 남자는 허영심이 있는 여성과 연분이 있다.

일에 망신이 있으면 생명의 위협을 느끼거나 죽을 고비를 몇 차례 겪은 경우가 많다. 나이 오십 이전의 상업이나 사업은 몹시 불리하다. 속망신이 되면 관액을 피할 도리가 없다. 여성의 경우 남편이 형액을 당하게 되고 사주에 삼형이 들면 자신도 형벌을 당하기 쉽다. 지살이 구제의 신이니 명산대찰을 찾아 기도하거나 한적한 시골에서 살면 흉운을 감한다. 이때 여성팔자의 일주로 납음(納音) 목성에 해당하면 십중팔구 남편의 구타를 경험하게 된다. 납음으로 수성 일주에 태어나면 외도를 하고 정통하다 패가망신한다. 속망신에 酉刃이 겹치면 상해로 인한 형벌을 당할 수다. 辰奸과 동주하면 불륜의 형을 겪는다.

시에 망신이 있으면 고질적 질병에 시달리는 경우가 많다. 만년에 조직에서 퇴출당하는 인사상의 불이익이 있다. 자식이 사업을 하면 패망의 전조다. 귀향해서 조용히 살아가는 게 상책이다.

세월에 록운이 들면 재물이 들어온다. 이익을 보고 적재를 이룰 수 있다. 정당한 운으로 오는 복은 아니고 부당한 재물일 경우가 많다. 이때는 일말의 부정이 개입돼야 돈이 된다는 얘기다. 망신 일진에는 범칙금을 무는 일이 많다. 이 날은 이성간의 첫 교제를 피하라고 했다. 특히 불륜도 위험하다. 망신이 드는 해에 결혼도 금하는 게 원칙이다.

8. 왕(旺;Heyday)

해묘미 생 亥卯未 生	묘왕 卯旺
인오술 생 寅午戌 生	오왕 午旺
사유축 생 巳酉丑 生	유왕 酉旺
신자진 생 申子辰 生	자왕 子旺

'왕'은 제왕으로 절정에 오른 운기를 말한다. 삼합의 중간 글자로 사령부와 같다. 신살로도 장성이니 절로 위엄이 풍긴다. 사주에 장성은 하나 갖추어야 행세를 한다. 장성이 둘 이상인 여성은 고집이 세어 독신의 운명이 되기 쉽다. 그래도 누구에게 뒤지지 않는 능력을 갖췄고 복택을 누린다. 사주에 지살과 월살이 함께 하면 직위가 높은 사람이다. 반안과 조합돼도 성공한 인사다. 장성에 형충만 들지 않으면 성공 인자로 보는 게 옳다. 장성은 화개와 합작돼도 좋다. 인(刃)이 겹쳐 위세를 떨친다. 절대 절명의 위기에서 구해 주는 인연은 장성(將星)의 띠를 가진 사람이다. 장성은 이름을

듣기만 해도 위엄이 있다. '돼지, 토끼, 양'띠에게는 토끼띠가, '범, 말, 개'띠에게는 말띠가, '뱀, 닭, 소'띠에게는 닭띠가, '원숭이, 쥐, 용'띠에게는 쥐띠가 각각 장성의 인연이 된다. 복잡한 법적 문제로 시달리거나 송사에 연루되면 장성의 띠에 해당되는 변호사를 찾아 해결을 시도하는 게 좋다. 사경을 헤매는 사람을 치료해준 사람은 거개 다 장성의 띠에 속하는 의사다.

질병으로 인한 괴로움도 장성(將星)이라는 살성(煞星)과도 깊은 연관이 있다. 장성이란 글자 그대로 높은 지위의 우두머리와 같아 쉽게 노출되거나 공격의 대상이 되어선 위태하다는 뜻이 있다. 까닭에 가옥이나 영업장의 대문이 장성 방위로 나면 항시 외부의 위험에 무방비 상태로 놓인 격이라 큰 타격을 입기 쉽다. 집의 대문 방향이나 침실의 방문 방향이 장성 방향으로 나면 본인이나 가족이 질병에 시달리는 경우로 나타날 때가 많다. '돼지, 토끼, 양'띠에 해당하면 卯가 장성이고, '범, 말, 개'띠라면 午가 장성이다. '뱀, 닭, 소'띠 생은 酉가 장성이고, '원숭이, 쥐, 용' 띠에게는 子가 장성이다. 시계의 12시 방향을 정북(正北)에 맞추었을 때 '돼지, 토끼, 양'띠에 해당하면 3시, '범, 말, 개'띠는 6시, '뱀, 닭, 소'띠는 9시, '원숭이, 쥐, 용' 띠는 12시 방향이 장성에 속한다.

亥卯未 生(해묘미 생)	卯旺(묘왕)	正東(정동)
寅午戌 生(인오술 생)	午旺(오왕)	正南(정남)
巳酉丑 生(사유축 생)	酉旺(유왕)	正西(정서)
申子辰 生(신자진 생)	子旺(자왕)	正北(정북)

의상이나 이불, 요 등이 장성에 해당되는 색상이어도 좋지 않다. 묘(卯)는 오행(五行)의 木으로 청색(青色)이고, 오(午)는 火로 적색(赤色)에 속한다. 유(酉)는 金으로 백색(白色)이고, 자(子)는 水로 흑색(黑色)에 속한다. 그러므로 돼지띠가 청색의 옷을 즐겨 입거나 범띠가 적색의 옷을 즐겨 입으면 건강에 악영향을 미친다. 병이나 탈이 나기 쉬울뿐더러 각종 재액(災厄)이 침범하기 쉬우니 삼가 할 일이다. 공교롭게도 시험이나 면접 같이 신상에 중대한 일이 있을 때마다 장성의 색상으로 된 옷을 입고 응시하는 경우를 종종 본다. 결과가 좋을 가능성이 희박하다. 장성(將星)에는 양인(羊刃)이라는 성분이 작용한다. 인(刃)은 자신을 지키는 최후의 수단이자, 비장의 무기가 돼야 한다. 드러내 놓고 위세를 부리다간 보통 크게 당하기 십상이다. 포태(胞胎)로 장성은 제왕(帝旺)의 자리다. 제왕의 자리는 반드시 후방에 안전하게 위치돼야 마땅하

다. 왕이나 장군이 다치면 졸개들은 자멸하게 되는 이치로 장성은 겉으로 드러내선 안 되는 것이다. 사무실이나 영업장의 출입구가 장성 방향으로 나면 망하게 된다. 이것은 매우 중요한 지적이다.

행운의 색상과 숫자는 子, 午, 卯, 酉 사정(四正)의 글자로 가른다. 각 글자의 색상은 오행의 색이고 숫자는 하도(河圖)의 수리 배치에서 따왔다.

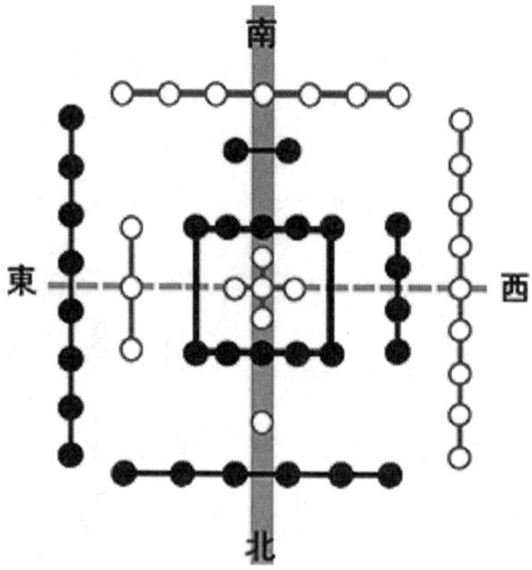

자 子	1, 6
오 午	2, 7
묘 卯	3, 8
유 酉	4, 9

이상은 후천수(後天數)와 얼추 일치한다. 임(壬)·자(子)는 각각 1, 정(丁)·사(巳)는 각각 2, 갑(甲)·인(寅)은 각각 3, 신(辛)·유(酉)는 각각 4, 무(戊)·진(辰)·술(戌)은 각각 5, 계(癸)·해(亥)는 각각 6, 병(丙)·오(午)는 각각 7, 을(乙)·묘(卯)는 각각 8, 기(己)·축(丑)·미(未)는 각각 10, 경(庚)·신(申)은 각각 9가 된다. 행운의 숫자 구분에 이를 엄밀히 적용하면 아래와 같다.

子(자)	1	黑(흑)
午(오)	7	赤(적)
卯(묘)	8	靑(청)
酉(유)	4	白(백)

행운의 색상과 숫자는 재살(災煞)과 연살(年煞), 즉 도화(桃花)에 해당하는 글자에서 찾는다. 불행을 야기하는 숫자는 장성(將星)에 속한 글자에 속하는 수다. '돼지, 토끼, 양'띠는 '3과 8', '범, 말, 개'띠는 '2와 7', '뱀, 닭, 소'띠는 '4와 9', '원숭이, 쥐, 용' 띠는 '1과 6'의 수와 궁합이 맞지 않는다. 전화번호나 차량 번호 등이 장성에 해당하는 숫자면 불리한 결과를 보기 쉽다. '돼지, 토끼, 양'띠는 가급적 청색 옷을 입지 않는 게 좋다. '범, 말, 개'띠면 적색, '뱀, 닭, 소'띠 생은 백색,

'원숭이, 쥐, 용' 띠는 흑색의 옷을 입지 말라. 장성의 색상 옷을 걸치면 십중팔구가 다 불길해진다. 시험이나 면접, 계약 등의 중대사를 앞두고는 장성에 대치되는 재살(災煞)의 색상을 입는 게 상책이다. 재살은 새로운 변화의 계기가 되는 동시에 관대(冠帶)와 합작되는 성질을 띠기 때문이다. '돼지, 토끼, 양'띠는 백색, '범, 말, 개'띠는 흑색, '뱀, 닭, 소'띠는 청색, '원숭이, 쥐, 용'띠는 적색이 재살로 행운의 색상이 된다.

生年(생년)	幸運(행운)				不運(불운)	
	災煞(재살)		年煞(연살)		將星(장성)	
亥卯未(해묘미) 生(생)	4	白(백)	1	黑(흑)	8	靑(청)
寅午戌(인오술) 生(생)	1	黑(흑)	8	靑(청)	7	赤(적)
巳酉丑(사유축) 生(생)	8	靑(청)	7	赤(적)	4	白(백)
申子辰(신자진) 生(생)	7	赤(적)	4	白(백)	1	黑(흑)

월에 장성이 있으면 일단 강한 관록 운이 든 것이다. 남자는 똑똑하고 고집 센 부인을 얻지만 이 사람은 활동성과 재복이 있고 선한 사람이다. 부인은 강제로 억압하려들면 부작용이 나타난다. 장성에 형충이 들면 퇴직당하는 일이 있다.

일에 장성이 있으면 세도를 부리고 명성이 나는 운기다. 배우자는 분명하고 난사람이다. 여성의 사주에 반안이나 화개가 들면 남편은 반드시 대성한다. 사업을 해도 만류할 필요가 없다.

시에 장성이 있으면 자식과 재물 두 마리 토끼를 다 잡는 경사가 있다. 형충에 속하지만 않으면 장성은 아름다운 살성이다.

세월에 왕운이 들면 허자(虛字)의 동향을 민감하게 추산할 필요가 있다. 비견(比肩)이 겹쳐 자연 재(財)를 비합(飛合)하는 효용이 있다. 이때 사주에 화개가 있으면 겁재가 겹쳐 자연 관(官)을 인합(引合)한다. 따라서 세력을 넓히고, 축재와 영전을 기대할만한 호운에 놓인다. 형충을 야기하는 국면만 아니면 승승장구한다. 화개가 없으면 화개의 글자를 불러 사주의 사고(四庫) 글자를 형충하게 되므로 '하나를 얻고, 하나는 잃는' 현상으로 나타나기 쉬운 것이다.

9. 쇠(衰;Decline)

亥卯未(해묘미) 生(생)	辰衰(진쇠)
寅午戌(인오술) 生(생)	未衰(미쇠)
巳酉丑(사유축) 生(생)	戌衰(술쇠)
申子辰(신자진) 生(생)	丑衰(축쇠)

'쇠'는 기우는 운세지만 제왕의 다음 자리로 가장 성숙한 단계에 이르렀다고 볼 수 있다. 신살로 반안이다. '말안장에 올랐다'는 말이니 지위가 있고 호사스런 물상이다. 성공했고 안정됐으니 행복한 형세다. 사고(四庫)의 글자이므로 형충이 되면 곤란하다. 입고(入庫)의 불운이 침범한다. 신살의 실생활 응용에서 개운(開運)과 폐운(閉運)을 결정짓는 두 방위로 반안과 천살이 곧잘 회자된다. 반안의 지장간을 육신 분할하면 여기에는 정신기(精神氣) 삼자(三者)인 인수(印綬), 정(精)과 양인(羊刃), 기(氣), 그리고 식재관(食財官)의 신(神)이 균등하게 배당되어 있음을 알 수 있다. 이러한 맥

락에서 신살론(神煞論)은 사상(四象)과 오행(五行)이 유기적으로 조화된 특별한 이론 체계로 볼 수 있다. 천살에는 예외 없이 관록을 해치는 상관(傷官)의 기운이 작동하고 있음을 발견할 수 있다. 개운의 시작은 잠부터 잘 자는데서 출발한다. 독자들은 먼저 잠을 자는 자세와 습관부터 점검해 볼 필요가 있다. 보통 현실이 고달프거나 저조한 사람들은 거의 예외 없이 천살(天煞) 방향으로 머리를 두고 잔다. 반면 여유 있고 활기찬 사람은 잠자는 방향, 즉 두침(頭寢)이 반안(攀鞍) 방향일 때가 많다.

양택(陽宅) 풍수에서는 공간을 8등분으로 분할한 8방위로 길방과 흉방을 설명하지만 이것은 어디까지나 배치, 위(位)의 문제다. 배치 못지않게 더 중요한 방향, 향(向)의 문제는 공간을 12등분한 12방위 이론을 적용해야 옳다. 다시 말해 십이지지 각각에 배당된 방위부터 알아두는 게 좋다. 구분하면 자(子)는 정북쪽, 축(丑)은 북북동, 인(寅)은 동동북, 묘(卯)는 정동쪽, 진(辰)은 동동남, 사(巳)는 남남동, 오(午)는 정남쪽, 미(未)는 남남서, 신(申)은 서서남, 유(酉)는 정서쪽, 술(戌)은 서서북, 해(亥)는 북북서 방위가 된다. 이보다 쉽게 방향을 파악하는 방법이 있다. 시계의 12시 방향을 나침반의 정북에 맞추었을 때 12시 방향이 곧 자방(子方)이 된다. 그러면 丑은 1시, 寅은 2시, 卯는 3시, 辰은 4시, 巳는 5시, 午는 6시, 未는 7시, 申은 8시, 酉는 9시, 戌은 10시, 亥는 11시 방향으로 정해진다.

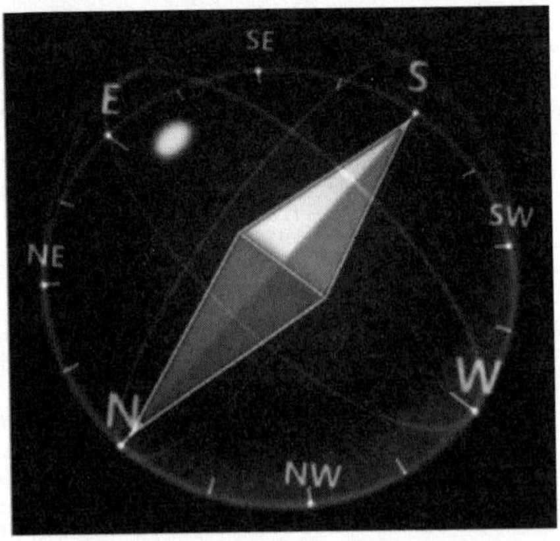

방위의 길흉은 모든 사람에게 일괄적으로 적용되는 게 아니다. 그렇다면 각자의 천살 방위와 반안 방위를 알아두는 게 급선무다. 먼저 태어난 해의 열 두 띠를 기준으로 각각 셋씩 묶어 네 그룹을 만드는데 이상은 목명(木命), 화명(火命), 금명(金命), 수명(水命)으로 구분한다. 목명은 해묘미(亥卯未)로 '돼지, 토끼, 양'띠에 해당하는 사람들을 말한다. 화명은 인오술(寅午戌)로 '범, 말, 개'띠를 말하고, 금명은 사유축(巳酉丑)의 '뱀, 닭, 소'띠 생을 일컫는 말이다. 수명은 신자진(申子辰)의 '원숭이, 쥐, 용' 띠가 해당된다. 목명은 辰이 반안이 되고, 戌이 천살이다. 화명은 未가 반안이고 丑이 천살이다. 금명은 술戌이 반안이고 진辰이 천살이다. 수명은 丑이 반안이고, 未가 천살이다. 예컨대 시계의 12시 방향을 정북(正北)에 맞추었을 때 목명은 4시 방향으로 머리를 두고 자는 게 최선이다. 반대로 10시 방향으로 두침(頭寢)한다면 저조한 운기가 이어진다. 개운(開運)과 폐운(閉運)이 이처럼 잠자는 방향으로 시작된다는 설은 쉽게 수긍하기 어려운 말일지도 모른다. 그러나 "잠자는 방향으로 운이 바뀐다"거나 "방향을 바꾸면 운이 열린다"는 역학계에서 일반적으로 인정되고 있는 설이다. 반안 방향으로 잠을 자라. 조만간에 복성(福星)의 기운을 받아 소원이 이루어질 것이다. 이상은 역학계에서 정설로 받아들여지는 설명이다. 그런데 최근 학파(學派)에서는 수정된 이론이 세워졌다. "무조건 반안 방향으로 머리를 두고 자는 것이 모두에게 이로운 것은 아니다"라는 점이다. 오자술(五字術)로 세워진 사주에 반안의 글자와 형충(刑沖)되는 글자가 있을 때면 '실자입고(實字入庫), 암신개고(暗神開庫)'의 현상에 따라 이롭고, 해로운 경우가 따로 있다는 얘기다. 예컨대 뱀띠가 丑時에 태어나면 戌의 반안 방위로 두침했을 때 형(刑)을 당한 丑의 고지(庫地)로 금명(金命) 본신(本身)이 입고(入庫)되는 현상을 야기하므로 별반 효용이 없다는 것이다. 꿈자리만 사나울 우려가 있다. 이와 달리 뱀띠의 사주에 未가 있고

戌의 방향으로 취침하게 되면 사주에 木의 글자가 없는 한 목재(木財)의 개고(開庫) 현상으로 이때는 횡재(橫財)를 기대할 수 있다. 천살은 예외 없이 불리하므로 이 방향으로의 두침(頭枕)은 무조건 삼가는 게 좋다. 일반 독자들의 경우, 일단 반안 방향으로 두침하여 쾌적한 수면이 취해지면 이 방향을 행운의 방향으로 믿어 무방하다. 이와 달리 사나운 꿈자리가 이어지거나 잠을 설치는 현상이 계속되면 두침 방향의 교정을 가하는 게 좋다.

태아의 성별도 잠자리로 정해진다는 설이 있다. 서구와 달리 동양에서는 여성의 신체리듬보다 남성의 정력에 포커스를 맞추어 출산 성별이 정해진다고 사유했다. 한 마디로 부부 생활에서 남성의 정기(精氣)가 강한 상태에서 관계하면 거의 예외 없이 남아가 모체에 수태된다는 것이다. 방법이 간단하다. 아내의 배란기에 남편의 생년을 기준으로 반안(攀鞍) 방향으로만 머리를 두고 자는 방향으로 관계를 가지면 된다. 다시 말해 '돼지, 토끼, 양'띠는 辰의 동동남, '범, 말, 개'띠는 未의 남남서, '뱀, 닭, 소'띠는 戌의 서서북, '원숭이, 쥐, 용'띠는 丑의 북북동 방향으로 두침(頭寢)하여 잉태하면 아들을 낳게 된다. 앞에서 말한 정반대의 방향이 천살(天煞) 방위가 되는데 이 방향으로 두침하며 생활하던 중에 임신하면 여아를 분만하게 된다. 최근에 아이를 출산한 부부의 침실 방위를 살펴 실험해 보면 놀라운 공통점을 발견하게 될 것이다. 태아의 성별을 결정짓는 가설로 문하(門下)들은 약간의 색다른 관점을 취한다. 남성의 두침 방향이 반안(攀鞍)을 향하는 데는 이견이 없으나 여성의 두침 방향도 중요하다는 것이다. 예컨대 삼합(三合)이 드는 부부로 본신(本身) 오행이 같으면 반안의 방향도 같으므로 이때는 반안 방향으로 머리를 두어도 아들이 수태될 가능성이 별반 높지 않다는 것이다. 따라서 생년의 띠가 삼합이 되지 않는 커플로 반안 방향이 남성에게 일방적으로 적용될 때만 아들을 수태할 가능성이 높다는 관점을 취한다.

가정이나 사업장에서 금고의 위치 선정은 매우 중요하다. 금고는 무조건 반안(攀鞍) 방위에 두는 것이 정석이다. 다른 게 다 잘못되어도 이것만 지키면 적자(赤字)를 내는 법이 거의 없다. 반안은 최후의 보루이기도 한 까닭이다. 그래서 강탈당하거나 도둑맞는 일이 드물다. 다시 말해 반안에는 겁인(劫刃)이라는 기(氣)가 내포되어 절대 위기에 처하면 마지막 수비자가 되는 히든카드로써의 묘용이 있다. 보통은 재관(財官)의 신(神) 작용을 해서 대접을 받고, 더해서 인수(印綬)

라는 정(精)의 요소가 가세하므로 문서 운도 빛난다. 이것은 주로 문서가 길한 작용을 하는 도화(桃花)의 글자와 합(合)을 잘 짓는 연유에 근거하기도 하는데 아무튼 돈을 벌기 위한 방책으로는 무조건 반안에 해당하는 방향을 주목해서 움직이고, 활용하는 게 상책이다. 반안을 곧 화폐로 보는 것은 역학계에서 거의 통설로 돼있을 정도다. 마찬가지로 재산증식의 비결은 반안에서 답을 찾는 것이다. 행운의 방향을 따질 때는 시계를 활용하는 게 간편한 방법이다. 시계의 12시 방향을 나침반의 정북에 맞추었을 때 12시 방향이 곧 자방(子方)이다. 그러면 丑은 1시, 寅은 2시, 卯는 3시, 辰은 4시, 巳는 5시, 午는 6시, 未는 7시, 申은 8시, 酉는 9시, 戌은 10시, 亥는 11시 방향으로 정해진다. '돼지, 토끼, 양'띠와 '뱀, 닭, 소'띠는 4시 방향과 반대의 10시 방향으로 움직이면 금전 운이 상승한다. '범, 말, 개'띠와 '원숭이, 쥐, 용'띠는 7시 방향과 1시 방향으로 움직이면 행운을 실감하게 된다. 특히 영업직에 종사할 경우 당일의 일진(日辰)을 기준으로 반안 방향으로 이동해보라. 어려운 계약이 쉽게 성사되는 기쁨이 있을 것이다. 당일 일진(日辰)을 기준으로 반안(攀鞍) 방위를 활용할 때는 굳이 움직일 필요도 없다. 해당 방향으로 자리 잡은 건물이나 인사에게 전화로 협조를 구해도 잘 통한다. 생년, 띠를 기준으로 반안을 활용할 때는 사주 각 글자와의 관계를 잘 살펴 취용해야 한다. 대개 형충(刑沖)이 작용하면 입고(入庫) 현상으로 오히려 불리해지기 쉬운데 입고를 면하고 개고(開庫)를 보는 경우라면 횡재수가 있다.

이사도 일단 반안 방위로 움직일 때가 이상적이다. 예컨대 한 집안의 주인이 돼지띠라면 동남쪽의 손방(巽方)으로 이사했을 때 건강이 좋아지고 축재(蓄財)의 발전이 이어진다. 반대로 천살 방위로 이사하게 되면 틀림없이 이전보다 더없이 좋은 환경으로 이사를 하게 된다. 이때는 비상한 발전이 따르는 동시에 집안의 어른이 별세하거나 천살 띠에 해당하는 가족이 죽는 곡절을 겪게 된다. 천살은 군왕의 자리이므로 부모님이나 윗분 어른과 함께 살 주거지가 아니다. 그러므로 이 방위로 이사할 때 가족이 떨어지는 현상을 자연스럽게 받아들이면 좋다. 이 점은 반드시 염두에 두어야 곡사(哭事)를 면할 수 있다. 자연 아랫사람이나 식솔이 늘게 되는 현상을 보게 된다. 월살 방위로 이사할 때는 십중팔구 귀인의 도움이나 혜택, 원조에 힘입어 이사한 경우다. 화개 방위로 이사할 때는 대개 형편이 좋지 않을 때다. 또 분가했다가 부모와 다시 합치는 반복되는 양상이 펼쳐진다. 이사하는 시기는 이사하는 방위에 배속된 십이지 글자의 선천수를 참작하면 묘하게 잘 들어맞는다. 선천수로 축(丑)과 미(未)는 8, 진(辰)과 술(戌)은 5에 속한다. 흥미롭게도 사람들이 이사를 하게 되면 동서남북 사정(四正)의 방위로 가는 경우가 드물고, 이 방위로 이사한 경우에는 얼마 지나지 않아 측면의 궤도로 위치를 다시 잡아 또 다시 이사할 때가 많다. 대체로 이사를 하게 되면 살던 집에서 동북, 동남, 서북, 서남의 네 방향으로 옮기게 됨을 발견할 수 있다. 동서남북 사정(四正)의 방향을 제외한 이들 방위는 팔괘(八卦)로 '건(乾:☰), 손(巽:☴), 간(艮:☶), 곤(坤:☷)'의 방위에 속하게 된다. 십이지(十二支)로 서북의 건방(乾方)에는 술해(戌亥)가 속하고, 동남의 손방(巽方)에는 진사(辰巳)가 속하며 동북의 간방(艮方)에는 축인(丑寅)이 서남의 곤방(坤方)에는 미신(未申)이 각기 배당된다. 이때 가주(家主)의 생년을 기준으로 '돼지, 토끼, 양'띠면 천살(天煞) 방위로는 서북의 건방(乾方)의 해당되고, 반안(攀鞍) 방위로는 동남의 손방(巽方)이 된다. 동북의 간방(艮方)은 월살(月煞) 방위에 해당되고, 서남의 곤방(坤方)은 화개(華蓋) 방위가 된다. 우선 이 같은 식으로 각자의 띠에 따라 신살(神煞) 방위를 정해 둔다. '범, 말, 개'띠는 동북 간방이 천살 방위고, 서남 곤방이 반안 방위다. 동남 손방이 월살 방위고, 서북 건방이 화개 방위다. '뱀, 닭, 소'띠는 동남 손방이 천살 방위고, 서북 건방이 반안 방위다. 서남 곤방이 월살 방위고 동북 간방이 화개 방위다. '원숭이, 쥐, 용'띠에게는 서남 곤방이 천살 방위고, 동북 간방이 반안 방위다. 서북 건방이 월살 방위고, 동남 손방이 화개 방위다. 민속에 이사 날짜와 이사 방위를 정하는 여러 가지 속설이 난무하는데 대개는 귀담아 들을 필요가 없는 날이다. 보통은 손(客) 없는 날을 잡아 이사를 많이 해서 이삿짐센터는 이날이 무척 바쁘다고 한다. 이를 태백살(太白煞)이라 하는데 음력 날짜를 기준으로 1, 2일은 동방에, 3, 4일은 남방에, 5, 6일은 서방에, 7, 8일은 북방에 손이 있으니 대개 손이 없다는 9일과 10일에 이사하는 경우가 많다는 것이다. 이외 삼살방이나 대장군 방위를 흉하다고 해서 절대 그곳으로 가면 안 된다고 손사래를 치는 시중 술객들이 더러 있는데 그냥 웃어넘겨 무방하다. 따져보면 정작 방위에 목숨을 거는 위인들의 십중팔구가 잘살지도 못할뿐더러 제 팔자의 기박(奇薄)함을 면치 못한다. 제 머리를 깎지 못하면서 남 얘기할 처지가 아니라는 얘기다.

팔자(八字)는 중화(中和)되어야 길하고 귀하다. 권형(權衡)이 관건이다. 이수명리(李修命理)는 팔자의 이법(理法)과 기학(氣學) 체계를 융화, 관통하는 선진 이론으로 널리 알려졌다. 학파에서는 이기(理氣) 양면의 절충(折衷)을 중시한다. 이중 정신기(精神氣) 삼자는 각 글자의 세력의 균형을 논하는 요소로 오행생극(五行生剋)의 이법 체계를 설명하는 개념이다. 이법에서 좋은 사주(四柱)를 정의하는 개념으로 정신기(精神氣) 삼자의 구비를 꼽는다. 간단히 말해 정(精)이란 명주(命主)의 에너지를 북돋우는 기운이고, 신(神)은 에너지를 덜어내거나 제어하는 성분이다. 기(氣)는 명주와 동일한 에너지로 유사시에는 언제나 든든한 아군의 역할을 하는 요소다. 보통 팔자(八字)에 이 세 가지 성분을 고루 갖추고, 대등한 기세의 균형을 이뤄야 절충(折衷)된 귀격(貴格)을 이루기 쉽다. '정'은 언제나 기댈 수 있는 언덕과 같아 지원세력과 같다. 그래서 영어로 된 명서(命書)에는 이를 가리켜 흔히 공급원(resources)로 표기한다. '신'은 곧 부귀(富貴)의 다른 말로 이해하면 무난하다. 실제적 성과(fruits)다. 기(氣)는 형제나 친구와 같아 보통 때는 이익을 나누는 분록(分祿)의 형편으로 나타날 개연성이 높지만, 위기 때면 언제나 믿을 수 있는 같은 편, 즉 세력(influence)이다. 한편 기학(氣學)은 음양조화(陰陽調和)로서의 한난(寒暖)과 조습(燥濕)으로 균형 여부를 판단한다. 여기에서 나아가 진가(眞假)로 격국(格局)의 고저(高低)를 살피는 법수로 이수명리의 팔자학은 완성된 모습을 갖추고 있다. 학파의 명리학(命理學) 학습 단계는 다음과 같다.

단계 1 段階	신살론 神煞論
단계 2 段階	합충론 合沖論
단계 3 段階	오행론 五行論
단계 4 段階	십간론 十干論

월에 반안이 있으면 호명(好命)이다. 명성이 나고 존경받는 인사일 가능성이 높다. 부모형제가 다 잘된다. 남자는 맞선을 보지 않고 결혼해도 양갓집 규수(閨秀)를 처로 맞이한다. 사주에 반안이 하나만 있어도 조상의 산소가 좋은 묘 터에 있다고 했다.

일에 반안이 있으면 효자요, 충신이다. 중년에 번영한다. 여성은 좋은 배우자가 예약된 격이다. 걸인과 결혼해도 남편을 출세시킬 정도다. 반안은 형충만 되지 않으면 최상의 운기를 나타낸다.

시에 반안이 있으면 멋진 운명의 소유자가 된다. 인물이 잘났고 돈을 잘 쓴다. 연월일에 형충이 들었다면 나이 50이전에 파란만장한 삶을 살다 종내 학자나 예술, 기술 방면에서 큰 성공을 거둔다. 자식이 잘된다. 사주에 역마나 화개가 있다면 문장으로 귀한 인사가 된다.

세월에 쇠운이 들면 명예로운 일이 있다. 재물은 나

가는 편이다. 사주의 도화나 겁살과 합작하면 일약 도약한다. 지출은 감수해야 한다. 사주에 천살이나 화개, 월살이 있으면 보통 불리한 결과를 보기 쉽다. 이때의 송사는 대략 불리하다.

10. 병(病;Disease)

해묘미 생 亥卯未 生	사병 巳病
인오술 생 寅午戌 生	신병 申病
사유축 생 巳酉丑 生	해병 亥病
신자진 생 申子辰 生	인병 寅病

'병'은 설기(洩氣)의 오행 자리로 다소 기력이 소모되고, 체력이 저하되어 감상적이고 비관적인 마음에 놓일 때가 많은 것이다. 하지만 식신(食神)은 상관(傷官)과 같이 고갈되는 운기는 아니고 힘을 써서 식록을 구하고 칠살(七煞)을 제압하여 자신을 지키므로 길신에 속한다. 의식의 걱정은 없다는 얘기다. 가만히 있지 않고 움직이니 역마(驛馬)다. 사주에 역마가 있으면 보통 두 가지 상황이 일어난다. 귀인의 역마는 움직일수록 발전하고, 범인의 역마는 바쁘게 떠돌며 고생하는 경우가 많다. 역마가 충을 당하면 동서남북 분주하

고 이사와 전출이 잦다. 신명부(身命賦)에 이르길 "말이 재향(財鄕)에 달리니 나감이 맹호와 같다"고 했고, 조미론(造微論)에 "말머리에 검을 가지고 있으니 위력이 변방에 떨친다"고 했다. 이 말은 역마는 길할 수도 있고 흉할 수도 있음을 뜻하는 얘기다. 역마에는 대개 손에 넣을 재물과 심신의 고통 둘 다를 암시하는 재살(財殺)의 성분이 담겨 있는 까닭이다. 한편 역마가 충(沖)을 당하면 채찍을 가한 것과 같고, 합(合)을 만나면 발을 묶은 것과 같다"는 설명도 있다. 그래서 사주에 역마는 충을 크게 꺼리지 않는다. 역마가 형이 되면 부정한 업에 수익이 있다. 역마는 재살과 월살로 합작을 이루는데 이때 재복은 있지만 고된 수행 과정을 동반한다. 역마가 화개를 보면 부자의 명이다. '돼지, 토끼, 양'띠가 뱀을 보면 역마가 있는 것이다. '범, 말, 개'띠는 원숭이, '뱀, 닭, 소'띠는 돼지, '원숭이, 쥐, 용'띠는 호랑이가 각각 역마에 해당한다. 이때 뱀띠가 돼지를 보거나, 범띠가 원숭이를 보면 칠살(七煞)의 위력이 강해 관재구설(官災口舌)의 화(禍)가 침범할 우려가 있다. 명막도어오행(命莫逃於五行)이라, 명운은 오행으로부터 도망가지 못하니 이것이 곧 명리(命理)의 요체다. 역마는 장생(長生)과 건록(建祿)을 좋아한다. 이들은 형충의 관계에 놓이면서도 세 가지 요소를 구비하여 정신기 삼자의 균형을 이루기 때문이다. 그러므로 사주에 생(生), 병(病), 록(祿)이 각각 이격되어 포진하면 일단은 좋은 것이다. 반대로 사(死), 절(絶) 등과 함께 하면 고생만 하는 격이다. 역마는 장성과 궁합이 맞지 않는다. 격각(隔脚)의 조합인 까닭이다. 사주에 장성과 반안이 있으면 대길하지만 장성과 역마가 겹치면 역마는 병이 나고 만다. 역마는 오가며 소문을 낸다. 그래서인지 중매인은 보통 역마의 띠에 해당하는 사람일 때가 많다. 또 취업이나 알선 등의 중간 역할자도 역마의 인연이다. 인생에서 중대사를 발생시키는 인연 또한 역마의 띠에 해당하는 사람이다. 분쟁 해결의 실마리는 역마의 인연이나 역마의 시점에 풀린다. 예컨대 소의 해, 축년(丑年)에 발생한 일은 역마에 속하는 돼지, 해월(亥月)부터 문제가 해결되기 시작한다. 보통 송사(訟事)에 휘말렸을 때는 역마 띠의 변호사를 만나면 사태 수습에 도움이 된다.

월에 역마가 있으면 직업과 주거의 변동이 잦다. 일이 풀리지 않으면 원행과 이사가 유리하다. 애초에 역마는 다닐수록 복이 있는 것이다.

일에 역마가 있으면 매일같이 분주하게 이동하는 업에 종사해야 부부간의 이별을 막는다. 역마에 형충이 없으면 흥미로운 삶을 영위하는 다복한 사람이다. 공직자가 역마를 보면 더욱 좋다.

시에 역마가 있으면 몸은 분주하지만 가정사에 문제는 발생하지 않는 편이다. 항상 떨어져 지내므로 이로써 육친의 이별을 대체한다. 자식도 타지에서 무병하고 성공한다. 생시의 역마가 형충되면 말년 비운을 실감한다.

세월에 병운이 들면 잦은 이동과 변동의 역마 물상이 나타난다. 사주에 겁살이나 망신, 지살 등이 있는 경우에는 형액의 우려가 깊다. 사주의 재살과 합작하면 이동하여 갇히는 물상이다. 이때 월살이 더하면 병원에 입원하거나 수옥(囚獄)되는 일이 있다. 역마운을 요약하면 다음과 같다. 형충이 들지 않으면 움직여 이로움을 도모한다. 형충이 들면 원행으로 불리한 결과를 본다.

11. 사(死;Death)

해묘미 생 亥卯未 生	오사 午死
인오술 생 寅午戌 生	유사 酉死
사유축 생 巳酉丑 生	자사 子死
신자진 생 申子辰 生	묘사 卯死

'사'는 죽음의 뜻을 품는다. 역마가 달려 지쳤으니 병들고 지쳐 움직일 수 없는 처지가 됐다. 병들어 근심하는 형국이니 속어로는 병부(病符), 신병(神病), 육액(六厄) 등으로 불린다. 신살로 육해다. 말 그대로 일평생 건강치 못하고 만성질병에 시달리며 평생의 장애로 무엇 하나 제대로 되는 게 없다. 의지해서 살아야하니 의지살(依支煞)이 별칭이다. 화개, 참모와 역마를 이어주니 마부(馬夫)나 운전사에 비유되기도 하는데 육해에 해당하는 띠는 지게의 작대기 역할과 같아 아랫사람이나 수하로 쓰면 적당하다. 육해에 해당하는 육친이 사망 시에 종신(終身)한다고 했다. 육해는 도화

와 충한다. 사주에 육해가 형충을 당하면 현대 의학으로 설명이 안 되는 질병에 걸리기 쉽다. 도화는 춤추는 무녀요, 무녀와 다투니 신병과 같다. 육해는 천살과 합작한다. 망자(亡者)를 위한 천도의식은 육해 일진에 하는 게 가장 좋다고 한다. 기도나 제사도 이 방향으로 지내면 효험이 있다고 한다. 사주에 酉刃과 동주하면 상해나 수술을 피하기 어렵다. 여성은 유산, 난산, 개복 수술 등을 당하는 일이 많다.

육해(六害)의 색상은 불리하다. '돼지, 토끼, 양'띠는 오화(午火)의 적색(赤色), '뱀, 닭, 소'띠는 자수(子水)의 흑색(黑色), '원숭이, 쥐, 용'띠는 묘목(卯木)의 청색(青色)이 육해의 색상으로 여성이 이에 해당하는 색깔의 의복을 입었을 때는 다투거나 헤어지는 등의 불미스런 일이 발생하기 쉽다. 맞선이나 소개팅에서 여성의 생년, 띠로 따져 육해 색상의 옷을 입고 나왔다면 좋은 관계로 이어지길 기대하는 마음을 접는 게 좋다. 연인들의 일상적 데이트에서도 여성이 육해 색상의 옷을 입고 나온 날은 어김없이 다투기 쉽고, 심하면 절교 선언이다. 육해살(六害煞)에는 여성의 연분이 되는 남자, 관(官)의 성분을 해치는 상관기(傷官氣)가 강력하게 작용하기 때문이다. 단 범, 말, 개'띠의 여성이 육해의 색상인 유금(酉金)의 백색(白色) 옷을 입었을 때는 예외다. 오히려 소소한 재물운이 따를 수다. 남녀 공히 불리한 색은 장성(將星)의 색상이라고 했다. '돼지, 토끼, 양'띠는 묘목(卯木)의 청색(靑色), '범, 말, 개'띠는 오화(午火)의 적색(赤色), '뱀, 닭, 소'띠는 유금(酉金)의 백색(白色), '원숭이, 쥐, 용'띠는 자수(子水)의 흑색(黑色)이 이에 해당한다. 특히 남자가 장성 색상의 의복을 입으면 애정에 금이 가기 십상이다. 남자가 장성 색상의 옷을 입고, 여자가 육해 색상의 옷을 입고 만나면 이별을 강력하게 암시하는 상황이 펼쳐진다. 보통 남자는 재살(災煞)의 색상이 행운을 불러온다. '돼지, 토끼, 양띠'라면 백색, '범, 말, 개'띠는 흑색, '뱀, 닭, 소'띠는 청색, '원숭이, 쥐, 용'띠는 적색이 재살의 색으로 중대사가 걸린 당일에는 반드시 행운의 색상 의상을 갖추는 게 좋다. 또 구애나 화해를 청할 때도 재살의 색상이 한결 유리하다.

앞에서 장성과 역마는 궁합이 맞지 않는다고 했다. 예컨대 뱀띠가 가장인 가정에 부인이 닭띠고 큰딸이 돼지띠면 집안에 시끄러운 소리가 멈추지 않기 십상이다. 이때는 보통 육해(六害)의 띠가 조정 역할을 한다. 육해에는 장성의 인(刃)과 역마의 재(財)를 소통하는 식상(食傷)의 기(氣)가 작동하기 때문이다. '돼지, 토끼, 양'띠에게는 말띠가, '범, 말, 개'띠에게는 닭띠가,

'뱀, 닭, 소'띠에게는 쥐띠가, '원숭이, 쥐, 용'띠에게는 토끼띠가 각각 육해의 띠에 해당한다. 마주보는 사람을 육해의 방향에 앉혀보라. 상대는 당신을 무한 신뢰하는 눈빛을 보낼 것이다. 연살 방향을 등지고 육해 방향을 바라보면 상대를 유혹하기에 안성맞춤이다. 이러한 자리 배치는 상대로 하여금 반하게 만든다. 높은 지성과 뛰어난 언변이 막힘없이 흐르는 효용이 있다. 상대를 압도하는 자리를 선점하려면 재살을 등지고 장성 방향을 바라보는 위치를 차지해야 한다. 상대로 하여금 부귀한 자가 칼을 든 위엄까지 갖춘 느낌이 들도록 하는 것이다.

내친김에 민속에 간지(干支) 별로 금기시하는 사항에 대해 알아보겠다. 십이지(十二支)는 우리 문화 속에서 다양한 형태로 등장한다. 역법과 역술 등에서는 방위와 시간의 개념으로 또 길흉을 추리하는 도구로 주로 쓰인다. 십이지 문화의 꽃은 일상에서 흔히 쓰는 생년 기준의 '띠' 담론을 들 수 있다. 이를 통해 한 개인의 심성이나 상호간의 융화 관계 등을 헤아려 보기도 한다. '자, 축, 인, 묘, 진, 사, 오, 미, 신, 유, 술, 해'의 십이지에 '갑, 을, 병, 정, 무, 기, 경, 신, 임, 계'의 십간(十干)을 '갑자, 을축….'식의 순서대로 결합하면 60개의 간지(干支), 즉 60갑자(六十甲子)가 만들어지는데 일진(日辰)은 바로 이 60갑자를 그날그날에 차례대로 나누어 정한 것이다. 일진은 주로 일상생활에서 흉한 것을 피하고, 길한 것을 택하기 위한 수단으로 발달했다. 일진으로 길흉을 가려 취하는 일을 택일(擇日)이라 했고 이는 곧 일진이 좋은 날을 가린다는 뜻이다. 민간에서는 흔히 십이지에 배당된 동물을 순차적으로 반복하며 하루의 일진(日辰)을 매겼다. '쥐날, 소날, 범날, 토끼날, 말날, 양날, 잔나비날, 닭날, 개날, 돼지날'로 구분해 쓰는 식이다. 십이수(十二獸)로 구분된 일진은 먼저 털이 있는 유모일과 털 없는 무모일로 길흉을 나눴다. 12동물 중에 오직 용과 뱀만이 털이 없는 무모일에 속하여 흉한데 정초(正初)에 무모일이 둘 다 들면 흉년을 걱정했다. 또 개업일자로 무모일은 피했다. 조상들은 각 동물의 생태나 행태에 착안하여 해야 할 일과 하지 말아야 할 일을 구분해 놓기도 했다. 여기에서 파생된 금기와 속신도 많다. 택일에서 곧잘 인용하는 백기일(百忌日)도 오래된 민간 풍속의 하나로 비슷한 맥락으로 해석된다. 백기일(百忌日)은 십간과 십이지로 구분되어 각 날에 금기하는 내용이 정해져 있다.

십간백기일은 다음과 같다.

갑불개창(甲不開倉)	갑일(甲日)에 창고를 열지 않는다
을불재식(乙不栽植)	을일(乙日)에 식물을 심지 않는다
병불수조(丙不修灶)	병일(丙日)에 부엌을 손대지 않는다
정불삭발(丁不削髮)	정일(丁日)에 이발하지 않는다
무불수전(戊不受田)	무일(戊日)에 전답 매매를 않는다
기불파권(己不破券)	기일(己日)에 문서를 찢지 않는다
경불경락(庚不經絡)	경일(庚日)에 침, 뜸을 뜨지 않는다
신불합장(辛不合醬)	신일(辛日)에 장을 담그지 않는다
임불결수(壬不決水)	임일(壬日)에 둑을 터지 않는다
계불송사(癸不訟事)	계일(癸日)에 송사를 삼간다

십이지백기일은 다음과 같다.

자불문복(子不問卜)	쥐날에는 점치지 않는다
축불관대(丑不冠帶)	소날에 관대를 갖추지 않는다
인불제사(寅不祭祀)	범날에 제사를 지내지 않는다
묘불천정(卯不穿井)	토끼날에 우물을 파지 않는다
진불곡읍(辰不哭泣)	용날에 울지 않는다
사불원행(巳不遠行)	뱀날에 멀리 가지 않는다
오불점개(午不苫蓋)	말날에 지붕을 이지 않는다
미불복약(未不服藥)	양날에 약을 먹지 않는다
신불안상(申不安牀)	잔나비날에 가구를 들이지 않는다
유불회객(酉不會客)	닭날에 손님을 맞이하지 않는다
술불걸구(戌不乞狗)	개날에 개를 들이지 않는다
해불가취(亥不嫁娶)	돼지날에 시집, 장가들지 않는다

월에 육해가 있으면 성격은 급하고 예민하며 눈치가 빠르다. 남성은 성격이 모진 여성과 연분을 맺기 쉽다. 하지만 사랑으로 잘 감싸면 매우 선한 사람이다. 강압하면 화를 부른다. 육해는 충복이지만 육해와 원한이 지면 필시 피해를 보게 돼 있다. 여성은 외견으로는 매우 착하지만 극적인 상황에서는 내면의 무

서운 기질이 드러난다.

일에 육해가 있으면 피 흘리는 비극을 경험하게 된다. 사주에 형충이 있으면 확실히 나타난다. 여성은 남편이 상해를 입을 수다.

시에 있으면 자식이 불치의 병을 앓거나 자식을 잃는 슬픔을 맛볼 가능성이 높다. 사고가 나면 피투성이가 되기 쉽다.

세월에 사운이 들면 사주의 망신과 합작될 때 재물을 얻는다. 그러나 도화와 충이 되면 모진 다툼이 있다. 상신수(傷身數)다.

12. 묘(墓;Burying)

亥卯未 生 (해묘미 생)	未墓 (미묘)
寅午戌 生 (인오술 생)	戌墓 (술묘)
巳酉丑 生 (사유축 생)	丑墓 (축묘)
申子辰 生 (신자진 생)	辰墓 (진묘)

'묘'는 무덤인데 침잠한 상태다. 마음을 가라앉혀 깊이 생각하고 몰입하니 뛰어난 지혜와 특출한 수단을 지니게 된다. 나대지 않고 모가 나지 않는 성정을 품는다. 영리하니 경쟁력이 있다는 얘기다. 사주에 화개와 역마가 있으면 부자가 되는 운명이라고 했다. 지살이나 화개가 3개 이상 겹치면 부동산 부자가 된다. 화개가 천살과 다른 점은 상관(傷官)이 있되 인(刃) 동기(同氣)가 함께한다는 점이다. 보통 화개를 지닌 사람은 대체로 행운과 불운이 교차하며 성패를 반복한다. 그러다 한판의 도약으로 크게 성공하여 탄탄대로를 달리기도 하는데 이것은 화개가 품은 상관(傷官)과 겁재

(劫財)가 인보상관(刃輔傷官)의 모양새로 조화를 이룰 때 일어나는 현상이다. 동아시아 리얼리즘 문학의 거봉으로 알려진 루쉰(魯迅)의 잡문이 수록된 화개집(華蓋集)에 보면 다음과 같은 시 구절이 나온다. "운이 화개(華蓋)와 만났거늘 무엇을 또 바라랴? 감히 몸을 피하지도 못했는데 이미 부닥치고 말았네." 한 마디로 화개를 나쁜 운으로 본 것이다. 이것은 화개의 사고(四庫) 지지가 형충을 당해 입고의 불리한 결과를 보기 쉬운 연유에서 비롯됐다. 명서(命書)에 화개는 반드시 부정적으로만 묘사되어 있지 않다. 예술과 문장이 뛰어나고 반드시 독서하며 각고의 노력으로 근면성실성을 갖추었다고 말한다. 다만 성격은 괴팍함을 면키 어렵다는 것이다. 상관 기질 때문이다. 화개는 장묘(葬墓)의 뜻을 품어 속세와 등진 승도(僧徒)나 예기(藝妓)의 팔자로 종종 회자되어 왔는데 그래서인지 중국에서 화개란 곧 나쁜 운명을 뜻하는 명사로 쓰인다. 또 문어로는 옛날 왕후장상의 수레 위에 씌우는 화려한 일산(日傘)을 뜻하기도 해서 귀인을 만나면 정계에서 높은 지위를 갖기도 한다는 것이다. 화개는 끝자리인 동시에 새로운 시작의 전초에 있으므로 말미도 시초도 아닌 반복과 왕복의 뜻을 지닌다. 화개 띠에 해당하는 사람과의 인연은 대체로 나쁘지 않다. 물질적인 도움이나 정신적 '홀로서기'를 지원하는 편이다. 화개

에는 추상작용과 언어기능 등 정신적 작용을 하는 상관(傷官)의 성분이 깃든 까닭이다. 화개의 인연은 재회나 재결합하는 경우가 많다. 화개의 운을 맞이하면 대소사를 막론하고 과거의 사건이 재발되는 특징이 있다. 용띠와 개띠, 소띠와 양띠는 모두 생년이 화개에 속하는데 과거의 미진하고 어두운 역사를 회복해야할 사명을 띠고 태어나는 정해진 운명이 있다. 선대의 몰락을 말할 수 있다. 혹 부모의 상속을 받아도 그것을 지키지 못하며 다시 복구하는 식의 반복된 상황이 펼쳐진다. 열심히 공부하지만 학업이 중단되기도 하므로 휴학이나 복학 등의 중단수가 있다.

화개가 지살과 합작하면 기예를 드러내고 후원을 받는다. 장성과 합작되면 주로 무관 계통에서 도약한다. 화개는 월살(月煞)을 기피한다. '돼지, 토끼, 양'띠는 소, '범, 말, 개'띠는 용, '뱀, 닭, 소'띠는 양, '원숭이, 쥐, 용'띠는 개가 각기 월살에 속한다. 월살은 상궤(常軌)를 이탈하게 하는 변경의 요인이 된다. 화려함을 덮고 침잠해서 자숙하고, 노력하며 애쓴 화개의 결과를 헛수고로 만드는 게 월살이다. 예컨대 돼지띠가 소띠를 만나거나 소띠가 양띠를 만나면 중단수가 발동한다. 월살에는 대개 정관(正官)이라는 성분을 공통적으로 품는데 '상관견관 위화백단(傷官見官 爲禍百端)'의 시비쟁투와 분란의 위기에 놓이기 쉽다는 뜻이다. 화개는 도화(桃花)와도 맞지 않다. '명리36금수'의 상호 관계를 떠올려보면 금세 답이 나오는 얘기다.

해묘미 생 亥卯未 生	자욕미묘 子浴未墓	연안대비 燕雁代飛
인오술 생 寅午戌 生	묘욕술묘 卯浴戌墓	견토지쟁 犬兎之爭
사유축 생 巳酉丑 生	오욕축묘 午浴丑墓	마우불통 馬牛不通
신자진 생 申子辰 生	유욕진묘 酉浴辰墓	맹금집어 猛禽執漁

월에 화개가 있으면 대개 성장기에는 두각을 드러내지 않지만 재기는 출중한 인물이다. 남자는 필시 어진 배우자와 가연을 맺는다. 여성은 사랑을 많이 받고 성장하며 온후한 인격을 지녔다.

일에 화개가 있으면 평범해도 곧 성운을 맞이할 기상이다. 리더십은 부각되지 않으나 남다른 지혜의 소유자다. 여성은 덕이 있는 남편을 만난다. 형충만 피하면 화개는 아름다운 연분을 맺는다.

시에 화개가 있으면 종내 명진사해다. 큰 재물을 모으고 사회에 환원한다.

세월에 묘운이 들면 합작과 개고, 입묘(入墓) 등의 복잡한 물상이 펼쳐지기 쉽다. 합작하면 묘지는 화개

(花開)가 된다. 그러나 사고(四庫)의 형충이 들면 형액이 있다. 잃는 것과 얻는 것이 교차하는 복잡다단한 시기를 맞이하는 것이다. 이때는 육신(六神)의 득실을 잘 따져 추산해야 한다.

The Matrix

The Life Compass

It's your journey... choose the right path.

오자술 매트릭스

첫판 1쇄 2010년 4월 30일

지은이 황정원

펴낸이 장석홍

펴낸곳 도서출판 장서원

141-160 서울 용산구 남영동 7-1(201호)

전화 703-5362 팩스 797-5362

등록 제 01-01213호

shjang1011@hanmail.net

정가 20,000 원

파본 된 책은 바꿔드립니다.